우정 9급 계리직 공무원 시험 대비

계리직 한다!

한권으로 다잡기

전과목 핵심이론

계리직 가이드

우정사업본부에서 하는 사업은?

우정사업본부(지방우정청)는 과학기술정보통신부 소속기관으로, 핵심 업무인 우편물의 접수 · 운송 · 배달과 같은 우정사업을 비롯하여 우체국 보험 등 금융 관련 사업에 관한 정책을 수립하고 집행하는 일을 담당합니다.

우편

예금

보험

계리직 공무원이 하는 일은?

계리직 공무원의 직무는 우체국 금융업무, 회계업무, 현업창구업무, 현금수납 등 각종 계산관리업무와 우편통계관련업무입니다.

우체국 금융업무

회계업무

현업창구업무

계산관리업무

우편통계관련업무

계리직 공무원을 선호하는 이유는?

하나. 시험 부담 DOWN

계리직 공무원의 필기시험 과목은 한국사, 우편 및 금융상식, 컴퓨터일반 3과목으로 타 직렬에 비하여 비교적 시험과목이 적고, 영어 시험이 없어 수험생들에게 인기 있는 직렬 중 하나입니다.

둘. 업무 만족도 UP

계리직은 대부분 발령이 거주지 안에서 이루어지므로 거주지 이전의 부담이 적습니다. 또한 업무 특성상 명절 기간 등을 제외하고는 야근을 하는 일이 드물어 업무 만족도가 높은 편입니다.

시험 가이드

주관처

우정사업본부 및 지방우정청

응시자격

구분	내용
학력 · 경력	제한 없음
응시연령	만 18세 이상
결격사유	다음에 해당하는 자는 응시할 수 없음 ①「국가공무원법」 제33조의 결격사유에 해당되는 자 ②「국가공무원법」 제74조(정년)에 해당되는 자 ③「공무원임용시험령」 등 관계법령에 의하여 응시자격을 정지당한 자 (판단기준일 : 면접시험 최종예정일)
구분모집 응시대상자	① 장애인 구분모집 응시대상자 「장애인복지법 시행령」 제2조의 규정에 의한 장애인 및 「국가유공자 등 예우 및 지원에 관한 법률 시행령」 제14조 제3항의 규정에 의한 상이등급 기준에 해당하는 자 ② 저소득층 구분모집 응시대상자 「국민기초생활보장법」에 따른 수급자 또는 「한부모가족지원법」에 따른 보호대상자에 해당하는 자로서, 급여 실시가 결정되어 원서접수 마감일 현재까지 계속해서 수급한 자
거주지역 제한	공고일 현재 모집대상 권역에 주민등록이 되어 있어야 응시할 수 있음

시험과목 및 시험시간

구분	내용
시험과목	① 한국사(상용한자 포함) ② 우편 및 금융상식(기초영어 포함) ③ 컴퓨터일반
문항 수	과목당 20문항 ※ 상용한자는 한국사에, 기초영어는 우편 및 금융상식에 각 2문항씩 포함하여 출제됨
시험시간	60분(문항당 1분 기준, 과목별 20분)

※ 필기시험에서 과락(40점 미만) 과목이 있을 경우 불합격 처리됨

응시절차

01 시험공고 확인

▶ 응시 결격사유와 구분모집 응시대상자인지 확인하는 것은 기본!

02 인터넷 접수

▶ 접수방법

인터넷 접수 : 각 지방우정청 홈페이지 '인터넷 원서접수 바로가기'에서 접수

03 필기시험

04
필기시험
합격자 발표

▶ 합격자 발표일에 응시 지방청 홈페이지 및 원서접수 사이트에 게시
시험 성적은 원서접수 사이트에서 본인 성적에 한하여 확인 가능

05
면접
필기시험 합격자

06
최종합격

▶ 각 지방우정청 홈페이지 및 원서접수 사이트에 게시
최종합격자에게는 개별적으로 합격 통지

시행정보

시행연도	공 고	필기시험	면 접
2008년 1회	6월 23일	8월 31일	10월 11일
2010년 2회	3월 8일	7월 24일	9월 4일
2012년 3회	11월 14일 (2011년)	3월 3일	4월 21일
2014년 4회	10월 10일 (2013년)	2월 15일	4월 5일
2016년 5회	3월 7일	7월 23일	10월 8일
2018년 6회	3월 5일	7월 21일	10월 6일
2019년 7회	7월 예정	10월 19일 예정	12월 예정

Check ☑ 최신 시험정보는 우정사업본부 홈페이지(koreapost.go.kr)와 시대고시기획 홈페이지(edusd.co.kr)를 참고하세요.

시험 통계

선발인원

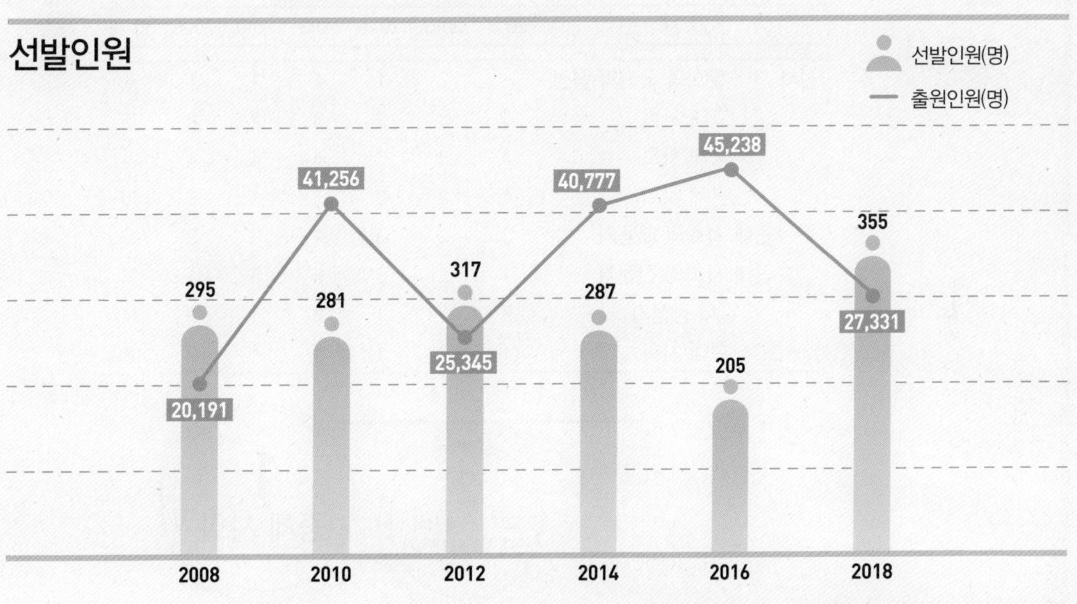
선발인원(명)
출원인원(명)
295
20,191
41,256
281
317
25,345
40,777
287
45,238
205
355
27,331
2008
2010
2012
2014
2016
2018

합격선(일반 기준)

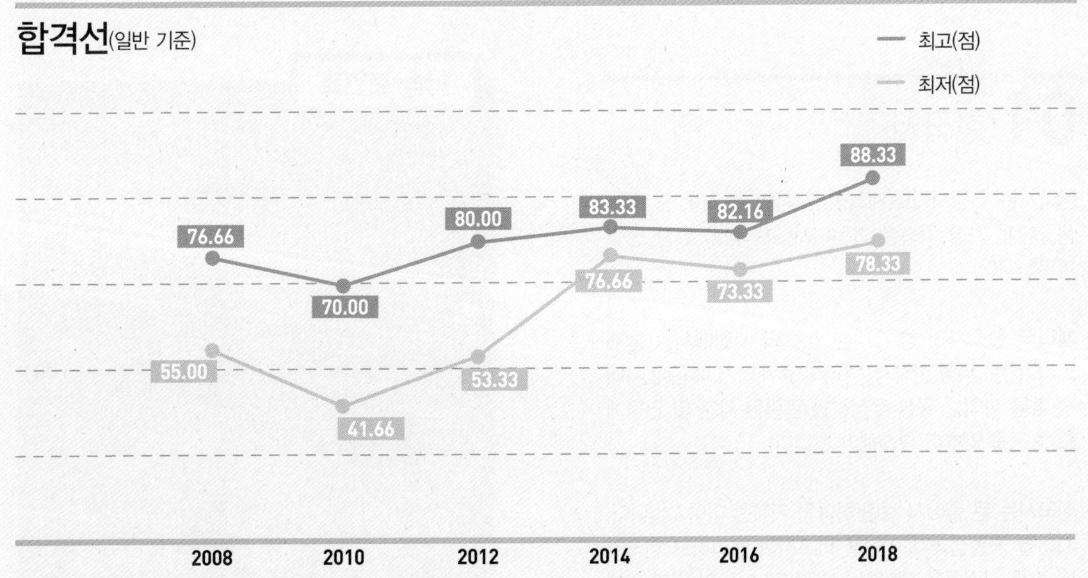
최고(점)
최저(점)
76.66
55.00
70.00
41.66
80.00
53.33
83.33
76.66
82.16
73.33
88.33
78.33
2008
2010
2012
2014
2016
2018

기출분석 & 학습가이드

한국사

단 원	2018	2016	2014	2012	2010	2008	합 계
선사 시대 문화와 국가의 형성	–	2	1	1	1	1	6
고대 사회	3	3	2	3	2	2	15
중세 사회	4	3	2	4	4	4	21
근세 사회	1	2	5	3	1	3	15
근대 사회의 태동기	3	2	3	1	3	3	15
근대 사회의 진전기	1	2	3	2	5	1	14
일제 강점기	5	2	1	3	1	2	14
현대 사회	1	2	1	1	1	2	8

출제 TOP 2

1 중세 사회

2 고대 · 근세 사회 근대 사회의 태동기

01 한국사

한국사는 우정서기보(계리직) 시험의 세 과목 중 수험생들에게 가장 익숙한 과목이자 고득점을 위한 전략 과목입니다.

계리직 한국사의 경우 다른 직렬의 시험에서는 출제되지 않는 '우정 한국사' 영역이 출제되기 때문에 시대적 흐름 파악은 물론 우정청과 관련된 사건 및 인물에도 초점을 맞추어 학습해야 합니다.

한국사는 큰 틀에서 보면 하나의 커다란 이야기입니다. 시대별 공통점과 차이점을 비교하여 정리하고 한국사의 각종 사건들을 테마별 · 시대별로 나누어 인과 관계를 이해한다면, 보다 효율적인 학습이 가능합니다.

학습 포인트

하나.
한국사의 전체적인 흐름 파악은 물론 우정청과 관련된 역사적 사건과 인물들의 특징을 꼼꼼히 파악하여야 합니다.

둘.
고득점을 위해서는 한국사의 각종 사건을 테마별, 시대별로 나누고 비교 · 연계하여 암기하는 연습을 하여야 합니다.

셋.
기출된 사료를 정리하여 반복 학습하고 제시된 자료에서 핵심 단어를 찾는 연습을 통해 생소한 자료에 대한 적응력을 키우도록 합니다.

우편 및 금융상식

단 원		2018	2016	2014	2012	2010	2008	합 계
우편 상식	국내우편	6	6	4	6	6	6	34
	국제우편	3	3	5	3	2	3	19
금융 상식	예금편	4	5	4	5	5	5	28
	보험편	5	4	5	4	5	4	27

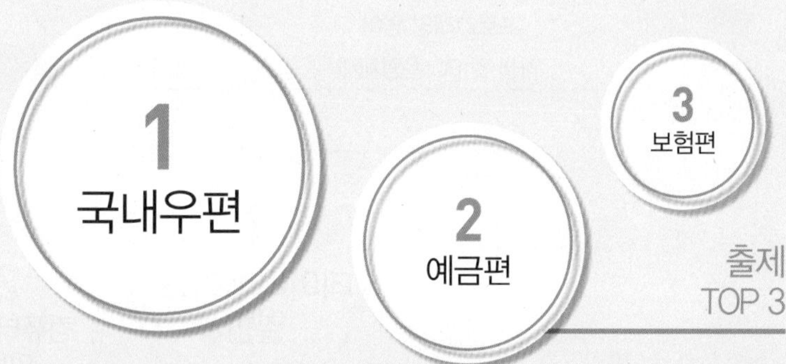

02 우편 및 금융상식

우편 및 금융상식은 수시로 개정되며 출제범위와 내용이 변경되기 때문에 우정사업본부의 최종 자료가 배포될 때까지 계리직 수험생들을 안심할 수 없게 만드는 과목입니다.

법 과목 자체의 생소함과 시험 일자에 임박해서까지 암기해야 한다는 압박감에 계리직을 준비하는 수험생들은 가장 어려운 과목으로 우편 및 금융상식을 꼽고 있습니다.

따라서 정해진 범위 안에서 핵심만 파악해서 집중적으로 학습하는 것이 가장 중요합니다.

학습 포인트

하나.
우편 및 금융상식은 수시로 개정되는 과목이므로 시험공고와 함께 발표된 개정 사항을 꼼꼼하게 체크해야 합니다.

둘.
우편 · 금융 상품들의 특징들을 정리하여 자기만의 암기노트를 만들어 보는 것이 좋습니다.

셋.
처음부터 통독을 목표로 독학하기보다는 온라인 강의와 함께 회독 수를 늘려가며 공부하는 방법이 효율적입니다.

컴퓨터 일반

구 분	2018	2016	2014	2012	2010	2008	합 계
컴퓨터구조 일반	4	3	2	7	3	3	22
운영체제 일반	2	–	2	2	3	3	12
데이터베이스 일반	5	7	5	2	5	2	26
정보통신과 인터넷	2	4	6	2	2	4	20
소프트웨어 공학	5	1	3	3	–	3	15
멀티미디어 및 웹 저작 언어	–	1	–	–	3	1	5
프로그래밍 언어	2	3	1	2	2	2	12
엑셀 및 PC 운영체제	–	1	1	2	2	2	8

출제 TOP 3

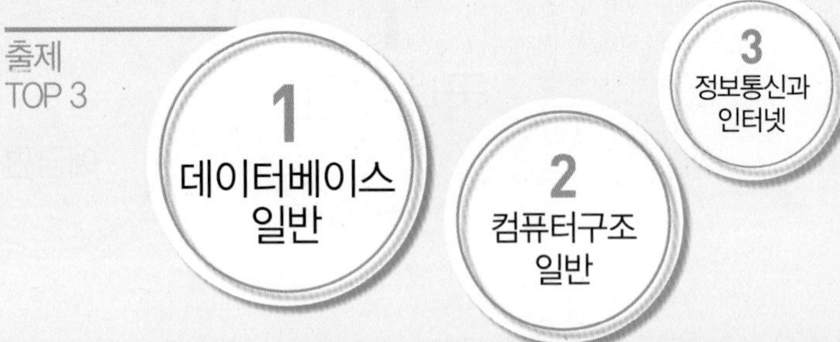

03 컴퓨터일반

우정서기보(계리직) 시험의 당락은 컴퓨터일반에서 갈린다고 말할 수 있을 정도로 많은 수험생들이 컴퓨터일반의 학습에 어려움을 호소하고 있습니다.

컴퓨터일반의 경우 출제범위가 매우 넓게 분포되어 있어 전문가의 가이드를 통한 전략적인 학습법이 중요합니다.

컴퓨터일반은 계리직 세 과목 중 독학이 가장 어려운 과목입니다. 전문가의 전략적인 학습 가이드와 온라인 강의를 병행하는 학습 방법을 추천합니다.

학습 포인트

하나.
컴퓨터의 기본이 어려운 수험생은 기본서를 가볍게 1회독하며 용어에 대한 적응력을 높인 후 본격적으로 학습에 임하기를 권합니다.

둘.
비전공자라면 처음부터 통독을 목표로 독학하기보다는 온라인 강의와 함께 회독수를 늘려가며 공부하는 방법이 효율적입니다.

셋.
전산직 · 정보처리기능사 · 정보처리기사 등 당해 시험과 유사한 직렬의 기출문제를 풀어보며 시험에 익숙해지도록 합니다.

마무리 학습 플랜

시험까지 남은 한 달, 결코 짧은 시간이 아닙니다.
차분히 학습 계획을 세우고 하나하나 달성해 보세요.
마무리를 잘 해야 새로운 시작을 할 수 있습니다!

	Monday	Tuesday	Wednesday	Thursday	Friday	Saturday	Sunday
1주							
2주							
3주							
4주							
5주							

CONTENTS

목차

출제 비중 체크!

※ 2018년 계리직 기출문제를 기준으로 정리하였습니다.

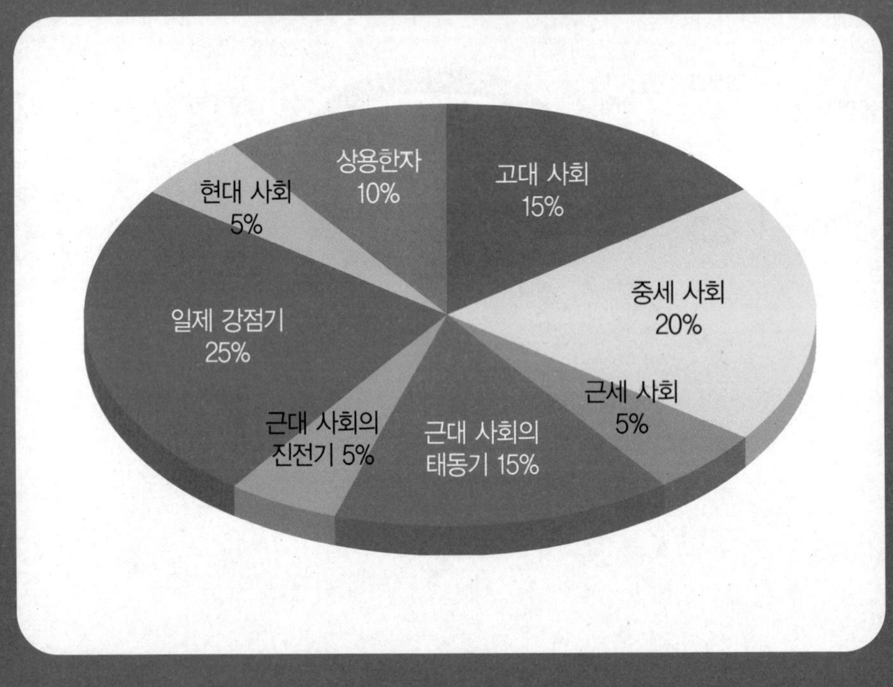

PART 01

한국사

핵심요약으로 합격하기

I wish you the best of luck!

우정사업본부 지방우정청 9급 계리직

한권으로 다잡기

CHAPTER 01

역사의 이해 및 선사 시대

01 선사 시대의 전개

1. 역사의 의미

사실로서의 역사	랑케, 실증주의, 객관적 의미의 역사
기록으로서의 역사	카, 상대주의, 주관적 의미의 역사

2. 우리나라의 선사 시대

① 우리 민족의 기원

한민족의 특성	한민족의 형성
• 인종상 – 황인종, 언어학상 – 알타이 어족 • 단일 민족의 독자적 농경 문화 형성	• 만주~한반도 중심 분포(구석기 시대부터) • 민족의 기틀 형성(신석기 시대~청동기 시대)

② 우리나라의 선사 시대

구 분	구석기 시대(약 70만 년 전)	중석기 시대	신석기 시대(B.C. 8000년경)
유 물	• 사냥도구(주먹도끼, 찍개, 팔매돌) • 조리 도구(긁개, 밀개) • 골각기	잔석기(이음 도구, 슴베찌르개)	• 간석기(돌괭이, 돌보습 등 농기구) • 토기(이른 민무늬 토기, 덧무늬 토기, 눌러 찍기문 토기, 빗살무늬 토기)
경 제	약탈 경제(사냥, 채집, 어로)	식물 채취, 물고기 잡이	• 생산 경제(농경 · 목축 시작) • 원시 수공업(가락바퀴, 뼈바늘)
사 회	• 이동 생활 • 가족 단위 · 무리 사회 • 주술적 의미(고래, 물고기 조각)	–	• 정착 생활, 족외혼 • 씨족 단위 · 부족 사회 • 원시 신앙 발생(애니미즘, 샤머니즘)
유 적	동굴, 바위 그늘, 막집(전국 분포)	• 통영 상노대도 조개더미 • 평양 만달리 • 거창 임불리	움집(강가와 해안 – 원형, 방형, 화덕, 저장 구덩이)

3. 구석기 시대의 주요 유적지

단양 금굴	가장 오래된 구석기 유적지
공주 석장리	남한에서 최초로 발견된 구석기 유적지, 선각화 발견
청원 두루봉 동굴	흥수아이 발견
종성 동관진	한반도에서 최초로 발견된 구석기 유적지

4. 신석기 시대의 주요 유적지

양양 오산리	한반도 최고의 집터 유적지 발견
서울 암사동	빗살무늬 토기 발견

02 국가의 형성

1. 고조선과 청동기 문화

① 청동기 · 철기의 사용

구 분	청동기 시대(기원전 10세기경)	철기 시대(기원전 4세기경)
유 물	• 청동 제품(비파형 동검, 거친무늬 거울) • 간석기(반달돌칼, 바퀴날 도끼) • 민무늬 토기, 미송리식 토기	• 철제 농기구 · 무기 • 청동제의 독자 발전(거푸집-세형 동검, 잔무늬 거울) • 토기 다양화(검은 간 토기, 덧띠 토기, 붉은 간 토기)
경 제	농경과 목축 발달(보리, 콩, 벼) * 반달돌칼	• 경제 기반 확대 • 중국 교역 시작(명도전 · 반량전 · 오수전, 붓)
사 회	• 계급과 빈부차 발생(군장 사회) • 전문 분업 발생 • 선민 사상	• 연맹 국가 발전(부족장 > 왕) • 제정 분리(소도-천군) • 바위 그림(울주 반구대, 고령 양전동 알터)
유 적	• 움집(장방형, 4~8명 거주) • 무덤(고인돌, 돌널무덤, 돌무지 무덤)	• 지상 가옥(배산임수 · 밀집 취락 형성) • 무덤(널무덤, 독무덤)

② 고조선의 성립(B.C. 2333~B.C. 108)

• 단군과 고조선

- 배경 : 청동기 문화 바탕 → 철기 문화 성장(기원전 4세기)
- 과정 : 단군신화(「삼국유사」, 「제왕운기」, 「응제시주」, 「세종실록」 지리지, 「동국여지승람」)
- 의의 : 구릉 지대 거주, 선민 사상, 농경 사회, 토테미즘, 계급 분화, 사유 재산, 제정일치
- 주요 유물 : 거친무늬 거울, 미송리식 토기, 북방식 고인돌, 비파형 동검

• 정치 발전(요령 지방 중심 – 한반도까지 발전)

단군과 고조선(B.C. 2333)	위만의 집권(B.C. 194)
• 청동기 문화 배경 • 왕위 세습(기원전 3세기경 부왕, 준왕 등장) • 관직 정비(상, 대부, 장군) • 요령 지방 – 한반도 영토 확장 • 중국(연)과 대립	• 철기 문화의 본격 수용 • 활발한 정복 사업 • 농업 · 상공업 발달 • 중계 무역 성장 • 한의 침략 · 멸망(B.C. 108) → 한 군현 설치

③ 고조선 사회 : 8조법(「한서」 지리지) → 법 60조항 증가, 풍속 각박(한 군현 설치 후)

살인자 → 사형	개인 생명 중시
상해자 → 곡물 배상	농경 사회, 노동력 중시
절도자 → 노비화, 돈 배상	사유 재산 보호, 노비가 존재하는 계급사회, 화폐 사용
여자의 정절 중시	가부장적 가족 제도 확립

2. 여러 나라의 성장

구 분	부 여	고구려	옥 저	동 예	삼 한
위 치	송화강 유역	졸본 지방	함경도 해안	강원 북부 해안	한강 이남
정 치	5부족 연맹체 (사출도)	5부족 연맹체 (제가회의)	왕 없음 (군장 지배)		연맹 국가 (목지국)
군 장	마가, 우가, 저가, 구가	상가, 고추가, 대로, 패자, 사자, 조의	삼로, 읍군		신지, 견지, 읍차, 부례
경 제	농경 · 목축 * 하호	약탈 경제(부경)	농경, 어업	농경, 방직 기술 발달	벼농사(저수지)
	말, 주옥, 모피	토지 척박–양식 부족	어물, 소금	단궁 · 과하마 · 반어피	철(변한)
제천 행사	영고(12월)	동맹(10월), 국동대혈	–	무천(10월)	5월 수릿날, 10월 계절제
혼 인	형사취수제	데릴사위제(서옥제), 형사취수제	민며느리제	족외혼	군 혼
기 타	순장, 1책12법, 흰옷, 우제점복	무예 숭상, 점복	골장제(가족 공동 무덤), 쌀 항아리	책 화	제정분리(소도), 귀틀집, 두레

02 고대 사회의 발전

01 고대의 정치

1. 고대 국가의 성립

① 고대 국가의 성격

- 고대 국가의 형성 : 영역 확대 과정에서 경제력과 군사력 성장 → 왕권 강화
- 중앙 집권적 고대 국가 형성

구 분	고대 왕국 형성	율령 반포	불교 발달	영토 확장
고구려	태조왕	소수림왕	소수림왕	광개토대왕, 장수왕
백 제	고이왕	고이왕	침류왕	근초고왕
신 라	내물왕	법흥왕	눌지왕, 법흥왕	진흥왕

② 삼국의 성립

구 분	건국 집단	왕	중앙 집권 국가 기반
고구려	부여계 유이민 + 압록강 유역 토착민	태조왕	• 옥저 복속, 낙랑 압박 • 고씨의 왕위 세습
백 제	고구려계 유이민 + 한강 유역 토착민	고이왕	• 한 군현과 항쟁, 한강 유역 장악 • 율령 반포, 관등제 정비, 관복제 도입
신 라	유이민 집단(박 · 석 · 김) + 경주 토착 세력 → 국가 발전의 지연	내물왕	• 낙동강 유역 진출, 왜구 격퇴(호우명 그릇) • 김씨 왕위 세습, 마립간(대군장) 왕호 사용
가 야	• 낙동강 하류의 변한 지역 → 6가야 연맹 • 농경 문화, 철 생산, 중계 무역(낙랑, 왜)	미 상	• 금관가야 멸망(532), 대가야 멸망(562) • 중앙 집권 국가로 성장 한계

2. 삼국의 발전과 통치 조직

① 삼국의 정치적 발전

구 분		고구려	백 제	신 라
부족 연맹 단계		졸본 사회(B.C. 37)	위례 사회(B.C. 18)	6사로 사회(B.C. 57)
고대 국가 형성기 (1~4C)	고대 형성	태조왕(1C 후반)	고이왕(3C 중엽)	내물왕(4C 말)
	율령 반포	소수림왕(4C 후반)	고이왕(3C 중엽)	법흥왕(6C 초)
	불교 공인	소수림왕(4C 후반)	침류왕(4C 말)	법흥왕(6C 초)
정복 활동기 (4~6C)		• 광개토대왕(광개토대왕비) • 장수왕(중원 고구려비) → 나 · 제 동맹(433~553)	• 근초고왕(칠지도) • 웅진 천도(475, 문주왕) • 지방 통제 강화(무령왕) • 사비 천도(538, 성왕)	• 진흥왕(순수비) • 나 · 당 연합 → 여 · 제 동맹(7C) • 백제 멸망(660), 고구려 멸망(668), 당 축출(676) → 자주적 통일

② 삼국 간 항쟁과 대외 관계

구 분		삼국의 상호 경쟁		삼국의 대외 관계
4세기	–	근초고왕	백제 전성기 → 고구려 · 신라	동진 – 백제 – 왜(칠지도) 전진 – 고구려 – 신라
5세기	제1기	광개토대왕 장수왕	고구려 전성기 → 신라 · 백제 동맹 * 중원 고구려비	중국(송 · 제) – 백제 – 왜 중국(송 · 제) – 백제 – 신라
6세기	제2기	법흥왕 진흥왕	신라 발전기 ↔ 고구려 · 백제 동맹 * 단양 적성비, 4개 순수비	중국(양 · 진) – 백제 – 왜 중국(양 · 진) – 신라
7세기	제3기	무열왕 문무왕	삼국 통일기(남북 진영 ↔ 동서 진영) * 고구려와 수 · 당과의 전쟁	돌궐 – 고구려 – 백제 – 왜 수 · 당 – 신라

③ 삼국의 통치 체제

구 분	고구려	백 제	신 라
통치체제	국왕 중심의 일원적 통치 체제		
관 등	10여 관등(형, 사자)	16관등(솔, 덕)	17관등(찬, 나마)
중앙 관제	–	6좌평(고이왕) → 22부(성왕)	병부(법흥왕) 등 10부
합의 제도	제가회의(대대로)	정사암회의(상좌평)	화백회의(상대등)
지방 행정	5부(수도) – 5부(지방, 욕살)	5부(수도) – 5방(지방, 방령)	6부(수도) – 5주(지방, 군주)
특수 구역	3경(국내성, 평양성, 한성)	22담로(지방 요지)	2소경(충주, 강릉)
군사 조직	• 지방 행정 조직 = 군사 조직 • 지방관 = 군대의 지휘관(백제 · 방령, 신라 · 군주)		

3. 대외 항쟁과 신라의 삼국 통일

① 대 중국 전쟁

• 고구려와 수 · 당의 전쟁
  - 배경 : 중국의 통일 ↔ 고구려의 대 중국 강경책
  - 과정 : 고구려의 요서 선공 → 살수대첩(612, 을지문덕) → 천리장성 축조(연개소문) → 안시성 싸움(645, 양만춘)
  - 의의 : 민족의 방파제 역할(중국의 침입으로부터 민족을 수호)

• 신라의 삼국 통일
  - 배경 : 여 · 제 동맹의 신라 압박, 중국의 고구려 침략 실패(살수대첩, 안시성 싸움)
  - 과정 : 나 · 당 연합 → 백제 멸망(660) → 고구려 멸망(668) → 나 · 당 전쟁 승리(676, 매소성, 기벌포)
  - 의의 : 불완전 통일(외세의 협조, 대동강 이남 통일), 자주적 성격(당 축출), 민족 문화 발전 토대 마련

② 고구려와 백제의 부흥 운동

구 분	고구려	백 제
근거지	한성(재령)	주류성(서천), 임존성(예산)
중심 인물	안승, 검모잠	복신, 도침, 흑치상지
결 과	신라의 도움 → 실패, 발해의 건국(대조영)	나 · 당 연합군에 의해 실패

4. 남북국 시대의 정치 변화

① 통일신라와 발해의 발전

구 분	통일신라	발 해
7C	• 무열왕 : 진골 왕위 세습, 백제 정복(660) • 문무왕 : 고구려 멸망(668) 나 · 당 전쟁 승리 → 삼국 통일(676) • 신문왕 : 조직 정비, 관료전 지급, 국학 설립	• 고왕 : 진 건국(대조영, 698) → 고구려 부흥
8C	• 성덕왕 : 전제 왕권 안정 • 경덕왕 : 녹읍제 부활 • 선덕왕 : 내물왕계 왕위 계승, 왕위 쟁탈전 • 원성왕 : 독서삼품과 실시(788)	• 무왕 : 말갈족 통합, 당과 대결(산둥 반도 공격) 만주-연해주 영토 확보, 일본에 국서 보냄(고구려 계승 의식) • 문왕 : 당과 친교 · 문화 수용, 상경 천도, 체제 정비(3성 6부제)
9C	• 헌덕왕 : 무열계의 항거(김헌창의 난, 822) • 문성왕 : 장보고의 난(846) • 진성여왕 : 농민 봉기 발생, 최치원의 시무 10조 건의(과거 제도와 유교 정치 이념)	• 선왕 : 해동성국 칭호, 요하 중류 진출, 지방 행정 조직 정비(5경 15부 62주)
10C	• 견훤 : 후백제 건국(900) • 궁예 : 후고구려 건국(901) • 왕건 : 고려 건국(918), 신라 멸망(935), 후백제 멸망(936)	• 애왕 : 거란에 멸망(926)

② 고대 국가의 통치 체제

구 분	고구려	백 제	신 라	통일신라	발 해
관 등	10여 관등(형, 사자)	16관등(솔, 덕)	17관등(찬, 마)	-	-
수 상	대대로	상좌평	상대등	시 중	대내상
중앙관제	대대로가 총괄	6좌평 - 22부	병부 등 10부	집사부 14관청	3성 6부
귀족회의	제가회의	정사암회의	화백회의		정당성
서 울	5부	5부	6부	-	-
지 방	5부(욕살)	5방(방령)	5주(군주)	9주(총관 → 도독)	15부(도독) - 62주(자사)
특수 구역	3경	22담로	2소경(사신)	5소경(사신)	5경
군사 제도	행정과 군사 일원화(방령, 군주)		서당, 6정	9서당 10정	10위

③ 신라 말기의 정치 변동과 호족 세력의 성장

• 신라 말기의 정치 변동

- 전제 왕권 몰락 : 왕위 쟁탈전 격화, 귀족 연합 정치 운영(시중<상대등) → 지방 반란 빈발(김헌창의 난)
- 농민 사회의 위기 : 대토지 소유 확대, 농민 몰락(노비나 초적으로 몰락) → 신라 정부에 저항
- 호족 세력의 등장 : 지방의 행정 · 군사권 장악(성주, 군주), 경제적 지배력 행사
- 개혁 정치의 시도 : 6두품 출신의 유학생, 선종 승려 중심 → 골품제 사회 비판, 새로운 정치 이념 제시

• 후삼국의 성립

구 분	후백제	후고구려
배 경	• 견훤(농민 출신) • 군진 · 호족 세력을 토대로 건국(900)	• 궁예 • 초적 · 호족 세력을 토대로 건국(901)
발 전	• 완산주(전주)에 건국 • 우수한 경제력을 토대로 군사적 우위 확보 • 중국과 외교 관계 수립	• 국호(후고구려 → 마진 → 태봉) • 도읍지(송악 → 철원) • 관제정비 : 광평성 설치(국정 총괄) • 9관등제 실시
한 계	• 농민에 대한 지나친 조세 부과 • 신라에 적대, 호족 세력의 포섭에 실패	• 농민에 대한 지나친 조세 부과 • 미륵 신앙을 이용한 전제 정치 도모

02 고대의 경제

1. 삼국의 경제 생활

① 삼국의 경제 정책

• 농민 지배 정책의 변화

삼국 초기	삼국 간 경쟁기
주변 소국과의 정복 전쟁	피정복민을 노비처럼 지배하던 방식 개선
• 피정복 토지 · 농민의 국가 재원화 → 토산물 징수 • 공물 수취, 전쟁 포로, 식읍	• 정복민에 대한 수취와 대우 개선 • 신분적 차별과 경제적 부담은 존속

• 수취 체제의 정비와 농민 안정책

수취 제도 정비	민생 안정책
• 초기 : 농민에게 전쟁 물자 징수, 군사로 동원 → 농민의 토지 이탈 초래 • 수취 정비 : 합리적 세금 부과 → 곡물 · 포, 특산물, 노동력 동원	• 농업 생산력 향상 : 철제 농기구 보급, 우경 장려, 황무지 개간 권장, 저수지 축조 • 농민 구휼 정책 : 부채 노비 발생 → 진대법 시행

• 경제 활동

상공업	무 역
• 수공업 : 노비 생산(초기) → 관청 수공업 • 상업 : 도시에 시장 형성 → 시장 감독관청 설치	• 공무역 형태(4세기 이후 발달) • 고구려(남북조, 북방 민족), 백제(남중국, 왜), 신라(한강 점령 후 당항성을 통하여 중국과 직접 교역)

② 귀족과 농민의 경제 생활

구 분	귀족의 경제 생활	농민의 경제 생활
경제 기반	• 본래 소유 토지 · 노비 + 녹읍 · 식읍 + 전쟁 포로 • 생산 조건 유리 : 비옥한 토지, 철제 농기구, 소 소유 +고리대 이용→재산 확대	• 척박한 토지 소유, 부유한 자의 토지 경작 • 농기구 변화 : 돌 · 나무 농기구(초기) → 철제 농기구 보급(4 · 5세기)과 우경 확대(6세기)
경제 생활	• 노비 · 농민 동원 : 토지 경작 강요, 수확물의 대부분 수탈 • 고리대금업 → 농민의 토지 수탈, 농민 노비화 • 생활상 : 기와집, 창고, 마구간, 우물, 주방 등을 갖춤 → 풍족 · 화려한 생활(안악 3호분)	• 농민의 부담 : 곡물 · 삼베 · 과실 부담, 노동력 징발, 전쟁 물자 조달 • 자연 재해, 고리대 → 노비 · 유랑민 · 도적 전락 • 생활 개선 노력 : 농사 기술 개발, 경작지 개간 → 농업 생산력 향상

2. 남북국 시대의 경제적 변화

① 통일신라의 경제 정책

구 분	수취 체제의 변화	국가의 토지 지배권 재확립
배 경	• 피정복민과의 갈등 해소, 사회 안정 추구 • 촌주를 통해 백성 간접 지배(민정문서)	• 왕토 사상 배경 • 국왕의 권한 강화, 농민 경제 안정 추구
변 화	• 조세 : 생산량의 1/10 징수 • 공물 : 촌락 단위로 특산물 징수 • 역 : 군역과 요역(16~60세의 남자)	• 귀족 : 녹읍 폐지 → 관료전 지급 → 녹읍 부활 • 농민 : 정전 지급, 구휼정책 강화 - 민정문서

② 통일신라의 경제 활동

- 경제력의 신장 : 농업 생산력 증가, 인구 증가, 상품 생산 증가 → 시장(서시 · 남시) 설치
- 무역의 발달(8세기 이후) : 공무역 · 사무역 발달 → 이슬람 상인 왕래(울산항)

구 분	삼국 시대(4C 후 발달)	남국 통일신라	북국 발해
무 역	• 고구려(남 · 북 중국, 북방 민족) • 백제(남중국, 일본) • 신라(한강 점령 후)	• 대당 무역 : 산둥 반도-양쯔강 하류 진출(신라방 · 신라소 · 신라관 · 신라원 설치) • 대일 무역 : 초기 무역 제한 → 8세기 이후 발달 • 장보고의 활약 : 청해진 설치-남해 · 황해의 해상 무역권 장악 • 국제 무역 발달 : 이슬람 상인 왕래-울산항 • 무역로 : 영암, 남양만, 울산항	• 대당 무역(덩저우-발해관) • 대일 무역(동해 해로 개척 → 신라 견제 목적)
수 출	토산물	견직물, 베, 해표피, 금 · 은 세공품	모피, 말, 삼, 금 등 토산품, 불상, 유리잔, 자기
수 입	귀족 용도 사치품	비단, 책, 귀족의 사치품	비단, 책 등 귀족의 수요품

③ 귀족과 농민의 경제 생활

구 분	귀족의 경제 생활	농민의 경제 생활
경제 기반	• 녹읍 · 식읍 바탕 → 조세 · 공물 징수, 노동력 동원 • 통일 후 녹읍 폐지, 관료전 지급, 곡식 분배 • 귀족은 세습 토지, 노비, 목장, 섬 소유	• 시비법 미발달, 척박한 토지 → 적은 생산량 • 귀족의 토지 경작 → 생산량의 1/2 납부
경제 생활	• 당, 아라비아에서 사치품 수입 • 호화 별장 소유(금입택, 사절유택)	• 조세 부담 가혹 : 전세, 공물, 부역 부담 가중 • 귀족과 지방 유력자의 농장 확대, 고리대 → 노비, 유랑민, 도적으로 전락 → 진대법 시행(고국천왕) • 향 · 부곡민 : 농민보다 많은 공물 부담 • 노비 : 왕실, 관청, 귀족, 절 등에 소속되어 물품 제작, 일용 잡무 및 주인의 땅 경작

④ 민정문서

목 적	촌락 단위로 호구, 인구 수, 생산물을 조사 · 파악하여 수취체제 확립
조사대상	농민(남녀 모두)과 노비
작성자	촌주가 매년 조사하고, 촌주가 3년마다 작성
호의 등급	인정의 다과에 따라 9등급
인정의 구분	연령별 · 성별로 6등급
토지의 종류	연수유답, 촌주위답, 관모전답, 내시령답
시 기	경덕왕 시기로 추정, 서원경 부근의 4개 촌락에 관한 기록
발 견	1933년 일본 도다이사 정창원

⑤ 발해의 경제 발달

- 수취 제도 : 조세(곡물 징수), 공물(특산물 징수), 부역 동원
- 귀족의 생활 : 대토지 소유, 화려한 생활(당의 비단 · 서적 수입)
- 산업의 발달

농 업	밭농사 중심, 일부 지방 벼농사, 목축 · 수렵 발달
어 업	고기잡이 도구 개량, 숭어, 문어, 대게, 고래 등 포획
수공업	금속 가공업, 직물업, 도자기업 발달, 철 생산 풍부, 구리 제련술 발달
상 업	도시와 교통의 요충지에 상업 발달, 현물 화폐 사용, 외국 화폐 유통

- 대외 무역 : 당 · 신라 · 거란 · 일본 등과 교역
  - 대당 무역 : 발해관 설치(산둥반도의 덩저우), 수출품(모피, 불상, 자기), 수입품(귀족 수요품 - 비단, 책)
  - 대일 무역 : 일본과의 외교 관계 중시 - 활발한 무역 활동 전개

03 고대의 사회

1. 신분제 사회의 성립

구분	내용
청동기 · 철기 시대	• 정복 전쟁 전개 → 정복과 복속의 부족 간 통합 과정 • 지배층 사이의 위계 서열 형성 → 신분 제도(귀족, 평민, 천민)로 발전
초기 국가	• 가와 대가 : 호민을 통해 읍락 지배, 관리와 군사력 소유 → 정치 참여 • 호민과 하호 : 호민(경제적 부유층), 하호(농업 종사 평민) • 노비 : 주인에게 예속된 최하층 천민
고대 국가	• 귀족 : 왕족과 부족장 세력으로 편성, 특권 향유(율령 제정, 골품제도) • 평민 : 신분적 자유민(대부분 농민), 정치 · 사회적 제약, 조세 납부 · 노동력 징발 • 천민 : 노비와 집단 예속민 구성, 전쟁 · 세습 · 형벌 · 부채 노비 발생

2. 삼국 사회의 모습

① 고구려와 백제의 사회 기풍

구 분	고구려	백 제
사회 기풍	• 산간 지역 입지 → 식량 생산 부족 • 대외 정복 활동 → 상무적 기풍	• 고구려와 비슷(언어, 풍속, 의복), 상무적 기풍 • 세련된 문화(중국과 교류 → 선진 문화 수용)
법률	• 반역자 · 반란자 → 화형 · 참형(가족은 노비로 전락) • 항복자 · 패전자 → 사형 • 절도자 → 12배 배상	• 반역자 · 패전자 · 살인자 → 사형 • 절도자 → 귀양, 2배 배상 • 뇌물, 횡령 관리 → 3배 배상, 종신형
지배층	왕족인 고씨와 5부 출신 귀족	왕족인 부여씨와 8성의 귀족
사회 모습	• 자영 농민 : 조세와 병역 · 요역 의무 * 진대법 • 천민과 노비 : 피정복민, 몰락 평민, 부채 노비 • 형사취수제 · 서옥제(지배층), 자유 결혼(평민)	• 지배층 : 한문 능숙, 투호 · 바둑 · 장기 즐김 • 일반 백성 : 농민, 천민, 노비도 존재

② 신라의 골품제도와 화랑도

구분	내용
화백회의	• 기원 : 신라 초기의 전통을 오랫동안 유지함 • 구성 : 의장인 상대등(이벌찬)과 진골 출신의 대등 • 운영 : 만장일치제 → 집단의 단결 강화와 부정 방지 • 역할 : 귀족 세력과 왕권의 권력 조절 기능 → 귀족들의 왕권 견제(국왕 추대 및 폐위)
골품제도	• 배경 : 각 족장 세력 통합 편제 → 왕권 강화, 통치 기반 구축 • 구분 : 왕족(성골, 진골), 귀족(6, 5, 4두품) • 역할 : 사회 활동과 정치 활동의 범위 제한, 일상 생활 규제(가옥, 복색, 수레 등 구분)
화랑도	• 기원 : 원시 씨족 사회의 청소년 집단 → 국가 조직으로 발전(진흥왕, 원광의 세속 5계) • 구성 : 화랑(지도자, 귀족 중 선발)과 낭도(귀족 – 평민) • 기능 : 계층 간 대립과 갈등 조절 · 완화, 전통 사회 규범 습득

3. 남북국 시대의 사회

① 통일신라의 사회 변화

특 징	사회 모습
민족 문화 발전	삼국 상호 간 혈연적 동질성과 문화적 공통성 바탕 → 민족 문화 발전 계기
민족 통합 노력	• 백제와 고구려 옛 지배층에게 신라 관등 부여 • 백제와 고구려 유민 등을 9서당에 편입
전제 왕권 강화	• 영토와 인구 증가 → 국가 경제력 향상 • 신문왕의 일부 진골 귀족 숙청(김흠돌의 난)
신분제의 변화	• 진골 귀족 위주 사회 : 중앙 관청의 장관직 독점, 합의를 통한 국가 중대사 결정 • 6두품 부각 : 학문적 식견과 실무 능력 바탕 → 국왕 보좌, 고위직 진출 한계 • 골품제의 변화 : 하위 신분층(3, 2, 1두품)은 점차 희미 → 평민과 동등 간주

② 발해의 사회 구조

구 분	지배층	피지배층
사회 구성	• 고구려계(왕족 대씨, 귀족 고씨 등) • 중앙과 지방의 주요 관직 독점, 노비와 예속민 소유	• 대부분 말갈인 → 일부는 지배층에 편입 • 촌락의 우두머리로 행정 보조
이원적 사회 체제	• 당의 제도와 문화 수용 • 당에 유학생 파견 → 빈공과 응시	고구려나 말갈 사회의 전통 생활 유지

③ 통일신라 사회의 생활

도시의 발달	귀족과 평민의 생활
• 수도 금성 : 정치와 문화의 중심지, 귀족의 금입택과 민가 밀집, 거대한 소비 도시 • 5소경 : 지방 문화의 중심지, 과거 백제 · 고구려 · 가야의 지배층, 수도 이주 신라 귀족 거주	• 귀족 생활 : 금입택 거주, 노비 · 사병 소유, 대토지와 목장 수입, 고리대업 소득, 불교 후원, 수입 사치품 선호 • 평민 생활 : 자신의 토지, 귀족의 토지를 빌려 경작, 귀족의 부채 노비화

④ 통일신라 말의 사회 모순

농민의 몰락	• 귀족들의 정권 다툼, 대토지 소유 확대, 자연 재해 빈번 → 자영농 몰락 촉진 • 대토지 소유자의 조세 회피 → 농민 부담 가중
지방 세력 성장	지방 토착 세력과 사원의 대토지 소유 → 신흥 세력으로 등장
농민 봉기 발발	중앙 정부의 기강 극도 문란, 국가 재정의 고갈, 강압적 조세 징수 → 원종 · 애노의 난

04 고대의 문화

1. 학문과 사상 · 종교

① 한자의 보급과 교육

• 한학의 발달
  - 한자의 보급 : 철기 시대(붓 발견) → 삼국 시대(지배층 사용 - 유교, 불교, 도교의 서적들을 이해)
  - 한학의 발달 : 이두와 향찰 사용 → 한문의 토착화, 한문학의 보급

• 역사 편찬과 유학의 보급

구 분	고구려	백 제	신 라	통일신라	발 해
교육 기관	• 태학(경서, 역사) • 경당(한학, 무술)	박사 제도 (경전과 기술 교육)	화랑도	• 국학(신문왕) • 독서삼품과 (원성왕)	• 주자감 (유교 경전) • 당에 유학생 파견
대표적 한문	• 광개토대왕릉비문 • 중원 고구려 비문 • 을지문덕 5언시	• 개로왕의 국서 • 사택지적비문 • 무령왕릉지석	• 울진봉평신라비 • 진흥왕 순수비 • 임신서기석	• 강수(외교 문서) • 설총(이두 정리) • 최치원 (「계원필경」)	• 정혜공주 묘지 • 정효공주 묘지 • 한시 (양태사, 왕효렴)
역 사	「유기」, 「신집」 (이문진, 영양왕)	「서기」 (고흥, 근초고왕)	「국사」 (거칠부, 진흥왕)	「화랑세기」, 「고승전」 (김대문)	발해 문자 사용

② 불교의 수용

• 불교 사상의 발달 : 발해 - 고구려 불교 계승, 귀족 중심 불교 → 문왕(불교적 성왕 자칭)

구 분	불교의 전래	불교 사상의 발달	선종의 등장
시 기	중앙 집권 체제 정비 무렵	통일신라	신라 말기
과 정	• 고구려 : 소수림왕(372) • 백제 : 침류왕(384) • 신라 : 눌지왕~법흥왕(527)	• 원효(「대승기신론소」, 「금강삼매경론」, 「십문화쟁론」) • 의상(「화엄일승법계도」 - 화엄사상 정립) • 혜초(「왕오천축국전」)	• 참선(개인 수양) → 실천적 경향 • 신라 말 교종의 권위에 대항 • 9산 성립
주 체	왕실, 귀족 주도	불교의 대중화	지방 호족, 6두품과 결합
사 상	업설, 미륵불 신앙	아미타 신앙(원효), 관음 사상(의상)	불립문자, 견성성불
영 향	• 새로운 국가 정신 확립 • 왕권 강화의 이념적 토대 • 문화 발전에 기여	삼국 불교 토대 + 중국과 교류 → 불교 사상의 확대와 본격적 이해 기반 확립	• 지방 문화 역량 증대 • 고려 사회 건설의 사상적 바탕

• 선종의 등장 : 불립문자(不立文字) · 견성성불(見性成佛) → 실천적 경향

구 분	교 종	선 종
시 기	신라 중대	신라 하대
내 용	교리(경전 연구) → 형식, 권위 중시	참선(개인 수양) → 전통, 권위 부정
지지 기반	중앙 진골 귀족	지방 호족, 6두품
종 파	5교	9산
영 향	전제 왕권 옹호, 조형 미술 발달	지방 문화 역량 증대, 고려 사회 건설의 사상 바탕

③ 도교의 전래와 풍수지리설

구 분	도교의 전래	풍수지리설의 전래
과 정	• 고구려(사신도, 연개소문의 장려 ↔ 열반종) • 백제(산수무늬 벽돌, 백제 금동 대향로) • 발해(정효공주 묘지의 불로장생)	• 신라 말기 전래 : 신라 정부의 권위 약화 • 고려 시대 : 서경 길지설 – 북진 정책의 근거 • 조선 시대 : 산송 문제 발생 → 현재까지 계승
영 향	• 산천 숭배와 선신 사상과 결합 • 귀족 사회를 중심으로 전래	• 인문지리학설 : 국토의 효율적인 이용과 관련 • 도참 신앙 결합 : 지방 중심의 국토 재편성 주장

2. 과학 기술의 발달

① 천문학과 수학, 목판 인쇄술과 제지술, 금속 기술 발달

구 분	발달 내용
천문학	• 농경과 밀접한 관련, 왕의 권위를 하늘과 연결 • 고구려 천문도(고분 벽화의 별자리 그림), 신라 첨성대(현존 세계 최고의 천문대) • 「삼국사기」 : 천문 현상 관측 기록(일월식, 혜성 출현, 기상 이변 등)
수 학	• 고구려 : 고분의 석실 · 천장의 구조 • 백제 : 정림사지 5층 석탑 • 신라 : 황룡사 9층 목탑, 석굴암의 석굴 구조, 불국사 3층 석탑 · 다보탑
인쇄술	• 인쇄술 : 「무구정광대다라니경」(현존하는 세계 최고의 목판 인쇄물) • 제지술 : 닥나무 종이 재료 – 통일신라의 기록 문화 발전에 크게 기여
금속 기술	• 고구려 : 우수한 철제 무기와 도구 출토 – 고분 벽화에 묘사 • 백제 : 금속 공예 기술 발달 – 칠지도, 백제 금동 대향로 • 신라 : 금 세공 기술 발달(금관, 금속 주조 기술 발달) – 성덕대왕 신종
농업 기술	• 고구려 : 쟁기갈이, 보습 사용 • 백제 : 수리 시설 축조, 철제 농기구 개량 → 논농사의 발전 • 신라 : 우경 보급 확대, 농기구의 보급(쟁기, 호미, 괭이의 사용)

3. 고대인의 자취와 멋

① 고분과 고분 벽화 : 굴식돌방무덤에서 벽화 발견 – 패기와 진취성 표출(고구려), 부드럽고 온화한 기풍(백제)

구 분		대표적 고분	고분 양식	특 징
고구려	초 기	장군총	돌무지무덤	7층 계단식 무덤
	후 기	강서대묘, 무용총	굴식돌방무덤	벽화 발달(사신도, 사냥 그림)
백 제	한성시대	석촌동 고분	돌무지무덤	고구려의 영향
	웅진시대	송산리 고분	굴식돌방무덤	거대한 규모
		무령왕릉	벽돌무덤	중국 남조의 영향
	사비시대	능산리 고분	굴식돌방무덤	규모가 작고 세련
신 라		천마총	돌무지덧널무덤	목재 덧널, 거대한 규모
통일신라		문무왕릉	수중릉	화장 유행, 불교 영향
		김유신묘	굴식돌방무덤	둘레돌, 12지 신상
발 해		정혜공주묘	굴식돌방무덤	모줄임 천장 구조(고구려 고분과 유사)
		정효공주묘	벽돌무덤	묘지와 벽화 발굴

② 건축과 탑

• 건축 : 남아있는 고분과 궁궐터를 통해 건축 양식을 짐작할 수 있음

구 분	건축물	시 기	특 징
고구려	안학궁	장수왕	궁궐 건축 중 가장 큰 규모, 남진 정책의 기상 반영
백 제	미륵사	무 왕	백제의 중흥 반영, 중앙에 목탑과 동서에 석탑 배치
신 라	황룡사	진흥왕	신라의 팽창 의지, 황룡사 9층 목탑(선덕여왕)
통일신라	불국사	8세기 중엽	불국토의 이상 표현(조화와 균형 감각)
	석굴암		아름다운 비례와 균형의 조형미
	안압지		뛰어난 조경술, 귀족 생활의 화려함
발 해	상경 구조	–	당의 수도(장안성) 모방, 외성과 주작대로, 온돌 장치

• 탑 : 부처의 사리를 봉안하여 예배의 주대상으로 삼음

구 분	대표적 탑	특 징
고구려	주로 목탑 건립	현존하는 탑 없음
백 제	익산 미륵사지 석탑	목탑 양식의 석탑, 서탑만 일부 존재
	부여 정림사지 5층 석탑	안정되면서 경쾌한 모습
신 라	황룡사 9층 목탑	거대한 규모, 고려 시대 몽고 침입으로 소실
	분황사 모전 석탑	벽돌 모양 탑 양식 모방
통일신라	감은사지 3층 석탑	장중하고 웅대, 삼국 통일을 달성한 기상 반영
	불국사 3층 석탑	석가탑, 통일신라 석탑 양식의 전형, 높은 예술성과 건축술 반영
	진전사지 3층 석탑	기단과 탑신에 부조로 불상을 조각
	승탑과 탑비	팔각원당형 기본, 선종의 영향 및 지방 호족의 정치적 역량이 성장하였음을 반영
발해	영광탑	누각식 전탑, 당나라 영향, 동북 지역에서 현존하는 가장 오래된 탑

③ 불상 조각과 공예

• 불상 조각

구 분	대표적 불상	특 징
고구려	연가 7년명 금동 여래 입상	북조 양식, 고구려의 독창성 가미(강인한 인상과 은은한 미소)
백 제	서산 마애 삼존불상	부드러운 자태와 온화한 미소
신 라	경주 배리 석불 입상	푸근한 자태와 부드럽고 은은한 미소
	금동 미륵보살 반가 사유상	날씬한 몸매와 그윽한 미소
통일신라	석굴암 본존불과 보살상	균형잡힌 모습과 사실적인 조각
발 해	이불 병좌상	고구려 양식 계승

• 공 예

구 분	대표적 공예	특 징
백 제	백제 금동 대향로	백제 금속 공예 기술의 우수성을 나타냄
	칠지도	백제에서 일본에 보냄, 금으로 상감한 글씨
발 해	자기 공예	가볍고 광택, 종류 · 모양 등 매우 다양, 당에 수출
	벽돌과 기와 무늬	고구려의 영향, 소박하고 힘찬 모습
	상경 석등	발해 석조 미술의 대표, 발해 특유의 웅대한 느낌
통일신라	무열왕릉비 받침돌	거북이가 힘차게 전진하는 생동감 있는 모습
	법주사 쌍사자 석등, 불국사 석등	단아하면서도 균형 잡힌 걸작
	성덕대왕 신종	맑고 장중한 소리, 경쾌하고 아름다운 비천상
	상원사종	우리나라에서 가장 오래된 범종(725)

④ 글씨, 그림, 음악, 한문학, 향가

글 씨	광개토대왕 비문	웅건한 서체
	김 생	질박하고 굳센 독자적 서체 * 집자비문(고려 시대)
	정혜공주와 정효공주 묘지	4 · 6변려체
그 림	천마도	경주 황남동 천마총, 신라의 힘찬 화풍
	솔 거	황룡사 벽에 그린 소나무 그림
	화엄경 변상도	섬세하고 유려한 모습, 신라 그림의 높은 수준 반영
음 악	고구려 왕산악	진의 7현금을 개량하여 거문고 제작, 악곡 지음
	백 제	고구려와 비슷, 일본 음악에 영향
	신라 백결 선생	방아타령을 지어 가난한 사람들을 달램
	가야 우륵	가야금을 만들고 12악곡을 지음
한문학	황조가	고구려 유리왕이 이별의 슬픔을 노래
	오언시	을지문덕이 수의 장수에게 보낸 오언시
향 가	구지가	무속 신앙과 관련된 노래
	회소곡	노동과 관련된 노래
	정읍사	민중들은 어려운 생활 속에 그들의 소망을 노래로 표현
	불교 수용 후	혜성가 등, 「삼대목」 편찬(대구화상과 위홍, 진성여왕)
설화 문학	일반 서민들 사이에서 구전	에밀레종 설화, 설씨녀 이야기, 효녀 지은 이야기

4. 일본으로 건너간 우리 문화

백 제	고구려	신 라	통일신라
• 아직기(한자 교육) • 왕인(천자문과 논어 보급) • 노리사치계(불경과 불상)	• 담징(종이 · 먹의 제조 방법, 호류사의 벽화) • 혜자(쇼토쿠 태자의 스승) • 혜관(불교 전파)	• 배 만드는 기술 • 제방 쌓는 기술	• 원효, 설총, 강수의 불교 · 유교 문화 • 심상의 화엄 사상 – 일본 화엄종 발달에 영향
• 고류사 미륵 반가 사유상 • 호류사 백제 관음상 • 백제 가람 양식	다카마쓰 고분 벽화 (수산리 고분 벽화와 흡사)	한인의 연못	일본에서 파견해 온 사신을 통해 전해짐
야마토 조정 성립(6세기경), 아스카 문화 형성(7세기경)			하쿠호 문화 성립

03 중세 사회의 발전

01 중세의 정치

1. 중세 사회의 성립과 전개

① 고려의 성립과 민족의 재통일

• 고려의 성립

구 분	후백제	후고구려 → 마진 → 태봉	고 려
건국자	견훤(호족 + 군사)	궁예(초적 + 호족)	왕건(호족 + 해상 + 선종 세력)
수 도	완산주	송악 → 철원	송악
지배 지역	전라도, 충청도	경기도, 강원도	고구려 계승 표방
기 타	• 중국과 외교 관계 • 신라에 적대적	• 미륵 신앙 이용, 전제 정치 도모 • 백성과 신하들의 지지 확보 실패	• 나주 점령 → 후백제 견제 • 호족 세력 포섭, 친 신라 정책

• 중세 사회의 성립

구 분	고대 사회	중세 사회	문화의 폭 확대와 질 향상
정 치	진골 귀족	호족, 문벌 귀족	• 고대 문화의 혈족적 관념과 종교(불교)의 제약에서 탈피 • 유교 사상 발달과 불교의 선종과 교종의 융합 • 대외 문화와의 교류 확대 – 송, 원, 서역 문화 • 지방 문화의 수준 향상 – 지방 세력이 문화의 주인공으로 등장
사 회	친족 중심(골품제 사회)	능력 본위(개방적 사회)	
사 상	불교–왕권 강화	유교 정치 이념 정립	
문 화	귀족 중심 문화	문화의 폭 확대 · 질 향상	
민족 의식	민족 의식 결여	민족 의식 강화(북진정책)	

② 정치 구조의 정비(10세기)

• 태조(918~943)의 통치 기반 강화

민생 안정	취민유도, 조세 경감(1/10세), 억울한 노비 해방, 흑창 설치
통치 기반 강화	• 관제 정비 : 개국 공신과 호족을 관리로 등용(태봉 + 신라 + 중국 제도) • 호족 통합 : 정략 결혼, 호족의 중앙 관리화 및 향직 부여(호장, 부호장 등), 역분전 지급, 사성(賜姓) 정책 • 호족 통제 : 사심관 제도(우대), 기인 제도(감시) • 통치 규범 정립 : 정계와 계백료서(관리의 규범), 훈요 10조(정책 방안 제시)
북진 정책 추진	• 고구려 계승자 강조(국호 – 고려, 서경 중시) • 발해 유민 포섭, 북방 영토 확장(청천강~영흥만) • 거란 강경책(만부교 사건, 942)

• 광종(949~975)의 개혁 정치

노비 안검법 실시	• 불법적으로 노비가 된 자를 해방 • 호족의 경제적, 군사적 기반 약화 → 왕권 강화 • 조세, 부역 담당자인 양인의 확보 → 국가 재정 기반 강화
과거 제도(958) 실시	신구 세력 교체 → 문치주의
백관의 공복 제정	사색 공복(자, 단, 비, 록) → 관료 기강 확립
주현 공부법 실시	국가 수입 증대
공신과 호족 세력 숙청	전제 왕권 확립
칭제건원(稱帝建元)	황제 칭호, 독자적 연호 사용(光德, 峻豊) - 자주성 표현

• 성종(981~997)의 유교적 정치 질서의 강화

유교 정치 실현	• 6두품 출신의 유학자들이 국정 주도 • 최승로의 시무 28조 채택 : 왕권의 전제화 규제, 행정의 기능 강화
정치 체제 정비	• 지방 세력 견제 : 12목에 지방관 파견, 향리 제도 마련 • 유학 교육 진흥 : 국자감 정비, 과거제 정비, 경학 · 의학 박사의 지방 파견 • 중앙 통치 기구 개편 : 당과 송 + 신라 + 태봉 → 독특한 정치 체제 마련

2. 문벌 귀족 사회의 성립과 동요

① 문벌 귀족 사회의 성립

• 문벌 귀족 사회의 전개

– 성격 : 진취적 · 개방적 사회 → 보수적 · 배타적 사회(음서제, 공음전)

– 과정 : 지방 호족 → 문벌 귀족 → 무인세력 → 권문세족 → 신진 사대부(향리, 과거)

– 영향 : 문벌 귀족 사회 동요 → 붕괴(이자겸의 난, 묘청의 서경 천도 운동)

• 문벌 귀족 사회의 모순

정치 특권	과거, 음서제 → 고위 관직 독점(중서문하성과 중추원의 재상 등)
경제 특권	과전(관직), 공음전(자손에게 세습), 사전(賜田), 토지 겸병
사회 특권	왕실 및 귀족 상호 간의 중첩적인 혼인 관계 → 왕실 외척의 지위를 이용하여 정권 장악

② 문벌 귀족 사회의 동요

구 분	이자겸의 난(1126)	묘청의 서경 천도 운동(1135)
배 경	문벌 귀족 사회 모순 → 정권 장악 시도	서경파(북진주의) ↔ 개경파(사대주의)
과 정	이자겸 · 척준경의 난 → 개경 궁궐 소실 → 내분 · 실패	서경 천도 추진 · 좌절 → 묘청 반란(국호-대위, 연호-천개, 군대-천견충의군) → 실패
영 향	왕실 권위 하락, 문벌 귀족 사회의 붕괴 발단(민심 동요)	서경파 몰락, 숭문 천무 정책의 노골화, 문벌 귀족 체제 강화 → 무신정변의 발생 원인

③ 무신 정권의 성립

• 무신정변(1170)

– 배경 : 지배층의 정치적 분열, 군인 경제적 궁핍, 의종의 실정

– 과정 : 무신 정권 수립(정중부의 난, 1170) → 권력 쟁탈전 전개 → 최씨 정권 시대 전개 (1196~1258)

– 영향 : 무신 독재 정치(중방), 전시과 체제의 붕괴, 사회의 동요(반 무신난, 농민 · 천민의 난)

<table>
<tr><th colspan="4">1170~1174~1179~1183~1196</th><th>1196~1258</th><th>1258~1271</th></tr>
<tr><td colspan="4">무신 정권 형성기</td><td>확립기</td><td>붕괴기</td></tr>
<tr><td>정중부,
이의방</td><td>정중부</td><td>경대승</td><td>이의민</td><td>최씨 정권 시대</td><td>김준, 유경 → 임연, 임유무</td></tr>
<tr><td colspan="2">중 방</td><td>도 방</td><td>중 방</td><td>교정도감, 정방, 서방, 도방, 삼별초</td><td>교정도감, 정방</td></tr>
</table>

• 최씨 정권 시대(1196~1258) : 4대 60년간(최충헌 → 최우 → 최항 → 최의)

최충헌의 독재(1196~1219)	최우의 정치(1219~1249)
• 봉사 10조의 개혁안 • 무단 독재 기구 : 교정도감(정적 감시), 도방 • 농장 확대(진주 지방), 진강부 설치	• 정방 설치 : 문 · 무 인사권 장악 • 서방 설치 : 문신 등용 • 삼별초 조직 : 사병이면서 공적 임무 역할 • 항몽 투쟁 : 강화 천도

• 사회의 동요

반 무신의 항거	• 동북면 병마사 김보당의 난(1173), 서경 유수 조위총의 난(1174) • 교종 세력의 반발
농민 · 천민의 난	• 망이 · 망소이의 난(1176) : 공주 명학소의 소민들이 일으킨 봉기 • 김사미 · 효심의 봉기(1193) : 신라 부흥을 표방, 농민들의 봉기 • 만적의 난(1198) : 천민들의 신분 해방 운동

3. 고려 후기의 정치 변동

① 원의 내정 간섭

자주성의 시련	인적 · 경제적 수탈
• 여 · 몽 연합군의 일본 원정(1274, 1281) • 영토 축소(쌍성총관부, 동녕부, 탐라총관부) • 관제 격하(3성 → 첨의부, 6부 → 4사) • 내정 간섭(정동행성, 만호부, 다루가치) • 원의 부마국 지위	• 공녀, 매(응방), 특산물 징발 • 몽고풍 유행, 고려양, 조혼 풍속

② 공민왕 때의 개혁 정치

• 공민왕의 개혁 : 14세기 후반 원 · 명 교체기의 혼란 이용

반원 자주 정책(대외)	왕권 강화 정책(대내)
• 친원 세력 숙청, 정동행성 이문소 폐지 • 관제 복구, 몽고풍 일소 • 쌍성총관부 수복, 요동 공략	• 신돈의 등용, 권문세족 억압 • 정방 폐지(신진 사대부 등용), 전민변정도감 설치 • 유학 교육 강화 : 성균관, 과거 제도 정비

• 신진 사대부의 성장

– 출신 배경 : 무신 집권기 이래 과거를 통해 진출한 지방 향리 자제 출신

– 정치 활동 : 성리학 수용, 불교의 폐단 시정 추구, 권문세족의 비리와 불법을 견제

– 성장 한계 : 권문세족의 인사권 독점으로 관직 진출 제한, 경제적 기반 미약

③ 고려의 멸망

• 정치 상황

구 분	대 내	대 외
배 경	고려 사회의 모순 심화	홍건적과 왜구의 침입
정치상황	• 권문세족의 정치 권력 독점, 토지 겸병 확대 • 백성의 생활 궁핍	• 홍건적 침입(개경 함락, 공민왕 피난) • 왜구 침입(전국 해안 지방 황폐화)
영 향	신진 사대부의 개혁 요구	신흥 무인 세력 성장

• 조선의 건국

– 배경 : 홍건적과 왜구의 격퇴 과정에서 신흥 무인 세력 성장(최영, 이성계의 큰 전과)

– 과정 : 요동 정벌론(최영)과 4불가론(이성계) 대립 → 위화도 회군(1388) → 전제 개혁(과전법) → 조선 건국(1392)

– 영향 : 근세 사회의 성립

4. 통치 체제의 정비

① 중앙의 통치 조직

정치 조직	2성(재부)	• 중서문하성 : 중서성, 문하성 통합 기구(문하시중 : 수상) • 상서성 : 행정 업무 집행, 6부(이 · 병 · 호 · 형 · 예 · 공부)
	중추원(추부)	군국 기무 담당(추밀, 2품 이상), 왕명 출납(승선, 3품 이하)
	삼 사	국가 회계 업무 담당(화폐와 곡식의 출납)
	어사대	감찰 기구(풍속 교정, 관리들의 비리 감찰)
귀족 중심의 정치	귀족 합좌 회의 기구	• 도병마사 : 국방 문제 담당 → 도평의사사(도당)로 개편되어 국정 전반 관장 • 식목도감 : 법의 제정 및 각종 시행 규정의 재정
	대간 제도	• 기능 : 어사대의 관원과 중서문하성의 낭사 구성 → 간쟁, 봉박, 서경 • 성격 : 왕과 고관의 활동을 지원하거나 제약 → 정치 운영에 견제와 균형

② 지방 행정 조직의 정비

5도 양계	편 제	• 5도(일반 행정 단위, 안찰사) – 주 – 군 – 현 – 촌 • 양계(국경 지대, 병마사) – 진(군사적 특수 지역)
	기 타	주현<속현 – 향리(호장, 부호장 – 실제 행정 업무 담당)
특수 행정 구역	3경	풍수설과 밀접(개경, 서경, 동경 → 남경)
	도호부	군사적 방비의 중심지
	향 · 부곡 · 소	하층 양민의 집단 거주 지역

③ 군역 제도와 군사 조직

구분	세부	내용
중앙군	편 제	• 2군(국왕의 친위 부대) → 응양군, 용호군 • 6위(수도 경비와 국경 방어) → 좌우위, 신호위, 흥위위, 금오위, 천우위, 감문위
	기 타	• 직업 군인으로 편성 : 군적에 등록, 군인전 지급, 군역 세습 • 상장군, 대장군 등의 무관이 지휘
지방군	주현군(5도)	농병 일치 → 보승 · 정용(전투, 방위), 일품군(노동 : 향리가 지휘)
	주진군(양계)	국방의 주역을 담당한 상비군(좌군, 우군, 초군) → 국경 수비
특수군	광군(정종)	거란 대비
	별무반(숙종)	신보군, 신기군, 항마군 → 여진 정벌
	삼별초	최씨 정권의 사병, 항몽 투쟁

④ 관리 임용 제도

과거 제도	음서 제도
법적으로 양인 이상 응시 가능	공신과 종실의 자손, 5품 이상의 고관 자손
문과(제술과, 명경과), 승과, 잡과(기술관)	가문을 기준
• 능력 중심 인재 등용 → 유교적 관료 정치의 토대 마련 • 무과의 미실시 • 백정(농민)은 주로 잡과에 응시	• 특권적 신분 세습 가능 • 과거 출신자보다 음서 출신자가 더 높이 출세 • 고려 관료 체제의 귀족적 특성을 반영

5. 대외 관계의 변화

① 고려 시대 각국의 상호 관계

고려 초기 각국의 상호 관계	13세기 초 동아시아의 정세
• 고려 : 북진 정책과 친송 정책 → 거란 견제 • 송과 거란의 관계 : 대립적 • 거란 : 송과 친교 관계를 맺고 있는 고려 경계 • 정안국(발해 유민이 건국)의 친송 정책 : 거란 자극	• 고려 : 최씨 무신 정권 확립기 • 몽고의 등장 : 칭기즈칸에 의해 통일(1206) • 거란족 : 금의 쇠약을 틈타 대요수국 건설(1216) • 금의 장수 포선만노가 동진국 건설(1216)

② 대외 관계의 변화

구 분	거란족	여진족	몽고족	홍건적과 왜구
배 경	북진 정책, 친송 정책, 정안국의 친송 정책	여진족 통합 → 정주까지 남하	강동성의 역 → 몽고의 지나친 공물 요구	고려 말 정치 기강 문란
전 개	• 강동 6주(서희) • 개경 함락, 양규의 선전 • 귀주대첩(강감찬) • 천리장성, 나성 축조	• 동북 9성 축조(윤관) ↓ • 군신관계 요구 · 수용(이자겸이 수락)	• 강화도 천도(최우) • 처인성 승리(김윤후) • 팔만대장경 조판 • 천민과 노비의 저항	• 홍건적 침입(서경, 개경 함락) • 왜구 격퇴(진포, 홍산, 황산) • 쓰시마 정벌(박위)
특수군	광군 조직	별무반 편성	삼별초 항쟁	화포 제작(화통도감)
영 향	삼국 평화 유지	북진 정책 좌절	자주성 시련	신흥 무인 세력 성장

02 중세의 경제

1. 경제 정책

① 국가 재정의 운영

재정 운영 원칙	국가와 관청 종사자에게 조세 수취 권리가 포함된 토지 지급
재정 운영 근거	토지 대장인 양안과 호구 장부인 호적 작성
재정 운영 관청	• 호부 : 호적과 양안 작성 → 인구와 토지 파악 · 관리 • 삼사 : 재정 관련 사무 담당, 실제 업무는 각 관청이 담당
재정의 지출	녹봉, 일반 비용, 국방비, 왕실 경비, 관청 비용

② 수취 제도

조 세	공 물	역	기 타
토지를 논 · 밭 구분	가구별로 포나 토산물 징수	백성 노동력 무상 동원	특수 생산 종사자
• 비옥도 · 3등급 구분 • 생산량의 1/10 징수	• 상공(매년) • 별공(필요에 따라 수시)	• 요역(공사) • 군역(군대)	• 어염세(어민) • 상세(상인)
조운 제도(조창 → 개경)	조세<공물 부담	16세에서 60세의 정남	재정에 사용

③ 전시과 제도와 토지 소유

• 토지 제도의 정비 : 귀족 사회 안정적 운영 – 수조권만 지급, 사망 · 퇴직 시 국가 반납

구 분	시 기	지급 대상	지급 기준	비 고
역분전	태 조	개국 공신	충성도, 인품	논공 행상 성격
시정 전시과	경 종	직산관	관등, 인품	역분전 범위(문<무)
개정 전시과	목 종	직산관	관등(18관등)	18품 전시과(문>무)
경정 전시과	문 종	현직 관리	관등(18관등)	공음전 병행

• 토지 종류

전시과	지급 대상	모든 문무 관리 대상 – 관등 기준(18등급)
	지급 내용	전지와 시지의 수조권 지급 * 수조권 세습 불가
	지급 원칙	소유권(국가), 수조권(관리), 경작권(농민)
	토지 종류	• 과전 : 문무 관리에게 보수로 지급 • 공음전 : 5품 이상 고위 관리 → 문벌 귀족의 세습적인 경제적 기반 • 한인전 : 6품 이하 하급 관료 자제 → 관인 신분의 세습 목적 • 군인전 : 군역 대가(중앙군) → 군역 세습으로 토지 세습 • 구분전 : 하급 관료 · 군인의 유가족 → 생활 대책 마련 • 외역전(향리), 내장전(왕실 경비), 공해전(관청 운영), 사원전(사원)
민 전	백성 사유지	• 소유권 보장(매매, 상속, 기증, 임대 가능), 국가에 세금 납부(1/10) • 민전은 전시과와 더불어 고려 시대 토지 제도의 근간 형성

2. 경제 활동

① 귀족과 농민의 경제 생활

구 분	귀족의 경제 생활	농민의 경제 생활
경제 기반	• 상속 받은 토지(공음전 · 공신전 – 1/2 징수)와 노비(솔거 노비, 외거 노비) • 과전(1/10 조세)과 녹봉(1년 2회) • 농장 : 권력과 고리대 → 토지 강탈, 매입 · 개간	• 자영 농민 : 민전 경작 • 소작 농민 : 국 · 공유지, 타인 소유지 경작 • 기타 : 품팔이, 가내 수공업(삼베, 모시, 비단 등)
경제 생활	• 큰 누각 · 지방 별장 소유 • 화려하고 사치스러운 생활 영위	• 경작지 확대 : 진전 · 황무지 개간, 저습지 · 간척지 개간 • 농업 기술 개발 : 수리 시설 발전, 종자 · 농기구 개량, 시비법 · 깊이갈이 발달, 윤작법 · 이앙법 보급 • 고려 후기 : 권문세족의 농장 확대 → 소작인 · 노비 몰락

② 상공업 활동

수공업 활동	상업 활동
• 관청 수공업 : 공장과 농민 부역 • 소(所) 수공업 : 먹 · 종이 · 옷감 등 제품을 공물로 납부 • 민간 수공업 : 농촌 가내 수공업 형태 • 사원 수공업 : 기술 있는 승려, 노비 활용 • 관청 · 소 수공업 중심 → 사원 · 민간 수공업 발달(후기)	• 도시 : 시전 · 관영 상점 · 비정기 시장 설치, 경시서 설치 • 지방 : 관아 근처 시장 형성, 행상의 활동 • 사원 : 곡물과 수공업품을 민간인에게 판매 • 고려 후기 : 개경 시전 규모 확대, 항구 · 조운로 · 육상로 중심의 상업 발달, 소금 전매, 벽란도가 상업의 중심지로 떠오름

③ 농업의 발달

전 기	후 기
• 휴한농법(휴경지) • 윤작법(2년 3작) 등장	• 심경법, 시비법 발달로 휴경지 감소 • 윤작법 확대 • 이앙법, 목화, 「농상집요」 전래

④ 화폐 주조와 고리대의 유행

구 분	화폐 주조	보
배 경	정부의 재정 확충 및 경제 활동 장악 의도	고리대 성행 → 농민의 토지 상실, 노비화
과 정	건원중보, 삼한통보, 해동통보, 해동중보, 활구(은병)	기금 이식 사업(학보, 경보, 팔관보, 제위보 등)
영 향	귀족들도 불만, 자급 자족적 경제 구조로 유통 부진 → 곡식이나 삼베가 유통의 매개	농민 생활의 폐해 부작용 발생

⑤ 무역 활동

대송 무역	• 벽란도(예성강)와 합포(마산)가 국제 무역항으로 번성 • 비단 · 약재 · 책 수입 ↔ 종이 · 인삼 · 나전칠기 · 화문석 수출
거란 · 여진	은 · 말 · 모피 등 수입 ↔ 식량 · 문방구 · 철제 농기구 등 수출
일 본	• 송, 거란, 여진에 비해 부진 → 11세기 후반부터 내왕 • 수은 · 유황 수입 ↔ 식량 · 인삼 · 서적 수출
아라비아	• 수은 · 향료 · 산호 수입 • 고려의 이름이 서방에 알려짐
원 간섭기	• 공무역과 함께 사무역도 활발 → 상인들의 독자적 무역 활발 • 금 · 은 · 소 · 말의 과도한 유출로 사회적 물의 야기

03 중세의 사회

1. 고려의 신분 제도

① 사회 신분

구 분	구 성	특 징
귀 족	왕족, 5품 이상 고위 관료	• 음서와 공음전 혜택, 개경 거주, 중첩된 혼인 관계 유지 • 문벌귀족 → 무신세력 → 권문세족 → 신진 사대부
중 류	서리, 남반, 향리, 하급 장교	• 호족 출신 : 향리 편제(호장, 부호장 등), 지방의 실질 지배층, 하층 향리와 구별 (통혼 관계, 과거 응시 자격) • 말단 행정직 : 직역 · 토지 세습 – 남반, 군반, 잡류, 하층 향리, 역리 등
양 민	일반 농민과 상공업 종사자, 특수 집단민	• 백정 농민 : 과거 응시 가능, 군인 선발 가능, 납세 의무, 민전 경작 • 향 · 소 · 부곡민 : 법적 양민 – 거주 이전 금지, 국자감 입학 금지, 과거 응시 금지 • 역 · 진의 주민 : 육로 교통과 수로 교통에 종사
천 민	대다수 노비(가장 천시)	• 노비 지위 : 재산 간주, 매매 · 증여 · 상속의 대상, 일천즉천(종모법) • 종류 : 공노비(입역 노비, 외거 노비), 사노비(솔거 노비, 외거 노비) • 외거 노비 : 농업 종사, 신공 납부, 지위 상승과 재산 증식 가능

② 귀족층의 변화

구 분	문벌 귀족	권문세족	신진 사대부
출신 배경	호족, 공신, 6두품 계열	문벌 귀족, 무신, 친원 세력	하급 관리, 향리
관직 진출	과거<음서	음서, 도평의사사 장악	과거(학자적 관료)
경제 기반	대토지 소유(공음전, 과전)	대농장 소유(부재 지주)	지방 중소 지주
사상 성향	불교 · 유교, 보수적	불교, 보수적	성리학 수용, 진취적
대외 정책	북진정책 → 점차 보수 · 사대화	친원 외교	친명 외교

2. 백성들의 생활 모습

① 농민의 공동 조직, 사회 시책

향도(불교 신앙 조직)	사회 시책	사회 제도
• 신앙적 성격 : 매향 활동 – 불상 · 석탑 · 사찰 조성 • 농민 조직 발전 : 공동체 생활을 주도 – 마을 노역, 혼례와 상장례, 민속 신앙	• 농번기에 농민 잡역 동원 금지 • 재해 시 조세 · 부역 감면 • 고리대 이자율의 법제화 • 황무지나 진전 개간 – 일정 기간 면세 혜택	• 빈민 구제 기관 : 흑창, 의창 • 물가 조절 기관 : 상평창 • 의료 기관 : 동서대비원, 혜민국 • 재해 대비 기구 : 구제도감, 구급도감 • 보 : 제위보, 학보, 광학보, 경보, 팔관보

② 법률과 풍속, 가정 생활

법 률	• 기본법 : 당률을 참작한 71개조 법률 시행, 대부분 관습법 따름 • 지방관의 사법권 행사, 유교 윤리 강조(반역죄와 불효죄는 중죄)
상장제례	• 정부 : 유교적 의례 권장 • 민간 : 토착 신앙 + 불교 전통 의식 + 도교 신앙 풍속 거행
명 절	정월 초하루, 삼짇날, 단오, 추석 등
혼 인	• 일부 일처제(여자 18세, 남자 20세 전후 혼인) • 왕실에서는 근친혼 성행 → 중기 이후 금지령 실시
여성의 지위	• 자녀 균분 상속, 딸도 제사 모심, 출생 순 호적 기재, 사위의 처가 입적 가능 • 사위와 외손자 음서 혜택, 여성의 재가 허용(→ 소생 자식의 사회적 진출 무차별)

3. 고려 후기의 사회 변화

① 무신 집권기 하층민의 봉기

사회 변화	백성의 저항
• 신분제 동요 → 하층민에서 권력층 가담(이의민) • 무신들 간 대립과 지배 체제의 붕괴 • 백성에 대한 통제력 약화	• 조위총의 반란(서경) • 망이 · 망소이의 난, 김사미 · 효심의 난 • 만적의 난(신분 해방 추구)

② 몽고의 침입과 백성의 생활

몽고 침입 시	원 간섭기
• 자력 항쟁으로 충주 다인철소와 처인부곡 승리 • 몽고의 과도한 공물 수탈 • 두 차례 일본 원정에 동원되어 많은 희생	• 친원 세력이 권문세족으로 성장 • 몽고풍 유행, 고려양 전래, 공녀 요구 → 조혼 문제

③ 왜구의 침략

왜구 침략 격퇴 과정에서 신흥 무인 세력 성장

04 중세의 문화

1. 유학의 발달과 역사서의 편찬

① 유학의 발달

주요 개념	유학 학풍	교육 발달	대표 학자
초 기	자주적 · 주체적, 과거제 실시	국자감, 향교 설치	최승로, 김심언
중 기	보수적 · 사대적, 문벌 귀족 사회 발달	사학 12도 발달	최충, 김부식
무신 집권기	유학 쇠퇴, 문벌 귀족 몰락	교육 활동 위축	신진 사대부 성장
원 간섭기	성리학 수용, 실천적 기능 강조	관학 진흥	안향, 이제현, 백이정 등
고려 말기	사회 개혁적, 배불론(「불씨잡변」)	성균관 부흥	정몽주, 정도전 등

② 교육 기관

관학 장려	사학의 융성	관학 진흥
• 국자감 정비(중앙) : 유학부, 기술학부 • 향교 설치(지방) : 지방 관리와 서민의 자제 교육	사학 12도 융성 (최충의 9재 학당 등) → 관학 위축	• 숙종 : 서적포 설치 • 예종 : 국학 7재, 양현고, 청연각, 보문각 설치 • 인종 : 경사 6학 정비, 유학 교육 강화 • 충렬왕 : 섬학전, 문묘 건립 • 공민왕 : 성균관 부흥(순수 유교 교육)

③ 역사서의 편찬 : 유학의 발달, 유교적인 역사 서술 체계 확립

초 기	중 기	무신 정변 이후	후 기
고구려 계승 의식	신라 계승 의식	자주적 역사 의식(고구려 · 고조선)	성리학적 유교 사관
「7대 실록」(황주량)	「삼국사기」(김부식)	「해동고승전」(각훈), 「동명왕편」(이규보), 「삼국유사」(일연), 「제왕운기」(이승휴)	「사략」(이제현)
편년체 사서	기전체 사서	민족적 자주 의식+전통 문화 이해	정통 · 대의명분 중시

2. 불교 사상과 신앙

① 불교 정책

* 호국적 · 현세 구복적 성격 → 국가 보호

태 조	광 종	성 종	현종 이후
불교 국가의 방향 제시	승과 제도 실시	유교 정치 이념 채택	국가 보호로 융성
• 훈요 10조 • 연등회 · 팔관회 개최	• 국사 · 왕사 제도 설치 • 불교 통합 노력(귀법사 창건) • 천태종 연구(의통, 제관) • 천태사교의(제관)	연등회 · 팔관회 폐지	• 현화사 · 흥왕사 건립 • 연등회 · 팔관회 부활 • 초조대장경 조판
• 사원 : 사원전 지급, 승려의 면역 혜택 부여 • 향도 : 불교와 함께 토속 신앙의 면모도 보이며, 불교와 풍수지리설이 융합된 모습도 보임			

② 불교 통합 운동

구 분	천태종(의천)	조계종(지눌)
배 경	불교 의식의 폐단 노출(법상종과 화엄종 발달)	선종 부흥과 신앙 결사 운동 전개(수선사 등)
과 정	교종>선종	선종>교종
중심 사찰	국청사	송광사
결사 운동	백련결사(요세)	정혜결사(지눌)
후원 세력	문벌 귀족(고려 중기)	무신 정권(고려 후기)
특 징	• 교종 사상의 통합 노력 • 교관겸수, 내외겸전 • 원효의 '화쟁사상' 중시	• 선 · 교 일치 사상 완성 • 정혜쌍수, 돈오점수 • 불교 개혁 운동(독경, 선 수행, 노동)
영 향	• 불교의 폐단 시정 대책 미흡 • 의천 사후 교단 분열, 귀족 중심 불교 지속	유 · 불교 사상 일치설(혜심) : 심성 도야 강조 → 성리학 수용 기반 형성

③ 대장경 조판

구 분	초조대장경(현종)	교장(숙종, 의천)	팔만대장경(몽고 침입시)
배 경	불교에 대한 이해 체계의 정비, 불교 관련 서적의 체계화 필요성, 호국 불교적 성격 * 경장(부처 설법 결집), 율장(교단 계율 결집), 논장(교리 연구 논문 결집)		
조 판	• 거란 퇴치 염원 • 불교의 교리 정리	• 교장도감 설치 • 신편제종교장총록 작성(불서 목록) • 장 · 소 간행(대장경 주석서)	• 대장도감 설치(최우) • 몽고 퇴치 염원 • 강화도에서 판각
현 재	몽고 침입으로 소실		합천 해인사에 보관

④ 도교와 풍수지리설

구 분	도교의 발달	풍수지리설
배 경	불로장생 · 현세 구복 추구	도참 사상이 가미되어 크게 유행
내 용	• 국가의 안녕과 왕실의 번영 기원(초제 성행) • 팔관회(도교, 민간 신앙, 불교 복합 행사)	• 서경 길지설 : 북진 정책 배경 → 묘청의 서경 천도 운동 • 한양 명당설 : 남경 길지설 → 한양 천도의 근거
영 향	불교적 요소 · 도참 사상 수용 → 일관성 결여, 교단 성립 못함	훈요 10조에서 중시, 비보 사찰 건립, 과거를 통해 풍수지리 관리 등용

3. 과학 기술의 발달

① 천문학과 의학 : 전통 과학 기술 계승, 중국과 이슬람 과학 기술 수용, 국자감의 잡학 교육, 잡과 실시

천문학	• 사천대(서운관) 설치 : 천문과 역법 담당 관청 → 천문 관측 기록 풍부(일식, 혜성 등) • 역법 연구 발전 : 당의 선명력(초기), 원의 수시력(충선왕)
의 학	• 태의감 : 의료 업무 담당, 의학 교육 실시, 의과 시행 • 자주적 의학 발달 : 「향약방」, 「향약구급방」 편찬
인쇄술	• 목판 인쇄술 : 대장경 간행 • 금속 인쇄술 : 「상정고금예문」(1234), 「직지심체요절」(1377) • 제지술 : 닥나무 재배 장려, 종이 제조 전담 관서 설치
무기 제조 및 조선술	• 화약 : 최무선(화통도감) → 왜구 격퇴(진포 싸움) • 조선 기술 : 대형 범선 제조, 대형 조운선, 전함 등장

② 농업 기술의 발달

권농 정책	토지 개간 장려(광종), 무기의 농기구화(성종)
농업 기술	• 토지 개간과 간척 : 묵은 땅, 황무지, 산지 등 개간 → 해안 지방의 저습지 간척 • 수리 시설 개선 : 벽골제와 수산제 개축, 제언 확충, 해안의 방조제 축조 • 농법 발달 : 시비법 · 녹비법 발달, 이앙법 보급, 2년 3작의 윤작법 보급, 깊이갈이(심경법) • 중국 농법 보급 : 「농상집요」(이암), 목화 전래(문익점)

4. 귀족 문화의 발달

① 문학의 성장

시 기	갈 래	특 징	대표적 작가 · 작품
전 기	한문학	과거제 실시와 문치주의의 영향, 독자적	박인량, 정지상 등
	향 가	한시에 밀려 점차 퇴조	보현십원가 11수(균여전, 불교 대중화)
중 기	한문학	당(시) · 송(산문) 문화를 숭상하는 풍조	최충, 김부식
무신 집권기	수필 문학	문신들의 낭만적 · 현실 도피적 경향	국순전(임춘)
		형식보다는 내용에 치중, 현실을 제대로 표현	「동국이상국집」(이규보)
	경기체가	신진 사대부, 향가 형식 계승	한림별곡, 관동별곡, 죽계별곡 등
	패관 문학	설화 형식으로 현실 비판	백운소설, 역옹패설, 「파한집」(이인로), 「보한집」(최자)
후 기	가전체 문학	현실을 합리적으로 파악	국선생전, 국순전, 죽부인전
	장 가	서민 생활 감정 표현(속요)	청산별곡, 가시리, 쌍화점 등
	한 시	유학자를 중심으로 발전	이제현, 이곡, 정몽주

② 건축과 조각

건 축	궁궐과 사찰 중심, 단아하고 세련된 특성	• 주심포 양식 : 봉정사 극락전, 부석사 무량수전, 수덕사 대웅전 • 다포 양식 : 성불사 응진전(후기 건물 → 조선 시대 건축에 영향)
석 탑	신라 양식 일부 계승 + 독자적 조형미 → 다양한 형태	• 전기 : 개성 불일사 5층 석탑, 월정사 팔각 9층 석탑(다각 다층) • 후기 : 경천사 10층 석탑(원 모방, 조선 원각사지 10층 석탑의 원형)
승 탑	선종 유행과 관련	고달사지 승탑(팔각원당형 계승), 법천사 지광국사 현묘탑
불 상	균형미 부족, 시기와 지역에 따라 다양한 제작 기법	• 대형 불상 축조 : 광주 춘궁리 철불, 관촉사 석조 미륵보살 입상 • 민심 안정에 대한 소망 반영 : 안동 이천동 석불 • 전통 양식 계승 : 부석사 소조 아미타여래 좌상

③ 청자와 공예

자기 공예	• 특징 : 신라 · 발해의 전통 + 송의 자기 기술 → 독특한 미 완성 • 순수 청자(초기) → 상감 청자(12세기 중엽) → 분청 사기의 등장(원 간섭기 이후 퇴조) • 도요지 : 강진, 부안
금속 공예	불교 도구 중심 발전 – 은입사 기술 발달(청동 은입사 포류 수금문 정병, 향로)
나전 칠기	경함, 화장품갑, 문방구 – 현재까지 전함

④ 글씨 · 그림과 음악

서 예	• 전기 : 구양순체 유행, 신품 4현(유신, 탄연, 최우, 김생) • 후기 : 송설체(조맹부) 유행, 이암
회 화	• 왕실과 귀족의 취미로 발달, 도화원 설치 • 이령(예성강도), 공민왕(천산대렵도 – 원대 북화의 영향), 문인화의 유행 • 불교 회화 : 관음보살도(혜허), 부석사 조사당 사천왕상 · 보살상, 사경화
음 악	• 아악(대성악) : 송에서 수입 → 궁중 음악, 전통 음악으로 발전 • 향악(속악) : 고유 음악이 당악의 영향으로 발달, 동동 · 대동강 · 한림별곡

04 근세 전기 사회의 발전

01 근세 전기의 정치

1. 근세 사회의 성립과 전개

① 조선의 건국

- 고려 말의 정세
  - 배경 : 고려 말 사회 변화(권문세족 횡포, 홍건적 · 왜구 침입) → 신진 사대부와 신흥 무인 세력 성장
  - 과정 : 명의 철령위 설치 요구 → 요동 정벌론 대두 → 위화도회군 → 전제 개혁 → 국호 · 수도 변경
  - 의의 : 근세 사회의 전개(모범적 유교 정치, 능력 존중, 민족 문화 기반 확립)
- 권문세족과 신진 사대부 비교

구 분	권문세족	신진 사대부
출 신	중앙 고관	지방 향리
정계 진출	음서 바탕	과거 바탕
경제 기반	대농장 소유	중소 지주
사 상	비 유학자, 불교 신봉	성리학자 · 불교 배척(정도전)
외 교	친원파	친명파
역사 의식	주체성 미약	강한 민족 의식

- 근세 사회의 특징

구분	내용
정 치	• 왕권 중심의 중앙 집권적인 관료 체제 마련 • 왕권과 신권의 조화, 모범적인 유교 정치 추구
경 제	• 자영농의 증가와 경작권 보장(향 · 소 · 부곡의 폐지, 과전법)
사 회	• 양인 수의 증가와 권익 신장 • 과거 제도의 정비, 개인의 능력이 보다 존중됨
문 화	• 교육 기회 확대 • 정신 문화와 물질 문화의 균형 발전을 통한 민족 문화 발달, 근세 사회로의 전환

② 국왕 중심의 통치 체제 정비와 유교 정치의 실현 노력

태조 (1392~1398)	왕조의 기틀 마련	• 조선 국호 제정 • 한양 천도 : 교통과 군사의 중심지, 풍부한 농업 생산력 보유 • 정도전 활약 : 민본적 통치 규범 마련(「조선경국전」), 재상 중심 정치 주장, 성리학 통치 이념 확립(「불씨잡변」)
태종 (1400~1418)	국가 기반 확립	• 개국 공신 세력의 견제와 숙청 : 왕권 확립 • 국왕 중심 통치 체제 : 의정부 설치, 6조 직계제, 사간원 독립, 신문고 설치 • 경제 기반 안정과 군사력 강화 : 양전 사업 실시, 호패법 시행, 사원전과 사원 노비 몰수 · 제한, 억울한 노비 해방, 사병 폐지
세종 (1418~1450)	유교 정치 문화의 확립	• 유교 정치의 실현 : 집현전의 육성 · 유학자 우대, 한글 창제 • 의정부 서사제 실시 : 재상 합의제로 정책을 심의 · 왕권과 신권의 조화 추구 • 유교적 의례의 실천 : 유교식 국가 행사, 주자가례 장려 • 유교적 민본 사상의 실현 : 왕도 정치 – 인재 등용, 국민 여론 존중 • 국토 확장(압록강~두만강), 민족 문화 발전
세조 (1455~1468)	왕권의 재확립과 집권 체제의 강화	• 왕권 재확립 : 6조 직계제, 집현전과 경연 폐지, 직전법 실시 • 「경국대전」 편찬 착수 • 중앙 집권과 부국 강병 : 권신과 지방 세력 억제(유향소 폐쇄)
성종 (1469~1494)	유교적 집권 체제의 완성	• 홍문관 설치 : 학문 연구(집현전 계승), 왕의 자문 기구 • 경연 참여의 폭 확대, 사림파 등용 • 「경국대전」 반포 : 조선의 기본 통치 방향과 이념 제시

③ 유교적 통치 이념(성리학 명분론)

정치적	덕치주의와 민본 사상을 바탕으로 하는 왕도 정치 구현
사회적	• 양반 중심의 지배 질서와 가족 제도에 종법 사상이 응용 • 신분적으로 양천 구분과 직역의 법제화, 유교적 가부장적 가족 원리 • 성리학적 사회 윤리 확산
경제적	지배층의 농민 지배 허용 – 지주전호제
국제적	평화 추구의 친선 정책으로 국제적 긴장 관계 완화
사상적	불교, 도교, 토속 신앙을 배격하고 유교 사상으로 흡수하려 함

2. 사림의 대두와 붕당 정치

① 훈구와 사림

구 분	훈구파	사림파
학 통	관학파(근기 지방)	사학파(영남 · 기호 지방)
학문 경향	사장 중심 – 다른 사상도 포용	경학 중심 – 성리학 이외 배격
정치 체제	부국 강병, 중앙 집권	왕도 정치, 향촌 자치제
역사 의식	자주적 사관(단군 숭상)	중국 중심 세계관(기자 중시)
경제 기반	대농장 소유	향촌의 중소 지주
의 의	15세기의 민족 문화 정리	16세기 정치 · 사상 주도

② 사림의 정치적 성장

- 사림의 정계 진출
  - 중앙 정계 진출 : 전랑과 3사의 언관직 담당(성종, 김종직) → 훈구 세력의 비리를 비판
  - 사림 등용 배경 : 세력 균형 추구 → 훈구 세력 견제
- 사화와 붕당의 발생

구 분	사 화	붕당 정치
배 경	훈구파(중앙) → 사림파(지방)	사림파 분열(양반 수 증가 → 관직 · 토지 부족)
과 정	무오사화 → 갑자사화 → 기묘사화 → 을사사화	4색 붕당 형성(북인, 남인, 노론, 소론)
영 향	16세기 이후 정권 장악	정치 활성화< 정치 기강 문란, 왕권 약화
전 개	서원, 향약	지방 농장, 족당, 학파 → 언론

③ 조광조의 개혁 정치

정 치	현량과 실시(사림 등용), 위훈삭제(훈구파 제거 시도)
문 화	불교, 도교 행사 폐지(소격서 폐지) → 유교식 의례 장려
사 회	향약과 소학의 전국적 보급 → 향촌 자치 추구, 유교 가치관의 생활화
경 제	공납의 폐단 시정 → 민생 안정책

④ 붕당의 출현과 전개 : 사림(서원, 향약)의 정계 주도 → 선조 때 정권 장악

- 동 · 서 분당 : 척신 정치의 잔재 청산 방법을 둘러싼 대립 → 이조 전랑 자리 다툼

구 분	동 인	서 인
출신 배경	신진 사림(선조 때부터 정치 참여)	기성 사림(명종 때부터 정치 참여)
정치적 입장	• 철저한 사림 정치 실현 - 수기(修己) 강조 • 지배자의 도덕적 자기 절제 강조	• 척신 정치 개혁에 소극적 - 치인(治人)에 중심 • 제도 개혁을 통한 부국 안민
학 맥	• 김효원 지지 세력 • 이황 · 조식 · 서경덕의 학문 계승	• 심의겸 지지 세력 • 이이 · 성혼의 문인 중심

- 붕당 정치의 전개

초 기	동인이 우세한 가운데 정국 운영
동인의 분당	정여립 모반 사건 계기 → 남인(온건파, 초기 정국 주도), 북인(급진파, 임진왜란 후 - 광해군)
광해군	북인의 정국 주도 → 전후 복구사업, 중립 외교 정책, 인조 반정으로 몰락(서인 주도)
인조 반정 이후	• 서인 중심으로 정국 운영 → 남인 일부와 연합(서인과 남인의 공존 체제) • 서원 중심으로 모여진 정치적 여론을 중앙 정치에 반영 • 친명배금 정책, 척화주전론 주장(서인) → 정묘 · 병자호란
효 종	북벌 운동 추진(서인)
현 종	서인과 남인의 정치적 대립 → 기해예송(서인 정권 지속), 갑인예송(남인의 득세)
숙 종	경신환국(1680)으로 공존의 틀 붕괴 → 붕당의 변질

• 붕당 정치의 성격

성 격	• 정치적, 학문적 경향에 따라 결집 → 정파적, 학문적 성격 • 복수의 붕당이 공존 → 상호 견제와 비판을 통한 정치 운영 형태 • 지방 사림 세력의 정치적 성장 → 정치 참여층의 기반 확대
긍정적인 면	**부정적인 면**
• 여론 수렴의 정국 운영 → 공론의 중시 • 3사의 언관과 이조 전랑의 정치적 비중 증대 → 상대 세력 견제, 자기 세력 확대 • 산림(재야의 공론 주도 지도자) 출현 • 서원과 향교가 지방 사족의 의견을 수렴하는 기능	• 신하들 간의 파당 형성 → 국론의 분열 • 의리와 명분에 치중 → 현실 문제 경시 • 지배층의 의견만 정치에 반영

3. 통치 체제의 정비

① 중앙 정치 체제

• 양반 관료 체제 확립

– 「경국대전」 체제 : 문 · 무반 관리의 정치 · 행정 담당 → 경관직(중앙관)과 외관직(지방관)으로 편제

– 18등급의 품계 : 당상관(관서 책임자)과 당하관(실무 담당)으로 구분

※ 정1품부터 종6품까지는 상계, 하계로 나누어져 실제로는 30등급

• 의정부와 6조 체계

구 분	중앙 정치 조직	
의정부	재상 합의제 · 국정 총괄	행정의 통일성과 전문성, 효율성의 조화
6조	직능에 따라 행정 분담	
3사	사간원(간쟁), 사헌부(감찰), 홍문관(정책 자문) * 서경권(관리 임명에 동의권)	
왕권 강화 기구	승정원(국왕 비서 기구), 의금부(국가의 큰 죄인을 다스림)	
문한 기구	춘추관(역사 편찬), 예문관(외교 문서, 국왕 교서), 성균관(국립 대학)	
한성부	수도의 행정과 치안을 담당	
경연제도	학문과 정책 토론(왕–신하)	

② 지방 행정 조직

• 중앙 집권 체제 강화

구 분	중세 사회	근세 사회
행정 조직	• 5도(행정 – 안찰사) – 주 · 군 · 현 – 속현 • 양계(군사 – 병마사) – 진(진장)	• 8도(관찰사) – 부 · 목 · 군 · 현 – 면 · 리 · 통 * 수령 권한 강화(행정 · 군사 · 사법권 행사)
특 징	• 속현>주현 • 향 · 소 · 부곡 존재	• 모든 군현에 관리 파견 • 향 · 소 · 부곡을 일반 군현으로 승격
향리 지위	향리 지위 강화(지방 세력의 실지적 지배자, 외역전 세습, 문과 응시 허용)	향리 지위 약화(수령의 행정 실무 보좌, 무보수, 문과 응시 제한, 세습직 아전)
지방 통제	사심관 · 기인 제도	경재소, 지방관 견제(상피제와 임기제)

• 향촌 사회

– 면 · 리 · 통 제도 : 주민 중에서 책임자 선임(면임, 이정, 통주) → 수령의 정령 집행(인구 파악, 부역 징발)

– 양반 중심 향촌 사회 확립 : 사심관 분화 → 유향소(지방민 자치 허용), 경재소(향청과 정부 간 연락 기능)

③ 군역 제도와 군사 조직

• 군사 조직 : 양인개병, 농병일치 원칙 → 보법 구성(정군과 보인), 호적 제도와 호패 제도

중앙군	• 5위(의흥위, 용양위, 호분위, 충좌위, 충무위) • 궁궐과 서울 수비 – 지휘 책임은 문반 관료가 담당 • 정군(현역 군인), 갑사(시험 선발), 특수병(공신과 고급 관료 자제)으로 편성
지방군	• 육군(병영), 수군(수영)으로 조직 – 농민 의무병(정병) • 건국 초기 : 국방상 요지인 영 · 진에 소속 · 복무 • 세조 이후 : 진관 체제(군현 단위의 독자적 방위 체제)
잡색군	정규군 외의 예비군(서리, 잡학인, 신량역천인, 노비 등), 평상시 – 본업, 유사시 – 향토 방어

• 교통 · 통신 제도 : 봉수제(군사 통신), 역참제(육로), 조운제(수로, 세곡의 수송, 지방 · 조창 → 한양 · 경창)

④ 관리 등용 제도

• 과거 제도

문 과	대 과	• 식년시(3년마다 정기 시험), 부정기 시험(알성시, 증광시 등) • 초시(각 도의 인구 비례) · 복시(33명 선발) · 전시(석차 결정) • 소과에 합격한 생원, 진사에게 응시 자격을 주었으나 뒤에는 큰 제한이 없어짐
	소 과	생진과(생원, 진사 – 각 100명씩 선발) · 성균관 입학
무 과		무관 선발 시험(병조) – 28명 선발
잡 과		해당 관청 교육 · 기술관 선발(역과, 율과, 의과, 음양과)

• 과거 제도와 음서 제도

구 분	고 려	조 선
특 징	음서 발달, 무과 없음	음서 제한, 무과 실시
종 류	• 문과(제술과, 명경과) • 잡과(의학, 천문학, 음양 지리) • 승과(교종선, 선종선)	• 문과(생진과, 대과) • 잡과(역과, 율과, 의과, 음양과) • 무과(문무 양반 제도의 확립)
자 격	양인 이상(원칙) · 귀족 독점(실제)	양인 이상(상공업자, 승려, 무당, 노비 등은 응시 불가)
음 서	5품 이상 귀족 자제 · 귀족적 성격	2품 이상 제한 · 관료적 성격

• 기타 관리 등용 방법

기타 관리 등용 방법	인사 관리 제도
• 취재 : 간단한 시험, 하급 관리 선발(녹사, 서리) • 천거 : 학덕이 높은 자를 추천(기존 관리 대상) • 음서 : 2품 이상의 고관 자제	• 상피제 : 권력의 집중과 부정 방지 • 서경제 : 5품 이하 관리 임명 시 사헌부, 사간원에서 심사(인사의 공정성 도모) • 근무 성적 평가 : 승진 및 좌천의 자료

4. 조선 초기의 대외 관계

① 명과의 관계 : 사대 정책 → 왕권의 안정과 국가의 안전 보장

② 중국 이외의 주변 민족 : 교린 정책 → 회유와 토벌의 양면 정책

구 분	강경책	회유책
중국(명)	• 요동 정벌 준비, 여진과의 문제로 마찰 • 태종 이후 정상화	• 왕권 안정과 국제적 지위 확보(조공 무역) • 자주적 실리 외교, 문화 외교, 공무역 성격
여진족	• 국경에 진 · 보 설치 • 4군 6진 설치(압록강~두만강) • 사민 정책, 토관 제도	• 귀순 장려(관직, 토지와 주택 제공) • 국경 무역(경원, 경성) • 조공 무역 허용(북평관)
일 본	쓰시마 토벌(세종, 이종무)	• 3포 개항(부산포, 제포, 염포) • 제한 조공 무역 허용(1443, 계해약조)

5. 양란의 극복과 대청 관계

① 왜군의 침략(1592)

- 전란의 극복과 영향
  - 배경 : 조선의 국방력 약화와 국론 분열, 일본 전국 시대의 혼란 수습 → 명과 조선 침략
  - 과정 : 한양과 평양 함락 → 수군 승리와 의병 항쟁 → 명 참전과 전열의 정비 → 명량해전 승리 → 왜군 철수
  - 영향 : 인구 격감, 국가 재정 궁핍, 신분제 동요, 문화재 소실, 일본 문화의 발전, 여진족 성장 · 명 쇠퇴
- 수군과 의병의 승리

수군의 승리	의병의 항쟁
이순신의 남해 제해권 장악	농민 주축, 전직 관리 · 사림 · 승려 지도
• 곡창 지대인 전라도 보존 • 왜군의 수륙 병진 작전 좌절	• 향토 지리에 맞는 전술 구사 • 관군에 편입

② 호란의 발발과 전개

- 광해군의 중립 외교

내정 개혁	북인 정권의 수립, 양안 · 호적의 재작성, 군사력 강화, 「동의보감」 편찬, 불타버린 사고 설치
외교 정책	실리 외교의 추진 : 명과 후금 사이에 중립 외교

- 호란의 발발과 전개

구 분	정묘호란(1627)	병자호란(1636)
원 인	친명 배금 정책, 명의 모문룡 군대의 가도 주둔, 이괄의 잔당 후금 투항	청의 성립과 군신 관계 요구 · 조선의 거부 (척화 주전론)
경 과	후금의 침입 → 정봉수, 이립의 의병 활약	청의 침입 → 남한산성에서 항전
결 과	형제 관계 수립	청과 군신 관계 수립, 북벌 운동의 전개

• 북벌 운동의 전개

구 분	북벌론의 대두(17세기)	북학론의 대두(18세기)
배 경	명분론 → 척화 주전론 청에 대한 적개심과 문화적 우월감	현실론 → 주화파 청의 국력 신장과 문물의 발달
전 개	효종(군대 양성, 성곽 수리) 왕성 → 숙종(북벌의 움직임 제기) → 북학론 발전	청의 실체를 인정 → 선진 문물 도입(상업 중시, 대외 무역 활성화, 서양의 과학 기술 등)
영 향	서인의 정권 유지 수단 이용(남인 진출 견제) → 5군영 설치(어영청, 총융청, 수어청 등)	박지원, 박제가, 홍대용 등 중상주의 실학자 → 19세기 후반 개화 사상 형성에도 영향

• 나선 정벌 : 러시아의 남하 → 청의 원병 요청 → 조선 총수병의 실력 입증

02 근세 전기의 경제

1. 경제 정책

① 농본주의 경제 정책

구 분	중농정책	상공업의 통제
배 경	재정 확충과 민생 안정 방안 추구	사치와 낭비 억제, 농업 피폐화 · 빈부 격차 심화 우려, 사농공상의 차별적 직업관
경 제	• 농경지 확대 : 토지 개간 장려, 양전 사업 실시 • 농업 생산력 향상 : 새로운 농법과 농기구 개발 • 농민의 조세 부담 경감	• 유교적 경제관 : 검약 생활 강조, 소비 억제 • 도로와 교통 수단 미비 • 화폐 유통, 상공업 활동, 무역 등 부진
정 책	왕도 정치의 우선 과제 – 민생 안정	16세기 이후 국가의 통제력 약화

② 과전법의 시행과 변화

개 념	과전법	직전법	관수관급제	녹봉제
시 기	고려 말기	세 조	성 종	명 종
대 상	현 · 퇴직 관리 – 사후 반납	현직 관리	현직 관리	현직 관리
배 경	권문세족의 대농장 확대 → 재정 궁핍	경기도 과전 부족	양반 관료의 수조권 남용	직전법 체제 붕괴
목 적	사대부의 경제 기반 마련	토지 부족의 보완	국가의 토지 지배권 강화	관리 생활 수단 마련
영 향	• 농민의 경작권 인정 • 수신전 · 휼양전 · 공신전 세습	농장 확대	• 농장 확대 가속화 • 지주전호제의 일반화	• 수조권 지급 제도 소멸 • 농장의 보편화

※ 외형적으로 국가 통제가 강화된 것으로 보이나 실제는 지주전호제가 강화되고 농민 생활은 더욱 어려워져 결국 토지로부터 이탈하여 도적이나 유민이 됨

③ 수취 체제의 확립

조 세	공 납	역	기 타
토지 소유주 부담	토산물 징수, 호구 기준	16세 이상 정남 대상	-
• 과전법(30두/결, 답험손실법) • 연분9등법 · 전분6등법(20~4두/결)	각종 수공업 제품, 광물, 수산물, 모피, 과실, 약재	• 군역 : 정군, 보인 • 요역 : 1인/8결, 6일/1년(성종)	• 염전, 광산, 산림, 어장 • 상인, 수공업자에게 징수
• 조운(조창 → 경창) • 잉류 지역(평안도, 함경도)	생산량 감소, 생산지 변화로 공물 확보 곤란 → 전세<공물 부담	양반 · 서리 · 향리 등은 군역 면제	-

※ 조세 지출 : 군량미 · 구휼미 비축, 왕실 경비 · 공공 행사비 · 관리의 녹봉 · 군량미 · 빈민 구제비 · 의료비로 지출

2. 양반과 평민의 경제 활동

① 양반 지주의 생활

경제 기반	농장 경영	노비 소유
• 과전, 녹봉 • 자신 소유의 토지와 노비	• 직접 경작(노비) • 소작 경영(농민과 병작반수)	• 솔거 노비 : 가사, 농경, 직조 역할 • 외거 노비 : 매년 신공(포, 돈) 납부
• 토지 경영 : 비옥한 경상, 충청, 전라 지역에 집중 → 농장 형태 형성	15세기 후반 농장의 증가 → 유랑민들을 노비화시켜 토지를 경작함	• 재산의 한 형태 : 노비 매매, 노비 신분 세습, 양인과 혼인 통해 소유

② 농민 생활의 변화

농업 생산력 증가	농민의 생활
• 중농 정책 : 중국 농업 기술 도입, 개간 장려, 수리 시설 확충, 농서 보급, 양반의 농업 관심 증대 • 농업 기술 개량 : 2년 3작, 모내기 보급, 시비법 발달, 농기구 개량, 목화 · 약초 · 과수 재배 확대	• 농민 몰락 : 지주제 확대, 자연 재해, 고리대, 세금 부담 → 소작농 전락, 유민 증가 • 농촌 안정책 : 정부(구황 방법 제시, 호패법 → 오가 작통법 강화), 양반(향약 시행)

③ 상공업 생산 활동

수공업 생산 활동	상업 활동
• 관영 수공업 : 공장안 등록, 16세기 부역제 해이와 상업 발전 · 관영 수공업 쇠퇴 • 민영 수공업 : 농기구 등 물품 제작, 양반 사치품 생산 • 가내 수공업 : 자급 자족 형태, 무명 생산 증가	• 시전 중심 : 왕실과 관청에 물품 공급 · 특정 상품의 독점 판매권 획득(금난전권), 육의전 번성, 경시서 설치 • 장시 성장 : 서울 근교와 지방 정기 시장, 보부상 활동 • 화폐 : 저화, 조선통보 발행 → 유통 부진, 쌀 · 무명 이용 • 무역 : 대외 무역 통제 → 명(공 · 사무역 허용), 여진(무역소 설치), 일본(왜관 중심), 국경 부근 사무역 통제

④ 수취 제도의 문란 : 유민과 도적 증가 → 임꺽정의 난(명종)

구 분	조세 제도(15세기)	농민 부담 가중(16세기)
전 세	과전법(30두) → 전분 6등법 · 연분 9등법(20~4두)	지주 전호제, 병작 반수제 → 몰락 농민 증가
공 납	토산물 징수(호구 기준) - 상공, 별공, 진상	방납제, 인징, 족징 → 수미법 주장(조광조, 이이)
역	군역과 요역(8결당 - 1인, 1년 - 6일)	군역의 요역화 → 방군 수포제 · 대립제
환 곡	빈민 구제 목적 - 춘대 추납법(이자 : 1/10)	이자의 고리대화

03 근세 전기의 사회

1. 양반 관료 중심의 사회

① 양천 제도와 반상 제도

구 분	양천 제도의 법제화	반상 제도의 일반화
특 징	양인과 천민 구분 – 법제적 신분 제도	양반과 상민 간의 차별 – 실제적 신분 제도
구 성	• 양인 : 자유민(과거 응시 가능, 조세 · 국역 의무) • 천민 : 비자유민(개인 · 국가에 소속, 천역 담당)	• 양반을 보좌하던 중인이 신분층으로 정착 • 신분 제도 정착(양반, 중인, 상민, 천민)
성 격	• 신분 이동 가능 : 양인의 과거 응시 및 관직 진출, 양반의 노비 · 중인 · 상민화 • 한계 : 고려 사회에 비해 개방된 사회, 신분제 사회 틀 유지의 한계	

② 양반, 중인, 상민, 천인

구 분	구 성	특 징
양 반	문반과 무반	• 문 · 무반의 합칭 → 가족과 가문까지 지칭(신분 명칭으로 고정) • 토지와 노비 소유, 고위 관직 독점(과거 · 음서 · 천거 등), 국역 면제 • 지주층(경제적 측면)이며, 관료층(정치적 측면), 관료 지향
중 인	기술관, 서리, 향리, 군교, 역리, 서얼	• 양반과 상민의 중간 신분(* 기술관) → 조선 후기 독립된 신분층 형성 • 서리, 향리, 기술관 : 직역 세습, 동일 신분 간 혼인 • 서얼 : 중서, 限品敍用(문과 응시 불가, 무반 등용 가능)
상 민	농민, 공장, 상인	• 생산 활동 종사(농업, 수공업, 상업 등) → 조세 · 공납 · 역 부담 • 법적으로 자유민으로 과거 응시 가능 → 현실적 곤란 • 身良役賤(수군, 조례, 나장, 일수, 봉수군, 역졸, 조졸)
천 민	노비, 창기, 사당, 무당, 백정, 광대 등	• 노비의 지위 : 매매 · 상속 · 증여 대상 → 일천즉천(一賤則賤) • 공노비(신공 납부, 관청에 노동력 제공), 사노비(솔거 노비, 외거 노비)

2. 사회 정책과 사회 시설

① 사회 정책과 사회 제도

• 사회 정책

농본 정책	농민의 몰락 방지
성리학적 명분론 입각	국가의 안정과 재정의 근간 보호 목적
신분 사회 질서의 유지와 농민 생활 안정 도모	• 양반 지주의 토지 겸병 억제 • 농번기 잡역 동원 금지, 재해 시 조세 감면

• 사회 제도

환곡제	의료 시설
• 국가 운영 : 의창, 상평창 → 빈농 구제 목적 • 양반 지주의 자치적 운영 : 사창 제도 → 양반 중심의 향촌 지배 질서 유지가 목적	• 혜민국, 동 · 서 대비원 : 수도권 내 서민 환자의 구제 · 약재 판매 • 제생원 : 지방민의 구호 및 진료 담당 • 동 · 서 활인서 : 유랑자의 수용과 구휼 담당

② 법률 제도

형 법	• 기본법 : 형법(대명률과 「경국대전」 적용)과 민법(관습법 적용) • 반역죄와 강상죄는 중죄 → 연좌법 적용(가족 연좌, 고을의 호칭 강등과 수령 파면) • 형벌 : 태 · 장 · 도 · 유 · 사의 5종이 기본
민 법	• 운영 : 지방관(관찰사, 수령)이 관습법에 의거 처리 • 사례 : 노비 관련 소송(초기) → 산송(山訟) 문제 증대(후기) • 상속 : 종법에 의거, 조상의 제사와 노비의 상속 중시
사법 기관	• 중앙 : 사헌부, 의금부, 형조(법률, 소송 등 사법에 관한 일), 한성부(수도 치안 담당), 장례원(노비 관련 문제 처리) • 지방 : 지방관(관찰사, 수령)의 사법권 행사 • 재심 청구 : 다른 관청이나 상부 관청에 소송 → 신문고, 격쟁

3. 향촌 사회의 조직과 운영

① 향촌 사회의 모습

향촌 조직	향촌 자치
• 향(鄕) : 행정 구역상 군현 단위 • 촌(村) : 촌락 · 마을	• 유향소 : 향촌 양반의 자치 기구 → 수령 보좌, 향리 감찰, 풍속 교정(향안, 향규, 향회) • 경재소 : 중앙 현직 관료의 유향소 통제 → 중앙과 지방의 연락 업무 • 향약 보급 : 향촌 사회 운영 질서 강구 → 지방 사족의 지배력 확보와 유지 수단
군 · 현 아래 면 · 리 설치, 몇 개의 자연 촌락으로 구성, 중앙에서 관리 파견×	유향소 변화 : 경재소가 혁파(1603)되며 유향소는 향청으로 명칭 변경

② 촌락의 구성과 운영

- 촌락 : 농민 생활의 기본 단위(자연촌 존재, 동 · 이 편제) → 촌락 주민 지배(면리제, 오가작통제)
- 분화 : 신흥 사족의 향촌 이주 → 향촌 사회 촌락의 분화(반촌, 민촌)

구 분	반 촌	민 촌
구 성	양반 거주	평민과 천민 구성
생 활	친족 · 처족 · 외족의 동족 구성(성씨 다양)	지주의 소작농으로 생활
변 화	18세기 이후 동성 촌락으로 발전	18세기 이후 구성원의 다수가 신분 상승

- 촌락의 운영

주 체	사 족	일반 백성
운 영	동계, 동약	두레, 향도
역 할	촌락민을 신분적, 사회 경제적으로 지배	자생적 생활 문화 조직 형성
변 화	동계, 동약은 양반과 평민층이 함께 참여하는 상하 합계의 형태로 전환(임진왜란 이후)	

③ 촌락의 풍습

풍 습	석전(돌팔매 놀이)	향도계 · 동린계
성 격	상무 정신 함양	농민 주체의 마을 축제
변 화	국법으로 금지하였으나 민간에서 전승	양반들이 음사라 규정, 상조 기구로 기능 전환

4. 성리학적 사회 질서의 강화

① 예학과 보학

구 분	예 학	보 학
성 격	상장 제례 의식 연구 학문 – 종족의 내부 의례 규정	종족(宗族)의 종적 내력과 횡적 관계 기록
배 경	성리학적 도덕 윤리 강조 – 신분 질서의 안정 추구	가족의 내력을 기록하고 암기
영 향	• 유교적 가족 제도 확립(가부장적 종법 질서 구현) • 향촌 사회에 대한 지배력 강화(향약, 소학) • 양반 사대부의 신분적 우월성 강조 • 사림 간 정쟁의 구실로 이용되는 폐단 발생(예송논쟁)	• 종적 내부 결속 다짐 • 다른 종족이나 하급 신분에 대한 우월 의식 고취 • 결혼 상대나 붕당 구별의 자료 • 양반 문벌 제도 강화에 기여(족보 편찬, 보학 발달)

② 서원과 향약

구 분	서 원	향 약
기 능	• 선현 제사 • 학문 연구, 후진 교육	전통적 향촌 규약(향규 · 계 · 향도) + 삼강오륜 = 향촌 교화 규약
내 용	백운동 서원 · 소수 서원(사액 서원)	4덕목(덕업상권, 과실상규, 예속상교, 환난상휼)
영 향	• 유교 보급, 향촌의 사림 결집 • 학문의 지방 확대 • 사림의 향촌 지배력 강화	• 상민층까지 유교의 예속 침투 · 백성 교화에 기여 • 향촌 사회의 질서 유지와 치안 담당 • 사림의 지방 자치 구현, 농민 지배력 강화
문제점	• 토호 및 지방 유력자들이 주민을 위협 수탈하는 배경 제공 • 향약 간부들의 갈등과 대립으로 풍속과 질서를 해치는 경우가 발생함	

04 근세 전기의 문화

1. 민족 문화의 융성

① 발달 배경 : 민족적 · 자주적 성격의 학문 발달 → 민생 안정과 부국 강병 추구, 과학 기술과 실용적 학문 중시

② 한글의 창제와 편찬 사업

구 분	한글 창제	지도 · 지리서	윤리 · 의례서, 법전
배 경	• 조선 한자음의 혼란 방지 • 피지배층에 대한 도덕적 교화 • 양반 중심의 사회 운영에 필요	중앙 집권과 국방 강화 목적	• 유교적 사회 질서 확립(윤리서) • 통치 규범의 성문화(법전)
보 급	• 용비어천가, 월인천강지곡 제작 • 불경, 농서, 윤리서, 병서의 간행 • 서리 채용 시험에 부과	• 지도 : 혼일강리역대국도지도, 팔도도, 동국지도, 조선방역지도 • 지리서 : 「신찬팔도지리지」, 「동국여지승람」, 「신증동국여지승람」	• 윤리서 : 「삼강행실도」, 「동몽수지」, 「이륜행실도」 • 의례서 : 「국조오례의」(국가 의례) • 법전 : 「조선경국전」, 「경제문감」, 「경제육전」, 「경국대전」(6전 체제)

③ 역사서의 편찬

시 기	건국 초기	15세기 중엽	16세기
사 관	성리학적 사관	자주적 사관	존화주의적 사관
편찬 목적	• 왕조의 정통성에 대한 명분 • 성리학적 통치 규범 정착	역사를 자주적 입장에서 재정리	사림의 정치 · 문화 의식 반영
저 서	• 「고려국사」(정도전) • 「동국사략」(권근)	• 「고려사」(기전체), 「고려사절요」(편년체) • 「동국통감」(고조선~고려 말의 통사)	• 「동국사략」(박상) • 「기자실기」(이이)

2. 성리학의 발달

① 성리학의 정착

구 분	관학파(성균관, 집현전)	사림파(서원, 3사 언관직)
계 보	혁명파 사대부(정도전, 권근)	온건파 사대부(정몽주, 길재, 김종직)
조선 건국 과정	조선 건국에 적극 참여	고려에 대한 충성 주장
학 풍	사장 중시(시와 문장)	경학 중시
정 치	중앙 집권과 부국 강병, 현실 정치 · 경제	향촌 자치와 왕도 정치 · 명분과 의리
사 상	• 주례를 국가의 통치 이념으로 중시 • 관대한 사상 정책(민간 신앙 포용) • 성리학의 정치 이념 정착 • 자주 의식(단군 숭배)	• 교화에 의한 통치와 성리학적 명분 중시 • 성리학 이외 사상 배척 • 성리학적 이념과 제도의 실천 노력 • 화이사상(기자 숭상)
의 의	15세기 민족 문화 발전에 기여	16세기 이후 관념적 이기론 발전에 기여

② 성리학의 융성

• 16세기 사림 : 도덕성과 수신을 중시 → 인간 심성에 대한 관심 증대

구 분	주기론	주리론
학 풍	• 기(氣) 중심 세계 이해 • 불교와 노장 사상에 개방적 태도 • 경험적 현실 세계(개혁 사상)	• 이(理)를 중심으로 이론 전개 • 이기이원론 • 도덕적 원리 문제(사회 질서 유지)
학 파	서경덕, 조식 → 이이 → 기호 학파(서인)	이언적 → 이황 → 영남 학파(동인)
경제 기반	불우한 산림 처사	향촌 중소 지주 출신
영 향	• 심오한 이기 철학의 성립과 왕도적 정치 철학 확립 · 정치 활성화 • 지나친 도덕주의 → 현실적 부국 강병책 소홀	

• 성리학의 정착(집대성)

구 분	퇴계 이황	율곡 이이
학 풍	이기 이원론	일원적 이기 이원론
저 서	「성학십도」, 「주자서절요」	「동호문답」, 「성학집요」
영 향	• 도덕적 행위로서의 인간의 심성 중시 • 근본적 · 이상주의적 성격 강함 • 일본 성리학 발전에 영향	• 현실적 · 개혁적 성격(통치 체제의 정비와 수취 제도의 개혁 제시) • 조선 후기 북학파 형성에 기여
계 승	김성일, 유성룡 → 영남 학파	조헌, 김장생 → 기호 학파

③ 학파의 형성과 대립

• 학파의 형성

구 분	동 인	서 인
배 경	서경덕 학파, 조식 학파, 이황 학파	이이 학파, 성혼 학파
전 개	정여립 모반 사건으로 남인 · 북인 분화	인조 반정으로 정국 주도 → 노론 · 소론 분화
	북인(서경덕 · 조식 학파), 남인(이황 학파)	서경덕과 조식 사상, 양명학 · 노장 사상 배척

• 학파의 대립

구 분	광해군	인 조	인조 말엽~효종
학 파	북인 집권	서인 집권 + 남인 공존	서인 산림의 정국 주도
집 권	임진왜란 후 집권	인조 반정으로 집권	송시열 등
대 립	• 대동법 시행, 은광 개발 • 중립 외교 추진 • 성리학의 명분론에 구애받지 않음	• 주자 중심의 성리학 발전 • 친명배금 → 병자호란 초래	• 척화론과 의리 명분론 주류 • 대동법과 호포법 등 정책을 둘러싼 논쟁과 대립

④ 예학의 발달

예학의 보급 (16세기)	• 16세기 중반 : 생활 규범서(「주자가례」) 출현, 주자가례의 학문적 연구 시작 • 16세기 후반 : 성리학을 공부하는 학자들 대부분이 예에 관심을 가짐
예학의 발달 (17세기)	• 양난 이후 유교적 질서의 회복 강조 → 예학 연구 심화(김장생, 정구 등) • 각 학파 간 예학의 차이 → 예송논쟁 발생

3. 불교와 민간 신앙

① 불교의 정비

구 분	억불책	진흥책
배 경	• 성리학적 통치 이념 확립 • 집권 세력의 경제적 기반 확보	• 왕실의 안녕과 왕족의 명복 기원 • 산간 불교화
정 비	• 태조 : 도첩제 실시 → 승려의 수 제한 • 태종 : 사원의 토지와 노비 몰수 • 세종 : 교단 정리 – 선교 양종 36개 절만 인정 • 성종 이후 : 사림들의 불교 비판 → 산간 불교화	• 세조 : 간경도감 설치(한글로 불경 간행) • 명종 : 불교 회복 정책(보우 중용, 승과 부활) • 임진왜란 때 승병 활약(서산대사, 사명대사)

② 도교와 민간 신앙

도 교	풍수지리설	민간 신앙
• 소격서 설치, 초제 시행(참성단) • 사림 진출 이후 도교 행사 폐지	• 한양 천도에 반영 • 산송문제(명당 선호) 야기	• 무격 신앙, 산신 신앙, 삼신 숭배, 촌락제 성행 • 세시 풍속 : 유교 이념과 융합

4. 과학 기술의 발달

① 천문 · 역법과 의학

천문학	• 혼의 · 간의(천체 관측), 앙부일구 · 자격루(시간 측정) • 측우기(세계 최초, 강우량 측정), 인지의 · 규형(토지 측량 – 양전과 지도 제작에 활용) • 천문도 제작 : 천상열차분야지도(← 고구려의 천문도 바탕)
역 법	「칠정산」(중국 · 아라비아 역법 참고, 서울 기준으로 천체 운동 계산)
의 학	민족 의학의 발전 – 「향약집성방」(국산 약재와 치료 방법), 「의방유취」(의학 백과 사전)

② 활자 인쇄술과 제지술 : 각종 서적의 국가적 편찬 사업의 추진

활 자	• 주자소 설치 : 계미자 주조(태종), 갑인자 주조(세종) • 인쇄 기술 발달 : 식자판을 조립하는 방법 창안 → 인쇄 능률의 향상
제지술	조지서 설치(세종, 다양한 종이의 대량 생산) → 출판 문화 수준 향상

③ 농서의 편찬과 농업 기술의 발달

농서 편찬	농업 기술
• 「농사직설」(정초) : 우리의 실정에 맞는 농법 정리(씨앗 저장법, 토질 개량법, 모내기법) • 「금양잡록」(강희맹) : 경기 지방(시흥)의 농사법 정리	• 밭농사 : 2년 3작 보편화 • 논농사 : 벼와 보리의 이모작, 남부 지방 일부 모내기, 건경법(건사리), 수경법(물사리) 시행 • 기타 : 시비법 발달, 가을갈이의 농사법, 목화 재배와 누에치기의 전국적 확산

④ 병서 편찬과 무기 제조

병서 편찬	무기 제조
• 「총통등록」(화약 무기의 제작과 사용법 정리) • 「병장도설」(군사 훈련 지침서) • 「동국병감」(고조선~고려 말까지의 전쟁사 정리)	• 화약 무기 제조(최해산), 화포, 화차(신기전) • 거북선(태종), 비거도선 제조 → 수군의 전투력 향상

5. 문학과 예술

① 다양한 문학

구 분	15세기	16세기
주 체	관료 문인 중심	사림 및 여류 문인 중심
문학 경향	• 격식을 존중하고 질서와 조화 추구 • 관학파의 사장 중시(한문학 발달)	• 개인적 감정과 심성을 표현 • 사림파의 경학 중시(한문학 저조)
한문학	• 자주적 한문학 발달(「동문선」 편찬) • 시조와 악장 문학 발달(가사 출현)	• 흥취와 정신 중요(한시, 가사와 시조 활발) • 여류 문인(신사임당, 허난설헌, 황진이)
설화 문학	• 서민들의 풍속 · 감정 · 역사 의식 • 「필원잡기」, 「용재총화」, 「금오신화」(김시습)	• 어숙권(패관잡기 - 문벌 제도와 적서 차별 비판) • 임제(사회의 모순과 존화의식 비판)
시조 문학	• 새사회 건설 희망 · 진취적 기상(김종서, 남이) • 유교적 충절(길재, 원천석, 사육신)	• 순수한 인간 본연의 감정 노래(황진이) • 자연 은둔 생활의 즐거움(윤선도)
악장 · 가사	• 새 왕조 탄생과 업적 찬양(용비어천가 등) • 훈민정음 창제로 발전	• 악장과 초기의 가사가 더욱 발전 • 송순, 정철(관동별곡, 사미인곡), 박인로

② 건축, 공예, 그림과 글씨, 음악과 무용

구 분	15세기	16세기
건 축	• 신분별 건물 규모 법적 규제 • 주위 환경과의 조화 중시 • 궁궐 · 관아 · 성곽 · 성문 · 학교 건축 중심	• 서원 건축 중심(주택 · 정자 · 사원 양식 배합) • 옥산 서원(경주), 도산 서원(안동)
공 예	분청사기(광주 분원 유명)	순수백자(사대부의 취향과 관련)
	목공예(실용성과 예술성의 조화), 화각 공예, 자개 공예(나전칠기), 자수와 매듭 공예	
그 림	• 중국 화풍 수용, 독자적 화풍 개발 • 일본 무로마치 시대에 영향 • 몽유도원도(안견), 고사관수도(강희안) • 화기(신숙주) : 안평대군의 소장품 소개	• 자연속의 서정미 추구(산수화, 사군자 유행) • 이암, 이정(대나무), 황집중(포도), 어몽룡(매화) • 신사임당(꽃, 나비, 오리), 이상좌(송하보월도)
글 씨	안평대군(조맹부체)	양사언(초서), 한호(해서)
음악 · 무용	• 아악 정리(박연), 「악학궤범」 편찬(성현) • 궁중 무용(나례춤, 처용무)	• 속악 발달 • 산대놀이, 꼭두각시놀이 • 서민 무용(농악무, 무당춤, 승무)

05 근세 후기 사회의 발전

01 근세 후기의 정치

1. 조선 후기 근대 사회로의 이행

구 분	근대 사회의 정의	조선 후기의 근대 태동
정 치	민주 정치	각 분야의 근대적 움직임을 수용 못함 → 서인의 일당 전제화, 세도정치
사 회	평등 사회	봉건적 신분제 사회의 붕괴 → 신분 변동 활발
경 제	자본주의 사회	경영형 부농과 임노동자, 도고, 상품 화폐 경제
사 상	합리적 사고, 평등 사상	실학, 동학, 천주교, 서민 문화 발달, 중국적 세계관 극복(지전설)

2. 정쟁의 격화와 탕평 정치

① 붕당 정치의 변질

- 붕당 정치의 변질 배경 : 17세기 이후 사회 · 경제적 변화
  - 경제 : 상품 화폐 경제의 발달 → 정치 집단의 상업적 이익 독점 욕구 증대
  - 정치 : 정치 쟁점 변질(사상 문제 · 예송 논쟁 → 군영 장악 · 군사력과 경제력 확보에 필수)
  - 사회 : 지주제와 신분제의 동요 → 양반의 향촌 지배력 약화, 붕당 정치의 기반 붕괴
- 붕당 정치의 과정과 영향
  - 과정 : 붕당 간 견제와 균형을 바탕으로 운영(전기) → 빈번한 환국의 발생(숙종) → 일당 전제화의 추세
  - 영향 : 왕실과 외척의 정치적 비중 증대, 3사와 이조 전랑의 정치적 비중 감소, 비변사의 기능 강화

② 탕평론의 대두

숙종(1674~1720)	영조(1724~1776)	정조(1776~1800)
탕평론 제시	'탕평교서' 발표 → 탕평파 육성	탕평책 계승 → 시파 고른 기용
• 공평한 인사 관리 → 정치 집단 간 세력 균형 추구 • 노론과 소론의 대립 격화 → 왕위 계승 분쟁	• 산림 존재 부정, 서원 대폭 정리 • 이조 전랑의 후임자 천거제 폐지 • 균역법, 군영 정비, 악형 폐지 • 신문고 부활, 「속대전」 편찬	• 장용영, 규장각, 초계문신제 시행 • 서얼, 노비 차별 완화, 통공정책 • 「대전통편」 편찬, 화성 건설 • 지방 통치 개편(수령 권한 강화 – 향약 직접 주관)
명목상 탕평론, 편당적 인사 관리 → 환국 발생의 빌미	왕권 강화에 의한 일시적 탕평 → 노론 우세(이인좌의 난 등)	근본적 문제 해결 미흡 (붕당 간 융화와 붕당의 해체 미흡)

3. 정치 질서의 변화

① 세도 정치의 전개(1800~1863)

• 세도 정치

– 배경 : 정조 사후 정치 세력의 균형 붕괴 → 붕당 정치의 파탄, 유교적 관료 정치의 허구화

– 과정 : 안동 김씨(순조) → 풍양 조씨(헌종) → 안동 김씨(철종)

– 영향 : 특정 가문의 정권 독점, 정치 권력의 사회적 기반 약화 → 정치 질서의 파탄

• 권력 구조

– 정치 집단의 폐쇄화 : 소수 가문의 권력 독점, 정치 권력의 사회적 기반 약화

– 권력 구조의 변화 : 정2품 이상 고위직만 정치적 기능 발휘, 비변사에 권한 집중(의정부 · 6조 기능 약화)

② 세도 정치의 폐단

• 체제 유지에 치중

– 사회 변화에 소극적 : 상업 발달과 도시적 번영에만 만족

– 사회 통합 실패 : 새로운 세력(남인, 소론, 지방 선비들)의 정치 참여 배제

• 정치 기강의 문란

– 수령직의 매관 매직 : 탐관오리, 향리의 수탈 극심 → 삼정 문란과 농촌 경제의 피폐

– 경제적 수탈 : 상공업자에 대한 수탈 → 상품 화폐 경제의 성장 둔화

– 민란 발생 : 사회적 압제, 경제적 수탈, 사상적 경색, 정치적 문란으로 대대적인 민란

– 세도가의 한계 : 고증학에 치중하여 개혁 의지 상실, 지방 사회의 어려움을 이해하지 못함

• 조선 후기의 정치 상황

17세기		18세기	19세기
전반(명 · 청 교체기)	후 반		
북인 → 서인 · 남인의 공존 → 일당 전제화		탕평책 실시	세도 정치
• 북인 : 중립 외교(광해군) • 서인 → 인조반정으로 집권 → 친명배금 → 정묘 · 병자호란 → 북벌론(5군영 설치)	• 예송논쟁 → 남인 집권 • 경신환국 → 서인 · 일당 전제화 • 정치적 보복 심화 • 정권의 사회 기반 축소	• 영조 : 탕평책(왕권 강화) • 정조 : 규장각(서얼 등용), 장용영(화성)	• 안동 김씨, 풍양 조씨 • 삼정의 문란 • 민란 : 홍경래의 난(1811), 임술민란(1862)

4. 통치 체제의 변화

① 정치 구조의 변화

구 분	비변사의 기능 강화	3사의 언론 기능 변질	전랑의 권한 강화
배 경	왜구와 여진족의 침입에 대비한 임시 기구 → 국방 · 외교 · 내정까지 관장	공론 반영 → 각 붕당의 이해 관계 대변	중하급 관원에 대한 인사권과 후임자 추천권
변 화	양반의 정치적 지위 강화, 의정부와 6조의 기능 약화, 왕권 약화	상대 세력의 비판, 견제	자기 세력 확대, 상대 세력 견제
혁 파	흥선 대원군의 개혁 정치 → 의정부와 삼군부의 기능 회복	영조와 정조의 탕평 정치 → 3사의 언론 기능과 전랑의 권한 혁파	

② 군사 제도의 변화

구 분	전 기	후 기
중앙군	5위(농병 일치제, 의무병제)	5군영(상비군제, 용병제)
지방군	영진군(양인 개병제)	속오군(양반~노비까지)
방위 체제	진관 체제(세조) → 제승방략 체제(16세기 후반) → 진관 체제 복구(임진왜란 이후)	

③ 5군영 체제

군 영	시 기	병 종	경제 기반	특 징	
훈련도감	선 조	용 병	삼수미세	핵심 군영, 삼수병 양성	• 임기 응변식 설치 • 병종 다양(번상병, 용병) • 상비군제 · 용병제화 → 서인의 군사 기반으로 변질
어영청	인 조	번상병	보(군포)	북벌 추진의 중심 군영	
금위영	숙 종	번상병	보(군포)	수도 방위	
수어청	인 조	속오군	경비 자담	남한 산성 일대 방어	
총융청	인 조	속오군	경비 자담	북한 산성 일대 방어	

④ 수취 체제의 개편

• 수취 제도의 개편

구 분	전 기	후 기
전 세	전분 6등법 · 연분 9등법(20~4두)	영정법(1결당 4두)
공 납	토산물 징수 · 방납 폐단	대동법(1결당 12두 – 쌀, 옷감, 돈)
역	군역의 요역화(방군수포제, 대립제)	균역법(군포 1필)
영 향	농민의 부담 일시 경감, 지주의 부담 증가 · 실제 운영에서 농민 부담이 다시 가중됨	

• 농민 통제책의 강화

구 분	향촌 지배 방식의 변화	농민 통제책 강화
전 개	사족을 통한 향촌 지배(전기) → 수령과 향리 중심의 지배 체제 변화(후기)	호패법 재강화, 오가작통제 강화
영 향	농민 수탈 증대	농민들의 향촌 이탈 방지 목적

5. 대외 관계의 변화

① 청과의 관계

• 관계 변화 : 북벌론 추진(17세기) → 북학론 대두(18세기)

• 국경 문제 야기 : 백두산 정계비(숙종, 1712, 압록강~토문강) → 간도 귀속 분쟁 발생(19세기) → 간도 협약(1909)

② 일본과의 관계

• 대일 외교 관계 수립

– 국교 재개 : 도쿠가와 막부의 교섭 간청 → 기유약조(광해군, 부산포 개항, 제한 무역)

– 통신사 파견 : 외교 · 문화 사절(조선의 선진 문화를 일본에 전파)

• 울릉도 · 독도 : 신라(지증왕) → 조선(숙종, 안용복) → 19세기 말(울릉도에 관리 파견, 독도까지 관할) → 독도 강탈(러 · 일 전쟁 중)

02 경제 상황의 변동

1. 수취 체제의 개편

① 농촌 사회의 동요

농촌의 황폐화	제도의 개편
• 양난 이후 농촌 사회 파괴, 토지의 황폐화 • 기근과 질병 만연, 농민 조세 부담 심각	• 지배층 : 정치적 다툼에 몰두, 민생 문제 등한시 • 정부 : 수취 체제 개편 → 농촌 사회의 안정, 재정 기반 확대 추구

② 조세 제도의 개편

구 분	전세 제도 개편	공납 제도 개편	군역 제도 개편
배 경	농경지 황폐화, 토지 제도 문란 → 농민 몰락	특산물 현물 징수 곤란, 방납 폐단 → 농민의 유망	양인 장정의 납포군화, 군포 징수 폐단(인징, 족징, 백골징포)
개 편	• 영정법(1결당 4두) • 양전 사업(54만결 → 140만결)	대동법 (1결당 12두 – 쌀, 옷감, 돈) * 양반 지주 반대로 전국적 실시 지연	• 균역법(군포 1필) • 선무군관포(양반), 결작(지주) • 잡세(어장세, 선박세)의 징수
영 향	전세율 감소 → 지주 · 자영농 부담 감소	• 공납의 전세화, 조세의 금납화 • 농민 부담 감소, 국가 재정 수입 증가 • 공인 등장(상공업 발달)	농민 부담의 일시적 감소
한 계	• 병작농 혜택 미비 • 부가세 징수 증가	• 현물 부담(별공과 진상)의 존속 • 수령 · 아전의 수탈	• 결작의 소작농 전가 • 군적 문란 → 농민 부담 증가

2. 서민 경제의 발전

① 양반 지주의 경영 변화

구 분	양반의 토지 확대	지주 전호제의 변화
지주 · 전호 관계	신분적 관계	경제적 관계
변화 배경	토지 개간 주력, 농민의 토지 매입 → 소유 농토의 확대	상품 화폐 경제 발달, 소작인 저항 증가 → 소작제의 변화
토지 경영	지주 전호제 경영 일반화(토지를 농민에게 빌려주고 소작료 수취)	소작인의 소작권 인정 소작료 인하, 소작료 정액화 대두(도조법)
경제 활동	소작료와 미곡 판매, 물주로서 상인에게 투자, 고리대로 부 축적, 몰락 양반 등장	

② 농민 경제의 변화

수취 체제 개편	양반 중심의 지배 체제 유지가 목적 → 농촌 사회의 안정에 한계
농민 자구책	• 황폐한 농토 개간, 수리 시설 복구, 농기구 개량과 시비법 개발, 새로운 영농 방법 시도 • 모내기법 확대 : 벼 · 보리의 이모작, 단위 면적당 생산량 증가, 보리 재배 확대
농업 경영 변화	• 광작 농업 : 농민의 경작지 규모 확대, 지주의 직접 경작 토지 확대 • 상품 작물 재배 : 곡물, 면화, 채소, 담배, 약초 등 재배 * 특히 쌀의 상품화
지대의 변화	• 소작 쟁의 전개 : 소작권 인정, 소작료의 정액화, 소작료의 금납화 요구 • 타조법(정률 지대, 병작 반수제) · 도조법(정액 지대, 1/3 정도) → 도전법(지대의 금납화)
농민 계층 분화	• 일부 부농화 : 광작 농업, 토지 개간 · 매입 → 부농 성장(지주화) • 농민 몰락 : 광산 · 포구의 임노동자화, 도시 상공업 종사

③ 민영 수공업과 민영 광산의 발달

구 분	민영 수공업	광산의 개발
15세기	관장의 부역 노동	국가가 직접 경영
17세기	• 장인의 등록 기피 • 민간 수공업자(私匠) 대두	• 사채 허용(설점수세제, 1651) • 은광 개발(대청 무역에서 은의 수요 증가)
18세기 후반	• 민영 수공업 발달(공장안 - 납포장) • 점의 발달(철점, 사기점) • 선대제 수공업 유행(상업 자본>수공업자) • 독립 수공업자 출현(18세기 후반) • 농촌 수공업의 변화(자급자족 → 전문화)	• 금광 개발 활발(상업 자본의 광산 경영 참여) • 잠채 성행 • 광산 경영 : 자본(상인), 경영(덕대), 채굴(혈주와 채굴 · 제련 노동자) → 작업 과정의 분업화

3. 상품 화폐 경제의 발달

① 사상의 대두

• 상품 화폐 경제의 발달
- 농업 생산력 증대, 수공업 생산 활발 → 상품 유통 활성화
- 부세 및 소작료의 금납화 → 상품 화폐 경제 진전
- 인구의 증가, 농민의 계층 분화 → 인구의 도시 유입

• 사상의 활동

공 인	대동법 실시로 등장(어용 상인) · 독점적 도매 상인(도고)으로 활동
송상(개성)	송방 설치, 인삼 판매, 대외 무역 관여(중계 무역)
경강상인	운송업 · 조선업 종사, 한강 · 서남 해안 중심 상권 확대
유상(평양)	청 북경에 파견된 사신을 수행하면서 교역
만상(의주)	청과 무역 활동
내상(동래)	일본과 무역 활동

② 장시의 발달

• 장시의 증가
- 과정 : 남부 지방에서 개설 시작(15세기 말) → 전국에 1천여 개 개설(18세기 중엽)
- 성격 : 지방민의 교역 장소, 정보 교환 장소 → 일부 장시는 상설 시장화, 지역적 시장권 형성
- 종류 : 송파장(광주), 강경장(은진), 원산장(덕원), 마산포장(창원) → 상업 중심지로 발돋움

• 보부상의 활동 : 농촌의 장시를 하나의 유통망으로 연계, 생산자와 소비자를 이어주는 역할 → 보부상단 조합 결성

③ 포구에서의 상업 활동

포구의 성장	포구 거점 상인
• 변화 : 세곡 · 소작료 운송 기지(전기) → 상업 중심지로 성장(18세기) • 성장 : 포구 간 · 인근 장시와 연계 상거래(초기) → 전국 유통권 형성(선상 활동 활발 후) • 장시 개설 : 칠성포, 강경포, 원산포 등 포구	• 선상 : 경강 상인(미곡 · 소금 · 어물 거래 → 거상 성장) • 객주 · 여각 : 선상의 상품 매매 중개, 운송 · 보관 · 숙박 · 금융업 종사

④ 대의 무역의 발달

구 분	대청 무역		대일 무역
시 기	17세기 중엽부터 활기		17세기 이후 국교 정상화
대표 상인	만상(의주)	송상(개성)	내상(동래)
무역 형태	• 개시(공적으로 허용된 무역) • 후시(사적인 무역)		왜관 개시를 통한 공무역
교역품	• 수입품(비단, 약재, 문방구) • 수출품(은, 종이, 무명, 인삼)		• 수출품(인삼, 쌀, 무명) • 수입품(은, 구리, 황, 후추)

⑤ 화폐 유통

- 화폐의 보급
  - 배경 : 상공업 발달 → 금속 화폐(동전)의 전국적으로 유통
  - 과정 : 동전 주조(상평통보, 인조) → 널리 유통(효종) → 전국적 유통(숙종) → 세금과 소작료도 동전으로 대납 가능(18세기 후반)
  - 영향 : 교환 매개 수단, 재산 축적 수단 기능 → 상품 화폐 경제 발달, 전황 발생(→ 이익의 폐전론 제기)
- 신용 화폐 등장 : 상품 화폐 경제 진전과 상업 자본의 성장 → 대규모 상거래에 환, 어음 이용

03 사회의 변동

1. 사회 구조의 변동

① 신분제의 동요

- 양반의 계층 분화
  - 배경 : 조선 후기의 사회 · 경제적 변화 – 사회 계층 구조의 변질, 지배층의 분열
  - 과정 : 양반층 분화, 중간 계층의 신분 상승 운동, 노비의 해방
  - 영향 : 양반 수의 증가, 상민과 노비 수의 감소 → 신분 체제 동요
- 신분 상승 운동

구 분	양반층 분화	양반 수 증가	중간 계층의 성장	노비 감소
배 경	붕당 정치의 변질 → 일당 전제화	부농의 지위 향상과 역 부담 모면 추구	조선 후기의 사회 · 경제적 변화	재정상 · 국방상 목적 해방
과 정	• 권반(집권 세력) • 향반(향촌의 토호) • 잔반(빈궁한 생활)	• 납속책, 공명첩 • 족보 매입 및 위조	• 서얼(납속책 · 공명첩, 상소 운동) • 기술직(소청 운동 전개) • 역관 : 외래 문화 수용 선구	• 공노비(입역 노비 → 납공 노비화) • 사노비(납속, 도망 등으로 신분 상승) • 노비 종모법 시행
영 향	양반층 자기 도태	• 양반의 사회 권위 하락 • 양반 중심의 신분제 동요	• 규장각 검서관 기용(정조) • 전문직으로서의 역할 부각 • 성리학적 가치 체계 도전	• 공노비 해방(순조, 1801) • 사노비 해방(갑오개혁)

② 가족 제도의 변화와 인구의 변동

• 가족 제도의 변화

구 분	조선 전기~중기	17세기 이후	조선 후기
배 경	부계 · 모계 함께 영향	부계 중심의 가족 제도 확립	부계 중심의 가족 제도 강화
변 화	• 남귀여가혼 • 자녀 균분 상속 • 형제들의 제사 분담	• 성리학적 의식과 예절 발달 • 친영 제도 정착 • 장자 상속제, 장자 중심 제사	• 양자 입양 일반화 • 부계 위주 족보 적극적 편찬 • 동성 마을 형성(종중 의식)

• 가족 윤리와 혼인 풍습

가족 윤리	혼인 풍습
• 효와 정절 강조 • 과부의 재가 금지 • 효자와 열녀 표창	• 일부일처 기본 → 남자의 축첩 허용 • 서얼의 차별(문과 응시 제한, 제사나 재산 상속 차별) • 혼사는 가장이 결정(법적 연령 – 남자 15세, 여자 14세)

• 인구의 변동

– 호적 대장 : 3년마다 수정 · 작성 → 공물과 군역 부과의 기준, 남성들만 통계 · 기록

– 지역별 분포 : 경상 · 전라 · 충청도(50%), 경기 · 강원(20%), 평안 · 함경 · 황해(30%)

– 인구 수 : 건국 무렵(550~750만 명) → 임진왜란 전 16세기(1,000만 명) → 19세기 말(1,700만 명 이상)

2. 향촌 질서의 변화

① 양반의 향촌 지배 약화

사족 중심의 향촌 질서 변화	부농층의 도전
• 양반의 권위 약화 : 농촌 사회 분화, 양반층 분화 • 양반의 지위 유지 노력 : 촌락 단위의 동약 실시, 동족 마을 출현, 문중 중심의 사우 · 서원 건립	• 부농층 성장 : 관권과 결탁 → 향안 참여, 향회 장악 • 정부의 향촌 직접 통제 : 관권과 향리 세력 강화 • 향회의 변화 : 수령의 세금 부과 자문 기구화

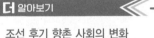

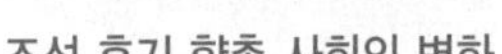

조선 후기 향촌 사회의 변화

조선 후기에는 향회가 수령에 의해 좌지우지되는 자문기구적인 성격이 강해졌다. 이는 관권이 강해지면서 상대적으로 사족의 향촌 지배력은 약화되고 이로 인해 수령의 권력이 향촌 깊숙이 스며듦과 동시에 수령을 보좌하던 향리의 영향력이 강해졌기 때문이다. 한편, 이 시기에는 관권과 손을 잡은 부농층이 향촌 사회의 주도권을 놓고 양반 사족과 다툼을 벌였다.

② 부농 계층의 대두

신분 상승의 합법화	부농의 향촌 지배 참여
• 합법적 신분 상승 방안 마련(납속, 향직의 매매 등) • 정부의 재정난 해결의 필요성	• 향임직 진출, 정부의 부세 제도 운영에 참여 • 수령이나 기존의 향촌 세력과 타협

3. 농민층의 변화

① 농민층의 분화

- 조선 후기 농민 구성 : 상층(중소 지주층), 대다수의 농민(자영농, 소작농)
- 농민의 사회적 현실
  - 정부의 농민 정책 : 각종 의무 부과, 호패법으로 이동 제한 → 한 곳에 정착하여 자급자족적 생활
  - 양 난 이후 : 국가 재정의 파탄, 관리들의 기강 해이, 대동법과 균역법의 효과 無 → 농민들의 불만 증대
  - 농민층의 분화 : 농업 경영을 통하여 부농으로 성장, 상공업 종사, 도시 · 광산 임노동자로 전환

② 지주와 임노동자

구 분	내 용
양반 지주	대부분 양반, 상품 화폐 경제의 발달로 이윤 추구 → 광작을 하는 대지주 등장
농민 지주	• 부의 축적 : 농지의 확대, 영농 방법 개선 • 양반 신분 획득 : 재력을 바탕으로 공명첩, 족보 위조 → 향촌 사회에 영향력 증대 기도
임노동자	• 농민 계층의 분화 결과로 출현 – 다수 농민의 토지 이탈 • 국가의 임노동자 고용(부역제 해이), 부농층의 임노동자 고용(1년 계약 품팔이)

4. 사회 변혁의 움직임

① 사회 불안의 심화

지배 체제의 위기	예언 사상의 대두
• 농민 항거 : 신분제 동요, 지배층의 수탈 심화, 삼정 문란, 농민 의식 성장 → 적극적 항거 운동 • 민심 불안 : 탐관오리 횡포, 자연 재해와 질병, 비기 · 도참설 유행, 이양선 출몰, 도적의 창궐	• 예언 사상 유행 : 비기, 도참(「정감록」) 등을 이용 → 말세의 도래, 왕조 교체 및 변란 예고 등 낭설 유행 • 미륵 신앙 : 현세에서 얻지 못한 행복을 미륵 신앙에서 해결하려고 함 • 무격 신앙

② 천주교의 전파

- 천주교의 도입 : 서학 소개(17세기) → 신앙 발전(18세기 후반, 남인 실학자) → 정부의 탄압
- 정부의 탄압

초기(정조, 1785)	사교로 규정, 국왕에 대한 권위 도전, 성리학 질서 부정
신해박해(정조, 1791)	진산 사건, 정조의 관대한 정책, 큰 탄압 없음
신유박해(순조, 1801)	노론 벽파의 남인 시파 박해, 시파 몰락(실학 퇴조)
기해박해(헌종, 1839)	벽파 풍양 조씨가 시파 안동 김씨로부터 권력 탈취, 신부와 신도 희생
병인박해(고종, 1866)	대원군의 러시아 세력 견제 → 실패, 프랑스 선교사 처형, 병인양요 발발

- 교세 확장 배경 : 사회 불안 속에서 평등 사상과 내세 신앙 전파 → 일부 백성이 공감

③ 동학의 발생

구 분	전개 과정	기본 사상
동학 창시	• 최제우(1860년) 창시 • 유 · 불 · 선 사상과 민간 신앙 결합	• 성격 : 19세기 후반의 사회상 반영 → 사회 모순 극복, 일본 · 서양의 침략 방어 주장 • 사상 : 시천주와 인내천 사상 → 신분 차별과 노비 제도 타파, 여성과 어린이의 인격 존중 사회 추구
정부 탄압	신분 질서 부정 → 최제우 처형(혹세무민죄)	
교세 확장	• 최시형의 교리 정리(「동경대전」, 「용담유사」) • 교단 조직 정비, 교세 확장	

④ 농민의 항거

- 농촌 사회의 피폐
  - 배경 : 정치 기강 문란, 탐관 오리 수탈, 삼정 문란 → 농촌 피폐(화전민, 간도 · 연해주 이주, 임노동자 등)
  - 과정 : 농민의 의식 각성 · 저항(벽서 · 괘서 등 소극적 저항 → 적극적 농민 봉기)
  - 영향 : 농민의 자율적 · 적극적 사회 모순의 변혁 시도, 양반 중심의 통치 체제 붕괴
- 농민의 봉기

구 분	홍경래의 난(순조, 1811)	임술 농민 봉기(철종, 1862)
주 도	영세 농민, 중소 상인, 광산 노동자 등이 합세	농촌 임노동자, 영세 소작농, 영세 자작농 합세
배 경	서북인의 차별 대우와 세도 정치에 대한 반발	세도 정치로 인한 관료의 부패, 양반 지주층의 수탈
경 과	가산 봉기 → 한때 청천강 이북 지역 장악	전주 민란 계기 → 전국 확산(함흥~제주)
영 향	사회 불안으로 농민 봉기 계속됨, 관리들의 부정과 탐학 여전	농민의 사회 의식 성장, 양반 중심의 통치 체제 붕괴

04 문화의 새 기운

1. 성리학의 변화

① 성리학의 교조화 경향

- 성리학에 대한 비판

구 분	성리학의 교조화	성리학에 대한 비판
시 기	인조 반정 후 의리 명분론	17세기 후반부터 본격화
배 경	주자의 성리학을 절대화	주자 중심의 성리학을 상대화
주 장	주자의 본뜻에 충실함으로써 당시의 모순을 해결 가능하다고 생각	6경과 제자백가 등에서 모순 해결의 사상적 기반 발견 경향
영 향	성리학의 교조화(사상의 경직성)	서인(노론)의 공격 → 사문난적으로 몰림
대표자	송시열	윤휴, 박세당

- 성리학의 이론 논쟁

이기론 논쟁		호락 논쟁(노론 중심)	
주리론	주기론	충청도 노론(호론)	서울 · 경기 노론(낙론)
도덕적 · 이상적	현실적 · 개혁적	주기론 고집(이이 학통)	주리론도 포괄적으로 이해
이기이원론	일원론적 이기이원론	인물성이론	인물성동론
이황 학파	이이 학파	위정척사 계승	북학 사상 계승

• 노론과 소론의 분화

학 파	붕 당	학 통	경 향
영남 학파 (동인)	북 인	조식 → 정인홍	절의 중시, 의병장 배출(정인홍, 곽재우)
	남 인	이황 → 유성룡	학문의 본원적 연구, 향촌 사회에 영향력 행사
기호 학파 (서인)	노 론	이이 → 송시열	주자 중심의 성리학 절대시, 정계 · 학계의 주류, 호락 논쟁
	소 론	성혼 → 윤증	성리학 이해에 탄력적, 양명학 · 노장 사상 수용 연구

② 양명학의 수용

구 분	수용 시기	연 구	강화 학파 형성	한말 계승
시 기	16세기 말경	17세기	18세기 초	한말과 일제 강점기
내 용	• 성리학의 형식화 비판 • 실천성 중시(지행합일) • 치양지설(선험적 지식)	소론 학자들의 본격적 수용	• 일반민을 도덕 실천의 주체로 상정 • 양반 신분제 폐지 주장 • 존언, 만물일치설	양명학을 계승하여 민족 운동 전개
대표자	서경덕 학파와 종친들 사이에 확산	남언경, 최명길	정제두, 이광려, 이광사	이건창, 이건방, 박은식, 정인보 등

2. 실학의 발달

① 실학의 등장

구 분	실학의 태동기	실학의 연구
시 기	17세기 전반	18세기
배 경	성리학의 현실 문제 해결 능력 상실	고증학과 서양 과학의 영향
성 격	민생 안정과 부국강병 목표 → 비판적 · 실증적 논리로 사회 개혁론 제시	
전 개	• 이수광(「지봉유설」, 문화 인식의 폭 확대) • 한백겸(「동국지리지」, 역사 지리를 치밀 고증)	• 농업 중심의 개혁론(성호 학파) • 상공업 중심의 개혁론(연암 학파) • 실사구시 학파(추사 학파)

② 중농 학파와 중상 학파

• 농업 중심의 개혁론(중농학파)

실학자	저 서	개혁안	내 용
유형원	「반계수록」	균전론	• 관리, 선비, 농민 등에 따른 차등 토지 분배 * 기성 질서의 인정 한계 • 양반 문벌 제도, 과거 제도, 노비 제도의 모순 비판 • 군사 조직(농병 일치)과 교육 제도(사농 일치) 정비
이 익	「성호사설」	한전론	• 영업전 지급(기타 토지 매매 허용) → 점진적 토지 소유 평등 주장 • 6좀 폐단 지적(양반 문벌 제도, 과거 제도, 노비 제도, 사치와 미신, 승려, 게으름) • 폐전론, 사창제(민간 구휼) 주장
정약용	「목민심서」	여전론 정전론	• 마을 단위의 공동 농장 제도(노동량에 따른 수확량의 분배) • 향촌 단위 방위 체제 • 민본적 왕도 정치(백성의 이익과 의사를 정책에 반영)

• 상공업 중심의 개혁론(중상학파)

실학자	저 서	상공업 진흥론	농업 개혁론
유수원	「우서」	• 사농공상의 직업적 평등화와 전문화 추구 • 상인 간 합자를 통한 경영 규모 확대 • 상인이 수공업자 고용(선대제도)	• 농업의 전문화 · 상업화 • 농업 기술 혁신
홍대용	「의산문답」, 「임하경륜」	• 기술 문화의 혁신, 문벌 제도 철폐 • 성리학 극복 주장 · 부국강병의 근본 강조 • 중국 중심의 세계관 비판(지전설 제기)	균전제(임하경륜)
박지원	「열하일기」, 「과농소초」, 「한민명전」	• 수레 · 선박 이용 • 화폐 유통의 필요성 강조 • 양반 문벌 제도의 비생산성 비판	• 한전제 • 영농 방법 혁신, 상업적 농업 장려, 수리 시설의 확충
박제가	「북학의」	• 청과의 적극적 통상 주장 • 수레 · 선박의 이용 • 소비 권장 · 생산 자극 유도 • 생산과 소비와의 관계를 우물에 비유	–

③ 국학 연구의 확대

• 역사 연구

이 익	실증적 · 비판적 역사 서술		중국 중심 역사관 비판 · 민족 주체적 자각 고취
안정복	「동사강목」	영 조	독자적 정통론(단군–기자–마한–통일 신라–고려), 고증 사학 토대 마련
이종휘	「동사」(고구려사)	영 조	고대사 연구의 시야를 만주 지방까지 확대 · 한반도 중심의 사관 극복에 기여
유득공	「발해고」(발해사)	정 조	
한치윤	「해동역사」	순 조	외국 자료 인용 · 민족사 인식의 폭 확대
이긍익	「연려실기술」	순 조	조선의 정치와 문화 정리 – 실증적 · 객관적 역사 서술
김정희	「금석과안록」	고 종	북한산비가 진흥왕 순수비임을 고증

• 지리, 국어, 백과사전

구 분	지리 연구	국어학 연구	백과사전
배 경	산업, 문화에 대한 관심 반영	한글의 우수성, 문화적 자아 의식 발현	실학 발달, 문화 인식의 폭 확대
편 찬	• 지리서 : 「택리지」(이중환), 「동국지리지」(한백겸), 「아방강역고」(정약용) • 지도 : 동국지도(정상기), 대동여지도(김정호), 서양식 지도 전래	• 음운 : 「훈민정음운해」(신경준), 「언문지」(유희) • 어휘 : 「고금석림」(이의봉)	• 「지봉유설」(이수광), 「성호사설」(이익), 「오주연문장전산고」(이규경), 「청장관전서」(이덕무), 「임원경제지」(서유구), 「대동운부군옥」(권문해) • 「동국문헌비고」(영조)

3. 과학 기술의 발달

① 서양 문물의 수용

- 과학 기술 발달 배경 : 전통적 과학 기술 + 서양의 과학 기술 수용
- 서양 문물의 수용
  - 사신들의 전래 : 서양 선교사들과 접촉 · 수용 → 세계 지도(이광정), 화포 · 천리경 · 자명종(정두원) 등 전래
  - 외국인의 왕래 : 벨테브레이(서양식 대포 제조법 전수), 하멜(「하멜 표류기」, 조선의 사정을 유럽에 전함)

② 천문학과 지도, 의학, 기술의 개발

천문학	지전설 대두(이익, 김석문, 홍대용) → 성리학적 세계관 비판의 근거
역법과 수학	• 시헌력 도입(김육), 유클리드 기하학 도입(「기하원본」 도입) • 「주해수용」 저술(홍대용, 수학의 연구 성과 정리)
지리학	서양 지도(곤여만국전도) 전래 → 세계관의 확대에 기여, 정확한 지도 제작
의 학	• 17세기 : 「동의보감」(허준, 전통 한의학 체계 정리), 「침구경험방」(허임, 침구술 집대성) • 18세기 : 「마과회통」(정약용, 홍역 연구 진전, 박제가와 종두법 연구) • 19세기 : 「동의수세보원」(이제마, 사상 의학 확립)
과학 기술	• 정약용 : 기예론, 거중기 제작(수원 화성), 배다리 설계

③ 농서의 편찬과 농업 기술의 발달

농서 편찬	• 「농가집성」(신속) : 벼농사 중심의 농법 소개, 이앙법 보급에 공헌 • 「색경」(박세당), 「산림경제」(홍만선), 「해동농서」(서호수) : 상업적 농업 기술 발전에 이바지 • 「임원경제지」(서유구) : 농촌 생활 백과사전 편찬
농업 기술	• 논농사 : 이앙법 보급 확대, 수리 시설 개선(당진의 합덕지, 연안의 남대지 등) • 밭농사 : 이랑 간 간격 좁힘, 깊이갈이 일반화(이랑과 고랑의 높이 차 커짐) • 토지의 생산력 증대 : 소를 이용한 쟁기 사용 보편화, 시비법 발달, 가을갈이 보편화 • 경지 면적 확대 : 황무지 개간(내륙 산간 지방), 간척 사업(서해안, 큰 강 유역 저습지)

4. 문학과 예술의 새 경향

① 서민 문화의 발달

- 서민 문화의 등장 : 경제력 성장과 교육 기회 확대 → 서당 교육의 보편화, 서민의 경제적 신분적 지위 향상
- 서민 문화의 발전

구 분	전 기	후 기
주 체	양반 중심	서민 중심
내 용	• 성리학적 윤리관 강조 • 생활 교양 · 심성 수양	• 감정의 적나라한 묘사, 사회 부정 · 비리 고발 • 양반들의 위선적인 모습 비판
배 경	비현실적 세계 – 영웅적 존재	현실적 인간 세계 – 서민적 인물

② 판소리와 탈놀이, 한글 소설과 사설 시조

판소리	• 서민 문화의 중심, 광대들에 의해 가창과 연극으로 공연 · 판소리 정리(신재효) • 춘향가 · 심청가 · 홍보가 · 적벽가 · 수궁가
탈놀이	• 탈놀이, 산대놀이(도시의 상인이나 중간층의 지원으로 성행) • 당시의 사회적 모순 드러냄, 서민 자신들의 존재 자각에 기여
한글 소설	• 홍길동전(서얼 차별 철폐와 탐관 오리 응징) • 춘향전(신분 차별의 비합리성 → 인간 평등 의식), 구운몽, 사씨남정기
사설 시조	• 사설 시조 발달(서민 생활상, 남녀 간의 애정 표현, 현실에 대한 비판) • 시조집(「청구영언」, 「해동가요」), 문학사 정리에 이바지
한문학	• 정약용 : 삼정의 문란을 폭로하는 한시 • 박지원(양반전, 허생전) → 양반 생활 비판, 실학 정신 표현, 자유로운 문체 개발
시 활동	시사 조직, 풍자 시인(정수동, 김삿갓)

③ 미술, 서예, 건축, 공예, 음악

• 미술, 서예

미 술	• 산수화 유행, 김명국이 일본 화단에 영향을 끼침 • 진경산수화 : 우리의 자연을 사실적으로 묘사, 회화의 토착화(정선 – 인왕제색도, 금강전도) • 풍속화 : 김홍도(서민의 생활 모습), 신윤복(양반 및 부녀자의 풍습, 남녀의 애정) • 강세황(서양화 기법), 장승업(강렬한 필법과 채색법 발휘) * 민화 : 민중의 기복적 염원과 미의식 표현, 생활 공간 장식, 한국적 정서가 짙게 반영됨
서 예	이광사(동국진체), 김정희(추사체)

• 건축의 변화

건 축	• 17세기 : 금산사 미륵전, 화엄사 각황전, 법주사 팔상전 – 불교의 사회적 지위 향상, 양반지주층의 경제 성장 반영 • 18세기 : 논산 쌍계사, 부안 개암사, 안성 석남사 – 부농과 상인의 지원, 장식성이 강함 수원 화성(전통 + 서양) – 공격과 방어를 겸한 성곽, 주변과 조화 • 19세기 : 경복궁의 근정전과 경회루 – 화려하고 장중한 건물, 국왕의 권위 고양

• 공예와 음악

공 예	• 도자기 : 청화 백자(간결 · 소탈하고 준수한 세련미), 옹기(서민들이 주로 사용) • 생활 공예 : 목공예, 화각 공예
음 악	• 음악의 향유층 확대 · 다양한 음악 출현 • 양반층(가곡, 시조), 광대 · 기생(판소리, 산조와 잡가), 서민(민요)

06 근대 사회의 발전

01 외세의 침략적 접근과 개항

1. 19세기 제국주의 시대의 세계

① 자본주의의 발달과 제국주의의 전개

• 자본주의의 발달
  - 자본주의의 발달 : 산업 자본주의 → 독점 자본주의 → 식민지 쟁탈전 격화
  - 민족주의의 고양 : 이탈리아와 독일의 통일 → 침략적 · 배타적 민족주의화

• 제국주의의 전개
  - 금융 · 독점 자본주의와 침략적 · 배타적 민족주의의 결합 형태 → 사회 진화론 영향
  - 제국주의 열강들의 세계 정책 대립 → 제1차 세계 대전 발발

② 제국주의 열강의 식민지 쟁탈 경쟁

구 분	아프리카 지역의 분할	아시아 지역의 분할
프랑스	횡단 정책(알제리－사하라사막－마다가스카르 섬)	베트남, 캄보디아, 라오스 통합
영 국	종단 정책(* 3C 정책 : 카이로－케이프타운－켈커타)	인도, 싱가포르 · 말레이 반도 점령
독 일	3B 정책(베를린－비잔티움－바그다드) · 영국의 세계 정책(3C)과 충돌	
네덜란드	인도네시아 점령	
미 국	하와이 등 태평양 진출, 필리핀 지배 등	

③ 중국 · 일본의 개항과 근대화 운동

• 중국 · 일본의 개항

구 분	중국의 개항	일본의 개항
배 경	아편전쟁(1840)	페리 제독의 개항 요구 – 미 · 일 화친 조약(1854)
개 항	난징조약(1842)	미 · 일 수호 통상 조약(1858)
내 용	• 공행의 폐지, 홍콩 할양 • 관세의 자주권 상실 • 치외 법권, 최혜국 대우	• 영사 주재 인정 • 관세의 자주권 상실 • 치외 법권, 최혜국 대우
성 격	불평등 조약	

• 중국 · 일본의 근대화 운동

구 분	중국의 근대화 운동	일본의 근대화 운동
계 기	양무 운동(1862~1895)	메이지 유신(1868)
기본 정신	중체서용	문명 개화론
차이점	서양 문물의 부분적 수용	서양 제도의 적극적 수용
결 과	청 · 일 전쟁 패배 → 변법자강 운동	청 · 일 전쟁 승리 → 중국과 조선 침략
조선에 영향	온건 개화파(김홍집) → 갑오개혁	급진 개화파(김옥균) → 갑신정변

2. 통치 체제의 재정비 노력

① 1860년 전후의 조선의 정세

구 분	대내적	대외적
배 경	세도 정치의 전개	서양 세력의 도전
전 개	• 관직 매매 성행, 탐관오리의 수탈, 삼정의 문란 • 항조, 거세 등 소극적 저항 • 민란의 발생(홍경래의 난, 진주 · 개령 민란 등) • 동학 사상의 확산	• 이양선 출몰 : 해안 측량과 탐사(18세기) · 직접적인 통상 요구(19세기) • 천주교의 확산 • 중국과 일본의 문호 개방, 조선에 통상 요구
당면 과제	지배층 수탈로부터 국민의 권익 보호	서양 세력 침략으로부터 국권 수호

② 흥선대원군의 정치

• 통치 체제 정비

대 내		대 외
왕권 강화책	삼정 개혁	쇄국 정책
• 세도 정치 일소, 능력 따른 인재 등용 • 서원 정리(국가 재정 확충, 민생 안정) • 비변사 폐지 – 의정부 · 삼군부 기능 부활 • 경복궁 중건(당백전, 원납전) • 법전 정비(「대전회통」, 「육전조례」)	• 전정 : 양전 사업(은결 색출) • 군정 : 호포제(양반) • 환곡 : 사창제(주민)	• 국방력 강화 • 천주교 탄압 · 병인양요 • 열강 통상 요구 거절 · 신미양요 • 척화비 건립(1871) * 洋夷侵犯 非戰則和 主和賣國
• 전통적인 통치 체제의 재정비, 민생 안정에 기여 • 전통 체제 내에서의 개혁 정책 한계		• 외세 침략의 일시적 저지에 성공 • 조선의 문호 개방 방해 → 근대화 지연

• 통상 수교 요구 거부

구 분	병인양요(1866)	신미양요(1871)
원 인	병인박해(1866)	제너럴셔먼호 사건(1866)
경 과	프랑스군 침범(Roze) → 강화읍 점령	미국군 침범(Rodgers) → 강화도 공격
결 과	문수산성 · 정족산성 승리(한성근, 양헌수)	광성보, 갑곶 승리(어재연) * 척화비 건립

※ 병인양요 당시에 프랑스군은 외규장각 도서를 약탈하여 감

③ 개항과 불평등 조약 체제

• 강화도 조약과 부속 조약

구 분	강화도 조약	부속 조약과 통상 장정
내 용	• 조선의 자주국 인정 → 청의 종주권 부인 • 부산, 인천, 원산 개항 → 경제, 정치, 군사 침략 • 연해의 자유 측량권 허용 → 군사적 필요 • 치외 법권 인정 → 주권 침해	• 일본 외교관의 여행 자유 인정 • 일본 거류민 지역(조계) 설정 • 일본 화폐 유통, 상품 수출입의 무관세 • 양곡의 무제한 유출 허용
결 과	최초의 근대적 조약, 불평등 조약	일본의 경제적 침략의 토대 구축

• 서구 열강과의 통상 수교

국 가	연 도	수교상의 특징
미 국	1882	• 대미 수교론 대두(조선책략 영향) • 청 알선(러시아 견제 목적) • 조 · 미 수호 통상 조약 체결(1882) → 불평등 조약(치외 법권, 최혜국 대우)
영국, 독일	1882	청의 알선
러시아	1884	조선이 독자적으로 수교, 청과 일본의 러시아 남하 견제로 지연
프랑스	1886	크리스트교 선교 문제 → 천주교의 선교권 인정

02 근대 의식의 성장과 민족 운동

1. 개화 세력의 대두

① 개화 사상의 형성

개화 사상 배경	개화 사상의 형성	개화 세력의 형성
북학 사상	1860년대	1880년대
• 북학파 실학 사상 계승 • 메이지 유신(일본 – 문명 개화론) • 양무 운동(청 – 중체서용) 영향	• 개화 사상가 등장 • 통상 개화론으로 발전	• 정부의 개화 시책과 개혁 운동 추진 • 정부 기구 개편, 해외 시찰단 파견
• 「연암집」, 「북학의」 • 「영환지략」, 「해국도지」 등	박규수(양반), 오경석(역관), 유홍기(의원)	• 김옥균, 박영효, 서광범 • 김홍집, 어윤중, 김윤식
• 사상 : 자주적 문호 개방, 서양 문물과 제도 수용 → 근대적 개혁 통한 부국 강병 추구 • 한계 : 농민들의 요구인 토지 문제 해결에 대해서는 소극적		

② 개화파의 분화

구 분	온건 개화파(사대당)	급진 개화파(개화당)
사상 배경	양무 운동(청)	메이지 유신(일본)
개혁 방법	유교 사상 유지 + 서양 과학 기술만 수용 → 점진적 개혁(개량적 개화론, 동도서기론)	서양 과학 기술 + 사상 · 제도까지 주장 → 급진적 개혁(변법적 개화론, 문명 개화론)
정치 성향	민씨 정권과 결탁, 청나라와의 관계 중시	청의 내정 간섭과 정부의 친청 정책 비판
활 동	갑오개혁 주도(1894)	갑신정변 주도(1884)
대표 인물	김홍집, 김윤식, 어윤중 등	김옥균, 박영식, 홍영식, 서광범 등

2. 개화 정책의 추진과 반발

① 개화 정책의 추진

구 분	개화 정책의 추진	위정 척사 운동의 전개
배 경	• 북학파 실학 사상 계승 • 양무운동과 문명 개화론 수용	• 성리학의 주리론 • 존화주의 세계관 바탕
성 격	근대적 자주 국가 수립 추구	반침략 · 반외세 자주 운동
중심 세력	일부 개화 지식인	보수적 양반 지식인층
전 개	• 개화 기구 설치 : 통리기무아문과 12사 설치 • 군제 개편 : 5군영 → 2영 개편, 별기군 창설 • 수신사(김기수 – 「일동기유」, 김홍집 – 「조선책략」), 조사 시찰단(일본, 1881), 영선사(청, 1881), 보빙 사절단(미국) 파견	• 통상 반대 운동(1860년대, 척화주전론) • 개항 반대 운동(1870년대, 왜양일체론) • 개화 반대 운동(1880년대, 영남 만인소) • 항일 의병 운동(1890년대)
한 계	외세 의존적, 위로부터의 개혁 운동 → 민중의 지지 기반 미약	봉건적 지배 체제 고수 → 역사 발전의 역기능 초래

② 임오군란(1882)과 갑신정변의 발발(1884)

구 분	임오군란(1882)	갑신정변(1884)
원 인	• 개화 세력(민씨) ↔ 보수 세력(흥선대원군) • 곡물의 일본 유출로 인한 민중의 불만 → 구식 군대의 차별 대우	• 개화당(친일 급진파) ↔ 사대당(친청 온건파) • 청 · 프 전쟁 발발로 청군 일부 철수 → 친청 수구 정권 타도(자주 근대 국가 건설 목표)
과 정	구식 군인 봉기 → 민씨 세력 처단과 일본 세력 추방 시도 → 대원군 재집권 → 청군 개입 → 실패	우정국 정변 → 개화당 정부 수립(14개 개혁 요강) → 청군 개입 → 실패
조 약	• 조 · 일 제물포조약 • 조 · 청 상민 수륙 무역 장정	• 조 · 일 한성조약 • 청 · 일 텐진조약
영 향	청군의 조선 주둔, 정치 · 외교 고문 파견 → 민씨 일파의 친청 정책(청의 내정 간섭 심화)	최초 정치 개혁 운동, 근대화 운동 선구 → 개화 세력의 도태(보수 세력의 장기 집권 가능)

3. 근대적 개혁의 추진

구 분	1차 개혁(갑오개혁, 1894. 7)	2차 개혁(갑오개혁, 1894. 12)	3차 개혁(을미개혁, 1895. 8)
배 경	일본군의 경복궁 점령 → 대원군 섭정	청 · 일 전쟁에서 일본 승리 → 조선에 대한 적극적 간섭	삼국 간섭, 친러 내각 성립 → 을미사변 후 추진
경 과	• 제1차 김홍집 내각 • 군국기무처 설치	• 제2차 김홍집 · 박영효 연립 내각 • 독립 서고문과 홍범 14조 반포	• 제4차 김홍집 친일 내각 조직 • 을미개혁 추진, 단발령
영 향	갑신정변과 동학 농민군의 요구 수용	군제 개혁 미비	• 을미의병 발생 • 아관파천으로 개혁 중단
정 치	• 개국 연호 사용 • 왕실과 정부의 사무 분리 • 6조제 → 8아문 체제 • 과거제 폐지 • 경무청 설치 • 왕의 관리 인사권 제한	• 청의 간섭과 왕실의 정치 개입 배제 • 내각제 시행 • 지방 행정 개편(8도 → 23부) • 중앙 행정 개편(8아문 → 7부) • 지방관 권한 축소 (사법 · 군사권 배제) • 군제 개혁 소홀(훈련대, 시위대 설치)	• 건양 연호 사용 • 군사 개편(중앙군 - 친위대, 지방군 - 진위대)
경 제	• 재정의 일원화(탁지아문 관장) • 왕실과 정부의 재정 분리 • 은본위 화폐, 조세 금납제 • 도량형의 개정 · 통일 시행	-	-
사 회	• 양반과 평민의 계급 타파 • 공사 노비 제도 폐지 • 인신 매매 금지 • 조혼 금지, 과부의 재가 허용 • 고문과 연좌법 폐지	• 재판소 설치 • 사법권과 행정권 분리	• 단발령 • 태양력 사용 • 종두법 시행 • 우편 사무 시작
교 육	-	• 한성 사범학교 설립 • 외국어 학교 관제 공포	소학교 설치
한 계	• 조선 개화 인사들과 동학 농민층의 개혁 의지 반영 → 근대적 개혁(1차 개혁) • 침략의 발판을 마련하려는 일제의 강요에 의한 개혁임 • 일본의 침략적 간섭과 만행, 개혁의 급진성 → 일반 대중이 개혁에 등을 돌림		

4. 동학 농민 운동의 전개

① 농민층의 동요와 동학의 교세 확장

• 농민층의 동요

열강의 침략 강화	갑신정변 후 → 청 · 일본, 영국 · 러시아 간의 대립 * 거문도 사건(1885)
국가 재정 악화	배상금 지불과 근대 문물 수용 비용으로 재정 악화
농촌 경제의 피폐	지배층의 억압과 수탈, 외세의 경제 침탈로 인한 농민 생활 궁핍
일본의 경제적 침략	일본 무역 독점(중계 무역 → 일본 상품 판매), 미곡 수탈(立稻先賣) * 방곡령
농민 의식 성장	농촌 지식인과 농민의 정치 · 사회 의식 급성장 → 사회 변혁 욕구 고조

• 동학의 교세 확대

동학의 창시(1860)	정부의 탄압	교단 정비(개항 이후)
몰락 양반 최제우 창시	교조 최제우 처형(혹세무민죄)	최시형의 포교 활동
인간 평등 사상과 사회 개혁 사상 → 농민 요구에 부응	교세의 일시적 위축	• 교단 조직 정비 : 법소, 도소, 포와 주 설치 • 교리 정리 : 「동경대전」, 「용담유사」 편찬 • 포접제 조직 → 농민 세력을 조직적으로 규합

② 동학 농민군 봉기

• 교조 신원 운동

삼례 집회(1892)	복합 상소(1893. 2)	보은 집회(1893. 3)
• 순수한 교조 신원 운동 • 동학 공인 운동	교도 대표 40여 명이 궁궐 문 앞에 엎드려 교조 신원을 상소	• 탐관오리 숙청 • 척왜양창의 표방
동학 중심의 종교 운동	동학 중심의 종교 운동	농민 중심의 정치 운동으로 전환

• 동학 농민 운동의 전개

구 분	1차 봉기(1894. 3)	2차 봉기(1894. 10)
배 경	고부 군수 조병갑의 학정	일본의 경복궁 점령, 일본의 내정 간섭 반발
성 격	보국안민(반외세)과 제폭구민(반봉건) 표방	반외세(척왜) 제창
주 도	전봉준, 손화중, 김개남 등 주도	전봉준 주도
경 과	고부 봉기 → 황토현 승리 → 전주성 점령	2차 봉기(논산) → 공주 우금치 전투 패배
결 과	• 전주화약, 집강소 설치(개혁안 실천) • 청 · 일본군 파병 → 청 · 일 전쟁	• 순창에서 전봉준 체포 • 잔여 농민군의 의병 · 활빈당 참여

더 알아보기 

집강소

황룡촌 · 황토현 전투에서 승리한 후 동학 농민군은 폐정개혁안을 제시하며 정부와 전주화약을 체결하였고, 그 결과 집강소가 설치되었다. 집강소는 청 · 일 전쟁 발발 직후에도 운영되었으며, 전주화약을 체결하는 과정에서 동학 농민군은 외세의 개입을 막고자 청 · 일 군대의 철수를 요청하기도 하였다.

• 동학 농민 운동의 성격 : 반봉건 · 반침략 성격

구 분	반봉건 성격	반침략 성격
내 용	노비 문서의 소각, 토지의 평균 분작 등	침략적인 일본 세력 축출
영 향	갑오개혁에 일정한 영향 → 성리학적 전통 질서의 붕괴를 촉진	동학 농민군의 잔여 세력이 의병 운동에 가담 → 의병 운동과 구국 무장 투쟁의 활성화
한 계	근대 사회 건설의 구체적인 방안을 제시하지 못함	

5. 독립협회의 활동과 대한제국

① 독립협회의 창립과 민중 계몽(1896~1898)

• 독립협회의 창립
- 배경 : 아관파천(1896. 2) → 친러파 정권 수립, 열강의 이권 침탈 심화
- 목표 : 자유 민주주의 개혁 사상 보급 → 자주적 독립 국가 수립의 추구(민중 바탕)
- 구성원 : 진보적 지식인(지도부) → 민중 지지 계층(도시 시민층, 학생, 노동자, 부녀자, 천민)

• 활동 : 민중 계몽 활동(초기) → 정치 활동(후기, 만민 공동회) → 보수 세력(황국협회)의 반발 → 해산(1898)

민중 계몽 운동	• 독립문, 독립관, 강연회 · 토론회 개최, 독립신문 · 잡지 발간 • 정부의 외세 의존적 자세 비판 → 민중에 기반을 둔 정치 · 사회 단체로 발전
자주 국권 운동	• 만민 공동회 개최(1898) : 최초의 근대적 민중 대회, 개화 세력과 민중의 결합 의미 • 국권과 국익 수호 : 열강의 내정 간섭, 이권 양도 요구, 토지 조차 요구 등에 대항
자유 민권 운동	• 국민 기본권 확보 운동 : 신체 자유권, 재산권, 언론 · 출판 · 집회 · 결사의 자유 주장 • 국민 참정 운동과 국정 개혁 운동 전개 : 의회 설립 추진 → 박정양의 진보 내각 수립
의회 설립 운동	• 관민 공동회 개최 : 만민 공동회에 정부 대신 참석 → 헌의 6조 결의 • 의회식 중추원 관제 반포 → 역사상 처음으로 의회 설립 단계

• 의의 : 민중을 개화 운동과 결합 → 민중에 의한 자주적 근대화 운동 전개

자주 국권 운동	자유 민권 운동	자강 개혁 운동
민족주의 사상	민주주의 사상	근대화 사상
자주 독립 국가 수립	근대 국민 국가 수립	자주적 근대 개혁 단행
만민 공동회 개최	관민 공동회 개최	민중을 개화 운동과 결합
열강의 내정 간섭과 이권 요구 저지 운동 전개	국민의 자유와 평등 및 국민 주권 확립 추구 – 헌의 6조 결의	근대적 민중 운동 전개

② 대한제국의 성립과 광무 개혁

• 대한제국의 성립(1897~1910)
- 배경 : 자주 국가 수립의 국민적 자각, 러시아 견제의 국제적 여론, 고종의 환궁
- 과정 : 아관파천 후 고종의 환궁 → 대한제국 성립(연호 – 광무, 왕호 – 황제) → 광무 개혁 추진
- 영향 : 집권층의 보수적 성향, 국민적 결속 실패, 열강의 간섭 → 성과 미비

• 광무 개혁 : 구본신참(舊本新參), 갑오 · 을미개혁의 급진성 비판

정 치	• 전제 왕권의 강화 추진 : 대한국 국제 제정(1899) → 독립협회의 정치 개혁 운동 탄압 • 해삼위 통상 사무와 간도 관리사 설치 : 블라디보스토크와 간도 이주 교민 보호 • 한 · 청 통상 조약 체결 : 대등한 주권 국가로서 대한제국이 청과 맺은 근대적 조약
경 제	• 양전 사업 : 전정 개혁(민생 안정과 국가의 재정 확보), 지계 발급(근대적 토지 소유권 제도) • 상공업 진흥책 : 근대적 공장과 회사의 설립, 교통 · 통신 · 전기 등 근대적 시설 확충
교 육	실업 교육 강조 : 실업학교(상공학교 – 1899년, 광무학교 – 1900년), 유학생 파견
군 사	군제 개혁 : 시위대(서울)와 진위대(지방) 군사 수 증가, 무관학교 설립, 원수부 설치

③ 간도와 독도 문제

• 간도 문제 발생

– 백두산 정계비 근거 : 청의 철수 요구 ↔ 우리 정부의 간도 소유권 주장(1902) → 간도 관리사 파견(이범윤)

– 간도 협약(1909) : 일본은 남만주 철도 부설권을 얻는 대가로 간도를 청의 영토로 인정

• 일제의 독도 강탈

– 1884년 울릉도 개척령에 따라 육지 주민을 이주시키고 관리 파견

– 러 · 일 전쟁 직후 일방적으로 일본 영토로 편입

6. 항일 의병 전쟁과 애국 계몽 운동

① 항일 의병 전쟁

• 항일 의병 전쟁의 전개

구 분	을미의병(1895)	을사의병(1905)	정미의병(1907)
특 징	의병 운동 시작	의병 항전 확대	의병 전쟁 전개
배 경	을미사변, 단발령	을사조약	고종의 강제 퇴위, 군대 해산
과 정	• 유생층 주도(이소응, 유인석 등) • 일반 농민과 동학 농민군 참여	• 평민 의병장 등장(신돌석) • 양반 유생장(민종식, 최익현)	• 해산 군인들 가담 · 의병 전쟁 발전 • 서울 진공 작전(의병 연합 전선) • 국내 진공 작전(홍범도, 이범윤)
목 표	• 존화양이(尊華攘夷)를 내세움 • 친일 관리와 일본인 처단	• 국권회복을 전면에 내세움 • 일본 세력과 친일 관료	• 의병의 조직과 화력의 강화 • 외교 활동 전개(독립군 주장)
기 타	활빈당 조직(농민 무장 조직)	• 상소 운동(조병세, 이상설 등) • 순국(민영환, 이한응) • 5적 암살단(나철, 오기호) • 언론 투쟁(장지연 등)	• 안중근의 의거(이토 히로부미 사살) • 남한 대토벌 작전(1909) · 의병 전쟁 위축 → 만주 · 연해주 이동

• 항일 의병 운동의 의의

성 격	광범한 사회 계층을 망라한 대표적인 구국 운동
한 계	일본의 정규군을 제압하기에 미흡, 외교권 상실로 대외 고립
의 의	• 국권 회복을 위한 무장 투쟁으로 결사 항전의 정신 표출 • 일제하 무장 독립 투쟁의 기반 마련 • 세계 약소국의 반제국주의 독립 투쟁사에 커다란 의의

② 애국 계몽 운동의 전개

- 애국 계몽 단체의 활동 : 개화 자강 계열의 계몽 단체 설립

보안회 (1904)	일본의 황무지 개간권 요구 반대 운동
헌정 연구회 (1905)	• 국민의 정치 의식 고취와 입헌 정체 수립 목적 • 일진회의 빈민족적 행위 규탄
대한 자강회 (1906)	• 독립협회와 헌정 연구회 계승, 윤치호, 장지연 등 중심 • 교육과 산업 진흥 운동 전개, 월보간행, 강연회 개최, 전국에 지회 설치 • 고종 황제 퇴위에 대해 격렬한 반대 운동 주도
대한 협회 (1907)	• 대한 자강회 간부들과 천도교 지도자들이 중심 • 교육 보급, 산업 개발, 민권 신장, 행정의 개선 등 • 일제의 한국 지배권 강화로 약화됨 → 친일 성격의 단체로 변질
신민회 (1907~1911)	• 안창호, 양기탁 등 중심의 비밀 결사 · 국권 회복과 공화 정체의 국민 국가 건설 • 표면적 : 문화 · 경제적 실력 양성 운동(도자기 회사, 태극서관, 대성 · 오산 학교) • 내면적 : 국외 독립군 기지 건설에 의한 실력 양성 운동(삼원보, 밀산부 한흥동) • 105인 사건으로 해산 · 남만주 무장 투쟁의 기초

- 실력 양성 운동의 전개

언론 활동	• 황성 신문 : 장지연의 '시일야방성대곡' • 대한 매일 신보 : 국채 보상 운동에 참여 → 항일 운동의 선봉적 역할
교육 운동	• 정치와 교육을 결합시킨 구국 운동 전개 • 국민 교육회, 서북 학회, 호남 학회, 기호 흥학회 등의 교육 단체 설립
식산 흥업 운동	• 일제의 경제 침략에 대한 경각심과 근대적 경제 의식 고취 • 상권 보호 운동 전개 : 상업 회의소, 협동 회의소 등 상업 단체 설립 • 근대적 산업 발전 장려 : 상회사, 공장, 농회와 농장, 실업 학교 등 설립 • 국채 보상 운동 전개 : 일제의 경제적 예속화 차단 목적

- 애국 계몽 운동의 의의

민족 독립 운동의 이념 제시	국권 회복과 근대적 국민 국가 건설을 목표로 제시
민족 독립 운동의 전략 제시	문화 · 경제적 실력 양성, 군사력 양성 목표 제시의 독립 전쟁론
민족 독립 운동의 기반 구축	독립 운동의 인재 양성과 경제적 토대 마련, 독립군 기지 건설

03 개항 이후의 경제와 사회

1. 열강의 경제 침탈

① 개항 이후의 대외 무역

개항 초기	임오군란 후	청·일 전쟁 후
불평등 조약에 바탕	조·청 상민수륙 무역 장정 체결	일본의 영향력 강화
• 거류지 무역 : 개항장 10리 이내 무역 제한, 조선 상인의 매개 • 약탈 무역 : 일본 정부의 정책적 지원 • 중계 무역 : 영국산 면직물 판매	• 청 상인 진출 급증 → 청·일 간 경쟁 치열 • 일본 상인의 내륙 진출 → 곡물의 대량 방출 * 방곡령 선포	일본 상인의 조선 시장의 독점적 지배
일본 상인의 조선 시장 침투	국내 상인 타격, 국내 산업 몰락	조선 상인의 몰락

• 열강의 이권 침탈 : 아관파천 이후 극심

구분	내용
철 도	일본 상품 수출과 군대를 수송하는 침략의 도구로 이용 → 경인선과 경부선 부설
광 산	청·일 전쟁 이후 미국, 일본, 러시아, 독일, 영국 등이 침탈 → 국내 자본 축적 저해
삼 림	아관파천 이후 러시아의 삼림 채벌권 독점 → 러·일 전쟁 이후 일본으로 넘어감
어 업	1880년대 이후 청과 일본이 어업권 침탈

• 일본의 금융 지배와 차관 제공, 토지 약탈

구분	내용
금융 지배	• 개항 직후 : 일본 제일 은행 → 주요 도시에 지점 설치, 은행 업무, 세관 업무 등 장악 • 러·일 전쟁 후 : 제일 은행이 한국의 국고금 취급, 한국 정부의 화폐 발행권 박탈 • 화폐 정리 사업 : 대한 제국의 재정과 유통 체계 장악 시도
차관 제공	• 개항 직후 : 일조세 징수권과 해관세 수입을 담보로 차관 제의하여 실현 • 청·일 전쟁 후 : 내정 간섭과 이권 획득 목적으로 차관 제의 • 러·일 전쟁 후 : 일본의 차관 제공 본격화 → 화폐 정리와 시설 개선의 명목
토지 약탈	• 개항 직후 : 고리 대금업 등으로 일본인의 토지 소유 확대 • 청·일 전쟁 이후 : 일본인 대자본가 침투 → 대농장 경영(전주, 군산, 나주 지역) • 러·일 전쟁 이후 : 토지 약탈 본격화 → 철도 부지와 군용지 확보 구실, 황무지 개간과 역둔토 수용 • 국권 피탈 무렵 : 조선의 식민지화를 위한 기초 사업 → 동양 척식 주식 회사의 특혜

2. 경제적 구국 운동의 전개

① 경제적 침탈 저지 운동

• 방곡령의 시행(1889)
- 배경 : 일본 상인의 농촌 시장 침투와 지나친 곡물 반출
- 과정 : 함경도, 황해도 등지에서 방곡령 선포 → 조·일 통상 장정 규정 위배를 이유로 배상금 요구
- 결과 : 방곡령 철회 → 조선 정부는 일본에 배상금 지불

• 상권 수호 운동
- 배경 : 청·일 상인의 상권 침탈 경쟁 → 시전 상인·공인·객주 등 국내 토착 상인 몰락
- 과정 : 서울 시전 상인들의 철시, 외국 상점 퇴거 요구, 상권 수호 시위 등
- 결과 : 황국 중앙 총상회 조직 → 외국인들의 불법적인 내륙 상행위 금지 요구

- 독립협회의 이권 수호 운동
  - 배경 : 아관파천 이후 러시아를 중심으로 열강들의 이권 침탈 심화
  - 과정 : 절영도 조차 요구 저지, 한러 은행 폐쇄, 군사 기지 요구 저지, 프랑스와 독일의 광산 채굴권 저지
  - 결과 : 독립 협회 중심 → 열강의 이권 침탈 감소
- 황무지 개간권 요구 반대 운동
  - 배경 : 일본의 황무지 개간권 요구 - 일제의 토지 약탈 음모
  - 과정 : 적극적 반대 운동(보안회 활동), 우리 손으로 황무지 개간 주장(농광회사 설립)
  - 결과 : 보안회와 국민들의 반대 운동에 부딪쳐 황무지 개간 요구를 철회
- 국채 보상 운동의 전개(1907)
  - 배경 : 일제의 차관 제공에 의한 경제적 예속화 정책 저지
  - 과정 : 국채 보상 기성회 중심(대구 시작 → 전국 확산), 각종 계몽 단체 · 언론 기관이 모금 운동에 참여
  - 결과 : 일제 통감부의 탄압 → 거족적인 경제적 구국 운동 좌절

② 상업 자본의 육성

- 상업 자본의 변모

구분	내용
시전 상인	• 외국 상인들과 경쟁 과정에서 근대적 상인으로 성장 • 황국 중앙 총상회 조직 → 독립협회와 상권 수호 운동 전개 • 근대적 생산 공장 경영에 투자
경강 상인	일본인 증기선의 정부 세곡 운반 독점 · 타격 → 증기선 구입으로 일본 상인에 대항
개성 상인	인삼 재배업도 일본에 침탈 당함
객주와 보부상	• 외국 상품을 개항장과 내륙 시장에서 유통시켜 이익을 취함 • 자본 축적에 성공한 일부 객주들은 상회사 설립 • 을사조약 이후에 일본의 유통 기구에 편입됨

- 상회사의 설립

1880년대 초기	대한제국 시기
동업 조합 형태에서 근대적 주식 회사로 발전	정부의 식산 흥업 정책 → 기업 활동 활발
대동 상회, 장통 회사 등 상회사 설립, 갑오개혁 이전의 회사 수 전국 40여 개	해운 회사, 철도 회사, 광업 회사 설립 → 민족 자본의 토대 구축

③ 산업 자본과 금융 자본

구분	내용
산업 자본	• 합자 회사 설립 : 유기 공업과 야철 공업 계승 → 조선 유기 상회 설립 • 면직물 공업 : 민족 자본에 의한 대한 직조 공장, 종로 직조사 등
금융 자본	• 조선 은행 : 관료 자본 중심의 민간 은행, 국고 출납 대행 • 민간 은행의 설립 : 한성 은행, 천일 은행

3. 사회 구조와 의식의 변화

① 근대적 사회 사상의 발생

시 기	조선 후기	개항 이후
중심 세력	실학자	개화파
방 향	근대 지향적 사회 사상의 등장	근대 사회 건설의 움직임 등장
내 용	사민 평등 의식 토대 → 양반 제도의 문제점과 노비 제도 개선 주장	• 부국강병 → 양반 신분의 폐지 필요성 인식, 군주권의 제한 • 인권 보장 → 근대적 개혁의 필요 인식
영 향	개화파에 계승 · 발전	위로부터의 사회 개혁 추진

② 근대적 사회 제도의 형성

구 분	갑신정변(1884)	동학 농민 운동(1894)	갑오개혁(1894)
방 향	근대 사회 건설 목표	반봉건적 사회 개혁 요구	민족 내부의 근대화 노력
내 용	• 문벌 폐지, 인민 평등권 확립 • 지조법 개혁, 행정 기구 개편	• 노비 문서 소각, 청상 과부의 재가 허용 • 차별적 신분제도 타파 등	• 차별적 신분 제도 폐지 • 여성 지위 향상, 인권 보장
한 계	• 보수 세력 방해와 청의 간섭 • 국민의 지지 부족	• 수구 세력의 방해와 일본의 개입 • 근대적 사회 의식 결여	민권 의식 부족, 민중과 유리
의 의	근대화 운동의 선구	양반 중심의 신분제 폐지에 기여	근대적 평등 사회의 기틀 마련

③ 자유 민권 운동의 전개

독립협회의 활동(1896~1898)	애국 계몽 운동
• 근대적 민중 운동 : 신문 · 잡지 간행, 만민 공동회 개최 • 민권 보장 운동 : 국민의 신체 자유와 재산권 보호 • 자주 국권 운동 : 열강의 침탈로부터 국가의 권익 보호 • 정치 개혁 운동 : 언론 자유 운동, 의회 설립 운동	• 독립협회의 운동 계승 • 자유 민권 운동 전개 → 근대 의식과 민족 의식 고취 • 근대 교육 보급 → 근대 지식과 사상의 보편화에 기여, 사회 의식의 전환에 공헌
• 자주적 근대 개혁 사상 정착 • 자유와 평등의 민주주의 사상 확산	• 민주주의 사상을 한 단계 진전시킴 • 독립협회(입헌 군주제 지향) → 신민회(공화정체 지향)

④ 사회 의식의 성장

평민과 천민의 활동	여성들의 사회 진출
각종 사회 활동을 통해서 차별 의식 극복	스스로 사회의 한 구성원이라는 자각
• 독립협회와 의병 운동에 가담 → 민족 의식을 가진 사회적 존재로 성장 • 부당한 관리의 처우에 대항 → 상급 기관에 제소 • 관민 공동회의 백정 연사 → 정부와 국민의 합심 호소 • 국채 보상 운동에 참여, 의병 활동 가담 → 국권 수호 운동의 밑거름이 됨 • 시전 상인이 만민 공동회의 회장으로 선출	• 여성의 사회 진출 제한 → 인권과 지위 향상 노력 • 교육받은 여성 → 새로운 여성관 수립, 여성들의 사회 활동과 사회적 역할 추구 • 국권 회복 운동과 국채 보상 운동에 적극 참여 → 남녀 평등과 여성의 사회 활동 참여를 발전시키는 계기 • 소학교령 : 남녀 교육의 기회 균등을 규정

04 근대 문화의 형성

1. 근대 문물의 수용

① 과학 기술의 수용

• 동도서기론과 개화 사상가

– 배경 : 동도서기론 바탕(조선의 정신 문화 + 서양의 과학 기술) → 부국 강병(외세 침략 저지 + 사회 발전)

– 과정 : 실학자 관심 → 동도서기론 대두 → 서양의 과학 기술 도입과 교육 제도의 개혁 인식

– 영향 : 과학 기술과 제도의 도입 ↔ 체계적인 과학 기술보다 단편적이거나 단순한 기술의 수용의 한계

• 과학 기술의 수용 과정

흥선대원군 집권기	서양의 무기 제조술에 관심 → 수뢰포 제작, 화륜선 제작
개항 이후	산업 기술 수용 관심 → 조사 시찰단(일본), 영선사(청) 파견
1880년대	서양의 산업 기술 도입에 노력(기계 도입, 외국 기술자 초빙)
1890년대	교육 제도 개혁에 관심 → 유학생 파견, 근대적 기술 교육 기관 설립

② 근대 시설의 수용

• 민중의 사회 · 경제적 생활 개선 공헌 → 외세의 이권 침탈 · 침략 목적과 연관

• 근대 시설 마련

인쇄술	• 박문국(근대적 인쇄술 도입, 한성 순보 발간) • 광인사(근대 기술 서적 발간 – 민간 출판사)
통 신	전신(1885, 서울 – 인천), 전화(1898), 우정국(1884), 만국 우편 연합 가입(1900)
전 기	한성 전기 회사 설립, 전등 가설
교 통	• 철도 부설(경인선, 경부선, 경의선 – 일본의 군사적 목적으로 부설) • 전차(한성 전기 회사 – 황실 + 콜브란)
의 료	광혜원, 광제원, 대한의원, 자혜의원, 세브란스 병원 설립, 종두법 보급(지석영)
건 축	명동성당(고딕식), 독립문(개선문 모방), 덕수궁 석조전(르네상스식)

2. 언론 기관의 발달, 근대 교육과 국학 연구

① 신문의 간행

신 문	연 도	특 징	활동 내용
한성순보	1883	순 한문체, 최초의 신문이나 관보의 형식	개화파들이 개화 취지 설명
한성주보	1886	국한문 혼용, 최초의 상업 광고 게재	한성순보 부활
독립신문	1896	최초의 민간 신문, 한글과 영문판	자유주의, 민주주의 개혁 사상 보급
제국신문	1898	순한글, 서민과 부녀자 상대	일본의 황무지 개간 요구 반대
황성신문	1898	국 · 한문 혼용	장지연의 '시일야방성대곡'
대한매일신보	1904	양기탁과 영국인 베델 합작	강경한 항일 논설, 국채 보상 운동에 앞장
만세보	1906	오세창을 중심으로 한 천도교계의 신문	여성 교육과 여권 신장에 관심

* 일제의 신문지법 제정(1907)

② 교육의 발흥

구 분	정부의 교육 진흥	사립 학교
교육의 시작	• 동문학(1883, 영어 교육) • 육영공원(1886, 상류층 자제, 근대 학문)	원산 학사(1883, 근대 학문과 무술 교육)
교육의 발전	• 교육 입국 조서 반포 • 소 · 중학교, 사범 학교, 외국어 학교 설립	개신교 선교사와 민족 운동가 주도 → 근대적 학문 교육과 민족 의식 고취

③ 국학 연구

국어 연구	국사 연구
• 국 · 한문 혼용체 : 유길준의 「서유견문」 • 한글 전용 신문 : 독립신문, 대한매일신보, 제국신문 • 국문 연구소 설립(1907) : 지석영 · 주시경 • 주시경의 「국어문법」 : 민족주의적 입장에서 국어 국문 연구 통일 노력	• 근대 계몽 사학 성립(박은식, 신채호 주도) : 민족 영웅전 저술 및 보급, 외국 독립 운동사 소개 • 신채호 : 「독사신론」(민족주의 사학의 연구 방향 제시) • 조선 광문회 설립(1910) : 최남선 · 박은식 등 → 민족의 고전 정리 · 간행
• 한계 : 일제의 통제하에서 국권 회복 운동의 일환으로 전개 → 학문적으로는 일정한 한계 • 의의 : 민족 의식과 독립 의지 고취	

3. 문예와 종교의 새 경향

① 문학의 새 경향

신소설	언문 일치의 문장 → 신식 교육, 여권 신장, 계급 타파 등 계몽 문학의 구실 → 이인직의 「혈의누」, 이해조의 「자유종」, 안국선의 「금수회의록」 등
신체시	문명 개화, 부국 강병 등 노래 – 최남선의 '해에게서 소년에게'
외국 문학	「성경」, 「천로역정」, 「이솝 이야기」, 「로빈슨 표류기」, 「걸리버 여행기」 등 → 일부 외국 문학의 분별 없는 수입과 소개로 식민지 문화의 터전 마련

② 예술계의 변화

음 악	찬송가 소개, 창가 유행(애국가 · 독립가 · 권학가 등) → 민족 의식 고취
미 술	서양 화풍 소개, 서양식 유화 도입
연 극	민속 가면극 성행, 신극 운동 전개 → 극장 설립(원각사)

③ 종교 운동의 새 국면

천주교	애국 계몽 운동 전개, 고아원, 양로원 운영 등 사회 사업에 관심
개신교	교육 · 의술 보급 기여, 한글 보급, 미신 타파, 평등 사상 전파에 공헌
동 학	천도교로 개명(손병희), 만세보 간행 → 민족 종교로 발전
유 교	박은식의 유교 구신론 → 실천적 유교 강조
불 교	한용운의 불교 유신론 → 불교의 자주성과 근대화 추진
대종교	나철 · 오기호 창시 → 단군 신앙 발전, 간도 · 연해주 항일 운동 전개(중광단, 북로 군정서군)

07 민족의 독립운동

01 일제의 침략과 민족의 수난

1. 20세기 전반의 세계

① 제1차 세계 대전과 전후 처리

- 제1차 세계 대전(1914~1918. 11)
  - 배경 : 식민지 획득 경쟁 → 제국주의 ↔ 제국주의
  - 경과 : 사라예보 사건 → 세계 대전 확대(동맹국 ↔ 연합국) → 미국 참전 → 러시아의 이탈 → 연합국 승리
  - 결과 : 파리 강화 회의(1919. 1) → 베르사유 체제 성립, 패전국의 식민지 독립, 국제 연맹 창설(1920)
- 소련의 세력 확대
  - 1917년 11월 혁명 → 소련의 공산주의화
  - 1919년 코민 테른 결성 → 반제국주의 운동과 약소 민족 독립 운동에 공산주의 세력 침투

② 전체주의의 대두와 제2차 세계 대전

- 전체주의의 성립
  - 배경 : 세계 경제 공황(미국 → 전세계 확산), 베르사유 체제에 대한 불만
  - 과정 : 독일의 파시즘, 이탈리아의 나치즘, 일본의 군국주의
  - 영향 : 전체주의 ↔ 민주주의 → 제2차 세계 대전 발생
- 제2차 세계 대전
  - 원인 : 세계 경제 공황 → 전체주의 ↔ 자유 민주주의
  - 경과 : 독일의 폴란드 침입(1939. 9) → 세계 대전 확대 → 독일 개전(1941. 6) → 태평양 전쟁(1941. 12) → 연합국 승리
  - 결과 : 대서양 헌장(1941. 8. 14) → 국제 연합 창설(1945. 10), 냉전 체제의 성립과 변화(동 · 서 진영 대립)

③ 아시아 각국의 민족 운동

- 중 국
  - 신해혁명(1911, 아시아 최초의 공화제 정부), 5 · 4 운동(1919, 반제국 · 반군벌 민족 운동)
  - 1차 국 · 공 합작(1924, 군벌 타도), 2차 국 · 공 합작(1937, 항일 투쟁)
- 인도 : 간디의 완전 자치 운동 전개(비폭력 · 불복종 운동), 네루의 완전 독립 민족 운동(독립 전쟁 수행)
- 오스만 제국 : 케말 파샤의 민족 운동 → 터키 공화국 수립(1923), 근대화 정책 추진

- 이란 · 이라크 : 영국의 지배에서 탈피 → 독립 국가 성장
- 동남 아시아 : 영국, 프랑스, 미국으로부터 독립 운동 전개

2. 일제의 침략과 국권의 피탈

① 민족 운동의 시련과 항일 운동의 전개

구 분	국 내	국 외
시대 상황	일제의 철저한 민족 억압 · 수탈 식민 통치 → 민족의 생존권까지 위협	제국주의 체제하에 전개 → 열강의 우리 독립 노력 외면
주권 피탈 이후	• 비밀 결사 조직 • 3 · 1 운동	• 독립 운동 기지 건설(만주, 연해주) • 독립 전쟁 준비
3 · 1 운동 이후	• 민족 실력 양성 운동 • 민족 문화 보존 · 수호	• 대한민국 임시 정부 수립(상하이) • 무장 독립 운동(만주, 연해주)

② 일제의 한국 지배에 대한 국제적 묵인

제1차 영 · 일 동맹	1902	영국(청 이권) → 일본(조선 이권)
가쓰라-태프트 밀약	1905	미국(필리핀 독점) → 일본(조선 독점)
제2차 영 · 일 동맹	1905	영국(인도 독점) → 일본(조선 독점)
포츠머스 조약	1905	러시아(한반도 포기) → 일본(한반도 지배권 국제적 승인)

3. 민족의 수난

① 일제의 식민 통치 기관

구 분	조선 총독부(1910)	중추원 운영
역 할	식민 통치의 중추 기관 → 철저한 민족 독립 운동 탄압 목적	친일 조선 고위 관리 구성 → 조선 총독부 자문 기구
성 격	현역 대장이 전권 통치 (입법, 사법, 행정, 군대 통수권)	한국인의 정치 참여 위장 (한국인의 회유 위한 명목상 기구)

② 식민 통치 형태의 변화

구 분	무단 통치(헌병 경찰 통치)	문화 통치(보통 경찰 통치)	민족 말살 통치
시 기	1910~1919	1919~1931	1931~1945
배 경	일진회의 합방 건의 - 국권 강탈	3 · 1 운동, 국제적 비난 여론	경제 공황의 타개책
전 개	• 헌병 경찰 임무 : 경찰 업무 대행, 독립 운동가의 색출 · 처단 • 언론 · 집회 · 출판 · 결사의 자유 박탈 : 보안법, 신문지법, 출판법 • 민족 운동 탄압 : 105인 사건	• 문관 총독 임명 • 보통 경찰제 • 민족 신문 발행 허가 • 교육 기회 확대(초급 학문과 기술 교육에 한정)	• 병참 기지화 정책 : 대륙 침략의 전진 기지화 • 민족 말살 통치 : 내선 일체, 일선 동조론, 황국 신민화 선전 → 국어 · 국사 교육 금지, 창씨 개명 강행 • 인적 자원 수탈 : 지원병제, 징병제, 정신대
성 격	• 강압적 무단 통치 • 민족 독립 운동 말살 시도	• 민족 분열과 이간 책동 • 민족 근대 의식 성장 오도	• 한민족의 문화 말살 • 대륙 침략에 필요한 인적 · 물적 수탈

4. 경제 수탈의 심화

구 분	무단 통치		문화 통치	민족 말살 통치
	토지 약탈	산업 침탈	식량 수탈	대륙 침략과 총동원령
배 경	근대적 토지 제도의 확립 명분 → 전국 토지 약탈	산업 전반에 걸친 착취	일본의 공업화 정책 → 식량 부족 문제 해결	경제 공황 타개 목적 → 대륙 침략 감행
경제 수탈	기한부 신고제, 토지 침탈(40%), 동양척식주식회사	금융 지배, 회사령(허가제), 전매제, 일본 기업의 독점, 산림령, 어업령, 공업령	산미증식계획 추진 → 증산량<수탈량	남면 북양 정책, 군수 산업 확충, 인적 · 물적 자원 수탈
영 향	기한부 소작농화, 해외 이주민 증가	민족 산업 성장 저해	농민 몰락(유랑민, 화전민), 농민의 해외 이주 촉진	한반도 경제가 일제 식민지 체제로 예속

더 알아보기 

산미증식계획

일본이 조선을 일본의 식량공급지로 만들기 위해 1920~1934년에 실시한 농업정책으로 이로 인해 조선의 쌀이 일본으로 유출되는 것이 증가하였고, 식민지 지주제가 강화되었다.

국가총동원법(1938)

① 정부는 전시에 국가 총동원상 필요할 때에는 칙령이 정하는 바에 따라 제국 신민을 징용하여 총동원 업무에 종사하게 할 수 있다(제4조).

② 국가총동원법상 국가총동원이라 함은 전시 또는 전쟁에 준하는 사변의 경우에 국방의 목적을 달성하기 위해 국가의 모든 힘을 가장 유효하게 발휘할 수 있도록 인적 · 물적 자원을 통제, 운용함을 말한다.

5. 대륙 침략과 총동원령(1930년대)

구 분	병참기지화 정책	남면 북양 정책	농촌 진흥 운동 전개
배 경	경제 공황 극복을 위해 침략 전쟁 확대	세계 경제 공황 후 선진 자본주의 국가들의 보호 무역 정책	일제에 의한 수탈 기반 재조정, 농민의 반발 방지 · 회유
과 정	대륙 침략의 병참 기지화	면화 재배(남부), 양 사육(북부)	농촌 진흥 운동
영 향	산업 간 불균형(중화학 공업 중심), 한국인 노동자에 대한 가혹한 착취 → 노동쟁의 전개	값싼 원료의 공급지로 삼음	소작료의 증가, 수리 조합비의 소작농 증가 → 소작농의 몰락

02 독립운동의 전개

1. 3·1 운동 이전의 민족 운동

① 1910년대 국내의 민족 운동

- 의병 항쟁의 지속 : 일부 의병의 국내 잔류와 항전, 채응언(서북 지방 중심으로 일본군과 헌병대 공격)
- 비밀 결사 운동

신민회	1907	안창호, 양기탁 – 문화·경제적 실력 양성 운동, 해외 독립군 기지 건설
독립의군부	1912	임병찬(고종의 밀조), 복벽주의 표방, 국권 반환 요구서 제출
대한광복회	1915	군대식 조직(총사령관 – 박상진, 부사령관 – 김좌진), 독립 전쟁을 통한 국권 회복·공화국 수립 목표

② 국외의 민족 운동 : 해외 독립 운동 기지 건설

북만주	한흥동 중심(이상설), 밀산부에 독립군 건설
남만주	삼원보 중심(이회영), 경학사(→ 부민단), 신흥 강습소(→ 신흥 무관 학교)
북간도	용정 중심, 간민회(자치 단체), 중광단(→ 북로 군정서군), 서전서숙(이상설), 명동학교(김약연)
연해주	신한촌 중심, 권업회(대한광복군 정부, 1914), 전로 한족회 중앙 총회(대한국민의회)
중 국	신한청년당 결성(상하이) → 파리 강화 회의에 김규식 파견
미 주	• 대한인국민회(이승만), 대조선국민군단(박용만), 숭무 학교(멕시코), 흥사단(안창호) 등 • 만주·연해주 지역의 독립 운동 자금 지원, 외교 활동을 통한 구국 운동 전개
일 본	조선 유학생 학우회, 조선 기독교 청년회, 조선 청년 독립단 – 2·8 독립 선언

2. 3·1 운동과 대한민국 임시 정부

① 3·1 운동의 전개

- 3·1 운동의 태동

세계 질서의 변화	우리 민족의 독립을 향한 움직임
• 세계 질서의 재편 : 미국의 세계 주도권 장악, 사회주의 국가(소련)의 등장 • 정의·인도주의 강조 : 윌슨의 민족자결주의 제시, 소련의 식민지 민족 해방 지원 선언	• 파리 강화 회의에 독립 청원 : 신한청년당(김규식) • 독립 선언 : 대한 독립 선언(1918, 만주), 2·8 독립 선언(1919, 조선청년독립단) • 국내 독립 운동 역량 축적 : 만세 시위 계획

- 3·1 운동의 전개 : 33인의 독립 선언 → 국내·외 확산(만주, 연해주, 미주, 일본) → 일제의 무력 탄압

준비 단계	확대 단계	해외 확산
• 종교 대표 33인·학생 조직 중심 • 독립 선언문 작성, 태극기 제작·배포 * 일제의 유혈 탄압(제암리 사건 등)	• 1단계 : 점화기, 비폭력주의 표방 • 2단계 : 도시 확산기, 상인·노동자 참가 • 3단계 : 농촌 확산기, 무력 저항 변모	간도와 연해주, 미국 필라델피아, 일본 등에서 만세 시위

- 3·1 운동의 의의
  - 일제의 통치 방식 변화, 항일 운동의 체계화·조직화·활성화의 계기
  - 독립 전쟁의 활성화, 독립운동의 주체 확대, 세계 약소 민족의 민족 운동에 영향

② 임시 정부의 수립과 활동

• 임시 정부의 수립 과정 : 한성 정부 계승 + 대한국민의회 흡수 → 임시 정부 수립(상하이)

임시 정부 수립 운동	임시 정부의 통합
• 한성 정부(국내, 이승만, 이동휘) • 대한국민의회(연해주, 손병희, 이승만) • 대한민국 임시 정부(상하이, 이승만)	• 배경 : 독립 운동의 체계화와 조직화 필요성 대두 • 정체 : 3권 분립의 민주 공화정 – 의정원, 국무원, 법원 • 독립 노선 : 외교 · 군사 활동 병행

• 헌정 체제의 변화

1차 개헌(1919)	2차 개헌(1925)	3차 개헌(1927)	4차 개헌(1940)	5차 개헌(1944)
대통령 지도제	내각 책임제	집단 지도 체제	주석 지도 체제	주석 · 부주석 체제
이승만	김 구	국무 위원(김구)	김 구	김구, 김규식

• 임시 정부의 활동

비밀 행정 조직	• 연통제(비밀 행정 조직망) : 정부 문서와 명령 전달, 군자금 송금, 정보 보고 • 교통국(통신 기관) : 정보 수집, 분석 · 교환을 담당
군자금 마련	• 애국 공채 발행, 국민 의연금 모집 • 이륭 양행(만주)과 백산 상회(부산) 협조
군사 활동	• 군무부(군사 업무) · 참모부(군사 지휘) 설치, 군사 관련 법령 제정 • 육군 무관 학교 설립(상하이), 한국광복군 창설(1940)
외교 활동	• 파리 위원부 설치(김규식이 대표 → 파리 강화 회의에 독립 공고서 제출) • 구미 위원부 설치(이승만), 한국 친우회 결성(미국 · 영국 · 프랑스) • 인터내셔날 제네바 회의 활동(조소앙 참가 → 한국 민족 독립 결정서 통과)
문화 활동	• 독립 신문 발행(기관지), 사료 편찬소 설치(「한일 사료집」 간행) • 민족 교육 실시(인성 학교와 삼일 중학교 설립)

• 임시 정부의 시련

– 배경 : 이념 대립(민족주의 ↔ 사회주의), 독립 운동 방략 대립(외교 독립론, 실력 양성론, 무장 투쟁론)

– 과정 : 국민대표회의 소집(1923) → 개조파(임시 정부 개편)와 창조파(새로운 정부 수립)의 대립 · 결렬

– 영향 : 독립 운동 진영의 분열 → 임시 정부의 자구 노력(김구, 지도 체제 개편과 한인애국단 조직 등)

외교 독립론	실력 양성론	무장 투쟁론
이승만	안창호	신채호, 이동휘
미국에 구미 위원부 설치	교육과 산업 등 민족 실력 양성	임시 정부 폐지론 주장
개조파		창조파

3. 국내 항일 민족 운동(3 · 1 운동 이후)

① 국내 무장 항일 투쟁

천마산대	보합단	구월산대
평북 의주 천마산 거점	평북 의주 동암산 거점	황해도 구월산 거점
• 대일 유격전 전개 • 만주의 광복군 사령부와 협조	• 군자금 모금에 중점 • 임시 정부에 송금, 독립운동에 사용	• 일제의 관리와 밀정 처형 활동 • 친일파 은율 군수 최병혁 처단

② 학생 항일 운동(3 · 1 운동 이후)

구 분	6 · 10 만세 운동(1926. 6. 10)	광주 학생 항일 운동(1929. 11. 3)
배 경	사회주의 운동 고조	일제의 식민지 차별 교육과 억압, 신간회의 활동
전 개	순종의 인산일 → 만세 시위 → 전국적 확산	한 · 일 학생 간의 충돌 → 전국 확대 · 해외 확산
의 의	• 학생이 독립운동의 주역으로 변화 • 민족주의 · 사회주의 계열의 갈등 극복 계기	• 3 · 1 운동 이후 최대의 항일 민족 운동 • 식민 통치의 부정과 민족 독립 주장으로 확대

③ 애국 지사들의 활동

구 분	의열단(1919)	한인애국단(1931)
배 경	3 · 1 운동 이후 무장 조직체 필요성 절감	국민대표회의 후 대한민국 임시 정부의 침체
조 직	김원봉, 윤세주 – 만주 길림성 * 신채호의 조선혁명선언에 기초	김구 – 중국 상하이
활 동	• 김익상(1921, 조선 총독부 투탄) • 김상옥(1923, 종로 경찰서 투탄) • 나석주(1926, 동양척식주식회사 투탄)	• 이봉창(1932, 일본 국왕 암살 미수) • 윤봉길(1932, 상하이 홍커우 공원 투탄)
의 의	• 개별 투쟁 한계 : 중국 혁명 세력과 연대 • 군사 활동 : 중국의 황포 군관 학교 입학, 혁명 간부 학교 설립, 조선의용대 창설 • 정당 활동 : 조선민족혁명당 결성(1935)	• 국제 관심 고조, 한국인의 독립 운동 의기 고양 • 중국 국민당 정부의 임시 정부 지원의 계기 → 한국광복군 창설

• 단독의거 : 조명하(1928, 타이완 일본 왕족 살해)

4. 해외 무장 독립 전쟁의 전개

① 1920년대 무장 독립 전쟁

• 봉오동 전투와 청산리 전투

구 분	봉오동 전투(1920. 7)	청산리 전투(1920. 10)
주도 부대	대한독립군(홍범도) 주도	북로군정서군(김좌진) 주도
연합 부대	군무도독부군(최진동) + 국민회독립군(안무)	대한독립군(홍범도) + 국민회독립군(안무)
결 과	일본군 1개 대대 공격	일본군 1개 연대 격파

• 독립 전쟁의 시련

간도 참변(1920)	자유시 참변(1921)	미쓰야 협정(1925)
일본군의 간도 교포 무차별 학살	대한독립군단(서일)의 자유시 집결	한국 독립군 탄압 협정 체결
독립군 기반 파괴 목적	소련군에 의해 강제 무장 해제	일제와 만주 군벌 간 밀착

• 독립군 재정비(통합 운동)

3부의 성립	3부의 성격	3부의 통합
• 참의부(1923, 압록강 유역) • 정의부(1924, 남만주 일대) • 신민부(1925, 북만주 일대)	민정 기관(자치 행정)인 동시에 군정 기관(독립군의 작전 담당)	• 1920년대 후반 민족 유일당 운동 • 국민부(1929, 조선혁명군) • 혁신의회(1928, 한국독립군)

② 1930년대 무장 독립 전쟁

• 한 · 중 연합 작전(일제의 만주 사변 → 중국 내의 반일 감정 고조)

구 분	한국독립군의 활약	조선혁명군의 활약
연 합	한국독립군(지청천) + 중국 호로군	조선혁명군(양세봉) + 중국 의용군
활 동	쌍성보 전투(1932), 대전자령 전투(1933) 등	영릉가 전투(1932), 흥경성 전투(1933) 등
개 편	한국독립군은 이후 임시 정부에 합류	양세봉 피살 이후 조선혁명군의 세력 약화

• 만주 지역 항일 유격 투쟁 : 동북인민혁명군(1933) → 동북항일연군(1936) → 조국광복회(1936)

구 분	동북인민혁명군(1933)	조선의용대(1938)
조 직	조선인 공산주의자 + 중국 공산당 유격대	조선민족혁명당(김원봉) + 중국 정부의 지원
전 개	• 동북항일연군(1936) : 사회주의 계열 독립군 • 조국광복회(1936) : 반일 민족 전선 실현	• 한국광복군 합류(1940) • 조선의용군에 흡수(조선독립동맹 주도)
활 동	항일 유격전 전개, 국내 진공 작전(보천보 전투)	국민당과 합작, 대일 항전, 첩보 · 암살 활동

1920년대	1930년대	1940년대
• 무장 독립 전쟁의 본격화 : 봉오동 전투, 청산리 전투 • 경신 참변(간도 참변) 이후 → 대한독립군단 편성 • 자유시 참변 후 → 참의부 · 정의부 · 신민부 편성 • 한국독립군, 조선혁명군 조직	• 한국독립군 + 중국 호로군 작전 → 중국 본토로 이동 • 조선혁명군 + 중국 의용군 작전 → 1930년대 중반 이후 세력 약화 • 조선의용대 + 중국 국민당 정부군 작전	• 한국광복군 : 신흥 무관 학교 출신 독립군 + 조선의용대 일부 → 연합군과 연합 작전 전개 • 조선의용군 : 중국 공산당의 팔로군과 연합 작전

③ 대한민국 임시 정부와 한국광복군(1940년대의 독립 전쟁)

• 대한민국 임시 정부의 체제 정비

이동 시기의 임시 정부	충칭 시기의 임시 정부
윤봉길의 의거 이후 일제의 탄압 가중	독립 전쟁을 위한 정부 체제 강화
전시 체제 준비	주석 중심제 헌법 개정
• 초급 간부 양성, 국군 편성 계획 • 의정원의 확대, 군사 위원회 · 참모부 설치 • 군사 특파단 파견(모병 공작, 한국 청년 탈출 공작) • 한국 청년 전지 공작대 조직	• 김구 중심의 단일 지도 체제 • 한국 독립당 조직(1940) • 대한민국 건국 강령 : 민주 공화제, 삼균주의 • 좌 · 우 통합 정부 수립 : 조선 혁명당과 통합

• 한국광복군의 결성

창 설	활 동
• 중 · 일 전쟁 계기(1937)로 창설(1940, 충칭) • 신흥 무관 학교 출신 주축 + 조선의용대 흡수 통합 • 중국 국민당 정부의 지원	• 대일 · 대독 선전 포고 • 연합군(영국)과 연합 작전(미얀마, 인도 전선) • 국내 진입 작전 계획(국내 정진군 편성)

03 사회 · 경제적 민족 운동

1. 사회적 민족 운동의 전개

① 사회주의 사상의 유입

• 사회주의 계열의 등장

– 배경 : 독립에 대한 국제적 지원 무산, 레닌의 약소 민족 독립 운동 지원 약속

– 경과 : 3 · 1 운동 이후 국내 유입 → 청년 · 지식인 중심으로 활발하게 보급

– 영향 : 조선공산당 결성, 사회 · 경제 운동의 활성화, 민족 독립 운동 전선의 분화(사회주의 ↔ 민족주의)

• 다양한 사회 운동

청년 운동	여성 운동	소년 운동	형평 운동
3 · 1 운동 이후 많은 청년 단체 조직	3 · 1 운동 때 여성의 적극적 참여와 희생	천도교 소년회(방정환)	갑오개혁 때 신분제 폐지
청소년 품성 도야, 생활 개선 등 민족 실력 양성 운동, 무산 계급의 해방 주장	문맹 퇴치 · 구습 타파, 실력 양성 운동 전개, 무산 계급 여성의 해방 주장	어린이날 제정, 「어린이」 발간	백정에 대한 평등한 대우 요구와 백정 자녀의 교육 문제 해결 촉구
조선청년총동맹(1924)	근우회(1927)	조선소년연합회(1927)	조선 형평사(1922)

② 민족 유일당 운동

• 민족 유일당 운동

– 배경 : 자치 운동론 대두(이광수, 최린 등), 중국의 국 · 공 합작 → 단일화된 민족 운동의 필요성

– 과정 : 한국 독립 유일당 북경 촉성회 창립, 만주 지역의 3부 통합 운동, 6 · 10 만세 운동 전개, 신간회 창립

– 영향 : 민족 유일당 운동으로 발전, 비타협적 민족주의계와 사회주의계 결합

• 신간회(1927~1931)의 창립

– 배경 : 민족주의계의 분화(민족 개량주의자 ↔ 비타협적 민족주의자), 사회주의계의 위기(치안 유지법)

– 과정 : 조선민흥회(1926) → 정우회 선언 발표(1926) → 신간회 창립(1927) → 신간회 해소(1931)

– 영향 : 최초의 민족 협동 단체, 유일한 합법적 공간, 최대 규모의 항일 사회 운동 단체

2. 민족 실력 양성 운동

① 민족 기업의 육성과 물산 장려 운동

구 분	민족 기업의 육성	물산 장려 운동
배 경	민족 자본과 산업 육성 → 민족 경제의 자립 달성 운동	
경 과	• 경성 방직 주식 회사(지주 자본) • 평양 메리야스 공장(서민 자본) • 민족계 은행 설립(삼남 은행)	• 조선 물산 장려회 조직(1923), 자작회 결성 • 일본 상품 배격, 국산품 애용 • 근검 저축, 생활 개선, 금주 · 금연 등
결 과	일제 탄압으로 민족 기업 해체 → 일본 기업에 흡수 · 통합, 기업 활동 침체	민족 기업의 생산력 부족, 상인 · 자본가 계급의 이익만 추구, 민중의 외면 등 → 실패

② 민립 대학 설립 운동과 문맹 퇴치 운동

구 분	민립 대학 설립 운동	문맹 퇴치 운동
배 경	• 일제의 초급 학문과 기술 교육만 허용 • 고등 교육을 통한 민족의 역량 강화	• 한국민의 우민화(문맹자 증가, 민족 역량 약화) • 한글 보급으로 민족 정신과 항일 의식 고취
경 과	• 조선 교육회 조직(1920, 한규설, 이상재) • 민립 대학 설립 운동(1923, 이상재, 조만식)	야학 운동(1920년대), 문자 보급 운동(조선일보), 브나로드 운동(동아일보), 한글 강습회(조선어 학회)
결 과	경성 제국 대학 설립(1924)	일제의 문맹 퇴치 운동 금지(1935)

③ 소작 쟁의와 노동 쟁의

구 분	농민 운동(소작 쟁의)	노동 운동(노동 쟁의)
배 경	소작민에 대한 수탈 강화 → 농민 생활 파탄	일제의 식민지 공업화 정책 → 열악한 노동 조건
성 격	• 1910년대 : 일제의 지주 비호, 농민 지위 하락 • 1920년대 : 생존권 투쟁, 고율 소작료 인하 • 1930년대 : 항일 민족 운동, 식민지 수탈 반대	• 1910년대 : 농업 중심의 산업 구조, 노동자 계급 형성 부진 • 1920년대 : 생존권 투쟁, 임금 인상, 노동 조건 개선 • 1930년대 : 항일 민족 운동, 혁명적 노동 운동 전개
조 직	조선 농민 총동맹(1927) → 농민 조합(1930년대)	조선 노동 총동맹(1927) → 지하 노동 조합(1930년대)
활 동	암태도 소작 쟁의(1923~1924)	원산 노동자 총파업(1929)

3. 국외 이주 동포의 활동과 시련

① 만주 이주 동포와 연해주 이주 동포

구 분	만주 이주 동포	연해주 이주 동포
배 경	• 조선 후기부터 농민들의 생계 유지 위해 • 국권 피탈 후 정치 · 경제적 이유로 증가	• 러시아의 변방 개척 정책 • 1905년 이후 급증하여 한인 집단촌 형성
민족 운동	• 대한 독립 선언서 발표(1918) • 독립 운동 기지 마련 • 무장 독립 전쟁 준비	• 국외 의병 운동 중심지(13도 의군 결성, 1910) • 권업회 조직(1911) • 대한광복군 정부 수립(1914, 이상설) • 대한 국민 의회 수립(1919, 손병희)
시 련	• 간도 참변(1920) • 미쓰야 협정(1925) • 만보산 사건(1931) 등	• 자유시 참변(1921) • 연해주 동포의 중앙 아시아로 강제 이주(1937) • 볼셰비키 정권의 무장 해제 강요

② 일본 이주 동포와 미주 이주 동포

구 분	일본 이주 동포	미주 이주 동포
배 경	• 19세기 말 : 정치적 망명 · 유학생 중심 • 국권 피탈 후 : 몰락 농민들의 산업 노동자 취업 • 1930년대 : 일제의 강제 징용	• 20세기 초 : 하와이 · 멕시코 노동자로 이주 • 국권 피탈 후 : 정치적 망명자, 유학생 다수
민족 운동	2 · 8 독립 선언	• 대한인 국민회 조직(1910) • 대조선 국민군단(1914) • 대한민국 임시 정부에 대한 지원
시 련	• 노동력 착취와 민족 차별의 수모 • 관동 대학살(1923)	기후 조건, 노동 조건 열악

04 민족 문화 수호 운동

1. 일제의 식민지 문화 정책

① 우민화 교육과 한국사의 왜곡

구 분	민족 교육의 탄압	민족사의 왜곡
목 적	'동화'와 '차별' 교육 → 황국 신민화 교육 시도	한국사 왜곡 바탕 → 식민 통치 정당화
전 개	• 1910년대 : 우민화 정책 – 민족 사립학교 폐쇄, 실업 교육 중심 • 1920년대 : 유화 정책 – 보통 학교 수 증대, 조선어 필수 과목 지정, 조선 역사 교육 실시 • 1930년대 : 황국 신민화 교육 강화 – 황국 신민 서사 암송, 한글과 한국사 교육 금지	• 민족 고대사 왜곡(단군 조선 부정) • 한국사의 타율성 · 정체성 · 당파성론, 일선동조론 강조 • 「반도사」 편찬 계획(조선 총독부 중추원), 「조선사」(조선사 편수회), 청구 학보(청구학회) 간행

② 일제의 언론 정책과 종교 탄압

언론 탄압	종교 활동의 탄압
• 1910년대 : 신문지법(1907) – 언론 암흑기 • 1920년대 : 동아일보 · 조선일보 신문 창간, 개벽 · 신생활 · 신천지 · 조선지광 잡지 발행 • 1930년대 : 언론 탄압 강화 → 조선 · 동아일보 폐간(1940) * 일장기 말소 사건	• 기독교 탄압 : 안악 · 105인 사건(1910), 사립 학교 규칙 개정 · 통제(1915), 신사 참배 강요 • 불교 탄압 : 사찰령 공포(1911), 사찰령의 시행규칙으로 포교 규칙 공포(1915), 중앙 학림 폐지(3 · 1 운동 이후) • 천도교와 대종교의 탄압 • 친일적 유교 단체 결성

2. 국학 운동의 전개

① 한글 보급 운동 : 국문 연구소(1907) → 조선어 연구회(1921) → 조선어 학회(1931) → 한글 학회(1949)

구 분	조선어 연구회(1921)	조선어 학회(1931)
인 물	장지연, 이윤재, 최현배 등	임경재, 장지영 등
내 용	한글 연구와 보급, 「한글」 잡지 발간, '가갸날' 제정(1926)	한글 맞춤법 통일안과 표준어 제정, 「큰사전」 편찬 시도, 외래어 표기법 제정
변 화	조선어 학회로 확대 개편	조선어 학회 사건으로 해체(1942)

② 한국사의 연구

구 분	민족주의 사학	사회 · 경제 사학	실증주의 사학
내 용	우리 문화의 우수성과 한국사의 주체성 강조	역사 발전의 보편성을 한국사에 적용	객관적 사실에 근거하는 연구를 통해 한국사를 실증적 연구
연 구	박은식(혼), 신채호(낭가사상), 정인보(얼), 문일평(심), 안재홍	백남운 : 정체성과 타율성을 주장한 식민사관 비판	이병도, 손진태 : 진단 학회 창립, 진단 학보 발행
한 계	민족의 주체성 강조 → 실증성이 약하다는 비판	한국사의 발전을 서양 역사의 틀에 끼워 맞추려 한다는 비판	민족사의 현실 인식을 제대로 하지 못했다는 비판

3. 교육 운동과 종교 활동

① 민족 교육 운동

- 교육 운동 단체 설립(3 · 1 운동 이후)
  - 조선 여자 교육회 : 순회 강연과 토론회 개최, '여자 시론' 간행, 야학 개설 → 여성 교육의 대중화
  - 조선 교육회 : '신교육' 발간, 한글 강습회 개최, 민립 대학 설립 운동 주도
- 민족 교육 기관
  - 사립 학교 : 근대 지식 보급, 항일 운동의 거점, 민족 의식 고취 → 일제의 통제로 감소
  - 개량 서당 : 한국어와 근대적 교과 및 항일적 교재 사용 → 서당 규칙(1918)으로 탄압
  - 야학 : 가난한 민중과 그 자녀를 대상 → 1931년 이후 탄압 강화

② 과학 대중화 운동

- 안창남의 고국 방문 비행(1922. 12) : 과학에 대한 인식 재고에 영향
- 단체의 설립
  - 발명 학회 창립(1924) : 김용관 등이 중심 → 「과학 조선」 창간, 과학의 날 제정, 과학의 중요성 계몽 등
  - 과학 지식 보급회 설립(1934) : 과학의 생활화, 생활의 과학화 주장, 「과학 조선」 간행 → 과학 대중화 운동 전개

③ 종교 활동

개신교	신문화 운동, 농촌 계몽 운동, 한글 보급 운동, 신사 참배 거부 운동
천주교	• 고아원 · 양로원 설립, 잡지 「경향」 간행 • 무장 항일 투쟁 전개(의민단 조직 → 청산리 대첩에 참전)
천도교	3 · 1 운동 주도, 잡지 「개벽」 간행
대종교	• 단군 숭배 사상을 통해 민족 의식 고취 • 무장 항일 투쟁에 적극적 참여(중광단 → 북로군정서 확대)
불 교	• 3 · 1 운동 주도, 교육 운동 · 사회 운동 전개 • 조선 불교 유신회(1921) 조직 → 불교 정화 운동, 사찰령 폐지, 친일 주지 성토 운동 전개
원불교	박중빈 창시(1916) – 개간 사업, 저축 운동, 생활 개선 운동 전개(남녀 평등, 허례 허식 폐지)

4. 문학과 예술 활동

구 분	1910년대	1920년대	1930년대 이후
문 학	계몽주의 성격 – 이광수(무정), 최남선(신체시)	사실주의 경향 대두, 민족 의식 고취, 신경향파 문학(계급 의식 고취, 카프)	일제의 협박과 탄압 가중, 강렬한 저항 의식, 일제에 협력
음 악	창가 유행 – 국권 상실과 망국의 아픔을 노래	서양 음악을 통한 민족 정서 노래 – 홍난파(봉선화), 현제명(고향 생각)	안익태(애국가, 코리아 환상곡), 홍난파, 현제명 등의 친일
미 술	–	안중식(전통 회화 계승 · 발전), 프로 예술동맹 창립(1920년대 중반)	• 이중섭(서양화) • 김은호, 김기창 등의 친일
연 극	–	토월회 활동(1922), 신파극 유행, 나운규(아리랑 등)	극예술 연구회(1931), 조선 영화령 발표(1940년)

08 현대 사회의 발전

01 대한민국의 수립

1. 제2차 세계 대전 이후의 세계

① 냉전 체제의 형성과 해체

- 냉전의 성립 : 자유주의 진영(미국) ↔ 공산주의 진영(소련) → 그리스에서 공산주의자 반란(1946)
- 냉전의 전개
  - 유럽 : 소련의 베를린 봉쇄(1948) → 북대서양 조약 기구(NATO, 1949) ↔ 바르샤바 조약 기구(WTO, 1955)
  - 아시아 : 중국의 공산화, 한국의 6 · 25 전쟁, 베트남 전쟁 등
- 냉전의 해체
  - 냉전 완화 : 흐루시초프의 평화 공존 표방, 닉슨 독트린 발표(1969), 중국의 유엔 가입(1971) 등
  - 냉전 종식 : 고르바초프의 개방과 개혁 정책, 동유럽 공산 체제 붕괴, 독일 통일(1990), 소련 해체(1991)

② 제3세계의 대두와 유럽의 통합

- 제3세력의 대두
  - 아시아 · 아프리카 신생 독립국 : 평화 5원칙 발표 → 비동맹 중립노선 표방
  - 반둥 회의(1955) : 평화 10원칙 채택(반식민주의, 반인종주의, 민족주의, 평화 공존, 전면 군축 등)
- 유럽 통합 움직임 : 유럽 경제 공동체(EEC, 1958) → 유럽 공동체(EC, 1967) → 유럽 연합(EU, 1993)

2. 8 · 15 광복과 분단

① 광복 직전의 건국 준비 활동

대한민국 임시 정부(충칭, 1919)	조선 독립 동맹(중국 화북, 1942)	조선 건국 동맹(국내, 1944)
김구 중심	김두봉 중심	여운형 중심
민족주의 계열	사회주의 계열	좌 · 우 연합 성격
한국광복군 + 조선의용대 흡수	조선의용군	비밀 결사
대한민국 건국 강령(1941) – 삼균주의 기초(정치 · 경제 · 교육)	항일 전쟁 수행(+ 중국 팔로군), 보통 선거, 남녀 평등권 확립	일제의 타도와 민족의 자유와 독립 회복
민주 공화국 건설	민주 공화국 건설	민주주의 국가 건설

② 8 · 15 광복과 국토 분단

• 8 · 15 광복

대 내	대 외
• 우리 민족의 독립 투쟁 • 3 · 1 운동, 학생 · 노동 · 농민의 민족 운동 • 민족 실력 양성 운동, 민족 문화 수호 운동 • 무장 독립 투쟁, 외교 활동 등 • 우리나라 독립에 대한 국제적 여론 고조	• 연합군의 승리 • 카이로 회담(1943) • 얄타 회담(1945) • 포츠담 선언(1945) • 국제 사회의 한국 독립 약속

• 국토 분단

- 한국 광복군의 국내 진입 작전 계획 무산
- 소련의 참전 : 얄타 회담(1945. 2) → 소련군의 대일전 참전 결의(1945. 8) → 소련의 북한 점령
- 북위 38도선 분할 : 일본군의 무장 해제를 명목으로 분할(북 - 소련 군정, 남 - 미국 군정) → 분단의 고착화

③ 광복 직후 남북한의 정세

남한의 정세	북한의 정세
미 군정의 통치	소련군 사령부 설치
• 건국 준비 위원회와 대한민국 임시 정부 부정 • 일제의 총독부 체제 이용 • 우익 세력 지원(한국 민주당 중심)	• 공산 정권 수립의 기반 마련 • 민족주의 계열 인사 숙청(조만식 등)
• 조선 건국 준비 위원회 : 여운형 · 안재홍 중심 → 좌 · 우 세력 연합, 조선 인민 공화국 선포 등 • 한국 민주당 : 송진우 · 김성수 등 → 민족주의 우파 세력 중심, 임시 정부 지지, 미군정에 적극 참여 • 조선 공산당 : 박헌영 중심 → 조선 공산당 재건 • 독립 촉성 중앙 협의회 : 이승만 → 국내 정치 활동 재개(한국 민주당과 관계 유지) • 한국 독립당 : 김구 → 통일 정부 수립 활동	• 평남 건국 준비 위원회 : 조만식, 건국 작업 시작 • 인민 위원회 : 소련군의 행정권 · 치안권 행사 • 북조선 임시 인민 위원회(1946) : 토지 개혁, 주요 산업 국유화, 8시간 노동제 실시 • 북조선 인민 위원회 결성(1947) : 위원장 김일성

④ 신탁 통치 문제

• 모스크바 협정과 반탁 운동

모스크바 3국 외상 회의(1945. 12)	반탁 운동 전개
• 조선 임시 민주주의 정부 수립 • 미 · 소 공동위원회 설치 • 5년 기간 4개국의 신탁 통치 실시	• 우익 세력 : 반탁 운동 → 반소 · 반공 운동으로 몰아감 • 좌익 세력 : 초기 반탁 운동 → 모스크바 3국 외상 회의 결정 지지 운동 전개

• 미 · 소 공동위원회

구 분	제1차 미 · 소 공동위원회(1946. 3)	제2차 미 · 소 공동위원회(1947. 4)
배 경	신탁 통치와 임시 정부 수립 문제 해결	임시 정부 수립의 협의 대상 문제로 결렬
영 향	• 단독 정부 수립론(이승만, 1946. 6) • 남조선 과도 정부 수립(1947~1948. 8) • 좌우 합작 운동 추진(1946. 10)	• 미국이 한국 문제를 유엔에 상정(1947. 9) • 남북한 총선거 결의(1947. 11) • 남한만의 총선거 결의(1948. 2)

3. 5 · 10 총선거와 대한민국의 수립

① 통일 정부 수립 노력

구 분	좌 · 우 합작 운동	남북 협상 시도
배 경	• 좌 · 우익 대립 • 단독 정부 수립론 대두(이승만의 정읍 발언)	• 남한만의 총선거 결의(1948. 2) • 우익 세력의 분열(한국 민주당, 이승만 → 한국 독립당)
과 정	• 좌 · 우 합작 위원회(김규식 + 여운형 등) • 좌 · 우 합작 7원칙 발표(1946. 10) • 미군정의 남조선 과도 정부 설치	• 남북 협상(김구 · 김규식, 김일성 · 김두봉, 1948. 4) • 통일 독립 촉진회 결성(1948. 7)
영 향	한국 민주당 · 이승만 · 김구 · 조선 공산당의 불참, 미국 지원 철회 → 여운형 암살로 실패(1947. 7)	김구의 암살(1949. 6)과 김규식의 납북으로 실패
의 의	통일 민족 국가 수립 운동의 출발점	주체적 평화 통일론에 입각한 통일 국가 수립의 일환

② 남북한 정권의 수립

구 분	대한민국 정부 수립(1948. 8. 15)	조선 민주주의 인민 공화국 수립(1948. 9. 9)
전 개	• 5 · 10 총선거(1948) → 제헌 국회 구성 • 제헌 헌법(대통령 중심제, 임기 4년) • 국회에서 대통령 선출	• 북조선 임시 인민 위원회 구성(1946. 김일성 등장) • 북조선 인민 위원회 수립(1947. 2) • 최고 인민 회의 대의원 선거 실시
정부 수립	대통령 – 이승만, 부통령 – 이시영	수상 – 김일성, 부수상 – 박헌영, 홍명희
UN 승인	한반도의 유일한 합법 정부로 '대한민국 정부' 승인(1948. 12)	
경제 정책	• 토지 개혁(유상매입 · 유상분배, 1949) • 자유 경제 체제 지향 • 미국의 경제 원조 도입	• 토지 개혁(무상매입 · 무상분배, 1946) • 주요 산업 국유화 • 남녀 평등법
일제 잔재 청산	• 반민족 행위 처벌법 제정(1948. 9) • 반민족 행위 특별 조사 위원회 설치 • 반민 특위 습격 사건(1949. 6. 6)	일제 잔재 청산

4. 6 · 25 전쟁

① 건국 초기의 정세

구 분	제주도 4 · 3 사건(1948)	여수 · 순천 10 · 19 사건(1948)
주 도	사회주의 세력과 주민의 무장 봉기	여수 주둔 군대 내의 사회주의자
배 경	남한만의 단독 정부 수립 반대와 미군 철수 요구	제주도 4 · 3 사건의 진압 명령 거부와 통일 정부 수립 요구
과 정	좌익 세력 무장 봉기 → 일부 지역 총선거 무산 → 좌익 세력의 유격전 전개	여수 · 순천 등 점령 → 이승만 정부의 신속한 대응으로 진압
결 과	군 · 경의 초토화 작전으로 수많은 주민들이 목숨을 잃음	군 · 민의 막대한 인명 피해, 군대 내의 좌익 세력 숙청

② 6 · 25 전쟁과 공산군의 격퇴

- 배경 : 냉전 체제 대립, 주한 미군 철수(1949), 중국의 공산화(1949), 애치슨 선언(1950. 1)
- 과정 : 북한의 남침 → 유엔군 참전(1950. 7) → 반공 포로 석방(1953. 6) → 휴전 협정(1953. 7) → 한 · 미 상호 방위 조약
- 영향 : 엄청난 피해, 분단의 고착화, 미 · 소 냉전의 격화, 남북한의 독재 강화, 촌락 공동체 의식 약화

02 민주주의의 시련과 발전

1. 4 · 19 혁명과 민주주의의 성장

① 이승만 정부의 독재 체제 강화(제1공화국)

- 이승만 정부 반공 정책
  - 반공 정책 추진 : 북진 통일 주장, 공산군과 휴전 반대, 반공 포로 석방, 자유 우방 국가와 외교 강화 등
  - 반공의 통치 이념화 : 정치적 반대 세력 탄압, 독재 체제에 이용, 자유 민주주의 발전 저해
- 정권 연장을 위한 헌법 개정
  - 발췌 개헌(1952. 7) : 자유당 조직(1951. 12) → 대통령 직선제 개헌 → 이승만 대통령의 재선(1952. 8)
  - 사사오입(1954. 11) : 초대 대통령의 3선 제한 철폐 개헌안 제출 → 사사오입 통과 선언 → 이승만 재집권
- 반공 독재 정치 강화 : 신국가 보안법 통과, 진보당 사건 조작(1959. 조봉암을 간첩 혐의로 처형) 등

② 4 · 19 혁명(1960)

- 3 · 15 부정 선거와 마산 의거
  - 배경 : 자유당의 독재와 부정 부패, 경제난 가중 → 3 · 15 부정 선거
  - 과정 : 마산 의거(1960. 3. 15) → 학생과 시민의 시위가 전국 확산(1960. 4. 19) → 이승만 대통령 하야 발표
  - 영향 : 학생과 시민들의 민주주의 혁명, 민주주의 발전의 중요한 계기
- 장면 내각의 성립(제2공화국)
  - 허정 과도 정부 : 부정 선거의 주범 처리, 내각 책임제 · 양원제 개헌, 총선거 실시 → 민주당 집권
  - 장면 내각 : 독재 정권의 유산 청산, 민주주의의 실현, 경제 재건과 경제 개발, 남북 관계의 개선 노력
  - 한계 : 정쟁과 민주당 분당 등 정치적 갈등, 개혁 의지 미흡 → 5 · 16 군사 정변으로 붕괴(1961)

2. 5 · 16 군사 정변과 민주주의의 시련

① 5 · 16 군사 정변과 박정희 정부(제3공화국)

- 5 · 16 군사 정변(1961)
  - 5 · 16 군사 정변 : 박정희 중심의 일부 군인이 정변을 일으킴(1961) → 전국에 비상 계엄령 선포
  - 군사 혁명 위원회의 정권 장악, 혁명 공약 발표 → 국가 재건 최고 회의 구성, 중앙 정보부 설치

• 군정 실시
– 사회 개혁 : 부정 축재자 처벌, 농어촌 고리채 정리와 화폐 개혁 단행, 경제 개발 5개년 계획 추진(1962)
– 사회 통제 : 반공 국시, 정치 활동 정화법 · 반공법 실시 등
– 민주 공화당 창당, 헌법 개정(대통령 중심제 · 단원제) → 5대 대통령에 당선(1963. 10)
• 박정희 정부의 정치(제3공화국)
– 국정 지표 : 조국 근대화와 민족 중흥 표방
– 경제 개발 : 경제 개발 5개년 계획 추진, 한 · 일 국교 정상화(1965), 국군 베트남 파견(1964)
* 6 · 3 항쟁(1964)
– 장기 집권 시도 : 6대 대통령 당선(1967), 3선 개헌안 통과(1969), 7대 대통령 당선(1971), 유신 헌법 제정(1972)

② 유신 체제(제4공화국)
• 10월 유신(1972)
– 배경 : 냉전 체제 약화, 세계 경제의 불황 등 → 국가 안보와 경제의 지속적 성장을 위한 정치 안정 명분
– 과정 : 7 · 4 남북 공동 성명 발표 → 10월 유신 선포(1972. 10. 17) → 국민 투표로 확정(1972. 12. 17)
– 영향 : 비민주적 · 권위주의적 통치 체제 → 국민의 기본권과 자유 제한
• 유신 체제에 대한 저항
– 유신 반대 운동 : 유신 반대 시위와 헌법 개정 운동 확산(1973), 3 · 1 민주 구국 선언 발표(1976) 등
– 유신 정권의 탄압 : 긴급 조치 발동, 민청학련 사건 조작(1974) 등
– 유신 체제의 붕괴 : 인권 탄압에 대한 비판적 국제 여론 형성, 경제 불황 등 → 부 · 마 항쟁, 10 · 26 사태

3. 민주화 운동과 민주주의의 발전

① 1980년대의 민주화 운동
• 신군부 세력의 등장
– 12 · 12 사태(1979) : 신군부 세력(전두환, 노태우)의 군부 장악, 비상 계엄령 유지, 최규하 정부의 무력화
– 서울의 봄 : 학생과 시민들의 민주화 시위 전개 → 유신 헌법 폐지, 비상 계엄 철폐, 전두환 퇴진 등 요구
– 신군부의 대응 : 전국으로 계엄령 확대, 정치 활동 금지, 주요 정치 인사 체포 등
• 전두환 정부 수립(제5공화국, 1980)
– 성립 : 5 · 18 광주 민주화 운동 → 국가 보위 비상 대책 위원회 설치, 정치 활동 통제 → 전두환 정부 수립
– 국정 지표 : 정의 사회 구현, 복지 사회 건설 등 표방

– 권위주의적 강권 통치 : 언론 통폐합, 민주화 운동과 노동 운동 탄압, 인권 유린, 각종 부정과 비리 등
– 유화 정책 : 제적 학생의 복교, 민주화 인사 복권, 통행 금지 해제, 교복 자율화, 해외 여행 자유화 등
– 경제 성장 : 3저 호황으로 인한 경제 성장, 물가 안정으로 수출 증대 → 국제 수지 흑자

• 노태우 정부(제6공화국, 1987)
– 성립 : 6월 민주 항쟁 → 야당 후보의 단일화 실패, 지역 감정 심화 등으로 노태우 후보의 대통령 당선
– 국정 지표 : 민족 자존, 민주 화합, 균형 발전, 통일 번영 등 표방
– 민주화 조치 : 부분적 지방 자치제 실시, 언론 기본법 폐지, 노동 운동 활성화
– 외교 활동 : 서울 올림픽 개최(1988), 북방 외교 활성화, 남북한 유엔 동시 가입(1991)

② 민주주의의 지속적 발전

• 김영삼 정부(1993)
– 성립 : 5 · 16 군사 정변 이후 민간인 출신 대통령 취임(1993. 2)
– 국정 지표 : 깨끗한 정부, 튼튼한 경제, 건강한 사회, 통일된 조국 건설
– 정치 개혁 : 공직자 윤리법 제정, 금융 실명제, 지방 자치제 전면 실시, 역사 바로 세우기 운동 추진
– 경제적 위기 : 권력형 비리 표출, 외환 위기(IMF 사태) 발생(1997)

• 김대중 정부(1998)
– 성립 : 야당의 김대중 후보 당선(1997) → 헌정 사상 최초의 여 · 야의 평화적 정권 교체
– 국정 지표 : 민주주의와 시장 경제의 발전 병행, IMF 관리 체제의 조기 극복 등 천명
– 남북 관계 개선 : 대북 화해 협력(햇볕 정책) 추진, 6 · 15 남북 정상 회담(2000), 외환 위기 극복(2002)

• 노무현 정부(2003)
– 성립 : 노무현, 이회창의 경합 끝에 16대 대통령으로 노무현이 당선, 참여정부 표방
– 국정 목표 : 국민과 함께하는 민주주의, 더불어 사는 균형발전사회, 평화와 번영의 동북아시대
– 대북 정책 : 10 · 4 남북 공동 선언 발표(2007)
– 경제 정책 : 한 · 미 FTA 체결

• 이명박 정부(2008)
– 성립 : 이명박, 정동영의 경합 끝에 17대 대통령으로 이명박이 당선
– 국정 목표 : 신 발전체제 구축
– 경제 정책 : 747성장, 저탄소 녹색성장, 자원과 에너지 외교, 4대강 사업 등

4. 북한 체제와 북한의 변화

① 북한 사회주의 체제의 성립

- 김일성 유일 체제의 확립
  - 김일성 권력 강화 : 김일성 · 김두봉 · 박헌영 · 허가이 연립 형태 → 남로당계 · 소련파 · 연안파 숙청(1950)
  - 경제 발전 도모 : 협동 농장 조직, 천리마 운동, 3대 혁명 운동, 중공업 우선 정책 등 전개
  - 주체 사상 : 정치의 자주화, 경제적 자립, 국방의 자위 주장 → 김일성 중심의 통치 체제
  - 사회주의 헌법 공포(1972) : 주석제 도입 → 김일성의 독재 권력 체제 제도화
- 김정일 체제의 출범
  - 부자 세습 체제 : 김일성 후계자 내정(1974) → 김정일 후계 체제 공식화(1980) → 김정일 국방 위원장 선출(1993)
  - 김정일 정권 : 김일성 사망(1994) 후 유훈 통치, 헌법 개정(1998. 김정일 정권 출범), 사회주의 강성 대국 표방
- 김정은의 권력 승계
  - 김정일의 사망 후 김정은이 권력 승계(2011)
  - 국방위원장 및 노동당 제1비서로 추대되어 정권 장악(2012)

② 북한의 변화

- 북한 경제 변화

3개년 계획(1954~1956)	경제를 전쟁 이전의 수준으로 복구, 협동 농장 조직 시작
5개년 경제 계획(1957~1961)	모든 농지의 협동 농장화, 개인 상공업 폐지, 사유제 부정
제1차 7개년 계획(1960년대)	공업 · 기술 · 생활 개선 노력 → 소련 원조 중단과 군비 증가로 달성 미흡
인민 경제 발전 6개년 계획(1970년대)	현대적 공업화, 생활 향상 모색 → 농업 부진과 생필품 부족
북한의 경제 위기(1980~90년대)	자본 · 기술 부족, 지나친 자립 경제 추구, 계획 경제의 한계, 국방비 과다

- 개방 정책

외국과의 경제 교류 확대	외교적 고립 탈피 추구
합작 회사 운영법(합영법, 1984), 나진 · 선봉 자유 무역지대 설치 공포(1991), 외국인 투자법 제정(1992), 신의주 경제 특구 설치 결정(2002)	남북한 동시 유엔 가입(1991), 제네바 기본 합의서(1994), 금강산 관광 사업 시작(1998), 6 · 15 남북 정상 회담(2000), 미 · 일과 수교 추진

5. 통일 정책과 남북 대화

① 남북한의 대치(1950~60년대)

<table>
<tr><th>시 기</th><th>남한의 정책</th><th>북한의 정책</th></tr>
<tr><td>이승만 정부</td><td>북한 정권 부정, 반공 정책, 북진 통일과 멸공 통일, 평화 통일 주장 세력 탄압</td><td rowspan="3">• 평화 통일 위장 공세 강화(50년대 중반 이후)
• 연방제 통일 방안 제시(1960)
• 남조선 혁명론에 근거한 대남 혁명 전략
• 북한의 대남 도발로 남북 갈등 고조</td></tr>
<tr><td>4 · 19 혁명 후</td><td>통일 논의 활성화 → 북진 통일론 철회, 유엔 감시하 남북한 자유 총선거 주장</td></tr>
<tr><td>박정희 정부</td><td>선건설 후통일론 제시, 반공 태세 강화, 민간의 통일 운동 탄압, 경제 개발에 전념</td></tr>
</table>

② 남북 관계의 새로운 진전

과 정	배 경	통일 정책 추진
1960년대	북한의 대남 도발로 남북 갈등 고조	반공 강조(북한의 무력 도발 억제)
1970년대	70년대 초 긴장 완화, 평화 공존 분위기 → 남북 대화 및 남북 교류 시작	• 8 · 15 평화 통일 구상(1970) : 평화 정착, 남북 교류 협력, 총선거 • 남북 적십자 회담(1971) : 이산 가족 찾기 운동 제안 • 7 · 4 남북 공동 성명(1972) : 자주 · 평화 · 민족적 대단결 통일 원칙 • 6 · 23 평화 통일 선언(1973) : 유엔 동시 가입 제안, 문호 개방 제시 • 남북한 상호 불가침 협정 체결 제안(1974) : 상호 무력 불사용, 상호 내정 불간섭, 휴전 협정 존속
1980년대		• 민족 화합 민주 통일 방안(1982) : 민족 통일 협의회 구성 • 남북 이산 가족 방문단 및 예술 공연단 교환 방문(1985) • 한민족 공동체 통일 방안 제의(1989) : 자주, 평화, 민주 → 민주 공화제 통일 국가 지향
1990년대	민주화 분위기 확산, 통일 열기 고조, 냉전 체제 붕괴 → 남북 관계의 새로운 진전	• 남북 고위급 회담 시작(1990) • 남북한 동시 유엔 가입(1991) • 남북 기본 합의서 채택(1991) : 내정 불간섭 · 불가침 선언 → 2체제 2정부 논리 인정 • 한반도 비핵화 선언(1992) • 3단계 3기조 통일 정책(1993) : 화해 · 협력 → 남북 연합 → 통일 국가 • 민족 공동체 통일 방안 발표(1994) : 한민족 공동체 통일 방안 + 3단계 3기조 통일 방안 제안 • 남북 경제 교류 지속 : 나진 · 선봉 지구의 자유시 건설에 참여, 경수로 건설 사업 추진(1996, KEDO)
2000년대	평화와 화해 협력을 통한 남북 관계 개선	• 베를린 선언(2000) : 북한의 경제 회복 지원, 한반도 냉전 종식과 남북한 평화 공존, 이산 가족 문제 해결, 남북한 당국 간의 대화 추진 표명 • 남북 교류 활성화 : 금강산 관광 사업, 이산 가족 문제, 경의선 복구, 개성 공단 설치 등 • 제1차 남북 정상 회담(2000) : 6 · 15 남북 공동 선언 발표 • 제2차 남북 정상 회담(2007) : 10 · 4 남북 공동 선언 발표

03 경제 발전과 사회 · 문화의 변화

1. 경제 혼란과 전후 복구

① 광복 직후의 경제 혼란

- 경제 난관 봉착
  - 광복 이전 : 주요 산업과 기술의 일본 독점, 민족 기업의 자유로운 성장 억제, 식민지 공업화 정책
  - 국토 분단 : 경제 교류 단절, 북한의 전기 공급 중단, 생산 활동 위축, 실업자 증가, 물가 폭등 등
- 이승만 정부의 경제 정책
  - 기본 방향 : 자유 경제 체제 지향, 농 · 공의 균형 발전, 경자 유전의 원칙 확립 등
  - 농지 개혁법 제정(1949) : 농가 당 3정보 제한, 유상 몰수와 유상 분배 → 농민 중심의 토지 소유제 확립
  - 미국 경제 원조 : 한 · 미 원조 협정 체결(1948. 12) : 경제 안정과 시설 복구 목적 → 한 · 미 경제 원조 협정(1961. 2)
  - 귀속 재산 처리 : 일본인 소유 재산과 공장 등을 민간인에게 불하

② 6 · 25 전쟁과 경제 복구

- 전후 경제 상태 : 생산 시설 42% 파괴, 인플레이션의 가속화, 물자 부족
- 미국의 경제 원조
  - 미국 잉여 농산물 원조 : 부족한 식량 문제 해결 → 국내 농업 기반 파괴
  - 소비재 원조 : 소비재 중심 산업 발달 → 삼백 산업 중심의 재벌 형성, 생산재 공업 부진 등 불균형 심화

2. 경제 성장과 자본주의의 발전

① 경제 개발 5개년 계획의 추진

- 경제 개발 계획 수립
  - 이승만 정부(7개년 계획) → 장면 내각(경제 개발 5개년 계획 수립 등)
  - 5 · 16 군사 정변으로 중단 → 박정희 정부의 본격적 추진
- 경제 개발 5개년 계획의 추진
  - 제1차(1962~1966) : 공업화와 자립 경제 구축 목표, 수출 산업 육성, 사회 간접 자본 확충
  - 제2차(1967~1971) : 자립 경제 확립 목표, 경공업 중심의 수출 주도형 공업화 추진, 베트남 특수
  - 제3차(1972~1976) : 중화학 공업 중심의 공업 구조 전환, 새마을운동 병행, 수출 주도형 성장 지속 정책
  - 제4차(1977~1981) : 수출과 건설업의 중동 진출로 석유 파동 극복
- 경제 성장 현황과 문제점
  - 고도 성장과 수출 증대, 국민의 생활 수준 향상, 아시아의 신흥 공업국으로 부상, 민주화 열망
  - 빈부 격차 심화, 미국과 일본에 대한 의존 심화와 외채 증가, 재벌 중심의 경제 구조와 정 · 경 유착 등

더 알아보기

1970년대 경제 정책
1. 새마을운동의 추진(지역사회 개발운동)
2. 통일벼의 전국적인 보급(미곡 생산량 3배가량 증가)
3. 제3 · 4차 경제개발계획 : 중화학 공업, 광공업의 비중이 증가

② 오늘날의 한국 경제

- 1980년대 이후의 한국 경제
  - 1980년대 : 3저 호황(저유가, 저달러, 저금리)으로 무역 흑자 기록, 기술 집약형 산업 성장, 중산층과 근로자의 민주화 요구 고조
  - 1990년대 : 선진국형 산업 구조, 세계 무역 기구 출범(1995), 경제 협력 개발 기구(OECD) 가입(1996)
  - 외환 위기 : 사전 준비 부족 상태에서 경제 개방화 · 국제화 → IMF의 긴급 지원과 경제적 간섭
- 한국 경제의 과제
  - 세계 경제 침체에 따른 수출 부진, 국내 경기 침체, 구조 조정에 따른 실업 증가 등
  - 정보 통신 기술(IT), 생명 기술(BT), 나노 기술(NT), 문화 기술(CT) 등 → 지식 정보화 시대 대비
  - UR와 WTO 기구 출범에 따른 시장 개방, 지역 중심의 경제 블록화 강화 → 국가 경쟁력 강화 요구

3. 사회의 변화

① 산업화와 도시화, 정보화

구 분	산업화와 도시화	정보화
사회 변화	1차 산업 중심에서 2 · 3차 산업 중심으로 변화, 산업화에 따른 인구의 도시 집중 가속화	정보, 통신의 발달 → 정보화 사회의 기반 구축
사회 문제	도시의 주택난, 교통난, 도시 공해, 도시 빈민 문제, 실업 문제 등	사생활 침해, 가치관 혼란, 비인간화 등

② 농업 사회의 변화와 농촌 문제

- 농촌 문제 : 공업화 정책, 저곡가 정책 → 도시와 농촌 간의 소득 격차 심화, 농촌 인구 감소
- 농업 정책
  - 새마을운동 : 근면 · 자조 · 협동 바탕 → 정부 주도의 지역 사회 개발 운동과 농어촌의 소득 증대 운동
  - 주곡 자급 정책 : 수리 시설 개선, 비료 농약 개발, 다수확계 벼 종자 도입
  - 추곡 수매 : 농촌 경제 안정을 위한 이중 곡가제 실시 → 재정 적자로 저곡가 정책으로 전환
- 농민 운동
  - 1970년대 : 가톨릭 농민회로 개칭(1972) → 추곡 수매 투쟁, 농협 민주화 투쟁 등 농민 운동 활성화

- 1980년대 : 전국 농민 운동 연합 조직 → 농축산물 수입 반대 운동, 농가 부채 해결 운동 전개
- 1990년대 : 우루과이 라운드 협상, 세계 무역 기구의 출범으로 타격 → 쌀 시장 개방 반대 운동
- 2000년대 : WTO 뉴라운드 출범(2001) → 전면적 쌀 시장 개방에 대비

③ 노동 운동, 시민 운동, 환경 운동

• 노동 운동
- 1970년대 : 전태일의 항의 분신 자살 계기 → 노동 운동 본격화, 학생 · 지식인 · 종교계의 노동 운동 참여
- 1980년대 : 6월 항쟁 이후 노동자 대투쟁 전개 → 노동 현장의 민주화, 민주적 노동 조합의 결성 요구
- 1990년대 : 외환 위기에 따른 구조 조정의 고통 → 전국 민주 노동자 조합 총연맹, 전국 교직원 노동 조합의 합법화, 노사정 위원회 구성, 주 5일 근무제 도입 추진, 외국인 노동자 문제 발생

• 시민 운동
- 1980년대 후반 이후 사회 민주화 진전, 경제 발전에 따른 중산층 형성 → 삶의 질 중시
- 사회 개혁, 복지, 여성, 환경 문제 등 다양한 분야의 사회 문제 제기 → 국가 인권 위원회의 발족 등

• 환경 운동
- 산업화에 따른 환경 오염 문제
- 환경부 설치, 환경 비전 21 수립, 각종 환경 단체들의 활동(환경 운동 연합, 녹색 연합 등)

④ 사회 보장 정책과 여성 운동

• 사회 보장 정책
- 산업화로 소외 계층 발생, 노령화로 노인 문제 대두
- 국민의 기본적 생활 보장 추진, 의료보험과 국민 연금 제도 시행, 사회 보장 기본법 마련(1995)

• 여성 운동
- 출산율 저하, 핵가족화 및 여성의 교육 기회 확대 등 → 여성의 지위 향상
- 남녀 고용 평등법 제정(1987), 가족법 개정(1989), 여성부 설치(2001), 「21세기 남녀 평등 헌장」 제정(2001)

⑤ 국외 이주 동포

• 활발한 국외 진출
- 1960년대 : 외화 획득 목적 → 독일 등에 간호사와 광부 파견, 브라질 등에 농업 이민 추진
- 1970년대 : 중동 지역에 건설 노동자 파견
- 1990년대 이후 : 이민 목적과 지역의 다양화, 선진 지역으로 이주 → 질 높은 삶에 대한 욕구 등도 이민 동기로 작용

• 국내외 동포의 교류
- 상호 교류를 통하여 국내외 동포들의 노동력 · 자본 · 기술 · 노하우 활용
- 효과적인 네트워크 구축 필요

04 현대 문화의 동향

1. 교육과 학술 활동

① 교육 활동

광복 이후	미국식 민주주의 이념과 교육 제도의 영향 → 6 · 3 · 3학제 도입
이승만 정부	홍익 인간의 교육 이념, 멸공 통일 교육, 도의 교육, 1인 1기 교육 강조
4 · 19 혁명 이후	교육 자치제 확립, 교원 노조 운동 전개
박정희 정부	• 교원 노조 불법화, 교육 자치제 폐지 • 중앙 집권적 통제 강화, 국민 교육 헌장 제정, 중학교 무시험 진학제 • 국사 교육 강조, 새마을 교육 실시, 대학 통제 강화, 고교 평준화 제도 도입
1980년대	국민 윤리 교육 강화, 과외 전면 금지, 대입 본고사 폐지, 졸업 정원제 실시
1990년대 이후	• 정보화 · 세계화 시대 준비, 대학 수학 능력 시험 도입 • 학교 정보화 추진, 의무 교육 확대, 교육 개혁 추진

② 학술 · 과학 기술 활동

광복 직후	일제 식민지 잔재 청산 → 민족의 자주 독립 국가 수립과 발전에 필요한 정신적 토대와 이념 제시 필요
1950~60년대	• 6 · 25 전쟁으로 학계에 큰 타격, 한글 학회의 「큰사전」 완간(1957) • 서구 사회 과학 이론 수용 탈피 → 민족의 재발견 시작, 한국학 연구의 고조 • 한국 과학 기술 연구원(KIST) 설립
1970년대	• 박정희 정부의 국사 교육 강화, 정신 교육 강화 → 국민 정신 문화 연구원 설립 • 한국 과학 재단 설립, 대덕 연구 단지 조성(1973)
1980년대 이후	• 한국 과학 기술원(KAIST) 설립 • 학생들의 체제 변혁 운동 전개, 민중 사학의 등장, 일본의 역사 왜곡 문제 발생

③ 언론 활동

광복 직후	• 좌 · 우익 언론의 공존, 신문 발행의 허가제 실시 • 조선일보 · 동아일보의 복간, 해방일보(공산당 기관지), 조선 인민보(좌익 성향) 등
이승만 정부	• 반공 정책 홍보 강조, 국가 보안법을 통한 언론 통제 • 사상계 문제로 함석헌 구속, 대구 매일 신문 테러, 경향신문 폐간
박정희 정부	• 4 · 19 혁명 후의 언론 자유와 개방 → 5 · 16 군사 정변 이후 언론 통폐합 • 반공 · 근대 이데올로기 확산, 유신 체제의 언론 통폐합, 프레스 카드제 실시 • 언론인의 언론 자유 수호 운동 전개
전두환 정부	• 언론 통폐합, 언론인 해직, 언론 기본법 제정, 보도 내용의 통제 • 일부 언론의 거대한 언론 기업화 – 언론과 권력 기관의 유착, 상업주의 경향 확산
1990년대 이후	6월 민주 항쟁 이후 언론 자유 확대, 프레스 카드제 폐지, 언론 노동 조합 연맹 조직, 방송 민주화 운동, 다양한 언론 매체의 등장(인터넷 신문)

2. 종교 생활과 문예 활동

① 종교 생활

광복 직후	일제 친일 행위에 대한 정화 운동
1950~60년대	양적 팽창에 치중, 정치 권력과 유착
1970~80년대	• 사회 문제에 관심, 민주화 운동에 참여 • 민중 불교 운동, 정의 구현 전국 사제단, 크리스천 아카데미 운동, 산업 선교 활동
1990년대	시민 운동에 참여

② 문예 활동

광복 직후	좌 · 우익 간의 문학 사상 논쟁
1950년대	반공 문학과 순수 문학 주류(현대 문학, 사상계)
1960~70년대	• 장르의 다양화, 독자층 확대(창작과 비평, 문학과 지성) • 참여 문학론 – 민족 문학론
1980년대 이후	전통 문화 관심 고조, 민중 예술 활동 활발 – 한국 민족 예술인 총연합회 조직(1988)

③ 대중문화의 발달

광복 직후	미국 대중문화 유입 – 전통적 가치 규범 파괴
1960년대	대중매체 보급으로 대중문화의 본격화
1970년대	청소년층이 대중문화의 중심으로 등장, 텔레비전이 대중문화의 총아로 됨
1980년대	민주화와 사회 · 경제적 평등 지향의 민중 문화가 대중에게 확산
1990년대	대중문화의 다양화, 대중 스포츠의 성장, 문화 시장 개방, 문화 산업 등장 등

④ 체육 활동

1960~70년대	정부 차원에서 스포츠를 적극적으로 지원
1980년대	• 체육 진흥법 제정, 사회 체육 권장, 체육 경기 활성화 • 제10회 아시아 경기 대회(1986), 제24회 서울 올림픽 개최(1988)
1990년대 이후	• 세계 탁구 선수권 대회에서 남북 단일팀 참가(1991) • 황영조 마라톤 승리(바르셀로나, 1992) • 남북한 선수단의 공동 입장(시드니 올림픽, 2000), 한일 월드컵 대회의 개최(2002)

출제 비중 체크!

※ 2018년 계리직 기출문제를 기준으로 정리하였습니다.

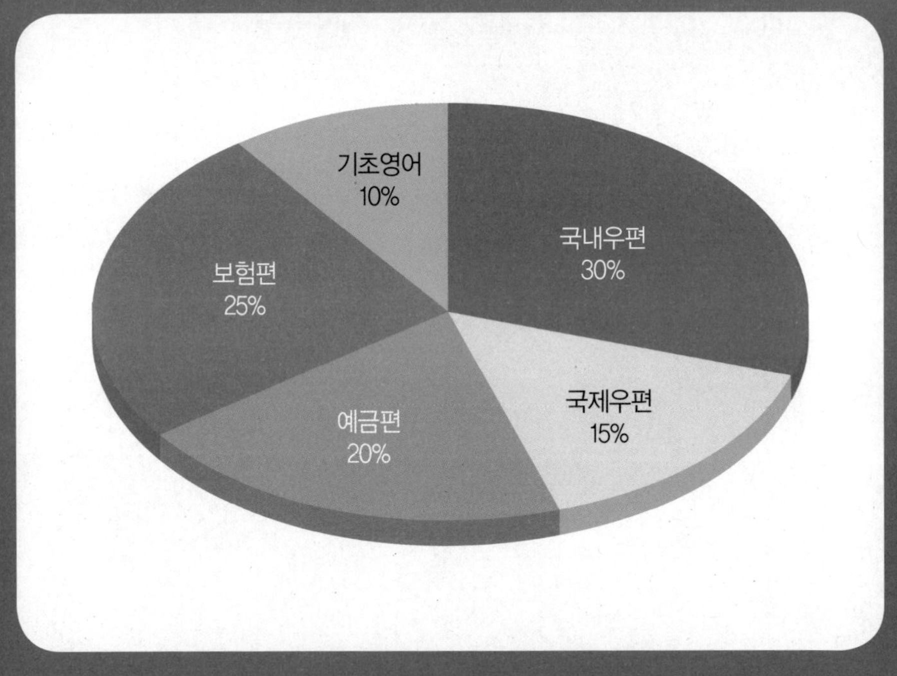

PART 02

우편 및 금융상식

국내우편
국제우편
예금편
보험편

I wish you the best of luck!

우정사업본부 지방우정청 9급 계리직

한권으로 다잡기

01 우편사업 총론

01 우편의 의의 및 사업의 특성

1. 우편의 의의

(1) 우편의 개념

① 좁은 의미의 우편 : 우정사업본부가 책임지고 서신 등의 의사를 전달하는 문서나 통화 그 밖의 물건을 나라 안팎으로 보내는 업무를 말한다.

② 넓은 의미의 우편 : 우편관서가 문서나 물품을 전달하거나 이에 덧붙여 제공하는 업무를 통틀어 이르는 말이다.

(2) 우편은 국민이 일상생활에서 평균적인 삶을 꾸릴 수 있도록 국가가 제공하는 기본적인 사회 서비스 가운데 하나로, 이에 따라 우리나라뿐만 아니라 많은 나라에서 의무적으로 보편적 우편 서비스를 제공할 것을 법령에 규정하고 있다.

(3) 우편은 주요 통신수단의 하나로 정치 · 경제 · 사회 · 문화 · 행정 등의 모든 분야에서 정보를 전달하는 중추신경과 같은 임무를 수행한다.

(4) 다만, 서신이나 물건 등의 실체를 전달한다는 점에서 전기적인 방법으로 정보를 전달하는 전기통신과는 구별된다.

2. 우편사업의 특성

(1) 우편사업은 정부기업예산법에 따라 정부기업*으로 정해져 있다. 구성원이 국가공무원일 뿐만 아니라 사업의 전반을 법령으로 정하고 있기 때문에 경영상 제약이 많지만, 적자가 났을 때에는 다른 회계에서 지원을 받을 수 있다.

* 정부기업 : 국민의 이익을 추구하기 위해 정부가 출자 · 관리 · 경영하는 기업

(2) 우편사업의 회계 제도는 경영 합리성과 사업운영 효율성을 확보하고 예산을 신축적으로 사용하기 위해 특별회계로서 독립채산제를 채택하고 있다. 우편사업은 정부기업으로서의 공익성과 회계상의 기업성을 다 가지고 있으므로 이 두 면의 조화가 과제라고 할 것이다.

(3) 콜린 클라크(Colin Clark)의 산업분류에 의하면 우편사업은 노동집약적 성격이 강한 3차 산업에 속한다. 많은 인력이 필요한 사업 성격 때문에 인건비는 사업경영에 있어서 큰 부담이 되고 있다.

3. 우편의 이용관계

(1) 개 념

① 우편 이용관계는 이용자가 우편 서비스 제공을 목적으로 마련된 인적 · 물적 시설을 이용하는 관계이다.

② 우편 이용자와 우편관서 간의 우편물 송달 계약을 내용으로 하는 사법(私法)상의 계약 관계(통설)이다. 다만, 우편사업 경영 주체가 국가이며 공익적 성격을 띠고 있으므로 이용관계에서 다소 권위적인 면이 있다.

(2) 우편 이용관계자

우편 이용관계자는 우편관서, 발송인, 수취인이다.

(3) 우편 송달 계약의 권리와 의무

우편관서는 우편물 송달의 의무, 요금 · 수수료 징수권 등, 발송인은 송달요구권, 우편물 반환청구권 등, 수취인은 우편물 수취권, 수취거부권등 권리와 의무관계를 가진다.

(4) 우편이용 계약의 성립시기

① 우체국 창구에서 직원이 접수한 때나 우체통에 넣은 때를 계약의 성립시기로 본다.

② 방문 접수와 집배원이 접수한 경우에는 영수증을 교부한 때가 계약 성립시기가 된다.

4. 우편사업 경영주체 및 관계법률

(1) 경영주체

① 우편사업은 국가가 경영하며, 과학기술정보통신부장관이 관장한다. 다만, 과학기술정보통신부장관은 우편사업의 일부를 개인, 법인 또는 단체 등으로 하여금 경영하게 할 수 있으며, 그에 관한 사항은 따로 법률로 정한다(우편법 제2조 제1항). 여기서 "관장"이라 함은 관리와 장악을 말하는데 경영주체와 소유주체를 의미한다.

② 전국에 체계적인 조직을 갖춰 적정한 요금의 우편 서비스를 신속하고 정확하게 제공하기 위해서 국가가 직접 경영한다.

(2) 우편에 관한 법률

경영 주체는 과학기술정보통신부장관이며, 전국에 체계적인 조직을 갖춰 적정한 요금의 우편 서비스를 신속하고 정확하게 제공하기 위해서 국가가 직접 경영한다.

① **우편법** : 우편법은 사실상의 우편에 관한 기본법으로서 우편사업 경영 형태 · 우편 특권 · 우편 서비스의 종류 · 이용 조건 · 손해 배상 · 벌칙 등 기본적인 사항을 규정하고 있다.

※ 최초제정 : 법률 제542호(1960.2.1.), 최근 개정법률 제15372호(2018.2.21.)

② **우체국창구업무의 위탁에 관한 법률** : 이 법은 개인이 우편창구 업무를 위임받아 운영하는 우편취급국의 업무, 이용자보호, 물품 보급 등에 대한 사항을 규정한 법령이다. 우편취급국은 국민의 우체국 이용 수요를 맞추기 위해 일반인에게 우편창구의 업무를 위탁하여 운영하게 한 사업소이다.

※ 최초제정 : 법률 제3601호(1982.12.31.), 최근 개정법률 제14839호(2017.7.26.)

③ **우정사업 운영에 관한 특례법** : 우정사업의 경영 합리성과 우정 서비스의 품질을 높이기 위한 특례 규정이다. 사업범위는 우편 · 우편환 · 우편대체 · 우체국예금 · 우체국 보험에 관한 사업 및 이에 딸린 사업이다. 조직 · 인사 · 예산 · 경영평가, 요금 및 수수료 결정, 우정재산의 활용 등을 규정하고 있다.

※ 최초제정 : 법률 제5216호(1996.12.30.), 최근 개정 법률 제14839호(2017.7.26.)

④ **별정우체국법** : 이 법은 개인이 국가의 위임을 받아 운영하는 별정우체국의 업무, 직원 복무 · 급여 등에 대한 사항을 규정한 법령이다. 별정우체국은 우체국이 없는 지역의 주민 불편을 없애기 위해, 국가에서 위임을 받은 일반인이 건물과 시설을 마련하여 운영하는 우체국을 말한다.

※ 최초제정 : 법률 제683호(1961.8.17.), 최근 개정 법률 제15523호(2018.3.20.)

⑤ **국제법규**

㉠ UPU 조약

- 만국우편연합헌장(조약 제197호 1966.5.20. 공포)
- 만국우편연합헌장 제9추가의정서(2018.1.1.)
- 만국우편연합총칙 제1추가의정서(2018.1.1.)
- 만국우편협약 및 최종의정서
- 우편지급업무약정
- 만국우편협약 통상우편규칙 및 최종의정서
- 만국우편협약 소포우편규칙 및 최종의정서
- 우편지급업무약정규칙

㉡ 아시아 · 태평양우편연합(APPU) 조약

1962년 4월 1일 창설된 APPU(아시아 · 태평양 우편연합, 종전 아시아 · 대양주 우편연합의 개칭)는 아시아와 태평양 지역에 있는 우정청 간에 광범위한 협력관계를 설정하고 이를 발전시킬 것을 목적으로 한다. 이 조약은 회원국 간의 조약으로 회원국 상호 간의 우편물의 원활한 교환과 우편사업 발전을 위한 협력증진을 목적으로 하고 있다.

㉢ 표준다자간 협정 또는 양자협정 국제특급우편(EMS)을 교환하기 위하여 우리나라와 해당 국가(들) 사이에 맺는 표준다자간 협정 또는 양자협정(쌍무협정)이 있다.

※ 양해각서(Memorandum of Understanding: MOU) : 우리나라와 상대국 사이에 이루어지는 문서로 된 합의

5. 우편사업의 보호규정

우편사업은 성격상 국민생활에 많은 영향을 미친다. 그래서 공공의 이익과 국민의 권리를 보호하고 안정적인 우편 서비스를 제공하기 위하여 법률로 보호 규정을 두고 있다.

(1) 서신독점권

① 우편법 제2조 제2항에서 "누구든지 제1항과 제5항의 경우 외에는 타인을 위한 서신의 송달 행위를 업(業)으로 하지 못하며, 자기의 조직이나 계통을 이용하여 타인의 서신을 전달하는 행위를 하여서는 아니 된다."라고 규정함으로써 서신독점권이 국가에 있음을 분명히 하고 있다.

② 독점권의 대상은 서신이다. "서신"이라 함은 의사전달을 위하여 특정인이나 특정 주소로 송부하는 것으로서 문자 · 기호 · 부호 또는 그림 등으로 표시한 유형의 문서 또는 전단을 말한다(우편법 제1조의2 제7호). 다만, 다음에 해당하는 경우에는 예외로 한다(우편법 시행령 제3조).
   ㉠ 신문 등의 진흥에 관한 법률 제2조 제1호에 따른 신문
   ㉡ 잡지 등 정기간행물의 진흥에 관한 법률 제2조 제1호 가목에 따른 정기간행물
   ㉢ 다음 각 목의 요건을 모두 충족하는 서적
      • 표지를 제외한 48쪽 이상인 책자의 형태로 인쇄 · 제본되었을 것
      • 발행인 · 출판사나 인쇄소의 명칭 중 어느 하나가 표시되어 발행되었을 것
      • 쪽수가 표시되어 발행되었을 것
   ㉣ 상품의 가격 · 기능 · 특성 등을 문자 · 사진 · 그림으로 인쇄한 16쪽 이상(표지를 포함한다)인 책자 형태의 상품안내서
   ㉤ 화물에 첨부하는 봉하지 아니한 첨부서류 또는 송장
   ㉥ 외국과 주고받는 국제서류
   ㉦ 국내에서 회사(공공기관의 운영에 관한 법률에 따른 공공기관을 포함한다)의 본점과 지점 간 또는 지점 상호 간에 수발하는 우편물로써 발송 후 12시간 이내에 배달이 요구되는 상업용 서류
   ㉧ 여신전문금융업법 제2조 제3호에 해당하는 신용카드

③ "타인"이라 함은 자기 이외의 자를 말하며, 자연인이거나 법인임을 불문하며, 자기의 서신을 자기가 송달하는 행위는 금지되지 아니한다.

④ "업"이라 함은 일정한 행위를 계속적이고 반복적으로 하면서 유무형의 이익을 얻는 것을 말한다.

⑤ "조직" 또는 "계통"이라 함은 일정한 목적을 실현시키기 위하여 두 사람 이상이 의식적으로 결합한 활동체를 의미하며, 신문사, 통신사, 운송기관, 각종 판매조직 등 조직규모의 대소를 불문한다.

⑥ 조직 또는 계통을 이용하여 타인의 서신을 송달할 경우에는 서신송달의 정부독점권을 침해할 가능성이 많으므로 단 1회의 송달을 하는 것도 금지한다.

⑦ 타인을 위한 서신의 송달행위를 업(業)으로 하거나 자기의 조직 또는 계통을 이용하여 타인의 서신을 전달하는 행위가 금지됨은 물론 그러한 행위를 하는 자에게 서신의 송달을 위탁하는 행위도 금지된다. 단, 중량이 350그램을 넘거나 기본통상우편요금의 10배를 넘는 서신은 위탁이 가능하지만 국가기관이나 지방자치단체에서 발송하는 등기취급 서신은 위탁이 불가하다.

⑧ 서신송달의 "위탁"이라 함은 당사자의 일방이 서신송달을 요청하고 상대방이 이를 승낙함으로써 성립되는 계약이며, 보수 기타의 반대급부를 조건으로 하는가의 여부를 불문한다.

(2) 우편물 운송요구권

우편관서는 철도, 궤도, 자동차, 선박, 항공기 등의 경영자에게 운송요구권을 가진다. 이 경우 우편물을 운송한 자에 대하여 정당한 보상을 한다.

※ 요구대상 : 철도 · 궤도사업 경영자 및 자동차 · 선박 · 항공기 운송사업 경영자

(3) 운송원 등의 조력청구권

우편업무를 집행 중인 우편운송원, 우편집배원과 우편물을 운송 중인 항공기, 차량, 선박 등이 사고를 당하였을 때에는 주위에 조력을 청구할 수 있으며, 조력의 요구를 받은 자는 정당한 사유 없이 이를 거부할 수 없다. 이 경우 우편관서는 도움을 준 자의 청구에 따라 적절한 보수를 지급하여야 한다.

(4) 운송원 등의 통행권과 통행료 면제

① 통행권

우편운송원, 우편집배원과 우편물을 운송 중인 항공기, 차량, 선박 등은 도로의 장애로 통행이 곤란할 경우에는 담장이나 울타리 없는 택지, 전답, 그 밖의 장소를 통행할 수 있다. 이 경우 우편관서는 피해자의 청구에 따라 손실을 보상하여야 한다.

② 통행료 면제

우편물 운송 중인 우편운송원, 우편집배원은 언제든지 도선장의 도선을 요구할 수 있으며(법 제5조 제3항), 우편업무 집행 중에 있는 운송원 등에 대하여는 도선장, 운하, 도로, 교량 기타의 장소에 있어서 통행요금을 지급하지 아니하고 통행할 수 있다(법 제5조제2항). 그러나, 청구권자의 청구가 있을 때에는 우편관서는 정당한 보상을 하여야 한다.

(5) 우편업무 전용 물건의 압류 금지와 부과면제

① 우편업무 전용 물건의 압류 금지 : 우편업무를 위해서만 사용하는 물건과 우편업무를 위해 사용 중인 물건은 압류할 수 없다.

② 우편업무 전용 물건의 부과면제 : 우편업무를 위해서만 사용하는 물건(우편에 관한 서류를 포함)에 대해서는 국세 · 지방세 등의 제세공과금을 매기지 않는다.

(6) 공동해상 손해부담의 면제

공동해상 손해부담이라 함은 선박이 위험에 직면하였을 때 선장은 적하되어 있는 물건을 처분할 수 있으나, 이때의 손해에 대하여는 그 선박의 화주전원이 적재화물비례로 공동 분담하는 것을 말하며(상법), 이 경우에도 우편물에 대하여는 이를 분담시킬 수 없다.

(7) 우편물의 압류거부권

우편관서에서 운송 중이거나 발송 준비를 마친 우편물에 대해서는 압류를 거부할 수 있는 권리이다.

(8) 우편물의 우선검역권

우편물이 전염병의 유행지에서 발송되거나 유행지를 통과할 때 등에는 검역법에 의한 검역을 최우선으로 받을 수 있다.

(9) 제한능력자의 행위에 대한 법률적 판단

우편물의 발송 · 수취나 그 밖에 우편 이용에 관하여 제한능력자의 행위라도 능력자가 행한 것으로 간주된다. 이에 따라 제한능력자의 행위임을 이유로 우편관서에 대하여 임의로 이용관계의 무효 또는 취소를 주장할 수 없다. 다만, 법률행위에 하자가 발생한 경우에는 관련규정에 따른다. 제한능력자라 함은 민법상의 제한능력자를 말하며, 행위제한능력자(미성년자, 피한정후견인, 피성년후견인)와 의사제한능력자(만취자, 광인 등)를 모두 포함한다.

CHAPTER 02

우편서비스 종류와 이용조건

01 우편서비스의 구분 및 배달기한

1. 우편서비스의 구분

우편서비스는 보편적 우편서비스와 선택적 우편서비스로 구분한다.

2. 보편적 우편서비스

(1) 국가가 국민에게 제공하여야 할 가장 기본적인 보편적 통신서비스

(2) 전국에 걸쳐 효율적인 우편송달에 관한 체계적인 조직을 갖추어 모든 국민이 공평하게 적정한 요금으로 보내고 받을 수 있는 기본 우편서비스 제공

(3) 서비스 대상

① 2kg 이하의 통상우편물
② 20kg 이하의 소포우편물
③ 위 ① 또는 ②의 우편물의 기록취급 등 특수취급우편물
④ 그 밖에 대통령령으로 정하는 우편물

3. 선택적 우편서비스

(1) 보편적 우편서비스에 부가하거나 부수하여 제공하는 서비스로 이용자가 선택적으로 이용할 수 있는 서비스

(2) 서비스 대상

① 2kg을 초과하는 통상우편물
② 20kg을 초과하는 소포우편물
③ 위 ① 또는 ②의 우편물의 기록취급 등 특수취급우편물
④ 우편과 다른 기술 또는 서비스가 결합된 서비스
⇒ 전자우편, 모사전송(FAX)우편, 우편물 방문접수 등
⑤ 우편시설, 우표, 우편엽서, 우편요금 표시 인영이 인쇄된 봉투 또는 우편차량장비 등을 이용하는 서비스
⑥ 우편 이용과 관련된 용품의 제조 및 판매
⑦ 그 밖에 우편서비스에 부가하거나 부수하여 제공하는 서비스

4. 배달기한

(1) 우정사업본부가 약속한 우편물 배달에 걸리는 시간

(2) 우편물 배달기한

구 분	배달기한	비 고
통상우편물(등기포함) 일반소포	접수한 다음날부터 3일 이내	
익일특급	접수한 다음날	※ 제주선편 : D+2일 (D : 우편물 접수한 날)
등기소포		
당일특급	접수한 당일 20:00 이내	

(3) 도서 · 산간 오지 등의 배달기한

① 교통 여건 등으로 인해 우편물 운송이 특별히 어려운 곳은 관할 지방우정청장이 별도로 배달 기한을 정하여 공고한다.

② 일반적인 배달기한 적용이 어려운 지역 선정 기준

㉠ 접수 우편물 기준 : 접수한 그날에 관할 집중국으로 운송하기 어려운 지역

㉡ 배달 우편물 기준 : 관할 집중국에서 배달국의 당일 배달 우편물 준비 시간 안에 운송하기 어려운 지역

③ 운송 곤란 지역의 배달기한 계산 방법

㉠ 접수 · 배달 우편물의 운송이 모두 어려운 곳은 각각의 필요 일수를 배달기한에 합하여 계산

㉡ 다른 지방우정청에서 다르게 적용하도록 공고한 지역이 있는 경우에도 각각의 필요 일수를 합하여 계산

④ 배달기한 적용의 예외

㉠ 예외 규정 : 일반우편물을 다음날까지 배달하도록 정한 규정

㉡ 예외 대상

- 신문 등의 진흥에 관한 법률 제9조에 따라 주 5회 발행하는 일간신문
- 관보규정에 따른 관보

02 통상우편물

1. 개 념

(1) 서신 등 의사전달물, 통화(송금통지서 포함), 소형포장우편물

① 서신 : 의사전달을 위하여 특정인이나 특정 주소로 송부하는 것으로서 문자 · 기호 · 부호 또는 그림 등으로 표시한 유형의 문서 또는 전단을 말한다. 다만, 신문, 정기간행물, 서적, 상품안내서 등 대통령령으로 정하는 것은 제외된다.

② 의사전달물

㉠ 의사 전달이 목적이지만 '① 서신'의 조건을 갖추지 못한 것

㉡ 대통령령에서 정하여 서신에서 제외한 통상우편물(우편법 제1조의2 제7호, 동법 시행령 제3조 관련)

⇒ 신문, 정기간행물, 서적, 상품안내서, 화물 첨부서류 혹은 송장, 외국과 수발하는 국제서류, 본점과 지점 상호 간 또는 지점 상호 간 12시간 이내 수발하는 서류, 신용카드

③ 통화 : 유통 수단이나 지불 수단으로 기능하는 화폐, 보조 화폐, 은행권 등

④ 소형포장우편물 : 우편물의 용적, 무게와 포장방법 고시 규격에 맞는 작은 물건을 말한다.

2. 발송요건

(1) 통상우편물은 봉투에 넣어 봉함하여 발송하는 것을 원칙으로 한다.

① 다만, 봉투에 넣어 봉함하기가 적절하지 않은 우편물은 우정사업본부장이 정하여 고시한 기준에 적합하도록 포장하여 발송할 수 있다.

② 예외적으로 우정사업본부장이 발행하는 우편엽서와 사제엽서 제조요건에 적합하게 제조한 사제엽서 및 모사전송(팩스)우편, 전자우편물은 그 특성상 봉함하지 아니하고 발송할 수 있다.

③ 우편물 정기발송계약을 맺은 정기간행물은 고시에서 정하는 바에 따라 띠종이 등으로 묶어서 발송할 수 있다.

(2) 우편이용자는 우편물 접수 시 우편물의 외부에 다음 각 호의 사항을 표시하여 발송하여야 한다.

① 발송인 및 수취인의 주소, 성명과 우편번호

② 우편요금의 납부표시

3. 통상우편물의 규격요건 및 외부표시(기재) 사항

(1) 봉투에 넣어 봉합하거나 포장하여 발송하는 우편물의 규격요건 및 외부표시(기재) 사항

요 건		내 용
① 크 기	세로(D) 가로(W) 두께(T)	최소 90mm, 최대 130mm(허용 오차 ±5mm) 최소 140mm, 최대 235mm(허용 오차 ±5mm) 최소 0.16mm, 최대 5mm(누르지 않은 자연 상태)
② 모 양		직사각형 형태
③ 무 게		최소 3g, 최대 50g
④ 재 질		종이(창문봉투의 경우 다른 소재로 투명하게 창문 제작)
⑤ 우편번호 기재		• 수취인 우편번호(국가기초구역 체계로 개편된 5자리 우편번호)를 정확히 기재해야 하며, 일체 가려짐이 없어야 함 • 수취인 우편번호 여백규격 및 위치 – 여백규격 : 상 · 하 · 좌 · 우에 4mm 이상 여백 – 위치 : ⑦의 공백 공간 밖, 주소 · 성명 등 기재사항보다 아래쪽 및 수취인 기재영역 좌우 너비 안쪽의 범위에 위치 ※ 해당 영역에는 우편번호 외에 다른 사항 표시 불가, 우편번호 작성란을 인쇄하는 경우에는 5개의 칸으로 구성해야 함
⑥ 표면 및 내용물		• 문자 · 도안 표시에 발광 · 형광 · 인광물질 사용 불가 • 봉할 때는 풀, 접착제 사용(스테이플, 핀, 리벳 등 도드라진 것 사용 불가) • 우편물의 앞 · 뒤, 상 · 하 · 좌 · 우는 완전히 봉해야 함(접착식 우편물 포함) • 특정부분 튀어나옴 · 눌러찍기 · 돋아내기 · 구멍뚫기 등이 없이 균일해야 함 ※ 종이 · 수입인지 등을 완전히 밀착하여 붙인 경우나 점자 기록은 허용
⑦ 기계 처리를 위한 공백 공간 ※ 허용 오차 ±5mm		• 앞면 : 오른쪽 끝에서 140mm×밑면에서 17mm, 우편번호 오른쪽 끝에서 20mm • 뒷면 : 왼쪽 끝에서 140mm×밑면에서 17mm

(2) 우정사업본부에서 발행하는 우편엽서의 규격 요건

요 건		내 용
① 크 기	세로(D) 가로(W)	최소 90mm, 최대 120mm(허용 오차 ±5mm) 최소 140mm, 최대 170mm(허용 오차 ±5mm)
② 형 식		직사각형 형태, 별도 봉투로 봉함하지 않은 형태
③ 무 게		최소 2g, 최대 5g(다만, 세로 크기가 110mm를 넘거나 가로 크기가 153mm를 넘는 경우에는 최소 4g, 최대 5g)
④ 재 질		종 이

⑤ 우편번호 기재	• 수취인 우편번호(국가기초구역 체계로 개편된 5자리 우편번호)를 정확히 기재해야 하며, 일체 가려짐이 없어야 함 • 수취인 우편번호 여백규격 및 위치 – 여백규격 : 상 · 하 · 좌 · 우에 4mm 이상 여백 – 위치 : ⑦의 공백 공간 밖, 주소 · 성명 등 기재사항보다 아래쪽 및 수취인 기재영역 좌우 너비 안쪽의 범위에 위치 ※ 해당 영역에는 우편번호 외에 다른 사항 표시 불가, 우편번호 작성란을 인쇄하는 경우에는 5개의 칸으로 구성해야 함
⑥ 표면 및 내용물	• 문자 · 도안 표시에 발광 · 형광 · 인광물질 사용 불가 • 특정부분 튀어나옴 · 눌러찍기 · 돋아내기 · 구멍 뚫기 등이 없이 균일해야 함 ※ 종이 · 수입인지 등을 완전히 밀착하여 붙인 경우나 점자 기록은 허용
⑦ 기계 처리를 위한 공백 공간 ※ 허용 오차 ±5mm	앞면 : 오른쪽 끝에서 140mm×밑면에서 17mm, 우편번호 오른쪽 끝에서 20mm
⑧ 종 류	통상엽서, 경조엽서, 그림엽서, 광고엽서, 고객맞춤형엽서

(3) 사제하는 우편엽서

우정사업본부에서 발행하는 우편엽서의 규격요건 및 외부표시(기록) 사항 충족

※ 50g까지 규격외 엽서는 400원(규격봉투 25~50g) 요금을 적용

(4) 권장요건

① 색상은 70% 이상 반사율을 가진 흰 색이나 밝은 색

② 지질(재질)은 70g/m^2 이상, 불투명도 75% 이상, 창봉투 창문은 불투명도 20% 이하

③ 정해진 위치에 우표를 붙이거나 우편요금납부 표시

④ 봉투 뒷면, 우편엽서 기재란, 띠종이 앞면의 윗부분 1/2과 뒷면 전체 등 허락된 공간에만 원하는 사항을 표시할 수 있음

⑤ 우편물의 뒷면과 우편엽서의 허락된 부분에는 광고 기재 가능

⑥ 우편엽서의 경우 평판(오프셋)으로 인쇄, 다만 사제엽서는 예외

⑦ 정기간행물 등을 묶어 발송하는 띠종이의 요건

㉠ 띠종이의 크기

- 신문형태 정기간행물용 : 세로(70mm 이상)×가로(최소 90mm~최대 235mm)
- 다른 형태 정기간행물용 : 우편물을 전부 덮는 크기

㉡ 그 밖의 사항

- 우편물 아랫부분에 고정하여 움직이지 않게 밀착
- 신문형태의 경우 발송인 주소 · 성명 · 우편번호는 뒷면 기재
- 신문형태가 아닌 정기간행물 크기가 A4(297mm×210mm) 이하인 경우 우편물 원형 그대로 띠종이 사용. 다만, 접어둔 상태가 편편하고 균일한 것은 접어서 발송 가능

(5) 통상우편물의 규격외 취급 대상

① 위의 (1) 항을 위반한 경우 통상우편물의 규격외 취급

② 위의 (2) 항을 위반한 경우 우편엽서의 규격외 취급

(6) 최대용적

① 서신 등 의사전달물 및 통화

㉠ 가로 · 세로 및 두께를 합하여 90cm

㉡ 원통형은 "지름의 2배"와 길이를 합하여 1m

㉢ 다만, 어느 길이나 60cm를 초과할 수 없음

② 소형포장우편물

㉠ 가로 · 세로 및 두께를 합하여 35cm 미만(서적 · 달력 · 다이어리 : 90cm)

㉡ 원통형은 "지름의 2배"와 길이를 합하여 35cm 미만(단, 서적 · 달력 · 다이어리 우편물은 1m까지 허용)

(7) 최소용적

평면의 크기가 길이 14cm, 너비 9cm 이상, 원통형으로 된 것은 직경의 2배와 길이를 합하여 23cm (다만, 길이는 14cm 이상이어야 한다)

(8) 제한중량

최소 2g～최대 6,000g(단, 정기간행물과 서적 · 달력 · 다이어리로써 요금감액을 받는 우편물은 1,200g, 요금감액을 받지 않는 서적 · 달력 · 다이어리는 800g, 국내특급은 30kg이 최대 중량임)

03 소포우편물

1. 개 념

소포우편물은 통상우편물 외의 물건을 포장한 우편물을 말한다.

(1) 보편적 우편서비스 : 20kg 이하의 소포우편물(기록 취급되는 특수취급 우편물 포함)

(2) 선택적 우편서비스 : 20kg을 초과하는 소포우편물(기록 취급되는 특수취급우편물 포함)

(3) "우체국택배(KPS)"는 방문서비스의 브랜드명이다.

2. 취급대상

(1) 서신 등 의사전달물, 통화 이외의 물건을 포장한 우편물

※ 백지노트 등 의사 전달 기능이 없는 물건은 소포로 취급해야 함

(2) 우편물 크기에 따라서 소형포장우편물과 소포우편물로 나뉘고, 소형포장우편물은 통상우편물로 구분하여 취급

(3) 소포우편물에는 원칙적으로 서신을 넣을 수 없으나 물건과 관련이 있는 납품서, 영수증, 설명서, 감사인사 메모 등은 함께 보낼 수 있음

예 우체국쇼핑 상품설명서, 선물로 보내는 소포와 함께 보내는 감사인사 메모

3. 제한중량 및 용적

(1) 제한중량은 30kg이다.

(2) 최대용적은 길이 · 너비 및 두께를 합하여 160cm 이내이다(다만, 어느 길이도 1m를 초과할 수 없다).

(3) 최소용적

① 가로 · 세로 · 높이 세 변을 합하여 35cm(단, 가로는 17cm 이상, 세로는 12cm 이상)
② 원통형은 "지름의 2배"와 길이를 합하여 35cm(단, 지름은 3.5cm 이상, 길이는 17cm 이상)

4. 소포우편물의 접수

(1) 접수검사

① 내용품 문의
㉠ 폭발물 · 인화물질 · 마약류 등의 우편금지물품의 포함 여부
㉡ 다른 우편물을 훼손시키거나 침습을 초래할 가능성 여부
② 의심우편물의 개피 요구
㉠ 내용품에 대하여 발송인이 허위로 진술한다고 의심이 가는 경우에는 개피를 요구하고 내용품을 확인
㉡ 발송인이 개피를 거부할 때에는 접수 거절
③ 우편물의 포장상태 검사 : 내용품의 성질, 모양, 용적, 중량 및 송달거리 등에 따라 송달 중에 파손되지 않고 다른 우편물에 손상을 주지 않으며 질긴 종이 등으로 튼튼하게 포장하였는지를 확인

(2) 요금납부

① 등기소포는 우편물의 운송수단, 배달지역, 중량, 부피 등에 해당하는 금액을 현금, 우표, 우편요금을 표시하는 증표, 여신전문금융업법에 따른 신용카드 또는 정보통신망을 이용한 전자화폐 · 전자결제 등으로 즉납 또는 후납으로 납부할 수 있다.
② 또한 우표로도 납부가 가능하며 우표로 납부하고자 하는 때에는 우표를 창구에 제출(우표납부)하거나 우편물 표면에 첩부(우표첩부)한다.
③ 착불소포는 우편물 수취인에게 우편요금(수수료 포함)을 수납하여 세입 처리한다.

(3) 수기접수 시 표시인 날인

① 소포우편물의 표면 왼쪽 중간에는 "소포" 표시를 한다.
② 소포우편물의 내용에 대하여 발송인에게 문의하여 확인한 후에는 우편물 표면 왼쪽 중간부분에 "내용문의 끝냄"을 표시한다.

(4) 소포번호 부여 및 바코드 라벨, 기타 안내스티커 부착

① 소포번호 부여는 우편물류시스템으로 접수국 일련번호로 자동으로 부여됨
② 소포번호의 표시는 등기번호, 접수국명, 중량 및 요금을 표시한 등기 번호 바코드 라벨을 우편물의 표면 왼쪽 하단에 부착한다.
③ 요금별후납 등기소포는 우편물의 표면 오른쪽 윗부분에 요금별 후납 표시인을 날인하고 접수번호, 접수우체국 및 중량을 기재한다.
④ 부가서비스 안내 스티커는 우편물의 품위를 유지하면서 잘 보이는 곳에 깨끗하게 부착한다.

5. 등기소포와 일반소포와의 차이

구 분	등기소포	일반소포
취급방법	• 접수에서 배달까지의 송달과정에 대해 기록 • 영수증 교부	• 기록하지 않음 • 영수증 교부
요금납부 방법	현금, 우표납부, 신용카드 결제 등	현금, 우표첩부, 신용카드 결제 등
손해배상	망실 · 훼손, 지연배달 시 손해배상청구 가능	없 음
반송료	반송 시 반송수수료 징수	없 음
부가취급서비스	가 능	불가능

※ 보통소포(×) – 일반소포(○) / 일반등기통상(×) – 등기통상(○)

04 방문접수(우체국택배)

1. 방문접수 개요

(1) 제도 개요

① 우체국택배는 소포우편물 방문접수의 브랜드로 업무표장이다.
※ 영문표기 : KPS(Korea Parcel Service)
② 소포우편물 방문접수의 공식 브랜드 및 업무표장으로서 소포우편물 방문접수를 나타냄
③ 소포우편물 방문접수와 관련한 모든 업무를 대표할 수 있는 명칭으로 사용 가능

(2) 방문접수 종류

① **개별택배** : 개인고객의 방문접수 신청 시 해당 우체국에서 픽업
② **계약택배** : 우체국과 사전 계약을 통해 별도의 요금을 적용하고 주기적(또는 필요 시)으로 픽업

(3) 방문접수 지역

① 4급 또는 5급 우체국이 설치되어 있는 시 · 군의 시내 배달구(시내지역)

② 그 외 관할 우체국장이 방문접수를 실시하는 지역

(4) 이용방법

① 우체국에 전화 : 전국 국번 없이 1588-1300번

② 인터넷우체국 : www.epost.kr을 통하여 방문접수 신청을 하면 방문접수를 실시

③ 소포우편물을 자주 발송하는 경우에는 정기 · 부정기 이용계약을 체결하여 별도의 전화 없이도 정해진 시간에 방문접수

④ 요금수취인부담(요금착불)도 가능

03 우편물의 접수

01 우편물의 접수검사

1. 우편물 접수 시 검사사항

(1) 우편물 접수할 때에는 발송인 · 수취인 등 기재사항이 제대로 적혀져 있는지 먼저 확인해야 한다.

(2) 검사 결과 규정에 위반된 것을 발견하였을 때에는 발송인이 보완하여 제출해야 하며, 불응할 때에는 접수를 거부할 수 있다. 다만 이때에는 이유를 자세히 설명해야 한다.

2. 우편금지물품

(1) 다음과 같은 우편물은 접수 불가

폭발성 물질, 화약류, 폭약류, 화공품류, 발화성 물질, 인화성 물질, 유독성 물질, 강산류, 방사성 물질

(2) 다음과 같은 경우에는 예외로 한다.

① **독약류** : 독약 및 극약으로 관공서(학교 및 군대를 포함), 의사(군의관 포함), 치과의사, 한의사, 수의사, 약사, 제약업자, 약종상 또는 한약종상의 면허 또는 허가를 받은 자가 등기우편으로 발송하는 것은 예외로 한다.

② **병균류** : 살아있는 병균 또는 이를 함유하거나 부착되어 있다고 인정되는 물건으로 관공서 방역연구소, 세균검사소, 의사(군의관 포함), 치과의사, 수의사 또는 약사의 면허를 받은 자가 등기우편으로 발송하는 것은 예외로 한다.

③ **공안방해와 그 밖의 위험성의 물질** : 음란한 문서, 도화 그 밖의 사회질서에 해가 되는 물건으로서 법령으로 이동, 판매, 반포를 금하는 것으로 법적 · 행정적 목적으로 공공기관에서 등기우편으로 발송하는 것은 예외로 한다.

02 우편물의 포장

1. 우편물의 포장검사 사항

(1) 내용품의 성질상 송달 도중 파손되거나 다른 우편물에 손상을 주지 않을 것인가

(2) 띠종이로 묶어서 발송하는 정기간행물의 경우 포장용 띠종이 크기는 발송요건에 적합한가

(3) 칼, 기타 위험한 우편물은 취급도중 위험하지 않도록 포장한 것인가

(4) 액체, 액화하기 쉬운 물건, 냄새나는 물건 또는 썩기 쉬운 물건은 적정한 용기를 사용하여 내용물이 새지 않도록 포장한 것인가

(5) 독극물 또는 생병원체를 넣은 것은 전호와 같이 포장을 하고 우편물 표면에 품명 및 "위험물"이라고 표시하고 발송인의 자격 및 성명을 기재한 것인가

(6) 독극물은 두 가지 종류를 함께 포장한 것이 아닌가

(7) 혐오성이 없는 산 동물은 튼튼한 상자 또는 기타 적당한 용기에 넣어 완전히 그 탈출 및 배출물의 누출을 방지할 수 있는 포장을 한 것인가

2. 물품에 따른 포장방법

구 분	포장방법
칼 · 기타 이에 유사한 것	적당한 칼집에 넣거나 싸서 상자에 넣는 등의 방법으로 포장할 것
액체 · 액화하기 쉬운 물건	안전누출방지용기에 넣어 내용물이 새어나지 않도록 봉하고 외부의 압력에 견딜 수 있는 튼튼한 상자에 넣고, 만일 용기가 부서지더라도 완전히 누출물을 흡수할 수 있도록 솜, 톱밥 기타 부드러운 것으로 충분히 싸고 고루 다져 넣을 것
독약 · 극약 · 독물 및 극물과 생병원체 및 생병원체를 포유하거나 생병원체가 부착한 것으로 인정되는 것	• 전호의 규정에 의한 포장을 하고 우편물 표면 보기 쉬운 곳에 품명 및 "위험물"이라고 표시할 것 • 우편물 외부에 발송인의 자격 및 성명을 기재할 것 • 독약 · 극약 · 독물 및 극물은 이를 두 가지 종류로 함께 포장하지 말 것
산꿀벌 등 일반적으로 혐오성이 없는 살아 있는 동물	튼튼한 병, 상자 기타 적당한 용기에 넣어 완전히 그 탈출 및 배설물의 누출을 방지할 장치를 할 것

03 우편물의 제한 부피 및 무게

1. 통상우편물

최대부피	• 서신 등 의사전달물 및 통화 – 가로 · 세로 및 두께를 합하여 90cm – 원통형은 "지름의 2배"와 길이를 합하여 1m – 다만, 가로 세로 어느 쪽이나 60cm를 초과할 수 없음 • 소형포장우편물 – 가로 · 세로 · 두께의 합이 35cm 미만(다만, 서적 · 달력 · 다이어리 우편물은 90cm까지 허용) – 원통형은 "지름의 2배"와 길이를 합하여 35cm 미만(다만, 서적 · 달력 · 다이어리 우편물은 1m까지 허용)
최소부피	• 평면의 길이 14cm, 너비 9cm • 원통형은 "지름의 2배"와 길이를 합하여 23cm(단, 길이는 14cm 이상)
최대무게	• 최소 2g~최대 6,000g • 단, 정기간행물, 서적, 달력, 다이어리로써 요금감액을 받는 우편물은 1,200g, 요금감액을 받지 않는 서적과 달력, 다이어리는 800g, 국내특급은 30kg이 최대무게임

2. 소포우편물

최대부피	• 가로 · 세로 · 높이 세 변을 합하여 160cm • 다만, 어느 변이나 1m를 초과할 수 없음
최소부피	• 가로 · 세로 · 높이 세 변을 합하여 35cm(단, 가로는 17cm 이상, 세로는 12cm 이상) • 원통형은 "지름의 2배"와 길이를 합하여 35cm(단, 지름은 3.5cm 이상, 길이는 17cm 이상)
무 게	30kg 이내이어야 함
기타사항	우편관서의 장과 발송인과의 사전계약에 따라 발송인을 방문하여 접수하는 경우에는 그 계약으로 달리 정할 수 있음

CHAPTER 04

국내우편물의 부가서비스

01 등기 취급

1. 등기취급제도의 의의

(1) 개 념

① 우편물의 접수번호 기록에 따라 접수에서부터 받는 사람에게 배달되기까지의 모든 취급과정을 기록하며 만일 우편물이 취급 도중에 망실되거나 훼손된 경우에는 그 손해를 배상하는 제도로서 우편물 부가취급의 기본이 되는 서비스이다.

② 다른 여러 특수취급을 위해서는 기본적으로 등기취급이 되어야만 한다.

③ 2kg 이하의 통상우편물과 20kg 이하의 소포우편물에 대한 등기취급을 보편적 우편 서비스로 정함으로써 국민의 권리를 더욱 폭넓게 보장할 수 있는 기반을 조성한다.

(2) 특 징

① 등기취급은 각 우편물의 접수번호 기록에 따라 접수에서 배달에 이르는 모든 과정을 기록 취급함으로써 취급과정을 명확하게 추적할 수 있음

② 보험취급이나 대금교환우편물(등기소포만 가능), 내용증명, 특급취급, 그 밖의 부가취급우편물 등 고가의 물품을 송달하거나 공적증명을 요구하는 물품 송달에 유리

③ 잃어버리거나 훼손하면 이용자의 불만이 많고 손해배상의 문제가 생기는 유가물이나 주관적 가치가 있다고 인정되는 신용카드나 중요서류 등은 접수 검사할 때 내용품에 적합한 보험취급으로 발송하게 하고 이에 응하지 않을 때는 접수 거절할 수 있음

④ 우편물 취급과정에서 망실, 훼손 등의 사고가 일어날 경우에는 등기 취급우편물과 보험등기우편물의 손해 배상액이 서로 다르므로 이용자에게 사전에 반드시 고지하여 발송인이 선택하도록 조치

(3) 등기취급의 대상

등기로 취급할 수 있는 경우는 고객이 우편물의 취급과정을 기록할 필요가 있다고 판단한 우편물과 우편물의 내용이 통화, 귀중품이나 주관적으로 가치가 있다고 신고하는 것

2. 계약등기 우편제도

(1) 개 념

등기취급을 전제로 우체국장과 발송인과 별도의 계약에 따라 접수한 통상우편물을 배달하고, 그 배달결과를 발송인에게 전자적 방법 등으로 알려주는 부가취급제도

(2) 종류와 취급대상

① 일반형 계약등기

㉠ 등기취급을 전제로 부가취급서비스를 선택적으로 포함하여 계약함으로써, 고객이 원하는 우편서비스 제공하는 상품

㉡ 한 발송인이 1회에 500통 이상, 월 10,000통 이상(두 요건 모두 충족) 발송하는 등기통상 우편물

② 맞춤형 계약등기

㉠ 등기취급을 전제로 신분증류 등 배달시 특별한 관리나 서비스가 필요한 우편물로 표준요금을 적용하는 상품

㉡ 1회, 월 발송물량 제한 없음

㉢ 취급상품과 요금에 대해 과학기술정보통신부장관이 고시

(3) 계약업무

① **계약체결관서** : 우편집중국이나 5급이상 공무원이 우체국장으로 배치된 우체국. 다만, 맞춤형 계약등기는 총괄우체국장이 고객서비스 및 소통 효율 향상을 위해 필요하다고 판단한 경우 관내우체국(별정우체국, 우편취급국 제외)에서도 접수할 수 있도록 조치 가능

② **계약기간** : 1년 계약기간 만료 1개월 전까지 계약체결관서나 이용자가 계약 해지 · 변경에 관한 의사 표시가 없을 경우에는 1년 단위로 자동 연장

③ **제공서비스**

㉠ 일반 계약등기 : 등기우편에 준하여 서비스(다만, 신용카드 및 보험실효예고통지서는 익일특급에 준하여 처리)하되, 우정사업본부장이 필요하다고 인정한 우편물에만 추가 서비스 제공

㉡ 맞춤형 계약등기 : 등기우편보다 높은 우편요금에 따라 익일특급 취급 및 반송수수료 면제, 3회 배달 등의 서비스를 제공하며, 발송인이 별도로 추가 서비스를 요청할 경우 협의 후 제공

(4) 부가취급 서비스

① 착불배달(요금수취인지불)

㉠ 계약등기 우편물의 요금을 배달할 때 수취인에게서 받는 부가취급 제도

㉡ 우편요금 등을 수취인이 지불하기로 발송인이 수취인의 승낙을 얻은 계약등기 우편물이어야 함

㉢ 발송인이 우편요금을 납부하지 않고, 우편요금(등기취급수수료 포함)과 착불배달 수수료를 수취인에게서 받음

㉣ 수취인에게 배달하지 못하고, 발송인에게 반송된 착불배달 계약등기 우편물은 발송인에게 우편물을 반환하고, 발송인에게서 착불요금을 제외한 우편요금(등기취급수수료 포함)과 반송수수료를 징수하되 맞춤형은 착불요금을 제외한 우편요금(등기취급수수료 포함)만 징수

② 회신우편

㉠ 등기취급을 전제로 우체국과 발송인과 별도의 계약에 따라 수취인을 직접 만나서 우편물을 배달하면서 서명이나 도장을 받는 등 응답이 필요한 하는 사항을 받거나 서류를 넘겨받아 발송인이나 발송인이 지정하는 자에게 회신하는 부가취급제도

㉡ 발송인이 사전에 배달과 회신에 대한 상세한 사항을 계약관서와 협의하여 정한 계약등기 우편물

㉢ 수취인을 직접 만나서 우편물을 배달하고, 회송통지서(개인정보 활용동의서 등)에 필요한 서명, 날인을 받거나 수취인이 넘겨주는 서류를 인계받아 발송인 또는 발송인이 지정한 자에게 회신

③ 본인지정배달

㉠ 등기취급을 전제로 우편물을 수취인 본인에게만 배달하여 주는 부가취급제도

㉡ 수취인이 개인정보 누출이나 재산상의 피해를 예방하기 위하여 발송인이 수취인 본인에게 배달하도록 지정한 계약등기 우편물

㉢ 수취인 본인에게만 배달

④ 우편주소 정보제공

㉠ 등기취급을 전제로 이사 등 거주지 이전으로 우편주소가 바뀐 경우 우편물을 바뀐 우편주소로 배달하고, 수취인의 동의를 받아 발송인에게 바뀐 우편주소정보를 제공하는 부가취급제도

㉡ 이용조건 : 발송인이 계약관서와 미리 서비스에 대해 이용과 요금후납이 계약되어 있고, 수취인의 바뀐 주소정보를 발송인에게 알려주기 위해 배달할 때 수취인의 동의를 받은 우편물

㉢ 취급방법 : 우편주소 변경사유(이사감, 주소불명, 수취인 미거주 등)가 생긴 때 해당 우편물을 바뀐 수취인의 주소지로 전송해 주고 수취인의 동의를 받아 발송인에게 바뀐 우편주소 정보를 제공

⑤ 반송수수료 사전납부

㉠ 발송인이 계약관서와의 계약에 따라 미리 우편물을 접수할 때 우편요금과 반송률을 적용한 반송수수료를 합산하여 사전 납부하는 부가취급제도

㉡ 1회 500통 이상 매월 10,000통 이상(두 가지 요건 동시 충족) 발송하는 일반 계약등기우편물로 발송인과 계약관서는 이용에 관하여 사전 계약하여야 함

㉢ 수수료 : 반송수수료에 반송률을 곱하여 산정

- 원단위 이하는 절상하여 10원 단위로 산정
- 반송률 : 소수점 둘째자리까지 산정하여 적용(셋째자리에서 절상)
- 반송률 재산정 주기 : 1년

㉣ 이용 해지와 수수료의 처리

- 발송인이 반송수수료 사전 납부 이용에 대한 해지 의사를 표시한 경우 이용을 해지
- 반송수수료는 반송수수료 사전납부 해지일 접수되는 우편물부터 적용

⑥ **전자우편 연계** : 우편물 제작과 관련하여 발송인이 요구하는 서비스를 우편집중국 내 전자우편 제작센터 등과 연계하여 제공하는 서비스

(5) 접수와 배달정보 교환

① 계약체결관서와 이용자를 온라인 전산망으로 연결하여 우편물 송달에 필요한 정보와 배달결과 정보 교환

② 발송인이 배달정보(수취인 주소 · 성명, 등기번호, 휴대전화 번호 등)를 전산망을 이용하여 제공하면 우체국은 이 정보를 활용하여 우편물을 배달하고 배달결과 정보를 발송인에게 제공

(6) 요금체계

① 일반형 계약등기 : 통상요금+등기취급수수료+부가취급수수료

※ 통상 우편요금 : 현행 무게별 요금체계 적용

② 맞춤형 계약등기 : 표준요금+중량 구간별 요금+부가취급수수료

㉠ 표준요금 : 상품별 서비스 수준에 맞추어 과학기술정보통신부장관 고시로 정한 요금

㉡ 중량 구간별 요금 적용

- 100g까지는 취급상품별 표준요금 적용
- 100g부터 초과 100g마다 240원씩 추가(통상우편 초과 100g마다 추가요금 기준)

㉢ 부가취급수수료

부가취급서비스	수수료	비 고
회신우편	1,000원	일반형 · 맞춤형 계약등기
본인지정배달	300원	
착불배달 (요금수취인지불)	500원	
전자우편 연계서비스	우편집중국내 e-그린우편 제작 센터와 연계	
국내특급	국내우편에 관한 수수료 기준	
우편주소 정보제공	1,000원	
반송수수료 사전납부	반송수수료×반송률	일반형 계약등기

※ 맞춤형 계약등기는 익일특급이 기본으로 전제된 서비스이며, 반송수수료는 면제됨

3. 선납등기라벨 서비스

(1) 개 념

등기번호 및 발행번호가 부여된 선납등기라벨을 우체국 창구에서 구매하여 첩부하면 창구 외(우체통, 무인접수 ,방문접수 등)에서도 등기 우편물을 접수할 수 있도록 하는 서비스

(2) 대 상

등기통상우편물

(3) 이용방법

우편창구에서 구매한 선납등기라벨을 우편물에 첩부하여 우체국 창구 등에 접수

(4) 판매채널

모든 우체국 우편창구(별정우체국, 우편취급국 포함)

(5) 접수채널

우체국 우편창구 및 우체통 투함, 무인우체국, 방문접수

※ 우체통 투함을 할 경우에는 접수시점은 수거 후 전산 입력이 된 때(우체통 투함 시점이 아님)

(6) 판매가격

중량별 차등 적용되는 통상등기우편물의 요금[중량별 통상요금 + 등기요금 + 익일특급(선택)]

(7) 유효기간

구입 후 1년 이내 사용

(8) 선납등기라벨 재출력 및 환불

① 선납등기라벨의 훼손 및 바코드가 식별되지 않은 경우에는 라벨 및 영수증 지참 시에는 발행등기 번호와 동일하게 재출력 가능
② 라벨 가액 범위 내에서 사용 가능하고, 잉여금액에 대한 교환 불가
③ 우표류와 마찬가지로 환불은 불가
④ 선납등기라벨로 등기를 접수 후 취소 시 선납등기라벨 재출력

02 보험취급

1. 보험취급 우편물의 종류

(1) 보험통상

통화등기, 물품등기, 유가증권등기

(2) 보험소포

안심소포

2. 보험통상

(1) 통화등기

① 개 념
㉠ 우편을 이용해서 현금을 직접 수취인에게 배달하는 제도로서 만일 취급하는 중에 잃어버린 경우에는 통화등기 금액 전액을 변상하여 주는 보험취급의 일종
㉡ 주소지까지 현금이 직접 배달되므로 우편환이나 수표와 같이 해당 관서를 방문해야 하는 번거로움이 없어 방문시간이 절약되고 번잡한 수속절차를 생략할 수 있으므로 소액 송금제도로서 많이 이용

② 취급조건

㉠ 취급대상 : 강제 통용력이 있는 국내통화에 한정

※ 다음의 것은 통화등기로 취급할 수 없음

- 현재 사용할 수 없는 옛날 통화
- 마모 · 오염 · 손상의 정도가 심하여 통용하기가 곤란한 화폐
- 외국화폐

㉡ 통화등기 취급의 한도액 : 100만 원 이하의 국내통화로서 10원 미만의 단수는 붙일 수 없다.

㉢ 통화등기우편물은 등기취급우편물로 발송하여야 한다.

(2) 물품등기

① 귀금속, 보석, 옥석, 그 밖의 귀중품이나 주관적으로 가치가 있다고 신고하는 것을 보험등기 봉투에 넣어 수취인에게 직접 송달하고 취급 도중 망실되거나 훼손한 경우 표기금액을 배상하는 보험취급제도의 하나로 통상우편물에 한정함

② 취급대상

㉠ 귀금속 : 금, 은, 백금 및 이들을 재료로 한 제품

㉡ 보석류 : 다이아몬드, 진주, 자수정, 루비, 비취, 사파이어, 에메랄드, 오팔, 가닛 등 희소가치를 가진 것

㉢ 주관적 가치가 있다고 신고 되는 것 : 응시원서, 여권, 신용카드류 등

③ 취급가액 물품등기의 신고가액은 10원 이상 300만 원 이하의 물건만 취급하며, 10원 미만의 단수를 붙일 수 없다.

④ 취급조건

㉠ 물품 가액은 발송인이 정하며, 취급 담당자는 가액 판단에 관여할 필요가 없다.

㉡ 물품등기우편물은 등기취급우편물로 발송하여야 한다.

(3) 유가증권등기

① 현금과 교환할 수 있는 우편환증서나 수표 따위의 유가증권을 보험 등기봉투에 넣어 직접 수취인에게 송달하는 서비스이다. 망실하거나 훼손한 경우에는 봉투 표면에 기록된 금액을 배상하여 주는 보험취급 제도의 일종이다.

② **취급대상 및 한도액** : 액면 또는 권면가액이 2천만 원 이하의 송금수표, 국고수표, 우편환증서, 자기앞수표, 상품권, 선하증권, 창고증권, 화물상환증, 주권, 어음 등의 유가증권이 취급 가능. 다만, 10원 미만의 단수를 붙일 수 없음

※ 사용된 유가증권류, 기프트카드 등에 대하여 보험취급을 원할 경우 유가증권등기로 취급할 수 없으나 물품등기로는 접수 가능

③ 등기취급우편물로 발송하여야 한다.

3. 보험소포 : 안심소포

(1) 고가의 상품 등 등기소포우편물을 대상으로 하며, 손해가 생기면 해당 보험가액을 배상하여 주는 부가취급제도

(2) 취급조건

① 취급 대상

㉠ 등기소포를 전제로 보험가액 300만 원 이하의 고가품, 귀중품 등 사회통념상 크기에 비하여 가격이 높다고 발송인이 신고한 것으로서 그 취급에 특히 유의할 필요가 있는 물품과 파손, 변질 등의 우려가 있는 물품

㉡ 귀금속, 보석류 등의 소형포장우편물은 물품등기로 접수하도록 안내

㉢ 부패하기 쉬운 냉동 · 냉장 물품은 이튿날까지 도착이 가능한 지역이어야 함

※ 우편물 배달기한 내에 배달하기 곤란한 지역으로 가는 물품은 접수 제외

㉣ 등기소포 안의 내용물은 발송인이 참관하여 반드시 확인

② 취급가액

㉠ 안심소포의 가액은 10만 원 이상 300만 원 이하의 물건에 한정하여 취급하며 10원 미만의 단수를 붙일 수 없음

㉡ 신고가액은 발송인이 정하는 가격으로 하며 취급담당자는 상품 가액의 판단에 관여할 필요가 없음

03 증명 취급

1. 내용증명

(1) 개 념

① 발송인이 수취인에게 어떤 내용의 문서를 언제 발송하였다는 사실을 우편 관서가 공적으로 증명해 주는 우편서비스이다.

② 내용증명제도는 개인끼리 채권 · 채무의 이행 등 권리의무의 득실 변경에 관하여 발송되는 우편물의 문서내용을 후일의 증거로 남길 필요가 있을 경우와 채무자에게 채무의 이행 등을 최고(催告)하기 위하여 주로 이용되는 제도이다.

③ 우편관서는 내용과 발송 사실만을 증명할 뿐, 그 사실만으로 법적효력이 발생되는 것은 아님에 주의해야 한다.

(2) 접수할 때 유의할 사항

① 문서의 내용

㉠ 내용문서는 한글이나 한자 또는 그 밖의 외국어로 자획을 명확하게 기록한 문서에 한정하여 취급하며, 숫자, 괄호, 구두점이나 그 밖에 일반적으로 사용하는 단위 등의 기호를 함께 적을 수 있음

㉡ 공공의 질서나 선량한 풍속에 반하는 내용이 아니어야 하며 내용 문서의 원본과 등본이 같은 내용임이 쉽게 식별되어야 함

㉢ 내용증명의 대상은 문서에 한정하며 문서 이외의 물건(**예** 우표류, 유가증권, 사진, 설계도 등)은 그 자체 단독으로 내용증명의 취급 대상이 될 수 없음

㉣ 내용문서의 원본과 관계없는 물건을 함께 봉입할 수 없음

② 내용문서의 원본 및 등본

㉠ 내용증명의 발송인은 내용문서의 원본과 그 등본 2통을 제출하여야 함

- 발송인에게 등본이 필요하지 않은 경우에는 등본 1통만 제출 가능, 우체국 보관 등본여백에 "발송인 등본교부 않음"이라고 표시

㉡ 동문내용증명 우편물(문서의 내용은 같으나 2인 이상의 각기 다른 수취인에게 발송하는 내용증명우편물)인 경우에는 각 수취인의 주소와 이름을 전부 기록한 등본 2통과 각 수취인 앞으로 발송할 내용문서의 원본을 함께 제출하여야 함

㉢ 내용문서의 원본이나 등본의 문자나 기호를 정정 · 삽입 · 삭제한 경우에는 정정 · 삽입 · 삭제한 문자와 정정 · 삽입 · 삭제한 글자 수를 난외나 끝부분 빈 곳에 적고 그곳에 발송인의 인장 또는 지장을 찍거나 서명을 하여야 하며 이 경우, 고치거나 삭제한 문자나 기호는 명료하게 알아볼 수 있도록 하여야 함

㉣ 내용증명우편물의 내용문서의 원본과 등본에 기록한 발송인과 수취인의 주소 · 성명은 우편물의 봉투에 기록한 것과 같아야 함. 다만, 동문내용증명 우편물인 경우 각 수취인의 주소 · 성명을 전부 기록한 등본은 예외

㉤ 다수인이 연명으로 발송하는 내용문서의 경우 그 발송인들 중 1인의 이름, 주소만을 우편물의 봉투에 기록

③ 내용증명우편물 취급수수료의 계산

㉠ 내용증명 취급수수료는 글자 수나 행 수와는 관계없이 A4 용지 규격을 기준으로 내용문서(첨부물 포함)의 매수에 따라 계산

㉡ 내용문서의 원본과 등본의 작성은 양면을 사용하여 작성할 수 있으며, 양면에 내용을 기록한 경우에는 2매로 계산

㉢ 내용문서의 크기가 A4 용지 규격보다 큰 것은 A4 용지의 크기로 접어서 총 매수를 계산하고, A4 용지보다 작은 것은 이를 A4 용지로 보아 매수를 계산

㉣ 내용문서의 매수가 2매 이상일 경우에는 2매부터 최초 1매의 반값으로 계산

㉤ 동문내용증명의 경우 수취인 수 1명 초과마다 내용문서 매수와 관계없이 내용문서 최초 1매의 금액으로 계산

④ 취급요령

㉠ 내용문서의 원본이나 등본의 장수가 2장 이상일 때에는 함께 묶은 그 곳에 우편날짜도장으로 간인하거나, 내용문서의 원본 및 등본의 글자를 훼손하지 않도록 빈 곳에 천공기로 간인하여야 함

※ 발송인의 인장이나 지장으로 간인하지 않음에 주의

㉡ 수취인에게 발송할 내용문서의 원본, 우체국에서 보관할 등본, 발송인에게 교부할 등본에는 우편날짜도장으로 이어지게 계인함. 다만, 동문내용증명인 때에는 우체국에서 보관하는 등본에 기록된 수취인의 주소 · 성명 아래쪽에 걸치도록 우편날짜도장으로 계인

ⓒ 내용증명 취급수수료에 해당하는 우표는 우체국에 보관하는 등본의 빈곳에 붙이고 우편날짜 도장으로 소인. 다만, 즉납으로 출력된 요금증지를 첩부하거나 날짜가 표시되어 있는 후납인을 날인하는 경우 소인을 생략하며, 후납인 아래에 취급수수료 금액을 표시하여야 함

(3) 내용증명의 재증명과 열람 청구

① 개념 : 내용증명 발송인 또는 수취인이 내용증명 문서의 등본(수취인인 경우는 원본)을 망실하였거나 새로 등본이 필요할 때 우체국의 등본 보관 기간인 3년에 한정하여 발송인 · 수취인이나 발송인 · 수취인으로부터 위임을 받은 사람의 재증명 청구에 응하거나 열람 청구에 응하는 것을 말함

② **재증명 청구기간** : 내용증명 우편물을 접수한 다음 날부터 3년 이내

③ **청구국** : 전국우체국(우편취급국 포함) 및 인터넷우체국

④ **청구인** : 내용증명 우편물의 발송인 또는 수취인, 발송인이나 수취인에게서 위임을 받은 사람

⑤ **재증명 취급수수료의 징수** : 재증명 당시 내용증명 취급수수료의 반액을 재증명 문서 1통마다 각각 징수

⑥ **재증명 취급수수료의 계산시점** : 재증명을 요청한 때

⑦ **열람 수수료의 징수** : 열람 당시의 내용증명 취급수수료의 반액에 해당하는 수수료를 징수

⑧ **열람방법** : 반드시 취급당무자가 보는 앞에서 열람(보고 옮겨 쓰는 것 포함)하도록 함

⑨ **타국접수 내용증명 재증명 절차**

㉠ 내용증명 등본보관국(타국) 외 재증명 청구
- 청구인 본인(또는 대리인) 확인 후, 발송 후 내용증명으로 신청
- 등본보관국 외에 신청하는 경우에는 우편(규격외, 익일특급) 발송
- 등본보관국에서는 D+1일 이내에 내용증명 등본 복사 후, 재증명하여 우편(익일특급+우편사무)으로 청구인에게 발송

㉡ 등본보관국에서 확인하기 전까지는 취소 가능
※ 등본보관국 확인 후에는 내용문서 복사로 인해 취소 불가능

㉢ 내용증명 재증명 우편발송서비스 요금 : 내용증명 재증명 수수료(내용증명 수수료 1/2)+우편요금(규격외 중량별 요금)+등기취급수수료+익일특급수수료+복사비(장당 50원)+대봉투(100원)

2. 배달증명

(1) 개 념

① 배달증명제도는 수취인에게 우편물을 배달하거나 교부한 경우 그 사실을 배달우체국에서 증명하여 발송인에게 통지하는 부가취급 우편서비스

② 배달증명은 등기우편물을 발송할 때에 청구하는 발송 때의 배달증명과 등기우편물을 발송한 후에 필요에 따라 사후에 청구하는 발송 후의 배달증명으로 구분할 수 있음

(2) 취급대상

등기우편물에 한정하여 취급

(3) 요금체계

① 통상우편물 배달증명을 접수할 때

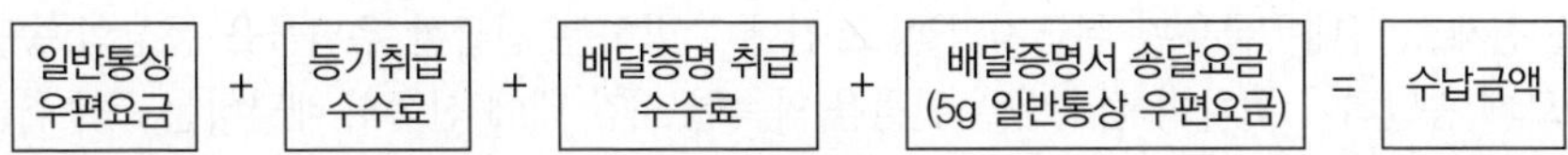

② 소포우편물 배달증명 접수할 때

등기소포 우편요금 + 배달증명 취급 수수료 + 배달증명서 송달요금 (5g 일반통상 우편요금) = 수납금액

(4) 발송 후의 배달증명 청구

① 개념 : 당초 등기우편물을 발송할 당시에는 배달증명을 함께 청구하지 않고 발송하였으나, 사후 그 등기우편물의 배달사실의 증명이 필요하게 된 경우에 발송인이나 수취인이 우체국에 청구

② 처리절차 : 전국 우체국과 인터넷우체국에서 신청할 수 있으며, 청구 접수국은 정당한 발송인이나 수취인임을 확인한 후 발급

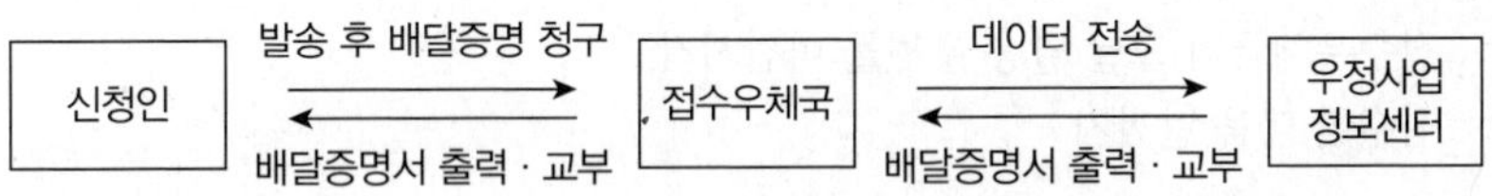

③ 청구기간 : 발송한 다음 날부터 1년. 단, 내용증명우편물에 대한 배달증명 청구는 발송한 다음 날부터 3년

(5) 인터넷우체국 발송 후 배달증명 서비스

① 우체국을 방문하지 않고 인터넷으로 조회하여 프린터로 직접 인쇄하는 서비스

② 등기우편물의 발송인이나 수취인만 신청할 수 있음

③ 신청기간 : 배달완료일 D+2일부터 신청 가능, 등기우편물 발송한 다음 날부터 1년 이내(다만, 내용증명은 3년)

④ 이용요금 : 1건당 1,300원

⑤ 인터넷우체국 회원만 신청 가능(회원전용 서비스)

⑥ 결제 후 다음 날 24시까지 (재)출력이 가능

04 특급 취급

1 국내특급

(1) 개 념

등기취급을 전제로 국내특급우편 취급지역 상호 간에 수발하는 긴급한 우편물을 통상의 송달 방법보다 더 빠르게 송달하기 위하여 접수된 우편물을 약속한 시간 내에 신속히 배달하는 특수취급제도

(2) 특 징

① 지정된 우체국에서만 접수 가능
② 일반우편물과 구별하여 운송
③ 약속시간 내에 배달

(3) 종 류

우편물의 접수에서 배달까지 걸리는 시간을 기준으로 구분

① **당일특급**
㉠ 접수시각 : 행선지별로 고시된 접수마감시각
㉡ 배달시각 : 접수한 날 20시 이내

② **익일특급**
㉠ 접수시각 : 접수우체국의 그날 발송 우편물 마감시각
㉡ 배달시각 : 접수한 다음 날까지

(4) 취급조건

① 등기취급하는 우편물에 한해 취급한다.
② 통상우편물 및 소포우편물의 제한 무게는 30kg까지이다(단, 당일특급 소포우편물은 20kg).
③ **우편물의 접수**
㉠ 익일특급 우편물 : 전국 모든 우체국
㉡ 당일특급 우편물 : 관할 지방우정청장이 지정하여 고시하는 우체국
※ 취급지역 · 우체국 · 시간과 그 밖에 필요한 사항은 관할 지방우정청장이 고시
④ **접수마감시각 및 배달시간** : 관할 지방우정청장의 별도 고시에 따름
⑤ **국내특급 취급지역**
㉠ 익일특급
• 전국을 취급지역으로 하되, 접수 다음 날까지 배달이 곤란한 지역에 대해서는 별도의 추가 날수와 사유 등을 고시
• 익일특급의 배달기한에 토요일과 공휴일(일요일)은 포함하지 않음
※ 익일특급은 금요일에 접수하더라도 토요일 배달대상 우편물에서 제외되므로 다음 영업일에 배달됨을 이용자에게 설명

㉡ 당일특급
- 서울시와 각 지방 주요도시 및 지방 주요 도시를 기점으로 한 지방 도시에서 지역 내로 가는 우편물로서 관할 지방우정청장이 지정 고시하는 지역에 한정함
- 다만, 행정안전부의 시 · 군 통합에 따라 기존 국내특급우편 취급지역 중 광역시의 군지역과 도농복합형태 시의 읍 · 면 지역은 배달이 불가능하여 취급 제한

05 그 밖의 부가취급

1. 특별송달

(1) 개 념

특별송달은 다른 법령에 따라 민사소송법이 정하는 방법으로 송달하여야 하는 서류를 내용으로 하는 등기통상우편물을 송달하고 그 송달의 사실을 우편송달통지서로 발송인에게 알려주는 부가취급 서비스

(2) 취급조건

등기취급하는 통상우편물에 한하여 취급

(3) 취급대상

특별송달우편물의 취급대상은 민사소송법 제187조에 따라 송달하여야 한다는 뜻을 명시하고 있는 서류에 한정하여 취급할 수 있음

① 법원에서 발송하는 것
② 특허청에서 발송하는 것
③ 군사법원법에 따라 발송하는 군사재판 절차에 관한 서류
④ 국제심판소, 소청심사위원회 등 준사법기관에서 관계규정에 의하여 발송하는 재결절차에 관한 서류
⑤ 공증인이 공증인법에 따라 발송하는 공정증서의 송달(공증인법 제56조의5)서류
⑥ 병무청에서 민사소송법 제187조에 따라 송달하도록 명시한 서류
⑦ 선관위에서 민사소송법 제187조에 따라 송달하도록 명시한 서류
⑧ 검찰청에서 민사소송법 제187조에 따라 송달하도록 명시한 서류
⑨ 그 밖의 다른 법령에서 특별송달로 하도록 명시된 서류

(4) 요금체계

① 송달통지서가 1통인 소송서류를 발송하는 경우

일반통상 우편요금 + 등기취급 수수료 + 특별송달 취급 수수료 + (회송) 일반통상 기본우편 요금 = 수납금액

② 송달통지서가 2통 첨부된 소송서류를 발송할 경우

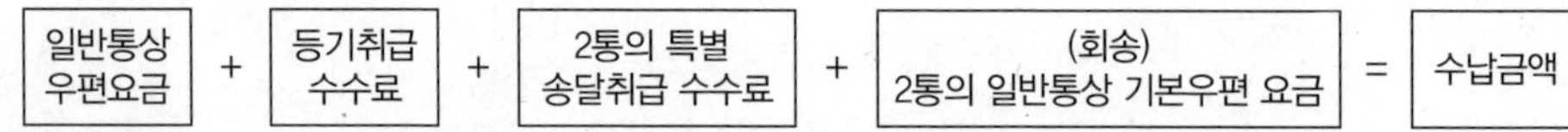

③ 특별송달우편물에 첨부된 우편송달통지서 용지의 무게는 우편물의 무게에 합산함

④ 기본우편요금은 25g 규격 우편물을 기준으로 함

2. 민원우편

(1) 개 념

민원우편이란 국민들의 일상생활에 필요한 각종 민원서류를 관계기관에 직접 나가서 발급받는 대신 우편이나 인터넷으로 신청하고 그에 따라 발급된 민원서류를 등기취급하여 민원우편 봉투에 넣어 일반우편물보다 우선하여 송달하는 부가취급 제도이다.

(2) 제도의 특징

① 민원우편의 송달에 필요한 왕복우편요금과 민원우편 부가취급수수료를 접수(발송)할 때 미리 받음

② 우정사업본부 발행 민원우편 취급용봉투(발송용, 회송용) 사용

③ 민원발급 수수료와 회송할 때의 민원발급 수수료 잔액을 현금으로 우편물에 봉입 발송 허용

④ 민원발급 수수료의 송금액을 5,000원으로 제한(민원발급 수수료가 건당 5,000원을 초과하는 경우는 예외)

⑤ 민원우편의 송달은 익일특급에 따라 신속히 송달

⑥ 우정사업본부장이 정하여 고시하는 민원서류에 한정하여 취급

(3) 요 금

발송할 때의 취급요금(우편요금+등기취급수수료+부가취급수수료)과 회송할 때의 취급요금(50g규격요금+등기취급수수료+익일특급수수료)을 합하여 미리 받음

(4) 회송용 봉투의 요금선납 날짜도장 날인

민원우편 회송용 봉투에 날인하는 요금선납 날짜도장은 최초의 발송 민원우편 접수우체국의 접수한 날의 우편날짜도장으로 날인하는 것이며 회송민원우편 접수우체국에서 날인하는 것이 아님에 주의하여야 함

(5) 발송용 봉투의 봉함

발송인이 봉인할 때는 인장(지장) 또는 서명(자필로 서명)으로도 가능

(6) 회송용 봉투의 봉함

회송민원 우편물의 봉함은 민원발급기관의 취급담당자(우체국 취급 담당자가 아님)가 인장(지장) 및 서명(자필)을 날인하여 봉함하여야 하며 수수료 잔액 등 내용품 확인에 대하여는 우체국 담당자는 참관하지 않음

3. 대금교환

(1) 개 념

① 현금추심을 위탁받은 물건을 수취인에게 배달하고 그 대금을 수취인으로부터 받아 발송인에게 송금하여 주는 특수취급제도

② IT 발달로 전자상거래 등 on-line시장이 활성화되는 현대사회에서 먼거리에 있는 판매자와 구매자 간의 상품거래의 편의를 위하여 주로 이용할 수 있는 제도

③ **통상 대금교환 폐지** : 2011.5.2.

(2) 취급조건

① 안심소포의 취급 대상 등 그 밖의 현금추심을 요구하는 물건은 대금 교환의 취급 대상이 될 수 있음. 다만, 상품의 견본이나 모형은 성질상 대금교환 취급 불가

② 대금교환 우편물은 등기취급하여야 함

③ 대금교환 우편물의 취급금액은 100원 이상 100만 원 이하로 하되, 10원 미만의 단수를 붙일 수 없음

(3) 대금교환 취급수수료

5만 원까지 1,000원, 5만 원 초과 시 5만 원마다 500원

4. 착불배달 우편물

(1) 등기취급 소포우편물과 계약등기우편물 등의 요금을 발송인이 신청할 때 납부하지 않고 우편물을 배달받은 수취인이 납부하는 제도

(2) 수취인이 우편요금 등을 지불하기로 발송인이 수취인의 승낙을 얻은 등기우편물

① 발송인이 수취인의 승낙을 얻은 경우 착불배달 우편물로 접수할 수 있음

② 착불배달은 우편물이 수취인 불명, 수취거절 등으로 반송되는 경우 발송인에게 우편요금 및 반송수수료를 징수. 다만, 맞춤형 계약등기는 우편요금(표준요금+무게구간별 요금)만 징수

※ 접수담당자는 발송인에게 위 두 사항을 반드시 설명

그 밖의 우편서비스

01 우체국쇼핑

1. 개 념

전국 각 지역에서 생산되는 특산품과 중소기업 우수 제품을 우편망을 이용해 주문자나 제삼자에게 직접 공급하여 주는 서비스

구 분	주요 내용
특산물	검증된 우수한 품질의 농·수·축산물을 전국 우편망을 이용해 생산자와 소비자를 연결해주는 서비스
제철식품	출하시기의 농수산 신선식품, 소포장 가공식품, 친환경 식품 등을 적기에 판매하는 서비스
생활마트	중소기업의 공산품을 개인에게 판매하는 오픈마켓 형태 서비스
B2B	우수 중소기업상품의 판로를 확보하고 기업의 구매비용 절감과 투명성을 높이기 위하여 기업과 기업 간의 거래환경을 제공하는 서비스
꽃배달	우체국이나 인터넷을 이용하여 꽃배달 신청을 할 경우 전국의 업체에서 지정한 시간에 수취인에게 직접 배달하는 서비스
전통시장	대형 유통업체의 상권 확대로 어려워진 전통시장 소상인들의 판로 확보를 위해 전국의 전통시장 상품을 인터넷몰에서 판매하는 서비스
창구판매	창구판매 창구에서 우체국쇼핑상품을 즉시 판매하는 서비스

2. 우편물류시스템(POSTNET) 처리 흐름

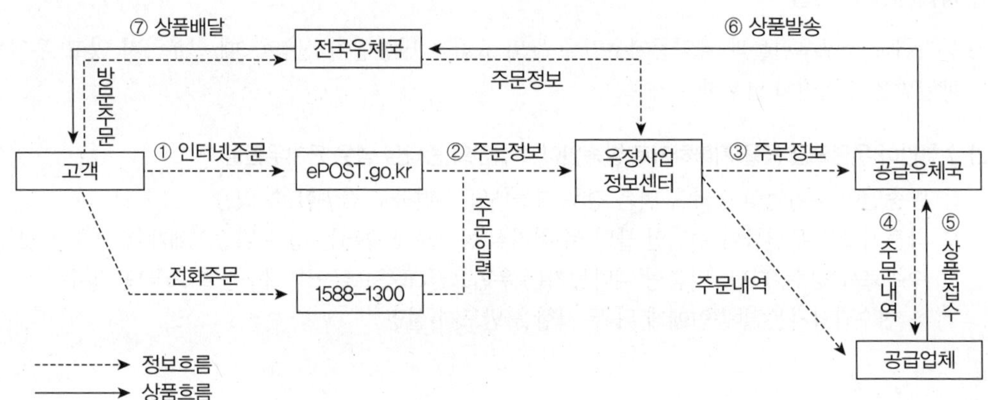

3. 손실 · 망실 등에 따른 반품우편물의 처리

(1) 반품요청 접수관서

우체국쇼핑 상품의 우편물이 운송 중 손실 · 망실 · 내용품 훼손 등으로 수취인이 수취를 거절하는 경우에는 반품우편물의 교환, 환불 요구의 여부를 확인하고 우편물류시스템 반품관리에 등록한 후 우편물을 회수하여 반송 처리

(2) 공급우체국

우체국쇼핑 상품의 반품우편물이 도착하면 우편물류시스템의 반품확인관리에서 '반품확인' 처리하고, 지정된 우체국 공급계좌에 환불요금 입금 여부를 수시로 확인하여 환불요금이 입금되는 즉시 등록된 입금계좌로 환불요금을 송금처리하고 우편물류시스템 환불관리에서 '환불처리'로 등록하여야 하며 신용카드로 결제한 경우에는 '신용카드결제 취소' 처리

4. 꽃배달 서비스

(1) 주문 및 환불

특산물과 동일

(2) 상품배달

① 공급업체에서는 상품주문내용(주문 상품, 수취인, 배달날짜, 시간, 리본 표시사항 등) 확인과 발송상품을 제작

※ 상품 발송할 때 반드시 우체국 꽃배달 태그를 동봉

② 주문자가 지정한 시간에 수취인에게 상품을 배달

(3) 배달결과 입력

업체에서 직접 입력

※ 입력과 동시에 주문자에게 SMS와 E-mail로 자동통보 처리됨

(4) 상품배상

① 상품이 수취인에게 배달하는 중에 공급업체의 잘못으로 상품에 결함이 생기면 모든 비용은 공급업체에서 부담하고, 소비자가 교환이나 환불을 요구할 때에는 아래 사항과 같이 즉시 보상해야 함

② 전액 환불 조치

㉠ 상품을 정시에 배달하지 못한 경우

㉡ 신청인이 배달 하루 전 주문을 취소할 경우

㉢ 상품하자(상품의 수량 · 규격 부족, 변질, 훼손 등)가 발생할 경우

㉣ 주문과 다른 상품이 배달된 경우

③ **상품 교환 조치** : 상품의 훼손, 꽃송이의 부족 등으로 교환을 요구할 경우

④ **일부 환불 조치** : 주소 오기 등 주문자의 실수로 잘못 배달되거나 수취인이 수취를 거부할 경우 주문자가 환불을 요구하면 꽃은 30%, 화분은 50%를 환불

02 전자우편서비스

1. 개 념

전자우편은 고객(정부, 지자체, 기업체, 개인 등)이 우편물의 내용문과 발송인 · 수신인 정보(주소 · 성명 등)를 전산매체에 저장하여 우체국에 접수하거나 인터넷우체국(www.epost.kr)을 이용하여 신청하면 내용문 출력과 봉투제작 등 우편물 제작에서 배달까지 전 과정을 우체국이 대신하여 주는 서비스로서, 편지, 안내문, DM우편물을 빠르고 편리하게 보낼 수 있는 서비스

2. 종 류

<table>
<tr><th colspan="2" rowspan="2">구 분</th><th rowspan="2">주요 내용</th><th colspan="4">이용 수수료(장당)</th></tr>
<tr><th colspan="2">흑 백</th><th colspan="2">칼 라</th></tr>
<tr><td rowspan="4">봉
함
식</td><td rowspan="2">소 형</td><td rowspan="2">편지, 안내문, 고지서 등의 안내문(최대 6장)을 편지형태로 인쇄하여 규격봉투에 넣어 발송하는 우편 서비스</td><td colspan="2">90원</td><td colspan="2">280원</td></tr>
<tr><td colspan="2">추가 1장당 30원</td><td colspan="2">추가 1장당 180원</td></tr>
<tr><td rowspan="2">대 형</td><td rowspan="2">다량의 편지 등 내용문(최대 150장)을 A4용지에 인쇄하여 대형봉투에 넣어 발송하는 우편 서비스</td><td colspan="2">130원</td><td colspan="2">340원</td></tr>
<tr><td colspan="2">추가 1장당 30원</td><td colspan="2">추가 1장당 180원</td></tr>
<tr><td colspan="2" rowspan="2">접착식</td><td rowspan="2">주차위반과태료, 교통범칙금, 통지서 등을 봉투 없이 제작 발송하는 우편 서비스</td><td>단 면</td><td>양 면</td><td>단 면</td><td>양 면</td></tr>
<tr><td>60원</td><td>80원</td><td>220원</td><td>370원</td></tr>
<tr><td colspan="2">그림 엽서</td><td>동창회 모임안내 등 내용문을 간략하게 그림엽서에 인쇄하여 발송하는 우편 서비스</td><td colspan="2">40원</td><td colspan="2">-</td></tr>
</table>

3. 부가서비스

부가서비스 명	서비스 내용	제작 수수료
내용증명	전자우편을 이용하여 다량의 내용증명을 제작, 발송	기존 제작수수료와 같음
계약등기	전자우편을 이용하여 우편물을 제작하고 계약등기로 배달	
한지(내지)	전자우편 내지의 기본 사양인(A4복사용지) 대신 고급 한지 이용	30원 추가

4. 기타 서비스

(1) 동봉서비스

동봉서비스는 봉함식(소형봉투와 대형봉투) 전자우편을 이용할 때 내용문 외에 다른 인쇄물을 추가로 동봉하여 보낼 수 있는 서비스. 이를 이용할 때 별도의 수수료를 내야하며, 우체국 창구에서 신청할 때만 이용 가능함

※ 인터넷우체국은 동봉서비스 이용 불가

(2) 맞춤형 서비스

다량으로 발송할 때 봉투 표면(앞면 · 뒷면) 또는 그림엽서에 발송인이 원하는 로고나 광고문안(이미지)을 인쇄하여 발송할 수 있는 서비스

03 기타 부가서비스

1. 월요일 배달 일간신문

(1) 토요일 자 발행 조간신문과 금요일 자 발행 석간신문(주 3회, 5회 발행)을 토요일이 아닌 다음주 월요일에 배달(월요일이 공휴일인 경우 다음 영업일)하는 일간신문

(2) 신문사가 토요일 자 신문을 월요일 자 신문과 함께 봉함하여 발송하려 할 때에 봉함을 허용하고 요금은 각각 적용

2. 모사전송(팩스)우편 서비스

(1) 개 념

우체국에서 신서, 서류 등의 통신문을 접수하여 전자적 수단(Facsimile)으로 수취인 모사전송기기(팩스)에 직접 전송하는 제도

(2) 이용수수료

① 시내, 시외 모두 동일한 요금을 적용함

② 최초 1매 500원, 추가 1매당 200원, 복사비 1장당 50원

(3) 취급조건

① 취급대상은 서신, 서류, 도화 등을 내용으로 한 통상우편물이어야 함
② 통신문 용지의 규격은 A4규격(210mm×297mm)에 통신내용을 기록, 인쇄한 것으로 함
③ 통신문은 몹시 치밀하여 판독이 어려워서는 안 되고, 선명하여야 하며 검은 색이나 진한 파란색으로 표시한 것이어야 한다. 다만, 발신 · 수신시 원형 그대로 재생이 곤란한 칼라통신문은 취급은 하지만 그에 따른 불이익은 의뢰인이 부담함
④ 우정사업본부장이 지정 고시하는 우체국에서만 취급할 수 있음
㉠ 우편취급국은 제외
㉡ 군부대 내에 소재하는 우체국은 우정사업본부장이 지정, 고시하는 우체국만 가능

3. 광고우편엽서

(1) 개 념

① 우정사업본부에서 발행하는 우편엽서에 광고내용을 인쇄하여 광고주가 원하는 지역에서 판매하는 제도
② 광고주 측에서는 싼 비용으로 공신력 있는 기관을 이용하여 광고를 할 수 있고, 우편관서에서는 수익원이 될 수 있는 우편엽서 제도

(2) 접수창구

전국 우체국

(3) 접수요건

① 발행량과 판매지역
㉠ 전국판 : 최저 20만장 이상 300만장까지 발행하여 특별시, 광역시 · 도 중 4개 이상의 광역지방자치단체 지역에서 동시에 판매
㉡ 지방판 : 최저 5만장 이상 20만장 미만으로 발행하여 특별시, 광역시 · 도 중 3개 이하의 광역지방자치단체 지역에서 판매(다만, 1개 구역의 발행 신청량은 5만장 이상으로 함)
㉢ 광고주가 구입 요청을 한 경우에만 판매구역에 관계없이 광고주가 지정하는 우체국에서 판매(최소 구매량 1,000장)
② 신청요건
㉠ 발행일 50일 전에 광고디자인 설명서, 광고디자인 자료(필름, CD, 그 밖에 전자매체 자료 등)를 함께 접수
※ 발행일 50일 : 광고우편엽서 발행 최소 소요일
㉡ 광고디자인의 크기 : 가로 60mm×35mm 이내
㉢ 광고디자인 조건 : 5색 이내

4. 나만의 우표

(1) 개 념

개인의 사진, 기업의 로고 · 광고 등 고객이 원하는 내용을 신청 받아 우표를 인쇄할 때 비워놓은 여백에 컬러복사를 하거나 인쇄하여 신청고객에게 판매하는 IT기술을 활용한 신개념의 우표서비스

(2) 종 류

기본형, 홍보형, 시트형

(3) 접수방법

① 전국 우체국(별정우체국, 우편취급국 포함), 인터넷우체국, 모바일 앱에서 접수
② (재)한국우편사업진흥원 및 접수위탁기관에서 접수

(4) 접수 시 유의사항

① 나만의 우표를 신청하는 사람은 사진 등의 자료를 사용할 수 있는 권한이 있어야 하며, 자료의 내용이 초상권, 저작권 등 다른 사람의 권리를 침해하면 이에 대한 법적 책임이 있다는 것을 설명
② 접수할 때 신청 자료의 내용이 다른 사람의 초상권, 저작권 등을 침해한 것으로 확인된 경우에는 신청고객이 해당 권리자에게서 받은 사용허가서나 그 밖의 사용권한을 증명할 수 있는 서류를 제출하도록 안내
※ 서류 보관기간 : 접수한 날부터 5년(이미지 : 3개월)
③ 접수자는 선명도가 낮은 사진 등에 대해서는 우표품질이 떨어진다는 사실을 설명한 후 신청자가 원하는 경우에만 접수하고, 그렇지 않은 경우에는 보완하여 제출하게 함
④ 접수자는 사진 등 관련 자료는 명함판(반명함판)이 적정하나 제출한 사진자료의 크기가 너무 크거나 작을 경우에는 축소 또는 확대 복사, 인쇄에 따라 선명도가 낮아질 수 있음을 설명
⑤ 나만의 우표를 우편물에 붙인 경우 고객의 사진부분에 우편날짜도장이 날인될 수 있음을 사전에 설명
⑥ 접수된 이미지나 자료는 우표 제작이 완료된 후에 신청고객이 반환을 요구하는 경우에만 반환하고 반환하지 않은 이미지는 제작기관에서 일정기간 보관 후 폐기한다는 것을 설명
⑦ 영원우표가 아닌 구 권종(300원, 270원, 250원권 등)은 판매 중지

5. 고객맞춤형 엽서

(1) 개 념

우편엽서에 고객이 원하는 그림 · 통신문과 함께 발송인과 수취인의 주소 · 성명, 통신문 등을 인쇄하여 발송까지 대행해 주는 서비스

(2) 종 류

① 기본형

㉠ 우편엽서의 앞면 왼쪽이나 뒷면 한 곳에 고객이 원하는 내용을 인쇄하여 신청고객에게 판매하는 서비스

㉡ 앞면 왼쪽에 고객이 원하는 내용을 인쇄하는 경우에는 희망 고객에 한하여 발송인이나 수취인 주소 · 성명을 함께 인쇄

② 부가형

㉠ 우편엽서의 앞면 왼쪽과 뒷면에 고객이 원하는 내용을 인쇄하여 신청 고객에게 판매하는 서비스

㉡ 희망하는 고객에게만 발송인 · 수취인의 주소 · 성명, 통신문까지 함께 인쇄하여 신청고객이 지정한 수취인에게 발송까지 대행

6. 우체국축하카드

(1) 개 념

축하 · 감사의 뜻이 담긴 축하카드를 한국우편사업진흥원(위탁 제작처) 또는 배달우체국에서 만들어 수취인에게 배달하는 서비스

(2) 접 수

우체국 창구(우편취급국 포함), 인터넷우체국(epost.kr), 우편고객만족센터(1588-1300), 우체국 앱

(3) 부가할 수 있는 서비스

등기통상, 당일특급, 익일특급, 배달증명, 상품권 동봉서비스, 예약배달 서비스

※ 예약배달서비스의 예약배달일 : 예약배달일은 접수한 날부터 영업일 기준 3일 이후부터 13개월 이내이고, 당일특급의 경우 예약배달서비스가 되지 않음

7. 인터넷우표

(1) 개 념

① 고객이 인터넷우체국을 이용하여 발송 우편물에 해당하는 우편요금을 지불하고 본인의 프린터에서 직접 우표를 출력하여 사용하는 서비스

② 인터넷우표는 고객편의 제고와 위조, 변조를 방지하기 위하여 단독으로 사용할 수 없으며 수취인 주소가 함께 있어야 함

(2) 종 류

① 일반통상과 등기통상 두 종류가 있으며, 등기통상은 익일특급도 가능

② 국제우편물과 소포는 대상이 아님

(3) 결 제

신용카드, 즉시계좌이체, 전자지갑, 휴대폰, 간편 결제 등

(4) 구매 취소

① 구매한 후 출력하지 않은 인터넷우표에 한정하여 구매취소 가능
② 요금을 결제한 우표 중 일부 출력우표가 있는 경우에는 구매취소 불가(1회에 10장을 구입하기 위하여 결제하였으나, 1장만 출력한 경우 구매 취소 불가)
③ 결제 취소는 결제일 다음날 24시까지 가능(다만, 휴대폰 결제인 경우 당월 말까지 취소 가능)

(5) 재출력 대상

① 인터넷우표 출력 도중 비정상 출력된 우표
② 요금은 지불하였으나, 고객 컴퓨터의 시스템 장애로 출력하지 못한 우표
③ 정상 발행되었으나 유효기간 경과한 우표
④ 그 밖에 다시 출력할 필요가 있다고 인정되는 우표

(6) 우표류 교환

① 정가 판매한 인터넷우표는 우표류 교환 대상에서 제외
② 인터넷우표는 장기간 보유하지 않으며, 수취인주소가 기록되어 있어 다른 이용자에게 판매를 할 수 없기에 우표류 교환 대상에서 제외

(7) 유효기간

① 인터넷우표는 국가기관이 아닌 개별 고객의 프린터에서 출력하여 사용하기 때문에 우표의 품질이 일정하지 않으며, 또 장기간 보관에 따른 우표의 오염이나 훼손 우려가 있어 출력일 포함 10일 이내에 사용하도록 하였음
② 유효기간이 경과한 인터넷우표를 사용하려 할 경우에는 유효기간 경과 후 30일 이내에 재출력 신청하여야 사용이 가능함

8. 준등기 우편서비스

(1) 개 념

우편물의 접수에서 배달 전(前)단계까지는 등기우편으로 취급하고 수취함에 투함하여 배달을 완료하는 제도로 등기우편으로 취급되는 단계까지만 손해배상을 하는 서비스

(2) 대 상

100g 이하의 국내 통상우편물

(3) 요 금

1,000원(정액 요금)
※ 전자우편 제작수수료 별도

(4) 접수채널

전국 우체국(우편집중국, 별정우체국 및 우편취급국 포함)

(5) 부가역무

전자우편(우편창구 및 연계 접수에 한함)

(6) 우편물의 처리

① **송달일수** : 접수한 다음날부터 3일 이내 배달
② **전송** : 준등기 우편물로 처리(수수료 없음)
③ **반송** : 일반우편물로 처리(수수료 없음)
④ **반환** : 일반우편물로 처리. 우편집중국 발송전 반환청구 수수료는 무료이며, 우편집중국 발송 후 반환청구 수수료는 통상우편 기본요금을 적용

(7) 번호체계

번호 앞 자리를 "5"로 시작하는 13자리 번호 체계로 구성

(8) 알림서비스

① 발송인은 준등기 우편서비스의 배달결과를 문자 또는 전자우편(e-Mail)으로 통지받을 수 있다.
② 다만, 우편물 접수 시에 발송인이 연락처 정보를 제공하지 않는 경우 등에는 배달결과 서비스를 받지 못함을 발송인에게 안내 후 준등기 우편으로 접수하여야 한다.
③ 집배원이 배달결과를 PDA에 등록하면 배달결과 알림 문자 등이 자동으로 발송인에게 통보되며, 접수 시 발송인이 '통합알림'을 요청한 경우에는 배달완료일 다음 날(최대 D+4일)에 발송인에게 배달 결과를 1회 통보한다.

(9) 종적조회

접수 시부터 수취함 투함 등 배달완료까지 배달결과에 대한 종적조회가 가능(전송우편 포함)하다. 다만, 반송 시(배달증 생성)에는 결괏값이 반송우편물로만 조회 가능하고 발송인에게 도착되는 취급 과정의 종적 정보는 제공되지 않는다.

(10) 손해배상

손 · 망실에 한하여 우체국 접수 시부터 배달국에서 배달증 생성 시까지만 최대 5만 원까지 손해배상을 제공하며, 배달완료(수취함 등) 후에 발생된 손 · 망실은 손해배상 제공대상에서 제외된다.

06 우편에 관한 요금

01 우편요금 별납우편물

1. 개 념

(1) 한 사람이 동시에 우편물의 종류, 중량, 우편요금 등이 동일한 우편물을 다량으로 발송할 경우에 개개의 우편물에 우표를 첩부하여 요금을 납부하는 대신 우편물 표면에 "요금별납"의 표시만을 하고 요금은 일괄하여 현금(신용카드 결제 등 포함)으로 별도 납부하는 제도로서 관할 지방우정청장이 지정하는 우체국(우편취급국 포함)에서만 취급이 가능하다.

(2) 이 제도는 발송인이 개개의 우편물에 우표를 붙이는 일과 우체국에서도 우표를 소인하는 일을 생략할 수 있어 발송인 및 우체국 모두에게 편리한 제도이다.

2. 취급조건

(1) 우편물의 종별, 중량, 우편요금 등이 같고 동일인이 동시에 발송

(2) **취급기준 통수**
10통 이상의 통상우편물 또는 소포우편물

(3) 발송인이 우편물 표면에 '요금별납'을 표시한 경우

(4) 관할 지방우정청장이 별납우편물을 접수할 수 있도록 정한 우체국이나 우편취급국에서 이용하는 경우

3. 접수요령

(1) 발송인이 요금별납표시를 하지 않은 경우 라벨증지를 출력하여 붙이거나, 우체국에 보관된 요금별납 고무인을 사용하여 표시

(2) 요금별납 고무인은 책임자(5급 이상 관서 : 과장, 6급 이하 관서 : 국장)가 수량을 정확히 파악해서 보관 · 관리하며 필요할 때마다 받아서 사용

(3) 책임자가 보는 앞에서 별납우편물을 접수하고, 발송신청서 해당 칸에 접수담당자와 책임자가 각각 날인

(4) 요금별납우편물에는 우편날짜도장 생략

(5) 창구업무 시간 내 접수하는 것이 원칙

(6) 창구에서 접수하는 것이 원칙

02 우편요금 후납우편물

1. 개 념

(1) 우편물의 요금(부가취급수수료 포함)을 우편물을 발송할 때에 납부하지 않고 1개월간 발송예정 우편물의 요금액의 2배에 해당하는 금액을 담보금으로 제공하고 1개월간의 요금을 다음달 20일까지 납부하는 제도

(2) 이 제도는 우편물을 자주 발송하는 공공기관, 은행, 회사 등이 요금납부를 위한 회계절차상의 번잡함을 줄이고 동시에 우체국은 우표의 소인절차를 생략할 수 있는 편리한 제도

2. 취급대상

(1) 대상우편물

- 한 사람이 매월 100통 이상 보내는 통상 · 소포우편물
- 반환우편물 중에서 요금후납으로 발송한 등기우편물
- 모사전송(팩스) 우편물, 전자우편
- 우편요금표시기 사용 우편물, 우편요금수취인부담우편물
- 발송우체국장이 정한 조건에 맞는 국가 또는 지방자치단체의 우편물
- 우체통에서 발견된 습득물 중 우편물에서 이탈된 것으로 인정되지 않는 주민등록증

(2) 이용 가능 우체국

① 우편물을 발송할 우체국 또는 배달할 우체국
② 우편취급국은 총괄우체국장의 사전 승인을 받은 후 이용 가능

3. 요금후납 계약을 위한 담보금

(1) 담보의 제공

① 담보금액 : 1개월분의 우편요금 등을 개략적으로 추산한 금액의 2배 이상
② 제공방법 : 보증금, 본부장이 지정하는 이행보증보험증권이나 지급보증서
③ 금액조정 : 담보금액이 추산액의 2배에 미달하거나 초과하는 경우 조정 가능

(2) 담보금 면제대상

① 1/2 면제 대상 : 최초 계약한 날부터 체납하지 않고 2년간 성실히 납부한 사람
② 전액 면제 대상
㉠ 국가, 지방자치단체, 공공기관, 은행법에 따른 금융기관과 특별법에 따라 설립된 공공기관
㉡ 최초 후납계약일부터 체납하지 않고 4년간 성실히 납부한 사람
㉢ 우체국장이 신청자의 재무상태 등을 조사하여 건실하다고 판단한 사람
㉣ 1개월간 납부하는 요금이 100만 원 이하인 사람
㉤ 신용카드사 회원으로 등록하고, 그 카드로 우편요금을 결제하는 사람
㉥ 우체국택배 및 국제특급(EMS) 계약자 면제

- 우편관서 물류창고 입점업체로서 담보금 수준의 물품을 담보로 제공하는 사람
- 최근 2년간 체납하지 않은 사람
- 신용보증 및 신용조사 전문기관의 신용평가 결과가 B등급 이상인 사람

③ 우편요금을 체납한 때 담보금 제공 면제 취소
㉠ 담보금 제공을 면제받은 후 2년 안에 요금납부를 2회 체납한 경우
- 담보금 1/2 면제대상 : 담보금제공 면제 취소
- 담보금 전액 면제대상 : 담보금제공 1/2 면제

㉡ 담보금 제공을 면제받은 후 2년 안에 요금납부를 3회 이상 체납한 경우
- 담보금 전액면제 대상 : 담보금 제공 면제취소

㉢ 우체국택배 및 국제특급(EMS) 계약자인 경우
- 신용보증 및 신용조사 전문기관의 평가 결과가 B등급 미만으로 떨어진 경우
- 면제 받은 후 납부기준일부터 요금을 1개월 이상 체납한 경우
- 면제 받은 후 연속 2회 이상 체납하거나, 최근 1년 안에 3회 이상 체납한 경우

㉣ 계약우체국장은 체납을 이유로 면제 취소를 받은 사람에 대해서 담보금 면제 혜택을 2년간 금지할 수 있음

4. 요금후납 계약국 변경 신청 제도

(1) 개 념

계약자가 다른 우체국으로 계약국을 변경하는 제도

(2) 신청 대상

모든 우편요금후납 계약

(3) 처리 절차

① 이용자의 후납계약국에 변경신청서 제출
② 접수국은 인수하는 우체국이 업무처리가 가능한지 검토
③ 고려해야 할 사항
㉠ 인수하는 우체국의 운송 여력과 운송시간표
㉡ 인수하는 우체국의 업무량 수준
㉢ 고객 불편이 예상되는 경우 사전 안내하여 변경 신청 여부를 다시 확인
④ 계약국 변경이 가능한 경우 계약국, 이관국, 이용자에게 변경사항을 알리고 우편요금후납 계약서류와 담보금을 이관국으로 송부[이행보증증권(피보험자=계약우체국장)인 경우 계약국 변경 시 보증증권 재발행 필요]
⑤ 인수국은 계약 사항을 우편물류시스템에 입력한 후 해당 계약 업무 시작

03 요금수취인부담 우편물

1. 개 념

(1) 요금수취인부담이란 배달우체국장(계약등기와 등기소포는 접수우체국장)과의 계약을 통해 그 우편요금을 발송인에게 부담시키지 않고 수취인 자신이 부담하는 제도이다.

(2) 통상우편물은 주로 “우편요금수취인부담”의 표시를 한 사제엽서 또는 봉투 등을 조제하여 이를 배부하고 배부를 받은 자는 우표를 붙이지 않고 그대로 발송하여 그 요금은 우편물을 배달할 때에 또는 우체국의 창구에서 교부받을 때는 수취인이 취급수수료와 함께 지불하거나 요금후납계약을 체결하여 일괄 납부하는 형태이다.

(3) 일반통상우편물은 통신판매 등을 하는 상품제조회사가 주문을 받기 위한 경우 또는 자기회사의 판매제품에 관한 소비자의 의견을 알아 보기 위한 경우 등에 많이 이용되고 있다.

2. 취급 조건

(1) 취급대상은 통상우편물, 등기소포우편물, 계약등기이며 각 우편물에 부가서비스도 취급할 수 있다.

(2) 발송유효기간은 2년 이내 배달우체국장과 이용자와의 계약으로 정한다. 단, 국가기관, 지방자치단체 또는 공공기관에 있어서는 발송유효기간을 제한하지 아니할 수 있다.

04 우편요금 감액

1. 개 요

우편이용의 편의와 우편물의 원활한 송달을 확보할 수 있는 방법으로 발송하는 다량의 우편물에 대하여 그 요금 등의 일부를 감액할 수 있다(법 제26조의2).

2. 우편요금 감액대상

(1) 서적우편물

① 표지를 제외한 쪽수가 48쪽 이상인 책자의 형태로 인쇄 · 제본되어 발행인 · 출판사 또는 인쇄소의 명칭 중 어느 하나와 쪽수가 각각 표시되어 발행된 종류와 규격이 같은 서적으로서 우편요금 감액요건을 갖춰 접수하는 요금별납 또는 요금후납 일반우편물. 다만 상품의 선전 및 광고가 전지면의 10%를 초과하는 것은 감액대상에서 제외함

㉠ 반드시 제본만 가능한 것이 아니라 스프링, 끈 등으로 하나로 묶여 있으면 제본된 것으로 간주함

㉡ 서적의 발행인, 출판사, 인쇄소 중 어느 하나의 명칭은 표시되어야 하며, 쪽수는 위치에 상관없이 표시되어 있으면 가능함

㉢ 쪽수를 한 쪽(면)씩 각각 표시해야 하는 것은 아님(한쪽에 2개의 쪽수 표시 가능)

② 공중이 이용할 수 있도록 가격정보(출판물에 가격이 표시된) 또는 국제표준도서번호(International Standard Book Number; ISBN), 국제표준일련간행물번호(International Standard Serial Number; ISSN)가 인쇄된 출판물에 대해 감액을 적용함

③ 비정기적으로 발간되는 출판물에 대해서만 감액을 적용함. 다만, 정기간행물 우편요금 감액을 적용 받지 않는 정기간행물(격월간, 계간및 국외 발간물 등)은 비정기적 간행물로 간주함

④ 우편물의 표면 왼쪽 중간 부분에 '서적'이라고 표기해야 함

⑤ 우편엽서, 빈 봉투, 지로용지, 발행인(발송인) 명함은 각각 1장만 동봉 가능하고, 이를 본지 및 부록과 함께 제본할 때는 수량의 제한이 없음

⑥ 우편물에는 본지의 게재내용과 관련된 물건(이하 '부록'이라 함)을 첨부하거나 제본할 수 있음
㉠ 부록은 본지에는 부록이 첨부되었음을 표시하고, 부록의 표지에는 '부록'이라고 표기해야 함
㉡ 부록을 본지와 별도로 발송하거나 부록임을 판단하기 어려운 경우에는 감액을 받을 수 없음
⑦ 본지, 부록 등을 포함한 우편물 1통의 총 무게는 1,200g을 초과할 수 없으며, 본지 외 내용물(부록, 기타 동봉물)의 무게는 본지의 무게를 초과해서는 안 됨
⑧ 서신성 인사말, 안내서, 소개서, 보험안내장을 본지(부록 포함)에 제본하거나 동봉하는 우편물은 감액을 받을 수 없음
⑨ 반환불필요 감액 대상은 아님

(2) 다량우편물

우편물의 종류, 무게 및 규격이 같고, 우편요금 감액요건을 갖춰 접수하는 요금별납 또는 요금후납 일반우편물

(3) 상품광고우편물

① 상품의 광고에 관한 우편물로서 종류와 규격이 같고, 우편요금 감액 요건을 갖춰 접수하는 요금별납 또는 요금후납 일반우편물
② 부동산을 제외한 유형상품에 대한 광고를 수록한 인쇄물(별도 쿠폰 동봉) 또는 CD(DVD 포함)에 대해서만 감액을 적용함
※ 쿠폰(북)은 단독으로 발송 시 상품광고우편물로 감액을 받을 수 없으며, 유형상품의 광고우편물에 동봉 시에만 감액이 적용됨
③ 감액제외대상 우편물
㉠ 인사말, 안내문, 명함, 지로용지, 문서가 포함된 우편물과 같이 인사말 또는 상품의 사용설명 등 안내문 성격의 내용이 포함된 우편물
㉡ 회신 받을 목적으로 발송하는 주문서, 신청서, 설문지, 입학원서 등이 포함된 우편물
㉢ 발송인과 직접 관련이 없는 홍보용 우편물(예 보험회사에서 발송하는 전국지도)
㉣ 상품이 아닌 해당 기업광고 및 홍보가 포함된 우편물

(4) 정기간행물

① 신문 등의 진흥에 관한 법률(이하 '신문법'이라 함) 제2조 제1호에 따른 신문(관련된 회외 · 부록 또는 증간을 포함)과 잡지 등 정기 간행물의 진흥에 관한 법률(이하 '잡지법'이라 함) 제2조 제1호 가목 · 나목 및 라목의 정기간행물(관련된 호외 · 부록 또는 증간을 포함)
㉠ 발행주기를 일간 · 주간 또는 월간으로 하여 월 1회 이상 정기적으로 발송해야 함
㉡ 요금별납 또는 요금후납 일반우편물로서 무게와 규격이 같아야 함
② 다음에 해당하는 우편물은 우편요금 감액우편물에서 제외함
㉠ 신문법 제9조에 따라 등록하지 않은 신문과 잡지법 제15조, 제16조에 따라 등록 또는 신고하지 않은 정기간행물, 잡지법 제16조에 따라 신고한 정보간행물 및 기타간행물 중 상품의 선전 및 그에 관한 광고가 앞 · 뒤표지 포함 전지면의 60%를 초과하는 정기간행물
㉡ 우편물의 내용 중 받는 사람에 관한 정보나 서신 성격의 안내문이 포함되어 있는 경우

(5) 비영리민간단체우편물

비영리민간단체지원법 제4조에 따라 등록된 비영리민간단체가 공익 활동을 위하여 발송하는 요금별납 또는 요금후납 일반우편물로 공익 활동을 위한 직접적인 내용이어야 함

(6) 국회의원의정활동보고서

① 국회의원이 의정활동을 당해 지역구 주민에게 알리기 위하여 연간 3회의 범위에서 1회 5,000통 이상 발송하는 요금별납 또는 요금후납 일반우편물

② 2개 이상의 행정구역으로 구성되어 있는 복합선거구에서의 발송 시 복합 선거구 내 소재 4급 또는 5급 우체국이 둘 이상 있는 경우에 접수우체국 별로 각각 연간 3회 범위 내에서 감액을 적용함

(7) 상품안내서(카탈로그)우편물

① 각각의 파렛에 적재되는 중량 · 규격이 같은 16면 이상(표지 포함)의 책자 형태로서 상품의 판매를 위해 가격 · 기능 · 특성 등을 문자 · 사진 · 그림으로 인쇄한 요금후납 일반우편물

② 카탈로그 한 면의 크기는 최소 120mm×190mm 이상, 최대 255mm×350mm 이하, 두께는 20mm 이하로 함

③ 책자형태의 카탈로그 중 최대 · 최소 규격의 범위를 벗어나는 내용물이 전지면의 10%를 초과하지 못함

④ 책자 형태에 포함되지 않은 추가 동봉물은 8매까지 인정함

⑤ 우편물 1통의 무게는 1,200g을 초과할 수 없으며, 책자형태의 부록을 첨부할 수 있으나, 부록 및 추가 동봉물의 무게가 카탈로그 본지의 무게를 초과하지 못함

⑥ 봉함된 우편물 전체의 내용은 광고가 80% 이상이어야 함

(8) 소포우편물

① 1회에 2개 이상 발송하는 우편물 또는 월 50개 이상 발송하는 요금 후납우편물 중 우체국창구에서 접수하는 등기 또는 일반소포 우편물

② 발송인을 방문하여 접수하는 우편물로서 1회에 2개 이상 발송하는 등기우편물

③ 우체국과 발송인과의 사전계약에 따라 발송인을 방문하여 접수하는 우편물로서 월 100개 이상 발송하는 등기우편물

05 우편요금 등의 반환청구

1. 개 념

(1) 우편요금은 과학기술정보통신부가 제공하는 우편의 서비스에 대한 대가로 납부하는 것이기 때문에 이 서비스를 제공하지 않은 경우에는 채무 불이행으로 요금을 발송인에게 반환해야 하며, 또 발송인이 요금을 초과 납부한 경우에는 부당이득이 되므로 발송인에게 반환하여야 함

(2) 그러나 이 모든 경우에 요금을 반환하면 반환사유의 인정이 극히 곤란한 경우가 있을 뿐만 아니라, 이의 해결을 위해 시간이 걸리므로 우편 업무의 신속성을 해칠 염려가 있어 한 번 납부한 요금이나 초과 납부한 요금은 원칙적으로 반환하지 않으나, 대통령령으로 정한 경우에만 납부한 사람의 청구에 따라 요금을 반환하고 있음

2. 우편요금 등의 반환사유, 반환범위 및 반환청구기간

(1) 우편요금 등의 반환사유, 반환범위 반환기간(우편법 시행령 제35조)

반환사유 및 반환범위	근거규정	반환청구우체국	청구기간
• 과다 징수한 우편요금 등 • 우편관서의 잘못으로 너무 많이 징수한 우편요금 등	우편법 시행령 제35조 제1항 제1호	해당 우편요금 등을 납부한 우체국	해당 우편요금 등을 납부한 날부터 60일
• 부가취급을 하지 아니한 경우의 그 부가취급수수료 • 우편관서에서 우편물의 부가취급의 수수료를 받은 후 우편관서의 잘못으로 부가취급을 하지 아니한 경우의 그 부가취급수수료	우편법 시행령 제35조 제1항 제2호	〃	〃
• 사설우체통 사용계약을 해지하거나 해지시킨 경우의 납부수수료 잔액 • 사설우체통의 사용계약을 해지한 날 이후의 납부수수료 잔액	우편법 시행령 제35조 제1항 제3호	〃	해지한 날부터 30일
납부인이 우편물을 접수한 후 우편관서에서 발송이 완료되지 아니한 우편물의 접수를 취소한 경우	우편법 시행령 제35조 제1항 제4호	〃	우편물 접수 당일

(2) 우편요금 반환 청구서의 접수

청구인의 반환청구를 검토하여 지급하기로 결정한 때에는 우편요금반환청구서에 해당사항을 적은 후에 봉투 등의 증거자료를 첨부하여 제출하도록 한다.

(3) 우편요금 등의 반환

① 우표로 반환하는 경우 : 우표로 반환할 때에는 우선 창구에서 보관 중인 우표로 반환 금액에 상당하는 우표를 청구인에게 교부하고 영수증을 받음

② 현금으로 반환하는 경우 : 현금으로 반환할 때에는 지출관이 반환금 등에서 반환 후 청구인에게서 영수증을 받음

07 손해배상 및 손실보상

01 국내우편물의 손해배상제도

1. 개념 및 성격

(1) 개 념

우편관서가 고의나 잘못으로 취급 중인 국내우편물에 끼친 재산적 손해에 대해 물어 주는 제도

(2) 성 격

① 손해배상은 위법한 행위에 대한 보전을 말하는 것

② 적법한 행위 때문에 생긴 손실을 보전하는 손실보상과 재산적인 손해와 상관없이 일정 금액을 지급하는 이용자실비지급제도와는 성격상 차이가 있음

2. 손해배상의 범위 및 금액

구 분			손실, 분실(최고)	지연배달
통 상	일 반		없 음	없 음
	준등기		5만 원	–
	등기취급		10만 원	D+5일 배달분부터 : 우편요금과 등기취급수수료
	국내특급	당일특급	10만 원	• D+1일 0시~20시까지 배달분 : 국내특급수수료 • D+1일 20시 이후 배달분 : 우편요금과 국내특급수수료
		익일특급	10만 원	D+3일 배달분부터 : 우편요금 및 국내특급수수료
소 포	일 반		없 음	없 음
	등기취급		50만 원	D+3일 배달분부터 : 우편요금 및 등기취급수수료
	국내특급	당일특급	50만 원	• D+1일 0시~20시까지 배달분 : 국내특급수수료 • D+1일 20시 이후 배달분 : 우편요금과 국내특급수수료

① 파손 · 훼손 · 분실로 손해배상을 하는 경우 '손실 · 분실'에 해당하는 금액을 한도로 하여 배상. 다만, 실제 손해액이 최고 배상금액보다 적을 때는 실제 손해액으로 배상

② 등기 취급하지 않은 우편물은 손해배상하지 않음

③ 'D'는 우편물을 접수한 날을 말하며, 공휴일과 우정사업본부장이 배달하지 않기로 정한 날은 배달기한에서 제외

④ 다음과 같은 경우 지연 배달로 보지 않음
㉠ 설 · 추석 등 특수한 기간에 우편물이 대량으로 늘어나 늦게 배달되는 경우
㉡ 우편번호 잘못 표시, 수취인 부재 등 발송인이나 수취인의 책임으로 지연배달된 경우
㉢ 천재지변 등 불가항력적인 이유로 지연배달되는 경우

3. 손해배상 청구권

(1) 우편물 발송인

(2) 우편물 발송인의 승인을 얻은 수취인

4. 손해배상 제한사유

(1) 발송인이나 수취인의 잘못으로 손해가 생긴 경우

(2) 우편물의 성질 · 결함 또는 불가항력적인 이유로 손해가 생긴 경우

(3) 우편물을 배달(교부)할 때 외부에 파손 흔적이 없고, 무게도 차이가 없는 경우

(4) 수취인이 우편물을 정당하게 받았을 경우

5. 청구절차

(1) 우편물 수취거부와 손해 신고 접수

① 발송인이나 수취인이 우편물에 이상이 있다고 주장하는 경우, 우편물을 수취거부하고 신고하도록 안내
② 신고를 받은 직원은 업무 담당자에게 전달하고, 업무 담당자는 우편물류 시스템에 '사고접수내역'을 등록한 후 배달우체국에 검사(검사자 : 집배원 또는 책임자)를 요청

(2) 신고 사실의 검사

배달우체국에서는 손해사실의 신고를 받았을 때에는 집배원 또는 책임직이 수취거부 우편물의 외장 또는 무게의 이상 유무, 직원의 고의나 잘못이 있는지 등을 검사하여야 함

(3) 손해검사조서 작성 및 등록

손해가 있다고 인정될 때는 우편물 수취를 거부한 다음 날부터 15일 안에 수취거부자(신고인)에게 손해 검사에 참관하도록 연락해야 함

(4) 손해배상 결정

① 손해가 있는 것으로 판단되면 배상 청구를 심사하며 심사할 사항은 다음과 같다.
㉠ 우편물을 발송한 날로부터 1년 내에 청구한 것인지
㉡ 원인이 발송인이나 수취인에게 있거나 불가항력적이었던 것은 아닌지

㉢ 우편물의 외부에 파손 흔적이 없고, 무게 차이도 없는지
㉣ 우편물을 정상적으로 수취한 다음에 신고한 것은 아닌지
㉤ 청구자가 수취인이라면 발송인의 승인을 얻은 것인지

② 청구 심사가 끝나면 적정한 감정기관의 의견이나 증빙자료를 바탕으로 배상 금액을 결정하고 손해배상 결정서를 청구인에게 보낸다. 청구인은 금융창구를 통해 배상액을 청구할 수 있다.

(5) 우편물의 처리

① 손해를 배상한 우편물은 배상한 우체국에서 반송불능우편물 처리방법에 따라서 처리. 다만, 수리비용 등 일부 손해를 배상한 경우에는 우편물을 내어줄 수 있음
② 검사결과 손해가 없는 것으로 드러나는 경우, 손해검사조사서 1통은 우편물과 함께 수취거부자에게 보내고 1통은 해당 우체국에서 보관
③ 손해가 있다고 신고한 우편물을 우체국에서 보관하거나 총괄우체국으로 보내는 경우, 우편물 상태를 책임자가 정확하게 확인하고 주고 받아야 하며 손해 상태가 달라지지 않도록 취급해야 함

(6) 기타 법적 사항

① 손해배상 청구권은 우편물을 발송한 날부터 1년이다. 다만, 손해배상 결정서를 받은 청구인은 우편물을 받을 날부터 5년 안에 배상액을 청구할 수 있다. 그 이후에는 시효로 인해 권리가 소멸된다.
② 손해배상에 이의가 있을 때는 결정 통지를 받을 날부터 3개월 안에 민사 소송을 제기할 수 있다.
③ 해당 손해배상에 대해 공무원의 고의 또는 중대한 잘못이 있는 경우, 배상책임을 물을 수 있다.

02 손실보상제도

1. 손실보상 등의 범위

(1) 우편업무를 수행 중인 운송원 · 집배원과 항공기 · 차량 · 선박 등이 통행료를 내지 않고 도로나 다리를 지나간 경우

(2) 우편업무를 수행 중에 도로 장애로 담장 없는 집터, 논밭이나 그 밖의 장소를 통행하여 생긴 손실에 대한 보상을 피해자가 청구하는 경우

(3) 운송원의 도움을 받은 경우 도와준 사람에게 보상

2. 손실보상 청구

(1) 도와준 사람에게 줄 보수나 손실보상을 청구할 때에는 청구인의 주소, 성명, 청구사유, 청구금액을 적은 청구서를 운송원 등이 소속하고 있는 우체국장을 거쳐 관할 지방우정청장에게 제출하여야 한다. 이때에 소속 우체국장은 손실보상의 청구내용에 대한 의견서를 첨부하여야 한다.

(2) 청구서와 의견서를 받은 지방우정청장은 그 내용을 심사하여 청구내용이 정당하지 아니하다고 인정하는 때에는 그 사유서를 청구인에게 보내고, 청구내용이 정당하다고 인정하는 때에는 청구한 보수나 손실 보상금을 청구인에게 지급하여야 한다.

(3) 지방우정청장은 필요하다고 인정하는 경우에는 청구인의 출석을 요구 하여 질문하거나 관계자료를 제출하도록 할 수 있다.

(4) 그 사실이 있었던 날부터 1년 이내에 청구하여야 한다.

3. 보수 및 손실보상금액의 산정

(1) 보수 및 손실보상금액은 청구인이 입은 희생 및 조력의 정도에 따라 다음 기준에 의하여 판단한 금액으로 결정

① 우편법 제4조 제1항에 의한 조력자의 경우에는 일반노무비, 교통비, 도움에 소요된 실비
② 우편법 제5조의 택지나 전답을 통행한 경우에는 그 보수비나 피해를 입은 당시의 곡식 등의 가액
③ 도선이나 유료 도로 등을 통행한 경우에는 그 도선료나 통행료
④ 운송의 편의를 위하여 시설을 제공한 경우에는 그 보관료나 주차료 등

(2) 보수와 손실보상금액은 현금으로 일시불 지급

4. 손실보상 등 결정에 대한 불복

보수 또는 손실보상의 결정에 대하여 불복하는 사람은 그 통지를 받은 날부터 3개월 이내에 소송을 제기할 수 있음

03 이용자 실비지급제도

1. 의 의

(1) 우정사업본부장이 공표한 기준에 맞는 우편서비스를 제공하지 못할 경우에 예산의 범위에서 교통비 등 실비의 전부나 일부를 지급하는 제도

(2) 부가취급 여부 · 재산적 손해 유무를 요건으로 하지 않고 실비를 보전하는 점에서 손해배상과 성질상 차이가 있음

2. 지급방법, 범위 및 지급액

(1) 사유가 발생한 날부터 15일 이내에 해당 우체국에 신고

(2) 지급 여부 결정

이용자가 불친절한 안내 때문에 2회 이상 우체국을 방문하였다고 문서, 구두, 전화, e-mail 등으로 신고한 경우에는 해당부서 책임자가 신고내용을 민원처리부 등을 참고하여 신속히 지급 여부 결정 (무기명 신고자는 제외)

(3) 실비지급 제한

우편서비스 제공과 관계없이 스스로 우체국을 방문한 때

※ 이용자 실비지급제도의 범위와 지급액

구 분	지급 사유	실비 지급액
모든 우편	우체국 직원의 잘못이나 불친절한 응대 등으로 2회 이상 우체국을 방문하였다고 신고한 경우	1만 원 상당의 문화상품군 등 지급
EMS	종 · 추적조사나 손해배상을 청구한 때 3일 이상 지연 응대한 경우	무료발송권(1회 3만 원권)
	한 발송인에게 월 2회 이상 손실이나 망실이 생긴 때	무료발송권(1회 10kg까지) ※ 보험가입여부와 관계없이 월 2회 이상 손실, 망실이 생긴 때

08 그 밖의 청구와 계약

01 국내우편물 수취인의 주소 · 성명 변경청구 및 우편물의 반환청구

1. 개 념

(1) 수취인의 주소 · 성명의 변경청구 우편물이 배달되기 전에 발송인이나 수취인이 수취인의 주소 · 성명을 바꾸려고 하는 경우 우편관서에 요청하는 청구(단, 수취인은 주소 변경만 가능)

(2) 우편물의 반환 청구 발송인이 우편물을 보낸 후, 그 우편물이 배달되지 않아야 하는 이유가 생겼을 때 우편관서에 요청하는 경우

2. 처리요령

(1) 청구의 수리여부 검토

① 청구인의 정당여부 확인
㉠ 발송인 : 증명서, 신분증, 영수증 등
㉡ 수취인 : 증명서, 신분증, 배달안내 문자 또는 우편물 도착통지서

② 청구가능 우편물여부 확인
㉠ 발송인의 수취인의 주소 · 성명 변경청구인 경우 내용증명 우편물이 아닌지 확인*
* 내용증명의 수취인 주소 · 성명을 변경할 경우 우편물을 반환한 뒤 새로운 내용물로 다시 작성하여 발송하거나, 봉투와 원본 · 등본의 내용을 모두 같게 고친 후 발송하여야 함
㉡ 수취인의 주소 변경청구인 경우, 배달우체국에 도착한 등기우편물 중 관련 고시(우정사업본부 고시 제2017-44호)에서 제외하고 있는 우편물이 아닌지 확인*
* 특별송달, 내용증명, 선거우편, 냉장 · 냉동 보관이 필요한 우편물, 우편물 종적조회 시 이미 배달완료 처리된 우편물은 제외

③ 우편물이 이미 배달(교부)되었거나 배달준비가 완료된 것은 아닌지 확인

④ 우편물이 이미 발송되었거나 발송준비가 완료가 된 경우 우편물 배달 전에 배달국에 알릴 수 있는 상황인지 확인

⑤ 우편물 배달기한을 생각할 때 청구가 실효성이 있을지 확인

⑥ 그 밖에 발송인의 청구를 받아들여도 업무상 지장이 없는지 확인

(2) 청구서의 접수

수리를 결정한 때에는 청구서를 교부하여 접수하고 수수료를 받는다.

※ 취급수수료

구 분	서비스 이용 구간	수수료
발송인 청구에 의한 성명 · 주소 변경 및 우편물 반환	우편집중국으로 발송 전	무 료
	우편집중국으로 발송 후	• 일반우편물 : 기본통상우편요금 • 등기우편물 : 등기취급수수료*
수취인 청구에 의한 주소 변경		등기취급수수료**

* 수취인 성명 변경 및 동일 총괄우체국 내 주소 변경 시 기본통상우편요금

** 동일 총괄우체국 내 변경 청구 시 무료

(3) 우편물의 처리

① **발송준비 완료 전이나 자국 배달 전**

㉠ 수취인의 주소 · 성명 변경 청구 : 변경 전의 사항은 검은 선을 두 줄 그어 지우고, 그 밑에 새로운 사항 기록

㉡ 우편물 반환 청구 : 접수 취소로 처리(우편물 · 수납요금 반환, 라벨 · 증지 회수)하거나 반환 청구에 준해서 처리(라벨 · 증지 회수 불필요. 우편물만 반환하고 요금은 미반환)

② **배달 완료 전이나 배달준비 완료 전인 경우**

㉠ 수취인의 주소 · 성명 변경 청구 : 변경 전의 사항은 검은 선을 두 줄 그어 지우고, 그 밑에 새로운 사항 기록

㉡ 우편물 반환 청구 : 우편물에 반환사유를 적은 쪽지를 붙여 발송인에게 반송

02 국내우편물 보관우편물의 보관국 변경청구 및 배달청구

1. 개 념

(1) 보관우편물이란 '우체국 보관' 표시가 있는 우편물과 교통 불편 등의 이유로 일반적인 방법으로 접근하기 어려운 지역(이하 '보관 교부지'라 함)으로 배달하는 우편물로서, 배달우체국의 창구에서 보관한 후 수취인에게 내어주는 우편물을 말함

(2) 해당 개념에 포함되지 않는 보관우편물

① 수취인 부재 등의 이유로 우체국에서 보관하고 있는 우편물

② 우편함 설치대상 건축물(우편법 제37조의2)인데도 이를 설치하지 않아 배달우체국에서 보관 · 교부하는 우편물(우편법 시행령 제51조 제2항)

(3) 보관우체국이 변경된 경우에는 보관기간이 다시 시작됨

2. 처리요령

(1) 요청한 고객이 정당한 수취인인지(정당한 수취인만 가능)

(2) 보관국 변경청구인 경우, 이미 다른 우체국을 보관국으로 변경 청구한 것은 아닌지(1회만 가능)

(3) 해당 우편물을 수취인이 수령하지 않았는지(수령 전 우편물만 가능)

(4) 특히, 청구인이 수취인이 아닌 경우에는 정당하게 위임을 받은 사람인지 제출한 서류를 근거로 주의해서 확인하여야 함

① 일반적인 경우

㉠ 위임장과 위임인(수취인)의 인감증명서, 대리인의 신분증 확인 : 인감증명서는 본인발급분이나 대리발급분 모두 가능하며, '본인서명 사실확인서'도 가능

㉡ 위임하는 사람이 법인의 대표인 경우 : 대표자의 위임장과 법인인감증명서, 대리인 신분증 확인

② 정당한 청구권자가 특별한 상황인 경우

㉠ 수감자 : 위임장과 교도소장의 위임사실 확인(명판과 직인 날인), 대리인 신분증 확인

㉡ 군복무자 : 위임장과 부대장(대대장 이상)의 위임사실 확인(명판과 직인 날인), 대리인 신분증 확인

03 우편사서함 사용계약

1. 개 요

우편사서함이란 신청인이 우체국장과 계약을 하여 우체국에 설치된 우편함에서 우편물을 직접 찾아가는 서비스이다. 우편물을 다량으로 받는 고객이 우편물을 수시로 찾아갈 수 있으며, 수취인 주거지나 주소변경에 관계없이 이용할 수 있는 장점이 있다.

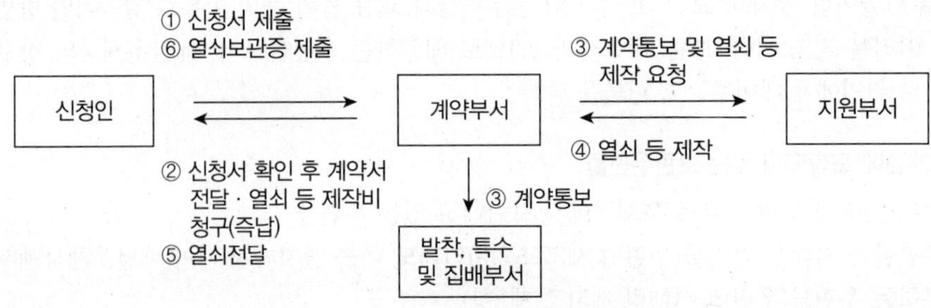

2. 사용계약

(1) 신청서 접수

① 우편사서함의 사용계약을 하려는 사람은 주소 · 성명 등을 기록한 계약신청서와 등기우편물 수령을 위하여 본인과 대리수령인의 서명표를 사서함 시설이 갖춰진 우체국에 제출한다.

㉠ 우편물 수령을 위한 서명표를 받고 우체국에 우편물 수령인으로 신고한 사람의 인적사항과 서명이미지를 우편물류시스템에 등록하고 관리해야 한다.

㉡ 법인, 공공기관 등 단체의 우편물 수령인은 5명까지 등록 가능하며 신규 개설할 때나 대리수령인이 바뀐 때는, 미리 신고할 경우에만 가능하다.

② 사용인과 신청인의 일치 여부는 주민등록증의 확인으로 하되, 대리인이 신청하는 경우에는 위임장, 대리인의 신분증 등을 확인하고 접수해야 한다.

③ 사서함 신청을 받은 우체국장은 국가기관, 지방자치단체, 일일배달 예정 물량이 100통 이상인 다량이용자, 우편물배달 주소지가 사서함 설치 우체국의 관할구역인 신청자 순서로 우선 계약을 할 수 있다.

④ 사서함을 2인 이상이 공동으로 사용할 수 없다.

⑤ 사서함 관리를 위해 필요한 경우 신청인(사서함 사용 중인 사람 포함)의 주소, 사무소나 사업소의 소재지를 확인할 수 있다.

3. 신고사항의 처리

(1) 사서함 사용자는 다음 각 호의 경우에는 즉시 계약 우체국장에게 알려야 함

① 사서함이 훼손된 경우

② 사서함의 열쇠를 망실한 경우

③ 사서함 사용자의 주소 또는 명의가 변경된 경우

④ 사서함 우편물 대리수령인이 바뀐 경우

※ 사서함 사용자의 주소 이전 여부를 파악하기 위하여, 수시로 연락하거나 그 밖의 통지사항을 사용자 주소지에 무료우편물로 보내는 방법으로 사용자 거주 여부를 확인하여야 함

(2) 신고사항 처리절차

① 변경신고서 접수

㉠ 사서함 사용자에게서 변경사항에 대한 신고서를 접수

㉡ 변경사항의 확인이 필요한 경우에는 증빙서류를 제출하도록 안내

㉢ 기록사항을 원부와 대조 확인

② 원부정리

㉠ 원부의 변경사항을 정정하거나 해지사항을 기록

㉡ 우편물 대리수령인이 바뀐 경우 인적사항과 서명표를 재작성

③ 통 보

㉠ 인적사항과 서명표를 다시 작성하였을 때에는 사서함 우편물 교부담당자에게 인적사항과 서명표를 통보하고 송부

㉡ 주소, 상호, 명의변경, 대리수령인변경 등은 변경신고서를 공람하게 하고 당무자에게 통보

④ 열쇠의 반납은 불필요

4. 사용계약의 해지

(1) 사서함 사용계약 우체국장은 다음의 경우 사서함 사용계약을 해지할 수 있음

① 사서함에 배달된 우편물을 정당한 사유 없이 30일 이상 수령하지 않을 경우

② 최근 3개월간 계속하여 사서함에 배달된 우편물의 총통수가 월 30통에 미달한 경우

③ 우편관계 법령을 위반한 때

④ 공공의 질서나 선량한 풍속에 반하여 사서함을 사용한 때

(2) 사서함 사용자가 사서함의 사용을 해지하려 할 때에는 해지예정일 10일 전까지 해지예정일 및 계약을 해지한 후의 우편물 수취장소 등을 기록하여 계약우체국에 통보해야 함

(3) 사서함 사용계약을 해지한 경우 원부, 대리수령인 인적사항, 서명표를 정리

※ 해지 사유가 생긴 때에는 사용자에게 충분한 설명하여, 사용자의 의사와 관계없이 일방적으로 취소하는 일이 없도록 해야 함

5. 사서함의 관리

사서함을 운영하고 있는 관서의 우체국장은 연 2회 이상 운영 실태를 점검하고 사용계약 해지 대상자 등을 정비하여야 함

09 우편물류

01 우체국 물류의 흐름

1. 우편물의 처리과정

우편물의 일반취급은 우편물의 접수부터 배달까지의 전반적인 처리과정을 말한다. 우편물의 흐름과정을 살펴보면 다음과 같다.

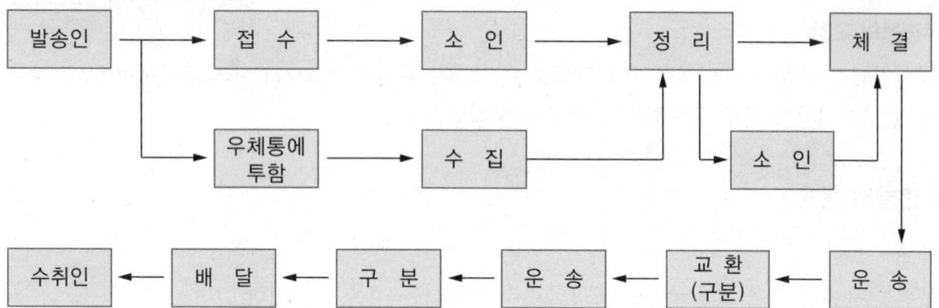

2. 우편물의 발송

(1) 발송기준

① 발송 · 도착구분 작업이 끝난 우편물은 운송방법지정서에 지정된 운송편으로 발송한다.
② 우편물의 발송순서는 특급우편물, 일반등기우편물, 일반우편물 순으로 발송한다.
③ 우편물 발송 시 운송확인서를 운전자와 교환하여 발송한다.

(2) 일반우편물

① 일반우편물을 담은 운송용기는 운송송달증을 등록한 뒤에 발송한다.
② 우편물은 형태별로 분류하여 해당 우편상자에 담되 우편물량이 적을 경우에는 형태별로 묶어 담고 운송용기 국명표는 혼재 표시된 국명표를 사용한다.

(3) 부가취급우편물

① 부가취급우편물을 운송용기에 담을 때에는 책임자나 책임자가 지정하는 사람이 참관하여 우편물류시스템으로 부가취급우편물 송달증을 생성하고 송달증과 현품 수량을 대조 확인한 후 발송. 다만, 관리 작업이 끝난 우편물을 발송할 때 부가취급우편물 송달증은 전산 송부(e-송달증시스템)

② 덮개가 있는 우편상자에 담아 덮개에 운송용기 국명표를 부착하고 묶음끈을 사용하여 반드시 봉함한 후 발송
③ 당일특급우편물은 국내특급우편자루를 사용하고 다른 우편물과 구별하여 해당 배달국이나 집중국으로 별도로 묶어서 발송

(4) 운반차의 우편물 적재

① 분류하거나 구분한 우편물은 섞이지 않게 운송용기에 적재
② 여러 형태의 우편물을 함께 넣을 때에는 작업을 쉽게 하기 위하여 일반소포 → 등기소포 → 일반통상 → 등기통상 → 중계우편물의 순으로 적재
③ 소포우편물을 적재할 때에는 가벼운 소포와 취약한 소포를 위에 적재하여 우편물이 파손되지 않게 주의

(5) 우편물의 교환

행선지별로 구분한 우편물을 효율적으로 운송하기 위하여 운송거점에서 운송용기(우편자루, 우편상자, 운반차 등)를 서로 교환하거나 중계하는 작업

3. 우편물의 운송

(1) 개 념

우편물(운송용기)을 발송국에서 도착국까지 운반하는 것을 운송이라 한다.

(2) 우편물 운송의 우선순위

운송할 우편 물량이 많아 차량, 선박, 항공기, 열차 등의 운송수단으로 운송할 수 없는 경우에는 다음 순위에 따라 처리

① 1순위 : 당일특급우편물, EMS우편물
② 2순위 : 익일특급우편물, 등기소포우편물(택배포함), 등기통상우편물, 국제항공우편물
③ 3순위 : 일반소포우편물, 일반통상우편물, 국제선편우편물

(3) 운송의 종류

① 정기운송
우편물의 안정적인 운송을 위하여 관할 지방우정청장이 운송구간, 수수국, 수수시각, 차량톤수 등을 우편물 운송방법 지정서에 지정하고 정기운송 시행

② 임시운송
물량의 증감에 따라 정기운송편 이외 방법으로 운송하는 것을 말함

③ 특별운송
㉠ 우편물의 일시적인 폭주와 교통의 장애 등 그 밖의 특별한 사정이 있다고 인정되는 경우에는 우편물의 원활한 송달을 위하여 전세차량 · 선박 · 항공기 등을 이용하여 운송
㉡ 우편물 정시송달이 가능하도록 최선편에 운송하고 운송료는 사후에 정산

02 우편물 배달

1. 집배의 정의

집배국에서 근무하는 집배원이 우체통에 투입된 우편물을 지정한 시간에 수집하고, 우편물에 표기된 수취인(반송하는 경우에는 발송인)의 주소지로 배달하는 우편서비스를 말한다.

2. 우편물 배달 흐름도

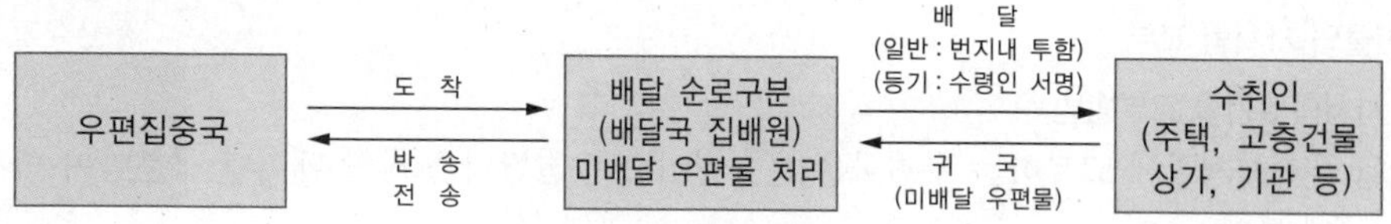

3. 우편물 배달의 원칙

(1) 배달의 일반원칙

① 우편물은 그 표면에 기재된 곳에 배달한다.
② 수취인이 2명 이상인 경우에는 그중 1인에게 배달한다.
③ 우편사서함 번호를 기록한 우편물은 당해 사서함에 배달한다.
④ 취급과정을 기록하는 우편물은 정당 수령인으로부터 그 수령사실의 확인[서명(전자서명 포함) 또는 날인]을 받고 배달하여야 한다.

(2) 우편물 배달 기준

① 모든 지역의 보통우편물의 배달은 우편물이 도착한 날 순로 구분하고 다음날에 배달한다. 단 집배순로구분기 설치국의 오후시간대 도착우편물은 도착한 다음날 순로구분하여, 순로구분한 다음날에 배달한다.
② 시한성 우편물, 특급(당일, 익일), 등기소포는 도착 당일 구분하여 당일 배달한다.

(3) 배달의 우선순위

① 제1순위 : 기록취급우편물, 국제항공우편물
② 제2순위 : 일반통상우편물(국제선편통상우편물 중 서장 및 엽서 포함)
③ 제3순위 : 제1순위, 제2순위 이외의 우편물
④ 제1순위부터 제3순위까지 우편물 중 한 번에 배달하지 못하고 잔량이 있을 때에는 다음편에 우선 배달한다.

4. 배달의 특례(우편법 시행령 제43조)

(1) 동일건물 내의 일괄배달

① 같은 건축물이나 같은 구내의 수취인에게 배달할 우편물은 그 건축물이나 구내의 관리사무소, 접수처, 관리인에게 배달 가능하다.

예 공공기관 · 단체, 학교, 병원, 회사, 법인 등

② 관리사무소, 접수처, 관리인 등이 없는 경우에는 일반우편물은 우편함에 배달하고 우편함에 넣을 수 없는 우편물(소포 · 대형 · 다량우편물)과 부가취급우편물, 요금수취인부담우편물을 수취인에게 직접 배달한다.

(2) 우편물의 사서함 교부

① 사서함우편물 교부방법

㉠ 우편사서함에 교부하는 우편물은 운송편이나 수집편이 도착할 때마다 구분하여 즉시 사서함에 투입

㉡ 등기우편물, 요금수취인부담, 요금미납부족우편물과 용적이 크거나 수량이 많아 사서함에 투입할 수 없는 우편물은 이를 따로 보관하고 부가취급우편물 배달증이나 우편물을 따로 보관하고 있다는 내용(사용자가 외국인인 경우에는 'Please, Contact the counter for your mail')의 표찰을 투입

㉢ 사서함 이용자가 사서함에서 안내표찰을 꺼내 창구에 제출하면 담당자는 따로 보관하고 있는 우편물을 내어줌

㉣ 등기우편물을 내줄 때는 주민등록증 등 신분증으로 우편물 정당한 수령인(본인이나 대리수령인)인지 반드시 확인

㉤ 전자서명방식[개인휴대용단말기(PDA), 펜패드(PENPAD) 등]으로 수령인의 서명을 받고 배달결과를 우편물류시스템에 등록

② 사서함번호만 기록한 우편물

해당 사서함에 정확하게 넣고 수취인에게 우편물 도착사실을 알려주며, 생물 등 변질이 우려되는 소포는 냉동 · 냉장고에 보관하였다가 수취인에게 내어줌

③ 사서함번호와 주소가 함께 기록된 우편물

우편물을 사서함에 넣을 수 있으며 국내특급(익일특급 제외), 특별송달, 보험등기, 맞춤형 계약등기 우편물은 주소지에 배달

④ 사서함번호를 기록하지 않은 우편물

우편사서함 번호를 기록하지 않은 우편물이라도 우편사서함 사용자에게 가는 우편물이 확실할 때에는 우편사서함에 투입 가능. 다만 특급우편(익일특급 제외), 특별송달, 보험등기, 맞춤형 계약등기, 등기소포우편물은 사서함에 넣지 않고 주소지에 배달

(3) 보관우편물 교부

① 자국에서 보관 교부할 우편물이 도착하였을 때에는 해당 우편물에 도착날짜 도장을 날인하고 따로 보관

② 종이배달증의 처리 : 등기취급한 보관우편물은 배달증의 적요란에 '보관'이라고 적은 후 수취인에게 내어줄 때까지 보관

③ 우편물의 보관교부

㉠ '우체국보관'의 표시가 있는 우편물은 그 우체국 창구에서 수취인에게 우편물을 내어줌. 이때, 등기우편물은 정당한 수취인인지 확인한 후 수령인의 서명(전자서명 포함)을 받고 우편물을 내어주고 우편물류시스템에 배달결과를 등록

㉡ ㉠의 따른 보관기간은 우편물이 도착한 다음 날부터 계산하여 10일로 함. 다만, 교통이 불편하거나 그 밖의 사유로 수취인이 10일 이내에 우편물을 교부받을 수 없다고 인정될 때에는 30일 이내로 교부기간을 연장할 수 있음

(4) 수취인 청구에 의한 창구교부

① 집배원 배달 전이나 배달하지 못해 반송하기 전 보관하고 있는 우편물은 수취인의 청구에 의해서 창구 교부한다.

② 선박이나 등대로 가는 우편물에 대해서도 창구에서 교부한다.

(5) 공동우편함 배달

교통이 불편한 도서 · 농어촌 지역, 공동생활 지역 등 정상적인 우편물의 배달이 어려울 경우 마을공동수취함을 설치하고 그 우편함에 우편물을 배달

(6) 수취인 신고에 의한 등기우편물 대리수령인 배달

① 장기간 집을 비우는 경우나 많은 세대가 사는 아파트 같은 경우 수취인과 대리수령인의 신고를 통해서 등기우편물 대리수령인으로 지정할 수 있다.

② 일반우편물은 원래 주소지에 배달하고 등기우편물은 1차 배달이 안되었을 경우 대리수령인에게 배달한다.

(7) 수취인 장기부재 시 우편물 배달

휴가 등으로 수취인이 장기간 집을 비울 때 등기우편물은 다음과 같이 배달할 수 있다.

① 주소지에 동거인이 있는 경우에는 그 동거인에게 배달

② 수취인 장기부재신고서에 돌아올 날짜를 미리 신고한 경우

㉠ 15일 이내 : 돌아올 날짜의 다음날에 배달

㉡ 15일 이후 : "수취인장기부재" 표시하여 반송

(8) 무인우편물보관함 배달

① 수취인이 부재하여 무인우편물보관함에 배달할 때에는 수취인의 동의를 받은 후 배달해야 함. 다만 사전에 수취인이 무인우편물보관함에 배달해 달라고 신청한 경우에는 수취인을 방문하지 않고 배달할 수 있음

② 특별송달, 보험등기 등 수취인의 직접 수령한 사실의 확인이 필요한 우편물은 무인우편물보관함에 배달할 수 없음

(9) 주거이전 우편물의 전송

주거를 이전한 우편물의 수취인이 주거이전 우편물 전송서비스를 신청한 경우 서비스 기간 동안 표면에 구 주소지가 기재된 우편물을 이전한 주소지로 전송

(10) 수취인의 배달장소 변경

우편물 표기 주소지에서 우편물 수령이 어려운 등기우편물의 수취인이 배달장소 변경서비스를 신청한 경우 수취인이 지정한 수령지로 배달

5. 등기취급우편물의 배달

(1) 등기우편물을 배달할 때 정당 수령인

① 우편물 표면에 기재된 주소지의 수취인이나 동거인(같은 직장 근무자 포함)
② 같은 건축물 및 같은 구내의 관리사무소, 접수처, 관리인
③ 대리수령인으로 지정되어 우편관서에 등록된 사람
④ 수취인과 같은 집배구에 있고 수취인의 배달동의를 받은 무인우편물 보관함

(2) 수령인의 확인

① 등기로 취급하는 우편물을 수취인이나 그 대리인에게 배달(교부)할 때에는 수령인에게 확인(전자서명 포함)을 받아야 함
② 수령인의 확인 방법은 수령인이 인장을 날인하거나 수령인 성명을 직접 자필로 기록하게 하며(외국인 포함), 수령인이 본인이 아닌 경우에는 수취인과의 관계를 정확히 기록하여야 하고, 실제 우편물을 수령한 수령인을 반드시 입력
③ 수령인이 한글해독 불가능자 또는 기타의 사유로 서명이 불가능한 경우에는 우편물 여백에 인장이나 지장을 날인하게 한 후 PDA에 장착된 카메라로 촬영하여 수령 확인
④ '무인우편물보관함'에 배달하는 경우에는 '무인우편물보관함'에서 제공하는 배달확인이 가능한 증명자료(영수증 또는 배달완료 모니터 화면)를 PDA(개인휴대용단말기)에 장착된 카메라로 촬영하여 수령사실을 갈음할 수 있음

(3) 우편물 도착안내

등기우편물을 수취인 부재 등의 사유로 배달하지 못한 경우와 대리 수령인에게 배달한 경우에는 "우편물도착안내서"를 수취인이 잘보이는 장소에 부착하거나 메시지서비스(문자메시지나 포스트톡)를 통해 수취인에게 우편물 도착사실을 알림

(4) 종류별 배달방법

우편물 종류	배달방법
당일특급, 특별송달	3회 배달 후 보관하지 않고 반송
맞춤형 계약등기	3회 배달, 2일 보관 후 반송
기타 등기통상 및 등기소포	2회 배달, 2일 보관 후 반송

(5) 보험취급 우편물의 배달(통화 · 물품 · 유가증권등기)

① 통화등기우편물 취급 시 유의사항

㉠ 통화등기 송금통지서와 현금 교환업무 취급 시 반드시 참관자를 선정하여 서로 확인하고 봉투의 표면에 처리자와 참관자가 확인 날인

㉡ 국내특급으로 취급된 통화등기우편물이 현금출납업무 마감시간 이후(또는 공휴일 · 토요일 · 일요일)에 도착하였을 때에는 시간외현금 중에서 대체하여 배달하고 시간외현금이 없으면 다음날 현금출납업무 시작 즉시 처리

㉢ 통화등기우편물을 배달할 때에는 수취인으로 하여금 집배원이 보는 앞에서 그 우편물을 확인하게 하여 내용금액을 표기금액과 서로 비교 확인

② 통화등기 우편물의 반송 및 전송

㉠ 반송 또는 전송하는 곳을 관할하는 집배국 앞으로 다시 송금통지서 및 동 원부를 발행하여 동 송금통지서를 우편물에 넣어 반송 또는 전송

㉡ 송금통지서 및 동 원부의 금액란 말미와 송금액수수부 비고란에는 "반송" 또는 "ㅇㅇ국 전송"이라 표시

③ 물품등기 우편물 배달 시 유의사항

㉠ 우편물을 확인하지 않고 수취인에게 봉투와 포장상태의 이상 유무만을 확인하도록 함

㉡ 이후 사고발생으로 인한 민원발생 및 우편서비스 품질이 저하되는 사례가 없도록 유의

④ 유가증권등기 우편물 배달 시 유의사항

㉠ 수취인에게 겉봉을 열어 확인하게 한 후 표기된 유가증권 증서 류명, 금액, 내용을 서로 비교 확인

㉡ 관공서, 회사 등 다량의 등기우편물 배달 시 유가증권 등기우편물이 포함된 사실을 모르고 상호 대조 확인 없이 일괄배달하는 사례가 없도록 함

6. 특급취급 우편물의 배달

(1) 종류별 배달기한

① 당일특급

㉠ 가장 빠른 배달편에 의하여 접수한 그날 20:00까지 수취인에게 배달

㉡ 오후 특급편에 도착한 당일특급 우편물은 전량 배달

㉢ 국제특급(EMS)우편물은 당일특급에 준하여 배달처리

② 익일특급

㉠ 접수한 다음 날까지 수취인에게 배달

㉡ 취급지역은 관할 지방우정청장(규칙 제61조 제6항)이 고시하되, 접수한 날의 다음 날까지 배달이 곤란한 지역에 대해서는 별도로 추가일수를 더하여 고시

㉢ 우체국축하카드 및 온라인환은 익일특급과 같이 처리

(2) 당일특급우편물 배달할 때의 유의사항

① 배달증에 수령인의 서명(전자서명 포함) 및 배달시각을 함께 확인

② 특급, 특구 담당 집배원 등이 배달자료를 생성하여 배달

(3) 재배달 · 전송 · 반송 처리

① 재배달할 우편물은 2회째에는 가장 빠른 방법으로 배달하고 3회째에는 통상적인 배달 예에 의함(단, 익일특급우편물은 제외)

② 수취인 부재 시에는 재방문 예정 시각을 기재한 '우편물도착안내서'를 주소지에 부착(2회째까지)하고 수취인이 전화 등으로 재배달을 요구할 경우 재배달

③ 특급우편물(익일특급 포함)을 전송하거나 반송하는 경우에는 전송 또는 반송하는 날의 다음 근무일까지 송달

10 국제우편 총설

01 국제우편의 의의

(1) 국제우편은 국가 또는 그 관할 영토의 경계선을 넘어 상호 간에 의사나 사상을 전달, 매개하거나 물건을 송달하는 제도이며 이 같은 목적으로 취급되는 우편물을 국제우편물이라고 정의한다.

(2) 초창기에는 개별 당사국 간의 조약에 의하여 국제우편물을 교환하였으나 운송수단의 발달, 교역의 확대 등에 따른 우편수요의 증가와 이용조건 및 취급방법의 상이함에서 오는 불편 등을 해소하기 위하여 범세계적인 국제 우편기구인 만국우편연합(UPU)을 창설하였다.

(3) 국제우편은 나라(지역)와 나라(지역) 사이의 우편 교환이기 때문에 요금의 결정방법, 우편물의 통관, 우정청 간의 요금 및 운송료의 정산 등 국내우편과 비교해 볼 때 차별되고 독특한 취급내용과 절차가 있다.

02 우편에 관한 국제기구

1. 만국우편연합(UPU; Universal Postal Union)

(1) UPU의 창설

① 1868년 북부독일연방의 우정청장인 하인리히 본 스테판이 문명국가 사이에 우편연합(Postal Union of civilized Countries)의 구성을 제안

② 1874년 스위스 베른에서 독일 · 미국 · 러시아 등 22개국의 전권대표 들이 회합을 하여 스테판이 기초한 조약안을 검토하여 같은 해 10월 9일에 서명함으로써 국제우편 서비스를 관장하는 최초의 국제협약인 '1874 베른 조약(1874 Treaty of Bern)'이 채택됨

③ 이에 따라 일반우편연합(General Postal Union)이 창설되었으며 1875년 7월 1일에 이 조약이 발효됨. 1878년의 제2차 파리총회에서 만국우편연합(Universal Postal Union)이라 개명됨

(2) UPU의 임무

전 세계 사람들 사이의 통신을 증진하기 위하여 다음과 같이 효율적이고 편리한 보편적 우편서비스의 지속적인 발전을 촉진한다.

① 상호 연결된 단일 우편 영역에서 우편물의 자유로운 교환을 보장
② 공정하고 공통된 표준을 채택하고, 기술 이용을 촉진
③ 이해관계자들 간의 협력과 상호작용의 보장
④ 효과적인 기술협력 증진
⑤ 고객의 변화하는 요구에 대한 충족을 보장

(3) UPU의 조직

① **총회(Congress)** : 연합의 최고 의결기관으로서 매 4년마다 개최되며 전 회원국의 전권 대표로 구성되며, 전 세계 우편사업의 기본 발전방향을 설정함
② **연합의 상설기관**
㉠ 관리이사회(Council of Administration; CA) : 우편에 관한 정부정책 및 감사 등과 관련된 사안을 담당
㉡ 우편운영이사회(Postal Operations Council; POC) : 우편업무에 관한 운영적, 상업적, 기술적, 경제적 사안을 담당
㉢ 국제사무국(International Bureau; IB) : 연합업무의 수행, 지원, 연락, 통보 및 협의기관으로 기능

(4) UPU에 관한 기타 사항

① **기준화폐** : 국제통화기금(IMF)의 국제준비통화인 SDR(Special Drawing Right). 국제우편에 관한 모든 요금, 중계료, 운송료, 각종 할당요금 등은 모두 SDR을 기초로 하여 일정 비율의 자국통화로 환산함
② **공용어** : 공용어는 프랑스어(만국우편연합헌장 제6조)이며, 국제사무국내에서는 업무용 언어로 프랑스어 및 영어 사용(만국우편연합총칙 제154조). 따라서 조약문의 해석상 문제가 있을 때에는 프랑스어 기준하지만 UPU에서 1개 언어만을 사용하면 불편이 많으므로 각종 회의와 문서 발간을 위하여 프랑스어, 영어, 아랍어, 스페인어, 러시아어, 중국어, 독일어, 포르투갈어를 함께 사용함

(5) 우리나라와 UPU와의 관계

① 우리나라는 1897년 제5차 워싱턴 총회에 참석하여 가입신청서 제출하였으며 1900년 1월 1일에 '대한제국(Empire of Korea)'국호로 정식 가입. 1922년 일본이 '조선'으로 개칭하였으나 1949년 '대한민국(Republic of Korea)'국호로 회원국 자격 회복하였다.
※ 북한은 1974년 6월 6일에 로잔느 총회에서 가입
② 1952년 제13차 UPU 브뤼셀총회 때부터 대표를 계속 파견하여왔으며 1989년 UPU 워싱턴총회에서 집행이사회(EC) 이사국으로 선출, EC의 10개 위원회 중 우편금융위원회 의장직 5년간 수행
③ 1994년 8월 22일부터 9월 14일까지 제21차 UPU 총회를 서울에서 성공리에 개최. 서울총회 개최국으로서 1995년부터 1999년까지 관리이사회(CA) 의장국으로 활동, 우편운영이사회(POC) 이사국으로 선출되어 2012년까지 활동. 이후 2016년 관리이사회 이사국으로 선출되어 활동하고 있다.

2. 아시아 · 태평양우편연합(APPU; Asian-Pacific Postal Union)

(1) 개 요

① 한국과 필리핀이 공동 제의하여 1961년 1월 23일 마닐라에서 한국, 태국, 대만, 필리핀 4개국이 협약에 서명함으로써 창설

② 이에 따라 서명된 아시아 · 태평양 우편협약이 1962년 4월 1일에 발효되었으며 이후 지역 내 상호 협력과 기술 협조에 기여

③ 대만은 UN 및 UPU의 회원 자격이 중국으로 대체됨에 따라 1974년에 이 연합의 회원자격도 중국이 대체함

④ 사무국은 태국 방콕에 소재하고 있으며 현재 회원국은 32개국

(2) 설립 목적

① 지역우편연합의 구성을 허용하고 있는 UPU 헌장 제8조에 따라, 지역 내 각 회원국 간의 우편관계를 확장 · 촉진 · 개선하고 우편업무 분야에서 국제협력을 증진하는 것이 목적임

② 구체적 실현 방법으로 우편업무의 발전과 개선에 관한 연구를 목적으로 우정 직원을 서로 교환하거나 독자적 파견하기 위한 협정을 체결할 수 있음

③ 공용어는 영어를 활용함

(3) 기 관

① **총회(Congress)** : 연합의 최고 기관이며 4년마다 개최되는 비상설기구. 회원국의 전권대표로 구성되며 APPU 헌장 및 총칙의 수정하거나 공동 관심사 토의를 위해 소집. 제9차 총회는 2005년에 한국의 서울에서, 제10차 총회는 2009년에 뉴질랜드의 오클랜드에서, 제11차 총회는 2013년에 인도의 뉴델리에서 개최

② **집행이사회(Executive Council)** : 총회와 총회 사이에 연합 업무의 계속성을 유지하기 위하여 원칙적으로 매년 1회 개최. 총회의 결정에 따라 부여받은 임무를 수행하고 연합의 연차 예산 검토 · 승인

※ 우리나라는 제9차 APPU 총회를 2005년에 개최하여 2006년부터 2009년까지 집행이사회 의장국으로 활동

③ **아시아 · 태평양우정대학(APPC; Asian-Pacific Postal College)**

㉠ 아 · 태지역의 우편업무 개선 · 발전을 위한 우정직원 훈련을 목적으로 1970년 9월 10일에 4개국(우리나라, 태국, 필리핀, 대만)이 유엔개발계획(UNDP)의 지원을 받아 창설한 지역훈련센터로, 태국 방콕에 소재

※ 설립 당시 명칭 : 아 · 태우정연수소(APPTC; Asian-Pacific Postal Training Center)

㉡ 우리나라는 연수소의 창설국인 동시에 관리이사국(GB)으로서 초대 교수부장을 비롯한 교수요원과 자문관을 파견했으며, 교과과목으로는 우편관리자과정(PMC)을 비롯하여 20여 과목. 1971년부터 매년 연수생 약 15명을 파견

④ **사무국(Bureau)** : 집행이사회의 감독 아래 회원국을 위한 연락, 통보, 문의에 대하여 중간 역할을 함. 태국 방콕에 소재

3. 우정사업분야 국제협력 확대

(1) 만국우편연합 활동 참여로 한국우정 위상 제고

① 한국은 UPU 우편운영이사회(POC) 및 관리이사회(CA), 고위급 포럼 등에 대표단을 지속적으로 파견하고 있고, UPU 지역회의를 후원하며, 전자상거래 회의, IT 회의, 통관회의 등에 참가하여 UPU와의 협력활동을 계속하고 있음

② 현재, 관리이사회(CA) 회원국으로서 UPU 국제사무국 감사 활동에 참여하고 우편제도, 규제분야 개혁활동에 참여하고 있음

③ 또한, 1990년부터 한국정부는 UPU 국제사무국에 전문가를 파견하여 UPU 활동에 기여하는 동시에 국제우편 전문가를 양성하고 있음

(2) 아 · 태우편연합(APPU) 활동 참여

① 한국은 2005년 제9차 APPU 총회 주최국으로서 총회 이후 집행이사회 의장직 수행, 2009년 3월 9일부터 13일까지 진행된 뉴질랜드 오클랜드의 APPU 총회에서 다음 의장 · 부의장의 선출을 끝으로 4년간의 집행이사회 의장직을 성공적으로 마무리하였음

② 특히, 4년간의 APPU EC 의장국으로 인터넷 및 IT 확산 등 우편 환경 변화에 대응하기 위한 공동활동과 EMS 등 우편 서비스의 경쟁력 강화로 APPU 소속 각 우정청의 품질개선에 이바지하였음

③ APPU 총회 기간 중 한국 우정의 우정IT 홍보와 함께 회원국 대표들과의 협력 관계를 더욱 공고히 하였으며 앞으로도 아 · 태 지역 내 우편발전을 선도할 예정

03 국제우편물의 종류

1. 개 요

(1) 국제우편물은 국제통상우편물, 국제소포우편물, 국제특급우편물 등으로 구분

(2) **국제통상우편물** : 만국우편협약 제13조에 따라 통상우편물은 취급 속도나 내용물에 근거하여 분류하며, 이는 각 국가의 우정당국이 자유롭게 선택하여 발송우편물의 종류 및 취급 방법을 적용

① 우리나라는 우편물의 내용물을 근거로 하여 구분

㉠ 서장(Letters), 소형포장물(Small packet) : 무게 한계 2kg

㉡ 인쇄물(Printed papers) : 무게 한계 5kg

㉢ 시각장애인용 점자우편물(Literature for the blind) : 무게 한계 7kg

㉣ 우편자루 배달인쇄물(M bag) : 10kg~30kg

㉤ 기타 : 항공서간(Aerogramme), 우편엽서(Postcard)

② 취급속도에 따라 우선취급우편물(Priority items)과 비우선취급우편물(Non-priority items)로 구분하는 경우
㉠ 우선취급우편물 : 우선적 취급을 받으며 최선편(항공 또는 선편)으로 운송되는 우편물(무게 한계 2kg)
㉡ 비우선취급우편물 : 우선취급 우편물보다 상대적으로 송달이 늦고 요금도 상대적으로 싼 우편물(무게 한계 2kg)

(3) 국제소포우편물

① 만국우편연합 소포우편규칙에 규정된 바에 따라 우정당국 간에 교환하는 소포
② 국제소포는 모두 기록 취급하는 우편물로 발송 수단에 따라 항공소포와 선편소포로 구분

(4) K-Packet

2kg 이하 소형물품의 해외배송에 적합한 우편서비스로 우체국과의 계약을 통해 이용하는 전자상거래용 국제우편서비스
① 인터넷우체국을 통해 우편물 접수를 신청하면 우체국에서 방문 접수
② 주소와 세관신고서를 한 장의 운송장으로 통합할 수 있도록 정보시스템과 운송장을 제공하며 다량 이용자등에 대하여 요금감액 혜택 제공

(5) 국제특급우편물(EMS; Express Mail Service)

① 서류와 상품의 속달서비스로서 실물 수단에 따른 가장 신속한 우편업무
② 만국우편협약 제16조에 근거, 국가 간 표준 다자간 협정이나 양자 협정으로 합의한 내용에 따라 취급
③ 다른 우편물보다 우선 취급하며 통신문, 서류, 물품을 매우 짧은 시간 내에 수집 · 발송 · 배달
㉠ 서류용 특급우편물 : 세관검사가 필요 없는 편지, 유학 서류, 각종 서류 등 발송할 때 이용. 서류용 운송장 사용
㉡ 비서류용 특급우편물 : 서류용 특급우편물 이외의 우편물. 세관검사를 거쳐야 하는 상품 견본과 물품 등의 내용품을 발송할 때 이용. 비서류용 운송장 사용

(6) 한 · 중 해상특송서비스(POST Sea Express)

30kg 이하 물품의 해외 다량 발송에 적합한 서비스로서 우체국과 계약하여 이용하는 전자상거래 전용 국제우편서비스
① e-Shipping을 이용하는 고객에 한하여 이용 가능
② 운송수단 : 인천-위해(威海, Weihai) 간 운항하는 여객선 및 화물선

(7) 그 밖의 운송편에 따른 구분

운송편에 따라 항공우편물(Airmail), 선편우편물(Surface mail)로 구분

더 알아보기

국제우편물의 종류

<table>
<tr><td rowspan="9">국제통상 우편물</td><td rowspan="7">내용물에 따른 구분</td><td rowspan="3">LC</td><td>서장(Letters)</td><td rowspan="7">우리나라 구분방식</td></tr>
<tr><td>우편엽서(Postcard)</td></tr>
<tr><td>항공서간(Aerogramme)</td></tr>
<tr><td rowspan="4">AO</td><td>인쇄물(Printed papers)</td></tr>
<tr><td>소형포장물(Small packet)</td></tr>
<tr><td>시각장애인용 점자우편물(Literature for the bling)</td></tr>
<tr><td>우편자루 배달인쇄물(M bag)</td></tr>
<tr><td rowspan="2">취급 속도에 따른 구분</td><td colspan="2">우선취급(Priority)우편물</td><td rowspan="2">일부국가 구분방식</td></tr>
<tr><td colspan="2">비우선취급(Non-priority)우편물</td></tr>
<tr><td>국제소포 우편물</td><td colspan="4">만국우편연합 소포우편규칙에 규정된 바에 따라 우정당국 간에 교환하는 소포</td></tr>
<tr><td>K-Packet</td><td colspan="4">온라인으로 접수되는 2kg 이하의 소형물품</td></tr>
<tr><td rowspan="2">국제특급 우편물 (EMS)</td><td>서 류</td><td colspan="3">세관검사가 필요 없는 서류 등을 발송할 때 이용하며, 번호가 주로 EE로 시작하는 운송장을 이용(서류기준 : 종이로 된 문서 형식의 편지류, 계약서, 입학 서류, 서류와 함께 보내는 팸플릿 등 홍보용 첨부물. 다만, 서적, CD, 달력 등은 비서류 취급)</td></tr>
<tr><td>비서류</td><td colspan="3">세관검사를 거쳐야 하는 서류 이외의 우편물을 발송할 때 이용하며, 일반적으로 번호가 EM 또는 ES로 시작하는 운송장을 사용</td></tr>
<tr><td>해상특송 우편물</td><td colspan="4">온라인으로 접수되는 30kg 이하의 전자상거래 물품 전용 서비스</td></tr>
</table>

2. 국제통상우편물 종별 세부내용

(1) 서장(Letters)

① 특정인에게 보내는 통신문(Correspondence)을 기록한 우편물(타자한 것을 포함)

② 일반적으로 서장이라 함은 통신문의 성질을 갖는 서류를 말하나 국제우편에 있어서는 그 이외에 ㉠ 서장 이외의 종류로 정해진 조건을 충족시키지 못한 것, 즉 타종에 속하지 않는 우편물, ㉡ 멸실성 생물학적 물질(Perishable biological substance)이 들어있는 서장 및 방사성 물질이 들어있는 우편물도 포함

③ 서장에 관한 요건

㉠ 서장은 규격 우편물과 우편물의 포장에 관련된 규정을 따름

㉡ 봉투에 넣은 우편물은 취급 중 어려움이 없도록 직사각형 형태일 것

㉢ 우편엽서와 모양은 다르지만 지질이 같은 우편물도 직사각형 봉투에 넣어야 함

㉣ 물량이나 포장 상태를 보아 할인 요금을 미리 낸 우편물과 혼동할 수 있는 우편물인 경우에는 우편물의 주소 면에 서장임을 표시하는 'Letter'라는 단어를 추가

④ 서장 취급 예시
㉠ 법규 위반엽서
㉡ 법규 위반 항공서간

(2) 우편엽서(Postcard)

① 의 의
㉠ 우편엽서는 조약에 규정된 조건에 따라 정부가 발행하는 것(관제엽서)과 정부 이외의 사람이 조제하는 것(사제엽서)으로 구분. 관제엽서는 우편요금을 표시하는 증표 인쇄 가능
㉡ 사제엽서는 관제엽서에 준하여 조제하되 우편요금을 표시하는 증표를 인쇄할 수 없음
② 요 건
㉠ 우편엽서는 직사각형이어야 하고 우편물 취급에 어려움이 없도록 튼튼한 판지나 견고한 종이로 제조하여야 하며, 튀어나오거나 도드라진 양각 부분이 없어야 함
㉡ 앞면 윗부분에 우편엽서를 뜻하는 영어나 프랑스어로 표시(Postcard 또는 Carte postale). 다만 그림엽서의 경우에 꼭 영어나 프랑스어로 표시해야 하는 것은 아님
㉢ 엽서는 봉함하지 않은 상태로 발송
㉣ 적어도 앞면의 오른쪽 반은 수취인의 주소와 성명 · 요금납부표시, 업무지시나 업무 표지를 위하여 사용할 수 있도록 통신문을 기록 하지 않고 남겨두어야 함
㉤ 엽서에 관한 규정을 따르지 아니한 우편엽서는 서장으로 취급하되, 뒷면에 요금납부표시를 한 엽서는 서장으로 취급하지 않고 미납으로 간주하여 처리

(3) 항공서간(Aerogramme)

① 의의 : 항공통상우편물로서 세계 어느 지역이나 단일 요금으로 보낼수 있는 국제우편 특유의 우편물 종류. 항공서간은 종이 한 장으로 되어 있으며 편지지와 봉투를 겸한 봉함엽서의 형태로 되어 있어 간편하고 편리할 뿐 아니라 요금이 저렴함
② 요 건
㉠ 직사각형이어야 하며, 우편물 취급에 지장이 없도록 제작
㉡ 항공서간에는 외부에 'Aerogramme' 표시
③ 종 류
㉠ 정부에서 발행하는 항공서간과 사제항공서간으로 구분
㉡ 정부 발행하는 항공서간에는 우편 요금을 표시하는 증표를 인쇄할 수 있으나 사제항공서간에는 우편요금을 표시하는 증표를 인쇄할 수 없음
④ 주요 발송 조건
㉠ 원형을 변경하여 사용할 수 없으며 등기로 발송 가능
㉡ 항공서간에는 우표 이외의 물품을 붙이지 못하며 어떠한 것도 넣을 수 없음

(4) 인쇄물(Printed papers)

① 종이, 판지나 일반적으로 인쇄에 사용되는 다른 재료에 접수우정청이 인정한 방법에 따라 여러 개의 동일한 사본으로 생산된 복사물

② 요 건

㉠ 허용된 물질(종이, 판지나 일반적으로 인쇄에 사용되는 재료 등)에 2부 이상을 생산한 복사물일 것

㉡ 인쇄물에는 굵은 글자로 주소 면(가급적 왼쪽 윗부분, 발송인의 주소 · 성명이 있을 경우 그 아래)에 인쇄물의 표시인 'Printed papers' 또는 'Imprime'를 표시할 것

㉢ 인쇄물은 신속하고 간편하게 검사를 받을 수 있으면서도 그 내용품이 충분히 보호받을 수 있도록 포장하여야 함

③ 인쇄물 접수 물품

㉠ 접수 가능 물품 : 서적, 정기간행물, 홍보용 팸플릿, 잡지, 상업광고물, 달력, 사진, 명함, 도면 등

㉡ 접수 불가 물품 : CD, 비디오테이프, OCR, 포장박스, 봉인한 서류

※ 종이, 판지 등의 인쇄물 형태로 정보 전달의 내용이 포함된 인쇄물에 한함

④ 인쇄물의 요건을 갖추지 않은 것 중 인쇄물로 취급하는 것

㉠ 관계 학교의 교장을 통하여 발송하는 것으로 학교의 학생끼리 교환하는 서장이나 엽서

㉡ 학교에서 학생들에게 보낸 통신강의록, 학생들의 과제 원본과 채점 답안(다만, 성적과 직접 관계되지 않는 사항은 기록할 수 없음)

㉢ 소설이나 신문의 원고

㉣ 필사한 악보

㉤ 인쇄한 사진

㉥ 동시에 여러 통을 발송하는 타자기로 치거나 컴퓨터 프린터로 출력한 인쇄물

⑤ 인쇄물에 기록할 수 있는 사항

㉠ 발송인과 수취인의 주소 · 성명(신분, 직업, 상호 기록 가능)

㉡ 우편물의 발송 장소와 일자

㉢ 우편물과 관련되는 일련번호와 등기번호

㉣ 인쇄물 본문 내용의 단어나 일정 부분을 삭제하거나 기호를 붙이거나 밑줄을 친 것

㉤ 인쇄의 오류를 정정하는 것

㉥ 간행물, 서적, 팸플릿, 신문, 조각 및 악보에 관한 주문서, 예약신청서 또는 판매서에는 주문하거나 주문받은 물건과 그 수량, 물건의 가격과 가격의 주요 명세를 표시한 기록, 지불 방법, 판, 저자 및 발행자명, 목록 번호와 'paper-backed', 'stiff-backed' 또는 'bound'의 표시

㉦ 도서관의 대출 업무에 사용되는 용지에는 간행물명, 신청 · 송부 부수, 저자, 발행자명, 목록 번호, 대출 일수, 대출 희망자의 성명

㉧ 인쇄한 문학작품이나 예술 작품에는 간단한 관례적 증정 인사말

㉨ 신문이나 정기간행물에서 오려낸 것에는 이를 게재한 간행물의 제목, 발행 일자, 발행사

㉩ 인쇄용 교정본에는 교정, 편집, 인쇄에 관한 변경 · 추가 및 'Passed for press', 'Read-passed for press'와 같은 기록 또는 발행과 관련된 이와 비슷한 표시. 여백이 없을 경우, 별지에 추가 기록 가능

㉪ 주소변경 통지서에는 신 · 구 주소와 변경 일자

⑥ 인쇄물의 첨부물

㉠ 우편물 발송인의 주소나 원래의 우편물의 접수국가나 배달국가 내의 대리인의 주소를 인쇄한 카드, 봉투, 포장재 첨부 가능, 이 첨부물에는 반송을 위하여 원래 우편물 배달국가의 우표나 우편 요금선납인, 우편요금선납도장으로 요금 선납 가능

㉡ 인쇄된 문학작품과 예술적 작품에는 관련 송장(송장 사본, 대체 용지)

㉢ 패션 간행물에 대하여는 그 간행물의 일부를 이루는 도려낸 옷본

(5) 소형포장물(Small packet)

① 의의 : 소형으로 무게가 가벼운 상품이나 선물 등 물품을 그 내용으로 하는 것으로서 성질상으로는 그 내용품이 소포우편물과 같은 것이나 일정한 조건에서 간편하게 취급할 수 있도록 통상우편물의 한 종류로 정함

② 소형포장물의 특색

㉠ 소형포장물은 만국우편협약에 따라 정하여진 우편물 종류로서 소포우편물과는 달리 이용 조건 등에 각국 공통점이 많아 이용이 편리

㉡ 발송 절차가 소포에 비해 간단. 송장이 필요 없으며 내용품의 가격이 300SDR 이하인 경우에는 기록 요령이 간단한 세관표지(CN22)를, 내용품의 가격이 300SDR이 초과되는 경우에는 세관신고서(CN23)를 첨부

※ 1SDR = 1,749원(2012년 7월 1일 기준)

③ 발송 요건

㉠ 주소기록이면 좌측 상단이나 발송인 주소 · 성명기록란 아래에 굵은 글씨로 소형포장물을 나타내는 'Small packet' 또는 'Petit paquet'를 표시

㉡ 현실적이고 개인적인 통신문과 같은 성질의 그 밖의 서류 동봉 가능. 다만, 그러한 서류는 해당 소형포장물의 발송인이 아닌 다른 발송인이 작성하거나 다른 수취인 앞으로 주소를 쓸 수 없음

㉢ 소형포장물을 봉할 때에 특별 조건이 필요한 것은 아니나, 내용품 검사를 위하여 이를 쉽게 열어볼 수 있도록 하여야 함

④ 소형포장물의 첨부물 등 기타 사항

㉠ 소형포장물의 내부나 외부에 송장(Invoice) 첨부 가능

㉡ 우편물의 내부나 외부에 다음 사항 기록 가능

- 상거래용 지시 사항
- 수취인과 발송인의 주소 · 성명
- 제조회사의 마크나 상표
- 발송인과 수취인 사이에 교환되는 통신문에 관한 참고 사항
- 물품의 제조업자 또는 공급자에 관한 간단한 메모, 일련번호나 등기번호, 가격 · 무게 · 수량 · 규격에 관한 사항, 상품의 성질, 출처에 관한 사항

(6) 시각장애인용 점자우편물(Literature for the blind)

① 의의 : 시각장애인용 우편물은 시각장애인이나 공인된 시각장애인기관에서 발송하거나 수신하는 경우에 해당하며, 녹음물, 서장, 시각장애인용 활자를 표시된 금속판을 포함함

② 요금의 면제 : 점자우편물에 대하여는 항공부가요금을 제외한 모든 요금을 면제. 즉 선편으로 접수할 때에는 무료로 취급하며 항공 등기로 접수할 때에는 등기요금은 무료(단, 항공부가요금만 징수)

③ 발송요건

㉠ 시각장애인용 우편물은 신속하고 간편하게 확인을 받을 수 있으면서도 그 내용물을 보호할 수 있도록 포장되어야 함

㉡ 봉함하지 않고 보내면서 시각장애인용 문자를 포함하고 있는 서장과 시각장애인용 활자가 표시된 금속판을 포함

※ 위의 우편물에는 어떠한 내용도 적을 수 없음

㉢ 소인 여부를 떠나 우표나 요금인영증지나 금전적 가치를 나타내는 어떠한 증서도 포함할 수 없음

㉣ 시각장애인용 점자우편물의 수취인 주소가 있는 면에 이용자가 아래의 상징이 그려진 흰색 표지 부착

㉤ 봉투 겉표지에 Literature for the blind를 고무인으로 날인

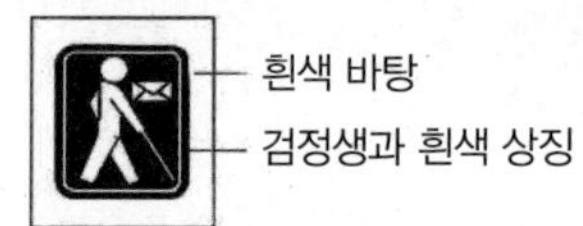

(크기 52×65mm)

(7) 우편자루배달 인쇄물(M-bag)

① 의 의

㉠ 동일인이 동일수취인에게 한꺼번에 다량으로 발송하고자 하는 인쇄물 등을 넣은 우편자루를 한 개의 우편물로 취급

㉡ 보낼 수 있는 우편자루배달인쇄물의 내용물

- 인쇄물에 동봉하거나 첨부하여 발송하는 물품 : 디스크, 테이프, 카세트, 제조업자나 판매자가 선적하는 상품 견본, 또는 관세가 부과되지 않는 그 밖의 상업용 물품이나 재판매 목적이 아닌 정보 자료
- 인쇄물과 함께 발송되는 인쇄물 관련 물품
- 위 '인쇄물에 동봉하거나 첨부하여 발송하는 물품'에서 언급한 물품을 담고 있는 각 우편물의 무게는 2kg을 초과할 수 없음

㉢ 인쇄물을 넣은 우편자루 하나를 하나의 우편물로 취급하는 것이며 제한무게는 10kg 이상 30kg까지

② 접수우체국 : 전국의 모든 우체국(우편취급국은 제외)

③ 취급 조건

㉠ 10kg 이상 인쇄물에 한하여 접수, kg 단위로 요금 계산

㉡ 일반으로는 어느 나라든지 보낼 수 있으나, 등기는 취급하는 나라가 제한됨

ⓒ 부가취급 가능

ⓓ 내용품의 가격이 300SDR 이하인 경우에는 세관표지(CN22)를, 내용품의 가격이 300SDR을 초과하는 경우에는 세관신고서(CN23)를 첨부

ⓔ M bag에 담긴 인쇄물의 각 묶음에 수취인의 주소를 표시하여 동일주소의 동일 수취인에게 발송

ⓕ M bag에는 발송인의 수취인에 관한 모든 정보를 기록한 직사각형 운송장을 첨부해야 하며, 운송장은 다음과 같아야 함

- 충분히 견고한 천, 튼튼한 판지, 플라스틱, 양피지나 나무에 접착한 종이로 만들어 진 것이어야 하며, 구멍이 있을 것
- 우편자루에 매달 수 있도록 끈으로 연결되어 있을 것
- 90×140mm 이상일 것(허용 오차 2mm)

3. 국제소포우편물

(1) 의 의

서장(letters)과 통화 이외의 물건을 포장한 만국우편연합 회원국 또는 지역 상호 간에 교환하는 우편물

(2) 종 류

① 기록 취급하며 항공, 배달 통지 등의 부가취급 가능

② 국제소포는 서비스 적용에 따라 일반적으로 다음과 같이 분류

ⓐ 보험소포(Insured parcel) : 내용품을 보험에 가입하여 만일 내용품의 전부나 일부가 분실 · 도난 · 훼손이 된 경우에는 보험가액 한도 내에서 실제로 발생된 손해액을 배상하는 소포

ⓑ 우편사무소포(Postal Service parcel) : 우편업무와 관련하여 만국우편협약 제7조 제1.1항에서 정한 기관 사이에서 교환하는 것으로서 모든 우편요금이 면제되는 소포

- UPU 국제사무국에서 우정청과 지역우편연합에 발송하는 소포
- 회원국 우정청(우체국)끼리 또는 국제사무국과 교환하는 소포

ⓒ 전쟁 포로 및 민간인 피억류자 소포(Prisoner-of-war and civilian internee parcel) : 전쟁 포로에게 보내거나 전쟁 포로가 발송하는 우편소포 및 전쟁 포로의 대우에 관한 1949년 8월 12일의 제네바협약에서 규정한 민간인 피억류자에게 보내거나 민간인 피억류자가 발송하는 우편소포

- 전쟁 포로에게 보내거나 전쟁 포로가 발송하는 통상우편물, 우편소포, 우편 금융 업무에 관한 우편물은 항공부가요금을 제외한 모든 우편요금이 면제(만국우편협약 제7조 제2.1항)
- 전시에 있어서의 민간인 보호에 관한 1949년 8월 12일의 제네바협약에서 규정한 민간인 피억류자에게 보내거나 민간인 피억류자가 발송하는 우편물, 우편소포, 우편 금융 업무에 관한 우편물에도 항공부가요금을 제외한 모든 우편요금을 면제
- 소포는 무게 5kg까지 우편요금이 면제되지만, 다음의 경우에는 10kg까지 발송 가능
  - 내용물을 분할할 수 없는 소포
  - 포로에게 분배하기 위하여 수용소나 포로 대표자에게 발송되는 소포

ⓓ 이외 속달소포, 대금교환소포 등(다만, 우리나라에서는 취급하지 않음)

4. K-Packet

(1) 의 의

국제우편규정 제3조, 제5조와 행정권한위임 및 위탁에 관한 규정 제21조의2 제1항 11호에 따라 우정사업본부장이 고시한 전자상거래용 국제우편서비스

(2) 명 칭

우리나라를 상징하는 의미를 담아 "Korea"를 뜻하는 K-Packet으로 정함

(3) 특 징

① EMS와 같은 경쟁서비스이며 고객맞춤형 국제우편 서비스로서 평균 송달기간은 7~10일
② 우체국과 계약하여 이용(최소 계약물량 제한 해제)
③ 온라인으로 판매되는 소형물품의 해외배송에 적합한 국제우편 서비스
④ 월 이용금액에 따라 이용 요금 감액
⑤ 지방우정청, 총괄우체국 및 6급 이하 우체국(별정국 포함)에서 계약 가능하며 우편취급국은 총괄우체국이 접수국으로 지정한 경우 가능
⑥ 무료 방문접수서비스 제공 및 전국의 모든 우체국에서 접수 가능
㉠ 월 발송물량이 50통 미만 및 6급 이하 우체국은 방문접수를 제공하지 않음
㉡ 계약관서의 인력 · 차량 사정에 따라 방문접수 또는 별도의 접수장소를 상호 협의하여 결정
⑦ 국내에서 K-Packet을 등기소형포장물보다 우선 취급하여 발송기간을 2일 단축

(4) 종 류

① K-Packet(Regular) : "R"로 시작하는 우편물번호를 사용하며, 2kg 이하 소형물품을 인터넷우체국이나, 인터넷우체국이 제공하는 API 시스템을 통해 온라인으로 접수하고 배달 시 서명을 받는 국제우편서비스
※ API(Application Program Interface)시스템 : 이용자의 정보시스템과 인터넷우체국 사업자 포털시스템 간 우편번호, 종추적정보, 접수정보 등을 교환할 수 있도록 제공하는 IT서비스
② K-Packet(Light) : K-Packet(Regular)와 대체로 비슷하나 "L"로 시작하는 우편물번호 사용하며, 1회 배달 성공률 향상을 위해 해외우정과 제휴하여 수취인 서명없이 배달하기로 약정한 국제우편서비스
※ K-Packet(Light)의 제휴국가는 우정사업본부장이 고시로 정함
③ K-Packet Light
㉠ 의의 : 아 · 태지역 전자상거래 물량 급증에 따라 2kg 이하 저중량대 우편물을 겨냥한 아 · 태우편연합(APPU) 신규 우편서비스인 APP ePacket 도입 추진
㉡ 명 칭
- 홍콩 · 호주 · 베트남, 일본 등 아 · 태지역(APPU) 회원국 간 공식명칭은 'APP ePacket'
- 고객 이용편의를 위해 국내에는 'K-Packet Light'를 서비스 명칭으로 사용

㉢ 특 징

- 제한무게 : 2kg, 제한규격 : 최대길이 60cm, 가로+세로+높이≤90cm
- 우선취급 발송
- 배달표준
  - 한국(K+3) : 도착일 후 3일 이내 배달(D+5일, 도서지역 제외)
  - 홍콩(K+2) : 도착일 후 2일 이내 배달(D+4일)
  - 베트남(K+2) : 도착일 후 2일 이내 배달(D+4일)
  - 호주(K+5) : 도착일 후 5일 이내 배달(D+7일, 도서지역 제외)
  - 일본(K+5) : 도착일 후 5일 이내 배달(D+7일, 도서지역 제외)

  ※ K : 배달국가 도착일, D : 우편물 접수일
- 상대국에서 수취인 서명 없이 배달
- 손해배상
  - 발송우정청 책임
  - 손해배상 처리절차는 기존 국제등기우편과 동일. 단, K-Packet Light는 인터넷으로 종추적 배달결과가 없는 경우에 한하여 행방조사 청구가 가능

  ※ 배상액 : 기존 국제등기우편물 손해배상 지급기준과 동일

㉣ 이용고객

- e-Shipping을 이용하는 모든 고객
- e-Shipping을 이용하여 K-Packet을 발송하는 고객(업체)은 누구나 K-Packet Light 서비스 이용 가능
- 서비스 이용방법(제휴국가 특별감액 적용 등), 서비스 배달품질 수준, 배달방법 등이 기존 미국행 K-Packet과 동일함

(5) 부가취급

K-Packet은 부가서비스로 보험가입 가능. 단, K-Packet(Light)은 보험 등 부가서비스 가입 불가

5. 국제특급우편(EMS)

(1) 의 의

① 만국우편협약 제16조에 근거하여 다른 우편물보다 최우선으로 취급하는 가장 신속한 우편 업무

② 국가 간 EMS 표준다자간 협정이나 양자 협정으로 합의한 내용에 따라 취급(국가별 상세한 취급사항은 EMS 운영 가이드에 따름)

※ EMS 운영 가이드(EMS Operational Guide) : UPU 산하 EMS 협동조합(Cooperative)에서 각국의 EMS 취급 조건을 모아서 웹사이트에 게시

(2) 명 칭

EMS에 대하여 만국우편협약에서 정한 공통로고가 있지만, 그 명칭은 나라마다 다름

① 우리나라 : EMS 국제특급우편

② 일본 : EMS 국제스피드우편

③ 미국 : Express Mail International
④ 호주 : Express Post International
※ 우리나라는 UPU에서 정한 공통 로고 규정에 맞춰 다음과 같은 EMS 브랜드 공공디자인을 개발하여 사용

(3) 특 성

① 신속성 · 신뢰성 · 정기성 · 안전성 보장
② 모든 우체국과 우편취급국에서 발송 가능
③ 각 접수우체국마다 그날 업무마감시간이 제한되어 있어, 마감시간 이후 분은 다음 날 국외 발송 승인 후 접수
④ 행방조사 결과 우체국의 잘못으로 송달예정기간보다 48시간 이상 늦어진 것으로 판정된 경우 납부한 우편 요금 환불(다만, 배달을 시도했으나 수취인이 부재한 경우와 공휴일 및 통관 소요일은 송달예정 기간에서 제외)
※ 단, EMS 배달보장서비스 적용 우편물의 경우, 송달예정일보다 늦어진 경우 우편요금 반환
⑤ 외국에서 국내 배달우체국에 도착한 국제특급우편물은 국내당일특급 우편물의 예에 따라 배달

(4) 종 류

① 계약국제특급우편(Contracted EMS)
② 수시국제특급우편(On demand EMS)

(5) 국제특급우편으로 보낼 수 있는 물품

접수 가능 물품	접수 금지 물품
• 업무용 서류(Business Documents) • 상업용 서류(Commercial papers) • 컴퓨터 데이타(Computer data) • 상품 견본(Business samples) • 마그네틱 테이프(Magnetic tape) • 마이크로 필름(Microfilm) • 상품(Merchandise : 나라에 따라 취급을 금지하는 경우도 있음)	• 동전, 화폐(Coins, Bank notes) • 송금환(Money remittances) • 유가증권류(Negotiable articles) • 금융기관 간 교환 수표(Check clearance) • UPU 일반우편금지물품(Prohibited articles) – 취급상 위험하거나 다른 우편물을 더럽히거나 깨뜨릴 우려가 있는 것 – 마약류 및 향정신성 물질 – 폭발성 · 가연성 또는 위험한 물질 – 외설적이거나 비도덕적인 물품 등 • 가공 또는 비가공의 금, 은, 백금과 귀금속, 보석 등 귀중품 • 상대국가에서 수입을 금하는 물품 • 여권을 포함한 신분증

※ 국가별 통관 당국이나 국내 법규 등에 따라 수시로 변경되므로, 반드시 '국제우편물 발송 안내서' 확인하여 접수

(6) 배달국가와 우편물 접수 관서

① 배달(교환) 국가 : 홍콩, 일본과 1979년 7월 1일 업무 개시 이후 계속 배달(교환) 국가를 확대. 2016.1.1. 현재 우리나라와 EMS 우편물의 교환이 가능한 국가는 약 104개국

② 접수 관서: 전국의 모든 우체국 및 우편취급국

(7) 주요 부가취급의 종류(EMS는 항공 및 등기를 기본으로 취급)

① 배달통지

② 보험취급

③ 국제초특급우편 서비스(EMS, TCS : EMS Time Certain Service)

④ EMS프리미엄

⑤ 배달보장서비스

6. 한 · 중 해상특송서비스(POST Sea Express)

(1) 의 의

30kg 이하 물품의 해외 다량발송에 적합한 서비스로서 우체국과 계약하여 이용하는 전자상거래 전용 국제우편서비스

① e-Shipping을 이용하는 고객에 한하여 이용 가능

② 운송수단 : 인천-위해(威海, Weihai) 간 운항하는 여객선 및 화물선

(2) 특 징

① EMS와 같은 경쟁서비스이며 고객맞춤형 국제우편 서비스로서 표준 송달기간은 평균적으로 중국 6일, 한국 4일

② 온라인으로 판매되는 물품의 중국배송에 적합한 국제우편 서비스

③ 월 발송물량에 따라 이용 요금 감액

④ 지방우정청, 총괄우체국에서 이용계약 가능하며 6급 이하 우체국(별정국, 우편취급국 포함)은 총괄우체국장의 승인을 받은 경우에 한함

11 국제우편물 종별 접수요령

01 국제우편물의 접수

1. 개 요

(1) 우편물이 접수된 때부터 우편이용관계 발생, 우편관서와 발송인 사이에 우편물송달계약 성립. 따라서 우편관서에서는 접수한 우편물을 도착국가로 안전하게 송달하여야 할 의무가 있으며 발송인은 국제우편 이용관계에 따른 각종 청구권을 갖는 등 권리의무가 성립

(2) 국내우편물과 마찬가지로 우편물을 우체통에 넣거나 우체국에서 접수. 다만, EMS는 발송인의 요청에 따라 발송인을 방문하여 접수 가능

① **다음의 우편물은 창구에서 접수**

㉠ 소포우편물, 국제특급우편(EMS), 해상특송우편물

㉡ 부가취급(항공취급은 제외)을 요하는 우편물

㉢ 소형포장물, K-Packet

㉣ 통관검사를 받아야 할 물품이 들어있는 우편물

㉤ 요금별납, 요금후납, 요금계기별납으로 하는 우편물

㉥ 항공취급으로 하는 점자우편물

㉦ 만국우편협약에서 정한 우편요금감면대상 우편물

② 용적이 크기 때문에 우체통에 넣을 수 없는 우편물과 한꺼번에 여러 통을 발송하는 우편물의 경우, 이를 우체국 창구에 제출 가능(국제우편규정 제20조 제2항)

(3) 통상우편물은 우편물에 붙인 우표 소인. 다만, 통신사무우편물, 요금별납, 요금후납, 요금계기별납에 따른 우편물은 날짜도장을 날인하지 않음

(4) 국제우편물의 소인, 그 밖의 업무취급에는 국제날짜도장 사용

2. 일반 사항

(1) 접수우편물의 점검

① **통상우편물 접수(창구접수, 수집)할 때 주요 확인할 사항**

㉠ 도착국가는 어디인지

㉡ 통상우편물로 발송할 수 있는 내용인가, 내용품은 우편 금지물품이 아닌지

㉢ 종별은 무엇인지

㉣ 부가취급 요청은 없는지

㉤ 부가취급은 이를 상대 국가에서 취급을 허용하는 것인지

ⓑ 용적 · 무게 및 규격의 제한에 어긋나는 것은 아닌지
ⓢ 포장은 적절한지
ⓞ 투명창문봉투를 사용하고 있는 우편물은 창문을 통하여 주소를 쉽게 읽을 수 있는지
ⓙ 봉투 전부가 투명한 창문으로 된 것을 사용하고 있는지
ⓒ 외부 기록 사항은 적당한지
ⓚ 각종 표시는 어떠한지
ⓣ 첨부 서류는 어떠한지

② 검사 결과 규정 위반이 발견된 때, 발송인에게 보완하여 제출하도록 요구. 이에 거부할 때는 그 이유를 상세히 설명하고 접수 거절

(2) 수집 우편물의 처리

국제특급과 항공우편물은 따로 가려내어 가장 빠른 운송편으로 송달

(3) 통관검사대상우편물의 처리

① 통상우편물 중 통관에 회부하여야 할 우편물
㉠ 소형포장물
㉡ 세관표지(CN22) 및 세관신고서(CN23)가 붙어있는 통상우편물
㉢ 통관우체국장이나 세관장이 특히 통관검사에 부칠 필요가 있다고 인정하는 그 밖의 통상우편물

② 통관대상우편물을 접수(소형포장물은 제외)한 때에는 통관절차대행 수수료(통상 2,000원, 소포 · EMS 4,000원) 상당의 우표를 붙이게 하고 우편물에는 '통관절차대행수수료징수필' 고무인을 날인

③ 세관검사에 회부하는 우편물은 반드시 그 표면에 녹색의 세관표지(CN22)를 부착. 발송인이 표시한 내용품의 가격이 300SDR을 초과하거나 발송인이 원할 때에는 세관신고서(CN23)를 첨부
※ 국제소포, K-Packet 및 국제특급 운송장에 CN23 내용이 포함되어 있음

02 종류별 접수방법

1. 주요 통상우편물의 접수

(1) 우편자루배달인쇄물(M bag)의 접수

① 등기취급의 경우에는 도착국가가 등기로 발송 가능한 나라인지를 국제 우편요금, 발송 조건표, 우편물류시스템을 이용하여 확인(보통의 경우는 모든 나라에 발송 가능)

② 접수할 때에는 하나의 통상우편물로 취급

③ 국제우편자루에 우편물을 넣도록 하되, 접수우체국에서 국제우편자루 미확보 등 부득이한 경우에는 국내우편자루를 활용하고, 국제우편물류센터에서 국제우편자루로 다시 묶을 수 있음

④ 주소기록용 꼬리표(90×140mm, 두꺼운 종이 또는 플라스틱이나 나무에 붙인 종이 등으로 만들

고, 두 개의 구멍이 있어야 함)를 2장 작성하여, 1장은 우편물에 붙이고 1장은 우편자루 목에 묶어 봉인

⑤ 요금은 우표나 우편요금인영증지를 주소기록용 꼬리표(우편자루 목에 붙인 꼬리표) 뒷면이나 우편물 표면(꼬리표를 달기 어려울 때)에 부착

⑥ 통관대상물품이 들어 있는 경우에는 세관표지(CN22)를 작성하여 붙이고 내용품의 가액이 300SDR을 초과할 때에는 세관신고서(CN23)를 작성하여 붙임

⑦ 통관회부대행수수료 4,000원 징수(우편요금과 별도로 징수)

⑧ **우편물을 넣은 국제우편자루(M-bag)를 다시 국내용 우편자루에 넣어 교환우체국으로 발송하되, 국명표와 송달증에 'M' 표시**

㉠ 항공편일 경우에는 국제우편물류센터로 발송

㉡ 선편일 경우에는 부산국제우체국으로 발송

(2) 시각장애인용 점자우편물의 접수

① 시각장애인용 점자우편물 취급 요건 충족 여부

② 봉투 표면에 Literature for the blind 표시

③ 항공으로 발송할 때에는 항공부가요금에 해당하는 요금을 수납

④ 등기를 접수할 때 등기료는 무료

⑤ AIRMAIL 또는 SURFACE MAIL 고무인

⑥ 국제날짜도장으로 소인

(3) 항공서간 등

항공서간 취급요건 충족 여부 확인, 국제날짜도장 소인

2. 소포우편물의 접수

(1) 보통소포우편물의 접수

① **접수 검사**

㉠ 도착국가와 우리나라의 소포 교환 여부, 접수 중지 여부

㉡ 금지물품 여부, 포장상태

㉢ 용적과 중량제한(국제우편요금, 발송조건표, 우편물류시스템 참조)

㉣ 운송장 기록 사항

- 내용품의 영문 표기 및 수량과 가격 표기
- 잘못을 발견하였을 때에는 발송인에게 보완 요구, 불응하면 접수 거절

② **국제소포우편물 운송장의 작성과 첨부**

㉠ 발송인으로 하여금 국제소포우편물 운송장을 작성하게 하여 소포우편물 외부에 떨어지지 않도록 부착

㉡ 국제소포우편물 운송장은 다음과 같이 6연식으로 되어 있으며, 별도의 복사지 없이도 제1면의 기록 내용이 제6면까지 복사됨

- 제1면 : 운송장

• 제2면 : 접수 원부(접수우체국용)
• 제3면 : 접수증(발송인용)
• 제4면 : 송장(도착우체국용)
• 제5, 6면 : 세관신고서(도착국가세관용)

㉢ 따라서 국제소포우편물 운송장에는 도착국가에서 필요한 서식(송장 · 세관신고서)이 포함되어 있으므로 별도 작성할 필요 없음. 다만, 발송인이 필요하다고 인정하는 경우, 우리나라와 도착국가에서의 통관수속에 필요한 모든 서류(상업송장, 수출허가서, 수입허가서, 원산지증명서, 건강증명서 등) 첨부 가능

㉣ 발송인이 운송장에 기록할 때 왼쪽 아랫부분의 지시사항란을 반드시 기록. 이 지시사항(Sender's instruction)은 도착국가에서 배달이 불가능할 때 명확하게 처리하기 위해 필요할 뿐 아니라 특히 소포우편물이 반송되는 경우에 발송인에게 반송도착료를 징수하는 근거가 됨

㉤ 소포우편물이 배달 불능일 경우에 적용하여야 할 취급 방법을 발송인이 주소 운송장에 표시할 때에는 다음 중 하나를 택하여 해당란의 ㅁ 속에 × 표시(발송인에게 즉시 반송 / 포기)

㉥ 반송이나 전송의 경우에는 반드시 선편이나 항공편 중 하나를 택하여 ×표시

㉦ 발송인이 작성 제출한 운송장에는 우편물의 총중량과 요금, 접수우체국명, 접수 일자 등을 접수담당자가 명확히 기록

• 이 경우 100g 미만의 단수는 100g 단위로 절상
  ※ 소포우편물 중량이 5kg 740g인 경우 5,800g으로 기록
• 운송장의 소포우편물 중량과 요금은 고쳐 쓸 수 없으므로 잘못 적지 않도록 각별히 주의

③ 기 타

㉠ 요금납부방법 : 현금, 신용카드(체크카드 포함), 우표

㉡ 접수된 우편물은 발송 전에 처리부서 책임자가 반드시 정당 요금 징수여부를 검사하고 국제소포우편물 운송장, 국제발송소포우편물송달증, 별 · 후납 취급기록, 우편요금즉납서 등과 철저히 대조 확인

(2) 보험소포우편물의 접수

① 접수검사

㉠ 보험소포우편물은 특히 포장을 튼튼히 한 후 뜯지 못하도록 봉함

㉡ 통관검사를 위하여 개봉한 후에는 통관우체국에서 가능한 한 원상태에 가깝도록 다시 봉함

㉢ 그 밖의 사항은 보통소포우편물의 접수 검사 절차와 동일

② 국제보험소포우편물 운송장의 작성 및 첨부

㉠ 국제보험소포우편물 운송장의 구성, 통관에 필요한 첨부서류 추가, 배달이 불가능할 때의 처리 방법에 관한 지시사항 표시 등에 관하여는 앞에 서술한 보통소포우편물 접수 예와 같음

㉡ 보험소포우편물의 중량은 10g 단위로 표시, 10g 미만의 단수는 10g으로 절상
※ 중량이 7kg 542g인 경우 7,550g으로 기록

㉢ 보험 가액을 기록할 때의 유의 사항
- 내용품은 반드시 객관적인 가치가 있는 물품이어야 함
- 보험가액은 소포우편물 내용물의 실제 가격을 초과할 수 없지만 소포우편물 가격의 일부만을 보험에 가입하는 것은 허용
- 보험가액은 원(Won)화로 표시, 발송인이 운송장 해당란에 로마문자와 아라비아숫자로 기록해야 하며 보험가액은 잘못 적은 경우 지우거나 고쳐치지 말고 운송장을 다시 작성하도록 발송인에게 요구
- 발송우체국은 발송인이 원(Won)화로 기록한 보험가액을 SDR로 환산 하여 운송장의 해당란에 기록하며 환산할 때에는 소수점 둘째자리 미만은 올려서 소수점 둘째자리까지 기록함. 이 가액은 어떠한 경우에도 고쳐 쓸 수 없음(보험가액 최고한도액 4,000SDR)
- 소포우편물 내용물의 실제 가격보다 높은 가액을 보험가액으로 할 수 없으며 이러한 경우 사기보험으로 간주

③ 그 밖의 사항 : 보통소포우편물의 경우에 준하여 처리

3. K-Packet 접수

(1) 일반사항

① 내용품이 파손되거나 이탈되지 않도록 단단하게 포장하되 사각형태의 상자에 포장하고 액체는 내용물이 새지 않도록 봉하여 외부 압력에 견딜 수 있는 용기에 넣어 포장

※ 2개 이상의 포장물품을 테이프, 끈 등으로 묶어 K-Packet 하나로 발송 금지

② 라벨기표지 작성

㉠ K-Packet을 발송할 경우 인터넷 접수시스템으로 발송인과 수취인의 주소, 내용품명, 내용품 가액 등 필수 입력사항을 영문으로 입력

㉡ 운송장을 작성할 때에는 요금을 올바르게 계산하기 위해 반드시 규격 및 무게를 정확히 기재

㉢ 표시한 무게와 실제 우편물 무게가 달라 요금에 차이가 발생한 경우 즉시 이용 고객에게 알림

㉣ K-Packet 운송장의 발송인 란에는 통관, 손해배상, 반송 등의 업무처리를 위하여 반드시 한 명의 주소 · 성명을 기재

③ 보험가입

㉠ 내용품 가격이 손해배상 기준을 초과하는 고가인 경우, 보험가입을 권장하여 파손되거나 분실했을 때의 민원을 미리 예방

㉡ 보험수수료는 물품가액 114,300원까지 1,850원을 적용하고, 매 114,300원 초과마다 550원 추가

(2) 우편물의 접수 장소

계약관서의 장은 인력과 차량의 사정에 따라 K-Packet을 방문접수할지 별도의 장소에서 접수할지를 협의하여 결정하고 이를 계약 사항에 표시할 수 있음

(3) 접수제한 물품

만국우편협약과 우편법 제17조 제1항(우편금지물품)에서 정한 폭발성 물질, 발화성 물질, 인화성 물질, 유독성 물질, 공공안전의 위해를 끼칠 수 있는 물질, 그 밖의 위험성 물질 등

4. 국제특급우편물(EMS)의 접수

(1) 공통 사항

① 무게 제한, 금지물품 확인

② EMS 운송장을 이용자(계약고객, 수시이용고객)에게 교부하여 작성 요청

※ 운송장은 EMS 우편물의 내용품에 따라 서류용과 비서류용의 2가지로 구분, 번호는 영문 EE 또는 ES 등 E*로 시작

③ 접수 담당자는 국제특급우편물 운송장(EMS 운송장)의 해당란에 접수일시, 무게(10g 단위), 요금 등 기록

(2) 수시 국제특급우편물(EMS)의 접수

① EMS 운송장을 이용자(고객)에게 교부하여 작성 요청

② 요금은 우표, 현금 또는 여신전문금융업법에 따른 신용카드로 납부

③ EMS운송장(발송인 보관용)를 접수증으로 영수증과 함께 발송인에게 교부

(3) 계약 국제특급우편물(EMS)의 접수

① EMS 운송장 서식을 용도에 따라 구분하여 미리 교부. 이때에는 그 교부 매수를 명확히 기록 유지하고 결번이 생기지 않도록 이용 고객에게 미리 알림

② 우편물의 수집은 계약서에서 정한 주소지 수집을 원칙으로 하되 계약 우체국의 사정을 감안하여 창구접수도 가능

③ 수집하는 우체국에서는 수집한 우편물의 무게 등을 검사하고 해당 우편물에 표시된 무게와 실제 무게가 달라서 요금에 차이가 생긴 때에는 이를 즉시 이용자에게 통지

④ 요금은 요금납부고지서에 의하여 납부

(4) EMS 운송장 기록 요령

① **접수 우체국 기록 사항**

㉠ 무게 : 10g 단위로 기록

㉡ 우편요금 : 원화 가격을 아라비아 숫자로 기록

㉢ 배달보장서비스 : 해당 국가(카할라 우정 연합체 해당 국가)에 한정하여 PostNet 조회 결과 일자를 기록

㉣ 보험 이용 여부와 보험가액 : 10만 원 이상의 물품일 경우 반드시 고객에게 보험 이용 여부를 문의한 후 이용할 때는 해당 칸에 표시(보험 가액은 원화로 기록)

② **발송인 기록 사항** : 우체국(취급국)은 기록 사항의 이상 유무 확인 후 우편물 접수

㉠ 보내는 사람과 받는 사람의 전화번호 : 보내는 사람뿐만 아니라 받는 사람의 전화번호까지 기록 권장(일부 국가의 경우에는 전화번호를 적지 않으면 배달지연 요소로 작용)

㉡ 보내는 사람과 받는 사람의 주소 · 성명 : 보내는 사람의 주소 · 성명도 영문으로 기록(상대국에서 배달할 때나 행방을 조사할 때 사용)

㉢ 우편번호(Postal code) : 신속한 통관과 정확한 배달을 위하여 필요하므로 반드시 기록

ⓔ 세관표지(CN22)(내용물이 서류인 EE운송장 경우) : 내용품명, 개수, 가격 등을 해당란에 정확히 기록하고 내용품 구분(서류, 인쇄물)란의 해당 칸에 표시

※ 운송장 가격의 화폐 단위는 US$(United States dollar)임을 인지하고 기록하되, 다른 화폐 단위인 경우 반드시 표기하여야 통관할 때 지연되지 않음에 유의

ⓜ 세관신고서(CN23)(내용물이 물품인 경우는 EM운송장) : 내용품명, 원산지, 개수, 순무게, 가격 등을 품목별로 정확히 기록하고, 상품 견본, 선물, 상품 중 해당되는 칸(ㅁ안)에 × 표시

ⓑ 발송인 서명 : 주소 · 성명, 전화번호, 세관표지 또는 세관신고서 기록 내용에 틀림이 없음을 확인하는 것이므로 반드시 발송인이 직접 서명

(5) EMS의 보험취급

① 보험취급한도액과 수수료

보험취급 한도액	보험취급 수수료
4,000SDR(7백만 원) ※ EMS프리미엄 : 50백만 원	• 보험가액 최초 65.34SDR 또는 최초 114,300원까지 : 2,800원 • 보험가액 65.34SDR 또는 114,300원 추가마다 : 550원 추가

② 우리나라와 EMS를 교환하는 모든 나라로 발송하는 EMS에 대하여 보험 취급 가능(상대국의 보험취급 여부에 관계없이 취급)

③ 보험가액의 기록

ⓐ 보험가액은 내용품의 실제 가치를 초과할 수 없으며, 이를 속여 기록한 경우 우정청은 책임이 없음

ⓑ 내용품의 가치는 주관적인 가치가 아니고 객관적인 가치가 있는 것을 말함

ⓒ 보험가액은 운송장 보험가액란에 'ㅇㅇㅇ원'으로 기록하고 보험취급수수료는 별도 기록 없이 요금에 포함하여 기록

④ 그 밖의 사항에 대하여는 보험소포우편물의 취급 요령에 준하여 처리

03 기타 특수취급우편물의 접수

1. 항 공

(1) 우편물을 항공운송수단을 이용하여 운송하는 등 송달과정에서 우선적 취급을 하는 제도

(2) 선편으로 운송되는 국제선편통상우편물 및 국제선편소포우편물과 구분하기 위하여 항공으로 취급되는 통상우편물 및 소포우편물에 대해서는 국제 항공통상우편물 또는 국제항공소포우편물로 부름

2. 등기(Registered)

(1) 우편물마다 접수번호를 부여하고 접수한 때로부터 배달되기까지의 취급과정을 그 번호에 의하여 기록 취급하여 송달의 확실성을 보장하기 위한 제도

(2) 망실 · 도난 · 파손의 경우에는 손해배상을 해주는 제도

① 대상 : 모든 통상우편물은 등기로 발송 가능

② 도착국의 국내법이 허용하는 경우 봉함된 등기서장에 각종 지참인불유가 증권, 여행자수표, 백금, 금, 은, 가공 또는 비가공의 보석 및 기타 귀중품을 넣을 수 있음(국내 관련법규에서 허용하는 범위 내에서만 취급)

③ 국제등기번호표 CN04를 우편물 앞면의 적정한 위치에 부착

3. 배달통지(Advice of delivery)

(1) 우편물 접수 시 발송인의 청구에 따라 우편물을 수취인에게 배달하고 수취인으로부터 수령 확인을 받아 발송인에게 통지하여 주는 제도

(2) 배달통지(A.R)는 국내우편의 배달증명과 유사하며 기록 취급하는 우편물에 한하여 청구 가능함

4. 보험서장(Insured letters)

(1) 은행권, 수표 등의 유가증권, 금전적 가치가 있는 서류나 귀중품 등이 들어있는 서장우편물을 발송인이 신고한 가액에 따라 보험 취급

(2) 망실 · 도난 또는 파손된 경우 보험가액의 범위 내에서 실제로 발생된 손해액을 배상하는 제도(발송가능 국가는 접수 시 확인)

① 보험가액(범위)

㉠ 건당 최고한도액 : 4,000SDR(7,000,000원)

㉡ 내용품의 일부가치만을 보험 취급하는 것도 가능

② 보험서장으로 발송할 수 있는 물건

㉠ 은행권, 수표, 지참인불 유가증권

㉡ 우표, 복권표, 기차표 등과 같은 금전적 가치가 있는 서류

㉢ 귀금속 및 보석류

㉣ 고급시계, 만년필 등 귀중품

㉤ 수출입 관련 법령(대외무역법 등)에서 허용하는 범위 내에서 취급

12 국제우편요금

01 개 요

1. 국제우편요금의 결정

(1) 만국우편협약에서 정한 범위 안에서 과학기술정보통신부장관이 결정(정함)

(2) 국제우편요금이 결정되면 고시

2. 국제우편 요금체계

(1) 운송편별에 따라 선편요금과 항공요금으로 구분

(2) 우편물 종별에 따라 통상우편물요금, 소포우편물요금, 국제특급우편요금, K-Packet, 한중해상특송의 요금 등으로 구분하며, 부가취급에 따른 부가취급 수수료가 있음

(3) 구성내용에 따라 국내취급비, 도착국까지의 운송요금과 도착국내에서의 취급비로 구분

02 국제우편요금의 별납

1. 개 요

한 사람이 한 번에 같은 우편물(동일무게)을 보낼 때에 우편물 외부에 요금별납(POSTAGE PAID) 표시를 하여 발송하고 우편요금은 별도로 즉납하는 제도

2. 취급우체국

우편취급국을 제외한 모든 우체국

3. 취급요건

(1) 통상우편물

10통 이상(우편물의 종별, 무게, 우편요금 등이 같고 한사람이 한 번에 발송하는 우편물)

(2) 국제특급우편물과 소포우편물의 우편요금은 현금과 신용카드(혹은 체크카드)로 결제하므로 별납취급에 특별한 요건이 없음

4. 취급요령

(1) 발송인이 적어 제출한 별납신청서를 접수(별납신청서는 전산으로 출력)

(2) 접수검사

신청서 기록사항과 현물과의 다른 점은 없는지 확인

(3) 외부 기록사항 확인

① 우편물 앞면의 오른쪽 윗부분에 요금별납표시(날인 또는 인쇄) 유무

② 발송인이 표시를 하지 아니한 경우에는 우체국에서 요금별납인 날인

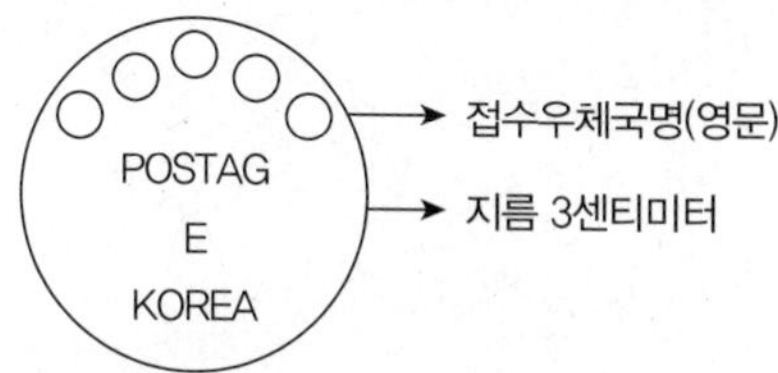

(4) 접수와 참관

① 요금별납우편물의 접수담당자는 접수담당책임자(6급 이하 관서의 경우에는 국장)가 보는 앞에서 확인 · 접수

② 접수와 입회 확인 절차는 국내우편요금별납의 취급 예에 따름

(5) 요금별납우편물에는 우편날짜도장의 날인은 생략

(6) 접수된 우편물은 국제우체국 앞으로 별도우편자루 체결 · 발송을 원칙으로 함. 다만, 물량이 적을 경우에는 단단히 묶어서 다른 우편물과 함께 발송

03 국제우편요금의 후납

1. 개 요

국제우편물의 요금(특수취급수수료 포함)을 우편물을 접수할 때에 납부하지 않고 발송우체국의 승인을 얻어 1개월간 발송예정 우편물 요금액의 2배에 해당하는 금액을 담보금으로 제공하고 1개월간의 요금을 다음달 20일까지 납부하는 제도

2. 취급대상물(발송기준 통수)

동일인이 매월 100통 이상 발송하는 국제 통상우편 및 국제 소포우편물

3. 취급우체국

모든 우체국

4. 취급요령

(1) 우편물 및 발송표의 제출

우편물의 발송인은 국제우편요금후납우편물 발송신청서를 작성하여 우편물과 함께 요금후납 계약우체국에 제출

(2) 우편물 및 발송신청서의 검사

① 우편물의 검사

㉠ 요금후납우편물이 우리나라를 발송국으로 하는지 확인

㉡ 우편물의 오른쪽 윗부분에는 요금별(후)납(Postage Paid)의 표시 확인

㉢ 발송인이 표시를 하지 아니한 경우에는 우체국 보관 요금별(후)납인 날인

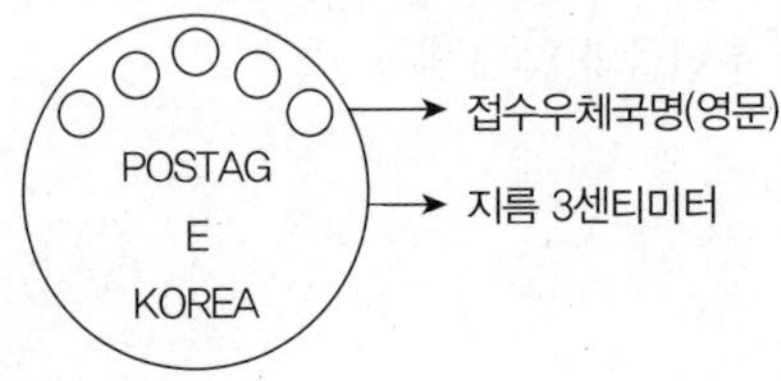

② 발송신청서의 검사

㉠ 요금후납우편물 발송표 기록사항이 발송하는 우편물과 다름없는지 확인

㉡ 발송표의 그 밖의 기록사항 확인

(3) 접수 및 입회 확인

① 요금후납우편물의 접수담당자는 접수담당책임자(6급 이하 관서의 경우에는 국장)가 보는 앞에서 확인 · 접수

② 요금후납우편물 발송신청서는 요금별납우편물 접수 및 입회확인방법에 준하여 상호 확인인을 날인

(4) 날짜도장 날인

요금후납우편물에는 우편날짜도장 날인 생략

04 국제우편요금 수취인부담(International Business Reply Service; IBRS)

1. 개 요

우편물을 외국으로 발송하는 자가 국내 배달우체국과 계약을 체결하여 회신 요금을 자신이 부담할 수 있도록 하는 제도

2. 취급우체국

집배우체국에 한하여 취급

3. 취급 대상 우편물

인쇄물(봉투)과 엽서에 한하며, 최대중량은 50g이다.

4. 요금징수

수취인이 우편물을 받을 때 납부하며 후납 취급도 가능하다. 인쇄물(봉투)은 1,100원, 엽서는 500원이다.

5. 이용계약

(1) IBRS의 이용계약을 체결하려는 자는 신청서와 수취할 우편물의 견본 2매를 배달우체국에 제출

(2) 계약체결 후 우편물을 발송하는 자는 우편물 표시사항과 배달우체국장이 부여한 계약번호를 수취할 봉투 또는 엽서에 인쇄한 견본 2매를 배달우체국에 제출

6. IBRS 접수 우체국의 취급

(1) IBRS우편물은 발송유효기간에 한정하여 발송. 발송유효기간이 끝난 다음에 발송한 IBRS 우편물은 발송인에게 돌려보냄

(2) IBRS 우편물에는 날짜도장을 날인하지 않음

(3) IBRS우편물은 모두 항공 취급하며, 그 밖의 부가취급 불가

(4) 유효기간 등이 정상적으로 표시된 IBRS 우편물은 접수시스템에 별도로 입력하지 않고 국제항공우편물과 같이 국제우편물류센터로 보냄

7. 외국에서 도착된 IBRS 우편물의 취급

국내우편요금 수취인부담 우편물의 배달 예에 준해 배달하고 요금 징수

05 해외 전자상거래용 반품서비스(IBRS EMS)

1. 정 의

인터넷쇼핑몰 등을 이용하는 온라인 해외거래 물량 증가에 따라 늘어나는 반품 요구를 충족하기 위해 기존의 국제우편요금수취인부담 제도를 활용하여 반품을 수월하게 하는 제도

2. 서비스 개요

(1) 취급우체국과 발송가능국가

① **취급우체국** : 계약국제특급 이용우체국(집배국)에 한정함
② **발송가능국가** : 일본

(2) 취급대상 우편물

① **종류** : EMS에 한정함(최대 무게 2kg)
② **우편물의 규격** : 국가별 EMS 발송 조건의 규격과 같음
③ 구매자가 반품을 요청할 경우 반품서비스 이용계약을 체결한 판매자는 전자적인 방법으로 아래 서식의 반품서비스라벨을 구매자에게 전송, 구매자는 해당 우편물 표면에 반품서비스 라벨을 부착하여 접수

④ 라벨의 규격 : 최소 90×140mm, 최대 140×235mm

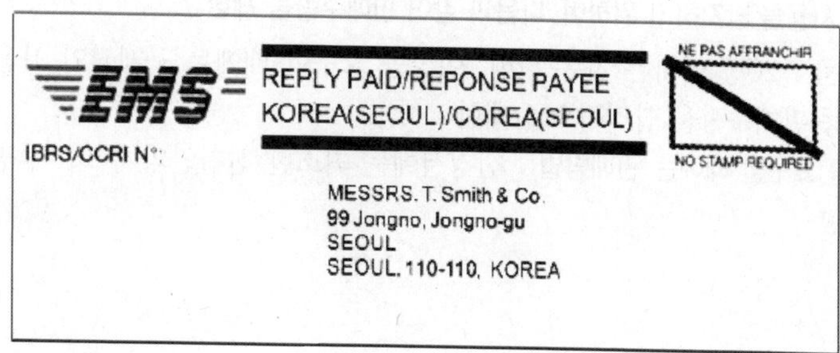

(3) 부가취급

EMS 우편물로 취급, 그 밖의 부가취급은 할 수 없음

(4) 요금의 징수

① IBRS EMS 우편물의 요금은 수취인이 우편물을 받을 때 납부하게 하며 후납 취급도 가능
② 수취인으로부터 징수할 IBRS EMS우편물의 요금은 통당 10,000원

06 국제반신우표권(International Reply Coupons)

1. 개 요

(1) 국제반신우표권은 수취인에게 회신요금의 부담을 지우지 아니하고 외국으로부터 회답을 받는 데 편리한 제도

(2) 만국우편연합 국제사무국에서 발행하며 각 회원국에서 판매. 국제반신우표권 1장은 그 나라의 외국 발송 항공보통서장 최저 요금의 우표와 교환

2. 판 매

(1) 우리나라에서 1매당 1,450원에 판매

(2) 판매할 때에는 국제반신우표권의 왼쪽 해당란에 날짜도장을 날인

(3) 국제반신우표권의 수급을 원활하게 조절하고, 통신목적 이외의 용역 · 물품 대금 지급수단으로 이용하거나 환투기 목적의 사용을 방지하기 위하여, 다음과 같이 판매수량을 제한

① 판매제한내용 : 20장 이하는 자유 판매, 이상을 요구할 때에는 구체적인 사용 목적을 확인한 후 판매하는 등 판매수량을 합리적으로 제한

② 다량 판매를 요구할 때에는 판매방법 : 신청서에는 최소한 신청인의 주소 · 성명과 사용 용도를 기록하도록 함

3. 교 환

(1) 외국에서 판매한 국제반신우표권은 우리나라에서 외국으로 발송되는 항공 보통서장의 4지역 20g 요금(850원)에 해당하는 우표류와 교환

(2) 우리나라에서 판매된 국제반신우표권은 우리나라에서 교환할 수 없음

(3) 국제반신우표권을 교환하여 줄 때에는 반드시 진위 여부를 검사(UPU의 문자가 선명하게 인쇄되었는지 등)하여야 하며, 오른쪽 해당란에 국제날짜도장을 날인(유효기간이 경과한 국제반신우표권은 교환 불가능)

4. 기타사항

(1) 반신권은 우표류에 속하나 할인판매가 불가능

(2) 다량의 반신권 판매 요구 시에는 정당사용 여부를 확인 후 판매(한 사람이 하루에 20매를 초과 구입 요구 시 별도의 신청서 필요)

(3) 우표류와 교환 시 위조여부를 반드시 확인

[국제반신우표권(CN01) 사양]

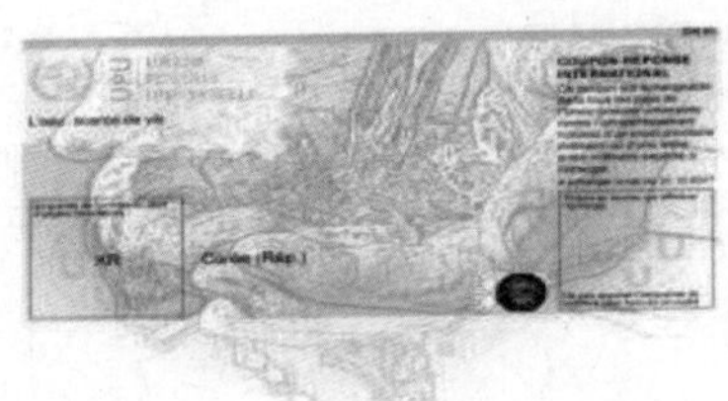

<table>
<tr><td colspan="4">국제반신우표권 구입신청서</td></tr>
<tr><td rowspan="3">신청인</td><td>성 명</td><td colspan="2"></td></tr>
<tr><td>주 소</td><td colspan="2"></td></tr>
<tr><td>연락처</td><td colspan="2"></td></tr>
<tr><td>구매수량</td><td>장</td><td colspan="2">* 20장 이상 다량구매의 경우 아래 사항 필수 확인</td></tr>
<tr><td>사용목적</td><td colspan="3"></td></tr>
<tr><td colspan="4">ㅇ 아래의 경우 판매가 제한됩니다.
* 현재 필요하지 않으면서 한꺼번에 구매하는 경우
* 외국에 서적대금 지불 수단 등으로 사용하는 경우
* 외국의 우표를 다량 구입할 수단으로 구매 요청하는 경우</td></tr>
<tr><td colspan="4">다량 구매한 때의 확인사항</td></tr>
<tr><td colspan="4">1. 구입한 국제반신우표권은 수취인의 우편물 회신요금 외에 다른 용도로 사용치 않음을 확인합니다.
2. 국제반신우표권을 구입한 후 제1항과 관련없는 곳에 동 우표권이 사용되어 일어난 일련의 사고에 대해서는 판매 우체국에 책임을 묻지 않겠습니다.

신청인 서명 또는 (인)

우체국장 귀하</td></tr>
<tr><td colspan="4">주의사항</td></tr>
<tr><td colspan="4">1. 우리나라에서 판매된 국제반신우표권은 우리나라에서 교환할 수 없습니다.
2. 국제반신우표권의 유효기간을 반드시 확인하시기 바랍니다.
3. 국제반신우표권은 현금으로 교환 불가능합니다.</td></tr>
</table>

13 국제특급우편(EMS) 주요 부가서비스 및 제도

01 EMS 배달보장 서비스

1. 정 의

(1) 최상의 EMS 배송서비스를 제공하는 고품질 서비스로서 EMS배달보장일 계산 프로그램에 따라 발송지(접수 우체국)와 수취인의 우편번호를 입력하면 상대국 공휴일, 근무일, 항공스케줄을 참고하여 배달보장날짜를 알려주는데 만약 알려준 배달예정일보다 늦게 배달되면 지연사실 확인 즉시 우편요금을 배상해 주는 보장성 서비스

(2) 우편취급국을 포함한 모든 우체국에서 위 국가로 발송하는 EMS 우편물에 대하여 배달보장일 제공 가능

① 단, EMS 접수 시 수취인의 우편번호를 PostNet에 입력하는 경우에 한하여 배달 보장일이 제공됨에 유의하여야 함

② 다만, 통관 보류나 수취인 부재 등의 사유로 인한 미배달은 배달완료로 간주

2. 대상국(10국)

우리나라와 EMS 서비스 품질 향상을 위하여 특별협정을 체결한 9개 우정청(일본, 미국, 중국, 호주, 홍콩, 영국, 스페인, 프랑스, 태국) 간에 운영되며, 별도 취급 수수료는 없음

※ 해당국가 사정에 따라 중지될 수 있음

3. 서비스 최초 시행일

2005.7.25

4. 서비스 요약

구 분	주요내용
대상지역	10개 우정청 간 공동 시행(10개 우정청이 모든 지역에 대해 EMS 배달보장서비스 제공)
배달기한	배달보장일 계산프로그램 활용 • 배달보장일 계산프로그램에서 안내되는 배달보장일자가 EMS 배달보장서비스 배달기한이 됨 • 아시아지역 : 접수+2일 이내 배달보장 • 미국, 호주, 유럽 : 접수+3일 이내 배달보장
배달기한보다 지연될 경우 손해배상	책임우정청 책임과 배상
우정청간 정산방법	우정청 간 상호 정산(책임소재를 확인한 후 발송우정청 변상 또는 사후 우정청 간 정산)

02 EMS 프리미엄 서비스(민간 국제특송사 제휴서비스)

1. 배경 및 의의

(1) 배 경

민간 국제특송서비스를 제공하여 상품의 다양화를 도모하기 위해 2001년 세계적 물류회사인 TNT와의 전략적 제휴로 만들어졌으며 이후 2012년 제안서 공모 및 평가를 통해 미국에 본사를 두고 있는 UPS를 제휴사업자로 선정하여 운영

(2) 의 의

EMS 프리미엄 서비스는 공익성을 추구하는 공기업과 이윤 추구를 목적으로 하는 사기업의 제휴를 통한 시너지 제고

2. 서비스 개요

(1) 접수가능 우체국

전국 모든 우체국

(2) 업무흐름

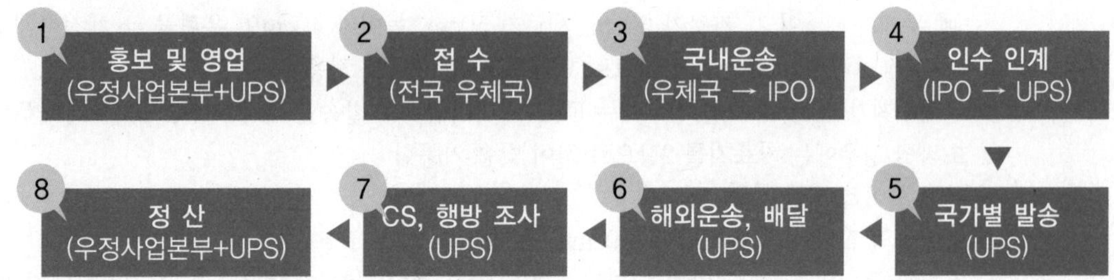

(3) 서비스 내역

① 지역 및 대상 구분 : 1~5지역 및 서류와 비서류로 구분
② 부피제한 : 우편물 길이와 둘레 합이 419cm 초과 불가(최대길이 270cm이하)
③ 무게 산정 : 중량과 체적중량 중 무거운 중량 적용
※ 체적중량 : 가로cm×세로cm×높이cm/6,000=OO Kg

(4) EMS 미 취급 국가를 비롯한 국제특송우편물의 해외 송달

(5) 국가별 EMS 제한무게를 초과하는 고중량 국제특송우편물 송달

(6) SMS 배달안내, Export/Import 수취인 요금부담, 통관대행 등 다양한 부가서비스 제공

3. EMS프리미엄 접수

(1) EMS프리미엄 접수

① EMS프리미엄 접수는 우체국에서, 해외운송은 UPS가 수행

② **원칙적인 EMS프리미엄 접수번호체계** : UP 000 000 000 KR

㉠ PostNet용 : UP 000 000 001 KR~UP 700 000 000 KR

㉡ 고객참여창구용 : UP 700 000 001 KR~UP 750 000 000 KR

㉢ ePOST 개인용 : UP 750 000 001 KR~UP 800 000 000 KR

㉣ 외부연계고객용 : UP 800 000 001 KR~UP 900 000 000 KR

㉤ 사업자포털용 : UP 900 000 001 KR~UP 999 999 999 KR

※ 전산 상황에 따라 변동될 수 있음

③ **서류 접수** : 종이로 된 문서형식의 편지류, 계약서, 선적 · 입학서류

④ **비서류 접수** : 취급한도 70Kg

㉠ 체적무게와 실제무게의 구분 : 부피가 큰 우편물에 대해서는 실제무게에 비해 체적무게가 적용됨

- 체적무게(부피요금) 계산방법 : 체적무게는 우편물의 부피를 기준으로 계산하는 방법이며, 산출 공식은 가로(cm)×세로(cm)×높이(cm)÷6,000임. 계산결과는 kg단위로 표시. 체적무게가 실제무게를 초과하는 경우에는 체적무게를 적용하여 접수하고 실제무게가 큰 경우에는 실제무게를 적용함

  예 무게가 6kg이고, 가로가 30cm, 세로가 50cm, 높이가 40cm인 우편물 ⇒ 체적무게 30×50×40÷6,000=10kg이므로 요금은 10kg 요금을 적용

- 실제무게가 70kg 초과될 경우에는 EMS 프리미엄으로 발송할 수 없지만, 체적무게가 70kg 초과될 경우에는 기표지를 2장으로 하여 발송 가능함

㉡ 우편물 사이즈 제한

- 우편물의 길이와 둘레의 합이 419cm를 초과할 수 없음
- 길이와 둘레의 합 계산 방법 : (가로+세로)×2+높이(가장 긴 변을 높이로 간주함), 단위는 cm로 표시

㉢ 비서류 요금입력 : 전산에 입력할때 '종별란'에서 반드시 '비서류'를 선택하여 요금을 입력

㉣ 세관신고서 작성 방법(Invoice)

- 상업용 비서류 발송할 때는 Invoice 3부를 반드시 첨부
- 내용품명, 물건 개수, 물품가격을 정확하게 영문으로 기록해야 함
- 상업송장의 물품가격이 2백만 원(미화 약 2천불)이 초과하거나 운송장에 수출이라고 표시한 경우 정식으로 수출 신고를 한 후 발송

㉤ 주요 발송 불가 품목

금지품목	
알코올 첨가된 음료	향수나 알코올이 포함된 스킨도 금지
음식 및 의약품	• 김치, 육포 등 건어물, 젓갈, 주류, 신선식품(육류, 야채, 어패류, 냉동품), 가정에서 만든 음식 등 • 위급 환자의 전문 의약품, 처방전 없이 구매할 수 있는 약품 또는 개방된 약품 불가
담배나 담배제품	전자담배 포함
탄 약	화약, 총알 등 폭발성이 있다고 분류된 물품은 국제적으로 발송금지
소형화기 및 무기, 모형 총기	장난감 무기, 총기 포함
드라이아이스	위험품으로 간주
가공되지 않은 동물성 생산품(Animal Products –Non–domesticated)	• 암소, 염소, 양, 돼지는 가축으로, 그 외 다른 동물들은 가공되지 않은 동물들로 여겨지며, 이들에게서 나온 아이템이나 제품들은 발송금지 • 가공되지 않은 동물들에게서 나온 제품은 옷(신발, 벨트, 지갑, 핸드백), 장식품(보석, 실내장식)이나 그 외 부산물(by–products)이며, 다음과 같은 아이템 등으로 만든 것들임 ※ 양서류, 조류, 갑각류, 어류, 산호, 조개류, 동물성 해면스펀지, 뿔, 발톱, 발굽, 손톱, 상아, 치아, 부리, 거북딱지, 고래수염(이 제품들의 가루(powder) 및 폐기물(waste)을 포함)
화기성 제품	메탄올, 아세톤, 매니큐어, 초, 성냥 등도 발송 불가
칼	• 신체적 위해를 가할 목적의 무기용 칼은 금지 • 일반적으로 음식 준비에 쓰이는 칼, 만능칼, 주머니칼은 발송 가능하며, 무기용칼, 스위치블레이드(칼날이 튀어나오는 나이프), 도검, 총검은 금지 ※ 각국의 금지 제한물품을 참고(예 중국은 버터나이프를 제외한 모든 종류의 칼을 금지)
위험물 · 위험물품	가스(GAS), 방사성물질, 소화기, 스프레이 등도 발송 불가
발전기	대부분의 발전기는 가솔린으로 테스트되어 지는데, 탱크 가스를 다 빼냈다 하더라도 잔여물이 남게 되고 이로 인해 불이 날 수 있으므로 금지
주류, 알코올 성분 함유된 화장품	–
가격 측정이 어려운 물품	동전, 화폐, 우표, 유가증권, 우편환, 세팅되지 않은 보석류, 산업용 다이아몬드, 사람의 유해
현금 및 양도성 물품	고가의 우표, 유가증권 불가
시 체	사람의 유해 등 유골을 포함한 사람과 동물의 시체
상아 · 상아제품, 모피류	–
살아있는 동식물	종자류, 채소, 야채 포함
특별용품	예술품, 골동품, 보석, 금, 은 등

㉥ 화학약품이나 원료를 발송할 때는 제품의 MSDS 반드시 첨부

예 잉크, 페인트, 액상 모기약, 렌즈 클리너, 본드, 화장품 원료, 의약품 원료, 합성수지(Resin) 등

※ MSDS(Meterial Safety Data Sheet) : 화학물질을 안전하게 사용 · 관리하기 위해 필요한 정보(제조자명, 제품명, 성분과 성질, 취급상 주의사항, 사고가 생겼을 때 응급처치방법 등)를 기록한 서류

㉦ 그 밖의 유의사항

- 파손될 우려가 크거나 고가의 물품인 경우에는 보험가입을 권유
- 모든 물품은 정상적으로 단단히 포장이 되어야 하며, 파손되기 쉬운 물품이나 전자제품은 완충제로 충분히 보호한 후 나무로 포장
- 사서함 PO BOX 발송
  - 사서함 배달주소 발송 동의서 반드시 첨부
  - 중동, 아프리카, 일부 섬나라 등 사서함 PO BOX 주소가 일반적인 국가를 제외하고는 도시명, 거리명 등 최소한의 주소와 수취인 연락처 반드시 기재
  - EMS 프리미엄 홈페이지(www.emspremium.com) 자료실을 통해 첨부서류 양식 출력 가능

  ※ 첨부서류 : 사서함(PO Box) 배달주소 발송 동의서, 물품 파손에 관한 배상 관계 승인서, 관세와 제반비용에 대한 확약서, 중고 휴대전화 발송 사유서

(2) EMS 프리미엄 주요 부가서비스 종류

① 고중량서비스

㉠ 30kg 초과 70kg 이하의 고중량우편물을 해외로 배송하는 서비스

㉡ 접수관서 : 전국 총괄국(5급 이상)

㉢ 대상고객 : 모든 고객(개인 및 EMS 계약고객)

㉣ 고중량 우편물의 개인, 계약고객에 대한 방문접수는 5급 이상 총괄우체국에서 수행(부득이한 경우 UPS 지점이나 대리점에서 방문접수 가능)

㉤ UPS에서는 재포장이나 특수포장으로 인하여 무게가 추가되거나 포장 비용이 추가로 들어갈 경우에는 발송인의 동의를 얻어 실비로 재포장하고, 보완처리에 소요되는 시간과 재포장비, 추가운송요금을 발송인과 총괄국에 알림

㉥ 고중량우편물 인수인계 장소 : 5급 이상 총괄국

㉦ 부득이한 경우 우체국 자체 운송망으로 연결하여 서울국제우편물류센터에서 인수할 수 있으며 이 경우 UPS와 정산 시 건당 1만 원 차감정산

② 보험취급

㉠ 우편물의 분실이나 파손에 대비하여 최고 50백만 원까지 내용품 가액에 대한 보험을 들어두는 서비스

㉡ 취급국가 : 전 국가

㉢ 접수관서 : 전국 우체국

㉣ 대상고객 : 모든 고객(개인 및 EMS 계약고객)

㉤ 보험가입한도 : 50백만 원
㉥ 부가요금 : 최초 114,300원까지 2,800원(114,300원 초과마다 550원)
㉦ 내용품 가액이 고가품일 경우에는 우편물 접수할 때 보험가입을 안내하고 우편요금과 함께 부가요금을 수납하여 세입처리

③ 통관대행
㉠ 접수우편물의 수출통관을 UPS에서 대행하는 서비스
㉡ 취급국가 : 전 국가
㉢ 접수관서 : 전국 우체국
㉣ 대상고객 : 모든 고객(개인 및 EMS 계약고객)

④ 수출신고서 발급대행
㉠ 접수우편물을 수출통관할 때 관세사무소의 수출신고서 발급을 대행하는 서비스
㉡ 취급국가 : 전 국가
㉢ 접수관서 : 전국 우체국
㉣ 대상고객 : 모든 고객

⑤ Export 수취인 요금부담
㉠ 우편물을 발송할 때의 요금을 도착국의 수취인이 지불하는 서비스(발송인과 수취인의 UPS 고객번호를 기재하여야 함)
㉡ 취급국가 : 180여 개국
㉢ 접수관서 : 전국 총괄국
㉣ 대상고객 : EMS 계약고객(요금납부방법이 후납인 경우), 수집대행 제외
㉤ 접수제한
- 수취인이 개인인 경우
- 수취인의 주소가 P.O. Box일 경우
- 수취인의 전화번호나 담당자 이름 미기록
- 수취인의 주소가 호텔이나 전시회장 등 일시적인 경우
- 선물용 물품인 경우

㉥ 운송장의 '받는 사람'란에 수취인의 고객번호 기록
㉦ 운송장의 '보내는 사람'란에 발송인의 고객번호 기록
㉧ Export 수취인 요금부담 지불확약서를 작성한 후 UPS로 팩스 송부

⑥ Import 수취인 요금부담
㉠ 외국에서 한국행 수입물품에 대해 수취인이 발송요금을 지불하는 서비스
㉡ 취급국가 : 180여 개국
㉢ 접수관서 : 전국 총괄국
㉣ 대상고객 : EMS 계약고객(요금납부방법이 후납인 경우), 수집대행 제외
㉤ Import 수취인 요금부담 서비스 계약서를 3부 작성하여 UPS로 팩스 송부

⑦ 발송인 관세와 세금부담
㉠ 발송한 우편물의 도착국가에서 발생한 관세와 부가세 등 모든 비용을 발송인이 지불하는 서비스
㉡ 취급국가 : 170여 개국
㉢ 접수관서 : 전국 총괄 우체국(5급 이상)
㉣ 대상고객 : EMS 계약고객(요금납부방법이 후납인 경우), 수집대행 제외
㉤ 부가요금 : 25,000원
㉥ 관세 및 제반비용 지불확약서 3부를 작성하여 UPS로 팩스 송부

⑧ 고중량특송 서비스
㉠ 70kg 초과 고중량화물을 팔레트 단위로 Door to Door 방식으로 배송하는 전문 특송 서비스
㉡ 취급국가 : 40여 개국(항공발송일+1~5일 이내 배송)
㉢ 취급무게 : 71kg~2,000kg(체적무게 적용)
㉣ 취급규격 : 국가별 규격은 EMS 프리미엄 업무처리지침 참조
㉤ 접수관서 : 전국 우체국
㉥ 대상고객 : 모든 고객(개인 및 EMS 계약고객)
㉦ 팔레트 포장대행 : 고객이 팔레트 포장을 요청할 경우 UPS 지정업체에서 팔레트 포장을 대행한 후 실비 청구
㉧ 견적요청 : 국가명, 도시명, 우편번호, 팔레트 사이즈, 총무게, 품명 등 발송정보를 파악한 후 UPS 영업부에 발송가능 여부와 요금 문의
㉨ 국내운송 : UPS가 지정한 위탁운송업체(대신화물)을 통해 인천공항 UPS 발송센터까지 운송

03 국제초특급 서비스(International EMS Time Certain Service : TCS)

1. 개 요

(1) 긴급한 서류를 접수 이튿날(또는 접수 2일째) 정한 시간까지 배달하는 가장 신속한 EMS서비스로서 배달기한이 엄격히 적용되는 정시배달보장서비스

(2) 최종 배달결과를 발송인의 별도 요청 여부에 관계없이 통지

(3) **홍콩, 베트남(하노이, 호치민)에 한정하여 취급하며 예정된 배달일시 내에 배달되지 않을 경우 우편요금 및 초특급 취급 수수료 환불**
① 홍콩 : 접수 다음 날(또는 접수 후 2일째) 오전 9시까지 배달
② 베트남(하노이, 호치민) : 접수 다음 날 배달

[국제초특급우편과 EMS와의 비교]

구 분	EMS	국제초특급우편
취급대상	서 류	홍콩, 베트남(하노이, 호치민) : 서류
배달기한	1~4일	• 서울 지역 오전 접수 : 다음날 배달 • 그 밖의 지역(서울지역 오후 접수 포함) : 2일째 배달(다만, 도서지역 접수는 서울국제에 도착한 후 다음날 배달됨을 안내)
발송명세 통보	• 우편물과 같은 경로를 통하여 도착 • 교환국에 통보	우편물 도착 전에 FAX로 미리 알림
배달결과 통보	발송인의 청구가 있는 경우에 한하여 배달결과를 알림	발송인의 청구가 없는 경우에도 배달 결과를 알림
지연송달에 대한 손해배상 기준	배달예정일보다 48시간 이상 지연배달되었을 경우, 납부한 요금액을 배상(다만, 수취인부재, 공휴일, 통관 등으로 인한 지연은 손해배상에서 제외)	배달예정일보다 지연 배달된 경우, 납부한 요금액을 배상(다만, 수취인부재, 공휴일, 통관 등으로 인한 지연은 손해배상에서 제외)

(4) 국제초특급우편의 취급절차

① **접수관서** : 서울지역 전 관서 및 경인지역 우체국(경인일부 지역 제외)

② **접수우체국의 취급절차**

㉠ 접수기준 : 상대우정청 배달기준에 따라 다음과 같이 구분하여 접수하되, 수취인 주소지를 정확히 확인한 후 접수

㉡ 접수요령

- EMS 운송장에 기록된 수취인 주소지가 발송 대상지역인지를 확인
- EMS 운송장에 기록된 발송인과 수취인의 주소와 전화번호 등 외부 기록사항을 정확히 확인
- 포스트넷에 국제초특급우편서비스를 선택하여 필수사항 입력

더 알아보기 

전산입력 필수사항
- SMS서비스 신청 : 발송인 핸드폰번호 입력
- 발송인명, 수취인명, 전화번호, e-Mail주소 입력 등

※ 부가취급수수료 4,500원은 접수할 때 자동 회계 처리됨

㉢ 고객안내 사항

- 배달예정일
  - 서울시내의 경우 : 그날 발송 마감시각 전에 접수할 경우 다음날 배달
  - 그 밖의 지역(서울시내의 그날 발송 마감시각 후의 접수 포함)은 배달소요일 하루 더 추가됨을 안내
- 손해배상기준 : 배달예정일보다 지연될 경우 손해배상

㉣ 접수국 유의사항

- 국제초특급우편물은 월요일부터 목요일까지 그 밖의 지역은 월요일부터 수요일까지 접수하고(공휴일은 제외), 접수우체국별로 접수우편물을 그날 발송 가능한 시각을 접수마감시각으로 지정하여 운영
- 국제초특급우편물에 대하여도 보험 등 부가취급 가능
- 다량의 국제초특급우편이용자에 대하여는 국제특급우편 다량이용자에게 적용하는 할인율을 적용하되, 수수료는 할인율 적용대상에서 제외

  ※ 할인율 적용 제외대상 : 보험취급수수료, 초특급우편수수료(4,500원) 등

㉤ 접수국 발송요령

- EMS운송장 사본 오른쪽 위의 빈 곳에 국제초특급우편 고무인을 붉은색으로 날인하여 국제물류센터로 발송하고, 곧바로 국제초특급 우편 사전통지서를 작성하여 국제물류센터 담당부서로 팩스 송부
- 운송장 오른쪽 위의 빈 곳과 우편자루 운송장에 국제초특급우편 고무인 날인 철저
- 국제초특급우편물과 다른 우편물이 혼합되지 않도록 EMS와 분리하여 별도의 우편자루나 합봉피에 넣고(송달증도 별도 작성) 봉하여 국제 우편물류센터로 발송(책임자 확인)

04 수출우편물 발송확인 서비스

1. 정 의

외국으로 발송하는 국제우편물 중 수출신고 대상물품이 들어 있는 경우 우체국에서 해당 우편물의 발송 사실을 세관에 확인하여 주는 서비스

2. 절 차

사후증빙 또는 관세 환급 심사를 위하여 수출하고자 하는 물품을 세관에 수출 신고한 후 필요한 검사를 거쳐 수출 신고를 받아 물품을 외국무역선에 적재하기까지의 절차

3. 대상 우편물

발송인이 사전에 세관에 수출신고를 하여 수리된 물품이 들어 있는 우편물로 수리일로부터 30일내에 선(기)적 하여야 하며, 기일내 선(기)적하지 아니한 경우에는 과태료 부과와 수출신고 수리가 취소됨

05 국제우편 요금의 주요 감액 제도

1. 계약국제특급우편 요금 감액

(1) 계약 국제특급우편 이용자가 발송하는 EMS 우편물의 요금과 취급수수료는 다음의 조건에 따라 감액

① 요금을 감액할 때에는 계약 이용자(요금후납 이용자)의 월간 EMS 발송 요금을 확인하여 감액조건에 따른 기준 이상일 경우 해당 감액률 적용(감액 대상금액에 보험취급수수료 등 부가취급수수료는 제외)

② 감액률에 따른 감액요금은 다음과 같이 산정

㉠ 감액요금＝월간 이용금액×해당 감액률

㉡ 납부할 요금＝월간 이용금액－감액요금(10원 미만 절사, 국고금관리법 제47조)

(2) 계약국제특급우편 요금 감액대상

① 우체국과 발송인과의 EMS 이용계약에 따라 국제특급우편물(EMS)을 발송하는 이용자로, 계약 EMS 이용자와 일괄계약 EMS 이용자가 있음

② 계약 EMS 이용자(1:1 계약)

③ 일괄계약 EMS 이용자(1:N 계약) : 본사의 전체 EMS 이용 금액을 기준으로 모든 지사에 동일한 감액률을 적용하는 제도

예 본사－지사, 무역협회, 다문화가정, 중소기업 지원 등

(3) 감액요건과 감액범위

① 계약 국제특급우편

(단위 : 1개월, 만 원)

이용금액	50초과 ~150	150초과 ~500	500초과 ~1,000	1,000초과 ~2,000	2,000초과 ~5,000	5,000초과 ~10,000	10,000초과 ~20,000	20,000초과
감액률	4%	6%	8%	10%	12%	14%	16%	18%

※ 단, 18% 이상 감액률은 해당 지방우정청이 승인한 후 적용

※※ 감액할 때 기준금액은 고시된 요금(EMS 프리미엄은 요금표) 기준이며, 수수료는 제외

② 일괄계약 국제특급우편

(단위 : 1개월, 만 원)

이용금액	50초과 ~500	500초과 ~1,000	1,000초과 ~2,000	2,000초과 ~5,000	5,000초과 ~10,000	10,000초과 ~20,000	20,000초과
감액률	2%	3%	4%	5%	6%	7%	8%

※ 감액할 때 기준금액은 고시된 요금(EMS 프리미엄은 요금표) 기준이며, 수수료는 제외

2. 수시 국제특급우편(EMS) 요금 감액

(1) 수시 국제특급우편(EMS) 이용자가 발송하는 요금과 취급수수료는 다음과 같음

① 요금을 감액할 때에는 이용자의 1회 EMS 발송요금을 확인하여 감액조건에 따른 기준 이상일 경우 해당 감액률을 적용(감액 대상금액에 보험취급 수수료 등 부가취급수수료는 제외)

② 감액률에 따른 감액요금은 다음과 같이 산정(10원 미만 절사, 국고금관리법 제47조)

㉠ 감액요금=1회 이용금액×해당 감액률

㉡ 납부할 요금=1회 이용금액－감액요금

(2) 수시국제특급우편 요금 감액대상

우체국과 별도의 EMS 이용계약을 맺지 않고 1회에 30만 원을 초과하여 국제특급우편물(EMS)을 발송하는 이용자

(3) 감액요건과 감액범위

(단위 : 1개월, 만 원)

이용금액별	30초과~50까지	50 초과
감액률	3%	계약국제특급우편 감액률을 준용

※ 감액할 때 기준금액은 고시된 요금(EMS프리미엄은 요금표) 기준이며, 수수료는 제외

3. 국제특급우편(EMS) 요금의 주요 특별 감액

(1) 감액 적용 대상

① EMS 계약업무 처리지침 개정일(2015.8.30.) 이후 계약한 고객

② 변경된 감액고시를 적용받고자 하는 고객은 재계약 후 이용 가능

(2) 장기이용 계약고객 감액

① 계약기간이 1년을 초과하고 직전 계약기간 이용 금액이 6백만 원 이상인 경우, 1%p 추가 감액(요금감액에 추가 적용)

② 계약기간이 3년을 초과하고 직전 계약기간 이용 금액이 100백만 원 이상인 경우, 2%p 추가 감액(요금감액에 추가 적용)

※ 감액조건의 금액은 고시된 요금(EMS 프리미엄은 요금표) 기준이며, 일괄계약 고객 및 환적프로세스 이용고객은 제외

(3) 접수비용 절감 감액

① 인터넷 접수시스템(e-Shipping)을 통해 접수한 경우, 5%p 추가 감액

② e-Shipping으로 수출우편물 정보 또는 수출신고번호를 제공한 경우, 2%p 추가 감액(요금감액에 추가 적용)

③ e-Shipping으로 제공하는 국가명, 중량 등 수출관련 정보가 허위로 작성된 경우는 감액을 적용하지 않음

(4) 정부정책 부응 감액 : 전자상거래 플랫폼(쇼핑몰 등)을 통해 고객의 주문을 받은 상품을 발송하는 업체의 경우, 3%p 추가 감액(요금감액에 추가 적용)

※ 감액조건의 금액은 고시된 요금(EMS 프리미엄은 요금표) 기준이며, 환적프로세스 이용고객은 제외

(5) 이용 활성화 감액

① 개 요

㉠ 감액요건

- 우정사업본부가 이용 활성화를 위하여 지정한 일정 기간에 국제특급우편을 이용하는 경우
- 신규 상품 또는 서비스 도입 등을 우해 시범운영을 하는 경우

㉡ 감액률 : 0.5%~50% 사이에서 별도 계획에 따라 실시

4. 한–중 해상특송서비스(Sea Express) 요금 감액

(단위 : 1개월, 만 원)

이용 금액	50초과 ~150	150초과 ~500	500초과 ~1,000	1,000초과 ~2,000	2,000초과 ~5,000	5,000초과 ~10,000	10,000 초과
감액률	4%	6%	8%	10%	12%	14%	16%

※ 감액할 때 기준금액은 고시된 요금이며, 수수료는 제외

5. K–Packet 요금 감액

(단위 : 1개월, 만 원)

이용 금액	50초과 ~100	100초과 ~200	200초과 ~300	300초과 ~400	400초과 ~500	500초과 ~1,000	1,000 초과 ~3,000	3,000 초과 ~5,000	5,000 초과 ~10,000	10,000 초과 ~
감액률	5%	6%	7%	8%	9%	10%	12%	13%	14%	15%

※ 감액할 때 기준금액은 고시된 요금이며, 수수료는 제외

※※ K–Packet Light를 이용하는 경우 추가 5% 감액

6. 감액조건은 각종 고시 및 내부 규정에 따라 수시로 변경될 수 있음

14 각종 청구제도

01 행방조사청구제도

1. 개 요

(1) 발송인이나 수취인의 청구에 따라 국제우편물의 행방을 추적 조사하고 그 결과를 청구자에게 알려 주는 제도

(2) 조사결과 우편관서에서 취급하던 중 일어난 사고로 판명되고 해당 우편물이 손해배상 대상이 되는 경우에는 발송인이나 수취인의 청구에 따라 손해배상 실시

(3) 행방조사는 손해배상 문제와 직결되는 업무이므로 정확하고 신속히 처리

2. 주요 내용

(1) 청구대상우편물

등기우편물, 소포우편물, 국제특급우편물

(2) 청구기한

우편물을 발송한 다음 날부터 계산하여 6개월(다만, 국제특급 우편물의 경우에는 4개월 이내)
※ EMS프리미엄의 청구기한은 발송한 날부터 3개월, 배달보장서비스는 30일 이내

(3) 종 류

우편을 이용하는 행방조사, 모사전송(팩스)을 이용하는 행방조사, 전자우편 · 전자전송방식(인터넷)을 이용하는 행방조사

(4) 청구권자

발송인이나 수취인
① 분실된 경우 : 발송인
② 파손된 경우 : 발송인이나 수취인
※ 많은 국가에서 발송인 청구 위주로 행방조회를 진행함(미국, 독일, 프랑스 등)

(5) 발송국가와 도착국가(배달국가)는 물론이고 제3국에서도 청구 가능

(6) 행방조사청구 요금

① 항공우편에 의한 청구 : 무료

② 모사전송(팩스)에 의한 청구 : 해당 모사전송(팩스) 요금

③ 국제특급우편에 의한 청구 : 해당 국제특급우편요금(청구요금은 우표로 받아 청구서 뒷면에 붙이고 소인 처리)

④ 처음에 배달통지청구우편물로 발송한 우편물의 배달통지서(CN07)가 통상적인 기간 안에 회송되어 오지 아니한 경우에 청구하는 행방조사 청구는 이른바 '무료행방조사청구'로서 청구료를 징수하지 아니함

02 국제우편 손해배상제도

1. 정 의

행방조사 결과 우편물의 분실 및 파손 등으로 발송인 또는 수취인이 재산상으로 손해를 입은 것으로 확정되었을 때 일정한 조건과 규정에 따라 손해를 보전하는 제도

2. 손해배상 청구권자

(1) 청구권자

발송인 또는 수취인

(2) 원칙적으로 수취인에게 배달되기 전까지는 발송인이 되며, 배달된 후에는 수취인에게 청구 권한이 있음

3. 손해배상금의 부담

(1) 우편물의 분실, 파손 또는 도난 등 사고에 대한 책임이 있는 우정청

(2) 국제특급의 경우 지급된 배상금은 원칙적으로 발송우정청이 부담하고 있으나 상대국에 따라 책임우정청이 배상하는 경우도 있음

4. 손해배상의 면책

(1) 화재, 천재지변 등 불가항력에 의해 발생한 경우

(2) 발송인 귀책사유에 의한 경우

포장 부실, 내용품의 성질상 훼손된 경우 등

(3) 도착국가의 국내법에 따라 압수 및 금지물품 등에 해당되어 몰수, 폐기된 경우

(4) 내용품의 실제가격을 초과 사기하여 보험에 든 경우 등

5. 손해배상의 요건

(1) 우편물에 실질적인 손해가 발생해야 함

(2) 우편관서의 과실이 있어야 함

(3) 행방조사청구가 기한 내에 이루어져야 함

6. 국제우편물 유형별 손해배상액

종류별	손해배상의 범위	배상금액
등기우편물	• 분실, 전부 도난 또는 전부 훼손된 경우 • 일부 도난 또는 일부 훼손된 경우	• 52,500원 범위 내의 실손해액과 납부한 우편요금(등기료 제외) • 52,500원 범위 내의 실손해액
등기우편낭 배달 인쇄물	• 분실, 전부 도난 또는 전부 훼손된 경우 • 일부 도난 또는 일부 훼손된 경우	• 262,350원과 납부한 우편요금(등기료 제외) • 262,350원 범위 내의 실손해액
보통소포우편물	• 분실, 전부 도난 또는 전부 훼손된 경우 • 일부 분실 · 도난 또는 일부 훼손된 경우	• 70,000원에 1Kg당 7,870원을 합산한 금액범위 내의 실손해액과 납부한 우편요금 • 70,000원에 1Kg당 7,870원을 합산한 금액범위 내의 실손해액
보험서장 및 보험소포우편물	• 분실, 전부 도난 또는 전부 훼손된 경우 • 일부 분실 · 도난 또는 일부 훼손된 경우	• 보험가액 범위 내의 실손해액과 납부한 우편요금(보험취급수수료 제외) • 보험가액 범위 내의 실손해액
국제특급우편물 (EMS)	• 내용품이 서류인 국제특급우편물의 분실 • 내용품이 서류인 국제특급우편물이 일부 도난 또는 훼손된 경우 • 내용품이 서류가 아닌 국제특급우편물이 분실 · 도난 또는 훼손된 경우 • 보험취급한 국제특급우편물이 분실 · 도난 또는 훼손된 경우 • 배달예정일보다 48시간 이상 지연배달된 경우 단, EMS 배달보장서비스는 배달예정일보다 지연배달의 경우	• 52,500원 범위 내의 실손해액과 납부한 국제특급우편요금 • 52,500원 범위 내의 실손해액과 납부한 국제특급우편요금 • 70,000원에 1Kg당 7,870원을 합산한 금액 범위 내의 실손해액과 납부한 국제특급우편요금 • 보험가액 범위 내의 실손해액과 납부한 국제특급우편요금(보험취급수수료 제외) • 납부한 국제특급우편요금(보험취급수수료 제외)

※ 지연배달 등으로 인한 간접손실 또는 수익의 손실은 배상하지 않도록 규정함

15 국제우편물 및 국제우편요금의 반환

01 국제우편물의 반환

1. 외부 기재사항에 대한 변경(정정) 청구 및 우편물 반환

(1) 외부 기재사항에 대한 변경 및 정정 청구 요건

① 외부 기재사항을 잘못 기재하여 발송한 경우
② 발송 후 수취인의 주소가 변경된 것을 알게 된 경우

(2) 우편물 반환 청구 요건

수취인에게 보낼 필요가 없게 된 경우

2. 청구 개요

(1) 청구시한

우편물이 수취인에게 배달되기 전 청구서가 해당 우체국에 도착되어 적절하게 조치할 수 있는 시점

(2) 청구권자

발송인

(3) 대상우편물

등기, 소포, 특급우편 및 보통통상 등 모든 국제우편물이 해당되나 청구서 접수 시 청구의 수리 가능 여부 검토하여 접수

[수취인 주소 · 성명 변경청구와 우편물 반환청구 수수료]

구 분	청구 수수료	비 고
접수국 발송 전	무 료	–
접수국 발송 후	국내등기취급수수료	2018.1.2 기준

[외국 발송 전 국제우편물의 국내 반송취급료}

우편물 종류	반송취급료	비 고
등기통상/K-Packet/EMS(서류)	국내등기통상우편요금	–
국제소포/EMS(비서류)/한 · 중 해상특송	국내등기소포요금	–

(4) 외국으로 발송할 준비를 완료하였거나 이미 발송한 경우

① 청구서 접수우체국의 업무처리절차

㉠ 발송준비 완료 후인 경우에는 다음 우편물에 한정하여 청구할 수 있음
- 도착국가가 청구를 허용하는 경우
- 도착국가의 법령에 따라 몰수되거나 폐기처분되지 아니한 경우(금지 물품이 들어 있지 않은 경우 등)
- 해당 우편물이 수취인에게 배달되지 않은 경우

㉡ 청구인이 해당 우편물의 발송인이 맞는지 확인(기록취급우편물인 경우에는 접수증 등으로 확인)

㉢ 청구인에게 국제우편물 반환 및 주소변경 · 정정청구서(CN17)를 로마 문자 활자체와 아라비아 숫자로 정확하게 적도록 하여야 함. 한 발송인이 같은 수취인 앞으로 한 우체국에서 한꺼번에 부친 여러 개의 우편물에 대하여는 하나의 서식을 사용하게 할 수 있음

02 국제우편요금의 반환청구

1. 청구 개요

(1) 납부한 국제우편요금에 상응하는 역무를 이용자에게 제공하지 아니하였을 때 제한된 범위 내에서 청구에 의해 요금을 환불하는 것

(2) 청구기한

우편물을 발송한 다음 날로부터 기산하여 1년 이내

2. 요금 반환 요건

(1) 우편관서의 과실로 과다징수한 경우

과다징수한 국제우편요금 등

(2) 부가취급 국제우편물의 국제우편요금등을 받은 후 우편관서의 과실로 부가취급을 하지 아니한 경우

부가취급 수수료

(3) 항공서간을 선편으로 발송한 경우

항공서간 요금과 해당 지역의 선편 보통 서신 최저요금의 차액

(4) 등기우편물 · 소포우편물 또는 보험취급된 등기우편물 · 소포우편물의 분실 · 전부도난 또는 완전파손 등의 경우

납부한 국제우편요금 등(등기 · 보험취급 수수료 제외)

(5) 특급우편물 또는 보험취급된 특급우편물의 분실 · 도난 또는 파손 등의 경우

납부한 국제우편요금 등(보험취급 수수료 제외)

(6) 행방조사청구에 따른 조사결과 우편물의 분실 등이 우편관서의 과실로 발생하였음이 확인된 경우

행방조사청구료

(7) 수취인의 주소 · 성명이 정확하게 기재된 우편물을 우편관서의 과실로 발송인에게 반환한 경우

납부한 국제우편요금 등

(8) 외국으로 발송하는 부가취급되지 아니한 통상우편물이 우편관서의 취급과정에서 파손된 경우

납부한 국제우편요금 등

(9) 다른 법령에 따른 수출금지 대상이거나 그 밖의 부득이한 사유로 발송인에게 반환된 경우

납부한 국제우편요금 등(우편물의 반환에 따른 국내우편요금 및 수수료 공제). 단, 발송인의 고의 또는 중대한 과실이 있는 경우 반환하지 아니함

(10) 다른 법령 또는 상대국의 규정에 따라 압수되는 등의 사유로 반환되지 아니하는 우편물에 대한 국제우편요금 등은 반환 불가

16 금융경제일반

01 국민경제의 순환과 금융의 역할

1. 국민경제의 순환과 금융의 연결

국어사전에 의하면 경제에 관한 정의가 "인간의 생활에 필요한 재화나 용역을 생산 · 분배 · 소비하는 모든 활동 또는 그것을 통하여 이루어지는 사회적 관계"로 기술되어 있다. 즉, 경제는 인간이 물질생활을 유지하기 위한 활동을 의미하며, 그러한 물질적인 활동에는 활동의 주체(경제주체)가 존재하고 활동주체에 의한 일정한 흐름의 현상(순환)이 나타난다.

(1) 경제주체(Economic Subjects)

경제활동을 하는 경제주체는 가계(household sector), 기업(corporation sector), 정부(government sector), 해외(foreign sector)로 분류할 수 있다. "가계부문"은 생산요소의 공급주체로서 생산요소인 노동, 자본, 토지를 제공하며, 그 결과로 얻은 소득을 소비하거나 저축한다. "기업부문"은 생산의 주체로서 노동, 자본, 토지라는 생산요소를 투입하여 재화와 용역(서비스)을 생산하며, 그 결과로 창출한 생산량이 투입량을 초과하면 이윤(profit)을 얻는다. "정부부문"은 규율(regulation)과 정책(policy)의 주체로서 가계와 기업이 경제행위를 하는 방식을 규율하고 정책을 수립 · 집행하며 그에 필요한 자금을 세금 등으로 징수하거나 지출한다. "해외부문"은 국외자로서 국내부문의 과부족을 수출입을 통하여 해결해 준다.

(2) 생산(Production)

기업은 생산을 위해 생산요소를 투입한다. 생산과정에 투입되는 생산요소(factors of production)는 인적 요소와 물적 요소로 나눌 수 있는데, 전자에는 노동이 있으며 후자에는 토지와 자본이 있다. 생산요소의 특징은 어느 생산과정에 투입된 후에도 소멸되지 않고 다음 회차의 생산과정에 다시 재투입될 수 있다는 점에서(비소멸성), 원재료(raw material)나 중간재(intermediate goods)와는 다르다. 생산요소 중에 노동(labor)이나 토지(land)는 원래 존재하던 생산요소이며, 재생산된 것이 아니라는 측면에서 본원적 생산요소(primary sector)이다. 그러나 생산요소 중에 자본(capital)은 생산과정에서 생산된 산출물 중에서 소비되지 않고 다시 생산과정에 투입되어 부가가치를 생산하는 생산요소로서의 기능을 하는 것을 말한다는 점에서 생산된 생산요소(produced means of production)로서의 특징을 갖고 있다. 생산물 중에서 재화는 의복, 식료품, 주택 등 생존에 필수적인 물질이며, 용역(서비스)은 교육, 문화, 관광 등 정신적 욕망을 채워주는 행위이다. 또 용역(서비스)에는 도소매, 운수, 통신, 공무 등 비물질 생산에 기여하는 행위도 포함된다. 생산요소가 투입되면 생산과정에서 투입된 양을 초과하는 생산량이 산출되며, 그 초과된 생산량은 투입량에 대한 부가가치(added value)가 되어 소득으로 분배된다. 한편, 기업가의 경영행위(entrepreneurship)도 생산 활동에 투입되어 부가가치를 생산한다는 점에서 생산요소의 하나이며, 기업가는 그 대가로 이윤(profit)을 획득하게 된다.

(3) 지출(Consumption, Expenditure)

생산요소를 투입하여 생산된 결과물이 한 경제에서 모두 소비되는 것으로 가정하면 그 소비를 위한 지출은 가계는 소비지출로, 기업은 투자지출로, 정부는 재정지출로, 해외는 수출의 모습으로 각각 이행된다.

(4) 분배(Distribution)

분배는 생산에 의해 얻은 소득이 누구에게 나누어지느냐의 문제로, 생산자가 소득을 경제주체에 나눠주기 위해서는 생산물이 판매(소비)되어야 생산자에게 소득이 발생하고 그 발생된 소득을 각 경제주체에게 분배할 수 있는 것이므로 사실상 분배와 소비는 동전의 양면과 같다. 생산자가 생산물을 판매하여 얻은 금액은 생산과정에 투입된 생산요소들에게 분배하며 그래도 남는 금액은 생산자(기업가)의 몫(이윤)이 된다.

(5) 순환과정(Circulation)

경제행위는 결국 각 경제주체들이 각자 맡은 역할을 하는 것으로, 그 역할을 종합해 보면 생산요소의 투입과 산출(생산단계), 생산물의 소비(소비단계), 소득의 분배측면(분배단계)이 시간의 흐름에 따라 경제주체들 간에 유동적으로 흘러가는 순환과정으로 볼 수 있다. 이러한 과정을 좀 더 쉽게 이해할 수 있도록 각 경제주체들이 서로 어떻게 연계되어 있는지 살펴보자. 우선 재화와 용역(서비스)을 생산하는 주된 주체는 기업이다. 기업은 이윤 극대화를 위해 신제품 개발, 설비투자, 기술혁신, 새로운 시장 개척 등 혁신적인 활동을 하며, 이러한 활동이 경제성장의 원동력이 된다. 특히 제4차 산업혁명의 시대를 맞아 우리 경제의 지속적인 성장을 위해서는 혁신적인 기업 활동이 중요하다. 기업이 재화와 용역(서비스)을 생산하는 데에는 노동력이나 자본과 같은 생산요소가 필요하다. 생산요소를 투입하기 위해 기업은 생산을 통해 벌어들인 소득을 가계에 배분하는데, 근로자에게는 임금 · 급여 등의 형태로, 자본가에게는 이자 · 배당금 · 임대료 등의 형태로 배분한다. 또 정부에도 법인세 등의 형태로 납부한다. 기업으로부터 임금 · 이자 · 배당금 등을 받은 가계는 정부에 소득과 부(富)에 대한 소득세 · 재산세 등을 납부하며, 소득세 · 재산세 · 법인세 등의 형태로 정부에 납부된 자금 중 일부는 정부보조금 · 수혜금 등의 형태로 가계에 다시 이전된다. 이렇게 한 경제 내에서 생산된 소득은 가계, 기업, 정부로 각각 배분된다. 기업에서 소득을 이전받는 가계와 정부는 재화와 용역(서비스)을 소비하기 위해 지출활동을 한다. 가계는 다양하게 유입된 소득을 이용하여 주택, 자동차, 가구 등의 내구재나 옷, 음식, 구두 등 비내구재 구입에 사용한다. 또 영화, 여행, 학원, 이 · 미용 등 용역(서비스)을 위해 지출하기도 한다. 정부는 거둬들인 세금을 활용하여 가계나 기업에 행정 · 국방 등의 서비스를 제공하거나 도로 · 항만 · 공항 · 철도 등 공공 인프라를 건설 · 유지한다. 이처럼 국민경제활동은 개별적으로 이루어지지 않고 생산에서 분배, 분배에서 지출, 지출에서 다시 생산으로 이어지며 순환하게 된다. 기업이 상품을 생산하기 위해서는 그 상품에 대한 충분한 수요가 있어야 하고, 가계와 정부의 상품 수요에는 지출을 위한 충분한 소득이 있어야 하는 것이다.

한편 이러한 국민경제의 순환은 국내에서만 이루어지지 않으며, 우리나라와 같은 개방경제는 생산 · 분배 · 지출 활동에서 해외부문이 큰 역할을 차지하고 있다. 국내 기업의 생산물을 외국에 수출하고 석유 · 원자재 · 식량 같은 것들은 외국에서 수입하는데, 특히 스마트폰 · 자동차 · TV · 선박처럼 우리 기업이 생산하였으나 우리 국민이 소비하는 것보다 외국에 수출하는 양이 더 많은 생산품들도 많다.

반면에 외국으로부터는 제조업이나 서비스업 등에 종사하는 인력은 물론 주식시장 · 채권시장이나 직접투자 등을 통해 자본도 우리 경제로 유입되고 있다. 그런데 이렇게 경제주체들 간의 상호 유기적인 활동으로 이루어진 각 단계(생산, 소비, 분배)별 총액은 모두 동일하다. 즉, 1년간의 국민총생산량(생산국민소득)=지출국민소득=분배국민소득이며, 이를 '국민소득 3면 등가의 법칙'(equivalence of three approaches)라고 한다. 이와 같이 국민경제의 순환은 일정한 시간의 흐름상에서 나타나는 유동적인 경제활동을 의미하므로 플로우(flow)의 개념이지(회계 상의 개념으로 보면 1년간의 손익계산서) 대차대조표와 같이 축적된 양을 나타내는 스톡(stock)의 개념은 아니다.

(6) 국민경제와 금융의 연결

개인의 일상생활 전체는 돈과 연관되어 있다고 해도 과언이 아니다. 사람들은 번 돈에서 필요한 재화나 용역을 구매하며 남는 돈은 금융회사에 맡기기도 하고 목돈이 필요할 때에는 빌리기도 한다. 일상생활에서 돈이 부족한 사람은 여유가 있는 사람이나 금융회사로부터 빌려서 쓰기도 하는데, 금융이란 이처럼 "자금이 부족하거나 여유가 있는 사람과 금융회사 간에 돈을 융통하는 행위"를 의미한다. 경제의 순환은 자금의 융통, 즉 금융을 매개로 하여 이루어진다. 금융활동의 주체로는 경제주체인 가계 · 기업 · 정부에 금융회사를 추가하여 네 부문으로 나눌 수 있다. 구체적인 금융관계는 이들 금융활동의 주체와 금융자산(또는 금융부채)과의 조합에 의해서 형성되며 개개의 금융형태도 이에 따라서 분류될 수 있다. 예컨대 기업금융, 소비자금융 등의 구분은 금융회사의 일상 업무에서 가장 흔히 찾아볼 수 있는 분류인데, 이것은 자금을 조달하는 주체별로 본 분류방법으로서 이 기준에서 본다면 이 밖에도 정부의 금융활동이 있게 된다. 기업이 생산을 하려면 기계와 원자재를 구입하고 인력을 고용하며 이를 위해 필요한 자금을 조달해야 한다. 특히 기업이 사내에 유보하고 있는 자본이 생산활동에 필요한 수준을 충족시키지 못할 경우 부족한 자금은 은행 등 금융회사로부터 대출을 받거나 주식 · 채권 등 유가증권 발행을 통해 조달하여야 한다. 기업이 가계와 정부에 소득을 분배하거나 가계가 정부에 세금을 납부하는 데에도 금융의 도움이 필수적이며, 현대사회에서는 수많은 거래나 지급 · 결제가 금융을 통하지 않고는 완료될 수 없다.

[자금의 상업적 유통과 금융적 유통]

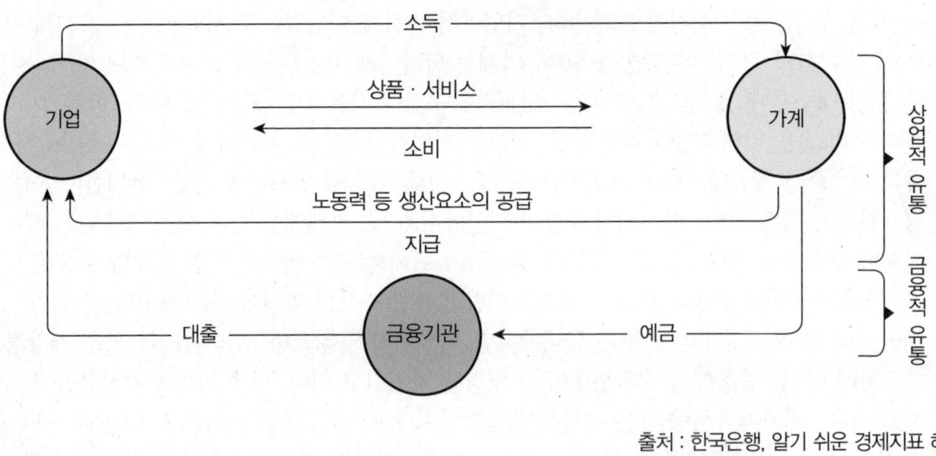

출처 : 한국은행, 알기 쉬운 경제지표 해설

생산 · 소비 · 분배와 같은 경제활동이 원활하려면 각 경제주체 간의 거래를 뒷받침할 수 있는 돈의 흐름을 원활하게 해주는 금융시장이 잘 발달되어 있어야 한다. 그런데 여기서 주의해야 할 부분은 전술한 네 개의 금융활동 주체 가운데 금융회사는 그 자신이 최종적인 자금수요자 또는 자금공급자가 되는 것이 아니라 여타 세 주체 간 금융의 중개 기능을 수행한다는 점이다. 한편, 소비자금융 · 기업금융 · 정부의 금융활동 중에는 각각 금융회사를 경유하는 부분과 그렇지 않은 부분이 있다. 예컨대 기업금융 중 외상매출 및 외상매입 등 기업 간의 신용이나 주식의 발행 등은 은행이 중개하지 않는 금융형태이며, 단기 · 장기의 은행차입과 상업어음의 할인 등은 은행이 중개하는 금융인 것이다. 또 한국은행의 금융자산 · 부채잔액표의 항목 중 금융회사가 중개하지 않는 금융수단(금융자산)은 유가증권 · 기업 간 신용 · 출자금 등이고 여타의 항목은 금융회사가 중개하는 금융수단이라 할 수 있다. 그리고 기업 간 신용이라는 용어에는 기업 간의 외상매출 또는 외상매입에 수반하는 채권 · 채무 이외에 기업과 가계, 기업과 정부와의 사이에 발생한 기업의 영업활동에 수반하는 자금의 대차도 포함되어 있다. 따라서 그 속에는 기업의 개인에 대한 할부판매채권 등도 포함되어 있는 것이다.

2. 금융의 역할

금융은 경제활동이 원활하게 일어날 수 있도록 윤활유 역할을 한다. 자금을 공급하려는 자와 자금을 필요로 하는 자 사이에 금융거래가 이루어지는 장소인 금융시장은 재래시장이나 편의점처럼 지역 · 건물과 같은 특정 공간일 뿐만 아니라 자금의 수요 · 공급이 이루어지는 가상의 공간을 의미한다. 금융시장에서는 자금수요자와 자금공급자를 이어주는 매개수단인 금융상품을 통해 필요한 거래가 일어난다. 예컨대 집이나 자동차, 옷 등의 재화를 구입하기 위해 필요한 자금은 은행 예금에서 인출하거나 펀드 해약 등 다른 자산을 매각하여 조달할 수도 있다. 물론 신용카드를 사용하거나 대출을 통해 마련할 수도 있다. 이처럼 다양한 경로를 통해 이루어지는 금융은 각 경제주체들에게 다음과 같은 기능을 제공하고 있다.

(1) 개인 간 자금거래 중개

금융은 여윳돈이 있는 사람들의 돈을 모아서 돈이 필요한 사람들에게 이전해주는 자금의 중개기능을 수행한다. 물론 사람들이 자금거래를 직접 하기보다는 먼저 돈을 금융회사에 맡기고 금융회사는 이 돈을 가계나 기업, 정부 등에 빌려주고 여기서 발생한 이자수익을 다시 저축자들에게 돌려주는 방식이 전형적인 자금중개의 모습이다. 그러나 금융시장의 발달로 채권이나 주식을 직접 매매하는 행위를 통해서도 가능한데, 정부나 기업이 국채나 회사채를 발행하면 금융회사가 이를 인수한 후 투자자들에게 판매하는 형태이다.

(2) 거래비용의 절감

돈을 가진 사람과 돈이 필요한 사람이 서로를 직접 찾아 나선다면 엄청난 탐색비용이 든다. 그러나 개인들이 돈을 맡기거나 빌리는 금융거래를 금융회사에 요청하면 금융회사가 필요한 금융서비스를 제공해 주므로 비용과 시간 등 거래비용을 획기적으로 줄여준다. 신용카드로 물품을 구입하거나 인터넷 뱅킹이나 모바일 뱅킹을 통해 송금하는 것 등도 모두 금융을 통한 거래이다. 이제는 외국의 인터넷 쇼핑몰에서 물건을 직접 사거나 이종 화폐를 사용하는 거래에 대해서도 결제가 가능하다. 정보통신기술의 발달로 오히려 현금 대신 신용카드, 체크카드, 전자상거래, 가상화폐 등 다양한 대체 결제수단들이 더 많이 활용되고 있다. 이처럼 금융은 안전하고 편리한 지급 · 결제 시스템을 구축하여 이용자들의 원활한 거래를 지원하고 있다.

(3) 가계에 대한 자산관리수단 제공

보통 사람들은 중장년 시절에는 직장생활이나 사업 등을 통해 얻은 소득 중 일부를 노후대비용으로 저축하고 노년기에는 저축한 돈을 사용하게 된다. 그런데 실제로는 실직 등으로 고용상태가 변하거나 임금 상승률이 매년 달라질 수도 있으며, 특히 자영업자의 경우에는 경기상황에 따른 매출 증감으로 임금근로자에 비해 더 높은 소득 변동성을 보이기도 한다. 반면에 지출은 대체로 일정하게 이루어진다. 이러한 소득과 지출의 차이는 금융을 통해 해소될 수 있다. 금융은 지출에 비해 소득이 많을 때에는 돈을 운용할 기회를 마련해 주고, 지출이 많을 때에는 돈을 빌려주는 등 개인들의 자금사정에 따른 자산관리 수단을 제공해 준다.

(4) 자금의 효율적인 배분

금융은 여유자금을 가진 사람에게는 투자의 수단을 제공하고 자금이 필요한 사람에게는 자금을 공급해준다. 각 경제주체들이 자금을 조달 또는 운용하는 과정에서 원하는 금리수준이 다르기도 하여 금융회사들은 원활한 자금중개를 위해 돈을 빌리는 사람의 신용도를 평가하기도 하고 돈을 저축(투자)하는 사람들과 돈을 빌리는 사람 사이에서 가격(이자율)을 조정하기도 한다. 또 자금의 만기나 크기를 재조정하여 자금이 적절하게 제 자리를 찾아가도록 돕고 있다. 금융은 자금의 효율적인 배분을 주도함으로써 거시적인 차원에서 경제발전에도 기여하고 있다.

(5) 금융위험 관리수단 제공

금융경제 분야에서 위험(risk)은 경제현상이나 투자결과 등이 기대와 달라지는 정도를 말하며 불확실성 또는 변동성이라고도 한다. 금융은 그런 불확실성이나 위험을 적절히 분산시키거나 해소할 수 있는 수단을 제공한다. 예컨대 개인이 여윳돈을 금융회사에 예금하고 그 돈을 빌린 사람이 부도가 나더라도 그 부담을 금융회사가 지게 되므로 예금을 떼일 위험이 줄어든다. 또 금융시장에 판매되는 다양한 금융상품에 분산투자하거나 옵션이나 선물 등 파생금융상품을 위험관리수단으로 활용함으로써 투자위험을 줄일 수 있다. 이 밖에도 금융은 비슷한 위험(danger)에 처한 사람들로 하여금 보험에 가입할 수 있게 함으로써 불의의 사고 등으로 인한 손해가 발생하더라도 보험금 지급을 통해 그 충격을 완화해 사람들을 보호하는 기능을 한다.

02 주요 금융경제지표

사람들은 예금, 대출, 금융투자 등 금융거래를 할 때에는 좀 더 많은 수익을 얻거나 덜 위험한 금융상품에 투자하기를 원한다. 합리적인 금융거래를 위해서 다음과 같은 금융지표들은 가장 기본적이면서도 중요한 것들이다.

1. 금리(이자율)

사람들은 일상생활 속에서 돈이 부족하면 금융회사 등으로부터 빌리기도 하고 여유자금이 있으면 저축이나 투자를 한다. 이때 돈을 빌린 사람은 일정기간 동안 돈의 사용대가를 금융회사에 되돌려주어야 하는데 이러한 돈의 사용대가를 이자라고 하며, 기간당 원금에 대한 이자의 비율을 이자율 또는 금리라고 한다. 보통 연간 이자액의 원금에 대한 비율을 이자율이라 한다. 예컨대 1년간 1백만 원을 연 5%의 이자율로 대출받는다면 채무자는 채권자에게 5만 원의 이자를 지급하게 되는 것이다. 이자율은 현재의 소비를 희생한 대가라고도 볼 수 있다. 즉 1백만 원을 빌려주지 않았다면 누릴 수 있는 영화관람, 외식, 옷 구입 등 현재소비의 만족을 포기한 대가라고 할 수 있다. 또한 이자는 금융거래를 하고 일정기간이 지나야 발생하므로 이자를 돈의 시간가치라고도 한다.

(1) 금리의 결정

물건 가격이 시장에서 수요와 공급에 의해 결정되는 것처럼 돈의 값(가격)인 금리도 금융시장에서 자금의 수요와 공급에 의해 결정된다. 자금수요는 주로 가계소비, 기업투자 등에 영향을 받고 자금공급은 가계의 저축, 한국은행의 통화정책 등에 영향을 받는다. 통상 자금에 대한 수요가 늘어나면 금리는 상승하고 반대로 자금공급이 늘어나면 금리는 하락한다. 예를 들어 경기 전망이 좋아지면 이익 증가를 예상한 기업의 투자가 늘어나 돈에 대한 수요가 증가하고 금리는 올라가게 된다. 한편 돈의 공급은 주로 가계에 의해 이루어지는데 가계의 소득이 적어지거나 소비가 늘면 돈의 공급이 줄어들어 금리가 오르게 된다. 또한 물가가 오를 것으로 예상되면 돈을 빌려주는 사람은 같은 금액의 이자를 받는다 하더라도 그 실질가치가 떨어지므로 더 높은 금리를 요구하게 되어 금리는 상승하게 된다. 이밖에 금리는 차입자의 신용과 돈을 빌리는 기간 등에 따라 그 수준이 달라지는데 빌려준 돈을 못 받을 위험이 클수록, 그리고 차입 기간이 길수록 금리가 높은 것이 일반적이다.

[금리의 결정]

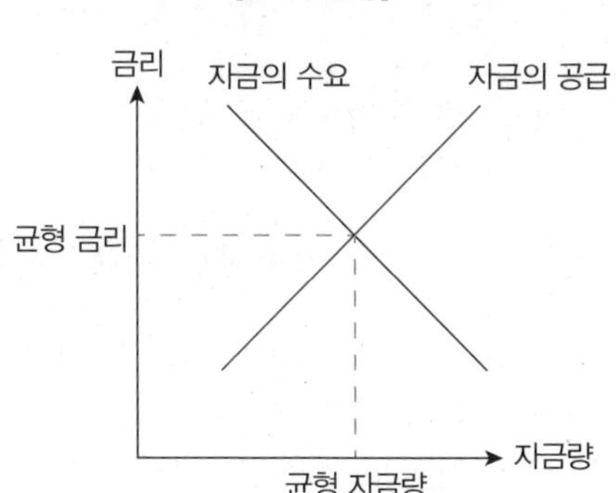

(2) 금리변동의 영향

금리의 변동은 가계소비와 기업투자 수준, 물가, 국가 간의 자금이동 등 여러 분야에 큰 영향을 미친다. 가계는 경제활동을 통해 벌어들인 소득을 소비하거나 저축하는데, 금리가 오르면 저축으로 얻을 수 있는 이자 소득이 증가하므로 현재의 소비를 줄이는 대신 미래의 소비를 위해 저축을 증가시킨다. 반대로 금리가 하락하면 미래 소비를 줄이고 현재 소비는 늘리기 위해 저축을 줄이게 된다. 주택이나 자동차 등 내구재를 구입하기 위해 큰 자금이 필요할 경우 가계는 대출로 자금을 조달할 수 있는데 이때에도 대출규모를 결정하는 중요한 요인이 금리이다. 금리는 물가에도 영향을 미치는데 금리상승으로 기업의 자금조달비용이 올라가면 상품가격이 상승할 수도 있지만 가계소비와 기업투자 위축을 가져와 경제 전체적으로 보면 물품수요 감소로 인해 물가가 하락할 가능성이 크다. 금리변동은 국가 간의 자금흐름에도 영향을 주는데 국내금리보다 해외금리가 더 높아지면 더 높은 수익을 좇아 국내자금이 외국으로 유출되거나 외국으로부터의 자금유입이 줄어든다. 반대로 국내금리가 더 높아지면 국내자금의 해외유출이 줄어들거나 외국자금의 국내유입이 증가하게 된다. 이처럼 금리는 가계소비, 기업투자, 물가 등 실물 부문뿐만 아니라 국가 간의 자금흐름에도 신호 역할을 하는 바, 각국 중앙은행은 기준금리 조정을 통해 시장금리에 영향을 줌으로써 경제 전체의 흐름을 안정화시킨다.

(3) 금리의 종류

① 단리와 복리

먼저 금리는 계산하는 방법에 따라 단리와 복리로 나눌 수 있다. 단리는 단순히 원금에 대한 이자를 계산하는 방법이며 복리는 이자에 대한 이자도 함께 감안하여 계산하는 방법이다. 예를 들어 100만 원을 연 10%의 금리로 은행에 2년 간 예금할 경우 만기에 받게 되는 원금과 이자의 합계액은 단리방식으로는 120만 원[100만 원×(1+0.1×2)]이 되지만 복리방식으로는 121만 원[100만 원×$(1+0.1)^2$]이 된다.

② 표면금리와 실효금리

표면금리는 겉으로 나타난 금리를 말하며 실효금리는 실제로 지급받거나 부담하게 되는 금리를 뜻한다. 표면금리가 동일한 예금이자라도 복리 · 단리 등의 이자계산 방법이나 이자에 대한 세금의 부과 여부 등에 따라 실효금리는 달라진다. 대출의 경우에도 이자 계산방법 등에 따라 실효금리는 달라진다.

③ 수익률과 할인율

100만 원짜리 채권을 지금 산 뒤 1년 후 원금 100만 원과 이자금액 10만 원을 받는다면 이 경우 수익률은 10%이다. 즉 수익률은 투자수익, 여기서는 이자금액을 투자원금으로 나눈 비율을 말한다.

수익률=이자금액/채권가격=100,000/1,000,000=0.1 즉 10%

100만 원짜리 채권을 지금 10만 원 할인된 90만 원에 사고 1년 후 100만 원을 받는 경우에 할인율이 10%라 한다. 이를 위에서 설명한 수익률로 바꾸어 보면 현재 90만 원짜리 채권에 투자하고 1년 후에 원금 90만 원과 이자금액 10만 원을 받는 것과 같다. 식으로 나타내면 다음과 같다. 금융시장에서 일반적으로 사용하는 이자율 또는 금리는 수익률 개념이다. 따라서 할인율로 표기된 경우에는 정확한 금리 비교를 위하여 수익률로 전환하여 사용할 필요가 있다.

할인율=할인금액/채권가격=100,000/1,000,000=0.100 혹은 10.0%
이를 수익률 개념으로 전환하면,
수익률=이자금액/채권가격=100,000/900,000=0.111 혹은 11.1%

④ 기준금리

기준금리는 중앙은행인 한국은행이 경기상황이나 물가수준, 금융 · 외환시장 상황, 세계경제의 흐름 등을 종합적으로 고려하여 시중에 풀린 돈의 양을 조절하기 위해 금융통화위원회(금통위)의 의결을 거쳐 인위적으로 결정하는 정책금리이다. 예컨대 한국은행은 경기가 과열양상을 보이면 기준금리를 인상하고, 반대로 경기침체 양상이 나타나면 기준금리를 인하하게 된다. 금융시장에서 거래되는 금리는 기준금리를 기준으로 하므로 기준금리는 모든 금리의 출발점이자 나침반 역할을 한다. 일반적으로 기준금리를 내리면 시중에 돈이 풀려 가계나 기업은 투자처를 찾게 되고, 또 은행 차입비용이 내려가 소비와 투자가 활성화돼 침체된 경기가 회복되고 물가가 상승한다. 기준금리를 올리면 반대로 시중에 돈이 마르고 은행 차입비용이 올라가 과도한 투자나 물가상승이 억제되어 과열된 경기가 진정되고 물가가 하락한다. 이처럼 기준금리의 변경은 장 · 단기 시장금리, 예금 및 대출 금리 등에 영향을 주거나 주식 · 채권 · 부동산 · 외환 등 자산 가격에 영향을 줌으로써 실물경제 및 물가를 변동시키는 원인이 된다.

⑤ 시장금리

시장금리는 기간에 따라 단기금리와 장기금리로 나눌 수 있다. 금융회사 또는 거래금액이 크고 신용도가 높은 경제주체들이 거래하는 만기 1년 이내의 금융시장에서 결정되는 이자율이 단기금리이다. 단기금리에는 금융회사들 간에 자금을 빌릴 때 적용되는 콜금리, 판매자가 되사는 것을 전제로 한 채권 매매거래인 환매조건부채권(RP; Repurchasing agreement) 금리, 기업어음(CP; Commercial Paper) 금리, 무기명인 양도성예금증서(CD; Certificate of Deposit)의 금리 등이 있다. 만기가 1년을 초과하는 장기금리에는 국공채, 회사채, 금융채 등의 수익률이 포함된다. 채권시장에서 형성되는 금리는 채권수익률이라고 한다. 채권수익률은 채권의 종류나 만기에 따라 국공채, 회사채 수익률 등 매우 다양하게 존재한다. 채권수익률은 채권 가격의 변동과 반대방향으로 움직인다. 채권가격이 오르면 채권수익률은 떨어지고 반대로 채권 가격이 떨어지면 채권수익률은 올라가게 된다.

한편 일반적으로 장기금리가 단기금리보다 높은데, 그 이유로는 차주가 장기간에 걸쳐 자금을 안정적으로 사용할 수 있는 이익이 있다거나 차입자의 부도위험이 장기일수록 더 커지기 때문이라고 생각할 수 있다. 시장금리는 경제주체의 신용도에 따라서도 다르게 적용된다. 금융회사의 입장에서는 차주의 신용도에 따라 위험이 달라지므로 같은 금액을 빌려주더라도 신용이 좋은 사람에게는 낮은 이자로 빌려주지만 신용이 좋지 않은 사람에게는 더 높은 이자를 요구한다. 이때 금융회사는 거래상대방의 신용상태를 직접 파악하려면 많은 시간과 비용이 들어가기에 주로 신용평가회사들을 통해 신용정보를 확보한다. Moody's, S&P, Fitch IBCA 등 세계 3대 신용평가사와 우리나라의 NICE신용평가, 한국신용평가, KCB(코리아크레딧뷰로) 등이 대표적이다.

더 알아보기

채권가격과 채권수익률의 관계

이해를 돕기 위해 정부가 발행하는 국채를 매입하는 상황을 가정해 보자.

1년 만기 국채를 10,000원에 구입한 후 만기 때 이자 1,000원과 원금 10,000원을 합해 총 11,000원을 받는다면 이 채권의 수익률은 10%가 된다(1,000원/10,000원×100%=10%).

그런데 만약 이 채권을 구입한 날에 지인의 요청에 따라 그에게 10,500원에 팔았다면 지인은 얼마의 수익을 올릴까? 매입대금으로 10,500원을 지불하고 1년 후 11,000원을 받게 되므로 실제로 버는 돈은 500원, 채권수익률은 약 4.8%(500원/10,500원×100%=4.76%)가 된다. 여기서 우리는 채권가격과 채권수익률의 관계를 알 수 있다.

채권 구입가격이 10,000원일 때는 채권수익률이 10%였으나 채권 구입가격이 10,500원으로 상승하자 채권수익률은 4.8%가 되었다. 즉 채권가격이 상승하면 채권수익률은 하락하고 채권가격이 하락하면 채권수익률은 상승하게 되는 것이다.

⑥ 명목금리와 실질금리

화폐의 가치는 물가 변동에 의해 영향을 받으며, 물가가 상승하면 화폐의 실질 구매력은 떨어진다. 금리는 돈의 가치 변동, 즉 물가 변동을 고려하느냐 안하느냐에 따라 실질금리와 명목금리로 구분할 수 있다. 명목금리는 물가상승에 따른 구매력의 변화를 감안하지 않은 금리이며 실질금리는 명목금리에서 물가상승률을 뺀 금리이다. 우리가 돈을 빌리고 빌려줄 때에는 보통 명목금리로 이자를 계산하지만 실제로 기업이 투자를 하거나 개인이 예금을 하려고 할 때에는 실질금리가 얼마인가에 관심을 갖게 된다. 예를 들어 1년 만기 정기예금의 금리가 연 5%이고 물가상승률이 연 5%라고 하면 실질금리는 0인 결과가 초래된다. 심지어 연 1.5%인 1년 만기 정기예금을 가입했으나 물가상승률이 연 2%라면 실질금리는 −0.5%가 된다. 명목금리는 1.5%이지만 실질금리는 −0.5%이기 때문에 실질 이자소득은 오히려 손해를 본 것이다. 즉 예금가입자가 받는 실질 이자소득은 같은 금리 수준에서 물가상승률이 낮을수록 늘어나게 된다.

실질금리 = 명목금리 − 물가상승률

2. 환 율

(1) 환율은 원화와 외화의 교환비율

글로벌 시대가 도래되면서 연간 수천만 명의 국민이 해외로 여행을 가고 외국인들도 우리나라로 여행을 온다. 또 우리나라에 있는 많은 제조업체들이 석유, 철강 등 원자재를 수입하여 완제품이나 중간재 등으로 상품을 생산한 후 해외에 수출하고 있다. 그러나 이처럼 외국과 거래할 때에는 우리 돈인 원화로 결제하기는 어렵기 때문에 국제적으로 통용되는 미 달러화 등으로 바꾸어 거래해야 한다. 국제적 거래를 위해서는 각 나라 화폐 간 교환비율을 결정하여야 하는데 이 교환비율을 환율이라고 한다. 우리나라는 '미화 1달러에 몇 원'식으로 외국 화폐 1단위에 상응하는 원화 가치를 환율로 표시하는 자국통화표시법을 사용하고 있다. 예컨대 달러당 환율이 1,000원이라면 1달러를 살 때 지불하는 가격이 1,000원이라는 뜻이고, 유로(euro) 환율이 1,300원이라는 것은 1유로의 가격이 1,300원이라는 것이다. 결국 원화를 외국화폐로 환전하는 것을 외국상품을 구매하는 것과 같은 의미로 이해

해도 된다. 즉 100달러를 구입(환전)하는 것은 개당 1,000원인 상품을 100개 구입하는 것과 같은 의미로 생각할 수 있다. 환율은 ₩1,000/$, ₩1,300/€ 등 외국 돈 1단위당 원화의 금액으로 표시한다.

(2) 환율의 결정과 변동

환율은 우리나라 원화와 다른 통화 간의 교환비율인데, 외환시장에서 외화의 수요와 공급에 따라 자유롭게 결정된다. 먼저 외화의 공급 측면부터 살펴보자. 외화는 우리나라 기업이 해외로 상품이나 서비스를 수출하거나, 외국으로부터의 자본유입, 외국인에 의한 국내투자, 외국인의 국내여행 등에 의해 국내로 공급(유입)된다. 우리나라의 금리가 다른 나라에 비해 높게 상승하면 금융자산의 수익률도 높아지기 때문에 외국인 자본이 국내로 유입된다. 또 수출이 늘어나거나 외국인 관광객이 증가하는 등 경상수지 흑자가 늘어나면 외화의 공급이 증가하므로 환율은 하락하게 된다. 실제로 우리나라 경상수지는 2012년 이후 크게 늘어났는데, 지속적인 경상수지 흑자는 환율 하락 요인으로 작용하고 있다.

한편, 환율 변동에 대한 원인을 외화의 수요 쪽에서도 찾을 수 있다. 외화에 대한 수요는 해외로부터의 상품이나 서비스 수입, 자본유출, 내국인의 해외투자, 내국인의 해외여행 등에 의해 발생한다. 예컨대 외국의 금리가 높아지면 우리나라 금융자산의 수익률이 상대적으로 낮아지기 때문에 국내에 있던 자본이 외국으로 유출된다. 가령 미국 중앙은행인 연준(연방준비제도)이 금리를 인상하여 미국 금리가 우리나라보다 높은 수준을 유지한다면 달러화 금융자산에 투자하는 것이 유리하게 된다. 이 경우 국내자본이나 국내에 있던 외국자본이 자금을 빼내가기 위해 달러수요가 늘어나면 우리나라 외환시장에서 달러화 대비 원화 환율이 상승할 수 있다. 상품가격이 오르면 화폐가치가 떨어지는 것처럼 환율상승은 우리 돈의 가치가 떨어진다는 것을 의미한다. 즉 환율이 상승하면 원화 가치가 하락하고 환율이 하락하면 원화 가치가 올라간다고 생각할 수 있다. 환율 상승은 우리 돈의 가치가 외화에 비해 상대적으로 떨어진다는 것을 의미하며, 원화 약세, 원화 평가절하라고도 한다. 반대로 환율 하락은 우리 돈의 가치가 외화에 비해 상대적으로 높아진다는 것을 뜻하며, 원화 강세나 원화 평가절상도 같은 의미이다. 예를 들어 개인이 해외여행을 가거나 유학자금을 송금하기 위해 외화가 필요한 경우에는 원화가 강세일 때 환전하는 것이 유리하다. 외화의 입장에서 보면 외화 가치 상승과 환율 상승은 서로 같은 방향으로 움직인다.

(3) 변동환율제도와 고정환율제도

나라마다 자국의 사정에 따라 환율정책을 달리하고 있는데 대체로 고정환율제도와 변동환율제도로 나눌 수 있다. 우리나라의 경우 변동환율제도를 채택하고 있으며, 환율이 외환시장에서의 수요와 공급에 따라 결정된다. 반면에 고정환율제도는 정부나 중앙은행이 외환시장에 개입하여 환율을 일정한 수준으로 유지시키는 제도로, 우리나라도 과거에는 이 제도를 사용했으나 1997년 IMF 외환위기 이후에 자유변동환율제도로 변경 · 적용하고 있다. 변동환율제도는 국제수지에 불균형이 발생했을 때 고정환율제도보다 빠르게 조정된다는 장점 때문에 최근에는 많은 국가들이 채택하고 있다. 변동환율제도는 시장에 의한 환율 결정을 원칙으로 하고 있으나 대부분의 국가에서 환율의 급격한 변동으로 경제에 충격이 발생할 경우에는 정부가 외환시장에 참가(개입)하여 환율의 변동 속도를 조정(smoothing operation)하기도 한다.

(4) 환율의 영향

경제주체들의 외환수요가 어떤지에 따라 환율변화가 미치는 영향은 서로 다르다. 예컨대 환율이 상승할 경우에는 우리나라 수출품의 외화로 표시된 가격이 하락하여 수출이 증가함과 동시에 수입품 가격 상승으로 수입이 감소함으로써 경상수지(주로 한 나라의 1년간 상품 및 서비스의 수출 · 수입 거래에 따른 수지로, 수출이 수입보다 많으면 흑자, 수입이 수출보다 많으면 적자)가 개선된다. 따라서 환율 상승은 수출 증대를 통해 경제성장이나 경기회복에 도움을 줄 수 있다. 흔히 불경기에서 벗어나기 위해서 금리를 낮추는 통화정책을 사용하기도 하지만 자국 화폐 가치를 하락시키는 환율정책을 사용하기도 한다. 환율이 상승하면 국제 상품 및 서비스 시장에서 가격 경쟁력이 높아지기 때문이다. 그러나 환율 상승이 우리 경제에 반드시 유리한 것만은 아니다. 환율이 상승하면 원자재 및 부품 등 수입품 가격이 오르면서 국내 물가가 상승할 수 있기 때문이다. 또한 수입 기계류 가격도 올라서 투자비용이 상승할 수도 있다. 또한 가계의 경우에는 해외여행 비용이 상승하고, 항공회사처럼 외화표시 부채가 많은 기업들의 상환부담이 높아질 수도 있다. 환율이 높거나 낮은 것 중에서 어느 것이 우리 경제에 더 유리하다고 단언하기는 어렵다. 그러나 환율변동성이 높아지는 것은 우리 경제에 부정적인 영향을 미치므로 바람직하지 않다. 만일 환율변동성이 높아지고 있다고 정책당국이 판단하면 외환시장에 개입하여 환율을 안정시킬 수 있다. 예컨대 투기세력이 외환시장에서 외화를 대량으로 매도하거나 매수하면 환율이 크게 요동칠 수 있다. 이때 정책당국은 외환보유고를 이용하여 외환시장을 진정시킨다. 즉 각국 중앙은행이 보유하고 있는 외환보유고는 외화 지급불능 사태에 대비할 뿐만 아니라 외환시장 교란 시 환율 안정을 도모하기 위해서도 매우 중요하다.

3. 주 가

(1) 주식과 주식시장

주식은 기업이 필요한 자본을 조달하기 위해 발행하는 증권으로, 주식시장에서 거래되며 경제의 꽃이라고 할 수 있다. 기업들은 주식시장을 통해서 대규모 자금을 조달할 수 있고 개인들은 여유자금을 투자할 기회를 가질 수 있다. 만약 주식시장이 없다면 기업들은 수많은 투자자들로부터 자금을 조달하거나 다른 기업에 대한 인수합병을 통해 성장의 기회를 가지기 힘들 것이다. 주식시장은 기업공개(IPO; Initial Public Offering)나 유상증자를 통해 주식이 발행되는 발행시장과 이렇게 발행된 주식이 거래되는 유통시장으로 나뉜다. 우리나라의 주식 유통시장은 장내유통시장과 장외유통시장으로 구분될 수 있으며, 전자에는 유가증권시장, 코스닥시장, 코넥스시장이, 후자에는 K-OTC시장이 포함된다.

(2) 주가지수와 경기변동

주식시장에는 여러 종류 · 종목의 주식이 거래되기 때문에 주식시장 전체적인 성과를 파악하기 위해서는 평균적으로 주식가격이 올랐는지 떨어졌는지를 판단할 수 있는 지표(index)를 살펴보는 것이 중요하다. 주가지수를 작성하는 원리는 물가지수를 작성하는 것과 같은데, 지수를 작성하는 목적에 맞게 특정 종목의 주식을 대상으로 평균적으로 가격이 상승한 것인지 하락한 것인지를 본다.

> 주가지수＝비교시점 시가총액/기준시점 시가총액×100

경제의 건실함이 반드시 주가지수 상승으로 연결되는 것은 아니나 기업들의 영업실적이 좋아지고 경제활동이 활발하며 사람들의 경제에 대한 신뢰도가 높아지면 주가지수가 상승하고, 반대로 불경기나 경제에 대한 신뢰도가 떨어지면 주가는 하락한다. 즉 주가지수의 변동은 경제상황을 판단하게 해주는 하나의 바로미터가 된다. 또 통화 공급이 늘어나거나 이자율이 하락하는 경우에도 소비와 투자가 늘고 기업의 이익이 커지는 경향이 있어 대체로 주가지수는 상승한다. 우리나라의 경우 외국인들의 국내 주식시장 투자 수준도 주가지수에 큰 영향을 미친다. 일반적으로 우리나라 주식시장에서 외국인 투자가 증가하면 주가지수가 올라가고 반대로 외국인 투자가 감소하면 주가지수도 하락한다. 주가지수는 이 외에도 국내의 정치상황, 사회변동 등 다양한 변수들로부터 영향을 받고 있다.

(3) 우리나라의 주가지수

우리나라의 대표적인 주가지수인 코스피(KOSPI; Korea Composite Stock Price Index)는 한국거래소(KRX; Korea Exchange)에 상장되어 유가증권시장에서 거래되는 주식의 시가총액을 기준시점과 비교하여 나타낸 지수이다. 현재의 코스피는 1980년 1월 4일의 지수를 100으로 하여 작성하고 있다. 또 한국거래소에서 거래되는 주식 중 거래량이 많고 대표성이 있는 주식 200종목을 선정하여 별도로 주가 지수를 만든 것이 코스피200(KOSPI 200; Korea Stock Price Index 200)인데, 이 지수는 1990년 1월 3일을 기준시점으로 하여 작성되고 있다. 코스닥(KOSDAQ Composite Index)은 코스닥 상장기업의 주가지수를 나타내는 것으로, 1996년 7월 1일의 지수를 100으로 하였다가 2004년부터 1,000으로 변경하여 작성하고 있다.

(4) 주요 국가의 주가지수

미국의 뉴욕증권거래소(NYSE; New York Stock Exchange)는 거래량이나 거래금액 면에서 세계에서 가장 큰 주식시장이며, 처음과 달리 지금은 다수의 외국 기업들도 상장되어 있다. 다우존스 산업평균지수(DJIA; Dow Jones Industrial Average)는 경제 전반에 걸쳐 대표적인 30개 대형 제조업 기업들의 주식들로 구성되어 있다. 단순가격평균 방식을 사용하여 지수를 산출하고 있으며 미국의 대표적 경제신문인 월스트리트저널에서 작성 · 발표하고 있다. 세계에서 가장 오래된 주가지수이면서 미국의 주식시장과 경제상황을 가장 잘 반영하는 것으로 알려져 있다. 미국의 두 번째 주식시장은 미국증권거래소(AMEX; American Stock Exchange)인데 뉴욕증권거래소에 상장되지 않은 주식을 거래하며 역시 뉴욕에 위치하고 있다. 미국의 세 번째 주식시장은 산업기술주를 주로 거래하는 나스닥(NASDAQ; National Association of Securities Dealers Automated Quotation) 시장으로, 1971년부터 주로 정보통신과 산업기술 관련 기업들의 주식을 매매한다. 나스닥지수(NASDAQ Composite Index)는 나스닥 증권시장에 등록돼 있는 5,000여 개 주식을 가중평균하여 구한 지수이다. 미국의 세계적인 신용 평가회사인 스탠다드앤드푸어스사가 작성 · 발표하는 S&P500지수(Standard & Poor's 500 Index)도 주식시장 상황의 지표로 널리 사용되고 있다. S&P500지수는 주로 NYSE시장의 주식이 많지만 NASDAQ과 AMEX시장의 주식도 포함하여 작성되고 있어서 증권시장 상황을 잘 반영한다는 장점이 있다. 아시아 지역에는 일본의 니케이(Nikkei Stock Average Index)지수, 홍콩의 항셍(Hang Seng Index)지수, 중국의 상하이종합지수(Sanghai Composite Index), 대만의 자이취엔지수(Taiwan Weighted Average Index) 등이 대표적이며, 유럽을 비롯한 그 외의 지역에도 비중 있는 주가지수들이 많이 존재하고 있다.

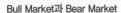

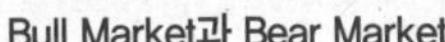

Bull Market과 Bear Market

실업률이 낮고 물가가 안정되어 경제상황이 좋을 때 주식시장이 장기적으로 호황을 보이는 시장을 Bull Market 또는 강세장이라고도 한다. 반면에 주식시장이 침체되어 주가가 하락 추세를 보이는 경우에는 Bear Market 또는 약세장이라고 한다. 황소는 싸울 때 뿔을 위로 치받고 곰은 앞발을 위에서 아래로 내려찍는 모습에 빗대어 이런 용어가 나왔다고 한다.

(5) 거래량과 거래금액

주식시장에서는 주가의 변동 상황을 보여주는 주가지수가 가장 중요한 지표이지만 주식시장에서 거래되는 주식의 수량인 거래량과 거래금액도 중요한 지표들이다. 사람들이 기업의 실적이나 경제 전망을 낙관적으로 예상하면 주식을 사려는 사람이 늘어나서 거래량이 증가하고 주가가 상승한다. 반대로 기업의 실적이 좋지 않고 경제 상황이 나쁠 것으로 예상되면 주식을 팔려는 사람들이 늘어나고 주식을 사려는 사람은 줄어들어 거래량이 감소하고 주가는 하락할 수 있다. 주식시장에서는 주가가 변동하기 전에 거래량이 먼저 변하는 것이 일반적인데 거래량이 증가하면 주가가 상승하는 경향이 있고 거래량이 감소하면 주가가 하락하는 경향이 있다. 즉 주가가 상승하는 강세장에서는 주가가 지속적으로 상승할 것으로 예상하는 매수 세력이 크게 늘어나 거래량이 증가하는 반면에 주가가 하락하는 약세장에서는 거래량이 감소하는 경향을 보이기 쉽다.

03 금융시장

1. 금융시장의 의의

일반적으로 기업이 필요한 자금을 조달하는 방법은 그 경로에 따라 내부자금과 외부자금으로 구분된다. 내부자금은 기업내부로부터 조달되는 자금으로 기업이익의 내부유보와 고정자산에 대한 감가상각충당금 등이 포함되는데, 내부자금은 외부자금에 비해 코스트(cost)가 낮고 상환할 필요가 없기 때문에 기업의 가장 바람직한 자금조달 형태로 간주되고 있으나 내부자금에 의한 자금조달은 극히 비신축적이며 규모에 한계가 있다는 문제점을 안고 있다. 외부자금은 기업외부로부터 조달되는 자금으로 금융회사 차입금, 증권시장을 통한 주식 및 채권발행 등이 포함되는데 외부자금 중 차입에 의한 조달은 부채의 증가를 초래한다.

금융시장(financial market)이란 자금공급자와 자금수요자 간에 금융거래가 조직적으로 이루어지는 장소를 말한다. 여기서 장소라 함은 재화시장처럼 특정한 지역이나 건물 등의 구체적 공간뿐 아니라 자금의 수요와 공급이 유기적으로 이루어지는 사이버공간 등 추상적인 공간을 포함한다. 금융시장에서 자금수요자는 주로 기업이며 자금공급자는 주로 개인들인데, 개인은 소득 중에서 쓰고 남은 돈의 가치를 증식하기 위하여 금융시장에 참여한다. 금융거래가 이루어지기 위해서는 이를 매개하는 수단이 필요한데 이러한 금융수단(financial instruments)을 금융자산 또는 금융상품이라고 한다. 금융자산은 현재 또는 미래의 현금흐름에 대한 청구권을 나타내는 증서로서 예금증서, 어음, 채권 등이 그 예이다.

한편, 금융거래는 자금공급자로부터 자금수요자로 자금이 이동하는 형태에 따라 직접금융과 간접금융으로 나뉜다. 직접금융(direct finance)이란 자금의 최종적 차입자가 자금의 최종적인 대출자에게 주식이나 사채 등을 직접적으로 발행함으로써 자금을 조달하는 방식을 말한다. 우리나라의 경우를 예로 든다면, 최종적인 차입자인 기업부문(적자경제주체)이 주식 · 사채 등을 발행하여 최종적인 대출자인 가계부문(흑자경제주체)에 매각함으로써 자금을 직접 조달하는 경우가 이에 해당한다. 직접금융은 기업들이 원하는 금액의 자금을 장기로 조달할 수 있는 장점이 있어 장기설비 투자를 위한 자금 조달에 용이하다.

그러나 주식의 발행은 기업의 지배구조에 영향을 미치고, 회사채의 발행은 신용도에 따라서 높은 금리를 지불하거나 발행 자체가 어려울 수 있다는 문제점이 있다. 정부도 직접금융시장에서 국채를 발행하여 재정자금을 조달할 수 있다. 직접금융은 보통 주식 · 사채 등이 매매되는 증권시장에서 이루어지는데 Gurley · Shaw는 최종적인 차입자가 발행하는 금융자산을 본원적 증권(primary security)이라고 부르고 있다(요컨대 본원적 증권이란 금융기관 이외의 경제주체가 발행하는 채무증서이다).

그러나 차입자가 대출자의 자금을 흡수하는 방법으로서 본원적 증권만으로는 충분하지 않다. 즉 재화교환의 경우와 마찬가지로 차입자와 대출자 간에 기간 · 금액 · 이율 등 여러 조건이 정확하게 부합되는 경우란 극히 예외적이기 때문이다. 여기에서 금융중개기관(Financial Intermediaries)이 등장하게 된다.

금융중개기관은 최종적인 차입자에게 자금을 공급하여 본원적 증권을 구입하게 하는 한편 자신에 대한 청구권(정기예금증서 등)을 발행하여 최종적인 대출자로부터 자금을 조달함으로써 최종적인 차입자와 대출자를 중개하는 것이다. 이와 같이 금융중개기관이 자신에 대해서 발행하는 청구권을 간접증권 또는 제2차 증권(secondary security)이라 하며, 금융중개기관이 대출자와 차입자 간에 자금융통을 매개하는 방식을 간접금융(indirect finance)이라 한다. 간접금융은 직접금융에 대비되는 것으로 자금의 공급자와 수요자 사이에 은행 등 금융회사가 일반인으로부터 예금을 받아 필요한 사람에게 대출해주는 것이 대표적인 형태이다. 간접금융시장의 자금거래는 두 단계를 거쳐 이루어지는데, 첫 번째 단계는 자금의 공급단계로 자금공급자가 금융회사에게 자금을 맡기고 금융회사는 자금공급자에게 예금증서 등을 교부하는 단계이고, 두 번째 단계는 자금의 수요단계로 금융회사가 자금을 수요자에게 제공하고 차용증서를 교부받는 단계로 구성된다. 금융중개기관은 본원적 증권을 대출자가 선호하는 형태의 간접증권으로 전환함으로써 금융자산의 형태 · 종류 등에 관해 최종적인 차입자와 대출자 간의 차이를 조정하는 역할을 수행한다. 은행이 차입자인 기업으로부터 사채를 매입하거나 또는 기업에 대출을 행하는 것이 그러한 사례이다. 이와 같이 금융중개기관이 금융자산의 종류를 다양화함으로써 차입자의 금융자산(본원적 증권) 발행의 한계비용을 인하하고 대출자가 보유하는 금융자산의 한계효용을 높여 저축과 투자를 활발하게 하여 보다 효율적인 자금배분을 실현하게 되는 것이다.

[금융시장과 자금흐름]

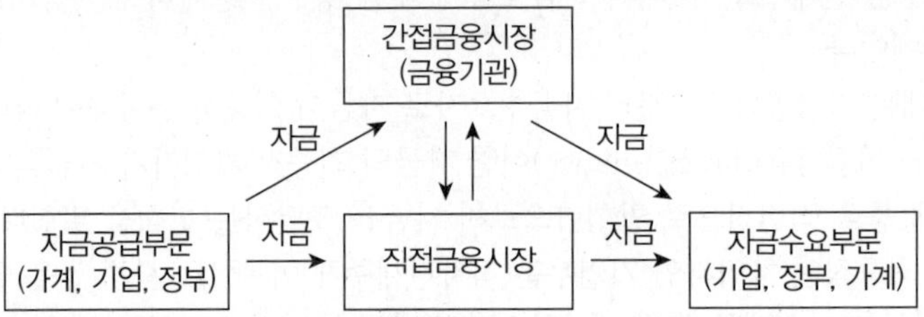

	간접금융시장 (금융기관)	
자금공급부문 (가계, 기업, 정부)	→ 자금 → 직접금융시장 → 자금 →	자금수요부문 (기업, 정부, 가계)

위 그림은 직 · 간접금융시장을 통해 자금공급부문에서 자금수요부문으로 자금이 이전되는 모습을 보여주고 있다. 이처럼 금융시장은 국민경제 내 자금공급부문과 자금수요부문을 직 · 간접적으로 연결시켜 줌으로써 국민경제의 생산성 향상과 후생증진에 기여하게 된다.

2. 금융시장의 기능

국민경제 전체적으로 보면 가계부문은 소득이 지출보다 많아 흑자주체가 되는 반면 기업부문은 소득을 상회하는 투자활동을 하므로 적자주체가 된다. 금융시장은 가계부문에 여유자금을 운용할 수 있는 수단(금융자산)을 제공하고 흡수한 자금을 투자수익성이 높은 기업을 중심으로 기업부문에 이전시킴으로써 국민경제의 생산력을 향상시킨다. 이를 금융시장의 자원배분기능이라고 한다. 또한 금융시장은 소비주체인 가계부문에 적절한 자산운용 및 차입기회를 제공하여 가계가 자신의 시간선호(time preference)에 맞게 소비시기를 선택할 수 있게 함으로써 소비자 효용을 증진시키는 기능을 한다.

금융시장은 이외에도 다음과 같은 중요한 기능을 수행한다. 우선 위험분산(risk sharing) 기능을 들 수 있다. 금융시장은 다양한 금융상품을 제공함으로써 투자자가 분산투자를 통해 투자위험을 줄일 수 있도록 한다. 또한 파생금융상품과 같은 위험 헤지 수단을 제공하여 투자자가 투자 위험을 위험선호도(risk preference)가 높은 다른 시장참가자에게 전가할 수 있도록 해 준다. 이 결과 투자자의 시장참여가 확대되면서 금융시장의 자금중개규모가 확대된다. 다음으로 금융시장은 금융자산을 보유한 투자자에게 높은 유동성(liquidity)을 제공한다. 유동성은 금융자산의 환금성을 말한다. 투자자는 환금성이 떨어지는 금융자산을 매입할 경우에는 동 자산을 현금으로 전환하는데 따른 손실을 예상하여 일정한 보상, 즉 유동성 프리미엄((liquidity premium)을 요구하게 된다. 금융시장이 발달하면 금융자산의 환금성이 높아지고 유동성 프리미엄이 낮아짐으로써 자금수요자의 차입비용이 줄어들게 된다.

또한 금융시장은 금융거래에 필요한 정보를 수집하는 데 드는 비용과 시간을 줄여준다. 투자자가 여유자금을 운용하기 위해 차입자의 채무상환능력 등에 관한 정보를 직접 취득하려 한다면 비용과 시간이 많이 들 뿐 아니라 때로는 불가능할 수도 있다. 그러나 금융시장이 존재할 경우 차입자의 신용에 관한 정보가 차입자가 발행한 주식의 가격이나 회사채의 금리 등에 반영되어 유통되므로 투자자가 투자정보를 취득하는데 따른 비용과 시간이 크게 절감될 수 있다. 따라서 금융시장의 정보생산기능이 활발하면 투자자의 의사결정이 촉진될 뿐만 아니라 차입자도 정당한 평가를 통해 소요자금을 원활히 조달할 수 있게 된다. 금융시장이 발달할수록 금융자산 가격에 반영되는 정보의 범위가 확대되고 정보의 전파속도도 빨라지는 것이 일반적이다.

마지막으로 시장규율(markets discipline) 기능이 있다. 시장규율이란 차입자의 건전성을 제고하기 위해 시장참가자가 당해 차입자가 발행한 주식 또는 채권 가격 등의 시장신호(market signal)를 활용하여 감시기능을 수행하는 것을 말한다. 예를 들면 어떤 기업이 신규 사업을 영위하기 위해 인수 · 합병계획을 발표했는데 시장참가자들이 그러한 계획이 당해 기업의 재무건전성을 악화시킬 것으로 본다면 금융시장에서 거래되는 동 기업의 주식이나 회사채 가격이 즉각 하락하게 된다. 즉, 시장참가자들이 인수 · 합병 계획에 대한 부정적인 시각을 가격에 반영한 것이다. 이렇게 되면 그 기업의 자금조달 비용이 높아져 인수 · 합병을 통한 무리한 사업 확장에 제동이 걸릴 수가 있는 것이다.

3. 금융시장의 유형

금융시장은 금융거래의 만기에 따라 단기금융시장과 장기금융시장, 금융수단의 성격에 따라 채무증서시장과 주식시장, 금융거래의 단계에 따라 발행시장과 유통시장, 금융거래의 장소에 따라 거래소시장과 장외시장 등으로 구분할 수 있다.

(1) 단기금융시장(자금시장)과 장기금융시장(자본시장)

단기금융시장(money market)은 보통 만기 1년 이내의 금융자산이 거래되는 시장을, 자본시장(capital market)은 만기 1년 이상의 채권이나 만기가 없는 주식이 거래되는 시장을 의미한다. 단기금융시장은 금융기관, 기업, 개인 등이 일시적인 자금수급의 불균형을 조정하는 데 활용된다. 우리나라의 경우 콜시장, 기업어음시장, 양도성예금증서시장, 환매조건부채권매매시장, 표지어음시장, 통화안정증권시장 등이 단기금융시장에 해당된다. 콜시장은 금융회사 상호 간에 자금과부족을 일시적으로 조절하기 위한 초단기 자금거래가 이루어지는 시장이다. 콜거래는 최장 90일 이내로 만기가 제한되어 있으나 거래물량의 대부분을 익일물이 차지하고 있다. 기업어음은 신용상태가 일정 수준 이상의 양호한 기업이나 금융회사가 단기자금을 조달하기 위해 발행한 증권이다. 기업어음시장은 기업 등 발행자가 자기신용을 이용하여 비교적 간단한 절차를 거쳐서 단기자금을 조달할 수 있는 수단이 되며 자금공급자에게는 단기자금의 운용수단이 된다. 양도성예금증서는 정기예금에 양도성을 부여한 예금증서로 기업어음과 마찬가지로 할인방식으로 발행되며 발행금리는 발행금액 및 기간, 발행 금융회사의 신용도, 시장금리 등을 감안하여 결정된다. 한편 장기금융시장은 주로 기업, 금융기관, 정부 등이 장기자금을 조달하는 시장으로 자본시장이라고도 한다.

단기금융시장과 자본시장에서 거래되는 금융상품의 특징을 살펴보면 먼저 단기금융상품은 만기가 짧아 금리변동에 따른 자본손실위험이 작은 반면 만기가 긴 채권의 경우는 금리변동에 따른 가격변동 위험이 크다. 또한 주식은 기업자산에 대한 청구권이 대출, 채무증서 등 일반채권에 비해 후순위일 뿐만 아니라 가격 변동폭이 커서 투자위험이 더욱 크다. 따라서 이들 장기금융상품은 주로 미래의 자금지출에 대한 불확실성이 낮은 금융기관, 연기금 및 개인 등이 장기적인 관점에서 투자하는 경우가 많으며 투자에 따른 위험을 회피하기 위해 선물, 옵션, 스왑 등 파생금융상품에 대한 투자를 병행하는 경우가 대부분이다. 단기금융시장과 자본시장은 중앙은행의 통화정책 효과가 파급되는 경로로서의 역할을 한다는 점에서 중요하다. 중앙은행의 통화정책은 일차적으로 단기금융시장 금리에 영향을 미치며 이어서 장기금융시장 금리 및 주가 등에 파급되어 최종적으로 기업 투자 및 가계 소비에 영향을 미침으로써 실물경제활동과 물가의 변동을 초래한다. 한편 자본시장은 통화정책 이외에도 기대 인플레이션, 재정수지, 수급사정 등 다양한 요인에 의해 영향을 받기 때문에 통화정책과의 관계가 단기금융시장에 비해 간접적이고 복잡하다는 점이 특징이다.

(2) 채무증서시장과 주식시장

채무증서시장(debt market)이란 차입자가 만기까지 일정한 이자를 정기적으로 지급할 것을 약속하고 발행한 채무증서(debt instrument)가 거래되는 시장이다. 채무증서의 만기는 통상 1년 이내의 단기, 1년과 10년 사이의 중기, 10년 이상의 장기로 구분된다. 우리나라의 경우 기업어음시장, 양도성예금시장, 표지어음시장, 통화안정증권시장, 국채 · 회사채 · 금융채 등의 채권시장이 채무증서시장에 해당된다. 이에 비해 주식시장(equity market)은 회사의 재산에 대한 지분을 나타내는 주식(equity)이 거래되는 시장이다. 채무증서와는 달리 주식으로 조달된 자금에 대해서는 원리금 상환의무가 없다. 그 대신 주주는 주식소유자로서 기업 순이익에 대한 배당청구권을 갖는다. 우리나라의 주식시장에는 유가증권시장, 코스닥시장, 코넥스시장, K-OTC시장 등이 있다. 채무증서와 주식의 가장 큰 차이는 동 증권의 발행기업이 청산할 경우 채무증서 소유자는 우선변제권을 행사할 수 있는 반면 주주는 채무를 변제한 잔여재산에 대하여 지분권을 행사(residual claim)한다는 점이다. 따라서 주식은 채권보다 기업부도 발생에 따른 위험이 더 크다. 또한 채무증서 소유자는 이자 및 원금 등 고정된 소득을 받게 되므로 미래의 현금흐름이 안정적인데 비하여, 주주의 경우는 기업의 자산가치나 손익의 변동에 따라 이익을 볼 수도 있고 손해를 입을 수도 있다. 따라서 주식은 채무증서보다 자산가치의 변동성이 크다.

(3) 발행시장과 유통시장

발행시장(primary market)은 단기금융상품이나 채권, 주식 등 장기금융상품이 신규로 발행되는 시장이며 유통시장(secondary market)은 이미 발행된 장단기 금융상품이 거래되는 시장을 말한다. 발행시장에서 증권의 발행은 그 방식에 따라 직접발행과 간접발행으로 구분되는데 간접발행의 경우에는 인수기관(underwriting institution)이 중심적인 역할을 수행한다. 인수기관은 해당 증권의 발행 사무를 대행함은 물론 증권의 전부 또는 일부 인수를 통해 발행위험을 부담하는 한편 발행된 증권의 유통시장을 조성(market-making)한다. 우리나라에서는 회사채 또는 주식을 공모방식으로 발행할 때 주로 증권회사가 인수기능을 수행하고 있다. 정부가 국고채를 발행할 때에는 국고채 전문딜러(PD; Primary Dealer)가 경쟁 입찰에 독점적으로 참여하고 매수매도호가 공시(bid-ask quotation) 등을 통해 시장조성 활동을 담당하고 있다. 한편 유통시장은 투자자가 보유 중인 회사채나 주식을 쉽게 현금화할 수 있게 함으로써 당해 금융상품의 유동성을 높여준다. 아울러 금융상품의 발행가격을 결정하는 발행시장에 영향을 미침으로써 자금수요자의 자금조달 비용에도 영향을 준다. 투자자들은 발행시장과 유통시장의 가격을 비교하여 가격이 낮은 상품을 매입하게 되므로 유통시장의 가격이 높으면 발행시장의 가격도 높아져 증권 발행자는 낮은 비용으로 소요자금을 조달할 수 있게 된다. 즉 유통시장에서 거래가 원활하지 않은 증권은 발행시장에서 인기가 없고, 발행시장에서 인기가 없어서 규모가 작고 가격이 낮은 증권은 유통시장에서도 인기가 없다. 이와 같이 발행시장과 유통시장은 서로 밀접한 관계를 가지고 있다.

(4) 거래소시장과 장외시장

유통시장은 거래소시장과 장외시장으로 구분된다. 거래소시장(exchange)은 시장참가자의 특정 금융상품에 대한 매수매도 주문(bid-ask order)이 거래소에 집중되도록 한 다음 이를 표준화된 거래규칙에 따라 처리하는 조직화된 시장으로 장내시장(場內市場)이라고도 한다. 거래소시장은 시장 참가자 간의 거래관계가 다면적이고 거래소에 집중된 매수 · 매도 주문의 상호작용에 의하여 가격이 결정(order-driven)된다는 점에서 거래정보가 투명하다. 또 가격 및 거래정보가 누구에게나 잘 알려지며 거래의 익명성이 보장되어 거래 상대방이 누구인지 알려지지 않는다는 특징이 있다. 우리나라의 경우 한국거래소가 증권과 파생상품의 원활한 거래와 가격형성을 담당하고 있으며 증권회사, 선물회사 등이 회원으로 가입해 있다. 2005년에 주식 · 채권 등을 거래하는 증권거래소, 선물 및 옵션을 거래하는 선물거래소, 기술주 중심의 주식을 거래하는 코스닥증권시장 등 3곳을 한국거래소로 통합하였다. 이에 따라 한국거래소에서는 주식, 채권, 상장지수펀드(ETF), 상장지수증권(ETN) 및 파생상품 등을 모두 거래하고 있다. 장외시장은 특정한 규칙 없이 거래소 이외의 장소에서 당사자 간에 금융상품의 거래가 이루어지는 시장을 말하며 크게 직접거래시장과 딜러 · 브로커 등이 거래를 중개하는 점두시장(over-the-counter market)으로 구분된다. 직접거래시장은 매매당사자 간의 개별적인 접촉에 의해 거래가 이루어지므로 동일 시간에 동일 상품의 가격이 다르게 결정되는 등 비효율적인 면이 있다. 한편 점두시장은 다시 딜러 · 브로커 간 시장(inter-dealer segment)과 대고객시장(dealer-to-customer segment)으로 구분할 수 있는데 이들 시장에서는 각각 딜러 · 브로커 상호 간, 딜러 · 브로커와 고객 간 쌍방 거래로 이루어진다. 또한 거래 가격도 딜러 · 브로커가 고시한 매수매도 호가를 거래상대방이 승낙하여 결정(quote-driven)되기 때문에 거래정보의 투명성이나 거래상대방의 익명성이 낮다. 우리나라의 경우 채권은 대부분 장외시장에서 거래되고 있으며 콜, 양도성예금증서, 기업어음 등 단기금융상품은 물론 외환 및 외환파생상품, 금리 및 통화 스왑 등의 파생금융상품 등도 대부분 장외시장에서 거래된다. 장외시장은 주로 증권회사를 매개로 거래가 이루어지는데, 증권회사는 매도나 매수를 원하는 투자자와 반대거래를 원하는 상대방을 연결시켜 거래를 중개한다.

17 저축과 금융투자에 대한 이해

01 저축과 투자

저축은 현재의 소비를 포기하고 미래로 소득을 이연하는 것이다. '절약하여 모으다, 아껴서 쌓아두다'라는 저축(貯蓄) 개념 속에는 투자활동도 포함되어 있다. 투자 역시 현재의 소비를 포기하고 미래에 소비를 하려는 것이기 때문이다. 그러나 현실에서는 흔히 저축을 원금 손실이 없는 '예금'과 동일하게 생각하는 경우가 많은데 이런 관점에서 저축은 투자에 비해 불확실성이 매우 적은 자산축적 활동이라고 정의할 수 있다. 저축을 하는 목적은 예정된 날짜에 이자와 원금을 확실하게 회수하여 계획했던 미래 소비에 사용하는 것이다. 현재 소비를 미룬 대가로 지급되는 이자의 크기가 과거에 비해 줄어들었지만 미래의 현금흐름이 확실히 보장된다는 점에는 변함이 없다.

반면 투자는 미래의 현금흐름에 불확실성이 존재한다. 저축으로 발생하는 이자보다 더 많은 수익이 발생할 수도 있으나 반대로 원금손실을 볼 수도 있으며, 수익이 발생하더라도 어느 정도 발생할지 알 수 없다. 즉 투자에는 반드시 리스크가 따르며, 투자의 종류에 따라 리스크의 크기도 다르게 된다. 최근 전 세계적으로 저금리가 고착화되면서 낮은 수익률을 보이는 저축보다는 어느 정도 리스크를 감당하더라도 수익률을 높일 수 있는 투자에 대한 관심이 커지고 있다. 우리나라도 2000년대에 들어서기 전까지는 은행의 정기예금 금리가 평균 12% 전후였으나 그 이후 지속적으로 하락하면서 1~2%대로 떨어졌다. 이런 저금리는 저축을 통해 목돈을 모으는 것을 어렵게 하고 모은 돈으로 노후생활 유지를 힘들게 만든다. 30년 후 필요한 노후자금을 5억 원이라고 보고 이를 매달 일정액의 저축을 통해 모으려고 할 경우 금리 수준에 따라 저축액이 어떻게 달라져야 하는지 살펴보자. 아래 표에서 보듯이 금리가 1%이면 매월 저축액이 1,191,531원이 되어야 하고 5%라면 거의 반인 600,775원이 필요하며, 과거 우리나라 평균 예금금리였던 12%를 가정하면 매월 저축액이 143,063원으로 크게 감소한다. 결국 30년 동안 동일한 5억 원을 모으는 데 필요한 저축액이 금리가 하락하면 기하급수적으로 증가하는 것을 알 수 있다.

[금리수준별로 30년 후 5억 원을 모으기 위해 필요한 월 저축액(원)]

금리 수준	1%	2%	3%	5%	7%	10%	12%
월 저축액	1,191,531	1,014,764	858,020	600,775	409,846	221,191	143,063

이번에는 이렇게 모은 5억 원을 은행에 맡겨두고 20년 동안 원리금을 매월 일정액씩 찾아서 노후생활자금으로 쓴다고 가정하고 금리수준에 따라 매달 쓸 수 있는 돈이 얼마나 될까? 아래 표에서 보듯이 금리가 1%이면 매월 인출액이 2,299,472원, 2%라면 2,529,417원이 되고 5%인 경우는 3,299,779원씩을 받을 수 있다. 과거 우리나라 평균 예금금리였던 12%를 가정하면 5,505,431원으로 월 인출액이 크게 증가한다. 결국 저금리 시대에는 노후대책을 위해 모아두어야 할 자금도 크게 증가하게 된다.

[원금 5억 원을 20년간 매월 일정금액 인출 시 금리수준별 인출가능금액(원)]

금리 수준	1%	2%	3%	5%	7%	10%	12%
월 저축액	2,299,472	2,529,417	2,772,988	3,299,779	3,876,495	4,825,108	5,505,431

02 저축의 기초

1. 저축과 이자

기간이 1년인 경우 이자금액은 단순히 원금에 이자율을 곱하여 나온 값으로 계산한다. 기간이 1년 이상인 경우에는 이자율을 곱하는 원금을 어떻게 평가하느냐에 따라 단리(單利)와 복리(複利)로 구분할 수 있다.

(1) 단 리

단리는 일정한 기간에 오직 원금에 대해서만 미리 정한 이자율을 적용하여 이자를 계산하는 방법이다. 여기서 발생하는 이자는 원금에 합산하지 않으며 따라서 이자에 대한 이자가 발생하지 않는다. 원금에만 이자가 발생한다는 점에서 단리로 계산하는 방식은 다음과 같다.

$$FV = PV \times [1 + (r \times n)]$$

[FV＝미래가치, PV＝현재가치, r＝수익률(연이율), n＝투자기간(연단위)]

예를 들어 연 4%의 이자율로 100만 원을 3년 동안 단리로 저축하면 얼마가 될까?

$$1{,}000{,}000\text{원} \times [1 + (0.04 \times 3)] = 1{,}120{,}000\text{원}$$

즉, 100만 원에 대한 3년 후의 미래가치는 1,120,000원이 된다.

(2) 복 리

저축이나 투자를 통한 자산관리와 관련하여 빼놓을 수 없는 것이 복리의 위력이다. 복리란 중복된다는 뜻의 한자어 복(複)과 이자를 의미하는 리(利)가 합쳐진 단어로 이자에도 이자가 붙는다는 뜻이다. 따라서 원금뿐 아니라 발생한 이자도 재투자된다고 가정하는 복리계산(compounding)은 다음과 같다.

$$FV = PV \times (1 + r)^n$$

[FV＝미래가치, PV＝현재가치, r＝수익률(연이율), n＝투자기간(연단위)]

예를 들어 연 4%의 이자율로 100만 원을 3년 동안 복리로 저축하면 얼마가 될까?

$$1{,}000{,}000\text{원} \times (1 + 0.04)^3 = 1{,}124{,}864\text{원}$$

즉, 100만 원에 대한 3년 후의 미래가치는 1,124,864원이 된다.

(3) 단리와 복리

동일한 금액, 동일 수준의 이자율이라 하더라도 이자계산을 단리로 하느냐 복리로 하느냐에 따라 원리금은 크게 달라지며 그 기간이 길어질수록 현격한 차이가 발생한다. 아래 표(기간에 따른 단리와 복리 비교)는 100만 원을 연 4%의 이자율로 저축할 경우에 자산의 규모가 10년 단위로 어떻게 변하는지 보여주고 있다. 단리의 경우 기간에 비례하여 일정한 비율로 증가하지만 복리의 경우에는 기간이 길어질수록 기하급수적으로 그 금액이 증가하게 된다. 100만 원을 연 4% 이자율로 운용할 때 단리로는 50년 후에 약 300만 원이 되는 반면에 복리로는 710만 원이 되어 2배 이상 차이가 난다. 이런 복리의 위력은 이자율의 차이가 적더라도 운용기간이 길어질 경우에도 발생한다.

[기간에 따른 단리와 복리 비교(100만 원, 연 4%)]

(단위 : 천 원)

구 분	현 재	10년	20년	30년	40년	50년
단 리	1,000	1,400	1,800	2,200	2,600	3,000
복 리	1,000	1,480	2,191	3,243	4,801	7,107

아래 표(이자율에 따른 단리와 복리 비교)는 100만 원을 30년 동안 운용하되 연 이자율이 각각 4%, 8%, 12%라고 가정할 때 자산규모가 어떻게 변하는지 보여준다. 가장 먼저 돋보이는 점은 복리로 운용하면 결과가 단순히 이자율에 비례하지 않는다는 점이다. 예컨대 이자율이 연 4%에서 연 8%로 두 배가 되면 초기 100만 원이었던 자산은 3백만 원에서 1천만 원으로 약 3배 이상 증가하고, 이자율이 연 12%라면 자산은 거의 30배인 약 3천만 원이 된다. 따라서 장기적으로 자금을 운용할 경우에는 작은 이자율 차이도 결과면에서는 큰 차이를 가져온다.

[이자율에 따른 단리와 복리 비교(운용기간 30년)]

(단위 : 천 원)

구 분	4%	8%	12%
단 리	2,200	3,400	4,600
복 리	3,243	10,062	29,960

(4) 72의 법칙

저축기간과 금리와의 관계를 설명하는 '72의 법칙'이라는 것이 있다. 복리로 계산하여 원금이 두 배가 되는 시기를 쉽게 알아볼 수 있는데 다음과 같은 간단한 공식으로 계산할 수 있다.

72÷금리＝원금이 두 배가 되는 시기(년)

예를 들어 100만 원을 연 5%의 복리상품에 예치할 경우 원금이 2배인 200만 원으로 불어나려면 얼마나 걸릴까? 약 14.4년이 소요된다(72÷5=14.4). 물론 세금을 공제하기 전이다.
이 법칙은 목표수익률을 정할 때에도 활용할 수 있다. 만일 10년 안에 원금이 두 배가 되기 위한 금리는 어느 수준일까? 72÷10=7.2%(년)가 된다. 즉 72법칙을 이용하면 원하는 목표수익률이나 자금운용기간을 정하는 데 도움이 된다.

2. 저축과 인플레이션(Inflation)

지속적으로 물가가 상승하는 것을 인플레이션이라고 한다. 인플레이션이 있으면 똑같은 돈으로 구입할 수 있는 물건이 줄어들기 때문에 화폐 가치가 하락하는 것이다. 현재의 소비를 미래로 이연하는 것이 저축이라고 했는데, 인플레이션율이 높을수록 저축한 돈의 가치를 유지하면서 소비를 미래로 늦추기는 어렵게 된다. 볼리비아의 사례를 보자. 1984년에 물가가 27배 올랐는데 1월 1일에 100원짜리 연필이 12월 31일에는 2,700원이 되었다는 의미이다. 만약 1월 1일에 100만 원을 연이율 10%로 저축했다면 12월 31일에 저축원리금은 110만 원이 되어 있었겠지만 그 돈의 가치는 형편없이 낮아져 있었을 것이다. 1월에는 100만 원으로 연필 1만 개를 살 수 있었으나 12월 31일에는 110만 원으로 불어난 돈으로도 약 407개의 연필밖에 살 수 없었다. 이렇게 저축의 실제 가치는 인플레이션에 따라 달라질 수 있다.

3. 저축과 세금

원칙적으로 금융상품에 가입하거나 금융상품을 매매할 때에는 세금이 부과된다. 우리나라에서는 이자소득을 포함한 금융소득에 대해서 분리과세를 통해 금융회사가 일률적으로 14%(지방소득세를 포함하면, 15.4%)를 원천징수하고 나머지를 지급한다. 금융상품 중에는 정책적으로 이자 또는 배당에 대해 과세되지 않는 비과세상품이나 낮은 세율이 적용되는 세금우대상품도 있다. 그러나 이러한 상품은 한시적으로 일부 계층에게만 제한적으로 허용되는 경우가 대부분이며, 대표적인 비과세상품으로는 장기저축성보험이 가장 많이 활용되고 있다. 금융상품별로 어떤 과세 기준이 적용되는지는 세후수익률에 영향을 주므로 잘 살펴보는 것이 좋다.

03 투자의 기초

1. 투자와 투기

투자는 미래에 긍정적인 이익이 발생하기를 바라면서 불확실성을 무릅쓰고 경제적 가치가 있는 자산을 운용하는 것을 의미한다. 즉 투자는 개인이 자산을 다양하게 운용하고 관리하기 위해 활용할 수 있는 일종의 금융적 도구이다. 개인은 자신의 상황에 맞게 적절한 상품을 합리적으로 활용하는 것이 바람직하다. 개인의 합리적인 투자 선택은 자금이 필요한 곳에 적절히 자금을 공급하는 역할을 하므로 경제 및 사회의 발전에도 큰 도움이 된다. 그러나 종종 과도한 이익을 추구하면서 비합리적으로 자금을 운용하는 경우도 있는데 우리는 이런 행위를 투기라고 부르며 건전한 투자와 구분한다. 투기는 요행을 바라고 과도한 위험을 떠안으면서 비교적 단기간에 부당한 이득을 취하려는 경우를 말하며 개인 및 가계의 재정을 큰 위험에 빠뜨릴 수 있을 뿐만 아니라 우리 경제와 사회에도 큰 해를 끼칠 수 있다. 투기는 경제활동을 위한 정상적인 자금흐름을 방해하고 많은 경제 분야에 걸쳐 가격

거품을 형성함으로써 사회의 경제적 안정성을 해칠 수 있다. 올바른 투자자라면 개인의 자산 증식에만 몰두하지 않고 이 사회에도 부정적인 영향을 끼치지 않도록 투자의 결과까지 고려하는 것이 바람직할 것이다.

2. 수익과 투자수익률

투자에서 수익(profit)이란 투자한 양과 회수되거나 회수될 양과의 차이를 말한다. 투자량에 비해 회수량이 많으면 양(+)의 수익이 발생하고 투자량에 비해 회수량이 적으면 음(−)의 수익이 발생한다. 투자수익률(rate of return on investment)은 투자량과 회수량과의 비율을 나타낸다. 투자원금은 투자량을 금액으로 나타낸 것이며, 일정기간 경과 후 회수되거나 회수될 가치를 기말의 투자가치로 볼 때 투자를 통해 발생하는 수익률은 아래의 식을 이용해 구할 수 있다.

투자수익률 = (기말의 투자가치 − 투자원금) ÷ 투자원금 × 100

여기서 기말의 투자가치는 투자기간 중 발생하는 이자금액이나 배당금, 재투자 등이 포함된 개념이다. 예를 들어 3개월 전에 10,000원에 매입한 주식을 오늘 10,900원에 매도하고 이 주식을 보유하는 기간 동안 200원의 배당금을 받았다면 3개월 동안의 투자수익률은 [(10,900+200)−10,000]÷10,000×100=11%가 된다.

이것은 단순히 투자금액 규모의 차이를 감안하여 서로 비교하기 위해 산출한 것으로 보유기간수익률이 라고 한다. 그러나 보유기간수익률은 투자기간이 서로 다른 경우에는 비교가 불가능하기 때문에 통상 1년을 기준으로 표준화하여 표시하는 것이 일반적이다(연간 보유기간수익률). 즉 기간 수익률을 연 수익률로 바꾸어주는 연율화(annualization)를 하며 그 과정에서도 재투자를 가정한 복리를 적용하여 계산하는 것이 원칙이다. 예를 들어 3개월 동안 11%인 수익률을 연율화하면 단순히 11%의 4배인 44%가 되는 것이 아니라 매 3개월마다 11%의 복리 수익률로 계속 재투자된다고 가정하기 때문에 연간 보유기간 수익률은 $(1+0.11)^4-1=0.5181$, 즉 51.81%가 된다.

(1) 수익률 계산 시 고려사항

수익을 계산할 때에는 이를 얻기 위해 발생한 비용을 고려해야 한다. 우선 명시적으로는 거래비용이 발생한다. 예컨대 증권을 거래할 때 증권회사에 지급하는 거래수수료나 부동산거래에서 중개업자에게 지급하는 중개수수료 등이 거래비용에 해당한다. 결국 거래비용을 제외한 나머지가 실질적인 투자수익이 되므로 거래횟수가 잦을수록 비용 대비 수익이 낮아지게 되어 장기투자가 유리하게 된다. 또 저축이나 투자를 통해 발생한 수익에 대해 과세가 된다면 세금을 제외한 나머지가 실질적인 수익이 되므로 세전(before−tax) 수익률과 세후(after−tax) 수익률을 구분할 필요가 있다. 거래비용이나 세금과 같이 명시적인 비용 이외에도 암묵적으로 발생하는 비용이 있는데 가장 대표적인 것으로 기회비용(opportunity cost)이 있다. 기회비용은 어떤 행위를 하기 위해 포기해야 하는 다른 기회의 가치를 의미하는데 투자에도 적용될 수 있다. 예를 들어 주식투자에 많은 시간과 노력을 들였다면 계산하기는 어려워도 분명히 기회비용이 발생한 것이다. 또 투자를 위해 필요한 정보를 수집하는 데에 적지 않은 시간과 비용이 들었다면 이런 정보수집 비용도 암묵적인 비용의 일부로 볼 수 있다. 이처럼 투자에 수반되는 기회비용이나 정보비용을 줄이기 위해 직접투자 대신에 펀드, 위탁매매와 같은 간접투자를 이용하기도 한다. 물론 이 경우에도 투자결정에 전문가의 도움을 받는 대가로 판매보수나 운용보수와 같은 비용을 지불하게 된다.

3. 투자의 위험(risk)

위험의 사전적 정의는 '해로움이나 손실이 생길 우려가 있거나 또는 그런 상태'를 말한다. 그런데 우리는 영어의 danger, risk, hazard, peril 등을 별다른 구분 없이 위험으로 통칭하여 사용하고 있다. 사실 우리말 '위험'은 부정적인 의미를 내포하며 영어로는 'danger'에 더 가깝다. 영어로는 'risk'와 'danger' 가 서로 다른 의미인데 우리말에서는 둘 다 '위험'으로 번역하기 때문에 리스크의 정확한 의미가 다소 왜곡되고 있다. 투자에서 얘기하는 위험(risk)은 미래에 받게 되는 수익이 불확실성에 노출(exposure to uncertainty)되는 정도를 의미하며 부정적 상황 외에 긍정적 가능성도 내포하게 된다. 요약하자면 위험(risk)이 금융 분야에서 사용될 경우에는 불확실한 미래 상황에 노출된 상태로서 경우에 따라 많은 수익을 얻을 수도 있지만 어떤 경우에는 손실을 볼 수도 있는 것을 의미한다. 따라서 risk와 부정적인 결과만 있는 danger는 구분되어 사용되어야 한다. 예컨대 수출 주력 기업의 경우, 환율이 상승하면 유리해지고 하락하면 불리해질 수 있는데, 이러한 상황을 가리켜 환리스크(risk)가 있다고 한다.

(1) 투자수익률과 리스크의 관계

확정된 수익률이 보장되는 저축과 달리 투자는 앞으로 어떤 결과가 발생할지 모르는 불확실성이 있기 때문에 필연적으로 리스크가 수반된다. 리스크가 크다는 것은 투자 결과의 변동 폭이 크다는 의미로 일반적으로 투자수익과 위험은 동행하는 경향이 있다. 즉 위험이 많은 투자일수록 평균적으로 높은 수익이 난다는 것이다. 사람들은 본능적으로 가능한 한 위험을 회피하는 경향이 있기 때문에 위험이 있는 자산은 위험이 없는 자산에 비해 할인되어 거래된다. 이런 투자의 특성을 'high risk high return(고수익 고위험)'이라고 한다. 기대수익률(expected return)이란 어떤 자산을 현재가격으로 매입할 때 평균적으로 예상되는 수익률을 의미하므로 실제 투자 결과로 발생하는 사후적인 실현수익률을 의미하지는 않는다. 즉 리스크가 큰 투자라고 해서 높은 수익률을 보장하는 것은 결코 아니며 기대수익률이 높아야만 투자자들이 기꺼이 리스크를 감당하여 투자를 하게 된다는 의미로 이해해야 한다. 예를 들어 안전한 저축 대신에 주식투자를 하는 투자자는 저축 이자율보다 높은 수익을 기대하고 선택한 것이지만 주식투자가 반드시 저축보다 더 높은 수익을 얻는다는 보장은 없다. 결과적으로 주식투자를 통해 큰 수익을 얻을 수도 있고 큰 손실을 입을 수도 있지만 투자 시점에서는 어떤 결과가 발생할지 알 수 없다는 점이 바로 리스크인 것이다. 흔히 리스크가 전혀 없는 상태에서의 수익률을 무위험수익률(risk-free rate of return)이라고 하고, 리스크에 대한 보상으로 증가하는 기대수익률을 리스크 프리미엄(risk premium)이라고 한다. 즉 투자의 기대수익률은 무위험수익률에 리스크 프리미엄을 합한 값과 같다.

결과적으로 투자자는 각자의 투자목적과 리스크 선호도에 따라 높은 수익을 기대하면서 리스크를 감당할지 아니면 리스크가 낮은 대신 안정적인 수익을 선택할지를 결정하면 된다. 안정성을 선호한다면 리스크가 낮은 저축의 비중을 높이되 높은 수익을 원한다면 리스크를 떠안고 투자의 비중을 높여야할 것이다.

(2) 투자위험 관리와 분산투자

투자에는 속성상 리스크가 포함된다고 하여 손실 위험에 아무런 대처 없이 무방비 상태로 투자를 하는 것은 아니다. 투자위험을 관리하는 방법들 중 가장 대표적인 것은 자산배분을 통한 분산투자이다. 흔히 분산투자를 얘기하면서 '모든 달걀을 한 바구니에 담지 말라'는 표현을 쓰는데 이것은 투자를 할 때에는 여러 가지 자산, 즉 포트폴리오(portfolio)를 구성하여 투자할 것을 권하는 말이다. 여러 가지 모음을 뜻하는 포트폴리오를 금융 분야에서는 여러 가지 자산으로 구성된 집합체의 의미로 사용하고 있다. 한 종목에만 투자하지 않고 포트폴리오를 구성하게 되면 여러 금융상품이나 자산에 돈을 분산시키는 효과가 발생하여 리스크가 감소한다. 예컨대 우산 가게와 아이스크림 가게는 날씨에 따라 각각의 매출액에 변동성이 크게 나타날 것이다. 그러나 동일한 가게에서 우산과 아이스크림을 함께 판매한다면 날씨에 따른 총매출액의 변동폭은 크게 감소할 것이다. 날씨 변화에 따라 각 종목의 매출액은 서로 반대로 움직이는 경향이 있어 전체적으로는 상쇄효과가 발생할 것이기 때문이다. 이처럼 개별자산별로는 리스크가 제법 크더라도 여러 가지 개별자산에 나누어 투자하게 되면 전체 포트폴리오의 리스크는 감소하게 된다.

[분산투자와 투자위험]

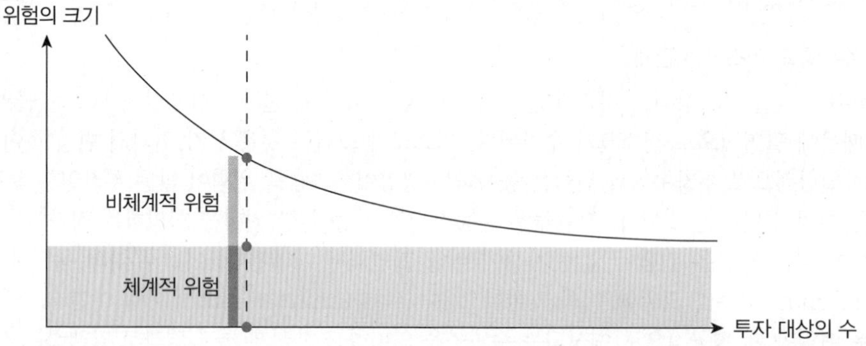

그런데 분산투자를 한다고 해서 모든 위험의 크기가 줄어드는 것은 아니다. 투자 가치에 영향을 미치는 원인에 따라 위험의 종류를 크게 두 가지로 나눈다. 분산투자를 통해서 위험을 줄일 수 있는 부분은 분산가능 위험 또는 비체계적 위험이라 하고 분산투자로도 그 크기를 줄일 수 없는 부분은 분산불가능 위험 또는 체계적 위험이라고 한다. 체계적 위험은 세계 경제위기나 천재지변, 전쟁 등과 같이 모든 자산이나 투자 대상의 가치에 영향을 미치는 위험을 의미한다. 반면에 비체계적 위험은 경영자의 횡령, 산업재해, 근로자의 파업 등 특정 기업이나 산업의 가치에만 고유하게 미치는 위험으로 자산을 분산함으로써 회피하거나 그 크기를 상쇄시킬 수 있다.

(3) 레버리지 효과와 투자위험

분산투자처럼 투자위험을 줄이려는 전략도 있으나 기대수익률을 더욱 높이기 위해 투자위험을 오히려 확대하는 전략도 존재한다. 대표적인 것이 지렛대를 의미하는 레버리지(leverage) 투자인데, 지렛대를 이용하면 실제 힘보다 몇 배 무거운 물건을 움직일 수 있듯이 금융에서는 실제의 가격변동률보다 몇 배 많은 투자수익률이 발생하는 현상을 레버리지로 표현한다. 레버리지 효과를 유발하여 가격변동률보다 몇 배 많은 투자수익률이 발생하려면 투자액의 일부를 자신의 자본이 아닌 부채로 조달하여야 한다. 예컨대 자신의 자금 100만 원으로 주당 10,000원인 주식을 100주 매입하고 주가가 20% 상승한 후 12,000원에 매도하였다면 거래비용을 무시할 경우 자신의 자금 100만 원에 대한 투자수익률은 주가변동률과 같이 20%가 된다. 그러나 투자자금 100만 원 중에서 60만 원은 대출을 받아 사용하였고 나머지 40만 원만 자신의 자금이라고 가정하면 투자수익률은 20%의 2.5배인 50%로 크게 높아지게 된다. 왜냐하면 발생한 총수익은 20만 원으로 동일하지만 투자에 사용한 자기자금은 40만 원밖에 안되기 때문이다(50%=20만 원÷40만 원×100%). 물론 거래비용과 대출이자 등을 감안한다면 수익률은 좀 더 줄어들게 될 것이다. 가격이 하락하는 경우에도 마찬가지 논리가 성립한다. 위의 예에서 만일 주가가 10,000원에서 9,000원으로 10% 하락한다면 자기자금 40만 원과 대출자금 60만 원 등 총 투자액 100만 원에 대한 손실액은 10만 원이지만 자기자금 40만 원에 대한 투자수익률은 '−10만 원÷40만 원×100%=−25%'가 되어 실제 가격변동률 −10%의 2.5배나 된다. 결과적으로 투자의 레버리지는 총 투자액 중 부채의 비중이 커지면(동일한 의미로, 자기자본의 비중이 작아지면) 증가하게 되며, 다음 공식에 따라 계산된다.

투자 레버리지=총 투자액/자기자본

앞의 예를 공식에 대입해 보면 총 투자액 100만 원 중 40%만 자기자본으로 하여 투자했기 때문에 레버리지는 2.5배(=100만 원÷40만 원)이며, 주가가 20% 상승하면 실제 투자수익률은 2.5배인 50%가 되고 반대로 주가가 10% 하락하면 실제 투자수익률은 그 2.5배인 −25%가 된다. 이처럼 레버리지는 손익의 규모를 확대시켜 레버리지가 커질수록 그 방향이 양이든 음이든 투자수익률은 가격변동률의 몇 배로 증가함으로써 리스크가 커지게 된다. 이런 이유로 레버리지는 '양날의 칼'에 비유되기도 한다. 일반적으로 정상적인 기업이 레버리지 효과를 일으키는 부채 없이 자기자본만으로 사업을 하는 것은 불가능하고 또 재무적으로도 적절하지 못한 전략이다. 감내할 만한 범위 내에서 기업이 적절한 부채를 사용하는 것은 바람직하다. 그러나 개인이 부채를 사용하여 레버리지가 높은 투자를 하는 것은 결코 바람직하지 못하다. 특히 주식과 같이 리스크가 높은 투자에서 레버리지를 통해 리스크를 더욱 확대한다는 것은 건전한 투자를 넘어 사실상 투기라고 할 수 있다. 개인은 투자할 때 부채 없이 여유자금으로 하는 것이 원칙이다. 물론 레버리지를 높이기 위해 사용한 부채에는 이자부담이 수반된다는 점도 기억해야 한다.

4. 자본시장과 금융투자업에 관한 법률

금융투자상품은 위험성이 있기 때문에 신중한 투자가 필요하다. 자본시장을 규제하는 기본법인 자본시장과 금융투자업에 관한 법률(이하 '자본시장법')에는 금융투자상품의 개념에 대한 포괄적인 규정, 금융업에 관한 제도적 틀을 금융기능 중심으로 재편, 투자자보호제도 강화 등의 내용을 담고 있다. 자본시장법에 따르면 금융투자자는 전문투자자와 일반투자자로 구분되는데 일반투자자는 전문적인 금융지식을 보유하지 않은 개인이나 기업으로, 일반투자자에게 금융투자상품을 판매할 경우 여러 투자권유준칙을 지키며 판매할 것을 규정하고 있다. 이것은 상대적으로 전문성이 부족한 금융소비자를 보호하기 위함이다. 금융투자상품은 복잡한 구조를 통해 수익의 기회를 만들기도 하지만,

해당 상품에 내재된 투자위험을 이해하는 데 어려움을 겪을 수 있으므로 판매자와 구매자 모두에게 상당한 주의가 요구된다.

(1) 금융투자상품

금융상품은 금융투자상품과 비금융투자상품으로 구분된다. 처음에 투자한 원본의 손실가능성이 없는 상품을 비금융투자상품이라고 하며 은행의 예금이 대표적이다. 반면 금융투자상품은 원본의 손실가능성(이를 '투자성'이라 한다)이 있는 금융상품을 의미한다. 자본시장법에서는 종전과 달리 대상 상품을 일일이 열거하지 않고 앞으로 탄생할 수 있는 신상품까지 포괄하여 투자성의 특징을 갖는 모든 투자상품을 규율한다. 자본시장법상 금융투자상품은 '이익을 얻거나 손실을 회피할 목적으로 현재 또는 장래의 특정 시점에 금전 등을 지급하기로 약정함으로써 취득하는 권리로서, 그 권리를 취득하기 위하여 지급하였거나 지급하여야 할 금전 등의 총액이 그 권리로부터 회수하였거나 회수할 수 있는 금전 등의 총액을 초과하게 될 위험이 있는 것'으로 정의된다. 즉, 권리취득에 소요되는 비용(투자금액)이 그러한 권리로부터 발생하는 금액보다 클 가능성이 있는(원금손실의 가능성이 있는) 상품을 금융투자상품이라고 한다. 금융투자상품은 투자금액 원본까지를 한도로 손실이 발생할 가능성이 있는 것은 증권, 원본을 초과한 손실이 발생할 가능성이 있는 것은 파생상품으로 분류된다.

(2) 표준투자권유준칙

표준투자권유준칙은 금융투자상품의 판매자인 금융회사와 소속 직원들의 입장에서 꼭 지켜야 할 기준과 절차이며, 금융투자상품의 구매자인 투자자도 숙지할 필요가 있다.

[표준투자권유준칙상의 판매 프로세스]

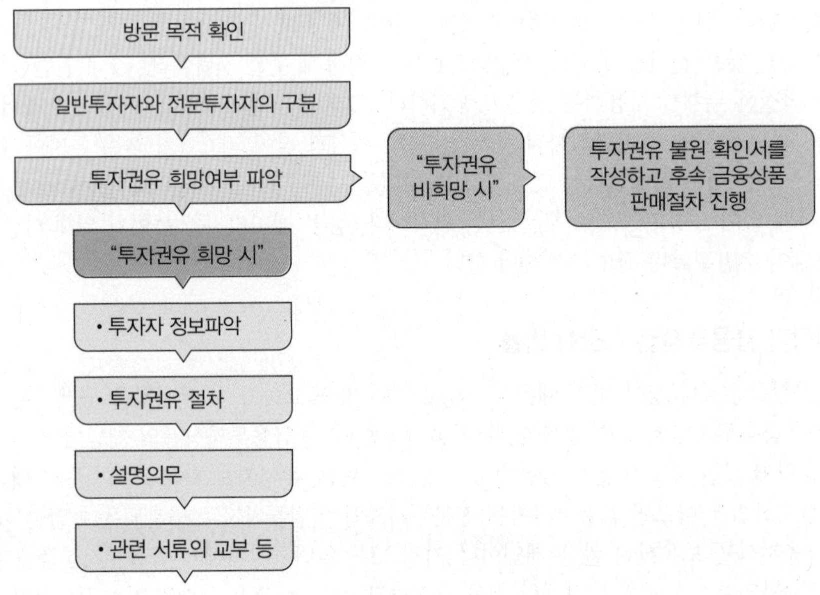

출처 : 금융감독원, 대학생을 위한 실용금융

투자상품의 판매과정을 표준투자권유준칙에 따라 단계별로 확인해보면, 먼저 금융회사는 투자자의 방문 목적을 확인하고 투자를 원할 경우 일반투자자인지 전문투자자인지 구분한다. 국가, 한국은행, 은행, 증권회사 등 전문투자자는 자본시장법이 구체적으로 열거하고 있는데 여기에 해당하지 않으면 일반투자자에 해당한다. 다음에는 투자자 정보에 근거한 투자권유를 희망하는지 확인한다. 투자권유를 하기 위해서는 투자자에 대한 정보가 필요한데 판매자는 투자목적, 재산상황, 투자경험 등의 투자자 정보를 파악하기 위하여 투자자 정보 확인서를 이용한다. 투자자 정보 확인서는 기초정보를 수집하는 부분과 위험선호도를 파악하는 부분 등으로 구성되어 있다. 그 다음 금융회사는 파악한 투자자 정보에 근거하여 투자자의 유형을 분류하고 그에 적합한 금융투자상품을 선정하여 추천한다. 금융회사는 추천한 투자상품을 충분히 설명할 의무가 있으며 해당 상품의 투자설명서나 상품소개서 등을 이용하여 투자자와 중요한 내용을 공유하여야 한다. 충분한 설명을 들은 투자자는 최종적으로 구매여부를 결정하게 된다. 각종 필요한 서명을 하고 반드시 교부받아야 하는 투자설명서 등을 전달받게 되는데, 금융회사 직원에게 상품에 대한 설명을 들었다 하더라도 투자자는 서명하는 내용을 꼼꼼히 재확인하고 투자설명서의 내용과 직원의 설명, 서명하는 서류의 내용을 비교하여 모두 일치하는지 확인해야 한다. 한편, 표준투자권유준칙에는 없지만 투자자는 금융투자상품을 구매한 후에도 정기적으로 상품의 성과, 현황 및 자신의 상황(자신의 가치관, 재정상황, 가족 등)을 고려하여 계속 투자할지 여부를 판단해야 한다. 투자는 한번의 의사결정으로 끝나는 것이 아니라 투자기간 동안은 투자의 목표(목적)에 알맞은 수단인지 다른 대안은 없는지 등을 자신의 상황에 비추어 지속적으로 판단할 필요가 있다.

(3) 투자자보호제도

자본시장법은 금융규제 완화로 인한 원금손실 가능 금융투자상품의 대거 등장에 따라 투자권유제도를 도입하고 투자상품의 판매 및 영업에 관한 절차를 통일하는 등 투자자보호장치를 강화하고 있다. 우선 금융투자회사가 투자자에게 금융투자상품을 권유할 경우 상품의 내용과 위험을 투자자가 이해할 수 있도록 설명의무제도를 도입하였고 이를 이행하지 않는 불완전판매에 대해서는 금융투자회사에게 손해배상책임을 부과하였다. 또 투자권유 전에 투자목적, 재산상태, 투자경험 등 투자자의 특성을 파악해야 하는 고객알기제도(know-your-customer-rule)를 도입하였으며, 전화, 방문 등 실시간 대화를 통한 권유는 투자자가 원하는 경우에만 할 수 있도록 '요청하지 않은 투자권유금지'(unsolicited call) 규정을 두었다. 상대적으로 위험감수능력이 약한 일반투자자에게는 적합성(suitability)원칙에 따라 투자자의 특성에 맞는 투자를 권유하도록 하였고, TV나 홈쇼핑 등을 통한 금융투자회사의 무분별한 투자광고 규제를 도입하였다. 설명의무 미이행이나 중요사항에 대한 설명의 허위 · 누락 등으로 발생한 손실은 금융투자회사에게 배상책임이 부과되고, 투자자의 원본결손액(투자자가 금융상품투자로 지급한 또는 지급할 금전의 총액에서 투자자가 금융상품으로부터 취득한 또는 취득할 금전의 총액을 공제한 금액)을 금융투자회사의 불법행위로 인한 손해액으로 추정함으로써 손해의 인과관계가 없다는 입증책임이 금융 투자업자에게 전가되게 하였다.

[금융투자업자의 투자자 보호장치]

규제 명칭	주요 내용
신의성실의무	신의성실 원칙에 따라 공정하게 금융업을 수행해야 함
투자자의 구분	투자자를 일반투자자와 전문투자자로 구분
고객알기제도	투자자의 특성(투자목적 · 재산상태 등)을 면담 · 질문 등을 통하여 파악한 후 서면 등으로 확인받아야 함
적합성원칙	투자권유는 투자자의 투자목적 · 재산상태 · 투자경험 등에 적합해야 함
적정성원칙	파생상품 등이 일반투자자에게 적정한지 여부 판단
설명의무	• 투자권유 시 금융상품의 내용 · 위험에 대하여 설명하고 이해했음을 서면 등으로 확인받도록 함 • 설명의무 미이행으로 손해발생 시 금융투자회사에게 배상책임을 부과하고 원본손실액을 배상액으로 추정
부당권유 규제	• 손실부담의 약속 금지 및 이익보장 약속 금지 • 투자자가 원하는 경우를 제외하고 방문 · 전화 등에 의한 투자권유 금지(unsolicited call 규제)
약관 규제	약관의 제정 · 변경 시 금융위원회 보고 및 공시 의무화
광고 규제	• 금융투자회사가 아닌 자의 투자광고 금지 • 금융상품의 위험 등 투자광고 필수 포함내용 규정

04 주식투자

주식은 주식회사의 자본을 구성하는 단위이며 주식회사에 투자하는 재산적 가치가 있는 유가증권을 말한다. 투자대상으로서의 주식은 높은 수익률과 위험을 가지는 투자자산으로 인식되고 있다.

1. 주식의 개념

주식회사는 법률상 반드시 의사결정기관인 주주총회, 업무집행의 대표기관인 이사회 및 대표이사, 감독기관인 감사를 두어야 하며 사원인 주주들의 출자로 설립된다. 주식은 주식회사가 발행한 출자증권으로서 주식회사는 주주들에게 자본금 명목으로 돈을 받고 그 대가로 주식을 발행한다. 주식을 보유한 주주는 주식 보유수에 따라 회사의 순이익과 순자산에 대한 지분청구권을 갖는데 만약 회사에 순이익이 발생하면 이익배당청구권을, 혹시 회사가 망하는 경우에는 남은 재산에 대한 잔여재산분배청구권을 갖는다. 또한 회사가 유상 또는 무상으로 신주를 발행할 경우 우선적으로 신주를 인수할 수 있는 신주인수권 등도 갖게 된다. 주주는 주주평등의 원칙에 따라 주주가 갖는 주식 수에 따라 평등하게 취급되므로 보유한 주식 지분만큼의 권리와 책임을 갖게 된다. 주식회사의 주주는 유한책임을 원칙으로 하므로 출자한 자본액의 한도 내에서만 경제적 책임을 진다. 즉, 출자한 회사가 파산하여 갚아야 할 부채가 주주지분 이상이 되더라도 주주는 지분가치를 초과한 부채에 대해 책임을 지지 않는다.

(1) 자익권과 공익권

주주가 출자한 회사에 대한 권리는 크게 자신의 재산적 이익을 위해 인정되는 권리인 자익권과 회사 전체의 이익과 관련된 공익권으로 나뉜다. 앞에서 설명한 이익배당청구권이나 잔여재산 분배청구권, 신주인수권, 주식매수청구권, 주식명의개서청구권 및 무기명주권의 기명주권으로의 전환청구권 등은 자익권에 속한다. 한편, 주주의 공익권으로는 주주총회에서 이사 선임 등 주요 안건에 대한 의결에 지분 수에 비례하여 참여할 수 있는 의결권, 회계장부와 관련된 주요 정보의 열람을 청구할 수 있는 회계장부 열람청구권, 이미 선임된 이사를 임기 전이라도 일정 수 이상의 주주의 동의를 얻어 해임을 요구할 수 있는 이사해임청구권, 일정 수 이상의 주주 동의로 임시 주주총회 소집을 요구할 수 있는 주주총회 소집요구권 등이 포함된다. 기업은 계속적으로 존재한다는 가정 아래 사업을 영위한다는 점에서 계속기업(going concern)이라 말하며, 주식은 이러한 계속기업의 가정 하에서 발행회사와 존속을 같이하는 영구증권의 성격을 갖는다. 즉, 주식은 만기가 별도로 존재하지 않고 출자한 원금을 상환받지 못하는 증권이며 채권자에게 지급할 확정금액을 넘어선 재산의 가치가 증가할수록 청구권의 가치는 증가하게 된다.

(2) 주식투자의 특성

주식투자는 다음과 같은 몇 가지 특성을 지니고 있다. 첫째, 높은 수익을 기대할 수 있다. 주식투자를 통해 얻을 수 있는 수익에는 자본이득과 배당금이 있다. 자본이득은 주식의 매매차익으로 주식의 가격이 변동하여 차익이 발생하는 것을 말한다. 소위 싸게 사서 비싸게 팔면 매매차익이 발생한다. 배당금은 기업에 이익이 발생할 경우 주주에게 나누어 주는 돈으로, 주식회사는 보통 사업연도가 끝나고 결산을 한 후에 이익이 남으면 주주들에게 배당금을 분배한다. 배당금을 받기 위해서는 사업연도가 끝나는 시점에 주식을 보유하고 있어야 하며, 주주총회가 끝나는 날까지 배당금을 지급받을 주주 변경을 금지한다. 다만, 주식은 위험자산이어서 높은 수익을 기대할 수 있는 만큼 위험 또한 크다. 주식의 가격은 매매체결에 따라 매순간 바뀌므로 가격 변동에 의해 원금손실을 겪을 수 있는데, 가격 변동에 부정적인 영향을 미치는 요인으로는 경제 및 경기의 침체, 해당 주식이 속한 산업의 위축, 기업의 경영 부실, 해당 기업이 취급하는 상품이나 서비스의 부실 등 매우 다양하다. 극단적으로는 주식이 상장 폐지되거나 기업이 도산하여 주식이 휴지조각이 되는 경우도 종종 발생한다. 둘째, 뛰어난 환금성이다. 부동산과 달리 주식은 증권시장을 통하여 자유롭게 사고팔아 현금화할 수 있다. 거래비용도 저렴하며 매매절차가 간단하고 배당금 수령이나 보관 등도 증권회사에서 대행해 주므로 편리하다. 다만, 주식 중에는 거래 물량이 적어 주식을 사거나 파는 것이 어려운 종목도 있으므로 환금성의 위험 또한 존재할 수 있다. 셋째, 소액주주의 상장주식 매매차익에 대해서는 양도소득세가 없으며 배당에 대해서만 배당소득세가 부과된다. 미국 등 선진국에서 매매차익이 생기면 과세를 하는 것에 비해 주식투자자에게 유리하다고 할 수 있다. 넷째, 인플레이션 헤지 기능이다. 주식은 부동산 및 실물자산을 보유한 기업에 대한 소유권을 나타내므로 물가가 오르면 그만큼 소유자산 가치가 올라 주식의 가격도 오르는 경향이 있다.

2. 주식의 발행

창업 초기 기업은 주로 소수의 특정인에게 주식을 발행하여 자금을 조달한다. 기업이 성장하고 보다 많은 자금이 필요해지면 불특정다수인을 대상으로 주식을 모집(또는 매출)하는 최초기업공개(IPO; Initial Public Offering)를 하게 되고 거래소에 상장하게 된다. 이때부터 누구나 거래소를 통해 이기업의 주식을 자유롭게 매매할 수 있고 기업은 자금이 필요해지면 유상증자를 통해 추가적으로 주식을 발행할 수 있다. 새로운 주식을 발행하여 기업이 장기 자기자본을 조달할 수 있는 시장을 주식 발행시장(primary market)이라고 한다. 주식의 발행방법에는 직접발행과 간접발행이 있다. 직접발행은 발행기업이 중개기관을 거치지 않고 투자자에게 직접 주식을 팔아 자금을 조달하는 방식으로 유상증자를 통해 기존 주주 또는 제3자에게 주식을 배정하는 경우에 주로 사용되며, 간접발행은 전문성과 판매망을 갖춘 중개기관을 거쳐 주식을 발행하는 방식으로 최초기업공개 시에는 대부분 이 방식이 사용된다. 주식의 발행은 아래와 같은 다양한 형태로 이루어진다.

(1) 기업공개(IPO; Initial Public Offering)

기업공개란 주식회사가 신규발행 주식을 다수의 투자자로부터 모집하거나 이미 발행되어 있는 대주주 등의 소유 주식을 매출하여 주식을 분산시키는 것을 말한다. 기업공개 시 불특정 다수에게 공모주를 판매하려면 취득자가 나중에 자유롭게 팔 수 있도록 보장해 주어야 하는데, 일정한 요건을 충족시킨 기업이 발행한 주식을 증권시장에서 거래할 수 있도록 허용하는 것을 상장(listing)이라고 한다. 과거와 달리 이제는 기업공개와 상장을 분리함에 따라 상장요건을 갖추지 못한 기업들도 기업공개를 통해 자금을 조달할 수 있게 되었다.

(2) 유 · 무상증자

유상증자는 기업이 신주를 발행하여 자본금을 증가시키는 것으로 재무구조를 개선하고 타인자본에 대한 의존도를 낮추는 대표적인 방법이다. 자금조달을 위해 기업이 유상증자를 할 경우 원활한 신주 매각을 위해 일반적으로 20~30% 할인하여 발행한다. 여기에는 기존주주와의 이해상충문제가 발생할 수 있어 신주인수권의 배정방법이 중요한 문제가 되며, 주주배정방식, 주주우선공모방식, 제3자 배정방식, 일반공모방식 등이 있다.

반면 무상증자는 주금 납입 없이 이사회 결의로 준비금이나 자산재평가적립금 등을 자본에 전입하고 전입액 만큼 발행한 신주를 기존주주에게 보유 주식수에 비례하여 무상으로 교부하는 것으로, 회사와 주주의 실질재산에는 변동이 없다. 한편, 유 · 무상증자를 위해서는 주주가 확정되어야 하며 이를 위해 유 · 무상증자 기준일을 정하고 기준일 현재 주주인 사람을 증자 참여 대상자로 확정하게 된다. 이때 유 · 무상증자 기준일 전일은 유 · 무상증자 권리락일(자산분배가 공표된 기업의 주식이 그 자산의 분배권이 소멸된 이후 거래되는 첫날)이 되어 그 날 이후 주식을 매수한 사람은 증자에 참여할 권리가 없다. 따라서 권리락일에는 신주인수권 가치만큼 기준주가가 하락하여 시작하게 된다.

주주배정방식, 주주우선공모방식, 제3자 배정방식, 일반공모방식
- 주주배정방식 : 기존주주와 우리사주조합에게 신주를 배정하고 실권주 발생 시 이사회 결의에 따라 처리방법 결정
- 주주우선공모방식 : 주주배정방식과 거의 동일하나 실권주 발생 시 일반투자자를 대상으로 청약을 받은 다음 청약 미달 시 이사회 결의로 그 처리방법 결정
- 제3자 배정방식 : 기존주주 대신 관계회사나 채권은행 등 제3자가 신주인수를 하도록 하는 방식
- 일반공모방식 : 기존주주에게 신주인수권리를 주지 않고 일반투자자를 대상으로 청약을 받는 방식

(3) 주식배당

주식배당은 현금 대신 주식으로 배당을 실시하여 이익을 자본으로 전입하는 것을 의미한다. 주주들에게 배당을 하고 싶으나 기업이 재무적으로 어려움에 처해 있거나 투자계획 등으로 현금을 아껴야 할 필요가 있을 때 많이 이루어진다. 주식배당 시 신주발행가격은 액면가로 정해진다. 주식배당은 배당가능이익의 50% 이내로 제한되는데 주식의 시장가격이 액면가 이상인 상장법인은 배당가능이익의 100%까지 가능하다. 주식배당 시 주주들의 보유 주식 수는 늘어나지만 실제 주주의 부(富)에는 변동이 없다. 기업의 전체 시장가치가 변하지 않은 상태에서 배당지급일에 주식의 시장가치는 낮아지고 주식의 수만 늘어났기 때문이다. 또 주주들은 자신의 보유주식 수에 비례하여 주식배당을 받아 각 주주들의 지분율에도 변동이 없다.

(4) 주식분할(Stock splits)과 주식병합(Reverse stock split)

주식배당처럼 주식분할도 분할 이전에 비해 더 많은 주식을 소유하지만 현금배당 대신에 지급되는 것이 아니며 보다 많은 투자자들에게 그 기업의 주식을 매수할 수 있게 하기 위해 주식의 시장가격을 낮추고자 할 때 발생한다. 주식분할을 액면분할이라고도 한다. 주식분할은 이를 통해 기업이 합리적인 수준으로 주가를 낮추어야만 할 만큼 성공했다는 메시지를 시장과 투자자들에게 전달함으로써 기업 경영자에게도 심리적, 실리적으로 도움을 준다. 주식의 시장가치는 주식 분할일에 조정되며, 1주를 2주로 분할할 경우 분할 후 주식의 시장가치는 절반으로 줄고 투자자의 전체 시장가치는 변동하지 않는다. 주식병합은 주식분할과 정반대로, 주가가 아주 낮은 경우 주가를 적정수준까지 끌어올리기 위해 예컨대 2:1로 주식을 병합하여 액면 5천 원짜리 주식 2주를 보유한 주주는 새로 발행된 액면 1만 원짜리 주식 1주를 갖게 된다.

3. 주식의 종류

주주는 원칙적으로 자신의 보유 주식 수에 따라 평등한 취급을 받는데 이를 '주주평등의 원칙'이라 한다. 그러나 상법의 기준에 따라 기업은 정관에 권리의 내용을 달리하는 주식을 발행함으로써 다른 종류의 주식을 가지는 주주와 다른 취급을 할 수 있다.

(1) 보통주(Common stocks)

자익권과 공익권 등 일반적인 성격을 갖는 주식을 보통주(common stock)라고 하며 각 주식은 평등한 권리내용을 가진다. 일반적으로 주식이라 하면 보통주를 의미하며, 기업이 단일 종류의 주식만을 발행하는 경우에는 특별히 이 명칭을 붙일 필요는 없다. 대기업의 소액주주들은 대체로 지분이 낮아 의결권 등을 행사할 기회는 거의 없고 배당금(dividend income)과 주식매매에 의한 자본이득(capital gain)에 관심을 갖는다. 보통주에 대한 투자는 미래의 배당금 수령이나 주가의 불확실성으로 투자위험이 높으며, 그만큼 높은 수익이 기대되는 투자대상이기도 하다.

(2) 우선주(Preferred stocks)

우선주는 배당이나 잔여재산분배에 있어서 사채권자보다는 우선순위가 낮으나 보통주 주주보다는 우선권이 있는 주식을 말한다. 우선주는 흔히 고정적인 확정 배당률이 있지만 무배당도 가능하며 의결권이 제한되어 있어 사채와 보통주의 성격이 복합된 증권이라 할 수 있다. 의결권 제한으로 대주주 입장에서는 경영권에 대한 위협 없이 자기자본을 조달하는 수단이 된다. 우선주는 여러 가지 종류로 구분된다. 당해 연도에 소정 비율의 우선배당을 받지 못하면 미지급배당금을 차 영업연도 이후에도 우선적으로 보충하여 배당받는 누적적 우선주와 차 영업연도에도 보충 배당받지 못하는 비누적적 우선주가 있다. 또 우선주 소정 비율의 우선배당을 받고도 이익이 남는 경우에 다시 보통주 주주와 함께 배당에 참가할 수 있는 참가적 우선주와 소정 비율의 우선배당을 받는데 그치는 비참가적 우선주도 있다.

(3) 성장주(Growth stocks)와 가치주(Value stocks)

성장주는 기업의 영업실적이나 수익 증가율이 시장평균보다 높을 것으로 기대되는 주식으로, 주로 수익을 기업내부에 유보(재투자)하여 높은 성장률과 기업가치 증대에 주력하고 배당금으로 분배하는 부분은 많지 않다. 즉, 배당소득보다는 자본이득에 중점을 두어야 하는 시기에 적합한 투자대상이라 할 수 있다. 반면에 기업에 이익이 발생할 때 이를 재투자하기보다는 주주에게 배당금의 형태로 배분하는 비율이 높은 주식을 배당주라 한다. 배당주는 주식의 매매차익을 노리기보다는 주식을 보유하면서 정기적으로 수익을 얻으려는 투자자들이 관심을 갖는다. 가치주는 주식의 내재가치보다 현재의 주가수준이 낮게 형성되어 있으나 기업의 이익이나 자산의 구조를 볼 때 앞으로 가격이 오를 것으로 생각되는 주식이다. 저평가된 이유는 주로 향후 성장률이 낮을 것으로 예상되거나 악재로 인해 주가가 지나치게 하락하였기 때문이다.

(4) 경기순환주(Cyclical stocks)와 경기방어주(Defensive stocks)

경기순환주는 경제의 활동수준에 따라 기업의 영업실적이나 수익의 변화가 심한 주식을 말한다. 경기가 호황이면 높은 성장률을 나타내고 높은 투자수익률이 기대되지만 경기가 침체기에 들어서면 실적이 급속히 악화하고 투자손실이 예상되는 기업의 주식이 해당된다. 주로 경기에 따라 수요변화가 심한 건설, 자동차, 도매, 철강, 조선, 반도체산업 등에 해당하는 주식들로 경기민감주라고도 한다. 경기방어주는 경기 변화에 덜 민감하며 경기침체기에도 안정적인 주가흐름을 나타낸다. 반면에 경기가 호전되어도 다른 주식에 비해 상대적으로 낮은 상승률을 보일 가능성이 높은데, 일반적으로 경기침체기에도 수요가 꾸준한 음식료, 제약, 가스, 전력업종 등의 주식들이 해당된다.

(5) 대형주 · 중형주 · 소형주

대형 · 중형 · 소형주를 나누는 뚜렷한 기준은 없지만 한국거래소는 상장법인의 시가총액에 따라 다음과 같이 구분하고 있다. 우선 시가총액이란 현재의 주식의 가격과 주식의 수를 곱한 값으로 현재 기업의 가치가 얼마인지를 나타낸다고 볼 수 있다. 보통 유가증권시장에서 시가총액 순서로 1~100위의 기업의 주식을 대형주라고 하며, 대형주는 대기업의 주식일 확률이 높고 거래규모가 크므로 안정적으로 주식에 투자하고자 하는 사람들이 선호하는 주식이다. 반면, 중소형주는 시가총액이 101위 이하의 기업을 말한다. 101~300위를 중형주, 301위 이하를 소형주로 나누기도 하는데, 기업규모가 작고 경제나 경기변동에 따라 가격의 등락폭이 큰 경우가 많으므로 투자의 위험이 상대적으로 크지만 수익의 기회도 큰 경향이 있다.

(6) 주식예탁증서(DR; Depositary Receipts)

자국의 주식을 외국에서 거래하는 경우 주식의 수송 · 법률 · 제도 · 거래관행 · 언어 · 통화 · 양식 등 여러 가지 문제로 원활한 유통이 어렵게 된다. 이런 문제를 해소하고자 외국의 예탁기관으로 하여금 해외 현지에서 증권을 발행 · 유통하게 함으로써 원래 주식과의 상호 전환이 가능하도록 한 주식대체증서를 주식예탁증서(DR)라고 한다. 국내의 보관기관은 주식을 보관하고 해외의 예탁기관은 보관 주식을 근거로 그 금액만큼의 예탁증서를 발행한다. DR에는 뉴욕 · 런던 · 도쿄 · 프랑크푸르트 등 전 세계 금융 시장에서 동시에 발행되는 GDR(Global Depositary Receipt), 발행상의 편의와 비용을 줄이고자 세계 최대 금융시장인 미국 뉴욕시장에서만 발행되는 ADR(American Depositary Receipt), 유럽시장에서 발행되는 EDR(European Depositary Receipt) 등이 있다.

4. 주식 유통시장

발행된 주식의 거래가 이루어지는 시장을 주식 유통시장(secondary market)이라고 하며, 우리나라의 주식 유통시장은 유가증권시장, 코스닥시장, 코넥스시장, K-OTC시장 등으로 구분된다. 유가증권시장이란 한국거래소(KRX)가 개설 · 운영하는 시장으로 엄격한 상장 요건을 충족하는 주식이 상장(listing)되어 거래되는 시장이다. 반면에 코스닥시장은 원래는 미국의 나스닥(NASDAQ)과 유사하게 장외거래 대상 종목으로 등록된 주식을 전자거래시스템인 코스닥(KOSDAQ; Korea Securities Dealers Automated Quotation)을 통해 매매하는 시장으로 출발하였으나, 2005년 1월 기존의 증권거래소와 코스닥시장, 선물거래소가 통합거래소 체제로 일원화되면서 지금은 또 다른 장내시장의 하나가 되었다. 다만 유가증권시장보다는 상장 기준이 덜 엄격한 편이어서 중소기업이나 벤처기업이 많은 편이다. 코넥스(KONEX; Korea New Exchange)는 코스닥 전 단계의 주식시장으로 창업 초기의 중소기업을 위해 2013년 7월 개장했다. 코넥스는 기존 주식시장인 유가증권시장이나 코스닥에 비해 상장 문턱을 낮추고 공시의무를 완화하여 창업 초기 중소기업의 자금조달을 위해 설립되었는데, 투자주체는 증권사 · 펀드 · 정책금융기관 · 은행 · 보험사 · 각종 연기금 등 자본시장법상의 전문투자자로 제한되며 일반투자자는 펀드가입 등을 통해 간접투자를 할 수 있다. 마지막으로 K-OTC시장은 한국장외시장(Korea Over-The-Counter)의 약칭으로, 유가증권시장 · 코스닥 · 코넥스에서 거래되지 못하는 비상장주식 가운데 일정 요건을 갖추어 지정된 주식의 매매를 위해 한국금융투자협회가 개설 · 운영하는 제도화 · 조직화된 장외시장이다.

5. 주식 거래방법

주식 거래를 위해서는 먼저 증권회사를 방문하여 계좌를 개설한 후 영업점 방문 또는 전화, 인터넷 등의 전자주문매체를 이용하여 주문하면 된다. 최근에는 온라인 발달로 인해 집이나 사무실에서 컴퓨터를 이용하여 주식을 거래하는 HTS(home trading system)가 보편화되었고 모바일 스마트기기를 이용하여 어디서나 주식을 거래할 수 있는 MTS(mobile trading system)의 보급도 확대되고 있다.

(1) 매매체결방법

한국거래소의 주식 매매시간은 09:00~15:30까지이고, 매매체결방식은 가격우선원칙과 시간우선원칙을 적용하여 개별경쟁으로 매매거래가 체결된다. 즉, 매수주문의 경우 가장 높은 가격을, 매도주문의 경우 가장 낮은 가격을 우선적으로 체결하고 동일한 가격의 주문 간에는 시간상 먼저 접수된 주문을 체결하게 된다. 다만, 시초가와 종가의 경우는 시간의 선후에 상관없이 일정 시간 동안 주문을 받아 제시된 가격을 모아 단일가격으로 가격이 결정되는 동시호가제도를 채택하고 있다. 이에 따라 08:00부터 동시호가에 주문을 내는 것이 가능하고 여기에서 제시된 가격과 수량을 통해 09:00에 단일가로 매매가 체결되면서 시초가가 결정되며, 폐장 10분 전인 15:20부터는 매매 없이 동시호가 주문만 받다가 15:30에 단일가로 매매가 체결되면서 종가가 결정된다. 이런 정규주문 거래 외에도 장이 끝난 15:30부터 18:00까지 그리고 개장 전인 07:30부터 09:00까지 시간외거래가 가능한데, 기관투자자 사이의 시간외 대량매매에 주로 활용되고 있다.

[한국거래소 주식 매매거래 시간]

체결방식	시 간
장 전 종가매매	07:30~08:30
동시호가	08:00~09:00, 15:20~15:30
정규시장매매	09:00~15:30
장 후 종가매매	15:30~16:00(체결은 15:40부터, 10분간 접수)
시간외 단일가매매	16:00~18:00(10분 단위, 총 12회 체결)

(2) 주문방법

원하는 매수나 매도 가격을 지정하여 주문하는 지정가주문(limit order)과 가격을 지정하지 않고 주문시점에서 가장 유리한 가격에 우선적으로 거래될 수 있도록 주문하는 시장가주문(market order)이 있다. 대부분의 주식거래는 지정가 주문에 의해 이루어지고 시장가 주문은 거래량이 갑자기 증가하면서 주가가 급등하는 종목을 매수하고자 할 때 종종 이용된다. 일반적으로 유가증권시장의 주식 매매 단위는 1주인데, 최소 호가 단위, 즉 최소 가격 변동폭(minimum tick)은 주가 수준에 따라 차이가 있어 일천원 미만 1원, 오천원 미만 5원, 일만 원 미만 10원, 오만 원 미만 50원, 십만 원 미만 100원, 오십만 원 미만 500원, 오십만 원 이상 1,000원이다. 한편, 우리나라 주식시장은 단기간 주가 급등락으로 인한 주식시장의 불안정을 예방하고 개인투자자 보호를 위해 일일 최대가격변동폭을 제한하는 가격제한(price limit) 제도를 두고 있다. 이에 따라 전일 종가 대비 ±30% 이내에서 가격이 변동하여 상 · 하한가가 결정된다. 매매가 체결된 주식의 결제시점은 체결일로부터 3영업일로 되어 있다. 예를 들어 목요일에 매매가 체결된 주식은 토요일과 일요일 외에 다른 휴장일이 없다면 다음 주 월요일이 결제일이 되어 개장 시점에 매입의 경우는 증권계좌에서 매입대금이 출금되면서 주식이 입고되고, 매도의 경우는 증권계좌에 매도대금이 입금되면서 주식이 출고된다.

(3) 거래비용

주식을 거래할 때에도 과세와 비용이 발생한다. 개인투자자의 경우 보유주식으로부터의 배당금은 금융 소득으로 간주하여 소득세가 과세된다. 일반적으로 개인별로 모든 소득은 합산하여 과세하는 종합소득세가 원칙이지만 이자나 배당 등 금융소득은 연간 총액이 2천만 원 초과일 때에만 종합과세하고 2천만 원 이하인 경우에는 분리과세 되어 다른 소득의 규모에 관계없이 일률적으로 14%의 소득세와 1.4%의 지방소득세를 합한 15.4%의 세금이 원천징수 된다. 반면 거래소에 상장된 주식의 매매에 의해 발생하는 자본이득에 대해서는 소액개인투자자에게는 과세되지 않는다. 한편, 주식거래를 할 때마다 발생하는 세금이 있는데, 유가증권시장에서 거래되는 종목의 경우는 매도 시 거래세와 농어촌특별세가 각각 매도 가격의 0.15%씩 부과되고 코스닥 종목의 경우는 매도 시 매도가격의 0.3%가 거래세로 부과되어 결국두 시장 모두 매도 시 매도가격의 0.3%가 세금으로 나가게 된다. 또 이와 별도로 매매 시 중개기관인 증권회사에 거래수수료를 지급해야 하는데 증권사별로 온라인 거래여부, 거래금액 규모 등에 따라 매입 및 매도 시 거래대금의 0.001%~0.5%까지 부담하게 된다.

6. 주가지수

주식시장에서는 개별 종목의 등락보다 시장 전체의 흐름을 파악할 수 있는 지표가 필요한데 이를 주가지수라 하며, 아래와 같이 통상 기준시점의 주식가격을 100으로 하여 산출한다.

주가지수=(비교시점에서의 시장 전체 주가수준÷기준시점에서의 시장 전체 주가수준)×100

주가지수는 특정 시점의 경제상황을 대표하는 지수이다. 주가지수는 주식시장 상황은 물론 한 나라의 정치 · 사회적 상황과 투자자들의 심리적 요인까지 반영하고 있다. 나아가 투자자들의 미래 경제 전망까지 반영하고 있어 경제예측에 활용되기도 한다. 또한 주가지수는 주식투자성과를 평가하는 기준이 된다. 주식투자 시 상대적인 투자성과 평가도 중요한데, 만약 투자기간 동안 주식시장과 동일한 위험을 감수하면서 10%의 수익을 올렸으나 종합주가지수는 20%가 올랐다면 좋은 투자결과를 거두었다고 보기는 어려울 것이다.

(1) 우리나라 주요 주가지수

① 코스피지수(KOSPI; Korea Composite Stock Price Index)

코스피지수는 유가증권시장에 상장되어 있는 종목을 대상으로 산출되는 대표적인 종합주가지수이다. 1980년 1월 4일을 기준시점으로 이 날의 주가지수를 100으로 하고 개별종목 주가에 상장주식수를 가중한 기준시점의 시가총액과 비교시점의 시가총액을 비교하여 산출하는 시가총액방식 주가지수이다.

② 코스닥지수(KOSDAQ Index)

코스닥지수는 코스닥 시장에 상장되어 있는 종목을 대상으로 산출되는 종합지수로 코스닥시장의 대표지수이며, 코스피지수와 동일한 시가총액방식으로 산출된다.

③ 코스피200지수(KOSPI 200; Korea Stock Price Index 200)

유가증권시장에 상장된 주식 중 시장대표성, 업종대표성, 유동성 등을 감안하여 선정되는 200개 종목을 대상으로 최대주주지분, 자기주식, 정부지분 등을 제외한 유동주식만의 시가총액을 합산하여 계산한다. 동 지수는 주가지수선물, 주가지수옵션거래 뿐 아니라 인덱스펀드, 상장지수펀드(ETF; Exchange Traded Fund) 등에도 활용되고 있다.

④ KRX100지수(Korea Exchange 100)

유가증권시장과 코스닥시장의 우량종목을 고루 편입한 통합주가지수로서 유가증권시장 90개, 코스닥시장 10개 등 총 100개 종목으로 구성된다. 동 지수 역시 최대주주지분, 자기주식, 정부지분 등을 제외한 유동주식만의 시가총액을 합산하여 계산하며, 상장지수펀드(ETF), 인덱스펀드 등 다양한 상품에 이용된다.

⑤ 코스닥스타지수(KOSTAR Index)

코스닥시장에 상장된 주식들 중 유동성, 경영투명성, 재무안정성 등을 감안하여 선정되는 30개 우량종목을 대상으로 산출되는 지수로, 주가지수선물, 상장지수펀드(ETF), 인덱스펀드 등의 거래대상으로 활용되고 있다.

(2) 글로벌 주요 주가지수

국제금융시장의 자유화 · 개방화 추세에 따라 해외주식 · 파생상품 등 다양한 투자수단을 위한 기준지표로 다음과 같은 글로벌 주요 주가지수들이 활용되고 있다.

① MSCI(Morgan Stanley Capital International)지수

모건스탠리의 자회사인 Barra가 제공하며, 전 세계 투자기관의 해외투자 시 기준이 되는 대표적인 지수로 특히 미국계 펀드가 많이 사용하고 있다. 대표적으로 MSCI EAFE(유럽 · 아태 · 극동), MSCI World(선진국시장), MSCI EM(신흥시장) 등의 지수가 있는데, 이들 지수를 해외투자의 벤치마크로 삼는 뮤추얼펀드와 ETF 등의 자산규모가 3조 달러가 넘는 것으로 추산되고 있어 해당 종목이 MSCI에 편입되는 것 자체가 투자가치가 높은 우량기업이라는 의미로 해석되기도 한다. 즉, 신흥시장의 경우 MSCI지수에 편입되면 외국인 매수세가 늘어날 가능성이 높아 주가상승의 모멘텀으로 작용하기도 한다.

② FTSE(Financial Times Stock Exchange)지수

파이낸셜타임즈와 런던증권거래소가 공동으로 설립한 FTSE그룹이 발표하는 지수로 주식, 채권, 부동산 등 다양한 부문의 지수가 제공되고 있으며 주로 유럽에서 사용되고 있다. FTSE100은 영국의 100개 상장기업을 대상으로 하는 대표적인 영국의 주식시장지수이다.

05 채권투자

1. 채권의 개념

채권은 정부, 지방자치단체, 공공기관, 특수법인 또는 주식회사가 불특정 다수의 투자자를 대상으로 비교적 장기에 걸쳐 대규모 자금을 조달할 목적으로 발행하는 일종의 차용증서인 유가증권이다. 채권의 발행자격을 갖춘 기관은 법으로 정해져 있는데 발행자격이 있더라도 발행을 위해서는 정부로부터 별도의 승인을 얻어야 한다. 이렇게 발행된 채권은 주식처럼 유통시장에서 자유롭게 매매할 수 있으며, 한국거래소에 가장 많은 종목수를 가진 유가증권으로서 2017.9월 기준으로 상장종목 수가 약 1만 3천개에 달하고 금액으로는 1,655조 원에 이른다. 채권은 주로 일반인이 아니라 전문투자자들을 상대로 발행되며, 주식시장과 동일하게 채권시장도 발행시장과 유통시장으로 구분할 수 있다. 발행자가 처음 채권을 발행하는 시장이 발행시장이며, 이미 발행된 채권이 거래되는 시장이 유통시장이다.

(1) 채권의 특성

① 확정이자부증권

채권은 발행 시에 발행자가 지급하여야 할 약정이자와 만기 시 상환해야 할 금액이 사전에 확정되며, 발행자의 영업실적과 무관하게 이자와 원금을 상환해야 한다. 따라서 발행자의 원리금 지급능력이 중요하며 지급이자는 발행자의 금융비용인 동시에 투자자에게는 안정적인 수입원이 된다.

② 기한부증권

주식과 달리 채권은 원금과 이자의 상환기간이 발행할 때 정해지는 기한부증권이다.

③ 장기증권

채권은 발행자로 하여금 장기적으로 안정적인 자금을 조달할 수 있게 한다. 회사채의 경우 대부분 기업의 설비투자 용도로 발행되는데, 투자자의 환금성 보장을 위해 반드시 유통시장이 있어야 한다.

(2) 채권의 기본용어

① 액 면

채권 1장마다 권면 위에 표시되어 있는 1만 원, 10만 원, 100만 원 등의 금액을 말한다.

② 매매단가

유통시장에서 매매할 때 적용되는 가격으로 액면 10,000원당 적용 수익률로 계산한다.

③ 표면이자율(coupon rate)

액면금액에 대하여 1년 동안 지급하는 이자금액의 비율을 나타내며 채권을 발행할 때 결정된다. 이표채의 경우 1회마다 이자를 받을 수 있는 이표(coupon)가 붙어 있으며, 할인채는 할인율로 표시한다. 참고로 경상수익률(current yield)은 이자금액을 채권의 현재 시장가격으로 나눈 비율이라는 점에서 표면이자율과 다르다.

④ 만기와 잔존기간

채권 발행일로부터 원금상환일까지의 기간을 만기 또는 원금상환기간이라고 하며, 이미 발행된 채권이 일정기간 지났을 때 그 때부터 원금상환일까지 남은 기간을 잔존기간이라고 한다. 예컨대 만기가 3년인 채권이 발행일로부터 2년이 지났다면 만기까지의 잔존기간은 1년이 된다.

⑤ 수익률

투자 원본금액에 대한 수익의 비율로 보통 1년을 단위로 계산된다. 표면이율, 발행수익률, 만기수익률, 실효수익률, 연평균수익률 등 다양한 개념이 있으며, 수익률은 베이시스포인트(bp; basis point)로 표시한다. 1bp는 1/100%(0.01% 또는 0.0001)에 해당한다. 즉, 이자율이 10bp 변동하였다면 0.1%(또는 0.001)만큼 변동한 것을 뜻한다.

(3) 채권투자의 특징

① 수익성

채권의 수익성이란 투자자가 채권을 보유함으로써 얻을 수 있는 수익으로서 이자소득과 자본소득이 있다. 이자소득은 발행 시에 정해진 이율에 따라 이자를 지급받는 것을 말하며, 자본소득은 채권의 유통가격이 변동되면서 발생될 수 있는 시세차익 또는 차손을 의미한다. 채권의 이자소득에 대해서는 이자소득세가 과세되지만 매매에 따른 자본이득에 대해서는 주식과 마찬가지로 과세되지 않는다.

② 안전성

채권은 정부, 지방자치단체, 금융회사 또는 신용도가 높은 주식회사 등이 발행하므로 채무 불이행 위험이 상대적으로 낮다. 채권은 만기일에 약속된 원금과 이자를 받을 수 있고 차입자가 파산할 경우에도 주주권에 우선하여 변제받을 수 있으며, 원금의 손실가능성이 매우 낮아 복리효과를 이용한 장기투자에 적합하다. 다만, 채권의 가격은 시장금리 및 발행기관의 신용 변화에 따라 변동하게 된다. 따라서 시장가격이 매입가격보다 낮아질 때에는 자본손실의 가능성이 있고, 발행기관의 경영이나 재무상태가 악화될 경우에는 약정한 이자 및 원금의 지급이 지연되거나 지급불능 상태가 되는 채무불이행 위험이 발생할 수 있다.

③ 환금성(유동성)

채권은 주식처럼 유통(증권)시장을 통해 비교적 쉽게 현금화할 수 있다. 채권의 매매는 기관투자자 간의 거액거래가 일반적이지만 소액채권의 경우 개인투자자들도 증권회사를 통해 쉽게 참여할 수 있다. 물론 발행물량이 적고 유통시장이 발달되지 못한 채권의 경우에는 현금화하기 어려운 유동성 위험이 존재할 수도 있다.

(4) 채권의 분류

채권은 발행주체, 만기유형, 이자지급방법, 발행유형 등에 따라 다양하게 분류될 수 있다.

① 발행주체별

- 국채 : 국회의 의결을 거쳐 국가가 재정정책의 일환으로 발행하는 채권으로 정부가 원리금의 지급을 보증하기 때문에 국가 신용도와 동일한 신용도를 가진다. 정부의 재정적자가 클수록 발행잔액과 유통시장이 커지며, 국고채권, 국민주택채권(1종, 2종), 외국환평형기금채권, 재정증권 등이 있다.

- 지방채 : 지방정부 및 지방공공기관 등이 지방자치법과 지방재정법에 의거하여 특수목적 달성에 필요한 자금을 조달하기 위해 발행하는 채권이다. 발행잔액 및 신용도가 국채에 미치지 못하고 비교적 유동성이 낮은 편이다. 지방채의 종류에는 서울도시철도공채, 지방도시철도공채, 지역개발 채권 등이 있다.
- 특수채 : 특별한 법률에 의해서 설립된 기관이 특별법에 의하여 발행하는 채권으로서 공채와 사채의 성격을 모두 지니고 있으며 정부가 원리금의 지급을 보증하는 것이 일반적이어서 안정성과 수익성이 비교적 높다. 한국전력채권, 지하철공사채권, 토지주택채권, 도로공사채권, 예금보험공사채권, 증권금융채권 등이 있다.
- 금융채 : 특별법에 의하여 설립된 금융회사가 발행하는 채권으로서 금융채의 발행은 특정한 금융회사의 중요한 자금조달수단의 하나이다. 통화조절을 위해 한국은행이 발행하는 통화안정증권, 산업자금 조달을 위한 산업금융채권, 중소기업 지원을 위한 중소기업금융채권 및 각 시중은행이 발행하는 채권과 카드회사, 캐피탈회사, 리스회사, 할부금융회사 등이 발행하는 채권들이 여기에 속한다.
- 회사채 : 상법상의 주식회사가 발행하는 채권으로서 채권자는 주주들의 배당에 우선하여 이자를 지급받게 되며 기업이 도산하거나 청산할 경우 주주들에 우선하여 기업자산에 대한 청구권을 갖는다. 일반적으로 매 3개월 후급으로 이자를 지급받고 원금은 만기에 일시상환 받는다.

② 만기유형별

- 단기채 : 통상적으로 상환기간이 1년 이하인 채권을 단기채권이라 하며, 우리나라에는 통화안정증권, 양곡기금증권, 금융채 중 일부가 여기에 속한다.
- 중기채 : 상환기간이 1년 초과 5년 이하인 채권을 말한다. 우리나라에서는 대부분의 회사채 및 금융채가 만기 3년으로 발행되고 있다.
- 장기채 : 상환기간이 5년 초과인 채권이며 우리나라에서는 주로 국채가 만기 5년 또는 10년으로 발행되고 있다.

채권은 시간이 경과하면서 장기채권에서 중기채권으로 다시 단기채권으로 바뀌게 되며, 기간이 짧아져 감에 따라 다른 요인들이 모두 동일하다면 채권가격의 변동성은 감소한다. 일반적으로 만기가 긴 채권일수록 수익률은 높으나 유동성이 떨어지고 채무불이행 확률도 증가하므로 투자자는 자신의 투자기간을 고려하여 적절한 만기를 가진 채권에 투자해야 한다.

③ 이자 지급방법별

- 이표채 : 채권의 권면에 이표(coupon)가 붙어 있어 이자지급일에 이표를 떼어 이자를 지급받는 채권으로서, 외국의 경우 6개월마다 이자를 지급하지만 우리나라는 보통 3개월 단위로 이자를 지급한다. 대부분의 회사채가 이표채로 발행되고 있으며 국고채, 산업금융채권, 한국전력채권, 통화 안정증권 2년물 등도 이표채로 발행된다.
- 할인채 : 표면상 이자가 지급되지 않는 대신에 액면금액에서 상환일까지의 이자를 공제한 금액으로 매출되는 채권으로서 이자가 선급되는 효과가 있다. 이자를 지급하지 않기 때문에 무이표채(zero-coupon bond)라고 불리기도 한다. 통화안정증권, 외국환평형기금채권, 금융채 중 일부가 여기에 해당하며 대부분 1년 미만의 잔존만기를 갖는다.

- 복리채 : 정기적으로 이자가 지급되는 대신에 복리로 재투자되어 만기상환 시에 원금과 이자를 동시에 지급하는 채권을 말한다. 국민주택채권(1종, 2종), 지역개발채권, 금융채의 일부가 이런 방식으로 발행된다.

④ 발행유형별

- 보증채 : 원리금의 상환을 발행회사 이외의 제3자가 보증하는 채권으로서 보증의 주체가 정부인 정부보증채와 신용보증기금, 보증보험회사, 시중은행 등이 지급을 보증하는 일반보증채로 구분된다.
- 무보증채 : 제3자의 보증 없이 발행회사의 자기신용에 의해 발행 · 유통되는 채권이다. 우리나라에서는 과거 보증채가 많이 발행되었으나, 외환위기 이후부터 무보증채의 발행이 급속히 증가하였다.
- 담보부채권 : 원리금 지급불능 시 발행주체의 특정 재산에 대한 법적 청구권을 지키는 채권이다.
- 무담보부채권 : 발행주체의 신용을 바탕으로 발행하는 채권이다.
- 후순위채권 : 발행주체의 이익과 자산에 대한 청구권을 가지나 다른 무담보사채보다 우선권이 없는 채권이다.

2. 특수한 형태의 채권

위에서 설명한 일반적인 형태의 채권과 달리 계약 조건이 변형된 특수한 형태의 채권이 등장하여 다양한 목적으로 발행되며 투자되고 있다.

(1) 전환사채(CB; Convertible Bond)

순수한 회사채의 형태로 발행되지만 일정 기간이 경과된 후 보유자의 청구에 의하여 발행회사의 주식으로 전환될 수 있는 권리가 붙어 있는 사채이다. 이에 따라 전환사채는 사실상 주식과 채권의 중간적 성격을 갖고 있다. 전환사채에는 전환할 때 받게 되는 주식의 수를 나타내는 전환비율이 미리 정해져 있다. 즉, 전환사채 발행기관의 주가가 어느 수준 이상으로 상승하게 되면 보유자가 전환권을 행사하여 채권을 포기하고 주식을 취득함으로써 추가적인 수익을 추구하고, 그렇지 않을 때는 전환하지 않고 계속 사채의 형태로 보유하게 된다. 전환사채는 보유자가 자신에게 유리할 때만 전환권을 행사하여 추가적인 수익을 꾀할 수 있는 선택권이 주어지기 때문에 다른 조건이 동일하다면 일반사채에 비해 낮은 금리로 발행된다.

(2) 신주인수권부사채(BW; Bond with Warrant)

신주인수권부사채란 채권자에게 일정기간이 경과한 후에 일정한 가격(행사가격)으로 발행회사의 일정 수의 신주를 인수할 수 있는 권리, 즉 신주인수권이 부여된 사채이다. 전환사채와 달리 발행된 채권은 그대로 존속하는 상태에서 부가적으로 신주인수권이라는 옵션이 부여되어 있으며 신주인수권은 정해진 기간 내에는 언제든지 행사할 수 있다. 신주인수권부사채의 발행조건에는 몇 주를 어느 가격에 인수할 수 있는지가 미리 정해져 있어서 전환사채와 마찬가지로 발행기관의 주가가 상승하게 되면 신주인수권을 행사하여 당시 주가보다 낮은 가격에 주식을 보유할 수 있게 된다. 이와 같이 신주인수권 부사채는 보유자에게 유리한 선택권이 주어지기 때문에 다른 조건이 같다면 일반사채에 비해 낮은 금리로 발행된다.

(3) 교환사채(EB; Exchangeable Bond)

교환사채란 회사채의 형태로 발행되지만 일정기간이 경과된 후 보유자의 청구에 의하여 발행회사가 보유 중인 다른 주식으로의 교환을 청구할 수 있는 권리가 부여된 사채이다. 교환사채에는 발행 당시에 추후 교환할 때 받게 되는 주식의 수를 나타내는 교환비율이 미리 정해져 있다. 이에 따라 교환권을 행사하게 되면 사채권자로서의 지위를 상실한다는 점에서는 전환사채와 동일하지만, 전환사채의 경우에는 전환을 통해 발행회사의 주식을 보유하게 되는 반면에 교환사채의 경우는 발행회사가 보유 중인 타 회사의 주식을 보유하게 된다는 점에서 차이가 있다.

(4) 옵션부사채

옵션부사채란 발행 당시에 제시된 일정한 조건이 성립되면 만기 전이라도 발행회사가 채권자에게 채권의 매도를 청구할 수 있는 권리, 즉 조기상환권이 있거나, 채권자가 발행회사에게 채권의 매입을 요구할 수 있는 권리, 즉 조기변제요구권이 부여되는 사채이다. 먼저 조기상환권부채권(callable bond)은 발행 당시에 비해 금리가 하락한 경우에 발행회사가 기존의 고금리 채권을 상환하고 새로 저금리로 채권을 발행할 목적으로 주로 활용된다. 이렇게 되면 낮은 금리로 자금을 재조달할 수 있는 발행회사에게는 유리한 반면 기존의 고금리 채권 상품을 더 이상 보유할 수 없게 된 채권투자자는 불리하게 된다. 따라서 조기상환권부채권은 그런 조건이 없는 채권에 비해 높은 금리로 발행된다. 또 조기변제요구권부채권(puttable bond)은 발행 당시에 비해 금리가 상승하거나 발행회사의 재무상태 악화로 채권 회수가 힘들어질 것으로 예상되는 경우 채권투자자가 만기 전에 채권을 회수할 목적으로 주로 활용될 수 있다. 즉, 조기변제요구권은 채권투자자에게 유리한 조건이기 때문에 이러한 옵션이 부가된 조기변제요구권부 채권은 그렇지 않은 채권에 비해 낮은 금리로 발행될 수 있다.

(5) 변동금리부채권(FRN; Floating Rate Note)

채권은 발행일로부터 원금상환일까지 금리변동에 관계없이 발행 당시에 정한 이자율로 이자를 지급하는 금리확정부채권이 일반적이지만 지급이자율이 대표성을 갖는 시장금리에 연동하여 매 이자지급 기간마다 재조정되는 변동금리부채권이 발행되기도 한다. 변동금리부채권은 일반적으로 채권발행 시에 지급이 자율의 결정방식이 약정되며 매번 이자지급기간 개시 전에 차기 지급이자율이 결정된다. 즉, 변동금리부 채권의 지급이자율은 대표성을 갖는 시장금리에 연동되는 기준금리와 발행기업의 특수성에 따라 발행시점에 확정된 가산금리를 더하여 결정된다.

지급이자율＝기준금리(reference rate)＋가산금리(spread)

이때 기준금리로는 시장의 실세금리를 정확히 반영하고 신용도가 우수한 금융시장의 대표적인 금리가 주로 사용되는데 우리나라에서는 CD금리, 국고채 수익률, KORIBOR(Korea inter-bank offered rate) 등이 있다. 한편, 기준금리에 가산되어 지급이자율을 결정하는 가산금리는 발행자의 신용도와 발행시장의 상황을 반영하여 결정된다. 일반적으로 가산금리는 발행 당시에 확정되어 고정되므로 발행 이후 신용도와 시장상황의 변화에 따라 변동금리부채권의 가격을 변동시키는 주된 요인이 된다.

(6) 자산유동화증권(ABS; Asset Backed Securities)

금융회사가 보유 중인 자산을 표준화하고 특정 조건별로 집합(Pooling)하여 이를 바탕으로 증권을 발행한 후 유동화자산으로부터 발생하는 현금흐름으로 원리금을 상환하는 증권이다. 즉, 유동화 대상자산을 집합하여 특수목적회사(SPV; Special Purpose Vehicle)에 양도하고 그 자산을 기초로 자금을 조달하는 구조이다. 발행과정에서 증권의 신용도를 높이기 위해 후순위채권이나 보증 등의 방법을 활용하기도 한다. 유동화 대상자산이 회사채이면 CBO(Collateralized Bond Obligation), 대출채권이면 CLO(Collateralized Loan Obligation), 주택저당채권(mortgage)이면 주택저당증권(MBS; Mortgage Backed Securities)이라고 한다. ABS 발행회사는 재무구조를 개선할 수 있으며, 신용보강을 통해 발행사 신용등급보다 높은 신용등급의 사채 발행으로 자금조달비용을 절감할 수 있어 현금흐름 및 리스크 관리 차원에서 유용하다. 투자자 측면에서는 높은 신용도를 지닌 증권에 상대적으로 높은 수익률로 투자할 수 있다는 장점이 있다.

(7) 주가지수연계채권(ELN; Equity Linked Note)

채권의 이자나 만기상환액이 주가나 주가지수에 연동되어 있는 채권으로 우리나라에서 주로 발행되는 원금보장형 주가지수연계채권은 투자금액의 대부분을 일반 채권에 투자하고 나머지를 파생상품(주로 옵션)에 투자하는 방식으로 운용된다. 은행이 발행하는 주가지수연동정기예금(ELD; Equity Linked Deposit)이나 증권회사가 발행하는 주가지수연계증권(ELS; Equity Linked Securities)도 ELN과 유사한 구조로 발행되고 있다.

(8) 물가연동채권(KTBi; Inflation-Linked Korean Treasury Bond)

정부가 발행하는 국채로 원금 및 이자지급액을 물가에 연동시켜 물가상승에 따른 실질구매력을 보장하는 채권이다. 투자자 입장에서 물가연동채권은 이자 및 원금이 소비자물가지수(CPI)에 연동되어 물가상승률이 높아질수록 투자수익률도 높아져 인플레이션 헤지 기능이 있으며, 정부의 원리금 지급보증으로 최고의 안전성이 보장된다는 장점이 있다. 정부의 입장에서는 물가가 안정적으로 관리되면 고정금리국채보다 싼 이자로 발행할 수 있다는 장점이 있다. 반면에 물가연동채권은 물가가 지속적으로 하락하는 디플레이션 상황에서는 원금손실 위험도 있고 발행물량과 거래량이 적어 유동성이 떨어진다는 단점이 있다.

(9) 신종자본증권

신종자본증권은 일정 수준 이상의 자본요건을 충족할 경우 자본으로 인정되는 채무증권이다. 초기에는 국제결제은행(BIS)의 건전성 감독지표인 자기자본비율 제고를 위해 은행의 자본확충 목적으로 발행되었으나 점차 일반 기업의 발행도 증가하고 있다. 채권과 주식의 중간적 성격을 가지고 있어 하이브리드채권으로 불리기도 한다. 통상 30년 만기의 장기채로 고정금리를 제공하고 청산 시 주식보다 변제가 앞선다는 점(후순위채보다는 후순위)에서 채권의 성격을 가지고 있으나 만기 도래 시 자동적인 만기연장을 통해 원금상환부담이 없어진다는 점에서 영구자본인 주식과 유사하다. 변제 시 일반 후순위채권보다 늦은 후순위채라는 점에서 투자자에게 높은 금리를 제공하는 반면에 대부분의 경우 발행 후 5년이 지나면 발행기업이 채권을 회수할 수 있는 콜옵션(조기상환권)이 부여되어 있다. 최근 저금리 기조의 지속으로 콜옵션을 행사하여 상환된 신종자본증권의 사례가 증가하고 있어 투자 시 콜옵션 조항에 대한 세밀한 검토가 필요하다.

3. 소액채권거래제도

채권은 대규모여서 소액투자자인 일반인들이 접근하기 어려우나 일반인들도 채권을 소유하는 경우가 있다. 주택이나 자동차를 구입하거나 금융회사에서 부동산을 담보로 대출을 받을 때 의무적으로 구입해야 하는 첨가소화채권이 있다. 첨가소화채권은 정부나 지방자치단체 등이 공공사업 추진을 위해 재원을 조달하고자 할 때 관련 국민들에게 법률에 의해 강제로 매입하게 하는 준조세로서의 성격을 가지고 있다. 첨가소화채권은 표면이자율이 확정되어 있고 만기는 5년 이상 장기채권으로 발행된다. 대부분 매입과 동시에 현장에서 매도되는 게 일반적이다. 정부는 이러한 의무매입국공채의 환금성을 높여서 채권시장의 공신력을 높이고, 첨가소화채권을 통해 채권이라는 것을 처음 가지게 된 일반 대다수 국민의 채권시장에 대한 신뢰도를 높이기 위해 소액국공채거래제도를 운영하고 있다. 소액국공채 매매거래제도를 적용받는 거래대상 채권은 제1종 국민주택채권, 서울도시철도채권 및 서울특별시 지역개발채권, 지방공기업법에 의하여 특별시, 광역시 및 도가 발행한 지역개발공채증권, 주요 광역시 발행 도시철도채권 등이 있다.

4. 주식과 채권의 비교

주식의 소유자인 주주는 채권 소유자와 달리 주주총회에서 의사결정에 참여할 수 있다. 주식의 발행은 자기자본의 증가를 가져오지만 채권은 타인자본인 부채의 증가를 수반한다. 회사 청산 시 채권은 주식에 우선하여 청산 받을 권리가 있다. 전통적인 주식과 채권은 아래 표에서와 같이 구분되지만 최근에는 주식과 채권의 성격이 혼합된 증권이 더욱 많이 발행되고 있다.

[주식과 채권의 비교]

구 분	주 식	채 권
발행자	주식회사	정부, 지자체, 특수법인, 주식회사
자본조달 방법	자기자본	타인자본
증권소유자의 지위	주 주	채권자
소유로부터의 권리	결산시 사업이익금에 따른 배당을 받을 권리	확정이자 수령 권리
증권 존속기간	발행회사와 존속을 같이하는 영구증권	기한부증권(영구채권 제외)
원금상환	없 음	만기시 상환
가격변동위험	크 다	작 다

채권이 주식화된 대표적인 예로는 전환 · 신주인수권부 · 교환사채 등 각종 주식 관련 사채와 이익참가부사채가 있으며, 투자자는 확정이자보다 주식으로의 전환을 통한 소득에 더 관심을 갖는다. 반면에 주식이 채권화된 예로는 우선주(이익참가부우선주)가 있는데, 투자자는 의결권보다 배당에 더 관심을 갖는다. 우선주는 채권과 주식의 특성을 모두 가진 증권인데, 투자자에게 매년 확정 배당금을 지급함으로써 만기가 무한한 채권과 유사하며 우선주의 시장가격의 증감은 발행주체의 수익성보다 시장이자율과 더욱 밀접한 관련이 있다. 우선주는 회사 경영과 관련된 의결권을 투자자에게 부여하

지 않는다는 점에서는 채권과 유사하지만 투자자에게 배당금을 지급하지 못하는 경우에도 파산하지 않는다는 점에서는 주식의 특성을 갖는다. 미지급 배당금이 있다면 기업은 보통주 배당금 지급전에 누적적 우선주 보유자에게 우선 지급해야 한다. 채권발행 주체의 이자비용은 법인세를 감소시키는 효과가 있지만 우선주와 보통주의 배당금은 법인세를 차감한 순이익에서 지급되므로 회사의 입장에서 법인세 감면효과가 없다.

그러나 배당금을 수령하는 기관투자가에게는 배당소득의 30%를 익금불산입 하기 때문에 우선주가 기관투자가에게는 어느 정도 매력적인 고정수익 투자대상이라고 볼 수 있다.

[우선주와 채권의 비교]

유사점	차이점
• 정해진 현금흐름의 정기적 지급(채권의 이자, 우선주의 배당금) • 회사경영에 대한 의결권 미부여 • 회사 순이익을 공유하지 않음 • 조기상환(채권) or 상환(우선주) 가능 • 감채기금 적립 가능 • 발행주체의 파산 시 보통주보다 우선	• 우선주 배당금 지급 시 법인 비용처리 불가 • 우선주 배당금의 일부는 기관투자가에게 익금불산입 • 우선주 투자자에게 배당금 미지급시에도 발행주체는 파산하지 않음 • 회계처리가 다름 • 우선주는 보통주로 전환 가능한 경우 있음 • 우선주 배당금은 회계기간 종료 후 지급, 채권의 이자는 3개월마다 지급

06 증권분석

1. 증권의 투자가치 분석

증권의 현재가격은 시장에서 매수자와 매도자의 거래를 통해 결정되는데, 여러 가지 자료나 정보를 토대로 그 가격의 적정성이나 미래의 가격예측에 대해 판단을 하는 것을 증권분석(securities analysis)이라고 한다. 분석기법으로는 크게 기본적 분석과 기술적 분석이 있다.

(1) 기본적 분석

기본적 분석은 시장에서 증권에 대한 수요와 공급에 의해서 결정되는 시장가격이 그 증권의 내재가치(intrinsic value)와 동일하지 않을 수 있다는 전제하에 증권의 내재가치를 중점적으로 분석하는 방법이다. 따라서 내재가치가 추정되면 이를 시장가격과 비교함으로써 과소 또는 과대평가된 증권을 발견하고, 이에 따라 매입 또는 매도 투자결정을 하여 초과수익을 추구한다. 기본적 분석에는 경제분석, 산업분석, 기업분석으로 이어지는 환경적 분석과 재무제표를 중심으로 기업의 재무상태와 경영성과를 평가하는 재무적 분석이 포함된다.

① 하향식(Top-down) 분석

일반 경제를 검토하는 것에서 시작하여 특정산업으로, 최종적으로는 기업자체를 검토하는 분석방법으로, 밀물 때가 되면 모든 배가 든다는 것을 가정한다. 즉, 호황기에는 강한 기업이나 약한 기업 모두 높은 실적을 거두지만 불황기에는 강한 기업까지도 번창하기 어렵기 마련이다. 호경기 때 약한 기업의 주식에 투자하는 것이 불경기 때 좋은 주식에 투자하는 것보다 성과가 좋을 수 있다.

② 상향식(Bottom-up) 분석

투자 가망 회사에 초점을 두고 개별 기업의 사업, 재무, 가치 등 투자자가 선호할 만한 것들을 보유한 기업을 선택한 후 산업과 시장에 대해 그 기업을 비교한다. 내재가치보다 저평가된 주식을 찾아 장기적으로 보유하고 있으면 언젠가는 적정 가치를 찾아가리라는 믿음을 갖고 투자하는 방법이다.

(2) 기술적 분석

기술적 분석은 과거의 증권가격 및 거래량의 추세와 변동패턴에 관한 역사적인 정보를 이용하여 미래 증권가격의 움직임을 예측하는 분석기법이다. 즉, 증권시장의 시황이 약세시장이나 강세시장으로 전환하는 시점과 시장동향을 미리 포착하여 초과수익을 얻는 데 분석의 초점을 두고 있다. 기술적 분석은 과거 증권가격 움직임의 모습이 미래에도 반복된다고 가정하며, 증권가격의 패턴을 결정짓는 증권의 수요와 공급이 이성적인 요인뿐만 아니라 비이성적인 요인이나 심리적 요인에 의해서도 결정된다는 것을 전제하고 있다. 기술적 분석은 주로 과거 주가흐름을 보여주는 주가 차트(chart)를 분석하여 단기적인 매매 타이밍을 잡는 데 이용된다.

2. 기업정보

개별 증권의 가격에 영향을 미치는 가장 중요한 요인은 기업에 대한 정보라고 할 수 있다. 공시정보, 경영실적정보, 지배구조 및 경영권 등 기업정보는 결과적으로 주가 등에 반영된다. 그러나 증권의 가격은 이들뿐 아니라 종종 시장의 수급, 경영권에 관련된 정보, 일시적인 유행 등에 따라서도 움직인다.

(1) 기업공시 정보

상장기업은 기업공시제도(corporate disclosure system)에 따라 자사 증권에 대한 투자판단에 중대한 영향을 미칠 수 있는 중요한 기업 정보를 반드시 공시하도록 되어 있다. 이것은 투자자가 기업의 실체를 정확히 파악하여 투자결정을 할 수 있도록 함으로써 증권시장 내의 정보의 불균형을 해소하고 증권거래의 공정성을 확보하여 투자자를 보호하는 기능을 하게 된다. 투자자 입장에서는 기업공시 내용이 중요한 투자정보가 되고, 공시내용의 중요성에 따라 증권의 가격에도 적지 않은 영향을 미치게 된다. 그러나 공시정보를 사전에 유출하는 것은 불법이기 때문에 사전정보를 이용한 투자는 사실상 어려우며, 발표된 공시정보는 비교적 효율적으로 증권가격에 반영되어 사후적으로 공시정보를 활용한 투자는 별로 도움이 되지 못한다는 견해도 있다.

더 알아보기

전자공시시스템(DART; Data Analysis, Retrieval and Transfer System)

금융감독원에서 운영(dart.fss.or.kr/)하며, 상장법인 등이 공시서류를 인터넷에 제출하면 투자자 등 누구나가 인터넷을 통해 관련 정보를 조회할 수 있도록 마련된 종합적 기업공시시스템이다. 기업의 사업내용, 재무상황, 경영실적 등 전반에 대한 정보를 담고 있는 사업보고서 등을 열람할 수 있고 증권의 공모발행을 위한 증권신고서, 투자설명서, 증권발행실적 보고서 등을 검색할 수 있어 어떤 증권들이 발행되고 있고 해당 증권의 특징은 무엇인지 파악할 수 있다.

(2) 경영실적 정보

경쟁력 높은 제품군을 보유하고 있고 아무리 경영능력이 뛰어난 기업이라고 해도 결국은 실적이 뒷받침 되어야만 주가는 상승할 수 있다. 곧 주식시장에서 가장 중요한 정보는 기업의 실적이다. 일반적으로 상장기업의 경우에는 매 분기마다 매출액, 영업이익, 당기순이익 등의 주요한 재무정보를 발표하도록 되어 있다. 이러한 실적 발표는 실제로 주가에 커다란 영향을 미치므로 증권회사 애널리스트를 비롯한 수많은 전문가들이 사전에 주요 기업의 실적을 예측하여 발표하게 된다. 실적 예상치가 어느 정도 주가에 미리 반영되기 때문에 실제로 발표일의 주가는 절대적인 실적의 증감보다는 예상을 상회 또는 하회하는 지에 따라 변동하게 된다. 특히 예상을 크게 상회하는 경우는 '어닝 서프라이즈(earning surprise)'라고 하여 주가가 크게 상승하고, 예상에 크게 못 미칠 때에는 '어닝 쇼크(earning shock)'라고 하며 주가가 폭락하는 경우도 있다.

(3) 지배구조 및 경영권 정보

우리나라에서는 여러 기업들이 복잡한 지분 관계로 묶여 재벌을 이루거나 계열회사 그룹을 형성하는 경우가 많다. 기업의 주주분포 및 경영권의 소재를 나타내는 지배구조가 기업의 가치에 미치는 영향에 관해서는 다양한 주장이 있어 일률적으로 판단하기는 어렵다. 그러나 투자자 입장에서는 자신이 투자한 기업의 가치가 해당 기업의 영업이익뿐 아니라 같은 그룹 내 계열회사의 실적과도 밀접하게 연관되게 된다. 따라서 기업 가치를 평가할 때는 그 기업이 원래 영위하는 사업뿐 아니라 관계회사나 자회사의 가치와 지분법 평가이익 또는 평가손실로 인해 수익에 미치는 영향을 함께 고려해 보아야 한다. 자회사에 대한 지분보유를 목적으로 설립된 지주회사(holding company)의 경우는 자회사의 실적이 특히 중요하다. 기업의 경영권과 관련된 정보도 주가에 상당한 영향을 미치는데, 우선 기업 인수합병(M&A)은 인수 기업 및 피인수기업의 주가를 크게 움직이는 대표적인 테마이다. 특히 적대적 M&A 시도로 인한 지분경쟁의 경우에는 피인수기업의 주가가 급등하지만 실패로 끝나면 주가가 폭락할 수도 있다. 또 대주주 사이에 경영권 분쟁이 발생하면 지분확보를 위한 경쟁으로 주가가 급등하게 되지만 기업 가치와 무관하게 변동한 주가는 결국 제자리로 되돌아오거나 분쟁으로 인해 오히려 기업가치가 훼손될 수 있다는 점에서 투자에 유의해야 한다.

(4) 유행성 정보

주식시장에서는 갑자기 출현한 이슈나 재료에 따라 주가가 급등락하는 경우가 있다. 특히 비슷한 이슈를 가진 여러 종목의 주가가 동반 상승하는 '테마주'를 형성하기도 하는데, 이런 유행성 정보는 일시적 현상에 그치는 경우가 대부분이며 많은 경우 실적이 뒷받침되지 않으면서 루머에 따라 급등락하기 때문에 일반투자자는 조심해야 한다. 때로는 이러한 현상이 집단적 심리현상으로 특정 업종 전반에 널리 퍼지면서 거품(bubble)을 형성하기도 한다. 실제로 주식시장에는 다수의 버블이 있어왔고 그때마다 오래지 않아 거품이 꺼지면서 수많은 개인투자자들이 파멸했다. 2000년도를 전후해서 전 세계 주식시장에서 발생한 '닷컴 버블'이나 첨단 기술주에 대한 'IT 버블' 등이 그 예이다.

3. 재무비율 분석

기업의 재무상태와 경영성과를 객관적으로 파악할 수 있는 가장 중요한 자료는 재무상태표와 손익계산서로 대표되는 재무제표이다. 모든 상장기업은 반드시 정기적으로 재무제표를 작성하고 회계감사를 받아 공개해야 한다. 만약 고의나 실수로 잘못된 회계정보를 제공할 경우에는 법적인 책임을 지게 된다. 일반인들이 기업의 재무제표를 면밀하게 분석하는 것은 어렵기 때문에 중요한 정보만을 정리하여 간결한 수치로 나타내어 분석하는 것을 재무비율분석이라고 하며 대표적인 재무비율지표에는 레버리지비율, 유동성비율, 활동성비율, 수익성비율 등이 있다. 레버리지비율(leverage measures)은 기업이 자산이나 자기자본에 비하여 부채를 얼마나 사용하고 있는가를 보여준다. 일반적인 부채비율은 총자산 대비 총부채로 측정하지만 종종 자기자본 대비 부채의 비중으로 측정되기도 한다. 부채의 레버리지효과는 기업이익을 증폭시키기 때문에 주주 이익을 높이는 데 기여할 수 있으나 이익의 변동성을 크게 하여 재무 리스크를 높인다. 특히 과도한 부채는 기업의 파산 가능성을 높이게 되므로 부채비율이 지나치게 높은 주식은 투자를 피하는 것이 좋다. 적정한 부채비율이 어느 정도이냐에 대해서는 업종의 특성과 재무전략적 측면에서 논란의 여지가 있으나 외환위기 당시 부채비율이 높았던 기업들이 곤욕을 치른 경험에 비추어 볼 때 제조업의 경우에는 대략 자기자본 대비 2배 이내의 부채를 가이드라인으로 삼고 있다. 한편 부채에서 발생하는 이자비용을 같은 기간의 영업이익에 의해 얼마만큼 커버할 수 있는지를 살펴보는 지표로 이자보상배율이 있다. 이자보상배율이 높으면 이자비용을 커버하기에 충분한 영업이익이 있다는 뜻이고 이자보상배율이 1보다 작다면 영업이익으로 이자비용도 감당하지 못한다는 의미로 기업이 심각한 재무적 곤경에 처해 있다고 볼 수 있다.

부채비율 = 총부채 ÷ 자기자본
이자보상배율 = 영업이익 ÷ 이자비용

유동성지표(liquidity measures)는 기업이 부담하고 있는 단기부채를 충분하게 상환할 수 있는 능력을 살펴보는 지표로 1년 이내에 만기가 돌아오는 유동부채 대비 현금성이 있는 유동자산의 비율로 측정된다. 유동자산에 포함되는 재고자산의 경우는 기업이 정상적인 영업 활동을 하기 위해 항상 필요한 자산이므로 이를 제외한 나머지 유동자산인 당좌자산만으로 유동성을 측정하는 당좌비율을 사용하기도 한다. 유동성지표가 높을수록 단기부채를 상환하기 위한 유동자산 또는 당좌자산이 충분하다는 것을 뜻하지만 이 비율이 지나치게 높으면 불필요하게 많은 자금을 수익성이 낮은 현금성 자산으로 운용하고 있다는 의미도 있다.

유동비율 = 유동자산 ÷ 유동부채
당좌비율 = (유동자산 – 재고자산) ÷ 유동부채

활동성지표(activity measures)는 기업이 보유자산을 얼마나 잘 활용하고 있는가를 보여주는 지표로 주로 총자산 대비 매출액으로 측정한 자산회전율로 측정한다. 자산회전율이 낮다면 매출이 둔화되었거나 비효율적인 자산에 투자하여 자산의 활용도가 낮다는 의미가 된다. 다만 철강, 자동차, 조선과 같이 자본집약적 산업은 자산회전율이 낮은 경향이 있어서 산업별 특성을 고려하여 지표를 평가할 필요가 있다. 또 매출액 대비 외상매출금의 평균회수기간이나 재고자산 대비 매출액으로 측정한 재고자산회전율도 활동성지표의 하나로 활용된다. 평균회수기간이 길면 매출이 감소했거나 느슨한 신용정책으로 대금회수가 느리다는 뜻이고 재고자산회전율이 하락하고 있으면 매출이 둔화되고 있거나 재고가 누적되어 있다는 의미가 된다.

자산회전율 = 매출액 ÷ 총자산
평균회수기간 = (매출채권 × 365일) ÷ 매출액
재고자산회전율 = 매출액 ÷ 재고자산

기업의 경영성과를 나타내며 가장 중요한 재무비율지표로 평가되는 수익성지표(earnings measures)는 크게 매출액과 투자자본 대비 수익률로 측정된다. 우선 매출액 대비 수익률을 각각 당기순이익과 영업이익으로 측정한 매출액순이익률(Ration of Net income to Sales)과 매출액영업이익률(Ration of Operating profit to Sales)이 있는데 당기순이익은 지분법 이익과 같이 기업 본연의 영업활동과 상관없이 발생한 영업외 수익과 이자비용과 같은 영업외 비용의 영향을 받기 때문에 영업이익만으로 측정한 매출액 영업이익률이 더 많이 사용된다. 그리고 총자산 대비 당기순이익으로 측정한 총자산이익률(ROA; Return on Asset)은 기업이 자산을 활용하여 이익을 창출하는 능력을 나타내며, 자기자본이익률(ROE; Return on Equity)은 주주의 몫인 자기자본을 얼마나 효율적으로 활용하여 이익을 창출하였는지를 보여주는 지표로 주주의 부를 극대화한다는 측면에서 주식시장에서 가장 중요한 재무비율 지표로 인식된다.

매출액순이익률 = 당기순이익 ÷ 매출액
매출액영업이익률 = 영업이익 ÷ 매출액
총자산이익률(ROA) = 순이익 ÷ 총자산
자기자본이익률(ROE) = 순이익 ÷ 자기자본

이와 같이 재무제표 자료는 기업에 관한 중요 정보로 널리 활용되지만 재무제표에 나타난 장부가치(book value)는 미래의 경제적 이익을 반영하는 주식시장의 시장가치(market value)와 괴리될 수밖에 없다는 점을 인식해야 한다. 근본적으로 회계정보는 과거의 결과를 정리한 것이고 주가는 미래의 가능성을 반영하고 있기 때문이다. 또 재무제표에 표시된 값은 시가보다 보수적으로 평가되어 작성될 수밖에 없으며 특히 화폐단위로 표시할 수 없는 항목, 즉 경영자의 능력, 기술개발력, 브랜드

가치와 같은 질적 정보를 고려하지 못한다는 한계가 있기 때문이다. 한편 재무비율의 경우 쉽게 계산하고 이해하기 쉬워 널리 사용되고 있으나 여러 가지 한계가 있어서 결과 해석과 활용에 신중할 필요가 있다. 우선 기업마다 회계처리방법이 달라 재무비율의 단순 비교가 부적절한 경우가 많다. 또 비율분석의 기준이 되는 표준비율 선정이 어렵다. 산업평균을 비교 기준으로 삼고 있으나 많은 기업들이 다각화된 제품구조를 가지고 있어 산업군을 분류하기 애매한 경우가 많다. 결국 수치화된 재무비율이라 하더라도 그 해석에는 분석자의 주관성이 크게 작용될 수밖에 없다.

4. 주가배수 평가

주식투자를 위한 기본적 분석의 핵심은 기업의 내재가치와 현재 주가를 비교하여 주가가 기업 가치 대비 저평가된 주식은 매입하고 기업 가치 대비 고평가 주식은 매도하는 것이라고 할 수 있다. 다만 현재 주가는 언제든지 시장에서 알 수 있으나 기업의 실제 가치를 정확하게 측정한다는 것은 거의 불가능하다. 결국 기업의 가치를 알아내기 위한 다양한 노력이 기본적 분석에 의한 성공적인 투자의 관건이 되는데, 비교적 간단한 방법으로 기업 가치와 주가를 비교해서 주식투자에 활용하는 방법으로 주가이익비율과 주가장부가치비율이 있다. 즉, 기업의 가치를 각각 수익의 수준과 장부 가치로 측정하여 현재 주가와 비교하는 방법이다.

(1) 주가이익비율(PER; Price Earning Ratio)

주식가격을 1주당 순이익(EPS; Earning Per Share)으로 나눈 값으로 기업이 벌어들이는 주당이익에 대해 증권시장의 투자자들이 어느 정도의 가격을 지불하고 있는가를 뜻한다. 주식 1주당 수익에 대한 상대적 주가수준을 나타낸다고 볼 수 있다. 주가이익비율은 기업의 본질적인 가치에 비해 주가가 고평가 되어 있는지 저평가되어 있는지를 판단하는 기준으로 사용된다. 주가이익비율이 상대적으로 높으면 주가가 고평가되어 있다는 것을 의미하며 낮으면 저평가되어 있다는 것을 의미한다. 이때 비교 기준은 주로 유사위험을 지닌 주식들의 PER를 이용하거나 동종 산업의 평균 PER를 이용하는 방법, 해당 기업의 과거 수년간의 평균 PER를 이용하는 방법 등이 있다.

PER＝주가÷주당순이익(EPS)

그러나 PER 계산에서 분모로 사용되는 주당순이익(EPS)은 해당 기업의 최근 실적을 의미하는 반면에 분자가 되는 주가는 기업의 미래가치까지 반영하여 결정되기 때문에 두 값 사이에 괴리가 발생할 수 있다. 예컨대 최근 실적은 좋았으나 향후 기업 전망이 좋지 못하면 PER가 낮을 수도 있고, 최근 실적은 부진하지만 향후 기업의 성장 가능성이 높으면 PER가 높게 형성될 수도 있다. 일반적으로 높은 성장은 기대되지 않지만 안정적인 수익을 창출하는 산업은 PER가 낮고 현재 수익은 작아도 성장성이 높은 산업은 PER가 높게 형성되는 경향이 있다. 예컨대 기술집약적인 산업이나 신생 벤처기업의 경우는 시장에서 PER가 높은 편이다. 따라서 PER의 절대적인 수준만을 보고 수익 대비 주가가 고평가되었다거나 저평가되었다고 판단하는 것은 바람직하지 못하다. 다만 해당 기업의 과거 수년 동안의 평균값이나 그 기업이 속한 산업의 평균값과 비교하여 수익 대비 현재 주가수준을 판단하는 기준으로는 자주 사용된다.

(2) 주가장부가치비율(PBR; Price Book-value Ratio)

PER와 함께 주식투자에서 널리 사용되는 주가장부가치비율(PBR; price book value ratio)은 시장가치(market value)를 나타내는 주가를 장부가치(book value)를 보여주는 주당순자산(BPS; book-value per share)으로 나눈 비율로, 주당가치 평가 시 시장가격과 장부가치의 괴리 정도를 평가하는 지표이다.

PBR = 주가 ÷ 주당순자산(BPS) = 주당시장가격 ÷ 주당장부가치

주당순자산은 기업 청산 시 장부상으로 주주가 가져갈 수 있는 몫을 나타내며 PBR이 낮을수록 투자자는 낮은 가격에 주당순자산을 확보하게 된다. 만약 PBR이 1보다 작다면 해당 기업이 지금의 장부 가치로 청산한다고 해도 보통주 1주에 귀속되는 몫이 현재 주가보다 많다는 의미이다. 그런데 회계원칙의 보수성 때문에 장부상 자산은 시장가격보다 낮은 가격으로 작성될 수밖에 없으며 경영자의 능력, 기술개발력, 브랜드 가치와 같이 질적인 항목은 순자산에 반영되지 못하고 있어 일반적으로 주식의 PBR은 1보다 큰 값을 갖는다. 물론 PBR이 지나치게 높으면 주가가 장부상의 기업 가치에 비해 고평가되었다고 인식되지만 미래 성장성이 큰 기업의 주가는 PBR이 높은 경향이 있다. 따라서 PER와 마찬가지로 PBR 역시 해당 기업의 과거 수년 동안 평균값이나 그 기업이 속한 산업의 평균값과 비교하여 자산 가치 대비 현재 주가수준의 적정여부를 판단하는 기준으로 사용하는 것이 좋다.

18 금융회사와 금융상품

01 금융회사

금융회사는 금융시장에서 자금수요자와 공급자 사이에서 자금을 중개해주는 역할을 하는 회사이다. 고대사회에서도 여윳돈이 있던 부자들이 이자를 받고 돈을 빌려주는 대금업이 성행했다.

[우리나라 금융회사 현황]

<table>
<tr><td rowspan="9">은 행</td><td rowspan="3">일반은행</td><td>시중은행</td></tr>
<tr><td>지방은행</td></tr>
<tr><td>외국은행 국내지점</td></tr>
<tr><td rowspan="6">특수은행</td><td>한국산업은행</td></tr>
<tr><td>한국수출입은행</td></tr>
<tr><td>중소기업은행</td></tr>
<tr><td>농업협동조합중앙회(농협은행)</td></tr>
<tr><td>수산업협동조합중앙회(수협은행)</td></tr>
<tr><td>산림조합중앙회</td></tr>
<tr><td rowspan="10">비은행금융회사</td><td colspan="2">상호저축은행</td></tr>
<tr><td rowspan="4">여신전문금융회사</td><td>신용카드사</td></tr>
<tr><td>리스사</td></tr>
<tr><td>할부금융사</td></tr>
<tr><td>신기술금융사</td></tr>
<tr><td colspan="2">대부업자</td></tr>
<tr><td rowspan="4">상호금융</td><td>신용협동조합</td></tr>
<tr><td>농업협동조합</td></tr>
<tr><td>수산업협동조합</td></tr>
<tr><td>산림조합, 새마을금고</td></tr>
<tr><td rowspan="2">보험회사</td><td colspan="2">생명보험회사</td></tr>
<tr><td colspan="2">손해보험회사</td></tr>
</table>

금융투자회사	증권사
	선물사
	자산운용사
	투자자문사
	부동산신탁
	종합금융회사
기타 금융회사	금융지주회사, 우체국예금/보험 등

출처 : 대학생을 위한 실용금융, 금융감독원

여기서 출발한 금융업도 사회가 발전하면서 나타난 금융서비스 수요에 맞춰 다양한 형태로 발전하게 되었다. 금융회사는 취급하는 금융서비스의 성격에 따라 은행, 비은행 금융회사, 보험회사, 금융투자회사, 금융지주회사, 금융유관기관 등으로 구분할 수 있다.

1. 은 행

은행은 예금 또는 채무증서 등을 통해 불특정 다수의 경제주체들로부터 자금을 조달하고 기업, 가계 등에 대출하는 금융회사이다. 은행은 은행법에 의거 설립되어 운영되는 일반은행(은행법을 모법으로 하되 '인터넷전문은행 설립 및 운영에 관한 특례법'에 의해 보강된 인터넷전문은행 포함), 개별 특수은행법에 의거 설립되어 운영되는 특수은행, 그리고 외국은행국내지점 등으로 구분된다. 은행의 업무는 고유업무, 부수업무 그리고 겸영업무로 구분된다. 은행법상 규정된 은행의 고유업무에는 예적금 수입, 유가증권 또는 채무증서 발행, 자금의 대출, 어음할인 및 내 · 외국환 등이 있다. 부수업무는 고유업무에 부수하는 업무로서 채무보증, 어음인수, 상호부금, 보호예수 등이 있다. 겸영업무는 다른 업종의 업무 중에서 은행이 영위할 수 있는 업무로서 자본시장법상의 집합투자업과 집합투자증권에 대한 투자매매 · 중개업 및 투자자문업, 신탁업, 여신전문금융업법상의 신용카드업, 근로자퇴직급여보장법상의 퇴직연금사업 등이 있다.

한편 은행은 영업지역을 기준으로 전국을 영업대상으로 하는 시중은행과 주로 특정지역을 기반으로 하는 지방은행으로 나누어볼 수 있으며 설립목적에 따라 일반은행과 특수은행으로 구분할 수 있다. 시중은행 중에는 2017년부터 오프라인 채널 없이 온라인으로만 영업을 개시한 인터넷전문은행도 있다. 특수은행은 은행법이 아닌 개별적인 특별법에 의해 설립되어 은행업무를 핵심업무로 취급하고 있는 금융회사들이다. 수출이나 산업발전이라는 국가의 목표에 부응하기 위해 설립되었으나 이익이 낮아서 일반은행들의 관심이 적은 영역의 업무를 담당하기도 한다. 특수은행으로는 한국산업은행, 한국수출입은행, 중소기업은행, 농협은행, 수협은행 등이 있다. 한국산업은행은 1954년 전후 복구지원을 중점적으로 지원하기 위해 설립되었으며 기업구조조정, 미래성장 동력 발굴, 사회간접자본 확충 등 시장경제를 보완하는 역할을 담당하고 있다. 한국수출입은행은 수출입 · 해외투자 · 해외자원개발 등에 필요한 자금을 공급하며, 중소기업은행은 담보여력이 없거나 신용도가 낮은 중소기업을 지원하기 위하여 설립된 은행이다. 농협은행은 농업인과 농업협동조합에 필요한 금융서비스를 제공하는 역할을 담당하며, 수협은행은 어업인과 수산업협동조합에 필요한 각종 금융서비스를 제공한다.

2. 비은행 금융회사

상호저축은행은 흔히 저축은행이라고 부르는데 지역 서민들과 중소기업을 대상으로 주로 여수신 업무를 수행하고 있다. 신용도가 다소 낮은 개인이나 기업을 대상으로 하기 때문에 대출금리가 은행보다 높은 대신 예금금리도 은행보다 높은 편이다. 상호저축은행은 1972년 사금융 양성화 목적으로 상호신용금고법을 제정하면서 설립되었다. 당시 은행은 제한된 금융자본을 경제성장을 위한 기업부문에 주로 공급하였다. 그 결과 서민들은 사금융회사를 통하여 자금을 빌릴 수 있었다. 그러나 이들 사금융회사는 부실경영 등으로 서민들에게 막대한 피해를 주고 금융 질서를 문란하게 하는 경우가 많았다. 이에 따라 정부는 사금융회사를 양성화하여 전문적 서민 금융회사로 육성하기 위하여 상호신용금고법을 제정하였다. 상호저축은행은 전문적 서민 금융회사로서 서민들에 대한 금융 서비스 확대를 도모한다는 설립 취지에 맞추어 총여신의 일정비율 이상을 영업구역 내 개인 및 중소기업에 운용해야 한다. 직장 · 지역 단위의 신용협동조합, 지역단위의 새마을금고, 농어민을 위한 협동조합인 농 · 수협 단위조합, 그리고 산림조합 등은 조합원에 대한 여수신을 통해 조합원 상호 간 상호부조를 목적으로 운영되는데 이를 상호금융이라고도 한다.

이처럼 금융회사 중에서 은행법의 적용을 받지 않으면서도 은행과 유사하게 고객의 예금을 바탕으로 돈을 빌려주거나 투자를 하는 비은행 예금취급기관들도 있지만, 고객으로부터 예금을 수취하지 않고 자체적으로 자금을 조달하여 가계나 기업에 돈을 빌려주는 금융회사들이 있다. 신용카드, 시설대여(리스), 할부금융 그리고 신기술사업 금융업이 여신을 전문으로 하는 금융회사들이 여기에 해당한다. 리스회사는 건물, 자동차, 기계, 사무기기 등을 구입하여 사용자에게 대여하여 사용료를 받는 일을 한다. 리스 서비스를 이용하는 소비자는 주로 자산관리의 부담이나 한꺼번에 많은 자금을 마련할 필요가 없는 장점 때문에 리스회사를 이용한다. 할부금융은 판매사나 제조사에서 상품을 구입할 때 할부금융회사가 미리 돈을 지불하고 소비자는 일정기간 나누어서 갚는 것을 말한다. 따라서 할부금융회사는 상품 구매액을 초과하는 자금을 대출할 수 없다. 그리고 할부금융 자금은 상품 구입 목적 이외에 다른 목적으로 대출받는 것을 방지하기 위해 소비자에게 대출하지 않고 판매자에게 직접 지급하도록 되어 있다. 금융회사 이름에 주로 '○○캐피탈'이라는 이름이 붙은 회사들이 전형적인 할부금융회사이다. 신용카드 회사는 전형적인 여신전문 금융회사로, 소비자가 구입하는 상품의 가격을 미리 지불하고 결제일에 한꺼번에 금액을 받거나 나누어서 갚게 하고 해당기간 동안에 발생하는 이자소득이나 사용수수료로 수입을 올린다.

3. 보험회사

보험회사는 다수의 계약자로부터 보험료를 받아 이 자금을 대출, 유가증권 등에 운용하여 보험계약자의 노후, 사망, 질병 또는 사고발생 시에 보험금을 지급하는 업무를 수행하는 금융회사이다. 보험회사는 업무 및 회사 특성을 함께 고려하여 생명보험회사, 손해보험회사, 우체국보험, 공제기관, 한국무역보험공사 등으로 구분된다. 생명보험회사는 사람의 생존 또는 사망사건이 발생했을 때 약정보험금을 지급하는 보장 기능을 주된 업무로 하는 금융회사이다. 과거에는 사망보험의 비중이 높았으나 2001년 변액보험제도가 도입된 이후에는 보험상품도 자산운용수단으로 인식되면서 변액보험의 비중이 상승하는 추세이다. 손해보험회사는 자동차사고, 화재, 해상사고 등 각종 사고에 대비한 보험을 취급하는 금융회사로 각종 사고로 발생하는 재산상의 손해에 대처하는 상호보장적 기능을 한다. 생명보험과 손해보험은 완전히 분리된 보험으로 서로 겸업하지 않지만 사람의 질병, 상해 또는 이로 인한 간병을 대상으로 하는 보험인 질병보험, 상해보험, 간병보험은 생명보험이나 손해보험 회사들이 자유롭게 취급할 수 있다. 보험회사 중에 보증보험을 전담하는 회사들도 있는데 보험계약자로부터 보험료를 받고 보험계약자가 피보험자에게 약속을 이행하지 못하거나 피해를 끼쳤을 때 대신 보험금을 지급하는 업무를 담당한다. SGI서울보증은 일반적인 보증보험을 담당하고 있으며, 기술보증기금은 기술평가시스템에 근거하여 기술혁신형기업의 보증을, 주택도시보증공사는 주택분양 보증, 임대보증금 보증, 조합주택시공 보증, 전세보증금반환 보증, 모기지 보증 등을 담당한다. 재보험은 보험회사가 피보험자로부터 계약한 보험내용의 일부나 전부를 다른 보험회사에 다시 보험을 드는 보험제도이다. 재보험은 대형 사고와 같이 큰 경제적 보상이 필요하여 한 개의 보험회사가 감당하기 어려운 경우에 위험을 분산하는 보험제도로서 국내 재보험사업은 전업재보험사(코리안리 및 외국사 국내지점)와 일부 원수보험사가 영위하고 있다.

4. 금융투자회사

2009년부터 시행된 자본시장과 금융투자업에 관한 법률(자본시장법)에서는 자본시장과 관련한 금융 투자업을 투자매매업, 투자중개업, 집합투자업, 투자일임업, 투자자문업, 신탁업의 6가지 업종으로 구분하고 이 업종 중 전부 또는 일부를 담당하는 회사를 금융투자회사라고 부른다.

[자본시장법상 금융투자업의 종류]

종 류	내 용
투자매매업	금융회사가 자기자금으로 금융투자상품을 매도 · 매수하거나 증권을 발행인수 또는 권유 · 청약 · 승낙하는 것 예 증권회사, 선물회사
투자중개업	금융회사가 고객으로 하여금 금융투자상품을 매도 · 매수하거나 증권을 발행인수 또는 권유 · 청약 · 승낙하는 것 예 증권회사, 선물회사
집합투자업	2인 이상에게 투자를 권유하여 모은 금전 등을 투자자 등으로부터 일상적인 운영지시를 받지 않으면서 운용하고 그 결과를 투자자에게 배분하여 귀속시키는 것을 영업으로 하는 것 예 자산운용회사
신탁업	자본시장법에 따라 신탁을 영업으로 수행하는 것 예 신탁회사, 증권회사, 보험회사
투자자문업	금융투자상품의 가치 또는 투자판단에 관하여 자문을 하는 것을 영업으로 하는 것 예 투자자문회사, 증권회사, 자산운용회사
투자일임업	투자자로부터 금융상품에 대한 투자판단의 전부 또는 일부를 일임 받아 투자자별로 구분하여 자산을 취득 · 처분 그 밖의 방법으로 운용하는 것을 영업으로 하는 것 예 투자일임회사, 증권회사, 자산운용회사

금융투자회사 중 가장 대표적인 회사인 증권회사는 자본시장에서 주식, 채권 등 유가증권의 발행을 주선하고 발행된 유가증권의 매매를 중개하는 것을 주요 업무로 하고 있다. 은행이 예금자의 예금을 받아서 기업에 대출을 해주는 것과는 달리 증권회사는 자금수요 기업과 금융투자자 사이에 직접금융을 중개한다는 점에서 은행과는 업무성격이 다르다. 은행의 예금자는 자신의 돈을 대출받아가는

사람이 누구인지 알 수 없지만 증권회사를 통해서 어떤 기업의 주식을 매입한 투자자는 그 기업의 주주가 되고 그 기업에 대하여 주주의 자격에 근거한 여러 권리를 행사할 수 있게 된다. 자산운용회사는 2명 이상의 투자자로부터 모은 돈으로 채권, 주식 매매 등을 통해 운용한 후 그 결과를 투자자에게 배분해 주는 금융투자회사로, 집합투자기구인 펀드를 관리하는 펀드매니저가 있는 회사이다. 자산운용회사는 펀드를 만들고 운용하므로 투자 수익률은 자산운용회사의 역량에 따라 편차가 크기 때문에 투자자들은 어떤 운용사의 운용실적이 좋은지 투자 전에 살펴볼 필요가 있다. 투자자문회사는 투자자로부터 주식, 펀드, 채권 등 금융투자상품 등에 대한 투자일임업이나 투자자문업을 주로 하는 금융회사를 말한다.

5. 금융유관기관

금융유관기관은 금융거래에 직접 참여하기보다 금융제도의 원활한 작동에 필요한 여건을 제공하는 것을 주된 업무로 하는 기관들이다. 여기에는 금융감독원, 예금보험공사, 금융결제원 등 금융하부구조와 관련된 업무를 영위하는 기관과 신용보증기금 · 기술신용보증기금 등 신용보증기관, 신용평가회사, 한국 자산관리공사, 한국주택금융공사, 한국거래소, 자금중개회사 등이 포함된다. 대표적인 금융유관기관들 중 몇 군데를 소개하자면 다음과 같다.

(1) 한국은행

우리나라 중앙은행인 한국은행은 화폐를 독점적으로 발행하는 발권은행이다. 화폐발행 외에 한국은행의 가장 중요한 역할은 물가안정을 위해 통화신용정책을 수립하고 집행하는 것이다. 한국은행이 채택하고 있는 통화정책 운영체제는 물가안정목표제이다. 물가안정목표제는 통화량 등의 중간목표를 두지 않고 정책의 최종 목표인 '물가상승률' 자체를 목표로 설정하고 중기적 시계에서 이를 달성하려는 통화정책 운영방식이다. 한국은행의 금융통화위원회(금통위)는 기준금리(정책금리)를 정하고 여타 통화신용정책에 관해 결정을 내린다. 금통위는 한국은행의 통화신용정책에 관한 주요 사항을 심의 · 의결하는 정책결정기구로서 한국은행 총재 및 부총재를 포함한 총 7인의 위원으로 구성된다. 한국은행은 금융안정에도 노력하고 있다. 금융회사로부터 예금을 받아 금융회사 고객의 예금인출에 대비한 지급준비금 등으로 이용하고 금융회사에 대출을 해주며 자금부족에 직면한 금융회사가 순조롭게 영업할 수 있도록 도와주는 등 은행의 은행 역할을 수행하고 있다. 또 국민이 정부에 내는 세금 등 정부의 수입을 국고금으로 받아 두었다가 정부가 필요로 할 때 자금을 내어주는 정부의 은행 역할도 수행하고 하다. 또한 2004년 1월 개정 한국은행 법에 의거하여 지급결제시스템을 안정적이고 효율적으로 운영해야 하는 책무도 부여받았다.

(2) 금융감독원

금융감독원은 금융산업을 선진화하고 금융시장의 안정성을 도모하며, 건전한 신용질서, 공정한 금융거래관행 확립과 예금자 및 투자자 등 금융수요자를 보호함으로써 국민경제에 기여하는 데 그 목적이 있다. 금융감독원은 정부조직과는 독립된 특수법인으로 되어 있는데 이는 금융감독업무와 관련하여 금융감독기구가 정치적 압력 또는 행정부의 영향력에 의해 자율성을 잃지 않고 중립적이고 전문적인 금융감독 기능을 구현하기 위함이다. 금융회사에 대한 감독업무, 이들 회사의 업무 및 재산상황에 대한 검사와 검사결과에 따른 제재업무, 금융분쟁의 조정 등 금융소비자 보호업무 등의 기능을 수행하고 있다. 금융감독은 크게 시스템 감독, 건전성 감독 그리고 영업행위 감독으로 구분될 수 있다. 시스템 감독은 경제 전반에 걸친 금융혼란에 대비하여 금융시스템의 안정성을 확보하는 데 주력하는 것으로 건전성 및 영업행위 감독보다 넓은 개념이다. 건전성 감독은 개별 금융회사의 재무제표의 건전성, 자본적정성 및 각종 건전성 지표를 통해 금융회사의 건전성을 감독하는 것이고, 영업행위 감독은 금융회사가 소비자들과의 거래에서 공시(公示), 정직, 성실 및 공정한 영업 관행을 유지하고 있는지 감독하는 것으로 소비자 보호 측면에 중점을 둔 것이다. 금융회사에 대한 검사는 금융회사의 현장에서 규제준수 여부를 점검하는 임점검사(on-site examination)와 금융회사가 제출한 업무보고서에 근거한 상시감시를 병행한다. 또 자본시장의 공정성 확보를 위한 불공정거래나 보험사기 조사업무와 더불어 소비자가 직접 제기하는 민원의 상담, 조사 및 분쟁조정 절차를 담당하여 금융소비자를 보호하는 기능도 수행하고 있다.

(3) 예금보험공사

예금보험공사는 1996년 예금자보호법에 의거하여 금융회사가 파산 등으로 예금을 지급할 수 없는 경우 예금지급을 보장함으로써 예금자를 보호하고 금융제도의 안정성을 유지할 목적으로 설립된 기관이다. 예금보험제도를 통해 금융회사의 보험료, 정부와 금융회사의 출연금, 예금보험기금채권 등으로 예금보험기금을 조성해두었다가 금융회사가 고객들에게 예금을 지급하지 못하는 경우에 대신 지급해주는 것이 주요 업무이다. 동 기금의 손실을 최소화하기 위해 금융회사의 경영분석 등을 통해 부실 가능성을 조기에 파악하고 있으며, 부실금융회사에 대한 구조조정을 추진하여 금융시스템을 안정화하는 역할도 담당한다. 다만 예금보험공사에서 보호하는 금융회사는 은행, 증권투자매매 · 중개업을 인가받은 회사(증권사, 선물사, 자산운용사 등), 보험회사, 상호저축은행, 종합금융회사 등이다. 특히 농협은행 및 수협은행 본 · 지점의 예금은 은행처럼 예금자보호법에 따라 예금자 원금과 소정의 이자를 포함하여 1인당 5천만 원까지 보호되지만 농 · 수협 지역조합의 예금은 예금자보호법에 따른 보호대상이 아니라 각 중앙회가 자체적으로 설치, 운영하는 상호금융예금자보호기금을 통하여 보호되고 있다. 신용협동조합과 새마을금고도 각 신용협동조합중앙회에 설치된 예금자보호기금과 새마을금고법에 따라 새마을금고중앙회에 설치된 예금자보호준비금에 의해 1인당 5천만 원까지 예금을 보호한다. 외화표시예금은 원화로 환산한 금액 기준으로 예금자 1인당 5천만 원 범위 내에서 보호된다. 또한 기업 등 법인의 예금도 개인예금과 마찬가지로 법인별로 5천만 원까지 보호된다. 다만, 정부 · 지방자치단체 · 한국은행 · 금융감독원 · 예금보험공사 및 부보금융회사의 예금은 보호대상에서 제외된다.

02 금융상품

현재 각 금융회사에서는 금융소비자들의 다양한 저축수요를 충족시키기 위해 여러 가지 형태의 금융상품을 취급하고 있다. 가장 대표적으로는 저축상품인데, 취급할 수 있는 금융회사가 정해져 있다. 은행을 비롯하여 상호저축은행, 신용협동조합, 새마을금고, 농 · 수 · 축협, 종합금융회사, 우체국예금 등이 여기에 포함된다. 저축상품을 그 특성에 따라 분류해 보면 ① 수익률은 낮지만 예금자의 지급 청구가 있으면 조건 없이 지급함으로써 고객의 지급결제 편의 도모 또는 일시적 보관을 목적으로 하는 당좌예금, 보통예금, 공공예금, 국고예금 등 요구불성 예금상품, ② 정기적금과 같이 적은 돈을 매월(매분기) 저축하여 일정기간 후 목돈을 마련하는 적립식 상품, ③ 정기예금, 금전신탁 등과 같이 목돈을 투자해 재테크할 수 있는 거치식 상품, ④ 기타 특정 저축목적 달성을 지원하기 위한 상품 등이 있다. 또한 확정이자를 지급하는 상품이 있는가 하면 실적에 따라 수익을 배당하는 상품이 있고 이자소득 등에 대해 비과세 하거나 우대세율을 적용하는 상품도 있다. 한편, 하루가 다르게 변모하고 있는 금융환경 속에서 각 금융회사들은 고객 유치를 위해 주식이나 채권은 물론 펀드 등 투자성이 있는 다양한 형태의 직 · 간접 투자상품들도 계속 출시 · 판매하고 있다. 이에 따라 금융상품을 고를 때에는 금융회사의 선택 못지않게 수익성, 환금성, 안전성 및 부대서비스 내용 등 여러 금융상품의 특성을 서로 비교해 보고 각자의 저축목적에 부합하는 대안을 선택하려는 노력이 중요하다. 이하에서는 금융상품 비교 시 참고할 수 있도록각 금융회사에서 취급하고 있는 개별 금융상품을 주요 특성에 따라 소개하였다.

1. 저축상품

(1) 입출금이 자유로운 상품

① 보통예금 및 저축예금

보통예금은 거래대상, 예치금액, 예치기간, 입출금 횟수 등에 아무런 제한 없이 누구나 자유롭게 입 · 출금할 수 있는 반면 이자율이 매우 낮은 예금이다. 입 · 출금이 자유로운 예금의 기본 형태라 할 수 있으며 예금자 입장에서는 생활자금과 수시로 사용해야 하는 일시적인 유휴자금을 예치하는 수단이 되고, 예금기관의 입장에서는 저리로 자금을 조달할 수 있는 재원이 된다. 저축예금은 보통예금처럼 예치금액, 예치기간 등에 아무런 제한이 없고 입출금이 자유로우면서도 보통예금보다 높은 이자를 받을 수 있는 예금이다. 가계우대성 금융상품으로 가계의 여유자금을 초단기로 예치하거나 입출금이 빈번한 자금을 운용하기에 적합하다. 두 상품 모두 우체국, 은행(농 · 수협중앙회 포함), 상호저축은행 등이 취급하며, 개인의 경우 더 높은 이자를 지급하는 저축예금에 제한 없이 가입할 수 있어 보통예금은 저축수단으로서의 활용도가 높지 않은 편이다. 금융회사에 따라서는 입출금이 자유로운 예금 중 일부상품만 취급하거나 이들을 통합하여 운영하기도 하며, 일정기간 동안의 평균잔액이 일정액 이하인 경우 이자를 지급하지 않거나 오히려 계좌유지 수수료를 부과하는 제도를 시행하는 경우도 있다. 상호금융, 신용협동조합, 새마을금고 등 신용협동기구들은 은행의 저축예금과 유사한 상품인 '자립예탁금'을 취급하고 있으며, 이 상품은 대월약정을 맺으면 약정한도까지 대출을 자동으로 받을 수 있다.

② 가계당좌예금

가계수표를 발행할 수 있는 개인용 당좌예금이며 무이자인 일반 당좌예금과는 달리 이자가 지급되는 가계우대성 요구불예금이다. 가입대상은 신용상태가 양호한 개인, 자영업자(신용평가 결과 평점이 일정 점수 이상인 자)로 제한된다. 모든 은행에 걸쳐 1인 1계좌만 거래할 수 있으며, 예금잔액이 부족할 경우에는 대월한도 범위 내에서 자동대월이 가능하다. 거래실적이 양호한 경우에는 소액가계자금도 대출받을 수 있다. 가계수표는 예금잔액 및 대월한도 범위 내에서 발행하여야 하며 대월한도를 초과하여 발행하게 되면 거래정지처분을 받을 수 있다.

③ 시장금리부 수시입출금식예금(MMDA; Money Market Deposit Account)

이 상품은 고객이 우체국이나 은행에 맡긴 자금을 단기금융상품에 투자해 얻은 이익을 이자로 지급하는 구조로 되어 있어 시장실세금리에 의한 고금리가 적용되고 입출금이 자유로우며 각종 이체 및 결제기능이 가능한 단기상품이다. 언제 필요할지 모르는 자금이나 통상 500만 원 이상의 목돈을 1개월 이내의 초단기로 운용할 때 유리하며 각종 공과금, 신용카드대금 등의 자동이체용 결제통장으로도 활용할 수 있는 예금이다. 예금거래 실적에 따라 마이너스대출, 수수료 면제, 대출 · 예금금리 우대, 각종 공과금 및 신용카드대금 결제, 타행환 송금 등 부대서비스를 제공하고 있는데 일부은행의 경우 이를 불허하거나 자동이체 설정 건수를 제한하고 있다. 주로 증권사, 종합금융회사의 어음관리계좌(CMA), 자산운용회사의 단기금융상품펀드(MMF) 등과 경쟁하는 상품이다.

④ 단기금융상품펀드(MMF; Money Market Fund)

MMF는 고객의 돈을 모아 주로 CP(기업어음), CD(양도성예금증서), RP(환매조건부채권), 콜(call) 자금이나 잔존만기 1년 이하의 안정적인 국공채로 운용하는 실적배당상품이다. 일시 자금예치 수단으로서의 본래 기능을 수행할 수 있도록 운용가능한 채권의 신용등급을 AA등급 이상(기업어음 A2 이상)으로 제한하여 운용자산의 위험을 최소화하도록 하고 있으며, 유동성 위험을 최소화하기 위하여 운용자산 전체 가중평균 잔존 만기를 90일 이내로 제한하고 있다. MMF는 자산운용회사가 운용하며 은행, 증권사, 보험사 등에서 판매한다. MMF의 최대 장점은 가입 및 환매가 청구 당일에 즉시 이루어지므로 입출금이 자유로우면서 실적에 따라 수익이 발생하여 소액투자는 물론 언제 쓸지 모르는 단기자금을 운용하는데 유리하다는 점이다. 다만, 계좌의 이체 및 결제 기능이 없고, 예금자보호의 대상이 되지 않는다.

⑤ 어음관리계좌(CMA; Cash Management Account)

CMA는 종합금융회사나 증권회사가 고객의 예탁금을 어음 및 국 · 공채 등 단기금융상품에 직접 투자하여 운용한 후 그 수익을 고객에게 돌려주는 단기 금융상품이다. 자금을 단기금융상품에 투자하고 실적배 당을 한다는 점에서는 MMF와 유사하지만 MMDA처럼 이체와 결제, 자동화기기(ATM)를 통한 입출금 기능을 갖고 있다는 점에서 차이가 있다. 종합금융회사의 CMA는 예금자보호 대상이 되지만 증권회사의 CMA는 그렇지 않다. 예탁금에 제한이 없고 수시 입출금이 허용되면서도 실세금리 수준의 수익을 올릴수 있는 장점을 가지고 있다. 개인이나 기업이 1개월에서 6개월 정도의 여유자금을 운용하기에 적합한 저축수단이며, 실물이 아닌 “어음관리계좌” 통장으로만 거래된다.

[MMDA, MMF, CMA 비교]

상품명	취급금융회사	예금자보호	이 율	이체 및 결제
MMDA	은 행	보 호	확정금리(차등)	가 능
MMF	은행, 증권사	비보호	실적배당	불가능
CMA	종금사, 증권사	종금사만 보호	실적배당	가 능

(2) 목돈마련을 위한 상품(적립식 예금)

① 정기적금

계약금액과 계약기간을 정하고 예금주가 일정 금액을 정기적으로 납입하면 만기에 계약금액을 지급하는 적립식 예금으로 푼돈을 모아 목돈을 마련하는데 적합한 가장 보편적인 장기 금융상품이다. 필요 시 적금을 담보로 납입한 적금잔액의 일정범위(통상 95%) 이내에서 대출을 받을 수 있다. 정기적금은 당초 서민의 저축의식을 고취하고 계(契)와 같은 사금융 저축을 흡수하여 건전한 재산형성을 목적으로 도입되었으며, 우체국, 은행, 상호저축은행, 상호금융, 신용협동조합, 새마을금고 등 다양한 금융회사들이 취급하고 있다. 정기적금이나 정기예금은 예치기간이 정해져 있어서 보통예금보다 이자가 많지만 유동성은 낮다. 만기이전에 해약을 하게 되면 약정한 이자보다 훨씬 낮은 이자를 지급받거나 경우에 따라서는 이자가 없을 수도 있다. 또 만기 후에는 적용금리가 가입당시 또는 만기일 당시 약정이율의 1/2 이하로 크게 낮아지는 데 유의하여야 한다. 참고로, 정기적금의 계약액은 다음과 같이 산정된다.

$$계약액 = 원금 + 이자 = 월저축금 \times 계약기간(월) + 세전이자$$

$$세전이자 = 월저축금 \times 이율 \times \frac{계약기간\ \text{Times}\ (계약기간+1)}{2} \times \frac{1}{12}$$

② 자유적금

자유적금은 정기적금과 달리 가입자가 자금여유가 있을 때 금액이나 입금 횟수에 제한 없이 입금할 수 있는 적립식 상품으로 우체국, 은행, 상호저축은행, 상호금융, 신용협동조합, 새마을금고 등에서 취급하고 있다. 원래 저축한도에는 원칙적으로 제한이 없으나 자금 및 금리 리스크 때문에 입금 금액을 제한하여 운용하는 것이 일반적이다. 즉, 월별 1천만 원 정도로 입금한도를 두어 운용하고, 계약기간 2/3 경과 시 기적립액의 1/2이내의 금액만 입금할 수 있다. 이렇게 자유적금에 입금의 제한을 두는 이유는 만약 연 6.0%로 하여 1만 원으로 3년제 계약을 하고 입금을 하지 않고 있다가 2년 정도 경과한 시점에서 금리가 4.0%로 하락하였을 때 해당 계좌에 1억 원을 입금하면 예금주는 금리하락에도 불구하고 높은 금리로 이자를 받아갈 것이고, 은행은 예치 받은 자금을 높은 금리로 운용하지 못하기 때문에 예금주가 혜택을 본 것만큼 손실을 입게 되기 때문이다.

(3) 목돈운용을 위한 상품(거치식 예금)

① 정기예금

예금자가 이자수취를 목적으로 예치기간을 사전에 약정하여 일정금액을 예입하는 장기 저축성 기한부 예금이다. 약정기간이 길수록 높은 확정이자가 보장되므로 여유자금을 장기간 안정적으로 운용하기에 좋은 금융상품이다. 매월 이자를 지급받을 수도 있는 금융상품으로 목돈을 맡겨놓고 이자로 생활하고자 하는 경우에도 적합한 상품이다. 우체국, 은행, 상호저축은행, 상호금융, 신용협동조합, 새마을금고 등에서 취급하며 우리나라 전체 예금 잔고 가운데 50% 이상을 차지하는 가장 대표적인 예금이다. 만기이전에 중도해지하면 약정금리보다 낮은 중도해지이율이 적용되므로 만기까지 예치하는 것이 바람직하며, 통상 예금 잔액의 95% 범위 내에서 담보대출을 받을 수 있다.

② 정기예탁금

은행의 정기예금과 유사한 상품으로 상호금융, 새마을금고, 신용협동조합 등 신용협동기구들이 취급하고 있는 상품이다. 조합원 · 준조합원 또는 회원 등이 가입할 수 있으며, 은행권보다 상대적으로 높은 금리를 지급하므로 일반 서민들의 목돈 운용에 적합한 저축수단이다.

③ 실세금리연동형 정기예금

가입 후 일정기간마다 시장실세금리를 반영하여 적용금리를 변경하는 정기예금으로 금리변동기, 특히 금리상승기에 실세금리에 따라 목돈을 운용하는 데에 적합한 금융상품이다. 은행에서 취급하며, 일반적으로 만기 이전에 중도해지 시에는 약정금리보다 낮은 이율이 적용된다.

④ 주가지수연동 정기예금(ELD; Equity Linked Deposit)

원금을 안전한 자산에 운용하여 만기 시 원금은 보장되고 장래에 지급할 이자의 일부 또는 전부를 주가지수(KOSPI 200지수, 일본 닛케이 225지수 등)의 움직임에 연동한 파생상품에 투자하여 고수익을 추구하는 상품이다. 주가지수 전망에 따라 주가지수 상승형, 하락형 또는 횡보형 등 다양한 구조의 상품구성이 가능하다. 중도해지 시 중도해지이율을 적용하여 산정된 금액에서 중도해지수수료를 차감하여 지급하거나 무이자인 경우도 있다. 동일유형의 상품으로 증권회사의 ELS(주가지수연동증권)와 자산 운용회사의 ELF(주가지수연계펀드)가 있다. ELD는 은행에서 취급하며, 예금자보호 대상이다.

⑤ 양도성예금증서(CD; Certificate of Deposit)

정기예금에 양도성을 부여한 특수한 형태의 금융상품으로 은행이 무기명 할인식으로 발행하여 거액의 부동자금을 운용하는 수단으로 자주 활용된다. 즉, 예치기간 동안의 이자를 액면금액에서 차감(할인)하여 발행한 후 만기지급 시 증서 소지인에게 액면금액을 지급한다. 실세금리를 반영하여 수익률이 비교적 높은 편이며, 통상 1,000만 원 이상의 목돈을 3개월 내지 6개월 정도 운용하는데 적합한 단기상품이다. 은행에서 발행된 증서를 직접 살 수 있고 증권회사에서 유통되는 양도성예금증서를 살 수도 있다. 중도해지가 불가능하며 만기전에 현금화하고자 할 경우에는 증권회사 등 유통시장에서 매각할 수 있다. 할인식으로 발행되는 특성상 만기 후에는 별도의 이자 없이 액면금액만을 지급받게 되며, 예금자보호 대상에서 제외된다.

⑥ 환매조건부채권(RP; Re-purchase Paper)

금융회사가 보유하고 있는 국채, 지방채, 특수채, 상장법인 및 등록법인이 발행하는 채권 등을 고객이 매입하면 일정기간이 지난 뒤 이자를 가산하여 고객으로부터 다시 매입하겠다는 조건으로 운용되는 단기 금융상품이다. 투자금액과 기간을 자유롭게 선택할 수 있는 시장금리연동형 확정금리상품으로서 비교적 수익률이 높은 편이며 단기여유자금을 운용할 때 유리한 저축수단이다. 우체국, 은행, 종합금융회사, 증권회사, 증권금융회사 등이 취급하며, 최소거래금액에 제한은 없으나 1,000만 원 이상이 일반적이다. 예금자보호 대상은 아니지만 국채, 지방채 등 우량 채권을 대상으로 투자되므로 안정성이 높은 편이며, 대부분 만기가 지난 후에는 별도의 이자를 가산해 주지 않는다는 점에 유의해야 한다. 주로 통장거래로 이루어지며 30일 이내 중도 환매 시에는 당초 약정금리보다 훨씬 낮은 금리를 적용받게 된다.

(4) 특수목적부 상품

① 주택청약종합저축

주택청약종합저축은 신규분양 아파트 청약에 필요한 저축으로서 기존의 청약저축, 청약부금, 청약예금의 기능을 묶어 놓은 것으로, 전체 은행을 통해 1인 1계좌만 개설 가능하다. 가입은 주택소유 · 세대주 여부, 연령 등에 관계없이 누구나 가능하나 청약 자격은 만 19세 이상이어야 하고 19세 미만인 경우는 세대주만 가능하다. 수도권의 경우 가입 후 1년이 지나면 1순위가 되며, 수도권 외의 지역은 6~12개월 범위에서 시 · 도지사가 정하는 기간이 지나면 1순위가 된다. 납입 방식은 일정액 적립식과 예치식을 병행하여 매월 2만 원 이상 50만 원 이내에서 5,000원 단위로 자유롭게 불입할 수 있으며, 잔액이 1,500만 원 미만인 경우 월 50만 원을 초과하여 잔액 1,500만 원까지 일시 예치가 가능하고, 잔액이 1,500만 원 이상인 경우는 월 50만 원 이내에서 자유롭게 적립할 수 있다. 청약대상은 국민주택의 경우 해당 지역에 거주하는 무주택 세대의 구성원으로서 1세대당 1주택, 민영주택의 경우는 지역별 청약가능 예치금을 기준으로 1인당 1주택 청약이 가능하다. 그리고 총 급여 7천만 원 이하 근로소득자로서 무주택 세대주인 경우는 최대 연 240만 원의 40%인 96만 원까지 소득공제 혜택이 주어진다.

[지역별 청약가능 예치금]

희망주택(전용면적 기준)	서울 · 부산	기타 광역시	기타 시 · 군
85m^2 이하	300만 원	250만 원	200만 원
102m^2 이하	600만 원	400만 원	300만 원
102m^2 초과 135m^2 이하	1,000만 원	700만 원	400만 원
135m^2 초과	1,500만 원	1,000만 원	500만 원

2. 투자상품

(1) 펀 드

국제통화기금(International Monetary Fund)의 경우처럼 원래 펀드(fund)는 특정한 목적을 위해 단체를 만들고 기금을 모아 활동하는 것을 의미한다. 그런데 흔히 우리가 얘기하는 펀드는 여러 사람의 돈을 모아 수익이 예상되는 곳에 투자하여 돈을 번 후 그 수익금을 투자한 금액에 비례하여 나누어 돌려주는 금융상품을 말한다. 법률적 용어로는 집합투자증권이라고 하며, 종전에는 전문가가 투자자를 대신하여 주식이나 채권 등 다양한 투자상품으로 운용한다는 뜻에서 간접투자상품이라고도 일컬었다. 상대적으로 정보가 취약한 소액개인투자자의 경우 기관투자자와 같은 전문가그룹과 동등한 입장에서 주식이나 채권 등의 금융상품에 직접 투자하기란 꽤 어렵다. 이에 따라 다수의 투자자로부터 투자자금을 모은 뭉칫돈(기금)을 자산운용전문가인 펀드매니저가 고객을 대신하여 여러 종류의 자산에 투자해 주는 것이다.

① 펀드의 구조

펀드는 자산운용회사의 상품으로, 어느 주식이나 채권에 얼마만큼 투자할지 투자전문가가 운용전략을 세워 체계적으로 관리한다. 투자자 입장에서 보면 펀드투자는 해당 펀드의 수익증권을 구입하는 것과 같으며 투자한 펀드에서 발생한 수익이나 손실을 투자한 비율대로 분배받는다. 은행, 보험사, 증권회사 등은 투자자에게 펀드 투자를 권유하고 투자계약을 체결하는 펀드판매회사로서의 역할을 수행하고 있다. 투자자금 즉, 수익증권을 판매한 대금은 펀드를 설정하고 운용하는 자산운용회사로 들어가는 것이 아니라 자산보관회사가 별도로 관리하기 때문에 혹시 자산운용회사가 파산하더라도 펀드에 투자한 자금은 보호받을 수 있다. 자산의 투자과정에서 발생하는 수익증권의 발행 및 명의개서업무, 계산업무, 준법감시 업무 등은 별도의 일반사무수탁회사에서 담당하게 된다. 이렇게 4개의 회사가 서로 다른 역할을 하면서 유기적으로 연결되어 펀드가 운용된다.

[펀드의 구조]

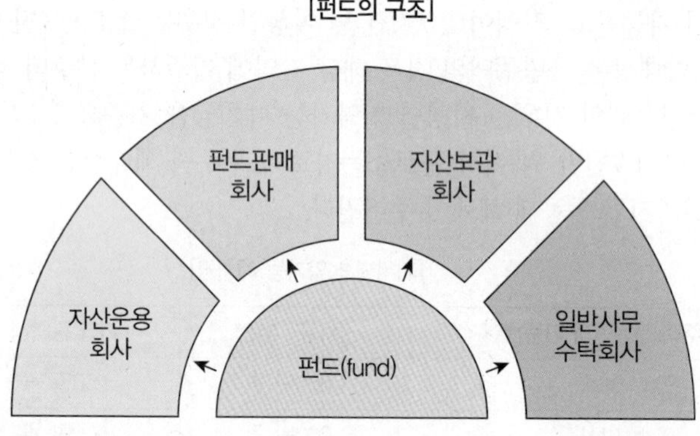

② 펀드투자 비용

펀드와 관련된 금융회사들은 펀드투자자로부터 각종 수수료와 보수를 받는다. 구분하자면 수수료(commission)는 보통 한 번 지불하고 끝나는 돈이고 보수(fee)는 지속적이고 정기적으로 지급되는 돈이지만 통상 둘 모두를 수수료라 부르기도 한다. 결국 수수료나 보수는 투자자 입장에서 보면 비용이 된다. 펀드 자금을 운용하는 대가로 자산운용회사가 받는 돈을 운용보수라고 하며 매년 펀드 자산의 일정 비율을 보수로 수취한다. 펀드판매회사가 판매서비스에 대해 받는 대가에는 판매수수료와 판매보수가 있는데, 전자는 펀드를 추천하고 설명해주는 대가로 볼 수 있으며 선취 또는 후취로 수취한다. 또 보수는 투자자의 펀드계좌를 지속적으로 관리해주는 비용이며 운용보수처럼 펀드 자산의 일정 비율로 지급하게 된다. 그 밖에 자산보관회사가 받는 신탁보수와 일반사무수탁회사가 받는 사무수탁보수가 있으나 운용보수, 판매수수료, 판매보수 등에 비하면 비용이 적은 편이다. 펀드가입 후 3~6개월이 지나지 않아 펀드를 해지하면 일종의 페널티로 환매수수료가 발생한다. 펀드투자기간이 불확실하거나 너무 빨리 환매하면 자산운용회사가 투자운용전략을 수립하는 데에 애로가 생길 수 있기 때문이다.

③ 펀드투자의 장점

개별 증권투자 등에 비해 펀드투자에는 다음과 같이 몇 가지 장점이 있다. 첫째, 소액으로 분산투자가 가능하다. 분산투자를 통해 리스크를 최소화할 수 있는데 소액으로는 대규모 자금이 소요되는 포트폴리오를 적절하게 구성하기 어렵지만 다수 투자자의 자금을 모아(pooling) 운용되는 펀드를 통해 분산투자를 할 수 있다. 둘째, 펀드는 투자전문가에 의해 투자되고 관리 · 운영된다. 개인투자자의 경우는 전문가에 비해 정보취득이나 분석능력이 떨어지고 투자 경험도 적어 자금운용에 어려움이 많다. 셋째, 규모의 경제로 인해 비용을 절감할 수 있다. 대규모로 투자 · 운용되는 펀드는 규모의 경제로 인해 거래비용과 정보취득비용이 절감될 수 있고, 명시적인 비용 외에도 각 개인이 각자의 자금을 투자하고 관리하는데 소요되는 시간과 노력으로 인한 기회비용을 줄이는 역할도 하게 된다.

④ 펀드의 유형

㉠ 기본적 유형

펀드는 여러 가지 기준으로 나눌 수 있지만 대표적으로 중도 환매가능 여부, 투자자금의 추가불입 가능 여부, 투자자금의 모집 대상 등으로 구분해 볼 수 있다. 환매가 가능한 개방형펀드와 환매가 원칙적으로 불가능한 폐쇄형펀드, 추가입금이 가능한 추가형펀드와 추가입금이 불가능한 단위형펀드, 불특정 다수인을 대상으로 모집하는 공모형펀드와 소수(49인 이하)의 투자자들로부터 자금을 모집하는 사모형펀드 등이 대표적이다.

[펀드의 종류와 유형]

기 준	펀드의 종류와 유형	
환매여부	개방형펀드	환매가 가능한 펀드로, 운용 후에도 추가로 투자자금을 모집하는 것이 가능하다.
	폐쇄형펀드	• 환매가 원칙적으로 불가능한 펀드로, 첫 모집 당시에만 자금을 모집한다. • 기간이 끝나면 전 자산을 정산해서 상환이 이루어진다.
추라불입여부	단위형펀드	추가입금이 불가능하고 기간이 정해져 있다.
	추가형펀드	수시로 추가입금이 가능하다.
자금모집방법	공모형펀드	불특정 다수의 투자자로부터 자금을 모집한다.
	사모형펀드	49인 이하의 투자자들로부터 자금을 모집한다.

㉡ 투자대상에 따른 유형

투자대상이 무엇인가에 따라 펀드는 주식, 채권에 투자하는 증권펀드, 부동산에 투자하는 부동산펀드, 금 · 구리 같은 상품에 투자하는 실물펀드, 다른 펀드에 투자하는 재간접펀드, 선박이나 도로 등 특수자원에 투자하는 특별자산펀드 등이 있다. 또 증권펀드라 하더라도 투자대상인 주식, 채권에 어떤 비율로 투자하느냐에 따라 주식형, 채권형, 혼합형으로 구분할 수 있다. 자산의 60% 이상을 주식에 투자하면 주식형 펀드, 채권에 60% 이상 투자하면 채권형 펀드, 주식 및 채권 투자 비율이 각각 60% 미만이면 혼합형 펀드이다. 주식형 펀드는 투자대상 주식의 특성에 따라 가치형펀드, 배당형펀드, 섹터형펀드, 인덱스펀드 등으로도 나눌 수 있다. 이들은 펀드투자자가 해당 펀드의 특성을 이해하기 쉽도록 자산운용사에서 일반적으로 사용되는 주식의 유형을 이용해 펀드를 구분한 것이다.

[투자대상에 따른 펀드의 유형]

종 류	내 용	
주식형 (주식에 60% 이상 투자)	성장형펀드	상승유망종목을 찾아서 높은 수익을 추구하는 펀드
	가치주형펀드	시장에서 저평가되는 주식을 발굴하여 투자하는 펀드
	배당주형펀드	배당금을 많이 주는 기업에 투자하는 펀드
	섹터형펀드	업종의 대표기업에 집중투자하여 운용하는 펀드
	인덱스펀드	KOSPI200지수와 같은 지표를 따라가도록 설계한 펀드
채권형 (채권에 60% 이상 투자)	하이일드펀드	BB+이하인 투자기등급채권과 B+이하인 기업어음에 투자하는 펀드
	회사채펀드	BBB-이상인 우량기업의 회사채에 투자하는 펀드
	국공채펀드	국공채에 투자하는 펀드
	MMF펀드	단기금융상품 예를 들면, 양도성예금증서, 기업어음, 국공채, 환매조건부 채권 등에 투자하여 시장이율 변동이 반영되도록 한 펀드
혼합형	주식과 채권에 각각 60% 미만으로 투자한 펀드	

㉢ 종류형펀드

대체로 펀드 이름의 마지막 부분에는 알파벳이 표기되어 있다. 이것은 운용방식이 같더라도 펀드투자 비용의 부과 체계가 다른 여러 펀드를 구분하기 위한 것인데 이러한 펀드들을 종류형펀드 또는 멀티클래스펀드라고 부른다. 투자자는 투자기간이나 투자금액 등을 고려하여 자신에게 적합한 종류(클래스)를 선택할 수 있다. 일반적으로 펀드의 클래스는 선취형 판매수수료를 받는 A클래스, 후취형 수수료를 받는 B클래스, 판매수수료 없이 판매보수만 받는 C클래스 등으로 나뉜다. 그 밖에 온라인 가입용(E), 펀드슈퍼마켓용(S) 등 펀드 가입채널에 따른 구분도 있다.

[종류형펀드의 유형]

종 류	내 용
A클래스	가입 시 선취판매수수료가 부과되며 환매가능성이 있지만 장기투자에 적합
B클래스	일정기간 내에 환매 시 후취수수료가 부과, 판매가능성이 낮은 장기투자에 적합
C클래스	선취, 후취 판매수수료가 없으나 연간 보수가 높은 펀드, 단기투자에 적합
D클래스	선취, 후취 판매 수수료가 모두 부과되는 펀드

E클래스	인터넷 전용펀드
F클래스	금융기관 등 전문투자자 펀드
H클래스	장기주택마련저축 펀드
I클래스	법인 또는 거액개인고객 전용 펀드
W클래스	WRAP전용 펀드
S클래스	펀드슈퍼마켓에서 투자가능한 클래스로 후취수수료가 있는 펀드
P클래스	연금저축펀드(5년 이상 유지 시 55세 이후 연금을 받을 수 있는 펀드)
T클래스	소득공제해주는 펀드

㉣ 상장지수펀드(ETF; Exchange Traded Funds)

특정한 지수의 움직임에 연동해 운용되는 인덱스펀드의 일종으로 거래소에 상장되어 실시간으로 매매된다. 지수에 연동되어 수익률이 결정된다는 점에서 인덱스펀드와 유사하지만 증권시장에 상장되어 주식처럼 실시간으로 매매가 가능하다는 점에서 차이가 있다. 펀드의 구성은 해당 지수에 포함된 상품의 바스켓과 동일한 것이 일반적이지만 해당 지수보다 변동폭을 크게 만든 레버리지 ETF나 해당 지수와 반대로 움직이면서 수익이 발생하는 인버스 ETF도 발행된다. 국내에서는 자산운용회사가 ETF를 발행하고 있는데, 국내 시장지수뿐 아니라 산업별 지수, 각종 테마지수 등과 해외 주요 국가의 시장지수, 섹터지수, 상품가격지수 등이 연계되어 수많은 ETF 상품이 거래소에 상장되어 실시간으로 매매되고 있다. 투자자의 입장에서는 가입 및 환매 절차와 조건이 복잡한 펀드 대신에 실시간으로 소액 매매가 가능하여 편리하다. 최근에는 ETF와 유사한 형태의 금융상품인 상장지수증권(ETN; Exchange Traded Notes)이 상장되어 활발하게 거래되고 있다. ETN은 기초지수 변동과 수익률이 연동되도록 증권회사가 발행하는 파생결합증권으로서 거래소에 상장되어 거래되는 증권이다. 발행회사인 증권회사는 투자수요가 예상되는 다양한 ETN을 상장시켜 투자자가 쉽게 ETN을 사고 팔 수 있도록 실시간 매도 · 매수호가를 공급한다. ETF와 ETN은 모두 인덱스 상품이면서 거래소에 상장되어 거래된다는 점에서는 유사하나 ETF의 경우는 자금이 외부 수탁기관에 맡겨지기 때문에 발행기관의 신용위험이 없는 반면에 ETN은 발행기관인 증권회사의 신용위험에 노출된다. 또한 ETF는 만기가 없는 반면에 ETN은 1~20년 사이에서 만기가 정해져 있다는 점에서도 차이가 있다.

[ETF와 인덱스펀드의 비교]

구 분	ETF	인덱스펀드
특 징	주식시장 인덱스를 추종하여 주식처럼 유가증권시장에 상장되어 거래	특정 인덱스를 추종하는 펀드임. ETF처럼 상장되어 거래되지 않고 일반펀드와 가입과정이 동일
투자비용	액티브펀드보다 낮은 비용이 발생하며 ETF거래를 위해 거래세 및 수수료 지불	대부분 ETF보다 높은 보수를 책정하고 있으나 액티브펀드보다는 낮은 수준

거 래	일반 주식처럼 장중 거래 가능하며 환금성이 뛰어남. 주식과 같은 거래비용 발생	일반펀드와 마찬가지로 순자산에 의해 수익률이 하루에 한번 결정되며 일반펀드와 같은 가입 · 환매체계를 거침
운 용	운용자는 환매 등에 신경을 쓰지 않으며 인덱스와의 추적오차를 줄이기 위해 최선을 다함	환매요청 시 포트폴리오 매각과정에서 추적오차가 발생할 수 있음. 펀드규모가 너무 작을 경우 포트폴리오 구성에 문제 발생 가능

ⓜ 주가지수연계펀드(ELF; Equity Linked Funds)

ELF는 펀드형 상품으로 증권사에서 판매하는 ELS와 유사한 부분이 많다. 국내에서 판매되는 ELF는 대체로 펀드재산의 대부분을 국공채나 우량 회사채에 투자하여 만기 시 원금을 확보하고 나머지 잔여재산을 증권회사에서 발행하는 권리증서(warrant)를 편입해 펀드수익률이 주가에 연동되도록 한 구조화된 상품이다. ELF 개발초기와 달리 지금은 종합주가지수와 같은 주가지수 뿐 아니라 개별종목 주가나 특정업종과 같이 다양한 곳에 연계되는 경향이 강하다. 일본 니케이지수, 홍콩 항셍지수 등 해외증시와 연동한 상품도 있는데, 예컨대 주가상승으로 투자기간 도중에 목표수익률을 달성하면 투자원금과 수익금을 돌려주는 조기상환형 상품도 있다.

[ELD, ELS, ELF의 비교]

구 분	ELD	ELS	ELF
운용회사	은 행	투자매매업자	집합투자업자(자산운용사)
판매회사	은행(운용사=판매사)	투자매매업자 또는 투자중개업자 (운용사=판매사)	투자매매업자, 투자중개업자
상품성격	예 금	유가증권	펀 드
투자형태	정기예금 가입	유가증권 매입	펀드 가입
만기수익	지수에 따라 사전에 정한 수익금 지급	지수에 따라 사전에 정한 수익지급	운용성과에 따라 실적배당
중도해지 및 환매여부	중도해지 가능 (해지 시 원금손실 발생 가능)	제한적(거래소 상장이나 판매사 를 통한 현금화가 제한적)	중도환매 가능 (환매 시 수수료 지불)
상품 다양성	100% 원금보존의 보수적인 상품만 존재	위험별로 다양한 상품개발 가능	ELS와 유사

ⓑ 부동산투자신탁(REITs; Real Estate Investment Trusts)

부동산펀드와 유사한 부동산투자신탁은 투자자금을 모아 부동산 개발, 매매, 임대 및 주택저당채권(MBS) 등에 투자한 후 이익을 배당하는 금융상품이다. 리츠는 설립형태에 따라 회사형과 신탁형으로 구분된다. 회사형은 주식을 발행하여 투자자를 모으는 형태로서 증권시장에 상장하여 주식을 거래하게 된다. 신탁형은 수익증권을 발행하여 투자자를 모으는 형태로 상장의무는 없다. 리츠를 이용하면 소액개인투자자라도 대규모 자금이 필요하고 거래비용 및 세금이 부담되는 부동산 투자를 전문가를 통해 간접적으로 할 수 있게 된다. 또 현금화가 매우 어려운 부동산 투자의 단점을 리츠 주식의 매매를 통해 해결할 수 있다는 장점이 있다.

ⓢ 재간접펀드(fund of fund)

펀드의 재산을 다른 펀드가 발행한 간접투자증권에 투자하는 펀드를 말한다. 즉, 한 개의 펀드에서 다른 여러 가지 펀드들에 분산투자하는 것이다. 기존에 실적이 뛰어난 펀드를 골라 투자할 수 있으며, 특히 해외의 특정 지역이나 섹터펀드, 헤지펀드 등 일반투자자가 접근하기 어려운 펀드에 대해서도 분산투자가 가능하다는 점이 장점이다. 재간접펀드는 분산투자 및 다양한 투자전략의 효과가 있지만 판매보수와 운용보수를 이중으로 지급하는 등 비용부담이 일반펀드에 비해 높을 수 있다. 또 투자한 하위펀드가 다시 여러 섹터와 종목에 투자하는 과정에서 과도한 분산투자로 수익성이 떨어질 수 있고 투자자 입장에서 하위펀드의 투자전략이나 운용내용을 파악하기도 쉽지 않다. 이런 이유로 투자자 보호를 위해 재간접펀드는 동일 자산운용사가 운용하는 펀드들에 대한 투자는 펀드자산 총액의 50%를 초과할 수 없고 같은 펀드에 대해서는 자산총액의 20%를 초과할 수 없도록 규제하고 있다.

⑤ **펀드 투자 시 유의사항**

첫째, 펀드는 예금자보호대상이 아니며 투자성과에 따라 손실이 발생할 수도 있고 심지어 전액 원금 손실에까지 이를 수도 있다. 각자 자신의 투자성향과 재무상태에 맞추어 투자하고 모든 투자의 책임은 본인이 감수하여야 함을 기억해야 한다. 둘째, 기본적으로 펀드는 분산투자를 원칙으로 하고 있지만 펀드 역시 분산해서 투자하는 것이 좋다. 특정 산업이나 테마에 한정된 펀드도 많이 있으며 특정 지역에 집중된 해외펀드의 경우 국가 리스크가 발생할 수 있다. 펀드의 경우에도 섹터, 테마, 지역, 운용회사 등에 따라 분산해서 투자하는 것이 바람직하다. 셋째, 펀드에 따라 수수료 및 보수 체계가 다양하고 환매조건이 다르기 때문에 펀드에 가입하기 전에 선취 또는 후취수수료, 판매보수와 운용보수, 환매수수료 등 계약조건을 꼼꼼하게 따져 봐야 한다. 넷째, 과거의 수익률을 참조는 하되 과신은 금물이다. 펀드를 선택할 때 최근 수익률이 높은 펀드를 고르는 경우가 많은데 과거의 성과가 미래에도 계속 이어진다는 보장이 없고, 많은 실증 분석결과에서도 펀드의 과거 수익률과 미래 수익률은 별로 상관관계가 없다고 보고하고 있다. 마지막으로 '고수익 고위험(high risk high return)'의 원칙이 당연히 펀드투자에도 적용된다는 사실을 명심해야 한다. 즉, 기대수익률이 높은 고수익 펀드에 투자하면 손실 가능성도 높아지게 된다. 펀드 가입 후에도 지속적인 관리가 필요하다. 우선 가입한 펀드의 운용성과와 포트폴리오 현황을 확인한다. 대부분의 펀드가 정기적으로 운용성과와 포트폴리오를 공개하게 되어 있다. 만일 가입한 펀드의 수익률이 유사한 펀드의 수익률이나 시장수익률에 못 미치는 경우에는 일시적 또는 지속적 현상인지 살펴본다. 각각의 펀드별 운용성과 및 펀드 간 성과비교를 위해서는 아래 표의 정보를 활용하면 쉽게 파악할 수 있다. 다만, 구조적인 문제가 아니라면 잦은 펀드 매매 및 교체는 거래비용 면에서 바람직하지 못하다.

[국내 대표적 펀드평가회사 및 홈페이지]

회사명	인터넷 홈페이지
제로인	www.zeroin.co.kr
한국펀드평가	www.kfr.or.kr
모닝스타 코리아	www.morningstar.co.kr

더 알아보기

시간분산투자법(적립식 투자)

리스크 관리라는 측면에서 서로 다른 성격의 자산에 나누어 포트폴리오를 구성하는 자산분산 외에 투자시점을 나누어 분산투자하는 시간분산도 중요한 방법이 된다. 주식이나 채권처럼 단기간 내에 가격이 급등락하는 금융투자상품의 경우 적절한 투자시점을 잡기는 매우 어렵다. 특히 일반 개인투자자는 시장상황이나 기업정보에 대해 기관투자자나 전문투자자에 비해 크게 부족하다. 정보 비대칭(information asymmetry) 상태에서 개인투자자가 이를 극복하기 위한 방안의 하나로 투자시점 분산을 들 수 있다. 즉, 몇 개의 시점으로 나누어 금융투자상품을 매수 또는 매도를 함으로써 가격이 급등락하는 상황에서도 매수가격이나 매도가격을 평균화(averaging)하는 것이다. 특히 일정한 기간별로 고정된 금액을 계속 투자하는 정액분할투자법(cost average method)이 널리 활용된다. 매월 일정액을 펀드에 투자하는 적립식펀드가 정액분할투자법을 활용하는 대표적인 예인데, 금액은 일정하더라도 자동적으로 주가가 높은 달에는 주식을 적게, 주가가 낮은 달에는 주식을 많이 매입하게 되어 평균 매입단가가 낮아지게 된다. 예컨대 A주식을 매월 100만 원씩 매입하는데 첫 달 주가는 2만 원, 둘째 달은 1만 원, 셋째 달은 3만 원일 때 매입했다면 평균 매입단가는 2만 원이라고 생각하기 쉽다. 그러나 2만 원일 때는 50주, 1만 원일 때는 100주, 3만 원일 때는 33주를 사서 총 183주를 매입했으므로 총 투자금액 299만 원을 183주로 나눈 16,339원이 평균 매입단가가 된다. 이러한 정액분할투자를 장기적으로 하면 매입가격 평균화(cost averaging) 효과에 의해 가격 변동에 비교적 적게 영향을 받고 안정적으로 투자를 할 수 있게 된다.

(2) 장내파생상품

파생상품(derivatives)은 기초자산의 가치 변동에 따라 가격이 결정되는 금융상품을 말하며, 그 상품의 가치가 기초자산의 가치 변동으로부터 파생되어 결정되기 때문에 '파생상품'이라고 부른다. 파생상품은 다양한 형태로 존재하며 그중에서도 대부분 주식, 채권, 외환 등의 금융상품 및 금, 은 등의 물품 · 원자재(commodity) 등을 기초자산으로 하는 선물(先物) 또는 옵션의 형태로 거래된다. 파생상품은 가격 외의 거래조건을 표준화하여 거래소에서 거래되는 장내파생상품(선물, 옵션)과 거래소 밖에서 非표준화되어 거래되는 장외파생상품으로 구분할 수 있다. 선물과 옵션 등 파생상품은 불확실한 미래의 가격변동에서 오는 리스크를 줄이려는 헤징(hedging)이 원래의 목적이지만 기초자산의 미래 가격변동을 예상하고 레버리지를 이용한 투기적 목적으로도 많이 활용된다. 특히 기존의 금융상품과 파생상품이 결합하면서 종래의 일방향적인(uni-directional) 투자패턴에서 벗어나 다양한 형태의 금융상품을 개발하는 금융공학(financial engineering)이 가능해졌다. 다만, 금융공학이 어려운 재무와 수학적 능력을 가진 일부 전문가의 전유물이 되면서 일반인은 파악하기 어려운 복잡한 구조의 금융신상품을 양산하게 되었고 결국 2008년 글로벌 금융위기를 초래하는 원인 중 하나가 되었다. 그러나 파생상품은 여전히 효용성이 높기 때문에 정확하게 이해하고 적절하게 활용하는 지혜가 더욱 요구된다.

① 선물계약

㉠ 선물계약의 개념

선물계약(futures contracts)은 장래의 일정 시점을 인수 · 인도일로 하여 일정한 품질과 수량의 어떤 물품 또는 금융상품을 사전에 정한 가격에 사고팔기로 약속하는 계약이다. 즉, 선물계약은 현재시점에서 계약은 하되 물품은 장래에 인수 · 인도한다는 점에서 계약과 동시에 정해진 가격으로 물품을 인수 · 인도하는 현물계약과 대비된다. 예를 들어 보자. 밀을 생산하는 농부는 자기가 가을에 수확하게 될 밀의 가격이 얼마인지 모른다. 만약 농부가 밀의 가격을 알 수만 있다면 그는 자기 수입이 얼마가 될지를 알 수 있으며 이를 바탕으로 보다 합리적인 지출계획을 세울 수 있을 것이다. 제빵업자의 경우에도 원료가 되는 밀의 가격을 미리 알 수만 있다면 빵의 원가를 정확히 계산할 수 있고 이를 토대로 빵의 가격을 정하고 자신의 수입을 미리 확정지을 수 있게 된다. 이처럼 불확실한 미래를 확실한 것으로 대체하고자 하는 거래당사자 간의 반대 방향 욕구가 선물계약을 맺게 하는 원동력이 되는 것이다.

ⓛ 선도계약과의 차이

흔히 선물계약은 선도계약(forward contracts)과 혼용되어 사용되지만 이들은 서로 다른 개념이다. 선물계약과 선도계약은 장래의 일정 시점에 일정 품질의 물품 또는 금융상품을 일정 가격에 인수 · 인도하기로 계약한다는 점에서는 동일하다. 그러나 선도계약은 거래당사자들이 자유롭게 계약내용을 정하고 장소에 구애받지 않고 거래할 수 있는 데 반해 선물계약은 계약내용이 표준화되어 있고 공식적인 거래소를 통해 거래가 이루어진다는 점에 차이가 있다. 다시 말해 선물계약은 선도계약 중 거래가 표준화되고 거래소를 통해 이루어지는 보다 좁은 범위의 계약을 지칭한다.

ⓒ 선물거래의 기능

선물거래의 가장 기본적이고 중요한 역할은 가격변동 리스크를 줄이는 헤징(hedging) 기능이다. 즉, 가격변동 리스크를 회피하고 싶은 투자자(hedger)는 선물시장에서 포지션을 취함으로써 미래에 가격이 어떤 방향으로 변하더라도 수익을 일정수준에서 확정시킬 수 있다. 예를 들어 3개월 후 수출대금으로 1,000만 달러를 수취할 예정인 수출업자는 3개월 후 환율이 얼마가 되느냐에 따라 원화로 받게 될 금액이 변동하는 환리스크에 노출된다. 이때 3개월 후 달러당 1,120원에 1,000만 달러를 매도할 수 있는 선물환 계약이 가능하다면 선물환 매도계약을 통해 3개월 환율 변동에 상관없이 112억 원의 원화 자금을 확보할 수 있게 된다. 선물거래는 현물시장의 유동성 확대에도 기여한다. 선물거래는 현물의 가격변동위험을 헤지할 수 있으므로 그만큼 현물의 투자위험이 감소되는 결과를 가져와 투자자들은 현물시장에서 보다 적극적으로 포지션을 취할 수 있게 된다. 이에 따라 신규투자자들이 증가하고 특히 기관투자가의 적극적인 참여로 현물시장의 유동성이 확대될 수 있다. 또한 선물거래는 장래의 가격정보를 제공하는 기능을 한다. 선물시장에서 경쟁적으로 형성되는 선물가격은 미래의 현물가격에 대한 기대 값을 의미한다. 물론 선물가격이 미래의 현물가격과 꼭 일치함을 의미하지는 않으나 미래의 현물가격을 예상할 수 있는 가격예시 기능을 갖고 있다. 마지막으로 선물거래는 새로운 투자수단을 제공한다. 선물거래는 비교적 적은 비용으로 큰 금액의 거래를 할 수 있어 레버리지가 높은 새로운 투자수단을 제공한다. 그리고 선물과 현물 간 또는 선물 간의 가격 차이를 이용한 차익(arbitrage)거래나 스프레드(spread)거래와 같은 새로운 투자기회도 제공한다.

ⓔ 선물계약의 종류

선물계약은 거래대상이 되는 기초자산의 종류에 따라 크게 상품선물과 금융선물로 구분된다. 상품선물(commodity futures)은 기초자산이 실물상품인 선물로서 초기에는 농산물, 축산물 등에 한정되었으나 점차 확대되어 현재는 임산물, 비철금속, 귀금속, 에너지 등에 이르기까지 다양하다. 금융선물(financial futures)은 기초자산이 되는 금융상품에 따라 3가지 즉, 금리에 의해 가격이 결정되는 장단기 채권을 기초자산으로 하는 금리선물(interest rate futures), 개별주식 및 주가지수를 거래대상으로 하는 주식관련선물(stock-related futures), 그리고 주요국의 통화를 대상으로 하는 통화선물(currency futures)이 있다. 한국거래소에 상장되어 거래되는 선물계약으로는 가장 활발하게 거래되는 KOSPI200지수선물을 비롯하여 KOSPI200선물대비 거래단위를 1/5로 축소한 코스피200미니선물, 기술주 중심의 코스닥시장 특성을 반영한 코스닥150지수선물, 특정 산업군의 주가흐름을 반영하는 대표종목을 지수화 하여 거래되는 10개섹터지수선물 등이 다양하게 존재한다. 금리선물로는 각각 3년, 5년, 10년 만기 국채선물이 있고, 통화선물은 각각 미국 달러화, 일본 엔화, 중국 위안화, 유로화에 대한 원화 환율을 거래하는 선물계약이 있으며, 상품선물로는 금선물, 돈육선물 등이 있다.

② 옵션계약

㉠ 옵션의 개념

선물계약이 장래의 일정시점을 인수 · 인도일로 하여 일정한 품질과 수량의 어떤 물품 또는 금융상품을 정한 가격에 사고팔기로 약속하는 계약이라면 옵션계약은 장래의 일정시점 또는 일정기간 내에 특정 기초자산을 정한 가격에 팔거나 살 수 있는 권리를 말한다. 두 계약 간에 유사한 부분도 있으나 선물계약이 매입측과 매도측 쌍방이 모두 계약이행의 의무를 지게 되는 반면, 옵션계약은 계약당사자 중 일방이 자기에게 유리하면 계약을 이행하고 그렇지 않으면 계약을 이행하지 않을 수 있는 권리를 갖고 상대방은 이러한 권리행사에 대해 계약이행의 의무만을 지게 된다는 점에서 차이가 있다. 따라서 옵션계약에서는 계약이행의 선택권을 갖는 계약자가 의무만을 지는 상대방에게 자신이 유리한 조건을 갖는데 대한 대가를 지불하고 계약을 체결하게 된다.

㉡ 옵션관련 주요 용어들

- 기초자산(underlying asset) : 옵션거래의 대상이 되는 자산으로 우리나라 주가지수옵션의 경우 기초자산은 코스피200
- 옵션보유자 or 옵션매입자(option holder) : 옵션계약에서 선택권을 갖는 측
- 옵션발행자 또는 옵션매도자(option writer) : 옵션보유자의 계약상대방이 되어 계약을 이행해야할 의무를 지는 측
- 행사가격(exercise price 또는 strike price) : 기초자산에 대해 사전에 정한 매수가격(콜옵션의 경우) 또는 매도가격(풋옵션의 경우)으로서 옵션보유자가 선택권을 행사하는데 있어서 기준이 되는 가격. 콜옵션매수자는 기초자산의 가격이 행사가격 이상으로 상승할 때 권리를 행사하고 풋옵션매수자는 기초자산의 가격이 행사가격 아래로 하락할 때 권리를 행사
- 만기일(expiration date) : 옵션보유자가 선택권을 행사할 수 있도록 정해진 특정 시점 또는 정해진 기간. 만기일이 지나면 해당 옵션은 그 가치를 상실하고 더 이상 권리 행사 불가
- 옵션프리미엄(option premium) or 옵션가격 : 옵션매입자가 선택권을 갖는 대가로 옵션매도자에게 지급하는 금액으로 옵션의 가격은 바로 이 옵션의 프리미엄을 지칭

㉢ 옵션의 기능

1980년대 이후 유용성이 널리 인식되면서 옵션거래는 선진국을 중심으로 큰 폭의 성장세를 보여 왔다. 우선 옵션은 다양한 투자수단을 제공하는 데 널리 활용되고 있다. 전통적인 금융상품인 주식, 채권 등과 결합하거나 옵션간의 결합을 통해 다양한 형태의 수익구조를 갖는 투

자수단을 만드는 데 활용되고 있다. 따라서 투자자들은 각자의 위험에 대한 선호나 향후 가격 변화에 대한 예상, 자신의 자금사정, 투자목적 등에 따라 적합한 투자전략을 다양하게 구사할 수 있다. 또 선물계약의 가장 큰 기능이 헤징인 것처럼 옵션도 불확실한 미래 가격변동에 따른 위험을 헤지하는 수단으로 활용된다. 헤징을 위해 선물과 옵션을 이용하더라도 그 방식에는 근본적인 차이가 있다. 선물계약은 거래할 기초자산의 가격을 고정시킴으로써 위험을 제거하는 반면, 옵션계약은 미래에 가격이 불리한 방향으로 움직이는 것에 대비한 보호수단을 제공하고 가격이 유리한 방향으로 움직일 때는 이익을 취할 수 있도록 해준다. 한편, 선물시장과 마찬가지로 옵션시장에서도 투기거래가 존재하며, 옵션의 거래비용은 옵션매입자의 경우 옵션프리미엄에 한정되기 때문에 옵션투자는 적은 투자비용으로 레버리지가 매우 높은 투자손익이 발생하게 된다.

㉣ 옵션의 분류

옵션계약은 선택권의 보유자, 권리행사시기, 기초자산 등에 따라 다양하게 구분될 수 있다.

- 선택권 보유자에 따라
  - 콜옵션(call option) : 기초자산을 매입하기로 한 측이 옵션보유자가 되는 경우로, 콜옵션의 매입자는 장래의 일정시점 또는 일정기간 내에 특정 기초자산을 정해진 가격으로 매입할 수 있는 선택권을 가진다.
  - 풋옵션(put option) : 기초자산을 매도하기로 한 측이 옵션보유자가 되는 경우로, 풋옵션의 매입자는 장래의 일정시점 또는 일정기간 내에 특정 기초자산을 정해진 가격으로 매도할 수 있는 권리를 가진다.
- 권리행사시기에 따라
  - 유럽식 옵션(European option) : 옵션의 만기일에만(on expiration date) 권리를 행사할 수 있는 형태의 옵션이다.
  - 미국식 옵션(American option) : 옵션의 만기일이 될 때까지(by expiration date) 언제라도 권리를 행사할 수 있는 형태의 옵션이다.
- 기초자산에 따라
  - 주식옵션(stock option) : 옵션 중 가장 흔한 형태로 개별 주식이 기초자산이 되는 옵션이다.
  - 주가지수옵션(stock index option) : 주가지수 자체가 기초자산이 되는 옵션을 말한다. 옵션의 대상이 되는 주가지수로는 시장 전체의 움직임을 대표하는 경우도 있고 특정부문을 대상으로 하는 것도 있다.
  - 통화옵션(currency option) : 외국통화가 기초자산이 되는 옵션으로 특정 외환을 미리 정한 환율로 사고 팔 수 있는 권리를 매매한다. 우리나라에서는 미국달러옵션이 상장되어 거래되고 있다.
  - 금리옵션(Interest Rate Option) : 국채, 회사채, CD 등 금리변동과 연계되는 금융상품이 기초자산이 되는 옵션으로 기간에 따라 단기, 중기, 장기로 구분된다.
  - 선물옵션(options on futures) : 지금까지 살펴본 옵션계약의 기초자산은 모두 현물이었던 데 반해 선물옵션은 이들 현물을 기초자산으로 하는 선물계약 자체를 기초자산으로 하는 옵션이다. 선물콜옵션을 행사하면 선물매수포지션이 생기고 선물풋옵션을 행사하면 선물매도포지션을 받게 된다.

[선물과 옵션의 비교]

구 분	주가지수선물	주가지수옵션
정 의	미래 일정 시점(만기일)에 특정주가지수를 매매하는 계약	미래 일정 시점(만기일)에 특정 주가지수를 매매할 수 있는 권리를 매매
가 격	현물지수의 움직임에 연동	일정 범위에서는 현물지수의 움직임에 연동하나 그 범위 밖에서는 연동하지 않음
증거금	매수, 매도자 모두 필요	매도자만 필요
권리 및 의무	매수, 매도자 모두 계약이행의 권리와 의무를 지님	매수자는 권리만 가지고 매도자는 계약이행의 의무를 지님
결제방법	반대매매, 최종결제, 현금결제	반대매매, 권리행사 또는 권리 포기, 현금결제
이익과 손실	매도자, 매수자의 이익과 손실이 무한정임	• 매수자 : 손실은 프리미엄에 한정, 이익은 무한정 • 매도자 : 이익은 프리미엄에 한정되나 손실은 무한정

(3) 구조화상품

① 구조화상품의 개념

예금, 주식, 채권, 대출채권, 통화, 옵션 등 금융상품을 혼합하여 얼마든지 새로운 상품을 만들 수 있는데, 이와 같이 당초의 자산을 가공하거나 혼합하여 만들어진 새로운 상품을 흔히 구조화 금융상품이라고 부른다. 우리는 주변에서 이에 해당하는 금융상품들을 쉽게 찾아볼 수 있다. 예컨대 주식이나 채권, 파생상품 등을 혼합하여 만든 ELS(Equity Linked Securities), DLS(Derivative Linked Securities), 예금과 주식을 혼합하여 만든 주가연계예금(ELD) 등이 구조화금융상품에 해당한다. 그 밖에도 일부 부동산펀드, ETF, ABCP 등과 같은 금융상품도 구조화증권의 범주에 포함된다.

㉠ 구조화상품 등장 배경

2000년 이후 우리나라는 점차 저성장 · 저금리 기조에 들어서면서 예금을 선호하던 상당수의 사람들이 대안을 모색하게 되었고, 주식에 투자해왔던 사람들 또한 리스크에 대해 대안이 필요했다. 그런데 당시 기존 금융상품은 대체로 저위험/저수익(예금), 고위험/고수익(주식)으로 편제되어 있었기 때문에 시장수요에 부응하기 위한 중위험/중수익 금융상품이 개발되었다. 또 다양한 투자대상에 대한 개인의 관심 증가도 구조화 상품의 발전에 이바지 하였다. 부동산, 항공기, 미술품 등의 투자에 대한 사람들의 관심도 커졌는데, 이러한 상품들에 직접 투자하는 경우 거액의 자금이 필요하거나 매입 또는 사후관리에 필요한 전문성을 갖추어야 하는 문제가 있었다. 이에 금융시장에서는 이러한 상품을 증권으로 가공 · 변형하여 투자가 가능하도록 하였다.

② 구조화 상품의 특징

구조화증권의 리스크나 수익성은 기초자산의 수익성이나 리스크를 구조화기법을 통하여 완화하거나 증폭시킨 것으로, 상품구조나 내용이 복잡하여 정확하게 이해하기 난해하고 구조화증권의 가치평가나 관련정보 입수에도 어려움이 많다. 이런 이유로 유동성이 부족(예 ELS 해지 시 높은 환매 수수료 부담)한 경우도 많아서 구조화증권에 투자하려면 기대수익률에 앞서서 기초자산, 상품구조와 유동성 등에 대한 정확한 이해가 선행될 필요가 있다.

㉠ 대표적인 구조화상품 : 주가연계증권(ELS; Equity Linked Securities)

흔히 ELS라고 불리는 주가연계증권은 파생결합증권의 일종으로 개별 주식의 가격이나 주가지수, 섹터지수 등의 기초자산과 연계되어 미리 정해진 방법으로 투자수익이 결정되는 증권이다. 파생결합증권이란 기초자산의 가격 · 이자율 · 지표 · 단위 또는 이를 기초로 하는 지수 등의 변동과 연계하여 미리 정하여진 방법에 따라 지급금액 또는 회수금액이 결정되는 권리가 표시된 증권을 말한다. 주가연계증권은 2003년 시장에 처음 등장하였고, 초기에는 원금보장형 상품이 주류를 이루었으나 이후 점차 다양한 구조를 가진 상품들이 출시되었다. 한편, 주가연계증권과 비슷하나 기초자산이 원유, 금 등의 상품가격, 이자율, 지표 또는 이를 기초로 하는 지수 등의 변동과 연계되어 미리 정해진 방법으로 투자수익이 결정되는 파생결합증권(DLS; Derivative Linked Securities)도 발행되고 있다.

3. 기타상품

(1) 신탁상품

신탁은 자본시장법에 의해 허가를 받은 신탁업자에게 재산을 맡겨서 운용하도록 하는 행위로, 위탁자가 특정한 재산권을 수탁자에게 이전하거나 기타의 처분을 하고 수탁자로 하여금 수익자의 이익 또는 특정한 목적을 위하여 그 재산권을 관리 · 운용 · 처분하게 하는 법률관계를 말한다.

① 금전신탁

금전으로 신탁을 설정하고 신탁 종료 시 금전 또는 운용재산을 수익자에게 그대로 교부하는 신탁으로, 위탁자가 신탁재산의 운용방법을 직접 지시하는지 여부에 따라 특정금전신탁과 불특정금전신탁으로 나뉜다. 신탁계약 또는 위탁자의 지시에 따라 신탁재산 운용방법이 특정되면 특정금전신탁, 수탁자에게 재산의 운용방법을 일임하면 불특정금전신탁이 된다. 불특정금전신탁은 집합투자기구(펀드)와 같은 성격으로 보아 간접투자자산운용법 시행 이후 신규수탁이 금지되었다.

② 재산신탁

금전 외의 재산인 금전채권, 유가증권, 부동산 등으로 신탁을 설정하고 위탁자의 지시 또는 신탁계약에서 정한 바에 따라 관리 · 운용 · 처분한 후 신탁 종료 시 운용재산을 그대로 수익자에게 교부하는 신탁이다.

③ 종합재산신탁

금전 및 금전 외 재산을 하나의 계약으로 포괄적으로 설정하는 신탁이다. 하나의 신탁계약에 의해 금전, 유가증권, 부동산, 동산 등의 모든 재산권을 종합적으로 관리 · 운용 · 처분하여 주는 신탁이다.

(2) 랩어카운트(wrap account)

주식, 채권, 금융상품 등 증권회사(투자매매업자)에 예탁한 개인투자자의 자금을 한꺼번에 싸서(wrap) 투자자문업자(통상 자산운용회사나 증권회사가 겸업)로부터 운용서비스 및 그에 따른 부대서비스를 포괄적으로 받는 계약을 의미한다. 랩어카운트는 주식, 채권, 투자신탁 등을 거래할 때마다 수수료를 지불하지 않고 일괄해서 연간 보수로 지급한다. 즉, 보수는 실제 매매거래의 횟수 등과 무관하게 자산잔고의 일정 비율(약 1~3% 수준)로 결정되며, 여기에는 주식매매위탁수수료, 운용보수, 계좌의 판매서비스, 컨설팅료 등이 모두 포함된다.

(3) 외화예금 관련 금융상품

외화예금은 외국 통화로 가입할 수 있는 예금으로 USD, JPY, EUR 등 10여개 통화로 예치 가능하다.

① 외화보통예금

보통예금처럼 예치금액, 예치기간 등에 제한이 없고 입출금이 자유로운 외화예금이다. 외화 여유자금을 초단기로 예치하거나 입출금이 빈번한 자금을 운용하기에 적합하며 주로 해외송금을 자주 하는 기업이나 개인들이 이용하고 원화로 외화를 매입하여 예치할 수도 있다. 향후 예치통화의 환율이 오르내릴 경우 환차익이나 환차손이 발생할 수도 있다.

② 외화정기예금

외화로 예금하고 인출하는 정기예금으로, 약정기간이 길수록 확정이자가 보장되므로 여유자금을 장기간 안정적으로 운용하기에 좋다.

③ 외화적립식예금

외화를 매월 일정액 또는 자유롭게 적립하여 예치기간별로 금리를 적용받는 상품이다. 은행별로 차이는 있으나 계약기간을 1개월에서 24개월까지 자유롭게 선정할 수 있다. 정기적금과 비슷하나 정기적금보다는 적립일, 적립 횟수에 제한이 없는 등 자유롭게 운영된다.

19 예금업무 일반사항

01 예금계약

1. 예금거래의 성질

(1) 예금계약의 법적 성질

① 소비임치계약

소비임치계약이란 수취인이 보관을 위탁받은 목적물의 소유권을 취득하여 이를 소비한 후 그와 같은 종류 · 품질 및 수량으로 반환할 수 있는 특약이 붙어 있는 것을 내용으로 하는 계약이다. 따라서 예금계약은 예금자가 금전의 보관을 위탁하고 금융회사가 이를 승낙하여 자유롭게 운용하다가 같은 금액의 금전을 반환하면 되는 소비임치계약이다. 그러나 당좌예금은 위임계약과 소비임치계약이 혼합된 계약이다.

② 상사계약

금융회사는 상인이므로 금융회사와 체결한 예금계약은 상사임치계약이다. 따라서 예금 채권은 5년의 소멸시효에 걸린다. 한편 민사임치의 경우와는 달리 금융회사는 임치물에 대하여 주의의무가 가중되어 선량한 관리자의 주의의무를 부담한다. 선량한 관리자의 주의의무란 그 사람이 종사하는 직업 및 그가 속하는 사회적인 지위 등에 따라 일반적으로 요구되는 주의의무를 말한다. 따라서 예금업무를 처리함에 있어서 금융회사 종사자에게 일반적으로 요구되는 정도의 상당한 주의를 다해야만 면책된다.

③ 부합계약

부합계약이란 계약당사자의 일방이 미리 작성하여 정형화해 둔 일반거래약관에 따라 체결되는 계약을 말한다. 예금계약은 금융회사가 예금거래기본약관 등을 제정하고 이를 예금계약의 내용으로 삼는다는 점에서 부합계약이다. 따라서 예금거래기본약관은 그 내용이 공정하여야 하며, 거래처와 계약을 체결함에 있어 금융회사는 약관의 내용을 명시하고 중요내용을 설명하여야만 예금계약이 성립한다.

(2) 각종 예금계약의 법적구조

① 보통예금 · 저축예금

보통예금 · 저축예금은 반환기간이 정하여지지 않아 언제든지 입출금이 자유로우며 질권 설정이 금지되어 있다는데 그 특징이 있다. 다만 금융회사가 승낙하면 양도는 가능하다. 한편 최종의 입금 또는 출금이 있으면 그 잔액에 대하여 하나의 새로운 예금채권이 성립하므로 그 예금채권의 소멸시효는 입금 또는 출금이 있는 때로부터 새로이 진행된다.

② 정기예금

정기예금은 예치기간이 약정된 금전소비임치계약이다. 기한이 도래하지 않음으로써 그 기간 동안 당사자가 받는 이익을 기한의 이익이라고 하는데, 거치식예금 약관 제2조는 이 예금은 약정한 만기일 이후 거래처가 청구한 때에 지급한다고 규정하여 기한의 이익이 금융회사에 있음을 명확히 하고 있다. 따라서 예금주는 원칙적으로 만기일 전에 예금의 반환을 청구할 수 없다. 다만, 거래처에게 부득이한 사유가 있는 때에는 만기 전이라도 지급할 수 있다.

③ 별단예금

별단예금은 각종 금융거래에 수반하여 발생하는 미정리예금 · 미결제예금 · 기타 다른 예금종목으로 처리가 곤란한 일시적인 보관금 등을 처리하는 예금계정으로, 각각의 대전별로 그 법적 성격이 다르다.

④ 정기적금

정기적금은 월부금을 정해진 회차에 따라 납입하면 만기일에 금융회사가 계약액을 지급하겠다는 계약이므로 가입자는 월부금을 납입할 의무가 없다.

⑤ 상호부금

상호부금은 일정한 기간을 정하여 부금을 납입하게 하고 기간의 중도 또는 만료 시에 부금자에게 일정한 금전을 급부할 것을 내용으로 하는 약정으로서, 종래 실무계에서는 거래처가 부금을 납입할 의무를 부담하고 금융회사는 중도 또는 만기 시에 일정한 급부를 하여야 하는 쌍무계약의 성질을 지닌 것으로 보아왔다. 그러나 상호부금의 예금적 성격을 강조하여 정기적금과 동일하게 편무계약으로 보아야 한다는 견해도 현재 유력하게 주장되고 있다.

⑥ 당좌예금

어음 · 수표의 지급 사무처리의 위임을 목적으로 하는 위임계약과 금전소비임치계약이 혼합된 계약이다. 따라서 당좌거래계약에 있어서 무엇보다 중요한 것은 지급사무에 관하여 위임을 받은 금융회사는 당좌 수표나 어음금의 지급 시 선량한 관리자의 주의의무를 다하여야 한다는 데 있다.

2. 예금계약의 성립

(1) 현금에 의한 입금

① 창구입금의 경우

예금계약을 요물소비임치계약으로 보는 견해에 의하면 예금의사의 합치와 요물성의 충족이 있으면 예금계약이 성립한다고 한다. 예금의사의 합치란 막연히 예금을 한다는 합의와 금전의 인도가 있었던 것으로는 부족하고, 어떤 종류 · 어떤 이율 · 어떤 기간으로 예금을 하겠다는 의사의 합치가 있는 경우를 말한다. 예금자가 예금계약의 의사를 표시하면 금융회사에 금전을 제공하고, 금융회사가 그 의사에 따라서 그 금전을 받아서 확인하면 요물성이 충족된 것으로 본다. 예금거래기본약관도 현금입금의 경우, 예금계약은 금융회사가 금원을 받아 확인한 때에 성립하는 것으로 규정하고 있다. 다만, 예금계약은 금융회사와 거래처와의 예금을 하기로 하는 합의에 의해 성립하며, 반드시 입금자원의 입금이 있어야 하는 것이 아니라는 낙성계약설에 의하면 위와 같은 예금의 성립시기 문제를 예금반환청구권의 성립시기 문제로 다루게 된다는 점에 유의하여야 한다.

② 점외수금의 경우

금융회사 간에 예금유치경쟁이 격화됨에 따라 점외수금도 왕성해지고 있다. 원칙적으로 예금수령의 권한을 갖고 있는 금융회사 종사자라 할지라도 그 권한은 영업장내에서의 권한이지, 영업점외에까지 그 권한이 미치는 것은 아니다. 왜냐하면 예금수령의 권한을 가진다고 하는 것은 예금장부, 증서 · 통장 등의 용지, 직인, 회계기 등을 갖춘 점포 내에서의 권한을 의미하는 것이기 때문이다. 따라서 점외수금의 경우에는 그 수금직원이 영업점으로 돌아와 수납직원에게 금전을 넘겨주고 그 수납직원이 이를 확인한 때에 예금계약이 성립하는 것으로 보아야 한다. 그러나 영업점 이외에서 예금을 수령할 수 있는 대리권을 가진 자, 예컨대 지점장(우체국장) 또는 대리권을 수여받은 자 등이 금전을 수령하고 이를 확인한 때에는 즉시 예금 계약이 성립하는 것으로 보아야 한다.

③ ATM에 의한 입금의 경우

ATM(Automated Teller Machine)이란 현금자동입출금기를 말한다. 고객이 ATM의 예입버튼을 누르면 예금신청이 있다고 보고, 예금자가 ATM의 현금투입박스에 현금을 투입한 때에 현금의 점유이전이 있다고 보아야 하며, ATM이 현금계산을 종료하여 그 금액이 표시된 때에 예금계약이 성립한다고 보아야할 것이다. 그러나 ATM의 조작은 예금주 자신에 의하여 이루어지고 최종적으로 그 현금이 금융회사에 인도되는 것은 예금주가 확인버튼을 누른 때이므로, 예금계약이 성립하는 시기는 고객이 확인버튼을 누른 때라고 보는 것이 통설이다.

(2) 증권류에 의한 입금

① 타점권 입금의 경우

타점권 입금에 의한 예금계약의 성립시기에 관하여는 종래 타점권의 입금과 동시에 그 타점권이 미결제 통보와 부도실물이 반환되지 않는 것을 정지조건으로 하여 예금계약이 성립한다고 보는 견해인 추심위임설과, 타점권의 입금과 동시에 예금계약이 성립하고 다만 그 타점권이 부도반환되는 경우에는 소급하여 예금계약이 해제되는 것으로 보는 견해인 양도설이 대립하고 있다. 예금거래기본약관은 추심위임설의 입장을 취하여 증권으로 입금했을 때 금융회사가 그 증권을 교환에 돌려 부도반환시한이 지나고 결제를 확인했을 때에 예금계약이 성립한다고 규정하고 있다. 다만 타점발행의 자기앞수표로 입금할 경우에는 발행 금융회사가 사고신고 된 사실이 없고 결제될 것이 틀림없음을 확인하여 예금원장에 입금기장을 마친 때에도 예금계약은 성립한다.

② 자점권 입금의 경우

자점권으로 당해 점포가 지급인으로 된 증권의 경우에는 발행인이 당좌예금잔고를 확인하여 당좌예금계좌에서 액면금 상당을 인출한 다음 예입자의 계좌에 입금처리하면 예금계약이 성립한다. 또한 실무상 잔고를 확인하지 않고 일단 입금기장하고 잔고를 나중에 처리할 경우에도 발행인의 잔고에서 수표액면 금액이 현실로 인출되어 예입자의 계좌에 입금되지 않으면 예금계약이 성립하지 않는다. 예금거래기본 약관도 개설점에서 지급하여야 할 증권은 그 날 안에 결제를 확인했을 경우에 예금이 된다고 규정하고 있다. 다만 자점 발행의 자기앞수표의 경우에는 입금 즉시 예금계약이 성립한다.

(3) 계좌송금

계좌송금은 계좌송금신청인의 수탁영업점에 대한 송금신청, 수탁영업점의 수취인의 예금거래영업점에 대한 입금의뢰, 수취인의 예금거래영업점의 입금처리 형식으로 업무처리 과정이 진행된다. 현금에 의한 계좌송금의 경우에는 예금원장에 입금기장을 마친 때에 예금계약이 성립하며, 증권류에 의한 계좌송금의 경우에는 증권류의 입금과 같은 시기에 예금계약이 성립한다.

3. 예금거래약관

(1) 약관일반

약관이 계약당사자에게 구속력을 갖게 되는 근거는 계약당사자가 이를 계약의 내용으로 하기로 하는 명시적 또는 묵시적 합의가 있기 때문이다. 또한 약관은 기업에게는 계약체결에 소요되는 시간 · 노력 · 비용을 절약할 수 있고 그 내용을 완벽하게 구성할 수 있다는 장점이 있는 반면, 고객에게는 일방적으로 불리한 경우가 많다는 단점을 가지고 있다. 이러한 일반거래약관의 양면성을 고려하여 기업거래의 효율화 및 소비자의 권익을 보호한다는 차원에서 우리나라는 1984.10.20. 독점규제 및 공정거래에 관한 법률을 제정하고, 1986.12.31. 약관의 규제에 관한 법률을 제정하여 약관의 공정성을 기하도록 제도화하였다.

① 약관의 계약편입 요건

약관은 계약이므로 약관에 의한 계약이 성립되었다고 하기 위해서는 다음 요건을 충족하여야 한다.

㉠ 약관을 계약의 내용으로 하기로 하는 합의가 있어야 한다.

㉡ 약관의 내용을 명시하여야 한다. 명시의 정도는 고객이 인지할 가능성을 부여하면 족하므로 사업자의 영업소에서 계약을 체결하는 경우 사업자는 약관을 쉽게 보이는 장소에 게시하고, 고객에게 약관을 교부하거나 고객이 원할 경우 가져갈 수 있어야 한다.

㉢ 중요한 내용을 고객에게 설명하여야 한다. 중요한 내용이란 계약의 해지 · 기업의 면책사항 · 고객의 계약위반 시의 책임가중 등 계약체결여부에 영향을 미치는 사항을 말하며, 약관 외에 설명문 예컨대 통장에 인쇄된 예금거래 유의사항에 의해 성실하게 설명한 경우에는 중요내용의 설명의무를 다한 것으로 본다. 다만 계약의 성질상 대량 · 신속하게 업무를 처리하여야 하는 경우 등 설명이 현저히 곤란한 때에는 설명의무를 생략할 수 있다.

㉣ 고객의 요구가 있는 경우에는 약관사본을 교부하여야 한다.

㉤ 계약내용이 공정하여야 한다. 약관의 규제에 관한 법률은 불공정약관조항 여부를 판단하는 일반 원칙으로서 신의성실의 원칙에 반하여 공정을 잃은 약관조항은 무효라고 선언하고 공정을 잃은 약관조항의 판단기준으로 고객에 대하여 부당하게 불리한 조항, 고객이 계약의 거래행태 등 제반사정에 비추어 예상하기 어려운 조항, 계약의 목적을 달성할 수 없을 정도로 계약에 따르는 본질적 권리를 제한하는 조항을 구체적으로 규정하여 이에 해당하는 약관조항을 불공정한 약관으로 추정하고 있다.

② 약관의 해석원칙

약관은 기업 측에는 유리하고 고객의 입장에서는 내용의 변경을 요구할 수 없는 등 불리한 경향이 있으므로 일반적인 계약의 해석과는 다르게 적용되고 있다.

㉠ 객관적 · 통일적 해석의 원칙 : 이는 약관은 해석자의 주관이 아니라 객관적 합리성에 입각하여 해석되어야 하며 시간, 장소, 거래상대방에 따라 달리 해석되어서는 안 된다는 원칙이다.

㉡ 작성자불이익의 원칙 : 약관의 의미가 불명확한 때에는 작성자인 기업 측에 불이익이 되고 고객에게는 유리하게 해석되어야 한다는 원칙이다.

㉢ 개별약정우선의 원칙 : 기업과 고객이 약관에서 정하고 있는 사항에 대하여 명시적 또는 묵시적으로 약관의 내용과 다르게 합의한 사항이 있는 경우에는 당해 합의사항을 약관에 우선하여 적용하여야 한다는 원칙이다.

(2) 예금거래약관

예금거래도 금융회사와 고객 간의 계약이므로 계약자유의 원칙이 지배한다. 그러나 계속 · 반복적이며 대량적인 거래가 수반되는 예금거래를 개시할 때마다, 금융회사와 고객 간에 개별적으로 예금계약의 내용과 방식을 결정하도록 하는 것은 불가능하고 매우 비능률적인 것이 아닐 수 없다. 오히려 일정하게 정형화된 계약서를 미리 준비해 놓고 예금을 하려는 자에게 이를 제시하여 예금계약을 체결하도록 하는 것이 합리적이다. 이와 같이 계약 당사자의 일방이 미리 작성하여 정형화 시켜 놓은 계약조항을 일반거래약관이라고 부르고, 이러한 일반거래약관에 따라 체결되는 계약을 부합계약이라고 부른다. 이러한 점에서 금융회사의 예금계약은 대부분 부합계약의 형식을 가지며, 금융회사와 거래처 사이에 법률 분쟁이 발생한 경우에, 그 해결은 예금거래약관의 해석에서 비롯된다. 우리나라 예금거래약관의 체계는 다음과 같다.

① 모든 금융회사의 통일적인 약관체계

각 금융회사가 독자적인 약관을 운영함으로써 거래처가 혼란에 빠지는 것을 방지하기 위하여 대한민국 내의 모든 금융회사는 동일한 약관체계를 가지고 있다(단, 우체국의 경우 시중은행과의 근거법 및 제도운영상 차이로 인하여 일부분에 있어 차이가 존재한다). 즉 우리나라는 금융회사 공동으로 예금거래에 관한 표준약관을 제정하고 그 채택과 시행은 각 금융회사가 자율적으로 하도록 하고 있다. 다만 금융자율화의 진전으로 각 금융회사가 독립적인 상품을 개발함으로써 그 상품에 특유한 독자적인 약관을 보유하고 있다.

② 단계별 약관체계

현행 예금거래약관은 모든 예금에 공통적으로 적용될 기본적인 사항을 통합 정리하여 규정한 예금거래기본약관과 각 예금종류별로 약관체계를 이원화하였다는 점에서 단계별 약관체계를 구성하고 있다고 할 것이다.

③ 약관의 이원적 체계

현행 예금거래약관은 예금거래의 공통적인 사항을 정하고 있는 예금거래기본약관과 예금의 법적 성질에 따라 입출금이 자유로운 예금약관과 거치식예금약관 · 적립식예금약관의 이원적 체계로 구성되어 있으며, 개별적인 예금상품의 특성에 따라 더 세부적인 내용을 약관이나 특약의 형식으로 정하고 있다. 그러므로 예금계약에 대해서는 당해 예금상품의 약관이 우선적으로 적용되고 그 약관에 규정이 없는 경우에는 예금별 약관, 예금거래기본약관의 내용이 차례로 적용된다.

02 예금거래의 상대방

1. 자연인과의 거래

(1) 권리 · 의무 주체로서의 자연인

사람은 살아있는 동안 권리 · 의무의 주체가 된다. 따라서 자연인인 개인과 예금거래를 함에 있어서 특별한 제한이 없는 것이 원칙이고, 단지 예금의 종류에 따라서 그 가입자격에 제한이 있는 경우가 있다.

(2) 제한능력자와의 거래

제한능력자는 단독으로 유효한 법률행위를 하는 것이 제한되는 자로서 이에는 미성년자 · 피성년후견인 · 피한정후견인이 있다. 미성년자란 만 19세 미만의 자로서, 원칙적으로 행위능력이 없다. 따라서 법정대리인의 동의를 얻어 직접 법률행위를 하거나 법정대리인이 미성년자를 대리하여 그 행위를 할 수 있다. 미성년자가 법정대리인의 동의 없이 법률행위를 한 때에는 법정대리인은 미성년자의 법률행위를 취소할 수 있다(민법 제5조). 피성년후견인이란 질병, 장애, 노령 등의 사유로 인한 정신적 제약으로 사무를 처리할 능력이 지속적으로 결여되어 성년후견개시의 심판을 받은 자로서, 원칙적으로 행위능력이 없다.

따라서 법정대리인인 후견인은 피성년후견인을 대리하여 법률행위를 할 수 있고, 피성년후견인이 직접한 법률행위를 취소할 수 있다. 다만 가정법원이 정한 범위 또는 일상생활에 필요하고 대가가 과도하지 않는 법률행위는 취소할 수 없다(일용품 구입 등 일상 행위 가능, 민법 제10조). 피한정후견인이란 질병, 장애, 노령 등의 사유로 인한 정신적 제약으로 사무를 처리할 능력이 부족하여 한정후견개시의 심판을 받은 자로서, 원칙적으로 행위능력이 있다. 다만 가정법원이 범위를 정하여 동의를 유보할 수 있는 바(가정법원이 정한 행위에만 후견인의 동의가 필요), 이 경우에 후견인의 동의 없이 한 법률행위는 취소할 수 있다(민법 제13조). 한편 법정대리인인 후견인이 대리권을 행사하려면 법원의 대리권 수여가 필요하다. 금융회사가 피성년후견인과 예금계약을 체결하거나, 법정대리인의 동의 없이 미성년자 또는 피한정후견인과 예금계약을 맺은 경우 법정대리인이 예금계약을 취소한다 할지라도 원금을 반환하면 족하고, 금융회사가 예금을 지급한 후에는 법정대리인이 예금계약을 취소하려 하여도 취소의 대상이 없으므로 금융회사가 손해를 입을 염려는 없다. 더구나 미성년자의 경우 그 법정대리인이 범위를 정하여 처분을 허락한 재산과 피성년후견인의 경우 일상생활에 필요하고 대가가 과도하지 않는 범위 내에서의 재산 및 피한정후견인의 경우 가정법원이 결정한 동의유보의 범위에 포함되지 않은 재산은 자유로이 처분할 수 있으므로 이들이 용돈 · 학비 등을 가지고 예금을 하는 경우에는 전혀 문제가 없다. 그러나 당좌예금거래는 어음 · 수표의 지급사무를 위임하는 계약이므로 제한능력자의 단독거래는 허용하지 않는 것이 원칙이다.

(3) 대리인과의 거래

① 대리제도

모든 예금거래를 예금주 본인과 할 수는 없다. 따라서 예금주의 대리인 또는 예금주의 심부름을 하는 자와 예금거래를 하는 것은 불가피하다. 대리란 타인이 본인의 이름으로 법률행위를 하거나 의사표시를 수령함으로써 그 법률효과가 직접 본인에 관하여 생기는 제도이다. 대리권의 발생 원인으로는 본인의 수권행위에 의하여 생기는 임의대리와 법률의 규정에 의하여 생기는 법정대리가 있다(민법 제120조, 제122조).

② 대리인과의 거래 시 유의사항

금융회사가 대리인과 예금거래계약을 체결함에 있어서 대리인이라고 칭하는 자가 진정한 대리인인지 여부 및 그 대리행위가 대리권의 범위에 속하는지 여부를 확인하여야 한다. 예금을 수입하는 경우에는 금융회사가 대리인의 권한 등을 확인하지 않았다 하더라도 금융회사가 손해를 볼 염려가 없으므로 대리권의 존부 등을 확인할 필요는 거의 없다. 그러나 예금을 지급할 경우에는 이중지급의 위험이 있으므로 정당한 대리권자인지 여부를 확인하여야 한다.

㉠ 임의대리의 경우

통장상의 인감이 날인되거나 인감증명서 또는 본인서명사실확인서가 붙어있는 본인의 위임장 및 대리인의 주민등록증에 의하여 진정한 대리인인지 여부 및 대리권의 범위를 확인하여야 한다. 대리권의 범위 등을 확인하지 않아 발생하는 손해는 금융회사가 부담할 수밖에 없기 때문이다.

[법정대리의 경우 대리관계의 확인 구분 대리인 확인서류]

구 분	대리인	확인서류
미성년자	친권자, 후견인	가족관계등록부
피성년후견인 및 피한정후견인	후견인	후견등기부
부재자	부재자 재산관리인	법원의 선임심판서
사 망	유언집행자, 상속재산관리인	사망자의 유언, 법원의 선임심판서

㉡ 예금의 중도해지와 예금담보대출의 경우

예금거래기본약관상의 면책약관에 따라 통장 등을 제출받고 인감과 비밀번호가 일치하여 지급하였다는 사유만으로 항상 금융회사가 면책되는 것은 아니다. 이러한 면책규정은 금융회사가 주의의무를 다한 경우에만 면책된다. 따라서 예금의 중도해지나 예금담보대출의 경우에는 예금약관상의 면책규정이나 채권의 준점유자에 대한 변제규정이 적용되지 아니하거나 적용된다 하더라도 주의의무가 가중된다 할 것이므로 위임장 이외에도 예금주 본인의 의사를 반드시 확인하여야 한다.

(4) 외국인과의 거래

외국인과의 예금거래의 성립과 효력은 당사자 간에 준거법에 관한 합의가 없으면 행위지의 법률에 따른다(국제사법 제25조). 그러나 예금거래에 관하여 외국법에 따르기로 합의하는 일은 거의 없으므로 결국 우리나라법이 적용된다. 따라서 원칙적으로 내국인과의 예금거래와 다른 점이 없다. 다만 외국환 거래법상의 외국인은 거주자와 비거주자를 구분하여 제한하고 있으나, 외국인이라도 거주자이면 금융회사와의 원화예금거래는 자유이다. 또한 비거주자라도 외국환은행과 일부 예금거래는 가능하다.

2. 법인과의 거래

(1) 법인의 개념

법인이란 자연인이 아니면서 법에 의하여 권리능력이 부여되어 있는 사단 또는 재단을 말한다. 자연인은 출생과 동시에 당연히 권리의무의 주체가 되는데 반하여, 법인은 법률의 규정에 의함이 아니면 성립하지 못한다(민법 제31조). 우리의 법제 아래에서는 자유설립주의가 배제되고 있다. 따라서 법인은 그 설립의 근거가 되는 법률에 따라 권리능력이 제한되는 경우가 많다(예컨대, 학교법인의 경우에 정기예금이 기본재산이라면 이를 담보로 제공하는 것이 원칙적으로 금지된다). 또한 법인은 관념적인 존재에 불과한 것이므로, 현실적인 법률 행위는 그 대표기관에 의하여 이루어진다. 따라서 법인과의 예금거래는 그 대표자 또는 그로부터 대리권을 수여받은 대리인과 하여야 한다. 법 이론적으로 법인과 예금거래를 하려면, 진정한 대표자인지 여부와 대리인의 대리권의 존부나 대리권의 범위 등을 확인하여야 한다.

그러나 실무상 당좌거래의 경우를 제외하고, 이러한 확인을 하고 예금거래를 개시하는 경우는 거의 없다. 그 이유는 예금의 경우에 금융회사가 채무자로서 예금계약이 취소되더라도, 금전을 반환하면 될 뿐이기 때문이다. 그리고 선의로 지급한 이상 약관상의 면책규정이나 민법상의 채권의 준점유자에 대한 변제에 의하여 구제받을 수 있기 때문이다. 그러나 이러한 면책규정만으로는 구제될 수 없는 경우가 있는 바, 이때에는 그 대표권 또는 대리권의 존부와 범위가 문제되지 않을 수 없다.

(2) 회사와의 거래

회사의 대표권은 각종 회사마다 각기 다르다. 주식회사와 유한회사의 경우는 대표이사, 합명회사와 합자회사의 경우에는 업무집행사원이 회사를 대표하고 업무집행권을 가진다. 따라서 당좌거래와 같이 회사의 신용상태와 행위능력 등이 특히 문제되는 경우에는 등기부등본과 인감증명 등을 징구하며 법인의 존재 여부와 대표자를 엄격하게 확인할 필요가 있다.

① 공동대표이사제도를 채택하고 있는 경우의 거래

공동대표이사 제도는 회사의 대표자가 독단 또는 전횡으로 권한을 남용하는 것을 방지하기 위하여 여러 사람의 대표자가 공동으로써만 대표권을 행사할 수 있도록 하는 제도이다. 따라서 예금거래도 공동으로 하는 것이 원칙이다.

② 외국회사와의 거래

외국회사란 외국법에 의하여 설립된 법인을 말한다. 다만 외국법에 의하여 설립된 회사라 할지라도 국내에 본점을 두거나 대한민국 내에서 영업을 하는 것을 주목적으로 하는 회사는 내국회사와 동일한 규제에 따라야 한다. 또한 외국회사가 국내에서 영업을 하고자 하는 경우에는 한국에서의 대표자를 정하고 영업소를 설치하여야 하며, 회사설립의 준거법 · 한국에서의 대표자 · 회사명 등을 등기하여야 한다. 외국회사의 대표자로 등기된 자는 회사의 영업에 관하여 재판상 · 재판외의 권한을 행사할 수 있다. 따라서 법인등기부등본을 징구하여 한국내의 예금자와 예금거래를 하면 된다. 다만, 등기가 이루어 지지 않은 외국회사는 계속적 거래는 할 수 없으므로(상법 제616조), 계속적 거래를 전제로 하는 당좌계좌개설은 허용되지 않는다.

(3) 국가 · 자치단체와의 거래

'국가나 지방자치단체가 공법인인가'에 관하여는 학설의 대립이 있다. 공법인의 개념을 가장 넓게 해석할 경우에는 국가까지 포함하는 것으로 보며, 가장 좁은 의미로 볼 경우에는 국가나 지방자치단체를 제외한 공공단체만을 의미하기도 한다. 국가나 지방자치단체와의 예금 거래행위의 법적성질이 공법관계인가 사법관계인가에 관하여 이론이 있을 수 있다. 그러나 통설은 이를 사법관계로 본다. 국고금은 법령 규정이 인정하는 예외적인 경우를 제외하고는 한국은행에 예탁하여야 한다. 다만 국고대리점 또는 국고 수납대리점 업무를 취급하는 일반은행에서도 이를 수납할 수 있다. 지방자치단체는 그 재정을 지방재정법이 정하는 바에 따라 규율하며, 그 재정의 출납사무는 지방자치단체의 장 또는 그의 위임을 받은 공무원이 임명한 출납원이 담당한다. 따라서 국가 · 지방자치단체 등과 예금거래를 할 때 예금주명의는 공공단체로 하되, 예금거래 입출금과 관련해서는 출납원을 거래상대방으로 거래하는 것이 타당하다.

3. 법인격 없는 단체와의 거래

(1) 법인격 없는 사단

법인격 없는 사단이란 아파트입주자대표회의 · 아파트부녀회 · 학회 · 교회 · 종중 · 동문회 · 노동조합 등 법인으로서의 실체를 가지고 있으면서도 주무관청의 허가를 받지 않아 법인격을 취득하지 않은 단체를 말하며, 민법은 법인격 없는 사단의 소유관계를 총유*로 본다. 법인격 없는 사단과 거래 시 부가가치세법에 의한 고유번호를 부여받은 경우에는 그 대표자와 예금거래를 하면 되고, 위와 같이 개설된 예금은 대표자 개인의 예금이 아니라 법인격 없는 사단에 총유적으로 귀속된다. 그러나 고유번호를 부여받지 못한 경우에는 개인예금으로 처리되므로 사전에 고객에게 이를 고지, 설명해 주는 것이 바람직하다.

* 법인이 아닌 사단의 사원이 집합체로서 물건을 소유하는 공동소유의 형태(민법 제275조)

(2) 법인격 없는 재단

법인격 없는 재단이란 장학재단이나 종교재단 등과 같이 민법상 재단법인의 실체 즉 일정한 목적을 위해서 출연된 재산의 집단이되, 민법상 절차에 따라 법인격을 취득하지 아니한 것을 말한다. 법인격 없는 재단은 권리능력이 없고, 법인격 없는 사단과 같은 구성원도 없으므로 그 예금의 귀속관계는 준총유나 준합유의 관계가 될 수 없다. 이론상 법인격 없는 재단에 대해서도 등기에 관한 사항을 빼고는 재단법인에 관한 규정을 유추 적용할 수 있는 바, 대표자나 관리자와 예금거래를 할 수 있다. 하지만 법인격 없는 재단은 그 실체파악이 어려운 점, 금융실명거래 및 비밀보장에 관한 법률상 실명확인방법을 구체적으로 정하지 않은 점 등을 고려하면 대표자 개인명의로 거래할 수밖에는 없을 것이다.

(3) 조 합

조합이란 2인 이상의 특정인이 서로 출자하여 공동의 사업을 영위함을 목적으로 결합된 단체를 말한다. 그런데 민법은 조합에 대하여는 법인격을 인정하지 않고 구성원 사이의 계약관계로 보고 있다(민법 703조). 따라서 금융회사가 이러한 조합과 예금거래를 하기 위해서는 조합원 전원의 이름으로 하는 것이 원칙이나 각 조합원의 위임을 받은 조합대표자와 거래할 수 있고 그 예금의 귀속관계는 조합원 전원의 준합유에 속하게 된다.

03 예금의 입금과 지급

1. 예금의 입금업무

(1) 현금입금

① 금액의 확인

입금인의 면전에서 입금액을 확인한 경우에는 문제될 것이 없으나, 입금인이 입회하지 않은 상태에서 입금 의뢰액과 확인액 사이에 차이가 발생한 경우에는 문제가 된다. 예컨대 입금 의뢰액 보다 실제 확인된 금액이 적은 경우에 입금 의뢰액대로 예금계약이 성립함을 주장하기 위해서는 입금자가 그 입금 의뢰액을 입증할 책임을 부담한다. 왜냐하면 예금계약은 금융회사가 거래처로부터 교부받은 금전을 확인한 때에 성립하기 때문이다. 그러나 현금의 확인을 유보하는 의사 없이 예금통장 등을 발행한 경우에 부족액이 발생한 경우에는 금융회사가 입증책임을 부담한다. 따라서 금융회사가 현금을 수납함에 있어서 입금자의 면전에서 확인하되, 그렇지 못한 경우에는 입금자에게 나중에 확인절차를 거쳐 확인된 금액으로 수납 처리하겠다는 것을 분명히 밝혀 둘 필요가 있다.

② 과다입금

금융회사가 실제로 받은 금액보다 과다한 금액으로 통장 등을 발행한 경우, 실제로 입금한 금액에 한하여 예금계약이 성립하고 초과된 부분에 대하여는 예금계약이 성립하지 않는다. 따라서 예금주의 계좌에서 초과입금액을 인출하면 족하다. 만약 예금주가 오류입금인 사실을 알면서 예금을 인출하였다면 부당이득으로 반환하여야 한다. 그러나 제3자가 그러한 사실을 모르고 그 예금에 대하여 질권을 취득하고 금전을 대부해 주었다거나 압류 · 전부명령을 받은 경우에는 그로 인한 손해를 금융회사가 배상하여야 한다. 다만 그 배상의 범위는 예금액이 아니라 전부명령신청 등 그 절차를 취하는 과정에서 발생한 비용에 상응한다.

③ 계좌상위 입금

직원이 입금조작을 잘못하여 착오계좌에 입금하고 정당계좌에 자금부족이 발생한 경우에는 금융회사의 과실에 의한 채무불이행으로 되어 그 손해를 배상하여야 한다(민법 제390조). 한편 잘못된 입금은 착오에 기인한 것이므로 착오계좌 예금주의 동의 없이 취소하여(민법 제109조) 정당계좌에 입금할 수 있다. 잘못된 입금을 취소하기 전에 예금주가 동 예금을 인출하였다면 이는 원인 없이 타인의 재산으로부터 부당하게 이득을 취한 것이므로 반환하여야 한다.

(2) 증권류의 입금

① 타점권 입금의 법적 성격

타점권을 입금시카는 행위는 금융회사에 대하여 그 추심을 의뢰하고 그 추심이 완료되면 추심대전을 예금계좌에 입금시키도록 하는 위임계약이므로 금융회사는 선량한 관리자로서의 주의를 가지고 타점권 입금업무를 처리하여야 한다(민법 제681조). 따라서 금융회사가 터점권을 입금 받는 경우에는 다음과 같은 사항을 확인할 필요가 있다.

㉠ 어음의 경우

- 입금받은 어음을 지급제시기간 내에 제시할 수 있는지 확인한다. 지급제시기간 내에 제시하지 못할 경우, 입금인은 배서인에 대하여 상환청구권을 상실하며 금융회사는 제시기일경과로 인한 어음교환 업무규약상의 과태료를 부담하기 때문이다.
- 어음요건을 완전히 충족하고 있는지를 확인한다. 백지를 보충하지 않은 상태에서의 제시는 지급제 시로서의 효력이 없으므로 입금인이 상환청구권을 상실하게 되기 때문이다.

㉡ 수표의 경우

- 지급제시기간 내에 수표가 제시될 수 있는지 확인하여야 한다. 지급제시기간 내에 수표가 제시되지 않을 경우에 입금인은 상환청구권을 상실하며 금융회사는 어음교환업무규약상의 과태료 제재를 받기 때문이다.
- 선일자 수표인지 여부도 확인하여야 한다. 수표법상 수표는 일람출급증권이므로 제시기일 미도래로 부도되는 경우란 있을 수 없으나, 당사자 간에는 발행일자 이전에는 제시하지 않겠다는 명시적 · 묵시적인 합의가 있는 것이 통상적이므로 이에 반하여 교환에 회부함으로써 발행인이 손해를 보았다면 입금인은 채무불이행으로 인한 손해를 배상하여야 하기 때문이다.
- 수표요건을 구비하였는지 여부를 확인한다.
- 일반 횡선수표인 경우에는 입금인이 우체국과 계속적인 거래가 있는 거래처인지 여부를 확인하고, 특정횡선수표인 경우에는 그 특정된 금융회사가 우체국인지 여부를 확인한다. 금융회사가 이러한 확인을 소홀히 하여 제3자에게 손해가 발생하였다면 그로 인한 손해를 배상하여야 하기 때문이다. 횡선위배로 부도반환되면 어음교환업무규약상의 과태료 제재를 받는다.

② 선관주의의무를 위반한 경우 금융회사의 책임

예컨대 금융회사가 과실로 지급제시기일에 제시하지 못하였거나 교환회부할 수 없는 증권을 입금 받아 입금인이 소구권을 상실한 경우, 파출수납 시 증권류의 교환회부를 부탁받고 당일에 교환에 회부하지 않아 입금인에게 손해가 발생한 경우, 부도사실을 추심의뢰인에게 상당한 기일이 지나도록 통지하지 않은 경우에 금융회사는 선량한 관리자로서의 주의의무를 다한 것으로 볼 수 없으므로 입금인에게그 손해를 배상하여야 한다. 그러나 입금인은 증권을 입금시키고자 하는 경우 백지를 보충하여야 하며 금융회사는 백지보충의무를 부담하지 않는다(예금거래기본약관 제6조 제3항).

(3) 계좌송금

① 계좌송금의 의의

계좌송금이란 예금주가 개설점 이외에서 자기의 계좌에 입금하거나 제3자가 개설점 · 다른 영업점 또는 다른 금융회사에서 예금주의 계좌에 입금하는 것을 말한다. 따라서 계좌송금은 입금의뢰인이 수납 금융회사에 대하여 송금할 금액을 입금하면서 예금주에게 입금하여 줄 것을 위탁하고 수납 금융회사가 이를 승낙함으로써 성립하는 위임계약이다. 금융실명거래 및 비밀보장에 관한 법률에 의거 일정한 계좌송금의 경우에는 실명확인을 하여야 함은 물론이다. 그 외에 계좌송금은 법적 성질이 위임이므로 위임사무가 종료한 때에 금융회사는 위임인에게 위임사무 처리결과를 통지하여야 하는 바(민법 제683조), 입금의뢰인의 주소 · 전화번호 등을 반드시 기재해 놓아야 한다.

② 계좌송금의 철회 · 취소

계좌송금은 위임계약이므로 입금의뢰인은 수임인인 수납 금융회사 및 수납 금융회사의 위임을 받은 예금 금융회사가 위임사무를 종료하기 전에는 언제든지 위임계약을 해지하고 계좌송금 철회를 할 수 있다(민법 제689조). 그러나 현금 계좌송금의 경우에는 입금기장을 마친 시점에서, 타점권 계좌송금의 경우에는 부도반환시한이 지나고 결제를 확인한 시점에서 예금계약은 성립하고(예금거래기본약관 제7조 제1항), 위임계약은 종료되므로 그 이후 입금의뢰인은 그 입금의 취소를 주장할 수 없게 된다. 예컨대 타행환입금 의뢰인 甲이 지정한 丙의 예금계좌에 입금을 마쳤으나 실제로는 乙에게 입금할 예금임을 주장하여 취소를 요청하더라도 丙과의 예금계약은 이미 성립한 것이므로 丙의 동의 없이 취소할 수 없다. 다만 금융회사가 실수로 지정계좌 이외의 예금계좌에 입금하였다면 금융회사는 위임사무를 종료한 것으로 볼 수 없고 착오임이 명백하므로 그 입금을 취소할 수 있다.

③ 착오송금 시 법률관계

착오송금이란 송금인의 착오로 인해 송금금액, 수취금융회사, 수취인 계좌번호 등이 잘못 입력돼 이체된 거래로서, 착오송금액은 법적으로 수취인의 예금이기 때문에 송금인은 수취인의 동의 없이는 자금을 돌려받을 수 없다. 왜냐하면 계좌이체 시 금융회사는 자금이동의 원인에 관여함이 없이 중개 기능을 수행할 뿐이므로, 잘못 입금된 돈이라도 수취인이 계좌에 들어온 금원 상당의 예금채권을 취득하게 되고, 금융회사는 수취인의 동의 없이 송금인에게 임의로 돈을 돌려줄 수 없기 때문이다. 그러나 일단 수취인이 예금채권을 취득하였더라도 법적으로는 자금이체의 원인인 법률관계가 존재하지 않으므로, 수취인은 금전을 돌려줄 민사상 반환의무가 발생하고, 송금인은 수취인에 대하여 착오이체 금액 상당의 부당이득반환청구권을 가지게 된다. 따라서 송금인은 수취인에게 부당이득반환청구가 가능하고, 수취인이 반환을 거부할 경우 송금인은 부당이득반환청구의 소를 제기할 수 있으며, 그 소송의 상대방은 송금오류로 예금채권을 취득한 수취인이 된다(수취 금융회사는 자금중개 기능을 담당할 뿐 이득을 얻은 바없으므로 부당이득반환의 상대방이 되지 않음). 그리고 수취인은 잘못 입금된 금원을 송금인에게 돌려줄 때까지 보관할 의무가 있으므로, 수취인이 착오입금된 돈을 임의로 인출하여 사용하는 경우 형사상 횡령죄에 해당될 수 있다.

(4) 통장 · 증서의 교부

일반적으로 예금의 경우 거래처로부터 금전을 입금받아 금액을 확인하고 입금기장을 마치면 금융회사는 거래처에게 예금통장이나 예금증서를 기장하여 교부한다. 예금통장이나 예금증서는 단순한 증거증권이라는 점에 이론이 없다. 따라서 예금통장이나 증서를 소지하고 있다는 사실만으로 소지인이 금융회사에 예금의 반환을 청구할 수는 없다. 다만 금융회사가 과실 없이 예금통장이나 증서 소지자에게 예금을 지급한 경우에는 채권의 준점유자에 대한 변제에 해당되어 면책이 될 뿐이다. 반면 예금통장이나 증서를 소지하고 있지 않다 하더라도 그 실질적 권리자임을 입증한 경우에는 예금의 반환을 청구할 수 있다. 그러나 양도성예금증서나 표지어음 등은 그 성격이 유가증권이므로 원칙적으로 그 증서 소지자에게만 발행대전을 지급할 수 있다.

2. 예금의 지급업무

(1) 예금지급의 법적성질

예금주의 청구에 의하여 금융회사가 예금을 지급함으로써 예금계약이 소멸한다. 예금주가 금융회사에 대하여 예금의 지급을 청구하는 행위는 의사의 통지라는 것이 통설이고, 이에 따라 금융회사가 예금을 지급하는 행위는 채무의 변제인 것이므로 변제에 의하여 예금채무는 소멸한다. 기타 예금의 소멸원인으 로는 변제공탁 · 상계 · 소멸시효의 완성 등이 있다.

(2) 예금의 지급장소

지명채권은 원칙적으로 채무자가 채권자의 주소지에서 변제하는 지참채무가 원칙이다. 그러나 예금채권은 예금주가 금융회사에 나와서 이를 수령한다는 점에서 추심채무이다. 예금거래기본약관 제3조도 거래처는 예금계좌를 개설한 영업점에서 모든 예금거래를 한다고 규정하여 예금채무가 추심채무임을 규정하고 있다. 또한 무기명채권은 변제 장소의 정함이 없으면 채무자의 현영업소를 지급장소로 하며, 영업장소가 여러 곳인 때에는 거래를 한 영업소가 지급장소이다. 그러므로 무기명예금을 지급하여야 할 장소는 원칙적으로 계좌개설 영업점이다.

(3) 예금의 지급시기

보통예금이나 당좌예금과 같이 기한의 정함이 없는 예금에 대하여는 예금주는 금융회사 영업시간 내에는 언제라도 예금을 청구할 수 있고 금융회사가 이에 응하지 않을 경우에는 채무불이행이 된다. 또한 금전채권의 성질상 채무자인 금융회사는 원칙적으로 불가항력을 주장할 수도 없다. 정기예금 등과 같이 기한의 정함이 있는 예금은 약정한 지급기일에 지급을 하여야 하나 기한의 정함이 있는 예금도 추심채무이므로 예금의 기일이 도래하고 예금주의 청구가 있는 때에만 채무불이행으로 인한 책임을 부담한다.

(4) 예금의 지급과 면책

① 면책의 근거

예금채권은 원칙적으로 지명채권이다. 따라서 진정한 예금주에게 변제한 때에 한하여 금융회사는 예금 채무를 면하게 되는 것이 원칙이다. 이러한 원칙에 따른다면 금융회사는 예금을 지급할 때마다 그 청구자가 진정한 예금주인지 또는 예금을 청구할 정당한 권리나 권한을 가지고 있는지를 면밀히 조사하여야 한다. 왜냐하면 예금계약은 소비임치계약이므로 수취인인 금융회사는 예금의 선량한 관리자로서의 주의 의무를 다하여 임치물을 보관하였다가 이를 반환하여야 하기 때문이다. 만약 금융회사가 이러한 선관주의의무를 다하지 못함으로써 무권리자에게 지급한 때에는 예금주에 대하여 그 지급의 유효를 주장할수 없게 된다. 물론 양도성예금증서(CD)와 같은 유가증권은 그 증권의 점유자에게 지급하면 그 소지인이 정당한 권리자인지 여부에 관계없이 금융회사는 면책된다. 그런데 예금거래는 대량적이고 반복적이므로 금융회사가 일일이 그 청구자가 진정한 예금주인지 여부를 조사하여야 한다면 신속한 예금업무처리가 불가능하다. 따라서 금융회사가 채권의 준점유자에 대한 변제, 영수증 소지자에 대한 변제, 상관습, 예금거래기본약관의 면책의 요건을 구비한 자에게 예금을 지급한 경우에는 이를 수령한 자가 진정한 권리자인지 여부에 관계없이 그 지급이 유효하고 금융회사는 면책되는 것으로 규정하고 있다.

㉠ 민법상 채권의 준점유자에 대한 변제

채권의 준점유자에 대한 변제는 변제자가 선의이며 과실이 없는 때에 효력이 있다. 채권의 준점유자란 거래의 관념상 진정한 채권자라고 믿게 할 만한 외관을 갖춘 자이며, 예금거래에서는 예금통장을 소지하고 그에 찍힌 인영과 같은 인장 및 신고된 비밀번호에 의하여 예금을 청구하는 자를 말한다. 금융회사가 이러한 예금채권의 준점유자에 대하여 선의 · 무과실로 예금을 지급한 경우에는 설령 그 청구자가 무권 리자라 하더라도 그 지급은 유효한 것으로 된다.

㉡ 약관상의 면책규정

예금거래기본약관 제16조는 채권의 준점유자에 대한 변제에 관한 민법의 이론을 구체화하여 예금통장 · 증서를 소지하고 인감 또는 서명이 일치하며 비밀번호가 일치하면, 금융회사가 선의 · 무과실인 한책임을 면하는 것으로 규정하고 있다.

② 면책요건

민법과 약관상의 면책규정을 하나의 면책규정으로 본다면 금융회사가 예금지급에 관하여 면책을 주장하기 위해서는 다음과 같은 요건을 모두 갖추어야 한다.

㉠ 채권의 준점유자에 대한 변제일 것

일반적으로 채권의 준점유자가 되기 위해서는 예금통장이나 증서 등을 소지하고 있어야 하나 표현상속인이나, 전부채권자 또는 추심채권자는 예금통장 · 증서를 소지하고 있지 않더라도 금융회사가 선의 · 무과실이면 면책된다. 예금통장 · 증서를 소지하고 신고인감 등을 절취하여 예금주의 대리인임을 주장하며 예금을 지급받은 자도 채권의 준점유자에 대한 변제규정의 취지가 선의의 변제자를 보호하기 위한 규정이므로 채권의 준점유자로 볼 수 있다.

㉡ 인감 또는 서명이 일치할 것

인감 또는 서명은 육안으로 상당한 주의를 하여 일치한다고 인정되면 족하다. 상당한 주의로 인감을 대조할 의무란 인감대조에 숙련된 금융회사 종사자로 하여금 그 직무수행상 필요로 하는 충분한 대조를 다하여 인감을 대조하여야 할 의무를 말한다. 즉 인감대조의 정도는 필적감정가 수준보다는 낮고 일반인보다는 높은 수준을 말한다고 볼 수 있다. 그러나 서명 대조 시 요구되는 금융회사 종사자의 주의의무는 실무경험이 없는 금융회사 종사자가 육안으로 외형상 전체적으로 유사여부를 평면대조하면 족하다. 서명이란 동일인이라 하더라도 경우에 따라서는 상당한 차이가 있기 때문이다. 이처럼 서명대조의 정도는 인감대조의 정도보다는 약간 낮은 주의의무를 요구하고 있는 것으로 보이나, 실거래 상으로는 본임임을 확인하고 거래하는 것이 통상적인 예이다.

㉢ 비밀번호가 일치할 것

㉣ 금융기관이 선의 · 무과실일 것

선의란 채권의 준점유자에게 변제수령의 권한이 없음을 알지 못한다는 것만으로는 부족하며, 적극적으로 채권의 준점유자에게 수령권한이 있다고 믿었어야 한다. 그리고 무과실이란 그렇게 믿는데 즉, 선의인데 과실이 없음을 뜻한다. 예금의 준점유자로서 청구서상의 인감 또는 서명이 일치한다 하더라도, 금융회사가 예금에 관하여 분쟁이 발생한 사실을 알고 있거나 예금주 회사에 경영권분쟁이 있음을 알면서 예금을 지급한 때에는 주의의무를 다한 것으로 볼 수 없다.

③ 유의사항

㉠ 정당한 예금주에 의한 청구인지 여부

예금의 귀속에 관하여 다툼이 있는 경우에는 진정한 예금주가 누구인지에 관하여 소송의 결과 등을 통하여 확인한 후 지급하여야 한다. 예금주 본인에게만 지급하겠다는 특약이 있는 예금을 제3자에게 지급할 경우 인감이나 비밀번호가 일치한다 할지라도 금융기관이 면책될 수 없으므로 주의를 요한다.

㉡ 예금청구서가 정정된 경우

예금청구서는 영수증의 역할을 하는 것이므로 예금청구서의 금액 · 비밀번호 · 청구일자 등이 정정된 경우에는 반드시 정정인을 받든가 또는 새로운 전표를 작성하도록 하여야 한다. 그렇지 않으면 그 진정성이 의심될 뿐만 아니라 주의의무가 가중되어 선의 · 무과실로 면책될 가능성이 감소되기 때문이다.

㉢ 기한부예금의 중도해지의 경우

기한부예금이나 적금을 중도해지 하는 경우 이는 금융회사가 이익을 포기하여 중도해지청구에 응하는 것이고, 예금주로서는 만기까지 통장이나 인감보관, 그 상실의 경우 금융회사에 대한 신고에 있어 보통예금이나 기한도래후의 정기예금에 비하여 소홀히 할 가능성이 있으므로 금융회사의 예금주 본인, 사자 또는 대리인에 대한 확인의 주의의무가 가중된다. 따라서 반드시 본인의 의사를 확인하는 것이 필요하다.

㉣ 사고신고 여부 등을 확인한다.

전산등록되므로 별 문제가 없다. 다만 사고신고를 지연하여 예금주에게 손해를 입혔다면 그 손해를 배상하여야 한다.

㉤ 폰뱅킹에 의한 자금이체신청의 경우

판례는 자금이체가 기계에 의하여 순간적으로 이루어지는 폰뱅킹에 의한 자금이체신청이 채권의 준점유자에 대한 변제로서 금융회사의 주의의무를 다하였는지를 판단함에 있어서는 자금이체 시의 사정만을 고려할 것이 아니라 그 이전의 폰뱅킹 등록을 할 당시에 예금주의 주민등록증의 진정여부, 부착된 사진과 실물을 대조하고 본인이 폰뱅킹의 비밀번호를 직접 등록하였는지 여부의 확인과 같은 폰뱅킹 등록 당시의 제반사정을 고려하여야 한다고 판시한다. 따라서 금융회사가 폰뱅킹신청 등록 시 거래상대방의 본인여부를 확인하는 때 그 상대방이 거래명의인의 주민등록증을 소지하고 있는지 여부를 확인하는 것만으로는 부족하고, 그 직무수행상 필요로 하는 충분한 주의를 다하여 주민등록증의 진정여부 등을 확인함과 아울러 그에 부착된 사진과 실물을 대조하여야 한다.

④ **편의지급**

편의지급이란 무통장 지급 · 무인감지급 등과 같이 약관이 정하는 예금지급절차를 따르지 않은 지급을 말한다. 예금주에게 지급한 경우에는 변제의 효과가 발생하나, 종업원 등과 같은 예금주 아닌 제3자에게 지급한 경우에는 면책될 수 없다. 따라서 실무상 부득이 편의 취급할 경우에는 예금주에 한해서 취급하고, 평소 예금거래를 대신하는 종업원 등이 편의취급을 요구할 경우에도 본인의 의사를 확인하여야 한다.

⑤ **과다지급**

금융회사 직원의 착오 또는 실수로 예금주가 청구한 것보다 많은 금액을 지급하게 되면 금융회사는 부당이득의 법리에 따라 과다 지급된 금액에 대하여 예금주에게 부당이득반환 청구권을 행사하여 잘못 지급된 금액의 반환을 청구할 수 있다. 이때 거래처가 과다 지급된 사실을 부인하면서 지급에 응하지 않는 경우에는 금융회사는 부당이득반환청구소송을 통해서 동 금원은 물론 지연배상금까지 회수할수 있음을 고지시키고, 형사적으로도 과다 지급된 금원을 부당수령하게 되는 경우 '점유이탈물횡령죄'에 해당할 수 있어 형사상 문제로 비화될 수 있음을 주지시키면서 즉시 반환하도록 설득시켜야 할 것이다.

04 예금의 관리

1. 예금주의 사망

(1) 상 속

상속이란 사망한 사람의 재산이 생존하고 있는 사람에게 승계되는 것을 말한다. 이때 사망한 자를 피상속인이라 하고 승계하는 자를 상속인이라 한다. 상속은 사망한 시점에서 개시되며 사망한 사실이 가족관계 등록부에 기재된 시점에서 개시되는 것은 아니다. 예금상속은 재산권의 일종인 예금채권이 그 귀속주체인 예금주가 사망함에 따라 상속인에게 승계되는 것을 말한다. 상속이 개시되면 피상속인의 권리 · 의무가 포괄적으로 상속인에게 상속된다. 상속인은 사망한 자의 유언에 따라 결정되며(유언상속), 유언이 없을 경우 법률에 정해진 바에 따라 상속인이 결정된다(법정상속). 민법은 법정상속을 원칙으로 하고 유언상속은 유증의 형태로 인정하고 있다.

(2) 법정상속

① 혈족상속인

예금주가 사망한 경우 혈족상속의 순위는 혈연상의 근친에 따라 그 순위가 정하여 진다. 혈족이란 자연혈족뿐만 아니라 법정혈족도 포함하며 만약 선순위 상속권자가 1인이라도 있으면 후순위 권자는 전혀 상속권을 가지지 못한다. 혈족 상속인의 상속순위는 다음과 같다.

㉠ 제1순위 : 피상속인의 직계비속

양자는 법정혈족이므로 친생부모 및 양부모의 예금도 상속하나(다만 2008.1.1.부터 시행된 친양자 입양제도에 따라 입양된 친양자는 친생부모와의 친족관계 및 상속관계가 모두 종료되므로 생가부모의 예금을 상속하지는 못한다), 서자와 적모 사이 · 적자와 계모 사이 · 부와 가봉자(의붓아들) 사이에는 혈연도 없고 법정혈족도 아니므로 상속인이 아니다. 한편 태아는 상속순위에 있어 출생한 것으로 간주되므로 상속인이 된다.

㉡ 제2순위 : 피상속인의 직계존속

㉢ 제3순위 : 피상속인의 형제자매

㉣ 제4순위 : 피상속인의 4촌 이내의 방계혈족

② **배우자** : 피상속인의 직계비속 또는 직계존속과 동순위로 상속권자가 된다.

③ 대습상속

상속인이 될 직계비속 또는 형제자매가 상속개시 전에 사망하거나 결격자가 된 경우에 그 직계비속이 있는 때에는, 그 직계비속이 사망하거나 결격된 자의 지위를 순위에 갈음하여 상속권자가 된다. 배우자 상호 간에도 대습상속이 인정된다. 예컨대 남편이 사망한 후 남편의 부모가 사망한 경우에 처는 남편의 상속인의 지위를 상속한다. 그러나 배우자가 타인과 재혼한 경우에는 인척관계가 소멸되므로 상속인이 될 수 없다.

④ 공동상속과 상속분

같은 순위의 상속인이 여러 사람인 경우에는 최근친을 선순위로 본다. 예컨대 같은 직계비속이라도 아들이 손자보다 선순위로 상속받게 된다. 그리고 같은 순위의 상속인이 두 사람 이상인 경우에는 공동상속을 한다. 공동상속인 간의 상속분은 배우자에게는 1.5, 그 밖의 자녀에게는 1의 비율이다.

⑤ 상속재산 공유의 성질

공동상속인은 각자의 상속분에 응하여 피상속인의 권리의무를 승계하나, 분할을 할 때까지는 상속재산을 공유로 한다. 그런데 상속재산의 공유의 성질에 대하여는 공유설과 합유설의 대립이 있다. 공유설이란 공동상속인이 상속분에 따라 각자의 지분을 가지며, 그 지분을 자유로이 처분할 수 있다는 견해이며, 합유설이란 공동상속인이 상속분에 따른 지분은 가지나, 상속재산을 분할하기까지는 그 공동 상속재산의 지분에 대한 처분은 공동상속인 전원의 동의를 얻어야 한다는 견해이다. 이에 대한 대법원의 판례는 없으나 공유설이 통설이며 법원의 실무처리도 공유설에 따르고 있다. 은행(우체국)의 입장에서는 상속인 중 일부가 법정상속분을 청구하는 경우 상속결격사유의 발생, 유언 등이 있는지 여부를 확인할 방법이 없으므로 합유설에 따라 공동상속인 전원의 동의를 받아 지급하는 것이 합리적이다. 그러나 만약 상속인 중 일부가 다른 상속인의 동의 없이 자기의 지분을 청구하는 경우 은행(우체국)은 법원의 실무처리인 공유설에 따라 가족관계등록사항별 증명서 등을 징구하여 상속인의 범위와 자격을 확인한 다음 그에 따라 예금을 지급하였다면 문제가 없을 것으로 본다. 왜냐하면 이와 같이 지급하더라도 채권의 준점유자에 대한 면책규정에 의하여 면책될 수 있고, 오히려 지급에 응하지 아니하여 소송이 제기되는 경우에는 패소에 따른 소송비용 및 지연이자까지도 부담할 수 있기 때문이다.

(3) 유언상속(유증)

① 유증의 의의

유증이란 유언에 따른 재산의 증여행위를 말한다. 유증의 형태로는 상속재산의 전부 또는 일정비율로 자산과 부채를 함께 유증하는 포괄유증과 상속재산 가운데 특정한 재산을 지정하여 유증하는 특정(지정)유증이 있다.

② 유언의 확인

수증자가 유언에 의하여 예금지급을 청구할 경우에는 유언의 형식 및 내용을 확인하여야 한다. 유언의 방식 중 공증증서 또는 구수증서에 의한 것이 아닌 경우에는 가정법원의 유언검인심판서를 징구하여 유언의 적법성 여부를 확인하여야 한다.

③ 유언집행자의 확인

유언집행자가 선임되어 있는 경우에는 상속재산에 대한 관리권이 유언집행자에게 있으므로 그 유무를 확인하여야 한다. 유언집행자를 확인하기 위하여는 유언서 · 법원의 선임공고 또는 상속인에 대한 조회로 할 수 있다. 유언집행자는 유언의 목적인 재산의 관리 · 기타 유언의 집행에 필요한 행위를 할 권리가 있으므로, 유언집행자가 있는 경우에는 유언집행자의 청구에 의하여 예금을 지급하여야 하며 상속인에게 지급하여서는 안 된다.

④ 수증자의 예금청구가 있는 경우

포괄유증을 받은 자는 재산상속인과 동일한 권리의무가 있으므로, 적극재산뿐만 아니라 소극재산인 채무까지도 승계한다. 한편 특정유증의 경우에는 수증자가 상속인 또는 유업집행자에 대하여 채권적 청구권만 가지므로 은행(우체국)은 예금을 상속인이나 유언집행자에게 지급함이 원칙이다. 그러나 실무상으로는 수증자가 직접 지급하여 줄 것을 요구하는 경우가 많다. 이 경우에는 유언집행자 또는 법정상속인으로부터 유증을 원인으로 하는 명의변경신청서를 징구하여 예금주의 명의를 수증자로 변경한 후에 예금을 지급하면 될 것이다. 다만 상속인으로부터 유류분반환청구가 있는지 확인하여야 한다. 유류분이란 유증에 의한 경우에 법정상속인 중 직계비속과 배우자는 법정상속의 2분의 1까지, 직계존속과 형제자매는 3분의 1까지 수증자에게 반환을 청구할 수 있는 권리를 말한다. 따라서 수증자의 예금청구에 대하여 상속인이 그 유류분을 주장하여 예금인출의 중지를 요청하는 경우에는 은행은 상속인으로부터 수증자에 대하여 유류분 침해분에 대한 반환을 청구하였음을 증명하는 서면을 징구하고, 수증자에 대하여는 유류분 침해분에 해당하는 금액의 예금반환을 거절하여야 한다.

(4) 상속인 확인방법

예금주가 유언 없이 사망한 경우에는 법정상속이 이루어지게 되는 바, 가족관계등록사항별 증명서를 징구하여(필요 시 제적등본 징구) 상속인을 확인하면 족하다. 유언상속의 경우에는 유언서의 내용을 확인하되 자필증서 · 녹음 · 비밀증서에 의한 경우에는 법원의 유언검인심판을 받은 유언검인 심판서를 징구하여야 한다. 또한 유류분에 대한 상속인의 청구가 있을 수 있으므로 가족관계등록사항별 증명서를 징구하여 유류분권리자를 확인하여야 한다.

(5) 상속과 관련된 특수문제

① 상속인이 행방불명인 경우

상속재산이 공동상속인에게 합유적으로 귀속된다는 합유설에 따르면 행방불명인 자의 지분을 제외한 나머지 부분도 지급할 수 없다. 그러나 공유설을 취할 경우에는 행방불명인 자의 상속분을 제외한 나머지 부분은 각 상속인에게 지급할 수 있다.

② 상속인이 부존재하는 경우

상속권자나 수증인이 없는 경우에는 이해관계인 및 검사의 청구에 의하여 상속재산관리인을 선임하고, 재산관리인은 채권신고기간을 정하여 공고하고 상속재산을 청산하는 절차를 밟는다. 그리고 채권신고기간 종료 시까지 상속인이 나타나지 않으면 2년간의 상속인 수색절차를 거쳐 상속인이 없으면 특별연고권 자에게 재산을 분여한다. 특별연고자도 없으면 국고에 귀속된다.

③ 피상속인이 외국인인 경우

국제사법상 상속은 피상속인의 본국법에 의하므로 외국인의 경우에는 예금주의 본국법에 의하여 상속절차를 밟는 것이 원칙이다. 그러나 실무상 은행(우체국)으로서는 이러한 외국의 상속법에 정통할 수는 없다. 따라서 만기가 도래한 예금은 채권자의 지급청구가 있으면 변제자가 과실 없이 채권자를 알 수 없는 경우를 사유로 변제 공탁하는 것이 최선의 방법이다. 만기가 도래하지 않은 예금의 경우에는 변제공탁이 불가능하므로 주한해당국 공관의 확인을 받고 필요한 경우에는 내국인으로 하여금 보증을 하도록한 후에 지급하여야 할 것이다.

④ 상속재산 분할방법

상속재산의 분할이란 상속개시로 생긴 공동상속인 사이의 상속재산의 공유관계를 끝내고 상속분 또는 상속인의 협의내용대로 그 배분관계를 확정시키는 것을 말한다. 상속재산분할의 방법으로는 다음의 세 가지가 있다.

㉠ 유언에 의한 분할

피상속인은 유언으로 상속재산의 분할방법을 정하거나 이를 정할 것을 제3자에게 위탁할 수 있다.

㉡ 협의분할

협의분할이란 공동상속인 간의 협의에 의한 분할로 유언에 의한 분할방법의 지정이 없거나, 피상속인이 5년을 넘지 않는 범위 내에서 상속재산의 분할을 금지하지 않는 한 공동상속인들은 언제든지 협의로 상속재산을 분할할 수 있다. 협의분할에 따른 예금지급을 위해서는 상속인의 범위를 확정하고 상속재산분할협의서 · 공동상속인의 인감증명서 · 손해담보각서 등을 징구한 후 지급하면 된다. 다만 공동상속인 중 친권자와 미성년자가 있는 경우에 친권자가 미성년자를 대리하여 협의분할하는 것은 이해상반행위에 해당하므로 특별대리인의 선임증명을 첨부하여 특별대리인이 동의권 또는 대리권을 행사하도록 하여야 한다.

㉢ 심판분할

심판분할이란 공동상속인들 간에 상속재산의 분할협의가 이루어지지 않아 가정법원의 심판에 의하여 상속재산을 분할하는 방법이다. 상속재산을 분할한 경우에는 상속 시에 소급하여 그 효력이 생긴다.

⑤ 상속포기, 한정상속

상속인은 상속의 개시 있음을 안 날로부터 3개월 내에 상속을 포기할 수 있다. 상속의 포기는 엄격한 요식행위이므로 법원의 심판서를 징구하여 확인하여야 한다. 한정승인이란 상속으로 인하여 취득할 재산의 범위 내에서 채무를 변제할 것을 조건으로 상속을 승인하는 것을 말한다.

⑥ 은행(우체국)이 예금주 사망사실을 모르고 예금을 지급한 경우

은행(우체국)이 예금주의 사망사실을 모르는 상태에서 선의로 예금통장이나 증서를 소지한 자에게 신고된 인감과 비밀번호에 의하여 예금을 지급한 경우에는 채권의 준점유자에 대한 변제로서 면책된다. 다만, 예금주가 사망한 사실을 모르고 지급한 것에 대하여 은행(우체국)의 과실이 없어야 한다. 은행(우체국)이 그 예금약관으로 지급의 면책에 관하여 규정하고 있다 하더라도 은행(우체국)의 주의의무를 경감 시키거나 과실이 있는 경우까지 면책되는 것은 아니다.

(6) 상속예금의 지급

① 상속예금의 지급절차

㉠ 상속인들로부터 가족관계등록사항별 증명서(필요시 제적등본) · 유언장 등을 징구하여 상속인을 확인한다.

㉡ 상속인의 지분에 영향을 미치는 상속의 포기 · 한정승인 · 유류분의 청구 등이 있는지 확인한다.

㉢ 각종 증빙서류가 적법한 것인지를 확인한다(유언검인심판서 · 한정승인심판서 등).

㉣ 상속재산관리인 선임여부를 확인한다.

㉤ 상속재산의 분할여부를 확인한다.

㉥ 상속예금지급 시 상속인 전원의 동의서 및 손해담보약정을 받는 것이 바람직하다. 그러나 위 동의서 및 손해담보약정의 징구와 관련해서는 분쟁의 소지가 많고 이를 징구하지 않더라도 정당한 절차에 따라 상속예금을 지급하였다면 상속채권의 준점유자에 대한 변제로서 유효할 수 있으므로 반드시 징구하여야 하는 것은 아니다.

② 당좌계정의 처리

당좌거래는 그 법적성질이 위임계약이고 당사자 일방의 사망으로 계약관계가 종료되므로 당좌거래계약을 해지하고 상속인으로부터 미사용 어음 · 수표를 회수하여야 한다.

③ 정기적금의 처리

예금주가 사망한 경우에는 상속인이 포괄적으로 예금주의 지위를 승계하므로, 일반 상속재산의 지급절차에 의하면 족하다. 다만 적금 적립기간 중 예금주가 사망하고 공동상속인 중 1인이 적금계약을 승계하기 위해서는 상속인 전원의 동의가 필요하다.

2. 예금채권의 양도와 질권설정

(1) 예금채권의 양도

① 예금채권의 양도성

예금채권의 양도란 예금주가 그 예금채권을 다른 사람에게 양도하는 것을 말하며, 기명식예금은 지명채권이므로 원칙적으로 그 양도성이 인정된다. 다만 당사자 사이의 특약으로 그 양도성을 배제할 수 있는데, 예금거래의 실무상으로는 증권적 예금을 제외하고는 대부분의 예금에 대해 양도금지특약을 하고 있다.

② 양도금지특약

예금거래기본약관은 거래처가 예금을 양도하려면 사전에 은행(우체국)에 통지하고 동의를 받아야 한다. 다만, 법령으로 금지된 경우에는 양도할 수 없다고 규정하여 양도를 제한하고 있다. 위 특약을 규정한 이유는 대량적 · 반복적 지급거래를 수반하는 예금거래에 있어서 은행(우체국)이 일일이 정당하게 양도된 것인지 여부를 확인하여야 하는 번거로움과 이중지급의 위험성을 배제하고 채권보전의 확실성을 도모하기 위함이다.

③ 양도금지특약의 효력

예금주가 양도금지 특약을 위반하여 예금을 다른 사람에게 양도한 경우, 그 양도는 무효이고 은행(우체국)에 대하여 대항할 수 없다. 비록 민법이 선의의 양수인에 대하여는 양도제한의 특약을 가지고 대항할 수 없다고 규정하고 있기는 하나 예금에 양도금지특약이 있다는 것은 공지의 사실이므로 양수인은 선의를 주장하기 어렵다. 다만 주의할 점은 양도금지의 특약에도 불구하고 전부채권자가 그 특약을 알고 있든 모르고 있든 관계없이 전부명령은 유효하다는 것이다.

④ 예금의 양도방법

예금을 양도하기 위해서는 양도인과 양수인 사이에 예금양도계약 및 은행(우체국)의 승낙이 있어야 한다. 실무상 양도인인 예금주가 예금양도 통지만을 하는 경우가 있으나 이는 양도금지특약을 위반한 것이므로, 당사자 사이에는 유효하나 그 양도로 은행(우체국)에 대항할 수 없다. 또한 제3자에게 예금양도로써 대항하기 위해서는 은행(우체국)의 승낙서에 확정일자를 받아 두어야 한다. 이는 예금채권에 대해 권리가 경합한 때에 누가 우선하는가를 결정하는 기준이 되는 것으로 제3자와의 관계에서 확정일자를 받지 않았으면 채권의 양수로 대항할 수 없으며, 확정일자를 받았으면 대항요건을 갖춘 시기의 앞뒤에 따라 그 우열관계가 결정된다. 예금의 양도가 유효하면 그 예금은 동일성을 유지한 채로 양수인에게로 이전되므로 예금주의 명의를 양수인으로 변경하여야 한다. 예금이자의 귀속에 관하여 합의가 있는 경우에는 그 합의에 따르면 되며, 합의가 없는 경우에는 이자채권은 원본채권에 부종하므로 예금양도의 효력을 발생일을 기준으로 하여 그 이후 발생 이자분은 양수인에게 귀속하고, 그 이전 발생분은 양도인에게 귀속하는 것으로 해석하는 것이 통설이다.

⑤ 은행(우체국)실무처리 시 유의사항

은행(우체국)이 양도승낙의 신청을 받은 경우 다음과 같이 처리한다.

㉠ 양도인인 예금주의 양도의사를 확인한다. 이때 예금 중에는 그 성질상 예금양도가 금지되는 경우와 근로자장기저축 등 법령상 양도가 금지되는 예금이 있음에 유의하여야 한다.

㉡ 예금양도승낙신청서를 징구한다. 이때 예금양도승낙신청서에는 양도인과 양수인 연서로 하며 제3자에게 대항하기 위해서는 확정일자를 득한 것을 징구하는 것이 바람직하다. 또한 승낙서는 2부를 작성하여 1부는 교부하고 1부는 은행(우체국)이 보관하여 향후 분쟁에 대비하여야 한다. 구두에 의한 승낙도 유효하나 분쟁의 소지가 있으므로 서면에 의하도록 한다.

㉢ 당해 예금에 가압류 · 압류 등이 있는지 확인한다.

㉣ 예금주에 대하여 대출금채권 등을 가지고 있는 경우에는 상계권행사를 유보하고 승낙할지 여부를 결정한다. 예금채권양도에 대한 승낙의 방법에는 이의를 유보한 승낙과 이의를 유보하지 않은 승낙이 있고, 이의를 유보하지 않고 승낙한 때에는 설사 은행(우체국)이 양도인에게 대항할 수 있는 사유가 있더라도 이로써 양수인에게 대항할 수 없다. 따라서 은행(우체국)이 예금채권 양도 승낙요청을 받은 경우에는 우선 양도인에게 대항할 수 있는 항변사유가 있는가를 검토할 필요가 있다. 이러한 항변사유 가운데는 특히 뒷날 상계할 가능성이나 필요성 등 채권보전에 지장은 없겠는가를 검토하는 것이 중요하다.

㉤ 명의변경과 개인(改印)절차를 밟는다. 물론 이때에도 실명확인절차를 거쳐야 한다.

(2) 예금채권의 질권설정

① 예금의 질권설정

예금은 그 예금을 받은 은행 또는 다른 금융회사나 일반인 등 제3자가 자기의 채권을 담보하기 위하여 질권설정을 하는 예가 적지 않다. 이 가운데 그 예금을 받은 은행(우체국)이 질권설정하는 경우에는 자기가 받은 예금에 질권설정하는 것이므로 승낙이라는 특별한 절차를 거치지 않아도 되나, 제3자가 질권설정하는 경우에는 예금양도의 경우와 마찬가지 이유에서 질권설정금지특약을 두고 있어 은행(우체국)의 승낙을 필요로 한다. 그 밖에도 기본적으로는 양도의 경우와 다를 바 없다.

② 예금에 대한 질권의 효력

㉠ 채권의 직접청구

질권자는 질권의 목적이 된 채권을 직접 청구할 수 있고, 채권의 목적이 금전인 때에는 자기의 채권액에 해당하는 부분을 직접 청구해서 자기 채권의 우선변제에 충당할 수 있다. 다만 질권자에게 직접청구권과 변제충당권이 인정되려면 피담보채권과 질권설정된 채권(예금채권)이 모두 변제기에 있어야 한다. 따라서 질권설정된 예금채권의 변제기는 이르렀으나 피담보채권의 변제기가 도래하지 않은 경우 질권자는 제3채무자에게 그 변제금액의 공탁을 청구할 수 있고, 이 경우 질권은 그 공탁금 위에 계속 존속한다. 반대의 경우 즉, 피담보채권의 변제기는 도래했으나 질권설정된 예금채권의 변제기는 도래하지 않은 경우 질권자는 질권설정된 예금채권의 변제기까지 기다려야 한다.

㉡ 이자에 대한 효력

예금채권에 대한 질권의 효력은 그 예금의 이자에도 미친다.

㉢ 질권설정된 예금을 기한 갱신하는 경우

질권설정을 했는데 이자 등의 문제로 기한에 이른 정기예금의 원금과 이자를 그대로 종목을 동일하게 하는 새로운 정기예금으로 하는 경우 특별한 사정이 없는 한 두 예금채권 사이에는 동일성이 인정되므로 종전 예금채권에 설정한 담보권은 당연히 새로 성립하는 예금채권에도 미친다.

㉣ 질권설정된 예금을 다른 종목의 예금으로 바꾼 경우

다른 종목의 예금으로 바꾼 경우 특정한 사정이 없는 한 원칙적으로 두 예금채권 사이에는 동일성이 인정되지 않으므로 종전 예금채권에 설정된 담보권은 새로이 성립하는 예금채권에 미치지 않는다. 따라서 은행(우체국)은 그 예금종목을 바꾼 것으로 질권자에게는 대항할 수 없고, 질권의 지급금지 효력에 위반한 것이므로 손해배상책임을 질 수도 있을 것이다.

③ 질권설정된 예금의 지급

㉠ 예금주에 대한 지급

질권은 지급금지의 효력이 있으므로 피담보채권이 변제 등의 사유로 소멸하여 질권자로부터 질권해지의 통지를 받은 경우에는 그 예금을 예금주에게 지급할 수 있다. 또한 질권의 효력은 그 원금뿐만 아니라 이자에도 미치므로 예금주가 이자의 지급을 요청하는 경우에도 질권자의 동의하에서만 지급가능할 것이다.

㉡ 질권자에 대한 지급

질권설정된 예금과 피담보채권의 변제기가 도래하여 질권자의 직접청구가 있는 경우 제3채무자인 은행(우체국)은 예금주에게 질권자에 대한 지급에 이의가 있는지의 여부를 조회하고, 승낙문언을 기재한 질권설정승낙의뢰서, 피담보채권에 관한 입증서류(대출계약서, 어음 등), 피담보채권액에 관한 입증서류(원장, 대출원리금계산서 등), 예금증서 및 질권자의 지급청구서 등을 징구한 후 지급하면 된다.

④ 실무상 유의사항

㉠ 피담보채권의 변제기보다 예금의 변제기가 먼저 도래한 경우

피담보채권의 변제기보다 예금의 변제기가 먼저 도래한 경우 은행(우체국)이 예금주를 위해서 그 예금을 새로이 갱신하는 경우가 있다. 이때 주의할 점은 같은 종류의 예금으로 갱신하여야 하며, 다른 종목의 예금으로 바꾸지 않도록 하여야 할 것이다. 실무상 다툼의 염려가 있고 혹 이중지급의 우려도 있기 때문이다. 기한갱신을 한 경우 새로운 통장이나 증서에도 질권설정의 뜻을 표시하고 예금거래신청서 및 전산원장에도 역시 같은 뜻의 표시를 하여 종전 예금과의 관계를 명백히 표시해 두어야 할 것이다.

㉡ 예금의 변제기보다 피담보채권의 변제기가 먼저 도래한 경우

예금의 변제기보다 피담보채권의 변제기가 먼저 도래한 경우 질권자가 피담보채권의 변제기가 이르렀음을 이유로 그 예금을 중도해지하여 지급청구하는 경우가 있다. 이러한 경우 질권자는 그 예금에 대한 계약당사자가 아니므로 중도해지권이 없다. 따라서 이 예금을 중도해지해서 질권자에게 지급하려면 예금주의 동의가 있어야 한다. 실무상으로는 질권자가 질권해지 · 중도해지 및 대리 수령에 관한 위임장을 가지고 와서 중도해지하여 지급하여 줄 것을 요청하는 경우 질권자에게 지급할 수 있을 것이다.

3. 예금에 대한 압류

(1) 예금에 대한 가압류 명령이 송달된 경우의 실무처리절차

① 압류명령의 송달연월일 및 접수시각을 명확히 기록하고, 송달보고서에 기재된 시각을 확인하여야 한다.

② 어떠한 종류의 명령인가를 명백히 파악한다. 압류에는 강제집행절차상의 압류와 국세징수법상의 체납처분에 의한 압류가 있다. 그리고 강제집행개시에 앞선 보전처분으로서의 가압류가 있고, 압류 이후의 환가처분으로서의 전부명령과 추심명력이 있다. 따라서 명령서의 내용을 조사하여 어떤 종류의 압류인가를 명백히 파악해 둔다.

③ 피압류채권에 해당되는 예금의 유무를 조사하고 피압류채권의 표시가 예금을 특정할 정도로 유효하게 기재되어 있는가를 확인한다.

④ 압류명령상의 표시에 하자가 있는 경우에는 경정결정을 받아오도록 한다.

⑤ 압류된 예금에 대하여는 즉시 ON-LINE에 주의사고 등록을 하고 원장 등에 압류사실을 기재하여 지급금지조치를 취한다.

⑥ 해당 예금에 대한 질권설정의 유무 및 예금주에 대한 대출금의 유무를 조사하고 대출채권이 있는 경우 상계권 행사여부를 검토한다.

⑦ 해당 예금에 대한 압류경합여부를 확인하고, 공탁의 여부를 검토한다.

⑧ 예금주, 질권자 등에게 압류사실을 통지한다.

⑨ 압류명령에 진술최고서가 첨부된 경우에는 송달일로부터 1주일 이내에 진술서를 작성하여 법원에 제출한다.

(2) 압류명령의 접수

① 압류의 효력발생시기

압류명령은 채무자와 제3채무자에게 송달된다. 그러나 예금에 대한 압류명령의 효력이 발생하는 시기는 그 결정문이 제3채무자인 은행(우체국)에 송달된 때이다. 이와 같이 은행(우체국)에 압류결정문이 송달된 때를 그 효력발생시기로 한 것은 제3채무자인 은행(우체국)이 그러한 결정이 있음을 안 때에 집행채무자인 예금주에 대하여 현실로 예금의 지급을 금지할 수 있기 때문이다. 압류명령은 본점에 송달되는 경우도 있고 해당 지점에 송달되는 경우도 있다. 본점에 송달되는 경우 압류명령의 효력이 발생하는 시점은 그 결정문이 본점에 접수된 때이며 해당 지점에 이첩된 때가 아니다. 송달장소는 송달을 받을 자의 주소 · 거소 · 영업소 또는 사무소 어느 곳이라도 무방하기 때문이다. 따라서 압류명령을 접수한 본점은 이를 신속하게 소관 영업점에 통지하여 예금이 지급되지 않도록 하여야 한다.

② 접수시각의 기록 및 송달보고서에 기재된 시각의 확인

압류의 효력발생시기는 그 결정문이 은행(우체국)에 송달된 때이므로 은행(우체국)은 압류결정문의 송달연월일 · 접수시각을 정확히 기록하고, 송달보고서에 기재된 시각을 확인하여야 한다. 왜냐하면 은행(우체국)이 예금주에게 예금을 지급한 시각과 압류의 효력발생의 선후가 문제될 수 있고, 압류의 경합에 따른 예금의 공탁여부를 결정하여야 할 때 또는 전부명령과 다른 압류명령이 있는 경우 전부명령의 유효성 여부가 문제되는 경우엔 그 판단의 기준은 압류명령의 효력발생시기가 언제이냐에 따라 달라질 것이기 때문이다.

③ 예금주 등에 대한 통지의 필요

예금에 대한 압류가 있는 경우에 은행(우체국)이 그 압류의 사실을 예금주에게 통지해 줄 법적인 의무는 없다. 왜냐하면 압류결정문은 이들에게도 송달되기 때문이다. 그러나 예금주에 대한 송달이 주소불명 등으로 송달되지 않는 경우도 있을 수 있으며, 보통예금이나 당좌예금과 같이 운전자금이 필요한 경우에는 미리 예금주가 자금계획은 세울 수 있도록 알려줄 필요가 있다. 또한 예금에 대하여 질권이 설정되어 있는 경우에 은행(우체국)은 질권자에게도 통지할 필요가 있다.

(3) 피압류예금의 특정

집행채권자는 압류를 신청할 때에 압류할 채권이 다른 채권과 구별하여 특정할 수 있도록 그 종류와 액수 즉, 예금종류와 피압류예금액을 명시하지 않으면 안 된다. 만일 피압류예금을 특정할 수 없으면 압류의 효력이 없다. 그러나 피압류예금을 반드시 기재할 필요는 없다. 다만 이를 기재한 경우 실제의 예금액이 기재된 예금액보다 적을 때에는 실제의 예금액 전액에 압류의 효력이 미치고, 그 반대이면 기재된 예금액에 한하여 압류의 효력이 미친다. 판례는 압류 및 전부명령의 목적인 채권의 표시는 이해관계인 특히 제3채무자로 하여금 딴 채권과 구별할 수 있을 정도로 기재되어 그 동일성의 인식을 저해할 정도에 이르지 않은 이상 그 압류 및 전부명령은 유효하다고 한다. 그러한 이러한 기준에도 불구하고 실무상으로는 특정성에 의문이 가는 경우가 많다.

① 예금장소의 특정

예금에 대한 압류결정문에는 제3채무자가 통상 소관 ㅇㅇ지점이라고 표시되며 이 경우에 특정성이 인정됨은 물론이다. 그러나 소관 예금개설점이 표시되지 않은 경우라 하더라도 모든 영업점에 대한 조사를 실시하여 피압류채권의 존재를 알아낼 수 있는 이상, 조사에 상당한 시간이 소요되어 그 사이에 예금이 지급되었다면 이는 은행(우체국)의 과실 없는 지급이 되어 면책이 되는 것은 별론으로 하고 본점 또는 다른 지점으로 송달된 압류명령도 유효하다고 본다.

② 예금계좌의 특정

예금주에게 한 종류의 예금 1개 계좌만 있을 때에는 반드시 예금의 종류와 계좌를 명시하지 않더라도 특정된다고 볼 수 있다. 여러 종류의 예금이 여러 계좌로 있는 경우에도 집행채권의 총액이 예금총액을 상회하는 경우에는 압류명령이 유효하다고 본다. 그러나 집행채권의 총액이 예금채권을 하회하는 경우에는 그 압류명령이 어느 것을 목적으로 하는 것인지 특정할 수 없으므로 압류의 효력이 없다고 본다. 다만 압류명령이 채무자가 제3채무자에 대하여 가지는 동종의 예금에 관하여는 계약일이 오래된 순서로 청구채권에 달하기까지의 금액을 압류한다고 표시되어 있을 때에는 특정성이 인정되므로 그 압류명령은 유효하다.

③ 특정성에 관하여 의문이 있는 경우의 실무상 처리방법

압류명령이 유효함에도 불구하고 무효로 보아 예금주에게 지급하거나 압류명령이 무효임에도 불구하고 유효한 것으로 보아 압류채권자에게 지급한 경우에 채권의 준점유자에 대한 변제에 관한 규정이 적용될수 없는 것은 아니지만, 일반적으로 은행(우체국)의 과실이 인정되어 은행(우체국)이 이중지급을 하게 되는 경우가 있을 수 있다. 따라서 실무상으로는 예금의 특정성에 다소의 의문이 있는 경우에는 그 압류가 유효한 것으로 취급하여 지급정지 조치를 취한 후 예금주가 그 특정성을 인정하든가 또는 경정결정에 의하여 예금채권이 특정된 경우에 한하여 압류채권자에게 지급하되, 그렇지 않은 경우에는 소송의 결과에 따라 지급여부를 결정하는 것이 안전하다 할 것이다.

(4) 압류된 예금의 지급

예금채권의 압류만으로써는 압류채권자의 집행채권에 만족을 줄 수 없으므로 압류채권자는 자기 채권의 만족을 위하여 압류한 예금채권을 환가할 필요가 있다. 예금채권의 환가방법으로 추심명령과 전부명령이 이용된다. 실무상 압류와 환가처분으로서의 전무명령이나 추심명령을 따로 내리는 경우는 거의 없으며, 대체로 압류 및 전부명령이나 압류 및 추심명령의 형식으로 행해짐이 일반적이다. 집행권원이 있으므로 특별히 이를 구분해서 신청할 필요가 없기 때문이다.

① 추심명령의 경우

추심명령이란 집행채무자(예금주)가 제3채무자(우체국)에 대하여 가지는 예금채권의 추심권을 압류채권자에게 부여하여 그가 직접 제3채무자에게 이행의 청구를 할 수 있도록 하는 집행법원의 명령을 말한다. 추심명령은 전부명령의 경우와는 달리 제3채무자에 대한 송달로서 그 효력이 생긴다. 전부명령처럼 채권의 이전이 없으므로, 그 확정으로 효력이 생기게 할 필요가 없기 때문이다. 따라서 추심채권자에게 지급함에 있어서는 그 확정여부의 확인이 필요없다.

② 전부명령의 경우

전부명령이란 집행채무자(예금주)가 제3채무자(우체국)에 대하여 가지는 예금채권을 집행채권과 집행 비용청구권에 갈음하여 압류채권자에게 이전시키는 법원의 명령을 말한다. 전부명령은 즉시항고가 허용되므로 확정되어야 그 효력이 생긴다. 즉, 즉시항고 없이 법정기간이 지나거나 즉시항고가 각하 또는 기각되어야 즉시항고는 확정되고 전부명령은 그 효력이 생긴다. 다만, 전부명령의 실체적 효력인 전부 채권자에 대한 채권이전 및 채무자의 채무변제효력은 그 전부명령이 확정되면 전부명령이 제3채무자에게 송달된 때 소급해서 생긴다. 따라서 전부채권자에게 지급하려면 우선 그 전부명령이 확정되었음을 확인하여야 한다. 그 확인은 법원에서 발급한 확정증명원으로 한다.

③ 전부채권자 · 추심채권자의 본인확인

전부명령이 있는 때 전부채권자는 종전채권자(집행채무자)에 갈음해서 새로운 채권자가 되고, 추심채권자는 집행법원에 갈음해서 추심권을 가지므로 은행(우체국)이 그 지급조건이 충족되었을 때 전부명령 또는 추심명령서로써 권리자를 확인하고, 주민등록증 등으로 수령권한을 확인한 후 영수증을 징구하고 전부채권자나 추심채권자에게 지급하여야 한다.

(5) 예금에 대한 체납처분압류

① 체납처분에 의한 압류의 의의

체납처분에 의한 압류란 세금 체납처분의 제1단계로서 세금체납자가 독촉을 받고서도 기한까지 세금을 완납하지 않을 경우에 체납자의 재산처분을 금하고 체납자를 대위하여 추심할 수 있는 행정기관의 명령을 말하는 것으로 세금의 강제징수방법이다.

② 체납처분압류의 절차와 효력

세무서장이 체납자가 은행(우체국)에 대하여 가지고 있는 예금채권을 압류할 때에는 제3채무자인 은행(우체국)에 압류통지서를 우편 또는 세무공무원편으로 송달한다. 압류의 효력발생시기는 압류통지서가 은행(우체국)에 송달된 때이다. 체납처분압류는 압류목적채권의 지급금지 · 처분금지 및 추심권의 효력 까지 있으므로 마치 민사집행법상의 압류명령과 추심명령을 합한 것과 같다.

③ 체납처분압류와 민사집행법상 강제집행의 경합

㉠ 체납처분압류와 가압류의 우열

체납처분압류는 민사집행법상의 가압류 또는 가처분으로 인하여 그 집행에 영향을 받지 아니한다. 따라서 양자는 경합관계에 있지 않으며 가압류의 선 · 후에도 불구하고 체납처분압류가 가압류에 항상 우선한다. 다만 체납처분압류금액을 공제한 나머지 잔액이 있으면 그 잔액에 대하여 가압류의 효력이 미친다. 또한 조세의 납부 등을 이유로 체납처분이 취소되는 때에도 역시 가압류의 효력이 미친다.

㉡ 체납처분압류와 추심명령의 우열

체납처분압류와 추심명령이 있는 경우에는 원칙적으로 그 우선순위를 묻지 않고 체납처분압류가 우선한다. 다만 추심명령이 국세 등에 우선하는 임금채권 등을 이유로 하는 경우에는 체납처분압류가 후순위가 된다. 따라서 실무상으로는 체납처분압류와 추심명령이 있는 경우에는 은행(우체국)이 추심의 원인채권을 확인하는 것은 사실상 곤란하므로 법원에 공탁을 고려하는 것이 보다 안전하다.

㉢ 체납처분압류와 전부명령의 우열

체납처분압류가 전부명령보다 먼저 있는 경우에는 체납처분이 우선하며 잔액에 대하여만 압류의 효력이 있다. 한편 전부명령이 체납처분압류보다 먼저 있는 경우에는 전부명령이 우선하며 전부된 예금을 제외한 잔액에 대하여 체납처분압류의 효력이 미친다.

④ 체납처분에 의한 압류예금의 지급절차

체납처분에 의하여 압류된 예금을 지급할 때에는 은행(우체국)이 그 처분청에 스스로 납부하여야 하는 것은 아니며, 징수직원이 은행(우체국)에 나와 금전을 수령해 가도록 하면 된다. 이때 신분증명서에 의하여 수령인의 권한을 확인하고 처분청장의 위임장 · 현금영수증 등을 받고 지급에 응하면 될 것이다.

그러나 최근 처분청은 압류통지서에 처분청의 예금계좌를 지정하고 그 지정된 계좌로 입금을 요청하는 경우가 많으며, 이러한 경우에는 처분청의 계좌번호 여부를 확인한 후 그 지시에 따라 입금하면 될 것이다. 그리고 연금 · 건강보험료 등을 체납하면 연금관리공단이나 국민건강보험공단 등은 자신의 권한으로 체납자의 재산을 압류할 수 있다. 이러한 채권들은 그 특수성이 인정되므로 납부의 지체가 있는 경우 조세체납처분절차를 준용하는 것이 통상적인 예이다. 그러므로 실거래의 처리는 조세의 체납처분 압류에 준하여 하면 된다.

20 전자금융

01 전자금융의 의의

전자금융이란 금융 업무에 IT기술을 적용하여 자동화, 전산화를 구현한 것을 의미한다. 초창기 전자금융의 의의는 금융기관 업무를 자동화함으로써 입출금, 송금 등 기본적인 금융서비스 처리 속도를 향상시키는 한편, 다양한 공동망 구축을 통하여 금융기관 간 거래의 투명성, 효율성 등을 제고하는 것이었다. 그 결과 금융기관 직원의 개입 없이 계좌 간, 금융기관 간 거래가 자동화되었으며 실시간 거래도 가능해졌다. 이를 기반으로 은행들은 온라인 뱅킹, 지로 등 고객 대상 전자금융서비스를 제공할 수 있고 고객들은 영업점을 방문하지 않아도 PC, 전화 등 정보통신 기기를 사용해서 금융거래가 가능하게 되었다.

1. 전자적 장치–전달 채널

지급결제 관련 IT 인프라 구축으로 개인과 회사, 개인과 개인의 지급서비스가 전자화되기 시작하였고, 이 과정에서 신용카드, 현금카드 등 전자지급수단이 등장하게 되었으며 구매자의 대금이 판매자에게 지불되는 전 과정이 전산화되었다. 특히 최근에는 스마트폰의 등장으로 다양한 직불 및 선불 전자지급수단이 출시되고 금융기관을 중심으로 모바일금융서비스 제공이 확산되고 있다. 전자금융거래에서 이용되고 있는 전자적 장치는 전화, 현금자동 입 · 출금기(CD/ATM; Cash Dispenser/Automated Teller Machine) 등 전통적인 전자매체에서부터 PC, 태블릿 PC, 스마트폰 등 새로운 전자매체에 이르기까지 매우 다양하다. 새로운 접근장치의 등장으로 인터넷, 모바일을 통한 온라인 쇼핑 대금의 지불, 전자인증, 소액지급서비스, 개인 간 송금(P2P; Person–to–Person) 등 보다 다양한 금융서비스 제공이 가능하게 되었다.

2. 접근 매체–거래의 진정성 확보 수단

전자적 장치만으로는 실제 고객이 원하는 전자금융거래를 이용할 수 없다. CD/ATM을 통해 전자금융거래를 하기 위해서는 현금카드나 신용카드가 있어야 하고, 전화기나 컴퓨터를 통해 전자금융거래를 이용하려면 ID, 비밀번호 등이 필요하다. 이는 금융기관의 영업점을 방문하여 금융거래를 이용하는 창구거래의 경우 고객이 통장, 도장, 신분증 등을 제시하고 창구 직원이 이를 확인한 후 실제 금융거래를 이용할 수 있는 것과 같은 논리이다. 이와 마찬가지로 전자금융거래에서는 고객이 전자적 장치를 이용하는 과정에서 고객 자신이 정당한 이용자임을 증명함으로써 금융기관으로부터 금융거래를 이용할 수 있는 권한을 부여받아 자신의 예금계좌에 접근하여 금융기관에 처리를 지시하거나, 고객과 금융기관이 거래의 진실성과 정확성을 확인할 수 있는 수단이 필요한데, 이를 접근 매체라고 한다. 이러한 접근 매체로는 신용 · 직불카드, 전자화폐와 같은 전자식 카드형 접근 매체와 ID, 비밀번호, 공인인증서, 생체정보와 같은 정보형 접근 매체가 있다. 또한 전자식 카드형 접근 매체의 경우 상대방에게 자금을 지급하는 효력을 발생시키는 지급수단의 기능을 가지며, 정보형 접근 매체는 보통 전자금융거래의 시작 단계에서 고객 확인을 위한 보안 수단으로 사용한다. 최근에는 스마트 ATM, 스마트 키오스크 등 생체인식 기반의 선진형 ATM 등장으로 전자식 카드형 접근 매체와 정보형 접근 매체가 결합한 복합형 접근 매체가 이용 가능하여 더욱 편리한 금융서비스 이용이 가능해졌다.

3. 스마트 금융

최근에는 전자금융과 관련하여 스마트 금융(Smart Finance)이란 용어를 많이 사용하고 있다. 통신, 정보기술, 전자기술 등의 결합으로 기존의 금융거래 방식을 완전히 변화시킨다는 의미로 고객은 금융서비스 제공자로부터 원하는 서비스를 다양한 금융 채널과 방식으로 제공받을 수 있다. 스마트 금융의 특징은 개인 고객의 특성에 적합한 금융서비스를 적시에 제공하는 것이다. 특히 금융과 ICT기술의 융합이 가속화되면서 출현한 금융서비스는 기존 금융기관이 아닌 ICT업체들의 전자금융산업 참여를 가능하게 하였으며, 최근 금융(Finance)과 기술(Technique)의 융합인 핀테크(Fintech)가 등장하는 등 관련 산업 환경이 변화하면서 비금융기업들의 참여는 더욱 활발하게 진행될 것으로 예상된다.

02 전자금융의 특징

1. 금융서비스 이용편의 증대

고객 입장에서는 영업점 방문이 필요했던 전통적인 금융거래의 시간적 · 공간적 제약을 극복할 수 있어 금융서비스 이용편의가 크게 증대된다. 과거에는 금융거래를 위하여 금융기관을 직접 방문해야 했고 금융기관의 영업시간 내에만 금융 거래가 가능했으나 비대면 · 비서면으로 거래가 가능하여 24시간 언제 어디서든 금융 거래가 가능해졌다. 영업점 창구 대신에 집이나 사무실에서 또는 밖에서 이동하는 중에도 단순 입 · 출금, 공과금 납부는 물론 예금이나 펀드상품 가입, 대출업무까지 거의 모든 금융거래가 가능하며, 창구거래보다 이용 수수료도 저렴하다. 따라서 고객은 시간과 공간의 제약을 받지 않으면서 편리하고 빠르게 금융 거래를 이용할 수 있다.

2. 금융기관 수익성 제고

금융기관 입장에서는 비장표로 거래되는 특성상 금융거래에 필요한 종이 사용량이 크게 감소하여 관리비용과 거래건당 처리비용을 크게 낮출 수 있다. 또한 다양한 전자금융 전용 상품 및 서비스의 개발이 가능하여 높은 부가가치 창출이 가능해졌다. 아울러 전자금융은 고객이 이용할 수 있는 전자금융서비스 채널의 다양화를 통해 고객의 영업점 방문 횟수를 감소시킴으로써 금융기관에게는 효율

적인 창구운영의 기회를 제공하게 되었다. 또한 영업점 창구의 모습을 금융상품 판매와 전문화된 금융서비스 제공에 집중할 수 있는 분위기로 전환시킴으로써 예전의 복잡하고 비생산적인 영업점에서 수익성과 생산성을 높일 수 있는 영업점으로 변화시키고 있다.

3. 전자금융의 이면

그러나 IT에 대한 의존도 증가, 비대면 거래 수행, 공개 네트워크 이용 등으로 기존에는 없었던 새로운 유형의 문제점들도 발생하고 있다. 전산화된 금융서비스들은 IT시스템 문제로 운영이 중단될 수 있으며 전산 장애 또는 운영자의 실수로 IT시스템이 정상적으로 작동하지 않을 경우 고객들에게 금융서비스를 제공할 수 없다. 이에 안정적인 전력 및 통신망 제공 등 IT시스템을 원활하게 동작할 수 있는 환경을 제공하고 운영에 필요한 전문 인력을 양성하는 한편, 장애에 대비한 업무지속계획을 수립하여 이를 준수해야 한다. 또한 비대면, 공개 네트워크로 이루어져서 해킹 등 악의적인 접근으로 인한 금융정보 유출 혹은 비정상 고객으로 인한 부정거래 발생 빈도도 높아지고 있다. IT시스템에 대한 정보보호를 위해 내부 직원에 대한 정보보호, 윤리 교육을 강화하여 내부자로 인한 정보유출 사고를 예방하는 것도 중요하다. 이러한 전자금융의 특징으로 금융기관이 부담해야 하는 전반적인 리스크 상황이나 수준이 전통적인 금융서비스를 제공하던 때와 달라졌다. 특히 IT시스템 장애로 금융서비스가 중단됨으로써 발생할 수 있는 운영리스크와 이로 인한 금융기관의 평판리스크 등이 과거에 비하여 중요해졌다.

03 전자금융의 발전 과정

전자금융은 컴퓨터와 정보통신기술을 적용하고 자동화 및 네트워크화 된 금융정보망을 통하여 고객들에게 전자적인 금융서비스를 제공하는 것이다. 국내 전자금융의 역사는 1980년대부터 현재까지 정부 및 금융기관의 많은 준비 작업과 지속적인 노력으로 큰 발전과 혁신을 거듭하고 있다. 이러한 전자금융 분야에서의 발전 과정을 크게 5단계로 세분화할 수 있다.

1. 제1단계 : PC기반 금융업무 자동화

우리나라의 경우 지금과 같이 일상생활에서 전자금융거래를 편리하게 이용할 수 있게 된 배경은 금융기관의 업무전산화 노력에서부터 시작되었다고 할 수 있다. 특히 1970년대부터 은행에서 자체 본 · 지점 간에 온라인망을 구축하여 그동안 수작업으로 처리하던 송금업무나 자금정산업무 등을 전산으로 처리할 수 있게 됨으로써 금융기관의 업무전산화가 본격적으로 시작되었다. CD/ATM 및 지로 등을 도입하여 장표처리를 자동화하여 창구업무의 효율화를 도모하였다. 그리고 이는 1980년대 국가정보화사업의 하나였던 은행 공동의 전산망 구축으로 확대되면서 고객에게 다양한 전자금융서비스를 제공할 수 있는 기반이 되었다.

2. 제2단계 : 네트워크 기반 금융전산 공동망화

1980년대 후반 금융권역별로 개발한 금융기관들이 구축한 자동화된 업무시스템을 상호 연결하여 금융 네트워크(금융공동망)를 형성하여 공동망 서비스를 제공하게 되었다. 고객들은 개별 금융기관에서만 처리하였던 금융거래를 공동망에서 편리하고 신속하게 이용할 수 있게 되었다. 은행 공동망 구축은 은행의 각 전산시스템을 연결하여 24시간 연중무휴로 금융서비스를 제공하고 전국의 1일 결제권화와 전자자금이체를 확산시킬 목적으로 추진되었다. 따라서 거래은행에 관계없이 CD/ATM, 전화기를 이용한 전자금융거래가 가능해져 창구거래 위주의 금융거래가 전자금융으로 확대되기 시작하였다. 또한 자금의 수수도 현금이나 어음 · 수표 등 장표기반의 지급수단을 직접 주고받는 대신에 자동이체, 신용카드와 같은 전자지급수단을 이용한 전산데이터의 송 · 수신방식으로도 가능해지면서 전자금융거래가 대중화되는 계기가 되었다.

3. 제3단계 : 인터넷 기반 금융서비스 다양화

인터넷의 등장은 금융 산업을 포함하여 거의 모든 분야에 혁명적이라고 할 만큼 큰 영향을 주었는데, 1990년대 중반 이후 인터넷과 컴퓨터 보급의 확산으로 고객들의 PC 및 휴대전화 이용률이 증가하였고 금융기관은 그동안 CD/ATM이나 전화기에 의존하던 전자금융서비스 전달 채널을 컴퓨터로 확대시킬 수 있게 되었다. 금융기관과 고객이 기존 영업점 창구에서 대면하지 않고 인터넷 공간에서 실시간으로 입출금거래, 주식매매, 청약, 대출 등의 금융거래를 수행함으로써 편의성과 효율성이 크게 제고되었다. 또한 인터넷을 기반으로 한 전자상거래의 발달로 고객, 인터넷쇼핑몰, 금융기관을 연결하여 결제서비스를 제공하는 PG(Payment Gateway) 서비스, 결제대금예치서비스 및 인터넷을 통해 각종 대금을 조회하고 납부할 수 있는 EBPP(Electronic Bill Presentation and Payment) 서비스와 같은 새로운 전자금융 서비스가 등장하면서 전자금융거래의 이용이 활성화되는 기폭제가 되었다. 또한 이때부터 전자어음, 전자외상매출채권과 같은 기업 고객을 위한 전자지급수단이 개발되기 시작하였고, 서비스 전달 채널이 더욱 다양화되어 휴대폰, PDA, TV를 통해서도 전자금융거래를 이용할 수 있게 되었다. 그러나 한편으로는 비대면 채널에서의 각종 보안사고가 발생하고 전문화된 해킹 기술을 통해 전자금융사기 피해가 증가하면서 전자금융에 대한 신뢰성과 안전성에 대한 경각심이 크게 부각되었다.

4. 제4단계 : 모바일 기반 디지털금융 혁신화

2000년대 후반 스마트폰이 전 세계적으로 확산되면서 국내 전자금융도 새로운 환경에 직면하게 됨에 따라 은행, 증권, 카드업계에서 스마트 기기를 적극 활용한 스마트 금융서비스 시대가 시작되었다. 스마트폰과 무선인터넷을 통해 금융서비스가 이루어지는 모바일 금융서비스는 생활 속에 디지털 혁신은 물론 금융소비자의 이용행태에도 큰 변화를 가져왔다. 모바일뱅킹, 모바일증권, 모바일카드 등 모바일 기반의 디지털 금융서비스를 통해 언제 어디서나 편리하게 금융 거래가 가능하게 되었으며 이용 규모도 급속히 증가하게 되었다. 또한 사회 전반에 확산된 개방형 네트워크와 스마트폰 등 모바일 기기를 활용한 전자상거래 활성화에 따른 해외 전자금융서비스 이용 규모도 증가하게 되었다.

5. 제5단계 : 신기술 기반 금융IT 융합화

인터넷과 모바일 금융서비스의 발전은 전자금융 부문에서 금융업종 간 장벽을 허물고 국경 없는 진화된 서비스 경쟁을 촉발하게 되었으며 스타트업, 대형 ICT기업 등을 중심으로 비금융기업들의 금융서비스 진출이라는 큰 변화를 가져왔다. 글로벌 ICT기업들은 많은 고객층과 간편결제를 바탕으로 국내 전자상거래 시장 진출을 시도하고 있으며 국내 ICT기업들도 모바일과 인터넷 사용자들을 대상으로 새로운 금융서비스와 전자지급 모델을 개발하고 있어 향후에도 소액결제 시장에서 금융기관과 협력 및 경쟁이 심화될 전망이다. 정부와 금융당국은 전자금융의 관리 감독을 법제화한 전자금융거래법에 금융소비자 편의성과 효율성 제고 필요에 따른 공인인증서 의무사용 폐지, Active X 제거, 국제 웹 표준 적용 등의 규제를 완화하고 핀테크 산업 육성을 위해 노력하고 있다.

6. 전자금융과 미래 전망

1990년대 후반 이후 본격화되기 시작한 전자금융은 금융서비스의 채널을 다양화하고 금융거래의 편리성과 투명성을 높이는 동시에 시장참여자들의 정보 접근성과 거래비용 절감 등에 크게 기여하고 있다. 전자금융거래의 활성화에는 인터넷을 비롯한 정보통신기술의 발달 이외에 금융시장의 환경변화에 따른 금융기관 내부의 혁신도 한몫했다고 할 수 있다. 우리나라 경제 상황에서 처음 겪어보는 외환위기를 통해 금융기관 내부에서도 효율적인 조직으로 변화해야만 생존할 수 있다는 위기의식이 높아지면서 금융기관은 경쟁력 강화와 경제처리의 효율성을 높이기 위해 전자금융서비스 제공에 전력을 쏟기 시작하였다. 전 세계적으로도 인터넷을 통한 전자금융의 이용자 수가 급속히 늘어나면서 각국의 금융기관들이 인터넷금융 서비스를 강화하고 있는 가운데 점포를 두지 않은 채 인터넷 · 모바일뱅킹 서비스만을 전문으로 제공하는 인터넷전문은행(Internet-only-Bank)도 성업 중이며 우리나라도 2017년부터 케이뱅크와 카카오뱅크가 인터넷전문은행으로 출범하여 영업 중이다. 전자금융의 신속성 및 편리성, 저비용 등을 감안할 때 앞으로 증권위탁매매, 예금상품 판매, 소액대출 등과 같이 금융기관의 심사절차가 필요없는 금융거래의 경우 전자서명 등을 통한 안정성 강화와 함께 인터넷 · 모바일금융은 더욱 활성화될 것으로 예상된다. 더 나아가 IT기술의 발달로 인터넷을 통한 기업 · 은행 간, 개인 · 은행 간 쌍방향 거래가 용이하게 이루어지게 되어 전자금융을 통해 고객별로 차별화된 상품이나 맞춤형 상품도 취급할 수 있다.

향후 정보통신기술의 발전과 다양한 소비자 계층의 형성으로 인해 금융과 IT가 융합된 혁신적인 전자금융의 출현이 예상되며 보다 고도화된 금융보안사고 대책 마련과 자율과 책임이 따르는 금융서비스를 위한 금융업계의 노력이 요구된다.

04 CD/ATM 서비스

1. CD/ATM 서비스 개요

CD/ATM 서비스는 고객이 금융기관 창구에 방문하지 않고도 24시간 365일 은행의 현금자동 입·출금기(CD/ATM; Cash Dispenser/Automated Teller Machine)를 이용하여 현금인출, 계좌이체, 잔액조회 등을 이용할 수 있는 서비스이다. CD/ATM 서비스 제공으로 금융서비스의 장소적 제약이 제거되어 이용 고객은 통장과 도장이 없더라도 현금카드 또는 현금카드겸용 신용·체크카드 등을 지참 하고 모든 참가은행의 CD/ATM을 이용하여 손쉽게 현금 인출 등 각종 서비스를 이용할 수 있으며 금융기관의 무인점포영업이 조기에 도입되는 계기를 마련하였다.

2. CD/ATM 이용 매체

CD/ATM서비스를 이용하기 위해서는 현금카드나 신용·체크카드 등이 있어야 하지만 최근 기술 발달로 휴대폰, 바코드, 생체인식으로도 CD/ATM서비스를 이용할 수 있으며, 이용매체가 없어도 CD/ATM 서비스 이용이 가능하다.

(1) 칩 내장 휴대폰 이용

모바일뱅킹용 금융IC칩이 내장된 휴대폰으로도 거래금융기관뿐만 아니라 다른 금융기관의 CD/ATM에서도 금융거래를 이용할 수 있다. 휴대폰과 CD/ATM 간의 정보교환은 교통카드 결제를 통해 이용자들에게 널리 알려진 무선주파수방식으로 이루어지는데 RF 수신기가 부착되어 있는 금융기관의 CD/ATM에서 현금인출, 계좌이체, 조회 등의 금융 업무를 처리할 수 있다. 이용절차는 고객이 은행에 서비스를 신청하면, 고객의 휴대폰으로 Callback URL(Uniform Resource Locator)이 있는 SMS가 수신되고, 고객은 해당 URL에 접속하여 자신의 카드번호를 대체한 바코드를 전송받는다. 그런 다음, 바코드가 인식되는 ATM에 휴대폰의 바코드를 접촉하여 현금인출, 계좌이체 등 각종 금융서비스를 이용할 수 있다.

(2) 생체인식으로 본인인증

현금카드의 위조, 도난 그리고 ID, 비밀번호 등의 도용에 따른 각종 금융사고를 예방하고자 금융거래시 본인 확인수단으로 생체인식기술이 이용되기도 한다. 고객이 자신의 지문, 홍채, 정맥 등 생체정보를 미리 금융기관에 등록해 놓으면 고객이 CD/ATM을 이용할 때 등록한 생체정보와 비교하여 일치하면 이용권한을 부여하는 것이다. 최근에는 손바닥·손가락 정맥 등 생체인식 수단 종류가 다양화되고 있으며, 2개 이상의 복합 생체정보를 적용한 선진형 CD/ATM인 스마트 키오스크 및 스마트 ATM이 보급되는 추세이다. 생체인식 수단은 각각 특징이 있으나 크게 접촉식과 비접촉식으로 구분할 수 있다. 접촉식의 주요 생체인식 수단은 지문, 손가락 정맥이며, 비접촉식은 홍채, 손바닥 정맥이 있다.

(3) 무매체거래

거래매체가 없어도 CD/ATM 이용이 가능하다. 통장이나 카드 없이 금융거래가 가능한 무매체 거래는 고객이 사전에 금융기관에 신청하여 무매체 거래용 고유승인번호를 부여받은 뒤 CD/ATM에서 주민등록번호, 계좌번호, 계좌비밀번호, 고유승인번호를 입력하여 각종 금융서비스를 이용할 수 있는 거래를 말한다. 고객이 현금을 찾기 위하여 카드나 통장을 지니고 다녀야 하는 불편함과 분실의 위험을 해소하고 창구 대기시간을 단축하기 위해 개발된 서비스이다. 그러나 동 서비스는 개인정보 등이 유출될 경우 타인에 의한 예금 부정인출 가능성이 있고, 다른 은행의 CD/ATM에서는 이용할 수 없다는 단점이 있다.

3. CD/ATM 제공 서비스

CD/ATM 서비스로는 현금(10만 원권 자기앞수표 포함)인출 및 입금, 신용카드 현금서비스, 계좌이체, 잔액조회, 공과금 납부 등이 있다.

(1) 현금 입출금

현금 입출금 업무는 고객이 다른 은행 CD/ATM을 이용하여 예금잔액 범위 내에서 현금을 인출하거나 자신의 계좌에 입금하는 서비스이다. 현재 1회 인출한도(100만 원 이내) 및 1일 인출한도(600만 원 이내)는 금융위원회의 전자금융감독규정이 정한 한도금액 내에서 예금계좌 개설은행이 정하여 운영한다. 다만 CD/ATM의 계좌이체 기능을 이용한 전화금융사기(일명 '보이스피싱') 사건의 증가로 인한 피해를 최소화하기 위하여 최근 1년간 CD/ATM을 통한 계좌이체 실적이 없는 고객에 한하여 1일 및 1회 이체한도를 각각 70만 원으로 축소하였다.

(2) 현금서비스(단기카드대출)

현금서비스 업무는 고객이 CD/ATM을 통하여 신용카드 현금서비스를 받을 수 있는 금융서비스로 고객은 거래은행과 상관없이 CD/ATM을 통하여 현금서비스 이용한도 내에서 현금을 인출할 수 있다. 현금서비스 한도는 각 신용카드 발급사가 개별고객의 신용도에 따라 정하고 있다.

(3) 계좌이체

계좌이체는 고객이 CD/ATM을 이용하여 거래은행 내 계좌이체를 하거나 거래은행의 본인계좌로부터 다른 은행의 본인 또는 타인계좌로 자금을 이체할 수 있는 서비스이다. 1회 이체 가능금액(600만 원 이내) 및 1일 이체가능금액(3,000만 원 이내)은 금융위원회의 전자금융감독규정이 정한 한도금액 내에서 각 은행이 정하여 운영하고 있다. 다만 보이스피싱 피해 방지를 위해 수취계좌 기준 1회 100만 원 이상 이체금액에 대해 CD/ATM에서 인출 시 입금된 시점부터 30분 후 인출 및 이체가 가능하도록 하는 지연인출제도가 시행되고 있다.

4. 기타 CD/ATM서비스

CD/ATM은 창구업무의 부담을 완화시키는 수준에서 처음에는 은행의 영업점내에 설치되기 시작하였지만 이후에는 영업점을 개설하기 어려운 장소나 유동인구가 많은 장소 등으로 설치장소가 다변화하였다. 또한 현금인출과 잔액조회가 주 기능이었던 초기의 CD/ATM서비스는 현재 대출금 이자납부 및 대출원금 상환뿐만 아니라 각종 금융상품의 조회, 잔액증명과 같은 각종 증명서나 거래내역의 출력, 카드나 통장 비밀번호 변경 및 분실신고, 수표 사고신고 등으로 매우 다양하게 확대되었다.

(1) 제2금융권 연계서비스

은행은 CD/ATM을 통해 제2금융권과 연계하여 카드, 증권, 보험관련서비스를 제공하고 있다. 현금서비스 제공을 위한 전업계 카드사의 은행 CD/ATM 연계를 시작으로 이후에 은행의 CD/ATM을 이용한 증권사 자산관리계좌의 관리가 일반화되고, 보험사의 대출원금 및 이자상환이나, 분할보험금 · 배당금 · 중도보험금 등의 입 · 출금서비스도 가능하게 되었다. 또한 공과금납부, 티켓발행, 화상상담, 기업광고등 다양한 서비스로 확대되어 은행으로서는 CD/ATM서비스를 통해 수익 창출의 기회도 얻게 되었다. 이밖에도 CD/ATM이 설치된 장소의 특성을 고려하여 특화된 부가서비스가 제공되기도 한다. 예를 들면, 기차나 버스 터미널에 설치된 CD/ATM에서는 차표 발권 · 발매서비스를 제공한다든지, 공공기관에 설치된 CD/ATM을 통해 민원서류 발급, 행정정보 검색 등의 서비스를 제공하는 것이 대표적이다.

(2) CD/ATM 기능의 진화

단순 현금 입 · 출금 기능이 전부였던 초기의 CD/ATM은 1990년대 초반부터 금융자동화기기 제조업체의 기술진보에 힘입어 수표 입 · 출금 기능에서부터 키오스크의 기능과 CD/ATM 기능이 접목되어 CD/ATM에서도 정보검색은 물론 각종 티켓이나 서류발급 및 출력까지 할 수 있는 다기능 기기로 발전하였다. 또한 외국인을 위한 외국어지원 기능, 노인이나 저시력자를 위한 화면확대 기능도 추가되어 이용편의를 도모하고 있으며, 휠체어 이용고객용 CD/ATM, 입력버튼에 점자가 추가된 CD/ATM, 인터폰으로 안내방송을 들으면서 이용할 수 있는 CD/ATM 등이 등장하여 이용 효율성을 높여가고 있다.

05 텔레뱅킹 서비스

1. 텔레뱅킹의 개요

텔레뱅킹 서비스는 고객이 은행창구에 나가지 않고 가정이나 사무실 등에서 전자식 전화기를 통하여 자동응답 서비스를 이용하거나 은행직원과 통화함으로써 자금이체, 조회, 분실신고 및 팩스통지 등을 할 수 있는 금융서비스이다.

2. 텔레뱅킹의 의의

각종 조회 · 분실신고 등은 거래은행에 별도의 신청절차 없이 비밀번호 입력만으로 이용이 가능하나, 자금이체 · FAX 통지서비스 등은 이용신청서를 제출하고 이용 시 비밀번호를 입력하게 하는 등 거래의 안전을 기하고 있으며, 은행 창구를 통한 거래보다 저렴하게 은행서비스를 이용할 수 있다. 최근 선진국에서는 단순한 텔레뱅킹 제공에서 더 나아가 전화를 매체로 한 고객에 대한 1:1 마케팅 영업이 새로이 주목받는 소매금융 영업 전략이 되고 있다. 전화를 이용한 마케팅을 위해서는 CTI(Computer Telephony Integration) 기술을 도입한 콜센터의 구축이 필수적인데 우리나라에서도 이미 대부분의 은행이 이러한 콜센터를 구축하고 운영 중이다. 아직 적극적으로 텔레마케팅에 이용할 수 있는 DB의 구축 및 활용 보다는 조회업무 집중처리에 그치고 있으나 향후 콜센터의 기능도 비용절감 보다는 새로운 이익 창출원으로 변화해 나갈 것으로 예상된다.

3. 텔레뱅킹의 이용

(1) 이용신청 및 등록

실명확인증표가 있는 개인(외국인, 재외교포 포함) 및 기업이면 누구나 이용 가능하다. 단 본인의 수시입출식 예금계좌(보통, 저축, 기업자유, 가계당좌, 당좌예금)가 있어 출금계좌로 지정할 수 있어야 하며, 금융기관 영업점에 신청해야 한다. 그러나 잔액 조회, 입출금내역 조회는 별도의 신청 없이도 가능하다. 개인의 경우 본인을 확인할 수 있는 실명확인증표를, 법인의 대표자인 경우 사업자등록증, 법인등기부등본, 법인인감증명서, 법인인감, 대표자 실명확인증표 등을 지참하여 영업점에서 신청한다. 영업점에서 이용자번호 등록과 보안카드를 수령한 후 각 은행별 텔레뱅킹 접속번호에 접속한 후 서비스를 이용한다. 텔레뱅킹 서비스를 신청한 후 3영업일 이내에(금융기관별로 상이) 비밀번호를 등록하지 않거나 비밀번호 등록 후 일정기간(6개월) 이체거래를 이용하지 않으면 서비스 이용이 제한되며, 은행 창구에서 확인절차를 거쳐야 다시 이용할 수 있다. 또한 비밀번호를 일정횟수 이상 잘못 입력하면 서비스가 제한되며 이 또한 은행 창구에서 확인절차를 거쳐야 다시 이용할 수 있다.

[본인확인절차]

구 분	징구서류	본인 확인 방법
신규고객	주민등록증	• 주민등록증의 홀로그램, 사진, 성명 등 확인 • ARS 또는 인터넷으로 주민등록증 진위여부 확인*
	주민등록증 이외의 실명확인이 가능한 신분증	• 신분증의 사진, 성명 등 확인 • ARS 또는 인터넷으로 주민등록증 진위여부 확인
기존고객	주민등록증	• 주민등록증의 사진, 성명 등 확인 • ARS 또는 인터넷으로 주민등록증 진위여부 확인 • 기존 전산등록 되어 있는 정보와 대조
	주민등록증 이외의 신분증	• 신분증의 사진, 성명 등 확인 • ARS 또는 인터넷으로 주민등록증 진위여부 확인 • 기존 전산등록 되어 있는 정보와 대조

* 주민등록증 진위확인 서비스
- ARS 확인 : 국번 없이 '1382'(행정안전부)에서 확인
- 인터넷 확인 : 대한민국 전자정부 홈페이지(http://www.egov.go.kr 접속 → 민원서비스)에서 확인
- ARS와 인터넷 장애 시 주민센터에서 유선으로 확인

(2) 이용시간 및 수수료

텔레뱅킹 서비스는 대부분 24시간 연중무휴 이용이 가능하지만, 일부 서비스의 경우 금융기관별로 이용시간에 제한(통상적으로 00:00부터 07:00 사이에 제한)이 있다. 또한 계좌이체 한도나 수수료도 금융기관별로 차이가 있을 수 있는데, 대부분 자행이체의 경우 무료로, 타행이체의 경우에는 건당 500원 내외의 수수료가 부과되어 은행 창구를 이용하는 것보다 저렴하다. 상담원을 이용한 상담 및 이체 거래의 경우 주말 및 공휴일에는 제공하지 않는 것이 일반적이다.

(3) 업무처리 절차

텔레뱅킹 서비스는 자동응답시스템(ARS)과 상담원을 통해 이용이 가능하다. 자동응답시스템의 경우 전화기를 이용하여 은행의 주전산기에 접속하게 된다. 반면 상담원을 이용할 경우에는 상담원과의 통화 내용이 녹취되는 장치가 필요하다. 또한 단순 뱅킹 업무 외에도 고객 상담 및 불만처리 등의 업무를 위해 고객정보 호출시스템 등을 설치하여 전화하는 고객에 대한 정보를 상담원이 볼 수 있도록 하고 있다. 텔레뱅킹을 통한 업무는 금융결제원의 전자금융공동망을 이용해 처리된다.

(4) 안전거래를 위한 보안조치

텔레뱅킹은 일반전화 회선을 통해 금융거래 내역이 송 · 수신되기 때문에 각 금융기관에서는 도청 등보안상 취약점을 방지하기 위해 텔레뱅킹 도 · 감청 보안솔루션을 도입하고 있다. 아울러 지정된 전화번호에서만 텔레뱅킹을 이용하거나 공중전화, 국제전화, 선불폰 등 발신자 추적이 불가능한 전화로는 텔레뱅킹서비스 이용을 제한하는 금융기관도 있다. 또한 계좌이체 시에는 이용자 비밀번호 이외에 보안 카드 비밀번호와 출금계좌의 비밀번호를 입력하도록 하고, 최종 거래일로부터 1년 이상 등 이용실적이 없는 경우에는 이용을 제한하고 있다. 다만 이와 같은 경우에는 본인이 거래금융기관에 직접 방문하여 계좌이체 제한을 해제하면 바로 이용이 가능하다.

(5) 보안카드와 OTP

보안카드란 계좌이체 및 상품 가입 등 전자금융거래 시 기존의 비밀번호 이외에 보안용 비밀번호를 추가로 사용하기 위한 카드로서, 카드에 30개 또는 50개의 코드번호와 해당 비밀번호가 수록되어 있어 거래 시마다 무작위로 임의의 코드번호에 해당하는 비밀번호를 요구함으로써 사고를 예방한다. OTP(One Time Password)란 전자금융거래의 인증을 위하여 이용고객에게 제공되는 일회용 비밀번호 생성 보안매체이다. OTP의 비밀번호 생성은 6자리 숫자가 1분 단위로 자동 변경되어 보여주며 고객은 전자금융 이용 시 해당 숫자를 보안카드 비밀번호 대신 입력한다. 한번 사용한 비밀번호는 다시 반복하지 않으므로 보안카드보다 더 안전한 보안수단이다. 고객이 보유하고 있는 OTP 1개로 전 금융기관에서 전자금융서비스 이용이 가능하며 다른 금융기관에서 사용하기 위해서는 고객이 신분증을 지참하고 해당 금융기관을 방문하여 OTP 사용 신청을 하면 된다.

06 인터넷뱅킹 서비스

1. 인터넷뱅킹의 개요

1990년대 개인용 컴퓨터의 보급 확대와 인터넷 접속을 위한 네트워크 인프라 확충에 따라 인터넷이라는 새로운 전달 채널을 통해 금융서비스 제공이 가능하게 되었다. 전자금융의 가장 대표적인 서비스라 할 수 있는 인터넷뱅킹은 고객이 인터넷을 통해 각종 은행 업무를 원격지에서 편리하게 처리할 수 있는 새로운 형태의 금융서비스이다.

[주요 전자금융 채널 비교]

구 분	인터넷뱅킹	모바일뱅킹	텔레뱅킹	CD/ATM
매 체	PC, 인터넷	휴대전화, 스마트기기	전 화	CD/ATM
취급가능 정보	문자, 화상, 음성	문 자	음 성	문자, 화상, 음성
이용가능 장소	가정과 직장 등	제약없음	제약없음	영업점 및 번화가
시각성	화면이 커서 보기 쉬움	화면이 작아 정보표시에 한계	–	화면이 커서 보기 쉬움
통신료부담	고 객	고 객	금융기관 (수신자부담)	금융기관

2. 인터넷뱅킹의 의의

고객이 은행으로부터 금융서비스를 제공받는 채널로는 영업점, CD/ATM, 전화기 및 PC 등이 있으며, 이 중 PC는 전용선 또는 인터넷을 통하여 은행의 호스트 컴퓨터 등과 연결되는데, 인터넷을 활용하여 금융서비스가 이루어지는 것을 인터넷뱅킹이라고 한다. 국내의 인터넷뱅킹 서비스는 도입시기(1999년 7월)가 일부 선진국들에 비해 다소 늦었음에도 불구하고 매우 빠른 성장 속도를 보여주고 있다. 국내의 높은 인터넷 이용률과 관련 산업의 눈부신 발달은 인터넷뱅킹의 확산을 가속화시켰고 은행은 인터넷뱅킹을 도입함으로써 비용을 절감하고 고객 관계 강화를 위한 노력에 집중할 수 있게 되었다.

3. PC뱅킹과 인터넷뱅킹

PC뱅킹은 고객이 PC에서 VAN사업자나 전용선을 통해 금융기관의 호스트컴퓨터에 접속함으로써 금융 서비스를 제공받는 방식으로 전용소프트웨어가 장착된 컴퓨터에서만 이용가능하며 인터넷에 비해서는 상대적으로 폐쇄적인 네트워크를 이용하는 형태이다. 이용자를 기준으로 기업이 이용하면 펌뱅킹이라 하고, 개인이 이용하면 홈뱅킹이라고 하는데, 개인의 인터넷의 이용이 급증하면서 기존 홈뱅킹 이용자가 거의 인터넷뱅킹 이용자로 전환되었다. 한편 인터넷뱅킹은 인터넷을 통하여 고객의 컴퓨터와 금융기관의 호스트컴퓨터를 연결하여 금융서비스를 제공하는 시스템을 지칭하는데, 휴대폰이나 PDA를 이용하는 모바일뱅킹의 경우에도 전용 웹브라우저를 통해 금융서비스가 전달되는 측면에서 볼 때 넓은 의미에서는 인터넷뱅킹의 범주에 포함된다고 할 수 있다.

4. 인터넷뱅킹의 특징

인터넷은 저비용, 실시간성, 멀티미디어화, 쌍방향성, 글로벌화라는 기본특성을 가지고 있는데 이러한 특성이 금융거래에 반영된 인터넷뱅킹으로 인하여 지역적 · 시간적 제약을 뛰어넘은 금융거래가 가능해져 금융서비스의 범세계화가 촉진될 뿐만 아니라, 금융거래를 하는데 있어 비용을 절감할 수 있다. 또한, 고객에게 다양한 금융서비스와 상품을 제공할 수 있어 금융시장이 금융기관중심에서 고객중심으로 재편되고, 인터넷을 통하여 금융상품 및 서비스에 대해 금융기관 간 비교가 가능해짐으로써 금융상품의 표준화를 촉진한다. 인터넷에서 한 번의 클릭으로 고객이 다른 금융기관으로 이동할 수 있으므로 고객흡인력과 경쟁력 있는 상품을 갖춘 금융기관으로 고객이 집중되는 현상이 심화될 가능성이 있으며, 점포 등 공간 확보에 따른 비용과 인건비가 감소되어 서비스 제공비용을 대폭 절감할 수 있다. 또한 인터넷을 통하여 금융상품 및 서비스에 대한 금융기관 간 및 시장간 비교가 가능해진다. 그 외에도 저렴한 수수료, 인터넷예금과 대출 시 우대금리 제공, 환율우대, 각종 공과금의 인터넷납부, 사고신고 및 고객정보 변경, 계좌관리 등 고객 중심의 보다 신속하고 편리한 서비스를 제공한다. 인터넷은 해킹 등으로 인해 안전성에 문제가 생길 가능성이 높으므로 철저한 보안대책이 필요하다. 이 때문에 고객 단말기와 가상은행 서버 간 보안을 위해 상당히 높은 수준의 암호문을 활용하고 있으며, 웹서버에 대한 외부 사용자의 접근을 제어하기 위해 방화벽을 사용하고 있다. 또한 공인인증서로 보안성과 안전성을 높이고 있다.

5. 인터넷뱅킹의 이용

(1) 이용신청 및 등록

인터넷뱅킹 서비스를 이용하려면 금융실명거래 확인을 위한 신분증을 지참하고 거래금융기관을 방문하여 인터넷뱅킹 이용신청서를 제출한다. 금융기관 지점에서 인터넷뱅킹 신청이 접수되면 고객에게 인터넷뱅킹 이용 시 사용할 보안매체(보안카드, OTP 등)를 지급해주며, 고객은 인터넷 상에서 인증센터를 접속하여 공인인증서를 발급받고 최초 거래 시 이체비밀번호를 등록해야 한다. 조회서비스만 이용할 고객은 별도의 가입절차 없이도 조회서비스를 이용할 수 있다.

(2) 인터넷뱅킹 제공서비스

인터넷뱅킹을 제공하는 은행은 서비스 내용이 조금씩 다르지만 대부분 예금조회, 이체, 대출 등의 기본적인 금융서비스 외에도 계좌통합서비스, 기업간 전자상거래(B2B : Business-to-Business) 결제서비스 등의 금융서비스도 제공하고 있다. 또한 각종 상담 및 이벤트 정보 등의 다양한 서비스도 제공하고 있다.

(3) 이용시간 및 수수료

인터넷뱅킹 서비스는 대부분 24시간 연중무휴 이용이 가능하지만, 일부 서비스의 경우 00:00부터 07:00까지는 금융기관별로 일정시간 이용시간에 제한이 있다. 또한 대고객업무 중 환율안내는 09:30부터 23:55까지로 하고 있다. 인터넷뱅킹을 이용할 경우 자행이체의 수수료는 대부분 면제되고 타행 이체의 경우 500원 내외의 수수료를 적용하고 있어 창구를 이용하는 것보다 저렴하다. 외화 환전이나 해외 송금의 경우에도 수수료 우대 혜택이 제공되며 예금 및 대출 상품 가입 시 우대 금리가 적용된다.

(4) 공인인증서 기반

공인인증서란 정부에서 인정한 공인인증기관이 발행하는 인증서로 전자서명법에 의하여 법적인 효력과 증거력을 갖추고 있어 인터넷에서 일어나는 각종 계약 · 신청 등에 사용하는 인증서이다. 공인인증서를 사용하면 거래사실을 법적으로 증빙할 수 있으므로 인감을 날인한 것과 같은 효력이 생긴다. 인터넷뱅킹 이용 시 예금조회, 계좌이체의 경우에는 일반적으로 공인인증서가 필요하고, 로그인 시에도 ID나 비밀번호 대신에 공인인증서를 사용할 수 있기 때문에 인터넷뱅킹서비스를 이용하고자 하는 고객은 공인인증서를 발급받는 것이 편리하다. 공인인증서의 발급은 거래금융기관의 인터넷뱅킹 홈페이지에서 발급받을 수 있으며, 전자금융거래용 또는 범용 공인인증서 중 하나를 선택하여 발급받을 수 있다.

(5) 업무처리 절차

인터넷뱅킹을 이용하여 계좌이체를 하기 위해서 고객은 인터넷상에서 로그인을 할 때 인터넷뱅킹 신청시 발급받은 공인인증서를 제출해야 한다. 메뉴 중에 이체 메뉴를 선택한 후 인터넷뱅킹 신청 시 등록한 비밀번호와 은행에서 받은 보안카드 번호를 입력한다. 그리고 출금계좌와 입금계좌를 입력한 후 이체내역을 확인함으로써 거래가 완료된다.

6. 인터넷 공과금 납부

인터넷 공과금 납부란 각종 공과금 납부를 위하여 고객이 별도 영업점 창구를 방문할 필요 없이 인터넷뱅킹을 통하여 공과금의 과금내역을 조회하고 납부할 수 있도록 한 서비스이다.

(1) 납부 가능한 공과금의 종류

① 금융결제원에서 승인한 지로요금
② 서울시를 포함한 지방세(100여개 지방자치단체)
③ 국세, 관세, 각종기금을 포함한 국고금(재정 EBPP)
④ 전화요금, 아파트관리비, 상하수도 요금 등 생활요금
⑤ 국민연금, 고용보험료, 산재보험료 등
⑥ 경찰청 교통범칙금, 검찰청 벌과금
⑦ 대학등록금

07 모바일뱅킹 서비스

1. 모바일뱅킹의 개요

우리나라의 이동통신 산업은 1999년 후반부터 이동전화 가입 고객수가 유선전화 가입자 수를 초과하고 모든 연령층으로 이용고객이 확대되면서 폭발적인 성장을 하였다. 휴대폰에서 금융서비스의 이용이 가능한 모바일뱅킹은 이와 같은 이동통신시장의 성장과 휴대폰 기능의 진화를 배경으로 등장하였다. 모바일뱅킹 서비스는 고객이 휴대전화나 스마트기기 등을 수단으로 무선인터넷을 통하여 금융기관의 사이트에 접속하여 금융서비스를 이용할 수 있는 전자금융서비스이다. 모바일뱅킹은 이동성을 보장받고자 하는 고객에 대한 서비스 제고와 이동통신사들의 새로운 수익원 창출 노력이 결합되면서 제공되기에 이르렀는데 서비스의 내용 측면에서 인터넷뱅킹 서비스에 포함되는 것으로 보이지만 공간적 제약과 이동성 면에서 큰 차이가 있다.

2. 모바일뱅킹의 의의

은행은 모바일뱅킹 서비스를 통해 기존고객의 유지 및 신규고객 확보 등 경쟁력을 강화하고 은행업무의 자동화를 통해 은행 비용 절감이라는 경제적 효과를 누릴 수 있다. 은행에서 제공하는 모바일뱅킹 서비스는 기본적으로 통신회사의 무선통신회선을 기반으로 고객정보와 금융서비스 거래과정 전반을 은행이 관리하는 것을 기본 구조로 하고 있다. 이러한 모바일뱅킹 이외에도 이동통신기기를 이용한 유사 모바일 지급결제서비스가 이동통신회사 등을 통하여 제공되고 있다. 모바일뱅킹의 등장은 금융과 통신의 대표적인 서비스 융합 사례로 주목받았으며, CD/ATM서비스나 인터넷뱅킹과 달리 매체의 특성상 장소의 제약을 받지 않고 자유롭게 이용할 수 있다는 점에서 U-Banking (Ubiquitous Banking)시대의 시작을 알리는 전자금융서비스로 인식되었다. IC칩 기반의 모바일뱅킹을 거쳐 IC칩이 필요 없는 VM모바일 뱅킹으로 이용자가 전환되었다. 2009년 말 이후 혁신적인 멀티태스킹과 고객 친화적 인터페이스를 기반으로 한 스마트폰이 급속히 보급되며 국내 스마트폰 시장의 활성화에 따라 현재 국내 모든 시중은행 들이 자체 앱(app)을 통해 스마트폰 뱅킹서비스를 제공하고 있다. 또한 이러한 국내 은행의 스마트폰뱅킹 서비스는 인터넷뱅킹서비스 이후 가장 혁신적인 전자금융서비스 채널로 빠르게 자리 잡고 있다. 스마트폰뱅킹은 휴대성, 이동성 및 개인화라는 매체적 특성을 활용한 조회, 이체, 상품가입 등 기본 업무에 한정되던 인터넷뱅킹과 모바일뱅킹의 한계를 극복할 수 있을 것으로 예상된다. 스마트폰뱅킹이란 태블릿PC나 스마트폰으로 무선인터넷(LTE, WIFI 등)을 이용하여 시간과 장소에 상관없이 편리하게 뱅킹서비스, 상품가입, 자산관리 등을 이용할 수 있는 금융서비스이다. 스마트폰뱅킹을 제외한 기존 모바일뱅킹(IC칩기반 모바일뱅킹, VM모바일뱅킹, 3G 모바일뱅킹, WAP뱅킹)은 2016년말 기준 모두 서비스가 종료되었다.

3. 모바일뱅킹의 이용

(1) 모바일뱅킹 제공서비스

모바일뱅킹을 통해 제공되고 있는 서비스로는 예금조회, 거래명세조회, 계좌이체, 현금서비스, 대출신청, 예금 및 펀드 가입, 환율조회, 사고신고 등이 있다.

(2) 이용시간 및 수수료

모바일뱅킹의 이용가능 시간은 인터넷뱅킹과 동일하며 조회 및 자행이체 서비스에 대하여는 무료로 제공하고 있으며, 타행이체의 경우 건당 수수료를 부과하고 있다.

(3) 이용방법 및 유의사항

모바일뱅킹 서비스는 먼저 인터넷뱅킹에 가입한 후 스마트뱅킹에 가입하고 스마트뱅킹 앱(App)을 다운로드하여 서비스를 이용한다.

08 신용카드, 직불카드, 체크카드, 선불카드

카드 거래 시에는 카드 회원, 카드발급사, 가맹점 그리고 가맹점의 거래금융기관이 한 네트워크 안에서 서로 연결되어 전자거래가 이루어지는데, 카드 회원이 가맹점에서 카드를 이용하게 되면 카드 발급사는 가맹점 거래금융기관과 자금정산을 통해 카드결제대금을 입금해주며, 카드발급사는 카드 회원으로부터 약정한 날짜에 카드결제대금을 회수하게 된다. 여신전문금융업법에서는 카드를 대금 결제 방법에 따라 신용카드, 직불카드, 선불카드로 분류하고 있다.

[카드 종류별 비교]

구 분	신용카드 (Credit Card)	선불카드 (Prepaid Card)	직불형카드		
			체크카드 (Check Card)	직불카드 (Debit Card)	현금IC카드
회원자격	신용등급 7등급이하 및 미성년자는 원칙적으로 발급금지	제한없음	제한없음 (단, 소액신용한도 부여시 자체기준 있음)	제한없음 (요구불 예금 보유자)	제한없음 (요구불 예금 보유자)
계좌인출	선구매 후인출	선인출 후구매	구매즉시 인출	구매즉시 인출	구매즉시 인출
연회비	있 음	없 음	없 음	없 음	없 음
이용한도	신용한도 내	충전잔액 범위 내*	예금잔액 범위 내**	예금잔액 범위 내	예금잔액 범위 내
발급기관	카드사 (겸영은행)	카드사 (겸영은행)	카드사 (겸영은행)	국내 은행	국내 은행
이용가능 시간	24시간	24시간	24시간	08:00~23:30	24시간
승인절차	서 명	서 명	서 명	PIN 입력	PIN 입력
신용공여	가 능	불가능	일정 한도 내	불가능	불가능
사용 가맹점	신용카드 가맹점	신용카드 가맹점	신용카드 가맹점	직불카드 가맹점	현금 IC카드 가맹점

가맹점 입금	매출전표 접수후 2영업일 이내	매출전표 접수후 2영업일 이내	매출전표 접수후 2영업일 이내	결제 익일	결제 익일
부가혜택	있 음	없 음	있 음	없 음	없 음
거래 승인	거래정지 잔여한도 확인	권면 잔액 확인	거래정지 잔여한도 확인	거래정지, 예금잔액, 비밀번호 확인	거래정지, 예금잔액, 비밀번호 확인
기 능	물품구매 예금입출금(현금카드 기능)	물품구매	물품구매 예금입출금(현금카드 기능)	물품구매 예금입출금(현금카드 기능)	물품구매 예금입출금(현금카드 기능)
네트워크	신용카드망	신용카드망	신용카드망	직불카드망 (금융결제원)	CD공동망 (금융결제원)

* 기명은 500만 원, 무기명은 50만 원

** 일정 한도(최대 30만 원) 내에서 예금잔액 초과 신용공여 혜택 부여 가능

1. 신용카드

(1) 신용카드의 개요

신용카드(Credit Card)는 가맹점 확보 등 일정한 자격을 구비한 신용카드업자가 카드 신청인의 신용상태나 미래소득을 근거로 상품이나 용역을 신용구매하거나 현금서비스, 카드론 등의 융자를 받을 수 있도록 발급하는 지급수단이다. 신용카드는 현금, 어음 · 수표에 이어 제3의 화폐라고도 불린다. 등장한지 불과 50년이 조금 넘은 신용카드는 수세기 전부터 사용해 온 현금이나 어음 · 수표보다 더 많이 이용하는 전자지급결제수단이 되었다. 우리나라의 경우 민간소비지출에서 신용카드 결제가 차지하는 비중이 70.3%(2017년 기준)에 해당할 만큼 신용카드는 주요 결제수단으로 자리 잡았다.

(2) 신용카드의 특징

신용카드는 기본적으로 현금 및 수표를 대체하는 지급수단 기능을 수행한다. 또한 신용카드는 일정 자격 이상의 신청자에게만 발급되고 개인의 경제 현황에 따라 발급되는 카드등급이 다르므로 사회적 지위를 나타내는 기능도 있으며 회원에게는 대금 결제일까지 이용대금 납부를 유예하므로 신용제공의 기능도 있다. 신용카드는 소지하기에 편리하고 물품을 구매하거나 서비스를 이용할 때 당장 현금이 없어도 신용을 담보로 일정 시점 후에 결제가 가능하기 때문에 이용이 증가하고 있다. 또한 정부에서 1999년부터 자영업자의 과표를 양성화하고 신용카드 이용을 활성화한다는 취지하에 신용카드 사용금액에 대한 소득 · 세액공제와 카드영수증 복권제도(2006년 폐지)를 실시함으로써 이용이 활성화되는데 기여하였다. 그러나 과당경쟁에 따른 무분별한 신용카드 발급과 현금서비스 위주의 무분별한 확장영업으로 신용불량자 양산과 같은 사회경제적 문제를 초래(2003년 카드사태)하기도 하였다. 신용카드 사용 시 카드 이용고객 및 가맹점 모두에서 유리하다. 고객은 물품 및 서비스의 신용구매에 따른 실질적인 할인구매의 효과를 누릴 수 있고 또한 현금서비스 기능을 이용하여 긴급 신용을 확보할 수 있다. 가맹점은 고정고객을 확보하거나 판매대금을 안정적이고 편리하게 회수할 수 있는 장점이 있다.

(3) 신용카드 서비스 제공기관

1969년 신세계백화점이 우리나라 최초의 판매점카드를 발행하였으며 1978년 외환은행이 비자카드를 발급한 이후 은행계 카드가 카드 시장을 주도하게 되었다. 1980년대 후반부터 전문 신용카드 회사가 설립되었고 1990년대부터 신용카드에 대한 규제가 완화됨에 따라 카드산업이 크게 성장하기 시작했다. 신용카드는 카드발급기관의 성격에 따라 전업카드사와 겸업카드사, 각 카드사는 은행계와 기업계 카드사 등으로 구분할 수 있다. 전업카드사는 신용카드업을 영위하는 자 중에서 금융위원회의 신용카드업 허가를 득한 자로서 신용카드업을 주로 영위하는 자를 말한다. 신용카드업자는 아니지만 영위하는 사업의 성격상 신용카드업을 겸영하는 것이 바람직하다고 인정되는 자에게 대통령령으로 신용카드업을 영위할 수 있도록 하고 있는데 이를 겸영카드사라고 한다. 국내 신용카드는 해외에서의 이용을 위해 국제적 서비스 망을 갖춘 VISA사, Master Card사 등과 제휴하고 있다.

[신용카드의 종류]

전업카드사(8)	은행계(4)	신한카드, 우리카드, 하나카드, KB국민카드
	기업계(4)	롯데카드, 비씨카드, 삼성카드, 현대카드
겸영은행(11)		경남, 광주, 부산, 수협중앙회, 씨티, 전북, 제주, DGB대구, IBK기업, NH농협, SC제일
유통계 겸영(3)		현대백화점, 갤러리아백화점, 한섬

출처 : 여신금융협회(www.crefia.or.kr)

(4) 신용카드 제공서비스

초기의 신용구매에서 1986년 BC카드가 최초로 현금카드 기능을 추가하였고 금융위원회가 정한 최고한도 범위내에서 현금서비스, 카드론 등의 대출서비스도 제공되고 있다. 최근에는 물품구매 및 현금서비스 외에 통신판매, 항공권 예약, 보험가입 등 유통서비스 부문을 중심으로 부수업무를 확대함과 아울러 기업체와 연계한 제휴카드를 발급하는 등 서비스가 다양해지고 있다.

(5) 신용카드 회원

신용카드 회원이란 카드회사(신용카드업자)와의 계약에 따라 그로부터 신용카드를 발급받은 자를 말한다(여전법 제1조 제4호). 카드회사의 약관에서는 "회원은 회원약관을 승인하고 카드회사에 신용카드의 발급을 신청하여 카드회사로부터 신용카드를 발급받은 자"라고 규정하고 있다. 신용카드 회원은 개인회원과 기업회원으로 구분된다. 개인회원은 본인회원과 가족회원으로 구분되는데, 본인회원이란 별도로 정한 심사 기준에 의해 신용카드 회원으로 입회가 허락된 실명의 개인으로서 개인회원으로 신청한 자를 말한다. 가족회원은 카드이용대금에 대한 모든 책임을 본인회원이 부담할 것을 승낙하고 신용카드 회원에 가입한 자로 그 대상은 부모나 배우자, 배우자의 부모, 민법상 성년인 자녀 및 형제자매 등이다. 가족회원은 본인회원의 이용한도 범위 내에서 카드를 사용할 수 있으며 가족카드별로 한도를 별도로 지정할 수도 있다. 기업회원이란 기업카드 신용평가 기준에 따라 신용카드 회원으로 가입한 기업체를 말한다. 기업공용카드(무기명식 기업카드)는 기업회원이 특정 이용자를 지정하지 않은 카드로 카드발급 기업 또는 법인 임직원 누구든지 사용 가능하다. 카드 실물에 사용명의가 표시되어 있지 않으며 기업체 명칭이 영문으로 표기되어 있다. 공용카드 신청서의 카드

서명 란에는 카드를 실제로 사용하게 될 임직원의 서명을 기재하는 것이 아니라 법인명 또는 기업명을 기재하며, 카드를 사용할 경우 매출전표에는 사용자의 서명을 기재해야 한다. 기업개별카드(사용자 지정카드)는 기업회원이 특정 이용자를 지정한 카드로 발급받은 기업 또는 법인의 지정된 임직원에 한하여 사용할 수 있는 권리가 부여된 카드를 말한다. 카드의 앞면에 사용자의 영문명이 기재되어 있고 카드에 성명이 기재된 임직원만 그 카드를 사용할 권한이 있다.

[기업카드의 분류]

분 류	내 용
일반 기업카드	후불식 일반 신용카드로서 국내외에서 일시불 이용만 가능하며, 해외에서는 기업개별카드에 한해 제휴은행 창구 및 ATM에서 단기카드대출(현금서비스) 사용이 가능하다.
직불형 기업카드	결제계좌 잔액 범위 내에서 이용 가능한 기업카드로 국내외에서 이용 가능하며 신용공여기능은 없다.
정부구매카드	정부부처 및 소속기관의 관서경비를 지출할 목적으로 정부기관을 대상으로 발급하는 기업카드로 국가재정정보시스템과 신용카드사 전산망을 연결, 신용카드 발급 및 사후관리를 파일 송수신으로 처리한다.
구매전용카드	구매기업과 판매기업 간 물품 등 거래와 관련하여 발생되는 대금을 신용카드업자가 구매기업을 대신하여 판매기업에게 대금을 선지급하고 일정기간 경과 후 구매기업으로부터 물품대금을 상환받는 카드로 실물 없이 발급되기도 한다.
기 타	사용처가 주유소로 제한되는 주유전용카드, 지방세납부 전용카드, 고용/산재보험결제 전용카드, 우편요금결제 전용카드 등의 특화 기업카드들은 통상 별도의 한도가 부여되고 특정한 가맹점에서만 사용된다.

(6) 이용수수료

신용카드와 관련된 수수료는 가맹점이 부담하는 가맹점 수수료와 이용 고객이 부담하는 서비스 수수료로 나누어진다. 가맹점 수수료는 가맹점과 신용카드사 간의 개별 협약에 의하여 정해지는데 가맹점의 업종 및 이용카드사, 가맹점 규모에 따라 다르다. 최근에는 영세한 중소가맹점의 범위 및 우대수수료율 조정을 지속적으로 추진 중이다. 한편 신용카드로 현금서비스나 카드론을 받을 경우에는 그에 따른 수수료를 지급해야 한다.

(7) 신용카드 이용 방법

만 20세 이상의 고객이 신용카드 서비스를 이용하고자 하는 경우 가입신청서, 본인 확인용 신분증, 자격확인서류 등을 구비하여 은행 및 카드사 앞으로 신청하면 소정의 심사절차를 거쳐 신용카드가 발급된다. 신용카드 이용 대금의 결제 방식으로는 일시불결제, 할부결제, 리볼빙결제 등이 있다. 일시불결제는 신용카드 발급 당시에 회원과 신용카드사 간의 결제 약정일에 카드사용 대금 전액을 결제하는 방식으로 고객 입장에서는 수수료 부담이 없지만 일시 상환에 따른 자금 부담이 있을 수 있다. 할부결제 방식은 카드 이용대금을 할부로 2개월 이상 분할하여 1개월 단위로 희망하는 기간 동안 이자를 부담하여 결제하는 방식으로 고객의 입장에서 여유로운 자금 운용이 가능하나 원금이외 할부수수료의 부담이 있다. 리볼빙결제 방식은 카드이용대금 중 사전에 정해져 있는 일정금액 이상의 건별 이용금액에 대해서 이용금액의 일정비율을 결제하면 나머지 이용 잔액은 다음 결제대상으로 연장되며, 카드는 잔여 이용한도 내에서 계속 사용할 수 있는 결제방식이다. 리볼빙결제 방식은 이용고객의 경제여건에 따라 결제를 조절할 수 있는 맞춤형 결제방식이지만 높은 리볼빙 수수료를 부담해야 한다.

2. 직불카드

(1) 직불카드의 개요

직불카드는 고객이 카드를 이용함과 동시에 고객의 신용한도가 아닌 예금계좌의 잔액 범위 내에서 카드결제대금이 바로 인출되는 카드를 말한다. 고객 예금계좌에서 즉시 카드결제대금이 인출되고 CD/ATM을 이용하여 자신의 예금계좌에서도 즉시 자금을 인출할 수도 있기 때문에 직불카드를 현금카드라고도 한다. 직불카드 역시 신용카드와 마찬가지로 미국에서 처음 등장한 이후 1970년대 중반부터 본격 사용하기 시작하였는데, 우리나라에서는 국가적인 차원에서 직불카드공동망 구축을 추진하여 1996년 2월에 은행 공동의 직불카드가 도입되었다. 직불카드와 신용카드의 가장 큰 차이는 바로 결제방식의 차이라고 할 수 있는데 신용카드는 신용공여에 기반을 둔 후불결제방식을, 직불카드는 예금계좌를 기반으로 한 즉시결제방식을 이용한다는 점이다. 따라서 직불카드는 자신의 예금계좌가 개설되어 있는 은행에서 발급받으며, 직불카드 취급가맹점이면 발급은행에 관계없이 어디에서나 사용할 수 있다. 직불카드는 직불카드 가맹점을 별도로 모집해야 하고, 직불카드 가맹점 공동규약에 의해 국내에서 직불기능 이용 시 일정 시간에는 사용이 불가능하다는 제약 등으로 인하여 활성화되지 못하였다.

3. 체크카드

(1) 체크카드의 개요

만 14세 이상이면 누구나 발급받을 수 있는 체크카드는 지불결제 기능을 가진 카드로서 카드거래 대금은 체크카드와 연계된 고객의 예금계좌 범위 내에서 즉시 인출된다. 비자카드사의 오프라인 직불카드 이름인 Visa Check Card에서 체크카드라는 명칭이 유래되었다고 하는데, 신용카드와 마찬가지로 서명을 통해 본인확인을 하게 된다. 원래 의미의 체크카드는 신용공여 기능이 없어 할부서비스나 현금서비스를 이용할 수 없지만 최근에는 고객의 신용등급에 따라 소액의 신용공여(30만 원 한도)가 부여된 하이브리드형 카드를 발급받아 이용할 수 있다. 거래은행에서 발급받고 가맹점 이용과 이용시간에 제약을 받는 직불카드에 비해, 체크카드는 은행 또는 카드사가 제휴한 은행에 입출금 자유로운 통장을 소지한 개인 및 기업회원을 대상으로 발급 가능하며, 최근에는 증권사나 종금사의 CMA를 결제계좌로 하는 체크카드의 발급도 활발하다.

(2) 체크카드의 특징

체크카드 발급 시 발급가능 연령, 신용상태, 외국인인지 여부 등에 따라 카드사마다 제한사항을 두기도 하지만 기본적으로 하이브리드 체크카드를 제외하고는 신용공여기능이 없기 때문에 발급과정에서 별도의 결제능력을 심사하지 않는다. 보통 카드사나 은행의 영업점에서 즉시 발급하는 경우가 많으며 후선에서 발급 처리 후 회원 앞으로 인편이나 우편 교부하기도 한다. 금융기관 전산점검시간을 제외하고는 이용시간에 제한이 없고 신용카드 가맹점이라면 이용이 가능하다는 장점이 있다. 체크카드가 Visa, Master 등 해외사용 브랜드로 발급된 경우에는 해외에서 물품구매 및 현지통화로 예금인출도 가능하다. 외국환거래규정상 외국인 거주자인 경우에는 별도의 등록 거래를 통해 연간 미화 5만불 한도 내에서 해외예금인출 및 해외직불가맹점 이용이 가능하고, 카드사에 따라서 해외

현금인출이 가능한 체크카드의 발급을 제한하기도 한다. 체크카드는 일시불 이용만 가능하고 할부 및 단기카드대출(현금서비스) 이용은 불가능하다. 체크카드를 이용할 수 있는 이용한도는 1회, 1일, 월간으로 정할 수 있으며 하이브리드 체크카드를 제외한 모든 체크카드는 별도의 신용한도가 부여되지 않는다. 체크카드의 이용 명세는 직불카드와 마찬가지로 거래 건별로 결제계좌 통장에 가맹점명 및 사용 금액을 기록하는 것으로 갈음되지만, 카드사별로 별도의 이용내역서 통지 혹은 이메일로도 통지 가능하다. 체크카드는 연체 리스크가 없는 직불카드의 장점과 전국의 신용카드 가맹점망을 이용할 수 있는 신용카드 프로세스를 그대로 적용할 수 있는 신용카드의 장점을 가지고 있다. 신용카드 대비 높은 세액공제 제공, 소액 신용한도가 부여된 체크카드의 등장, 신용카드 대비 낮은 가맹점 수수료율, 전반적인 체크카드 가맹점 수수료의 지속적 인하 등 체크카드 활성화 정책과 맞물려 체크카드는 계속 활성화될 전망이다.

(3) 하이브리드 카드

체크 · 신용결제 방식이 혼합된 겸용카드로서, 체크카드 기반과 신용카드 기반으로 구분된다.

① **하이브리드 체크카드**

계좌 잔액범위 내에서는 체크카드로 결제되고 잔액이 소진되면 소액 범위 내에서 신용카드로 결제. 계좌 잔액이 부족한 상태에서 잔액을 초과하여 승인 신청이 되면 신청금액 전액이 신용카드로 결제되며, 부여 가능 최대 신용한도는 30만 원

② **하이브리드 신용카드**

회원이 지정한 일정금액 이하의 거래는 체크카드로 결제되고, 초과 거래는 신용카드로 결제. 기존의 신용카드 회원에게 체크결제서비스를 부가하는 형태

4. 선불카드

(1) 선불카드의 개요 및 특징

선불카드는 고객이 카드사에 미리 대금을 결제하고 카드를 구입한 후 카드에 저장된 금액 내에서만 이용할 수 있는 카드로서 최근 인기를 얻고 있는 기프트카드가 대표적인 선불카드라고 할 수 있다. 신용카드와의 차이점은 신용카드의 경우 이용대금을 후불로 입금하지만 선불카드는 선불로 구매한다는 점이다. 선불카드 구매 시 현금, 체크카드 및 신용카드를 사용하며, 유효기간은 대부분 발행일로부터 5년이고 연회비는 없다. 단 개인 신용카드로 구매 및 충전할 수 있는 이용한도는 1인당 월 최대 100만 원(선불카드 금액과 상품권 금액 합산)이다. 신용카드사를 통해 연령에 제한 없이 발급받을 수 있는 선불카드는 원칙적으로는 신용카드 가맹점에서 이용 가능하나 일부 백화점 및 대형할인점 등에서는 사용하지 못하는 경우도 있다. 또한 인터넷 쇼핑몰과 같은 온라인상에서도 이용이 가능한데, 이때에는 카드발급사의 인터넷 홈페이지를 통해 본인확인용 비밀번호를 등록해야 한다. 선불카드 잔액 환불은 전자금융거래법 제19조 및 선불카드 표준약관 등에 따라 ① 천재지변으로 사용하기 곤란한 경우, ② 선불카드의 물리적 결함, ③ 선불카드 발행 권면금액 또는 충전액의 60/100(1만원권 이하의 경우 80/100) 이상 사용한 경우 가능하다. 환불 시 기명식 선불카드의 경우 회원 본인 여부와 실명을, 무기명식 선불카드의 경우 선불카드 소지자의 실명 등을 확인한다.

(2) 선불카드의 종류

선불카드는 기명식과 무기명식 선불카드로 구분된다. 기명식 선불카드는 카드실물에 회원의 성명이 인쇄되어 있거나 신용카드업자 전산에 회원으로서의 정보가 존재하여 발급 이후에 양도가 불가능하다. 기명식 선불카드는 최고 500만 원까지 충전할 수 있다. 무기명식 선불카드는 카드실물에 성명이 인쇄되어 있지 않으며 신용카드업자 전산에 기명식 회원으로서의 정보가 존재하지 않아 양도가 가능하다. 무기명식 선불카드의 경우 양도 가능하므로 뇌물 등의 수단으로 악용되는 것을 방지하기 위해 여신전문 금융업법 시행령 및 선불카드 표준약관에서 충전 금액 한도를 최고 50만 원으로 제한하고 있다.

CHAPTER

21 우체국금융 일반현황

01 연혁

우체국금융은 1905년 우편저금과 우편환, 1929년 우편보험을 실시한 이후 전국 각지에 고루 분포되어 있는 우체국을 금융창구로 활용하여 국민들에게 각종 금융서비스를 제공하고 있다. 과거 우체국금융은 우편사업의 부대업무로 운영되며 과도한 국가 재정 목적의 활용으로 인한 적자 누적과 우편사업 겸업에 따른 전문성 부재 논란이 이어지며 사업을 중단하고 1977년 농업협동조합으로 이관하였다. 이후 우편사업의 재정지원과 금융의 대중화 실현을 위하여 1982년 12월 제정된 우체국예금 · 보험에 관한 법률에 의거 1983년 1월부터 금융사업의 재개와 함께 현재의 국영금융기관으로서의 역할을 수행하고 있다. 1990년 6월에 전국 우체국의 온라인망이 구축되었고 1995년에는 우체국 전산망과 은행 전산망이 연결되어 전국을 하나로 연결하는 편리한 우체국 금융서비스를 제공할 수 있는 큰 틀을 갖추었다. 2000년 7월부터는 우정사업의 책임경영체제 확립을 위해 정보통신부(현 과학기술정보통신부) 산하에 우정사업본부를 설치하여 우정사업을 총괄하고 있으며, 2007년 우체국금융의 내실화 있는 성장과 책임경영 강화를 위하여 우체국예금과 보험의 조직을 분리하여 운영하고 있다. 이러한 새로운 경영체제출범과 함께 우정사업운영에 관한 특례법에 의거 통신사업특별회계를 우편사업, 예금사업, 보험사업 특별회계로 각각 완전 분리하여 우정사업의 회계 투명성을 제고하였고 체계적인 자산운용 성과관리 체계를 구축하는 등 금융사업의 전문화를 도모하였다. 2011년부터 건전한 소비문화 조성을 위한 우체국 독자 체크카드 사업을 시작하였으며, 2012년 스마트금융 시스템 오픈과 함께 지속적인 디지털금융 고도화를 통해 국민들이 우체국금융창구 뿐만 아니라 우체국금융 온라인을 통해 언제 어디서나 쉽고 편리하게 금융서비스를 제공 받을 수 있게 하였다. 2018년에는 농어촌 등 금융소외 지역 서민들의 금융편익 증진 및 자산형성 지원을 위한 대국민 우체국 펀드판매를 실시하는 등 금융사업의 다각화와 전문화를 통해 스마트한 국민금융을 제공하는 국내 유일의 소매금융 중심의 국영 금융기관으로 발돋움하고 있다.

02 업무범위

1. 우체국금융 일반

우체국의 금융 업무는 우정사업운영에 관한 특례법에서 고시하는 우체국예금, 우체국보험, 우편환 · 대체, 외국환업무, 체크카드, 펀드판매, 전자금융서비스 등이 있다. 또한 우체국금융은 그 경영주체가 국가이므로 사업의 영리만을 목적으로 하지 아니하며, 우체국예금의 원금과 이자 그리고 우체국보험의 보험금 등은 국가가 법으로 전액 지급을 보장한다. 하지만, 우체국금융은 은행법에 따른 은행업 인가를 받은 일반은행이나 보험업법에 따른 보험업 인가를 받은 보험회사와는 달리 우체국예금 · 보험에 관한 법률 등 소관 특별법에 의해 운영되는 국영금융기관으로 대출, 신탁, 신용카드 등 일부 금융 업무에 제한을 받고 있다.

[국내 예금취급기관의 예금자보호 비교]

구 분	주요내용
우체국예금	우체국예금 · 보험에 관한 법률에 의해 국가가 전액 지급 보장
은행, 저축은행	예금자보호법에 따라 1인당 최고 5천만 원(세전)까지 지급 보장
상호금융, 새마을금고, 신협	소관 법률 내 예금자보호준비금을 통하여 5천만 원까지 지급 보장 • 2금융권은 각각 영업점이 독립 법인체로 운영되므로 거래하는 각 사업체별로 예금자보호 적용 • 각 지역 본점은 각각 5천만 원까지 보호되며, 해당 지역 본점과 지점의 예금은 합산하여 5천만 원까지 보호

2. 우체국예금 · 보험

우체국예금이란 우체국예금 · 보험에 관한 법률에 따라 우체국에서 취급하는 예금을 말하며 우체국을 통하여 누구나 편리하고 간편하게 저축수단을 이용하게 함으로써 국민의 저축의욕을 북돋우고 일상생활 안정을 도모한다. 우체국예금 상품은 크게 요구불예금과 저축성예금으로 구분할 수 있으며, 예금상품의 구체적인 종류 및 가입대상, 금리 등은 과학기술정보통신부장관이 정하여 고시하도록 하고 있다. 또한 예금 자체에 있어서는 타 금융기관 예금과 다를 바 없으나 일반법인 민법 · 상법에 의해 취급되는 타금융기관 예금과는 달리 우체국예금은 소관법에 의하여 취급되어 특별법 우선원칙에 따라 소멸시효 및 무능력자의 행위 등에 관하여 일반법과는 달리 특별 규정을 가진다. 금융기관의 건전성 관리를 기준으로 볼 때 우체국예금과 일반은행과의 주요 차이는 다음과 같다.

- 주식 발행이 없으므로 자기자본에 자본금 및 주식발행 초과금이 없다.
- 타인자본에는 예금을 통한 예수부채만 있고, 은행채의 발행 등을 통한 차입 혹은 금융기관 등으로부터의 차입을 통한 차입부채는 없다.
- 우편대체 계좌대월 등 일부 특수한 경우를 제외하고는 여신이 없다. 단, 환매조건부채권매도 등을 통한 차입부채는 있을 수 있다.

우체국보험이란 우체국예금 · 보험에 관한 법률에 따라 우체국에서 피보험자의 생명 · 신체의 상해(傷害)를 보험사고로 하여 취급하는 보험을 말하며 보험의 보편화를 통하여 재해의 위험에 공동으로 대처하게 함으로써 국민의 경제생활 안정과 공공복리의 증진에 이바지함을 목적으로 한다. 우체국보험은 동법에 따라 계약 보험금 한도액이 보험종류별로 피보험자 1인당 4천만 원으로 제한되어 있다. 우체국보험의 종류는 보장성보험, 저축성보험, 연금보험이 있으며 각 보험의 종류에 따른 상품별 명칭, 특약, 보험기간, 보험료납입기간, 가입연령, 보장내용 등은 우정사업본부장이 정하여 고시한다.

3. 기타 금융업무

앞서 언급한 우체국예금 · 보험 이외에 우체국에서 취급하는 금융 관련 업무로는 우편환, 우편대체, 체크카드, 집합투자증권(펀드) 판매, 외국환, 전자금융 업무가 있다. 또한, 전국 우체국 금융창구를 업무 제휴를 통해 민영금융기관에 개방하여 신용카드 발급, 증권계좌 개설, 결제대금 수납, 은행 입 · 출금서비스 제공 등 민영금융기관의 창구망 역할을 대행하고 있다. 비대면 금융서비스의 확대에 따라 일반 금융기관들이 영업점을 줄이고 있는 추세를 감안할 때 우체국 금융 창구망을 통한 보편적 금융서비스 제공은 농 · 어촌지역에도 도시지역과 동일한 수준의 금융서비스를 제공하여 도시 · 농어촌간의 금융서비스 격차를 해소하는데 크게 기여하고 있다.

03 역 할

우체국금융은 우체국예금 · 보험에 관한 법률을 근거로 우체국으로 하여금 간편하고 신용 있는 예금 · 보험 사업을 운영하게 함으로써 금융의 대중화를 통하여 국민의 저축 의욕을 북돋우고, 보험의 보편화를 통하여 재해의 위험에 공동으로 대처하게 함으로써 국민 경제생활의 안정과 공공복리의 증진 임무를 수행하고 있다. 이러한 우체국의 금융 사업은 다음과 같은 4가지 핵심 역할을 가지고 있다.

1. 보편적 금융서비스의 제공

운영비 절감 등 수익성 악화를 이유로 지점을 통 · 폐합하며 지속적으로 오프라인 영업망을 줄여 가고 있는 민간 금융기관의 점포 전략 추세 속에서 민간 금융기관들은 현재 운영되고 있는 지점마저도 대부분이 수도권 및 도시 지역에 분포하는 등 민간 금융기관에서 기피하는 농어촌 및 도서산간 지역과 같은 상대적 소외 지역의 국민들은 금융 접근성 부재에 직면해 있다. 우체국금융은 수익성과 관계없이 전국적으로 고르게 분포되어 있는 우체국 국사를 금융창구로 운영하며 기본적인 금융서비스를 제공할 뿐만 아니라 민간 금융기관과의 다양한 제휴를 통해 시중은행 수준의 금융상품 및 서비스를 제공함으로써 국민들에게 지역 차별 없는 금융 접근성을 제공하고 있다.

2. 우편사업의 안정적 운영 지원

우체국의 우편 서비스는 국가가 국민에게 제공하는 대표적인 공공서비스 중 하나로 전국 어디에서나 저렴한 요금으로 서비스를 제공하며 국민과 함께 해왔다. 하지만 ICT 기술 발달에 따른 우편 물량 감소 등의 어려운 사업 환경 변화에 직면해 있다. 이에 우체국은 금융 사업을 함께 영위하며 금융사업에서 발생한 수익의 일부를 지원하는 등 우편서비스의 지속적인 운영에 이바지 하고 있다. 우체국의 기존 시설 및 인력을 활용하여 금융서비스를 제공함으로써 우정사업 전체의 인건비 절약 및 우체국 시설 활용도 제고 등의 시너지 확대 효과를 볼 수 있다. 뿐만 아니라 우정사업운영에 관한 특례법상 각 사업의 적자 발생 등 필요한 경우 우편사업특별회계, 우체국예금특별회계 또는 우체국보험특별회계의 세출예산 각각의 총액 범위에서 각 과목 상호 간에 이용하거나 전용할 수 있어 우체국 금융 사업에서 발생하는 이익금을 통해 대국민 우편서비스가 안정적으로 제공될 수 있도록 재정적으로 지원하고 있다.

3. 국가 재정 및 산업 육성에 기여

우체국금융에서 발생하는 이익잉여금을 통해 일반회계 전출(국가 재정으로의 이익금 귀속)과 공적자금 상환기금 등을 지원하고 있다. 우체국은 국가재정법 및 정부기업예산법에 의거 IMF 외환 위기인 1998년부터 현재까지 사업상 이익 발생 시 이익금 중 일부를 국가 재정으로 귀속하고 있으며, 우체국이 공적자금을 지원받지 않음에도 불구하고 금융시장 안정과 타 금융기관 정상화 등 금융구조조정 지원을 위해 2004년부터 현재까지 매년 공적자금상환기금을 출연하여 지원하는 등 국가 재정 및 경제회복 지원을 위한 국영금융기관으로서의 역할을 충실히 수행 중에 있다. 또한 공공자금관리기금법에 의해 우체국 금융자금 중 일부를 공공자금관리기금에 예탁함으로써 국가의 재정 부담을 완화하고, 중소 · 벤처기업 지원 등 공적 목적의 투자를 수행함으로써 금융위기 등 급격한 경기 침체 시에 기업의 연쇄 도산을 막는 역할에 기여하고 있다.

4. 서민경제 활성화 지원

우체국금융은 금융상품과 서비스 제공에 있어서 공공적 역할을 수행한다. 서민경제 지원을 위하여 기초생활보호대상자, 장애인, 소년소녀가장, 다문화 가정 등 사회적 취약계층과 서민 · 소상공인을 대상으로 다양한 금융상품과 금융서비스를 출시하여 자산형성을 지원하며, 보험료 부담을 경감하고 금융 수수료 면제 혜택, 사회공헌 활동을 통해 국영 금융기관의 공익적 역할을 수행한다. 또한, 공익사업의 전문성과 효율성, 지속 가능성 증대를 위해 1995년부터 각 사업단에서 추진 중이던 공익사업을 이어받아 2013년 우체국공익재단을 설립하였다. 우체국공익재단에서는 전국의 우체국 네트워크를 활용한 민관 협력 활동과 아동청소년의 건강한 성장 지원을 위한 미래세대 육성, 의료 사각지대에 놓인 소외된 이웃을 위한 의료복지 인프라 기반 조성, 자연 생태계 조성과 같은 지속가능 친환경 활동을 수행 중에 있다.

5. 소관 법률

[우체국금융 관련 소관 법령]

법 률	대통령령	부 령
우정사업운영에 관한 특례법	우정사업운영에 관한 특례법 시행령	–
우체국예금 · 보험에 관한 법률	우체국예금 · 보험에 관한 법률 시행령	우체국예금 · 보험에 관한 법률 시행규칙
우체국보험특별회계법	우체국보험특별회계법 시행령	우체국보험특별회계법 시행규칙
우체국창구업무의 위탁에 관한 법률	우체국창구업무의 위탁에 관한 법률 시행령	우체국창구업무의 위탁에 관한 법률 시행규칙
우편환법	–	• 우편환법 시행규칙 • 국제환 규칙
우편대체법	–	우편대체법 시행규칙
–	우체국어음교환소 참가규정	–
–	체신관서 현금수불 규정	체신관서의 국채 · 공채매도등에 관한 규칙

CHAPTER

22 우체국금융 상품

01 예금상품

우체국은 예금상품 개발 시 3가지(수익성, 공공성, 안정성)를 고려한다. 우체국예금 상품은 예금사업의 영위를 위해 이익을 창출할 수 있도록 수익성이 고려되어야 하며, 수익성뿐만 아니라 국민경제의 공익증진및 금융시장 발전에 기여하는 방안도 고려되어야 한다. 또한 예금이 전체 자산수익률 변동성과 손실 위험이 허용되는 범위 안에 있도록 안정성도 고려한다. 예금상품의 이자율은 우체국예금 · 보험에 관한 법률에 따라 고시하는 기본이자율에 우대이자율을 더하여 정한다. 여기서 기본이자율이란 원금에 대한 이자의 비율(총 이자율) 중 우체국의 금리정책에 따라 예금의 종류별로 기본적으로 부여되는 금리를 말하며, 우대이자율이란 원금에 대한 이자의 비율(총 이자율) 중 상품에서 특정 조건에 따라 선택적으로 제공하는 금리를 말한다. 행정규칙에 따라 고시 된 전결 우대금리, 인터넷뱅킹 우대금리, 우수고객 우대금리, 급여 이체자 우대금리는 우대이자율에서 제외한다. 우체국예금 · 보험에 관한 법률에 따라 고시하고 우체국에서 취급하는 예금상품은 크게 입출금이 자유로운 예금, 거치식예금, 적립식예금, 기타예금(국고 예금, 환매조건부채권)으로 구분되며, 2018년 말 기준 우체국에서 취급하는 예금상품은 다음과 같다.

1. 요구불예금(입출금이 자유로운 예금)

(1) 보통예금

예입과 지급에 있어서 특별한 조건을 붙이지 않고 입출금이 자유로운 예금

(2) 저축예금

개인고객을 대상으로 하여 입출금이 자유로운 예금

(3) 듬뿍우대저축예금(MMDA: Money Market Deposit Account)

개인을 대상으로 예치 금액별로 차등 고금리를 적용하는 개인 MMDA 상품으로 입출금이 자유로운 예금

(4) e-Postbank 예금

인터넷뱅킹, 스마트뱅킹 또는 우체국 창구를 통해 가입하고 별도의 통장 발행 없이 전자금융 채널(인터넷뱅킹, 폰뱅킹, 스마트뱅킹, 자동화기기)을 통해 거래하는 전자금융 전용 입출금이 자유로운 예금

(5) 기업든든MMDA통장

법인, 단체, 개인사업자 등 기업을 대상으로 예치금액 별로 차등 고금리를 적용하는 법인 MMDA 상품으로 입출금이 자유로운 수시입출식 예금

(6) 우체국 행복지킴이통장

① 저소득층 생활안정 및 경제활동 지원 도모를 목적으로 기초생활보장, 기초노령연금, 장애인연금, 장애(아동)수당, 노란우산공제금 등의 기초생활 수급권 보호를 위한 압류방지 전용 통장으로 관련 법령에 따라 압류금지 수급금에 한해 입금이 가능한 예금

② 가입대상 : 기초생활보장, 기초노령연금, 장애인연금, 장애수당, 장애아동수당, 한부모가족복지급여, 요양비 등 보험급여, 긴급지원금, 어선원보험 보험급여, 특별현금급여, 건설근로자 퇴직공제금, 아동수당, 노란우산공제금(소기업 · 소상공인 공제금) 수급자

(7) 우체국 국민연금 안심통장

국민연금 수급권자의 연금수급 권리를 보호하기 위한 압류방지 전용 통장으로 관련 법령에 따라 국민연금공단에서 입금하는 국민연금 급여에 한하여 입금이 가능한 예금

(8) 우체국 Young利한 통장

만 18세 이상~만 35세 이하 미래 잠재고객 확보를 위하여 수수료 면제 등 젊은 층의 금융이용 욕구를 반영한 입출금이 자유로운 예금

(9) 우체국 선거비관리통장

선거관리위원회에서 관리 · 운영하는 공직선거 입후보자의 선기비용과 선거관리위원회의 선거경비 관리를 위한 입출금 통장으로 선거기간을 전후로 일정기간 동안 거래 수수료 면제 서비스를 제공하는 입출금이 자유로운 예금

(10) 우체국 하도급지킴이통장

① 조달청에서 운영하는 '정부계약 하도급관리시스템'을 통해 발주한 공사대금 및 입금이 하도급자와 근로자에게 기간 내 집행될 수 있도록 관리, 감독하기 위한 입출금이 자유로운 예금

② 예금 출금은 '정부계약 하도급관리시스템'의 이체요청을 통해서만 가능하며 우체국창구, 전자금융, 자동화기기 등을 통한 출금은 불가

(11) 우체국 다드림통장

예금, 보험, 우편 등 우체국 이용고객 모두에게 혜택을 제공하는 상품으로 실적 별 포인트 제공과 패키지별 우대금리 및 수수료 면제 등 다양한 우대서비스를 제공하는 우체국 대표 입출금이 자유로운 예금

패키지	주니어	직장인	사업자	실 버	베이직
가입대상자	만 19세 미만 실명의 개인	실명의 개인	개인사업자, 법인, 단체(금융기관 제외)	만 50세 이상 실명의 개인	개인, 개인사업자, 법인, 단체(금융기관 제외)

(12) 우체국 공무원연금 평생안심통장

공무원연금, 별정우체국연금 수급권자의 연금수급 권리를 보호하기 위한 압류방지 전용 통장으로 관련 법령에 따라 공무원연금공단, 별정우체국연금관리단에서 입금하는 수급금에 한하여 입금이 가능한 예금

(13) 우체국 호국보훈지킴이통장

독립 · 국가유공자의 보훈급여금 등 수급 권리를 보호하기 위한 압류방지 전용 통장으로 관련 법령에 따라 가입자에게 지급되는 보훈급여금, 참전명예수당, 고엽제수당 등 정기급여에 한하여 입금이 가능한 예금

(14) 우체국 생활든든 통장

금융소외계층 중 하나인 만 50세 이상 시니어 고객의 기초연금, 급여, 용돈 수령 및 체크카드 이용 시 금융 수수료 면제 등 다양한 서비스를 제공하는 시니어 특화 입출금이 자유로운 예금

(15) 우체국 페이든든+ 통장

우체국예금 모바일 어플리케이션인 Postpay를 통한 간편결제 · 간편송금 이용 실적에 따라 우대혜택 및 소상공인 · 소기업에게 우대금리를 제공하는 입출금이 자유로운 예금

(16) 우체국 정부보관금 통장

출납공무원이 배치된 국가기관을 대상으로 정부보관금의 효율적인 자금관리를 위한 입출금이 자유로운 예금

2. 거치식 예금(목돈 굴리기 예금)

(1) 정기예금

일정의 약정기간을 정하여 그 기간 내에는 지급청구를 하지 않고 기간 만료 시에 지급하는 조건으로 일정금액을 일시에 예입하는 거치식 예금의 기본 상품

(2) 챔피언정기예금

① 가입기간 및 이율적용 방식을 자유롭게 선택할 수 있는 고객맞춤형 정기예금
② 이자를 만기일시지급식으로 선택한 경우 예치기간 중 2회까지 분할해지가능

(3) 실버우대정기예금

고령화 사회에 대응하여 만 50세 이상 실버 고객의 노후 생활 자금 마련을 위한 전용 정기예금

(4) 주니어우대정기예금

① 만 19세 미만 어린이 및 청소년의 저축의식 함양과 어학연수 등 교육비의 안정적인 목돈 마련 및 운영을 위한 주니어 전용 정기예금
② 통장명 자유선정, 자동재예치, 분할해지 등 고객편의 제공

(5) 이웃사랑정기예금

국민기초생활수급자, 장애인, 한부모가족, 소년소녀가정, 조손가정, 다문화가정 등 사회 소외계층과 장기기증희망등록자, 골수기증희망등록자, 헌혈자, 입양자 등 사랑나눔 실천자 및 농어촌 지역(읍 · 면 단위 지역 거주자) 주민의 경제생활 지원을 하기 위한 공익형 정기예금

(6) 우체국 퇴직연금 정기예금

① 근로자퇴직급여보장법에서 정한 자산관리업무를 수행하는 퇴직연금사업자를 위한 전용 정기예금
② 우체국 퇴직연금 정기예금은 우정사업본부와 퇴직연금사업자의 협약에 의해 가입이 가능하며, 우정사업본부가 정한 우체국에 한해 취급이 가능한 상품

(7) 스마트 정기예금

언제 어디서나 간편하게 가입할 수 있는 스마트폰 전용 정기예금으로 스마트폰뱅킹 이용자 우대금리를 제공

(8) e-Postbank 정기예금

인터넷뱅킹, 스마트뱅킹으로 가입이 가능한 온라인 전용상품으로 온라인 예 · 적금 가입, 자동 이체 약정, 체크카드 이용실적에 따라 우대금리를 제공하는 정기예금

(9) 2040+α 정기예금

20~40대 직장인과 카드 가맹점, 법인 등의 안정적 자금운용을 위해 급여이체 실적, 신용카드 가맹점 결제계좌 약정 고객, 우체국금융 우수고객 등 일정 조건에 해당하는 경우 우대금리를 제공하는 정기예금

(10) 우체국 ISA 정기예금

① 자본시장과 금융투자업에 관한 법률에 따른 신탁업자, 투자일임업자 등 개인종합자산관리계좌(ISA) 판매자격을 갖춘 ISA 취급 금융기관을 대상으로 개인종합자산관리계좌(ISA) 편입 자산을 운용을 위한 ISA 정기예금
② 우체국 ISA 정기예금은 우정사업본부와 ISA 취급 금융기관의 협약에 의해 가입이 가능하며, 우정사업본부가 정한 우체국에 한해 취급이 가능한 상품

(11) 우체국 소상공인 정기예금

소상공인 · 소기업 대표자를 대상으로 노란우산공제에 가입하거나 우체국 요구불예금 평균 잔고 실적에 따라 우대금리를 제공하는 서민자산 형성 지원을 위한 공익형 정기예금

3. 적립식 예금(목돈마련 예금)

(1) 정기적금

일정기간 후에 약정금액을 지급할 것을 조건으로 하여 예금자가 일정금액을 일정일에 예입하는 적립식 예금

(2) 2040+α 자유적금

20~40대 직장인과 카드 가맹점, 법인 등의 자유로운 목돈 마련을 위해 일정 조건에 해당하는 경우 우대금리를 제공하는 적립식 예금

(3) 우체국 Smart 퍼즐적금

미래 금융사업의 주력 채널인 스마트금융시장의 경쟁력 확보를 위해 '퍼즐적금 알리미*' 기능을 통한 퍼즐미션 부여 후 미션 수행 시 스탬프 수량에 따라 우대이율을 제공하는 등 고객의 재미(Fun)를 상품에 가미한 스마트폰 전용 자유적립식 예금

* 퍼즐적금 알리미(1주일에 한번 스마트폰으로 적금 이체 문구가 발송되는 서비스)

(4) 우체국 새출발 자유적금

기초생활수급자, 장애인 등의 사회 소외계층과 장기기증자, 헌혈자 등 사랑나눔 실천자 및 농어촌 고객의 생활 안정과 국민 행복 실현을 위해 우대금리 등의 금융혜택을 적극 지원하는 공익형 적립식 예금

(5) 우체국 다드림 적금

주거래 고객 확보를 목적 및 혜택 제공을 목적으로 각종 이체 실적 보유 고객, 우체국금융 우수고객, 장기거래 등 주거래 이용 실적이 많을수록 우대 혜택이 커지는 자유적립식 예금

(6) 우체국 아이LOVE 적금

① 만 19세 미만의 어린이 · 청소년의 목돈 마련을 위해 사회소외계층, 단체가입, 가족 거래 실적 등에 따라 우대금리를 제공하는 적립식 예금

② 가입 고객을 대상으로 우체국 주니어보험 무료가입, 캐릭터통장 및 통장명 자유선정, 자동 재예치 서비스 등의 부가서비스 제공

③ 우체국 수시입출식 예금의 자투리 금액(1만 원 미만 잔액)을 매월 이 적금으로 자동 저축하는 서비스인 자투리 저축 서비스 제공

(7) 우체국 e-포인트 적금

① 우체국 체크카드 포인트를 적금에 자동으로 저축하며, 포인트이자 제공으로 실질적인 비과세 혜택을 누릴 수 있는 온라인 전용 적립식 예금

② 포인트 저축 성공 · 실패 여부, 누적 적립포인트 및 우체국 체크카드 포인트 보유 현황 등의 정보를 제공하는 '포인트 저축 알림 서비스' 제공

(8) 우체국 마미든든 적금

① 일하는 여성 및 다자녀 가정 등 워킹맘을 우대하고, 다문화 · 한부모 가정 등 목돈마련 지원과 금융거래 실적 해당 시 우대혜택이 커지는 적립식 예금

② 우체국 수시입출식 예금에서 이 적금으로 월 30만 원 이상 자동이체약정 시 우체국 쇼핑 할인쿠폰을 제공

(9) 우체국 장병내일준비 적금

① 국군병사의 군복무 중 목돈 마련을 지원하고, 금융실적에 따라 우대금리, 부가서비스를 제공하는 적립식 예금

② 가입대상은 현역병, 상근예비역, 사회복무요원, 전환복무자(의무경찰, 해양의무경찰, 의무소방대원) 등 병역의무 수행자로 만기일은 전역(또는 소집해제) 예정일로 한정

③ 우체국 장병내일준비 적금의 저축한도는 매월 20만 원 범위 내에서 적립 가능하며, 장병내일준비적금 상품을 판매하는 모든 은행*을 합산하여 고객의 최대 저축 한도는 월 40만 원까지 가능

* 취급기관 : 14개 은행(국민, 기업, 신한, 우리, 하나, 농협, 수협, 대구, 부산, 광주, 전북, 경남, 제주은행) 및 우체국

4. 기 타

(1) 국고예금

정부의 관서운영경비를 지급하는 관서운영경비 출납공무원이 교부받은 자금을 예치 · 사용하기 위해 개설하는 일종의 보통예금

(2) 환매조건부채권(RP)

기간별 약정 이율을 차등 지급하여 단기 여유자금 운용에 유리하며 일정기간 경과 후 약정가격에 의해 매입할 것을 조건으로 판매하는 환매조건부 상품

5. 공익형 예금상품

공익형 상품이란 국영금융기관으로서의 공적인 역할 제고를 위한 예금으로서 정부정책 지원 및 금융소외계층, 사회적 약자를 지원하기 위한 예금이다. 우체국은 총 8종의 예금상품을 통해 금융소외계층의 기초생활 보장을 위한 수급금 압류방지 통장과 서민 · 소상공인 등 금융소외계층의 자산형성을 지원하기 위한 특별 우대이율을 제공 중에 있다.

[공익형 예금상품의 종류]

구 분	요구불예금	적립식 예금	거치식 예금
8 종	행복지킴이통장, 국민연금안심통장, 공무원연금평생안심통장, 호국보훈지킴이통장	새출발자유적금, 장병내일준비적금	이웃사랑정기예금, 소상공인정기예금

02 카드상품(체크카드)

우체국은 국민의 건전한 소비문화 조성과 전통시장, 중소 슈퍼마켓 친 서민 경제 활성화를 위해 전자금융 거래법(제2조 및 제28조)에서 정한 직불 전자지급 수단에 의거 우체국 결제계좌 잔액의 범위 내에서 지불결제 및 현금카드 기능을 부여한 체크카드 사업을 2011년 11월부터 시행 중이다.

1. 사용 한도 및 발급 대상

우체국체크카드의 사용한도는 개인, 법인 등 고객에 따라 일별 월별 한도의 차이가 있다. 발급대상은 개인카드의 경우 우체국 수시입출식 통장을 보유한 만 14세 이상의 개인이다. 단, 신용카드 기능이 부여되어 있는 하이브리드 체크카드 등 일부 카드 고유의 특성에 따라 발급 연령 및 대상이 상이하다. 법인카드의 경우 일반법인, 개인사업자, 고유번호 또는 납세번호가 있는 단체 등 법인이 발급 대상이다.

[우체국 체크카드 사용한도]

구 분	기본 한도		최대 한도	
	일한도	월한도	일한도	월한도
개 인	6백만 원	2천만 원	5천만 원	5천만 원
법 인	6백만 원	2천만 원	1억 원	3억 원

[우체국 체크카드 발급대상 비교]

구 분		발급 대상
개인카드	일 반	만 14세 이상 ※ 단, 학생증 체크카드는 만 14세 이상 우체국 요구불예금 가입자로서 우체국체크카드를 학생증으로 사용하기로 한 대학교(원)생에 한하며, 학생신분 확인을 위해 학교 측에서 학적사항을 우체국에 제출한 경우에만 발급 가능
	하이브리드	만 18세 이상 ※ 단, 만 18세 미성년자의 경우 후불교통기능만 가능
	후불하이패스	하이브리드(Hybrid)카드 소지자
	가족카드	본인회원의 배우자, 자녀, 자녀의 배우자, 부모, 조부모, 형제자매, 손자, 본인회원, 배우자의 부모, 배우자의 형제자매 등 가족회원 대상
	복지카드	우정사업본부 직원으로서 복지 포인트 부여 대상자
법인카드		법인, 개인사업자, 고유번호 또는 납세번호가 있는 단체

※ '본인회원'이란 우체국 요구불성예금 계좌를 소지한 자로 우체국이 정한 입회절차에 따라 체크카드를 신청하여 카드를 발급받은 자를 말함

※ '가족회원'이란 본인회원의 가족으로서 대금의 지급 등 카드 이용에 관한 모든 책임을 본인회원이 부담하는 것을 조건으로 우체국에서 체크카드를 발급받은 자를 말함

※ 학생증(또는 복지) 체크카드는 기존 우체국 체크카드에 학생증(또는 복지카드) 기능을 추가한 카드

2. 체크카드 상품 및 특징

2018년 말 기준 우체국 체크카드는 개인 12종, 법인 2종 등 총 14종의 상품이 있으며 고객 중심의 맞춤형 혜택 제공을 위해 각 상품별 특징은 다음과 같다.

[우체국 체크카드 상품 및 특징]

구 분	카드명	발급 대상
개 인	영리한	패스트푸드, 커피, 영화, 어학원 10% 캐시백 등 젊은 층의 선호와 자기계발 노력에 중점적인 부가 혜택을 부여한 카드
	행복한	병 · 의원, 약국, 학원, 마트, 문화 10% 캐시백, 우편서비스 12% 할인 등 의료 및 의료혜택 중심의 카드
	다드림	전 가맹점 이용액 0.3%, 우체국 알뜰폰 통신료 10%, 우체국서비스 5%가 우체국 포인트로 적립되는 체크카드
	나 눔	전 가맹점 0.4%, 구세군자선냄비 기부금(카드결제)의 30% 캐시백 혜택을 제공하는 나눔카드
	우리동네PLUS	전국 가맹점 뿐만 아니라 지역별 가맹점을 포함한 지역별 추가 캐시백 혜택을 제공하는 특화 카드
	아이행복	보육료, 유아학비 통합 바우처, 육아교육, 의료, 온라인쇼핑,. 우체국 서비스 5% 캐시백을 제공하는 카드
	국민행복	정부의 임신출산 진료비 지원 바우처인 구 고운맘카드와 아이행복카드의 기능 및 서비스를 기본으로 선호 생활 서비스 중심으로 A, B, C 세 타입의 선택적인 혜택 제공이 가능한 카드
	하이브리드여행	• 신용과 체크결제를 동시에 이용 가능한 하이브리드 카드 • 주요업종(교통, 숙박, 면세점 등 여행관련) 및 우편서비스 10% 할인, 기타업종 포인트 적립, 그린서비스 등 여행업종 특화혜택
	후불하이패스	• 현금결제와 충전이 필요 없는 후불 하이패스 카드 • 평일 출퇴근 시간대 통행료 20~50% 자동 할인
	어디서나	쇼핑부터 음식점, 커피, 문화, 통신료, 주유까지 다양한 혜택을 하나의 카드로 받을 수 있는 체크카드
	포 미	편의점, 간편결제, 쇼핑, 배달앱 등에서 캐시백 할인이 되는 싱글족 맞춤혜택 특화 카드
	e-나라도움(개인형)	국고보조금을 교부받는 개인에게 발급하는 전용카드
법 인	성공파트너	주유시 리터당 60원 할인, 일식 · 한식, 인터넷몰 등 이용액 할인, 전 가맹점 0.3% 포인트 적립 등 법인 고객이 선호하는 사업장 할인 혜택이 강화 법인 전용 체크카드
	e-나라도움(법인형)	국고보조금을 교부받는 사업자 및 보조사업자에게 발급하는 전용카드

3. 상품별 기능

우체국 체크카드는 일반적인 직불 전자지급 수단에 의한 지불결제 및 현금카드 기능 외 상품별 특성에 따라 다양한 기능 추가 및 발급 형태의 선택이 가능하다. VISA 카드와의 업무협약을 통해 일부 체크카드 상품의 해외결제 및 단말기에 카드를 터치하여 결제하는 컨택리스 간편결제가 가능하고, BC카드사의 소액신용 기능을 결합하여 체크카드를 이용하면서 잔액이 부족할 때 30만 원 까지 신용결제가 가능한 하이브리드 카드도 있다. 또한 일반적인 플라스틱 카드 외 고객 요청에 의한 모바일카드(2012년 9월 시행) 및 카드번호, 유효기간 등을 점자로 표기한 점자카드(13년 9월 시행) 형태로 발급도 가능하다.

[우체국 체크카드 상품별 기능]

구 분	카드명	현금 카드 기능	복지 카드 기능	교 통		가족 카드	모바일카드		점자 카드	해외 겸용
				선 불	후 불		USIM 방식	신규 발급		
개 인	영리한	○	○	○	×	○	○	○	○	×
	행복한	○	×	○	×	○	○	×	○	×
	다드림	○	×	○	×	○	○	×	○	×
	나 눔	○	×	○	×	×	○	×	○	×
	우리동네PLUS	○	×	○	×	×	○	×	○	×
	아이행복	○	×	○	×	×	○	×	○	×
	국민행복	○	×	○	×	×	○	×	○	×
	하이브리드여행	○	×	×	○	×	×	×	○	○
	후불하이패스	×	×	×	○	×	×	×	○	×
	어디서나 (체크/하이브리드)	○	○	○	○	×	×	×	○	○
	포 미	○	○	×	○	×	×	×	×	○
	e-나라도움 (개인형)	○	×	×	×	×	×	×	×	×
법 인	성공파트너	△	×	×	×	×	×	×	×	×
	e-나라도움 (법인형)	△	×	×	×	×	×	×	×	×

주) 1. 각 체크카드 상품 및 특징은 2018년말 우체국 판매상품 기준(판매중지 상품 제외)
2. 학생증 카드(영리한, 행복한), 복지카드(영리한, 어디서나)는 가족카드 및 모바일카드 발급 불가
3. 어디서나 체크카드의 교통기능은 체크카드일 경우 선불, 하이브리드카드는 후불적용
4. 법인용 체크카드의 현금 입출금 기능은 개인사업자에 한하여 선택 가능
5. USIM형 : USIM 형태로 기본 발급받은 플라스틱 카드의 모바일카드로 내려 받기 가능
6. 신규발급형 : 모바일카드 발급 신청 시 플라스틱 카드도 동시에 신청

4. 효력의 발생과 상실

우체국 체크카드는 회원이 가입신청서를 작성하여 카드 발급을 요청하면 우체국에서 이를 심사하여 금융단말기에 등록하고, 카드를 교부함으로써 효력이 발생한다. 단, 위탁업체를 통하여 후 발급 받은 경우에는 카드 수령 후 회원 본인이 ARS, 우체국 스마트뱅킹(인터넷뱅킹, 스마트폰뱅킹) 또는 우체국을 방문하여 사용 등록하여야 효력이 발생한다. 우체국 체크카드는 카드 유효기간이 만료 되거나, 회원 본인의 사망 또는 피성년후견인/피한정후견인으로 우체국에 신고 등록한 경우 효력이 상실되며, 법인 회원의 경우 폐업, 청산에 따라 우체국에 신고 등록한 경우에도 효력이 상실된다.

5. 카드 해지와 이용정지

우체국 체크카드의 해지는 카드 유효기간 내 회원의 요청에 의해 해지되는 일반해지, 체크카드 결제계좌 해지에 따른 당연해지, 가족카드나 복지카드 기능 상실시 되는 자동해지가 있으며, 체크카드 해지시 현금카드 기능도 함께 해지된다. 또한, 일정한 사유에 의해서 체크카드의 이용정지 및 일시 제한이 가능한데 그 사유는 다음과 같다.

(1) 미성년자의 경우 법정대리인이 거래 중단을 요청하는 경우

(2) 예금에서 결제계좌의 지급정지 사유에 해당하는 경우

(3) 카드의 부정사용 · 비정상적인 거래로 판단되거나, 해킹으로 인하여 회원에게 피해가 갈 것이 우려되는 경우

03 펀드상품

2016년 금융당국은 실물경제 지원을 위한 공모펀드 활성화 방안의 일환으로 집합투자증권업(이하 펀드 판매) 채널의 확대를 위해 우체국을 포함한 농협 등 중소서민금융 회사의 펀드판매를 허용하였다. 이에 우체국은 단계적인 준비 과정을 거쳐 2018년 9월부터 우체국 펀드판매를 개시하였다. 우체국의 펀드판매는 전국적인 네트워크망을 활용하여 금융소외지역 서민층의 펀드 정보 접근성을 강화하고 투자시장 활성화를 통해 서민의 자산형성 지원 및 실물경제 활력을 제고하는 국영금융기관의 역할 제고 측면에서 큰 의미를 가진다.

1. 펀드상품의 종류 및 특징

2018년 말을 기준으로 우체국에서 판매하는 펀드상품은 대부분 안정형 위주로 구성되어 있다. 공모펀드 중 원금손실 위험도가 낮은 MMF 5종, 채권형펀드 4종, 주식 비중이 30% 이하인 채권혼합형 펀드 4종 등 총 13개종의 펀드상품을 판매하고 있다. 현재 우체국 펀드상품은 가입 · 해지 시 한꺼번에 떼어가는 선 · 후취 판매 수수료는 없지만 해마다 일정 비율로 판매보수를 지급하는 C형으로만 구성되어 있다. 또한 원금과 이자, 보험금 등 전액을 보장하는 우체국예금 · 보험 상품과는 달리 자산운용사에서 만든 펀드상품을 우체국 창구를 통해서 판매(위탁판매) 하는 구조이기 때문에 원금 손실이 발생할 수도 있다.

[우체국 펀드상품]

구 분	펀드 상품명
단기금융펀드 (MMF)	• IBK 그랑프리 국공채 MMF 개인투자 신탁 제1호(국공채) C/Ce • NH-Amundi 개인 MMF 1호(국공채) C/Ce • KB 스타 개인용 MMF P-101호(국공채)C • KB 법인용 MMF I-2(국공채)C • 한화 골드 법인 MMF-KM 3호(국공채)
증권펀드 (채권형)	• 키움 단기 국공채 증권자 투자 신탁 제1호(채권) C1/Ce • 한화 단기 국공채 증권 투자 신탁(채권) C/Ce • 유진 챔피언 단기채 증권자 투자 신탁(채권) C/Ce • 동양 단기채권 증권 투자 신탁(채권) C/Ce
증권펀드 (혼합채권형)	• 키움 장대 트리플 플러스 증권 투자 신탁 1호(채권혼합) C/Ce • 흥국 멀티 플레이 30 공모주 증권자 투자 신탁(채권혼합) C1/Ce • NH-Amundi 4차 산업혁명 30 증권 투자 신탁(채권혼합) C/Ce • 동양 중소형 고배당 30 증권 투자 신탁 1호(채권혼합) C/Ce

23 우체국금융 서비스

01 전자금융

전자금융거래라 함은 우체국이 전자적 장치를 통하여 제공하는 금융상품 및 서비스를 이용자가 전자적 장치를 통하여 비대면 · 자동화된 방식으로 직접 이용하는 거래를 말한다. 여기서 전자적 장치라 함은 현금자동지급기, 자동입출금기, 지급용단말기, 컴퓨터, 전화기 그 밖에 전자적 방법으로 전자금융거래정보를 전송하거나 처리하는데 이용되는 장치를 말한다. 우체국이 제공하는 전자금융서비스는 크게 인터넷뱅킹, 모바일뱅킹, 폰뱅킹 등의 서비스가 있다.

1. 인터넷뱅킹

인터넷뱅킹이란 고객이 우체국에 방문하지 않고 인터넷이 연결된 PC를 이용(www.epostbank.go.kr)하여 신청에 따라 금융상품 정보 획득, 각종 조회 및 이체, 예금 · 보험 상품의 가입 등 우체국예금 및 우체국보험에 대한 다양한 금융서비스를 이용할 수 있는 전자금융서비스이다.

[우체국 인터넷뱅킹 서비스]

구 분	주요 서비스
예 금	• 예금상품, 조회, 이체(휴대폰송금 포함), 경조금배달, 비대면계좌개설 • 외환(환율조회, 인터넷환전, 해외송금), 공과금, 뱅킹정보관리 • 부가서비스(예금담보대월, 우편환/대체, 각종 우대제도 및 서비스 소개 등)
보 험	보험상품, 약관, 조회, 납입, 대출, 지급, 자동이체, 계약변경 등
카 드	체크카드상품 소개, 발급, 이용안내, 정보조회, 포인트, 가맹점조회
펀 드	조회, 매수, 환매, 취소, 사고등록, 자동이체, 각종 펀드 관련 자료실
기 타	공인인증서 발급, 사고신고, 각종 제휴 서비스 소개 등 우체국금융소개

2. 폰뱅킹

폰뱅킹이라 함은 고객의 신청에 따라 우체국예금 · 보험 고객센터를 통해 가정이나 사무실 등에서 다양한 우체국예금 · 보험서비스를 전화통화로 간편하게 처리할 수 있는 서비스를 말한다. 지정전화번호 등록 시 고객이 지정한 전화번호로만 자금이체 또는 보험금 지급 등 주요 거래가 가능하다. 또한, 고객이 직접 단축코드를 등록하여 편리하게 이용할 수 있는 고객 맞춤서비스도 제공 중이다.

[우체국 폰뱅킹 서비스]

구 분	주요 서비스
예 금	• 조회 : 각종 분실신고 및 분실신고조회, 잔액 및 입출금 거래내역 조회 • 이체 : 일반이체 및 경조금 서비스, 자동이체, 예약이체, 지로이체 • 기타 : Fax, e-mail 서비스(입출금 거래명세, 계좌이체 확인서 등) 상담사 연결, 각종 정보 관리 및 비밀번호 변경
보 험	• 보험해약, 만기, 연금, 배당금, 휴면보험금 조회 및 신청 • 보험료 납입, 보험료자동이체, 보험료 소득공제 및 기타 납입확인 • 보험환급금 대출, 상담사연결, ARS 청약 인증
기 타	• 편한말 서비스 : 잔액조회, 거래내역조회, 자 · 타행 이체 • 빠른 서비스 : 잔액조회, 거래내역조회, 자타행 이체, 경조금배달, 온라인환송금/조회, 각종 분실신고/조회, 지정전화번호 등록

3. 모바일뱅킹

모바일뱅킹이라 함은 고객이 우체국을 방문하지 않고 스마트폰을 이용하여 우체국예금 · 보험 및 각종 모바일 금융서비스를 제공받을 수 있는 전자금융서비스를 말한다. 모바일뱅킹 서비스는 크게 휴대폰의 기능에 따라 IC칩 방식(2016년 7월 서비스 종료), VM방식(2015년 12월 서비스 종료), 스마트폰뱅킹(이하 스마트뱅킹)으로 구분되며 현재 우체국예금은 어플리케이션을 기반으로 스마트뱅킹과 포스트페이, 두 가지 모바일뱅킹 서비스를 제공하고 있다.

(1) 스마트뱅킹

우체국 스마트뱅킹 앱은 우체국 인터넷뱅킹 가입고객이 우체국 방문 없이 스마트폰에서 우체국 금융 서비스(가입, 조회, 이체 등)를 이용할 수 있는 우체국예금 스마트폰뱅킹 전용 어플리케이션이다. 우체국 창구 및 인터넷뱅킹 수준의 다양한 서비스를 제공하고, QR코드를 활용한 쉽고 편리한 지로/공과금 납부서비스를 제공한다. 또한, SMS 및 PUSH를 활용한 입출금통지, 모바일 경조금 등 고객 편의를 위한 우체국만의 부가서비스 이용이 가능하다. 우체국 스마트뱅킹은 공인인증서 외 지문인증, PIN인증(Personal Identification Number, 이용자가 직접 입력하는 본인확인용 개인식별번호)을 통해서 로그인이 가능하다. 우체국 인터넷뱅킹을 해지하면 스마트뱅킹은 자동 해지되나 스마트뱅킹을 해지하더라도 인터넷뱅킹 이용 자격은 계속 유지된다.

[우체국 스마트뱅킹 주요 서비스]

구 분	주요 서비스
예금상품	• 예금상품 소개 • 비대면 계좌개설
뱅킹서비스	• 조회 · 이체 : 계좌조회 및 즉시이체 등의 뱅킹 기본 금융서비스 • 경조금배달 : 경조금 신청, 결과조회, 예약, 모바일경조환, 주소관리 등 우체국금융에 특화된 서비스 • 공과금납부 : 지로, 전기요금 등 각종 공과금 납부 및 내역조회 • 스마트출금 : 현금카드 또는 체크카드 없이 스마트폰에 실행번호를 등록 후 우체국 자동화기기에서 예금인출이 가능한 서비스 • 해외송금 : 환율조회, 환전신청, 해외송금신청
자산관리	• 입출금통지서비스, 전자금융사기예방(스마트폰지정서비스 등) • 사고신고 : 환증서, 자기앞수표, 카드 신고 등 등록 및 조회 • 로보어드바이저 : 연계 로보어드바이저 자산관리 체험
기 타	• 공인인증센터 : 인증서 가져오기, 암호변경, 인증서 발급 등 • 고객센터 : 우체국/ATM 찾기, 고객센터 연결, 이벤트 조회 등

(2) 포스트페이(PostPay)

포스트페이는 우체국 특화서비스인 우편환기반 경조금 송금서비스와 핀테크를 접목시킨 간편결제 및 간편송금 서비스를 제공하는 우체국예금 모바일뱅킹 서비스 앱이다. 포스트페이 앱을 통해 현금 또는 카드 없이 스마트폰만으로 지불 결제를 진행하고, 휴대전화번호만 알면 경조카드와 함께 경조금을 보낼수 있다. 또한, 간편송금 및 우체국 체크카드와 모바일 카드 발급 등 다양한 생활 금융서비스의 이용이 가능하다.

[우체국 포스트페이 주요 서비스]

구 분	주요 서비스	
간편결제	QR코드, 바코드를 활용한 간편결제, 결제 내역 조회	
간편송금 (이체)	계좌번호 송금	별도 인증 없이 핀번호만으로 바로 송금
	전화번호 송금	수신자의 계좌번호를 몰라도 전화번호로 바로 송금
	경조 송금	전화번호 송금에 온라인 경조사 카드(결혼, 상조 등)와 메시지 첨부
		집배원이 직접 지정한 수신자에게 현물(현금, 현금증서)과 경조카드 배달
	더치페이	모임 등 목적으로 다수 대상자에게 송금 요청
체크카드	• 모바일에서 우체국 체크카드 및 모바일카드 신청 및 발급 • 보유카드 조회, 이용내역 조회, 사고신고 등 부가기능 제공	

(3) 기타 우체국금융 모바일 어플리케이션

① 우체국보험

우체국 방문 없이 보험가입, 보험금청구 등 우체국보험과 관련된 다양한 서비스를 모바일로 간편하게 이용할 수 있는 우체국스마트보험 모바일 어플리케이션이다.

[우체국 스마트보험 주요 서비스]

구 분	주요 서비스
계약 사항 조회 · 변경	기본계약사항, 부활보험료, 휴면보험금 조회 등 다양한 조회서비스 제공 및 자동이체관리, 가입금액 감액처리, 기간 변경, 연금변경 등 다양한 변경서비스 제공
보 험	• 간편 계산 기능으로 생년월일/성별 입력만으로 보험료 계산 가능 • 모바일보험
보험금 청구	보험사고 발생 시 모바일을 통해 청구할 수 있는 기능 제공
대출 · 상환	환급금대출, 보험료자동대출, 대출내역조회, 환급금대출 상환 등의 기능제공
사용자 편의기능	고객센터, 상담예약신청, 이용 안내, ARS 안내, 사고예방 안내 등 사용자 편의를 위한 서비스 제공
부가 서비스	보험웹툰, 설문조사, 우체국 및 ATM 찾기 기능 제공
공인인증센터	공인인증서 가져오기 및 간편인증(생체인증, PIN 인증)

② 우체국 미니앱

우체국 미니앱은 다양하고 복잡한 기능을 배제하고 계좌조회, 이체 등 고객들이 가장 많이 사용하는 기본 메뉴로만 구성하여 쉽고 빠르게 업무를 처리할 수 있도록 고안되어 만들어진 특화서비스이다. 또한, 노인들을 위한 '큰 글씨 이체', 외국인 이용편의를 위해 '전체 메뉴의 영어모드 전환 서비스' 등을 제공하고 있다.

[우체국 미니앱 주요 서비스]

구 분	주요 서비스
조회이체	계좌조회, 빠른이체, 즉시이체, 이체결과조회, 자주 쓰는 입금계좌 서비스
외 환	환율조회, 환전신청, SWIFT, 국제환 등 해외송금 서비스 제공
공인인증 서비스	인증서 발급, 가져오기, 내보내기, 갱신, 폐기, 관리, 이용안내 등
고객센터	고객센터 연결, 공지사항, 이용안내, 알림설정, 알림내역, 서비스 해지, 언어설정 서비스

③ 우체국 Smart 퍼즐적금

우체국 Smart 퍼즐적금 상품전용 앱이다. 주요 특징은 고객이 본인의 소비패턴에 맞게 선택한 미션을 주기적으로 미션 알림정보(Push) 메시지로 발송하여, 지출을 줄이고 적금계좌로의 이체를 통해 저축을 유도하는 기능이다. 또한 적금에 대한 나만의 목표기간과 목표금액 설정이 가능하고 나의 목표 달성률 차트도 제공된다.

[우체국 Smart 퍼즐적금 주요 서비스]

구 분	주요 서비스
기본 서비스	스마트폰 전용 퍼즐적금 상품 가입, 계좌정보조회, 적금이체, 상품해지
부가 서비스	고객 본인의 소비패턴에 맞는 미션을 선택하여 미션 달성 시 우대 금리를 제공하여 저축을 유도하는 기능

④ 우체국 비대면 실명확인

우체국 방문 없이 계좌개설과 같은 금융거래를 진행할 때 비대면으로 거래자 본인임을 확인하는 실명확인 서비스를 위한 모바일 어플리케이션이다. 여기서 비대면 실명확인이란 우체국이 이용자 본인을 확인할 때 대면 이외의 방식으로 실명확인 하는 것을 의미한다. 우체국의 비대면 실명확인 방법은 크게 모바일앱 내 카메라 촬영 기능을 통해 거래자 본인의 신분증(주민등록증, 운전면허증)을 촬영 후 전송하는 신분증 사본 제출, 기존 실명확인이 된 본인 소유 계좌를 출금계좌로 활용하여 소액이체를 통해 본인을 확인하는 방법, 접근매체(현금카드, 보안카드, OTP) 전달을 통한 전달자의 실명확인 등 3가지가 있다. 비대면 실명확인을 통해 적용 가능한 우체국의 비대면 금융거래서비스는 비대면 계좌개설, 전자금융가입, 우체국 체크카드 신청, 접근매체(보안카드 또는 OTP) 및 현금카드 발급이 가능하다. 여기서 보안카드라 함은 우체국이 거래확인을 위해 이용자에게 제공하는 비밀번호가 인쇄되어 있는 카드를 말하며 OTP(One Time Password) 라 함은 우체국이 거래확인을 위해 이용자에게 제공하는 1회용 비밀번호가 자동으로 생성되는 기기를 말한다.

4. 전자금융서비스 이용 제한

우체국은 아래와 같은 상황에 해당하는 경우 전자금융서비스의 전부 또는 일부를 제한할 수 있다.

(1) 계좌 비밀번호, 보안카드 비밀번호, 폰뱅킹 이체비밀번호의 연속 5회 이상 잘못 입력한 경우

(2) OTP의 경우 OTP를 발생시키는 전 금융기관을 통합하여 연속 10회 이상 잘못 입력한 경우

(3) 인터넷뱅킹 이용자가 서비스 신청일 포함 5일 이내에 전자적 장치를 통해 최초 서비스 이용등록을 하지 않은 경우

(4) 신규가입일 또는 최종 접속일로부터 12개월 동안 이용실적이 없는 경우
※ 단, 12개월 이내 인터넷뱅킹 이용실적이 있는 경우에는 스마트뱅킹 계속 사용 가능

5. 전자금융을 이용한 자금이체 한도

전자금융이용 고객은 1회 및 1일 이체한도를 우체국이 정한 보안등급별 자금이체한도와 보안매체별 거래이용수단에 따라 계좌이체 한도를 지정할 수 있으며, 우체국과 별도 약정을 통해 우체국이 정한 한도를 초과하여 지정할 수 있다.

[전자금융 보안등급별 자금이체 한도]

구 분			보안등급		
			안 전	일 반	기 본
인터넷뱅킹 모바일뱅킹	개 인	1회	1억 원	500만 원	200만 원
		1일	5억 원	5천만 원	300만 원 미만
	법 인	1회	10억 원	–	–
		1일	50억 원	–	–
	법인 (별도계약*)	1회	10억 원	–	–
		1일	무제한	–	–
폰뱅킹	개 인	1회	5천만 원	300만 원	–
		1일	2억 5천만 원	500만 원	–
	법 인	1회	1억 원	–	–
		1일	5억 원	–	–

* 법인 별도계약을 통해 한도 초과 약정을 하고자 할 경우 안전등급의 거래이용수단을 이용하고 관할 지방우정청장의 승인을 받아야 함

[전자금융 보안매체별 거래이용 수단]

보안등급	보안매체수단	
	인터넷뱅킹, 모바일뱅킹	폰뱅킹
안 전	OTP+공인인증서	OTP+이체비밀번호
	HSM*방식 공인인증서+보안카드	
일 반	보안카드+공인인증서	보안카드+이체비밀번호
기 본	통장비밀번호+공인인증서 ※ 모바일뱅킹만 이용 가능	–

* HSM(Hardware Security Module) : 공인인증서 복사방지를 위해 사용하는 보안성이 강화된 스마트카드 USB 저장장치

6. 자동화기기

우체국 금융자동화기기(CD 또는 ATM)을 이용하여 현금입출금, 잔액조회, 계좌이체 등을 통장 및 카드 거래(현금 또는 체크) 또는 무통장/무카드 거래로 손쉽게 제공 받을 수 있는 서비스이다.

※ 자동화기기 서비스 : 예금인출, 조회, 계좌이체(송금)/CMS/해외송금, 입금, 통장/보험정리, 무통장/무카드거래, 휴대폰거래, 신용카드, 지로/공과금/대학등록금, 전자통장/T-money거래, 보험서비스, 사고신고

02 우편환 · 대체

우편환이란 우편환법에 따라 우편 또는 전자적 수단으로 전달되는 환증서(전자적 매체를 통해 표시되는 지급지시서 및 계좌입금 등을 포함)를 통한 송금수단으로 금융기관의 온라인망이 설치되어 있지 않은 지역에 대한 송금을 위해 이용된다. 우체국의 우편환 서비스는 크게 통상환, 온라인환 및 경조금배달서비스가 있다. 우편대체는 우체국에 개설한 우편대체계좌를 통하여 자금 결제를 할 수 있는 제도로서 이를 통하여 세금 · 공과금 · 할부금 등 수납, 각종 연금 · 급여 지급, 공과금 자동 이체 및 수표 발행 등의 서비스가 제공된다.

03 외국환

우체국의 외국환 업무는 크게 환전과 해외송금 업무로 구분된다. 우체국은 외국환거래법 시행령 제14조의3, 체신관서의 업무와 직접 관련된 외국환 업무에 따라 업무를 수행하고 있다. 우체국 외국환 업무는 이용고객 대부분이 금융소외계층인 중 · 소도시 외국인 근로자 및 농 · 어촌지역 다문화가정으로 우체국의 보편적 금융서비스 제공 의무에 부합한다.

1. 해외송금

우체국의 해외송금 업무는 크게 국제환(만국우편연합(UPU) 환 약정에 의거한 UPU 회원국 간 우편환송금서비스, 양 기관 간 쌍방 계약에 의해 우편환 또는 계좌송금 거래가 가능한 Eurogiro 서비스)과 제휴송금(SWIFT 계좌송금, MoneyGram 무계좌 실시간 송금 등 해당 망을 이용한 전자적 송금서비스)로 구분할 수 있다.

(1) SWIFT 해외송금

SWIFT(SWIFT : Society for Worldwide Interbank Financial Telecommunication)는 국제은행 간의 금융통신망으로 은행 간 자금결제 및 메시지교환을 표준화된 양식에 의거 송수신함으로써 신속, 저렴, 안전하게 처리하기 위해 1973년 유럽 및 북미은행 중심으로 설립된 국제은행간 정보통신망 송금서비스이다. 우체국은 신한은행과 제휴를 통한 신한은행 SWIFT 망을 통해 전 세계금융기관을 대상으로 해외송금 서비스를 운영하고 있으며, 수취인의 해외은행계좌에 송금하는 당발송금과 해외은행으로부터 수취인의 한국 우체국계좌로 송금하는 타발송금 업무가 있다. 또한, 매월 약정한 날짜에 송금인 명의의 우체국 계좌에서 자금을 인출하여 해외의 수취인에게 자동으로 송금해주는 SWIFT 자동송금서비스도 제공하고 있다.

(2) Eurogiro 해외송금

유럽지역 우체국 금융기관이 주체가 되어 설립한 Eurogiro社의 네트워크를 사용하는 EDI(전자문서교환)방식의 국제금융 송금서비스로 우정사업자와 민간 금융기관이 회원으로 가입 후 회원 간 쌍무협정(Bilateral Agreement)을 통해 해외송금을 거래한다. 계좌와 주소지 송금이 가능하다.

(3) MoneyGram 특급송금

미국 댈러스에 소재하고 있는 머니그램社와 제휴한 Agent 간 네트워크 상 정보에 의해 자금을 송금, 수취하는 무계좌 거래로 송금번호(REF.NO)만으로 송금 후 약 10분 만에 수취가 가능한 특급해외송금 서비스이다. 우체국은 신한은행 및 머니그램社와 제휴를 통해 계좌번호 없이 8자리 송금번호 및 수취인 영문명으로 해외로 자금을 송금 후 약 10분 뒤 수취인 지역 내 머니그램 Agent를 방문하여 수취 가능한 특급송금 서비스를 제공하고 있다.

[우체국 해외송금 비교]

구 분	SWIFT 송금	유로지로		국제환(종이환)		특급송금
송금방식	SWIFT network	Eurogiro network		국제우편(UPU)		Moneygram network
소요시간	3–5 영업일	3–5 영업일		약 5–30 영업일		송금 후 10분
거래유형	계좌송금	주소지/계좌송금		주소지 송금		수취인 방문 지급
중계·수취은행 수수료	약 15–25 USD	• 중계은행 수수료 : 없음 • 수취은행 수수료 – 일본/베트남 : 면제 – 태국 200–300바트 – 필리핀/스리랑카 2 EUR		–		–
취급국가	전 세계 약 214개국	송금수취	태국, 필리핀, 스리랑카, 일본, 베트남	아시아	말레이시아, 중국, 인도네시아, 대만, 필리핀	약 200개 국가
		송 금	베트남	유 럽	프랑스, 이태리	

※ 2018년 12월 기준

2. 환전업무

우체국의 환전 업무는 창구에서 직접 신청 후 즉시 현물로 수령하는 직접환전과 우체국 창구 또는 인터넷뱅킹 · 스마트뱅킹에서 신청 후 지정 우체국 또는 제휴은행 일부 지점에서 현물 수령이 가능한 외화환전 예약서비스가 있다.

(1) 외화환전 예약서비스

우체국 창구 방문 신청 또는 인터넷뱅킹 · 스마트뱅킹을 이용하여 환전(원화를 외화로 바꾸는 업무) 거래와 대금 지급을 완료하고, 원하는 수령일자(환전예약 신청 당일 수령은 불가) 및 장소를 선택하여 지정한 날짜에 외화실물을 직접 수령하는 서비스이다. 수령 장소는 고객이 지정한 일부 환전업무 취급 우체국 및 우정사업본부와 환전업무 관련 제휴 된 KEB하나은행 지점(환전소)에서 수령할 수 있다. 환전 가능 금액은 건당 1백만 원 이내이고 환전가능 통화는 미국달러(USD), 유럽유로(EUR),

일본엔(JPY), 중국위안(CNY), 캐나다달러(CAD), 호주달러(AUD), 홍콩달러(HKD), 태국바트(THB), 싱가폴달러(SGD), 영국파운드(GBP) 등 총 10종이다.

04 제휴서비스

우체국은 제한된 금융업무 범위를 보완하고 국민들에게 지역 차별 없는 종합적이고 보편적인 금융서비스를 제공하기 위하여 전국에 있는 우체국을 민간 금융기관들에 개방하였다. 우체국금융 창구망 및 시스템을 타 금융기관들에게 개방하여 신용카드 등 제휴카드 발급, 증권계좌 개설, 입출금 서비스 등 민간 금융기관의 다양한 금융서비스를 농어촌 등 금융소외 지역에도 도시수준으로 제공 받을 수 있도록 다양한 제휴 서비스를 운영하고 있다. 우체국의 제휴 사업은 우정사업 운영에 관한 특례법 시행령 제2조 제4호에서 정한 우체국예금 사업의 부대되는 사업으로 다른 행정기관 또는 타인으로부터 위임 또는 위탁받은 업무를 근거로 추진한다.

[우체국금융 제휴서비스 현황]

구 분	분 야	주요업무
창구망 개방	창구망 공동이용업무	• 창구공동망업무(자동화기기 포함) • 노란우산공제 판매대행 • SWIFT해외송금 • 환전서비스 • 특급해외송금(머니그램) • 우체국CMS 입금업무
	카드업무 대행 서비스	• 신용/체크카드 • 선불카드(T-Money카드)
	증권계좌 개설대행 서비스	• 증권계좌 개설대행 • 증권제휴카드 발급 등
	소 계	10개 업무
시스템 개방	결제자금 수납 대행	• 일괄배치 서비스 • 실시간 자동이체서비스 • 가상계좌 서비스 • 인터넷 지불결제 • 예금주실명조회서비스 • 금융결제원 지로/CMS
	자동화기기 이용업무	• 제휴CD업무 이용 • 현금서비스
	전자금융 서비스	• 신용정보서비스 • 공인인증서비스
	소 계	10개 업무
합 계		20개 업무

1. 창구망 공동이용

우체국과 은행이 업무제휴를 맺고 양 기관의 전산 시스템을 전용선으로 상호 연결하여 제휴은행 고객이 각 우체국 창구에서 기존의 타행환 거래 방식이 아닌 자행거래 방식으로 입출금 거래를 할 수 있도록 하고 있다.

[제휴기관 및 이용가능 업무]

구 분	주요내용
제휴기관	KDB산업은행, 한국씨티은행, IBK 기업은행, 전북은행, KEB하나은행(자동화기기 한정) 등
이용가능업무	• 입금 : 제휴은행 고객이 우체국 창구에서 제휴은행 고객계좌로 입금 • 지급 : 제휴은행 고객이 우체국 창구에서 출금(통장에 의한 지급) • 조회 : 무통거래내역, 계좌잔액, 처리결과, 수수료 조회 ※ 우체국 창구에서 제휴은행 통장 신규발행 및 해지는 불가

※ 2018년 12월말 기준

2. 노란우산공제 판매대행

노란우산공제는 소기업 · 소상공인이 폐업 · 노령 · 사망 등의 위험으로부터 생활안정을 기하고 사업재기 기회를 제공받을 수 있도록 중소기업협동조합법 제115조 규정에 따라 07. 9월부터 비영리기관인 중소기업중앙회에서 운영하는 공적 공제제도이다. 국가의 기본 인프라망인 전국 우체국 금융 창구를 통해 가입, 지급신청 등을 할 수 있도록 업무를 대행함으로써 소기업 · 소상공인의 서비스 이용 편익을 제고하였다.

[우체국 노란우산 공제 대행업무]

구 분	주요내용
업무대행내용	• 청약 전 고객 상담 : 기 가입자 또는 강제해지 후 1년 미경과 시에는 신규 및 (재)청약이 불가함으로 청약 전 기 가입 여부 등 조회를 필수적으로 실시 • 청약서(철회서) 및 제반서류 접수(단 무등록사업자의 신규청약 업무는 제외) • 부금 수납, 공제금/해약지급신청서 및 제반서류 접수

3. 우체국 CMS 업무

우체국은 카드 · 캐피탈사 등과의 개별 이용약정을 통해 전국 우체국에서 CMS 입금업무를 대행한다. CMS*는 고객이 우체국에 개설된 제휴회사의 계좌로 무통장입금하고 그 입금 내역을 우체국금융 IT운영을 담당하는 우정사업정보센터에서 입금회사로 실시간으로 전송하는 시스템이며, 입금 된 자금은 우정사업정보센터에서 회사의 정산계좌로 일괄 입금 처리한다.

* CMS(Cash Management Service; 자금관리서비스) : 입출금 자금에 대한 관리를 우체국 등 금융기관이 관리대행 해주는 서비스로서, 기업의 자금관리 담당자가 자금흐름을 한눈에 파악하여 자금관리 업무를 용이하게 수행할 수 있도록 지원하는 서비스

[우체국 CMS 업무분담 내역]

구 분	업무분담 내역
제휴회사	• 대금청구서 등 수납자료를 우체국 CMS 계좌번호와 함께 고객에게 통지 • 입금거래내역과 정산자금 대사확인 ※ 신한카드, 삼성카드, 현대카드, 다음다이렉트 자동차보험 등 7개 업체
고 객	우체국창구에 무통입금을 의뢰하거나 인터넷뱅킹, 폰뱅킹, 자동화기기를 통한 CMS 이체를 함
우체국	고객이 우체국 창구에 입금을 의뢰하면 해당계좌에 CMS 번호와 함께 무통입금
우정사업 정보센터	• 입금거래내역을 해당회사로 실시간 전송하고 입금된 자금을 해당회사 정산계좌로 일괄 이체 • 익월 10일까지 해당회사에 수수료내역을 통보하고 20일에 해당회사 계좌에서 출금하여 수수료 정산함

※ 2018년 12월말 기준

4. 카드업무 대행 서비스

우체국은 신용카드사와의 업무제휴를 통해 우체국예금의 현금카드 또는 체크카드 기능이 결합된 카드를 발급하거나 우체국의 현금카드 기능과 신용카드사의 신용카드 기능이 포함된 제휴 신용카드 상품을 출시함으로써 국민들의 카드 이용편의를 제고한다. 특히, 카드사와의 제휴를 통해 정부의 복지사업, 전자바우처 등 정부 정책 사업을 적극 지원하고 있다.

[정부정책과 연계한 제휴카드 현황]

구 분	고운맘카드	아이사랑카드	화물운전자	개인택시	국가유공자	실버패스
지원 대상	임신 · 출산 진료비 지원	영유아시설이용 부모에게 소득별 로 보육료 지원	화물운송 사업자 에게 유가보조금 지원	개인택시 운송업자에게 유가보조금 지원	국가유공자에게 유가보조금 지원	대구지하철 이용 하는 경로자에게 무료탑승
관련 부처	보건복지부	보건복지부	국토교통부	• 국토교통부 • 국세청	국가보훈처	대구지하철공사
지원 금액	임신 1회당 50만 원 (다태아 70만 원)	소득 수준별로 지원	• 경유 : 345.54원 • LPG : 197.97원	• 경유 : 345.54원 • LPG : 221.36원 239.85원/리터	LPG : 리터당 220원	대구지하철 이용 시 무료탑승
주관사	KB국민/신한	KB국민	신 한	신 한	신 한	신 한
모집 창구	• 우체국 • 카드사	• 읍/면/동사무소 • 우체국 • 카드사	• 우체국 • 카드사	• 우체국 • 카드사	• 읍/면/동사무소 • 보훈지청	우체국

[우체국 제휴 체크카드 및 신용카드 비교]

구 분	제휴 체크카드	제휴 신용카드
발급대상	• 개인 : 카드사 별 상이함 – 신한 : 만 14세 이상 – 삼성, 롯데 : 만 18세 이상 • 법인, 임의단체 : 카드사별 심사	• 개인 : 만 19세 이상 소득이 있는 자 • 법인, 임의단체 : 카드사별 심사
심사기준	자격기준 없음(신용불량자도 가입가능)	별도 자격기준 부여
이용범위	제휴카드사 가맹점에서 일시불만 이용(할부불가)	국내 · 외 가맹점 일시불/할부/현금서비스 이용
사용한도	체국예금 결제계좌 잔액	개인별 신용한도액
연회비	연회비 없음	회원등급별 연회비 징수
제휴기관	삼성카드, 롯데카드, 신한카드	우리카드, 국민카드, 신한카드

※ 2018년 12월말 기준

5. 증권계좌 개설 대행

우체국은 증권 · 선물회사와 업무제휴 계약을 체결하고 전국 우체국 창구에서 고객의 증권 · 선물 계좌개설, 관련 제휴카드 발급, 이체서비스 등을 대행하고 있다.

[제휴기관 및 이용가능 업무]

구 분	주요내용
제휴기관	• 증권 : 한국투자, NH투자, 대신, 교보, KB, 하이투자, 삼성, 한화 SK, 미래에셋대우, 키움, 하나대투, 신한금투, 펀드온라인코리아, 유안타 등 • 선물 : 삼성선물
이용가능업무	• 우체국 고객의 증권/선물 계좌 개설 대행 – 위탁(주식) : 제휴증권사 전체(삼성선물 제외) – 선물/옵션 : 제휴증권사 전체(펀드온라인코리아 제외) – 수익증권 : 한국투자, 삼성, 하이투자, 미래에셋대우, 키움, SK, 펀드온라인코리아 – CMA : 삼성증권, 하이투자증권 • 우체국과 증권/선물회사 간의 자금이체 • 우체국 및 증권/선물 회사 고객의 증권제휴카드 발급 • 증권/선물 계좌 비밀번호 변경

※ 2018년 12월말 기준

24 내부통제 및 리스크관리

01 내부통제

1. 의 의

내부통제란 조직이 효율적인 업무운영, 정확하고 신뢰성 있는 재무보고 체제의 유지, 관련법규 및 내부정책 · 절차의 준수 등과 같은 목표를 달성하려는 합리적인 확신을 주기 위하여 조직 내부에서 자체적으로 마련하여 이사회, 경영진 및 직원 등 조직의 모든 구성원들이 지속적으로 실행 · 준수하도록 하는 일련의 통제과정이다. 내부통제는 일반적으로 임직원 모두가 고객재산의 선량한 관리자로서 제반 법규 뿐만 아니라 내규까지 철저하게 준수하도록 사전 또는 상시적으로 통제 · 감독하는 것을 말하며 조직의 자산 보호, 회계자료의 정확성 및 신뢰성 체크, 조직운영의 효율적 증진, 경영방침의 준수를 위하여 채택한 조정수단 및 조치 등을 의미한다. 내부통제제도는 조직이 추구하는 최종목표를 달성하기 위한 과정 또는 수단이고, 금융회사 내 모든 구성원에 의해 수행되는 일련의 통제활동이며, 특정한 목표를 달성하는데 합리적인 확신을 주는 것이다.

2. 법적 근거

금융회사의 지배구조에 관한 법률에는 금융회사가 효과적인 내부통제제도를 구축 · 운영해야 하는 법적인 근거를 제시하고 있다. 동법 제24조에서는 "금융회사는 법령을 준수하고 경영을 건전하게 하며 주주 및 이해관계자 등을 보호하기 위하여 금융회사의 임직원이 직무를 수행할 때 준수하여야 할 기준 및 절차(내부통제기준)를 마련하여야 한다."고 되어 있다.

3. 필요성

1997년 국내기업들의 경영투명성 결여, 회계정보의 신뢰성 부족, 경영감시기능 미흡으로 인한 독단적 경영 등이 IMF 경제위기의 주요한 원인으로 주목되면서 내부통제의 중요성이 강조되기 시작했다. 1999년에는 정부와 금융당국에서도 내부통제 수단으로 사외이사와 감사위원회, 준법감시인 및 선진화된 리스크관리 제도 등을 도입하게 되었다. 내부통제제도의 운영을 통해 금융회사는 자산을 보전하고 신뢰성 있는 재무보고체계의 유지, 법규 준수 등을 효과적으로 하면서 회사의 목표를 달성할 수 있다. 또한 영업활동 시 중요한 오류 및 일탈행위 가능성을 감소시키고 오류 등이 실제 발생하는 경우 시의 적절하게 감지하여 시정조치를 할 수 있다.

4. 내부통제의 구성요소

(1) 통제환경

내부통제에 적합한 조직구조, 효과적인 내부통제가 이루어지도록 유인하는 보상체계, 적절한 인사 및 연수정책, 이사회의 내부통제에 대한 관심 방향, 임직원의 성실성과 자질 등 환경적 요인이다. 조직 내 모든 구성원이 내부통제시스템의 중요성을 인식하고, 내부통제기준 및 절차를 준수하겠다는 통제문화의 형성이 중요하다.

(2) 리스크평가

조직이 직면하고 있는 리스크를 종류별 · 업무별로 인식하고 측정, 분석하는 것이다. 효과적인 내부통제시스템 구축을 위해 조직의 목표달성에 부정적인 영향을 미칠 수 있는 리스크를 정확히 인식하고 평가한다.

(3) 통제활동

목표달성에 부정적인 영향을 미치는 리스크를 통제하기 위한 정책 및 절차 수립 등 제도의 구축과 운영을 말한다. 적절한 직무분리, 각종 한도 설정, 예외 적용시 특별승인절차 등의 방법이 있다.

(4) 정보와 의사소통

구성원이 본연의 책임과 역할을 적절히 수행하기 위해서는 적절한 정보가 수집 · 관리되고, 필요한 사람에게 신속하게 제공될 수 있는 시스템을 갖추어야 한다.

(5) 모니터링

내부통제의 모든 과정은 모니터링되고 지속적으로 수정 및 보완되어야 한다. 내부통제시스템을 상시 모니터링해야 하며, 중요한 리스크에 대한 모니터링은 내부감시기능에 의해 정기적으로 평가되고 일상적인 영업활동의 일부가 되어야 한다.

5. 내부통제의 수단

내부통제의 주요 수단은 조직의 경영목표, 규모 및 영업활동의 특성 등에 따라 형태 및 강도의 차이가 있겠지만 일반적인 내부통제 수단은 권한의 적절한 배분 및 제한, 회사 자산 및 각종 기록에의 접근 제한, 직무분리 및 직무순환, 정기적인 점검 및 테스트, 불시 점검 및 테스트 등이 있다.

6. 내부통제기준

금융회사는 법령을 준수하고 경영을 건전하게 하며 주주 및 이해관계자 등을 보호하기 위하여 금융회사의 임직원이 직무를 수행할 때 준수해야 할 기준 및 절차(내부통제기준)를 마련하여야 하며 내부통제기준에는 아래의 내용을 포함해야 한다.

더 알아보기

내부통제기준에 포함되어야 하는 사항
- 업무의 분장 및 조직구조
- 임직원이 업무를 수행할 때 준수하여야 하는 절차
- 내부통제와 관련하여 이사회, 임원 및 준법감시인이 수행하여야 하는 역할
- 내부통제와 관련하여 이를 수행하는 전문성을 갖춘 인력과 지원조직
- 경영의사결정에 필요한 정보가 효율적으로 전달될 수 있는 체제의 구축
- 임직원의 내부통제기준 준수 여부를 확인하는 절차 · 방법과 내부통제기준을 위한 임직원의 처리
- 임직원의 금융관계법령 위반행위 등을 방지하기 위한 절차나 기준
- 내부통제기준의 제정 또는 변경 절차
- 준법감시인의 임면 절차
- 이해상충을 관리하는 방법 및 절차 등
- 상품 또는 서비스에 대한 광고의 제작 및 내용과 관련한 준수사항
- 그 밖에 내부통제기준에서 정하여야 할 세부적인 사항으로서 금융위원회가 정하여 고시하는 사항

7. 준법감시인제도

준법감시(Compliance)란 법령, 기업윤리, 사내규범 등의 법규범을 철저히 준수해 사업운영을 완전하게 하기 위한 것으로, 법규범 위반을 조직적으로 사전에 방지하는 것이다. 준법감시인이란 내부통제기준의 준수 여부를 점검하고 내부통제기준을 위반하는 경우 이를 조사하는 등 내부통제 관련 업무를 총괄하는 자를 말한다. 외환위기 이후 금융권 전 부문에 대한 규제완화, 구조조정 및 개방화가 진전되면서 금융회사의 내부통제 강화를 위한 선진국의 준법감시제도가 국내에 도입되는 분위기가 조성되었다. 금융회사의 지배구조에 관한 법률 제25조에서는 "금융회사는 내부통제기준의 준수 여부를 점검하고 내부통제기준을 위반하는 경우 이를 조사하는 등 내부통제 관련 업무를 총괄하는 사람(준법감시인)을 1명 이상 두어야 하며, 준법감시인이 필요하다고 판단되는 경우 조사결과를 감사위원회 또는 감사에게 보고할 수 있다"고 규정하고 있다.

02 금융실명거래 원칙 및 방법

1. 의 의

1993년 실지명의(實地名義)(이하 실명)에 의한 금융거래를 실시하고 그 비밀을 보장하여 금융거래의 정상화를 꾀함으로써 경제정의를 실현하고 국민경제의 건전한 발전을 도모할 목적으로 금융실명제가 실시되었다. 그리고 1997년 동 제도를 구체적으로 법규화한 금융실명거래 및 비밀보장에 관한 법률(금융실명법)이 제정되었다. 금융실명제란 금융회사 등이 실명에 의해 고객과 금융거래를 하도록 실명확인 의무를 부여하는 제도를 말한다. 실명이란 주민등록표상의 성명 및 주민등록번호, 사업자등록증에 기재된 법인명 및 등록번호 등을 의미한다.

2. 실명확인방법

(1) 실명확인자

실명확인자는 실제로 고객의 실명을 확인한 금융회사의 직원이다. 실명확인자는 실명확인업무에 대한 권한 · 의무가 주어진 영업점(본부의 영업부서 포함) 직원(계약직, 시간제 근무자, 도급직 포함)이며 후선 부서 직원(본부직원, 서무원, 청원경찰 등)은 실명확인할 수 없으나 본부부서 근무직원이 실명확인 관련 업무를 처리하도록 지시 또는 명령받은 경우는 실명확인을 할 수 있다. 금융회사 등의 임원 및 직원이 아닌 업무수탁자(대출모집인, 카드모집인, 보험모집인, 공제모집인 등) 등은 실명확인을 할 수 없다.

(2) 실명확인증표

실명확인은 고객의 성명과 주민등록번호의 확인뿐만 아니라 실명확인증표에 첨부된 사진 등에 의하여 명의인 본인여부를 확인하는 것이다. 제시된 실명확인증표의 사진에 의하여 본인여부의 식별이 곤란한 경우에는 다른 실명확인증표를 보완적으로 사용 가능하다. 개인의 경우에는 주민등록증이 원칙이다. 국가기관, 지방자치단체 등이 발급한 것으로 성명, 주민등록번호가 기재되어 있고 부착된 사진에 의하여 본인임을 확인할 수 있는 유효한 증표(운전면허증, 여권, 청소년증, 경로우대증, 노인복지카드, 장애인복지카드, 학생증 등)도 실명확인증표가 될 수 있다. 법인의 경우에는 사업자등록증, 고유번호증, 사업자등록증명원이 실명확인증표가 된다. 사업자등록증 사본은 동일 금융회사 내부에서 원본을 대조 · 확인한 경우에 사용이 가능하다. 임의단체의 경우에는 납세번호 또는 고유번호가 있는 경우에는 납세번호증 또는 고유번호증이 실명확인증표가 된다. 다만 납세번호 또는 고유번호가 없는 경우에는 대표자 개인의 실명확인증표가 된다. 외국인의 경우에는 외국인등록증, 여권 또는 신분증이 실명확인증표가 된다.

① 계좌에 의한 실명확인 원칙

㉠ 계좌개설 시(신규 및 재예치)마다 실명확인증표 원본에 의하여 실명을 확인하여 거래원장, 거래신청서, 계약서 등에 "실명확인필"을 표시하고 확인자가 날인 또는 서명(동시에 다수의 계좌를 개설하는 경우 기 실명확인된 실명확인증표 재사용 가능)

㉡ 계좌개설 시에는 실명확인증표 사본 등 실명확인에 필요한 관련 서류를 첨부 · 보관

⇒ 실명확인할 의무가 있는 금융회사 직원이 금융회사가 통제 · 관리할 수 있는 스캐너 또는 디지털카메라에 의해 스캔(촬영) 후 파일을 별도 보관하거나 사본 출력 후 거래신청서 등에 첨부 · 보관도 가능(기징구된 실명확인증표 사본 등 관련서류 재사용 금지)

㉢ 대리인을 통하여 계좌개설을 할 경우 인감증명서 징구

⇒ 본인 및 대리인 모두의 실명확인증표와 본인의 인감증명서가 첨부된 위임장을 제시받아 실명 확인함(이 경우 본인의 실명확인증표는 사본으로도 가능)

- 인감증명서 유효기간 : 발급일로부터 3개월
- 위임장 : 인감증명서상 인감 날인
- 인감증명서상 인감과 거래인감이 상이할 경우에는 계좌개설신청서에 거래 인감 별도 날인

㉣ 가족대리 시 징구하는 가족관계확인서류 유효기간

- 주민등록등본, 가족관계증명서(가족관계등록부) : 발급일로부터 3개월

(3) 비대면 실명확인

비대면 실명확인은 거래자 본인 여부를 확인할 때 온라인 채널 등 대면 이외의 방식으로 실명확인하는 것을 의미한다. 비대면 실명확인 대상 금융거래는 계좌개설에 한정되는 것은 아니며 금융실명법상 실명확인 의무가 적용되는 모든 거래에 적용된다. 비대면 실명확인 적용 대상자는 명의자 본인에 한정하고 대리인은 제외되며 인정 대상 실명확인증표는 주민등록증, 운전면허증 및 여권이다. 비대면 실명확인의 적용 대상으로 개인뿐만 아니라 법인도 가능하지만, 법인의 경우 금융회사가 위임·대리 관계를 확인할 수 있는 각종 서류(위임장 및 인감증명서 등)의 검증을 위해 대면 확인을 하는 것이 바람직하다. 비대면 실명확인은 아래의 2가지 이상의 방식을 활용하여 가능하다.

① 비대면 실명확인 방식

㉠ 거래자의 실명확인증표 사본을 제출받아 확인

㉡ 거래자와의 영상통화를 통해 확인

㉢ 전자금융거래법 제2조 제10호에 따른 접근매체 전달업무 위탁기관 등을 통하여 실명확인증표 확인

㉣ 금융실명법상 실명확인을 거쳐 거래자 명의로 금융회사에 이미 개설된 계좌와의 거래를 통한 확인

㉤ 기타 ㉠~㉣에 준하는 새로운 방식을 통하여 확인

- 금융회사가 금융실명법상 실명확인을 거쳐 거래자의 동의를 받아 전자금융거래법 제2조 제10호 라목에 따른 생체정보를 직접 등록 받은 후 이와 대조하여 확인하는 방식도 ㉤에 해당

3. 실명확인 생략이 가능한 거래

금융실명거래 및 비밀보장에 관한 법률은 금융거래 중 실명확인의 생략이 가능한 거래를 규정하고 있다.

(1) 실명이 확인된 계좌에 의한 계속 거래

실명이 확인된 계좌에 의한 계속거래라 하는 것은 실명확인 된 계좌의 입출금*, 해지 및 이체 등을 말한다. 재예치 등 계좌가 새로 개설되는 경우는 계속거래가 아니다.

* 통장, 거래카드(현금, 직불카드 포함) 등으로 입출금하는 경우를 의미하며 무통장 입금(송금)과 구별

⇒ 동일 금융회사 등에서 실명확인된 기존계좌를 해지하고 같은 명의로 신규계좌를 개설하는 경우 새로이 실명확인증표를 징구하지 않고 기존계좌에 첨부되어 있던 실명확인증표 사본을 재사용 가능(新거래신청서에 기존계좌번호를 기재하여 연결 관계를 표시)

(2) 각종 공과금 등의 수납

① 납부고지서에 납부명의자의 성명 등이 기재되어 있는 공과금 등은 실명확인 생략(성명 등이 기재되지 않은 경우는 납부자에게 기재토록 함)

② 국세, 지방세, 벌과금(과태료, 범칙금 등), 전화요금, 전기요금, 아파트관리비, 도시가스요금, 신문 구독료, 보험료, 신용카드대금, 100만 원 이하의 선불카드거래 등

(3) 100만 원 이하의 원화 송금(무통장입금 포함)과 100만 원 이하에 상당하는 외국통화 매입 · 매각

① 수표 및 어음 입금 시 금액 상관없이 실명확인 대상이며 수표 · 어음 뒷면에 입금계좌번호를 기재하는 것으로 실명확인에 갈음하고 무통장입금 의뢰서에 실명확인 날인

② 동일 금융회사 등에서 본인 또는 그 대리인이 동일자 동일인에게 100만 원을 초과하는 금액을 분할 입금하는 것을 금융회사가 인지한 경우에는 그 초과금액에 대하여 실명확인

※ 실명확인 대상 외국환거래의 종류 : 외화예금, 환전(100만 원 초과), 해외로 외화송금, 해외로부터 외화 송금, 외화수표 추심 등

(4) 보험 · 공제거래, 여신거래, 골드(실버)바 거래, 상품권 거래

할인어음은 실명확인 대상임

4. 불법 · 탈법 차명거래 금지

금융실명거래 및 비밀보장에 관한 법률은 불법재산의 은닉, 자금세탁행위(조세포탈 등), 공중협박자금 조달행위, 강제집행의 면탈 또는 그 밖의 탈법행위를 목적으로 하는 차명거래를 금지하고 있다. 금융회사 종사자는 불법 차명거래를 알선 · 중개하는 행위를 금지하고, 금융회사 종사자에게 거래자를 대상으로 불법 차명거래가 금지된다는 사실을 설명해야 하며, 설명한 내용을 거래자가 이해하였음을 서명, 기명날인, 녹취 등의 방법으로 확인 받아야 한다.

03 금융거래에 대한 비밀보장

1. 비밀보장제도

금융실명거래 및 비밀보장에 관한 법률은 금융회사 종사자에게 명의인의 서면상 요구나 동의 없이는 금융거래정보 또는 자료를 타인에게 제공하거나 누설할 수 없도록 비밀보장의무를 규정하고 있다(법 제4조 제1항). 금융회사 업무에 종사하면서 금융거래 정보를 알게 된 자는 본인이 취급하는 업무에 의하여 직접적으로 알게 된 경우뿐만 아니라 간접적으로 알게 된 경우에도 비밀보장의 의무를 지게 된다. 비밀보장의 대상이 되는 금융거래정보 또는 자료란 특정인의 금융거래사실(누가 어느 금융회사 등, 어느 점포와 금융거래를 하고 있다는 사실)과 금융회사가 보유하고 있는 금융거래 내용을 기록 · 관리하고 있는 모든 장표 · 전산기록 등의 원본 · 사본(금융거래자료) 및 그 기록으로부터 알게 된 것(금융거래정보), 당해 정보만으로 명의인의 정보 등을 직접 알 수 없으나 다른 정보와 용이하게 결합하여 식별할 수 있는 것을 말한다.

더 알아보기

비밀보장의 대상이 되는 예
- 특정 명의인의 전화번호, 주소, 근무처 등이 포함된 금융거래 자료 또는 정보
- 정보 요구자가 특정인의 성명, 주민등록번호, 계좌번호 등을 삭제하는 조건으로 요구한 당해 특정인의 식별 가능한 금융거래 자료 또는 정보

2. 금융거래 정보제공

사용목적에 필요한 최소한의 범위 내에서 인적사항을 명시하는 등 법령이 정하는 방법 및 절차에 따라 금융거래정보제공이 가능하다.

[금융거래정보제공 흐름]

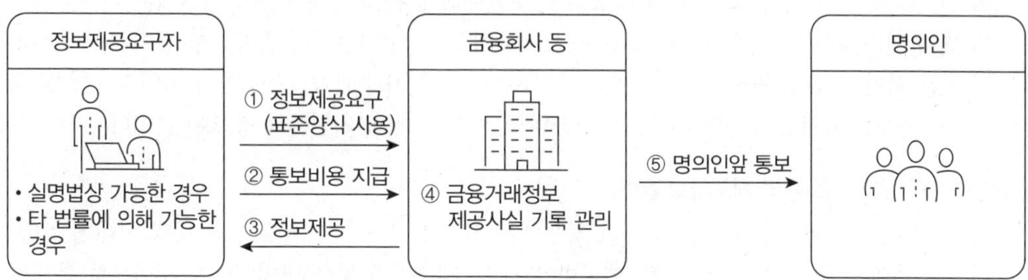

※ 정보제공 요구자 또는 금융거래 내용에 따라 절차가 생략되거나 변경될 수 있음

(1) 금융거래 정보제공의 법률적 근거

금융실명거래 및 비밀보장에 관한 법률은 금융회사 종사자로 하여금 명의인의 서면상 요구나 동의 등 법률상 일정한 사유가 있는 경우에만 금융거래정보를 제3자에게 제공할 수 있게 하고, 제공하는 경우에도 사용목적에 필요한 최소한의 범위 내에서 인적사항을 명시하는 등 법령이 정하는 방법 및 절차에 의하여 정보를 제공하도록 하고 있다. 금융실명법상 정보제공이 가능한 경우는(실명법 제4조 제1항) ① 명의인의 서면상의 요구나 동의를 받은 경우, ② 법원의 제출명령 또는 법관이 발부한 영장에 의한 경우, ③ 조세에 관한 법률의 규정에 의하여 소관관서장의 요구(상속 · 증여재산의 확인, 체납자의 재산조회 등)에 의한 거래정보 등을 제공하는 경우, ④ 동일 금융회사의 내부 또는 금융회사 상호간에 업무상 필요한 정보 등을 제공하는 경우 등이 있다. 그 외에도 타법률의 규정에 의하여 정보제공이 가능하다.

(2) 정보제공 요구 방법

법률의 규정에 따라 금융거래정보 제공을 요구하는 자는 금융위원회가 정하는 표준양식에 의하여 금융 회사의 특정 점포에 요구해야 한다. 금융회사는 정보제공 시 표준양식(금융거래의 정보제공 요구서)에 따라 ① 명의인의 인적 사항(성명, 주민등록번호, 계좌번호, 수표 · 어음 등 유가증권의 증서번호 등 중 하나), ② 요구 대상 거래기간, ③ 요구의 법적 근거, ④ 사용목적, ⑤ 요구하는 거래정

보의 내용, ⑥ 요구하는 기관의 담당자 및 책임자의 성명과 직책 등 인적사항을 확인한 후 제공한다. 정보제공요구는 특정점포에 요구하여야 하나 ① 명의인이 서면상의 요구나 동의에 의한 정보제공, ② 법원의 제출명령 또는 법관이 발부한 영장에 의하여 거래정보를 요구하는 경우, ③ 부동산거래와 관련한 소득세 또는 법인세의 탈루혐의가 인정되는 자의 필요한 거래정보를 세무관서의 장이 요구하는 경우, ④ 체납액 1천만 원 이상인 체납자의 재산조회를 위하여 필요한 거래정보를 국세청장 등이 요구하는 경우, ⑤ 금융회사 내부 또는 금융회사 상호 간에 업무상 필요한 정보를 요구하는 경우 등에 있어서 거래정보 등을 보관 또는 관리하는 본점부서에 일괄 조회요구를 할 수 있다.

(3) 정보제공 사실의 기록 · 관리 의무

금융회사가 명의인 이외의 자로부터 정보의 제공을 요구받았거나 명의인 이외의 자에게 정보 등을 제공하는 경우, 그 내용을 기록 · 관리하여야 한다. 이는 정보 등의 제공에 대한 책임관계를 명확히 하고 금융거래 정보관리를 강화함으로써 부당한 정보 등의 제공이나 유출을 방지하기 위함이다. 다만 과세자료의 제공, 금융회사 내부 또는 금융회사 상호간의 정보제공의 경우에는 기록 · 관리의무가 면제 된다. 관련 서류의 보관기간은 정보제공일로부터 5년간이며 금융회사 등이 기록 · 관리하여야 하는 사항은 ① 요구자의 인적사항, 요구하는 내용 및 요구일자, ② 제공자의 인적사항 및 제공일자, ③ 제공된 거래정보 등의 내용, ④ 제공의 법적근거, ⑤ 명의인에게 통보된 날이다.

(4) 명의인에 대한 정보 등의 제공사실 통보

금융회사가 금융거래정보 등을 제공한 경우에는 정보 등을 제공한 날로부터 10일 이내에 제공한 거래정보 등의 주요 내용, 사용 목적, 제공받은 자 및 제공일자 등을 명의인에게 서면으로 통보하여야 한다. 다만 정보 등의 요구자가 통보 유예를 요청하는 경우에는 통보를 유예할 수 있으며 통보유예 요청가능 사유는 ① 사람의 생명이나 신체의 안전을 위협할 우려가 있는 경우, ② 증거인멸 · 증인위협 등 공정한 사법절차의 진행을 방해할 우려가 명백한 경우, ③ 질문 · 조사 등의 행정절차의 진행을 방해하거나 과도하게 지연시킬 우려가 있는 경우이다. 통보유예기간이 종료되면 종료일로부터 10일 이내에 명의인에게 정보제공사실과 통보유예 사유 등을 통보해야 한다.

3. 금융실명거래 위반에 대한 처벌 및 제재

금융실명거래 및 비밀보장에 관한 법률은 실명거래의무 위반행위, 불법 차명거래 알선 · 중개행위, 설명의무 위반행위, 금융거래 비밀보장의무 위반행위, 금융거래정보의 제공사실 통보의무 위반행위, 금융거래 정보 제공 내용 기록 · 관리의무 위반행위에 대한 처벌로서 벌칙과 과태료에 대한 규정을 두고 있다. 금융회사의 직원이 불법 차명거래 알선 · 중개행위를 하거나 금융거래 비밀보장의무 위반행위를 한 경우에는 5년 이하의 징역 또는 5천만 원 이하의 벌금에 처하고, 실명거래의무 위반행위를 하거나 설명의무 위반행위, 금융거래정보의 제공사실 통보의무 위반행위, 금융거래 정보 제공 내용 기록 · 관리의무 위반행위를 한 경우에는 3천만 원 이하의 과태료를 부과하도록 규정하고 있다.

04 개인정보보호

1. 개인정보보호법

2012년 개인정보의 유출 · 오용 · 남용으로부터 사생활의 비밀 등을 보호함으로써 국민의 권리와 이익을 증진하고 개인의 존엄과 가치를 구현하기 위해 개인정보의 처리에 관한 사항을 규정하는 개인정보보호법이 제정되었다. 개인정보보호법은 개인정보의 수집 · 이용 · 제공 등 개인정보처리에 관한 기본원칙, 개인정보의 처리 절차 및 방법, 개인정보 처리의 제한, 개인정보의 안전한 처리를 위한 관리 · 감독, 정보주체의 권리, 개인정보 권리 침해에 대한 구제 등에 대하여 규정하고 있다.

(1) 개인정보보호법 관련 개념

① 개인정보

살아 있는 개인에 관한 정보로서 성명, 주민등록번호 및 영상을 통하여 개인을 알아볼 수 있는 정보로, 이에 해당하는 정보만으로는 특정 개인을 알아볼 수 없더라도 다른 정보와 쉽게 결합하여 알아볼 수 있는 것도 포함

② 처 리

개인정보의 수집, 생성, 기록, 저장, 보유, 가공, 편집, 검색, 출력, 정정, 복구, 이용, 제공, 공개, 파기, 그 밖에 유사한 행위

③ 정보주체

처리되는 정보에 의하여 알아볼 수 있는 사람으로서 그 정보의 주체가 되는 사람

예 금융회사의 고객

④ 개인정보처리자

업무를 목적으로 개인정보파일을 운용하기 위하여 스스로 또는 다른 사람을 통하여 개인정보를 처리하는 공공기관, 법인, 단체 및 개인 등

예 금융회사

2. 개인정보보호 원칙

개인정보보호법은 개인정보 처리와 관련하여 국제적으로 통용되고 있는 원칙들을 반영하여, 개인정보처리자에게 행동의 지침을 제시해 주고 있다. 개인정보처리자의 행동지침으로서의 개인정보보호 원칙은 다음과 같다.

(1) 개인정보의 처리 목적을 명확하게 하여야 하고 그 목적에 필요한 범위에서 최소한의 개인정보만을 적법하고 정당하게 수집하여야 한다.

(2) 개인정보의 처리 목적에 필요한 범위에서 적합하게 개인정보를 처리하여야 하며, 그 목적 외의 용도로 활용하여서는 안 된다.

(3) 개인정보의 처리 목적에 필요한 범위에서 개인정보의 정확성, 완전성 및 최신성이 보장되도록 하여야 한다.

(4) 개인정보의 처리 방법 및 종류 등에 따라 정보주체의 권리가 침해받을 가능성과 그 위험 정보를 고려하여 개인정보를 안전하게 관리하여야 한다.

(5) 개인정보 처리방침 등 개인정보의 처리에 관한 사항을 공개하여야 하며, 열람 청구권 등 정보주체의 권리를 보장하여야 한다.

(6) 정보주체의 사생활 침해를 최소화하는 방법으로 개인정보를 처리해야 한다.

(7) 개인정보처리자는 개인정보의 익명처리가 가능한 경우에는 익명에 의해 처리될 수 있도록 하여야 한다.

(8) 이 법 및 관계법령에서 규정하고 있는 책임과 의무를 준수하고 실천함으로써 정보 주체의 신뢰를 얻기 위하여 노력하여야 한다.

3. 정보주체의 권리

개인정보보호법은 정보주체에게 자신의 개인정보 처리와 관련하여 개인정보의 처리에 관한 정보를 제공받을 권리, 개인정보의 처리에 관한 동의 여부 · 동의 범위 등을 선택하고 결정할 권리, 개인정보의 처리 여부를 확인하고 개인정보에 대하여 열람을 요구할 권리, 개인정보의 처리 정지, 정정 · 삭제 및 파기를 요구할 권리, 개인정보의 처리로 인하여 발생한 피해를 신속하고 공정한 절차에 따라 구제받을 권리 등을 인정하고 있다.

4. 개인정보의 수집 · 이용

개인정보의 수집이란 정보주체로부터 직접 이름, 주소, 전화번호 등의 정보를 제공받는 것뿐만 아니라 정보주체에 관한 모든 형태의 개인정보를 취득하는 것이다. 개인정보를 수집하는 경우 그 목적에 필요한 최소한의 개인정보를 수집하여야 하고, 수집된 개인정보는 수집목적의 범위 안에서만 이용하여야 한다. 개인정보처리자는 정보주체의 동의를 받은 경우에 개인정보를 수집할 수 있는데, 동의는 개인정보처리 자가 개인정보를 수집 · 이용하는 것에 대한 정보주체의 자발적인 승낙의 의사표시로서 동의여부를 명확하게 확인할 수 있어야 한다. 정보주체는 서비스를 제공받기 위하여 가입신청서 등의 서면에 직접 자신의 성명을 기재하고 인장을 찍는 방법 또는 자필 서명하거나, 인터넷 웹사이트 화면에서 동의 또는 동의안함 버튼을 클릭하는 등으로 동의의 의사표시를 할 수 있다. 개인정보처리자는 전화상으로 개인정보 수집에 대한 정보주체의 동의를 받을 수도 있는데 향후 입증책임 논란의 소지가 발생할 수 있으므로 동의하에 통화내용을 녹취 가능하다.

5. 개인정보의 제3자 제공

개인정보의 제3자 제공이란 개인정보처리자 외의 제3자에게 개인정보의 지배 · 관리권이 이전되는 것을 의미한다. 개인정보 수기 문서를 전달하거나 데이터베이스 파일 전달 뿐만 아니라, 데이터베이스 시스템에 대한 접속권한을 허용하여 열람 · 복사가 가능하게 하는 경우 등도 제3자의 제공에 해당된다. 개인정보처리자가 제3자 제공에 대한 동의를 받을 때에는 정보주체가 제3자 제공의 내용과 의미를 알 수 있도록 미리 개인정보를 제공받는 자의 성명(법인명)과 연락처, 제공받는 자의 개인정보이용 목적, 제공받는 개인정보 항목, 제공받는 자의 개인정보 보유 및 이용기간, 동의 거부권이 존재한다는 사실 및 동의 거부에 따른 불이익의 내용(불이익이 있는 경우)를 알려주어야 한다. 알려야 할 사항 중 어느 하나에 변경이 있는 경우에도 정보주체에게 변경사실을 다시 알리고 동의를 받아야 한다. 개인정보를 제공하는 경우에는 그 동의받은 범위를 초과하여 제공하지 않도록 유의한다.

6. 개인정보의 파기

개인정보보호자는 보유기간 경과, 개인정보의 처리 목적 달성 등 개인정보가 불필요하게 되었을 때 지체 없이 파기하여야 한다. 다시 복원하거나 재생할 수 없도록 완벽하게 파기하여야 하고 개인정보의 파기에 관한 사항은 기록되고 관리되어야 한다. 다만 다른 법령에 따라 보존되어야 하는 경우에는 예외적으로 개인정보를 파기하지 않아도 된다. 그러나 이 경우에 해당 개인정보 또는 개인정보파일을 다른 개인정보와 분리하여 저장 · 관리하여야 한다.

7. 개인정보의 관리

개인정보보호법은 개인정보 안전조치 의무, 개인정보 처리방침의 수립 및 공개, 개인정보 보호책임자의 지정, 개인정보파일의 등록 및 공개, 개인정보 영향평가 등 개인정보의 안전성 확보에 필요한 구체적인 기준을 제시하고 있다. 개인정보는 한번 유출 · 변조 · 훼손되면 원래대로의 복구가 불가능하다. 개인정보가 분실 · 도난 · 유출 · 변조 · 훼손되지 않도록 적절한 안전성 확보조치를 세우고 이를 실행하는 것이 개인정보 보호의 가장 기본적 요건이다. 금융회사 직원은 고객의 개인정보를 안전하게 관리할 수 있도록 업무처리 시 주의를 다하여야 하고, 금융소비자는 스스로 자신의 개인정보를 보호하려는 노력을 하여야 한다.

더 알아보기 

개인정보보호를 위한 금융기관의 실천사항

- 개인정보는 필요한 정보만 최소한으로 수집한다.
- 개인정보를 수집한 목적과 다르게 이용하거나 제3자에게 제공하지 않는다.
- 개인정보 처리 위탁은 문서로 하고 홈페이지에 공개한다.
- 개인정보가 수록된 종이문서는 잠금장치가 있는 곳에 보관한다.
- 주민등록번호를 암호화하는 등 안전하게 관리한다.
- 개인정보의 처리목적이 달성되어 불필요해진 경우 즉시 파기한다.
- 개인정보 유출사고 시 해당 고객에게 유출내용 및 피해구제절차를 통지한다.

25 기타사항

01 예금자보호

1. 예금보험의 구조

(1) 예금 지급불능 사태 방지

금융회사가 영업정지나 파산 등으로 고객의 예금을 지급하지 못하게 될 경우 해당 예금자는 물론 전체 금융제도의 안정성도 큰 타격을 입게 된다. 이러한 사태를 방지하기 위하여 우리나라에서는 예금자보호법을 제정하여 고객들의 예금을 보호하는 제도를 갖추어 놓고 있는데, 이를 '예금보험제도'라고 한다.

(2) 보험의 원리를 이용하여 예금자 보호

예금보험은 그 명칭에서 알 수 있듯이 "동일한 종류의 위험을 가진 사람들이 평소에 기금을 적립하여 만약의 사고에 대비한다."는 보험의 원리를 이용하여 예금자를 보호하는 제도이다. 즉, 예금자보호법에 의해 설립된 예금보험공사가 평소에 금융회사로부터 보험료(예금보험료)를 받아 기금(예금보험기금)을 적립한 후, 금융회사가 예금을 지급할 수 없게 되면 금융회사를 대신하여 예금(예금보험금)을 지급하게 된다.

(3) 법에 의해 운영되는 공적 보험

예금보험은 예금자를 보호하기 위한 목적으로 법에 의해 운영되는 공적보험이기 때문에 예금을 대신 지급할 재원이 금융회사가 납부한 예금 보험료만으로도 부족할 경우에는 예금보험공사가 직접 채권(예금보험기금채권)을 발행하는 등의 방법을 통해 재원을 조성하게 된다.

2. 보호대상 금융회사

보호대상 금융회사는 은행, 보험회사(생명보험 · 손해보험회사), 투자매매업자 · 투자중개업자, 종합금융회사, 상호저축은행이다. 농협은행, 수협은행 및 외국은행 국내지점은 보호대상 금융회사이지만 농 · 수협 지역조합, 신용협동조합, 새마을금고는 현재 예금보험공사의 보호대상 금융회사는 아니며, 관련 법률에 따른 자체 기금에 의해 보호된다. 우체국의 경우 예금보험공사의 보호대상 금융회사는 아니지만, 우체국예금 · 보험에 관한 법률 제4조(국가의 책임)에 의거하여 우체국예금(이자포함)과 우체국보험 계약에 따른 보험금 등 전액에 대하여 국가에서 지급을 책임지고 있다.

3. 보호대상 금융상품

예금보험공사는 예금보험 가입 금융회사가 취급하는 '예금' 등 만을 보호한다. 여기서 꼭 알아두어야 할 점은 모든 금융상품이 보호대상 '예금' 등에 해당하지 않는다는 것이다. 예를 들어 실적 배당형 상품인 투자신탁 상품은 보호대상 금융상품이 아니다. 운용실적이 좋은 경우에는 큰 수익을 올릴 수있지만, 운영 실적이 나쁜 경우에는 원금 손실도 발생할 수 있다. 정부, 지방자치단체(국 · 공립학교 포함), 한국은행, 금융감독원, 예금보험공사, 부보금융회사의 예금은 보호대상에서 제외한다.

[보호금융상품와 비보호금융상품]

구 분	보호금융상품	비보호금융상품
은 행	• 요구불예금(보통예금, 기업자유예금, 당좌예금 등) • 저축성예금(정기예금, 주택청약예금, 표지어음 등) • 적립식예금(정기적금, 주택청약부금, 상호부금 등) • 외화예금 • 예금보호대상 금융상품으로 운용되는 확정기여형 퇴직연금제도 및 개인형퇴직연금제도의 적립금 • 개인종합자산관리계좌(ISA)에 편입된 금융상품 중 예금보호 대상으로 운용되는 금융상품 • 원본이 보전되는 금전신탁 등	• 양도성예금증서(CD) • 환매조건부채권(RP) • 금융투자상품(수익증권, 뮤추얼펀드, MMF등) • 특정금전신탁 등 실적배당형 신탁 • 은행 발행채권 • 주택청약저축, 주택청약종합저축 등
보험회사	• 개인이 가입한 보험계약 • 퇴직보험 • 변액보험계약 특약 • 변약보험계약 최저사망보험금 · 최저연금적립금 · 최저중도 인출금 등 최저보증 • 예금보호대상 금융상품으로 운용되는 확정기여형 퇴직연금제도 및 개인형퇴직연금제도의 적립금 • 개인종합자산관리계좌(ISA)에 편입된 금융상품 중 예금보호 대상으로 운용되는 금융상품 • 원본이 보전되는 금전신탁 등	• 보험계약자 및 보험료납부자가 법인인 보험 계약 • 보증보험계약 • 재보험계약 • 변액보험계약 주계약(최저사망보험금 · 최 저연금적립금 · 최저중도인출금 등 최저보증 제외) 등

4. 보호한도

예금자보호제도는 다수의 소액예금자를 우선 보호하고 부실 금융회사를 선택한 예금자도 일정 부분 책임을 분담한다는 차원에서 예금의 전액을 보호하지 않고 일정액만을 보호하고 있다. 원금과 소정 이자를 합하여 1인당 5천만 원까지만 보호되며 초과금액은 보호되지 않는다. 97년 말 IMF 사태 이후 금융 산업 구조조정에 따른 사회적 충격을 최소화하고 금융거래의 안정성 유지를 위하여 2000년 말까지 한시적으로 예금전액을 보장하였다. 2001년부터는 예금부분보호제도로 전환되어, 2001년 1월 1일 이후 부보금융회사에 보험사고(영업 정지, 인가취소 등)가 발생하여 파산할 경우, 보험금지급공고일 기준의 원금과 소장의 이자를 합하여 1인당 최고 5천만 원(세전)까지 다른 예금과 별도로 보호하고 있다. 예금보험공사로부터 보호받지 못한 나머지 예금은 파산한 금융회사가 선순위채권을 변제하고 남는 재산이 있는 경우 이를 다른 채권자들과 함께 채권액에 비례하여 분배받음으로써 그 전부 또는 일부를 돌려받을 수 있다. 보호금액 5천만 원은 예금의 종류별 또는 지점별 보호금액이 아니라 동일한 금융회사 내에서 예금자 1인이 보호받을 수 있는 총 금액이다. 이때 예금자 1인이라 함은 개인뿐만 아니라 법인도 대상이 되며, 예금의 지급이 정지되거나 파산한 금융회사의 예금자가 해당 금융회사에 대출이 있는 경우에는 예금에서 대출금을 먼저 상환(상계)시키고 남은 예금을 기준으로 보호한다.

02 금융소득 종합과세

1. 개 요

금융소득 종합과세제도는 금융실명제 실시에 따른 후속조치로 1996년부터 실시되었으며 1998년부터 일시 유보되었다가 2001년부터 다시 실시되고 있다. 현재 실시되고 있는 내용을 보면 개인별 연간 금융소득(이자 · 배당 소득)이 2천만 원 이하일 경우에는 원천징수하고, 2천만 원을 초과하는 금융소득은 2천만 원에 대하여는 원천징수세율을 적용하고 2천만 원을 초과하는 금액은 다른 종합소득(근로소득 · 사업소득 · 연금소득 등)과 합산하여 누진세율을 적용하여 종합과세한다.

2. 소득의 종류와 과세방법

여러 가지 경제활동을 통해 얻은 과세소득이 있는 개인은 본인에게 귀속되었거나 귀속될 것이 확정된 소득에 대해 소득세 납세 의무가 있다. 소득(소득금액)이란 연간 총수입금액에서 필요경비를 공제한 금액을 말한다.

(1) 소득세법상 소득의 종류

소득세법은 개인의 소득을 다음과 같이 구분하고 소득종류별로 과세방법을 다르게 규정하고 있다.

※ 소득구분(분류과세) : 종합소득, 퇴직소득, 양도소득

① **종합소득**

㉠ 해당 과세기간에 발생하는 이자소득, 배당소득, 사업소득, 근로소득, 연금소득, 기타소득

㉡ 개인별로 합산하여 종합소득세율에 의해 신고 · 납부 원칙

② **퇴직소득** : 근로자가 퇴직함으로 인하여 지급받는 퇴직금

③ **양도소득** : 자산을 양도함으로 인하여 발생하는 소득(2010년부터 부동산 임대 소득은 종합소득 중 사업소득에 포함하여 과세)

(2) 과세방법

① **종합과세** : 이자소득 등 종합소득 중 비과세소득과 분리과세소득을 제외한 소득을 합산하여 누진세율을 적용하는 방법을 말한다.

② **분리과세** : 타소득과 합산되지 아니하고 분리과세 대상소득이 발생할 때에 건별로 단일세율에 의하여 원천징수의무자가 원천징수함으로써 당해 소득자는 납세의무가 종결되는 과세방식을 말한다.

3. 금융소득에 대한 이해

금융소득이란 이자소득과 배당소득을 합하여 말한다. 그리고 배당소득이 종합소득에 합산되는 경우에는 법인단계에서 부담한 것으로 간주되는 귀속법인세를 배당소득 총수입금액에 가산(Gross-up)한다.

현행 소득세법 체계는 종합소득에 대해 종합과세하는 것이 원칙이나, 조세정책적 목적으로 금융소득에 대해서는 다양한 분리과세제도를 운용하고 있다. 이자란 금전을 대여하고 받은 대가를 말하며 배당이란 영리법인 등이 영업활동에서 얻은 이익을 주주 등에게 분배하는 것을 말하는데, 소득세법에서는 이자소득과 배당소득 둘 다 유형별 포괄주의에 의하여 과세범위를 규정하고 있다. 이자소득은 총수입금액이 되며 비과세되는 이자소득은 포함하지 않는다. 배당소득도 마찬가지로 총수입금액이 되며 비과세되는 배당소득은 포함하지 않으나 배당소득이 종합소득에 합산되는 경우 법인단계에서 부담한 것으로 간주되는 귀속법인세를 배당소득 총수입금액에 가산하여 Gross-up제도를 적용한다.

※ 이자소득금액(=이자소득 총수입금액), 배당소득금액[=배당소득 총수입금액+귀속법인세(Gross-up 금액)]

4. 금융소득 종합과세 체계

① 금융소득(이자소득+배당소득)	
(-) ② 비과세 금융소득	• 공익신탁의 이익, 장기저축성보험차익 • 장기주택마련저축 이자 · 배당, 개인연금저축 이자 · 배당, 비과세종합저축 이자 · 배당(1인당 5천만 원 이하), 농 · 어민 조합 예탁금 이자, 농어가 목돈 마련저축 이자, 녹색 예금 · 채권 이자, 재형저축에 대한 이자 · 배당, 경과규정에 따른 국민주택채권 이자 • 우리사주조합원이 지급받는 배당, 조합 등 예탁금의 이자 및 출자금에 대한 배당, 영농 · 영어 조합법인 배당, 재외동포 전용 투자신탁(1억 원 이하) 등으로부터 받는 배당, 개인종합자산관리계좌(ISA)에서 발생하는 금융소득의 합계액 중 200만 원 또는 400만 원까지
(-) ③ 분리과세 금융소득	• 장기채권이자 분리과세 신청(30%), 비실명금융소득(38.90%), 직장공제회 초과반환금(기본 세율) • 7년(15년) 이상 사회기반시설채권이자(14%), 영농 · 영어 조합법인(1천 2백만 원 초과분)으로부터 받는 배당(5%), 농업회사법인 출자 거주자의 식량작물재배업소득 외의 소득에서 발생한 배당(14%), 사회기반시설투융자집합투자기구의 배당(5%, 14%), 세금우대종합저축 이자 · 배당(9%), 개인종합자산관리계좌(ISA)에서 발생하는 금융소득의 비과세 한도(200만 원, 400만 원)를 초과하는 금액 등
(=) ④ 종합과세 금융소득	• ①-(②+③)의 금액 중 2천만 원을 초과하는 금액이 종합과세됨 • ①-(②+③)의 금액이 2천만 원 이하인 경우 - 국내외 금융소득으로서 국내에서 원천징수되지 아니한 소득에 대해서는 종합과세 - 그 외 금융소득은 원천징수로 분리과세

5. 종합과세 되는 금융소득

금융소득(=이자소득+배당소득), 종합과세 제외 금융소득(=비과세 되는 금융소득+분리과세 되는 금융소득), 종합과세 대상 금융소득(=금융소득−종합과세 제외 금융소득)

(1) 종합과세 제외 금융소득

비과세되는 금융소득은 과세대상이 아니고, 분리과세 되는 금융소득은 원천징수로 납세의무가 종결되므로 금융소득종합과세 대상에서 제외된다.

① 비과세 금융소득

㉠ 소득세법에 의한 비과세 금융소득

- 신탁법에 의한 공익신탁의 이익
- 장기저축성보험의 보험차익

㉡ 조세특례제한법에 의한 비과세 금융소득

- 개인연금저축의 이자 · 배당
- 장기주택마련저축의 이자 · 배당
- 비과세종합저축의 이자 · 배당(1명당 저축원금 5천만 원 이하)
- 조합 등 예탁금의 이자 및 출자금에 대한 배당
- 재형저축에 대한 이자 · 배당
- 농어가목돈마련저축의 이자
- 우리사주조합원이 받는 배당
- 농업협동조합근로자의 자사출자지분 배당
- 영농 · 영어조합법인의 배당
- 농업회사법인 출자금의 배당
- 재외동포전용 투자신탁 등의 배당(1억 원 이하)
- 녹색예금, 녹색채권의 이자와 녹색투자신탁등의 배당(조특법§91조의13)
- 경과규정에 의한 국민주택
- 개인종합자산관리계좌(ISA)에서 발생하는 금융소득(이자소득과 배당소득)의 합계액 중 200만 원 또는 400만 원까지

② 분리과세 금융소득

㉠ 소득세법에 의한 분리과세 금융소득

- 부동산 경매입찰을 위하여 법원에 납부한 보증금 및 경락대금에서 발생하는 이자(14%)
- 실지명의가 확인되지 아니하는 이자(38%)
- 10년 이상 장기채권(3년 이상 계속하여 보유)으로 분리과세를 신청한 이자와 할인액(30%)
- 직장공제회 초과반환금(기본세율)
- 수익을 구성원에게 배분하지 아니하는 개인으로 보는 법인격 없는 단체로서 단체명을 표기하여 금융거래를 하는 단체가 금융회사 등으로부터 받는 이자 배당(14%)
- 금융소득(비과세 또는 분리과세분 제외)이 개인별로 연간 2천만 원(종합과세기준 금액)이하인 경우(14% 또는 25%)

㉡ 조세특례제한법에 의한 분리과세 금융소득

- 발행일부터 최종 상환일까지의 기간이 7년 이상인 사회기반시설에 대한 민간투자법 제58조 제1항의 규정에 의한 사회기반시설채권으로서 2014년 12월 31일까지 발행된 채권의 이자(14%)
  ⇒ 2010.1.1. 이후 발행하는 사회기반시설채권은 최종 상환일까지의 기간이 7년 이상(15년 → 7년)으로 변경되었으며, 2010년부터 수해방지채권은 분리과세 대상에서 제외되었음
- 영농 · 영어조합법인의 배당(5%)
- 세금우대종합저축의 이자 배당(9%)
- 재외동포전용투자신탁 등의 배당(5%)
- 집합투자증권의 배당소득에 대한 과세특례(5%, 14%)
- 고위험고수익투자신탁 등에 대한 이자 배당(14%)
- 개인종합자산관리계좌(ISA)에서 발생하는 금융소득(이자소득과 배당소득)의 비과세 한도(200만 원, 400만 원)를 초과하는 금액(9%)

㉢ 금융실명거래 및 비밀보장에 관한 법률에 의한 분리과세

- 비실명금융자산으로서 금융회사 등을 통해 지급되는 이자 · 배당(90%)
- 금융실명거래 및 비밀보장에 관한 법률에 의하여 발행된 비실명채권에서 발생된 이자(2000.12.31.까지 20%, 2001.1.1. 이후 15%)

(2) 종합과세 되는 금융소득

① 금융소득이 2천만 원(종합과세기준금액)을 초과하는 경우

금융소득 중 비과세 및 분리과세 소득을 제외한 금융소득이 2천만 원을 초과하는 경우 금융소득 전체를 종합과세한다. 다만, 종합과세 기준금액을 기점으로 한 급격한 세부담 증가 문제를 보완하고 금융소득 종합과세시 최소한 원천징수세율(14%) 이상의 세부담이 되도록 하기 위해 2천만 원을 초과하는 금융소득만 다른 종합소득과 합산하여 산출세액을 계산하고 2천만 원 이하 금액은 원천징수세율(14%)을 적용하여 산출세액을 계산한다. 산출세액 계산 시 소득세법 제62조의 규정에 따라 기준금액을 초과하는 금융소득을 다른 종합소득과 합산하여 계산하는 종합과세방식과 금융소득과 다른 종합소득을 구분하여 계산하는 분리과세방식에 의해 계산된 금액 중 큰 금액을 산출세액으로 한다. 종합과세기준금액(2천만 원)의 초과여부를 계산함에 있어서 배당소득에 대해 배당가산(Gross-up)하지 않은 금액으로 한다(금융소득이 2천만 원을 초과하는 경우로서 기준금액 이하 금액은 형식적으로 종합과세되나 원천징수 세율에 의해 산출세액을 계산하므로 실질적으로는 분리과세되는 것과 동일함).

금융소득이 2천만 원을 초과하는 경우에는 배당가산(Gross-up)한 금액을 종합과세 금융소득으로 한다. 예외적으로 출자공동사업자로부터 받는 배당(원천징수세율 25%)은 종합과세기준금액(2천만 원)을 초과하지 않더라도 종합과세한다.

② 국내에서 원천징수 되지 않은 금융소득

㉠ 국내에서 원천징수 되지 않은 국외에서 받는 금융소득

㉡ 국내에서 받는 2천만 원 이하의 금융소득으로서 소득세법 제127조에 따라 원천징수되지 않은 금융 소득

※ 2천만 원 초과여부 판단 시 국내에서 원천징수 되지 않은 금융소득도 합산한다.

6. 금융소득의 세액계산 방법

종합소득에 합산되는 금융소득이 있는 경우 다음과 같이 종합소득산출세액을 계산한다.

(1) 금융소득 중 2천만 원까지는 원천징수세율(14%)을 적용하여 계산한 세액과 2천만 원을 초과하는 금융소득에는 기본세율(6~42%)을 적용하여 계산한 세액을 합계하여 산출세액으로 한다.

※ 산출세액=(금융소득 2천만 원×14%)+(종합소득 과세표준×기본세율)

(2) 금융소득 전체 금액에 대하여 원천징수된 세액 전부를 기납부세액(2천만 원에 대한 원천징수세액을 포함)으로 공제하여 납부할 세액을 계산한다. 따라서 전체 금융소득 중 2천만 원까지는 원천징수세율로 납세의무가 종결되는 분리과세와 같은 결과가 된다.

[종합소득세 기본세율]

과세표준(2018년 귀속)	세 율	누진공제액
1,200만 원 이하	과세표준×6%	–
1,200만 원 초과~4,600만 원 이하	72만 원+1,200만 원 초과 금액의 15%	108만 원
4,600만 원 초과~8,800만 원 이하	582만 원+4,600만 원 초과 금액의 24%	522만 원
8,800만 원 초과~1억 5천만 원 이하	1,590만 원+8,800만 원 초과 금액의 35%	1,490만 원
1억 5천만 원 초과~3억 원 이하	3,760만 원+1억 5천만 원 초과 금액의 38%	1,940만 원
3억 원 초과~5억 원 이하	9,460만 원+3억 원 초과 금액의 40%	2,540만 원
5억 원 초과	1억 7,460만 원+5억 원 초과 금액의 42%	3,540만 원

(3) 금융소득종합과세 비교과세 사례

① [사례1] 2천만 원을 초과하는 이자소득이 있는 경우(14% 이자소득만 있음)

- 2017년도 종합소득 현황
  - 은행예금 이자 : 50,000,000원
  - 회 사 채 이자 : 50,000,000원
  - 세금우대종합저축의 이자 : 5,000,000원
- 종합소득공제는 5,100,000원으로 가정

㉠ 종합과세되는 금융소득금액

- 종합과세되는 금융소득금액 : 1억 원(은행예금이자+회사채이자)

  ※ 세금우대종합저축의 이자는 분리과세되는 금융소득으로 종합과세되는 금융소득 금액에서 제외됨

- 기준금액초과 금융소득 : 100,000,000-20,000,000=80,000,000

㉡ 종합소득 산출세액의 계산

- 금융소득을 기본세율로 과세 시 산출세액
  (2천만 원 초과금액−종합소득공제)×기본세율+2천만 원×14%
  =(80,000,000−5,100,000)×기본세율−누진공제+(20,000,000×14%)
  =(74,900,000×24%−5,220,000)+2,800,000
  =12,756,000+2,800,000=15,556,000원
- 금융소득을 원천징수세율로 과세 시 산출세액
  금융소득×14%=100,000,000×14%=14,000,000원
- 종합소득산출세액은 '금융소득을 기본세율로 과세 시 산출세액'과 '금융소득을 원천징수세율로 과세 시 산출세액' 중 큰 금액인 15,556,000원

② [사례2] 이자소득과 사업소득이 함께 있는 경우

- 2017년도 종합소득 현황
  - 은행예금 이자 : 60,000,000원
  - 사업소득 금액 : 30,000,000원
- 종합소득공제는 5,100,000원으로 가정

㉠ 종합과세되는 금융소득금액

- 종합과세되는 금융소득금액 : 60,000,000원

㉡ 종합소득 산출세액의 계산

- 금융소득을 기본세율로 과세 시 산출세액
  (2천만 원 초과금액+사업소득금액−종합소득공제)×기본세율+2천만 원×14%
  =(40,000,000+30,000,000−5,100,000)×기본세율+20,000,000×14%
  =(64,900,000×24%−5,220,000)+2,800,000=13,156,000원
- 금융소득을 원천징수세율로 과세 시 산출세액
  금융소득금액×14%+(사업소득금액−종합소득공제)×기본세율
  =60,000,000×14%+(30,000,000−5,100,000)×기본세율
  =8,400,000+(24,900,000×15%−1,080,000)=11,055,000원
- 종합소득산출세액은 '금융소득을 기본세율로 과세 시 산출세액'과 '금융소득을 원천징수세율로 과세 시 산출세액' 중 큰 금액인 13,156,000원

7. 신고와 납부

종합과세대상 금융소득이 발생한 경우(1년간 금융소득이 2천만 원을 초과한 경우) 발생년도 다음해 5월 1일부터 5월 31일까지 주소지 관할세무서에 종합소득세 확정 신고 · 납부하여야 하며, 만약 5월 31일까지 신고하지 않거나 불성실하게 신고하는 경우에는 신고불성실 가산세 또는 납부불성실 가산세를 부담하게 된다.

03 자금세탁방지제도

1. 개 요

자금세탁방지제도란 국내 · 국제적으로 이루어지는 불법자금의 세탁을 적발 · 예방하기 위한 법적 · 제도적 장치로서 사법제도, 금융제도, 국제협력을 연계하는 종합 관리시스템을 의미한다. 자금세탁(Money Laundering)의 개념은 일반적으로 "자금의 위법한 출처를 숨겨 적법한 것처럼 위장하는 과정"을 의미하며, 각국의 법령이나 학자들의 연구목적에 따라 구체적인 개념은 다양하게 정의되고 있다. 우리나라의 경우 "불법재산의 취득 · 처분사실을 가장하거나 그 재산을 은닉하는 행위 및 외국환거래 등을 이용한 탈세목적으로 재산의 취득 · 처분사실을 가장하거나 그 재산을 은닉하는 행위"로 규정(특정금융거래보고법 제2조 제4호 및 범죄수익규제법 제3조 참조)하고 있다.

[자금세탁방지제도 체계]

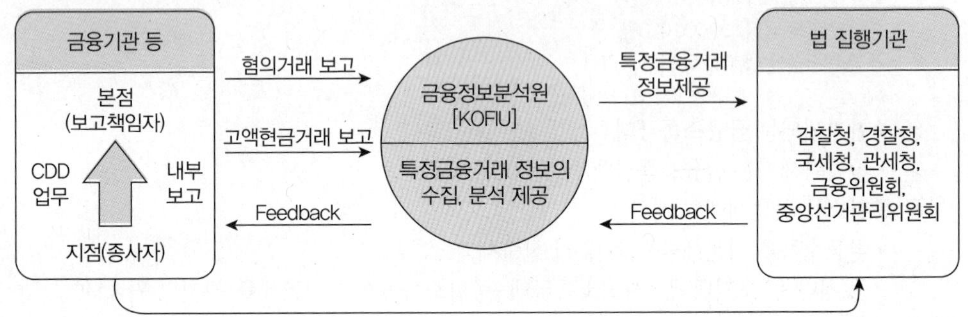

2. 금융정보분석기구(FIU)

금융정보분석기구(Financial Intelligence Unit, FIU)는 금융기관으로부터 자금세탁 관련 혐의거래 보고 등 금융정보를 수집 · 분석하여, 이를 법집행기관에 제공하는 단일의 중앙 국가기관이다. 우리나라의 자금세탁방지기구는 특정금융거래정보의 보고 및 이용에 관한 법률에 의거하여 설립된 금융정보분석원(Korea Financial Intelligence Unit, KoFIU)이다. 금융정보분석원은 법무부 · 금융위원회 · 국세청 · 관세청 · 경찰청 · 한국은행 · 금융감독원 등 관계기관의 전문 인력으로 구성되어 있으며, 금융기관 등으로부터 자금세탁관련 혐의거래를 수집 · 분석하여 불법거래, 자금세탁행위 또는 공중협박자금조달 행위와 관련된다고 판단되는 금융거래 자료를 법 집행기관(검찰청 · 경찰청 · 국세청 · 관세청 · 금융위 · 중앙선관위 등) 제공하는 업무를 주업무로 하고, 금융기관 등의 혐의거래 보고업무에 대한 감독 및 검사, 외국의 FIU와의 협조 및 정보교류 등을 담당하고 있다.

3. 의심거래보고제도(Suspicious transaction report, STR)

(1) 의심거래보고제도의 정의

의심거래보고제도(Suspicious Transaction Report, STR)란, 금융거래(카지노에서의 칩 교환 포함)와 관련하여 수수한 재산이 불법재산이라고 의심되는 합당한 근거가 있거나 금융거래의 상대방이 자금세탁 행위를 하고 있다고 의심되는 합당한 근거가 있는 경우 이를 금융정보분석원장에게 보고토록 한 제도이다. 불법재산 또는 자금세탁행위를 하고 있다고 의심되는 합당한 근거의 판단주체는 금융회사 종사자이며, 그들의 주관적 판단에 의존하는 제도라는 특성이 있다.

(2) 혐의거래보고의 대상

금융회사 등은 금융거래와 관련하여 수수한 재산이 불법재산이라고 의심되는 합당한 근거가 있거나 금융거래의 상대방이 자금세탁행위나 공중협박자금조달행위를 하고 있다고 의심되는 합당한 근거가 있는 경우에는 지체 없이 의무적으로 금융정보분석원에 의심거래보고를 하여야 한다. 의심거래보고를 하지 않는 경우에는 관련 임직원에 대한 징계 및 기관에 대한 시정명령과 과태료 부과 등 제재처분이 가능하다. 특히 금융회사가 금융거래의 상대방과 공모하여 의심거래보고를 하지 않거나 허위보고를 하는 경우에는 6개월의 범위 내에서 영업정지처분도 가능하다. 의심거래보고건수는 2010년 6월 30일부터 의심거래보고 기준금액이 2천만 원에서 1천만 원으로 하향 조정되고, 2013년 8월 13일부터 의심거래 보고 기준금액이 삭제됨에 따라 크게 증가되고 있는 추세이다.

(3) 혐의거래보고의 방법 및 절차

금융기관 영업점 직원은 업무지식과 전문성, 경험을 바탕으로 고객의 평소 거래상황, 직업, 사업내용 등을 고려하여 취급한 금융거래가 혐의거래로 의심되면 그 내용을 보고책임자에게 보고한다. 또한 고객 확인의무 이행을 요청하는 정보에 대해 고객이 제공을 거부하거나 수집한 정보의 검토 결과 고객의 금융 거래가 정상적이지 못하다고 판단하는 경우 의심스러운 거래로 보고한다. 보고책임자는 특정금융 거래정보보고 및 감독규정의 별지 서식에 의한 의심스러운 거래보고서에 보고기관, 거래상대방, 의심스러운 거래내용, 의심스러운 합당한 근거, 보존하는 자료의 종류 등을 기재하여 온라인으로 보고하거나 문서 또는 저장 매체로 제출하되, 긴급한 경우에는 우선 전화나 FAX로 보고하고 추후 보완할 수 있다.

(4) 혐의거래보고 정보의 법집행기관에 대한 제공

금융기관 등 보고기관이 의심스러운 거래(혐의거래)의 내용에 대해 금융정보분석원(KoFIU)에 보고하면 KoFIU는 ① 보고된 혐의거래내용과 ② 외환전산망 자료, 신용정보, 외국 FIU의 정보 등 자체적으로 수집한 관련자료를 종합 · 분석한 후 불법거래 또는 자금세탁행위와 관련된 거래라고 판단되는 때에는 해당 금융거래자료를 검찰청 · 경찰청 · 국세청 · 관세청 · 금융위원회 · 선거관리위원회 등 법집행기관에 제공하고, 법집행기관은 거래내용을 조사 · 수사하여 기소 등의 의법조치를 하게 된다.

4. 고액현금거래보고(Currency Transaction Report, CTR)

(1) 개 념

고액현금거래보고제도(Currency Transaction Reporting System, CTR)는 일정금액 이상의 현금거래를 FIU에 보고토록 한 제도이다. 1일 거래일 동안 2천만 원 이상의 현금을 입금하거나 출금한 경우 거래자의 신원과 거래일시, 거래금액 등 객관적 사실을 전산으로 자동 보고토록 하고 있다. 따라서 금융기관이 자금세탁의 의심이 있다고 주관적으로 판단하여 의심되는 합당한 사유를 적어 보고하는 의심거래보고제도(Suspicious Transaction Report, STR)와는 구별된다. 우리나라는 2006년에 이 제도를 처음 도입하였으며(특정금융거래정보의 보고 및 이용 등에 관한 법률 제14조의2, 시행일자 : 2006.01.18), 도입 당시는 보고 기준금액을 5천만 원으로 하였으나, 2008년부터는 3천만 원, 2010년부터는 2천만 원으로 단계적으로 인하하여 운영하고 있다.

(2) 도입 목적

고액현금거래보고제도는 객관적 기준에 의해 일정금액 이상의 현금거래를 보고토록 하여 불법자금의 유출입 또는 자금세탁혐의가 있는 비정상적 금융거래를 효율적으로 차단하려는데 목적이 있다. 현금거래를 보고토록 한 것은 1차적으로는 출처를 은닉 · 위장하려는 대부분의 자금세탁거래가 고액의 현금거래를 수반하기 때문이며, 또한 금융기관 직원의 주관적 판단에 의존하는 의심거래보고제도만으로는 금융기관의 보고가 없는 경우 불법자금을 적발하기가 사실상 불가능하다는 문제점을 해결하기 위한 것이다. 국제적으로는 모든 국가가 이 제도를 도입하고 있는 것은 아니며, 각국이 사정에 맞게 도입 · 운영하고 있다. 우리나라는 금융거래에서 현금거래 비중이 높은 점 때문에 자금세탁방지의 중요한 장치로서 도입 필요성이 강하게 제기되어 왔다. 이 제도가 자금세탁거래를 차단하는데 효율적이라는 점이 인정됨에 따라 FATF(Financial Action Task Force on Money Laundering) 등 자금세탁방지 관련 국제기구는 각국이 이러한 제도를 도입할 것을 적극 권고하고 있다.

(3) 보고 기준

고액현금거래보고의 보고 기준금액은 특정금융거래보고법 제4조2에서 정한 금액으로 동일인* 기준 1거래일동안 지급받거나 영수한 현금액을 각각 합산하여 산정한다. 고객이 고액현금거래보고를 회피할 목적으로 금액을 분할하여 금융거래를 하고 있다고 의심되는 합당한 근거가 있는 경우에는 의심스러운 거래(STR)로 보고해야 한다.

* 동일인 : 금융실명법 제2조 제4호의 실지명의가 동일한 경우(주민등록표상의 명의 등)

① 기준 금액

㉠ 2006년 1.18.~2007.12.31. 까지는 5천만 원

㉡ 2008년 1.1.~2009.12.31. 까지는 3천만 원

㉢ 2010년부터는 2천만 원

② 기준금액 산정 시 제외거래

㉠ 1백만 원 이하의 원화송금(무통장입금 포함) 금액

㉡ 1백만 원 이하에 해당하는 외국통화 매입 · 매각 금액

㉢ 금융실명법상 실명확인 생략 가능한 각종 공과금의 수납 · 지출 금액

㉣ 법원공탁금, 정부보관금, 송달료를 지출한 금액
㉤ 은행지로장표에 의하여 수납한 금액
㉥ 1백만 원 이하의 선불카드 금액

(4) 외국 사례

미국을 시작으로 호주, 캐나다 등 주로 선진국 FIU에서 도입하여 운영하여 왔으나 최근 들어 대만, 과테말라, 슬로베니아, 파나마, 콜롬비아, 베네수엘라 등으로 그 도입이 점차 확대되어 가고 있다. 보고대상기관은 대부분의 국가에서 은행, 증권회사, 보험회사 등 모든 업종의 금융기관으로 하고 있다. 보고기준금액은 자금세탁 등 불법자금 유통을 효과적으로 차단할 수 있는 범위 내에서 현금거래 성향, 수준 등을 고려하여 각국이 결정하므로 국가에 따라 다르나, 미국, 호주, 캐나다 등 주요국에서는 1만 달러(자국화폐기준)를 기준금액으로 하고 있다. 각국은 분할거래를 통해 고액현금거래보고제도를 회피하는 것을 방지하기 위해 일정기간 동안의 다중거래는 단일거래로 판단하여 그 합이 보고기준금액을 넘을 경우에도 보고토록 하는 장치를 두고 있다. 한편, 미국, 캐나다 등에서는 보고와 관련된 비용부담을 줄이고, 자료의 실효성을 제고하기 위해 자금세탁 위험성이 상대적으로 낮은 정부기관 또는 금융기관 등과 거래는 금융회사가 스스로 판단하여 보고대상에서 제외할 수 있도록 하는 보고면제제도를 운영하고 있다. 반면 우리나라는 고객현금거래 보고 면제대상기관을 법령(특정금융거래보고법 시행령)에 명시 하고 이 대상기관의 현금거래는 고액현금거래보고를 면제토록 하는 '면제대상 법정 지정방식'을 채택하고 있다.

[주요국 고액현금거래보고제도 현황]

국 가	기준금액	보고대상기관	보고건수
미 국	USD10,000 이상	은행, 증권브로커와 딜러, 자금서비스업, 카지노 등	연간 12~13백만 건
캐나다	CAD10,000 이상	은행, 신탁회사, 생명보험회사, 증권딜러, 환전업자, 회계사(법인), 부동산 중개인, 카지노 등	연간 약 2백만 건
호 주	AUD10,000 이상	은행, 보험회사 및 보험중개인, 금융서비스업, 신탁회사, 변호사 또는 법무법인, 카지노 등	연간 약 2백만 건

5. 고객확인제도(Customer Due Diligence, CDD)

(1) 개 념

고객확인제도란(CDD; Customer Due Diligence), 금융회사가 고객과 거래 시 고객의 성명과 실지명의 이외에 주소, 연락처 등을 추가로 확인하고, 자금세탁행위 등의 우려가 있는 경우 실제 당사자 여부 및 금융거래 목적을 확인하는 제도이다. 금융회사가 고객에 대해 이렇게 적절한 주의를 기울이도록 한 것은 금융상품 또는 서비스가 자금세탁행위 등 불법행위에 이용되는 것을 방지하기 위한 것이다. 우리나라 법률에서는 이를 '합당한 주의'로서 행하여야 하는 의무사항으로 규정하고 있다. 고객확인 과정에서 정보의 제공 및 관련서류의 제출을 거부하는 경우 금융거래를 거절할 수 있다. 고객확인제도는 금융회사 입장에서는 금융회사가 고객의 수요에 맞는 금융서비스를 제공하면서도 정확한 고객확인을 통해 자금세탁의 위험성을 최소화하고 금융회사의 평판 위험을 줄일수 있는 장치로서 인식되고 있다. 또한 고객확인제도는 자금세탁방지 측면에서는 금융회사가 평소 고객에 대한 정보를 파악 · 축적함으로써 고객의 혐의거래 여부를 파악하는 토대를 제공한다고 할 것이다. 우리나라가 1993년부터 시행하고 있는 금융실명제는 고객확인제도의 기초에 해당한다. 국제적으로 고객확인제도는 2003년부터 본격적으로 도입되었고, 우리나라는 금융실명제를 토대로 하되 금융실명제가 포함하지 않고 있는 사항을 보완하는 차원에서 특정금융거래보고법에 근거를 두고 2006년 1월 18일부터 이 제도를 도입하였다. 2010년 7월 새롭게 제정 · 시행된 자금세탁방지 및 공중협박자금조달금지 업무규정(FIU고시)에서는 고객확인제도의 이행사항을 상세하게 규정하고 있다. 고객확인제도는 금융회사 입장에서 자신의 고객이 누구인지 정확하게 알고 범죄자에게는 금융서비스를 제공하지 않도록 하는 정책이라 하여 고객알기정책(Know Your Customer Policy)이라고도 한다. 2014년 5월 특정금융정보법 개정을 통해 국제기준에 따른 실제 소유자의 정의와 고객확인업무 수행 시 실제 소유자를 확인하도록 의무사항이 추가되었다(2016.1.1. 시행).

[실명확인제도와 고객확인제도 비교]

금융실명법	특정금융거래보고법상 고객확인제도(CDD)	
	(2006. 1월 도입)	고위험고객 : 강화된 고객확인(EDD*)
성명, 주민번호	성명, 주민번호+주소, 연락처+실제소유자에 관한 사항(2016.1.1.부터 시행)	성명, 주민번호, 주소, 연락처+실제소유자에 관한 사항, 거래목적, 거래자금의 원천

* EDD(Enhanced Due Diligence)

(2) 고객확인 대상

금융기관은 계좌의 신규개설이나 2천만 원(미화 1만 불) 이상의 일회성 금융 거래 시 고객의 신원을 확인해야 하는바, 그 구체적인 내용은 다음과 같다.

① 계좌의 신규 개설

고객이 금융기관에서 예금계좌, 위탁매매계좌 등을 개설하는 경우뿐만 아니라, 일반적으로 금융기관과 계속적인 금융거래를 개시할 목적으로 계약을 체결하는 것을 말한다. 예를 들어 여신, 보험 · 공제계약, 대출 · 보증 · 팩토링 계약의 체결, 양도성예금증서, 표지어음의 발행, 금고대여약정, 보관 어음 수탁 등도 "계좌의 신규개설"에 포함된다.

※ 계좌 신규개설의 경우는 거래금액에 상관없이 고객확인의무를 수행하여야 함

② 2천만 원(미화 1만 불 상당액) 이상의 일회성 금융거래

금융기관 등에 위와 같이 개설된 계좌에 의하지 아니한 금융거래를 말한다. 예를 들어, 무통장입금(송금), 외화송금 · 환전, 자기앞수표 발행, 어음 · 수표의 지급, 선불카드 매매 등이 이에 해당한다.

③ 금융거래의 실제 당사자 여부가 의심되는 등 자금세탁행위나 공중협박자금조달 행위를 할 우려가 있는 경우

④ 고객확인의무 면제 대상

㉠ 금융실명법상 실명확인 생략 가능한 각종공과금의 수납

㉡ 금융실명법 제3조 제2항 제3호에서 정한 특정채권의 거래

㉢ 법원공탁금, 정부 · 법원 보관금, 송달료를 지출한 금액
㉣ 보험기간의 만료 시 보험계약자, 피보험자 또는 보험수익자에 대하여 만기환급금이 발생하지 아니하는 보험계약

(3) 고객확인 내용

① 고객별 신원확인

[고객별 신원확인사항]

구 분	신원확인사항(시행령 제10조의4)
개 인	실지명의(금융실명법 제2조 제4호의 실지명의), 주소, 연락
영리법인	실지명의, 업종, 본점 및 사업장 소재지, 연락처, 대표자 실지명의
비영리법인 및 기타 단체	실지명의, 설립목적, 주된 사무소 소재지, 연락처, 대표자 실지명의
외국인 및 외국단체	위의 분류에 의한 각각의 해당사항, 국적, 국내 거소 또는 사무소 소재지

② 고객이 자금세탁행위를 할 우려가 있는 경우

금융기관은 실제당사자 여부가 의심되는 등 고객이 자금세탁행위를 할 우려가 있는 경우에는 고객별 신원확인 외에 '고객의 실제 당사자 여부 및 금융거래 목적'까지 확인하도록 규정하고 있다.

(4) 강화된 고객확인의무(Enhanced Due Diligence, EDD)

강화된 고객확인제도는 고객별 · 상품별 자금세탁 위험도를 분류하고 자금세탁위험이 큰 경우에는 더욱 엄격한 고객확인, 즉 실제 당사자 여부 및 금융거래 목적과 거래자금의 원천 등을 확인하도록 하는 제도이다(2008.12.22. 시행). 금융회사는 고객과 거래유형에 따른 자금세탁 위험도를 평가하고 위험도에 따라 차등화된 고객확인*을 실시함으로써 자금세탁위험을 보다 효과적으로 관리할 수 있다.

* 위험기반 접근법(Risk-based Approach)에 기초하여 위험이 낮은 고객에 대해서는 고객확인에 수반되는 비용과 시간을 절약하는 반면, 고위험 고객(또는 거래)에 대하여는 강화된 고객확인을 실시

2016년부터 강화된 FATF 국제기준을 반영하여 금융회사는 고객확인 시 실제 소유자* 여부를 확인하는 사항이 추가되었고, 고객확인을 거부하는 고객에 대해 신규거래 거절 및 기존 거래 종료가 의무화 되도록 하였다.

* 실제소유자(Beneficial Owner)란 "고객을 최종적으로 지배하거나 통제하는 자연인"으로서 해당 금융거래를 통하여 궁극적으로 혜택을 보는 개인[자금세탁방지기구(FATF, Financial Action Task Force) 정의]

① 개인 고객

㉠ 타인을 위한 거래를 하고 있다고 의심되거나 고객이 실제소유자가 따로 존재한다고 밝힌 경우에만 실제소유자를 새로 파악*
 * 이 경우 외에는 '계좌 명의인=실제소유자'로 간주
㉡ 파악된 실제소유자의 실지명의(성명, 주민등록번호)를 확인하고 기재

② 법인 또는 단체 고객

㉠ 투명성이 보장되거나 정보가 공개된 국가 · 지자체 · 공공단체 · 금융회사 및 사업보고서 제출 대상 법인의 경우 확인의무 면제 가능

㉡ 다음과 같이 3단계로 실제소유자를 파악

(1단계) 100분의 25 이상의 지분증권을 소유한 사람

⇓ (1단계에서 확인할 수 없는 경우)

(2단계) ①, ②, ③ 중 택일
① 대표자 또는 임원 · 업무집행사원의 과반수를 선임한 주주(자연인)
② 최대 지분증권을 소유한 사람
③ ① · ②외에 법인 · 단체를 사실상 지배하는 사람
※ 단, 최대 지분증권 소유자가 법인 또는 단체인 경우, 금융회사는 3단계로 바로 가지 않고 최종적으로 지배하는 사람을 추적하는 것을 선택할 수 있음

⇓ (2단계에서 확인할 수 없는 경우)

(3단계) 법인 또는 단체의 대표자

※ 금융회사는 주주, 대표자, 임원 등을 법인등기부등본, 주주명부 등을 통해 확인 가능

㉢ 파악된 실제소유자의 성명, 생년월일을 확인하고 기재

04 금융정보자동교환 협정

1. 금융정보자동교환을 위한 국제 협정

조세조약에 따른 국가 간 금융정보자동교환을 위하여 국내 금융회사들은 매년 정기적으로 상대국 거주자 보유 계좌정보를 국세청에 제출하고 있다.

[국가 간 자동 정보교환 방식]

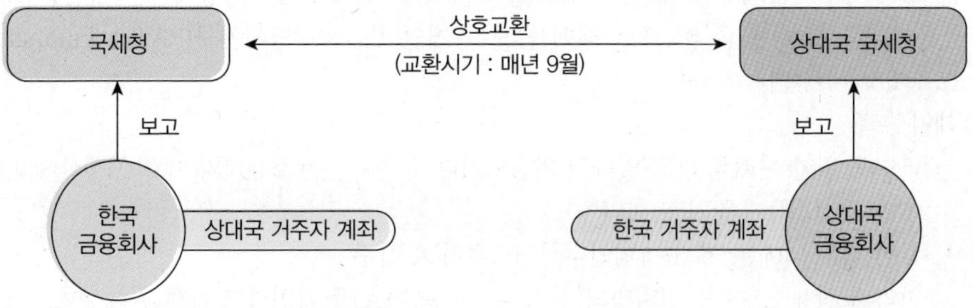

(1) 한–미간 국제 납세의무 준수 촉진을 위한 협정(FATCA협정)

2010년 3월 미국은 해외금융회사에 대해 자국 납세자의 금융정보 보고를 의무화하는 조항(FATCA; Foreign Account Tax Compliance Act)를 신설하고 동 정보교환을 위해 2012년부터 다른 나라들과 정부 간 협정 체결을 추진하였다. 우리나라는 2012년 4월 한미 재무장관 회의에서 상호교환 방식으로 '금융정보자동교환 협정'을 체결하기로 하고 협상을 진행하여 2014년 3월 협정문에 합의하였으며 2015년 6월 양국 간 정식 서명하였다. 동 협정은 2016년 9월 국회 비준에 따라 발효되었으며, 국세청은 2016년 11월 국내 금융회사로부터 미국 거주자 등 미국 납세의무자에 대한 금융정보를 수집하여 미국 과세당국과 금융정보를 상호교환하고 있다.

(2) 다자 간 금융정보자동교환 협정(MCAA협정)

미국이 양자 간 금융정보자동교환을 추진한 이후, OECD 및 G20을 중심으로 각 국에 납세 의무가 있는 고객의 금융정보를 교환하기 위한 '다자간 금융정보자동교환 협정'(MCAA; Multilateral Competent Authority Agreement on Automatic Exchange of Financial Account Information)이 추진되었고 2014년 10월 독일 베를린에서 우리나라를 포함한 총 51개국이 동 협정에 서명했고 현재 100개국 이상이 참여하고 있다. 각국은 OECD가 마련한 공통보고기준(CRS; Common Reporting Standard)을 기반으로 금융정보자동교환 관련 의무를 이행하고 있다.

2. 금융정보자동교환을 위한 국내 규정

금융정보자동교환을 위한 국내 규정에서는 국제조세조정에 관한 법률에서 위임 받아 금융회사가 금융거래 상대방의 인적사항 등을 확인하기 위한 실사절차, 자료제출방법, 비보고 금융회사와 제외계좌 등을 규정하고 있다.

(1) 국제조세조정에 관한 법률 제31조, 제31조의2, 제37조의3, 제37조의4

정기적인 금융정보 교환을 위한 금융회사의 금융정보 제출 의무, 정보보안의무, 금융거래 상대방에게 자료 제출 요구 근거, 과태료와 벌칙 등 규정

(2) 국제조세조정에 관한 법률 시행령 제47조

금융정보 제출 방법, 금융거래 상대방에게 요청할 수 있는 인적사항의 종류, 제출된 정보의 시정요구및 오류시정 절차 등 규정

(3) 정기 금융정보 교환을 위한 조세조약 이행규정

국제조세조정에 관한 법률에서 위임을 받아 금융회사가 금융거래 상대방의 인적사항 등을 확인하기 위한 실사절차, 자료제출방법, 비보고 금융회사와 제외계좌 등 규정

3. 금융회사의 의무

(1) 실사의 의무

금융정보 자동교환을 위한 국제 협정을 이행하기 위하여 국내 금융회사는 관리하고 있는 금융계좌 중 계좌보유자가 보고대상 '해외 납세의무자'에 해당하는지 여부를 확인하는 실사 절차를 수행해야 한다.

[실사 일반사항]

구 분	주요내용		
개 인	기존계좌	소 액	• 거주지 주소확인(미국 제외) • 전산기록 검토를 통해 추정정보 확인
		고 액	• 전산 · 문서기록 검토 통해 추정정보 확인 • 고객담당자 확인 ※ 고액계좌 : 미화 100만 달러 초과 계좌 신규계좌 본인확인서
	신규계좌	본인확인서	
단 체	기존계좌	규제목적상 또는 고객관리 목적상 관리되는 정보 확인	
	신규계좌	본인확인서	

(2) 정보수집 및 보고의 의무

금융회사는 보고대상 금융계좌에 대한 정보를 수집하여 해당 정보를 국세청에 보고하여야 한다.

[보고대상 금융계좌의 종류(이행규정 제4조)]

구 분	개 요
예금계좌	금융회사가 은행업이나 이와 유사한 사업을 수행하는 통상적 과정에서 유지하는 예금 · 적금 · 부금 등 계좌
수탁계좌	하나 이상의 금융자산을 보유한 다른인(人)의 이익을 위한 계좌
자본지분 채무지분	금융회사에 의해 보유되는 금융회사 소유의 자본 및 채무 지분 그리고 그와 동등한 조합 및 신탁의 지분
현금가치 보험계약	사망, 질병, 사고, 법적 책임, 현금성 자산위험에 대한 보험계약 및 기대수명에 의해 전적 또는 부분적으로 결정되는 기간 동안 보험료를 납부해야 하는 계약으로서, 현금가치가 미화 5만 달러를 초과하는 보험계약
연금계약	1인 이상 개인의 기대수명의 전부 또는 일부에 기초하여 결정된 일정기간 동안 발행인이 금전 등을 지급할 것을 약정하는 계약

※ 보고대상 제외 계좌(이행규정 제23조)

개인퇴직계좌, 생명보험계약 등 조세회피 등에 사용될 위험이 낮은 것으로 판단되는 특정 금융계좌를 제외계좌라고 한다. 제외계좌에 해당하는 계좌들은 보고뿐만 아니라 실사절차, 계좌잔액 합산 대상 금융계좌에서도 제외된다.

예 퇴직, 연금계좌 등 특정저축계좌, 특정 정기생명보험계약, 유산계좌, 결제위탁 계정

▶ 참고문헌

1. 한국은행(2018), 「알기 쉬운 금융생활」
2. 한국은행(2015), 「전자금융 총람」
3. 금융감독원(2018),「대학생을 위한 실용금융」
4. 금융감독원(2016), 「자금세탁방지검사업무안내서」
5. 금융감독원(2018), 「선불카드표준약관」
6. 한국금융연수원(2018), 「은행텔러(상), (하)」
7. 은행연합회(2016), 「금융실명거래 업무해설」
8. 국세청(2018), 「금융소득종합과세 해설」
9. 국세청(2017), 「조세조약에 따른 정기 금융정보 제출 안내」
10. 기획재정부(2015), 「국가 간 금융정보자동교환」
11. 한국FPSB(2018), 「투자설계」
12. 예금보험공사, 예금자보호제도
13. 금융정보분석원, 자금세탁방지제도

CHAPTER 26 보험일반 이론

01 위험관리와 보험

1. 보험의 정의

사람은 출생에서 사망에 이르는 생애주기 동안 질병 · 상해 · 우연한 사고 등 수많은 위험에 노출되어 있으며, 생사에 관한 사고 및 질병은 가족의 생계유지와도 관련되어 있다. 보험은 이러한 위험에 대비해 상부상조 정신을 바탕으로 경제적 손실을 보전하기 위한 준비제도로 볼 수 있다. 즉, 보험이란 장래 어떠한 손실이 발생할 경우 그 손실을 회복하는 데 드는 비용을 같은 위험에 노출되어 있는 여러 사람들이 공동으로 부담하는 제도적 장치로 손실이 발생할 경우 손실을 보상하거나, 다른 금전적 대가를 제공 혹은 위험과 관련된 서비스를 제공하기로 약정한 보험자(보험회사)에게 손실발생과 관련된 불확실성을 전가함으로써 계약자의 예기치 못한 손실을 집단화하여 분배하는 것이라 정의할 수 있다.

보험이란 피보험자(보험대상자)가 불의의 사고를 당했을 경우 보험회사가 그 손실에 상응하는 금전적 보상을 한다는 계약을 통해 보험회사에게 전가된 피보험자(보험대상자) 위험의 집합체이다.

2. 보험의 목적과 특성

보험은 불확실한 손실에 대한 경제적 결과를 축소하고자 하는 것을 목적으로 한다. 또한 보험은 대규모의 불확실한 손실의 위험을 타인에게 전가하거나 타인과 공유하기 위한 수단을 제공한다. 하지만 보험은 손실을 보상 또는 회복할 자금을 제공해 줄 수는 있으나 보험 그 자체가 손실발생을 방지해 주는 것은 아니다. 보험의 특징은 일반적으로 아래의 다섯 가지로 정리할 수 있다.

(1) 예상치 못한 손실의 집단화

손실의 집단화란 손실을 한데 모아 개별위험을 손실집단으로 전환시킴으로써 개인이 부담해야 할 실제 손실을 위험그룹의 평균손실로 대체하는 것을 의미한다. 예를 들어 주택가격이 1억 원인 주택이 1만 가구가 있고 1년 동안 평균 10건의 화재가 발생한다면 1년간 총손실은 10억 원으로 볼 수 있다. 보험이 없을 경우 1만 가구 중 10가구는 불확실한 1억 원의 손실을 각각 부담해야 하지만, 보험이 있음으로써 가구당 손실은 1년간 10만 원으로 확정된다. 즉 보험을 통해 불확실한 손실을 확정손실로 전환할 뿐아니라 손실을 개인으로부터 그룹 전체의 손실로 분산할 수 있다.

(2) 위험의 분산

앞서 언급했듯이 보험은 위험을 분산시킨다. 개별적으로 감당하기 힘든 손실 위험을 집단화하여 서로 분담(risk sharing)함으로써 손실로부터의 회복을 보다 용이하게 해주며, 이러한 상호부조적 관계가 당사자 간의 자율적 시장거래를 통하여 달성된다는 특징을 가진다.

(3) 위험의 전가

보험은 형태상으로 계약에 의한 위험의 전가로 볼 수 있다. 즉 손실의 빈도는 적으나, 손실의 규모가 커서 스스로 부담하기 어려운 위험을 보험회사에 보험료 납부를 통해 전가함으로써 개인이나 기업이 위험에 대해 보다 효과적으로 대응할 수 있게 해주는 사회적 장치이다.

(4) 실제손실에 대한 보상(실손보상의 원리)

계약상의 보험금지급 사유 발생 시, 보험사가 보상하는 것은 실제로 발생한 손실을 원상 회복하거나 교체할 수 있는 금액으로 한정하기 때문에 이론적으로 보험보상을 통해 이익을 보는 경우는 없다. 다만, 손실금액을 확정할 수 없는 손실(신체적 손해, 미술품의 파손 등)이 발생할 경우에는 보험계약 시 사전에 결정한 금액을 보상할 수 있다. 이와 같이 보상을 실제손실 또는 현금가치로 한정함으로써 보험에 수반되는 도덕적 해이를 줄일 수 있다. 실손보상의 원리는 보험으로 보상을 받기 위해서는 손실을 화폐가치로 환산할 수 있어야 함을 의미하기 때문에 정서적 가치 훼손, 정신적 괴로움과 같은 경우 대체적으로 보험을 통해 보호받을 수 없다.

(5) 대수의 법칙 적용

보험의 주요한 혜택 중 하나는 손실을 예측하는 데 있다. 대수의 법칙은 표본이 클수록 결과가 점점 예측된 확률에 가까워진다는 통계학적인 정리로 보험회사가 위험을 예측할 수 있는 이유가 여기에 있다. 예를 들어 동전을 던져 앞면이 나올 확률은 50%이지만 4번을 던질 경우 정확하게 앞면이 두 번 나오기는 힘들다. 하지만 1만번을 던질 경우 앞면이 나오는 경우가 50%에 극히 가까워지게 된다. 이와 같이 표본의 수를 늘리거나 실험횟수를 많이 거칠수록 결과는 예측치에 가까워지며 보험사는 이러한 논리로 동질의 위험에 대한 다수의 보험계약자를 확보함으로써 손실의 예측능력을 확보할 수 있다.

3. 위험의 구분

(1) 순수위험 · 투기적 위험

먼저 위험은 사건발생에 연동되는 결과에 따라 순수위험과 투기적 위험으로 분류할 수 있다. 순수위험은 조기사망, 화재, 자연재해, 교통사고 등과 같이 사건의 발생 결과 손실만 발생하는 위험(Loss Only Risk)이다. 즉 순수위험은 손실이 발생하거나 발생하지 않는 불확실성이며, 사건 발생이 곧 손실의 발생으로 이익이 발생하지 않는다. 이에 반해 투기적 위험은 주식투자, 복권, 도박 등과 같이 경우에 따라 손실 또는 이익의 발생이 가능한 불확실성을 말한다. 원칙적으로 보험상품의 대상이 되는 위험은 순수위험에 국한된다.

(2) 정태적 위험 · 동태적 위험

또한 위험의 발생상황에 따라 정태적 위험(개인적 위험)과 동태적 위험(사회적 위험)으로도 구분이 가능하다. 정태적 위험은 시간에 따른 사회 · 경제적 변화와 관계없이 발생할 수 있는 위험으로 자연재해, 인적원인에 의한 화재 · 상해 등, 그리고 고의적인 사기 · 방화 등을 예로 들 수 있다. 정태적 위험은 손실만을 발생시키는 순수위험적 성격을 가지고 있으며, 사회적인 것이 아닌 개인적인 위험으로 개별적 사건 발생은 우연적 · 불규칙적이나, 집단적으로 관찰 시 일정한 확률을 가지기 때문에 예측이 가능하여 대부분 보험의 대상이 된다. 동태적 위험은 시간경과에 따른 사회 · 경제적 변화와 관계가 있는 위험으로 산업구조 변화, 물가변동, 생활양식 변화, 소비자 기호변화, 정치적 요인 등 사회의 동적 변화에 따라 발생할 수 있는 불확실성이다. 동태적 위험은 사회적인 특정 징후로 예측이 가능한 면도 있으나, 위험의 영향이 광범위하며 발생 확률을 통계적으로 측정하기 어렵다. 또한 동태적 위험은 정태적 위험과 달리 경제적 손실을 발생시킬 가능성과 동시에 이익을 창출할 기회, 사업기회 등을 제공함으로써 손실 혹은 이익을 초래하는 불확실성으로 투기성 위험과 함께 보험의 대상이 되기 어려운 특성을 가진다.

4. 보험의 대상이 되는 불확실성(위험)의 조건

위험전가를 원하는 계약자와 보험회사 간 적정 수준의 보험료를 통해 전가할 수 있는 위험은 다음과 같은 조건을 만족해야 한다.

(1) 다수의 동질적 위험단위(Large Number of Similar Exposure Units)

건물 화재, 자동차 접촉사고 등과 같이 유사한 속성(발생빈도 및 손실규모)의 위험이 발생의 연관이 없는 독립적으로 다수 존재해야 하며, 대수의 법칙을 적용하여 손실을 예측할 수 있고 보험료를 계산할 수 있어야 한다.

(2) 우연적이고 고의성 없는 위험(Accidental and Unintentional)

손실사고 발생에 인위적이거나 의도가 개입되지 않으며 미리 예측할 수 없이 무작위로 발생하는 손실이어야 한다.

(3) 한정적 측정가능 손실(Determinable and Measurable Loss)

피해의 발생원인, 발생시점, 장소, 피해의 정도가 명확히 식별 가능하고 손실금액을 측정할 수 있어야 하며, 이를 위한 객관적 자료 수집과 처리를 통해 정확한 보험금 지급 및 적정 보험료 산정이 가능해야 한다.

(4) 측정 가능한 손실확률(Calculable Chance of Loss)

적정 보험료 및 준비금 산정을 위해 손실사건 발생확률을 추정할 수 있는 위험이어야 한다.

(5) 비재난적 손실(No Catastrophic Loss)

보험회사 혹은 인수집단의 능력으로 보상이 가능한 규모의 손실이어야 한다. 다만, 위험분산기법 발달, 보험사의 대규모화 등으로 전가 가능 위험의 범위가 확대되는 추세이다.

※ 재난적 손실의 예시 : 천재지변, 전쟁, 대량실업 등

(6) 경제적으로 부담 가능한 보험료 수준(Economically Feasible Premium)

위험에 따른 보험료가 매우 높게 산정되어 가입자가 경제적으로 부담이 불가능한 경우 시장성이 없어 계약이 거래되지 않는다.

02 보험의 기능과 종류

1. 보험의 긍정적 기능

(1) 사회보장제도 보완

경제성장에 따른 도시화 및 핵가족화, 저출산 기조, 인구 구조 고령화, 소득재분배 구조 왜곡으로 인한 소득분포 불균형 등의 사회적 문제가 국민 경제에 미치는 영향을 완화하기 위해 정부차원에서 사회보장 제도를 확충하고 있으나, 그 수준이 국민 평균적인 기대에 미치지 못하고 있는 상황이다. 이를 보완하는 방안으로 정부가 최저수준의 국민생활을 보장해주는 사회보장, 기업이 종업원의 퇴직 후 생활을 보장해 주기 위한 기업보장, 그리고 각 개인별 노후를 준비하는 개인보장의 3대 보장축 조화를 기반한 복지사회 구현을 3층 보장론이라 한다. 예를 들어 일반적인 기업체에서 근무하고 있는 급여소득자의 경우 국민연금과 기업체로부터 수령하는 퇴직금 · 퇴직연금, 그리고 개인적으로 준비하는 개인연금보험 등을 통해 노후생활을 준비해야 한다. 위의 3층 보장론의 측면에서 볼 때 정부의 사회보험과 민영보험은 상호보완적이면서도 경쟁관계라는 양면성을 가진다.

더 알아보기 

사회보장제도 정리

국가가 국민 최저생활을 보장해 주기 위해 실시하는 제도를 총칭하며, 우리나라의 경우 사회보험, 공공부조, 사회복지서비스 등으로 구성되어 있다.

- 사회보험 : 국민의 경제적 생활을 보장하기 위해 생활에 위협을 가져오는 사고가 발생할 경우 보험의 원리를 응용해 생활을 보장하고자 하는 사회보장 정책
  예 국민건강보험(장기요양보험), 국민연금, 산재보험, 고용보험 등 4대 보험
- 공공부조 : 국가 및 지방자치단체의 비용부담으로 생활유지능력이 없거나 생활이 어려운 국민에게 최저생활을 보장하고 자립을 촉진하는 경제적 보호제도
  예 기초생활보장(생계급여, 주거급여, 의료급여, 교육급여, 해산급여, 장제급여, 자활급여)
- 사회서비스 : '삶의 질' 향상을 위해 사회적으로 꼭 필요하지만 저수익성으로 민간 참여가 부진하기 때문에 정부 · 지자체 등이 함께 제공하는 복지서비스
  예 노인복지, 장애인복지, 아동복지, 건강복지

(2) 손해 감소 동기부여

보험은 특정 우발적 사고 발생 시 손해를 보상해 주는 것을 목적으로 하며, 사고 발생 자체를 예방 또는 진압하는 것을 목적으로 하지는 않는다. 하지만 보험회사는 사고 발생에 따른 보상책임 부담을 줄이기 위해 직 · 간접적인 노력을 하고 있다. 예를 들어 화재보험의 경우 면책제도, 보험료할인제도 등을 통해 보험가입자의 소방설비 설치 등 사고예방 노력에 대한 동기를 부여하며, 각종 사고예방 선전 · 캠페인 등을 진행하기도 한다.

(3) 기업의 자본효율성 향상

기업은 보험이 없을 경우 우발적 사고에 대비하기 위한 거액의 자금을 준비금으로 적립해야 한다. 하지만 보험을 이용할 경우 소액의 자본(보험료)을 사용해 사전에 손실을 확정하고 안정적으로 기업을 존속할 수 있어 기업의 자본효율성을 제고할 수 있다.

(4) 국가경제 발전에 기여

보험사는 향후 보험금 지급을 위해 계약자가 납입한 보험료를 적립하고 이를 효율적으로 운영하여 이익금이 발생할 경우 주주 · 계약자에 대한 배당을 실시하기도 한다. 이처럼 보험회사는 보험의 보장기능 외에도 금융기능을 일부 담당하고 있으며 생명보험의 경우 대부분 장기간에 걸친 계약이기 때문에 자산을 장기적, 그리고 안정적으로 운용할 수 있는 특징이 있다. 이러한 특징으로 인해 국가 기간산업 등에 적립금을 투자함으로써 국가경제 발전에 기여하고 있다. 또한 화재 · 질병 · 사망 등 우발적 사고로 국민의 생활이 위협받게 되면 사회 불안이 급증하고 국가는 이들의 생활을 보호하기 위해 재정부담이 확대될 수밖에 없다. 그러나 보험이 존재함으로써 이러한 우발적 사고에 대한 손해를 보험회사가 보상하기 때문에 국가 재정부담의 기능도 수행한다고 볼 수 있다.

2. 보험의 부정적 영향

(1) 보험회사 측면

보험회사는 계약자 확대, 보험료 과대계상 등을 통한 이익추구를 위해 피보험 목적물 가액을 과대하게 평가하여 피보험자(보험대상자)의 사행성을 자극하여 도박과 같은 보험계약을 유발시킬 수 있다. 또한 보험업의 운용이 복잡함을 악용하여 보험금 지급을 위한 책임준비금을 적립하는 대신 자금을 부당하게 사용함으로써 피보험자에게 손해를 끼치고 사회에 악영향을 줄 수도 있다.

(2) 보험가입자 측면

보험 가입 이후 보험사고 발생 시 피보험자는 보험회사로부터 보험금을 지급받게 되며 이에 따라 보험가입자들은 우발적 위험에 대비한 저축을 하거나, 사고 발생을 예방하기 위한 노력을 기울이지 않을 수 있다. 또한 보험금을 사취하기 위한 방화 등 고의적 사고를 일으키거나, 사건 발생을 가장 · 위증하는 등 사회질서를 해치는 행위를 유발시킬 수 있다.

3. 보험의 종류

보험은 상법상으로 손해보험과 인보험으로 분류되며, 보험실무상으로는 손해보험과 생명보험으로 분류하기도 한다.

[보험의 상법상 분류]

- 손해보험
  - 배상책임보험
    - 대인배상
    - 대물배상
  - 재물보험
- 인보험
  - 상해보험
  - 생명보험
    - 사망보험
    - 생존보험
    - 생사혼합보험

(1) 손해보험

계약자가 신체상 손해나 재물 손해가 났을 때 보험자가 그 손해를 배상

① **배상책임보험** : 계약자가 타인의 신체(대인)나 재물(대물)에 손해를 끼침으로써 법률상 책임을 졌을 때 그 손해를 배상

② **재물보험** : 계약자(개인 또는 법인) 소유의 건물, 건축물, 전자기기, 기계, 건설공사 등이 화재에 의해 직접손해, 폭발 및 파열손해 등이 발생했을 때 그 손해를 배상

(2) 인보험

계약자의 생명이나 신체를 위협하는 사고가 발생한 경우 보험자가 일정한 금액 또는 기타의 급여를 지급

① **상해보험** : 계약자가 우발적 사고로 신체에 상해를 입은 경우 보험금액 및 기타의 급여를 지급하는 보험으로 보험사고 발생으로 인한 상해의 정도에 따라 일정한 보험금을 지급하는 정액보험인 경우와 비정액보험인 경우가 있음

② **생명보험** : 계약자의 사망 또는 일정 연령까지 생존 시 약정한 보험금을 지급하는 보험으로 노후의 생활비, 사망 후 유가족의 생활보호를 위한 자금 등을 마련하기 위해 이용하며, 보험금 지급사유에 따라 보험기간 중 계약자가 장해 또는 사망 시 보험금을 지급하는 사망보험, 계약자가 보험기간 종료일까지 생존하는 경우에만 지급하는 생존보험, 생존보험의 저축기능과 사망보험의 보장기능을 절충한 생사혼합보험으로 세분화할 수 있음

[보험의 실무상 분류]

(3) 손해보험

① **화재보험** : 화재나 번개로 인하여 재산상의 손해가 발생할 경우 보험증권에 의해 사전에 약정된 보험금을 지급(상품에 따라 태풍, 도난 등과 같은 손인들이 포함)

② **해상보험** : 항해에 따르는 사고로 인해 발생할 수 있는 많은 종류의 위험을 종합적으로 담보하고, 보험사고 발생 시 보험증권에 의해 약정된 보험금을 지급

③ **자동차보험** : 계약자가 자동차를 소유, 운행, 관리하는 동안 발생하는 각종 사고로 인해 생기는 피해에 대한 보험금을 지급

④ **보증보험** : 각종 거래에서 발생하는 신용위험을 감소시키기 위해 보험의 형식으로 하는 보증제도로서 보증보험회사가 일정한 대가(보험료)를 받고 계약상의 채무이행 또는 법령상의 의무이행을 보증하는 특수한 형태의 보험

⑤ **장기(손해)보험** : 일반적으로 3년 이상의 보험기간을 가지며 보장기능 외 적립부분(저축보험료)이 포함된 상품으로 일반손해보험과 다르게 만기 도달 시 환급금을 되돌려주는 저축기능이 부과되어 있음

⑥ **특종보험** : 해상 · 화재 · 자동차 · 보증 · 장기보험 등을 제외한 모든 형태의 보험으로 상해보험, 건설 공사보험, 항공보험, 유리보험, 동물보험, 배상책임보험 및 도난보험 등 기타 보험이 이에 해당됨

(4) 생명보험

① **개인보험** : 위험선택의 단위가 개인으로 개인의 책임하에 임의로 보험금액 · 보험금수령인 등을 결정할 수 있고 연령 · 성별 등에 따라 다른 보험료를 각출하는 보험

② **연금보험** : 피보험자의 종신 또는 일정한 기간 동안 해마다 일정 금액을 지불할 것을 약속하는 생명보험의 한 유형

③ **단체보험** : 일정 단체에 소속되어 있는 사람 전체를 대상으로 하는 보험상품으로 평균보험료율이 적용되며 보험금액 등의 선택에도 상당한 제약이 존재하나 보험료 측면에서 개인보험 대비 저렴한 것이 특징

03 생명보험의 역사

1. 생명보험의 역사

(1) 고대시대

기원전 고대시대부터 인류는 집단생활을 하면서 구성원끼리 서로 어려울 때 도와주는 문화를 가지고 있었다. 집단 구성원이 사망하거나 천재지변으로 손해가 발생할 경우 다른 구성원들이 손실비용을 부담하기도 하였다. 이는 오늘날 보험과 유사한 형태로 볼 수 있으며, 그 대표적인 제도로 기원전 3세기경의 에라노이(Eranoi)와 로마 제정시대의 콜레기아(Collegia Tenuiorum)를 들 수 있다. 에라노이는 집단 구성원이 사망하거나 어려운 일이 생길 때를 대비하여 서로 도움을 주는 종교적 공제단체였으며, 콜레기아는 사회적 약자나 소외계층 등 하층민들이 서로 돕기 위해 조직했던 상호부조조합으로 구성원이 낸 회비를 추후에 구성원의 사망 장례금, 유가족 지원금 등으로 지급하거나 예배 등 종교활동에 필요한 비용으로 사용하였다.

(2) 중세시대

중세시대 유럽에서는 과학 · 경제 · 금융이 급속도로 발전하기 시작하고 교역 또한 크게 발달하였다. 13~14세기경 독일에서 발달한 길드(Guild)는 교역의 발달에서 파생된 상호구제제도이다. 길드는 해상교역 중에 발생하는 선박이나 화물의 손해를 공동으로 부담하고 구성원의 사망, 화재, 도난 등의 재해도 구제해 주었다. 길드의 상호구제 기능은 그 필요성에 따라 전문화되고 자본주의 성립과 함께 영국의 우애조합(Friendly Society), 독일의 구제금고(Hilfskasse) 등의 형태로 발전하였으며, 이 시기에 생명보험 · 화재보험의 초기형태가 나타나게 된다.

(3) 근대시대

근대에 들어 자본주의가 발달하게 되고 오늘날의 생명보험 형태의 토대가 만들어진다. 17세기 말 프랑스 루이 14세는 이탈리아 은행가 톤티(Lorenzo Tonti)가 고안한 연금제도인 톤틴연금을 시행하였다. 톤틴연금은 대중의 출자로 대량의 자금을 만드는 방법으로 출자자를 연령별 그룹으로 구분하고 그룹별로 결정된 일정 금액을 매년 국가에 납부하고 이를 그룹의 생존자 간에 분배하는 일종의 종신연금과 같은 제도였다. 최초로 사망률, 이자계산방법 등 근대식 수리기법이 적용된 제도로 이후 근

대적 생명보험 발달에 크게 기여하는 역할을 하였던 톤틴 연금은 타인의 죽음을 기뻐하는 도덕적 폐단과 국고부담 과중으로 루이 15세에 의해 1763년 폐지된다. 그 후 1787년 제국보험회사(Compaie Royale d'Assurance)가 설립되었으나, 이 역시 프랑스 대혁명으로 해체되고 19세기까지 생명보험의 발전은 완만하게 진행되었다.

1762년 영국에서 세계 최초의 근대적인 생명보험 회사 '에퀴터블' 생명보험회사가 설립되었다. 에퀴터블 생명보험은 최초로 수학적으로 예측한 인간의 예상 수명을 보험에 적용하였고 이에 따라 적절한 보험료를 산출하는 체계화된 시스템과 해약환급금, 신체검사, 가입금액 한도, 배당 등 오늘날 생명보험 운영의 토대가 되는 각종 근대적인 제도를 도입하였다.

독일에서는 자본주의 경제가 성숙됨에 따라 1828년 고타(Gotha) 생명보험회사가 설립되었으며 미국은 1812년 펜실베니아생명보험회사 설립 이후 메사추세츠생명, 뉴욕생명, 뉴잉글랜드생명 등이 설립되면서 본격적으로 생명보험이 보급되었다.

2. 우리나라 생명보험의 역사

(1) 계와 보

우리나라에서도 '생명보험'과 유사한 제도가 있었다. 삼한시대의 '계'와 신라 · 고려시대의 '보'가 이에 해당된다. 삼한시대부터 시작되었던 '계(契)'는 공통된 이해를 가진 사람들 간의 상호협동조직이었다. 처음에는 '상호부조'라는 목적으로 시작되었으나, 조선시대에 와서는 친목 도모, 관혼상제 공동부담 등 다양한 계가 등장하게 되며 지금까지도 목돈 마련을 위해 대중적으로 활용되는 수단이기도 하다. 신라시대 불교의 '삼보'에서 비롯된 '보(寶)'는 일종의 재단의 성격을 가지고 있었으며, 특정 공공사업을 수행할 목적으로 일정한 기본자산을 마련한 뒤 그 기금을 대출해 생기는 이자로 경비를 충당하거나, 자선에 활용하는 제도였다. 이후 고려시대에 국가의 공공목적 수행을 위한 재원의 확보책으로 많이 활용되었으나, 시간이 지날수록 고리대(高利貸)의 성격이 짙어져 사회 문제를 일으키기도 하였다.

(2) 근대적 생명보험

1876년 일본에 의한 강화도조약 체결 이후 미국 · 독일 · 영국 등 서양 열강의 보험회사들이 진출하기 시작했다. 1891년 일본의 테이코쿠생명이 부산에 대리점을 내며 쿄사이생명, 니혼생명, 치요타생명 등이 인천 · 목포 등 항구도시를 중심으로 대리점을 개설하였다. 우리나라 최초의 생명보험사는 1921년 한상룡씨가 설립한 '조선생명보험주식회사'이다. 그리고 이듬해 1922년 최초의 손해보험회사인 '조선화재해상보험주식회사'가 설립된다. 하지만 일본강점기 동안 일본계 보험회사들과 경쟁하는 과정에서 무너지게 되고, 광복 이후 일본 생명보험사들은 보험료를 환급하지 않고 철수하는 사태가 벌어져 당시 보험계약자에게 큰 경제적 피해를 입힘과 함께 보험에 대한 불신풍조가 오랫동안 지속되는 계기가 되었다. 1940년대부터 50년대 말에는 대한생명, 협동생명, 고려생명, 흥국생명, 제일생명(현 알리안츠), 동방생명(현 삼성생명), 대한교육보험(현 교보생명) 등이 설립되었다. 1960년대 정부의 경제개발계획이 추진되면서 생명보험회사가 국민저축기관으로 지정되었으며 1970년대에는 경제성장과 함께 보험산업도 발전하면서 시장도 개인보험 위주로 전환된다. 이후 1980년대 경제 고속성장 및 가계소득 증가로 생명보험산업도 고도성장을 이룰 수 있었다. 1990년대 보험시장

개방, 금융자율화 정책 등으로 생명보험 시장 내에서도 본격적인 경쟁이 시작되었으며, 규모위주 성장전략에 따른 과다한 실효해약 등으로 경영부실이 확대되기 시작하였다. 결국 1997년 IMF 외환위기가 발생하고 1998년 4개 생명보험회사의 허가가 취소되는 등 생명보험업계의 대규모 구조조정이 이루어진다.

[2000년대 이후 생명보험산업의 주요 연혁]

연 도	주요 내용
2000년대	• 방카슈랑스 제도 도입 • 홈쇼핑, T/M, C/M, 대형마트 등 판매채널 다양화
2013년	• 인터넷 전문 생명보험사 출범 • 온라인 채널 확대 가속화
2015년	생명 · 손해보험협회, '온라인 보험 슈퍼마켓(보험다모아)'서비스 개설
2017년	생명 · 손해보험협회, 보험가입내역과 숨은보험금을 조회할 수 있는 '내보험찾아줌(ZOOM)'서비스 운영 실시

27 생명보험 이론

01 생명보험 계약

1. 생명보험계약 관계자

(1) 보험자

위험을 인수하는 보험회사를 말하며, 보험자(보험회사)는 보험계약 당사자로서 보험계약자와 보험계약을 체결하고 유지된 계약에 대하여 보험금 지급사유가 발생하였을 경우 보험금을 지급할 의무가 있다. 보험사업은 공공의 이익과 밀접한 관련이 있으며 다수의 보험계약자로부터 위험을 인수하여 효율적으로 관리해야 하므로 보험사업을 영위하기 위해서는 금융위원회의 사업허가를 득해야 하는 등의 제한이 있다.

(2) 보험계약자

보험자(보험회사)와 보험계약을 체결하는 보험계약당사자이다. 따라서 보험계약자는 보험계약에 대한 보험료 납부 등의 의무와 보험금 청구 권리를 갖는다. 보험계약자의 자격에는 제한이 없어 자연인 · 법인 또는 1인 · 다수 등 상관없이 보험계약자가 될 수 있다. 다만, 만 19세 미만자의 경우 친권자 또는 법정대리인의 동의가 필요하다.

- 보험계약자의 주된 의무 : 보험료 납입의무, 보험계약시 고지의무, 주소변경 통지의무, 보험금 지급사유 발생 통지의무
- 보험계약자의 자격에는 제한이 없으나 미성년자, 한정치산자, 금치산자의 경우에는 법정대리인의 동의를 필요로 한다.

(3) 피보험자

보험계약에서 정의한 보험사고가 발생함으로써 손해를 입는 사람을 말하며, 피보험자는 1인 또는 다수이든 상관이 없으며 생명보험에서 피보험자와 보험계약자가 동일할 경우 '자기생명의 보험', 양자가 각각 다른 사람일 경우 '타인생명의 보험'이라고 한다. 다만, 타인생명의 보험일 경우 반드시 그 타인의 서면동의(또는 전자서명, 공인전자서명 등)를 받아야 하는 제한이 있다.

(4) 보험수익자

피보험자에게 보험사고가 발생 시 보험자에게 보험금지급을 청구 · 수령할 수 있는 권리를 가진 사람으로 그 수나 자격에 대한 제한이 없다. 보험수익자와 보험계약자가 동일한 경우 '자기를 위한 보험', 양자가 각각 다른 사람일 경우 '타인을 위한 보험'이라 한다. 보험수익자가 여러 명일 경우 대표자를 지정해야 하며 보험수익자의 지정과 변경권은 보험계약자에게 있다. 보험계약자와 피보험자가 다른 '타인생명의 보험'일 경우 보험수익자 지정 또는 변경 시 피보험자의 동의가 필요하다.

더 알아보기

보험금을 받는 자를 지정하지 않은 경우
계약자가 보험계약 시 보험수익자를 지정하지 않은 경우 보험사고에 따라 보험수익자가 결정

보험사고별 종류	보험수익자
사망보험금	피보험자의 상속인
생존보험금	보험계약자
장해 · 입원 · 수술 · 통원급부금 등	피보험자

(5) 기 타

계약자와 보험자 간의 계약 체결을 위해 중간에서 도와주는 보조자가 있다. 보험설계사, 보험대리점, 보험중개사 등이 보험계약의 체결을 지원하는 모집 보조자이다.

구 분	내 용
보험설계사	보험회사, 대리점, 중개사에 소속되어 보험계약 체결을 중개하는 자
보험대리점	• 보험자를 위해 보험계약 체결을 대리하는 자 • 계약체결권, 고지 수령권, 보험료 수령권의 권한을 가지고 있음
보험중개사	• 독립적으로 보험계약 체결을 중개하는 자 • 보험대리점과 달리 계약체결권, 고지수령권, 보험료 수령권에 대한 권한이 없음

[생명보험계약 관계자]

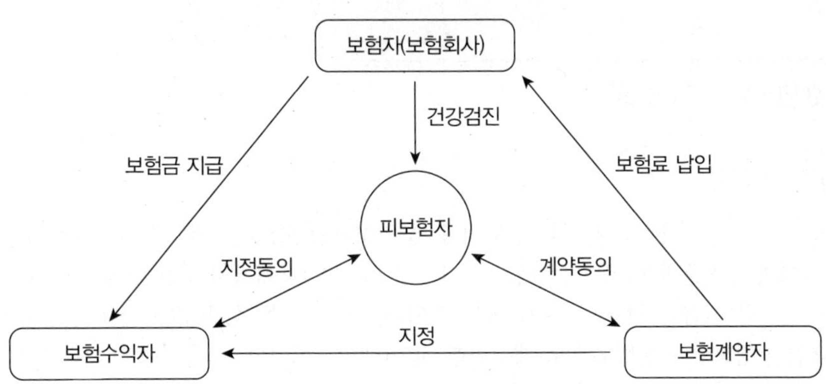

2. 보험계약의 요소

(1) 보험목적물(보험대상)

보험사고 발생의 객체로 생명보험에서는 피보험자의 생명 또는 신체를 말한다. 보험의 목적물은 보험자가 배상하여야 할 범위와 한계를 정해준다.

(2) 보험사고(보험금지급사유)

보험사고란 보험에 담보된 재산 또는 생명이나 신체에 관하여 보험자(보험회사)가 보험금 지급을 약속한 사고(위험)가 발생하는 것으로 생명보험의 경우 피보험자의 사망 · 생존, 장해, 입원, 진단 및 수술, 만기 등이 보험금 지급사유로 규정된다.

(3) 보험기간

보험에 의한 보장이 제공되는 기간으로 위험기간 또는 책임기간이라고도 하며 상법에서는 보험자의 책임을 최초의 보험료를 지급 받은 때로부터 개시한다고 규정하고 있다.

(4) 보험금

보험금은 보험기간 내 보험사고가 발생하였을 때 보험자(보험회사)가 지급해야 하는 금액이다. 보험금은 보험계약 체결 시 보험자와 보험계약자 간 합의에 의해 설정할 수 있다.

(5) 보험료

보험계약자가 보험사고에 의한 보장을 받기 위하여 보험자(보험회사)에게 지급하여야 할 금액으로 만약 보험료를 납부하지 않는다면 그 계약은 해제 혹은 해지된다.

(6) 보험료 납입기간

보험료 납입을 보험기간(보장기간)의 전 기간에 걸쳐서 납부하는 보험을 전기납(全期納)보험이라 하며, 보험료의 납입기간이 보험기간보다 짧은 기간에 종료되는 보험을 단기납(短期納)보험이라 한다.

02 생명보험의 기본원리

1. 상부상조의 정신

상부상조의 정신은 다수의 사람들이 모여 언제 일어날지 모르는 각종 사고에 대비해 서로 일정금액을 모금하여 공동준비재산을 마련해두고 그 구성원 가운데 예기치 못한 불행을 당한 사람에게 미리 약정된 금액을 지급함으로써 서로를 돕는 것이다. 이러한 상부상조(相扶相助)의 정신을 과학적이고 합리적인 생명보험 이론방법으로 제도화한 것이 생명보험이며 이의 기초가 되는 것으로 대수의 법칙, 생명표, 수지상등의 원칙 등이 있다.

[생명보험의 기본원리]

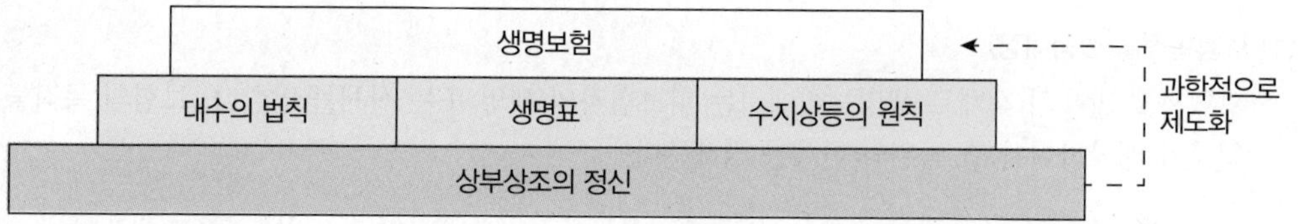

2. 대수의 법칙

측정대상의 숫자 또는 측정횟수가 많아지면 많아질수록 예상치가 실제치에 근접한다는 원칙을 말한다. 즉, 관찰의 횟수를 늘려 가면 일정한 발생확률이 산출되고 관찰대상이 많을수록 확률의 정확성은 커지게 되는데, 이를 대수의 법칙이라고 한다. 아래 표는 주사위를 던졌을 때 실행횟수 별 각 숫자가 나올 확률을 표시한 결과이다. 주사위 각 숫자의 이론적인 산출 가능 확률은 1/6, 즉 16.67%이다. 실행 횟수가 제한(6번 실행)되었을 경우와 실행 횟수가 증가했을 경우의 각 숫자별 산출 확률 상의 편차를 비교해 보면 실행 횟수가 증가할수록 이론적인 확률과 실제 산출 확률 간 편차가 줄어드는 것을 확인할 수 있다.

[대수의 법칙 예시]

구분		1	2	3	4	5	6	합 계
6번 실행	횟수(건)	0	2	2	0	1	1	6
	확률(%)	0.0	33.3	33.3	0.0	16.7	16.7	100
	표준편차(%)	14.9						
100번 실행	횟수(건)	9	20	21	20	15	15	100
	확률(%)	9.0	20.0	21.0	20.0	15.0	15.0	100
	표준편차(%)	4.6						
500번 실행	횟수(건)	82	82	68	88	82	98	500
	확률(%)	16.4	16.4	13.6	17.6	16.4	19.6	100
	표준편차(%)	2.0						
1,000번 실행	횟수(건)	168	144	178	168	174	168	1,000
	확률(%)	16.8	14.4	17.8	16.8	17.4	16.8	100
	표준편차(%)	1.2						
10,000번 실행	횟수(건)	1,619	1,710	1,648	1,659	1,688	1,676	10,000
	확률(%)	16.2	17.1	16.5	16.6	16.9	16.8	100
	표준편차(%)	0.3						

이러한 대수의 법칙에 따라 특정인의 우연한 사고 발생 가능성 및 발생시기 등은 불확실하지만 많은 사람들을 대상으로 관찰해보면 통계적인 사고 발생확률을 산출할 수 있게 된다. 따라서 생명보험에서는 다수의 보험계약자로 구성된 동일한 성질의 위험을 가진 보험집단이 존재해야 하고 그 보험계약자 수가 많을수록 통계적 수치의 정확성이 커지게 되어 보험자(보험회사)가 정확한 보험료율을 산정하고 미래에 발생할 수 있는 손실의 빈도와 강도에 대하여 보다 정확하게 예측할 수 있다.

3. 생명표

대수의 법칙에 각 연령대별 생사잔존상태(생존자수, 사망자수, 생존률, 평균여명)를 나타낸 표를 생명표 또는 사망표라 하며, 생명표는 국민생명표와 경험생명표로 분류할 수 있다.

- 국민생명표 : 국민 또는 특정지역의 인구를 대상으로 그 인구 통계에 의해 사망상황을 작성한 생명표
- 경험생명표 : 생명보험회사, 공제조합 등의 가입자에 대해 실제 사망 경험을 근거로 작성한 생명표
- 우체국생명표 : 우체국보험 가입자의 실제 사망현황을 감안하여 작성한 생명표

또한, 사람의 사망률은 일반적으로 의료기술 발달, 생활수준 향상 등에 따라 낮아지는 특성을 가지고 있어 사망상황을 측정하는 방법 및 연도에 따라 생명표를 분류하기도 한다.

4. 수지상등의 원칙

보험계약자가 납입하는 보험료 총액과 보험회사가 지급하는 보험금 및 사업비 등 지출비용의 총액이 동일한 금액이 되도록 하는 것을 수지상등(收支相等)의 원칙이라 한다. 보험계약자 1인당 보험료를 P, 가입자 수를 n, 보험집단의 사고발생건수를 a, 1회 지급 보험금을 R이라고 하면 수지상등의 원칙은 아래와 같은 등식으로 나타낼 수 있다.

$$P \times n = R \times a$$

총보험료 = 사업비 등을 포함한 총보험금

보험회사에서는 수지상등의 원칙을 실현하기 위해 대수의 법칙이 작용하는 충분한 보험계약자 수를 확보한 보험집단을 형성하고 보험집단 내 우연적인 보험사고 발생확률과 이에 따른 평균적인 손실금액을 산정해 총지급보험금을 예측하며, 이에 부합하는 보험료를 개별 보험계약자로부터 징수하여 보험료 총액과 사업비 등을 포함한 지급보험금 총액 간의 균형이 이루어지도록 해야 한다.

03 보험료 계산의 기초(3이원방식, 현금흐름방식)

1. 3이원방식

보험료를 수지상등의 원칙에 의거하여 예정사망률, 예정이율, 예정사업비율의 3대 예정률을 기초로 계산하는 방식이다.

(1) 예정사망률(예정위험률)

특정 개인의 수명을 예측하기 힘들기 때문에 대다수 사람의 일정한 사망비율을 관찰하여 사망, 질병, 장해 등 보험사고가 발생할 확률을 대수의 법칙에 의해 미리 예측하여 보험료 계산에 적용하는 것을 예정사망률(위험률)이라 한다.

예정사망률과 보험료의 관계
예정사망률이 낮아지면 사망보험(피보험자 사망 시 보험금이 지급되는 보험)의 보험료는 내려가고, 생존보험(일정시점까지 피보험자 생존 시에만 보험금 지급되는 보험)의 보험료는 올라간다. 이와 반대로 예정사망률이 높아지면 사망보험의 보험료는 올라가고 생존보험의 보험료는 내려간다.

(2) 예정이율

보험자(보험회사)는 장래의 보험금 지급에 대비하여 보험계약자가 납입한 보험료를 적립 · 운용(運用)하게 되며 이에 따라 적립 보험료는 시간이 흐르면서 이자와 운용 수익이 발생하게 된다. 이러한 기대 수익을 사전에 예상하여 일정 비율로 보험료를 할인해주는 할인율을 예정이율이라고 한다.

더 알아보기 

예정이율과 보험료의 관계
예정이율이 낮아지면 보험료는 올라가고 예정이율이 높아지면 보험료는 내려간다.

(3) 예정사업비율

보험자(보험회사)가 보험계약을 유지 · 관리해나가기 위해서는 여러 비용이 수반된다. 따라서 보험자는 보험사업 운영에 필요한 경비를 미리 예상하고 계산해 보험료에 포함시키고 있으며, 보험료 중 이러한 경비의 비율을 예정사업비율이라고 한다.

더 알아보기 

예정사업비율과 보험료의 관계
예정사업비율이 낮아지면 보험료는 내려가고 예정사업비율이 높아지면 보험료는 올라간다.

2. 현금흐름방식

현금흐름방식은 기존의 3이원방식 가격요소와 함께 계약유지율, 판매량, 투자수익률 등 다양한 가격요소를 반영하여 보험료를 산출하는 방식이다. 기존의 3이원을 조합하여 정해진 수식으로 보험료를 산출하는 방식이 아닌 다양한 기초율을 가정하여 미래 현금흐름을 예측하고, 이에 따른 목표 수익률을 만족시키는 영업보험료를 역으로 산출하는 방식을 통해 보험회사는 상품개발의 유연성을 제고할 수 있고 보험소비자는 상품선택의 폭을 확대할 수 있다.

[3이원방식과 현금흐름방식 비교]

구 분	3이원방식	현금흐름방식
기초율 가정	3이원(위험률, 이자율, 사업비율)	3이원 포함 다양한 기초율 • 경제적 가정 : 투자수익률, 할인율, 적립이율 등 • 계리적 가정 : 위험률, 해지율, 손해율, 사업비용 등
기초율 가정적용	• 보수적 표준기초율 일괄 가정 • 기대이익 내재	• 각 보험회사별 최적가정 • 기대이익 별도 구분
장 점	• 보험료 산출이 비교적 간단 • 기초율 예측 부담 경감	• 상품개발 시 수익성 분석을 동시에 할 수 있으며 상품개발 후 리스크 관리 용이 • 새로운 가격요소 적용으로 정교한 보험료 산출 가능
단 점	상품개발 시 별도의 수익성 분석 필요, 상품개발후 리스크 관리 어려움	• 정교한 기초율 예측 부담 • 산출방법이 복잡하고, 전산시스템 관련 비용이 많음
사용국가	일본, 대만 등	미국, 캐나다, 호주, EU 등

04 영업보험료의 구성

영업보험료(총보험료)는 보험계약자가 실제로 보험회사에 납입하는 보험료를 뜻하며, 이는 순보험료와 부가보험료로 구성된다.

[영업보험료(총보험료)의 구성]

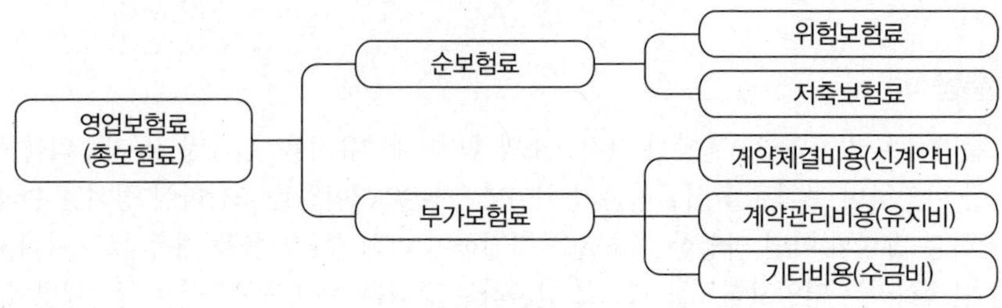

1. 순보험료

순보험료는 장래의 보험금 지급의 재원(財源)이 되는 보험료로 위험보험료와 저축보험료로 분리할 수 있다.

(1) 위험보험료

사망보험금, 장애급여금 등의 지급 재원이 되는 보험료로 예정사망률(예정위험률)에 의해 계산된다.

(2) 저축보험료

만기보험금, 중도급부금 등의 지급 재원이 되는 보험료로 예정이율에 기초해 계산된다.

2. 부가보험료

보험회사가 보험계약을 체결, 유지 및 관리하기 위한 경비에 사용되는 보험료로 예정사업비율을 기초로 계산되며 신계약비, 유지비, 수금비로 구분된다.

(1) 신계약비

보상금 및 수당, 보험증서 발행 등 신계약과 관련한 비용에 사용되는 보험료이다.

(2) 유지비

보험계약의 유지 및 자산운용 등에 필요한 경비로 사용되는 보험료이다.

(3) 수금비

보험료 수금에 필요한 경비로 사용되는 보험료이다.

3. 보험료의 산정

(1) 일시납보험료

보험계약 및 유지에 필요한 모든 보험료를 한번에 납입하는 방식으로 일시납방식 보험계약에서는 미래 예상되는 모든 보험금지급비용 충당에 필요한 금액을 일시금으로 납입한다.

(2) 자연보험료

매년 납입 순보험료 전액이 그 해 지급되는 보험금 총액과 일치하도록 계산하는 방식으로 자연보험료는 나이가 들수록 사망률이 높아짐에 따라 보험금지급이 증가하므로 보험료가 매년 높아지게 된다.

(3) 평준보험료

정해진 시기에 매번 납입하는 보험료의 액수가 동일한 산정방식으로 사망률이 낮은 계약 전반기 동안에 납입된 평준보험료는 보험금 및 비용 지급분 대비 크다. 이렇게 남은 보험료에 이자가 붙어 기금이 조성되며, 사망률이 높아지는 계약 후반기에 이 기금과 납입된 평준보험료가 보험금 및 비용 지급에 사용된다. 즉, 동일한 보험료를 납입함으로써 계약 후반기에 늘어나는 보험금 지급에 대비하여 전반기에 미리 기금을 조성해 놓는 방식이다.

(4) 유동적보험료

기본적으로 보험계약자는 보험기간 중에 보험회사가 정한 납입보험료의 최저 · 최고치 규정에 따라 본인이 원하는 만큼의 보험료를 납입할 수 있다.

4. 배 당

(1) 배당의 의의

유배당보험의 경우 보험회사는 계약에 대해 잉여금이 발생할 경우 잉여금의 일정비율을 계약자배당준비금으로 적립하여 이를 보험계약자에게 배당금으로 지급한다.

더 알아보기

잉여금

보험료 산출 시 사용되는 기초율을 예정률이라 하며 여기에는 예정이율, 예정위험률, 예정사업비율이 있다. 예정률은 적정수준의 안전성을 가정하고 있으므로 수지계산에 있어서 과잉분을 낳는 것이 일반적이다. 이러한 보험료계산의 기초는 보험회사 경영상의 잉여금액에 큰 영향을 주게 되며 보험료의 과잉분에 따른 잉여금은 보험회사의 경영형태 여하에 불구하고 대부분 계약자에게 정산환원되어야 한다. 이를 계약자배당이라 하고, 주식회사의 주주 배당과는 그 성질이 상이하다고 볼 수 있다.

(2) 배당금의 지급

① 배당금은 보험업감독규정의 기준에 의해 보험회사의 경영성과에 따라 계약자에게 배당되며 지급방법은 아래와 같다.

㉠ 현금지급 : 배당금 발생 시 계약자에게 현금으로 지급

㉡ 보험료 상계 : 계약자가 납입해야 하는 보험료를 배당금으로 대납(상계)

㉢ 보험금 또는 제환급금 지급 시 가산 : 계약이 소멸할 때까지 혹은 보험계약자의 청구가 있을 때까지 발생한 배당금을 보험회사가 적립하여 보험금 또는 각종 환급금 지급 시 가산

더 알아보기

보험업감독규정 제6-14조(계약자배당금의 산출 및 적립) 제9항

생명보험회사는 계약자배당금을 현금지급 · 납입할 보험료와 상계 · 보험금 또는 제환급금 지급 시 가산방법 중 계약자가 선택하는 방법에 따라 지급하여야 한다. 〈이하 생략〉

더 알아보기

무배당보험

계약자배당을 실시하지 않는 보험상품으로 배당금을 지급하지 않는 대신 보험료 계산 시 기초가 되는 예정사망률, 예정이율, 예정사업비율의 안전도를 가능한 한 축소하여 보험료를 할인한다. 따라서 무배당상품의 경우 동일한 보장 조건의 유배당상품 대비 보험료가 비교적 저렴하다.

(3) 보험안내자료상 배당에 대한 예상의 기재금지 및 예외사항

보험업법은 보험모집 시 미래 경영상황에 따라 변동될 수 있는 불확실한 배당을 과장되게 기재함으로써 발생할 수 있는 과당경쟁 및 고객과의 마찰 등을 방지하기 위해 보험모집에 사용되는 보험안내자료상 보험회사의 장래 이익배당 또는 잉여금 분배에 대한 추정내용을 기재하지 못하도록 규제하고 있다(보험업법 제95조 제3항). 다만, 보험계약자의 이해를 돕기 위하여 금융위원회가 필요하다고 인정하는 경우에는 예외를 두고 있다. 이에 따라 배당이 있는 연금보험의 경우 직전 5개년도 실적을 근거로 장래 계약자배당을 예시할 수 있으나, 보험계약자가 오해하지 않도록 장래의 배당금은 추정에 따른 금액으로 실제 배당금액과 차이가 발생할 수 있음을 명시해야 한다(보험업감독규정 제4-34조 제3항).

보험업법 제95조(보험안내자료) 제3항

보험안내자료에는 보험회사의 장래의 이익 배당 또는 잉여금 분배에 대한 예상에 관한 사항을 적지 못한다. 다만, 보험계약자의 이해를 돕기 위하여 금융위원회가 필요하다고 인정하여 정하는 경우에는 그러하지 아니하다.

※ 금융위원회가 필요하다고 인정하여 정하는 경우 : 계약자 배당이 있는 연금보험

05 언더라이팅과 클레임

1. 언더라이팅(Underwriting)과 언더라이터(Underwriter)

(1) 언더라이팅의 의미

보험사업은 동질성 있는 피보험자의 위험을 적절한 위험집단으로 분류하고 동일 위험군에 대해 동일한 보험료율이 적용할 수 있도록 보험가입자 간 공평성을 유지해야 합리적으로 운영될 수 있다. 이처럼 보험회사 입장에서 보험가입을 원하는 피보험자(보험대상자)의 위험을 각 위험집단으로 분류하여 보험 가입 여부를 결정(계약인수 · 계약거절 · 조건부인수 등)하는 일련의 과정이 언더라이팅(계약심사)이다. 이를 위해 피보험자의 환경 · 신체 · 재정 · 도덕적 위험 등 전반에 걸친 위험평가가 이루어지며, 언더라이팅 과정 및 결과에 따라 보험회사는 보험계약청약에 대한 승낙여부와 보험료 및 보험금의 한도를 설정할 수 있다. 앞서 언급한 '위험평가'의 과정을 통한 언더라이팅은 우량 피보험자 선택, 보험사기와 같은 역선택 위험 방지 등 보험사업의 핵심적인 업무에 해당되며 언더라이터(계약심사업무담당자) 뿐아니라 보험고객 모집조직, 상품개발 및 보험계리 조직, 보험금 지급조사 조직, 경영진에 이르는 모든 관계자들이 전사적 · 유기적으로 연계된 종합적인 의사결정 과정이다.

역선택 위험
보험계약자 스스로 위험도가 매우 높은 상황임을 알고 있으나, 보험금 등의 수령을 목적으로 위험 사실을 의도적으로 은폐하여 보험을 가입하는 행위이다. 언더라이팅을 통해 이러한 보험사기 가능성이 높은 계약을 사전에 차단함으로써 위험차익률을 관리할 수 있으며 선의의 계약자를 보호할 수 있다.

(2) 언더라이팅의 필요성

보험회사는 합리적인 사업운영을 위해 보험계약자를 공평하게 대우해야 하며, 보험계약자는 자신의 위험도에 대한 적절한 보험료를 납부함으로써 쌍방 간의 공평성이 유지된다. 보험회사 입장에서 계약수 확대를 위해 무분별하게 위험이 높은 보험계약(현 건강상태 감안 시 높은 수준의 위험 또는 고위험 직업군에 종사하는 피보험자 등)까지 인수할 경우, 당초 예상 대비 실제 보험금 지급액이 증가함에 따라 정상적인 사업운영과 보험가입자 간 공평성을 유지하기가 어려워진다. 반대로 지나치게 엄격한 위험 선택 기준을 적용한다면 보험산업 내에서 회사의 경쟁력을 상실하게 될 수 있다. 따라서 보험회사는 피보험자 및 보험계약자의 위험 수준을 적절하게 유지할 필요가 있으며, 보험회사가 감내하는 위험수준에 부합하는 보험료를 보험계약자에게 부담시킴으로써 공평성을 유지하기 위해 언더라이팅이 필요하다. 언더라이팅을 통한 위험 분석 및 선별 능력은 곧 보험회사의 경쟁력으로 직결된다. 언더라이팅이 발달된 보험회사는 영업적인 측면에서의 경쟁력 우위와 함께 보다 적절하고 효율적인 보험리스크 관리를 통해 단기적뿐만 아니라 중 · 장기적으로도 안정적인 수익을 창출할 수 있으며 선의의 고객 보호에도 기여할 수 있다.

(3) 언더라이터(Underwriter)

언더라이터는 언더라이팅, 즉 보험계약의 위험을 평가하고 선택하며 위험인수기준과 처리절차(계약인수 · 계약거절 · 조건부인수)를 결정하는 직무를 수행하는 인력이다.

(4) 언더라이터의 역할

언더라이터는 보험설계사를 통해 접수된 청약서를 검토하고 보험가입의 승인 여부, 또는 특별한 조건으로 조건부인수를 할 것인지 결정한다. 또한 피보험자의 위험 수준에 따른 적절한 보험료 및 보장한도를 결정함으로써 보험회사와 보험가입자 간의 공평성을 제고하는 역할도 수행하며 양측 모두에게 득이될 수 있도록 비용에 있어서는 효율적으로, 가입심사에 있어서는 공정하게 업무를 수행해야 하는 책임을 가진다.

이상적인 언더라이터의 조건
- 이상적인 언더라이터 → 모든 계약을 합리적이고 객관적으로 인수
- 이를 위해 논리적이며 유연한 사고를 바탕으로 법과 규정 등을 준수해야 함

2. 언더라이팅(Underwriting)의 대상

언더라이팅이 필요한 위험 대상은 크게 환경적 · 신체적 · 재정적 · 도덕적 위험으로 분류할 수 있다.

(1) 환경적 언더라이팅

환경적 위험의 대표적인 항목으로는 피보험자의 직업, 운전 습관, 흡연, 음주, 취미생활, 부업활동, 거주지 위험 등이 있다. 국내 보험업계에서는 업계 표준직업분류 및 등급표에 따라 위험등급을 비위험직 · 위험직 1~5등급으로 구분하고 있으며 각 보험사 자체적으로 이를 세분화하여 위험등급을 나누고 등급별 보장범위 및 가입한도 등을 설정하여 운영한다. 직업(운전, 취미 등을 포함) 등의 환경적 위험요소에 대해 각각의 위험등급별 보장범위 이내에서는 계약을 인수하고, 보장범위를 초과하는 경우에는 계약을 거절하는 것이 일반적이다.

(2) 신체적 언더라이팅

신체적 언더라이팅은 개인 신체상 위험을 평가하는 절차로서 언더라이팅에 있어서 매우 중요하다. 일반적으로 신체적 위험에는 피보험자(보험대상자)의 연령, 성별, 체격, 과거 및 현재 병력, 가족력 등에 따른 사망 또는 발병 가능성 등이 포함되며 세부평가를 위해 피보험자에 대한 전문의의 진단결과나 기타자료를 참고한다.

(3) 도덕적 언더라이팅

보험업 내에서의 도덕적 위험은 고의적 · 악의적으로 보험을 악용 또는 역이용하려는 행위와 그 결과를 의미하며 보험 가입 이후 의식적 또는 무의식적으로 부주의, 과실 등으로 보험사고의 발생 가능성이 높아짐에 따른 손해 확대위험 등도 이에 포함된다. 또한 도덕적 위험은 보험계약의 피보험자가 자기 자신인지, 타인인지에 따라 자기 자신을 이용한 위험과 타인을 이용한 위험으로 구분할 수 있다. 이에 따라 보험회사는 피보험자를 대상으로 사망 · 입원 등을 보험금 지급사유로 하는 고액의 보험 가입 후 고의적인 보험사고 유발 또는 사고 과장으로 보험금을 타려는 행위와 부실고지 등을 통해 보험회사를 의도적으로 속이는 행위 등을 사전에 차단하기 위해 도덕적 위험평가를 실시한다.

도덕적 위험의 영향

- 도덕적 위험 발생 증가 → 손해율 증가 및 보험회사 경영수지 악화 → 보험료 인상
- 보험과 보험회사 이미지 악화, 보험에 대한 불신풍조로 사회 전체적인 피해 증가

보험사기

보험제도를 악용하여 피보험자의 생명을 희생 또는 신체를 훼손하는 등 그 피해가 피해자와 보험회사 측 모두에게 불리하게 작용하는 중범죄이다.

(4) 재정적 언더라이팅

재정적 언더라이팅의 목적은 보험계약자의 가입 상품의 보장내용이 청약자의 생활환경 · 소득수준에 적합한지 여부를 확인함으로써 보험을 투기의 목적으로 가입하는 것을 예방하고 피보험자가 적정 수준의 보장을 받도록 하는 것이다. 보험설계사의 입장에서는 다수의 계약보다 단일 고액보장 계약을 선호할 수도 있다. 하지만 언더라이터 입장에서는 보험회사의 위험노출 수준을 고려하여 비정상적 고액계약에 대한 주의 깊은 언더라이팅 과정이 필요하다. 실제로 고액의 보험가입자일수록 사망 확률이 높다는 보도 및 연구자료가 있으며 여러 국가들에서 고액계약의 피보험자가 자살, 의문의 죽음, 실종되는 등의 사건이 발생하고 있다. 따라서 언더라이터는 재정적 위험평가를 통해 기본적으로 역선택의 예방과 계약 실효를 방지해야 하며 보험회사의 위험노출 수준을 적절하게 조절해야 할 필요가 있다.

[언더라이팅 대상 분류]

구분	내용
환경적 언더라이팅	• 운전 및 생활습관 • 흡연, 음주, 취미생활 • 직업 및 거주지 위험
신체적 언더라이팅	• 연령, 성별, 체격 • 과거 및 현재 병력 • 가족병력
도덕적 언더라이팅	• 보험사기, 보험범죄 • 태만, 과실, 부주의
재정적 언더라이팅	• 생활환경 및 소득수준 • 보장의 적정 여부

(중앙: 언더라이팅)

3. 언더라이팅(Underwriting)의 절차

보험계약은 보험계약자의 청약과 보험회사의 승인으로 성립된다. 보험계약자의 청약 이후 보험회사는 승인 여부를 결정하기 위해 건강검진 등을 통해 피보험자의 건강상태를 확인하고 직업, 소득수준 등 중요정보를 파악하여 동일 위험집단별로 분류하고 적정 가입조건을 제시한다. 위와 같은 일련의 절차를 언더라이팅이라 하며 현재 국내 대부분의 생명보험회사에서는 모집조직에 의한 선택(1단계), 건강진단에 의한 선택(2단계), 언더라이팅부서에 의한 선택(3단계), 계약적부확인(4단계), 사고 및 사망 조사(5단계)로 절차가 구성되어 있다.

(1) 모집조직에 의한 선택(1단계)

보험설계사는 고객과 가장 먼저 접촉하여 피보험자의 건강상태, 생활환경 등에 대해 파악하고 1차 위험 선택의 기능을 수행한다. 또한 보험설계자는 피보험자와 계약자에게 위험정보 수집을 위한 청약서상 언더라이팅 판단자료를 사실에 입각해 알리도록 해야 하며, 계약조건 결정에 필수적인 기본정보를 고객에게 정확히 고지 · 안내해야 한다. 보험설계사는 모집단계에서 향후 보험분쟁의 발생을 예방하기 위해 상품에 대한 충분한 설명과 계약상의 중요한 사실을 계약자와 피보험자에게 알려야 하며, 보험료 수령 등이 정확히 이행될 수 있도록 해야 한다. 이를 위해 보험설계사는 상품 및 약관

등 기초서류에 대한 정확한 지식을 가지고 있어야 하며, 특히 언더라이팅을 위한 기초정보를 수집하는 과정에서 피보험자와의 불만을 야기하지 않고 정보를 수집할 수 있어야 한다. 또한 계약체결 시 보험회사의 언더라이팅 절차를 설명하면서 계약적부확인 등 추가조사가 있을 수 있으며 경우에 따라서는 계약조건이 변경될 수 있음을 계약자와 피보험자에게 충분히 설명해야 한다. 최근에는 모집조직에 의한 선택과정을 차별화 하는 '무심사 보험'과 '간편심사 보험'의 개발이 활발해지고 있다.

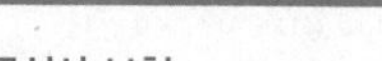

더 알아보기

무심사 보험

고령자의 경우 기존 병력으로 인해 일반 고객과 동일한 계약 기준으로 인수가 불가한 경우가 발생할 수 있어 이러한 경우 보험료를 일반보험에 비해 할증하여 보험계약을 인수하는 보험상품이다.

더 알아보기

간편심사 보험(유병자 보험)

과거 병력 또는 현재 만성질환을 가지고 있는 고객이나 고령자를 대상으로 계약심사과정과 서류를 간소화한 보험상품이다. 일반적으로 사망보험금을 낮추는 대신 주요 질병에 대한 진단비와 노후 생활자금 보장 등에 초점이 맞춰져 있다. 심사과정 간소화로 가입절차는 간편하나 보험료는 비교적 높게 책정된다.

(2) 건강진단에 의한 선택(2단계)

계약인수 과정에서의 건강진단(건강진단을 필요로 하는 계약의 경우)은 보험회사가 보다 객관적인 입장에서 피보험자의 중요 고지내용에 대한 확인 또는 중요 고지내용의 추가 등을 수행하기 위한 선택과정이다. 이를 위한 수단으로는 병원진단, 서류진단, 방문진단이 실시되고 있다.

더 알아보기

무진단 계약인수

- 편의성 제고측면보다는 재무적 관점에서의 비용절감 측면에서 도입
- 건강진단 절차를 생략함으로써 일부 표준미달체 계약인수에 따른 사망 및 발병률이 증가하여 추가 보험금 지급이 발생할 수 있으나 이러한 추가보험금 지급비용과 건강검진 비용을 상계처리
- 무진단 계약인수에 따른 언더라이팅 비용 절감액이 사고보험금 증가액을 상쇄할 수 있는 경우에 한해 재무적 유용성이 확보
- 무진단 보험은 건강진단 절차만을 생략할 수 있는 보험으로 고지의무 등에서 일반보험과 동일하므로 고지의무가 없는 무심사 보험과 차이가 있음

(3) 언더라이팅 부서에 의한 선택(3단계)

언더라이팅부서의 언더라이터가 1단계, 2단계 선택 과정에서 수집한 정보를 토대로 피보험자의 위험을 종합적으로 평가하여 청약의 승낙 여부를 결정하고 피보험자 위험도를 분류하여 위험 수준에 따라 계약내용과 조건, 보험료, 보험금액 등을 최종 결정하는 언더라이팅 과정이다.

언더라이팅 부서의 주요 역할

- 영업적 역할 : 언더라이팅 과정에서 영업력을 축소시키지 않아야 함
- 관리적 역할 : 효율적인 언더라이팅을 통해 관리 부담 축소 및 비용 측면의 효율성 제고
- 공익적 역할 : 모든 피보험자(보험대상자)에 대해 공정하게 언더라이팅을 실시

더 알아보기

언더라이더가 활용하는 주요 수집정보

- 청약서 상의 계약 전 알릴 의무사항과 보험설계사의 모집보고서
- 의적진단보고서(병원진단 또는 서류)
- 계약적부확인에 의한 조사보고서 등

(4) 계약적부확인(4단계)

계약적부확인은 언더라이터가 3단계 선택 과정에서 보험금액이 과도하게 크거나 피보험자의 잠재적 위험이 높은 것으로 의심되는 경우 또는 계약 성립 이후라도 역선택 가능성이 높다고 의심되거나 사후분쟁의 여지가 있는 계약에 대해 보험회사 직원이나 계약적부확인 전문회사 직원이 피보험자의 체질 및 환경 등 계약선택상 필요한 모든 사항을 직접 면담 · 확인하는 것을 말한다. 계약적부확인은 계약선택의 합리성을 제고하고, 고객의 고지의무사항 위반 계약을 조기에 발견함으로써 양질의 계약을 확보하고 역선택 방지 및 보험사고 발생 시 분쟁을 최소화하며 보험금을 신속하게 지급하는 데 목적이 있다. 계약적부조사 과정에서 ① 청약서에 피보험자의 자필서명이 누락된 경우, ② 피보험자가 보험가입에 동의하지 않은 경우, ③ 피보험자가 청약서상 고지사항에 대해 고지하지 않거나 병력을 축소 고지한 경우, ④ 피보험자의 직업 · 운전 · 취미 등의 위험이 청약서에 고지한 내용보다 높은 경우 등 고객의 고지의무 사항 위반 수준에 따라 해당 계약을 감액하거나 해지, 무효, 취소 처리할 수 있다.

※ 표준약관에서는 피보험자의 고지의무 위반사실을 안 날로부터 1개월 이내, 계약체결일로부터 2년 이내에 해지할 수 있도록 규정

(5) 사고 및 사망조사(5단계)

보험계약 체결 이후 보험사고 발생으로 보험계약자가 보험금 지급을 신청한 경우 고지의무와 관련하여 의심가는 사항이 있는 계약에 대해 실시하는 사후적 심사과정이며 이를 통해 역선택에 따른 보험금 지급을 최소화할 수 있다.

4. 표준미달체 / 우량체의 인수

국내 보험업계에서의 언더라이팅은 표준체 중심으로 되어있다. 앞서 언급한 4가지 언더라이팅 대상(환경적, 신체적, 도덕적, 재정적)에 대한 평가 결과가 표준체 기준 위험보다 높은 경우 표준미달체,

위험이 낮은 경우 우량체로 분류된다. 표준미달체로 분류된 경우 보험료 할증, 보험금 삭감, 부담보 등의 형태로 계약을 인수한다. 그리고 체격과 혈압 등 신체이상 여부와 흡연 · 음주 등에 대한 평가 결과 우량체로 분류되는 경우 보험료 할인혜택이 부여된다.

(1) 보험료 할증

표준미달체의 위험 수준이 시간 흐름에 따라 증가하는 체증성의 경우와 일정한 상태를 유지하는 항상성의 경우 주로 적용

(2) 보험금 삭감

보험가입 후 시간 흐름에 따라 위험 수준이 감소하는 체감성 위험에 대해 적용하며 보험가입 후 일정기간 내 보험사고 발생 시 미리 정해진 비율로 보험금을 감액하여 지급

(3) 부담보

보험 가입 기간 중 특정 신체 부위 및 특정 질환에 대해 일정 기간 또는 전 기간 동안 질병으로 인한 수술 및 입원 등의 각종 보장을 제외하는 조건부 계약의 형태

5. 언더라이팅(Underwriting)의 실무

(1) 청약서 작성 시 주의사항

청약서 작성 시 ① 계약전 알릴 의무사항의 고지사항 작성, ② 보험계약 청약서 및 계약전 알릴 의무사항의 성명과 서명란, ③ 신용정보의 제공 · 활용에 대한 동의란에 반드시 보험계약자와 피보험자의 자필서명이 필요하다. 피보험자가 과거 또는 현재 병력이 있을 경우 계약전 알릴 의무사항의 고지사항을 피보험자가 작성해야 하며 질병명(진단명), 치료내용, 치료시기 및 기간, 현재 상태 등 병력정보에 대해서도 정확하게 기재하도록 설명해야 한다. 청약서 기재사항은 원칙적으로 보험설계사가 임의대로 수정할 수 없으며, 변경이나 수정이 필요한 경우 새로운 청약서 발행이 필요하다. 다만, 부득이한 경우 보험회사 별로 차이가 있을 수 있으나, 보험계약자 및 피보험자의 동의를 득한 후 수정할 수 있으며 청약서 원본과 부본상에 두 줄로 삭선 처리 후 정정서명을 받아야 한다. 보험계약자와 피보험자가 동일하지 않은 경우 피보험자와의 관계와 함께 근무처, 직위, 수행업무 등 직업과 관련된 사항, 그리고 집과 직장 주소 모두 상세하고 정확하게 기재하도록 설명해야 한다. 피보험자의 체격, 흡연, 음주관련 정보의 경우 언더라이팅 측면에서 중요한 정보이므로 피보험자가 직접 작성하도록 안내해야 하며 운전, 취미 등 기타사항과 타 보험사 가입 보험상품, 해외출국 예정여부에 대해서도 정확하게 고지하도록 설명해야 한다.

(2) 보험가입한도

언더라이터가 보험계약을 인수하기로 최종 승인하기 이전에 일정한 가입한도에 대한 선택이 이루어진다. 일반적으로 위험한 업종에 종사하는 사람의 위험 발생빈도가 높게 나타나며, 비운전자보다 운전자의 사고 발생 가능성이 높게 나타난다. 따라서 고위험군 피보험자의 위험부담이 저위험군 피보험자에게 전이되지 않도록 통제하기 위한 수단으로 보험료를 차등 부과하는 등의 위험군별 보험가입한도를 운영한다. 이러한 보험가입한도 기준은 보험회사별 경영방침 및 판매전략에 따라 일부 상

이할 수 있으나 보험업 전반적인 공익성 및 보험가입자의 보호 측면에서 엄격히 규제되고 있다. 일반적으로 가입한도 운영기준에는 직업(업종) 위험등급과 운전 위험등급이 있으며, 이러한 분류 목적은 직업 세분화를 통해 다양한 위험을 보다 합리적으로 선택하고 동일 위험군으로 분류된 피보험자 집단 간 위험도를 등급별로 건전하게 유지하는 데 있다. 직업 위험등급과 운전 위험등급이 상이할 경우 더 높은 위험등급을 적용하게 된다. 위험등급은 업계 전체의 경험사망률을 기반으로 설정되나, 해당 등급별 가입한도는 보험회사별 운영기준에 따라 상이할 수 있어 청약서 뒷면에 가입한도를 표기함으로써 계약자 및 피보험자에게 이를 고지한다. 대부분의 국내 보험회사는 청약서 상에 사망보험금, 장해보험금, 입원보험금의 가입한도를 명시하고 있다. 또한 업종별 위험등급을 크게 5등급 체계로 분류하여 같은 위험등급일 경우 그 위험의 실제 난이도와 관계없이 가입한도를 동일하게 적용하는 것이 일반적이다.

(3) 건강진단 가입한도

건강진단결과에 따른 가입한도 설정이 필요한 경우는 크게 세가지로 나눠 볼 수 있다.

① 보험회사에서 정한 건강진단 범위를 초과하여 가입하는 경우

일반적으로 연령이 높을수록 위험 발생 가능성이 높아 보험 가입에 있어서 가입 가능한 상품 또는 지급한도 등에 제한이 있을 수 있다. 또한 이러한 경우 진단보험금 기준이 낮게 설정되어 있어 건강진단을 받을 가능성이 높아진다. 실무적으로는 보험회사에서 청약서를 발행 또는 입력 시 자동 적으로 건강진단 대상여부를 통보해준다.

② 피보험자가 과거 또는 현재 병력이 있는 경우

피보험자가 청약서상 질문에 해당하는 병력을 고지했거나 현재 병력을 가지고 있는 경우 건강진단이 필요하다. 실무적으로는 보험회사의 운영방침에 따라 과거 및 최근 보험금(장해급여금, 진단급여금, 납입면제, 입원급여금 등)을 수령한 이력(해당 보험사 또는 타보험사)이 있는 경우에도 건강진단 대상에 해당할 수 있다.

③ 언더라이터의 건강진단 지시

언더라이팅 과정에서 고객이 제공한 고지사항 상에 문제점이 발견된 경우 또는 계약적부과정 등에서 추가적으로 과거 및 현재 병력 등이 발견되었을 경우 건강진단 대상에 해당할 수 있다. 실무적으로는 보험설계사가 피보험자의 단순 질병에 대해 해당 언더라이터에게 건강진단 여부를 문의하여 처리하는 경우도 있을 수 있다. 보험회사 입장에서 모든 질병에 대한 건강진단은 비효율적일 수 있으며, 보험설계사의 과도한 진단 여부 문의 역시 업무상 효율성을 저하시킬 수 있기 때문에 업무 간소화 및 편리성을 위해 보험회사별로 건강진단이 필요 없는 질병 등을 선정하여 운영하기도 한다.

(4) 특이계약(외국인, 해외체류자)

① 외국인

외국인, 재외국민 및 외국국적동포의 경우 법무부 등록 또는 국내거소신고를 통해 외국인등록증 또는 국내거소신고증이 발급되며 이를 통해 실명확인이 가능하다. 외국인은 체류목적 및 체류예정 기간에 따라 위험을 평가해 보험계약 인수여부를 결정한다. 보험사별로 차이가 있으나, 일반적으로는 단기체류의 경우 인수를 거절하고 방문동거, 거주, 재외동포, 영주의 경우 큰 제한 없이 인수한다.

② 해외체류자

해외거주자 혹은 예정자의 경우 거주지역의 위험도 및 거주목적을 기반으로 위험을 평가한다. 보험사별로 차이가 있으나, 일반적으로 ㉠ 이민 또는 귀화 목적으로 거주하는 경우, ㉡ 열대 · 한대 · 동란 및 전쟁지역 등의 지역을 목적지로 하는 경우, ㉢ 해외 노무자 · 탐험대 · 등반대의 경우 계약인수를 거절하고 있으며, 해외 체류기간이 일정기간을 초과하는 경우 역시 보험사별 차이가 있을 수 있으나, 일반적으로는 계약인수를 거절한다.

6. 클레임(Claim) 업무

(1) 클레임 업무의 정의와 분류

보험업에서 클레임(Claim)이란 보험금 청구에서 지급까지 일련의 업무를 뜻하며 보험금 청구 접수, 사고조사, 조사건 심사, 수익자 확정, 보험금 지급 등의 업무가 포함된다. 이 과정에서 ① 지급 청구건이 약관 규정상 지급사유에 해당되지 않는 경우 이에 대한 부지급처리 업무, ② 클레임 업무 과정에서 발생 가능한 민원업무 및 법원소송업무, ③ 보험가입자의 채권자가 보험금액 등을 압류하는 경우에 발생하는 채권가압류 처리 등의 부수적인 업무가 수행된다. 클레임은 보험사고의 분류와 동일하게 생존, 사망, 장해, 진단, 수술, 입원, 통원 등으로 구분할 수 있으며, 발생 원인이 사고 혹은 질병인지에 따라 재해와 질병으로 구분할 수 있다.

(2) 클레임 업무의 필요성

매 건마다 적게는 수십만 원에서 많게는 수십억 원의 보험금 지급여부를 결정하게 되는 클레임 업무는 잘못 처리되었을 경우 현실적으로 상당한 금액이 보험금으로 지출되기 때문에 회사의 경영수지에 큰 영향을 미칠 수 있다. 또한 자신의 위험을 숨기고 보험을 가입한 후 보험사고가 발생하거나 고의적인 보험사고를 야기하는 경우를 정확히 찾아내지 못하여 정당치 못한 보험금이 지급된다면 다수의 선의의 가입자들에게 막대한 피해를 야기하게 될 것이다. 따라서 선의의 가입자를 보호하고 보험경영의 건전성을 도모하기 위해서는 보험계약 체결단계의 언더라이팅업무와 함께 보험금지급 단계의 클레임 업무 또한 매우 중요하며, 업무의 전문성이 요구된다.

(3) 클레임 업무 담당자에게 요구되는 요건

이를 위해 클레임 업무 담당자에게는 아래와 같은 요건들이 요구된다.

① **조사 경험 및 조사 기법** : 사고조사 및 현장조사 등 다양한 조사 업무를 경험해야 하며 이를 통한 조사 기법을 터득하고 현실적으로 적용할 수 있어야 한다.

② **법률 지식** : 보험관련 법규와 약관을 올바르게 해석하고 적용할 수 있어야 한다. 적절한 클레임 심사를 위해서는 보험관련 법률지식을 숙지하고 해당 보험 사고와 관련된 약관 및 법규정을 조사업무에 적용할 수 있어야 하며 이를 통해 법원 소송 및 민원발생에도 효율적으로 대응할 수 있다.

③ **의학 지식** : 사고 및 현장 조사와 관련하여 의사와 면담이 필요할 경우 해당 건과 관련된 중요한 질문을 통해 업무처리에 필요한 답변을 얻어낼 수 있으며, 보험계약자 또는 피보험자가 계약 전 알릴 의무 위반 시 인과관계 여부 판단 및 각종 검사결과를 통한 환자의 이상 여부를 파악할 수 있다.

06 생명보험 세제

1. 생명보험의 세제혜택 부여 목적

국가가 국민의 생활 및 경제적 안정성을 보장할 수 있는 수준에는 한계가 있으며, 이러한 한계를 보험을 통해 보완할 수 있다. 이러한 관점에서 생명보험의 세제혜택은 ① 민영보험의 육성과 발전을 통한 위험 및 사회보장 기능 강화와 국민 개인의 3층 보장(사회보장, 기업보장, 개인보장) 완성에 기반한 복지국가실현, ② 경제개발에 필요한 산업자금 조달을 위한 저축 유인책 기능수행을 위해 도입되었다.

(1) 사회보장 기능 강화 및 복지국가 실현

국가에서 책임지고 시행하고 있는 사회보장제도는 국민 개개인의 다양한 위험 보장을 감당하기에 재정적 한계 등 현실적 어려움이 존재하기 때문에 보험의 순기능을 활용하여 이를 보완하고 있다. 우리나라는 현재 세계 최저수준 출산율과 평균수명 증가 등으로 초고령화사회 진입이 빠르게 진행되고 있다. 경제협력개발기구(OECD)에서는 개인이 은퇴 후 연금으로 은퇴 전 소득의 60~70%를 충당할 수 있어야 노후 생활을 안정적으로 유지할 수 있다고 권고하고 있다. 하지만 우리나라의 공적연금 소득대체율은 39%(2017년 기준) 수준으로 OECD 35개국 평균치 52.9%(2017년 기준) 대비 열위한 상황이며, 국민 개개인으로 본다면 조기퇴직 증가 등으로 노후를 위한 은퇴준비 기간 및 자금이 부족한 실정이다. 이에 따라 국가는 국민 개개인의 미래보장을 보완하기 위한 수단 중 하나로써 생명보험의 긍정적 기능을 인정하여 다양한 세제혜택을 부여하고 있다.

(2) 산업자금 조달을 위한 저축 유인책 기능수행

대부분의 생명보험계약은 만기가 10년 이상으로 적립금 자산을 활용해 장기간에 걸쳐 안정적으로 유가 증권 투자 및 대출 운용이 가능하며 이를 통해 다음과 같은 국가경제발전에 필요한 역할을 수행할수 있다. ① 사회간접자본 및 국가경제발전에 필요한 산업자금 지원역할 수행, ② 투자확대를 통한 경제활성화, ③ 일자리 창출 등 위와 같은 생명보험의 경제발전 측면 순기능을 확대하기 위해서도 생명보험에 대한 세제혜택이 지속적으로 유지될 필요가 있다.

2. 보험계약 세제

개인보험계약의 계약자 및 수익자는 소득세법, 조세특례제한법에 의해 보험료 납입 및 보험금 수령시 보험료 세액공제, 저축성보험 보험차익 비과세 등의 세제혜택을 받을 수 있다.

보장성보험료의 세액공제[소득세법 제59조의4(특별세액공제)]

① 근로소득이 있는 거주자(일용근로자는 제외)가 해당 과세기간에 만기 환급되는 금액이 납입보험료를 초과하지 아니하는 보험의 보험계약에 따라 지급하는 다음 각 호의 보험료를 지급한 경우 그 금액의 100분의 12(제1호의 경우 100분의 15)에 해당하는 금액을 해당 과세기간의 종합소득산출세액에서 공제한다. 다만, 다음 각 호의 보험료별로 그 합계액이 각각 연 100만 원을 초과하는 경우 그 초과하는 금액은 각각 없는 것으로 한다. (이하 생략)

연금계좌의 세액공제[소득세법 제59조의3(연금계좌세액공제)]
① 종합소득이 있는 거주자가 연금계좌에 납입한 금액 중 다음 각 호에 해당하는 금액을 제외한 금액(이하 "연금계좌 납입액")의 100분의 12에 해당하는 금액을 해당 과세기간의 종합소득산출세액에서 공제한다. (이하 생략)

저축성보험의 보험차익 비과세[소득세법 제16조(이자소득) 제1항 제9호]
① 이자소득은 해당 과세기간에 발생한 다음 각 호의 소득으로 한다.
9. 대통령령으로 정하는 저축성보험의 보험차익. 다만, 다음 각 목의 어느 하나에 해당하는 보험의 보험차익은 제외한다.
가. 최초로 보험료를 납입한 날부터 만기일 또는 중도해지일까지의 기간이 10년 이상으로서 대통령령으로 정하는 요건을 갖춘 보험
나. 대통령령으로 정하는 요건을 갖춘 종신형 연금보험(이하 생략)

비과세 종합저축[보험, 조세특례제한법 제88조의2]
① 다음 각 호의 어느 하나에 해당하는 거주자가 1명당 저축원금이 5천만 원 이하인 대통령령으로 정하는 저축(이하 "비과세종합저축")에 2019년 12월 31일까지 가입하는 경우 해당 저축에서 발생하는 이자소득 또는 배당소득에 대해서는 소득세를 부과하지 아니한다. (이하 생략)

(1) 보장성보험료의 세액공제

일반 보장성보험은 만기 환급되는 금액이 납입보험료를 초과하지 않는 보험으로 보험계약 또는 보험료 납입영수증에 보험료 공제대상임이 표시된 보험계약으로 생명보험, 상해보험 및 화재 · 도난 기타의 손해를 담보하는 손해보험 등이 이에 해당한다.

① 세액공제 사항

일용근로자를 제외한 근로소득자가 기본공제대상자를 피보험자로 하는 일반 보장성보험에 가입한 경우 과세 기간에 납입한 보험료(100만 원 한도)의 12%(지방소득세 별도)에 해당되는 금액을 종합 소득산출세액에서 공제받을 수 있다.

② 장애인전용보험

기본공제대상자 중 장애인을 피보험자 또는 수익자로 하는 장애인전용보험(보험계약 또는 보험료 납입영수증에 장애인전용보험으로 표시)의 경우 과세기간 납입 보험료(100만 원 한도)의 15%(지방소득세 별도)에 해당되는 금액을 종합소득산출세액에서 공제받을 수 있다.

보장성보험료의 세액공제액 계산
일반보장성보험료×12%+장애인전용보험의 보험료×15%
※ 납입보험료는 각각 100만 원을 한도로 하며 지방소득세는 별도

③ 근로소득자

㉠ 세액공제 대상을 근로소득자로 제한하고 있어 연금소득자 또는 개인사업자 등은 보장성보험에 가입하더라도 세액공제를 받을 수 없다.

ⓛ 근로소득자 : 사장 · 임원 · 직원 등이며, 일용근로자는 제외, 다만, 개인사업자에게 고용된 직원이 근로소득자일 경우에는 세액공제 가능

④ 기본공제대상자

피보험자에 해당하는 기본공제대상자는 본인을 포함한 부양가족으로 근로소득자 본인에 대해서는 별도의 요건이 없으나, 배우자 및 부양가족 등은 근로소득자 본인이 보험료를 납입하더라도 소득 및 연령 요건 미충족 시 세액공제를 받을 수 없다. 다만, 기본공제대상자가 장애인일 경우 연령에 상관없이 소득금액 요건만 충족 시 세액공제가 가능하다.

[기본공제대상자 요건]

보험료 납인인	피보험자	소득금액 요건	연령 요건	세액공제여부
본 인	부 모	연간 100만 원 이하	만 60세 이상	가 능
본 인	배우자	연간 100만 원 이하	특정 요건 없음	가 능
본 인	자 녀	연간 100만 원 이하	만 20세 이하	가 능
본 인	형제자매	연간 100만 원 이하	만 20세 이하 또는 만 60세 이상	가 능

⑤ 장애인전용보험

기본공제대상자 중 장애인을 피보험자 또는 수익자로 하는 장애인전용보험(보험계약 또는 보험료 납입영수증에 장애인전용보험으로 표시)의 경우 과세기간 납입 보험료(1년 100만 원 한도)의 15%(지방소득세 별도)에 해당되는 금액을 종합소득산출세액에서 공제받을 수 있다.

⑥ 계약 중도 해지 시 세액공제 여부

과세 기간 중 보장성보험을 해지할 경우 해지 시점까지 납입한 보험료에 대해 세액공제가 가능하며 이미 세액공제 받은 보험료에 대한 추징 또한 없다.

더 알아보기 

보장성보험료 세액공제 가능 여부

- 근로소득자 본인이 보험료를 납입하는 보장성보험의 피보험자가 연간 소득 100만 원을 초과하는 배우자인 경우 : 세액공제 적용 대상이 아님
- 근로소득자 본인이 보험료를 납입하는 각 보장성보험의 피보험자가 각각 연간 소득 100만 원 미만의 부양가족 중 만 59세 부모와 만 20세 형제일 경우 : 만 20세 형제의 경우 요건에 충족하여 세액공제 적용 대상이나, 부모의 경우 적용 대상이 아님
- 보장성보험의 피보험자가 태아인 경우 : 출생전이므로 기본공제대상자에 해당하지 않음
- 보험계약기간이 18.6월부터 19.5월까지인 보장성보험의 보험료를 18.6월에 일시 납부했을 경우 : 18년(납부일이 속하는 과세기간)의 근로소득에서 세액공제(기간별 안분 계산 ×)
- 보장성보험의 '18년 중 2개월치 보험료를 미납하여 '19년 중 납부한 경우 : 세액공제는 납부일이 속하는 과세기간에 적용되므로 미납분 보험료의 경우 실제 납부한 과세 기간에 공제 가능
- 자영업을 영위하는 사람(장애인)이 본인 명의로 보장성보험에 가입한 경우 : 자영업자는 근로소득자에 해당하지 않으므로 세액공제 대상에서 제외

(2) 연금계좌의 세액공제

연금저축계좌는 금융회사와 체결한 계약에 따라 '연금저축'이라는 명칭으로 설정하는 계좌이며 보험회사의 연금저축보험이 이에 해당한다.

① 세액공제 사항

종합소득자가 과세기간 중 연금저축계좌에 납입한 금액(400만 원 한도)의 12%(지방소득세 별도)를 종합소득산출세액에서 공제받을 수 있다. 다만, 해당 과세기간 종합소득금액이 4천만 원 이하(근로 소득만 있는 경우 총 급여액 5,500만 원 이하)인 경우 연금저축계좌 납입 금액의 15%(지방소득세 별도) 금액을 해당 과세기간 종합소득산출세액에서 공제한다.

② 세액공제 요건

㉠ 보장성보험료 세액공제가 근로소득자에 한해 가능한 것과 달리 연금계좌의 세액공제는 근로소득 외의 종합소득이 있는 경우에도 가능하다.

㉡ 해당 과세기간 종합소득과세표준 계산 시 합산한 종합소득금액이 1억 원을 초과(근로소득만 있는 경우 총 급여액 1억 2천만 원 초과)하는 경우 연금저축계좌 납입금액의 종합소득산출세액 공제 한도는 300만 원으로 한다.

(3) 저축성보험의 보험차익 비과세

저축성보험의 보험차익은 보험계약에 따라 만기 또는 해지환급금(피해자 사망, 질병, 부상, 상해 등에 따른 보험금은 제외) 등과 납입보험료 총액 간 차액을 뜻한다. 일반적으로 저축성보험의 보험차익은 이자소득으로 소득세법상 과세대상이지만 아래의 ①~③까지의 조건 충족 시 이자소득세가 비과세된다. 다만, 보험계약 체결 이후 비과세 요건을 미충족하게 되는 경우 비과세 대상이 되지 못한다. 단, ②~③에 해당되는 보험계약이 계약 체결 이후 비과세 요건을 충족하지 못하더라도 ①의 요건을 충족하는 경우 비과세 대상으로 인정된다.

① (②와 ③를 제외한 저축성 보험) 최초 보험료 납입 시점부터 만기일 또는 중도해지일까지 기간이 10년 이상으로 계약자 1인당 납입 보험료 합계액이 '17년 4월 1일 이전에 가입한 경우 2억 원 이하, '17년 4월 1일 이후 가입한 경우 1억 원 이하인 계약의 보험차익에 대해 비과세, 단, 최초 보험료 납입일로부터 만기일 또는 중도해지일까지의 기간은 10년 이상이나, 납입 보험료를 최초납입일 이후 10년 경과 전 확정된 기간 동안 연금형태로 분할하여 지급받는 경우는 비과세 요건에서 제외

② (월적립식 저축성 보험) 최초 보험료 납입 시점부터 만기일 또는 중도해지일까지 기간이 10년 이상으로 아래 각 요건을 모두 충족하는 계약에 대해 보험차익을 비과세

㉠ 최초 납입일로부터 납입기간이 5년 이상인 월적립식 보험계약

㉡ 최초 납입일로부터 매월 납입 기본보험료가 균등하고 기본보험료 선납기간이 6개월 이내(최초 계약 기본보험료의 1배 이내로 기본보험료를 증액하는 경우 포함)

㉢ 계약자 1인당 매월 납입 보험료 합계액이 150만 원 이하('17년 4월 1일 이후 가입한 보험계약에 한해 적용). 다만, 월 보험료 납입분 외 일시적인 여유자금을 추가납입하여 원 보험료 납입 합계액이 150만 원 초과하더라도 연간 납입 보험료 합계가 1,800만 원 이내일 경우 비과세 혜택

㉣ 월적립식 보험료 합계액은 만기 환급금액이 납입보험료를 초과하지 않는 보험계약으로 아래 조건을 충족하는 순수보장성보험은 제외한다.
- 저축을 목적으로 하지 않고 피보험자의 사망 · 질병 · 부상 등 신체상의 상해나 자산의 멸실 · 손괴만을 보장하는 보험계약
- 만기 또는 보험 계약기간 중 특정 시점에서의 생존을 보험사건으로 보험금을 지급하지 않는 보험계약

③ (종신형 연금보험) 아래의 요건들을 갖춘 종신형 연금보험

㉠ 계약자가 보험료 납입기간 만료 후 55세 이후부터 사망시까지 보험금 · 수익 등을 연금으로 지급받는 계약

㉡ 연금 외의 형태로 보험금 · 수익 등이 지급되지 않는 계약

㉢ 사망 시 보험계약 및 연금재원이 소멸하는 계약

㉣ 계약자, 피보험자 및 수익자가 동의한 계약으로 최초 연금지급개시 이후 사망일 전에 중도 해지할 수 없는 계약

㉤ 매년 수령 연금액이 아래의 계산식에 따른 금액 이내인 계약

(연금수령 개시일 현재 연금계좌 평가액 ÷ 연금수령 개시일 현재 기대 잔존수명 연수) × 3

(4) 비과세 종합저축(보험)에 대한 조세특례

비과세종합저축보험은 65세 이상 또는 장애인 등을 가입대상으로 하며, 1인당 5천만 원까지 납입 가능하다. 여기서 발생한 이자소득은 전액 비과세이긴 하나 고령자, 장애인 등에 대한 복지강화와 생활안정 지원 등을 위해 한시적으로 운용되는 상품이기 때문에 2019년말까지에 한해 가입이 가능하다.

① 비과세종합저축보험 가입 대상 한정

㉠ 만 65세 이상 거주자 또는 장애인복지법 제32조에 따라 등록한 장애인

㉡ 독립유공자 예우에 관한 법률 제6조에 따라 등록한 독립유공자와 그 유족 또는 가족

㉢ 국가유공자 등 예우 및 지원에 관한 법률 제6조에 따라 등록한 상이자

㉣ 국민기초생활보장법 제2조 제2호에 해당되는 수급자

㉤ 고엽제후유의증 환자지원 등에 관한 법률 제2조와 제3조에 따른 고엽제후유의증환자

㉥ 5 · 18민주유공자 예우에 관한 법률 제4조 제2호에 따른 5 · 18민주화운동 부상자

28 보험윤리와 소비자 보호

01 보험영업윤리

1. 보험회사 영업행위 윤리준칙

국내 보험업계는 2018년 6월 '보험회사 영업행위 윤리준칙'을 제정하고 보험소비자의 권익제고를 위한 기본지침으로 활용하고 있다.

보험회사 영업행위 윤리준칙 주요 내용

- 영업활동 기본원칙 : 보험소비자 권익 제고를 위해 신의성실, 공정한 영업풍토 조성, 보험관계 법규 준수 등 보험상품 판매 과정에서 준수해야 할 기본 원칙
- 판매관련 보상체계의 적정성 제고 : 보험소비자의 권익 침해를 방지하기 위해 평가 및 보상체계에 판매실적 외 불완전판매 건수, 고객수익률, 소비자만족도, 계약관련 서류 충실성 등 관련 요소들을 충분히 반영하여 운영
- 영업행위 내부통제 강화 : 윤리준칙 준수 여부에 대한 주기적 점검 및 위법 · 부당행위 내부 신고제도 운영 등
- 보험소비자와의 정보 불균형 해소 : 충실한 설명의무 이행, 계약체결 및 유지단계에서 필요한 정보 제공 등
- 합리적 분쟁해결 프로세스 구축 : 독립적이고 공정한 민원처리를 위한 민원관리 시스템 구축, 분쟁방지 및 효율적 처리방안 마련 등

(1) 보험영업활동 기본원칙

① 보험회사는 보험상품을 판매하고 서비스를 제공하는 일련의 과정에서 보험소비자의 권익이 침해되는 일이 발생하지 않도록 노력해야 한다.

② 모집종사자는 금융인으로서 사명감과 윤리의식을 가지고, 보험소비자의 권익 보호를 최우선 가치로 삼고 영업활동을 수행해야 한다.

③ 보험회사는 모집종사자의 도입 · 양성 · 교육 · 관리 등에 있어서 법령을 준수하고 건전한 금융거래 질서가 유지될 수 있도록 노력해야 한다.

④ 보험회사 및 모집종사자은 부당한 모집행위나 과당경쟁을 하지 않고 합리적이고 공정한 영업풍토를 조성함으로써 모집질서를 확립하고 보험계약자의 권익보호에 최선을 다해야 한다.

⑤ 보험회사 및 모집종사자는 보험상품 판매에 관한 보험관계 법규 등을 철저히 준수해야 하며, 법령 등에서 정하고 있지 않은 사항은 사회적 규범과 시장의 일관된 원칙 등을 고려하여 선의의 판단에 따라 윤리적으로 행동해야 한다.

(2) 보험상품 판매 전 · 후 보험소비자와의 정보 불균형 해소

① 신의성실의 원칙 준수

㉠ 보험회사 및 모집종사자는 보험소비자의 권익을 보호하기 위해 보험영업활동 시 합리적으로 행동하고 적절하게 판단해야 하며, 보험소비자가 합리적인 선택을 할 수 있도록 지원해야 한다.

㉡ 보험회사는 보험상품 판매과정에서 보험소비자에게 피해가 생긴 경우에는 신속한 피해구제를 위해 노력해야 한다.

㉢ 모집종사자는 보험소비자와의 신뢰관계를 성실하게 유지해야 하며, 이를 위해 정직, 신용, 성실 및 전문직업의식을 가지고 보험영업활동을 수행해야 한다.

② 보험소비자에게 적합한 상품 권유

보험회사 및 모집종사자는 보험소비자의 연령, 보험가입목적, 보험상품 가입경험 및 이해수준 등에 대한 충분한 정보를 파악하고, 보험상품에 대한 합리적 정보를 제공함으로써 불완전판매가 발생하지 않도록 노력해야 한다.

③ 부당한 영업행위 금지

㉠ 보험소비자의 보험가입 니즈와 구매 의사에 반하는 다른 보험상품의 구매를 강요하는 행위를 금지한다.

㉡ 새로운 보험상품을 판매하기 위해 보험소비자가 가입한 기존 상품을 해지하도록 유도하는 행위를 금지한다.

㉢ 보험회사로부터 승인을 받지 않은 보험안내자료나 상품광고 등을 영업에 활용하는 행위를 금지한다.

㉣ 보험소비자에게 객관적이고 올바른 정보를 제공하지 않아 보험소비자가 합리적인 선택을 불가능하게 하는 행위를 금지한다.

㉤ 보험회사의 대출, 용역 등 서비스 제공과 관련하여 보험소비자의 의사에 반하는 보험상품의 구매를 강요하는 행위를 금지한다.

㉥ 보험소비자가 보험상품의 중요한 사항을 보험회사에 알리는 것을 방해하거나 알리지 아니할 것을 권유하는 행위를 금지한다.

㉦ 실제 명의인이 아닌 자의 보험계약을 모집하거나 실제 명의인의 동의가 없는 보험계약을 모집하는 행위를 금지한다.

㉧ 보험소비자의 자필서명을 받지 아니하고 서명을 대신하는 행위를 금지한다.

④ 보험상품 권유 시 충실한 설명의무 이행

㉠ 보험회사 및 모집종사자는 보험상품을 권유할 때 보험소비자가 보험상품의 종류 및 특징, 유의사항 등을 제대로 이해할 수 있도록 충분히 설명하여야 한다.

㉡ 보험회사는 보험계약 체결 시부터 보험금 지급 시까지의 주요 과정을 보험업법령에서 정하는 바에 따라 보험소비자에게 충분히 설명하여야 한다.

㉢ 보험회사는 중도해지 시 불이익, 보장이 제한되는 경우 등 보험소비자의 권익에 관한 중요사항은 반드시 설명하고, 상품설명서 등 관련 정보를 보험소비자에게 제공해야 한다.

㉣ 보험회사 및 모집종사자는 보험상품의 기능을 왜곡하여 설명하는 등 보험계약자의 이익과 필요에 어긋나는 설명 행위를 해서는 안 된다.

⑤ 보험계약 유지관리 강화

보험회사는 보험소비자에게 보험료 납입안내, 보험금 청구절차 안내 등 보험계약 유지관리서비스를 강화하여 보험소비자의 만족도를 제고하도록 노력해야 한다.

(3) 보험소비자에 대한 정보 제공

① 정보의 적정성 확보

㉠ 모집종사자는 보험회사가 제작하여 승인된 보험안내자료만 사용해야 하며, 승인되지 않은 보험안내 자료를 임의로 제작하거나 사용할 수 없다.

㉡ 보험회사는 보험상품 안내장, 약관, 광고, 홈페이지 등 보험소비자에게 정보를 제공하는 수단에 대하여 부정확한 정보나 과대 광고로 보험소비자가 피해를 입는 일이 없도록 해야 한다.

㉢ 보험회사는 보험상품에 대한 판매광고 시, 보험협회의 상품광고 사전심의 대상이 되는 보험상품에 대해서는 보험협회로부터 심의필을 받아야 하며, 공정한 거래질서를 해치거나 보험소비자의 윤리적 · 정서적 감정을 훼손하는 내용을 제외해야 한다.

㉣ 보험소비자에게 제공하는 정보는 보험소비자가 알기 쉽도록 간단 · 명료하게 작성되어야 하며, 객관적인 사실에 근거하여 보험소비자가 오해할 우려가 있는 정보를 배제해야 한다.

② 정보의 시의성 확보

㉠ 보험소비자에 대한 정보제공은 제공시기 및 내용을 보험소비자의 관점에서 고려하고, 정보제공이 시의적절하게 이루어질 수 있도록 운영해야 한다.

㉡ 보험회사는 공시자료 내용에 변경이 생긴 경우 특별한 사유가 없는 한 지체없이 자료를 수정함으로써 보험소비자에게 정확한 정보를 제공해야 한다.

③ 계약체결 · 유지 단계의 정보 제공

㉠ 모집종사자는 보험소비자에게 보험계약 체결 권유 단계에 상품설명서를 제공해야 하며, 보험계약 청약 단계에 보험계약청약서 부본 및 보험약관을 제공해야 한다.

㉡ 모집종사자는 보험소비자에게 제공하는 보험안내자료상의 예상수치는 실제 적용되는 이율이나 수익률 등과 다를 수 있다는 점을 분명하게 설명해야 한다.

㉢ 보험회사는 1년 이상 유지된 계약에 대해 보험계약관리내용을 연 1회 이상 보험소비자에게 제공해야 하며, 변액보험에 대해서는 분기별 1회 이상 제공해야 한다.

㉣ 보험회사는 저축성보험에 대해 판매시점의 공시이율을 적용한 경과기간별 해지환급금을 보험소비자에게 안내하고, 해지환급금 및 적립금을 공시기준에 따라 공시해야 한다.

㉤ 보험회사는 미가입 시 과태료 부과 등 행정조치가 취해지는 의무보험에 대해서는 보험기간이 만료되기 일정 기간 이전에 보험만기 도래 사실 및 계약 갱신 절차 등을 보험소비자에게 안내해야 한다.

(4) 모집질서 개선을 통한 보험소비자 보호

① 완전판매 문화 정착 및 건전한 보험시장 질서 확립

㉠ 보험회사는 보험소비자 보호 강화를 위해 완전판매 문화가 정착되도록 노력해야 하며 모집종사자의 모집관리지표를 측정 · 관리하고 그 결과에 따라 완전판매 교육체계를 마련해야 한다.

㉡ 불완전판매 등 모집종사자의 부실모집 행위에 대하여 양정기준을 운영함으로써 모집종사자의 불완 전판매 재발을 방지해야 한다.

㉢ 보험회사는 대출을 위한 조건으로 보험가입을 강요하는 구속성보험(보험업감독규정 제5-15조) 계약의 체결을 요구해서는 안 된다.

② 보험회사와 모집종사자의 불공정행위 금지

㉠ 보험회사 및 모집종사자는 위탁계약서의 내용을 충실히 이행해야 하며, 위탁계약서에 명시된 것이외의 항목에 대해서는 부당하게 지원 및 요구를 하지 않아야 한다.

㉡ 보험회사는 정당한 사유 없이 모집종사자에게 지급되어야 할 수수료의 일부 또는 전부를 지급하지 않거나 지급을 지연해서는 안 된다. 또한 기지급된 수수료에 대해 정당한 사유 없이 환수해서는 안 된다.

㉢ 보험회사는 보험설계사에게 보험료 대납 등 불법모집행위를 강요하는 행위를 하여서는 안 된다.

③ 모집종사자의 전문성 제고

㉠ 모집종사자는 판매하는 상품에 대한 모집자격을 갖추어야 하며, 판매하는 상품에 대한 충분한 지식을 갖추어야 한다.

㉡ 보험회사는 보험설계사의 전문성 제고를 위한 교육프로그램을 운영하여 보험설계사가 종합적인 재무 · 위험전문 컨설턴트로서 보험소비자에게 최고의 서비스를 제공할 수 있도록 지원해야 한다.

㉢ 보험회사는 협회에서 시행하는 우수인증설계사에 대한 우대방안을 마련하여 불완전판매가 없는 장기근속 우수한 설계사 양성을 도모해야 한다.

(5) 개인정보의 보호

① 개인정보의 수집 및 이용

보험회사는 보험상품 판매를 위해 개인정보의 수집 및 이용이 필요할 경우 명확한 동의절차를 밟아야 하며 그 목적에 부합하는 최소한의 정보만 수집 · 이용해야 한다.

② 개인정보의 보호 및 파기

㉠ 보험회사는 수집한 개인정보를 고객의 동의 없이 제3자에게 제공해서는 아니되며, 개인정보가 외부에 유출되지 않도록 기술적 · 관리적 조치를 취해야 한다.

㉡ 보험회사는 수집한 개인정보를 당해 목적이외에는 사용하지 아니하며, 그 목적이 달성되었을 때에는 수집한 정보를 파기해야 한다.

(6) 판매관련 보상체계

① 보험회사는 보험상품을 판매하는 과정에서 판매담당 직원과 보험소비자의 이해상충이 발생하지 않도록 판매담당 직원 및 단위조직*(이하 '판매담당 직원 등'이라 한다)에 대한 평가 및 보상체계를 설계해야 한다.

* 판매담당 직원 등의 범위 : 보험소비자에게 금융상품을 직접 판매하는 직원과 이러한 직원들의 판매실적에 따라 주로 평가 받는 직원 및 영업 단위조직으로 보험설계사와 보험대리점은 포함되지 않음

② 보험회사는 판매담당 직원 등에 대한 평가 및 보상체계에 판매실적 이외에도 불완전판매건수, 고객수익률, 소비자만족도 조사결과, 계약관련 서류의 충실성, 판매프로세스 적정성 점검결과 등 관련 요소들을 충분히 반영하여 평가결과에 실질적인 차별화가 있도록 운영해야 한다. 다만, 구체적인 반영항목 및 기준은 각 보험회사가 합리적으로 마련하여 운영할 수 있다.

③ 보험소비자들이 판매담당 직원의 불건전영업행위, 불완전판매 등으로 금융거래를 철회 · 해지하는 경우 보험회사는 판매담당 직원에게 이미 제공된 금전적 보상을 환수할 수 있으며, 이를 위해 보상의 일정부분은 소비자에게 상품 및 서비스가 제공되는 기간에 걸쳐 분할 또는 연기하여 제공할 수 있다.

④ 판매담당 직원 등에 대한 성과 · 보상 체계 설정 부서, 성과평가 부서, 상품 개발 · 영업 관련 부서, 준법감시 부서 등이 불완전판매 등 관련 정보를 수집 · 공유하고 특정 보험상품에 대한 판매목표량과 판매실적 가중치 부여의 적정 여부, 부가상품 판매에 따른 불완전판매 발생 사례 및 발생 가능성 등에 대해 정기적으로 협의 · 검토해야 한다.

(7) 분쟁 방지 및 민원 처리

① 불완전판매 등에 대한 관리

㉠ 보험회사는 보험상품 판매 과정에서 불완전판매가 발생하지 않도록 보험소비자보호 관점에서 지속적으로 관리해야 한다.

㉡ 보험회사는 상품 및 서비스와 관련한 주요 보험소비자 불만사항에 대해 그 불만내용과 피해에 대한 분석을 통해 불만의 주요원인을 파악하고 이를 관련부서와 협의하여 개선해야 한다.

② 민원관리시스템 구축

㉠ 보험회사는 독립적이고 공정한 민원처리와 구제절차를 마련하여 운영해야 하며, 보험소비자가 시의 적절하고 효율적으로 이용할 수 있도록 해야 한다.

㉡ 보험회사는 보험소비자가 다양한 민원접수 채널을 통해 민원을 제기할 수 있도록 해야 하고, 해당 민원을 One-Stop으로 처리할 수 있도록 전산화된 시스템을 구축해야 한다.

㉢ 보험회사는 민원관리시스템을 통한 민원처리 시 접수사실 및 사실관계 조사현황 등을 보험소비자에게 고지해야 하며, 민원인의 의견을 검토하여 민원예방에 노력해야 한다.

③ 분쟁방지 및 효율적 처리방안 마련

㉠ 보험회사는 보험소비자와의 분쟁을 해결하는 부서를 지정하고, 분쟁이 발생하지 않도록 분쟁예방 대책을 마련해야 한다.

㉡ 보험회사는 분쟁발생 시 조기에 분쟁이 해소될 수 있도록 노력해야 하며, 분쟁과 관련하여 정당한 사유 없이 보험소비자의 피해가 발생하지 않아야 한다.

㉢ 보험회사는 분쟁발생 시 보험소비자에게 분쟁 해결에 관한 내부 절차를 알려야 한다.

㉣ 보험회사는 보험소비자가 분쟁 처리 결과에 이의가 있는 경우, 이의제기 방법 또는 객관적인 제3자를 통한 분쟁해결 방법에 대해 안내해야 한다.

(8) 내부 신고제도 운영

① 보험회사는 금융사고를 미연에 방지하고 사고발생 시 피해를 최소화하기 위해 내부 신고제도를 운영한다.

② 신고대상 행위
㉠ 횡령, 배임, 공갈, 절도, 뇌물수수 등 범죄 혐의가 있는 행위
㉡ 업무와 관련하여 금품, 향응 등을 요구하거나 수수하는 행위
㉢ 업무와 관련된 상사의 위법 또는 부당한 지시행위
㉣ 기타 위법 또는 부당한 업무처리로 판단되는 일체의 행위

02 보험범죄 방지활동

1. 보험범죄

보험범죄란 보험계약을 악용하여 보험 원리상 지급받을 수 없는 보험금을 수령하거나 실제 손해액 대비 많은 보험금을 청구하는 행위 또는 보험 가입 시 실제 위험수준 대비 낮은 보험료를 납입할 목적으로 행하는 일체의 불법행위로 연성사기와 경성사기로 구분할 수 있다.

(1) 연성사기(Soft fraud)

우연히 발생한 보험사고의 피해를 부풀려 실제 발생한 손해 이상의 과다한 보험금을 청구하는 행위이며 그 유형으로는 경미한 질병 · 상해에도 장기간 입원하는 행위, 보험료 절감을 위해 보험가입 시 보험회사에 허위 정보를 제공(고지의무 위반)하는 행위 등이 있다.

(2) 경성사기(Hard fraud)

보험계약에서 담보하는 재해, 상해, 도난, 방화, 기타의 손실을 의도적으로 각색 또는 조작하는 행위를 말하며 그 유형으로는 피보험자의 신체에 상해를 입히거나 방화 · 살인 등 피보험자를 해치는 행위 또는 생존자를 사망한 것으로 위장함으로써 보험금을 받으려는 행위가 이에 속한다. 경성사기의 경우 사기행위를 통한 보험금 부정 편취하는 과정에서 추가적인 피해자가 발생하게 된다. 과거에는 연성사기가 보험범죄의 대부분을 차지했으나, 최근에는 보험금을 편취할 목적으로 고의의 보험사고를 일으키는 경성사기가 증가하고 있다.

더 알아보기 

보험범죄와 구별되는 유형(정보의 불균형으로 인해 발생)

- 도덕적 해이 : 경우에 따라서 보험범죄로 규정하기는 어려우나, 보험사고의 발생가능성을 높이거나 손해를 증대시킬 수 있는 보험계약자 또는 피보험자의 고의 또는 불성실에 의한 행동으로 보험계약자 또는 피보험자가 직접적으로 보험제도를 악용 · 남용하는 행위에 의해 야기되는 내적 도덕적 해이와 피보험자와 관계있는 의사, 병원, 변호사 등이 간접적으로 보험을 악용 · 남용하는 행위에 의해 위험을 야기하는 외적 도덕적 해이로 구분할 수 있다.
- 역선택 : 보험계약에 있어 역선택이란 특정군의 특성에 기초하여 계산된 위험보다 높은 위험을 가진 집단이 동일 위험군으로 분류되어 보험계약을 체결함으로써 그 동일 위험군의 사고발생률을 증가시키는 현상이다. 보험에 가입하고자 하는 자가 지금까지 걸렸던 질병이나 외상 등 현재에 이르기까지의 병력이 있었다고 하더라도 그 병력으로 인한 보험금 수령 사실이 없을 경우 보험회사로서는 보험계약 당시 이러한 병력에 대한 여부를 확인하기가 매우 어렵다.

2. 보험범죄의 특성

(1) 관련 · 후속 범죄 유발

보험금을 부정적으로 편취하기 위해 피보험자인 가족 또는 제3자를 해하거나 살해하는 경우 또는 진단서 등의 문서 위조, 건물 방화 등 다른 범죄가 함께 발생하는 경우가 많다.

(2) 범죄입증의 어려움

보험범죄가 성립되기 위해서는 고액의 보험금을 편취하기 위해 다수의 보험에 계약한 사실이나 보험사고가 고의 · 허위에 의한 것임을 입증해야 하나, 보험사고의 과실이나 고의를 구분하는 것이 어렵다. 특히 생명보험의 경우 사고발생 후 상당기간이 경과한 후 보험금을 청구하는 경우가 많아 입증이 더욱 어려울 수 있다.

(3) 수법의 다양화 · 지능화 · 조직화

보험사기 조사 등 보험회사의 보험범죄 대처가 강화되면서 보험사고를 고의로 일으키거나 보험금 편취 목적의 보험 가입 사실을 숨기기 위해 치밀하고 다양한 형태의 수법이 사용되고 있다. 최근 개인의 단독 범행 뿐 아니라 가족, 조직폭력배, 전문 브로커 등에 의한 조직적 · 계획적 보험사기가 증가하고 있는 추세이다.

3. 보험범죄의 유형

(1) 사기적 보험계약 체결

보험계약자가 보험계약 시 자신의 건강 · 직업 등의 정보를 허위로 알리거나 타인에게 자신을 대신해 건강진단을 받게하는 행위 등을 통해 중요한 사실을 숨기는 행위가 이에 속한다.

더 알아보기

사기적 보험계약 체결 예시

- 암 등 고위험군 질병을 진단 받은 자가 보험가입을 위해 진단사실을 은폐
- 피보험자가 제3자를 통한 대리진단으로 다수의 보험에 가입하는 행위
- 이미 사망한 자를 피보험자로 보험에 가입하는 행위
- 자동차 등과 관련하여 보험사고 발생 후 사고일자 등을 조작 · 변경하여 보험에 가입하는 행위

(2) 보험사고 위장 또는 허위사고

보험사고 자체를 위장하거나 보험사고가 아닌 것을 보험사고로 조작하는 행위이다.

더 알아보기 

보험사고 위장 또는 허위사고 예시

- 피보험자가 생존중이나, 사망보험금 편취를 위해 사망한 것처럼 위장하는 행위
- 보험사고를 조작하여 병원 또는 의원으로부터 허위진단서를 발급받아 보험금을 청구하는 행위
- 기존 다른 사고로 인한 부상을 경미한 사고로 인해 발생한 것처럼 조작하여 보험금을 청구하는 행위

(3) 보험금 과다청구

보험사고에 따른 실제 피해보다 과다한 보험금을 지급받기 위해 병원과 공모하여 부상 정도나 장해 등급을 상향, 또는 통원치료를 하였음에도 입원치료를 받은 것으로 서류를 조작하는 행위 등 사기적으로 보험금을 과다청구하는 행위이다.

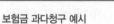

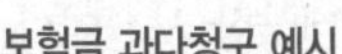

보험금 과다청구 예시

- 보험가입자가 피보험자와 병원에 내원하여 '일반질병'을 보험계약에서 정한 '특정질병'으로 허위진단서를 발급 받아 보험금을 과다 청구하는 경우
- 병원 입원 기간 동안 외출, 외박 등을 통해 정상적인 사회활동을 하였음에도 입원한 것처럼 진단서를 발급받는 행위

(4) 고의적인 보험사고 유발

보험금을 부정 편취하기 위해 고의적인 살인 · 방화 · 자해 등으로 사고를 유발하는 가장 악의적인 보험 범죄 유형으로 최근에는 가족 또는 지인들과 사전 공모하여 고의로 사고를 일으키는 등 계획적 · 조직적 보험범죄 양상을 보이고 있다.

고의적인 보험사고 유발 예시

- 피보험자 본인이 신체 일부를 절단 또는 고층에서 뛰어내리거나 운행 중인 차량에 고의로 충돌하는 행위
- 보험수익자가 보험금을 노리고 피보험자의 신체에 고의로 상해를 입히거나 살해하는 행위

4. 보험범죄 방지활동

(1) 정부 및 유관기관의 방지활동

보험범죄가 급증함에 따라 정부 및 금융감독원, 보험협회 등 유관기관은 보험사기 적발 및 예방을 위한 대책과 방지활동을 강화하고 있다. 또한 검 · 경찰과 유관기관이 함께 참여하는 '보험범죄전담합동대책반'을 검찰에 설치 · 운영하고 있으며 지방검찰청에 보험범죄 전담검사를 지정 · 배치하여 운영하고 있다. 보험회사에서는 자체적으로 보험심사시스템을 구축하는 등 언더라이팅을 강화하여 역선택을 방지하고 보험사기특별조사반을 설치하여 금융감독원의 보험사기대응단 및 생 · 손보협회의 보험범죄방지부서와 유기적인 협조체제를 갖추고 보험범죄에 대처하고 있다.

더 알아보기

보험범죄 방지활동 관련 주요 연혁

- [1999년] 국무총리실, 매년 법무부 등 관계기관 합동으로 '보험범죄 근절 대책'을 마련하여 시행하도록 조치
- [2008년] 보험업법상 보험계약자 등의 의무로 보험사기 행위금지 조항 신설(제102조의2)
- [2011년] 금융감독원, 건강보험심사평가원과 업무협약을 체결, 부적정 급여 청구 의료기관 정보를 공유하고 의료비 허위 · 부당청구, 허위입원확인서 발급 등 의료기관의 불법행위에 공동 대응할 수 있는 방안 마련
- [2014년] 보험업법상 보험관계 업무 종사자의 의무로 보험사의 임직원, 보험설계사, 보험대리점, 보험중개사, 손해사정사 등이 고의로 보험사고 발생 · 보험사고 발생조작 · 피해과장 등으로 보험금을 수령하도록 하는 행위를 금지하는 조항 신설(제102조의3)
- [2016년] 보험사기방지 특별법을 제정, 보험사기행위에 대한 정의 및 처벌 강화 등을 통해 보험범죄에 대한 사회적 경각심을 제고하고 실질적인 보험범죄 예방에 기여할 수 있는 제도적 기반 마련

(2) 보험모집 종사자의 방지활동

보험설계사 등 모집종사자는 업무특성상 보험계약자 등과 1차적 접점관계에 있으며 보험계약자 또는 피보험자의 건강상태 및 재산상황 등을 가장 먼저 인지할 수 있는 위치에 있어 보험계약 모집이나 보험금지급 신청 시 보험계약자의 보험범죄 유발 가능성 등을 파악하고 모방범죄 등을 예방하기 위한 활동에 참여해야 한다.

03 보험모집 준수사항

1. 보험모집 개요

(1) 보험모집

보험모집이란 보험회사와 보험에 가입하려는 소비자 사이에서 보험계약의 체결을 중개 · 대리하는 행위로 일반적으로는 소비자를 대상으로 보험상품을 판매하는 행위로 정의할 수 있다.

(2) 보험모집의 자격

보험업법상 보험을 모집할 수 있는 자격은 아래와 같이 제한된다.

① **보험설계사** : 보험회사, 보험대리점 또는 보험중개사에 소속되어 보험계약 체결을 중개하는 자
② **보험대리점** : 보험회사를 위하여 보험계약의 체결을 대리하는 자
③ **보험중개사** : 독립적으로 보험계약의 체결을 중개하는 자
④ 보험회사의 임직원(대표이사, 사외이사, 감사 및 감사위원은 제외)

2. 보험모집 관련 준수사항

(1) 보험업법상 준수사항 주요 내용

① 보험안내자료(제95조)

보험모집을 위해 사용하는 보험안내자료는 ㉠ 보험회사의 상호나 명칭 또는 보험설계사, 보험대리점 또는 보험중개사의 이름 · 상호나 명칭, ㉡ 보험 가입에 따른 권리 · 의무에 관한 주요 사항, ㉢ 보험약관으로 정하는 보장에 관한 사항, ㉣ 보험금 지급제한 조건에 관한 사항, ㉤ 해약환급금에 관한 사항, ㉥ 예금자보호법에 따른 예금자보호와 관련된 사항 등을 명백하고 알기 쉽게 적어야 한다.

② 설명의무(제95조의2)

㉠ 보험회사 또는 보험의 모집에 종사하는 자는 일반보험계약자에게 보험계약 체결을 권유하는 경우에는 보험료, 보장범위, 보험금 지급제한 사유 등 보험계약의 중요 사항을 일반보험계약자가 이해할 수 있도록 설명해야 하며, 이를 일반보험계약자가 이해하였음을 서명, 기명날인, 녹취 등으로 확인 받아야 한다.

㉡ 보험회사는 보험계약의 체결 시부터 보험금 지급 시까지의 주요 과정을 일반보험계약자에게 설명하여야 한다. 다만, 일반보험계약자가 설명을 거부하는 경우에는 설명하지 않아도 된다.

③ 중복계약 체결 확인 의무(제95조의4)

보험회사 또는 보험의 모집에 종사하는 자는 실손의료보험계약(실제 부담한 의료비에 대해 보장하는 제3보험 상품)을 모집하기 전에 보험계약자가 되려는 자의 동의를 얻어 모집하고자 하는 보험계약과 동일한 위험을 보장하는 보험계약을 체결하고 있는지를 확인하여야 하며 확인한 내용을 보험계약자가 되려는 자에게 즉시 알려야 한다.

④ 통신수단을 이용한 모집관련 준수사항(제96조)

전화 · 우편 · 컴퓨터통신 등 통신수단을 이용하여 모집을 하는 자는 보험업법상 보험모집을 할 수 있는 자이어야 하며, 사전에 통신수단을 이용한 모집에 동의한 자를 대상으로 해야 한다. 또한 통신수단을 이용해 보험계약을 청약한 경우 청약의 내용 확인 및 정정, 청약 철회 및 계약 해지도 통신수단을 이용할 수 있도록 해야 한다.

⑤ 보험계약 체결 또는 모집에 관한 금지행위(제97조)

㉠ 보험계약자나 피보험자에게 보험상품의 내용을 사실과 다르게 알리거나 그 내용의 중요한 사항을 알리지 아니하는 행위

㉡ 보험계약자나 피보험자에게 보험상품 내용의 일부에 대하여 비교의 대상 및 기준을 분명하게 밝히지 아니하거나 객관적인 근거없이 다른 보험상품과 비교하여 그 보험상품이 우수하거나 유리하다고 알리는 행위

㉢ 보험계약자나 피보험자가 중요한 사항을 보험회사에 알리는 것을 방해하거나 알리지 아니할 것을 권유하는 행위

㉣ 보험계약자나 피보험자가 중요한 사항에 대하여 부실한 사항을 보험회사에 알릴 것을 권유하는 행위

ⓜ 보험계약자 또는 피보험자로 하여금 이미 성립된 보험계약을 부당하게 소멸시킴으로써 새로운 보험계약(기존보험계약과 보장 내용 등이 비슷한 경우)을 청약하게 하거나 새로운 보험계약을 청약하게 함으로써 기존보험계약을 부당하게 소멸시키거나 그 밖에 부당하게 보험계약을 청약하게 하거나 이러한 것을 권유하는 행위

ⓑ 실제 명의인이 아닌 자의 보험계약을 모집하거나 실제 명의인의 동의가 없는 보험계약을 모집하는 행위

ⓢ 보험계약자 또는 피보험자의 자필서명이 필요한 경우에 보험계약자 또는 피보험자로부터 자필서명을 받지 아니하고 서명을 대신하거나 다른 사람으로 하여금 서명하게 하는 행위

ⓞ 다른 모집 종사자의 명의를 이용하여 보험계약을 모집하는 행위

ⓙ 보험계약자 또는 피보험자와의 금전대차의 관계를 이용하여 보험계약자 또는 피보험자로 하여금 보험계약을 청약하게 하거나 이러한 것을 요구하는 행위

ⓒ 정당한 이유 없이 장애인차별금지 및 권리구제 등에 관한 법률 제2조에 따른 장애인의 보험가입을 거부하는 행위

ⓚ 보험계약의 청약철회 또는 계약해지를 방해하는 행위

⑥ 특별이익제공 금지(제98조)

보험계약의 체결 또는 모집에 종사하는 자는 그 체결 또는 모집과 관련하여 보험계약자나 피보험자에게 ㉠ 금품, ㉡ 기초서류에서 정한 사유에 근거하지 아니한 보험료의 할인 또는 수수료의 지급, ㉢ 기초서류에서 정한 보험금액보다 많은 보험금액의 지급 약속, ㉣ 보험료 대납, ㉤ 보험회사로부터 받은 대출금에 대한 이자의 대납, ㉥ 보험료로 받은 수표 또는 어음에 대한 이자 상당액의 대납, ㉦ 상법 제682조에 따른 제3자에 대한 청구권대위행사의 포기 등의 특별이익을 제공하거나 제공하기로 약속하여서는 아니된다.

⑦ 수수료 지급 등의 금지(제99조)

보험회사는 보험업법 상 보험을 모집할 수 있는 자 이외의 자에게 모집을 위탁하거나 모집에 관하여 수수료, 보수, 그 밖의 대가를 지급하지 못한다.

(2) 생명보험 공정경쟁질서 유지에 관한 협정에서 정한 준수사항

① 무자격자 모집 금지

보험회사는 보험업법상 보험모집을 할 수 없거나 보험모집 등에 관한 부당한 행위로 보험모집을 할 수 없게 된 자에게 보험모집을 위탁하여서는 아니된다.

② 특별이익제공 금지

보험회사는 모집종사자가 보험계약자에게 보험료의 할인 기타 특별한 이익을 제공하거나 이를 약속하는 행위를 하지 못하도록 하여야 하며 회사 또한 동일한 행위를 하여서는 아니된다.

③ 작성계약 금지

보험회사는 보험계약자의 청약이 없음에도 모집종사자가 계약자 또는 피보험자의 명의를 가명 · 도명 · 차명으로 보험계약 청약서를 임의로 작성하여 성립시키는 계약을 하지 못하도록 하여야 한다.

④ 경유계약 금지

보험회사는 모집종사자 본인이 모집한 계약을 타인의 명의로 처리하지 못하도록 하여야 한다.

⑤ 허위사실 유포 금지

보험회사는 모집종사자가 다른 회사를 모함하거나 허위사실을 유포하는 행위를 하지 못하도록 하여야 하며, 회사 또한 동일한 행위를 하여서는 아니된다.

04 보험소비자 보호

1. 보험소비자 보호제도

(1) 예금자보호법

보험회사의 인가취소나 해산 또는 파산 시 보험계약자 등은 예금자보호법에 따라 예금보험공사로부터 보험금을 지급받을 수 있다.

[예금자보호법에 의한 보험계약 보장(예금보험공사)]

구 분	주요 내용
지급사유	보험금 지급정지, 보험회사의 인가취소 · 해산 · 파산 · 제3자 계약이전 시 계약이전에서 제외된 경우
보호대상	예금자(개인 및 법인 포함)
보장금액	• 1인당 최고 5,000만 원(원금 및 소정의 이자 합산) • 동일한 금융기관내에서 보호받을 수 있는 총 합산 금액임
산출기준	• 해지환급금(사고보험금, 만기보험금)과 기타 제지급금의 합산금액 • 대출 채무가 있는 경우 이를 먼저 상환하고 남은 금액
보험상품별 보호여부	• 보호상품 : 개인이 가입한 보험계약, 퇴직보험, 변액보험계약 특약 및 최저보증금, 예금자보호대상 금융상품으로 운용되는 확정기여형 퇴직연금제도 및 개인형 퇴직연금제도의 적립금 등 • 비보호상품 : 보험계약자 및 보험료납부자가 법인인 보험계약, 보증보험계약, 재보험계약, 변액보험계약 주계약

(2) 금융분쟁조정위원회

금융회사, 예금자 등 금융수요자 및 기타 이해관계자는 금융 관련 분쟁 발생 시 금융감독원에 분쟁의 조정을 신청할 수 있다. 금융감독원은 분쟁 관계당사자에게 내용을 통지하고 합의를 권고할 수 있으며, 분쟁조정 신청일 이후 30일 이내로 합의가 이루어지지 않는 경우 금융감독원장은 지체없이 이를 금융분 쟁조정위원회로 회부해야 한다. 금융분쟁조정위원회는 조정 회부로부터 60일 이내 이를 심의하여 조정안을 마련해야 하며 금융감독원장은 신청인과 관계당사자에게 이를 제시하고 수락을 권고할 수 있다. 관계당사자가 조정안을 수락한 경우 해당 조정안은 재판상 화해와 동일한 효력을 갖는다.

(3) 고객상담창구 및 보험가입조회

금융감독원 · 생명보험협회 · 보험회사는 보험관련 소비자 상담 등을 위해 고객상담창구를 설치 및 운영 하고 있으며 생명보험협회의 경우 생존자 및 사망자에 대한 보험가입조회제도를 운영하고 있다(www.klia.or.kr). 보험가입 내역은 생명보험과 손해보험에 대해 확인이 가능하나 우체국, 새마을금고 등 공제보험의 가입내역은 조회할 수 없다(우체국보험의 경우 우체국보험 홈페이지의 보험간편서비스를 통해 확인 가능).

2. 보험금 대리청구인 지정제도

보험계약자와 피보험자, 그리고 보험수익자가 동일한 본인을 위한 보험상품 가입 시 보험금을 수령하기 위해서는 본인이 직접 보험금을 청구해야 한다. 하지만 치매 등 보험사고 발생으로 본인이 의식불명상태 등 스스로 보험금 청구가 현실적으로 어려운 상황이 발생할 수 있다. 따라서 이러한 경우를 방지하고자 보험금 대리청구인을 미리 지정해두어 대리청구인이 계약자를 대신하여 보험금을 청구할 수 있도록 제도를 실시하고 있다.

3. 생명보험 광고심의제도

생명보험업계는 보험소비자 보호 및 보험업 이미지 제고를 위해 2005년 생명보험광고 · 선전에 관한 규정을 제정하고 생명보험 광고에 대한 심의제도를 운영하고 있다. 이는 보험업법 제95조의4(모집광고 관련 준수사항)을 법적근거로 하고 있으며 생명보험회사가 보험상품을 광고하기 위해 반드시 안내해야 하는 필수안내사항 및 금지사항 등을 규정하고 있다.

4. 보험민원

(1) 보험민원의 정의

보험업에서 민원이란 보험회사가 계약에 따른 의무를 이행하지 않거나 보험 상품 및 서비스가 고객입장에서 기대에 미치지 못했을 때 또는 고객에 대한 관리가 적절히 이루어지지 않았을 경우 발생할 수 있는 보험회사에 대한 이의신청 · 진정 · 건의 · 질의 및 기타 특정한 행위를 요하는 의사표시로 정의할 수 있다.

(2) 보험민원의 특징

일반적으로 보험은 상품 특성상 어느 정도의 민원을 내포할 수 밖에 없다. 보험금의 지급책임이 장래의 우연한 보험사고의 발생여부에 달려있으며 보험계약 시 보험회사와 계약자를 연결하는 판매채널이 존재하므로 불완전판매 등의 민원도 상당 비중을 차지한다. 또한 보험회사의 상품개발 및 판매정책 등에 의해서도 발생할 수 있어 상품기획단계에서부터 민원소지나 불완전판매 소지가 없는지 보험회사 스스로 판단하는 제도를 운영하기도 한다. 보험민원은 보험회사가 민원평가 및 평판 등을 의식하여 원칙적으로 수용할 수 없는 민원까지 수용할 경우 악성민원인에 의해 남용될 소지가 크다. 이러한 경우 보험회사와 감독당국의 민원 · 분쟁처리 효율성을 크게 저하시켜 결국 선량한 소비자의 정당한 민원 · 분쟁처리가 지연될 수도 있다. 따라서 보험회사는 정확한 사실관계 확인을 바탕으로 관련 법규 및 기준에 근거하여 민원을 객관적 · 합리적으로 처리해야 한다.

(3) 현장에서의 보험민원 주요 유형

실제 보험영업 및 관리과정에서 많이 발생하는 민원유형은 다음 표와 같이 분류할 수 있다.

[현장에서의 민원 주요 유형]

주요 유형	세부 유형
불완전판매	• 약관 및 청약서 부본 미교부 • 고객불만 야기 및 부적절한 고객불만 처리 • 고객의 니즈에 부합하지 않는 상품을 변칙 판매
부당행위	• 자필서명 미이행 • 적합성원칙 등 계약권유준칙 미이행 • 약관상 중요 내용에 대한 설명 불충분 및 설명의무 위반 • 고객의 계약 전 알릴 의무 방해 및 위반 유도 • 대리진단 유도 및 묵인 • 약관과 다른 내용의 보험안내자료 제작 및 사용 • 특별이익 제공 또는 제공을 약속 • 보험료, 보험금 등을 횡령 및 유용 • 개인신용정보관리 및 보호 관련 중요사항 위반 • 보험료 대납, 무자격자 모집 또는 경유계약
보험금지급	• 보험금 지급처리 지연 • 보험금 부지급 또는 지급 처리과정에서의 불친절 • 최초 안내(기대)된 보험금 대비 적은 금액을 지급
계약인수	• 계약인수 과정에서 조건부 가입에 대한 불만 • 계약적부심사 이후 계약해지 처리 불만 • 장애인 계약 인수과정에서 차별로 오인함에 따른 불만 • 계약 전 알릴 의무 위반사항과 인과관계 여부에 대한 불만

29 생명보험과 제3보험

01 생명보험 개요

1. 생명보험의 의의

일상생활에는 예측하기 힘들고 우연발생적인 사고가 항상 도사리고 있는데 이로 인해 발생하는 경제적 손실을 보전하고 우리 주변을 둘러싸고 있는 여러 가지 위험으로부터 안정적인 생활을 영위할 필요에 따라 만들어진 제도가 보험이다.

2. 생명보험의 개요

생명보험은 주로 사람의 생사(生死)에 관련된 불의의 사고에 대한 경제적 손실을 보전하며 많은 사람이 모여 합리적으로 계산된 소액의 분담금(보험료)를 모아서 공동준비재산을 조성하고 불의의 사고가 발생했을 경우에 약정된 금액(보험금)을 지급하는 것이 생명보험이다.

02 생명보험 상품

1. 생명보험 상품의 특성

(1) 상품의 특성

① 무형의 상품

보험상품은 형태가 보이지 않는 무형의 상품이므로 타상품과 성능을 비교 검증하기 힘들다. 따라서 보험가입자의 이해가 필수적이며, 보험에 대한 지식이 보험가입에 영향을 미친다.

② 미래지향적 · 비동시성 상품

제조업체의 상품은 구입 즉시부터 사용으로 인한 만족감을 주는 현재 지향적 상품인데 반해, 생명보험상품은 미래에 대한 보장을 주기능으로 하는 미래지향적인 상품이고 가입과 효용이 동시에 발생하지 않고 사망, 상해, 만기, 노후 등 보험금 지급사유가 발생했을 때 효용을 주는 상품이다.

③ 장기성이며 비자발적 상품
제조업체 상품은 대개 돈을 내고 상품을 구입하는 즉시 계약이 소멸되지만, 생명보험상품은 짧게는 수년부터 길게는 종신동안 계약의 효력이 지속되고, 스스로의 필요에 의한 자발적 가입보다는 보험판매자의 권유와 설득에 의해 가입하는 경우가 많은 특성이 있다.

(2) 상품의 구성

상품=주계약+특약
종류=사망 · 생존 · 생사혼합 · 보장성 · 저축성 · 연금 · 교육 · 변액 · CI보험

① 생명보험 상품은 주계약과 특약으로 구성된다.

[생명보험상품의 구성]

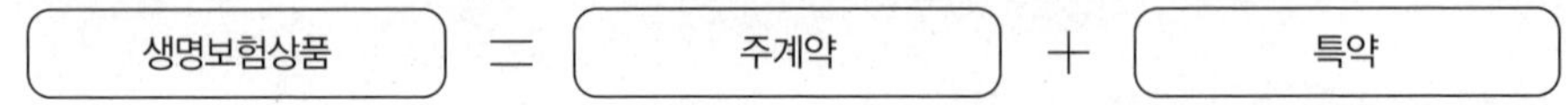

㉠ 주계약 : 보험계약에 있어서 기본이 되는 중심적인 보장내용 부분
㉡ 특약 : 다수의 보험계약자들의 다양한 욕구를 모두 충족시키기 위하여 부가하는 것이 특약이며 주계약 외에 별도의 보장을 받기 위해 주계약에 부가하는 계약을 의미함

[특약에 따른 분류]

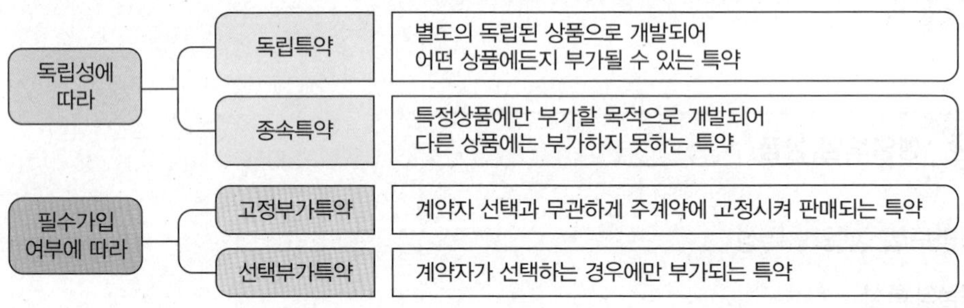

독립성에 따라
독립특약
별도의 독립된 상품으로 개발되어 어떤 상품에든지 부가될 수 있는 특약
종속특약
특정상품에만 부가할 목적으로 개발되어 다른 상품에는 부가하지 못하는 특약
필수가입 여부에 따라
고정부가특약
계약자 선택과 무관하게 주계약에 고정시켜 판매되는 특약
선택부가특약
계약자가 선택하는 경우에만 부가되는 특약

2. 생명보험 상품의 종류

[생명보험 상품의 종류]

- 주된 보장(사망보장, 생존보장)에 따라
  - 사망보험
    - 정기보험
    - 종신보험
  - 생존보험
  - 생사혼합보험(양로보험)
- 보험상품 성격에 따라
  - 저축성보험
  - 보장성보험
  - 교육보험
  - 연금보험
    - 개인연금보험
    - 퇴직(기업)연금보험
  - 양로보험
- 피보험자의 수에 따라
  - 개인보험
    - 단생보험(피보험자1인)
    - 연생보험(피보험자2인이상)
  - 단체보험
- 배당유무에 따라
  - 배당보험
  - 무배당보험
- 가입시 건강진단 유무에 따라
  - 건강진단보험(유진단보험)
  - 무진단보험

(1) 사망보험

피보험자가 보험기간 중 사망하였을 때 보험금을 지급하는 보험이다. 사망보험은 정기 · 종신보험으로 구분된다.

① **정기보험(定期保險)** : 보험기간을 미리 정해놓고 그 기간 내에 사망하였을 때 보험금을 지급하는 보험

② **종신보험(終身保險)** : 보험기간을 정하지 않고 일생을 통하여 언제든지 사망하였을 때 보험금을 지급하는 보험

(2) 생존보험

피보험자가 살아 있을 때만 보험금이 지급되는 보험으로서 저축기능이 강한 반면 보장기능이 약한 결함을 갖고 있지만, 만기보험금을 매년 연금형식으로 받을 수 있는 등 노후대비에 좋은 이점도 있다.

(3) 생사혼합보험(양로보험)

사망보험의 보장기능과 생존보험의 저축기능을 결합한 보험이다. 요즘 판매되는 대부분의 생명보험 상품은 암 관련, 성인병 관련, 어린이 관련 등 고객 성향에 맞춰 특화한 생사혼합보험이다.

(4) 저축성보험

생명보험 고유의 기능인 위험보장보다는 생존 시에 보험금이 지급되는 저축 기능을 강화한 보험으로 목돈 마련에 유리한 고수익 상품이다.

① **보장부분** : 위험보험료를 예정이율로 부리하여 피보험자가 사망 또는 장해를 당했을 때 보험금을 지급하는 부분

② **적립부분** : 저축보험료를 일정 이율로 부리하여 만기 또는 중도 생존 시 적립된 금액을 지급하는 부분

(5) 보장성보험

주로 사망, 질병, 재해 등 각종 위험보장에 중점을 둔 보험으로, 보장성보험은 만기 시 환급되는 금액이 없거나 기 납입 보험료보다 적거나 같다.

(6) 교육보험

자녀의 교육자금을 종합적으로 마련할 수 있도록 설계된 보험으로, 부모 생존 시뿐만 아니라 사망 시에도 양육자금을 지급해주는 특징이 있다. 즉, 교육보험은 일정시점에서 계약자와 피보험자가 동시에 생존했을 때 생존급여금을 지급하고, 계약자가 사망하고 피보험자가 생존하였을 때 유자녀 학자금을 지급하는 형태를 가진다.

(7) 연금보험

소득의 일부를 일정기간 적립했다가 노후에 연금을 수령하여 일정수준의 소득을 계속 유지함으로써 노후의 생활능력을 보호하기 위한 보험이다. 연금은 가입자가 원할 경우 지급기간을 확정하여 받거나 종신토록 받을 수 있다.

(8) 변액보험

계약자가 납입한 보험료를 특별계정을 통하여 기금을 조성한 후 주식, 채권 등에 투자하여 발생한 이익을 보험금 또는 배당으로 지급하는 상품으로 변액종신보험, 변액연금보험, 변액유니버셜보험 등이 있다.

(9) CI(Critical Illness)보험

중대한 질병이며 치료비가 고액인 암, 심근경색, 뇌출혈 등에 대한 급부를 중점적으로 보장하여 주는 보험으로 생존 시 고액의 치료비, 장해에 따른 간병비, 사망 시 유족들에게 사망보험금 등을 지급해주는 상품이다.

03 제3보험 개요

1. 제3보험의 개요

(1) 제3보험의 의의

제3보험이란 "위험보장을 목적으로 사람의 질병 · 상해 또는 이에 따른 간병에 관하여 금전 및 그 밖의 급여를 지급할 것을 약속하고 대가를 수수하는 계약으로서 대통령령으로 정하는 계약이다(보험업법 제2조 제1호)"라고 정의된다.

보험업법 제2조(정의)

이 법에서 사용하는 용어의 뜻은 다음과 같다. 〈개정 2015. 7. 31.〉

1. "보험상품"이란 위험보장을 목적으로 우연한 사건 발생에 관하여 금전 및 그 밖의 급여를 지급할 것을 약정하고 대가를 수수(授受)하는 계약(국민건강보험법에 따른 건강보험, 고용보험법에 따른 고용보험 등 보험계약자의 보호 필요성 및 금융거래 관행 등을 고려하여 대통령령으로 정하는 것은 제외한다)으로서 다음 각 목의 것을 말한다.
   가. 생명보험상품 : 위험보장을 목적으로 사람의 생존 또는 사망에 관하여 약정한 금전 및 그 밖의 급여를 지급할 것을 약속하고 대가를 수수하는 계약으로서 대통령령으로 정하는 계약
   나. 손해보험상품 : 위험보장을 목적으로 우연한 사건(다목에 따른 질병 · 상해 및 간병은 제외한다)으로 발생하는 손해(계약상 채무불이행 또는 법령상 의무불이행으로 발생하는 손해를 포함한다)에 관하여 금전 및 그 밖의 급여를 지급할 것을 약속하고 대가를 수수하는 계약으로서 대통령령으로 정하는 계약
   다. 제3보험상품 : 위험보장을 목적으로 사람의 질병 · 상해 또는 이에 따른 간병에 관하여 금전 및 그 밖의 급여를 지급할 것을 약속하고 대가를 수수하는 계약으로서 대통령령으로 정하는 계약

즉, 제3보험의 경우 생명보험의 약정된 정액보상적 특성과 손해보험의 실손보상적 특성을 모두 가지는 보험을 의미하게 된다. 사람의 신체에 대한 보험의 성격에 따라 분류하면 생명보험이라 할 수 있으나, 비용손해와 의료비 등 실손 부분에 대해 보상한다고 분류하게 되면 손해보험으로 볼 수 있다. 이에 생명보험 영역, 손해보험 영역 두 분야에 걸쳐 있다는 의미에서 제3보험 혹은 Gray Zone 보험이라고 불리기도 한다. 예를 들어 생명보험의 경우 질병보장상품 등이 해당되고, 각종 질병치료

비 등의 실손보상은 손해보험으로 분류할 수 있는데 이와 같은 중복된 영역에 대하여 제3보험이라는 용어를 사용하게 되었다. 우리나라에서는 2003년 8월 보험업법 개정을 통해서 최초로 제3보험이 제정되었다. 제3보험의 종류로는 상해보험, 질병보험, 간병보험이 있으며 생명보험사 · 손해보험사는 제3보험업 겸영이 가능하다.

[생명보험, 손해보험, 제3보험 구분]

구 분	제3보험	생명보험	손해보험
보험사고대상(조건)	신체의 상해, 질병, 간병	사람의 생존 또는 사망	피보험자 재산상의 손해
보험기간	단기, 장기 모두 존재	장 기	단 기
피보험이익	원칙적으로 불인정	원칙적으로 불인정	인 정
피보험자 (보험대상자)	보험사고 대상	보험사고 대상	손해에 대한 보상받을 권리를 가진 자
보상방법	정액보상, 실손보상	정액보상	실손보상
중복보험(초과)	없 음	없 음	존 재

(2) 제3보험의 종목

제3보험은 보험업감독규정에 따르면 '상해보험 · 질병보험 · 간병보험'으로 구분하고 있다. 우연한 사고로 인한 신체에 입은 상해에 대한 치료 등에 소요되는 비용을 보장하는 '상해보험'과 질병 또는 질병으로 인한 입원 · 수술 등에 소요되는 비용을 보장하는 '질병보험' 그리고 치매 또는 일상생활장해 등으로 타인의 간병이 필요로 하는 상태로 진단 받았거나 그와 관련한 소요되는 비용을 보장하는 '간병보험'이 있다.

[제3보험업의 보험계약]

보험계약 (종목)	구분기준
상해보험	사람의 신체에 입은 상해에 대하여 치료에 소요되는 비용 및 상해의 결과에 따른 사망 등의 위험에 관하여 금전 및 그 밖의 급여를 지급할 것을 약속하고 대가를 수수하는 보험(계약)
질병보험	사람의 질병 또는 질병으로 인한 입원 · 수술 등의 위험(질병으로 인한 사망을 제외한다)에 관하여 금전 및 그 밖의 급여를 지급할 것을 약속하고 대가를 수수하는 보험(계약)
간병보험	치매 또는 일상생활장해 등 타인의 간병을 필요로 하는 상태 및 이로 인한 치료 등의 위험에 관하여 금전 및 그 밖의 급여를 지급할 것을 약속하고 대가를 수수하는 보험(계약)

출처 : 보험업감독규정 별표1

(3) 제3보험의 특성

제3보험은 생명보험의 특성과 손해보험의 특성을 모두 가지고 있어서 다음과 같은 특성을 가지고 있다.

[제3보험업의 특성]

구 분	특 성
생명보험으로서 제3보험	• 피보험자의 동의 필요 • 피보험이익 평가불가 • 보험자 대위 금지 • 15세 미만 계약 허용 • 중과실 담보
손해보험으로서 제3보험	• 실손보상의 원칙 • 보험사고 발생 불확정성

2. 제3보험의 관련 법규

(1) 상법상의 분류

상법에서 생명보험, 상해보험, 질병보험, 화재보험, 운송보험, 해상보험, 책임보험, 자동차보험 등에 대한 정의는 있지만 제3보험이라는 분류는 없다. 대신 제3보험과 관련된 생명보험, 상해보험, 질병보험 등 관련 법규를 준용하게 된다.

상법내 관련 법규

제2절 생명보험

제730조(생명보험자의 책임) 생명보험계약의 보험자는 피보험자의 사망, 생존, 사망과 생존에 관한 보험사고가 발생할 경우에 약정한 보험금을 지급할 책임이 있다.

제731조(타인의 생명의 보험)

① 타인의 사망을 보험사고로 하는 보험계약에는 보험계약 체결 시에 그 타인의 서면(전자서명법 제2조 제2호에 따른 전자서명 또는 제2조 제3호에 따른 공인전자서명이 있는 경우로서 대통령령으로 정하는 바에 따라 본인 확인 및 위조 · 변조 방지에 대한 신뢰성을 갖춘 전자문서를 포함한다)에 의한 동의를 얻어야 한다.

제3절 상해보험

제737조(상해보험자의 책임) 상해보험계약의 보험자는 신체의 상해에 관한 보험사고가 생길 경우에 보험금액 기타의 급여를 할 책임이 있다.

제739조(준용규정) 상해보험에 관하여는 제732조를 제외하고 생명보험에 관한 규정을 준용한다.

제4절 질병보험

제739조의2(질병보험자의 책임) 질병보험계약의 보험자는 피보험자의 질병에 관한 보험사고가 발생할 경우 보험금이나 그 밖의 급여를 지급할 책임이 있다.

제739조의3(질병보험에 대한 준용규정) 질병보험에 관하여는 그 성질에 반하지 아니하는 범위에서 생명보험 및 상해보험에 관한 규정을 준용한다.

(2) 보험업법상의 분류

보험업법 제2조(정의)에서 "위험보장을 목적으로 사람의 질병 · 상해 또는 이에 따른 간병에 관하여 금전 및 그 밖의 급여를 지급할 것을 약속하고 대가를 수수하는 계약으로서 대통령령으로 정하는 계약"으로 정의하고 있다. 그리고 보험업법 제4조에서는 보험종목을 구분하여 생명보험이나 손해보험이 아닌 독립된 하나의 보험업으로 구분하고 있다.

보험업법 제2조(정의) 이 법에서 사용하는 용어의 뜻은 다음과 같다.
1. "보험상품"이란 위험보장을 목적으로 우연한 사건 발생에 관하여 금전 및 그 밖의 급여를 지급할 것을 약정하고 대가를 수수하는 계약(국민건강보험법에 따른 건강보험, 고용보험법에 따른 고용보험 등 보험계약자의 보호 필요성 및 금융거래 관행 등을 고려하여 대통령령으로 정하는 것은 제외한다)으로서 다음 각 목의 것을 말한다.
   가. 생명보험상품 : 위험보장을 목적으로 사람의 생존 또는 사망에 관하여 약정한 금전 및 그 밖의 급여를 지급할 것을 약속하고 대가를 수수하는 계약으로서 대통령령으로 정하는 계약
   나. 손해보험상품 : 위험보장을 목적으로 우연한 사건(다목에 따른 질병 · 상해 및 간병은 제외한다)으로 발생하는 손해(계약상 채무불이행 또는 법령상 의무불이행으로 발생하는 손해를 포함한다)에 관하여 금전 및 그 밖의 급여를 지급할 것을 약속하고 대가를 수수하는 계약으로서 대통령령으로 정하는 계약
   다. 제3보험 상품 : 위험보장을 목적으로 사람의 질병 · 상해 또는 이에 따른 간병에 관하여 금전 및 그 밖의 급여를 지급할 것을 약속하고 대가를 수수하는 계약으로서 대통령령으로 정하는 계약

보험업법 제4조(보험업의 허가)
① 보험업을 경영하려는 자는 다음 각 호에서 정하는 보험종목별로 금융위원회의 허가를 받아야 한다.
1. 생명보험업의 보험종목
   가. 생명보험
   나. 연금보험(퇴직보험을 포함한다)
   다. 그 밖에 대통령령으로 정하는 보험종목
2. 손해보험업의 보험종목
   가. 화재보험
   나. 해상보험(항공 · 운송보험을 포함한다)
   다. 자동차보험
   라. 보증보험
   마. 재보험
   바. 그 밖에 대통령령으로 정하는 보험종목
3. 제3보험업의 보험종목
   가. 상해보험
   나. 질병보험
   다. 간병보험
   라. 그 밖에 대통령령으로 정하는 보험종목

3. 제3보험의 겸영

보험업법에서는 장기 안정적 위험을 담보로 하는 생명보험업과 단기 거대위험 등을 담보로 하는 손해보험업이 서로 다른 성격으로 보험계약자에게 손해를 끼칠 리스크로 인해 생명보험업과 손해보험업의 겸영을 금지하고 있다. 그러나 보험회사가 생명보험업이나 손해보험업에 해당하는 전 종목에 관하여 허가를 받았을 때는 제3보험업에 대해서도 허가를 받은 것으로 본다. 따라서 이러한 경우 제3보험업에 대해서는 겸영을 허용하고 있다(보험업법 제4조 제3항).

보험업법 제4조(보험업의 허가)
③ 생명보험업이나 손해보험업에 해당하는 보험종목의 전부(제1항 제2호 라목에 따른 보증보험 및 같은 호 마목에 따른 재보험은 제외한다)에 관하여 제1항에 따른 허가를 받은 자는 제3보험업에 해당하는 보험종목에 대한 허가를 받은 것으로 본다.

그리고 손해보험회사에서 판매하는 질병사망 특약의 보험기간은 80세 만기, 보험금액 한도는 2억 원 이내로 부가할 수 있으며, 만기 시 지급하는 환급금이 납입보험료 합계액 범위 내여야 하는 요건이 충족하는 경우 겸영이 가능하다(보험업법 시행령 제15조 제2항).

[제3보험(질병사망)의 특약에 따른 겸영가능 요건]

구 분	요 건
보험기간	80세 이하
보험금액	2억 원 이내
만기환급금	납입보험료 합계액 범위내

보험업법 시행령 제15조(겸영 가능 보험종목)

② 법 제10조 제3호에서 "대통령령으로 정하는 기준에 따라 제3보험의 보험종목에 부가되는 보험"이란 질병을 원인으로 하는 사망을 제3보험의 특약 형식으로 담보하는 보험으로서 다음 각 호의 요건을 충족하는 보험을 말한다. 〈개정 2018.6.5.〉

1. 보험만기는 80세 이하일 것
2. 보험금액의 한도는 개인당 2억 원 이내일 것
3. 만기 시에 지급하는 환급금은 납입보험료 합계액의 범위 내일 것

[전문개정 2011.1.24.]

04 제3보험 상품

1. 제3보험 상품의 분류

제3보험은 상해보험, 질병보험, 간병보험으로 분류 할 수 있다. 상해보험은 생명보험의 재해보험 상품과 손해보험의 상해보험 상품이 있다. 질병보험은 각종 암, 뇌혈관질환 등의 진단보험과 암보험, CI보험 등의 상품이 있다. 그리고 간병보험의 경우에는 공적 · 민영 장기간병보험 상품을 판매하고 있다.

[제3보험 보장성에 따른 상품 분류]

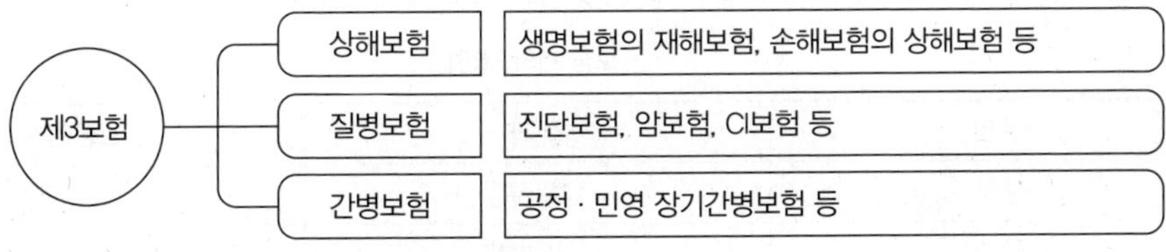

2. 상해보험

(1) 상해보험의 정의

상해보험은 갑작스럽고 우연한 외래 사고로 인해 사람의 신체에 입은 상해에 대하여 발생한 비용을 보상하는 상품이다. 즉, 교통재해 및 각종 사고 발생 시 보험금을 지급하는 상품을 말한다. 상해보험은 외부로부터의 급작스러운 사고로 인한 상해인정 여부가 중요한 조건이 되는데 단, 피보험자의 책임있는 사유로 타인에게 상해 등을 입힌 경우는 보장하지 않는다.

(2) 상해사고의 요건

① 급격성

급격성이란 보험사고가 급작스럽게 발생하여 결과의 발생을 피할 수 없을 정도로 급박한 상태에서 발생한 것을 의미한다. 이는 단순히 시간이 흐른 것을 의미하는 것이 아니기 때문에 질병 등의 경우에는 상해보험의 보험사고에 충족할 수 없다.

② 우연성

우연성이란 피보험자가 보험사고의 핵심적인 요건으로 원인 또는 결과의 발생이 예견할 수 없는 상태를 말한다.

③ 외래성

외래성이란 보험사고의 신체 상해의 발생 원인이 피보험자 신체에 내재되어 있는 내부 요인이 아니라 신체의 외부적 요인에 기인하는 것을 의미한다. 따라서 피보험자가 의도하거나 예상할 수 있었던 자살, 싸움 등의 원인에 의한 사고는 상해보험의 보험사고가 아니다.

[상해요건과 보험금지급 단계]

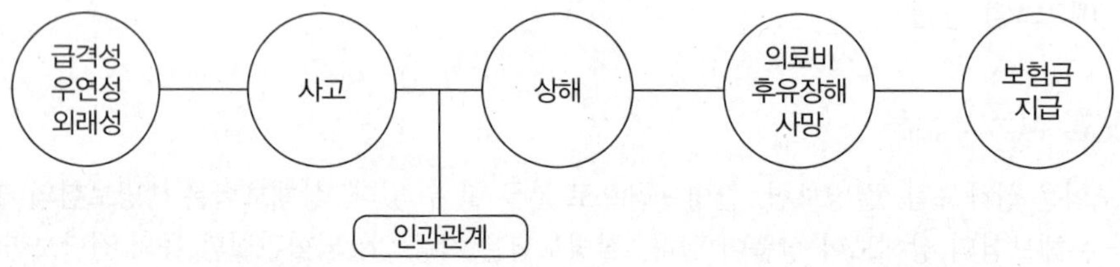

(3) 보상 제외 사항

보장되는 사고에서 치료 및 결과에 따라 면 · 부책여부가 결정되는데 질병에 의해 발생되는 상해사고는 보상이 제외되는데 반해 상해에 의해 발생되는 질병의 경우는 보상이 된다.

[보상 제외 사항]

원 인	결 과	보상여부
상 해	질병 발생	보상 해당
질 병	상해 발생	보상 제외

(4) 상해보험의 종류

① 생명보험의 재해보험과 손해보험의 상해보험

생명보험의 재해보험은 특정 재해분류표(보험상품 약관참고) 등을 이용하여 담보위험을 열거 및 보장해 주는 상품이고 손해보험의 상해보험은 특정 상해사고를 보상하는 특별약관으로 보장하는 형태이다.

② 보장내용

일반적인 상해보험의 주요 보장내용은 다음과 같다.

[일반적인 상해보험 보장내용]

구 분	내 용
입원급부금	보험기간 중 재해로 인해 직접치료를 목적으로 입원하였을 경우
수술급부금	보험기간 중 재해로 인해 수술을 받았을 때 재해분류표에서 정하는 재해에 해당되는 경우
장해급부금	보험기간 중 재해로 인해 장해분류표에서 정한 각 장해지급률에 해당하는 장해상태가 되었을 경우
사망보험금	보험기간 중에 재해의 직접적인 원인으로 사망하였을 경우
만기환급금	보험기간이 끝날 때 피보험자가 살아있는 경우

③ 상해보험의 일반적 가입 조건

보험기간은 보통 1년 이상으로 하며 상품 가입대상은 일부 위험직만 제외한다. 그리고 가입연령은 80세의 고연령자도 가능하다.

(5) 알릴 의무 관련 유의사항

① 직업이 변경되었을 경우

상해보험은 직업(직무)의 성격에 맞춰서 사고의 발생가능성이 달라지기 때문에 보험요율을 구분하여 산출하게 된다. 변경된 직업(직무)별 위험도에 따라 사고 발생 가능성도 증가 또는 감소할 수 있으므로 계약자의 납입보험료도 그에 따라 달라진다.

② 위험한 직업 및 직무로 변경 시 보험회사에 고지

보험기간 중에 사고발생 위험이 증가된 때 그 사실을 보험회사에 통지할 의무가 있으므로 보험가입자는 피보험자의 직업이 위험한 직업으로 변경된 경우 보험회사에 알려야 한다. 또한, 추후 분쟁의 소지를 방지하기 위해서 서면 등으로 변경 통지하고 보험증권에 확인을 받아두는 것이 안전하다. 만약, 변경된 직업 및 직무와 관계가 없는 사고의 경우에는 보험가입자가 직업 및 직무의 변경 사실을 알리지 않고 있어도 보험금이 전액 지급된다.

3. 질병보험

(1) 질병보험의 정의

질병보험이란 암, 성인병 등의 각종 질병으로 인한 진단, 입원, 수술 시 보험금을 지급하는 상품을 의미한다. 단, 질병으로 인한 사망은 제외된다. 우리나라에서는 질병보험을 건강보험이라고도 하는데 그 종류로는 진단보험, 암보험, CI보험, 실손의료보험 등이 있다. 이러한 질병보험 상품들이 각종 질병에 따라 발생하는 진단비, 수술비, 입원비 등의 각종 의료비를 보장하고 있다.

상법 제739조의2(질병보험자의 책임)
질병보험계약의 보험자는 피보험자의 질병에 관한 보험사고가 발생할 경우 보험금이나 그 밖의 급여를 지급할 책임이 있다.

상법 제739조의3(질병보험에 대한 준용규정)
질병보험에 관하여는 그 성질에 반하지 아니하는 범위에서 생명보험 및 상해보험에 관한 규정을 준용한다.

(2) 질병보험 시장의 변화

① 급속한 인구노령화의 진행

최근 의료기술 발전 등으로 평균수명이 연장됨에 따라 노인인구가 급증하고 있다. 따라서 각종 노인성 질환의 발생률도 증가하고 있으며 질병에 대한 치료기간이 길어지게 되었다. 그에 따라 질병보험의 종류 및 지급방식도 변화하고 있다.

② 질병형태의 변화

국내외 환경 변화에 따라 생활양식의 서구화 등으로 질병형태가 변화하고 있으며, 이에 따라 의료비용도 급증하는 현상이 초래하고 있다.

③ 새로운 상품개발

IMF 이후 대량판매 되었던 종신보험 시장이 포화됨에 따라 새롭게 CI보험(중대한 질병보험), 장기간병 보험 등 다양한 질병중심의 상품을 개발 및 판매하는 추세 변화가 나타나고 있다.

④ 고액 의료비용 발생

중대한 질병에 걸려도 과거와 달리 생존률 및 완치율이 높아서 의료비 외에도 각종 비용이 추가적으로 발생하게 되어 경제적 부담이 가중되었다.

(3) 질병보험의 특성

① 질병 보상한도의 설정

진단비, 수술비에는 1회 보상한도 금액을 설정하고 있다. 입원의 경우에는 입원일수를 120일 또는 180일 등으로 한도를 정하고 있다.

② 질병의 진단에 대한 판정기준

새로운 질병이 지속적으로 증가하고 있어 이로 인한 분쟁을 줄이기 위한 약관에 판정기준 및 용어의 정의를 정확히 규정하고 있다.

③ 보험나이에 따른 보험료 계산

질병보험은 연령별로 보험료가 차이가 있으며 고연령일수록 보험료가 증가하게 된다.

④ 면책 질병 및 개시일

선천적인 질병, 정신질환, 알코올중독 및 마약 등의 질병은 면책 질병으로 분류되며 질병보험의 책임개시일은 보험계약일로 하나, 일부 질병담보(예 암 90일)의 경우 보험계약일(당일 포함)로부터 일정기간의 면책기간을 둔다.

⑤ 부담보조건 인수로 보험가입대상 확대

계약 전 알릴의무에 해당하는 질병으로 피보험자가 과거에 의료기관에서 진단 또는 치료를 받은 경우 부담보조건의 계약을 인수하고 가입이후 해당 질병으로 보험금 지급사유가 발생하여도 보험금을 지급하지 않는다. 그 외의 질병에 대해서는 보상하도록 하여 보험가입 대상을 확대할 수 있도록 하고 있다.

(4) 질병보험의 일반적 가입 조건

질병보험은 각종 질병, 암 등 다양한 보험사고가 발생하여 치료를 위해 발생하는 각종 의료비 등을 보장하는 보험상품이다. 진단확정 시 수술, 입원, 요양 등의 발생비용에 대해서 보장해준다. 질병보험의 종류로는 보장하는 내용에 따라 암보험, 실손의료보험 등이 있고, 만기환급금의 유무에 따라 순수보장형과 만기환급형으로 구분할 수 있다. 보험기간은 10년 이상이 대부분이며, 0세부터 가입이 가능하다(사망 보장의 경우 만 15세 이상). 그러나, 고연령이거나 건강상태에 따라 가입이 제한될 수 있다. 그리고 질병보험은 일반적으로 연령이 증가함에 따라 위험도가 증가하므로 보험료가 높아진다. 암보험 등 특화된 질병만을 보장하는 상품의 경우 저렴한 보험료를 책정받을 수 있지만 대신 보장해주는 질병의 종류가 많지 않다. 그리고 보험금의 지급사유가 발생하기 전에 사망한 경우에는 보험계약은 소멸하게 된다. 이때 보험금대신 책임준비금을 지급하게 된다.

(5) 질병보험의 종류

① 진단비 보장보험

진단비 보장보험은 뇌출혈, 급성심근경색증, 말기신부전증, 말기간경화 등의 질병으로 진단받을 경우 진단보험금으로 보장해준다.

② 암보험

"암"이라 함은 비정상적 세포성 종양으로 한국표준질병 · 사인분류 중 "대상이 되는 악성신생물 분류표(갑상선암 및 기타피부암 제외)"에서 정한 질병을 말한다. 이러한 질병을 치료하기 위한 자금을 보장받기 위한 보험을 암보험 상품이라 한다.

㉠ 암보험의 종류

암보험의 종류는 만기환급금에 따라 순수보장형과 만기환급형으로 구분되는데 암과 관련하여 진단, 입원, 수술 등에 따라 지급되며 만기환급형의 경우 만기환급금이 지급된다. 그리고 특정 암(예 3대 주요 암)만을 집중적으로 보장하는 형태의 상품도 있다.

㉡ 암보험금의 종류

- 암진단보험금 : 보험기간 중 피보험자가 암 보장개시일 이후에 암으로 진단 확정되었을 때 보험금을 지급하게 된다. 암보험 상품에 따라서 특정 암에 대해서 추가 약정금액을 지급하기도 한다.
- 암 수술보험금 : 보험기간 중 피보험자가 암 보장개시일 이후에 암으로 진단이 확정되었을 때 직접적인 치료를 목적으로 수술을 받은 경우 암 수술보험금을 지급한다.
- 암 직접치료 입원보험금 : 암 직접치료 입원보험금이란 암으로 진단 확정되고, 직접적인 치료를 목적으로 입원하여 치료를 받는 경우 입원 1일당 약정 보험금을 지급하게 된다.

- 암 직접치료 통원보험금 : 피보험자가 암 보장개시일 이후에 암으로 진단 확정되고, 직접적인 치료를 목적으로 하여 통원하였을 경우 통원 1회당 약정 보험금을 지급하게 된다.
- 암 사망보험금 : 피보험자가 보험기간 중 암 보장개시일 이후에 암으로 진단 확정되고, 해당 암으로 인하여 사망하였을 경우 암 사망 약정 보험금을 지급하게 된다.
- 방사선 약물치료비 : 피보험자가 보험기간 중 암 보장개시일 이후 암으로 진단 확정되고, 치료를 목적으로 항암방사선치료나 항암약물치료를 받는 경우에는 약정 보험금을 지급하게 된다.

㉢ 암보험의 일반적 가입 조건

암보험상품의 보험기간은 10년 이상으로서 가입 가능연령은 0세 이상(사망보장의 경우 만 15세 이상)이고, 일반적으로 연령이 증가함에 따라 위험도가 증가하므로 보험료도 증가하게 된다. 갱신형 상품의 경우에는 갱신 시 보험료가 변동이 될 수 있으므로 계약자에게 이 사실을 안내해야 한다. 그리고 암보험의 경우 도덕적 해이 발생 방지를 위해서 일정기간이후부터 보장이 개시되도록 하고 가입 후 일정시점(보통 1년)을 기준으로 보험금이 차등 책정된다.

③ 실손의료보험

㉠ 상품개요

실손의료보험은 질병 · 상해로 입원(또는 통원) 치료를 하게 될 경우 실제 부담하게 되는 의료비('국민건강보험 급여 항목 중 본인부담액'+'비급여 항목'의 합계액)의 일부를 보상하는 상품이다.

㉡ 실손의료보험의 가입 전 주의사항

실손의료보험은 동일인이 여러 개를 가입해도 실제 손해액이내로 보상하게 된다. 즉, 가입자가 다수의 실손의료보험을 가입하더라도 초과이익 금지를 위해 본인이 부담한 치료비를 상품별로 비례보상하게 되므로, 다수의 실손의료보험에 가입했다고 하더라도 치료비가 가입 상품수만큼 지급되는 것은 아니다. 따라서 보험계약 체결 전 중복가입(기 가입) 여부를 반드시 확인해야 한다.

4. 간병보험

(1) 간병보험의 정의

간병보험이란 피보험자가 보험기간 중 상해 또는 질병으로 장기요양상태가 되거나 중증치매 등으로 일상 생활이 어려워졌을 때 간병을 필요로 하게 되면 이를 약관에 의거 보험금을 지급하는 상품이다. "장기요양상태"라 함은 거동이 불편하여 장기요양이 필요하다고 판단되었을 경우 노인장기요양보험법에 따라 국민건강보험공단의 장기요양등급 판정위원회에서 장기요양 1등급 또는 장기요양 2등급으로 판정받은 경우를 말한다. "중증치매"란 각종 상해 또는 질병 등으로 인지기능 장애가 발생한 상태를 말한다.

(2) 간병보험의 특성

① 보험금 지급사유

간병보험은 중증치매상태와 일상생활에서 행동의 제한이 있는 상태에 있을 때 보험금을 지급하는 것으로, 기존 진단, 수술, 입원 등의 사유로 보험금을 지급하는 질병보험과는 다르다.

② 노인장기요양보험의 장기요양등급 적용

노인장기요양보험제도의 도입이후로 기존 일상생활기본동작제한 장해평가표(ADLs)를 기준으로 적용하는 방식과 정부의 장기요양등급을 기준으로 적용하는 상품으로 적용되어 판매되고 있다.

③ 보장기간 및 범위 확대

보장기간을 110세까지 연장하는 추세에 맞춰서 보장범위도 장기요양등급 4등급까지 확대된 상품이 판매되고 있다.

(3) 간병보험의 종류

① 장기간병보험(공적)

노인장기요양보험법이 공포되면서 2008년 7월 1일부터 노인장기요양보험제도가 시행되면서, 고령 및 노인성 질병 등으로 인한 장기간의 간병 · 요양 문제를 국가와 사회가 책임을 분담하게 되었다. 노인장기요양보험이 공적 장기간병보험에 해당된다. 노인장기요양보험은 만 65세 이상의 노인 및 노인성 질병을 가진 만 65세 미만의 자를 대상으로 한다. 그리고 심신의 기능상태에 따라 장기요양 인정점수로 등급을 판정하고, 등급에 따라 노인요양시설 등과 계약을 체결하여 서비스를 제공받게 되며 해당 비용을 지원받게 된다.

② 장기간병보험(민영)

우리나라에서 민영 장기간병보험은 2003년 8월부터 판매되기 시작하였다. 민영 장기간병보험은 보험금 지급방식에 따라 정액보상형과 실손보상형으로 구분되는데, 상품구조에 따라 연금형, 종신보장형, 정기보장형과 특약형태로 구분할 수 있다. 또한, 갱신형 혹은 비갱신형으로 구분이 가능하다.

(4) 보험금 지급사유

피보험자의 보험금 지급기준표에 따라 보험수익자에게 약정한 보험금을 지급하기도 하며, 또한 보험기간 중 장기요양상태 보장개시일 이후에 장기요양상태(장기요양 1등급 또는 장기요양 2등급)가 되었을 때에 따라 지급하기도 한다(단, 최초 1회에 한하여 지급함). 그리고 보험기간이 끝날 때까지 살아 있을 때는 건강관리자금으로 구분하여 지급하게 된다. 또 간병보험은 보험기간 중 "일상생활장해상태" 또는 "중증치매상태"가 되는 경우, 약관에 따라 보험금을 지급하는 상품도 있지만, 공적 요양보험의 장기요양 등급판정을 받으면 보험금을 지급하는 상품도 있다. 공적기준인 장기요양 등급과 관련된 경우에는 65세 이상이거나 노인성 질병환자를 보험금 지급대상으로 하지만, 회사 자체 판단기준에 따라 "일상생활 장해상태" 또는 "중증치매상태"를 보장하는 상품의 경우에는 보험가입일 이후 "일상생활 장해상태" 또는 "중증치매상태"로 진단 확정되면 지급대상이 될 수 있다.

30 보험계약법(인보험편)

01 의 의

보험계약이란 당사자 일방(보험계약자)이 약정한 보험료를 납부하고, 상대방(보험자)이 재산 또는 생명이나 신체에 불확정한 사고가 생길 경우에 일정한 보험금액 기타의 급여를 지급할 의무를 부담하는 계약(상법 제638조, 제730조)을 말하며 그 법률효과로서 보험자와 보험계약자 또는 피보험자나 보험수익자 사이에 보험사고가 발생할 경우 보험금지급, 보험료지급에 관한 권리의무관계인 보험관계가 형성된다.

상법 제638조(보험계약의 의의)
보험계약은 당사자 일방이 약정한 보험료를 지급하고 재산 또는 생명이나 신체에 불확정한 사고가 발생할 경우에 상대방이 일정한 보험금이나 그 밖의 급여를 지급할 것을 약정함으로써 효력이 생긴다. 〈전문개정 2014.3.11.〉

상법 제730조(생명보험자의 책임)
생명보험계약의 보험자는 피보험자의 사망, 생존, 사망과 생존에 관한 보험사고가 발생할 경우에 약정한 보험금을 지급할 책임이 있다. 〈전문개정 2014.3.11.〉

02 법적 성질

1. 낙성계약

보험계약은 보험계약자의 청약과 동시에 최초보험료를 미리 납부하는 것이 보험거래의 관행이므로 보험계약은 요물계약처럼 운용되고 있다. 그러나 보험계약은 본질적으로 낙성계약이므로, 보험료의 선납이 없어도 보험계약은 유효하게 성립된다. 다만 최초보험료의 납부 없이는 보험자의 책임이 개시하지 않는다.

상법 제656조(보험료의 지급과 보험자의 책임개시)
보험자의 책임은 당사자 간에 다른 약정이 없으면 최초의 보험료의 지급을 받은 때로부터 개시한다.

2. 불요식계약

보험계약은 보험계약에 대해 특별한 방식을 요구하지 않는 불요식계약이다. 따라서 보험계약은 서면으로 체결되지 아니하여도 효력이 있다. 그러나 실제의 보험실무에서는 정형화된 보험계약 청약서가 이용되고 있다.

3. 쌍무계약

보험계약은 보험자와 보험계약자 사이에 이루어지는 채권계약으로서, 계약이 성립하면 보험계약자는 보험료 납부의무를 가지게 되며 보험자는 보험사고의 발생을 조건으로 보험금 지급의무를 부담한다. 이 두 채무 사이에는 대가관계가 있으므로 보험계약은 보험자와 보험계약자 사이의 의무관계로 놓인 쌍무계약이며, 또한 대가관계의 유상계약이다.

4. 부합계약성

보험계약은 다수인을 상대로 체결되고 보험의 기술성과 단체성으로 인하여 그 정형성이 요구되므로 부합계약에 속한다. 보험계약은 일반적으로 보험회사가 미리 작성한 보통보험약관을 매개로 체결되는데 보험계약자는 약관을 승인하거나 거절하는 형식을 취하므로 약관해석 시 작성자 불이익의 원칙을 두고 있다.

5. 상행위성

영리보험에 있어서 보험계약은 상행위성이 인정되며 이를 영업으로 하는 보험자가 상인이 된다. 따라서 보험계약에도 상행위에 관한 규정이 적용되나 그 특수성으로 인해 많은 제약을 받는다.

6. 사행계약성

보험계약에서 보험자의 보험금지급의무는 우연한 사고의 발생을 전제로 하고 있으나 정보의 비대칭성으로 보험범죄나 인위적 사고의 유발과 같은 도덕적위험이 내재해 있으며 이를 규제하기 위하여 피보험이익, 실손 보상원칙, 최대선의 원칙 등을 두고 보험의 투기화를 막는 제도적 장치가 있다.

7. 최대선의성과 윤리성

일반적으로 보험계약은 보험자의 보험금지급책임이 우연한 사고의 발생에 발생하는 소위 사행성계약이므로 보험계약자 측의 선의가 반드시 요청된다.

8. 계속계약성

보험계약은 보험회사가 일정기간 안에 보험사고가 발생하면 보험금을 지급하는 것을 내용으로 하여 그 기간 동안에 보험관계가 지속되는 계속계약의 성질을 지니며, 상법상 독립한 계약이다. 따라서 보험계약자 등은 보험료를 모두 납부한 후에도 보험자에 대한 통지 의무와 같은 보험계약상의 의무를 진다.

03 특 성

1. 사익조정성(영리성)

보험계약자는 자기의 개인적인 위험을 보험자에게 전가하고, 보험자는 위험을 인수하는 대가로 보험료를 받게 된다. 여기서 보험계약법은 보험계약자와 보험자 사이의 이해관계를 합리적으로 조정하는 역할을 담당하게 되고, 보험자의 입장에서 보험의 인수는 영리 추구를 위한 수단으로 사용된다. 보험계약법은 사회보험과는 달리 사보험관계에 적용되는 법으로서 사보험은 국가가 경제적 약자를 지원하는 사회보장적 성격을 지니는 사회보험과는 그 성격이 크게 다르다고 볼 수 있다.

- 보험공법의 의의 : 보험사업에 대한 감독과 규제에 관한 법(예 보험업법)
- 보험사법의 의의 : 보험계약을 둘러싼 법률관계로, 어느 당사자가 어떠한 의무를 지고 권리를 갖는가에 대한 관계를 규율하는 것(예 보험계약법)

2. 단체성

보험자와 계약을 체결하는 많은 보험가입자(보험계약자)들은 경제적인 면에 있어서는 서로 연결이 되어 있고 이들은 하나의 위험단체 혹은 보험단체를 구성하게 된다. 즉 보험계약자는 보험자와 계약을 체결하는 것이지만, 보험계약의 배후에는 수많은 보험계약자로 구성된 보험단체 또는 위험단체의 관념이 존재하고 있다.

3. 기술성

각각의 개별 보험계약자의 입장에서는 보험사고의 발생여부는 극히 우연한 것이다. 그러나 보험단체를 통하여 대량적으로 관찰하면 사고의 발생은 상당히 규칙적인 성질을 가지고 있고, 여기에서 보험사업의 합리적인 경영이 가능하게 된다. 보험자는 대수의 법칙과 수지상등의 원칙에 따라 보험사업을 영위하여야 하고 이를 뒷받침하기 위해 보험계약법은 기술적인 성격을 가지게 된다.

4. 사회성과 공공성

보험사업은 다른 상거래와는 달리 공공성과 사회성이 특히 강조된다. 왜냐하면 보험제도는 다수의 가입자로부터 거둔 보험료를 기초로 하여 가입자의 경제적 안정을 도모함을 목적으로 하기 때문이다.

5. 상대적 강행법성

상법에 속하는 상거래의 하나인 보험계약은 고도로 기술적인 거래로서 약관에 의해 체결되는 부합거래이다. 사적자치의 원칙상 보험계약법은 임의법인 것이 원칙이지만 계약자는 보험자에 비하여 법적으로나 경제적으로나 보험자에 비하여 열세를 보이고 있다. 따라서 보험계약법은 상대적 강행법규를 많이 정하여 둠으로써 약자인 보험계약자를 보호하도록 이루어져 있다.

04 요 소

1. 보험대상자와 보험목적물

보험사고 발생의 객체로 생명보험에서는 피보험자의 생명 또는 신체를 가리킨다. 보험계약에서의 목적물은 보험사고 발생 후 보험자가 배상하여야 할 범위와 한계를 정해준다.

2. 보험사고

보험사고란 보험에 담보된 재산 또는 생명이나 신체에 관하여 불확정한 사고 즉 위험이 발생하는 것을 말하며 보험금지급사유라고도 한다. 보험계약에서 보험금이 지급되는 구체적인 조건을 보험사고라고 하며 보험사고는 보험상품에 따라 다르지만 대개 생명보험은 보험대상자의 생존, 사망, 장해 등을 보험사고로 하고 있다.

상법 제644조(보험사고의 객관적 확정의 효과)
보험계약당시에 보험사고가 이미 발생하였거나 또는 발생할 수 없는 것인 때에는 그 계약은 무효로 한다. 그러나 당사자 쌍방과 피보험자가 이를 알지 못한 때에는 그러하지 아니하다.

3. 보험료와 보험금

보험사고가 발생할 경우 보험자가 지급하는 금액을 보험금이라고 하며, 보험자의 보험금 지급에 대한 반대급부로서 보험계약자가 보험자에게 내는 금액을 보험료라고 한다. 보험자의 보험금 지급책임은 다른 약정이 없는 한 보험계약자로부터 최초의 보험료(제1회 보험료)를 받은 때(자동이체납입 및 신용 카드납입의 경우에는 자동이체 신청 및 신용카드 매출승인에 필요한 정보를 제공한 때, 다만 계약자의 귀책사유로 보험료 납입 및 승인이 불가한 경우에는 그러하지 아니함)로부터 시작된다.

상법 제658조(보험금액의 지급)
보험자는 보험금액의 지급에 관하여 약정기간이 있는 경우에는 그 기간 내에 약정기간이 없는 경우에는 제657조 제1항의 통지를 받은 후 지체 없이 지급할 보험금액을 정하고 그 정하여진 날부터 10일내에 피보험자 또는 보험수익자에게 보험금액을 지급하여야 한다. 〈전문개정 1991.12.31〉

4. 보험기간과 보험료 납입기간

보험에 의한 보장이 제공되는 기간으로 상법에서는 보험자의 책임을 최초의 보험료를 지급 받은 때로부터 개시한다고 규정되어 있다. 보험자의 보험금 지급책임이 존속하는 기간을 보험기간이라고 하고, 계약자가 보험자에게 보험료를 납입하여야 할 기간을 보험료 납입기간이라고 한다.

보험기간과 보험료 납입기간이 일치하는 경우를 전기납, 보험료 납입기간이 보험기간보다 짧은 경우를 단기납이라고 한다.

05 성립과 체결

1. 보험계약의 성립과 거절

보험계약은 보험계약자의 청약과 보험자의 승낙으로 성립된다. 보험자는 계약자의 청약에 대해 피보험자가 계약에 적합하지 않을 경우 계약을 거절할 수 있으며, 보험자가 계약을 거절한 때에는 보험료를 받은 기간에 대하여 해당 계약의 "예정이율+1%"를 연단위 복리로 계산한 금액을 보험료에 더하여 돌려준다. 단, 계약자가 최초 보험료를 신용카드로 납부한 계약에 대한 승낙 거절 시 이자를 지급하지 않고 신용카드 매출만 취소한다.

보험자는 청약일로부터 30일 이내에 계약을 승낙 또는 거절하여야 한다. 만일 30일 이내에 승낙 또는 거절의 통지를 하지 않으면 계약은 승낙된 것으로 본다.

상법 제638조의2(보험계약의 성립)

① 보험자가 보험계약자로부터 보험계약의 청약과 함께 보험료 상당액의 전부 또는 일부의 지급을 받은 때에는 다른 약정이 없으면 30일내에 그 상대방에 대하여 낙부의 통지를 발송하여야 한다. 그러나 인보험계약의 피보험자가 신체검사를 받아야 하는 경우에는 그 기간은 신체검사를 받은 날부터 기산한다.

② 보험자가 제1항의 규정에 의한 기간내에 낙부의 통지를 해태한 때에는 승낙한 것으로 본다.

③ 보험자가 보험계약자로부터 보험계약의 청약과 함께 보험료 상당액의 전부 또는 일부를 받은 경우에 그 청약을 승낙하기 전에 보험계약에서 정한 보험사고가 생긴 때에는 그 청약을 거절할 사유가 없는 한 보험자는 보험계약상의 책임을 진다. 그러나 인보험계약의 피보험자가 신체검사를 받아야 하는 경우에 그 검사를 받지 아니한 때에는 그러하지 아니하다. 〈본조신설 1991.12.31〉

2. 보험계약의 체결

보험계약은 특별한 방식을 요구하지 않는 불요식의 낙성계약이므로 보험계약자의 청약에 대하여 보험자가 승낙한 때에 성립한다. 승낙의 방법에는 청약의 경우와 같이 제한이 없으나 보험자는 별도의 승낙의 의사표시를 행하지 않고 보험증권의 교부로 갈음하고 있으며 실제로는 보험자의 승낙절차와 보험증서(보험증권)의 교부절차는 통합되어 이루어진다. 보험자가 승낙할 경우 보험자의 책임은 최초보험료가 지급된 때로 소급하여 개시된다.

3. 승낙의제

보험계약자가 보험계약의 청약 시에 보험료 상당액을 납부한 때에는 보험자는 다른 약정이 없는 한 30일내에 승낙의 통지를 발송해야 하고, 이를 해태한 때에는 승낙한 것으로 본다(상법 제638의2 제1항 · 제2항). 다만, 인보험계약의 피보험자가 신체검사를 받아야 하는 경우에는 그 기간은 신체검사를 받은 날로부터 기산한다.

상법 제638조의2(보험계약의 성립)

① 보험자가 보험계약자로부터 보험계약의 청약과 함께 보험료 상당액의 전부 또는 일부의 지급을 받은 때에는 다른 약정이 없으면 30일 이내에 그 상대방에 대하여 낙부의 통지를 발송하여야 한다. 그러나 인보험계약의 피보험자가 신체검사를 받아야 하는 경우에는 그 기간은 신체검사를 받은 날부터 기산한다.

② 보험자가 제1항의 규정에 의한 기간 내에 낙부의 통지를 해태한 때에는 승낙한 것으로 본다.

4. 승낙전 사고담보

보험자가 청약을 승낙하기 전에 보험사고가 생긴 때에는 고지의무위반, 건강진단 불응 등 해당 청약을 거절할 사유가 없는 한 보험자는 보험계약상의 책임을 진다(상법 제638의2 제3항).

상법 제638조의2(보험계약의 성립)

③ 보험자가 보험계약자로부터 보험계약의 청약과 함께 보험료 상당액의 전부 또는 일부를 받은 경우에 그 청약을 승낙하기 전에 보험계약에서 정한 보험사고가 생긴 때에는 그 청약을 거절할 사유가 없는 한 보험자는 보험계약상의 책임을 진다. 그러나 인보험계약의 피보험자가 신체검사를 받아야 하는 경우에 그 검사를 받지 아니한 때에는 그러하지 아니하다.

5. 보험증서(보험증권)의 교부

보험증서란 보험계약의 성립 및 그 내용에 관한 증거로서 보험자가 교부하는 문서를 말한다. 보험자는 계약이 성립한 때에는 보험증서를 교부한다. 그런데 보험증서의 교부 여부는 보험계약의 효력발생에 아무런 영향을 미치지 못한다. 보험증서(보험증권)는 계약 성립한 후 보험계약 당사자 간의 계약 내용을 나타낼 뿐 계약의 성립요건은 아니다. 따라서 배달착오 등으로 인하여 보험계약자에게 보험증서가 도달되지 못한 경우에도 보험계약은 유효하게 성립한 것이다.

상법 제640조(보험증권의 교부)

① 보험자는 보험계약이 성립한 때에는 지체 없이 보험 증권을 작성하여 보험계약자에게 교부하여야 한다. 그러나 보험계약자가 보험료의 전부 또는 최초의 보험료를 지급하지 아니한 때에는 그러하지 아니하다. 〈개정 1991.12.31〉

② 기존의 보험계약을 연장하거나 변경한 경우에는 보험자는 그 보험증권에 그 사실을 기재함으로써 보험증권의 교부에 갈음할 수 있다. 〈신설 1991.12.31〉

06 철회, 무효, 취소, 실효

1. 보험계약의 철회

보험계약자는 보험가입증서(보험증권)을 받은 날부터 15일 이내(통신판매계약의 경우 30일 이내)에 청약을 철회할 수 있으며(청약을 한 날부터 30일을 초과한 경우에는 철회 불가), 이 경우 보험자는 받은 보험료만을 돌려준다(일자 계산은 초일 불산입을 적용하므로 1일 보험가입증서를 받은 경우 16일까지 청약철회가 가능하다).

민법 제157조(기간의 기산점)
기간을 일, 주, 월, 또는 연으로 정한 때는 기간의 초일은 산입하지 아니한다. 그러나 그 기간이 오전 영시로부터 시작하는 때에는 그러하지 아니하다.

2. 보험계약의 무효와 취소

보험계약의 무효란 무효사유에 의하여 계약의 법률상 효력이 처음부터 발생하지 않은 것을 말하며, 계약의 취소란 계약이 처음에는 유효하게 성립되었으나 계약 이후에 취소사유의 발생으로 계약의 법률상 효력이 계약시점으로 소급되어 없어지는 것을 말한다.

[보험계약 무효와 취소]

구 분	보험계약 무효	보험계약 취소
요 건	• 사기에 의한 초과, 중복보험 • 기 발생 사고 • 피보험자의 자격미달(사망보험의 경우)	• 보험자의 법률 위반이 존재할 때 • '3대 기본지키기'를 미이행 했을 때 – 고객 자필 서명 – 청약서 부본 전달 – 약관 설명 및 교부
효 력	보험금 지급사유가 발생하더라도 보험금 지급을 하지 않음	보험자는 납입한 보험료에 일정 이자를 합한 금액을 계약자에게 반환

3. 보험계약의 실효

보험계약의 실효란 특정 원인이 발행하여 계약의 효력이 장래 소멸되는 것을 말한다. 취소의 경우 계약 시점으로 소급되어 없어지는 데 반해 실효는 장래에 대해서만 효력을 가진다.

[보험계약의 실효]

구 분	내 용
당연 실효	• 보험회사가 파산선고를 받고 3개월이 경과하였을 때 • 감독당국으로부터 허가취소를 받았을 때 • 법원으로부터 해산명령을 받고 3개월 경과하였을 때

임의해지	보험계약자가 보험사고 발생 전에 계약의 전부 또는 일부를 해지할 때(타인을 위한 계약의 경우 타인의 동의를 얻지 못하면 해지할 수 없다)
해지권 행사	보험자는 계속보험료 미지급, 고지의무 위반, 통지의무 위반 등의 경우 보험계약에 대한 해지권 행사하였을 때(타인을 위한 계약의 경우 보험계약자가 납입을 지체하여도 보험회사가 상당기간 보험료 납입을 최고한 후가 아니면 계약을 해지할 수 없다)

07 고지의무

보험계약자 또는 피보험자는 청약 시 청약서에서 질문한 사항에 대해 보험자에게 사실대로 알려야 하는 데, 이를 고지의무라 한다. 고지의무는 계약 청약 시 뿐 아니라 부활 시에도 이행하여야 한다.

[청약서상 "계약전 알림의무 질문항목"]

구 분		질문항목(요약)
중요한 사항 (11개 항목)	현재 및 과거의 질병 (5개 항목)	• 최근 3개월 이내에 의사로부터 진단, 치료, 입원, 수술, 투약을 받은 경험 여부 • 최근 5년 이내 입원, 수술, 7일이상 치료 또는 30일이상 투약 여부 등
	현재의 장애상태 (2개 항목)	현재 신체에 기능적 장애나 외관상 신체의 장애가 있는지 여부 등
	외부환경 (4개 항목)	직업, 운전여부, 위험이 높은 취미(암벽등반 등) 등
기타 사항(7개 항목)		부업(계절업무 종사), 해외위험지역 출국계획, 음주, 흡연, 타보험 가입현황 등

출처 : 금융감독원 "보험계약전 알림의무 유의사항"

상법 제651조(고지의무위반으로 인한 계약해지)
보험계약당시에 보험계약자 또는 피보험자가 고의 또는 중대한 과실로 인하여 중요한 사항을 고지하지 아니하거나 부실의 고지를 한 때에는 보험자는 그 사실을 안 날로부터 1월내에, 계약을 체결한 날로부터 3년내에 한하여 계약을 해지할 수 있다. 그러나 보험자가 계약당시에 그 사실을 알았거나 중대한 과실로 인하여 알지 못한 때에는 그러하지 아니하다. 〈전문개정 1991.12.31.〉

상법 제652조(위험변경증가의 통지와 계약해지)
① 보험기간 중에 보험계약자 또는 피보험자가 사고발생의 위험이 현저하게 변경 또는 증가된 사실을 안 때에는 지체없이 보험자에게 통지하여야 한다. 이를 해태한 때에는 보험자는 그 사실을 안 날로부터 1월내에 한하여 계약을 해지할 수 있다.
② 보험자가 제1항의 위험변경증가의 통지를 받은 때에는 1월내에 보험료의 증액을 청구하거나 계약을 해지할 수 있다. 〈본조신설 1991.12.31.〉

상법 제653조(보험계약자 등의 고의나 중과실로 인한 위험증가와 계약해지)
보험기간 중에 보험계약자, 피보험자 또는 보험수익자의 고의 또는 중대한 과실로 인하여 사고발생의 위험이 현저하게 변경 또는 증가된 때에는 보험자는 그 사실을 안 날부터 1월내에 보험료의 증액을 청구하거나 계약을 해지할 수 있다. 〈전문개정 1991.12.31.〉

1. 고지의무 당사자

고지의무자란 보험계약법상 고지할 의무를 부담하는 보험계약자, 피보험자 및 이들의 대리인이다. 그러나 보험수익자는 고지의 의무가 부여되지 않는다. 고지수령권자는 보험자 또는 보험자로부터 고지수령권을 받은 자이다.

2. 고지의무위반의 효과

계약자 또는 피보험자가 고의 또는 중대한 과실로 인하여 보험금 지급사유 발생에 영향을 미치는 고지의무를 위반한 때에는 보험금 지급사유 발생여부와 관계없이 보험자는 계약을 해지할 수 있다. 이 경우 보험자는 해약환급금을 지급한다. 피보험자의 직업 또는 직종에 관한 고지의무를 위반함으로써 보험가입한도액을 초과 청약한 경우에는 그 초과 청약액에 대해서만 계약을 해지하고 초과 가입액에 대한 보험료는 반환한다. 단, 승낙거절 직업 또는 직종에 대해서는 계약전부를 해지한다.
※ 그러나 고지의무를 위반한 사실이 보험금지급사유 발생에 영향을 미쳤음을 보험자가 증명하지 못하는 경우에는 해당 보험금을 지급한다.

[고지의무 위반의 요건]

구 분	내 용
고 의	보험계약자가 중요한 사실을 알면서 이를 고지하지 않거나 허위사실인 줄 알면서 고지한 것
중대한 과실	보험계약자가 주의를 기울였으면 제대로 고지할 수 있는 것을 주의를 다하지 아니하여 불고지 또는 부실고지를 한 것 ※ 불고지 : 중요한 사항을 알리지 않는 것 부실고지 : 사실과 다르게 말하는 것

3. 고지의무위반에 대해 해지할 수 없는 경우

고지의무(계약전알릴의무)위반에 대해서 해지할 수 없는 경우도 있다.

[고지의무위반에 대해 해지할 수 없는 경우]

① 보험자가 계약 당시에 고지의무 위반사실을 알았거나 과실로 알지 못한 경우
② 보험자가 고지의무 위반사실을 안 날로부터 1개월 이상 지났거나 보장개시일부터 보험금 지급사유가 발생하지 않고 2년 이상 지났을 때
③ 계약을 체결한 날부터 3년이 지났을 때
④ 보험을 모집한 자(이하 "모집자 등"이라 함)가 계약자 또는 피보험자에게 고지할 기회를 주지 않았거나 계약자 또는 피보험자 사실대로 고지하는 것을 방해한 경우, 계약자 또는 피보험자에게 사실대로 고지하지 않게 하였거나 부실한 고지를 권유했을 때. 다만, 모집자 등의 행위가 없었다 하더라도 계약자 또는 피보험자가 사실대로 고지하지 않거나 부실한 고지를 했다고 인정되는 경우에는 계약을 해지하거나 보장을 제한할 수 있음

※ 일반적으로 약관상에는 계약자 보호를 위해 상법 규정보다 강화된 규정을 두고 있다.

상법 제655조(계약해지와 보험금청구권)
보험사고가 발생한 후라도 보험자가 제650조, 제651조, 제652조 및 제653조에 따라 계약을 해지하였을 때에는 보험금을 지급할 책임이 없고 이미 지급한 보험금의 반환을 청구할 수 있다. 다만, 고지의무(告知義務)를 위반한 사실 또는 위험이 현저하게 변경되거나 증가된 사실이 보험사고 발생에 영향을 미치지 아니하였음이 증명된 경우에는 보험금을 지급할 책임이 있다. 〈전문개정 2014.3.11.〉

08 효 과

1. 보험자의 의무

(1) 보험증서(보험증권) 교부의무

보험계약이 성립하면 보험자는 지체 없이 보험증권을 작성하여 교부할 의무가 있다. 보험계약자는 보험자에 대해 보험증권의 교부청구권을 가지게 된다.

상법 제640조(보험증권의 교부)
① 보험자는 보험계약이 성립한 때에는 지체없이 보험증권을 작성하여 보험계약자에게 교부하여야 한다. 그러나 보험계약자가 보험료의 전부 또는 최초의 보험료를 지급하지 아니한 때에는 그러하지 아니하다. 〈개정 1991.12.31〉
② 기존의 보험계약을 연장하거나 변경한 경우에는 보험자는 그 보험증권에 그 사실을 기재함으로써 보험증권의 교부에 갈음할 수 있다. 〈신설 1991.12.31〉

(2) 보험금지급의무

보험자는 보험기간 내에 보험사고가 생긴 때에는 피보험자(손해보험) 또는 보험수익자(인보험)에게 보험금을 지급할 의무를 진다(상법 제638조).

상법 제638조(보험계약의 의의)
보험계약은 당사자 일방이 약정한 보험료를 지급하고 재산 또는 생명이나 신체에 불확정한 사고가 발생할 경우에 상대방이 일정한 보험금이나 그 밖의 급여를 지급할 것을 약정함으로써 효력이 생긴다. 〈전문개정 2014.3.11.〉

[보험금 지급 사유]

구 분	내 용
중도보험금 장해보험금 입원보험금	보험기간 중 피보험자가 생존해 있을 때 계약서에 정한 조건에 부합하여 지급하는 경우
만기보험금	보험기간이 끝날 때 피보험자가 생존해 있을 경우
사망보험금	보험기간 중 피보험자가 사망한 경우

2. 보험자의 보험료 반환의무

보험계약의 일부 또는 전부가 무효인 경우 보험계약자와 피보험자가 선의이며 중대한 과실이 없는 때에는 보험자는 납입보험료의 일부 또는 전부를 반환할 의무를 진다(상법 제648조).

상법 제648조(보험계약의 무효로 인한 보험료반환청구)
보험계약의 전부 또는 일부가 무효인 경우에 보험계약자와 피보험자가 선의이며 중대한 과실이 없는 때에는 보험자에 대하여 보험료의 전부 또는 일부의 반환을 청구할 수 있다. 보험계약자와 보험수익자가 선의이며 중대한 과실이 없는 때에도 같다.

보험계약자가 보험사고의 발생 전에 보험계약의 전부 또는 일부를 해지한 경우 보험자는 다른 약정이 없으면 미경과보험료를 반환하여야 할 의무를 진다(상법 제649조 제1항 · 제3항).

상법 제649조(사고발생전의 임의해지)
① 보험사고가 발생하기 전에는 보험계약자는 언제든지 계약의 전부 또는 일부를 해지할 수 있다. 그러나 제639조의 보험계약의 경우에는 보험계약자는 그 타인의 동의를 얻지 아니 하거나 보험증권을 소지하지 아니하면 그 계약을 해지하지 못한다. 〈개정 1991.12.31.〉
③ 제1항의 경우에는 보험계약자는 당사자 간에 다른 약정이 없으면 미경과 보험료의 반환을 청구할 수 있다. 〈개정 1991.12.31〉

생명보험의 경우 보험자는 보험계약이 해지되었거나 보험금지급이 면책된 경우에는 소위 보험료적립금을 반환할 의무가 있다(상법 제736조).

상법 제736조(보험적립금 반환의무 등)
① 제649조, 제650조, 제651조 및 제652조 내지 제655조의 규정에 의하여 보험계약이 해지된 때, 제659조와 제660조의 규정에 의하여 보험금액의 지급책임이 면제된 때에는 보험자는 보험수익자를 위하여 적립한 금액을 보험계약자에게 지급하여야 한다. 그러나 다른 약정이 없으면 제659조 제1항의 보험사고가 보험계약자에 의하여 생긴 경우에는 그러하지 아니하다. 〈개정 1991.12.31〉

3. 보험자의 면책사유

(1) 법정 면책사유 중 도덕적 위험

보험사고가 보험계약자, 피보험자, 보험수익자 등 보험계약자 측의 고의 또는 중과실로 생긴 경우 보험자는 보험금지급책임을 면한다(상법 제659조). 도덕적 위험에 대한 면책사유의 입증책임은 보험자에게 있으며 보험계약자나 피보험자 또는 보험수익자 중의 어느 한 사람의 고의나 중과실이 있으면 성립한다.

상법 제659조(보험자의 면책사유)
① 보험사고가 보험계약자 또는 피보험자나 보험수익자의 고의 또는 중대한 과실로 인하여 생긴 때에는 보험자는 보험금액을 지급할 책임이 없다.

(2) 법정 면책사유 중 전쟁위험

상법 제660조(전쟁위험 등으로 인한 면책)
보험사고가 전쟁 기타의 변란으로 인하여 생긴 때에는 당사자 간에 다른 약정이 없으면 보험자는 보험금액을 지급할 책임이 없다.

4. 보험계약자 등의 의무

(1) 보험료 지급의무와 그 성질

보험료납입의무는 보험계약자의 가장 중요한 의무이다. 보험계약이 성립되면 보험계약자는 보험자에게 보험료를 납부할 의무를 진다(상법 제638조). 보험료는 보험금에 대한 대가관계에 있는 것으로 이의지급은 보험자의 책임발생의 전제가 되는 것이다(상법 제656조 참조). 보험료지급은 원칙적으로 지참채무이지만 당사자의 합의나 보험모집인의 관행을 통하여 추심채무로 될 수 있다. 또한 은행 등의 창구에서 보험료를 납입하도록 하는 온라인과 지로청구에 의한 보험료납입도 지참채무로 볼 수 있다.

상법 제638조(보험계약의 의의)
보험계약은 당사자 일방이 약정한 보험료를 지급하고 재산 또는 생명이나 신체에 불확정한 사고가 발생할 경우에 상대방이 일정한 보험금이나 그 밖의 급여를 지급할 것을 약정함으로써 효력이 생긴다. 〈전문개정 2014.3.11.〉

(2) 보험료의 지급시기

실제 보험실무에서는 보험계약청약 시에 보험료의 전부 또는 제1회 보험료를 선납부하는 관행이 행해지고 있으나 원칙적으로 보험계약자는 계약체결 후 지체 없이 보험료의 전부 또는 제1회 보험료를 납부하여야 한다(상법 제650조 제1항). 분할지급의 경우에는 제2회 이후의 계속보험료는 약정한 납입기일에 납부하여야 한다(상법 제650조 제2항).

상법 제650조(보험료의 지급과 지체의 효과)
① 보험계약자는 계약체결 후 지체없이 보험료의 전부 또는 제1회 보험료를 지급하여야 하며, 보험계약자가 이를 지급하지 아니하는 경우에는 다른 약정이 없는 한 계약성립 후 2월이 경과하면 그 계약은 해제된 것으로 본다.
② 계속보험료가 약정한 시기에 지급되지 아니한 때에는 보험자는 상당한 기간을 정하여 보험계약자에게 최고하고 그 기간내에 지급되지 아니한 때에는 그 계약을 해지할 수 있다.

(3) 보험료 납입지체의 효과

보험계약에서 최초보험료라고 하는 것은 위험보장의 개시와 동시에 또는 그전에 납입하는 일시납입보험료 또는 분할납입보험료의 제1회분을 의미하며 보험자의 위험보장의 개시여부를 기준으로 최초보험료와 계속보험료의 구별이 이루어진다. 따라서 보험자의 책임이 개시된 후에 납부하는 제1회 보험료나 일시납입보험료는 계속보험료가 된다. 제1회 보험료란 보험료 분할납입의 약정이 되어 있는 경우의 최초 납입분을 의미한다. 그러나 계속보험료가 약정되어 있는 시기에 납부되지 아니할 경우 보험자는 '상당한' 기간을 정하여 보험료 납입을 최고하고, 해당 기간내에 보험계약자가 보험료의 납입을 지체한 경우 별도의 해지통보를 통해 계약을 해지할 수 있다.

(4) 위험변경 증가의 통지의무

보험기간중에 보험계약자 또는 피보험자가 사고발생의 위험이 현저하게 변경 또는 증가된 사실을 안 때에는 지체 없이 이를 보험자에게 통지하여야 한다(상법 제652조 제1항).

상법 제652조(위험변경증가의 통지와 계약해지)
① 보험기간 중에 보험계약자 또는 피보험자가 사고발생의 위험이 현저하게 변경 또는 증가된 사실을 안 때에는 지체없이 보험자에게 통지하여야 한다. 이를 해태한 때에는 보험자는 그 사실을 안 날로부터 1월내에 한하여 계약을 해지할 수 있다.
② 보험자가 제1항의 위험변경증가의 통지를 받은 때에는 1월내에 보험료의 증액을 청구하거나 계약을 해지할 수 있다. 〈신설 1991.12.31〉

위험의 변경 또는 증가의 원인은 객관적이어야 하므로 보험계약자 또는 피보험자의 행위로 인한 것이 아니어야 한다. 보험계약자 또는 피보험자가 이를 해태한 때에는 보험자는 그 사실을 안날로부터 1월내에 계약을 해지할 수 있다.

(5) 보험사고 발생의 통지의무

보험자에 대한 보험사고의 통지는 보험자로 하여금 그 사고가 보험사고에 해당하는지 여부 등과 면책사유가 존재하는지 여부를 확정하는 전제가 되기 때문에 이 통지는 대단히 중요한 사항이다. 따라서 보험계약자 또는 피보험자가 계약에서 정한 보험사고의 발생을 안 때에는 지체없이 이를 보험자에게 통지해야 한다(상법 제657조 제1항). 보험계약자 등의 통지 해태로 인해 손해가 증가된 때에는 그 증가된 손해를 보상할 책임이 없다(상법 제657조 제2항).

상법 제657조(보험사고발생의 통지의무)
① 보험계약자 또는 피보험자나 보험수익자는 보험사고의 발생을 안 때에는 지체없이 보험자에게 그 통지를 발송하여야 한다.
② 보험계약자 또는 피보험자나 보험수익자가 제1항의 통지의무를 해태함으로 인하여 손해가 증가된 때에는 보험자는 그 증가된 손해를 보상할 책임이 없다. 〈신설 1991.12.31〉

09 부 활

1. 부활의 의미

보험거래에서 부활계약의 법적인 성질은 실효된 계약을 보험계약 당사자의 합의에 의하여 실효되기 전의 보험계약으로 원상복구 시키는 특수한 계약의 형태라고 볼 수 있다. 보험계약에서 보험계약자가 계속보험료의 지급을 어떤 사유로든 지체하고 있는 경우 보험자는 계약을 해지하거나 실효처리하게 된다. 그렇게 되면 보험계약자는 새로운 계약을 체결하여야 하는데 이러한 경우에는 다양한 불이익이 발생할 수 있다. 일반적으로 생명보험의 경우에는 연령증가 등에 따른 피보험자의 위험률이 높아져서 인상된 보험료를 더 많이 부담해야 하고, 보험료적립금 내지 해약환급금의 지급상의 불이익을 감수하여야 한다. 따라서 보험계약자가 계속보험료를 체납함으로써 해지 또는 실효된 계약을 일정한 기간 내에 부활하도록 계약의 형태가 필요하게 되어지는 것이다. 그러므로 해당 보험계약이 해지 또는 실효되기 전의 보험계약상태로 복구시키는 계약이 바로 보험계약의 부활인 것이다(상법 제650조의2).

> **상법 제650조의2(보험계약의 부활)**
> 제650조 제2항에 따라 보험계약이 해지되고 해지환급금이 지급되지 아니한 경우에 보험계약자는 일정한 기간 내에 연체보험료에 약정이자를 붙여 보험자에게 지급하고 그 계약의 부활을 청구할 수 있다. 제638조의2의 규정은 이 경우에 준용한다. 〈본조신설 1991.12.31.〉

2. 부활의 요건

부활계약 청구 시에도 보험계약자는 중요한 사항에 대하여 고지의무를 부담하여야 한다. 또한 보험계약자가 제2회 이후의 계속보험료를 납부하지 아니함으로써 보험계약이 해지되었거나 실효된 경우로서 해지환급금이 지급되지 않았어야 한다. 그리고 보험계약자는 부활이 가능한 일정 기간 내에 연체된 보험료에 약정이자를 붙여 보험자에게 납부하고 보험계약의 부활을 청구하여야하며 보험자의 승낙이 있어야 한다. 보험계약자의 부활청구로부터 보험자가 약정이자를 첨부한 연체보험료를 받은 후 30일이 지나도록 낙부통지 하지 않으면 보험자의 승낙이 의제되고 해당 보험계약은 부활한다(상법 제650조의2 단서).

부활의 요건
• 해지환급금의 미지급 혹은 미수령 ※ 해지환급금 지급 시 보험계약관계가 완전 종료 • 계속보험료 미납에 따른 계약해지의 경우 • 보험계약자의 청구 • 보험자의 승낙

부활청약 시 부활청약 심사를 하는 이유는 계약부활의 경우 부활청약자의 역선택 가능성이 높기 때문이다. 예를 들어 암진단 후 보험금을 받기 위해 부활청약을 하는 경우 심사과정이 생략된다면 모두 부활승낙이 될 것이고 보험금을 지급해야 한다. 이는 정상적인 보험사업 운영을 불가능하게 만들고 다른 계약자에게 손실을 끼치는 결과를 가져온다.

3. 부활의 효과

보험계약에서의 부활은 실효된 보험계약의 효력을 원래대로 복구시키는 것이므로 실효되기 이전의 보험계약과 동일한 내용의 보험계약을 계속 유지하게 된다. 그렇지만 해당 보험계약을 부활하였다 하더라도 보험계약이 실효된 이후 시점부터 부활될 때까지의 기간에 발생한 보험사고에 대하여는 보험자는 책임을 지지 않는다. 단, 계약자가 약정이자를 포함한 연체보험료를 지급하고 보험계약 부활을 청구한 때부터 보험자가 승낙하기 전까지 사이에 보험사고 발생 시 보험자가 거절할 사유가 없는 한 보상책임을 지게 된다.

31 우체국보험 일반현황

01 연 혁

우체국보험은 1929년 5월에 제정된 '조선간이생명보험령'에 따라 1929년 10월에 조선총독부 체신국에서 종신보험과 양로보험을 판매하기 시작한 것을 시초로 하고 있다. 이후 1952년 12월에 국민생명보험법 및 우편연금법을 제정함에 따라 기존 일본식 명칭이었던 '간이생명보험'을 '국민생명보험'으로 개칭하였고, 생명보험 4종 및 연금보험 4종으로 보험사업을 확대하기 시작하였다. 그러나 국가정책 목적에 의거 조달금리 이하로 운용하도록 함에 따라 부실 규모가 점차 증가하고 있는 와중에 1977년 1월 당시 체신부는 국가 정책 사업인 전기통신사업으로 역량을 결집하기 위해서 국민생명보험사업 분야를 농협으로 모두 이관 조치하였다. 이후 체신부가 관장하던 전기통신사업을 한국전기통신공사가 분리하여 관장함에 따라 1982년 12월 31일 체신예금 · 보험에 관한 법률 및 체신보험특별회계법을 제정하였고 1983년부터 본격적인 보험사업을 재개하기 시작하였다.

2007년 11월에 보험사업단을 신설하였고 2013년에는 '국가가 보장하는 착한보험 우체국보험'이라는 슬로건을 선포하였으며, 국영보험으로서 공익상품인 '만원의 행복보험(2010.1.2.)', '나눔의 행복보험(2014.10.15.)' 보험상품을 출시하였으며, 서민의 보편적 보험서비스 제공을 위해서 '100세 종합보장보험(2014.10.2.)', 우체국노후실손의료비보험(2016.3.21.)', '우체국생애맞춤보험', '우리가족암보험(2016.8.12.)' , '우체국간편가입건강보험(2017.1.2.)', '우체국온라인암보험', '우체국여성암보험(2017.7.)' 등 다양한 보험 신상품을 출시하였다. 또한, 우체국보험은 국영보험으로 사회적 책임과 역할을 체계적이고 효율적으로 수행하기 위하여 2013년 9월 '우체국공익재단'을 설립하였고, 다양한 사회공헌 활동과 공익사업 추진을 현재도 진행하고 있으며, 추가사업 발굴 등 국영보험으로서 사회적 기업의 역할을 다하고 있다. 그리고 우체국보험은 사회가 요구하는 기업의 윤리적 기대를 경영에 반영한 책임경영을 위해 노력하고 있고, 윤리경영 실천과 조직내에 비리근절을 위한 감사활동도 전개하였다. 이와 함께 공직윤리체계 활동 강화를 위해서 반부패 의식교육을 활성화하였으며, 청탁금지법 시행에 따라 자료 제작 및 교육 등을 통해서 윤리경영 강화에도 주력하고 있다.

[우체국보험 연혁]

연 혁
1929.10.1. 간이생명보험 시행 1952.12.16. "간이생명보험"을 "국민생명보험"으로 개칭 1977.1.1. 국민생명보험의 농협 이관 1982.12.31. 체신예금 · 보험에 관한 법률 제정 · 공포 1983.7.1. 체신보험사업의 재개 1984.1.1. "체신금융국" 발족 1990.12.1. 체신보험 온라인 업무 개시 1994.12.23. 정보통신부로 개편 2000.4.4. "체신보험"을 "우체국보험"으로 개칭 2000.7.1. "우정사업본부" 출범 2000.9.1. 우체국금융콜센터 운영 및 인터넷뱅킹 서비스 개시 2002.2.25. 우체국보험적립금운용심의회의 설치 2003.8.6. 금융리스크관리팀 신설 2005.3.25. 우체국금융 BI "에버리치(EverRich)" 제정 2006.8.16. 우체국예금 · 보험 건전성기준 제정 2007.11.30. 보험사업단 신설 2008.9.30. 우체국보험 슬로건 선포(당신을 믿어요!) 2010.1.4. 소액서민보험(만원의 행복보험) 판매 2010.7.1. 우정사업 CI 변경 2011.9.23. (무)우체국즉시연금보험 판매 2012.3.15. 치아보험 판매 2013.2.27. 우체국보험 슬로건 변경(국가가 보장하는 착한보험 우체국보험) 2013.3.23. 정부조직개편으로 '지식경제부'에서 '미래창조과학부'소속으로 이관 2013.9.3. (재)우체국공익재단 설립 2013.11.1. 우체국보험 BI 제정 2014.10.2. (무)100세 종합보장보험 판매 2014.10.15. (무)나눔의 행복보험 판매 2014.12.22. 정부세종청사 우정사업본부 이전 2015.7.13. (무)우체국치아보험, 어깨동무연금보험 판매 2016.3.21. (무)우체국노후실손의료비보험 판매 2016.8.12. (무)우체국생애맞춤보험, 우리가족암보험 판매 2016.9.30. 우체국스마트뱅킹 보험간편서비스 시행 2016.12.26. 우체국보험 지급센터 운영 2017.1.2. 우체국간편가입건강보험 판매 2017.7.18. (무)우체국온라인암보험 판매 2017.7.26. 정부조직개편으로 '미래창조과학부'에서 '과학기술정보통신부'소속으로 이관

출처 : 우체국보험 경영공시자료

02 업무범위

1. 우체국보험의 목적

국가가 간편하고 신용 있는 보험사업을 운영함으로써 보험의 보편화를 달성하고 이를 통해서 질병과 재해의 위험에 공동으로 대처하여 궁극적으로는 국민의 경제생활의 안정과 공공복리의 증진에 기여함을 목적으로 한다.

> **우체국예금 · 보험에 관한 법률 제1조(목적)**
> 이 법은 체신관서(遞信官署)로 하여금 간편하고 신용 있는 예금 · 보험 사업을 운영하게 함으로써 금융의 대중화를 통하여 국민의 저축의욕을 북돋우고, 보험의 보편화를 통하여 재해의 위험에 공동으로 대처하게 함으로써 국민 경제생활의 안정과 공공복리의 증진에 이바지함을 목적으로 한다. 〈전문개정 2009.4.22.〉

또한 우체국 우편사업의 운영 · 유지에 필요한 비용을 일부 마련하기 위한 경영상의 목적도 가지고 있다. 그리고 우체국보험은 4천만 원 이하의 소액보험(생명 · 신체 · 상해 · 연금 등) 상품개발과 판매 및 운영 사업을 하면서 기타 보험사업에 부대되는 환급금대출과 증권의 매매 및 대여를 업무범위로 하고 있다. 부동산의 취득 · 처분과 임대서비스도 업무범위에 포함된다.

03 우체국보험의 특징

우체국보험은 국가가 경영하고 보험금의 지급을 국가가 책임지는 등 국영보험으로서 그 운영상에 있어서 일반보험과 구별되는 다음과 같은 특성이 있다.

1. 소액 서민 보험서비스

무진단 · 단순한 상품구조를 바탕으로 보험료가 저렴한 소액 보험상품을 취급하여 서민들이 쉽게 가입이 가능하도록 하고 있다.

2. 보편적 보험서비스

농 · 어촌 지역에서부터 지방 중소도시까지 전국적으로 널리 분포된 우체국 조직을 이용하므로 보험료가 저렴하고 가입절차가 간편하여 보험의 보편화에 기여하고 있다.

3. 공적 역할

사익(주주이익)을 추구하지 않는 국영보험으로서 장애인, 취약계층 등과 관련된 보험상품을 확대 보급하고 있다. 또한 사회소외계층을 위한 현장밀착형 공익사업을 발굴 및 지원함으로써 사회적 책임을 강화하고 있다.

4. 운영 주체

국가가 경영하고 과학기술정보통신부 장관이 관장(우체국예금 · 보험에 관한 법률 제3조)하며, 감사원의 감사와 국회의 국정감사를 받고 있다.

우체국예금 · 보험에 관한 법률 제3조(우체국예금 · 보험사업의 관장)
우체국예금사업과 우체국보험사업은 국가가 경영하며, 과학기술정보통신부장관이 관장(管掌)한다. 〈전문개정 2013.3.23, 2017.7.26.〉

5. 회계 특성

우체국보험은 국가가 운영함에 따라 정부예산회계 관계법령의 적용을 받고 있으며 2006년부터 우체국보험특별회계법에 의거하여 연2회 회계감사를 실시하고 있다.

6. 인력 및 조직

담당인력과 조직에 대해 행정안전부 등 관련부처와 협의를 거치는 등 정부조직법, 국가공무원법 등의 통제를 받고 있다.

7. 예산 · 결산

우체국보험사업의 운영에 필요한 경비는 기획재정부와 협의, 국회의 심의를 거쳐 정부예산으로 편성하고, 예산집행 내역 및 결산 결과를 국회 및 감사원에 보고한다.

8. 우체국보험과 타기관 보험과 비교

(1) 우체국보험과 공영보험

[우체국보험과 공영보험]

구 분	우체국보험	공영보험*
가입의무	자유가입	의무가입
납입료 대비 수혜 비례성	비례함(수익자 부담)	비례성 약함 (소득재분배 및 사회 정책성 기능)

* 공영보험 : 건강보험, 국민연금, 고용보험, 산재보험 등

(2) 우체국보험과 민영보험

[우체국보험과 민영보험]

구 분	우체국보험	민영보험
보험료	상대적으로 저렴	상대적으로 고액
가입 한도액	• 4,000만 원(사망) • 연 900만 원(연금)	제한 없음
지급보장	국가 전액 보장	가입자당 5천만 원(예금보험공사 보증)
운영방법	농어촌 · 서민 위주 전 국민 대상	도시 위주 전 국민 대상
사익추구	주주이익 없음(국영사업)	주주이익 추구
취급제한	변액보험, 퇴직연금, 손해보험 불가	제한 없음
감독기관	과학기술정보통신부, 감사원, 국회, 금융위원회 등	금융위원회, 금융감독원
적용법률	• 우체국예금 · 보험에 관한 법률, 우체국보험특별회계법 • 보험업법(일부), 상법(보험 분야)	• 보험업법 • 상법(보험 분야)

04 소관법률 및 근거

1. 관련 법률현황

[우체국보험 관련 법률]

법률(4)	대통령령(4)	부령(6)
우체국예금 · 보험에 관한 법률	• 우체국예금 · 보험에 관한 법률 시행령 • 우체국 어음교환소 참가규정 • 체신관서 현금수불규정	• 우체국예금 · 보험에 관한 법률 시행규칙 • 체신관서의 국채 · 공채매도 등에 관한 규칙
우체국보험특별 회계법	우체국보험특별회계법 시행령	우체국보험특별회계법 시행규칙
우편환법	–	• 우편환법 시행규칙 • 국제환 규칙
우편대체법	–	우편대체법 시행규칙

2. 보험적립금 관련 주요내용

(1) 근거 및 목적

① 근거 : 우체국보험특별회계법 제4조

② 목적 : 보험금, 환급금 등 보험급여의 지급을 위한 책임준비금에 충당하기 위하여 우체국보험특별회계의 세입 · 세출 외에 별도 우체국보험적립금을 설치 운영한다.

우체국보험특별회계법 제4조(우체국보험적립금의 조성 등)

① 보험금 · 환급금 등 보험급여를 지급하기 위한 책임준비금에 충당하기 위하여 세입 · 세출 외에 따로 우체국보험적립금(이하 "적립금"이라 한다)을 둔다.

② 적립금은 다음 각 호의 금액으로 조성한다.

1. 순보험료(보험료 중 부가보험료를 제외한 보험료를 말한다)
2. 적립금 운용수익금
3. 회계의 세입 · 세출 결산에 따른 잉여금

③ 보험금 · 환급금 등 보험급여는 적립금에서 지출한다.

(2) 적립금 연혁

1983년 7월 1일(우체국보험사업 개시)

(3) 재원 조달 및 운용

① 우체국보험적립금은 순보험료, 운용수익 및 우체국보험특별회계 세입 · 세출의 결산상 잉여금으로 조성한다.

② 조성된 적립금은 주로 보험금 지급에 충당하고, 여유자금은 유가증권 매입 또는 금융기관에 예치하여 수익성을 제고하는 한편, 공공자금관리기금 및 금융기관을 통한 산업자금 지원과 지방경제 활성화를 위한 지방은행에의 자금예치 및 보험계약자를 위한 대출제도 운영에 사용된다.

우체국보험특별회계법 제5조(적립금의 운용)

① 적립금은 과학기술정보통신부장관이 운용 · 관리한다.

② 적립금을 운용할 때에는 안정성 · 유동성 · 수익성 및 공익성이 확보되도록 하여야 한다.

우체국보험특별회계법 제6조(적립금의 운용 방법)

① 적립금은 다음 각 호의 방법으로 운용한다.

1. 금융기관에의 예탁
2. 자본시장과 금융투자업에 관한 법률에 따른 증권의 매매 및 대여
3. 국가, 지방자치단체와 과학기술정보통신부령으로 정하는 공공기관에 대한 대출
4. 보험계약자에 대한 대출
5. 대통령령으로 정하는 업무용 부동산의 취득 · 처분 및 임대
6. 자본시장과 금융투자업에 관한 법률 제5조에 따른 파생상품의 거래
7. 벤처기업육성에 관한 특별조치법 제2조 제1항에 따른 벤처기업에의 투자
8. 재정자금에의 예탁
9. 자본시장과 금융투자업에 관한 법률 제355조에 따른 자금중개회사를 통한 금융기관에의 대여
10. 그 밖에 대통령령으로 정하는 적립금 증식

② 과학기술정보통신부장관은 적립금의 운용 성과와 재정 상태를 분명하게 하기 위하여 자산의 증감 및 변동을 그 발생한 사실에 따라 회계처리하여야 한다.

③ 과학기술정보통신부장관은 적립금을 효율적으로 운용하기 위하여 제1항 제2호 · 제6호 · 제7호 및 제10호의 사업의 전부 또는 일부를 대통령령으로 정하는 바에 따라 그가 지정하는 법인에 위탁하여 운용하게 하거나 적립금으로 법인을 설립하여 그 법인으로 하여금 운용하게 할 수 있다.

④ 다음 각 호에 관하여 필요한 사항은 대통령령으로 정한다.

1. 제1항 제2호에 따라 매입하는 증권 취득가액의 총액이 적립금에서 차지하는 비율
2. 제1항 제5호에 따라 취득하는 부동산 취득가액의 총액이 적립금에서 차지하는 비율
3. 제1항 제6호에 따라 매입하는 파생상품 취득가액의 총액이 적립금에서 차지하는 비율
4. 제1항 제7호에 따른 벤처기업에의 투자 한도
5. 제1항 제9호에 따른 금융기관에의 대여 한도

⑤ 적립금운용계획의 수립 등 적립금을 운용하는 데에 필요한 사항은 대통령령으로 정한다.

05 역할(사회공헌)

1. 개 요

우체국보험은 1995년 소년소녀가장 장학금 지원사업을 시작으로 공공복지의 사각지대에 있는 사회소외계층(아동, 노인, 장애인 등)에 대한 다양한 지원을 통해 국가기관으로서 사회적 책임과 사회안전망 기능을 강화하였다.

우체국예금보험에 관한 법률 시행규칙 제57조(공익급여의 지급)

① 체신관서는 수입보험료의 일부를 공익급여(公益給與)로 지급할 수 있다.

② 제1항에 따른 공익급여 지급대상 보험의 종류별 명칭과 공익급여의 지급대상, 지급범위 및 지급절차 등은 우정사업본부장이 정한다. 〈전문개정 2009.10.22.〉

우체국보험특별회계법 제8조(결산서의 작성 및 잉여금의 처리)
① 과학기술정보통신부장관은 회계연도마다 국가회계법 등에 따라 회계의 결산서를 작성하는 외에 기업예산 회계 관계 법령에 따라 결산서(적립금을 포함한다)를 작성할 수 있다.
② 회계연도마다 회계의 세입 · 세출 결산에 따른 잉여금이 있으면 이월손실금을 보전(補塡)하고 남은 금액은 적립금으로 적립하여야 한다.
③ 과학기술정보통신부장관은 적립금 결산에 따른 잉여금의 일부로 보험계약자 및 소외계층을 위한 공익사업을 할 수 있다.
④ 제3항에 따른 공익사업의 범위와 그 재원(財源) 조성 등에 관하여 필요한 사항은 과학기술정보통신부령으로 정한다.

2. 추진 경과

1995년 휴면보험금으로 소년소녀가장에게 장학금을 지원하는 공익사업을 시작하였다. 2000년 들어서 교통안전보험 재원을 활용하여 본격적인 공익사업을 추진하였으며, 2013년 9월에는 우체국공익재단을 설립하여 현재까지 다양한 공적역할을 수행하고 있다.

3. 재 원

우체국예금의 공익준비금의 경우 정부예산에서 재원으로 삼고 있는데 반해, 우체국보험의 공익준비금은 ① 교통안전보험 수입보험료의 1%, ② 전 회계연도 적립금 이익잉여금의 5% 이내, ③ 그린보너스저축보험 전년도 책임준비금의 0.05% 이내에서 재원을 마련하고 있다.

4. 공익재단 출연 기준

공익재단 출연을 위해서 공익자금 조성액의 기중처분은 전 회계연도 이익잉여금을 기준으로 조성하되, 전년 및 당해 연도(추정) 당기순이익과 적립금 재무건전성을 고려하여 조성한다.

우체국보험특별회계법 시행규칙 제16조(공익사업 범위와 재원조성)
① 법 제8조 제3항에 따른 공익사업의 범위는 다음 각 호와 같다.
1. 보건 · 사회복지 관련 사업 : 의료사업, 요양사업, 보육사업, 주거 개선사업
2. 체육 · 문화 관련 사업 : 체육활동, 전시 · 공연의 주최 및 후원사업
3. 교육 관련 사업 : 교육 · 장학사업 및 학술연구 지원사업
4. 제1호부터 제3호까지의 사업과 유사한 사업

② 제1항에 따른 공익사업의 재원은 전(前) 회계연도에 대한 적립금 결산에 따른 이익잉여금의 100분의 5 이내의 금액으로 조성한다. 이 경우 적립금의 운용으로 발생한 전년도 당기순이익과 적립금의 재무건전성을 고려하여야 한다.

5. 사회공헌 관련 세부사업

우체국공익재단은 전문적이고 체계적인 사회공헌활동의 추진을 위해 매년 공익사업 계획을 수립하고 운영하고 있다.

[우체국공익재단 세부사업]

구 분	내 용
우체국 네트워크 활용사업	• 지역사회 협력 거버넌스 구축 • 우체국 봉사단 운영 • 지역사회 불우이웃 지원(예금위탁)
미래창의 세대 육성 기반조성	탈북청소년, 장애부모 가정 아동 등 청소년 지원
의료복지 인프라 기반조성	• 무의탁환자 야간간병 지원(예금위탁) • 소아암 환자 · 가족 지원 • 저소득 장애인 지원
지속가능 친환경	• 자연 생태계 조성 • 소외계층 환경 개선

32 우체국보험 상품

01 개 요

1. 보험의 종류

우체국예금 · 보험에 관한 법률 제28조(보험의 종류와 금액 등) 및 동법 시행규칙 제35조(보험의 종류)에 의한 우체국보험의 종류는 아래 표(우체국보험 종류)와 같다. 또한, 동법 시행규칙 제36조(계약보험금 및 보험료의 한도)에 따른 계약보험금 한도액은 보험종류별로 피보험자 1인당 4천만 원으로 하되, 연금보험(단, 연금저축계좌에 해당하는 보험은 제외)의 최초 연금액은 피보험자 1인당 1년에 900만 원 이하로 한다. 다만, 연금보험 중 소득세법 시행령 제40조의2 제2항 제1호에 따른 연금저축계좌에 해당하는 보험의 보험료 납입금액은 피보험자 1인당 연간 900만 원 이하로 한다.

[우체국보험 종류]

구 분	개 념
보장성보험	생존 시 지급되는 보험금의 합계액이 이미 납입한 보험료를 초과하지 아니하는 보험
저축성보험	생존 시 지급되는 보험금의 합계액이 이미 납입한 보험료를 초과하는 보험
연금보험	일정 연령 이후에 생존하는 경우 연금의 지급을 주된 보장으로 하는 보험

2. 보험상품의 개발

보험상품의 개발 시 우정사업본부장은 예정이율 · 예정사업비율 및 예정사망률을 기초로 하여 보험료를 산정하고, 우체국보험의 재무건전성, 계약자보호 및 사회공익 등을 고려하여 사업방법서, 보험약관, 보험료 및 책임준비금 산출방법서 등 기초서류를 합리적으로 작성하여야 한다. 보험약관을 작성할 때는 우체국예금 · 보험에 관한 법률 시행규칙 제43조(보험약관)에 의거 아래 표(보험약관 기재사항) 내용을 명료하고 알기 쉽게 기재하여야 한다.

[보험약관 기재사항]

내 용
• 보험금의 지급사유 • 보험계약의 무효사유 • 보험자의 의무의 한계 • 보험계약자 또는 피보험자가 그 의무를 이행하지 아니한 경우에 받는 손실 • 보험계약의 전부 또는 일부의 해지사유와 해지한 경우의 당사자의 권리 · 의무 • 보험계약자 또는 보험수익자가 이익금 또는 잉여금을 배당받을 권리가 있는 경우 그 범위 • 그 밖에 보험계약에 관하여 필요한 사항 • 보험계약의 변경 • 보험자의 면책사유

3. 판매 중인 상품

2018년 12월 31일 현재 보험 종류별 판매 중인 상품목록은 아래와 같다.

보험종류		시행일(고시일)
보장성 보험 (22종)	우체국든든한종신보험	2018.06.01.
	우체국건강클리닉보험	2018.06.01.
	우체국큰병큰보장보험	2018.06.01.
	우체국하나로OK보험	2018.06.01.
	우체국실속정기보험	2018.06.01.
	우리가족암보험	2018.06.01.
	우체국자녀지킴이보험	2018.08.28.
	어깨동무보험	2018.06.01.
	에버리치상해보험	2018.06.01.
	우체국예금제휴보험	2018.09.12.
	우체국단체보장보험	2018.01.01.
	우체국안전벨트보험	2018.06.01.
	우체국착한안전보험	2018.08.28.
	우체국실손의료비보험	2017.05.19.
	만원의 행복보험	2018.06.01.
	우체국생애맞춤보험	2018.06.01.
	우체국간편가입건강보험	2018.06.01.
	우체국여성암보험	2018.06.01.
	우체국치아보험	2018.06.01.
	우체국요양보험	2018.06.01.
	우체국온라인어린이보험	2018.06.01.
	우체국온라인암보험	2018.06.01.
저축성 보험 (4종)	청소년꿈보험	2018.06.01.
	에버리치복지보험	2018.06.01.
	그린보너스저축보험	2018.06.01.
	파워적립보험	2018.06.01.
연금보험 (5종)	우체국연금보험	2018.06.01.
	플러스연금보험	2018.06.01.
	우체국연금저축보험	2018.06.01.
	우체국개인연금보험(이전형)	2018.06.01.
	어깨동무연금보험	2018.06.01.

02 보장성 보험

1. 무배당 우체국든든한종신보험

(1) 주요 특징

특 징
• 50%저해약환급형 : 표준형과 보장혜택은 동일하고 보험료와 환급금이 표준형 대비 낮음 • 주계약에서 3대질병 진단 시 사망보험금 일부를 선지급하여 치료자금 지원 • 주계약 및 일부 특약을 비갱신형으로 설계하여 보험료 상승 부담 없이 동일한 보험료로 노후까지 보장 • 다양한 특약을 부가하여 사망 뿐 아니라 생존(진단, 입원, 수술 등)까지 체계적으로 보장하도록 고객맞춤형 보장설계 가능 • 주요질환(3대질병) 보장강화 : 특약부가로 3대질병(암, 뇌출혈, 급성심근경색증) 발병 시 치료비 추가보장 및 고액암 보장 강화 • 납입면제 : 3대질병 진단 시 또는 50% 이상 장해 시 보험료 납입면제

(2) 가입요건

① 주계약[1종(50%저해약환급형), 2종(표준형)]

가입나이	보험기간	납입기간	납입주기	보험가입금액
만 15~50세	종 신	5, 10, 15, 20, 30년납	월 납	1,000만 원~4,000만 원 (500만 원 단위)
51~60세		5, 10, 15, 20년납		
61~65세		5, 10, 15년납		
66~70세		5, 10년납		

② 특 약

㉠ 무배당 재해치료보장특약Ⅱ

가입나이, 보험기간, 납입기간, 납입주기	보험가입금액
주계약과 동일	1,000만 원~4,000만 원 (주계약 보험가입금액 이내에서 500만 원 단위)

㉡ 무배당 소득보상특약

가입나이	보험기간	납입기간	납입주기	보험가입금액
만 15~50세	80세 만기	5, 10, 15, 20, 30년납	월 납	1,000만 원~4,000만 원 (주계약 보험가입금액 이내에서 500만 원 단위)
51~60세		5, 10, 15, 20년납		
61~65세		5, 10, 15년납		
66~70세		5, 10년납		

ⓒ 무배당 입원보장특약(갱신형), 무배당 특정질병입원특약(갱신형), 무배당 수술보장특약(갱신형), 무배당 암치료특약Ⅱ(갱신형), 무배당 뇌출혈진단특약(갱신형), 무배당 급성심근경색증진단특약(갱신형)

구 분	가입나이	보험기간	납입기간	납입주기	보험가입금액
최초계약	만 15세~70세	10년 (종신갱신형)	전기납	월 납	1,000만 원 (500만 원 단위)
갱신계약	만 25세 이상				

ⓔ 이륜자동차부담보특약, 지정대리청구서비스특약

(3) 보험료 할인에 관한 사항

① 고액 할인

주계약 보험가입금액	2천만 원 이상~3천만 원 미만	3천만 원 이상~4천만 원 미만	4천만 원
할인율	1.0%	2.0%	3.0%

주) 고액 할인은 주계약 보험료(특약보험료 제외)에 한해 적용

(4) 저해약환급형 상품에 관한 사항

1. 1종(50%저해약환급형)은 보험료 납입기간 중 계약이 해지될 경우 2종(표준형)의 해약환급금 대비 적은 해약환급금을 지급하는 대신 2종(표준형)보다 저렴한 보험료로 보험을 가입할 수 있도록 한 상품임
2. 1종(50%저해약환급형)의 해약환급금을 계산할 때 기준이 되는 2종(표준형)의 예정해약환급금은 "보험료 및 책임준비금 산출방법서"에서 정한 방법에 따라 산출된 금액으로 해지율을 적용하지 않고 계산함
3. 1종(50%저해약환급형)의 계약이 보험료 납입기간 중 해지될 경우의 해약환급금은 2종(표준형) 예정해약환급금의 50%에 해당하는 금액에 플러스적립금을 더한 금액으로 함. 다만 보험료 납입기간이 완료된 이후 계약이 해지되는 경우에는 2종(표준형)의 예정해약환급금과 동일한 금액에 플러스적립금을 더한 금액을 지급함

주) 저해약환급형 상품에 관한 사항은 주계약에 한해 적용

(5) 특약의 갱신에 관한 사항

갱신절차	보험기간 만료일 30일 전까지 계약자에게 서면 또는 전화(음성녹음) 안내(보험료 등 변경내용) → 보험기간 만료일 15일 전까지 계약자의 별도 의사표시가 없으면 자동갱신 → 계약자가 갱신 거절의사를 통지하면 계약 종료
갱신계약 보험료	갱신계약의 보험료는 각각의 특약상품에 따라 나이의 증가, 적용기초율의 변동 등의 사유로 인상 가능

(6) 보장내용

① 주계약

지급구분	지급사유	
사망보험금	사망하였을 때	3대질병 진단보험금 지급사유가 발생하지 않은 경우
		3대질병 진단보험금 지급사유가 발생한 경우

3대질병 진단보험금	암보장개시일 이후에 최초의 암(갑상선암, 기타피부암, 제자리암 및 경계성 종양 제외)으로 진단이 확정되었거나, 보험기간 중 최초의 뇌출혈 또는 급성심근경색증으로 진단이 확정되었을 때(단, 암, 뇌출혈 또는 급성심근경색증 중 최초 1회에 한함)

주) 암보장개시일은 계약일(부활일)부터 그 날을 포함하여 90일이 지난 날의 다음날로 함

② 무배당 재해치료보장특약II

지급구분	지급사유
교통재해사망보험금	교통재해를 직접적인 원인으로 사망하였을 때
일반재해사망보험금	일반재해를 직접적인 원인으로 사망하였을 때
교통재해장해급부금	교통재해를 직접적인 원인으로 장해분류표에서 정한 각 장해지급률에 해당하는 장해상태가 되었을 때
일반재해장해급부금	일반재해를 직접적인 원인으로 장해분류표에서 정한 각 장해지급률에 해당하는 장해상태가 되었을 때
외모수술자금	재해로 인하여 외모상해의 치료를 직접목적으로 외모수술을 받았을 때(수술 1회당)
골절치료자금	재해로 인하여 골절상태가 되었을 때(사고 1회당)
깁스치료자금	재해로 인하여 그 치료를 직접목적으로 깁스(Cast)치료를 받았을 때(사고 1회당)

③ 무배당 소득보상특약

지급구분	지급사유
장해연금	장해분류표 중 동일한 재해로 여러 신체부위의 합산 장해지급률이 50% 이상인 장해상태가 되었을 때
암생활자금	암보장개시일 이후에 최초의 암으로 진단이 확정되었을 때(단, 최초 1회에 한함)

주) 암보장개시일은 계약일(부활일)부터 그 날을 포함하여 90일이 지난 날의 다음날로 함

④ 무배당 입원보장특약(갱신형)

지급구분	지급사유
입원급부금	질병 또는 재해로 인하여 그 치료를 직접목적으로 4일 이상 입원하였을 때(3일 초과 입원일수 1일당, 120일 한도)
건강관리자금	건강관리자금 보험기간(10년)이 끝날 때까지 살아 있을 때

⑤ 무배당 특정질병입원특약(갱신형)

지급구분	지급사유
암입원급부금	암보장개시일 이후 암으로 인하여 그 치료를 직접목적으로 4일 이상 입원하였거나, 보험기간 중 갑상선암, 기타피부암, 제자리암 또는 경계성 종양으로 인하여 그 치료를 직접목적으로 4일 이상 입원하였을 때(3일 초과 입원일수 1일당, 120일 한도)
2대질병 입원급부금	뇌출혈 또는 급성심근경색증으로 인하여 그 치료를 직접목적으로 4일 이상 입원하였을 때(3일 초과 입원일수 1일당, 120일 한도)

주요성인질환 입원급부금	주요성인질환으로 인하여 그 치료를 직접목적으로 4일 이상 입원하였을 때(3일 초과 입원일수 1일당, 120일 한도)
건강관리자금	보험기간(10년)이 끝날 때까지 살아 있을 때

주) 암보장개시일은 계약일(부활일)부터 그 날을 포함하여 90일이 지난 날의 다음날로 함

⑥ 무배당 수술보장특약(갱신형)

지급구분	지급사유
수술급부금	질병 또는 재해로 인하여 그 치료를 직접목적으로 수술 · 신생물 근치 방사선 조사 분류표에서 정한 수술을 받았을 때(수술 1회당)
암수술급부금	암보장개시일 이후 암으로 인하여 그 치료를 직접목적으로 암수술을 받았거나, 보험기간 중 갑상선 암, 기타피부암, 제자리암, 경계성 종양으로 인하여 그 치료를 직접목적으로 암수술을 받았을 때(수술 1회당)
2대질병 수술급부금	뇌출혈 또는 급성심근경색증으로 인하여 그 치료를 직접목적으로 2대질병수술을 받았을 때(수술 1회당)
주요성인질환 수술급부금	주요성인질환으로 인하여 그 치료를 직접목적으로 주요성인질환수술을 받았을 때(수술 1회당)
건강관리자금	보험기간(10년)이 끝날 때까지 살아 있을 때

주) 암보장개시일은 계약일(부활일)부터 그 날을 포함하여 90일이 지난 날의 다음날로 함

⑦ 무배당 암치료특약 II (갱신형)

지급구분	지급사유
암치료보험금	암보장개시일 이후에 최초의 암으로 진단이 확정되었을 때(단, 최초 1회에 한함)
	보험기간 중 최초의 갑상선암, 기타피부암, 제자리암 또는 경계성 종양으로 진단이 확정되었을 때(단, 갑상선암, 기타피부암, 제자리암 및 경계성 종양 각각 최초 1회에 한함)
건강관리자금	보험기간(10년)이 끝날 때까지 살아 있을 때

주) 암보장개시일은 계약일(부활일)부터 그 날을 포함하여 90일이 지난 날의 다음날로 함

⑧ 무배당 뇌출혈진단특약(갱신형)

지급구분	지급사유
뇌출혈치료보험금	보험기간 중 최초의 뇌출혈로 진단이 확정되었을 때(단, 최초 1회에 한함)
건강관리자금	보험기간(10년)이 끝날 때까지 살아 있을 때

⑨ 무배당 급성심근경색증진단특약(갱신형)

지급구분	지급사유
급성심근경색증 치료보험금	보험기간 중 최초의 급성심근경색증으로 진단이 확정되었을 때(단, 최초 1회에 한함)
건강관리자금	보험기간(10년)이 끝날 때까지 살아 있을 때

⑩ 이륜자동차부담보특약

가입대상	이륜자동차 운전자(소유자 포함)
부담보 범위	이륜자동차 운전(탑승 포함) 중에 발생한 재해로 인하여 주계약 및 특약에서 정한 보험금 지급사유가 발생한 경우에 보험금 부지급

주) 상품별 이륜자동차부담보특약사항 동일(이하 생략)

⑪ 지정대리청구서비스특약

대상계약	계약자, 피보험자 및 수익자(사망 시 수익자 제외)가 모두 동일한 계약
지정대리 청구인 지정	보험금을 직접 청구할 수 없는 특별한 사정이 있을 경우 대리청구인 지정
지정대리 청구인	피보험자와 동거하거나 피보험자와 생계를 같이 하고 있는 피보험자의 가족관계등록부상의 배우자 또는 직계존비속
보험금 지급 등의 절차	• 보험수익자가 보험금을 직접 청구할 수 없는 특별한 사정이 있음을 증명하는 서류 제출 • 보험수익자의 대리인으로서 보험금(사망보험금 제외)을 청구하고 수령 • 보험금을 지정대리청구인에게 지급한 경우, 그 이후 보험금 청구를 받더라도 체신관서는 이를 지급하지 않음

주) 상품별 지정대리청구서비스 특약 동일(이하 생략)

2. 무배당 우체국건강클리닉보험(갱신형)

(1) 주요 특징

특 징
• 고액의 치료비가 소요되는 3대질병 진단(최대 3,000만 원), 우체국건강클리닉 중증수술(최대 500만 원) 및 중증장해(최대 5,000만 원) 고액 보장 • 발병이 증가하고 있는 10대성인질환까지 보장 • 10년 만기 종신갱신형 • 0세부터 60세까지 가입 가능 • 10년 만기 생존 시마다 건강관리자금 지급

(2) 가입요건

① 주계약

구 분	가입나이	보험기간	납입기간	보험가입금액 (구좌수)
최초계약	0~60세	10년 만기 (종신갱신형)	전기납 (월납)	1구좌 (0.5구좌 단위)
갱신계약	10년 만기			

② 특약 : 이륜자동차부담보특약, 지정대리청구서비스특약

(3) 계약의 갱신에 관한 사항

갱신절차	보험기간 만료일 30일 전까지 계약자에게 서면 또는 전화(음성녹음) 안내(보험료 등 변경내용) → 보험기간 만료일 15일 전까지 계약자의 별도 의사표시가 없으면 자동갱신 → 계약자가 갱신 거절의사를 통지하면 계약 종료
갱신계약 보험료	갱신계약의 보험료는 나이의 증가, 적용기초율의 변동 등의 사유로 인상 가능

(4) 보장내용

① 주계약

지급구분	지급사유
건강관리자금	만기 생존 시
3대질병치료보험금	암보장개시일 이후에 최초의 암으로 진단이 확정되었거나, 보험기간 중 최초의 갑상선암, 기타피부암, 제자리암, 경계성 종양, 뇌출혈 또는 급성심근경색증으로 진단 확정 시(각각 최초 1회한)
10대성인질환 입원급부금	10대성인질환으로 4일 이상 입원 시(3일 초과 입원일수 1일당, 120일 한도)
10대성인질환 수술급부금	10대성인질환으로 수술 시(수술 1회당)
입원급부금	질병 또는 재해로 4일 이상 입원 시(3일 초과 입원일수 1일당, 120일 한도)
수술급부금	질병 또는 재해로 수술 시(수술 1회당)
장해연금	동일한 재해로 장해지급률 50% 이상 장해 시
장해급부금	재해로 장해지급률 중 3% 이상 50% 미만 장해 시
골절 치료자금	출산손상 또는 재해로 골절 시(사고 1회당)

주) 암보장개시일은 계약일(부활일)부터 그 날을 포함하여 90일이 지난 날의 다음날로 함

3. 무배당 우체국큰병큰보장보험(갱신형)

(1) 주요 특징

특 징
• 암, 뇌출혈, 급성심근경색증 치료비 집중 보장 • 3대질병 발병 시 최대 3,000만 원 지급, 입원비 및 수술비 보장 • 10년 만기 종신갱신형 • 10년 만기 생존 시마다 건강관리자금 지급

(2) 가입요건

① 주계약

구 분	가입나이	보험기간	납입기간	보험가입금액 (구좌수)
최초계약	0~60세	10년 만기 (종신갱신형)	전기납 (월납)	1구좌 (0.5구좌 단위)
갱신계약	10세 이상			

주) 임신 사실이 확인된 태아도 가입 가능

② 특약 : 지정대리청구서비스특약

(3) 갱신에 관한 사항

갱신절차	보험기간 만료일 30일 전까지 계약자에게 서면 또는 전화(음성녹음) 안내(보험료 등 변경내용) → 보험기간 만료일 15일 전까지 계약자의 별도 의사표시가 없으면 자동갱신 → 계약자가 갱신 거절의사를 통지하면 계약 종료
갱신계약 보험료	갱신계약의 보험료는 나이의 증가, 적용기초율의 변동 등의 사유로 인상 가능

(4) 보장내용

지급구분	지급사유
건강관리자금	만기 생존 시
3대질병 치료보험금	암보장개시일 이후에 최초의 암으로 진단이 확정되었거나, 보험기간 중 최초의 갑상선암, 기타피부암, 제자리암, 경계성 종양, 뇌출혈 또는 급성심근경색증으로 진단 확정 시(각각 최초 1회한)
3대질병 입원급부금	암보장개시일 이후에 암으로 인하여 그 치료를 직접목적으로 4일 이상 입원하였거나, 보험기간 중 갑상선암, 기타피부암, 제자리암, 경계성 종양, 뇌출혈 또는 급성심근경색증으로 4일 이상 입원 시(3일 초과 입원일수 1일당, 120일 한도)
3대질병 수술급부금	암보장개시일 이후에 암으로 인하여 그 치료를 직접목적으로 수술을 받았거나, 보험기간 중 갑상선암, 기타피부암, 제자리암, 경계성 종양, 뇌출혈 또는 급성심근경색증으로 수술 시(수술 1회당)

주) 암보장개시일은 계약일(부활일)부터 그 날을 포함하여 90일이 지난 날의 다음날로 함

4. 무배당 우체국하나로OK보험

(1) 주요 특징

특 징
• 주계약 사망보험금을 통한 유족보장과 특약 가입을 통한 건강, 상해, 중대질병 · 수술, 3대질병 보장 가능 • 다수의 특약 중 필요한 보장을 선택하여 가입 가능 • 부담없는 보험료로 각종 질병과 사고는 물론 고액치료비까지 보장 • 단 한 번의 가입으로 평생토록 보장받을 수 있는 종신보험 • 납입면제 : 50% 이상 장해 시 보험료 납입면제

(2) 가입요건

① 주계약

가입나이	보험기간	납입기간	납입주기	보험가입금액
만 15~45세	종 신	5, 10, 15, 20, 30년납	월 납	1,000만 원~4,000만 원 (500만 원 단위)
46~55세		5, 10, 15, 20년납		
56~60세		5, 10, 15년납		

② 특 약

㉠ 무배당 건강클리닉특약(갱신형), 무배당 상해클리닉특약(갱신형), 무배당 중대질병치료특약(갱신형), 무배당 중대수술특약(갱신형), 무배당 암치료특약Ⅱ(갱신형), 무배당 뇌출혈진단특약(갱신형), 무배당 급성심근경색증진단특약(갱신형)

구 분	가입나이	보험기간	납입기간	납입주기	보험가입금액 (구좌수)
최초계약	만 15~60세	10년 (종신갱신형)	전기납	월 납	1,000만 원 (500만 원 단위)
갱신계약	만 25세 이상				

㉡ 이륜자동차부담보특약, 지정대리청구서비스특약

(3) 보험료 할인에 관한 사항

① 고액 할인

주계약 보험가입금액	2천만 원 이상~3천만 원 미만	3천만 원 이상~4천만 원 미만	4천만 원
할인율	1.0%	2.0%	3.0%

주) 고액 할인은 주계약 보험료(특약보험료 제외)에 한해 적용

(4) 특약의 갱신에 관한 사항

갱신절차	보험기간 만료일 30일 전까지 계약자에게 서면 또는 전화(음성녹음) 안내(보험료 등 변경내용) → 보험기간 만료일 15일 전까지 계약자의 별도 의사표시가 없으면 자동갱신 → 계약자가 갱신 거절의사를 통지하면 계약 종료
갱신계약 보험료	갱신계약의 보험료는 나이의 증가, 적용기초율의 변동 등의 사유로 인상 가능

(5) 보장내용

① 주계약

지급구분	지급사유
교통재해사망보험금	교통재해로 사망 시
일반재해사망보험금	일반재해로 사망 시
일반사망보험금	재해 이외의 원인으로 사망 시
교통재해장해급부금	교통재해로 장해 시
일반재해장해급부금	일반재해로 장해 시

② 무배당 건강클리닉특약(갱신형)

지급구분	지급사유
질병입원급부금	질병으로 4일 이상 입원 시(3일 초과 입원일수 1일당, 120일 한도)
질병수술급부금	질병으로 수술 시(수술 1회당)
10대성인질환 입원급부금	10대성인질환으로 4일 이상 입원 시(3일 초과 입원일수 1일당, 120일 한도)
10대성인질환 수술급부금	10대성인질환으로 수술 시(수술 1회당)
건강관리자금	보험기간이 끝날 때까지 생존 시

③ 무배당 상해클리닉특약(갱신형)

지급구분	지급사유
장해연금	동일한 재해로 여러 신체부위의 합산 장해지급률이 50% 이상 장해 시
재해입원급부금	재해로 4일 이상 입원 시(3일 초과 입원일수 1일당, 120일 한도)
재해수술급부금	재해로 수술 시(수술 1회당)
외모수술자금	재해로 외모수술 시(수술 1회당)
골절치료자금	재해로 골절 시(사고 1회당)
건강관리자금	보험기간이 끝날 때까지 생존 시

④ 무배당 중대질병치료특약(갱신형)

지급구분	지급사유
중대질병 치료보험금	중대질병으로 진단 확정 시(단, 최초 1회에 한함)
건강관리자금	보험기간이 끝날 때까지 생존 시

주) 중대질병은 중증간경화, 중증신부전증, 중증폐질환을 의미함

⑤ 무배당 중대수술특약(갱신형)

지급구분	지급사유
중대질병 치료보험금	중대수술보험금 중대한 수술 시(단, 최초 1회에 한함)
건강관리자금	보험기간이 끝날 때까지 생존 시

⑥ 무배당 암치료특약Ⅱ(갱신형)

지급구분	지급사유
암치료보험금	• 암보장개시일 이후에 최초의 암으로 진단 확정 시(단, 최초 1회에 한함) • 보험기간 중 최초의 갑상선암, 기타피부암, 제자리암 또는 경계성 종양으로 진단 확정 시(단, 갑상선암, 기타피부암, 제자리암 및 경계성 종양 각각 최초 1회에 한함)
건강관리자금	보험기간이 끝날 때까지 생존 시

주) 암보장개시일은 계약일(부활일)부터 그 날을 포함하여 90일이 지난 날의 다음날로 함

⑦ 무배당 뇌출혈진단특약(갱신형)

지급구분	지급사유
뇌출혈치료보험금	보험기간 중 최초의 뇌출혈로 진단 확정 시(단, 최초 1회에 한함)
건강관리자금	보험기간이 끝날 때까지 생존 시

⑧ 무배당 급성심근경색증진단특약(갱신형)

지급구분	지급사유
급성심근경색증 치료보험금	보험기간 중 최초의 급성심근경색증으로 진단 확정 시(단, 최초 1회에 한함)
건강관리자금	보험기간이 끝날 때까지 생존 시

5. 무배당 우체국실속정기보험

(1) 주요 특징

특 징
• 비갱신형 보험료로 사망과 50% 이상 중증장해 보장 • 특약 선택 시 일상생활 재해 및 암, 뇌출혈, 급성심근경색증 추가보장 • 고객 형편 및 목적에 맞게 순수형 또는 환급형 선택 가능 • 병이 있어도 3가지(건강관련) 간편고지로 간편하게[2종(간편가입)] • 납입면제 : 50% 이상 장해 시 보험료 납입면제

(2) 가입요건

① 주계약

<table>
<tr><th colspan="2">구 분</th><th>가입나이</th><th>보험기간</th><th>보험료
납입기간</th><th>보험료
납입주기</th><th>보험가입금액
(구좌수)</th></tr>
<tr><td rowspan="2">1종
(일반가입)</td><td>순수형</td><td rowspan="2">만 15~최대 70세</td><td rowspan="4">60, 70, 80, 90세
만기</td><td rowspan="4">5, 10, 15, 20, 30
년납</td><td rowspan="4">월 납</td><td rowspan="2">1,000만 원~
4,000만 원</td></tr>
<tr><td>환급형</td></tr>
<tr><td rowspan="2">2종
(간편가입)</td><td>순수형</td><td rowspan="2">35~최대 70세</td><td rowspan="2">1,000만 원~
2,000만 원</td></tr>
<tr><td>환급형</td></tr>
</table>

주) 1. 보험가입금액은 500만 원 단위로 가입 가능
　　2. 1종(일반가입)과 2종(간편가입)의 중복가입은 불가하며, 다만, 순수형 및 환급형의 중복가입은 가입금액 이내에서 가능

② 특 약

㉠ 무배당 재해사망특약, 무배당 생활재해보장특약, 무배당 3대질병진단특약

특약명	가입나이, 보험기간, 보험료 납입기간	보험가입금액
무배당 재해사망특약	주계약과 동일	1,000만 원~4,000만 원(주계약 보험가입금액 이내에서 500만 원 단위)
무배당 생활재해보장특약		
무배당 3대질병진단특약		

주) 상기 특약의 경우 1종(일반가입)에 한하여 부가가능

㉡ 이륜자동차부담보특약, 지정대리청구서비스특약

(3) 간편고지에 관한 사항[2종(간편가입)에 한함]

간편고지에 관한 사항
• 이 상품은 "간편고지"상품으로 유병력자 등 일반심사보험에 가입하기 어려운 피보험자를 대상으로 함 • 간편고지란 보험시장에서 소외되고 있는 유병력자나 고연령자 등이 보험에 가입할 수 있도록 간소화된 계약전 고지의무 사항을 활용하여 계약심사 과정을 간소화함을 의미함 • 간편고지 상품은 일반심사보험에 가입하기 어려운 피보험자를 대상으로 하므로, 일반심사보험보다 보험료가 다소 높으며, 일반심사를 할 경우 이 보험보다 저렴한 일반심사보험에 가입할 수 있음(다만, 일반심사보험의 경우 건강상태나 가입나이에 따라 가입이 제한될 수 있으며 보장하는 담보에는 차이가 있을 수 있음) • 이 상품 가입 시 간편고지상품과 일반심사보험의 보험료 수준을 비교하여 설명하고, 이에 대한 계약자 확인을 받음 • 이 상품 가입 후 계약일부터 3개월 이내에 일반심사보험 가입을 희망하는 경우, 일반계약 심사를 통하여 일반심사보험[(무)우체국실속정기보험 1종(일반가입)]에 청약할 수 있음. 다만, 본 계약의 보험금이 이미 지급되었거나 청구서류를 접수한 경우에는 그러하지 않음. 일반심사보험[(무)우체국실속정기보험 1종(일반가입)]에 가입하는 경우에는 본 계약을 무효로 하며 이미 납입한 보험료를 보험계약자에게 환급함

(4) 보장내용

① 주계약

지급구분	지급사유
만기급부금	보험기간이 끝날 때까지 살아 있을 때(환급형에 한함)
사망보험금	보험기간 중 사망하였을 때
후유장해보험금	보험기간 중 장해분류표 중 동일한 재해 또는 재해 이외의 동일한 원인으로 여러 신체부위의 합산 장해지급률이 50% 이상인 장해상태가 되었을 때(보험기간 중 최초 1회에 한하여 지급함)

주) 플러스보험기간(약관에서 정한 플러스보험기간이 적용되는 경우에 한함)

지급구분	지급사유
플러스사망보험금	플러스보험기간 중 사망하였을 때
플러스후유장해보험금	플러스보험기간 중 장해분류표 중 동일한 재해 또는 재해 이외의 동일한 원인으로 여러 신체부위의 합산 장해지급률이 50% 이상인 장해상태가 되었을 때(플러스보험기간 중 최초 1회에 한하여 지급함)

주) 플러스보험기간 : 보험기간 만료 후부터 10년 동안 자동으로 연장되어 추가적인 보장을 받는 기간

② 무배당 재해사망특약

지급구분	지급사유
교통재해사망보험금	보험기간 중 교통재해를 직접적인 원인으로 사망하였을 때
일반재해사망보험금	보험기간 중 일반재해를 직접적인 원인으로 사망하였을 때

③ 무배당 생활재해보장특약

지급구분	지급사유
재해장해급부금	보험기간 중 재해를 직접적인 원인으로 장해분류표에서 정한 각 장해지급률에 해당하는 장해상태가 되었을 때
재해입원급부금	보험기간 중 재해로 인하여 그 치료를 직접목적으로 4일 이상 입원하였을 때(3일 초과 입원일수 1일당, 120일 한도)
골절치료자금	보험기간 중 재해로 인하여 골절상태가 되었을 때(사고 1회당)
깁스치료자금	보험기간 중 재해로 인하여 그 치료를 직접목적으로 깁스(Cast)치료를 받았을 때(사고 1회당)

④ 무배당 3대질병진단특약

지급구분	지급사유
3대질병치료보험금	보험기간 중 암보장개시일 이후에 최초의 암으로 진단이 확정되었거나, 보험기간 중 최초의 갑상선암, 기타피부암, 제자리암, 경계성종양, 뇌출혈 또는 급성심근경색증으로 진단이 확정되었을 때(다만, 암, 갑상선암, 기타피부암, 제자리암, 경계성종양, 뇌출혈 또는 급성심근경색증 각각 최초 1회에 한하여 지급함)

주) 암보장개시일은 계약일(부활일)부터 그 날을 포함하여 90일이 지난 날의 다음날로 함

6. 우리가족암보험(갱신형)

(1) 주요 특징

특 징
• 10년 만기 종신갱신형으로 암 진단 시 최대 3,000만 원 지급 • 고액암(백혈병, 뇌종양, 골종양, 췌장암, 식도암 등) 진단 시 최대 6,000만 원 지급 • 부부 암보장 혜택 제공(2종, 부부형) • 고연령이나 만성질환(고혈압 및 당뇨병질환자)도 가입 가능(3종, 실버형) • 10년 만기 생존 시마다 건강관리자금 100만 원 지급(1구좌 기준) • 이차암보장특약 가입 시 : 두 번째 암진단 시 보장 • 이차암보장특약 가입 시 : 첫 번째 암진단 시 종신까지 보험료 납입면제 • 암진단생활비특약 가입 시 : 암진단으로 소득상실을 보전하기 위해 암진단 생활비를 매월 최고 50만 원씩 5년간 지급(1구좌 기준)

(2) 가입요건

① 주계약

㉠ 1종(개인형)

구 분	가입나이	보험기간	납입기간	가입한도액 (구좌수)
최초계약	0~60세	10년 만기 (종신갱신형)	전기납 (월납)	1구좌 (0.5구좌 단위)
갱신계약	10세 이상			

㉡ 2종(부부형)

구 분	가입나이	보험기간	납입기간	가입한도액 (구좌수)
최초계약	20~60세	10년 만기 (종신갱신형)	전기납 (월납)	1구좌 (0.5구좌 단위)
갱신계약	30세 이상			

주) 가입나이는 주피보험자 및 종피보험자가 모두 가입나이에 해당되어야 함

㉢ 3종(실버형)

구 분	가입나이	보험기간	납입기간	가입한도액 (구좌수)
최초계약	61~80세	10년 만기 (종신갱신형)	전기납 (월납)	1구좌 (0.5구좌 단위)
갱신계약	71세 이상			

② 특 약

㉠ 이차암보장특약(갱신형)

구 분	가입나이	보험기간	납입기간	가입한도액 (구좌수)
최초계약	0~60세	10년 만기 (종신갱신형)	전기납 (월납)	주계약 보험가입금액 내에서 1구좌(0.5구좌 단위)
갱신계약	10세 이상			

주) 이차암보장특약(갱신형)을 가입하는 경우 1종(개인형)을 가입하여야 함

㉡ 암진단생활비특약(갱신형)

구 분	가입나이	보험기간	납입기간	가입한도액 (구좌수)
최초계약	0~60세	10년 만기 (종신갱신형)	전기납 (월납)	주계약 보험가입금액 내에서 1구좌(0.5구좌 단위)
갱신계약	10세 이상			

주) 암진단생활비특약(갱신형)을 가입하는 경우 1종(개인형)을 가입하여야 함

㉢ 지정대리청구서비스특약

(3) 갱신에 관한 사항

갱신절차	• 보험기간 만료일 30일 전까지 계약자에게 서면 또는 전화(음성녹음)안내(보험료 등 변경내용) → 보험기간 만료일 15일 전까지 계약자의 별도 의사표시가 없으면 자동갱신 → 계약자가 갱신 거절의사를 통지하면 계약 종료 • 1종(개인형), 2종(부부형), 3종(실버형)의 경우, 피보험자에게 암치료보험금(갑상선암, 기타피부암, 제자리암 및 경계성 종양 제외) 지급사유가 발생한 경우에는 계약을 갱신하지 않음 • 이차암보장특약(갱신형)의 경우, 피보험자가 암보장개시일 이후에 첫 번째 암(갑상선암, 기타피부암, 제자리암 및 경계성 종양 제외)으로 진단이 확정되었을 때에는 이 특약의 보험기간은 종신까지로 하며, 이 특약은 갱신되지 않음 • 암진단생활비특약(갱신형)의 경우, 피보험자에게 암진단생활비 지급사유가 발생한 경우에는 특약을 갱신하지 않음
보험료	갱신계약의 보험료는 나이의 증가, 적용기초율의 변동 등의 사유로 인상될 수 있음

(4) 보험료 할인에 관한 사항

① 피보험자가 B형 간염 항체 보유 시[단, 2종(부부형)의 경우 주피보험자 및 종피보험자가 모두 B형 간염 항체 보유 시] 항체보유 사실을 증명할 수 있는 서류를 제출하고 체신관서가 확인 시에는 서류 제출시점 이후의 차회보험료부터 영업보험료(갱신계약 영업보험료 포함)의 3%를 할인하여 영수한다. 다만, 제1회 보험료는 할인에서 제외된다.

② 3종(실버형)의 경우, 체신관서는 계약자 또는 피보험자가 계약일부터 보험기간 이내에 피보험자의 건강검진결과(건강검진결과 제출일 직전 1년 이내의 검진결과)를 제출하여 다음의 요건을 모두 충족하는 경우 건강검진결과 제출일 이후 차회보험료부터 보험기간 만료일까지 영업보험료의 5% 를 할인하여 이를 영수한다. 다만, 제1회 보험료는 할인에서 제외되며, 갱신계약의 경우도 갱신일을 계약일로 하여 위 내용을 동일하게 적용한다.

㉠ 고혈압(수축기혈압이 140mmHg이상이거나 이완기혈압이 90mmHg이상 또는 고혈압 약물을 복용하고 있는 경우)이 없을 것

㉡ 당뇨병(공복혈당이 126mg/dL이상이거나 의사진단을 받았거나 혈당강하제복용 또는 인슐린 주사를 투여받는 경우)이 없을 것

③ 3종(실버형)의 경우, '1항' 및 '2항'의 할인이 동시에 해당되는 경우에는 중복할인이 적용되지 않고 '2항'의 할인을 적용한다.

(5) 보장내용

① 1종(개인형)

지급구분	지급사유
암치료보험금	• 암보장개시일 이후에 최초의 암으로 진단이 확정되었을 때(단, 최초 1회에 한함) • 보험기간 중 최초의 갑상선암, 기타피부암, 제자리암 또는 경계성 종양으로 진단이 확정되었을 때(단, 각각 최초 1회에 한함)
건강관리자금	보험기간이 끝날 때까지 살아 있을 때

주) 암보장개시일은 계약일(부활일)부터 그 날을 포함하여 90일이 지난 날의 다음날로 함

② 2종(부부형)

지급구분	지급사유
암치료보험금	• 암보장개시일 이후에 주피보험자 또는 종피보험자가 최초의 암으로 진단이 확정되었을 때(단, 피보험자 별로 최초 1회에 한함) • 보험기간 중 주피보험자 또는 종피보험자가 최초의 갑상선암, 기타피부암, 제자리암, 경계성 종양으로 진단이 확정되었을 때(단, 갑상선암, 기타피부암, 제자리암 및 경계성 종양 각각 최초 1회에 한함)
건강관리자금	보험기간이 끝날 때까지 주피보험자와 종피보험자 모두 암치료보험금 지급사유가 발생하지 않았을 때(단, 갑상선암, 기타피부암, 제자리암, 경계성 종양은 제외)

주) 암보장개시일은 계약일(부활일)부터 그 날을 포함하여 90일이 지난 날의 다음날로 함

③ 3종(실버형)

지급구분	지급사유
암치료보험금	• 암보장개시일 이후에 최초의 암으로 진단이 확정되었을 때(단, 최초 1회에 한함) • 보험기간 중 최초의 갑상선암, 기타피부암, 제자리암 또는 경계성 종양으로 진단이 확정되었을 때(단, 갑상선암, 기타피부암, 제자리암 및 경계성 종양 각각 최초 1회에 한함)
건강관리자금	보험기간이 끝날 때까지 살아 있을 때

주) 암보장개시일은 계약일(부활일)부터 그 날을 포함하여 90일이 지난 날의 다음날로 함

④ 이차암보장특약(갱신형)

지급구분	지급사유
이차암치료보험금	이차암치료보험금 이차암보장개시일 이후에 이차암으로 진단이 확정되었을 때 (단, 최초 1회에 한함)
건강관리자금	보험기간이 끝날 때까지 살아 있을 때

주) 이차암보장개시일은 첫 번째 암 진단 확정일부터 그 날을 포함하여 1년이 지난 날로 함

⑤ 암진단생활비특약(갱신형)

지급구분	지급사유
암진단생활비	암보장개시일 이후에 최초의 암으로 진단이 확정되었을 때(단, 최초 1회에 한함)
건강관리자금	보험기간이 끝날 때까지 살아 있을 때

주) 암보장개시일은 계약일(부활일)부터 그 날을 포함하여 90일이 지난 날의 다음날로 함

7. 무배당 우체국자녀지킴이보험

(1) 주요 특징

특 징
• 태아 가입 시 산모 동시 보장 가능 • 어린이 종합보험 : 진단, 장해, 입원, 수술, 통원(3대질병, 응급실), 골절, 깁스치료 등 각종 일상생활 위험까지 포괄적인 보장 • 중증질환 고액보장 : 암, 뇌출혈, 급성심근경색증, 중대질병진단수술(말기신부전증, 조혈모세포이식수술, 5대장기이식수술) 중증질환 고액보장 • 독립자금 지원 : 만기 시 만기급부금으로 자녀의 독립자금 지원 • 납입면제 : 암진단 시 또는 50% 이상 장해 시 보험료 납입면제

(2) 가입요건

① 주계약

가입나이	보험기간	납입기간	납입주기	보험가입금액
0~15세	30세 만기	전기납	월 납	1,000만 원~2,000만 원 (1,000만 원 단위)

주) 임신 사실이 확인된 태아도 가입 가능함

② 특 약

특약명	가입나이	보험기간	납입기간	가입한도액	부가방법
무배당 선천이상특약 II	임신 23주 이내 태아	3년	전기납	1,000만 원 (고정)	고정부가
무배당 신생아보장특약		1년			
무배당 산모보장특약	17~45세 (임신 23주 이내 산모)	1년주			
지정대리청구 서비스특약	–				선 택

(3) 보장내용

① 주계약

지급구분	지급사유
만기급부금	만기 생존 시
암치료보험금	• 최초의 암 진단 확정 시(1회에 한함) • 최초의 갑상선암, 기타피부암, 제자리암 또는 경계성 종양 진단 확정 시(각각 1회에 한함)
뇌출혈 치료보험금	최초의 뇌출혈 진단 확정 시(1회에 한함)
급성심근경색증 치료보험금	최초의 급성심근경색증 진단 확정 시(1회에 한함)
재활보험금	재해로 장해지급률 중 3% 이상 100% 이하 장해 시

입원급부금	질병 또는 재해로 4일 이상 입원 시 (3일 초과 입원 1일당, 120일 한도)
상급종합병원 입원급부금	질병 또는 재해로 4일 이상 상급종합병원 입원 시 (3일 초과 입원 1일당, 120일 한도)
어린이다발성질병 입원급부금	어린이 다발성질병으로 4일 이상 입원 시 (3일 초과 입원 1일당, 120일 한도)
응급실내원급부금	"응급실 내원 진료비 대상자" 해당 시 (내원 1회당)
3대질병 통원급부금	암, 갑상선암, 기타피부암, 제자리암, 경계성 종양, 뇌출혈 또는 급성심근경색증으로 통원 시(통원 1회당)
수술급부금	질병 또는 재해로 수술 시(수술 1회당)
어린이개흉심장 수술급부금	최초의 어린이개흉심장수술 시(1회에 한함)
중대질병진단 수술급부금	최초의 말기신부전증 진단 확정 시, 최초의 조혈모세포이식수술 또는 5대장기이식수술 시(각각 1회에 한함)
골절치료자금	출산손상 또는 재해로 골절 시(사고 1회당)
깁스치료자금	재해로 깁스(Cast)치료 시(사고1회당)

② 무배당 선천이상특약 II

지급구분	지급사유
선천이상입원급부금	선천이상으로 4일 이상 입원 시(3일 초과 입원 1일당, 120일 한도)
선천이상수술급부금	선천이상으로 수술 시(수술 1회당)

③ 무배당 신생아보장특약

지급구분	지급사유
저체중아 출생보험금	출생시 체중이 2.0kg 미만 시(1회에 한함)
저체중아 입원급부금	출생시 체중이 2.0kg 미만이고, 저체중질병으로 3일 이상 입원 시 (2일 초과 입원 1일당, 60일 한도)
3대주요선천이상 진단보험금	최초의 3대주요선천이상 진단 확정 시(1회에 한함)
구순구개열 진단보험금	최초의 구순구개열(언청이) 진단 확정 시(1회에 한함)
다지증 진단보험금	최초의 다지증 진단 확정 시(1회에 한함)
주산기질환 입원급부금	주산기질환으로 4일 이상 입원 시(3일 초과 입원 1일당, 120일 한도)
주산기질환 수술급부금	주산기질환으로 수술 시(수술 1회당)

주) 3대주요선천이상은 약관에서 정한 이분척추, 팔로네징후, 다운증후군을 의미함

④ 무배당 산모보장특약

지급구분	지급사유
유산입원급부금	유산으로 4일 이상 입원 시(3일 초과 입원 1일당, 120일 한도)
유산수술급부금	유산으로 수술 시(수술 1회당)
임신 · 출산질환입원급부금	임신 · 출산질환으로 4일 이상 입원 시(3일 초과 입원 1일당, 120일 한도)
임신 · 출산질환수술급부금	임신 · 출산질환으로 수술 시(수술 1회당)

8. 무배당 어깨동무보험

(1) 주요 특징

특 징
• 부양자 사망 시 장애인에게 생활안정자금을 지급하는 '생활보장형', 장애인의 암 발병 시 치료비용을 지급하는 '암보장형', 장애인의 재해사고 시 사망은 물론 각종 치료비도 보장하는 '상해보장형' 가입 가능 • 보험가입 시 장애인에게 적용되는 고지사항을 생략하거나 최대한 완화하여 가입 용이 • 가입나이 확대 : 가입나이를 확대하여 어린이와 고령자도 가입 가능 • 저렴한 보험료 : 장애로 인한 추가지출이 많은 장애인 가구의 경제적 여건을 고려하여 보험료 인하 • 건강진단자금 지급 : 상해보장형의 경우, 매 2년마다 건강진단자금을 지급하므로 각종 질환의 조기진단 및 사전예방 자금으로 활용 • 납입면제 : 1종의 경우, 주피보험자 사망 시 또는 50% 이상 장해 시 보험료 납입면제

(2) 가입요건

① 주계약

보험종류	보험기간	가입나이		납입기간	납입주기
1종(생활보장형)	10년 만기 20년 만기 80세 만기	주피보험자	만 15~60세	일시납 5년납 10년납 20년납	일시납 월납
		장애인	0~70세		
2종(암보장형)		0~70세			
3종(상해보장형)	10년 만기	만 15~70세		5년납	월 납

보험종류	가입한도액	
1종(생활보장형)	4,000만 원	500만 원 단위
2종(암보장형)	3,000만 원	
3종(상해보장형)	1,000만 원	

주) 1종, 2종은 50세 이상 가입자의 경우 80세 만기 5년납에 한함

② 특약 : 지정대리청구서비스특약

(3) 보장내용

① 1종(생활보장형)

지급구분	지급사유
장애인 생활안정자금	주피보험자가 사망하고 장애인 생존 시
장해급부금	주피보험자가 재해로 장해상태가 되고 장애인 생존 시
만기급부금	장애인 만기 생존 시

② 2종(암보장형)

지급구분	지급사유
암치료보험금	• 암보장개시일 이후에 최초로 암 진단 확정 시(최초 1회에 한함) • 보험기간 중 최초로 갑상선암, 기타피부암, 제자리암 또는 경계성 종양으로 진단 확정 시(각각 최초 1회에 한함)
만기급부금	만기 생존 시

③ 3종(상해보장형)

지급구분	지급사유
재해사망보험금	재해로 사망 시
재해수술급부금	재해로 수술 시(수술 1회당)
재해골절치료자금	재해로 골절 시(사고 1회당)
건강진단자금	가입 후 매 2년마다 계약해당일에 살아 있을 때

주) 암보장개시일은 계약일(부활일)부터 그 날을 포함하여 90일이 지난 날의 다음날로 함

(4) 가입자의 자격요건 등

① 장애인의 범위 : "장애인복지법" 제32조에 의하여 등록한 장애인 및 "국가유공자 등 예우 및 지원에 관한 법률" 제6조에 의하여 등록한 상이자

② 청약 시 구비서류 : 장애인등록증, 장애인복지카드 또는 국가유공자증 사본
※ 상이자의 경우, 국가유공자증에 기재된 상이등급(1~7급)으로 확인

③ 1종(생활보장형)의 경우, "계약자=주피보험자"

④ 1종(생활보장형) "장애인생활안정자금"의 보험수익자는 장애인으로 한정되며, 변경 불가

9. 무배당 에버리치상해보험

(1) 주요 특징

특 징
• 교통사고와 각종 재해사고로 인한 장해, 수술 또는 골절 시 치료비용을 80세까지 보장 • 휴일재해 사망보장을 강화 • 납입면제 : 재해로 50% 이상 장해 시 보험료 납입면제

(2) 가입요건

① 주계약

보험기간	가입나이	납입기간	가입한도액
80세 만기	만 15~50세	10, 15, 20, 30년납	• 만 15~59세 : 1,000만 원(고정) • 60~70세 : 500만 원(고정)
	51~60세	10, 15, 20년납	
	61~65세	10, 15년납	
	66~70세	10년납	

② 특약 : 이륜자동차부담보특약, 지정대리청구서비스특약

(3) 보장내용

① 주계약

지급구분	지급사유
사망보험금	• 교통재해로 사망 시 • 일반재해로 사망 시
장해연금	동일한 재해로 여러 신체부위의 합산 장해지급률이 50% 이상 장해 시
장해급부금	재해로 장해지급률 중 3% 이상 50% 미만 장해 시
재해입원급부금	재해로 4일 이상 입원 시(3일 초과 입원일수 1일당, 120일 한도)
수술급부금	재해로 수술 시(수술 1회당)
골절치료자금	재해로 골절 시(사고 1회당)
만기급부금	만기 생존 시

10. 무배당 우체국예금제휴보험

(1) 주요 특징

특 징
• 1종(휴일재해보장형) : '우체국 장병내일준비적금' 가입 시 무료로 가입 가능 • 2종(주니어보장형) : '우체국 아이LOVE적금' 가입 시 무료로 가입 가능 • 3종(청년우대형) : 우체국예금 신규가입 고객 중 가입기준을 충족할 경우 무료로 가입 가능

(2) 가입요건

보험종류	보험기간	가입나이	보험료 납입기간	보험료 납입주기	가입한도액
1종(휴일재해보장형)	1년 만기	만 15세 이상	1년납	연 납	1구좌
2종(주니어보장형)		0~19세			
3종(청년우대형)		20~34세			

(3) 보장내용

① 1종(휴일재해보장형)

지급구분	지급사유
휴일재해사망보험금	휴일에 재해로 사망하였거나 장해지급률이 80% 이상인 장해상태가 되었을 때

② 2종(주니어보장형)

지급구분	지급사유
소아암치료보험금	암보장개시일 이후에 최초의 소아암으로 진단이 확정되었을 때(단, 최초 1회에 한함)
재해장해급부금	재해로 인하여 장해분류표에서 정한 각 장해지급률에 해당하는 장해상태가 되었을 때
화상치료자금	재해로 인하여 화상으로 진단이 확정되고 그 치료를 직접목적으로 4일 이상 계속 입원하였을때(사고 1회당)
식중독치료자금	식중독으로 진단이 확정되고 그 치료를 직접목적으로 4일 이상 계속 입원하였을 때 (사고 1회당)
외모수술자금	재해로 인하여 외모상해의 치료를 직접목적으로 외모수술을 받았을 때(수술 1회당)

주) 암보장개시일은 계약일(부활일)부터 그 날을 포함하여 90일이 지난 날의 다음날로 함

③ 3종(청년우대형)

지급구분	지급사유
재해수술급부금	재해로 인하여 그 치료를 직접목적으로 수술을 받았을 때(수술 1회당)
교통재해장해급부금	교통재해로 인하여 장해분류표에서 정한 각 장해지급률에 해당하는 장해상태가 되었을 때
교통재해깁스치료자금	교통재해로 인하여 그 치료를 직접목적으로 깁스(Cast)치료를 받았을 때(사고 1회당)
교통재해응급실통원급부금	교통재해로 인하여 응급실 내원 진료비 대상자가 되었을 때(통원 1회당)
식중독치료자금	식중독으로 진단이 확정되고 그 치료를 직접목적으로 4일 이상 계속 입원하였을 때 (사고 1회당)
결핵치료보험금	최초의 결핵으로 진단 확정되었을 때(단, 최초 1회에 한함)

11. 우체국단체보장보험

(1) 주요 특징

특 징
과학기술정보통신부 소속 공무원 및 산하기관 직원을 대상으로 한 단체보험

(2) 가입요건

① 주계약

보험기간	가입나이	보험료 납입기간	보험료 납입주기	가입한도액
1년 만기	만 15세 이상	1년납	연 납	10,000만 원

주) 가입대상 : 과학기술정보통신부 소속 공무원 및 산하기관 직원

② 특 약

특약명	보험기간, 가입나이, 납입기간, 납입주기	가입한도액
단체재해사망특약	주계약과 동일	10,000만 원
단체입원의료비보장특약		1,000만 원

(3) 보장내용

① 주계약

지급구분	지급사유
사망보험금	사망하였거나 장해분류표 중 동일한 재해 또는 재해 이외의 동일한 원인으로 여러 신체부위의 합산 장해 지급률이 80% 이상인 장해상태가 되었을 때
장해급부금	보험기간 중 발생한 재해로 인하여 장해분류표에서 정한 장해지급률 중 3% 이상 80% 미만에 해당하는 장해상태가 되었을 때

② 단체재해사망특약

지급구분	지급사유
재해사망보험금	재해로 사망하였거나 장해분류표 중 동일한 재해로 여러 신체부위의 합산 장해지급률이 80% 이상인 장해상태가 되었을 때

③ 단체입원의료비보장특약

지급구분	보상금액
입원실료 입원제비용 입원수술비	'국민건강보험법에서 정한 요양급여 중 본인부담금(본인이 실제로 부담한 금액)'의 90% 해당액과 '비급여*(본인이 실제로 부담한 금액)'의 80% 해당액의 합계액 * 입원 시 실제사용병실과 기준병실과의 병실료 차액 제외
상급병실료 차액	입원 시 실제 사용병실과 기준병실과의 병실료 차액 중 50%를 공제한 후의 금액

주) 국민건강보험법을 적용 받지 못하는 경우에는 입원의료비(국민건강보험법에서 정한 요양급여 절차를 거치지 않은 경우도 포함) 중 본인이 실제로 부담한 금액의 40% 해당액을 보상

12. 우체국안전벨트보험

(1) 주요 특징

특 징
• 교통사고 종합 보장 : 교통재해로 인한 사망, 장해 및 각종 의료비 종합 보장 • 성별에 따른 차이는 있으나, 나이에 관계없이 보험료 동일 • 교통재해 사망 시 최고 2억 원 보장, 교통재해 장해 시 최고 1억 원 보장 • 교통재해로 인한 각종 의료비 종합 보장 • 휴일보장 강화 : 주5일 근무제, 레저문화 확산추세 등에 따라 휴일교통재해 사망 보장을 더욱 강화 • 납입면제 : 교통재해로 50% 이상 장해 시 보험료 납입면제

(2) 가입요건

① 주계약

보험기간	가입나이	납입기간	가입한도액
20년 만기	만 15~70세	20년납	1,000만 원(고정)

② 특약 : 이륜자동차부담보특약, 지정대리청구서비스특약

(3) 보장내용

① 주계약

지급구분	지급사유
휴일교통재해사망보험금	휴일에 발생한 교통재해로 사망 시
평일교통재해사망보험금	평일에 발생한 교통재해로 사망 시
교통재해재활치료자금	교통재해로 장해지급률 3~100% 장해 시
입원급부금	교통재해로 4일 이상 입원 시(3일 초과 입원일수 1일당, 120일 한도)
수술급부금	교통재해로 수술 시(수술 1회당)
외모수술자금	교통재해 외모상해로 외모수술 시(수술 1회당)
골절치료자금	교통재해로 골절 시(사고 1회당)
깁스치료자금	교통재해로 깁스치료 시(사고 1회당)

13. 무배당 우체국착한안전보험

(1) 주요 특징

특 징
• 교통사고 및 재해사고 위주의 보장으로 우체국 최저가 보험료 설계 • 성별에 따른 차이는 있으나, 나이에 관계없이 보험료 동일 • 재해로 인한 사망 및 장해와 교통사고에 대한 의료비(중환자실 입원 등) 집중 보장 • 특약을 통해 재해로 인한 사망, 입원, 수술 등을 보장 가능 • 납입면제 : 재해로 50% 이상 장해 시 보험료 납입면제

(2) 가입요건

① 주계약

보험기간	가입나이	납입기간	납입주기	보험가입금액
20년 만기	만 15~70세	전기납	월 납	1,000만 원~2,000만 원 (1,000만 원 단위)
30년 만기	만 15~60세			

② 무배당 재해사망보장특약

보험기간, 가입나이, 납입기간, 납입주기	보험가입금액
주계약과 동일	1,000만 원~2,000만 원 (주계약 보험가입금액 이내에서 1,000만 원 단위)

③ 무배당 재해입원보장특약, 무배당 재해수술보장특약

보험기간	가입나이	납입기간	납입주기	보험가입금액
20년 만기	만 15~60세	전기납	월 납	1,000만 원~2,000만 원 (주계약 보험가입금액 이내에서 1,000만 원 단위)
30년 만기	만 15~50세			

④ 이륜자동차부담보특약, 지정대리청구서비스특약

(3) 보장내용

① 주계약

지급구분	지급사유
대중교통재해사망보험금	'대중교통 이용 중 교통재해'를 직접적인 원인으로 사망하였을 때
일반교통재해사망보험금	일반교통재해를 직접적인 원인으로 사망하였을 때
일반재해사망보험금	일반재해를 직접적인 원인으로 사망하였을 때
대중교통재해장해급부금	'대중교통 이용 중 교통재해'로 인하여 장해분류표에서 정한 각 장해지급률에 해당하는 장해상태가 되었을 때
일반교통재해장해급부금	일반교통재해로 인하여 장해분류표에서 정한 각 장해지급률에 해당하는 장해상태가 되었을 때
일반재해장해급부금	일반재해로 인하여 장해분류표에서 정한 각 장해지급률에 해당하는 장해상태가 되었을 때
교통재해중환자실입원급부금	교통재해로 인하여 그 치료를 직접목적으로 중환자실에 입원하였을 때 (1일이상 입원일수 1일당, 60일 한도)
교통재해중대수술급부금	교통재해로 인하여 그 치료를 직접목적으로 중대한 수술을 받았을 때(수술 1회당)
교통재해응급실내원급부금	교통재해로 인하여 응급실 내원 진료비 대상자가 되었을 때(내원 1회당)
교통재해골절치료자금	교통재해로 인하여 골절상태가 되었을 때(사고 1회당)

주) 1. 일반재해란 "재해"에서 "교통재해"를 제외한 재해를 말함
2. 일반교통재해란 "교통재해"에서 "대중교통 이용 중 교통재해"를 제외한 재해를 말함
3. "중대한 수술"이라 함은 약관에서 정한 수술 중 개두수술, 개흉수술 또는 개복수술을 말함

② 무배당 재해사망보장특약

지급구분	지급사유
재해사망보험금	재해를 직접적인 원인으로 사망하였을 때

③ 무배당 재해입원보장특약

지급구분	지급사유
재해입원급부금	재해로 인하여 그 치료를 직접목적으로 4일 이상 입원하였을 때 (3일 초과 입원일수 1일당, 120일 한도)

④ 무배당 재해수술보장특약

지급구분	지급사유
재해수술급부금	재해로 인하여 그 치료를 직접목적으로 수술을 받았을 때(수술 1회당)

14. 무배당 우체국실손의료비보험(갱신형)

(1) 주요 특징

특 징
• 입원 최대 5천만 원, 통원 최대 30만 원 보장 • 비급여 일부보장 특약화로 필요에 맞게 선택가능 : 비급여 도수치료 · 체외충격파치료 · 증식치료, 비급여 주사료, 비급여 MRI/MRA • 보험금 지급실적이 없는 경우 보험료 할인혜택 • 고객필요에 따라 [기본1종(선택형), 종합형 또는 질병형], [기본2종(표준형), 종합형 또는 질병형] 중 선택

(2) 가입요건

① 주계약

㉠ 기본1종(선택형), (종합형/질병형)

㉡ 기본2종(표준형), (종합형/질병형)

구 분	가입나이	보험기간	납입기간	가입금액 (구좌수)
최초계약	0~60세	1년	전기납	1구좌 고정
갱신계약	1세~			
재가입	15세~			

주) 1. 임신 23주 이내의 태아도 가입 가능
2. 보장내용 변경주기 : 15년
3. 재가입 종료 나이 : 종신

② 특 약

㉠ 무배당 비급여도수 · 체외충격파 · 증식치료실손특약(갱신형)

㉡ 무배당 비급여주사료실손특약(갱신형)

ⓒ 무배당 비급여MRI/MRA실손특약(갱신형)

구 분	가입나이	보험기간	납입기간	가입금액 (구좌수)
주계약과 동일				

ⓓ 지정대리청구서비스특약

(3) 보험금 지급 실적이 없는 경우 보험료 할인에 관한 사항

갱신(또는 재가입) 직전 보험기간 2년 동안 보험금 지급 실적[급여 의료비 중 본인부담금 및 4대 중증질환으로 인한 비급여 의료비에 대한 보험금은 제외]이 없는 경우, 갱신일(또는 재가입일)부터 차기 보험기간 1년 동안 보험료의 10%를 할인

※ "4대 중증질환"이라 함은 '본인일부부담금 산정특례에 관한 기준(보건복지부 고시)'에서 정한 산정특례 대상이 되는 "암, 뇌혈관질환, 심장질환, 희귀난치성질환"을 말함. 다만, 관련 법령 등의 개정에 따라 "4대 중증질환"의 세부 대상이 변경된 경우에는 변경된 기준을 적용함

(4) 자동갱신절차에 관한 사항

보험기간 만료일 30일 전까지 계약자에게 서면 또는 전화(음성녹음) 안내(보험료 등 변경 내용)
→ 보험기간 만료일 15일 전까지 계약자의 별도 의사표시가 없으면 자동갱신(최대 14회까지 갱신 가능)
→ 계약자가 갱신 거절의사를 통지하면 계약 종료

주) 갱신 시 연령 증가 및 의료수가 인상, 적용기초율 변경 등으로 보험료는 인상될 수 있음

(5) 재가입에 관한 사항

다음 각 호의 조건을 충족하고 계약자가 보장내용 변경주기 만료일 전일(비영업일인 경우 전 영업일)까지 재가입 의사를 표시한 때에는 재가입 시점에서 체신관서가 판매하는 실손의료보험 상품으로 재가입 가능

- 재가입일에 있어서 피보험자의 나이가 체신관서가 최초가입 당시 정한 나이의 범위 내일 것(종신까지 재가입 가능)
- 재가입 전 계약의 보험료가 정상적으로 납입완료 되었을 것

※ 계약자로부터 별도의 의사표시가 없을 때에는 계약종료

(6) 보장내용

① 기본1종(선택형), (종합형/질병형)

지급구분	지급사유	
입원의료비	종합형	상해 또는 질병으로 인하여 그 치료를 직접목적으로 입원하여 보상대상의료비가 발생하였을때(하나의 상해당 또는 하나의 질병당 각각 5천만 원 한도)
	질병형	질병으로 인하여 그 치료를 직접목적으로 입원하여 보상대상의료비가 발생하였을 때(하나의 질병당 5천만 원 한도)

통원의료비	외 래	종합형	상해 또는 질병으로 인하여 그 치료를 직접목적으로 통원하여 보상대상의료비가 발생하였을 때(1회당 20만 원 한도, 연간 180회 한도)
		질병형	질병으로 인하여 그 치료를 직접목적으로 통원하여 보상대상의료비가 발생하였을 때(1회당 20만 원 한도, 연간 180회 한도)
	처방조제비	종합형	상해 또는 질병으로 인하여 그 치료를 직접목적으로 처방조제를 받아 보상대상의료비가 발생하였을 때(처방조제 건당 10만 원 한도, 연간 180건 한도)
		질병형	질병으로 인하여 그 치료를 직접목적으로 처방조제를 받아 보상대상의료비가 발생하였을 때(처방조제 건당 10만 원 한도, 연간 180건 한도)

주) 도수치료 · 체외충격파치료 · 증식치료로 발생한 비급여의료비, 비급여 주사료 및 자기공명영상진단(MRI/MRA)으로 발생한 비급여의료비는 보상에서 제외

② 기본2종(표준형), (종합형/질병형)

지급구분		지급사유	
입원의료비		종합형	상해 또는 질병으로 인하여 그 치료를 직접목적으로 입원하여 보상대상의료비가 발생하였을때(하나의 상해당 또는 하나의 질병당 각각 5천만 원 한도)
		질병형	질병으로 인하여 그 치료를 직접목적으로 입원하여 보상대상의료비가 발생하였을 때(하나의 질병당 5천만 원 한도)
통원의료비	외 래	종합형	상해 또는 질병으로 인하여 그 치료를 직접목적으로 통원하여 보상대상의료비가 발생하였을 때(1회당 20만 원 한도, 연간 180회 한도)
		질병형	질병으로 인하여 그 치료를 직접목적으로 통원하여 보상대상의료비가 발생하였을 때(1회당 20만 원 한도, 연간 180회 한도)
	처방조제비	종합형	상해 또는 질병으로 인하여 그 치료를 직접목적으로 처방조제를 받아 보상대상의료비가 발생하였을 때(처방조제 건당 10만 원 한도, 연간 180건 한도)
		질병형	질병으로 인하여 그 치료를 직접목적으로 처방조제를 받아 보상대상의료비가 발생하였을 때(처방조제 건당 10만 원 한도, 연간 180건 한도)

주) 도수치료 · 체외충격파치료 · 증식치료로 발생한 비급여의료비, 비급여 주사료 및 자기공명영상진단(MRI/MRA)으로 발생한 비급여의료비는 보상에서 제외

③ 무배당 비급여도수 · 체외충격파 · 증식치료실손특약(갱신형)

지급구분	지급사유
의료비	상해 또는 질병으로 병원에 입원 또는 통원하여 비급여 도수치료 · 체외충격파치료 · 증식치료를 받은 경우(연간 350만 원 이내에서 50회까지 보상)

주) 50회 : 도수치료 · 체외충격파치료 · 증식치료의 각 횟수를 합산하여 50회

④ 무배당 비급여주사료실손특약(갱신형)

지급구분	지급사유
의료비	상해 또는 질병으로 병원에 입원 또는 통원하여 비급여 주사치료를 받은 경우 (연간 250만 원 이내에서 입원과 통원을 합산하여 50회까지 보상)

주) 항암제, 항생제, 희귀의약품을 위해 사용된 비급여 주사료는 주계약에서 보상

⑤ 무배당 비급여MRI/MRA실손특약(갱신형)

지급구분	지급사유
의료비	상해 또는 질병으로 병원에 입원 또는 통원하여 비급여 자기공명영상진단을 받은 경우 (연간 300만 원 한도)

15. 무배당 만원의 행복보험

(1) 주요 특징

특 징
• 차상위계층 이하 저소득층을 위한 공익형 상해보험 • 성별 · 나이에 상관없이 보험료 1만 원(1년 만기 기준), 1회 납입 1만 원(1년 만기 기준) 초과 보험료는 체신관서가 공익자금으로 지원 • 사고에 따른 유족보장과 재해입원 · 수술비 정액 보상 • 만기급부금(1년 만기 1만 원, 3년 만기 3만 원) 지급으로 납입보험료 100% 환급

(2) 가입요건

① 주계약

가입나이	보험기간	납입기간	가입금액 (구좌수)
1년 만기 3년 만기	만 15~65세	일시납	1구좌 고정

주) 보험계약자는 개별 보험계약자와 과학기술정보통신부장관을 공동 보험계약자로 하며, 개별 보험계약자를 대표자로 함

② 지정대리청구서비스특약

(3) 피보험자 자격요건

국민기초생활보장법에서 정한 차상위계층 이하

(4) 피보험자 확인서류

차상위계층 확인서 또는 수급자 증명서

(5) 보험료 납입

개별 보험계약자는 1년 만기의 경우 1만 원, 3년 만기의 경우 3만 원의 보험료를 납입하며, 나머지 보험료는 과학기술정보통신부장관이 납입함

(6) 보장내용

① 주계약

지급구분	지급사유
만기급부금	보험기간이 끝날 때까지 살아 있을 때
유족위로금	재해를 직접적인 원인으로 사망하였을 때
재해입원급부금	재해로 인하여 그 치료를 직접목적으로 4일 이상 입원하였을 때 (3일 초과 입원일수 1일당, 120일 한도)
재해수술급부금	재해로 인하여 그 치료를 직접목적으로 수술을 받았을 때(수술 1회당)

16. 무배당 우체국 생애맞춤보험

(1) 주요 특징

특 징
• 생애주기별(유소년기, 청년기, 장년기, 노년기)로 필요한 보장을 체계적으로 보장 • 연령에 맞는 맞춤형 보장설계로 보험료가 상대적으로 저렴 • 주계약을 비갱신형으로 설계, 미래 보험료 변경의 불확실성 제거 • 납입면제 : 50% 이상 장해 시 보험료 납입면제

(2) 가입요건

① 주계약

가입나이	보험기간		납입기간	납입주기	보험가입금액
0~39세	유소년기	~18세	5, 10, 15, 20, 30, 40년납	월 납	1,000만 원~4,000만 원 (500만 원 단위)
	청년기	18세~40세			
	장년기	40~65세			
	노년기	65~100세			
40세	장년기	~65세			
	노년기	65~100세			
41세~50세	장년기	~65세	5, 10, 15, 20, 30년납		
	노년기	65~100세			

주) 임신 사실이 확인된 태아도 가입 가능

② 특 약

㉠ 무배당 입원수술특약(갱신형), 무배당 암진단특약(갱신형)

<table>
<tr><th>구 분</th><th>가입나이</th><th>보험기간</th><th>납입기간</th><th>납입주기</th><th>보험가입금액</th></tr>
<tr><td>최초계약</td><td>0~50세</td><td rowspan="2">5년(갱신형)</td><td rowspan="6">전기납</td><td rowspan="6">월 납</td><td rowspan="6">1,000만 원
(500만 원 단위)</td></tr>
<tr><td rowspan="5">갱신계약</td><td>5~95세</td></tr>
<tr><td>96세</td><td>4년</td></tr>
<tr><td>97세</td><td>3년</td></tr>
<tr><td>98세</td><td>2년</td></tr>
<tr><td>99세</td><td>1년</td></tr>
</table>

㉡ 무배당 선천이상특약Ⅱ

특약명	가입나이	보험기간	납입기간	납입주기	보험가입금액
무배당 선천이상특약Ⅱ	임신 23주 이내 태아	3년	3년	1,000만 원(고정)	고정부가

㉢ 이륜자동차부담보특약, 지정대리청구서비스특약

(3) 특약의 갱신에 관한 사항

갱신절차	보험기간 만료일 30일 전까지 계약자에게 서면 또는 전화(음성녹음) 안내(보험료 등 변경내용) → 보험기간 만료일 15일 전까지 계약자의 별도 의사표시가 없으면 자동갱신 ※ 무배당 입원수술특약(갱신형), 무배당 암진단특약(갱신형)의 경우, 피보험자 99세 계약해당일까지 갱신가능하며, 96세 이후에 도래하는 갱신계약의 보험기간 만료일은 100세 계약해당일까지로 함 → 계약자가 갱신 거절의사를 통지하면 계약 종료
갱신계약 보험료	갱신계약의 보험료는 각각의 특약상품에 따라 나이의 증가, 적용기초율의 변동 등의 사유로 인상 가능

(4) 보장내용

① 주계약

㉠ 유소년기(계약일~18세 계약해당일 전일까지)

지급구분	지급사유
교통재해장해급부금	유소년기 중 교통재해를 직접적인 원인으로 장해분류표에서 정한 각 장해지급률에 해당하는 장해상태가 되었을 때
일반재해장해급부금	유소년기 중 일반재해를 직접적인 원인으로 장해분류표에서 정한 각 장해지급률에 해당하는 장해상태가 되었을 때
3대질병치료보험금	유소년기 중 암보장개시일 이후에 최초의 암으로 진단이 확정되었거나, 유소년기 중 최초의 갑상선암, 기타피부암, 제자리암, 경계성 종양, 뇌출혈 또는 급성심근경색증으로 진단이 확정되었을 때(단, 암, 갑상선암, 기타피부암, 제자리암, 경계성 종양, 뇌출혈 또는 급성심근경색증 각각 보험기간 중 최초 1회에 한하여 지급함)
입원급부금	유소년기 중 질병 또는 재해로 인하여 그 치료를 직접목적으로 4일 이상 입원하였을 때(3일 초과 입원일수 1일당, 120일 한도)

주요성장기질환 입원급부금	유소년기 중 주요성장기질환으로 인하여 그 치료를 직접목적으로 4일 이상 입원하였을 때(3일 초과 입원일수 1일당, 120일 한도)
화상치료자금	유소년기 중 재해로 인하여 화상으로 진단이 확정되고 그 치료를 직접목적으로 4일 이상 계속 입원하였을 때(사고 1회당)
식중독치료자금	유소년기 중 식중독으로 진단이 확정되고 그 치료를 직접목적으로 4일 이상 계속 입원하였을 때(사고 1회당)
수술급부금	유소년기 중 질병 또는 재해로 인하여 그 치료를 직접목적으로 수술 · 신생물 근치 방사선 조사 분류표에서 정한 수술을 받았을 때(수술 1회당)
주요성장기질환 수술급부금	유소년기 중 주요성장기질환으로 인하여 그 치료를 직접목적으로 수술을 받았을 때(수술 1회당)
외모수술자금	유소년기 중 재해로 인하여 외모상해의 치료를 직접목적으로 외모수술을 받았을 때(수술 1회당)
깁스치료자금	유소년기 중 재해로 인하여 그 치료를 직접목적으로 깁스(Cast)치료를 받았을 때(사고 1회당)
골절치료자금	유소년기 중 출산손상 또는 재해로 인하여 골절상태가 되었을 때(사고 1회당)

ⓛ 청년기(18세 계약해당일~40세 계약해당일 전일까지)

지급구분	지급사유
교통재해장해급부금	청년기 중 교통재해를 직접적인 원인으로 장해분류표에서 정한 각 장해지급률에 해당하는 장해상태가 되었을 때
일반재해장해급부금	청년기 중 일반재해를 직접적인 원인으로 장해분류표에서 정한 각 장해지급률에 해당하는 장해상태가 되었을 때
장해연금	청년기 중 장해분류표 중 동일한 재해로 여러 신체부위의 합산 장해지급률이 50% 이상인 장해상태가 되었을 때
3대질병치료보험금	청년기 중 암보장개시일 이후에 최초의 암으로 진단이 확정되었거나, 청년기 중 최초의 갑상선암, 기타피부암, 제자리암, 경계성 종양, 뇌출혈 또는 급성심근경색증으로 진단이 확정되었을 때(단, 암, 갑상선암, 기타피부암, 제자리암, 경계성 종양, 뇌출혈 또는 급성심근경색증 각각 보험기간 중 최초 1회에 한하여 지급함)
재해입원급부금	청년기 중 재해로 인하여 그 치료를 직접목적으로 4일 이상 입원하였을 때(3일 초과 입원일수 1일당, 120일 한도)
재해수술급부금	청년기 중 재해로 인하여 그 치료를 직접목적으로 수술 · 신생물 근치 방사선 조사 분류표에서 정한 수술을 받았을 때(수술 1회당)
입원급부금	청년기 중 질병 또는 재해로 인하여 그 치료를 직접목적으로 4일 이상 입원하였을 때(3일 초과 입원일수 1일당, 120일 한도)
수술급부금	청년기 중 질병 또는 재해로 인하여 그 치료를 직접목적으로 수술 · 신생물 근치 방사선 조사 분류표에서 정한 수술을 받았을 때(수술 1회당)
골절치료자금	청년기 중 출산손상 또는 재해로 인하여 골절상태가 되었을 때(사고 1회당)

㉢ 장년기(40세 계약해당일~65세 계약해당일 전일까지)

지급구분	지급사유
교통재해장해급부금	장년기 중 교통재해를 직접적인 원인으로 장해분류표에서 정한 각 장해지급률에 해당하는 장해상태가 되었을 때
일반재해장해급부금	장년기 중 일반재해를 직접적인 원인으로 장해분류표에서 정한 각 장해지급률에 해당하는 장해상태가 되었을 때
장해연금	장년기 중 장해분류표 중 동일한 재해로 여러 신체부위의 합산 장해지급률이 50% 이상인 장해상태가 되었을 때
3대질병치료보험금	장년기 중 암보장개시일 이후에 최초의 암으로 진단이 확정되었거나, 장년기 중 최초의 갑상선암, 기타피부암, 제자리암, 경계성 종양, 뇌출혈 또는 급성심근경색증으로 진단이 확정되었을 때(단, 암, 갑상선암, 기타피부암, 제자리암, 경계성 종양, 뇌출혈 또는 급성심근경색증 각각 보험기간 중 최초 1회에 한하여 지급함)
3대질병수술급부금	장년기 중 암보장개시일 이후에 암으로 인하여 그 치료를 직접목적으로 수술을 받았거나, 장년기 중 갑상선암, 기타피부암, 제자리암, 경계성 종양, 뇌출혈 또는 급성심근경색증으로 인하여 그 치료를 직접목적으로 수술을 받았을 때(수술 1회당)
10대성인질환 입원급부금	장년기 중 10대성인질환으로 인하여 그 치료를 직접목적으로 4일 이상 입원하였을 때(3일 초과 입원일수 1일당, 120일 한도)
10대성인질환 수술급부금	장년기 중 10대성인질환으로 인하여 그 치료를 직접목적으로 10대성인질환수술을 받았을 때(수술 1회당)
입원급부금	장년기 중 질병 또는 재해로 인하여 그 치료를 직접목적으로 4일 이상 입원하였을 때(3일 초과 입원일수 1일당, 120일 한도)
수술급부금	장년기 중 질병 또는 재해로 인하여 그 치료를 직접목적으로 수술 · 신생물 근치 방사선 조사 분류표에서 정한 수술을 받았을 때(수술 1회당)
골절치료자금	장년기 중 출산손상 또는 재해로 인하여 골절상태가 되었을 때(사고 1회당)

㉣ 노년기(65세 계약해당일~100세 계약해당일까지)

지급구분	지급사유
장해급부금	노년기 중 재해로 인하여 장해분류표에서 정한 각 장해지급률에 해당하는 장해상태가 되었을 때
3대질병치료보험금	노년기 중 암보장개시일 이후에 최초의 암으로 진단이 확정되었거나, 노년기 중 최초의 갑상선암, 기타피부암, 제자리암, 경계성 종양, 뇌출혈 또는 급성심근경색증으로 진단이 확정되었을 때(단, 암, 갑상선암, 기타피부암, 제자리암, 경계성 종양, 뇌출혈 또는 급성심근경색증 각각 보험기간 중 최초 1회에 한하여 지급함)
중대질병치료보험금	노년기 중 최초의 중대질병으로 진단이 확정되었을 때(단, 최초 1회에 한하여 지급함)
10대성인질환 입원급부금	노년기 중 10대성인질환으로 인하여 그 치료를 직접목적으로 4일 이상 입원하였을 때(3일 초과 입원일수 1일당, 120일 한도)
10대성인질환 수술급부금	노년기 중 10대성인질환으로 인하여 그 치료를 직접목적으로 10대성인질환수술을 받았을 때(수술 1회당)
입원급부금	노년기 중 질병 또는 재해로 인하여 그 치료를 직접목적으로 4일 이상 입원하였을 때(3일 초과 입원일수 1일당, 120일 한도)

수술급부금	노년기 중 질병 또는 재해로 인하여 그 치료를 직접목적으로 수술 · 신생물 근치 방사선 조사 분류표에서 정한 수술을 받았을 때(수술 1회당)
골절치료자금	노년기 중 출산손상 또는 재해로 인하여 골절상태가 되었을 때(사고 1회당)

주) 1. 암보장개시일은 계약일(부활일)부터 그 날을 포함하여 90일이 지난 날의 다음날로 함
2. 3대질병치료보험금의 경우, 보험기간 중 최초로 진단이 확정되는 암, 갑상선암, 기타피부암, 제자리암, 경계성종양, 뇌출혈, 급성심근경색증에 대해서 각각 1회에 한하여 지급함

② 무배당 입원수술특약(갱신형)

지급구분	지급사유
입원급부금	질병 또는 재해로 인하여 그 치료를 직접목적으로 4일 이상 입원하였을 때 (3일 초과 입원일수 1일당, 120일 한도)
수술급부금	질병 또는 재해로 인하여 그 치료를 직접목적으로 수술 · 신생물 근치 방사선 조사 분류표에서 정한 수술을 받았을 때(수술 1회당)
건강관리자금	보험기간(5년)이 끝날 때까지 살아 있을 때

③ 무배당 암진단특약(갱신형)

지급구분	지급사유
암진단보험금	• 암보장개시일 이후에 최초의 암으로 진단이 확정되었을 때(단, 최초 1회에 한함) • 보험기간 중 최초의 갑상선암, 기타피부암, 제자리암 또는 경계성 종양으로 진단이 확정되었을 때(단, 갑상선암, 기타피부암, 제자리암 및 경계성 종양 각각 최초 1회에 한함)
건강관리자금	보험기간(5년)이 끝날 때까지 살아 있을 때

주) 암보장개시일은 계약일(부활일)부터 그 날을 포함하여 90일이 지난 날의 다음날로 함

④ 무배당 선천이상특약 II

지급구분	지급사유
선천이상입원급부금	선천이상으로 4일 이상 입원 시(3일 초과 입원 1일당, 120일 한도)
선천이상수술급부금	선천이상으로 수술 시(수술 1회당)

17. 무배당 우체국간편가입건강보험(갱신형)

(1) 주요 특징

특 징
• 건강관련 3가지 간편고지로 가입절차 간소화 • 입원비 · 수술비 중심의 실질적 치료비 지급 • 종신토록 의료비 보장으로 경제적 부담 완화(종신 갱신형) ※ 다만, 사망보장은 최대 80세까지 보장 • 10년 만기 생존 시마다 건강관리자금 지급(주계약)

(2) 가입요건

① 주계약

<table>
<tr><th>구 분</th><th>가입나이</th><th>보험기간</th><th>납입기간</th><th>납입주기</th><th>보험가입금액</th></tr>
<tr><td>최초계약</td><td>35~75세</td><td rowspan="2">10년 만기(종신갱신형)</td><td rowspan="2">전기납</td><td rowspan="2">월 납</td><td rowspan="2">1구좌
(0.5구좌 단위)</td></tr>
<tr><td>갱신계약</td><td>45세 이상</td></tr>
</table>

② 특약

㉠ 무배당 간편10대성인질환입원수술특약(갱신형), 무배당 간편3대질병진단특약(갱신형), 무배당 간편3대질병입원수술특약(갱신형)

<table>
<tr><th>구 분</th><th>가입나이</th><th>보험기간</th><th>납입기간</th><th>납입주기</th><th>보험가입금액</th></tr>
<tr><td>최초계약</td><td>35~75세</td><td rowspan="2">10년 만기(종신갱신형)</td><td rowspan="2">전기납</td><td rowspan="2">월 납</td><td rowspan="2">1구좌
(0.5구좌 단위)</td></tr>
<tr><td>갱신계약</td><td>45세 이상</td></tr>
</table>

㉡ 무배당 간편사망보장특약(갱신형)

<table>
<tr><th>구 분</th><th>가입나이</th><th>보험기간</th><th>납입기간</th><th>납입주기</th><th>보험가입금액</th></tr>
<tr><td>최초계약</td><td>35~75세</td><td>10년 만기(갱신형)</td><td rowspan="3">전기납</td><td rowspan="3">월 납</td><td rowspan="3">1구좌
(0.5구좌 단위)</td></tr>
<tr><td rowspan="2">갱신계약</td><td>45~70세</td><td>10년 만기(갱신형)</td></tr>
<tr><td>71~79세</td><td>80세 만기</td></tr>
</table>

주) 갱신시점의 피보험자 나이가 80세 이상인 경우에는 이 특약을 갱신할 수 없음

㉢ 이륜자동차부담보특약, 지정대리청구서비스특약

(3) 갱신에 관한 사항

<table>
<tr><td>갱신절차</td><td>보험기간 만료일 30일 전까지 계약자에게 서면 또는 전화(음성녹음) 안내(보험료 등 변경내용)
→ 보험기간 만료일 15일 전까지 계약자의 별도 의사표시가 없으면 자동갱신
※ 무배당 간편사망보장특약(갱신형)의 경우, 갱신시점의 피보험자 나이가 80세 이상인 경우에는이 특약을 갱신할 수 없으며, 갱신시점의 나이가 71세에서 79세인 경우에는 보험기간을 80세 만기로 갱신함
→ 계약자가 갱신 거절의사를 통지하면 계약 종료</td></tr>
<tr><td>갱신계약 보험료</td><td>갱신계약의 보험료는 나이의 증가, 적용기초율의 변동 등의 사유로 인상 가능</td></tr>
</table>

(4) 간편고지에 관한 사항

간편고지에 관한 사항
• 이 상품은 "간편고지"상품으로 유병력자 등 일반심사보험에 가입하기 어려운 피보험자를 대상으로 함 • 간편고지란 보험시장에서 소외되고 있는 유병력자나 고연령자 등이 보험에 가입할 수 있도록 간소화된 계약전 고지의무 사항을 활용하여 계약심사 과정을 간소화함을 의미함 • 간편고지 상품은 일반심사보험에 가입하기 어려운 피보험자를 대상으로 하므로, 일반심사보험보다 보험료가 다소 높으며, 일반심사를 할 경우 이 보험보다 저렴한 일반심사보험에 가입할 수 있음(다만, 일반심사보험의 경우 건강상태나 가입나이에 따라 가입이 제한될 수 있으며 보장하는 담보에는 차이가 있을 수 있음) • 이 상품 가입 시 간편고지상품과 일반심사보험의 보험료 수준을 비교하여 설명하고, 이에 대한 계약자 확인을 받아야 함 • 이 상품 가입 후 계약일부터 3개월 이내에 일반심사보험 가입을 희망하는 경우, 일반계약 심사를 통하여 일반심사보험[(무)우체국건강클리닉보험(갱신형)]에 청약할 수 있음. 다만, 본 계약의 보험금이 이미 지급되었거나 청구서류를 접수한 경우에는 그러하지 않음. 일반심사보험[(무)우체국건강클리닉보험(갱신형)]에 가입하는 경우에는 본 계약을 무효로 하며 이미 납입한 보험료를 보험계약자에게 환급

(5) 보장내용

① 주계약

지급구분	지급사유
건강관리자금	보험기간이 끝날 때까지 살아 있을 때
입원급부금	질병 또는 재해로 인하여 그 치료를 직접목적으로 4일 이상 입원하였을 때 (3일 초과 입원일수 1일당, 120일 한도)
수술급부금	질병 또는 재해로 인하여 그 치료를 직접목적으로 수술을 받았을 때(수술 1회당)

② 무배당 간편10대성인질환입원수술특약(갱신형)

지급구분	지급사유
10대성인질환입원급부금	10대성인질환으로 인하여 그 치료를 직접목적으로 4일 이상 입원하였을 때 (3일 초과 입원일수 1일당, 120일 한도)
10대성인질환수술급부금	10대성인질환으로 인하여 그 치료를 직접목적으로 수술을 받았을 때(수술 1회당)

③ 무배당 간편3대질병진단특약(갱신형)

지급구분	지급사유
3대질병치료보험금	암보장개시일 이후에 최초의 암으로 진단이 확정되었거나, 보험기간 중 최초의 갑상선암, 기타피부암, 제자리암, 경계성 종양, 뇌출혈 또는 급성심근경색증으로 진단이 확정되었을 때(다만, 암, 갑상선암, 기타피부암, 제자리암, 경계성 종양, 뇌출혈 또는 급성심근경색증 각각 최초 1회에 한함)

주) 암보장개시일은 계약일(부활일)부터 그 날을 포함하여 90일이 지난 날의 다음날로 함

④ 무배당 간편3대질병입원수술특약(갱신형)

지급구분	지급사유
3대질병입원급부금	암보장개시일 이후에 암으로 인하여 그 치료를 직접목적으로 4일 이상 입원하였거나, 보험기간 중 갑상선암, 기타피부암, 제자리암, 경계성 종양, 뇌출혈 또는 급성심근경색증으로 인하여 그 치료를 직접목적으로 4일 이상 입원하였을 때(3일 초과 입원일수 1일당, 120일 한도)
3대질병수술급부금	암보장개시일 이후에 암으로 인하여 그 치료를 직접목적으로 수술을 받았거나, 보험기간 중 갑상선 암, 기타피부암, 제자리암, 경계성 종양, 뇌출혈 또는 급성심근경색증으로 인하여 그 치료를 직접목적으로 수술을 받았을 때(수술 1회당)

주) 암보장개시일은 계약일(부활일)부터 그 날을 포함하여 90일이 지난 날의 다음날로 함

⑤ 무배당 간편사망보장특약(갱신형)

지급구분	지급사유
사망보험금	피보험자가 보험기간 중 사망하였을 때

18. 무배당 우체국여성암보험(갱신형)

(1) 주요 특징

특 징
• 저렴한 보험료로 유방암 진단(최대 3,000만 원), 수술, 치료를 체계적으로 보장하는 여성건강 전문보험 • 유방암 예방을 위한 유방검진비용 지급(매 2년마다 20만 원씩, 주계약 1구좌 기준) • 여성 특화 보장 강화 : 자궁난소암 진단 및 특정부인과질환입원수술 추가 보장(해당 특약 가입 시) • 10년 만기 종신갱신형 • 납입면제 : 암 진단 시 보험료 납입면제

(2) 가입요건

① 주계약

구 분	가입나이	보험기간	납입기간	가입한도액 (구좌수)
최초계약	만 15~60세	10년 만기 (종신갱신형)	전기납 (월납)	1구좌 (0.5구좌 단위)
갱신계약	만 25세 이상			

② 특 약

특약명	보험기간, 가입나이, 납입기간	가입한도액(구좌수)
(무)자궁난소암진단특약(갱신형)	주계약과 동일	주계약 보험가입금액 내에서 1구좌 (0.5구좌 단위)
(무)특정부인과질환입원수술특약(갱신형)		
(무)암사망특약(갱신형)		
지정대리청구서비스특약	–	

(3) 갱신에 관한 사항

갱신절차	• 보험기간 만료일 30일 전까지 계약자에게 서면 또는 전화(음성녹음)안내(보험료 등 변경내용) → 보험기간 만료일 15일 전까지 계약자의 별도 의사표시가 없으면 자동갱신 → 계약자가 갱신 거절의사를 통지하면 계약 종료 • 주계약의 경우, 피보험자에게 암치료보험금(갑상선암, 기타피부암, 제자리암 및 경계성종양 제외) 지급 사유가 발생한 경우에는 계약을 갱신하지 않음 • (무)자궁난소암진단특약(갱신형)의 경우, 피보험자에게 자궁난소암진단보험금 지급사유가 발생한 경우에는 특약을 갱신하지 않음 • (무)암사망특약(갱신형)의 경우, 피보험자에게 암사망보험금 지급사유가 발생한 경우에는 특약을 갱신하지 않음
갱신계약 보험료	갱신계약의 보험료는 나이의 증가, 적용기초율의 변동 등의 사유로 인상될 수 있음

(4) 보장내용

① 주계약

지급구분	지급사유
암치료보험금	• 암보장개시일 이후에 최초의 암으로 진단이 확정되었을 때(단, 최초 1회에 한함) • 보험기간 중 최초의 갑상선암, 기타피부암, 제자리암 또는 경계성 종양으로 진단이 확정되었을 때(단, 각각 최초 1회에 한함)
유방절제 및 유방보전수술급부금	암보장개시일 이후에 유방암으로 진단이 확정되고 그 유방암의 치료를 직접목적으로 유방절제 · 유방보전수술을 받았거나, 보험기간 중 유방의 제자리암으로 진단이 확정되고 그 유방의 제자리암의 치료를 직접목적으로 유방절제 · 유방보전 수술을 받았을 때(단, 유방암으로 인한 유방절제 및 유방보전수술급부금 또는 유방의 제자리암으로 인한 유방절제 및 유방보전수술급부금둘 중 최초 1회에 한함)
유방재건수술급부금	암보장개시일 이후에 유방암으로 진단이 확정되고 그 유방암의 치료를 직접목적으로 유방절제 · 유방보전 수술 후 유방재건수술을 받았거나, 보험기간 중 유방의 제자리암으로 진단이 확정되고 그 유방의 제자리암의 치료를 직접목적으로 유방절제 · 유방 보전 수술후 유방재건수술을 받았을 때(단, 유방암으로 인한 유방재건수술급부금 또는 유방의 제자리암으로 인한 유방재건수술급부금 둘 중 최초 1회에 한함)
항암방사선 · 약물치료보험금	• 암보장개시일 이후에 암으로 진단이 확정되고 그 암의 치료를 직접목적으로 항암방사선치료 또는 항암약물치료를 받았을 때(단, 항암방사선치료 또는 항암약물치료 둘 중 최초 1회에 한함) • 보험기간 중 갑상선암, 기타피부암, 제자리암, 경계성종양으로 진단이 확정되고 그 갑상선암, 기타피부암, 제자리암, 경계성종양의 치료를 직접목적으로 항암방사선치료 또는 항암약물치료를 받았을 때(단, 갑상선암, 기타피부암, 제자리암 또는 경계성종양 각각 항암방사선치료 또는 항암약물치료 둘 중 최초 1회에 한함)
유방검진 비용	가입 후 매2년마다 계약해당일에 살아 있을 때

주) 암보장개시일은 계약일(부활일)부터 그 날을 포함하여 90일이 지난 날의 다음날로 함

② 무배당 자궁난소암진단특약(갱신형)

지급구분	지급사유
자궁난소암진단보험금	자궁난소암 보장개시일 이후에 최초의 자궁암 또는 난소암으로 진단이 확정되었을 때 (단, 자궁암 또는 난소암 둘 중 최초 1회한)
건강관리자금	보험기간이 끝날 때까지 살아 있을 때

주) 암보장개시일은 계약일(부활일)부터 그 날을 포함하여 90일이 지난 날의 다음날로 함

③ 무배당 특정부인과질환입원수술특약(갱신형)

지급구분	지급사유
특정부인과질환 입원급부금	특정부인과질환으로 인하여 그 치료를 직접목적으로 4일 이상 입원하였을 때 (3일 초과 입원일수 1일당, 120일 한도)
특정부인과질환 수술급부금	특정부인과질환으로 인하여 그 치료를 직접목적으로 수술을 받았을 때(수술 1회당)
건강관리자금	보험기간이 끝날 때까지 살아 있을 때

④ 무배당 암사망특약(갱신형)

지급구분	지급사유
암사망보험금	암보장개시일 이후에 암으로 진단이 확정되고 그 암으로 사망하였거나, 보험기간 중 갑상선암 또는 기타피부암으로 진단이 확정되고 그 갑상선암 또는 기타피부암으로 사망하였을 때
건강관리자금	보험기간이 끝날 때까지 살아 있을 때

주) 암보장개시일은 계약일(부활일)부터 그 날을 포함하여 90일이 지난 날의 다음날로 함

19. 무배당 우체국치아보험(갱신형)

(1) 주요 특징

특 징
• 보철치료(임플란트, 브릿지, 틀니), 충전, 크라운치료를 보장하는 치과치료 전문보험 • 보철치료의 경우 연간 개수 제한 없이 보장함으로써 치료비 부담 감소 • 틀니(보철물 1개당 최대 100만 원), 임플란트(영구치 발거 1개당 최대 70만 원), 브릿지(영구치 발거 1개당 최대 50만 원) 치료자금 지급 • 충전(영구치 치료 1개당 최대 5만 원, 연간 3개 한도), 크라운(영구치 치료 1개당 최대 10만 원, 연간 3개 한도) 치료자금 지급 • 충치 및 잇몸질환은 물론 상해로 인한 치과치료까지 보장 • 치아관리자금으로 건강한 치아관리 가능

(2) 가입요건

① 주계약

구 분	가입나이	보험기간	납입기간	보험가입금액 (구좌수)
최초계약	15~55세	5년 만기 (자동갱신형)	전기납 (월납)	1구좌 (0.5구좌 단위)
갱신계약	20~60세			

② 특약 : 지정대리청구서비스특약

(3) 계약의 갱신에 관한 사항

갱신절차	보험기간 만료일 30일 전까지 계약자에게 서면 또는 전화(음성녹음) 안내(보험료 등 변경내용) → 보험기간 만료일 15일 전까지 계약자의 별도 의사표시가 없으면 자동갱신 → 계약자가 갱신 거절의사를 통지하면 계약 종료
갱신계약 보험료	갱신계약의 보험료는 나이의 증가, 적용기초율의 변동 등의 사유로 인상될 수 있음
갱신계약 나이제한	갱신계약의 피보험자 나이가 60세를 초과하는 경우 계약을 갱신할 수 없음

(4) 보장내용

① 주계약

지급구분	지급사유
가철성의치(틀니) 치료자금	보철치료 보장개시일 이후에 충치, 잇몸질환 또는 상해로 최초로 영구치 발거진단 후, 발거부위에 가철성의치(Denture) 치료를 받았을 때(보철물 1개당)
임플란트치료자금	보철치료 보장개시일 이후에 충치, 잇몸질환 또는 상해로 최초로 영구치 발거진단 후, 발거부위에 임플란트(Implant) 치료를 받았을 때(영구치 발거 1개당)
고정성가공의치 (브릿지)치료자금	보철치료 보장개시일 이후에 충치, 잇몸질환 또는 상해로 최초로 영구치 발거진단 후, 발거부위에 고정성가공의치(Bridge) 치료를 받았을 때(영구치 발거 1개당)
충전치료자금	충전치료 보장개시일 이후에 충치, 잇몸질환 또는 상해로 최초로 영구치에 충전치료 진단 후, 해당 영구치에 충전치료를 받았을 때(영구치 치료 1개당, 연간 3개 한도)
크라운치료자금	크라운치료 보장개시일 이후에 충치, 잇몸질환 또는 상해로 최초로 영구치에 크라운치료 진단 후, 해당 영구치에 크라운치료를 받았을 때(영구치 치료 1개당, 연간 3개 한도)
치아관리자금	보험기간이 끝날 때까지 살아있을 때

주) 보철치료 보장개시일, 충전치료 보장개시일, 크라운치료 보장개시일은 보험계약일부터 그 날을 포함하여 180일이 지난 날의 다음날로 함

20. 우체국요양보험(갱신형)

(1) 주요 특징

특 징
• 장기요양자금(최대 3천만 원, 주계약 1구좌 기준) 및 장기요양간병비(최대 매월 30만 원씩 60회, 특약 1구좌 기준) 보장 • 5년 만기 종신갱신형 • 40세부터 70세까지 가입 가능한 실버보험 • 한번 가입으로 평생보장(5년 만기 종신갱신형)

(2) 가입요건

① 주계약

구 분	가입나이	보험기간	납입기간	보험가입금액 (구좌수)
최초계약	40~70세	5년 만기 (종신갱신형)	전기납 (월납)	1구좌 (0.5구좌 단위)
갱신계약	45세 이상			

② 특 약

특약명	보험기간, 가입나이, 납입기간	보험가입금액(구좌수)
장기요양간병비특약(갱신형)	주계약과 동일	주계약 보험가입금액 내에서 1구좌 (0.5구좌 단위)
지정대리청구서비스특약	–	

(3) 계약의 갱신에 관한 사항

갱신절차	보험기간 만료일 30일 전까지 계약자에게 서면 또는 전화(음성녹음) 안내(보험료 등 변경내용) → 보험기간 만료일 15일 전까지 계약자의 별도 의사표시가 없으면 자동갱신 → 계약자가 갱신 거절의사를 통지하면 계약 종료
갱신계약 보험료	갱신계약의 보험료는 나이의 증가, 적용기초율의 변동 등의 사유로 인상될 수 있음

(4) 보장내용

① 주계약

지급구분	지급사유
장기요양보험금	장기요양상태 보장개시일 이후에 장기요양상태(1~4등급)가 되었을 때(단, 최초 1회에 한함)
건강관리자금	보험기간이 끝날 때까지 살아 있을 때

주) 장기요양상태 보장개시일은 계약일(부활일)부터 그 날을 포함하여 180일이 지난 날의 다음날로 함

② 특 약

지급구분	지급사유
장기요양보험금	장기요양상태 보장개시일 이후에 장기요양상태(장기요양 1등급, 장기요양 2등급)가 되었을 때(단, 최초 1회에 한함)
건강관리자금	보험기간이 끝날 때까지 살아 있을 때

주) 장기요양상태 보장개시일은 계약일(부활일)부터 그 날을 포함하여 180일이 지난 날의 다음날로 함

21. 무배당 우체국온라인어린이보험

(1) 주요 특징

특 징
• 암, 장해, 입원, 수술과 함께 골절, 화상, 식중독 등의 각종 일상 생활 위험을 포괄적으로 보장하는 어린이 종합의료보험 • 중증질환(소아암, 중증장해 등)에 대한 고액보장 • 납입면제 : 암진단 시 또는 50% 이상 장해 시 보험료 납입면제

(2) 가입요건

구 분	가입나이	보험기간	보험료 납입기간	보험료 납입주기	가입한도액
주계약	0~15세	30세 만기	전기납	월 납	1,000만 원 (고정)
무배당 선천이상특약 II	임신 23주 이내 태아	3년	3년	월 납	

주) 임신 사실이 확인된 태아도 가입 가능

① 특약 : 지정대리청구서비스특약

(3) 보장내용

① 주계약

지급구분	지급사유
만기축하금	보험기간이 끝날 때까지 살아 있을 때
암치료보험금	• 최초의 암으로 진단 확정되었을 때(단, 최초 1회에 한함) • 최초의 갑상선암, 기타피부암, 제자리암 또는 경계성 종양으로 진단 확정되었을 때(단, 갑상선암, 기타피부암, 제자리암 및 경계성 종양 각각 최초 1회에 한함)
재활보험금	재해로 인하여 장해분류표에서 정한 각 장해지급률에 해당하는 장해상태가 되었을 때
입원급부금	질병 또는 재해로 인하여 그 치료를 직접목적으로 4일 이상 입원하였을 때 (3일 초과 입원일수 1일당, 120일 한도)
수술급부금	질병 또는 재해로 인하여 그 치료를 직접목적으로 수술을 받았을 때(수술 1회당)
골절치료자금	출산손상 또는 재해로 인하여 골절상태가 되었을 때(사고 1회당)
깁스치료자금	재해로 인하여 그 치료를 직접 목적으로 깁스(Cast)치료를 받았을 때(사고 1회당)

화상치료자금	재해로 인하여 화상으로 진단이 확정되고 그 치료를 직접목적으로 4일 이상 계속 입원하였을 때(사고 1회당)
식중독치료자금	식중독으로 진단이 확정되고 그 치료를 직접목적으로 4일 이상 계속 입원하였을 때 (사고 1회당)

② 무배당 선천이상특약Ⅱ

지급구분	지급사유
선천이상입원급부금	선천이상으로 진단이 확정되고, 그 치료를 직접적인 목적으로 4일 이상 입원하였을 때 (3일 초과 입원일수 1일당, 120일 한도)
선천이상수술급부금	선천이상으로 진단이 확정되고, 그 치료를 직접적인 목적으로 수술을 받았을 때(수술 1회당)

22. 무배당 우체국온라인암보험

(1) 주요 특징

특 징
• 일반암 진단 시 최대 3,000만 원까지 지급(3구좌 가입 시) • 고액암(백혈병, 뇌종양, 골종양, 췌장암, 식도암 등) 진단 시 최대 6,000만 원까지 지급(3구좌 가입 시) • 암진단 시 보험료 납입면제 • 보험료 인상없이 처음과 동일한 보험료로 보험기간 동안 보장

(2) 가입요건

가입나이	보험기간	보험료 납입기간	보험료 납입주기	가입한도액
20~50세	30년	전기납	월 납	3구좌 (1구좌 단위)
20~60세	20년			

① 특약 : 지정대리청구서비스특약

(3) 보장내용

① 주계약

지급구분	지급사유
암치료보험금	• 암보장개시일 이후에 최초의 암으로 진단이 확정되었을 때(단, 최초 1회에 한함) • 보험기간 중 최초의 갑상선암, 기타피부암, 제자리암 또는 경계성 종양으로 진단이 확정되었을 때(단, 갑상선암, 기타피부암, 제자리암 및 경계성 종양 각각 최초 1회에 한함)
항암방사선 · 약물치료보험금	• 암보장개시일 이후에 암으로 진단이 확정되고 그 암의 치료를 직접목적으로 항암방사선치료 또는 항암약물치료를 받았을 때(단, 항암방사선치료 또는 항암약물치료 둘 중 최초 1회에 한함) • 보험기간 중 갑상선암, 기타피부암, 제자리암 또는 경계성 종양으로 진단이 확정되고 그 갑상선암, 기타피부암, 제자리암 또는 경계성 종양의 치료를 직접목적으로 항암방사선치료 또는 항암약물치료를 받았을 때(단, 갑상선암, 기타피부암, 제자리암 및 경계성종양 각각에 대하여 항암방사선치료 또는 항암약물치료 둘 중 최초 1회에 한함)

주) 암보장개시일은 계약일(부활일)부터 그 날을 포함하여 90일이 지난 날의 다음날로 함

03 저축성 보험

1. 무배당 청소년꿈보험

(1) 주요 특징

특 징
공익보험으로 특정 피보험자 범위에 해당하는 청소년에게 무료로 보험가입 혜택을 주어 학자금을 지급하는 교육보험

(2) 가입요건

보험기간	가입나이	보험료 납입기간	보험료 납입주기	가입한도액
5년 만기	만 6~17세	일시납	일시납	250만 원 (생존학자금 50만 원 기준)

주) 보험계약자는 과학기술정보통신부장관으로 함

(3) 피보험자 범위

이 보험의 피보험자는 가정위탁을 받는 청소년, 아동복지 시설의 수용자, 북한이탈주민의 보호 및 정착지원에 관한 법률의 적용을 받는 탈북청소년 등 과학기술정보통신부장관이 별도로 정한 바에 따른다.

(4) 보장내용

지급구분	지급사유
생존학자금	보험계약일부터 매년 계약해당일에 살아 있을 때
입원급부금	질병 또는 재해로 인하여 그 치료를 직접목적으로 4일 이상 입원하였을 때 (3일 초과 입원일수 1일당, 120일 한도)

2. 무배당 에버리치복지보험

(1) 주요 특징

특 징
• 실세금리 적용 : 적립부분 순보험료를 신공시이율Ⅲ로 부리 · 적립하며, 시중금리가 떨어지더라도 최저 1.0%의 금리 보증 • 교육자금, 결혼자금, 주택마련자금, 사업자금 등 다양한 목적자금 설계로 경제적 니즈에 맞춰 자유롭게 활용 • 0세부터 75세까지 가입으로 어린이부터 고령자에게까지 보험 혜택 • 노인이나 장애인 등에게 비과세 혜택 : 조세특례제한법 제88조의2에서 정한 노인 및 장애인 등의 계약자에게는 만기뿐만 아니라 중도 해약 시에도 이자소득세 면제 혜택(비과세종합저축에 한함)

(2) 가입요건

① 주계약

보험종류	보험기간	가입나이	납입기간	납입주기	가입한도액
일반형	3년 만기 5년 만기	0~75세	전기납	월 납	4,000만 원
비과세종합저축					

주) 비과세종합저축 계약자는 조세특례제한법 제88조의2 제1항에서 정한 요건을 충족해야 가능

② 특약 : 지정대리청구서비스특약

(3) 보장내용

① 주계약

지급구분	지급사유
만기보험금	만기 생존 시
장해급부금	재해로 인하여 장해상태가 되었을 때

3. 무배당 그린보너스저축보험

(1) 주요 특징

특 징

- 실세금리 적용 : 적립부분 순보험료를 신공시이율Ⅲ로 부리 · 적립하며, 시중금리가 떨어지더라도 최저 1.0%의 금리 보증
- 보너스금리 추가 제공 : 만기 유지 시에는 계약일부터 최초 1년간 보너스금리를 추가 제공

3년 만기	5년 만기	10년 만기
0.3%	0.5%	1.0%

- 절세형 상품 : 관련 세법에서 정하는 요건에 부합하는 경우 일반형은 이자소득이 비과세되고 금융소득종합과세에서도 제외되며, 비과세종합저축은 조세특례제한법 제88조의2에서 정한 노인 및 장애인 등의 계약자에게 만기뿐만 아니라 중도 해약 시에도 이자소득 비과세
- 예치형, 적립형 등 다양한 목적의 재테크 수단 : 예치형, 적립형 및 보험기간(3년, 5년, 10년)에 따라 단기목돈마련, 교육자금, 노후설계자금 등 다양한 목적으로 활용

(2) 가입요건

① 주계약

보험종류		보험기간	가입나이	납입기간	납입주기
일반형	예치형	3년, 5년, 10년 만기	0세 이상	일시납	일시납
	적립형	3년, 5년 만기		전기납	월 납
		10년 만기		5년납, 전기납	
비과세 종합저축	예치형	3년, 5년, 10년 만기		일시납	일시납
	적립형	3년, 5년 만기		전기납	월 납
		10년 만기		5년납, 전기납	

주) 비과세종합저축 계약자는 조세특례제한법 제88조의2 제1항에서 정한 요건을 충족해야 가능

② 특약 : 지정대리청구서비스특약

(3) 보험료 납입한도액

예치형	적립형		
	3년납	5년납	10년납
100~4,000만 원	10~100만 원	10~60만 원	10~30만 원

(4) 보장내용

① 주계약

지급구분	지급사유
만기보험금	보험기간이 끝날 때까지 살아 있을 때
장해급부금	재해로 인하여 장해상태가 되었을 때

4. 무배당 파워적립보험

(1) 주요 특징

특 징
• 실세금리 적용 : 적립부분 순보험료를 신공시이율Ⅲ로 부리 · 적립하며, 시중금리가 떨어지더라도 최저 1.0%의 금리 보증 • 중도인출제도 및 추가납입제도 : 중도에 긴급자금 필요 시 이자부담 없이 중도인출로 자금활용, 자유롭게 추가납입으로 고객편의 제공 • 고액계약 수익률 제고 : 기본보험료 30만 원 초과금액에 대해 수수료를 인하함으로써 수익률 증대 • 단기납(3년, 5년) 가능 : 단기납으로 납입기간 부담 완화 • 다양한 목적의 재테크 수단 : 1종(만기목돈형), 2종(이자지급형) 및 보험기간(3년, 5년, 10년)에 따라 단기목돈마련, 교육자금, 노후설계자금 등 다양한 목적으로 활용

(2) 가입요건

① 주계약

보험종류	보험기간	가입나이	납입기간	납입주기
1종(만기목돈형)	3년, 5년	0세 이상	3년, 전기납	월 납
	10년		5년, 전기납	
2종(이자지급형)	10년		5년	

② 특약 : 지정대리청구서비스특약

(3) 기본보험료 납입한도액

구 분	기본보험료 한도		
	3년납	5년납	10년납
1종(만기목돈형)	5~100만 원	5~50만 원	5~30만 원
2종(이자지급형)	5~50만 원		

(4) 추가납입보험료 한도액

보험기간 중 납입할 수 있는 1회 납입 가능한 추가납입보험료의 납입한도는 "기본보험료×200%×해당 연도 가입경과월수－해당 연도 이미 납입한 추가납입보험료"로 함. 단, 보험료 납입기간 후에는 추가납입이 불가능

※ 해당 연도 가입경과월수는 가입할 때(가입이후 다음연도부터는 매년 1월)를 1개월로 하고, 이후 해당 월 기본보험료를 납입할 때마다 1개월씩 증가(최대 12개월)

(5) 보장내용

① 주계약

지급구분	지급사유
만기보험금	보험기간이 끝날 때까지 살아 있을 때
장해급부금	재해로 인하여 장해상태가 되었을 때

(6) 중도인출금에 대한 사항

① 1종(만기목돈형)의 경우 계약일 이후 1년이 지난 후부터 보험기간 중에 보험년도 기준 연 12회에 한하여 적립금액의 일부를 인출할 수 있으며, 1회에 인출할 수 있는 최고 한도는 인출 당시 해약환급금의 80%를 초과할 수 없다. 또한 총 인출금액은 계약자가 실제 납입한 보험료 총액을 초과할 수 없다.

② 2종(이자지급형)의 경우 기본보험료의 납입을 완료하고 계약이 유효한 때에는 기본보험료 납입완료 후 최초 도래하는 계약해당일부터 매년 계약해당일 시점의 적립금액에서 해당 시점에서 계산한 만기시점 기준 총 납입보험료의 현재가치(최저보증이율로 할인)를 제외한 금액을 매년 계약해당일의 신공시이율Ⅲ를 적용하여 잔여기간 동안 연단위로 분할하여 계산한 금액을 중도인출금으로 지급한다.

5. 무배당 알찬전환특약

(1) 주요 특징

특 징
• 만기보험금 재예치로 또 한번의 알찬 수익 확보 • 적립부분 순보험료를 신공시이율Ⅲ로 부리하므로 고금리 시대에는 고금리가 적용되고, 시중금리 하락과 관계없이 최저 1.0%의 금리 보증 • 다양한 목적의 재테크 수단으로 활용 : 보험기간을 2, 3, 4, 5, 7, 10년으로 다양화하여 학자금, 결혼비용, 주택마련자금, 사업자금 등 경제적 필요에 맞춰 자유롭게 선택

(2) 가입가능계약

에버리치복지보험(일반형), 무배당 에버리치복지보험(일반형), 복지보험, 파워적립보험, 무배당 파워적립보험, 무배당 빅보너스저축보험 및 무배당 그린보너스저축보험(일반형) 중 유효계약으로 무배당 알찬전환특약을 신청한 계약

(3) 가입요건

보험기간	가입나이	납입기간	일시납보험료
2년 만기 3년 만기 4년 만기 5년 만기 7년 만기 10년 만기	0세 이상	일시납	전환전계약의 만기보험금과 배당금 합계액

(4) 가입신청일

전환전계약의 만기일 1개월 전~만기일 전일

(5) 보장내용

지급구분	지급사유
만기보험금	만기 생존 시
장해급부금	재해로 장해 시

04 연금보험

1. 무배당 우체국연금보험

(1) 주요 특징

특 징
• 실세금리 등을 반영한 신공시이율Ⅲ로 적립되며, 시중금리가 하락하더라도 최저 1.0%(다만, 가입 후 10년 초과 시 0.5%)의 금리 보장 • 다양한 목적의 재테크 기회로 활용 – 종신연금형 : 평생동안 연금수령 통한 생활비 확보 가능하고 조기사망 시에도 20년 또는 100세까지 안정적인 연금 수령 – 상속연금형 · 확정기간연금형 : 연금개시 후에도 해지 가능하므로 다양한 목적자금으로 활용 가능 – 더블연금형 : 연금개시 후부터 80세 계약해당일 전일까지 암, 뇌출혈, 급성심근경색증, 장기요양상태(2등급 이내) 중 최초 진단 시 연금액 두배로 증가 • 45세 이후부터 연금 지급 : 45세 이후부터 연금을 받을 수 있어 노후를 위한 가장 든든한 준비

(2) 가입요건

① 주계약

구 분	연금개시나이(A)	가입나이	납입기간	납입주기
종신연금형(20년 또는 100세 보증지급)	45~75세	0~(A-5)세	일시납 5, 7, 10, 15, 20년납	일시납 월 납
상속연금형				
확정기간연금형(5년, 10년, 15년, 20년)				
더블연금형	45~70세			

② 특약 : 지정대리청구서비스특약

(3) 보장내용

① 주계약

지급구분				지급사유
제1보험기간	장해급부금			재해로 인하여 장해상태가 되었을 때
제2보험기간	생존연금	종신연금형		매년 계약해당일에 살아 있을 때
		상속연금형		매년 계약해당일에 살아 있을 때
		확정기간연금형		연금지급기간(5년, 10년, 15년, 20년)의 매년 계약해당일
		더블연금형	기본연금	매년 계약해당일에 살아 있을 때
	더블연금		더블연금	연금개시나이 계약해당일부터 80세 계약해당일 전일까지 암, 뇌출혈, 급성심근경색증, 장기요양상태(1~2등급) 중 최초로 진단이 확정되었을 때

2. 무배당 플러스연금보험

(1) 주요 특징

특 징
• 평생 연금 지급으로 고령화시대의 노후 대비 상품 • 금리가 하락해도 최저보증이율(가입 후 10년간은 1.0%, 그 이후는 0.5%) 적용에 따른 약정보험금 지급 • 실세금리 등을 반영한 신공시이율Ⅲ에 따라 추가 적립된 금액을 플러스적립금 또는 플러스연금으로 지급 • 연금개시 전 사망 시 5,000만 원(1구좌 기준)의 고액 사망보험금을 지급하여 유족의 생활안정 기능 강화 • 납입면제 : 50% 이상 장해 시 보험료 납입면제

(2) 가입요건

① 주계약

연금개시나이(A)	가입나이	납입기간	납입주기
55~70세	만 15~(A−5)세	일시납 5, 10, 15, 20년납	일시납 월 납

② 특약 : 지정대리청구서비스특약

③ 가입한도액 : 0.5~3구좌(0.1구좌 단위, 1구좌 : 생존연금액 300만 원)

(3) 보장내용

① 주계약

지급구분		지급사유
제1보험기간	사망보험금	사망 시
제2보험기간	생존연금	매년 생존 시(20년 보증지급)

3. 우체국연금저축보험

(1) 주요 특징

특 징
• 실세금리 등을 반영한 신공시이율Ⅲ로 적립되며, 시중금리가 하락하더라도 최저 1.0%(다만, 가입 후 10년 초과 시 0.5%)의 금리 보장 • 고객 니즈에 따라 종신연금형 또는 확정기간연금형의 연금지급 선택 가능 • 세액공제 가능 : 연간 납입보험료 400만 원[종합소득금액이 1억 원 초과인 경우 300만 원 한도(근로소득만 있는 경우에는 총급여액 1억 2천만 원)]한도의 12% 또는 15% • 추가납입제도 : 여유자금으로 자유롭게 추가납입이 가능 • 유배당 상품 : 배당상품으로 향후 운용이익금 발생 시 배당혜택 제공

(2) 가입요건

① 주계약

구 분	연금개시 나이(A)	가입나이	기본보험료		추가납입보험료 납입주기
			납입기간	납입주기	
우체국연금저축보험	만 55~80세	0~(A-5)세	5년~전기납	월 납	수시납
우체국연금저축보험 (이전형)	만 55~80세	0~(A)세	일시납	일시납	-
		0~(A-1)세	1년~전기납	월 납	수시납

주) 우체국연금저축보험(이전형)으로의 가입은 소득세법시행령에서 정하는 연금저축계좌 범위에 속하는 다른 금융기관의 연금저축을 이전받는 경우에 한함

② 특약 : 지정대리청구서비스특약

(3) 보장내용

① 주계약

지급구분		지급사유
생존연금	종신연금형	제2보험기간 중 매년 계약해당일에 살아 있을 때
	확정기간연금형	제2보험기간 중 연금지급기간(10년, 15년, 20년)의 매년 계약해당일

주) 1. 제1보험기간 : 계약일~연금개시나이 계약해당일 전일
2. 제2보험기간 : (종신연금형) 연금개시나이 계약해당일~종신
(확정기간연금형) 연금개시나이 계약해당일~최종연금 지급일

4. 우체국개인연금보험(이전형)

(1) 주요 특징

특 징
• 본 보험은 조세특례제한법에서 정한 바에 따라 다른 금융기관에 가입된 개인연금저축을 우체국으로 이전하는 경우 가입 가능 • 계약이전 받기 전 계약과 계약이전 받은 후 계약의 총 보험료 납입기간은 10년 이상이어야 함 • 계약이전 받기 전 이미 연금을 지급받고 있었던 계약을 이전한 경우 가입즉시부터 연금지급 개시함

(2) 가입요건

연금개시나이	가입나이	납입기간	납입주기
만 55~80세	만 20~80세	일시납	일시납

(3) 보장내용

지급구분		지급사유
제1보험기간	장해급부금	동일한 재해로 여러 신체부위의 합산 장해지급률이 50% 이상 장해 시
제2보험기간	생존연금	매년 계약해당일에 살아 있을 때(20년 보증지급)

5. 어깨동무연금보험

(1) 주요 특징

특 징
• 장애인전용연금보험 : 일반연금보다 더 많은 연금을 받도록 설계, 장애인의 안정적인 노후생활 보장 • 실세금리 등을 반영한 신공시이율Ⅲ로 적립되며, 시중금리가 하락하더라도 최저 1.0%(다만, 가입 후 10년 초과 시 0.5%)의 금리 보장 • 보증지급기간 다양화 : 고객니즈에 맞는 보증지급기간(20년 보증지급, 30년 보증지급, 100세 보증지급) 선택 가능 • 연금개시연령 확대 : 장애인 부모의 부양능력 약화 위험 및 장애아동을 고려, 20세부터 연금수급 가능 • 유배당 상품 : 배당상품으로 향후 운용이익금 발생 시 배당혜택 제공

(2) 가입요건

① 주계약

구 분	연금개시나이(A)	가입나이	납입기간	납입주기
20년보증지급, 100세 보증지급	20~80세	0~(A−5)세	5, 10, 15, 20년납	월 납
30년 보증지급	20~70세			

② 특약 : 지정대리청구서비스특약

③ 피보험자의 자격요건 등

㉠ 장애인의 범위 : "장애인복지법" 제2조 제1호 및 제2호에 따른 장애인으로 동법 제32조 또는 제32조의2의 규정에 따라 등록된 장애인 또는 "국가유공자 등 예우 및 지원에 관한 법률"에 따라 등록한 상이자

㉡ 보험수익자는 피보험자(장애인)와 동일하며, 변경 불가

(3) 보장내용

① 주계약

지급구분	지급사유
생존연금	제2보험기간 중 매년 계약해당일에 살아있을 때

주) 1. 제1보험기간 : 보험계약일~연금개시나이 계약해당일 전일
　2. 제2보험기간 : 연금개시나이 계약해당일~종신

05 우체국보험 관련 세제

1. 보장성보험 관련 세제

보장성보험 관련 세제로는 보장성보험료 세액공제가 있다. 이는 국민경제생활안정을 목적으로 보장성보험 가입을 유도하기 위하여 보장성보험 가입자가 납입하는 보험료에 대해 소득세법에 따라 종합소득산출세액에서 일정금액을 공제해 주는 제도이다. 세액공제 대상이 되는 보험상품은 아래 표(세액공제 대상 상품)와 같다.

[세액공제 대상 상품('18.12.31.)]

구 분		상품목록
판매중지	보험료전액	다보장 · 체신건강 · 암치료 · 우체국암치료 · 평생보장암 · 종합건강 · 어린이 · (무)꿈나무(보장형) · 교통안전 · 재해안심 · 의료비보장보험 · 우체국종신 · 직장인생활보장 · 우체국건강 · 하이커버건강 · 평생OK보험 · 하이로정기 · 우체국치아보험 · 우체국암보험 · (무)우체국노후실손의료비 · (무)100세종합보장보험 · (무)우체국장제보험 · (무)꿈나무보험 및 부가특약
	보험료일부	장학 · (구)연금 · 알뜰적립 · 상록보험 · 파워적립보험 · (무)장기주택마련저축보험 · (무)꿈나무보험(저축형)
판매중	보험료전액	(무)에버리치상해 · 우체국안전벨트 · (무)우체국생애맞춤보험 · (무)우체국건강클리닉 · (무)만원의행복 · (무)우체국실손의료비 · (무)우체국치아보험 · (무)어깨동무 · (무)우체국큰병큰보장보험 · (무)우체국하나로OK보험 · 우체국요양보험 · 우리가족암보험 · (무)우체국간편가입건강보험 · (무)우체국여성암보험 · (무)우체국온라인암보험 · (무)우체국든든한종신보험 · (무)우체국실속정기보험 · (무)우체국온라인어린이보험 · (무)우체국착한안전보험 · (무)우체국자녀지킴이보험 및 각 보장성 특약

또한, 보장성보험료 세액공제가 가능한 대상자 및 공제한도는 다음 표(세액공제 가능 대상자 및 공제한도액)와 같다.

[세액공제 가능 대상자 및 공제한도액]

구 분	내 용
대상자	근로소득자(사업소득자, 일용근로자 등은 제외)
세액공제 한도액	연간 납입보험료(100만 원 한도)의 12%(장애인전용보험은 15%)
계약요건	• 보장성보험(생존보험금≤총납입보험료)에 한함 • 실질적인 계약자=세액공제를 받고자하는 근로자 본인 • 피보험자=기본공제 대상자

주) 실질적인 계약자=실제로 보험료를 납입하는 자

2. 장애인전용보험 관련 세제

근로소득자가 기본공제대상자 중 장애인을 피보험자 또는 보험수익자로 하는 보험을 가입한 경우, 근로소득자가 실제로 납입한 보험료(연간 100만 원 한도)의 15%에 해당하는 금액을 해당 과세기간의 종합소득산출세액에서 공제받을 수 있는 제도이다. 세액공제 대상이 되는 장애인 전용보험 상품 및 세부 요건은 다음 표(장애인 전용보험 상품 및 세부요건)와 같다.

[장애인 전용보험 상품 및 세부요건]

구 분	내 용
대상상품	(무)어깨동무보험(1종, 2종, 3종)
세액공제 한도액	연간 납입보험료(100만 원 한도)의 15%
계약요건	• 피보험자 또는 보험수익자 : 기본공제대상자로서 장애인일 것 ※ 장애인의 범위 : 장애인 복지법 제2조에 의한 장애인 및 국가유공자 등 예우 및 지원에 관한 법률 제6조에 의하여 등록한 상이자 • 계약자 : 근로소득자 본인 또는 소득이 없는 가족

3. 연금저축보험 관련 세제

(1) 연금저축보험 세액공제

연금저축보험 관련 세제로는 연금저축보험료에 대한 세액공제가 있다. 이는 연금저축보험에 납입하는 보험료에 대해 종합소득산출세액에서 일정금액을 공제해주어 소득세 절세 효과를 주는 대신에 연금을 수령할 때 과세를 하는 제도이다. 즉, 일반적으로 연금소득세는 저율로 과세되기 때문에 소득이 적은 노후에 연금 수령 시 소득세율을 낮추는 절세 효과가 있다. 한편, 연금저축 세액공제는 보장성보험료 세액공제가 근로소득자만을 대상으로 하는 것과는 달리, 근로소득 외의 종합소득이 있는 경우에도 가능하며 세부 요건은 다음 표와 같다.

[연금저축보험 상품 및 한도액]

구 분	내 용
대상상품	우체국연금저축보험
대상자	종합소득이 있는 거주자로 연금저축 가입자
세액공제 한도액	연금저축 연간 납입보험료 400만 원[종합소득금액이 1억 원 초과인 경우 300만 원 한도(근로소득만 있는 경우에는 총급여액 1억 2천만 원)]의 12% 세액공제 ※ 종합소득금액 4천만 원 이하인 거주자는 15%(근로소득만 있는 경우 총급여액 5천 500만 원 이하)

또한, 연금저축보험 세액공제가 가능한 대상계약의 가입조건은 소득세법 시행령 제40조의2(연금계좌 등)에 의거 아래 표(연금저축 대상계약 가입조건)와 같다.

[연금저축 대상계약 가입조건]

내 용
• 취급 금융기관(우체국예금 · 보험에 관한 법률에 의한 체신관서) • 최소 납입기간이 5년 이상일 것 • 연 1,800만 원 이내에서 납입할 것(체신관서는 월 75만 원 한도) • 연금수령 개시 이후에는 보험료를 납입하지 않을 것 • 가입자가 만 55세 이후부터 10년 이상 연금으로 지급받는 저축일 것

(2) 연금저축보험 중도해지 또는 연금수령 시 세제

연금저축보험을 중도에 해지하는 경우에는 분리과세를 적용한다. 이는 일반 연금 외 수령으로 기타 소득세(지방소득세 포함 16.5%)가 부과되나, 만약 부득이한 사유로 인한 연금 외 수령이 인정되는 경우에는 연금소득세(지방소득세 포함 3.3~5.5%)를 부과한다.

더 알아보기 

부득이한 사유의 범위
- 천재 · 지변
- 사망
- 3개월 이상 요양이 필요한 질병 및 부상
- 연금취급자 영업정지, 인 · 허가 취소, 해산 결의, 파산선고
- 해외이주
- 가입자의 파산 또는 개인회생절차 개시

한편, 연금저축보험의 연금을 수령할 때에는 그 지급금액에 따른 세율을 적용하여 소득세를 부과한다. 다만, 연간 연금액이 1,200만 원 이하인 경우에는 분리과세 할 수 있고, 1,200만 원을 초과하면 종합과세를 한다. 이때, 연금소득에 대한 세율은 소득세법 제129조 제1항 5의2(원천징수세율)에 따라 다음 표(연금소득 원천징수 세율)와 같다.

[연금소득 원천징수 세율]

구 분	내 용	
연금소득자의 나이에 따른 세율	나이(연금수령일 현재)	세율(지방소득세포함)
	만 70세 미만	5.5%
	만 70세 이상 만 80세 미만	4.4%
	만 80세 이상	3.3%
종신연금형	4.4%(지방소득세포함)	

주) '연금소득자의 나이에 따른 세율'과 '종신연금형'을 동시 충족하는 경우에는 낮은 세율 적용

(3) 연금소득 확정 · 신고 시 연금소득공제

연금소득의 종합소득 확정 신고 시에는 소득세법 제47조의2(연금소득공제)에 의거 연금소득공제(필요 경비)를 적용 받을 수 있다. 이때, 연금소득이 있는 거주자에 대해서는 해당 과세기간에 받은 총 연금액에서 아래 표에 규정된 연금소득 공제금액을 공제한다. 다만, 공제액이 900만 원을 초과하는 경우에는 900만 원을 공제한다.

[연금소득 공제금액]

총 연금액	공제금액(900만 원 한도)
350만 원 이하	총 연금액
350만 원 초과 700만 원 이하	350만 원+(350만 원 초과금액)×40%
700만 원 초과 1,400만 원 이하	490만 원+(700만 원 초과금액)×20%
1,400만 원 초과	630만 원+(1,400만 원 초과금액)×10%

4. 개인연금저축 관련 세제

2000년 12월 31일 이전에 가입된 세제적격 개인연금저축보험은 관련 세법에 의해 연간 납입보험료의 40%(72만 원 한도)를 소득공제하며, 연금개시 이후 연금으로 수령받는 연금소득에 대해 비과세가 적용된다. 또한, 중도해지 시에는 보험차익에 대한 소득세(지방소득세 포함 15.4%)와 해지추징세(5년 이내 해지 시, 4.4%)가 부과된다. 다만, 천재 · 지변, 사망, 퇴직 등 불가피한 사유로 인한 해지 시에는 보험차익에 대해 소득세를 부과하지 아니한다.

[개인연금저축 소득공제]

구 분	내 용
대상상품	개인연금보험, 백년연금보험
소득공제 한도액	연간 납입액의 40%(72만 원 한도)

더 알아보기 

개인연금저축 중도해지 시 보험차익과세 면제사유

- 천재 · 지변
- 사망
- 퇴직
- 해외 이주
- 직장폐업
- 3개월 이상 장기간 입원치료, 요양을 요하는 상해 및 질병 발생

5. 저축성보험 과세

(1) 보험차익 과세

보험차익이란 보험계약에 따라 만기에 받는 보험금 · 공제금 또는 계약기간 중도에 해당 보험계약이 해지됨에 따라 받는 환급금에서 납입보험료를 뺀 금액을 의미한다. 보험차익은 소득세법상 이자소득으로 분류되어 이자소득세(지방소득세 포함 15.4%)가 과세되지만, 아래 표(저축성보험의 보험차익 비과세 요건)를 충족할 경우 이자소득세가 비과세 된다.

[저축성보험의 보험차익 비과세 요건(소득세법 시행령 제25조)]

구 분	내 용
저축성보험 (아래 월적립식 또는 종신형연금으로 분류되지 않는 저축성보험)	최초로 보험료를 납입한 날부터 만기일 또는 중도해지일까지의 기간이 10년 이상으로서, 계약자 1명당 납입할 보험료 합계액이 아래 각 호의 구분에 따른 금액 이하인 저축성보험 • 2017년 3월 31일까지 체결하는 보험계약의 경우 : 2억 원 • 2017년 4월 1일부터 체결하는 보험계약의 경우 : 1억 원 ※ 다만, 최초납입일부터 만기일 또는 중도해지일까지의 기간은 10년 이상이지만 최초납입일부터 10년이 경과하기 전에 납입한 보험료를 확정된 기간동안 연금형태로 분할하여 지급받는 경우를 제외함
월적립식 저축성보험	최초로 보험료를 납입한 날부터 만기일 또는 중도해지일까지의 기간이 10년 이상으로서, 아래 요건을 모두 충족하는 계약 • 최초납입일로부터 납입기간이 5년 이상인 월적립식 계약일 것 • 최초납입일부터 매월 납입하는 기본보험료가 균등(최초 계약한 기본보험료의 1배 이내로 기본보험료를 증액하는 경우를 포함한다)하고, 기본보험료의 선납기간이 6개월 이내일 것 • 계약자 1명당 매월 납입하는 보험료 합계액[계약자가 가입한 모든 월적립식 보험계약(만기에 환급되는 금액이 납입보험료를 초과하지 아니하는 보험계약으로서 기획재정부령으로 정하는 것은 제외한다)의 기본 보험료, 추가로 납입하는 보험료 등 월별로 납입하는 보험료를 기획재정부령으로 정하는 방식에 따라 계산한 합계액을 말한다]이 150만 원 이하일 것(2017년 4월 1일부터 체결하는 보험계약으로 한정한다)
종신형 연금보험	아래 요건을 모두 충족하는 계약 • 계약자가 보험료 납입 계약기간 만료 후 55세 이후부터 사망 시까지 보험금 · 수익 등을 연금으로 지급받는 계약일 것 • 연금 외의 형태로 보험금 · 수익 등을 지급하지 아니할 것 • 사망 시[통계법 제18조에 따라 통계청장이 승인하여 고시하는 통계표에 따른 성별 · 연령별 기대여명연수(소수점 이하는 버리며, 이하 이 조에서 "기대여명연수"라 한다) 이내에서 보험금 · 수익 등을 연금으로 지급하기로 보증한 기간(이하 이 조에서 "보증기간"이라 한다)이 설정된 경우로서 계약자가 해당 보증기간 이내에 사망한 경우에는 해당 보증기간의 종료 시를 말한다] 보험계약 및 연금재원이 소멸할 것 • 계약자와 피보험자 및 수익자가 동일하고 최초 연금지급개시 이후 사망일 전에 중도해지 할 수 없을 것 • 매년 수령하는 연금액[연금수령 개시 후에 금리변동에 따라 변동된 금액과 이연(移延)하여 수령하는 연금액은 포함하지 아니한다]이 다음의 계산식에 따라 계산한 금액을 초과하지 아니할 것 $\frac{\text{연금수령 개시일 현재 연금계좌 평가액}}{\text{연금수령 개시일 현재 기대여명 연수}} \times 3$

(2) 보험차익 비과세 상품

노인 및 장애인 등을 대상으로 하는 비과세저축상품에 대해 조세특례제한법 제88조의2(비과세종합저축에 대한 과세특례) 의거 아래 표(비과세종합저축 가입 대상자)는 1인당 저축원금 5,000만 원(세금우대종합저축을 해지 또는 해약하지 아니한 경우에는 5,000만 원에서 세금우대종합저축의 계약금액 총액을 뺀 금액) 이내에서 비과세가 적용된다. 단, 2019년 12월 31일까지 가입하는 경우에 한하며 해당 저축에서 발생하는 이자소득 또는 배당소득에 대해서는 소득세를 부과하지 아니하며, 만기 뿐 아니라 중도 해지 시에도 비과세가 적용된다. 또한, 우체국보험 중 비과세종합저축에 해당하는 상품으로는 (무)에버리치복지보험(비과세종합저축), (무)그린보너스저축보험(비과세종합저축)이 있다.

[비과세종합저축 가입 대상자]

내 용
• 65세 이상인 거주자 • 장애인복지법 제32조에 따라 등록한 장애인 • 독립유공자 예우에 관한 법률 제6조에 따라 등록한 독립유공자와 그 유족 또는 가족 • 국가유공자 등 예우 및 지원에 관한 법률 제6조에 따라 등록한 상이자(傷痍者) • 국민기초생활보장법 제2조 제2호에 따른 수급자 • 고엽제후유의증 등 환자지원 및 단체설립에 관한 법률 제2조 제3호에 따른 고엽제후유의증환자 • 5 · 18민주유공자 예우에 관한 법률 제4조 제2호에 따른 5 · 18민주화운동부상자

6. 상속 · 증여 관련 세제

(1) 상속세

① 개 요

상속세란 사망으로 그 재산이 가족이나 친족 등에게 무상으로 이전되는 경우에 당해 상속재산에 대하여 부과하는 세금을 의미한다. 상속세 납세의무가 있는 상속인 등은 신고서를 작성하여 신고기한까지 상속세를 신고 · 납부하여야 한다. 민법에서는 상속이 개시되면 유언 등에 의한 지정상속분을 제외하고 사망자(피상속인)의 유산에 대해 그의 직계비속 · 직계존속 · 형제자매 · 4촌 이내의 방계혈족 및 배우자에게 상속권을 부여하고 있다. 민법 제1000조(상속의 순위)에 의한 상속순위 및 법정상속분은 다음 표(상속의 순위 및 상속분)와 같다. 단, 배우자는 직계비속과 같은 순위로 공동상속인이 되며, 직계비속이 없는 경우에는 제2순위인 직계존속과 공동상속인이 되며, 직계비속과 직계존속이 없는 경우에는 단독 상속인이 된다.

[상속의 순위 및 상속분]

순 위	상속인	법정 상속분	비 고
1순위	직계비속과 배우자	배우자 : 1.5, 직계비속 : 1	–
2순위	직계존속과 배우자	배우자 : 1.5, 직계존속 : 1	제1순위가 없는 경우
3순위	형제자매	균등분할	제1, 2순위가 없는 경우
4순위	4촌 이내의 방계혈족	균등분할	제1, 2, 3순위가 없는 경우

② 금융재산상속공제

사망으로 인하여 상속이 개시되는 경우로서 상속재산가액 중 금융재산가액이 포함되어 있는 경우 이를 상속세 과세가액에서 공제하여 주는 제도이다. 금융재산에는 예금, 적금, 부금, 계금, 출자금, 금융신탁재산, 보험금, 공제금, 주식, 채권, 수익증권, 출자지분, 어음 등의 금액 및 유가증권 등을 모두 포함한다. 또한, 상속공제액은 아래 표(금융재산 상속공제액)와 같다.

[금융재산 상속공제액]

순금융재산금액	공제금액	비 고
1억 원 초과	20%	한도 2억 원
2천만 원 ~ 1억 원	2천만 원	–
2천만 원 미만	전 액	

(2) 증여세

① 개 요

증여란 당사자 일방(증여자)이 자신의 재산을 무상으로 상대방에게 양도하는 의사를 표시하고 상대방(수증자)이 이를 승낙함으로써 효력이 발생하는 계약이다. 증여는 계약이라는 법률행위이므로 당사자 간의 청약과 승낙이라는 의사표시를 하고 합의가 있어야 한다. 증여재산에 대하여는 상속세에 준하는 세금이 부과된다. 또한, 증여재산에 대한 공제금액은 아래 표(증여재산 공제금액)와 같다.

[증여재산 공제금액]

증여자	공제한도액(10년간)
배우자	6억 원
직계존속	5,000만 원(미성년자는 2,000만 원)
직계비속	5,000만 원
배우자 및 직계존비속 이외의 친족	1,000만 원
친족이 아닌 타인	없 음

더 알아보기

증여와 양도의 차이

증여와 양도소득의 차이는 자산의 양도가 무상이냐, 유상이냐를 기준으로 구분된다. 대가를 받고 자산을 양도할 때는 양도소득세, 대가를 받지 않고 양도할 때는 증여세가 각각 부과된다.

② 보험금의 증여의제

상속세 및 증여세법 제34조(보험금의 증여)에 의거 계약자와 보험수익자가 서로 다른 경우에는 계약자가 납부한 보험료 납부액에 대한 보험금 상당액을 증여재산으로 간주하여 증여세를 부과한다. 또한, 계약자와 보험수익자가 동일하여도 보험계약기간 동안에 타인으로부터 증여받은 금액으로 보험료를 불입한 경우에는 보험금 상당액에서 보험료 불입액을 뺀 가액을 증여한 것으로 보아 증여세를 부과한다.

③ 장애인이 수령하는 보험금에 대한 증여세 비과세

상속세 및 증여세법 제46조(비과세되는 증여재산)에 의한 장애인을 보험금수취인으로 하는 보험가입 시, 장애인이 수령하는 보험금에 대해서는 연간 4,000만 원을 한도로 증여세가 비과세된다.

(3) 상속 및 증여세율

상속 및 증여세율은 다음 표(상속 및 증여세율)와 같다.

[상속 및 증여세율]

과세표준	세 율	누진공제액
1억 원 이하	10%	-
1억 원 초과 5억 원 이하	20%	1천만 원
5억 원 초과 10억 원 이하	30%	6천만 원
10억 원 초과 30억 원 이하	40%	1억 6천만 원
30억 원 초과	50%	4억 6천만 원

33 우체국보험 모집 및 언더라이팅

01 우체국보험 모집 준수사항

※ 우체국보험 건전성 기준(우정사업본부 고시 제2016－27호)

1. 보험모집

'보험모집'이란 우체국과 보험계약이 체결될 수 있도록 중개하는 모든 행위(계약체결의 승낙은 제외)를 의미한다. 우정사업본부장은 우체국보험의 건전한 모집질서를 확립하고 우체국보험의 공신력 제고와 보험계약자의 권익보호를 위하여 부당한 모집행위나 과당경쟁을 하여서는 아니 되며, 모집종사자가 제반 법규를 준수하도록 하여 합리적이고 공정한 영업풍토를 조성하는 데 최선을 다하여야 한다.

2. 보험모집 안내자료

우체국보험을 모집하기 위하여 사용하는 보험안내자료에는 다음 표(보험안내자료 기재사항)를 명료하고 알기 쉽게 기재하여야 하며, 다음 사항을 준수하여야 한다. 우체국보험의 자산과 부채를 기재하는 경우 우정사업본부장이 작성한 재무제표에 기재된 사항과 다른 내용의 것을 기재하지 못한다. 또한, 독점규제 및 공정거래에 관한 법률 제23조 제1항 각 호에서 규정하는 사항, 보험계약의 내용과 다른 사항, 보험계약자에게 유리한 내용만을 골라 안내하거나 다른 보험회사 상품과 비교한 사항, 확정되지 아니한 사항이나 사실에 근거하지 아니한 사항을 기초로 다른 보험회사 상품에 비하여 유리하게 비교한 사항을 기재하지 못한다. 더불어, 보험안내자료에 우체국보험의 장래의 이익의 배당 또는 잉여금의 분배에 대한 예상에 관한 사항을 기재하지 못한다.

[보험안내자료 기재사항]

기재사항
• 보험가입에 따른 권리 · 의무에 관한 주요사항 • 보험약관에서 정하는 보장에 관한 주요내용 • 해약환급금에 관한 사항 • 보험금이 금리에 연동되는 보험상품의 경우 적용금리 및 보험금 • 보험금 지급제한 조건 • 보험안내자료의 제작기관명, 제작일, 승인번호 • 보험 상담 및 분쟁의 해결에 관한 사항 • 보험안내자료 사용기관의 명칭 또는 모집종사자의 성명이나 명칭 그 밖에 필요한 사항 • 그 밖에 보험계약자의 보호를 위하여 필요하다고 인정되는 사항

3. 보험모집 단계별 제공서류

보험계약 체결 시 보험계약자에게 보험모집 단계별로 다음의 서류를 제공하여야 한다. 다만, 단체보험의 경우 1단계를 적용하지 아니한다.

[보험모집 단계별 제공서류]

구 분		제공 서류
1단계	보험계약 체결 권유단계	가입설계서, 상품설명서
2단계	보험계약 청약단계	보험계약청약서 부본, 보험약관 ※ 청약서 부본의 경우 전화를 이용하여 청약하는 경우에는 보험업감독규정 제4-37조 제3호에서 정한 확인서 제공으로 이를 갈음 가능
3단계	보험계약 승낙단계	보험증권

4. 설명단계별 의무사항

보험계약 체결을 권유하는 경우 다음 각 호의 사항을 설명하여야 한다.

[설명단계별 의무사항]

설명사항
• 주계약 및 특약별 보험료 • 주계약 및 특약별로 보장하는 사망, 질병, 상해 등 주요 위험 및 보험금 • 보험료 납입기간 및 보험기간 • 보험 상품의 종목 및 명칭 • 청약의 철회에 관한 사항 • 지급한도, 면책사항, 감액지급 사항 등 보험금 지급제한 조건 • 고지의무 위반의 효과 • 계약의 취소 및 무효에 관한 사항 • 해약환급금에 관한 사항 • 분쟁조정절차에 관한 사항 • 그 밖에 보험계약자 보호를 위하여 필요하다고 인정되는 사항

또한, 저축성보험(금리확정형보험은 제외) 계약의 경우 계약자가 보험계약 체결권유 단계에서 아래에 해당하는 사항을 설명 받았고, 이를 이해하였음을 전화 등 통신수단을 통하여 청약 후 10일 이내에 확인을 받아야 한다.

[저축성보험 계약체결 권유 단계 설명 의무사항]

설명 의무사항
• 납입보험료 중 사업비 등이 차감된 일부 금액이 적용이율로 부리된다는 내용 • 저축성보험(금리확정형보험은 제외) 계약의 경우 사업비 수준 • 저축성보험(금리확정형보험은 제외) 계약의 경우 해약환급금 • 기타 우정사업본부장이 정하는 사항

보험계약의 체결 시부터 보험금 지급 시까지의 주요 과정을 보험계약자에게 설명하여야 한다. 다만, 보험계약자가 설명을 거부하는 경우에는 그러하지 아니하다.

[체결 시부터 보험금 지급 시까지의 주요과정 및 설명사항]

구 분	설명사항
보험계약 체결단계	• 보험의 모집에 종사하는 자의 성명, 연락처 및 소속 • 보험의 모집에 종사하는 자가 보험계약의 체결을 대리할 수 있는지 여부 • 보험의 모집에 종사하는 자가 보험료나 고지의무사항을 대신하여 수령할 수 있는지 여부 • 보험계약의 승낙절차 • 보험계약 승낙거절 시 거절사유
보험금 청구단계	• 담당 부서 및 연락처 • 예상 심사기간 및 예상 지급일
보험금 지급단계	심사 지연 시 지연 사유

5. 보험계약의 체결 또는 모집에 관한 금지행위

보험계약의 체결에 종사하는 자 또는 모집종사자는 그 체결 또는 모집에 관하여 아래의 어느 하나의 행위를 하지 못한다.

[보험계약의 체결 또는 모집에 관한 금지행위]

금지행위
• 보험계약자 또는 피보험자에게 보험계약의 내용을 사실과 다르게 알리거나 그 내용의 중요한 사항을 알리지 아니하는 행위 • 보험계약자 또는 피보험자에게 보험계약의 내용의 일부에 대하여 비교대상 및 기준을 명시하지 아니하거나 객관적인 근거 없이 다른 보험계약과 비교한 사항을 알리는 행위(표시 · 광고의 공정화에 관한 법률에 의하여 허용되는 경우를 제외한다) • 보험계약자 또는 피보험자에 대하여 보험계약의 중요한 사항을 알리는 것을 방해하거나 알리지 아니할 것을 권유하는 행위 • 보험계약자 또는 피보험자가 체신관서에 대하여 중요한 사항에 관하여 부실한 사항을 알릴 것을 권유하는 행위 • 보험계약자 또는 피보험자로 하여금 이미 성립된 보험계약(이하 이 조에서 "기존보험계약"이라 한다)을 부당하게 소멸시킴으로써 새로운 보험계약(기존보험계약과 보장내용 등이 비슷한 경우)을 청약하게 하거나 새로운 보험계약을 청약하게 함으로써 기존보험계약을 부당하게 소멸시키거나 그 밖에 부당하게 보험계약을 청약하게 하거나 이러한 것을 권유하는 행위 • 모집할 자격이 없는 자로 하여금 모집을 하도록 하거나 이를 용인하는 행위 • 모집과 관련이 없는 금융거래를 통하여 취득한 개인정보를 미리 해당 개인의 동의를 받지 아니하고 모집에 이용하는 행위

보험계약의 체결 또는 모집에 종사하는 자가 다음의 어느 하나에 해당하는 행위를 한 경우, 상기 표(보험계약의 체결 또는 모집에 관한 금지행위)의 5호를 위반하여 기존보험계약을 부당하게 소멸시키거나 소멸하게 하는 행위를 한 것으로 본다. 만약 이를 위반하여 기존보험계약을 소멸시키거나 소멸하게 하였을 때에 보험계약자는 보험계약의 체결 또는 모집에 종사하는 자가 속하거나 모집을 위탁한 우정관서에 대하여 그 보험계약이 소멸한 날부터 6개월 이내에 소멸된 보험계약의 부활을 청구하고 새로운 보험계약은 취소할 수 있다. 보험계약의 부활 청구를 받은 우정관서는 특별한 사유가 없으면 소멸된 보험계약의 부활을 승낙하여야 한다.

[기존보험계약을 부당하게 소멸시키거나 소멸하게 하는 행위]

기존계약 부당소멸 행위
• 기존보험계약이 소멸된 날부터 1개월 이내에 새로운 보험계약을 청약하게 하거나 새로운 보험계약을 청약하게 한 날부터 1개월 이내에 기존보험계약을 소멸하게 하는 행위(다만, 보험계약자가 기존 보험계약 소멸 후 새로운 보험계약 체결 시 손해가 발생할 가능성이 있다는 사실을 알고 있음을 본인의 의사에 따른 행위임이 명백히 증명되는 경우는 제외) • 기존보험계약이 소멸된 날부터 6개월 이내에 새로운 보험계약을 청약하게 하거나 새로운 보험계약을 청약하게 한 날부터 6개월 이내에 기존보험계약을 소멸하게 하는 경우로서 해당 보험계약자 또는 피보험자에게 기존보험 계약과 새로운 보험계약의 아래 6가지 중요한 사항을 비교하여 알리지 아니하는 행위 – 보험료, 보험기간, 보험료 납입주기 및 납입기간 – 보험가입금액 및 주요 보장 내용 – 보험금액 및 환급금액 – 예정 이자율 중 공시이율 – 보험 목적 – 우정관서의 면책사유 및 면책사항

6. 특별이익의 제공금지

보험계약의 체결에 종사하는 자 또는 모집종사자는 그 체결 또는 모집과 관련하여 보험계약자 또는 피보험자에 대하여 아래의 어느 하나에 해당하는 특별이익을 제공하거나 그 제공을 약속하여서는 아니 된다.

[모집과 관련한 특별이익의 제공금지]

특별이익 제공금지 항목
• 3만 원을 초과하는 금품 • 기초서류에서 정한 사유에 근거하지 아니한 보험료의 할인 또는 수수료의 지급 • 기초서류에서 정한 보험금액보다 많은 보험금액의 지급의 약속 • 보험계약자 또는 피보험자를 위한 보험료의 대납 • 보험계약자 또는 피보험자가 체신관서로부터 받은 대출금에 대한 이자의 대납 • 보험료로 받은 수표 등에 대한 이자상당액의 대납

02 우체국보험 모집자

※ 우체국보험 모집 및 보상금 지급 등에 관한 세칙(우정사업본부 훈령 제655호)

1. 보험모집

우체국예금 · 보험에 관한 법률 시행규칙 제61조(보험의 모집 등)에 의해 체신관서의 직원과 우정사업본부장이 지정하는 개인 또는 법인은 보험의 모집과 보험료의 수금을 할 수 있다. 이에 따라 우체국보험에 관한 모집 등을 할 수 있는 개인 또는 법인(이하 "보험모집자"라 한다)은 아래 표(보험모집자)와 같다. '우체국FC(Financial Consultant, 이하 "FC"라 한다)'란 우체국으로부터 위탁을 받아 우체국보험의 모집 및 보험료의 수금업무를 행하는 개인을 의미한다. '우체국TMFC(Tele-Marketing Financial Consultant, 이하 "TMFC"라 한다)'란 우체국장과 위촉계약을 체결하여 TCM을 통해 우체국보험을 모집하는 개인을 의미한다. '우편취급국장(이하 "취급국장"이라 한다)'이란 우체국 창구업무의 위탁에 관한 법률 시행령 제4조 규정의 우체국보험업무의 위탁 기준을 충족한 자로서 제26조에 따라 등록된 자를 말한다.

[우체국보험 모집자]

보험모집자
• 우체국 소속 직원(상시집배원을 포함한다) • 우체국FC • 우체국TMFC • 우편취급국장 • 그 밖에 우정사업본부장이 인정한 자

2. 직원의 보험모집

(1) 자격요건

직원 중 보험모집을 희망하는 자는 아래 표(자격요건)에 해당하는 요건을 충족하여야 한다. 우체국장은 비금융 업무담당자가 금융분야로 근무를 희망할 경우 또는 순환근무를 시행할 경우 아래 자격요건이 있는 직원을 우선적으로 금융분야에 배치하여야 한다.

[직원의 보험모집 자격요건]

자격요건
• 우정공무원교육원장(이하 "교육원장"이라 한다)이 실시하는 신규 보험모집자 교육과정(사이버교육)을 이수하고 우체국장이 실시하는 보험 관련 교육을 20시간 이상 이수한 자 • 교육원장이 실시하는 보험 관련 교육을 3일 이상 이수한 자 • 교육훈련 인증제에 따른 금융분야 인증시험에 합격한 자 • 종합자산관리사(IFP), 재무설계사(AFPK), 국제재무설계사(CFP) 등 금융분야 자격증을 취득한 자

(2) 보험모집 제한

직원 중 보험모집 자격요건을 충족한 자의 경우라도, 다음에 해당하는 직원의 보험모집을 제한하여야 한다.

[직원의 보험모집 제한]

요 건
• 신규임용일 또는 타 부처 · 금융업무 미취급 관서에서 전입일부터 1년 미만인 자(단, 금융업무 담당자는 3월 미만인 자) • 휴직자, 수술 또는 입원치료 중인 자 • 5명 이상의 FC를 관리하고 있는 전담직원 • 관련 규정에 따라 보험모집 비희망을 신청한 자 • 관련 규정에 따른 우체국 FC 등록 제한자 • 전년도 보험 보수교육 의무이수시간 미달자 • 최근 1년간 보험모집 신계약 실적이 없는 자

(3) 업무처리 방법

보험모집자는 보험모집 및 보험료 수금 등에 관련된 업무 절차 및 실무에 대하여 우정사업본부장이 정하는 바에 따라 처리하여야 한다. 또한, 우체국장은 보험모집자가 원활한 보험모집 업무를 수행할 수 있도록 보험에 관한 기초 지식, 모집에 관한 법규 및 실무, 보험약관, 보험상품 내용 등에 대하여 지속적인 교육을 실시하여야 한다.

3. FC의 보험모집

(1) 자격요건

FC를 희망하는 자는 '우체국FC 위촉계약신청서'를 우체국장에게 제출하여야 한다. 다만, 우체국장은 아래 표(우체국FC 등록 제한자) 내용 중 어느 하나에 해당하는 자를 FC로 등록할 수 없다. 국내거주 외국인을 FC 대상자로 선정하고자 할 때에는 우리말을 바르게 이해하고 어휘를 정확하게 구사할 수 있으며, 출입국관리법상 국내거주권(F-2) 또는 재외동포(F-4), 영주자격(F-5)이 인정된 자이어야 한다.

[우체국FC 등록 제한자]

요 건
• 민법상의 무능력자 • 파산자로서 복권되지 아니한 자 • 우체국예금 · 보험에 관한 법률 및 보험업법에 따라 벌금 이상의 형을 선고받고 그 집행이 종료되거나 집행이 면제된 날부터 2년이 경과되지 아니한 자 • 보험모집 등과 관련하여 법령, 규정 및 준수사항 등을 위반하여 보험모집 자격을 상실한 후 3년이 경과되지 아니한 자 • 보험업법에 따라 보험설계사 · 보험대리점 또는 보험중개사의 등록이 취소된 후 5년이 경과되지 아니한 자 • FC 위촉계약 유지 최저기준에 미달하여 위촉계약이 해지된 후 6개월이 경과되지 아니한 자 • 보험회사, 금융회사, 선불식 할부거래회사 및 다단계 판매회사 등에 종사하는 자 • 우체국의 임시직 또는 경비용역 등에 종사하는 자

(2) 업무 범위

우체국장은 우체국FC에게 아래 표(FC의 업무범위)에 해당하는 업무를 위탁한다.

[FC의 업무범위]

보험모집자
• 우체국보험 계약체결의 중개 • 보험료 수금 및 계약 유지를 위한 활동 • '우체국보험 계약체결의 중개', '보험료 수금 및 계약 유지를 위한 활동'의 부대 업무

03 보험계약의 청약 및 언더라이팅(청약심사)

※ 우체국 예금보험에 관한 법률, 약관 등

1. 보험계약의 청약

(1) 청약업무 개요

보험계약을 체결하려는 자는 우체국예금 · 보험에 관한 법률 제25조 제1항에 따라 제1회보험료와 함께 보험계약청약서를 체신관서에 제출하여야 한다. 보험계약은 체신관서가 이를 승낙함으로써 그 효력이 발생하며, 체신관서가 보험계약의 청약을 승낙하지 아니한 경우에는 제1회보험료(선납보험료를 포함한다)를 해당 청약자에게 반환하여야 한다. 또한, 보험계약청약서의 작성 시 아래 표(청약서 작성 기본수칙)를 준수하여야 한다.

[청약서 작성 기본수칙]

대 상
• 청약서의 원본과 부본은 분리사용을 금지한다. • 계약관계자(계약자, 피보험자, 수익자)는 반드시 실명자이어야 한다. • 약관의 주요내용을 설명하고, 약관과 청약서 부본, 상품설명서는 반드시 전달해야 한다. • 계약전 고지의무사항과 보험계약 청약서의 성명과 서명, 개인(신용)정보 동의란은 반드시 고객의 자필서명이 원칙이다. ※ 계약자 또는 피보험자, 수익자가 미성년자인 경우 친권자(후견인) 서명 필수 • 보험계약 청약서 기재사항은 모집자 임의로 수정할 수 없으며, 수정이 필요한 경우 반드시 계약자 또는 피보험자가 수정한 후 청약서 원본과 부본 상에 두 줄로 그은 후 계약자 또는 피보험자가(작성주체) 정정 서명을 하여야 한다. • 고객에게 설명한 가입설계서상의 주계약 및 특약, 보험료 등 주요계약 사항이 보험계약 청약서에 올바르게 반영되었는지 확인해야 한다.

체신관서가 계약을 승낙한 때에는 보험가입증서를 작성하여 보험계약자에게 교부해야 한다. 보험가입증서에 적어야 할 사항은 우체국예금 · 보험에 관한 법률 시행규칙 제41조에 의거 다음 표(보험가입증서 기재사항)와 같다.

[보험가입증서 기재사항]

대 상
• 보험의 종류별 명칭 • 보험금액 • 보험료 • 보험계약자(보험계약자가 2인 이상인 경우에는 그 대표자를 말한다), 피보험자 및 보험수익자의 성명, 주소 및 생년월일 • 보험기간 및 보험료 납입기간 • 보험가입증서의 작성연월일 및 번호 • 그 밖에 우정사업본부장이 정하는 사항

(2) 청약업무 프로세스

일반적으로 우체국보험 청약업무 프로세스는 다음과 같으며, 전자청약서비스 및 스마트청약서비스는 별도의 프로세스를 적용한다.

[청약업무 프로세스]

단 계	프로세스
1단계	고객면담(상품 설명 및 우체국보험 상담설계서 작성 등)
2단계	고객정보 입력
3단계	보험계약 청약서 발행
4단계	• 보험계약 청약서 및 상품설명서 등 작성 • 약관 및 보험계약 청약서 부본, 상품설명서 등 교부 및 약관의 주요내용, 상품설명 등
5단계	1회보험료 입금
6단계	청약서류 스캔(보험계약 청약서, 상품설명서 등 청약서류 기재사항 최종확인 등)
7단계	완전판매모니터링(3대 기본지키기 이행여부 재확인) 및 계약적부(대상계약에 한함) 실시
8단계	청약심사
9단계	청약심사 결과(성립/거절) 안내

(3) 전자청약서비스

전자청약서비스는 고객이 보험모집자와의 사전 상담을 통해 설계한 청약내용을 직접 우체국보험 홈페이지에 접속하여 고지의무사항 체크 등 필수정보를 입력한 후 공인인증을 통하여 보험계약을 체결하는 서비스이다. 전자청약이 가능한 계약은 가입설계서를 발행한 계약으로 전자청약 전환을 신청한 계약에 한하며, 가입설계일로부터 10일(비영업일 포함)이내에 한하여 전자청약을 할 수 있다. 단, 타인계약(계약자와 피보험자가 다른 경우 또는 피보험자와 수익자가 다른 경우), 미성년자 계약 등은 전자청약이 불가하다. 또한, 전자청약을 이용하는 고객에게는 제2회 이후 보험료 자동이체 시 0.5%의 할인이 적용되며, 보험모집자는 불완전판매 방지를 위하여 전자청약 계약도 3대 기본 지키기를 이행하여야 한다.

(4) 스마트청약서비스

스마트청약서비스는 고객상담을 통해 가입 설계한 내용을 기초로 모집자의 태블릿 PC를 통해 전자서명 · 고지의무사항 체크 등 필수정보 입력 및 제1회보험료 입금까지 One-Stop으로 편리하게 보험계약을 체결할 수 있는 서비스이다. 스마트청약서비스가 이용 가능한 계약은 계약자가 성인이어야 한다. 스마트 청약서비스를 이용하는 고객에게는 제2회 이후 보험료 자동이체 시 0.5%의 할인이 적용된다. 보험모집자는 불완전판매 방지를 위하여 스마트청약계약도 3대 기본지키기를 이행하여야 한다.

(5) 우체국보험 가입대상과 보험나이

우체국보험의 계약체결 대상자는 국내에 거주하는 자를 원칙으로 한다. 따라서 외국인이라 하더라도 국내에 거주 허가를 받은 자는 우체국보험에 가입할 수 있는 반면, 내국인이라도 외국에 거주하는 자는 가입할 수 없다. 예를 들어, 외국인으로 체류자격을 받고 외국인등록증, 외국국적동포 국내거소신고증, 영주증을 발급받은 자 등은 외국인 체류자격 코드에 따라 가입이 가능하다. 우체국보험의 계약체결 시 피보험자의 나이계산은 아래 표(보험나이 계산방법)와 같다.

[보험나이 계산방법]

보험나이 계산방법
계약일 현재 피보험자의 실제 만 나이를 기준으로 6개월 미만의 끝수는 버리고 6개월 이상의 끝수는 1년으로 하여 계산하며, 이후 매년 계약 해당일에 나이가 증가하는 것으로 함(다만, 계약의 무효 사유 중 만 15세 미만자의 해당하는 경우에는 실제 만 나이를 적용) 예 생년월일 : 1988년 10월 2일, 현재(계약일) : 2016년 4월 13일 ⇒ 2016년 4월 13일 - 1988년 10월 2일 = 27년 6월 11일 = 28세

2. 언더라이팅(청약심사)

(1) 언더라이팅 개요

체신관서는 보험계약에 대한 청약이 접수되면, 피보험자의 신체적 · 환경적 · 도덕적 위험 등을 종합적으로 평가하여 피보험자의 위험에 따라 정상인수, 조건부인수, 거절 등의 합리적 인수조건을 결정하는 청약심사(이하 언더라이팅)를 하게 된다. 언더라이팅 업무는 보험에만 있는 특수한 분야이다. 이러한 언더라이팅의 목적은 ① 피보험자의 환경, 건강 등에 따른 위험도를 통계에 근거하여 비슷한 수준의 위험도로 분류하고(위험등급의 분류), ② 생명보험은 건강이 양호한 사람보다 건강에 이상이 있는 사람이 보험가입을 선호하는 경향이 강하다. 즉, 보험계약을 통하여 이익을 얻기 위한 목적으로 자신의 건강상의 결함을 은닉하고 계약을 체결하는 역선택을 방지하여 ③ 궁극적으로 양질의 위험을 최대한 확보하여 회사의 이윤을 창출하여 지불능력을 유지하는 것이 목적이다.

(2) 계약선택의 기준이 되는 세 가지 위험

계약심사란 일반적으로 보험사의 "위험의 선택" 업무로서 위험평가의 체계화된 기법을 말한다. 이와 같이 보험사가 위험을 선택하는 것은 발생위험의 개연성이 높은 사람일수록 보험가입에 대한 선호도가 높고 보험에 가입하고자 하는 성향이 높기 때문이다. 보험계약의 선택에 있어 가장 중요한 것은 보험금 지급사유의 발생 가능성을 파악하는 것이다. 따라서 보험판매 과정에서 계약선택의 기준이 되는 다음의 세 가지 위험을 주의할 필요가 있다.

① 신체적 위험

피보험자의 체격, 과거의 병력, 현재의 건강상태 등의 차이에 의해 위험도가 달라진다. 그 위험도를 정확히 알기 위하여 필요한 사항에 대하여 사실 그대로를 체신관서에 알리도록 하는 것이 중요하다.

② 환경적 위험

피보험자의 직업(부업 · 겸업 · 계절적 종사 포함)이나 업무내용, 취미, 운전 등에 따라 위험도가 달라지며, 위험등급에 따라 보험종류별로 가입여부, 가입한도액 등이 달라질 수 있다. 그 위험도를 정확히 알기 위해서는 회사원, 전문직 등 직업의 종류를 파악하는 선에 머무르지 말고 직장명, 부서명, 직위, 하는 일 등 구체적인 내용을 파악하여야 한다.

③ 도덕적 위험(재정적 위험)

생명보험을 악용하여 생명이나 신체를 고의로 손상시켜 보험금을 부당하게 받고자 하는 행위는 사전에 예방하여야 한다. 예를 들어 피보험자나 보험계약자의 수입, 지위, 나이 등에 비해 보험가입금액이 너무 크거나 보험금을 받는 자가 제3자로 되어 있거나 하는 등의 부자연스러운 점이 있을 때는 그에 대한 이유를 충분히 조사해 볼 필요가 있다.

[계약선택의 기준이 되는 세 가지 위험]

신체적 위험	환경적 위험	도덕적 위험(재정적 위험)
• 피보험자의 체격 • 과거 병력 • 현재의 병증(病症)	• 직업 및 업무내용 • 운전여부 • 취미활동	• 보험가입금액의 과다여부 • 피보험자와 수익자의 관계 • 과거 보험사기 여부

(3) 1차 언더라이팅의 중요성

모집자는 영업현장에서 우체국보험을 대표하여 가장 먼저 고객을 만나 고객과 면담하는 과정에서 고객의 건강상태, 직업 등 제반정보에 대해 성실하게 알리도록 권유하고 정보수집을 통해 피보험자의 위험을 1차적으로 선별하는 가장 중요한 사람이다. 따라서, 모집자는 위험을 선별하는 1차적 언더라이터이다. 일반적으로 고객의 보험계약을 심사하는 언더라이터는 고객을 직접 만나지 못하고 청약서만 가지고 심사하게 되므로, 고객이 지닌 위험도에 대하여 가장 잘 알 수 있는 영업현장 모집자의 역할이 매우 중요하다. 결과적으로, 1차 언더라이팅은 역선택 예방과 적절한 가입조건의 선택을 위해 가장 중요한 단계이므로 성실한 고지이행 유도 및 고객에 대한 정확한 안내를 통해 우체국보험 사업 안정성 강화에 기여할 수 있다.

(4) 언더라이팅의 심사분류체계

우체국보험은 언더라이팅의 일반적 기준에 의한 심사분류체계를 수립하고, 해당 심사기준을 통하여 다양한 피보험자의 위험정도에 따라 동일한 위험집단을 분류한다. 동일위험에 대한 동일보험료를 부과함으로써 보험요율의 합리적인 적용을 통한 보험가입자 간 공정성 제고가 가능하다. 또한, 역선택으로 인한 보험금 지급증가에 따른 보험료 인상 등 선의의 보험가입자들의 보험료 부담을 방어할 수 있다.

(5) 언더라이팅 관련 제도

① 계약적부조사

계약적부조사란 적부조사자가 피보험자를 직접 면담 또는 전화를 활용하여 적부 주요 확인사항을 중심으로 확인하며, 계약적부조사서상에 주요 확인사항 등을 기재하고 피보험자가 최종 확인하는 제도이다. 본 제도를 통해 보험계약 시 피보험자의 신체적, 환경적, 도덕적 위험에 대한 정확한 확인을 통해 계약 선택의 합리성을 기하고, 고지의무위반 계약의 조기 발견과 부실계약의 예방을 할 수 있다. 우체국보험은 연령, 보험종류, 직업 등 신체 · 환경 · 도덕적 기준에 의한 계약적부대상자 선정기준을 마련하여 대상자를 선정하여 계약적부조사를 실시하고 있다. 따라서, 청약심사자는 청약서와 계약적부조사 결과 등을 종합적으로 평가하여 피보험자의 위험에 따라 정상인수, 조건부인수, 거절 등의 합리적 인수조건을 결정하게 된다.

② 특별조건부 계약

피보험자의 질병 등 신체적 위험을 측정하여 표준체로 인수가 불가할 경우 언더라이팅 관련 제 매뉴얼 및 언더라이터의 판단에 의해 특별조건부 인수계약으로 계약을 인수할 수 있다. 특별조건부 인수계약은 '특정부위 · 질병 부담보'와 '특약해지', '보험료 할증', '보험료 감액', '보험금 삭감' 등이 있으며, 우체국보험에서는 현재 '특정부위 · 질병 부담보'와 '특약해지'를 적용하고 있다. '특정부위 · 질병 부담보' 제도는 피보험자의 특정부위 · 질병에 대한 병력으로 정상 인수가 불가한 경우, 해당 부위 · 질병에 일정한 면책기간을 설정하여 인수하는 제도이다. '특약해지'제도는 특정질병으로 인한 생존치료금 발생 가능성이 높을 경우 주계약에 부가된 선택특약 가입분을 해지(거절)처리하여 보험금 지급사유를 사전에 차단하여 위험을 예방하고, 적극적인 계약 인수를 도모하는 제도이다.

③ 환경적 언더라이팅

피보험자의 직업 · 취미 · 운전 등 환경적 위험등급에 따라 담보급부별 가입한도 차등화 등을 할 수 있다. 이는 1인당 과도한 가입을 제한하여 역선택을 예방함으로써 우체국 보험사업의 건전성을 도모하는 한편, 우체국보험의 근본 취지에 충실하기 위해 운영하는 제도이다. 또한, 위험도가 높은 직업 등 보험상품 보장 위험에 심각한 영향을 미칠 수 있다고 판단되는 경우에는 가입이 거절될 수 있다.

04 보험계약의 성립과 효력

※ 우체국 예금보험에 관한 법률, 약관

1. 계약의 승낙 · 거절과 청약의 철회

보험계약은 보험계약자의 청약과 체신관서의 승낙으로 이루어진다. 체신관서는 계약자의 청약에 대해 피보험자가 계약에 적합하지 않을 경우 계약을 거절하거나 별도의 조건(보험가입금액 제한, 일부 보장 제외 등)을 부과하여 인수할 수 있다. 체신관서는 청약일로부터 30일 이내에 계약을 승낙 또는 거절하여야 한다. 만일 30일 이내에 승낙 또는 거절의 통지를 하지 않으면 계약은 승낙된 것으로 본다. 한편, 보험계약자는 보험가입증서(보험증권)를 받은 날부터 15일 이내에 그 청약을 철회할 수 있다. 다만, 청약한 날부터 30일이 초과된 계약은 청약을 철회할 수 없으며, 전문보험계약자가 체결한 계약도 청약을 철회할 수 없다. 보험계약자가 청약을 철회한 때에는 체신관서는 청약의 철회를 접수한 날부터 3일 이내에 납입한 보험료를 반환한다.

더 알아보기 

전문보험계약자

보험계약에 관한 전문성, 자산규모 등에 비추어 보험계약의 내용을 이해하고 이행할 능력이 있는 자로서 보험업법 제2조(정의), 보험업법 시행령 제6조의2(전문보험계약자의 범위 등) 또는 보험업감독규정 제1-4조의2(전문 보험계약자의 범위)에서 정한 국가, 한국은행, 대통령령으로 정하는 금융기관, 주권상장법인, 지방자치단체, 단체보험계약자 등의 전문보험계약자를 의미함

2. 보험계약의 효력

(1) 보험계약의 성립

보장개시일은 체신관서가 보장을 개시하는 날로서 계약이 성립되고 제1회 보험료를 받은 날을 말하나, 체신관서가 승낙하기 전이라도 청약과 함께 제1회 보험료를 받은 경우에는 제1회 보험료를 받은 날을 의미한다. 또한, 보장개시일을 계약일로 본다. 따라서 계약자가 보험청약을 했다 하더라도 제1회 보험료를 내지 않으면 체신관서는 보험사고에 대해 보장을 지지 않는다. 단, 자동이체납입의 경우에는 자동이체 신청에 필요한 정보를 제공한 때를 보장개시일로 보며, 계약자의 책임있는 사유로 자동이체가 불가능한 경우에는 보험료가 납입되지 않은 것으로 본다.

(2) 보험계약의 무효

계약의 무효란 외형상 계약은 성립되어 있으나 법률상 그 효력이 처음부터 발생하지 않은 것을 의미한다. 체신관서는 약관에 의거 다음과 같은 경우에는 보험계약을 무효로 하고 이미 납입된 보험료를 반환한다.

[보험계약 무효사유]

대 상
• 타인의 사망을 보험금 지급사유로 하는 계약에서 계약을 체결할 때까지 피보험자의 서면에 의한 동의를 얻지 않은 경우 → 다만, 단체가 규약에 따라 구성원의 전부 또는 일부를 피보험자로 하는 계약을 체결하는 경우에는 이를 적용하지 않음. 이때 단체보험의 보험수익자를 피보험자 또는 그 상속인이 아닌 자로 지정할 때에는 단체의 규약에서 명시적으로 정한 경우가 아니면 이를 적용함 • 만 15세 미만자, 심신상실자 또는 심신박약자를 피보험자로 하여 사망을 보험금 지급사유로 한 계약의 경우 → 다만, 심신박약자가 계약을 체결하거나 소속 단체의 규약에 따라 단체보험의 피보험자가 될 때에 의사능력이 있는 경우에는 계약이 유효함 • 계약을 체결할 때 계약에서 정한 피보험자의 나이에 미달되었거나 초과되었을 경우 → 다만, 체신관서가 나이의 착오를 발견하였을 때 이미 계약나이에 도달한 경우에는 유효한 계약으로 보나, 제2호의 만 15세 미만자에 관한 예외가 인정되는 것은 아님

(3) 보험계약의 취소

계약의 취소라 함은 계약은 성립되었으나 후에 취소권자의 취소의 의사표시로 그 법률효과가 소급되어 없어지는 것을 의미한다. 체신관서는 보험약관에 의거 아래 표(사기에 의한 계약)에 해당하는 계약에 대해 취소권을 행사할 수 있다.

[사기에 의한 계약]

보험계약 취소사유
피보험자가 청약일 이전에 암 또는 인간면역결핍바이러스(HIV) 감염의 진단 확정을 받은 후 계약자 또는 피보험자가 이를 숨기고 가입하는 등의 뚜렷한 사기의사에 의하여 계약이 성립되었음을 체신관서가 증명하는 경우에는 보장개시일부터 5년 이내(사기사실을 안 날부터는 1개월 이내)에 계약을 취소할 수 있음

보험모집자는 계약체결 시 계약자에게 약관 및 청약서 부본을 전달하고 약관의 주요 내용을 설명해야 한다. 만약, 모집자가 청약 시 이러한 의무(3대 기본지키기)를 이행하지 않았을 경우에는 계약자는 취소권을 행사할 수 있다. 이때, 계약이 성립한 날부터 3개월 이내에 계약을 취소할 수 있으며, 체신관서는 이미 납입한 보험료에 보험료를 받은 기간에 대하여 환급금대출이율을 연단위 복리로 계산한 금액을 더하여 지급한다.

더 알아보기 

3대 기본 지키기
- 약관 및 청약서 부본 전달
- 약관 주요 내용 설명
- 계약자 및 피보험자의 자필서명

CHAPTER 34 우체국보험 계약유지 및 보험금지급

01 계약 유지업무

1. 개 요

계약 유지업무란 넓은 의미에서 생명보험계약의 성립이후부터 소멸까지 전 보험기간에 생기는 모든 사무를 말한다. 좁은 의미로는 넓은 의미의 계약유지업무에서 청약업무와 (사고)보험금 지급업무를 제외한 즉시지급(해약, 만기, 중도금), 환급금대출, 보험료 수금, 계약사항 변경 · 정정, 납입 최고(실효예고안 내) 등 일부사무를 뜻한다. 생명보험 상품의 특징 중 하나는 보험기간의 장기성(長期性)이다. 장기의 보험기간 동안 고객에게 생기는 여러 가지 사정의 변경에 대해 보험회사가 적절히 대응하여 고객을 돌볼 때, 생명보험 본래의 목적을 달성할 수 있다. 따라서, 보험계약 유지기간 동안 고객의 사정 변경에 대응하여 고객의 니즈를 충족시키기 위해서 계약유지업무가 필요하다.

2. 보험료의 납입

보험료는 보험계약자가 보험약관에서 정한 보장을 받는 대가로서 체신관서에 납입하는 금액이다. 우체국보험은 고객의 보험료 납입편의를 위해 납입기간, 납입주기, 납입방법 및 할인제도 등을 다양하게 운영하고 있다. 우체국예금 · 보험에 관한 법률 시행규칙 제47조(보험료의 납입)에 의거 보험계약자는 제2회분 이후의 보험료를 약정한 납입방법 및 수금방법으로 해당 보험료의 납입 해당 월의 납입기일까지 납입하여야 한다. 보험료의 납입기간에 따라 전기납, 단기납, 일시납으로 분류되며, 보험료의 납입주기는 아래 표(보험료 납입주기)와 같다. 보험료를 납입하였을 때에는 체신관서는 영수증을 발행하여 교부한다. 다만, 금융기관(우체국 또는 은행)을 통하여 자동이체 납입한 때에는 해당기관에서 발행한 증빙서류(자동이체기록 등)로 영수증을 대신할 수 있다.

[보험료 납입주기]

지급구분	지급사유
연 납	보험료를 매년 연1회 납입하는 방법
6월납	보험료를 매년 2회, 매 6개월마다 납입하는 방법
3월납	보험료를 매년 4회, 매 3개월마다 납입하는 방법
월 납	보험료를 매월 납입하는 방법
일시납	보험료를 일시에 납입

3. 보험료의 납입방법

우체국예금 · 보험에 관한 법률 시행규칙 제47조(보험료의 납입) 제3항에 의거 보험계약자는 아래의 표(보험료 납입방법) 중 한 가지 방법을 선택하여 보험료를 납입할 수 있다. 보험계약자는 보험료 납입주기 및 수금방법의 변경을 청구할 수 있다.

[보험료 납입방법]

대 상
• 보험계약자를 방문한 체신관서의 수금원에게 납입하는 방법(방문수납) • 보험계약자가 체신관서에 직접 납입하는 방법(창구수납) • 자동적으로 계좌에서 이체하여 납입하는 방법(자동이체) • 여신전문금융업법 제2조 제3호에 따른 신용카드 및 같은 조 제6호에 따른 직불카드로 납입하는 방법(카드납) • 전자금융거래법 제2조 제13호에 따른 직불전자지급수단으로 납입하는 방법

(1) 방문수납

방문수납이란 유지관리자(수금원)가 계약자를 방문하여 보험료를 수금하는 방법으로, 유지관리자는 본인 유지관리계약(수금대상 계약)의 보험료가 미납되지 않도록 한다. 유지관리자가 계약자로부터 보험료를 수령하였을 때는 당월분 영수증을 교부한다. 수금업무를 부실하게 행하여 계약이 해지(실효)된 것이 명백한 경우 보험자(체신관서)에게 책임이 있다. 따라서 책임자는 매월 수금대상 계약의 최종납입상태를 철저히 확인하여야 한다.

(2) 창구수납

창구수납이란 계약자가 우체국을 방문하여 보험료를 창구에 직접 납입하는 방법이다. 계약자가 창구에 보험료를 납입하였을 때에는 체신관서는 영수증을 발행하여 교부한다. 창구납입의 경우 자국에서 수금한 계약은 유지관리자에게 유지관리보상금이 지급되나 타국에서 수금한 경우에는 지급되지 않는다. 또한, 직원 본인 명의의 보험계약으로서 직원이 직접 우체국에 보험료를 납입하는 경우에는 창구납입 거래가 가능하다.

(3) 자동이체

자동이체란 우체국 또는 은행계좌에서 약정일에 보험료를 자동으로 출금하여 이체 · 납입하는 제도이다. 우체국 계좌에서 보험료 등을 출금하여 납입하는 우체국이체와 은행계좌에서 보험료 등을 출금하여 납입하는 은행이체가 있다. 우체국이체의 경우 금융결제원 및 각 금융기관을 거치지 않고 우체국내부에서 출금 및 납입이 처리되므로 원부정리까지 비교적 신속한 처리가 가능하다. 자동이체 약정은 유지중인 계약에 한해서 처리가 가능하며, 관계법령 '전자금융거래법 제15조(추심이체의 출금 동의)'에 따라 예금주 본인에게만 신청 · 변경 권한이 있다. 자동이체 신청은 체신관서, 은행, 우체국금융콜센터, 전자금융(폰뱅킹, 인터넷뱅킹, 모바일앱)에서 신청 가능하다. 더불어, 우체국보험은 현재 합산자동이체 제도를 운영하고 있다.

합산자동이체
동일 계약자의 2건 이상의 보험계약이 동일계좌에서 같은 날에 자동이체 되는 경우, 증서별 보험료를 합산하여 1건으로 출금하는 제도

(4) 전자금융에 의한 납입

우체국보험의 전자금융을 통한 보험료 납입방법에는 인터넷 홈페이지(www.epostbank.go.kr)으로 보험료를 납입하는 방법과 폰뱅킹을 통한 보험료 납입, 모바일을 통한 보험료 납입 등이 있다.

(5) 자동화기기(CD, ATM 등)에 의한 납입

자동화기기(CD, ATM 등)에 의한 납입은 계약자의 보험료납입 편의를 위하여 우체국에 설치된 자동화기기 등을 이용하여 우체국 계좌에서 자금을 인출하여 보험료를 납입하는 방법이다. 우체국에서 발행한 우체국현금카드(제휴카드 포함) 및 IC카드를 이용해야 하며, 우체국계좌에 납입하고자 하는 보험료 상당의 잔고가 있어야 거래가 가능하다. 연체분 납입은 물론 선납도 가능하다.

(6) 카드납입

우체국보험의 보험료 카드납부 취급대상은 TM(Tele Marketing)*, 온라인(인터넷, 모바일)을 통해 가입한 보장성 보험계약에 한해 처리가 가능하다. 초회보험료(1회), 계속보험료(2회 이후)를 대상으로 하고 있으며, 부활보험료는 제외한다.

* TM(Tele Marketing) : 우체국 TMFC(Tele-Marketing Financial Consultant)를 통해 전화 등 통신수단을 활용하여 보험을 모집하는 영업활동

(7) 계속보험료 실시간이체

고객요청 시 즉시 계약자의 계좌에서 현금을 인출하여 보험료로 납부하는 제도로 자동이체 약정여부 관계없이 처리가 가능하며, 계약상태가 정상인 계약만 가능하다.

4. 보험료 자동대출 납입제도

보험료 미납으로 실효(해지)될 상태에 있는 보험계약에 대하여 계약자의 신청이 있는 경우 해약환급금 범위내에서 자동대출(환급금대출)하여 보험료를 납입할 수 있다. 따라서, 계약자의 신청이 있는 경우라도 환급금대출금과 환급금대출이자를 합산한 금액이 해약환급금(당해 보험료가 납입된 것으로 계산한 금액을 의미)을 초과하는 때에는 보험료의 자동대출납입을 지속할 수 없다. 보험료의 자동대출납입 기간은 최초 자동대출납입일부터 1년을 최고한도로 하며 그 이후의 기간에 대한 보험료의 자동대출 납입을 위해서는 계약자가 재신청을 하여야 한다.

5. 보험료의 할인

보험료의 할인은 특정한 방법으로 보험료를 납입하는 경우 보험료의 일부를 할인함으로써 가입자에게 이익을 제공하는 한편, 보험료 납입업무를 간소화하여 사업운영의 효율성을 제고하기 위한 제도이다. 우체국보험은 선납할인, 자동이체 할인, 단체할인, 다자녀가구 할인, 실손보험료 할인(무사고 할인, 의료 수급권자 할인), 우리가족암보험 건강체 할인, 고액계약 보험료 할인 등 다양한 보험료 할인제도를 운영하고 있다.

(1) 선납할인

선납할인은 향후의 보험료를 1개월분 이상 미리 납입하는 경우의 할인이며, 할인율은 해당상품 약관에서 정한 예정이율(2017.5.19. 이후 상품)로 계산한다.

(2) 자동이체 할인

우체국예금 · 보험에 관한 법률 시행규칙 제48조(보험료의 할인)에 의거 우정사업본부장은 보험계약자가 보험료(최초의 보험료 제외)를 자동이체(우체국 또는 은행)로 납입하는 계약에 대해 보험료의 2%에 해당하는 금액의 범위에서 할인할 수 있다. 따라서, 우체국보험은 계약체결 시기, 이체 금융기관, 청약방법 등에 따라 약 0.1%~1.5%의 할인율을 적용하고 있다.

(3) 단체납입 할인

보험계약자는 5명 이상의 단체를 구성하여 보험료의 단체 납입을 청구할 수 있으며, 우정사업본부장은 보험계약자가 보험료를 단체 납입하는 경우에는 보험료의 2%에 해당하는 금액의 범위에서 보험료를 할인할 수 있다. 현재, 단체계약 할인율은 우체국 자동이체납입 할인율과 동일하며, 해당단체가 자동이체 납입을 선택하여 자동이체로 납입하는 경우는 자동이체 할인과 중복하여 할인하지 아니한다.

(4) 다자녀 할인

다자녀 할인은 두 자녀 이상을 둔 가구에 한하여, 보험료의 자동이체 납입 시 할인하는 제도이다. 할인율은 자녀수에 따라 0.5%~1.0%까지 차등적용되며, 자동이체 할인과 중복할인이 가능하다.

(5) 의료수급권자 할인

의료급여 수급권자에게 실손의료비보험의 보험료를 할인하는 제도이다. 이때, 의료급여법상의 '의료급여 수급권자'로서의 증명서류를 제출해야하며 영업보험료의 5%를 할인하고 있다.

(6) 실손의료비보험 무사고 할인

갱신 직전 보험기간 동안 보험금이 지급되지 않은 경우 보험료를 할인하는 제도이다. 갱신 후 영업보험료의 5~10%를 할인하고 있다.

(7) 우리가족암보험 보험료 할인

피보험자가 B형 간염 항체보유 시 영업보험료의 3%를 할인하는 B형 간염 항체보유 할인과 고혈압과 당뇨병이 모두 없을 때 할인되는 우리가족암보험 3종(실버형) 건강체 할인이 있으며, 이 경우 영업보험료의 5%를 할인하고 있다.

(8) 고액계약 할인 보험료 할인

경제적 부담이 큰 종신보험에 대하여 보험가입금액 2천만 원 이상 가입 시 주계약 보험료에 대해서 1~3% 보험료 할인혜택을 적용한다.

보험가입금액	2천~3천만 원 미만	3천~4천만 원 미만	4천만 원
할인률	1.0%	2.0%	3.0%

6. 보험료의 납입면제

보험의 종류에 따라 보험약관에서 정한 보험료의 납입 면제사유에 해당하는 경우에는 우체국예금 · 보험에 관한 법률 시행규칙 제51조(보험료의 납입면제)에 의거 납입을 면제한다. 다만, 보험료의 납입을 면제받으려면 보험계약자 또는 보험수익자는 의료법 제3조에 따른 의료기관(의료법 제3조에 따른 의료기관과 동등하다고 체신관서에서 인정하는 국외 의료기관을 포함)에서 발행한 진단서를 체신 관서에 제출하여야 한다. 다만, 공익사업 등 별도의 목적으로 개발된 보험으로서 우정사업본부장이 정하는 보험은 제외한다.

02 보험계약의 효력상실 및 부활

1. 보험료의 납입유예

보험계약자가 보험료를 내지 아니하고 유예기간이 지난 때에는 그 보험계약은 효력을 잃는다. 우체국예금 · 보험에 관한 법률 시행규칙 제50조(보험료 납입 유예기간)에 따라 보험료 납입 유예기간은 해당 월분 보험료의 납입기일부터 납입기일*이 속하는 달의 다음 다음 달의 말일까지로 한다. 다만, 유예기간의 만료일이 공휴일인 경우에는 그 다음 날까지로 한다.

* 납입기일 : 계약자가 제2회 이후의 보험료를 납입하기로 한 날을 의미

2. 보험계약의 납입최고와 계약의 해지

계약자가 제2회 이후의 보험료를 납입기일까지 납입하지 않아 보험료 납입이 연체 중인 경우에 체신관서는 납입최고(독촉)하고, 유예기간이 끝나는 날까지 보험료가 납입되지 않은 경우 유예기간이 끝나는 날의 다음 날에 계약은 해지(효력상실)된다. 이 때, 체신관서의 납입최고는 유예기간이 끝나기 15일 이전까지 서면(등기우편 등), 전화(음성녹음) 또는 전자문서 등으로 이루어지며 아래 표(보험료 납입최고 안내사항) 내용에 대해 안내한다. 또한, 계약자와 보험수익자가 다른 경우 계약자뿐만 아니라 수익 자에게도 보험료 납입최고 안내를 하고 있다.

[보험료 납입최고 안내사항]

대 상
• 계약자(보험수익자와 계약자가 다른 경우 보험수익자를 포함)에게 유예기간 내에 연체보험료를 납입하여야 한다는 내용 • 유예기간이 끝나는 날까지 보험료를 납입하지 않을 경우 유예기간이 끝나는 날의 다음 날에 계약이 해지된다는 내용

체신관서의 납입최고(독촉)에도 불구하고, 보험료 납입연체로 유예기간이 경과하여 계약이 해지(효력상실)되었을 때에는 보험계약자는 해약환급금을 청구하여 계약을 소멸시키거나, 소정기간 내에 부활절차를 밟아 체신관서의 승낙을 얻어 유지계약으로 존속시킬 수 있다.

3. 보험계약의 부활

부활이란 계약자에게 편의를 제공하기 위하여 법령에서 규정한 바에 따라 보험료납입 연체로 인하여 해지(효력상실)된 계약의 계속적인 유지를 원할 경우 소정의 절차에 따라 계약의 효력을 부활시키는 제도이다. 우체국보험 약관에 의거 보험료의 납입연체로 인한 해지계약이 해약환급금을 받지 않은 경우 계약자는 해지된 날부터 3년 이내에 체신관서가 정한 절차에 따라 계약의 부활(효력회복)을 청약할 수 있다. 체신관서가 부활(효력회복)을 승낙한 때에 계약자는 부활(효력회복)을 청약한 날까지의 연체된 보험료에 약관에서 정한 이자를 더하여 납입하여야 한다.

03 보험계약의 변경 및 계약자의 임의해지

1. 계약내용의 변경

계약내용의 변경은 계약자의 이익을 보호하기 위하여 일정한 범위 내에서 계약의 내용을 변경할 수 있게 하여 계약을 유지시켜 나가는 제도이다. 계약자는 체신관서의 승낙을 얻어 아래 표(계약내용의 변경)에 기재된 사항을 변경할 수 있다. 보험계약의 변경 중 보험가입금액 감액의 경우 그 감액된 부분은 해지된 것으로 보며, 이 경우 해약환급금을 계약자에게 지급한다. 보험수익자를 변경하고자 할 경우에는 보험금의 지급사유가 발생하기 전에 피보험자가 서면으로 동의하여야 한다.

[계약내용의 변경]

대 상
• 보험료의 납입방법 • 보험가입금액의 감액 • 계약자 • 기타 계약의 내용(단, 보험종목 및 보험료 납입기간의 변경은 제외)

2. 계약자의 임의해지 및 피보험자의 서면동의 철회권

계약자는 계약이 소멸하기 전에 언제든지 계약을 해지할 수 있으며, 이 경우 체신관서는 해당 상품의 약관에 따른 계약자에게 해약환급금을 지급한다. 사망을 보험금 지급사유로 하는 계약에서 서면으로 동의를 한 피보험자는 계약의 효력이 유지되는 기간에는 언제든지 서면동의를 장래에 향하여 철회할 수 있으며, 서면동의 철회로 계약이 해지되어 체신관서가 지급하여야 할 해약환급금이 있을 때에는 체신관서는 계약자에게 해약환급금을 지급한다.

3. 중대사유로 인한 계약 해지

아래 표(중대 사유)와 같은 사실이 있을 경우에 체신관서는 그 사실을 안 날부터 1개월 이내에 계약을 해지할 수 있다. 이 경우 체신관서는 그 취지를 계약자에게 통지하고 해당 상품의 약관에 따른 해약환급금을 지급한다.

[중대 사유]

내 용
• 계약자, 피보험자 또는 보험수익자가 고의로 보험금 지급사유를 발생시킨 경우 • 계약자, 피보험자 또는 보험수익자가 보험금 청구에 관한 서류에 고의로 사실과 다른 것을 기재하였거나 그 서류 또는 증거를 위조 또는 변조한 경우(다만, 이미 보험금 지급사유가 발생한 경우에는 보험금 지급에 영향을 미치지 않음)

04 고지의무

1. 개 요

계약자 또는 피보험자는 청약할 때 청약서에서 질문한 사항에 대하여 알고 있는 사실을 반드시 사실대로 알려야(이하 "고지의무"라 하며, 상법상 "고지의무"와 같음) 한다.

2. 고지의무 위반의 효과

계약자 또는 피보험자의 약관 및 상법상의 "고지의무"에도 불구하고, 고의 또는 중대한 과실로 중요한 사항에 대하여 사실과 다르게 알린 경우에는 체신관서가 별도로 정하는 방법에 따라 계약을 해지하거나 보장을 제한할 수 있다. 그러나 아래 표[고지의무 위반 시 해지(또는 보장제한) 불가사유]에 중 한 가지에 해당되는 때에는 계약을 해지하거나 보장을 제한할 수 없다. 고지의무 위반으로 인하여 계약이 해지될 때에는 해약환급금을 지급하며, 보장을 제한할 때에는 보험료, 보험가입금액 등이 조정될 수 있다. 다만, 고지의무를 위반한 사실이 보험금 지급사유 발생에 영향을 미쳤음을 체신관서가 증명하지 못한 경우에는 계약의 해지 또는 보장을 제한하기 이전까지 발생한 해당 보험금을 지급한다.

[고지의무 위반 시 해지(또는 보장제한) 불가사유]

불가사유
• 체신관서가 계약 당시에 그 사실을 알았거나 과실로 인하여 알지 못하였을 때 • 체신관서가 그 사실을 안 날부터 1개월 이상 지났거나 또는 보장개시일부터 보험금 지급사유가 발생하지 않고 2년이 지났을 때 • 계약을 체결한 날부터 3년이 지났을 때 • 보험을 모집한 자(이하 "모집자 등"이라 한다)가 계약자 또는 피보험자에게 고지할 기회를 주지 않았거나 계약자 또는 피보험자가 사실대로 고지하는 것을 방해한 경우, 계약자 또는 피보험자에게 사실대로 고지하지 않게 하였거나 부실한 고지를 권유했을 때

05 환급금 대출

1. 개 요

"환급금대출"이라 함은 보험계약이 해지될 경우에 계약자에게 환급할 수 있는 금액(이하 해약환급금)의 범위 내에서 계약자의 요구에 따라 대출하는 제도이다. 대출자격은 유효한 보험계약을 보유하고 있는 우체국보험 계약자로 하며, 순수보장성보험 등 보험상품의 종류에 따라 환급금대출이 제한될 수 있다. 대출금액은 해약환급금의 90% 이내에서 1만 원 단위로 가능하되, 일부 연금 상품, 보장성 보험, 교육 보험 및 특약 대출은 해약환급금의 80% 이내에서 가능하다. 전국 우체국, 자동화기기(CD, ATM), 인터넷, 폰 · 모바일 · 스마트폰 뱅킹 및 우체국금융고객센터(콜센터)를 통해서 대출이 가능하다. 또한, 환급금대출을 받은 경우 대출기간은 환급금대출 대상계약의 보험기간 이내로 하며, 계약자는 대출원금과 이자를 언제든지 상환할 수 있다.

2. 불공정 대출금지

우체국보험 대출을 취급함에 있어 체신관서는 다음 표(불공정 대출금지) 내용의 어느 하나에 해당하는 불공정한 대출을 하여서는 아니 된다.

[불공정 대출금지]

금지행위
• 대출을 조건으로 차주의 의사에 반하여 추가로 보험가입을 강요하는 행위 • 부당하게 담보를 요구하거나 연대보증을 요구하는 행위 • 대출업무와 관련하여 부당한 편익을 제공받는 행위 • 우월적 지위를 이용하여 이용자의 권익을 부당하게 침해하는 행위

06 보험금 지급

1. 개 요

보험금 지급은 보험 본연의 목적이며, 체신관서(보험자)가 부담해야 하는 의무이다. 따라서 법령 등이 정한 특정한 경우를 제외하고는 보험사고가 발생할 경우 빠른 시일 내에 보험금을 지급하여야 한다. 또한, 계약자 또는 피보험자나 보험수익자는 약관에서 정한 보험금 지급사유의 발생을 안 때에는 지체 없이 이를 체신관서에 알려야 한다.

2. 보험금의 지급청구

(1) 보험금 청구서류

보험수익자 또는 계약자는 보험기간 만료 전에 보험약관에서 정한 보험금 지급사유가 발생하였을 때에는 지체 없이 그 사실을 체신관서에 알려야 한다. 그리고, 보험금의 지급청구를 할 때에는 다음의 표(보험금 청구서류) 내용 중 해당하는 서류를 제출하고 보험금 또는 보험료 납입면제를 청구하여야 한다. 이때, 병원 또는 의원에서 발급한 사고증명서는 의료법 제3조(의료기관)에서 규정한 국내의 병원이나 의원 또는 국외의 의료관련법에서 정한 의료기관에서 발급한 것이어야 한다.

[보험금 청구서류]

청구서류
• 청구서(체신관서양식) • 사고증명서[사망진단서, 장해진단서, 진단서(병명기입), 입원확인서 등] • 신분증(주민등록증이나 운전면허증 등 사진이 붙은 정부기관 발행 신분증, 본인이 아닌 경우에는 본인의 인감증명서 또는 본인서명사실확인서 포함) • 기타 보험수익자 또는 계약자가 보험금 수령 또는 보험료 납입면제 청구에 필요하여 제출하는 서류

(2) 즉시지급과 심사지급

보험수익자 또는 계약자로부터 지급청구가 있는 경우 지급사유에 따라 즉시지급과 심사지급으로 구분하며, 별도의 심사 또는 조사행위 없이 접수처리 즉시 보험금 등을 지급하는 것을 즉시지급이라 한다. 즉시지급 대상 보험금에는 생존보험금, 해약환급금, 연금, 학자금, 계약자배당금 등이 있다. 이와는 달리 보험금 지급청구 접수 시 사실증명 및 사고조사에 필요한 관계서류를 제출받아 보험금 지급의 적정여부를 심사한 후 약정한 보험금을 지급하는 것을 심사지급이라 한다.

(3) 보험금의 지급절차

체신관서가 보험금 청구서류를 접수한 때에는 접수증을 드리고 휴대전화 문자메세지 또는 전자우편 등으로도 송부하며, 그 서류를 접수한 날부터 3영업일 이내에 보험금을 지급한다. 다만, 보험금 지급사유 또는 보험료 납입면제 사유의 조사나 확인이 필요한 때에는 접수 후 10영업일 이내에 보험금을 지급한다. 체신관서가 보험금 지급사유를 조사 · 확인하기 위하여 지급기일 이내에 보험금을 지급하지 못할 것으로 예상되는 경우에는 그 구체적인 사유, 지급예정일 및 보험금 가지급제도*에 대하여 피보험자 또는 보험수익자에게 즉시 통지한다. 다만, 지급예정일은 아래 표(보험금 지급예정일 30일 초과사유) 내용의 어느 하나에 해당하는 경우를 제외하고는 보험금 청구서류를 접수한 날부터 30영업일 이내에서 정한다.

* 보험금 가지급제도 : 지급기한 내에 보험금이 지급되지 못할 것으로 판단될 경우 예상되는 보험금의 일부를 먼저 지급하는 제도

[보험금 지급예정일 30일 초과사유]

초과사유
• 소송제기 • 분쟁조정신청 • 수사기관의 조사 • 해외에서 발생한 보험사고에 대한 조사 • 체신관서의 조사요청에 대한 동의 거부 등 계약자, 피보험자 또는 보험수익자의 책임 있는 사유로 보험금 지급사유의 조사와 확인이 지연되는 경우 • 보험금 지급사유 등에 대해 제3자의 의견에 따르기로 한 경우

3. 보험금을 지급하지 않는 사유

보험수익자 또는 계약자의 보험금 청구에도 불구하고, 체신관서는 다음 표(보험금지급 면책사유) 내용 중 어느 한 가지로 보험금 지급사유 등이 발생한 때에는 보험금을 지급하지 않거나 보험료 납입을 면제하지 않는다.

[보험금지급 면책사유]

금지행위
• 피보험자가 고의로 자신을 해친 경우 → 다만, '피보험자가 심신상실 등으로 자유로운 의사결정을 할 수 없는 상태에서 자신을 해친 경우'나 '계약의 보장개시일[부활(효력회복)계약의 경우는 부활(효력회복)청약일]부터 2년이 지난 후에 자살한 경우' 중 어느 하나에 해당하면 보험금을 지급하거나 보험료 납입을 면제함 • 보험수익자가 고의로 피보험자를 해친 경우 → 다만, 그 보험수익자가 보험금의 일부 보험수익자인 경우에는 다른 보험수익자에 대한 보험금은 지급함 • 계약자가 고의로 피보험자를 해친 경우

4. 사망보험금 선지급제도

사망보험금 선지급은 해당 약관 〈선지급서비스특칙〉에 의거 보험기간 중에 의료법 제3조(의료기관) 제2항에서 정한 종합병원의 전문의 자격을 가진 자가 실시한 진단결과 피보험자의 남은 생존기간이 6개월 이내라고 판단한 경우에 체신관서가 정한 방법에 따라 사망보험금액의 60%를 선지급사망보험금으로 피보험자에게 지급하는 제도이다.

5. 분쟁의 조정 등

계약에 관하여 분쟁이 있는 경우 분쟁 당사자 또는 기타 이해관계인과 체신관서는 과학기술정보통신부 장관이 정하는 바에 따라 우체국보험분쟁조정위원회의 심의조정을 받을 수 있다. 또한, 약관의 해석에 있어서는 아래 표(약관해석 원칙) 내용을 준용한다.

[약관해석 원칙]

내 용
• 신의성실의 원칙에 따라 공정하게 약관을 해석하여야 하며 계약자에 따라 다르게 해석하지 않음 • 약관의 뜻이 명백하지 않은 경우에는 계약자에게 유리하게 해석함 • 보험금을 지급하지 않는 사유 등 계약자나 피보험자에게 불리하거나 부담을 주는 내용은 확대하여 해석하지 않음

6. 소멸시효

우체국보험 약관에 의해 보험금청구권, 보험료 반환청구권, 해약환급금청구권 및 책임준비금 반환청구권은 3년간 행사하지 않으면 소멸시효가 완성된다.

CHAPTER 35 리스크관리 및 자금운용 등

01 리스크 관리

1. 개 요

금융시장에서 사용하는 리스크라는 용어는 흔히 생각할 수 있는 위험과는 다른 의미로 사용된다. 일반적으로 위험은 화재, 자연재해, 교통사고와 같이 수익에 관계없이 손실만을 발생시키는 사건을 의미하는 반면 리스크는 예측하지 못한 어떤 사실이나 행위가 자본 및 수익에 부정적인 영향을 끼칠 수 있는 잠재적인 가능성을 뜻하며, 이러한 리스크는 리스크관리 활동을 통해 최소화함으로서 손실관리를 할 수 있으며, 적절한 리스크관리를 수행함으로써 투자에 대한 불확실성 수준에 따른 수익을 보존할 수도 있다.

[리스크(Risk)와 위험(Danger)의 관계]

구 분	가입나이
리스크(Risk)	예측하지 못한 사실 또는 행위로 인해 자본 및 수익에 부정적인 영향이 발생할 수 있는 잠재적 가능성 • 수익의 불확실성 또는 손실발생 가능성 • 불확실성 정도에 따른 보상 존재 • 통계적 방법을 통해 관리 가능 예 주식투자, 건강관리 등
위험(Danger)	수익에 관계없이 손실만을 발생시키는 사건 • 적절한 보상이 주어지지 않음 • 회피함으로서 제거하거나 전가하는 것이 최선 예 자연재해, 화재, 교통사고 등

2. 리스크의 종류

금융회사에서 발생할 수 있는 리스크는 다음 표(리스크의 종류) 내용과 같이 재무적 리스크와 비재무적 리스크로 분류할 수 있다. 재무적 리스크는 시장리스크, 신용리스크, 금리리스크, 유동성리스크, 보험리스크로 나눠지며, 특성상 주가 및 금리와 같은 데이터를 활용하여 특정한 산식을 통해 산출 및 관리가 가능한 계량적인 성격을 갖는다. 반면, 비재무적 리스크는 금융회사의 영업활동 또는 시스템 관리 등에 따라 발생할 수 있는 비정형화된 리스크로서 계량적인 산출과 관리가 어려운 리스크이다.

[리스크의 종류]

리스크 유형		내 용
재무 리스크	시장리스크	금리, 주가, 환율 등 시장변수가 불리한 방향으로 변화하여 주식, 채권, 파생상품 등의 자산가치가 감소할 수 있는 리스크 신용리스크
	신용리스크	거래 상대방의 채무 불이행에 따라 발생할 수 있는 손실 가능성
	금리리스크	자산, 부채의 만기 및 금리조건 불일치로 인해 금리의 변동에 따라 순자산가치가 감소할 리스크
	유동성리스크	자금의 조달, 운영기간의 불일치, 예기치 않은 자금 유출 등으로 지급불능상태에 직면할 리스크
	보험리스크	보험료 산정에 필수적인 예정기초율(예정위험율, 예정이율, 예정사업비율)과 실제 발생율의 차이로 인한 손실 발생 가능성
비재무리스크	운영리스크	부적절하거나 잘못된 내부의 업무 절차, 인력 및 시스템 또는 외부의 사건으로부터 초래될 수 있는 손실발생 가능성

3. 리스크관리 필요성

IT기술 및 금융공학의 발전으로 전세계 금융시장의 연결이 가속화되고 주식 및 채권과 같은 전통적인 투자상품 외에 옵션, 선물 등 파생상품과 결합된 새로운 유형의 투자상품들이 지속적으로 개발되고 있다. 또한, 주요국 대표 금융회사들은 자국 내 시장 경쟁 심화로 기업 경쟁력 확보를 위한 해외시장 개척 및 사업확장이 이어지고 있으며, 대규모 인수합병을 통해 금융회사의 규모가 대형화되고 있어 리스크관리 실패에 따른 손실의 연쇄 효과가 과거에 비해 확대되고 있다. 국내금융시장의 경우 은행 중심의 대형화, 겸업화 진전과 자본시장통합법에 따른 자본시장의 기능별 통합 가속화가 이루어지고 있는 가운데 핀테크의 발전에 따른 P2P, 인터넷전문은행 등 새로운 시장 참여자들이 급부상 중이다. 보험업계의 경우 평균수명 증가로 인한 생존리스크 확대, 보험시장 성숙 및 생손보 교차판매 등 업종 간 경쟁이 심화되는 가운데 부채를 원가가 아닌 시가로 평가하는 IFRS17 적용에 따라 보험사의 중요 건전성 지표인 지급여력비율 하락 우려가 가중되고 있다.

02 우체국보험 재무건전성 관리

1. 건전경영의 유지

우정사업본부장은 우체국보험의 보험금 지급능력과 재무건전성을 확보하기 위하여 다음 표(건전 경영의 유지를 위한 준수사항) 내용을 준수하여야 한다.

[건전경영의 유지를 위한 준수사항]

내 용
• 자본의 적정성에 관한 사항 • 자산의 건전성에 관한 사항 • 그 밖에 경영의 건전성 확보를 위하여 필요한 사항

2. 자본의 적정성

우체국보험은 자본의 적정성 유지를 위하여 지급여력비율을 분기별로 산출 · 관리하여야 하며, 지급여력 비율은 아래의 기준에 의해 산출하고 그 값이 100% 이상이 유지하도록 노력하여야 한다. 이는 우체국보험이 예상하지 못한 손실이 발생하더라도 이를 충당할 수 있는 자기자본을 보유하도록 하는 제도로서, 손실흡수를 통해 우체국보험의 지급능력을 보장하고, 나아가 금융시스템의 안정성을 확보하기 위한 중요한 수단이다. 우체국보험의 지급여력비율은 우체국예금보험법 제4조에 근거하여 아래 표(지급여력비율 산출식)에 의해 산출된 비율에 100%를 더하여 산출된다. 이때, 지급여력기준금액은 각 위험액(보험 · 금리 · 신용 · 시장)의 교차곱에 상관계수를 곱한 후 모두 합산한 금액의 제곱근에 운영위험액을 합산하여 산출한다. 지급여력금액은 기본자본과 보완자본을 합산한 후, 차감항목을 차감하여 산출한다.

[지급여력비율 산출]

내 용		
산출식		지급여력비율＝지급여력금액÷지급여력기준금액
용어 해설	지급여력금액	지급여력금액 : 기본자본＋보완자본－차감항목 • 기본자본 : 자본금, 자본잉여금, 이익잉여금, 기타포괄손익누계액, 순보험료식 보험료적립금에서 해약공제액을 차감한 금액을 초과하여 적립한 금액 • 보완자본 : 자산건전성 분류 결과 “정상” 및 “요주의”로 분류된 자산에 대하여 적립된 대손충당금, 장기배당준비금, 배당보험손실보전준비금, 계약자지분조정의 매도가능증권평가손익 • 차감항목 : 미상각신계약비, 영업권 등 무형자산, 선급비용
	지급여력 기준금액	지급여력기준금액 : 보험위험액, 금리위험액, 신용위험액, 시장위험액의 교차곱에 상관계수를 곱한 후 모두 합산한 금액의 제곱근에 운영위험액을 합산하여 산출(세부 산출식은 보험업감독업무시행세칙 제5~7조의 3 및 별표 22 참조)

3. 경영개선계획

우정사업본부장은 우체국보험의 지급여력비율이 100% 미만인 경우로서 보험계약자에게 보험금을 지급 하지 못할 우려가 있다고 판단되는 경우에는 경영개선계획을 수립 · 시행하여야 한다. 이때, 경영개선계획에는 다음 표(경영개선계획 수립 시 고려사항) 내용 중 일부 또는 전부가 반영되어야 한다.

[경영개선계획 수립 시 고려사항]

내 용
• 인력 및 조직운영의 개선 • 사업비의 감축 • 재정투입의 요청 • 부실자산의 처분 • 고정자산에 대한 투자 제한 • 계약자배당의 제한 • 위험자산의 보유제한 및 자산의 처분

4. 자산의 건전성

우정사업본부장은 아래 표(자산건전성 분류 대상 자산)에 해당하는 보유자산에 대해 건전성을 "정상", "요주의", "고정", "회수의문", "추정손실"의 5단계로 분류하여야 한다. 또한, "회수의문" 또는 "추정손실"로 분류된 자산(이하 "부실자산"이라 함)을 조기에 상각하여 자산의 건전성을 확보하여야 한다.

[자산건전성 분류 대상 자산]

대 상
• 대출채권 • 유가증권 • 보험미수금 • 미수금 · 미수수익 • 그 밖에 건전성 분류가 필요하다고 인정하는 자산

03 우체국보험 자금운용 등

1. 보험적립금 운용

우체국보험특별회계법 제6조(적립금의 운용 방법)에 의거 적립금을 운용할 때에는 안정성 · 유동성 · 수익성 및 공익성이 확보되도록 하여야 한다. 이때, 적립금은 다음 표(보험적립금 운용방법) 내용에 의한 방법으로 운용한다.

[보험적립금 운용방법]

대 상
• 금융기관에의 예탁 • 자본시장과 금융투자업에 관한 법률에 따른 증권의 매매 및 대여 • 국가, 지방자치단체와 과학기술정보통신부령으로 정하는 공공기관에 대한 대출 • 보험계약자에 대한 대출 • 대통령령으로 정하는 업무용 부동산의 취득 · 처분 및 임대 • 자본시장과 금융투자업에 관한 법률 제5조에 따른 파생상품의 거래 • 벤처기업육성에 관한 특별조치법 제2조 제1항에 따른 벤처기업에의 투자 • 재정자금에의 예탁 • 자본시장과 금융투자업에 관한 법률 제355조에 따른 자금중개회사를 통한 금융기관에의 대여 • 그 밖에 대통령령으로 정하는 적립금 증식

2. 적립금 운용계획의 수립 및 운용분석

우정사업본부장은 적립금의 효율적인 운용을 위하여 연간 적립금 운용계획과 분기별 적립금 운용계획을 수립하여야 한다. 적립금 운용계획은 우정사업 운영에 관한 특례법 제5조의2에 의한 우체국보험적립금분과위원회의 심의를 받아야 한다. 또한, 우정사업본부장은 적립금 운용상황 및 결과를 매월 분석하여야 하며, 연간 분석결과는 우체국보험적립금운용분과위원회에 보고하여야 한다.

3. 회계기준 및 재무제표

우체국보험의 회계처리 및 재무제표 작성은 우체국보험회계법, 국가재정법, 국가회계법, 같은 법 시행령 및 시행규칙에서 정하는 바에 따른다. 다만, 관련 법령에서 정하지 않은 사항에 대하여는 우체국보험회계법 시행령 제15조에 근거하여 정한 우체국보험 회계처리지침에 따르며, 이 지침에서도 정하지 아니한 사항은 보험업 회계처리준칙을 준용한다. 우체국보험적립금회계의 재무제표는 재무상태표, 손익계산서, 이익잉여금처분계산서 또는 결손금처리계산서, 현금흐름표로 한다. 다만, 분기 결산 시에는 재무상태표와 손익계산서만 작성할 수 있다.

4. 결 산

우정사업본부장은 해당 회계연도의 경영성과와 재무상태를 명확히 파악할 수 있도록 법령을 준수하여 결산서류를 명료하게 작성하여야 한다. 또한, 매 회계연도마다 적립금의 결산서를 작성하고 외부회계법인의 검사를 받아야 한다.

5. 경영공시

우정사업본부장은 경영의 투명성 확보를 위하여 다음 표(우체국보험 경영공시)의 사항을 공시하여야 한다. 공시는 결산이 확정된 날로부터 1개월 이내에 보험계약자 등 이해관계자가 알기 쉽도록 간단명료하게 작성하여 우정사업본부 인터넷 홈페이지 등에 게시하여야 한다.

[우체국보험 경영공시]

대 상
• 조직 및 인력에 관한 사항 • 재무 및 손익에 관한 사항 • 자금조달 · 운용에 관한 사항 • 건전성 · 수익성 · 생산성 등을 나타내는 경영지표에 관한 사항 • 경영방침, 리스크관리 등 경영에 중요한 영향을 미치는 사항 • 관련법에 따라 금융위원회에 제출된 결산서류 및 기초서류에 대해 금융위원회의 의견 또는 권고에 관한 사항 • 그 밖에 이해관계자의 보호를 위하여 공시가 필요하다고 인정되는 사항

6. 상품공시

우정사업본부장은 인터넷 홈페이지에 상품공시란을 설정하여 보험계약자 등이 판매상품에 관한 표(우체국보험 상품공시)의 사항을 확인할 수 있도록 공시하여야 한다. 또한, 보험계약자는 우정사업본부장에게 기초서류에 대한 열람을 신청할 수 있으며, 우정사업본부장은 정당한 사유가 없는 한 이에 응하여야 한다.

[우체국보험 상품공시]

대 상
• 보험안내서 • 판매상품별 상품요약서, 사업방법서 및 보험약관(변경 전 보험약관 및 판매중지 후 2년이 경과되지 아니한 보험약관을 포함) • 금리연동형 보험의 적용이율 및 환급금대출이율 등 • 계약자배당금 산출기준, 계약자배당율, 계약자배당준비금 부리이율 • 그 밖에 보험계약자의 보호를 위하여 필요하다고 인정되는 사항

▶ 참고문헌

1. 한국은행(2018), 『알기 쉬운 금융생활』
2. 금융감독원(2018), 『대학생을 위한 실용금융』
3. 국세청(2018), 『금융소득종합과세 해설』
4. 생명보험협회(2018), 『2018 생명보험이란 무엇인가』
5. 보험연수원(2018), 『제3보험』
6. 보험연수원(2018), 『생명보험』
7. 보험연수원(2017), 『위험관리와 보험설계』
8. 한국FPSB(2017), 『위험관리와 보험설계』
9. 예금보험공사, 예금자보호법

출제 비중 체크!

※ 2018년 계리직 기출문제를 기준으로 정리하였습니다.

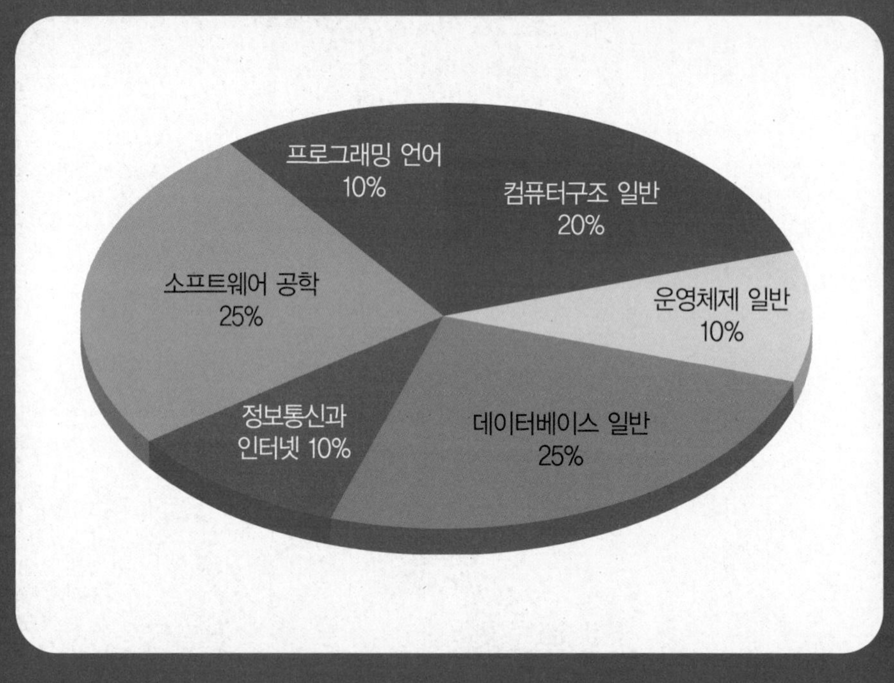

PART 03

컴퓨터일반

핵심요약으로 합격하기

I wish you the best of luck!

우정사업본부 지방우정청 9급 계리직

한권으로 다잡기

핵심요약으로 합격하기

01 컴퓨터 시스템의 구성요소

1. 하드웨어(Hardware)

(1) 본 체

① 중앙처리장치 : CPU라고 하며 컴퓨터 각 부분의 동작을 제어하고 연산을 수행하는 핵심 부분을 말한다. 중앙처리장치는 제어장치와 연산장치로 구성된다.

- 제어장치 : 주기억장치에 기억된 프로그램의 명령을 해독하여 그 명령 신호를 각 장치(기억장치, 연산장치, 입출력장치)에 보내 명령을 처리하도록 지시하는 장치를 말한다. 제어장치는 기억 레지스터, 명령 레지스터, 번지 레지스터, 명령계수기, 명령해독기, 번지해독기 등으로 구성되어 있다.
- 연산장치 : 사칙연산을 수행하는 산술연산과 비교, 판단 등의 논리연산을 수행하는 장치를 말한다. 연산장치는 누산기, 데이터 레지스터, 가산기, 상태 레지스터 등으로 구성되어 있다.

② 주기억장치(Main Memory) : 프로그램과 데이터를 저장하는 기능을 수행한다.

(2) 주변장치

① 입력장치(Input) : 외부 데이터를 컴퓨터 내부로 보내어 주기억장치에 기억시키는 장치를 말한다.

예 키보드, 마우스, 마이크, 트랙볼, 터치패드, 터치스크린, 조이스틱, 스캐너, 태블릿, 라이트펜(광전펜), 카드 리더기, BCR(바코드 판독기), OMR(광학마크판독기), OCR(광학문자판독기), MICR(자기잉크문자판독기) 등

② 출력장치(Output) : 처리된 데이터를 사용자(User)가 이해할 수 있는 형태로 외부에 보여주는 장치를 말한다.

예 모니터, 평판 디스플레이, 프린터, 플로터, 컴퓨터 출력 마이크로필름 등

③ 보조기억장치 : 주기억장치의 휘발성과 용량 부족을 해결하기 위한 외부 기억장치를 말한다.

예 하드디스크, 자기디스크, 광디스크(CD), 플로피디스크, 플래시메모리, 자기테이프, 데이터 셀 등

2. 소프트웨어(Software)

(1) 시스템 소프트웨어(System Software)

각종 자료를 처리할 때 그 운영을 통제하고 제어해 주는 소프트웨어로 대표적인 것으로 운영체제(Operating System)가 있고, 프로그램을 개발할 때 사용되는 처리프로그램도 포함된다.

예 유닉스(UNIX), 리눅스(LINUX), 윈도우즈(Windows), 컴파일러(Compiler), 링커(Linker), 로더(Loader) 등

(2) 응용 소프트웨어(Application Software)

① 넓은 의미로는 운영체제(OS) 위에서 실행되는 모든 소프트웨어를 뜻하고(넓은 의미에서는 컴파일러나 링커도 응용 소프트웨어에 포함됨), 좁은 의미로는 운영체제(OS) 위에서 사용자가 직접 사용하게 되는 소프트웨어를 뜻한다(좁은 의미에서는 컴파일러나 링커는 응용 소프트웨어에 포함되지 않음).

② 응용 소프트웨어는 사용자가 업무 수행을 위해 사용하는 패키지(제품군) 프로그램 및 사용자가 직접 작성한 프로그램을 말한다.

예 MS-OFFICE(워드프로세서, 스프레드시트, 데이터베이스, 프리젠테이션), 웹브라우저, 그래픽 프로그램 등

3. 펌웨어(Firmware)

컴퓨팅과 공학 분야에서 특정 하드웨어 장치(메인보드 등)에 포함된 소프트웨어로, 소프트웨어를 읽어 실행하거나, 수정되는 것도 가능한 장치를 뜻한다. 한마디로 펌웨어는 하드웨어와 소프트웨어의 중간적 성격을 지닌다. 펌웨어는 ROM이나 PROM에 저장되며, 하드웨어보다는 교환하기가 쉽지만, 소프트웨어보다는 어렵다.

예 BIOS(기본입출력시스템)

기출 Point

- **다음 중 시스템 소프트웨어로 알맞지 않은 것은?**
  - → 윈도우 XP
  - → 리눅스
  - → 워드프로세서(×)
  - → 컴파일러

▶ 워드프로세서는 시스템 소프트웨어가 아닌 응용 소프트웨어에 해당한다.

02 컴퓨터의 특성과 기능

1. 컴퓨터의 특성(컴퓨터가 정보사회의 유용한 도구인 이유)

① **신속성** : 입출력(I/O) 및 연산 속도가 빠르며 신속하다.
② **정확성** : 입력 자료가 올바르면 정확하게 처리한다.
③ **대용량성(대량성)** : 많은 양의 자료를 기억 · 처리할 수 있다.
④ **자동성** : 프로그램에 의해 자동적으로 일을 수행한다.
⑤ **범용성** : 여러 가지 업무 처리에 효율적으로 사용할 수 있다.
⑥ **저장성** : 보조기억장치를 이용하여 대량의 자료를 저장할 수 있다.
⑦ **호환성** : 다른 컴퓨터나 매체에서 작성한 자료도 공유하여 처리할 수 있다.
⑧ **신뢰성** : 첨단 기술로 제작된 컴퓨터는 실수가 거의 없으며, 매우 신뢰성이 높은 결과를 산출한다.
⑨ **다양성** : 컴퓨터는 숫자, 문자, 그림, 소리, 동영상 등 다양한 종류의 자료를 처리할 수 있다.
⑩ **공유성** : 통신망으로 연결된 컴퓨터는 시간과 공간의 제약을 초월하여 전 세계의 정보를 많은 사람들이 서로 공유하게 해준다.

2. 컴퓨터의 기능

① **입력 기능** : 키보드와 마우스 등의 입력장치를 이용하여 프로그램이나 데이터를 컴퓨터 내부로 읽어 들이는 기능을 말한다.
② **기억 기능** : 입력된 프로그램이나 데이터를 주기억장치에 저장시키는 기능을 말한다.
③ **연산 기능** : 주기억장치에 기억되어 있는 프로그램이나 데이터를 이용하여 비교, 산술 및 논리 연산을 실행하는 기능을 말한다.
④ **제어 기능** : 컴퓨터의 각 장치들이 유기적으로 동작할 수 있도록 제어하는 기능을 말한다.
⑤ **출력 기능** : 처리된 결과를 프린터나 모니터 화면으로 숫자, 문자, 도형 등 여러 가지 형태로 출력하는 기능을 말한다.

기출 Point

- **다음 중 컴퓨터의 기능이라 할 수 없는 것은?**
  → 제어 기능　　→ 창조 기능(×)
  → 연산 기능　　→ 기억 기능

03 컴퓨터의 분류

1. 컴퓨터의 세대별 분류

구 분	논리회로	계산속도	적용분야	특 징
제1세대 (1946~1958)	진공관	ms(milli) : 10^{-3}초	통계, 집계	• 부피 큼 • 많은 비용 • 짧은 수명 • 많은 전력 소모
제2세대 (1959~1963)	트랜지스터	μs(micro) : 10^{-6}초	생산 관리	• 신뢰성 증대 • 전력 소모 감소 • 기억 용량 증대 • 운영 체제(OS)
제3세대 (1964~1970)	집적회로	ns(nano) : 10^{-9}초	예측 및 의사 결정	• 주변 장치 고속화 • 각 장치의 호환성 • 연산 속도 고속화
제4세대 (1971~1990)	• 고밀도 집적회로 • 초고밀도 집적회로	ps(pico) : 10^{-12}초	경영 정보	• 데이터베이스 활용 • PC의 대중화 • 컴퓨터 네트워크 개발
제5세대 (1990년 이후)	• 초고밀도 집적회로 • 인공 지능	fs(femto) : 10^{-15}초	문제 해결 추론 시스템	• 최소형화 • 고성능 단말기 개발 • 대규모 종합 컴퓨터 네트워크

2. 데이터 취급 방법에 의한 분류

① 아날로그 컴퓨터(Analog Computer) : 길이, 무게, 전압, 전류, 온도 등 연속적인 물리량을 처리하는 데 사용되는 컴퓨터이다.

② 디지털 컴퓨터(Digital Computer) : 숫자나 문자 등 불연속적인(이산적인) 디지털 데이터를 처리하는 데 사용되는 컴퓨터이다.

③ 하이브리드 컴퓨터(Hybrid Computer) : 디지털과 아날로그의 장점만을 취한 컴퓨터이다.

3. 컴퓨터의 종류

① 모바일 컴퓨터(Mobile Computer) : 손목시계와 같이 언제 어디서나 무선으로 정보를 얻을 수 있는 컴퓨터

② 랩톱 컴퓨터(Laptop Computer) : 무릎 위에 올려놓고 사용하는 컴퓨터

③ 팜톱 컴퓨터(Palmtop Computer) : 손바닥 위에 올려놓고 사용하는 초소형 컴퓨터

④ 임베디드 시스템(Embedded System, 내장형 시스템) : 시스템을 동작시키는 소프트웨어를 하드웨어에 내장하여 미리 정해진 특정 목적(용도)을 위해 만들어진 컴퓨터 시스템이다. 일반적으로 실시간 제약(Real-time Constraints)을 갖는 경우가 많으며, 휴대전화기, PDA, 게임기 등도 임베디드 시스템이라 할 수 있다.

기출 Point

- **임베디드 시스템(Embedded System)에 대한 설명으로 옳지 않은 것은?**

→ 제품에 내장되어 있는 컴퓨터 시스템으로 일반적으로 범용보다는 특정 용도에 사용되는 컴퓨터 시스템이라 할 수 있다.
→ 일반적으로 실시간 제약(Real-time Constraints)을 갖는 경우가 많다.
→ 휴대전화기, PDA, 게임기 등도 임베디드 시스템이라 할 수 있다.
→ 일반적으로 임베디드 소프트웨어는 하드웨어와 밀접하게 연관되어 있지 않다(×).
▶ 임베디드 소프트웨어는 하드웨어에 내장되므로 하드웨어와 밀접하게 연관되어 있다.

04 불 대수의 기본 법칙

1. 불 대수(Boolean Algebra)의 기본 법칙

불 대수는 논리회로를 분석하고 수학적으로 그 연산을 표현하고자 사용하는 대수식(직접 숫자를 입력하지 않고, A, B와 같은 문자를 사용하여 방정식을 푸는 방법)으로 논리 대수라고도 한다.

① 교환 법칙 : $A+B=B+A$, $A \cdot B=B \cdot A$

② 결합 법칙 : $(A+B)+C=A+(B+C)$, $(A \cdot B) \cdot C=A \cdot (B \cdot C)$

③ 배분 법칙 : $A \cdot (B+C)=(A \cdot B)+(A \cdot C)$, $A+(B \cdot C)=(A+B) \cdot (A+C)$

④ 부정 법칙 : $\overline{\overline{A}}=A$

⑤ 누승 법칙(유일 법칙) : $A+A=A$, $A \cdot A=A$

⑥ 흡수 법칙 : $\underline{A}+A \cdot B=A$, $A \cdot (A+B)=A$

⑦ 항등 법칙 : $A+0=A$, $A \cdot 1=A$

⑧ 보수 법칙 : $A+\overline{A}=1$, $A \cdot \overline{A}=0$

⑨ 드모르간 법칙 : $\overline{A+B}=\overline{A} \cdot \overline{B}$, $\overline{A \cdot B}=\overline{A}+\overline{B}$

2. 논리 게이트(Logic Gate)

게이트	기 호	의 미	진리표	논리식
AND	A, B → AND → Y	입력신호가 모두 1일 때만 1 출력	A B Y 0 0 0 0 1 0 1 0 0 1 1 1	Y=A · B Y=AB
OR	A, B → OR → Y	입력신호 중 1개만 1이어도 1 출력	A B Y 0 0 0 0 1 1 1 0 1 1 1 1	Y=A+B
NOT	A → NOT → Y	입력신호를 반대로 변환하여 출력	A Y 0 1 1 0	Y=A' $Y=\overline{A}$
BUFFER	A → BUFFER → Y	입력신호를 그대로 출력	A Y 0 0 1 1	Y=A
NAND	A, B → NAND → Y	NOT+AND, 즉, AND의 부정	A B Y 0 0 1 0 1 1 1 0 1 1 1 0	$Y=\overline{A \cdot B}$ $Y=\overline{AB}$ $Y=\overline{A}+\overline{B}$
NOR	A, B → NOR → Y	NOT+OR, 즉, OR의 부정	A B Y 0 0 1 0 1 0 1 0 0 1 1 0	$Y=\overline{A+B}$ $Y=\overline{A} \cdot \overline{B}$
XOR	A, B → XOR → Y	입력신호가 같으면 0, 다르면 1 출력	A B Y 0 0 0 0 1 1 1 0 1 1 1 0	$Y=A \oplus B$ Y=A'B+AB' Y=(A+B)(A'+B') Y=(A+B)(AB)'

기출 Point

• **논리 연산식 AB+AB' +A' B를 간소화하면?**
→ A+B
▶ AB+AB' +A' B=A(B+B')+A' B=A+A' B=(A+A')(A+B)=A+B

05 논리회로

1. 조합논리회로(Combination Logical Circuit)

① 조합논리회로는 입력에 의해서만 출력이 결정되고 입력, 논리 게이트, 출력으로 구성되며 기억 능력이 없는 것이 특징이다.

② 조합논리회로는 출력신호가 입력신호에 의해 결정되는 회로로서 기억 소자는 포함하지 않으므로 기억 능력이 없다. 입력 조합에 관계없이 현재의 입력 조합에 의하여 출력이 직접 결정되는 논리 게이트로 구성된다.

③ 조합논리회로가 적용되는 것에는 반가산기(Half Adder), 전가산기(Full Adder), 반감산기(Half Subtracter), 전감산기(Full Subtracter), 해독기(Decoder), 인코더(Encoder, 부호기), 멀티플렉서(Multiplexer, MUX), 디멀티플렉서(Demultiplexer), 연산기(ALU), ROM(Read Only Memory) 등이 있다.

2. 순서논리회로(Sequential Logical Circuit)

① 순서논리회로는 플립플롭(Flip-flop, F/F, 기억회로)과 게이트(조합논리회로)로 구성되며, 출력은 외부 입력과 플립플롭의 현재 상태에 의해서 결정되는 논리회로로서 출력신호의 일부가 입력으로 피드백(Feedback)되어 출력신호에 영향을 준다.

② 순서논리회로는 기억 능력이 있는 것이 특징이며, 설계 과정이 복잡하고 고장 수리가 용이하지 않으나 처리속도가 빠르다.

③ 순서논리회로는 출력신호가 입력신호와 이 입력신호가 가해지기 바로 직전의 상태, 즉 현재의 상태에 의해서 결정되는 회로를 말한다. 따라서 순서논리회로에서는 다음 상태가 결정되기 위해 현재의 상태를 기억하고 있어야 하므로 기억 소자를 갖고 있다. 기본회로는 플립플롭이며, 플립플롭을 응용한 응용회로에는 레지스터(Register), 카운터(Counter), RAM 등이 있다.

④ **플립플롭(Flip-flop, F/F)** : 1비트(Bit)의 정보를 기억할 수 있는 순서논리회로를 말한다.

⑤ **레지스터(Register)** : 여러 개의 플립플롭을 이용하여 n비트(bit)의 정보를 기억하는 회로를 말한다.

기출 Point

• 순서논리회로(Sequential Logical Circuit)에 해당하지 않는 것은?
→ RAM → 레지스터(Register)
→ 플립플롭(Flip-flop) → 디멀티플렉서(×)

06 수의 표현

1. 진수 표현

우리가 일상에서 사용하는 진수는 0~9의 십진수(Decimal Number)이지만, 컴퓨터는 0과 1만으로 표현하는 2진수(Binary Number)를 사용한다.

2. 각 진수에서의 수의 표현

10진수	2진수	8진수	16진수	10진수	2진수	8진수	16진수
1	1	1	1	11	1011	13	B
2	10	2	2	12	1100	14	C
3	11	3	3	13	1101	15	D
4	100	4	4	14	1110	16	E
5	101	5	5	15	1111	17	F
6	110	6	6	16	10000	20	10
7	111	7	7	17	10001	21	11
8	1000	10	8	18	10010	22	12
9	1001	11	9	19	10011	23	13
10	1010	12	A	20	10100	24	14

3. 진법 변환

(1) 10진수를 다른 진수로 변환

① **정수의 변환** : 10진수를 해당 진수(2, 8, 16 등)로 나누어 몫이 0이 될 때까지 계속한다. 나머지를 맨 아래부터 거꾸로 기술한 것이 해당 진수로 표현한 값이다.

② **소수의 변환** : 10진수의 소수부분 값이 0이 될 때까지 변환을 원하는 진수(2, 8, 16 등)로 곱해주면서 소수점 위로 올라오는 정수를 순서대로 표현한 값이다.

예 10진수 461.25(10)를 16진수로 표현하면,

㉠ 정수 부분의 변환

```
16 | 461
16 | 28    … 13(D)
16 | 1     … 12(C)
     0     … 1
```

㉡ 소수 부분의 변환

```
  0.25
× 16
  4.00
```

461.25(10) = 1CD.4(16)

기출 Point

- **10진수 461(10)을 16진수로 나타낸 값으로 맞는 것은?**

→ 1CD(16)

▶
```
16 | 461
16 | 28    … 13(D)
16 | 1     … 12(C)
     0     … 1
```

(2) 2진수, 8진수, 16진수의 상호 변환

① **2진수와 16진수의 상호 변환** : 소수점을 기준으로 2진수를 4자리씩 끊어서 16진수 1자리로 보고 변환한다.

② **2진수와 8진수의 상호 변환** : 소수점을 기준으로 2진수를 3자리씩 끊어서 8진수 1자리로 보고 변환한다.

③ **8진수와 16진수의 상호 변환** : 직접적인 변환은 안 되고, 8진수(16진수)를 2진수로 변환한 후에, 2진수를 16진수(8진수)로 변환한다.

기출 Point

- **16진수 1D.A8을 8진수로 옳게 변환한 것은?**

→ 35.52(8)

▶ 16진수를 2진수로 변환한 후, 2진수를 다시 8진수로 변환한다.

- 1D.A8을 2진수 4자리씩 표현하면, 0001/1101.1010/1000
- 소수점을 기준으로 3자리씩 나누면, 00/011/101.101/010/00 = 35.52(8)

07 보 수

1. 보수(Complement)

① 일반적으로 "Complement"는 보완, 보충이라는 뜻이고, 컴퓨터에서 보수(Complement)는 "채움수"라고 하여 합쳐서(채워서) 어떤 수(10진수에서 9, 10)가 되는 수를 말한다.

② 컴퓨터에서는 보수를 이용하여 음수를 표현할 수 있으며, 보수를 이용하면 뺄셈 연산을 덧셈 연산으로 구할 수 있다.

③ 예컨대, 4라는 숫자에 대한 10의 보수는 4와 합쳐서 10이 되는 수로, 여기에서는 6이 되고, 4라는 숫자에 대한 9의 보수는 같은 원리로 4와 합쳐서 9가 되는 수를 말하므로 5가 된다.

2. r의 보수(r은 진수)

① 10진수에는 10의 보수가 있고, 2진수에는 2의 보수가 있다.

② 보수를 구할 숫자의 자리 수만큼 0을 채우고 가장 왼쪽에 1을 추가하여 기준을 만든다.

예 45의 10의 보수는?

45+X=100 → X=100−45 → X=55

예 11101의 2의 보수는?

11101+X=100000 → X=100000−11101 → X=00011

③ 다른 방법으로는 r−1의 보수를 구한 후, 그 값에 1을 더하는 방법이 있다.

3. r−1의 보수(r은 진수)

① 10진수에는 9의 보수가 있고, 2진수에는 1의 보수가 있다.

② 10진수 X에 대한 9의 보수는 주어진 숫자의 자리 수만큼 9를 채워 기준을 만든다.

예 45의 9의 보수는?

45+X=99 → X=99−45 → X=54

③ 2진수 X에 대한 1의 보수는 주어진 숫자의 자리 수만큼 1을 채워 기준을 만든다.

예 11101의 1의 보수는?

11101+X=11111 → X=11111−11101 → X=00010

기출 Point

• 2진수 0001101의 2의 보수(Complement)는?

→ 1110011

▶ 1의 보수를 구한 후, 1을 더하면 2의 보수가 된다. 2진수의 1의 보수는 각 자리 수마다 1이면 0으로, 0이면 1로 변환한다. 2진수 0001101의 1의 보수는 1110010이다. 여기에 2의 보수를 구하면 1을 더하면 된다. 따라서 2진수 0001101의 2의 보수는 1110011이다.

08 고정 소수점 표현

1. 고정 소수점 표현

① 수의 표현 방법에는 고정 소수점 표현, 부동 소수점 표현, 10진 표현이 있다.

② 비트(Bit)들의 좌측이나 우측의 고정된 위치에 소수점을 가지고 표현되는 수를 고정 소수점 수 또는 정수라고 한다.

2. 고정 소수점 수에서 음수 표현 방식

① **부호화 절대치(Signed Magnitude)** : 맨 앞의 비트(Bit) 하나를 사용해서 비트가 0이면 양수로, 비트가 1이면 음수로 나타내는 방식이다. 두 가지 형태의 0이 존재한다(+0, −0).

② **부호화된 1의 보수(Signed 1's Complement)** : 임의의 양수 값이 있다면 양수 값의 1의 보수 값을 그 값의 음수 값으로 사용하는 방식이다. 두 가지 형태의 0이 존재한다(+0, −0).

③ **부호화된 2의 보수(Signed 2's Complement)** : 임의의 양수 값이 있다면 양수 값의 2의 보수 값을 그 값의 음수 값으로 사용하는 방식이다. 한 가지 형태의 0만 존재한다(+0).

3. 표현 범위

종 류	부호화 절대치	부호화된 1의 보수	부호화된 2의 보수
범위(n비트)	$-(2^{n-1}-1)\sim 2^{n-1}-1$	$-(2^{n-1}-1)\sim 2^{n-1}-1$	$-(2^{n-1})\sim(2^{n-1}-1)$
0의 표현(8비트)	+0 : 0000 0000 −0 : 1000 0000 0이 2가지 존재(+0, −0)	+0 : 0000 0000 −0 : 1111 1111 0이 2가지 존재(+0, −0)	+0 : 0000 0000 0이 1가지만 존재(+0)
n=8	−127~127	−127~127	−128~127

기출 Point

• "부호화 2의 보수 표현방법은 영(0)이 하나만 존재한다."는 옳은 내용인가?
→ 옳다.
▶ 부호와 절대치, 부호화된 1의 보수는 0이 두 가지 존재하지만, 부호화된 2의 보수는 0이 하나만 존재한다.

09 기타 코드

1. 코드의 정리

구 분	코드 종류
가중치 코드	BCD 코드(8421 코드), 2421 코드, 5421 코드, 51111 코드, 74$\overline{2}\overline{1}$ 코드, 84$\overline{2}\overline{1}$ 코드, Ring Counter 코드, Biquinary 코드 등
비가중치 코드	Excess-3 코드(3초과 코드), 그레이 코드, 2-Out-of-5 코드, 3-Out-of-5 코드 등
자기 보수 코드	Excess-3 코드(3초과 코드), 2421 코드, 5211 코드, 51111 코드, 84$\overline{2}\overline{1}$ 코드 등
에러 검출 코드	패리티 비트 코드, 해밍 코드, Biquinary 코드, Ring Counter 코드, 2-Out-of-5 코드, 3-Out-of-5 코드 등
에러 수정 코드	해밍 코드

2. 가중치 코드(Weight Code)

(1) 가중치 코드의 개념

가중치 코드란 2진수를 코드화했을 때 각각의 비트마다 일정한 크기의 값을 갖는 코드를 의미하며 연산에 이용된다.

(2) BCD 코드(8421 코드)

① 10진수 1자리의 수를 2진수 4비트(Bit)로 표현하는 2진화 10진 코드이다.
② 4비트(Bit)의 2진수 각 비트가 8(2^3), 4(2^2), 2(2^1), 1(2^0)의 자리 값을 가지므로 8421 코드라고도 한다.
③ 대표적인 가중치 코드이다.
④ 문자코드인 BCD에서 Zone 부분을 생략한 형태이다.
⑤ 10진수 입출력이 간편하다.

(3) 2421 코드

① 각 자리 수의 가중치가 2, 4, 2, 1인 가중치 코드이다.
② 자기 보수(자보수, Self Complement)의 성질이 있다.

3. 비가중치 코드(Unweight Code)

(1) 비가중치 코드의 개념

비가중치 코드란 2진수를 코드화했을때 각각의 비트마다 일정한 크기의 값이 없는 코드를 의미하며 연산에는 적합하지 않다.

(2) Excess-3 코드(3초과 코드)

① BCD+3, 즉 BCD 코드에 십진수 3(이진수 0011)을 더하여 만든 코드이다.
② 대표적인 자기 보수 코드이다.
③ 8421 코드의 연산을 보정하기 위해서 만든 코드이다.

(3) Gray 코드

① BCD 코드에 인접하는 비트를 XOR 연산하여 만든 코드이다.
② 입출력장치, D/A변환기, 주변장치 등에서 숫자를 표현할 때 사용한다.
③ 1비트(Bit)만 변화시켜 다음 수치로 증가시키기 때문에 하드웨어적인 오류가 적다.
④ 아날로그 정보를 디지털 정보로 변환하는 데 사용된다.

4. 에러 검출 코드

(1) 패리티 체크 코드(Parity Check Code)

① 코드의 오류를 검사하기 위해서 데이터 비트 외에 1Bit의 패리티 체크 비트를 추가하는 것으로 1Bit의 오류만 검출할 수 있고, 2Bit 이상의 오류는 검출할 수 없다.
② 패리티 코드는 오류를 검출할 수는 있지만, 오류를 수정(교정)할 수는 없다.
③ **홀수 패리티(Odd Parity)** : 코드에서 1의 개수가 홀수가 되도록 0이나 1을 추가한다.
④ **짝수 패리티(Even Parity)** : 코드에서 1의 개수가 짝수가 되도록 0이나 1을 추가한다.

(2) 해밍 코드(Hamming Code)

① 오류를 스스로 검출할 수 있을 뿐만 아니라 오류를 수정(교정)할 수 있는 코드이다.
② 1Bit의 오류만 교정할 수 있다.
③ 데이터 비트 외에 에러 검출 및 교정을 위한 잉여 비트가 많이 필요하다.
④ 해밍코드 중 1, 2, 4, 8, 16 …… 2^n번째 비트는 오류 검출을 위한 패리티 비트이다.

기출 Point

• 다음은 자료의 표현과 관련된 설명이다. 옳은 것을 모두 고른 것은?

ㄱ. 2진수 0001101의 2의 보수(Complement)는 1110011이다.
ㄴ. 부호화 2의 보수 표현방법은 영(0)이 하나만 존재한다.
ㄷ. 패리티(Parity) 비트로 오류를 수정할 수 있다.
ㄹ. 해밍(Hamming) 코드로 오류를 검출할 수 있다.

→ ㄱ, ㄴ, ㄹ

▶ 패리티(Parity) 비트는 오류를 검출할 수는 있지만, 오류를 수정(교정)할 수는 없다. 반면, 해밍 코드는 오류를 검출할 수 있을 뿐만 아니라 오류를 수정할 수도 있다.

10 해밍 코드의 에러 체크 및 수정

1. 해밍 코드(Hamming Code)의 구성

① 2진수 1011을 짝수 패리티로 해밍 코드를 구성하고자 하면 다음과 같이 패리티 비트 자리(2^0, 2^1, 2^2, 2^3, …)에 각각의 체크 위치에서 1의 비트가 짝수 개가 되도록 구성하여 해밍 코드를 생성한다. 패리티 비트가 들어가는 자리는 1(2^0)의 자리, 2(2^1)의 자리, 4(2^2)의 자리이다. 나머지에는 정보 비트들인 1011이 들어가도록 한다.

1의 자리	2의 자리	3의 자리	4의 자리	5의 자리	6의 자리	7의 자리
H	H	1	H	0	1	1

② 1의 자리 패리티 비트를 결정하기 위해서는 1비트만큼씩을 포함하고 1비트씩 건너뛴 1, 3, 5, 7, … 비트가 대상이 된다(하나씩 건너뛰면서 하나씩 체크한다). 짝수 패리티인 경우에는 아래 ✔ 된 부분들 중 1의 비트수가 짝수 개가 되도록 하고, 홀수 패리티인 경우에는 아래 ✔ 된 부분들 중 1의 비트수가 홀수 개가 되도록 한다. 짝수 패리티라고 했으므로 1번 패리티 비트는 0이 된다.

1의 자리	2의 자리	3의 자리	4의 자리	5의 자리	6의 자리	7의 자리
H	H	1	H	0	1	1
H✔		1✔		0✔		1✔

③ 2의 자리 패리티 비트를 결정하기 위해서는 2비트만큼씩을 포함하고 2비트씩 건너뛴 2, 3, 6, 7, … 비트가 대상이 된다(두 개씩 건너뛰면서 두 개씩 체크한다). 짝수 패리티라고 했으므로 2번 패리티 비트는 1이 되어야 짝수 개가 된다.

1의 자리	2의 자리	3의 자리	4의 자리	5의 자리	6의 자리	7의 자리
0	H	1	H	0	1	1
	H✔	1✔			1✔	1✔

④ 4의 자리 패리티 비트를 결정하기 위해서는 4비트만큼씩을 포함하고 4비트씩 건너뛴 4, 5, 6, 7, … 비트가 대상이 된다(네 개씩 건너뛰면서 네 개씩 체크한다). 짝수 패리티라고 했으므로 4번 패리티 비트는 0이 된다.

1의 자리	2의 자리	3의 자리	4의 자리	5의 자리	6의 자리	7의 자리
0	1	1	H	0	1	1
			H✔	0✔	1✔	1✔

⑤ 결국 2진수 1011을 짝수 패리티로 해밍 코드를 구성하면 0110011이 된다.

기출 Point

- **BCD 코드 1001을 짝수 패리티의 해밍 코드(Hamming Code)로 구성하면?**

  → 0011001

  ▶ 요점은 패리티 비트의 자리가 1, 2, 4, 8, … 이라는 점이다. 주어진 숫자들을 나머지 부분에 배치하고 정해진 공식에 따라 문제를 푼다.

  - 오류 검출을 위한 패리티 비트가 들어가는 자리는 1(2^0)의 자리, 2(2^1)의 자리, 4(2^2)의 자리이다. 나머지에는 1001이 들어가도록 한다.

H	H	1	H	0	0	1

  - 1번 비트를 결정하기 위해서 3, 5, 7번 비트를 이용하여 1의 비트수가 짝수 개가 되도록 한다. 3번 비트는 1, 5번 비트는 0, 7번 비트는 1이므로 현재 1의 비트수가 2로 짝수 개가 되어 있으므로 1번 비트는 0으로 맞춘다.

0	H	1	H	0	0	1

  - 2번 비트를 결정하기 위해서 3, 6, 7번 비트를 이용하여 1의 비트수가 짝수 개가 되도록 한다. 3번 비트는 1, 6번 비트는 0, 7번 비트는 1이므로 현재 1의 비트수가 2로 짝수 개가 되어 있으므로 2번 비트는 0으로 맞춘다.

0	0	1	H	0	0	1

  - 4번 비트를 결정하기 위해서 5, 6, 7번 비트를 이용하여 1의 비트수가 짝수 개가 되도록 한다. 5번 비트는 0, 6번 비트는 0, 7번 비트는 1이므로 현재 1의 비트수가 1로 홀수 개가 되어 있으므로 4번 비트는 1로 맞춘다.

0	0	1	1	0	0	1

2. 해밍 코드로 전달된 코드의 오류 검출 및 수정

① 짝수 패리티 비트의 해밍 코드로 0011011을 받았을 때 오류가 수정된 정확한 코드를 구하는 문제를 풀어보자.

② 여기서 패리티 비트는 데이터에 포함된 1의 개수가 짝수인가 홀수인가를 나타낸다.

③ 짝수 패리티 비트인 경우, 1의 개수가 홀수이면 패리티 비트를 1로 생성하고, 1의 개수가 짝수이면 패리티 비트를 0으로 생성한다. 즉, 0은 정상이고, 1은 비정상이다.

④ 홀수 패리티 비트인 경우, 1의 개수가 홀수이면 패리티 비트를 0으로 생성하고, 1의 개수가 짝수이면 패리티 비트를 1로 생성한다. 즉, 0은 정상이고, 1은 비정상이다.

⑤ 착오 체크 비트가 전부 0인 경우에는 정상적으로 전달된 것이고 하나라도 1이 있는 경우는 착오가 발생한 경우이다.

⑥ 착오가 발생한 위치를 찾아 교정하려는 경우에는 2진수로 계산하여 위치를 찾아 교정하면 된다.

기출 Point

- **짝수 패리티 비트의 해밍 코드로 0011011을 받았을 때 오류가 수정된 정확한 코드로 옳은 것은?**
  → 0011001

▶ 착오 체크 비트를 먼저 구한 후, 이진수인 그 값을 10진수로 변환한다.

- 오류 검출을 위한 패리티 비트가 들어가는 자리는 1(2^0)의 자리, 2(2^1)의 자리, 4(2^2)의 자리이다.

0	0	1	1	0	1	1

- 1번 비트는 0, 1, 0, 1이고, 1의 값이 짝수 개이므로 패리티 비트를 0으로 생성한다. … 2^0의 자리
- 2번 비트는 0, 1, 1, 1이고, 1의 값이 홀수 개이므로 패리티 비트를 1로 생성한다. … 2^1의 자리
- 4번 비트는 1, 0, 1, 1이고, 1의 값이 홀수 개이므로 패리티 비트를 1로 생성한다. … 2^2의 자리
- 착오 체크 비트는 $110_{(2)}=6_{(10)}$ 즉 6의 자리에 오류가 있고, 1을 0으로 바꾼다.

11 마이크로 연산

1. 마이크로 연산(Micro Operation, 마이크로 동작)의 개요

① CPU에서 발생시키는 한 개의 클럭 펄스(Clock Pulse) 동안 실행되는 기본 동작을 말한다.

② 명령어(Instruction)를 수행하기 위해 CPU에 있는 레지스터와 플래그가 의미 있는 상태 변환을 하도록 하는 동작을 말한다.

③ 한 개의 명령어(Instruction)는 여러 개의 마이크로 연산이 동작되어 실행된다.

④ 레지스터에 저장된 데이터에 의해 이루어지는 동작을 말한다.

⑤ 마이크로 연산의 순서를 결정하기 위하여 제어 장치가 발생시키는 신호를 제어 신호라 하고, CPU에서 발생시키는 제어 신호에 따라 마이크로 연산이 순서적으로 일어난다.
⑥ 시프트(Shift), 로드(Load) 등이 있다.

2. 마이크로 사이클 타임(Micro Cycle Time)

(1) 정 의

① 한 개의 마이크로 연산을 수행하는 데 걸리는 시간을 말한다.
② CPU 속도를 나타내는 척도로 사용된다.

(2) 동기 고정식(Synchronous Fixed)

① 모든 마이크로 오퍼레이션의 동작 시간이 같다고 가정하여 CPU Clock의 주기를 마이크로 사이클 타임과 같도록 정의하는 방식을 말한다.
② 모든 마이크로 오퍼레이션 중에서 수행시간이 가장 긴 마이크로 오퍼레이션의 동작 시간을 Micro Cycle Time으로 정한다.
③ 모든 마이크로 오퍼레이션의 동작 시간이 비슷할 때 유리한 방식이다.
④ **장점** : 제어기의 구현이 단순하다.
⑤ **단점** : CPU의 시간 낭비가 심하다.

(3) 동기 가변식(Synchronous Variable)

① 수행 시간이 유사한 마이크로 오퍼레이션끼리 그룹을 만들어, 각 그룹별로 서로 다른 마이크로 사이클 타임을 정의하는 방식을 말한다.
② 동기 고정식에 비해 CPU 시간 낭비를 줄일 수 있는 반면, 제어기의 구현은 조금 복잡하다.
③ 마이크로 오퍼레이션의 동작 시간이 차이가 날 때 유리하다(정수배).

(4) 비동기식(Asynchronous)

① 모든 마이크로 오퍼레이션에 대하여 서로 다른 마이크로 사이클 타임을 정의하는 방식을 말한다.
② CPU의 시간 낭비는 전혀 없으나, 제어기가 매우 복잡해지기 때문에 실제로는 거의 사용되지 않는다.

기출 Point

• **마이크로 연산(Operation)에 대한 설명으로 옳지 않은 것은?**
→ 한 개의 클럭 펄스 동안 실행되는 기본 동작이다.
→ 한 개의 마이크로 연산 수행시간을 마이크로 사이클 타임이라 부르며 CPU 속도를 나타내는 척도로 사용된다.
→ 하나의 명령어는 항상 하나의 마이크로 연산이 동작되어 실행된다(×).
→ 시프트(Shift), 로드(Load) 등이 있다.
▶ 한 개의 명령어(Instruction)는 여러 개의 마이크로 연산이 동작되어 실행된다.

12 메이저 상태(메이저 사이클)

1. 메이저 상태(Major State)의 개념

① 현재 CPU가 무엇을 하고 있는가를 나타내는 상태로 인출(Fetch), 간접(Indirect), 실행(Execute), 인터럽트(Interrupt) 등 4가지 상태가 있으며, 메이저 사이클(Major Cycle) 또는 머신 사이클(Machine Cycle)이라고도 한다.

② CPU는 메이저 상태의 4가지 과정을 반복적으로 거치면서 동작을 수행한다.

③ 메이저 상태는 F, R 플립플롭의 상태로 파악한다.

F 플립플로	R 플립플롭	메이저 상태
0	0	인출 주기(Fetch Cycle)
0	1	간접 주기(Indirect Cycle)
1	0	실행 주기(Execute Cycle)
1	1	인터럽트 주기(Interrupt Cycle)

2. 메이저 상태의 변화 과정

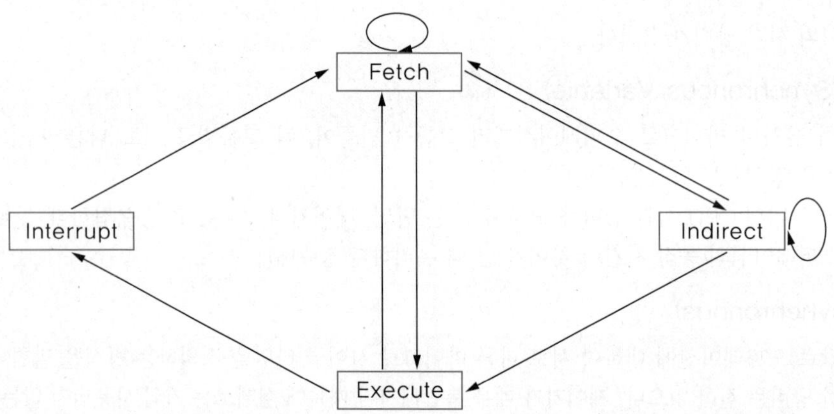

① 인출 주기(Fetch Cycle)가 완료되면 해독 결과에 따라 직접 주소이면 바로 실행 주기로 진행하고, 간접 주소이면 간접 주기를 거쳐 실행 주기로 진행한다.

② 실행 주기에서는 인터럽트 발생 여부에 따라 인터럽트가 발생했으면 인터럽트 주기로 진행하고 그렇지 않으면 인출 주기로 진행한다.

③ 인터럽트 주기에서는 항상 인출 주기로 진행한다.

3. 메이저 사이클의 마이크로 연산

(1) 인출 주기(Fetch Cycle)

① 명령어를 주기억장치에서 중앙처리장치의 명령 레지스터로 가져와 해독하는 주기를 말한다.

② PC(Program Counter)가 하나 증가되어 다음 명령어를 지시하는 주기이다.

제어신호	Micro Operation	의 미
C_0t_0	MAR ← PC	PC에 있는 번지를 MAR로 전송시킴
C_0t_1	MBR ← M[MAR] PC ← PC + 1	• 메모리에서 MAR이 지정하는 위치의 값을 MBR에 전송함 • 다음에 실행할 명령의 위치를 지정하기 위해 PC의 값을 1 증가시킴
C_0t_2	IR ← MBR[OP] I ← MBR[I]	• 명령어의 OP-code 부분을 명령 레지스터에 전송함 • 명령어의 모드비트를 플립플롭 I에 전송함
C_0t_3	F ← 1 또는 R ← 1	I가 0이면 F 플립플롭에 1을 전송하여 실행 단계로 변천하고, I가 1이면 R 플립플롭에 1을 전송하여 간접 단계로 변천함

기출 Point

• 다음에서 ㉠과 ㉡에 들어갈 내용이 올바르게 짝지어진 것은?

> 명령어를 주기억장치에서 중앙처리장치의 명령 레지스터로 가져와 해독하는 것을 (㉠) 단계라 하고, 이 단계는 마이크로 연산(Operation) (㉡)로 시작한다.

→ ㉠ 인출, ㉡ MAR ← PC

(2) 간접 주기(Indirect Cycle)

① 인출 단계에서 해석된 명령의 주소부가 간접주소인 경우 수행된다.

② 인출 단계에서 해석한 주소를 읽어온 후 그 주소가 간접주소이면 유효주소를 계산하기 위해 다시 간접 단계를 수행한다.

③ 간접 주소가 아닌 경우에는 명령어에 따라서 실행 단계 또는 인출 단계로 이동할지를 판단한다.

제어신호	Micro Operation	의 미
C_1t_0	MAR ← MBR[AD]	MBR에 있는 명령어의 번지 부분을 MAR에 전송함
C_1t_1	MBR ← M[MAR]	메모리에서 MAR이 지정하는 위치의 값을 MBR에 전송함
C_1t_2	No Operation	동작 없음
C_1t_3	F ← 1, R ← 0	F에 1, R에 0을 전송하여 실행 단계로 변천함

(3) 실행 주기(Execute Cycle)

① 인출 단계에서 인출하여 해석한 명령을 실행하는 단계이다.

② 플래그 레지스터의 상태 변화를 검사하여 인터럽트 단계로 변천할 것인지를 판단한다.

③ 인터럽트 요청신호를 나타내는 플래그 레지스터의 변화가 없으면 인출 단계로 변천한다.

④ ADD 연산을 수행하는 Execute 단계

제어신호	Micro Operation	의 미
C_2t_0	MAR ← MBR[AD]	MBR에 있는 명령어의 번지 부분을 MAR에 전송함
C_2t_1	MBR ← M[MAR]	메모리에서 MAR이 지정하는 위치의 값을 MBR에 전송함
C_2t_2	AC ← AC + MBR	누산기의 값과 MBR의 값을 더해 누산기에 전송함 ※ 실질적인 ADD 연산이 이루어는 부분임
C_2t_3	F ← 0 또는 R ← 1	F에 0을 전송하면 F=0, R=0이 되어 인출 단계로 변천하고, R에 1을 주면 F=1, R=1이 되어 인터럽트 단계로 변천함

(4) 인터럽트 주기(Interrupt Cycle)

① 인터럽트 발생 시 복귀주소(PC)를 저장시키고, 제어순서를 인터럽트 처리 프로그램의 첫 번째 명령으로 옮기는 단계이다.

② 인터럽트 단계를 마친 후에는 항상 인출 단계로 변천한다.

제어신호	Micro Operation	의 미
C_3t_0	MBR[AD] ← PC, PC ← 0	• PC가 가지고 있는, 다음에 실행할 명령의 주소를 MBR의 주소 부분으로 전송함 • 복귀 주소를 저장할 0번지를 PC에 전송함
C_3t_1	MAR ← PC, PC ← PC + 1	• PC가 가지고 있는, 값 0번지를 MAR에 전송함 • 인터럽트 처리 루틴으로 이동할 수 있는 인터럽트 벡터의 위치를 지정하기 위해 PC의 값을 1 증가시켜 1로 세트시킴

13 주요 명령의 마이크로 오퍼레이션

1. ADD : AC ← AC + M[AD]

제어신호		Micro Operation	의 미
C_2t_0		MAR ← MBR[AD]	MBR에 있는 명령어의 번지 부분을 MAR에 전송함
C_2t_1		MBR ← M[MAR]	메모리에서 MAR이 지정하는 위치의 값을 MBR에 전송함
C_2t_2		AC ← AC + MBR	누산기의 값과 MBR의 값을 더해 누산기에 전송함
C_2t_3	IEN'	F ← 0	F에 0을 전송하면 F=0, R=0이 되어 인출 단계로 변천함
	IEN	R ← 1	R에 1을 전송하면 F=1, R=1이 되어 인터럽트 단계로 변천함

2. LDA(Load to AC) : AC ← M[AD]

제어신호		Micro Operation	의 미
C_2t_0		MAR ← MBR[AD]	MBR에 있는 명령어의 번지 부분을 MAR에 전송함
C_2t_1		MBR ← M[MAR] AC ← 0	• 메모리에서 MAR이 지정하는 위치의 값을 MBR에 전송함 • AC에 0을 전송하여 AC를 초기화함
C_2t_2		AC ← AC + MBR	• 메모리에서 가져온 MBR과 AC를 더해 AC에 전송함 • 초기화된 AC에 더해지므로 메모리의 값을 AC로 불러오는 것과 같음
C_2t_3	IEN'	F ← 0	F에 0을 전송하면 F=0, R=0이 되어 인출 단계로 변천함
	IEN	R ← 1	R에 1을 전송하면 F=1, R=1이 되어 인터럽트 단계로 변천함

3. STA(Store to AC) : M[AD] ← AC

제어신호		Micro Operation	의 미
C_2t_0		MAR ← MBR[AD]	MBR에 있는 명령어의 번지 부분을 MAR에 전송함
C_2t_1		MBR ← AC	AC의 값을 MBR에 전송함
C_2t_2		M[MAR] ← MBR	MBR의 값을 메모리의 MAR이 지정하는 위치에 전송함
C_2t_3	IEN'	F ← 0	F에 0을 전송하면 F=0, R=0이 되어 인출 단계로 변천함
	IEN	R ← 1	R에 1을 전송하면 F=1, R=1이 되어 인터럽트 단계로 변천함

기출 Point

• **다음 마이크로 연산이 나타내는 동작은?**

MAR ← MBR(AD)
MBR ← AC
M ← MBR

→ Store to AC

4. BUN(Branch unconditionally)

BUN은 PC에 특정한 주소를 전송하여 실행 명령의 위치를 변경하는 무조건 분기 명령이다.

제어신호		Micro Operation	의 미
C_2t_0		PC ← MBR[AD]	MBR에 있는 명령어의 번지 부분을 PC에 전송함 ※ 다음에 실행할 명령의 주소를 갖는 PC의 값이 변경되었으므로 변경된 주소에서 다음 명령이 실행됨
C_2t_1		no Operation	동작 없음
C_2t_2		no Operation	동작 없음
C_2t_3	IEN'	F ← 0	F에 0을 전송하면 F=0, R=0이 되어 인출 단계로 변천함
	IEN	R ← 1	R에 1을 전송하면 F=1, R=1이 되어 인터럽트 단계로 변천함

14 기억장치의 분류와 관련 용어

1. 사용 용도에 따른 분류

주기억장치	반도체	RAM	SRAM, DRAM
		ROM	Mask ROM, PROM, EPROM, EEPROM
	자기 코어		
보조기억장치	DASD	자기 디스크, 자기 드럼, 하드 디스크, 플로피 디스크	
	SASD	자기 테이프	
특수기억장치	복수 모듈 기억장치(인터리빙), 연관 기억장치, 캐시 기억 장치, 가상 기억장치		

2. 특성에 따른 분류

전원 공급 유무	휘발성 메모리	RAM(SRAM, DRAM)
	비휘발성 메모리	ROM, Core, 보조기억장치(자기 디스크, 자기 테이프 등)
자료 보존 유무	파괴 메모리	Core
	비파괴 메모리	RAM, ROM, Disk, Tape 등 반도체 메모리
접근 방식	순차적 접근	자기 테이프
	직접 접근	자기 디스크, 자기 드럼, CD-ROM
시간의 흐름	정적 메모리	SRAM
	동적 메모리	DRAM

3. 기억장치에서 사용하는 용어

(1) 접근 시간(Access Time)

① 정보를 기억장치에 기억시키거나 읽어내는 명령이 있고 난 후부터 실제로 기억 또는 읽기를 하는 데 걸리는 시간을 말한다.

② ROM 접근 시간 : 정보를 기억장치에 기억시키거나 읽어내는 명령이 있고 난 후부터 실제로 기억 또는 읽기가 완료되는 데 소요되는 시간을 말한다.

③ 디스크 접근 시간 : 읽기 신호나 쓰기 신호를 접하고 나서 실제 데이터가 읽기, 쓰기를 완료하는 데 걸리는 시간을 의미하는 것으로, "탐색 시간+대기 시간+전송 시간"을 합쳐 적용한다.

(2) 사이클 시간(Cycle Time)

① 읽기 또는 쓰기 신호를 보내고 나서 다음 읽기 또는 쓰기 신호를 보낼 때까지의 시간을 말한다.
② 기억장치의 접근을 위하여 판독 신호를 내고 나서 다음 판독 신호를 낼 수 있을 때까지의 시간을 말한다.
③ DRAM 메모리는 재충전 시간이 필요하기 때문에 사이클 시간이 접근 시간보다 크다.
※ 반환 시간(Turnaround Time) : 임의의 시스템에 사용자가 수집한 자료를 입력해서 그것이 처리되어 사용자에게 그 결과가 되돌아올(Turnaround) 때까지 걸리는 시간을 말한다.

4. 계층 메모리

① 가격(고가≥저가) : 레지스터≥캐시 기억 장치≥주기억장치≥보조기억장치
② 속도(고속≥저속) : 레지스터≥캐시 기억 장치≥주기억장치≥보조기억장치
③ 용량(대용량≥소용량) : 보조기억장치≥주기억장치≥캐시 기억 장치≥레지스터

기출 Point

• **접근 시간(Access Time)이 빠른 순서부터 나열된 것은?**

ㄱ. CPU 레지스터	ㄴ. Cache
ㄷ. 자기 디스크	ㄹ. RAM

→ ㄱ, ㄴ, ㄹ, ㄷ
▶ 속도(고속≥저속) : 레지스터≥캐시 기억 장치≥주기억장치(RAM)≥보조기억장치(자기 디스크)

15 자기 코어 메모리

1. 자기 코어 메모리(Magnetic Core Memory)의 개념

① 전류 일치 기술에 의하여 기억 장소를 선별하는 기억장치이다.
② 비휘발성 메모리, 파괴성 판독 메모리(재저장 필요)이다.
③ 자기 코어의 중심을 통과하는 전선에 흐르는 전류가 오른 나사 법칙에 따라 1 또는 0으로 숫자화되어 기억된다.
④ 자기 드럼이나 자기 디스크보다 호출 속도가 매우 빠르다.
⑤ 사이클 시간(Cycle Time)이 기억장치의 접근 시간(Access Time)보다 항상 크거나 같다.

2. 파괴성 판독(Destructive Read Out)

① 데이터를 읽어내면서 원래의 데이터를 소거하는 판독 방법이다.

② 파괴성 판독 방법은 정보를 보존하려면 읽어낸 뒤 즉시 재기입하여야 하므로 사이클 시간(Cycle Time)이 접근 시간(Access Time)에 비해 크다.

3. 자기 코어 메모리의 구성

① X선, Y선, S선, Z선의 4개의 도선이 꿰어져 있으며, 이 선들을 사용해서 필요한 정보를 입출력한다.

② X선, Y선 : 구동선(Driving Wire)으로 코어를 자화시키기 위해 자화에 필요한 전력의 절반을 공급하는 도선이다.

③ S선 : 감지선(Sense Wire)으로 판독을 위해 구동선에 전력을 가했을 때 자장의 변화를 감지하여 0과 1의 저장 여부를 판단하는 선이다.

④ Z선 : 금지선(Inhibit Wire)으로 원하지 않는 곳의 자화를 방지하는 선이다.

기출 Point

• **기억장치에서 DRO(Destructive Read Out)의 성질을 갖고 있는 메모리는?**
→ 자기 코어 메모리

16 캐시 기억 장치

1. 캐시 기억 장치(Cache Memory)의 정의

① 캐시 기억 장치는 CPU와 주기억장치의 속도 차이를 극복하기 위해 CPU와 주기억장치 사이에 설치한 메모리로 CPU와 비슷한 액세스 속도를 가지고 있으며, 미리 데이터를 옮겨 놓고 버퍼 개념으로 사용하는 기억장치이다.

② CPU 속도와 메모리 속도의 차이를 줄이기 위해 사용하는 고속 Buffer Memory이다.

2. 캐시 기억 장치의 특징

① 캐시는 주기억장치와 CPU 사이에 위치하며, 가격이 비싸다.

② 캐시 메모리는 메모리 계층 구조에서 가장 빠른 소자이며, 처리속도가 거의 CPU 속도와 비슷할 정도이다.

③ 캐시를 사용하면 기억장치의 접근 시간이 줄어들기 때문에 컴퓨터의 처리 속도가 향상된다.

④ 캐시는 수십 Kbyte~수백 Kbyte의 용량을 사용한다.

⑤ 캐시는 CPU에서 실행 중인 프로그램과 데이터를 기억한다.

⑥ 캐시 접근시 충돌을 방지하기 위해 코드와 데이터를 분리해서 기억시키는 분리 캐시를 사용한다.

3. 캐시의 매핑 프로세스

(1) 직접 사상(Direct Mapping)

① 기억시킬 캐시 블록 결정 함수는 주기억장치의 블록 번호를 캐시 전체의 블록 수로 나눈 나머지로 결정한다.

② 캐시 블록 번호=주기억장치 블록 번호 MOD 캐시 전체의 블록 수

(2) 완전 연관 사상(Fully Associative Mapping)

① 주기억장치의 임의의 블록들이 어떠한 슬롯으로든 사상될 수 있는 방식이다.

② 메모리 워드의 번지와 데이터를 함께 저장하는 방식으로 캐시 블록이 꽉 채워진 경우이면 보통 라운드 로빈(Round Robin) 방식으로 메모리 워드 번지와 데이터를 교체하는 방식이다.

(3) 세트-연관 사상(Set-Associative Mapping, 집합-연관 사상)

① 직접 사상 방식과 연관 사상(Associative Mapping) 방식을 혼합한 방식이다.

② 직접 사상(Direct Mapping) 방식과 전체 연합 사상(Fully Associative Mapping) 방식의 장점을 취한 방식으로 캐시 블록을 몇 개의 블록으로 이루어진 세트(Set) 단위로 분리한 후 세트를 선택할 때는 직접 사상 방식을 따르고 세트 내에서 해당 블록을 지정할 때는 전체 연합 사상 방식을 따르는 방식이다.

4. 캐시 쓰기 정책(Cache Write Policy)

① Write Through 방식 : 캐시와 주기억장치를 같이 Write한다. 간단하지만 성능이 떨어진다.

② Write Back 방식 : Write 캐시 내용이 사라질 때 주기억장치에 Write한다. 메모리 접근 횟수가 적지만 회로가 복잡하다.

기출 Point

- **캐시 기억 장치(Cache Memory)에 대한 설명으로 알맞지 않은 것은?**
  → 직접 사상(Direct Mapping) 방식은 주기억장치의 임의의 블록들이 어떠한 슬롯으로든 사상될 수 있는 방식이다(×).
  → 세트-연관 사상(Set-Associative Mapping) 방식은 직접 사상 방식과 연관 사상(Associative Mapping) 방식을 혼합한 방식이다.
  → 슬롯의 수가 128개인 4-Way 연관 사상 방식인 경우 슬롯을 공유하는 주기억장치 블록들이 4개의 슬롯으로 적재될 수 있는 방식이다.
  → 캐시 쓰기 정책(Cache Write Policy)은 Write Through 방식과 Write Back 방식 등이 있다.
  ▶ 주기억장치의 임의의 블록들이 어떠한 슬롯으로든 사상될 수 있는 방식은 직접 사상 방식이 아니라 완전 연관 사상(Fully Associative Mapping) 방식이다.

17 RAID

1. RAID(Redundant Array of Inexpensive Disks)의 개념

① 여러 대의 하드디스크가 있을 때 동일한 데이터를 다른 위치에 중복해서 저장하는 방법을 말한다.
② 여러 개의 물리적인 HDD를 하나로 합쳐서 한 개의 논리적인 Volume 디스크로 사용하는 것을 말한다.

2. RAID의 목적

① 여러 개의 디스크 모듈을 하나의 대용량 디스크처럼 사용할 수 있도록 지원한다.
② 여러 개의 디스크 모듈에 데이터를 나누어서 한꺼번에 쓰고 한꺼번에 읽음으로써 IO 속도를 향상시킨다.
③ 중복 저장을 통해 여러 개의 디스크 중 하나 또는 그 이상의 디스크에 장애가 발생하더라도 데이터 소멸을 방지한다.

3. RAID의 종류

① RAID-0 : 디스크 스트라이핑(Disk Striping) 방식으로 중복 저장과 오류 검출 및 교정이 없는 방식이다.
② RAID-1 : 디스크 미러링(Disk Mirroring) 방식이며 높은 신뢰도를 갖는 방식이다.
③ RAID-2 : 해밍이라는 오류 정정 코드를 사용하는 방식으로 현재는 거의 쓰이지 않고 있다.
④ RAID-3 : 데이터를 비트(Bit) 단위로 여러 디스크에 분할하여 저장하며 별도의 패리티 디스크를 사용한다.
⑤ RAID-4 : 데이터를 블록 단위로 여러 디스크에 분할하여 저장하며 별도의 패리티 디스크를 사용한다.
⑥ RAID-5 : 패리티 블록들을 여러 디스크에 분산 저장하는 방식으로 단일 오류 검출 및 교정이 가능하다.
⑦ RAID-0+1 : RAID-0과 RAID-1의 장점만을 이용한 방식으로 성능 향상과 데이터의 안정성을 모두 보장한다.

기출 Point

• **RAID(Redundant Array of Inexpensive Disks)에 대한 설명으로 알맞지 않은 것은?**
→ RAID-0은 디스크 스트라이핑(Disk Striping) 방식으로 중복 저장과 오류 검출 및 교정이 없는 방식이다.
→ RAID-1은 디스크 미러링(Disk Mirroring) 방식이며 높은 신뢰도를 갖는 방식이다.
→ RAID-4는 데이터를 비트 단위로 여러 디스크에 분할하여 저장하며 별도의 패리티 디스크를 사용한다(×).
→ RAID-5는 패리티 블록들을 여러 디스크에 분산 저장하는 방식이며 단일 오류 검출 및 교정이 가능한 방식이다.
▶ 데이터를 비트 단위로 여러 디스크에 분할하여 저장하며 별도의 패리티 디스크를 사용하는 것은 RAID-3이다.

18 DMA

1. DMA(Direct Memory Access)의 개념과 특징

① 기억 소자와 입출력장치(I/O) 간의 정보를 교환할 때 CPU의 개입 없이 직접 정보 교환이 이루어지는 방식이다.
② CPU를 경유하지 않으며, 하나의 입출력 명령어에 의해 블록 전체가 전송된다.
③ 기억장치와 입출력장치 사이에서 전용의 데이터 전송로를 설치하여 주어진 명령에 의해 직접적인 전송이 이루어지기 때문에 대용량의 데이터를 전송할 때 효과적이다.
④ DMA가 메모리 접근을 하기 위해서는 사이클 스틸(Cycle Steal)을 한다.
⑤ DMA를 이용하여 주기억장치로 데이터를 전송하는 방식으로 구성 요소에는 워드 카운트 레지스터, 주소 레지스터, 자료 버퍼 레지스터 등이 있다.
⑥ DMA 제어기가 자료 전송을 종료하면 인터럽트를 발생시켜 CPU에게 알려준다.

2. 사이클 스틸(Cycle Steal)

① CPU가 프로그램을 수행하기 위해 계속하여 메이저 사이클(Major Cycle; 인출, 간접, 실행, 인터럽트)을 반복하고 있는 상태에서 DMA 제어기가 하나의 워드(Word) 전송을 위해 일시적으로 CPU의 사이클을 훔쳐서 사용하는 것을 말한다.
② 사이클 스틸은 CPU의 상태를 보존할 필요가 없다. 반면, 인터럽트(Interrupt)는 CPU의 상태를 보존해야 한다.
③ 사이클 스틸은 아무 사이클이나 상관없이 훔치는 것이 가능하다. 반면, 인터럽트는 항상 실행 사이클 이후에만 인터럽트가 인지된다.

기출 Point

• **DMA에 대한 설명으로 옳지 않은 것은?**
→ DMA는 Direct Memory Access의 약자이다.
→ DMA는 기억장치와 주변 장치 사이의 직접적인 데이터 전송을 제공한다.
→ DMA는 블록으로 대용량의 데이터를 전송할 수 있다.
→ DMA는 입출력 전송에 따른 CPU의 부하를 증가시킬 수 있다(×).
▶ DMA에 의한 입출력은 CPU를 경유하지 않고, 기억장치와 입출력장치 사이에서 직접 전송이 이루어지기 때문에 CPU의 부하를 증가시키지 않는다.

19 채 널

1. 채널(Channel)의 개념과 특징

① 채널은 주기억장치와 입출력장치 사이의 속도 차이를 개선하기 위한 장치로 DMA 개념을 확장한 방식이다.
② 채널 명령어를 분석하여 주기억장치에 직접적으로 접근해서 입출력을 수행한다.
③ 여러 개의 블록을 전송할 수 있으며, 전송 시에는 DMA를 이용할 수 있다.
④ 채널이 입출력을 수행하는 동안 CPU는 다른 프로그램을 수행함으로써 CPU의 효율을 향상시킬 수 있다.
⑤ CPU의 간섭 없이 독립적으로 입출력 동작을 수행하며, 작업이 끝나면 CPU에게 인터럽트를 알려준다.

2. 채널의 종류(입출력장치의 성질에 따른 분류)

① 셀렉터 채널(Selector Channel) : 채널 하나를 하나의 입출력장치가 독점해서 사용하는 방식으로 고속 전송에 적합한 채널이다. 입출력이 실제로 일어나고 있을 때는 채널 제어기가 임의의 시점에서 볼 때 마치 어느 한 입출력장치의 전용인 것처럼 운영되는 채널이다.
② 바이트 멀티플렉서 채널(Byte Multiplexor Channel) : 한 개의 채널에 여러 개의 입출력장치를 연결하여 시분할 공유(Time Share) 방식으로 입출력하는 저속 입출력 방식이다.
③ 블록 멀티플렉서 채널(Block Multiplexor Channel) : 실렉터 채널과 멀티플렉서 채널 방식을 결합한 방식으로 융통성 있는 운용을 할 수 있다.

3. 고정 채널과 가변 채널(채널의 연결 형태에 따른 분류)

① **고정 채널** : 채널과 입출력(I/O) 장치들이 고정된 전송 통로를 지닌 형태로 구성은 간단하지만 효율은 떨어진다.

② **가변 채널** : 채널과 입출력(I/O) 장치들이 가변적 전송 통로를 지닌 형태로 구성은 복잡하지만 효율이 높다.

기출 Point

• **다음 설명 중 옳지 않은 것은?**

→ DMA를 이용하여 직접 주기억장치로 데이터를 전송하는 방법으로 DMA 대량 전송(Burst Transfer)과 사이클 스틸(Cycle Steal) 방법이 있다.

→ 입출력 인터페이스는 CPU와 입출력장치 사이에 존재하여 데이터의 전송이 원활하게 이루어지도록 하는 역할을 한다.

→ CPU가 입출력 데이터 전송을 메모리에서의 데이터 전송과 같은 명령으로 수행할 수 있는 입출력 제어 방식을 Isolated I/O라고 한다(×).

→ 비교적 속도가 빠른 디스크나 테이프 등에 접속시키는 채널을 Select Channel이라 한다.

→ Channel이 작동되기 위한 모든 정보가 있는 Block은 CCW이다.

▶ CPU가 입출력 데이터 전송을 메모리에서의 데이터 전송과 같은 명령으로 수행할 수 있는 입출력 제어 방식을 메모리맵 I/O라고 한다.

20 인터럽트

1. 인터럽트(Interrupt)의 정의

① 프로그램을 실행하는 도중에 예기치 않은 상황이 발생할 경우 현재 실행 중인 작업을 즉시 중단하고, 발생된 상황을 우선 처리한 후 실행 중이던 작업으로 복귀하여 계속 처리하는 것을 말하며, 일명 "끼어들기"라고도 한다.

② 외부 인터럽트, 내부 인터럽트, 소프트웨어 인터럽트로 분류하는데, 외부 및 내부 인터럽트는 CPU의 하드웨어에서의 신호에 의해 발생하고, 소프트웨어 인터럽트는 명령어의 수행에 의해 발생한다.

2. 인터럽트의 종류

(1) 외부 인터럽트

① **전원 이상 인터럽트(Power Fail Interrupt)** : 정전이 되거나 전원 이상이 있는 경우

② **기계 착오 인터럽트(Machine Check Interrupt)** : CPU의 기능적인 오류 동작이 발생한 경우

③ 외부 신호 인터럽트(External Interrupt) : 타이머에 의해 규정된 시간(Time Slice)을 알리는 경우, 키보드로 인터럽트 키를 누른 경우, 외부장치로부터 인터럽트 요청이 있는 경우
④ 입출력 인터럽트(Input-Output Interrupt) : 입출력 Data의 오류나 이상 현상이 발생한 경우, 입출력장치가 데이터의 전송을 요구하거나 전송이 끝났음을 알릴 경우

(2) 내부 인터럽트

① 잘못된 명령이나 데이터를 사용할 때 발생하며, 트랩(Trap)이라고도 부른다.
② 명령어 잘못에 의한 인터럽트 : 프로그램에서 명령어를 잘못 사용한 경우
③ 프로그램 검사 인터럽트(Program Check Interrupt) : 0으로 나누거나, Overflow 또는 Underflow가 발생한 경우

(3) 소프트웨어 인터럽트

① 프로그램 처리 중 명령 요청에 의해 발생하는 것으로, 가장 대표적인 형태는 감시 프로그램을 호출하는 SVC(Supervisor Call) 인터럽트가 있다.
② SVC(Supervisor Call) 인터럽트 : 사용자가 SVC 명령을 써서 의도적으로 호출한 경우

3. 인터럽트 발생 시 CPU가 확인할 사항

① 프로그램 카운터(PC)의 내용
② 사용한 모든 레지스터의 내용
③ 플래그 상태 조건(PSW)의 내용

4. 인터럽트의 동작원리

① 인터럽트 요청 신호 발생
② 프로그램 실행을 중단함 : 현재 실행 중이던 명령어(Micro Instruction)는 끝까지 실행함
③ 현재의 프로그램 상태를 보존함 : 프로그램 상태는 다음에 실행할 명령의 번지로서 PC가 가지고 있음
④ 인터럽트 처리 루틴을 실행함 : 인터럽트를 요청한 장치를 식별함
⑤ 인터럽트 서비스 루틴을 실행함 : 실질적인 인터럽트를 처리함
⑥ 상태복구 : 인터럽트 요청신호가 발생했을 때 보관한 PC의 값을 다시 PC에 저장함
⑦ 중단된 프로그램 실행 재개 : PC의 값을 이용하여 인터럽트 발생 이전에 수행 중이던 프로그램을 계속 실행함

5. 인터럽트 우선순위

① 목적 : 여러 장치에서 동시에 인터럽트가 발생하였을 때 가장 먼저 서비스할 장치를 결정하기 위해서임
② 우선순위(높음>낮음) : 전원 이상(Power Fail)>기계 착오(Machine Check)>외부 신호(External)>입출력(I/O)>명령어 잘못>프로그램(Program Check)>SVC(Supervisor Call)

6. 인터럽트 우선순위 판별 방법

(1) 소프트웨어적 판별 방법

① Interrupt 발생 시 가장 높은 우선순위의 인터럽트 자원(Source)부터 차례로 검사해서, 우선순위가 가장 높은 Interrupt 자원(Source)을 찾아내어 이에 해당하는 인터럽트 서비스 루틴을 수행하는 방식이다.

② 소프트웨어적인 방식을 폴링(Polling)이라고 한다.

③ 많은 인터럽트가 있을 때 그들을 모두 조사하는 데 많은 시간이 걸려 반응시간이 느리다는 단점이 있다.

④ 회로가 간단하고 융통성이 있으며, 별도의 하드웨어가 필요 없어 경제적이다.

(2) 하드웨어적 판별 방법

① CPU와 Interrupt를 요청할 수 있는 장치 사이에 장치 번호에 해당하는 버스를 병렬이나 직렬로 연결하여 요청장치의 번호를 CPU에 알리는 방식이다.

② 장치 판별 과정이 간단해서 응답속도가 빠르다.

③ 회로가 복잡하고 융통성이 없으며, 추가적인 하드웨어가 필요하므로 비경제적이다.

④ **직렬(Serial) 우선순위 부여방식** : 데이지 체인(Daisy-Chain)
- 인터럽트가 발생하는 모든 장치를 1개의 회선에 직렬로 연결함
- 우선순위가 높은 장치를 선두에 위치시키고 나머지를 우선순위에 따라 차례로 연결함
- 직렬 우선순위 부여방식을 데이지 체인 방식이라고 함

⑤ **병렬(Parallel) 우선순위 부여방식**
- 인터럽트가 발생하는 각 장치를 개별적인 회선으로 연결함
- 각 장치의 인터럽트 요청에 따라 각 Bit가 개별적으로 Set될 수 있는 Mask Register를 사용함
- 우선순위는 Mask Register의 Bit 위치에 의해서 결정됨
- 우선순위가 높은 Interrupt는 낮은 Interrupt가 처리되는 중에도 우선처리됨

기출 Point

- **다음은 인터럽트 체제의 동작을 나열한 것이다. 수행 순서를 올바르게 표현한 것은?**

> ① 현재 수행 중인 프로그램을 안전한 장소에 기억시킨다.
> ② 인터럽트 요청 신호 발생
> ③ 보존한 프로그램 상태로 복귀
> ④ 인터럽트 서비스 루틴의 수행
> ⑤ 어느 장치가 인터럽트를 요청했는가 찾는다.

→ ② - ① - ⑤ - ④ - ③

21 운영체제의 발달 과정

1. 운영체제의 발달 과정 요약

일괄 처리 시스템 → 다중 프로그래밍, 다중 처리, 시분할, 실시간 처리 시스템 → 다중 모드 → 분산 처리 시스템

2. 구체적 내용

① **일괄 처리(Batch Processing) 시스템** : 초기의 컴퓨터 시스템에서 사용된 형태로, 데이터를 일정량 또는 일정 기간 동안 모아서 한꺼번에 처리하는 방식

② **다중 프로그래밍(Multi Programming) 시스템** : 하나의 CPU와 주기억장치를 이용하여 여러 개의 프로그램을 동시에 처리하는 방식

③ **시분할(Time Sharing) 시스템** : 여러 명의 사용자가 사용하는 시스템에서 컴퓨터가 사용자들의 프로그램을 번갈아가며 처리해줌으로써 각 사용자에게 각자 독립된 컴퓨터를 사용하는 느낌을 주는 방식(라운드 로빈 방식)

④ **다중 처리(Multi Processing) 시스템** : 여러 개의 CPU와 하나의 주기억장치를 이용하여 여러 개의 프로그램을 동시에 처리하는 방식

⑤ **실시간 처리(Real Time Processing) 시스템** : 데이터 발생 즉시, 또는 데이터 처리 요구가 있는 즉시 처리하여 결과를 산출하는 방식

⑥ **다중 모드 처리(Multi Mode Processing)** : 일괄 처리 시스템, 시분할 시스템, 다중 처리 시스템, 실시간 처리 시스템을 한 시스템에서 모두 제공하는 방식

⑦ **분산 처리(Distributed Processing) 시스템** : 여러 개의 컴퓨터(프로세서)를 통신 회선으로 연결하여 하나의 작업을 처리하는 방식

※ 일괄 처리(Batch), 대화식(Interactive), 실시간(Real-time) 시스템 그리고 일괄 처리와 대화식이 결합된 혼합(Hybrid) 시스템 등은 모두 응답 시간과 데이터 입력 방식에 따른 분류 방식이다.

기출 Point

- **운영체제는 일괄 처리(Batch), 대화식(Interactive), 실시간(Real-time) 시스템 그리고 일괄처리와 대화식이 결합된 혼합(Hybrid) 시스템 등으로 분류될 수 있다. 이와 같은 분류 근거로 가장 알맞은 것은?**
  → 응답 시간과 데이터 입력 방식

22 운영체제의 성능 평가 기준(척도)

1. 처리량(Throughput)

① 하루에 처리되는 작업의 개수 또는 시간당 처리되는 온라인 처리의 개수 등으로 보통 안정된 상태에서 측정된다.

② 일정한 단위 시간 내에서 얼마나 많은 작업량을 처리할 수 있는가의 기준이다. 처리량이 극대화되어야 성능이 좋은 컴퓨터 시스템이라 할 수 있다.

2. 반환 시간(Turnaround Time)

① 실행 시간+대기 시간(응답 시간 포함)으로 작업이 완료될 때까지 걸린 시간을 말한다.

② 주어진 작업의 수행을 위해 시스템에 도착한 시점부터 완료되어 그 작업의 출력이 사용자에게 제출되는 시점까지 걸린 시간을 말한다.

③ 요청한 작업에 대하여 그 결과를 사용자에게 되돌려 줄 때까지 소용되는 시간을 말한다.

④ 반환 시간이 최소화되어야 성능이 좋은 컴퓨터 시스템이라 할 수 있다.

⑤ 반환 시간 안에 포함된 응답 시간(반응 시간, Response Time)은 대화형 시스템에서 가장 중요한 기준이 된다.

⑥ 응답 시간(반응 시간, Response Time)은 사용자의 요구에 대하여 응답이 올 때까지의 시간을 말한다. 즉, 컴퓨터 시스템에 입력이 된 시점부터 반응하기까지 걸린 시간, 작업이 처음 실행되기까지 걸린 시간을 말한다.

3. 신뢰도(Reliability)

① 작업의 결과가 얼마나 정확하고 믿을 수 있는가를 나타내는 척도이다.

② 처리량이 높은 시스템이라고 하더라도 처리 결과에 오류가 많다면 좋은 성능을 가진 시스템이라 할 수 없다.

③ 신뢰도가 높을수록 성능이 좋은 컴퓨터 시스템이라 할 수 있다.

4. 사용 가능도(Availability)

① 컴퓨터 시스템 내의 한정된 자원을 여러 사용자가 요구할 때, 어느 정도 신속하고 충분하게 지원해 줄 수 있는 정도를 말한다.

② 같은 종류의 시스템 자원 수가 많을 경우에는 사용 가능도가 높아질 수 있다.

③ 병목(Bottleneck) 현상은 시스템 자원이 용량(Capacity) 또는 처리량에 있어서 최대 한계에 도달할 때 발생될 수 있다.

5. 자원 이용도(Utilization)

자원 이용도는 일반적으로 전체 시간에 대해 주어진 자원이 실제로 사용되는 시간의 백분율로 나타낸다.

기출 Point

- **컴퓨터 시스템의 성능을 측정하는 척도에 대한 설명으로 알맞지 않은 것은?**
  → 처리량(Throughput)은 보통 안정된 상태에서 측정되며 하루에 처리되는 작업의 개수 또는 시간당 처리되는 온라인 처리의 개수 등으로 측정된다.
  → 병목(Bottleneck) 현상은 시스템 자원이 용량(Capacity) 또는 처리량에 있어서 최대 한계에 도달할 때 발생될 수 있다.
  → 응답 시간(Response Time)은 주어진 작업의 수행을 위해 시스템에 도착한 시점부터 완료되어 그 작업의 출력이 사용자에게 제출되는 시점까지의 시간으로 정의된다(×).
  → 자원 이용도(Utilization)는 일반적으로 전체 시간에 대해 주어진 자원이 실제로 사용되는 시간의 백분율로 나타낸다.
  ▶ 주어진 작업의 수행을 위해 시스템에 도착한 시점부터 완료되어 그 작업의 출력이 사용자에게 제출되는(되돌아오는) 시점까지의 시간으로 정의되는 것은 반환 시간(Turnaround Time)이다.

23 운영체제의 기능상 분류

1. 제어 프로그램(Control Program)

시스템 전체의 작동 상태 감시, 작업의 순서 지정, 작업에 사용되는 데이터 관리 등의 역할을 수행하는 프로그램을 말한다. 운영체제에서 가장 기초적인 시스템의 기능을 담당하는 프로그램이다.

① 감시 프로그램(Supervisor Program) : 각종 프로그램의 실행과 시스템 전체의 작동 상태를 감시 · 감독하는 프로그램

② 작업 제어 프로그램(Job Management Program) : 어떤 업무를 처리하고 다른 업무로의 이행을 자동으로 수행하기 위한 준비 및 그 처리에 대한 완료를 담당하는 프로그램

③ 데이터 관리 프로그램(Data Management Program) : 주기억장치와 보조기억장치 사이의 데이터 전송과 보조기억장치의 자료 갱신 및 유지 보수 기능을 수행하는 프로그램

2. 처리 프로그램(Processing Program)

제어 프로그램의 지시를 받아 사용자가 요구한 문제를 해결하기 위한 프로그램을 말한다.

① 언어 번역 프로그램(Language Translate Program) : 원시 프로그램을 기계어 형태의 목적 프로그램으로 번역하는 프로그램(어셈블러, 컴파일러, 인터프리터)

② 서비스 프로그램(Service Program) : 컴퓨터를 효율적으로 사용할 수 있는 사용 빈도가 높은 프로그램

③ 문제 프로그램(Problem Program) : 특정 업무 및 해결을 위해 사용자가 작성한 프로그램

기출 Point

• **운영체제를 기능별로 분류할 경우 제어 프로그램과 처리 프로그램으로 구분할 수 있다. 다음 중 처리 프로그램으로만 짝지어진 것은?**

① 언어 번역 프로그램	② 감시 프로그램
③ 서비스 프로그램	④ 문제 프로그램
⑤ 작업 제어 프로그램	⑥ 자료 관리 프로그램

→ ①, ③, ④

24 링커와 로더

1. 링커(Linker)

① 언어 번역 프로그램이 생성한 목적 프로그램들과 라이브러리, 또 다른 실행 프로그램(로드 모듈) 등을 연결하여 실행 가능한 로드 모듈을 만드는 시스템 소프트웨어이다.

② 연결 기능만 수행하는 로더의 한 형태로, 링커에 의해 수행되는 작업을 링킹(Linking)이라 한다.

③ 링커(Linker)는 다른 곳에서 작성된 프로그램 루틴이나 컴파일 또는 어셈블러된 루틴들을 모아 실행 가능한 하나의 루틴으로 연결하는 기능을 수행한다.

2. 로더(Loader)

(1) 로더의 정의

① 컴퓨터 내부로 정보를 들여오거나 로드 모듈을 디스크 등의 보조기억장치로부터 주기억장치에 적재하는 시스템 소프트웨어를 말한다(좁은 의미의 로더).

② 넓은 의미의 로더는 적재뿐만 아니라 목적 프로그램들끼리 연결시키거나 주기억장치를 재배치하는 등의 포괄적인 작업까지를 말한다.

(2) 로더의 기능

일반적으로 로더는 프로그램을 실행하기 위하여 프로그램을 보조기억장치로부터 컴퓨터의 주기억장치에 올려놓는 기능을 가진 프로그램으로 할당 → 연결 → 재배치 → 적재 순서로 진행된다.

① 할당(Allocation) : 실행 프로그램을 실행시키기 위해 주기억장치 내에 옮겨놓을 공간을 확보하는 기능이다.

② 연결(Linking) : 부프로그램 호출 시 그 부프로그램이 할당된 기억 장소의 시작 주소를 호출한 부분에 등록하여 연결하는 기능이다.

③ 재배치(Relocation) : 디스크 등의 보조기억장치에 저장된 프로그램이 사용하는 각 주소들을 할당된 기억 장소의 실제 주소로 배치시키는 기능이다.

④ 적재(Loading) : 실행 프로그램을 할당된 기억 공간에 실제로 옮기는 기능이다.

(3) 로더의 종류

① 컴파일 로더(Compile & Go Loader) : 별도의 로더 없이 언어 번역 프로그램이 로더의 기능까지 수행하는 방식(할당, 재배치, 적재 작업을 모두 언어 번역 프로그램이 담당)

② 절대 로더(Absolute Loader) : 목적 프로그램을 기억 장소에 적재시키는 기능만 수행하는 로더(할당 및 연결은 프로그래머가, 재배치는 언어 번역 프로그램이 담당)

③ 직접 연결 로더(Direct Linking Loader) : 일반적인 기능의 로더로, 로더의 기본 기능 4가지를 모두 수행하는 로더이다.

④ 동적 적재 로더(Dynamic Loading Loader) : 프로그램을 한꺼번에 적재하는 것이 아니라 실행 시 필요한 일부분만을 적재하는 로더이다.

기출 Point

• **링커(Linker) 및 로더(Loader)에 대한 설명으로 옳지 않은 것은?**
→ 다른 모듈의 심볼을 참조한 것이 있으면 대응되는 주소로 변환된다.
→ 주기억장치 안에서 빈 공간을 할당받는다.
→ 프로그램과 데이터를 디스크로부터 주기억장치로 로드한다.
→ 주기억장치의 효율적인 공간 활용을 위해 데이터를 압축 및 복원한다(×).
→ 할당된 공간 주소에 맞도록 이진 프로그램 내 각종 심볼의 주소를 조정한다.
▶ 링커(Linker)는 다른 곳에서 작성된 프로그램 루틴이나 컴파일 또는 어셈블러된 루틴들을 모아 실행 가능한 하나의 루틴으로 연결하고, 로더(Loader)는 프로그램을 실행하기 위하여 프로그램을 보조기억장치로부터 컴퓨터의 주기억장치에 올려놓는 기능을 가진 프로그램으로 할당 → 연결 → 재배치 → 적재 순서로 진행된다. 링커 및 로더의 기능에 압축이나 복원 기능은 없다.

25 교착상태

1. 교착상태(Deadlock)의 정의

① 두 개 이상의 프로세스들이 서로 프로세스가 차지하고 있는 자원을 서로 무한정 기다리고 있어 프로세스의 진행이 중단된 상태를 말한다.

② 두 개 이상의 프로세스들이 자원을 점유한 상태에서 서로 다른 프로세스가 점유하고 있는 자원을 동시에 사용할 수 없는 현상이다.

2. 교착상태의 발생 필수 4대 요소(필요충분조건)

(1) 상호 배제(Mutual Exclusion)

① 프로세스들은 필요로 하는 자원에 대해 배타적인 통제권을 갖는다.

② 한 번에 한 개의 프로세스만이 공유 자원을 사용할 수 있어야 한다.

(2) 점유와 대기(Hold and Wait)

① 프로세스들은 할당된 자원을 가진 상태에서 다른 자원을 기다린다.

② 최소한 하나의 자원을 점유하고 있으면서 다른 프로세스에 할당되어 사용되고 있는 자원을 추가로 점유하기 위해 대기하는 프로세스가 있어야 한다.

(3) 비선점(Non-Preemption)

다른 프로세스에 할당된 자원은 사용이 끝날 때까지 강제로 빼앗을 수 없어야 한다.

(4) 환형 대기(순환 대기, Circular Wait)

① 각 프로세스는 순환적으로 다음 프로세스가 요구하는 자원을 가지고 있다.

② 공유 자원과 공유 자원을 사용하기 위해 대기하는 프로세스들이 원형으로 구성되어 있어 자신에게 할당된 자원을 점유하면서 앞이나 뒤에 있는 프로세스의 자원을 요구한다.

3. 교착상태 해결 방법

① 예방 기법(Prevention) : 교착 상태가 발생되지 않도록 사전에 시스템을 제어하는 방법으로, 교착상태 발생의 4가지 조건 중에서 상호 배제를 제외한 어느 하나를 제거(부정)함으로써 수행된다.

- 점유 및 대기 부정 : 프로세스가 실행되기 전 필요한 모든 자원을 할당하여 프로세스 대기를 없애거나 자원이 점유되지 않은 상태에서만 자원을 요구하도록 함

- 비선점 부정 : 자원을 점유하고 있는 프로세스가 다른 자원을 요구할 때 점유하고 있는 자원을 반납하고, 요구한 자원을 사용하기 위해 기다리게 함
- 환형대기 부정 : 자원을 선형 순서로 분류하여 고유 번호를 할당하고, 각 프로세스는 현재 점유한 자원의 고유 번호보다 앞이나 뒤 어느 한쪽 방향으로만 자원을 요구하도록 하는 것

② 회피 기법(Avoidance) : 교착상태가 발생할 가능성을 배제하지 않고, 교착상태가 발생하면 적절히 피해나가는 방법으로, 주로 은행원 알고리즘(Banker' s Algorithm)이 사용된다. 은행원 알고리즘은 Dijkstra가 제안한 것으로, 은행에서 모든 고객의 요구가 충족되도록 현금을 할당하는 데서 유래한 기법으로, 각 프로세스에게 자원을 할당하여 교착상태가 발생하지 않으며 모든 프로세스가 완료될 수 있는 상태를 안전상태라고 한다.

③ 발견 기법(Detection) : 시스템에 교착상태가 발생했는지 점검하여 교착상태에 있는 프로세스와 자원을 발견하는 기법이다.

④ 회복 기법(Recovery) : 교착상태를 일으킨 프로세스를 종료하거나 교착상태의 프로세스에 할당된 자원을 선점하여 프로세스나 자원을 회복하는 기법이다.

기출 Point

- **운영체제에서 교착상태(Deadlock)가 발생할 필요 조건으로 알맞지 않은 것은?**
  → 환형 대기(Circular Wait) 조건으로 각 프로세스는 순환적으로 다음 프로세스가 요구하는 자원을 가지고 있다.
  → 선점(Preemption) 조건으로 프로세스가 소유하고 있는 자원은 다른 프로세스에 의해 선점될 수 있다(×).
  → 점유하며 대기(Hold And Wait) 조건으로 프로세스는 할당된 자원을 가진 상태에서 다른 자원을 기다린다.
  → 상호 배제(Mutual Exclusion) 조건으로 프로세스들은 필요로 하는 자원에 대해 배타적인 통제권을 갖는다.
  ▶ 비선점(Non-Preemption) 조건으로 프로세스가 소유하고 있는 자원은 다른 프로세스에 의해 선점될 수 없다. 즉, 다른 프로세스가 자원을 빼앗을 수 없다.

26 프로세스 스케줄링 알고리즘

1. 프로세스 스케줄링 알고리즘

① 다중 프로그래밍 방식에서 CPU의 사용률과 처리율을 최대로 하기 위한 방법들을 프로세스 스케줄링 알고리즘이라 한다.

② 여기에는 비선점형(Non Preemptive) 방식과 선점형(Preemptive) 방식이 있다.

③ 비선점형 방식과 선점형 방식의 비교

비선점형 방식	선점형 방식
• 한 프로세스가 CPU를 할당받으면 다른 프로세스는 이전 프로세스가 CPU를 반환할 때까지 CPU를 점유하지 못하는 방식이다. 즉, 권한을 빼앗을 수 없는 방식이다. • 일괄 처리 방식에 적합하다. • 대화형, 시분할, 실시간 시스템에는 부적합하다. • 응답 시간 예측이 쉽다. • 문맥 교환이 적어 오버헤드가 적다. • FIFO(FCFS), SJF, HRN, 우선순위, 기한부 방식 등	• 한 프로세스가 CPU를 차지하고 있을 때 우선순위가 높은 다른 프로세스가 현재 실행 중인 프로세스를 중지시키고 자신이 CPU를 점유할 수 있다. • 일괄 처리 방식에는 부적합하다. • 대화형, 시분할, 실시간 시스템에는 적합하다. • 응답 시간 예측이 어렵다. • 문맥 교환이 많아 오버헤드가 많다. • RR, SRT, MFQ 방식 등

2. 비선점형(Non Preemptive) 방식

(1) FIFO(First Input First Out) 또는 FCFS(First Come First Served)

① 먼저 입력된 작업을 먼저 처리하는 방식으로 가장 간단한 스케줄링이며, 가장 대표적인 비선점형 방식이다.

② 디스크 대기 큐에 들어온 순서대로 서비스하기 때문에 더 높은 우선순위의 요청이 입력되어도 순서가 바뀌지 않아 공평성이 보장되지만, 평균 반환 시간이 길다.

③ 짧은 작업이나 중요한 작업을 오랫동안 기다리게 할 수 있다.

FIFO의 평균 실행 시간, 평균 대기 시간, 평균 반환 시간 구하기

작 업	실행(추정) 시간
A	24초
B	6초
C	3초

대기 리스트

A(24초)	B(6초)	C(3초)

0 24 30 33

• 평균 반환 시간=평균 실행 시간+평균 대기 시간, 따라서 평균 실행 시간과 평균 대기 시간을 먼저 구한다.
• 평균 실행 시간={A(24초)+B(6초)+C(3초)}/3=11초
• 평균 대기 시간을 보면, A작업은 곧바로 실행하므로 대기 시간이 0이고, B작업은 A작업이 끝난 후 실행하므로 대기 시간이 24초이다. C작업은 A작업과 B작업이 끝난 후 실행하므로 대기 시간이 30초이다. 결국, 평균 대기 시간={A(0초)+B(24초)+C(30초)}/3=18초
• 평균 반환 시간=평균 실행 시간+평균 대기 시간=11+18=29초
• 제출 시간이 존재하는 경우에는 주의를 요한다. 대기 시간과 반환 시간 모두 제출된 이후 시점부터 계산하므로 제출 시간이 존재하는 경우에는 각 대기 시간에서 제출 시간을 감하고 계산하여야 한다.
• 임의의 작업 순서로 얻을 수 있는 최대 평균 반환 시간은 대기 시간이 가장 긴 경우이므로 큰 작업 순서로 배치하면 된다. 반면, 임의의 작업 순서로 얻을 수 있는 최소 평균 반환 시간은 대기 시간이 가장 짧은 경우이므로 짧은 작업 순서로 배치하면 된다.

(2) SJF(Shortest Job First, 최단 작업 우선)

① 작업이 끝나기까지의 실행 시간 추정치가 가장 작은 작업을 먼저 실행시키는 방식으로 비선점형 방식이다.

② SJF 방식은 긴 작업들을 어느 정도는 희생시키면서 짧은 작업들을 우선적으로 처리하기 때문에 대기 리스트 안에 있는 작업의 수를 최소화하면서 평균 반환 시간을 최소화할 수 있다.

③ SJF 방식의 경우 긴 작업은 계속 후순위로 밀려나게 되면 무한 연기 현상이 발생할 수 있다. 따라서 무한 연기 현상을 방지하기 위해 에이징(Aging) 기법을 사용한다. 에이징 기법은 자원이 할당되기를 오랫동안 기다린 프로세스에 대하여 기다린 시간에 비례하는 높은 우선순위를 부여하여 가까운 시간 내에 자원이 할당되도록 하는 기법으로 이를 통하여 무한 연기 현상을 방지하게 된다. 에이징 기법은 SJF에서만 사용하는 기법이다.

기출 Point

• **SJF의 평균 실행 시간, 평균 대기 시간, 평균 반환 시간 구하기(제출 시간 존재)**

작 업	실행(추정) 시간	제출 시간
A	24초	0초
B	6초	1초
C	3초	2초

대기 리스트

A(24초)	C(3초)	B(6초)

0 24 27 33

• 입력된 첫 번째 작업인 A작업은 실행 시간이 길더라도 실행 중이면 작업이 끝날 때까지 진행된다는 점에 주의한다. B와 C 중에서는 실행 시간이 짧은 C가 먼저 오게 된다. 따라서 SJF의 대기 리스트는 A(24초), C(3초), B(6초) 순이다.
• 평균 반환 시간=평균 실행 시간+평균 대기 시간, 따라서 평균 실행 시간과 평균 대기 시간을 먼저 구한다.
• 평균 실행 시간={A(24초)+B(6초)+C(3초)}/3=11초
• 평균 대기 시간을 보면, A작업은 곧바로 실행하므로 대기 시간이 0이고, C작업은 A작업이 끝날 때까지 기다렸으므로 24초에 제출 시간 2초를 뺀 22초이다. B작업은 A작업과 C작업이 끝난 후 실행하므로 27초에 제출 시간 1초를 뺀 26초이다. 결국, 평균 대기 시간={A(0초)+C(22초)+B(26초)}/3=16초
• 평균 반환 시간=평균 실행 시간+평균 대기 시간=11+16=27초

(3) HRN(Highest Response-ratio Next)

① 서비스 시간(실행 시간 추정치)과 대기 시간의 비율을 고려한 스케줄링 방식으로, SJF의 무한 연기 현상을 극복하기 위해 개발된 방식이다.

② 대기 리스트에 있는 작업들에게 합리적으로 우선순위를 부여하여 작업 간 불평등을 해소한 방식이다.

③ 우선순위=(대기 시간+서비스 시간)/서비스 시간

※ 여기서 서비스 시간은 실행 시간 추정치를 말한다.

3. 선점형(Preemptive) 방식

(1) 라운드 로빈(RR, Round-Robin)

① 시분할 시스템을 위해 고안되었으며 여러 개의 프로세스가 시간 할당량이라는 작은 단위 시간이 정의되어 이 시간 할당량만큼씩 CPU를 사용하는 방식이다.

② 먼저 입력된 작업을 먼저 처리해 주는 비선점형 방식인 FIFO 스케줄링을 선점형으로 변환한 방식으로, 먼저 입력된 작업이더라도 할당된 시간 동안만 CPU를 사용할 수 있다.

③ 프로세스가 CPU에서 할당된 시간이 경과할 때까지 작업을 완료하지 못하면 CPU는 다음 대기 중인 프로세스에게로 사용 권한이 넘어가고 현재 실행 중이던 프로세스는 대기 리스트의 가장 뒤로 배치된다.

④ RR은 적절한 응답 시간을 보장해 주는 대화식 사용자에게 효과적이다.

⑤ 하나의 프로세스를 일정한 시간으로 분할하여 여러 번에 걸쳐 CPU를 사용하면 그만큼 문맥 교환이 있어야 한다. 시간 할당량이 너무 작게 되면 문맥 교환에 따른 오버헤드가 커지게 된다.

RR의 평균 실행 시간, 평균 대기 시간, 평균 반환 시간 구하기(시간 할당량은 10초이다)

작 업	실행(추정) 시간
A	12초
B	25초
C	15초
D	8초
E	10초

대기 리스트

A(10초)	B(10초)	C(10초)	D(8초)	E(10초)	A(2초)	B(10초)	C(5초)	B(5초)

0 10 20 30 38 48 50 60 65 70

- RR의 핵심은 시간 할당량을 이해하는 것이다. 시간 할당량이 10초라고 했으므로, A부터 순서대로 10초씩 할당하고, 나머지가 있으면 대기 리스트의 뒤로 계속 배치해간다. 순서를 보면, A(10초) – B(10초) – C(10초) – D(8초, 完) – E(10초, 完) – A(2초, 完) – B(10초) – C(5초, 完) – B(5초, 完)이다.
- 평균 반환 시간=평균 실행 시간+평균 대기 시간, 따라서 평균 실행 시간과 평균 대기 시간을 먼저 구한다.
- 평균 실행 시간={A(12초)+B(25초)+C(15초)+D(8초)+E(10초)}/5=14초
- 대기 시간은 각 작업의 마지막으로 처리되기 전까지에서 자신이 실행되지 않은 시간을 모두 더하면 된다. 아니면 각 작업의 마지막으로 처리되기 전까지의 시간에서 자신의 실행시간을 빼면 된다. A의 대기 시간은 A작업이 마지막으로 처리된 2초 작업 전까지의 시간 48초에서 A의 실행시간인 10초를 빼면 38초가 대기 시간이 된다. B의 대기 시간은 마지막 처리 전까지의 시간 65초에서 B의 실행시간 20초를 빼면 45초가 대기 시간이 된다. C의 대기 시간은 마지막 처리 전까지의 시간 60초에서 C의 실행시간 10초를 빼면 50초가 대기 시간이 된다. D의 대기 시간은 30초가 대기 시간이 된다. E의 대기 시간도 38초가 대기 시간이 된다.
- 평균 대기 시간={A(38초)+B(45초)+C(50초)+D(30초)+E(38초)}/5=40.2초
- 평균 반환 시간=평균 실행 시간+평균 대기 시간=14+40.2=54.2초

(2) SRT(Shortest Remaining Time)

① 작업이 끝나기까지 남아 있는 실행 시간의 추정치가 가장 작은 프로세스를 먼저 실행하는 방식으로 새로 입력되는 작업까지도 포함한다.

② 비선점 방식의 SJF는 일단 한 프로세스가 CPU를 사용하면 작업이 모두 끝날 때까지 계속 실행되지만 SRT는 남아 있는 프로세스의 실행 추정치 중 더 작은 프로세스가 있다면 언제든지 현재 작업 중인 프로세스를 중단하여 더 작은 프로세스에게 CPU를 넘겨주는 선점형 방식이다.

③ 임계치(Threshold Value)를 사용한다.

SRT의 평균 실행 시간, 평균 대기 시간, 평균 반환 시간 구하기

작 업	실행(추정) 시간	제출 시간
A	7초	0초
B	4초	2초
C	6초	4초
D	3초	6초

대기 리스트

A(2초)	B(4초)	D(3초)	A(5초)	C(6초)

0 2 6 9 14 20

- SRT의 핵심은 작업이 끝나기까지 남아 있는 실행 시간의 추정치가 가장 작은 프로세스를 먼저 실행하는 방식으로 새로 입력되는 작업까지도 포함한다. 제출 시간(도착 시간)이 가장 빠른 작업A를 대기 리스트에 기억시킨다. 2초가 지나면 작업B가 입력되고, 작업B의 실행 시간(4초)이 작업A의 남아 있는 실행 시간(5초)보다 작으므로 작업B가 처리된다. 4초가 지나면 작업C가 입력되지만, 작업C의 실행 시간(6초)이 작업B의 남아 있는 실행 시간(2초)보다 작지 않으므로 작업B가 계속 실행된다. 6초가 지나면 작업D가 입력되고, 작업D의 실행 시간이 가장 작으므로 작업D가 실행된다. 다음으로 남아 있는 실행 시간이 작은 작업A(5초)가 실행되고, 마지막으로 작업C(6초)가 실행된다. 순서를 보면, A(2초) – B(4초, 完) – D(3초, 完) – A(5초, 完) – C(6초, 完)이다.
- 평균 반환 시간=평균 실행 시간+평균 대기 시간, 따라서 평균 실행 시간과 평균 대기 시간을 먼저 구한다.
- 평균 실행 시간={A(7초)+B(4초)+C(6초)+D(3초)}/4=5초
- 대기 시간은 각 작업마다 마지막으로 처리되기 전까지의 시간에서 자신의 실행시간을 뺀 후 제출 시간을 감하면 된다. 작업A는 마지막으로 처리된 5초 작업 전까지의 시간 9초에서 A의 실행 시간인 2초를 빼고 제출 시간을 감하면 되므로, 9–2–0=7초가 대기 시간이다. B는 2초에서 제출 시간 2초를 감하면 0초가 대기 시간이다. C는 14초에서 C의 제출 시간 4초를 빼면 10초가 대기 시간이다. D는 6초에서 제출 시간 6초를 빼면 0초가 대기 시간이다.
- 평균 대기 시간={A(7초)+B(0초)+C(10초)+D(0초)}/4=4.25초
- 평균 반환 시간=평균 실행 시간+평균 대기 시간=5+4.25=9.25초

(3) 다단계 큐(MQ, Multi-level Queue)

① 프로세스를 특정 그룹으로 분류할 수 있을 경우 그룹에 따라 각기 다른 큐(대기 리스트)를 사용하는 기법이다.

② 각 큐(대기 리스트)들은 자신보다 낮은 단계의 큐보다 절대적인 우선순위를 갖는다. 이 말은 각 큐는 자신보다 높은 단계의 큐에게는 자리를 내주어야 한다는 말과 같다.

③ 우선순위가 가장 높은 대기 리스트에 존재하는 프로세스는 어떠한 경우에도 프로세스를 빼앗기지 않는 비선점형이다.

④ 나머지는 우선순위가 높은 큐에 프로세스가 입력되면 CPU를 빼앗기게 되므로 선점형이 된다.
⑤ 다단계 큐는 선점형과 비선점형을 결합한 방식이다.

(4) 다단계 피드백 큐(MFQ, Multi-level Feedback Queue)

① 특정 그룹의 준비상태 큐에 들어간 프로세스가 다른 준비상태 큐로 이동할 수 없는 다단계 큐 기법을 준비상태 큐 사이를 이동할 수 있도록 개선한 기법이다.
② 짧은 작업이나 입출력 위주의 작업에 우선권을 부여하기 위해 개발된 선점형 방식이다.
③ 각 큐마다 시간 할당량이 존재하며 낮은 큐일수록 시간 할당량이 커진다.

기출 Point

- **라운드 로빈(Round Robin) 방식으로 프로세스 스케줄링을 하고 타임 퀀텀이 4ms라고 한다. 이때 아래 작업들의 평균 대기 시간과 평균 반환 시간을 구하면?**

프로세스	진입 시간	실행(추정) 시간
P1	0ms	12ms
P2	1ms	4ms
P3	2ms	9ms
P4	3ms	5ms

→ 평균 대기 시간 : 14ms, 평균 반환 시간 : 21.5ms

▶ 대기 리스트는 다음과 같다.

대기 리스트

P1(4초)	P2(4초)	P3(4초)	P4(4초)	P1(4초)	P3(4초)	P4(1초)	P1(4초)	P3(1초)

0 4 8 12 16 20 24 25 29 30

- 평균 실행 시간={P1(12)+P2(4)+P3(9)+P4(5)}/4=7.5ms
- 대기 시간은 P1=25−4−4−0=17ms, P2=4−1=3ms, P3=29−4−4−2=19ms, P4=24−4−3=17ms
- 평균 대기 시간={P1(17)+P2(3)+P3(19)+P4(17)}/4=14ms
- 평균 반환 시간=평균 실행 시간+평균 대기 시간=7.5+14=21.5ms

27 기억장치 관리 전략

1. 반입 전략(Fetch Strategy)

① 프로그램이나 데이터를 보조기억장치에서 주기억장치로 언제(When) 가져올지를(반입할지를, 인출할지를) 결정하는 전략을 말한다.

② 반입 전략의 종류에는 요구 반입(Demand Fetch), 예상 반입(Anticipatory Fetch) 등이 있다.

③ 요구 반입(Demand Fetch)은 실제로 요구(Demand)가 있을 때마다 주기억장치로 가져오는 반입 전략을 말한다.

④ 예상 반입(Anticipatory Fetch)은 앞으로 요구될 가능성이 높은 프로그램이나 데이터를 예상하여 주기억장치로 미리 가져오는 반입 전략을 말한다.

2. 배치 전략(Placement Strategy)

① 프로그램이나 데이터를 주기억장치 내의 가용 공간 중 어디에(Where) 둘 것인지를 결정하는 전략을 말한다.

② 배치 전략의 종류에는 최초 적합(First Fit), 최적 적합(Best Fit), 최악 적합(Worst Fit) 등이 있다.

③ 최초 적합(First Fit) : 최초의 가용 공간에 프로그램을 배치한다. 프로그램보다 가용 공간이 적은 곳은 배제한다.

④ 최적 적합(Best Fit) : 프로그램 배치 후 가용 공간이 가장 적게 남은 곳(가장 효율적, 최적)에 배치한다.

⑤ 최악 적합(Worst Fit) : 프로그램 배치 후 가용 공간이 가장 많이 남은 곳(가장 비효율적, 최악)에 배치한다.

3. 교체 전략(재배치 전략, Replacement Strategy)

① 주기억장치 내에 빈 공간을 확보하기 위해 제거해야 할 프로그램이나 데이터를 결정하는 전략을 말한다.

② 교체 전략의 종류에는 최적화(OPT), FIFO, LRU, LFU, NUR, PFF, Second Chance 등이 있다.

③ 최적화(OPT, OPTimal replacement) : 현 시점을 기준으로 앞으로의 페이지 사용을 미리 예상하여 교체하는(제거하는) 전략으로, 앞으로 가장 오랫동안 사용되지 않을 것으로 예상되는 페이지와 교체한다.

④ FIFO(First Input First Output, 들어온지 가장 오래된) : 주기억장치에 들어와 있는 페이지에 타임 스탬프를 찍어 그 시간을 기억하고 있다가 먼저 들어온 페이지부터 교체하는(제거하는) 전략으로, 주기억장치 내에 시간상으로 가장 오래된 페이지와 교체한다.

⑤ LRU(Least Recently Used, 사용된지 가장 오래된) : 현 시점을 기준으로 과거에 사용된지(참조된지, used) 가장 오래된 페이지를 교체하는 전략으로, 현 시점에서 가장 오랫동안 사용되지 않은 페이지와 교체한다.

⑥ LFU(Least Frequence Used, 사용 횟수가 가장 작은) : 현 시점을 기준으로 과거에 사용된(참조된) 횟수를 기준으로 페이지를 교체하는 전략으로, 사용된(참조된) 횟수가 가장 작은 페이지와 교체한다.

⑦ NUR(Not Used Recently) : 페이지별로 참조 비트와 변형 비트라는 2개의 하드웨어 비트를 사용하여 교체하는 전략으로, 최근에 사용되지(참조되지) 않은 페이지를 제거한다.

⑧ PFF(Page Fault Frequency) : 자주 사용하는 페이지들을 주기억장치 내에 모아놓은 집합을 워킹 셋(Working Set)이라고 하는데, 워킹 셋은 페이지 폴트(Page Fault)를 최소화하는 역할을 수행한다. PFF는 워킹 셋에 들어 있는 페이지 중에서 최근에 자주 사용하지 않는 페이지를, 워킹 셋에 들어 있지 않지만 최근에 자주 사용하는 페이지와 교체를 함으로써 워킹 셋을 계속 자주 사용하는 페이지들로 채운다.

⑨ Second Chance(FIFO의 2차 기회 부여) : Second Chance는 주기억장치 내에 시간상으로 가장 오래된 페이지를 교체(제거)하는 FIFO 전략의 단점을 보완하기 위해서 한 번의 기회를 더 부여하는 것을 말한다.

기출 Point

- **주기억장치에서 사용 가능한 부분은 다음과 같다. M1은 16KB(kilobyte), M2는 14KB, M3는 5KB, M4는 30KB이며 주기억장치의 시작 부분부터 M1, M2, M3, M4 순서가 유지되고 있다. 이때 13KB를 요구하는 작업이 최초 적합(First Fit) 방법, 최적 적합(Best Fit) 방법, 최악 적합(Worst Fit) 방법으로 주기억장치에 각각 배치될 때 결과로 옳은 것은?(단, 배열 순서는 왼쪽에서 첫 번째가 최초 적합 결과이며, 두 번째가 최적 적합 결과 그리고 세 번째가 최악 적합 결과를 의미한다)**

→ M1, M2, M4

▶ 문제에서 최초 적합(First Fit)은 최초의 가용 공간에 배치하므로 첫 순서인 M1에 배치한다. 최적 적합(Best Fit)은 13KB 용량의 프로그램을 배치한 후 남은 공간이 가장 적은 곳에 배치하므로 M1(16KB−13KB=3KB), M2(14KB−13KB=1KB), M3(프로그램보다 가용 공간이 적으므로 배제함), M4(30KB−13KB=17KB) 중에서 M2에 배치한다. 최악 적합(Worst Fit)은 13KB 용량의 프로그램을 배치한 후 남은 공간이 가장 많은 곳에 배치하므로 앞의 결과에서 보면, M4가 된다. 결국 주기억장치에 배치되는 결과는 "M1, M2, M4"이다.

28 교체 전략과 페이지 부재 계산

1. 최적화(OPT; Optimal Replacement)

① 페이지 프레임에 새로운 참조 페이지를 가져오는 대신 앞으로 가장 오랫동안 사용되지 않을 페이지와 교체를 한다. 즉, OPT는 참조 페이지를 미리 알고 운영하므로 Hit율이 가장 높다.

② 참조 페이지가 페이지 프레임에 있으면 Hit라고 하고, 참조 페이지가 페이지 프레임에 없으면 페이지 부재(Page Fault)라고 한다.

3개의 페이지 프레임을 가진 기억장치에서 참조 페이지 번호 순서대로 페이지 참조가 발생할 때 OPT 기법을 사용할 경우 몇 회의 페이지 부재(Page Fault)가 발생하는가?(단, 초기 페이지 프레임은 모두 비어 있는 상태이다)

- 참조 페이지 번호 : 1, 2, 3, 4, 1, 3, 5, 3, 4, 3, 4, 6
- 페이지 프레임 수 : 3개

→ 페이지 부재는 6번이다.

▶ 다음과 같이 직접 기입을 하면서 Hit/Fault를 계산한다.

참조 페이지		페이지 프레임			Hit/Fault
1	→	1			Fault
2	→	1	2		Fault
3	→	1	2	3	Fault
4	→	1	4	3	Fault
1	→	1✔	4	3	Hit
3	→	1	4	3✔	Hit
5	→	5	4	3	Fault
3	→	5	4	3✔	Hit
4	→	5	4✔	3	Hit
3	→	5	4	3✔	Hit
4	→	5	4✔	3	Hit
6	→	6	4	3	Fault

Hit 6회, Fault 6회이다.

2. FIFO(First Input First Output, 들어온지 가장 오래된)

① 주기억장치에 들어와 있는 페이지에 타임 스탬프를 찍어 그 시간을 기억하고 있다가 먼저 들어온 페이지부터 교체하는(제거하는) 전략으로, 주기억장치 내에 시간상으로 가장 오래된 페이지와 교체한다.

② 참조 페이지를 교체할 때는 주기억장치에 가장 먼저 들어와서 가장 오래 있었던 페이지를 교체한다.

기출 Point

- **3개의 페이지 프레임을 가진 기억장치에서 참조 페이지 번호 순서대로 페이지 참조가 발생할 때 FIFO 기법을 사용할 경우 몇 회의 페이지 부재(Page Fault)가 발생하는가?(단, 초기 페이지 프레임은 모두 비어 있는 상태이다)**

  - 참조 페이지 번호 : 1, 2, 3, 4, 1, 2, 5, 1, 2, 3, 4, 5
  - 페이지 프레임 수 : 3개

  → 페이지 부재는 9회이다.

  ▶ 다음과 같이 직접 기입을 하면서 Hit/Fault를 계산한다.

참조 페이지		페이지 프레임			Hit/Fault
1	→	1			Fault
2	→	1	2		Fault
3	→	1	2	3	Fault
4	→	4	2	3	Fault
1	→	4	1	3	Fault
2	→	4	1	2	Fault
5	→	5	1	2	Fault
1	→	5	1✓	2	Hit
2	→	5	1	2✓	Hit
3	→	5	3	2	Fault
4	→	5	3	4	Fault
5	→	5✓	3	4	Hit

Hit 3회, Fault 9회이다.

3. LRU(Least Recently Used, 사용된지 가장 오래된)

① 현 시점을 기준으로 과거에 사용된지(참조된지, used) 가장 오래된 페이지를 교체하는 전략으로, 현 시점에서 가장 오랫동안 사용되지 않은 페이지와 교체한다.

② 각 페이지마다 계수기(시간 기억 영역)를 두어 사용하는 기법이다.

3개의 페이지 프레임을 가진 기억장치에서 참조 페이지 번호 순서대로 페이지 참조가 발생할 때 LRU 기법을 사용할 경우 몇 회의 페이지 부재(Page Fault)가 발생하는가?(단, 초기 페이지 프레임은 모두 비어 있는 상태이다)

- 참조 페이지 번호 : 1, 2, 3, 4, 1, 3, 5, 3, 2, 3, 4, 5
- 페이지 프레임 수 : 3개

→ 페이지 부재는 9번이다.

▶ 다음과 같이 직접 기입을 하면서 Hit/Fault를 계산한다.

참조 페이지		페이지 프레임			Hit/Fault
1	→	1			Fault
2	→	1	2		Fault
3	→	1	2	3	Fault
4	→	4	2	3	Fault
1	→	4	1	3	Fault
3	→	4	1	3✓	Hit
5	→	5	1	3	Fault
3	→	5	1	3✓	Hit
2	→	5	2	3	Fault
3	→	5	2	3✓	Hit
4	→	4	2	3	Fault
5	→	4	5	3	Fault

Hit 3회, Fault 9회이다.

기출 Point

- **가상 메모리의 교체 정책 중 LRU(Least Recently Used) 알고리즘으로 구현할 때 그림에서 D 페이지가 참조될 때의 적재되는 프레임으로 옳은 것은?(단, 고정 프레임이 적용되어 프로세스에 3개의 프레임이 배정되어 있고, 4개의 서로 다른 페이지 (A, B, C, D)를 B, C, B, A, D 순서로 참조한다고 가정한다)**

페이지 주소 열

B	C	B	A	D
B	B	B	B	
	C	C	C	
			D	

→ 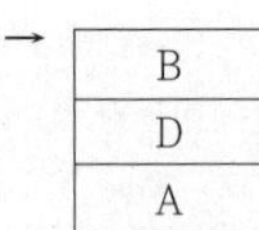

▶ LRU(Least Recently Used)는 현 시점을 기준으로 과거에 사용된지(참조된지, used) 가장 오래된 페이지를 교체하는 전략이다. D 페이지가 참조될 때 과거에 사용된지 가장 오래된 페이지는 C이므로 C를 교체하고 D가 들어온다. 따라서 위에서부터 B, D, A의 순이다.

29 디스크 스케줄링

1. 디스크 스케줄링(Disk Scheduling)

디스크에 존재하는 파일의 데이터들은 연속되지 않은 많은 섹터에 저장되어 있다. 물리적으로 회전하는 디스크에서 어떻게 하면 신속하게 많은 양의 데이터를 가져오느냐를 운영체제는 고민하고 계획해야 한다. 이를 디스크 스케줄링이라 한다.

2. FIFO(First In First out, FCFS)

① 디스크 대기 큐에 가장 먼저 들어온 트랙에 대한 요청을 먼저 처리하는 기법이다.

② 디스크 대기 큐에 있는 트랙 순서대로 디스크 헤드를 이동한다.

FCFS(FIFO) 기법을 사용할 경우, 디스크 대기 큐의 작업들을 수행하기 위한 헤드의 이동 순서와 총 이동 거리는?(단 초기 헤드의 위치는 50이다)

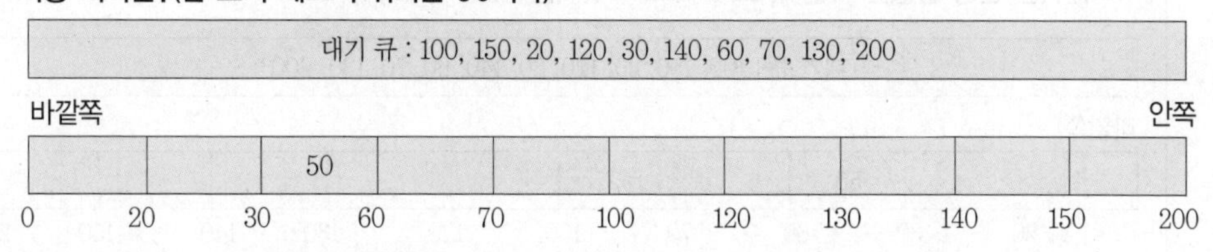

- 이동 순서 : 50 → 100 → 150 → 20 → 120 → 30 → 140 → 60 → 70 → 130 → 200
- 총 이동 거리=50+50+130+100+90+110+80+10+60+70=750

3. SSTF(Shortest Seek Time First)

① 탐색 거리가 가장 짧은 트랙에 대한 요청을 먼저 처리하는 기법이다.
② 현재 헤드 위치에서 가장 가까운 거리에 있는 트랙으로 헤드를 이동한다.
③ 헤드에서 멀리 떨어진 요청은 기아 상태(무한 대기 상태)가 발생할 수 있다.
④ 응답 시간의 편차가 크기 때문에 대화형 시스템에는 부적합하다.

SSTF 기법을 사용할 경우, 디스크 대기 큐의 작업들을 수행하기 위한 헤드의 이동 순서와 총 이동 거리는?(단 초기 헤드의 위치는 50이다)

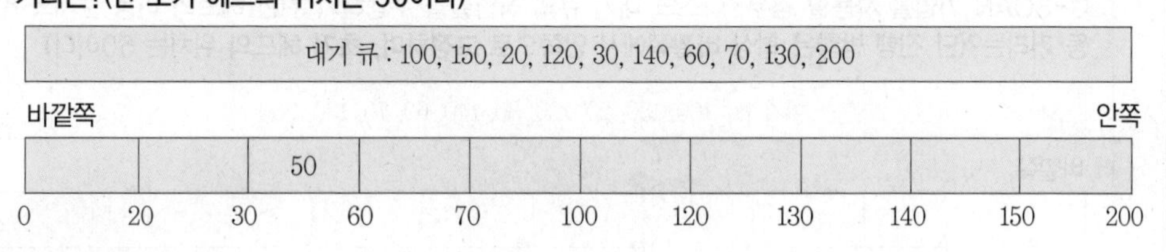

- 이동 순서 : 50 → 60 → 70 → 100 → 120 → 130 → 140 → 150 → 200 → 30 → 20
- 총 이동 거리=10+10+30+20+10+10+10+50+170+10=330

4. SCAN

① 현재 진행 중인 방향으로 가장 짧은 탐색 거리에 있는 요청을 먼저 처리하는 기법이다.
② SSTF의 문제점인 응답 시간의 편차를 극복하기 위해 개발된 방법이다.
③ 헤드는 이동하는 방향의 앞쪽에 I/O 요청이 없을 경우에만 후퇴(역방향)가 가능하다.

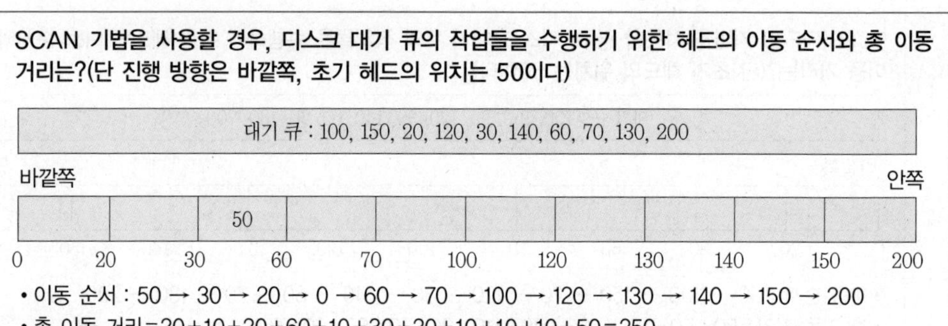
SCAN 기법을 사용할 경우, 디스크 대기 큐의 작업들을 수행하기 위한 헤드의 이동 순서와 총 이동 거리는?(단 진행 방향은 바깥쪽, 초기 헤드의 위치는 50이다)

대기 큐 : 100, 150, 20, 120, 30, 140, 60, 70, 130, 200

• 이동 순서 : 50 → 30 → 20 → 0 → 60 → 70 → 100 → 120 → 130 → 140 → 150 → 200
• 총 이동 거리=20+10+20+60+10+30+20+10+10+10+50=250

4. C-SCAN

① 항상 바깥쪽에서 안쪽으로 움직이면서 가장 짧은 탐색 거리를 갖도록 처리하는 기법이다.
② 헤드는 트랙의 바깥쪽에서 안쪽으로 한 방향으로만 움직이며, 안쪽보다 기회가 적은 바깥쪽의 시간 편차를 줄인다.
③ 헤드의 바깥쪽이 가운데보다 서비스 기회가 적은 점(SCAN의 단점)을 보완하며, 한쪽 요구를 모두 수용한 후 헤드를 가장 바깥쪽으로 이동시켜 안쪽으로 수행한다(단방향).

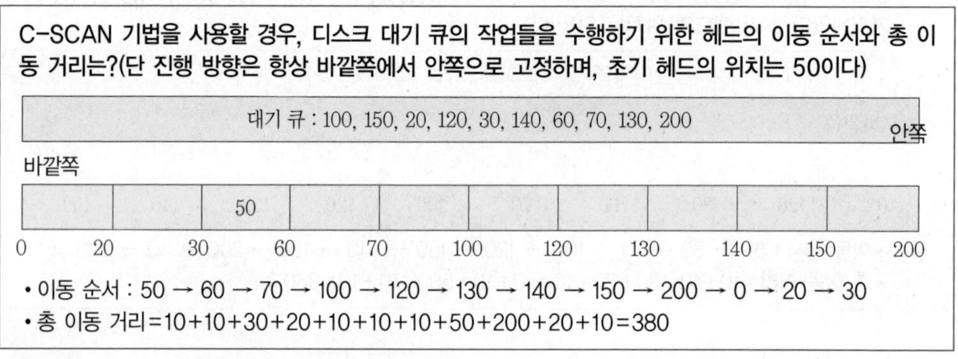
C-SCAN 기법을 사용할 경우, 디스크 대기 큐의 작업들을 수행하기 위한 헤드의 이동 순서와 총 이동 거리는?(단 진행 방향은 항상 바깥쪽에서 안쪽으로 고정하며, 초기 헤드의 위치는 50이다)

대기 큐 : 100, 150, 20, 120, 30, 140, 60, 70, 130, 200

• 이동 순서 : 50 → 60 → 70 → 100 → 120 → 130 → 140 → 150 → 200 → 0 → 20 → 30
• 총 이동 거리=10+10+30+20+10+10+10+50+200+20+10=380

5. LOOK과 C-LOOK

① LOOK : SCAN 기법을 사용하되 진행 방향의 마지막 요청을 처리한 후 그 방향의 끝으로 이동하는 것이 아니라 방향을 바꾸어 역방향으로 진행하는 기법
② C-LOOK : C-SCAN 기법을 사용하며 안쪽 방향의 모든 요청을 처리한 후 바깥쪽 맨 끝으로 이동하는 것이 아니라 가장 바깥쪽의 요청 트랙으로 이동한 후 진행하는 기법

기출 Point

• **현재 헤드의 위치가 50에 있고 트랙 0번 방향으로 이동하며, 요청 대기열에는 아래와 같은 순서로 들어 있다고 가정할 때 SSTF(Shortest Seek Time First) 스케줄링 알고리즘에 의한 헤드의 총 이동 거리는 얼마인가?**

100, 180, 40, 120, 0, 130, 70, 80, 150, 200

→ 370

▶ SSTF는 진행 방향과 상관없이 이동 거리가 짧은 쪽으로 우선 서비스한다.

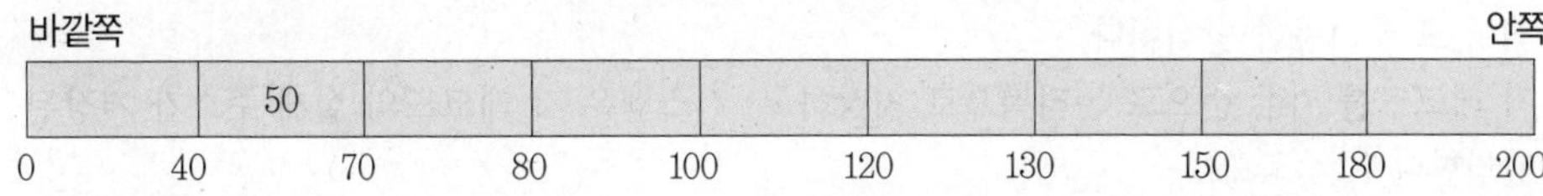

• 이동 순서 : 50 → 40 → 70 → 80 → 100 → 120 → 130 → 150 → 180 → 200 → 0

• 총 이동 거리=10+30+10+20+20+10+20+30+20+200=370

30 파일의 구조

1. 순차 접근 방식(Sequential Access File), 순차 파일

① 입력되는 데이터의 논리적 순서에 따라 물리적으로 연속적인 위치에 기록하는 파일 방식을 말한다.

② 주로 순차 접근이 가능한 자기 테이프에서 사용하지만, 구현이 쉽기 때문에 어떤 매체라도 쉽게 사용할 수 있다.

③ **장점** : 파일의 구성 용이, 저장 매체의 효율이 매우 높음, 접근 속도 빠름

④ **단점** : 파일에 새로운 레코드를 삽입하거나 삭제하는 경우 시간이 많이 걸림, 검색 효율이 낮음

2. 직접 접근 방식(Direct Access File), 직접 파일

① 파일을 구성하는 레코드를 임의의 물리적 저장 공간에 기록하는 것으로, 직접 접근 기억장치의 물리적 구조에 대한 지식이 필요하다.

② 데이터 내의 키 필드를 해싱 사상 함수에 의해 물리적인 주소로 변환하여 데이터를 기록하거나 검색하는 방식의 파일이다.

③ 키에 일정한 함수를 적용하여 상대 레코드 주소를 얻고, 그 주소를 레코드에 저장하는 파일 구조이다.

④ 레코드는 해싱 사상 함수에 의해 계산된 물리적 주소를 통해 접근이 가능하다.

⑤ 임의 접근이 가능한 자기 디스크나 자기 드럼에 사용한다.

⑥ **장점** : 파일의 각 레코드에 직접 접근하거나 기록할 수 있음, 접근 시간이 빠르고, 레코드의 삽입, 삭제, 갱신이 용이함

⑦ **단점** : 레코드의 주소 변환 과정이 필요하며, 이 과정으로 인해 시간이 소요됨, 키 변환법에 따라 공간의 낭비를 가져올 수 있음

3. 색인 순차 파일(Indexed Access Sequential File)

① 순차 파일과 직접 파일에서 지원하는 편성 방법이 결합된 형태로 순차 접근 방식과 직접 접근 방식이 모두 가능한 방식이다.

② 각 레코드를 키값 순으로 논리적으로 저장하고, 시스템은 각 레코드의 실제 주소가 저장된 색인을 관리한다.

③ 레코드를 참조하려면 색인을 탐색한 후 색인이 가리키는 포인터(주소)를 사용하여 직접 참조할 수 있다.

④ 기본 영역, 색인 영역, 오버플로 영역으로 구성되며, 색인 영역은 트랙 색인 영역, 실린더 색인 영역, 마스터 색인 영역으로 분류됨

⑤ **장점** : 순차 처리와 임의 처리가 모두 가능, 효율적인 검색 가능, 삭제, 삽입, 갱신이 용이함

⑥ **단점** : 기억 공간이 필요함, 접근 시간이 직접 파일보다 느림

4. 분할 파일(Partition File)

① 하나의 파일을 여러 개의 파일로 재구성한 파일로서 파일의 크기가 큰 경우에 사용한다.

② 분할된 파일은 여러 개의 순차 서브 파일로 구성된 파일이다.

기출 Point

- **직접 파일(Direct File)에 대한 설명으로 거리가 먼 것은?**
  → 직접 접근 기억장치의 물리적 주소를 통해 직접 레코드에 접근한다.
  → 키에 일정한 함수를 적용하여 상대 레코드 주소를 얻고, 그 주소를 레코드에 저장하는 파일 구조이다.
  → 직접 접근 기억장치의 물리적 구조에 대한 지식이 필요하다.
  → 직접 파일에 적합한 장치로는 자기 테이프를 주로 사용한다(×).
  ▶ 직접 파일에 적합한 장치로는 자기 디스크나 자기 드럼이고, 자기 테이프는 순차 파일에 적합한 장치이다.

31 스레드

1. 스레드(Thread)의 개요

① 프로세스 내에서의 작업 단위로 시스템의 여러 자원을 할당받아 실행하는 프로그램의 단위이다.
② 스레드(Thread)는 사전적 의미로 "실을 꿰다"는 뜻이며, 운영체제에서는 스레드를 실행될 명령어들의 연속이라고 정의한다.
③ 하나의 프로세스에 하나의 스레드가 존재하는 경우에는 단일 스레드, 두 개 이상의 스레드가 존재하는 경우에는 다중 스레드라고 한다. 따라서 하나의 프로세스에 여러 개의 스레드가 존재할 수 있다는 표현은 옳은 말이다.
④ 프로세스의 일부 특성을 갖고 있기 때문에 경량 프로세스라고도 한다.
⑤ 스레드는 그들이 속한 프로세스의 자원들과 메모리를 공유한다.
⑥ 자신만의 스택(Stack)과 레지스터(Register)를 가지며 독립된 제어 흐름을 가진다.
⑦ 스레드를 사용하면 하드웨어, 운영체제의 성능과 응용 프로그램의 처리율을 향상시킬 수 있다.
⑧ 각각의 스레드가 서로 다른 프로세서상에서 병렬로 작동하는 것이 가능하다.

2. 스레드(Thread)의 장점

① 하나의 프로세스를 여러 개의 스레드로 생성하여 병행성을 증진시킬 수 있다.
② 실행 환경을 공유시켜 기억장소의 낭비가 줄어든다.
③ 프로세스 내부에 포함되는 스레드는 공통적으로 접근 가능한 기억장치를 통해 효율적으로 통신한다.

3. 스레드 운영의 장점

① 하드웨어의 성능을 향상시킬 수 있다.
② 프로세스들 간의 통신을 향상시킬 수 있다.
③ 응용 프로그램의 처리율을 향상시킬 수 있다.
④ 응용 프로그램의 응답 시간을 감소시킬 수 있다.

기출 Point

- **스레드의 특징으로 옳지 않은 것은?**
  → 실행 환경을 공유시켜 기억장소의 낭비가 줄어든다.
  → 프로세스 외부에 존재하는 스레드도 있다(×).
  → 하나의 프로세스를 여러 개의 스레드로 생성하여 병행성을 증진시킬 수 있다.
  → 프로세스들 간의 통신을 향상시킬 수 있다.
  ▶ 스레드는 프로세스 내부에 포함되는 단위이고, 외부에 존재하는 것이 아니다.

32 유닉스의 특징과 파일 보호 방법

1. 유닉스(UNIX)의 특징

① 시분할 시스템을 위해 설계된 대화식 운영체제
② 소스가 공개된 개방형 시스템
③ 대부분 C언어로 작성되어 이식성과 확장성이 높음
④ 멀티 유저, 멀티 태스킹을 지원
⑤ 트리구조의 파일 시스템, 다중 작업 시스템, 다중 사용자 시스템

2. 유닉스 파일 시스템의 구조

① **부트 블록** : 부팅시 필요한 코드를 저장하고 있는 블록
② **슈퍼 블록** : 전체 파일 시스템에 대한 정보를 저장하고 있는 블록
③ **I-node 블록** : 각 파일이나 디렉토리에 대한 모든 정보를 저장하고 있는 블록으로, 파일 소유자의 사용자 번호(UID) 및 그룹 번호(GID), 파일 크기, 파일 type, 생성 시기, 최종 변경 시기, 최근 사용 시기, 파일의 보호 권한, 파일 링크 수, 데이터가 저장된 블록의 시작 주소 등의 정보를 가지고 있음
④ **데이터 블록** : 디렉토리별로 디렉토리 엔트리와 실제 파일에 대한 데이터가 저장된 블록

3. 파일 보호 방법

① 명령어 "ls -l"을 수행하면 각 파일명, 디렉토리의 접근 허가 상태를 확인할 수 있다.
② 예를 들면, 명령어 "ls -l"을 수행했을 때의 결과가 다음과 같다면,

```
-rwxr-xr-- 2 peter staff 3542 8월 31일 10:00 aaash
```

일단 각각의 위치마다 정해진 의미는 다음과 같다.

-	rwx	r-x	r--	2	peter	staff	3542	8월 31일 10:00	aaash
type	소유자권한	그룹권한	타인권한	하드링크수	소유자명	그룹명	파일크기	최종수정날짜	파일명

- 파일에 대한 허가권한은 3비트(Bit)씩 끊으면 된다. 앞에서부터 차례대로 3자리씩 묶어서 "소유자권한/그룹권한/타인권한"을 나타낸다.
- 위의 예에서 "rwx/r-x/r--" 이렇게 나누어 보면, 소유자(위에서 peter)는 "rwx" 권한을 갖는다. "r(read, 읽을 수 있음), w(write, 쓸 수 있음), x(execute, 실행할 수 있음)"에서 "peter라는 사용자는 aaash 파일을 읽고(보고), 쓰고(수정하고), 실행할 수 있다."는 의미가 도출된다.

- 그룹(위에서 staff)은 "r-x" 권한을 갖는다. "-"은 권한이 없다는 뜻이며, 따라서 "staff 그룹 사용자는 aaash 파일을 읽고, 실행할 수 있지만, 쓸(수정할) 수는 없다."는 의미가 도출된다.
- 타인은 "r--" 권한을 갖는다. 따라서 "다른 사용자는 aaash 파일을 읽을 수만 있고, 쓰거나 실행할 수는 없다."는 의미가 도출된다.

기출 Point

- **UNIX 명령어 ls -l을 수행했을 때의 결과에 대한 설명으로 알맞지 않은 것은?**

-rwxr-xr-- 2 peter staff 3542 8월 31일 10:00 aaash

→ peter라는 사용자는 aaash 파일을 수정할 수 있다.
→ staff 그룹 사용자는 aaash 파일을 실행할 수 있다.
→ aaash 파일은 심볼릭 링크(Symbolic Link)가 2개 있다(×).
→ 다른 사용자도 이 파일의 내용을 볼 수 있다.
▶ aaash 파일은 하드 링크가 2개 있다.

33 커널, 쉘, 유닉스의 명령어

1. 커널(Kernel)

① UNIX 시스템의 가장 핵심적인 루틴이다.
② 대부분 C언어로 작성된다.
③ 항상 주기억장치에 상주한다.
④ 하드웨어와 프로그램 간의 인터페이스 역할을 담당한다.
⑤ 프로세스 관리, 메모리 관리, 네트워크 관리, 입출력 관리, 파일 관리, 프로세스 간의 통신 등을 수행한다.
⑥ 하드웨어를 보호하고 응용 프로그램(사용자)들에게 서비스를 제공한다.

2. 쉘(Shell)

① 명령어 해석기로 사용자의 명령어를 인식하여 필요한 프로그램을 호출하고, 그 명령을 수행한다.
② 사용자와 시스템 간의 인터페이스를 담당하는 중계자 역할을 수행한다.
③ 도스의 "command.com"과 같은 역할을 수행한다.

3. 유닉스의 주요 명령어

(1) 파일 관리 호출 명령어

① access : 파일의 접근 가능성을 결정한다.
② chgrp : (change group) 파일의 그룹명을 변경한다.
③ chmod : 파일에 대한 액세스 권한을 설정하여 파일의 사용 허가를 지정한다.
④ chown : (change owner) 파일의 소유권을 변경한다.
⑤ close : FCB(File Control Block)를 닫는다.
⑥ creat : 파일을 생성하거나(create의 개념) 다시 기록한다.
⑦ dup : open FCB를 복사한다.
⑧ fsck : 파일 시스템을 일관성 있게 검사하고 대화식으로 복구(무결성 검사)한다.
⑨ mkfs : 파일 시스템을 구성한다.
⑩ open : FCB(File Control Block)를 연다.

(2) 디렉토리 관리 호출 명령어

① brk : 데이터 세그먼트 크기를 변경한다.
② chdir : (change directory) 디렉토리를 변경한다.
③ mkdir : (make directory) 디렉토리를 생성한다.
④ mknod : 특수 파일을 만드는 명령어이다.
⑤ mount : 기존 파일 시스템에 새로운 파일 시스템을 서브 디렉토리에 연결할 때 사용한다.
⑥ rmdir : 비어있는 디렉토리를 삭제한다.
⑦ umount : 파일 시스템에서 서브 디렉토리를 해제할 때 사용한다.
⑧ pwd : 현재 작업 중인 디렉토리 경로를 화면에 출력한다.

(3) 프로세스 관리 호출 명령어

① exec : 새로운 프로그램을 수행하기 위한 시스템을 호출한다.
② exit : 프로세스 수행을 종료한다.
③ fork : 새로운 프로세스를 생성(프로세스 복제), 자식 프로세스를 생성할 때 사용한다.
④ getpid : 자신의 프로세스 아이디를 얻는다.
⑤ getppid : 부모 프로세스 아이디를 얻는다.
⑥ kill : 프로세스를 제거한다.
⑦ preemption : 프로세스의 자원 사용 권한을 선점한다.
⑧ ps : 프로세스의 현재 상태를 출력한다.
⑨ signal : 신호를 받았을 때 프로세스가 할 일을 지정한다.
⑩ sleep : 프로세스를 일정 기간 중단한다.
⑪ uname : 현재 운영체제의 버전 정보를 출력한다.
⑫ wait : 하위 프로세스 중의 하나가 종료될 때까지 상위 프로세스를 임시 중지한다.
⑬ & : 백그라운드 작업을 지시한다.

(4) 프로세스 간 통신 호출 명령어

① abort : 비정상적인 프로세스를 종료한다.
② finger : 로그인 중인 유저의 정보를 표시한다.
③ mail : 편지를 읽는다.
④ pipe : 프로세스 간 통신 경로를 설정하여 프로세스 간 정보 교환이 가능하도록 한다.
⑤ semget : 세마포어를 읽는다.

(5) 범용 명령어

① cat : 파일 내용을 화면에 출력한다.
② cp : 파일 내용을 복사한다.
③ df : 각 파일 시스템의 디스크 블록 수, 사용 중인 I-node 수, 그리고 사용가능한 I-node 수를 출력한다.
④ diff : 파일의 차이를 비교하여 출력한다.
⑤ du : (disk usage) 디스크공간에 대한 정보사용자가 지정한 파일 혹은 디렉토리에 대해 사용 중인 디스크 용량을 출력한다.
⑥ grep : 파일을 찾는다.
⑦ lp : 파일의 하드카피를 만들기 위해 프린터에 파일의 복사본을 보낸다.
⑧ lpr : 리눅스에서 사용하는 프린팅 명령어이다.
⑨ ls : 현재 디렉토리의 파일 목록을 표시한다.
⑩ man : 명령어에 대한 설명을 출력한다.
⑪ mkfs : (make file system) 파일 시스템을 만든다. 파일을 저장할 수 있도록 파티션이나 플로피를 포맷한다.
⑫ mv : (move) 파일을 이동시키거나 이름을 변경한다.
⑬ rm : 파일을 삭제한다.

기출 Point

- **UNIX 명령어의 기능 설명이 옳지 않은 것은?**
  → fork - 새로운 프로세스를 생성한다.
  → getpid - 자신의 프로세스 id를 얻는다.
  → getppid - 자식 프로세스의 id를 얻는다(×).
  → exit - 프로세스 수행을 종료한다.
  ▶ getppid - 부모 프로세스 아이디를 얻는다.

34 리눅스(LINUX)

1. 리눅스(LINUX)의 정의

① 리눅스는 1991년 핀란드 헬싱키대학의 리누스 토발즈(Linus Benedict Torvalds)라는 학생에 의해 개발된 운영체제로 초기에는 Minix 운영체제의 확장판으로 개발되었다.

② 리눅스는 여러 사용자가 동시에 접속하여 시스템을 사용할 수 있는 다중 사용자(멀티유저)와 다중 프로세서를 지원하는 다중 작업형 운영체제(멀티태스킹 운영체제)이다.

2. 리눅스(LINUX)의 특징

① 리눅스는 단일형(Monolithic, 모놀리틱) 커널의 구조이다(마이크로커널 방식이 아님).

② 리눅스 커널 2.6 버전의 스케줄러는 임의의 프로세스를 선점할 수 있으며 우선순위 기반 알고리즘이다.

③ 리눅스 운영체제는 윈도우 파일 시스템인 NTFS와 저널링 파일 시스템인 JFFS를 지원한다. 즉, 리눅스는 데이터를 저장하는 데 필요한 여러 종류의 파일 시스템을 지원한다(FAT12, FAT32, NTFS, JFFS).

④ 커널 버전은 안정 버전과 개발 버전으로 구분할 수 있다.

⑤ 리눅스는 인터넷의 모든 기능을 지원한다.

⑥ 리눅스는 신뢰성과 최고의 성능을 보장한다.

⑦ CUI(Character User Interface) 및 GUI(Graphical User Interface)를 지원한다.

⑧ 사용자들에게 가장 중요한 유틸리티인 쉘(shell)을 제공한다.

기출 Point

• **리눅스 운영체제에 대한 설명으로 알맞지 않은 것은?**

→ 리눅스는 마이크로커널(Microkernel) 방식으로 구현되었으며 커널 코드의 임의의 기능들을 동적으로 적재(Load)하여 사용할 수 있다(×).

→ 리눅스 커널 2.6 버전의 스케줄러는 임의의 프로세스를 선점할 수 있으며 우선순위 기반 알고리즘이다.

→ 리눅스 운영체제는 윈도우 파일 시스템인 NTFS와 저널링 파일 시스템인 JFFS를 지원한다.

→ 리눅스는 다중 사용자와 다중 프로세서를 지원하는 다중 작업형 운영체제이다.

▶ 리눅스는 마이크로 커널(Microkernel) 방식이 아니라 단일형(Monolithic, 모놀리틱) 커널 방식이다.

35 데이터베이스 언어(Data Base Language)

1. 데이터베이스 관리 시스템(DBMS)의 필수 기능(기본 기능)

① 정의(Definition) : 데이터의 형(Type)과 구조, 데이터가 데이터베이스에 저장될 때의 제약조건 등을 명시하는 기능

② 조작(Manipulation) : 데이터 검색, 갱신, 삽입 삭제 등을 체계적으로 처리하기 위해 데이터 접근 수단 등을 정하는 기능

③ 제어(Control) : 데이터의 무결성(Integrity) 유지, 보안 유지와 권한 검사, 정확성 유지를 위한 병행수행 제어 등을 정하는 기능

2. 데이터 정의어(DDL; Data Definition Language)

① DB 구조, 데이터 형식, 접근방식 등 DB를 구축하거나 수정할 목적으로 사용하는 언어이다.

② 번역한 결과가 데이터 사전(Data-Dictionary)이라는 특별한 파일에 여러 개의 테이블로 저장된다.

③ 데이터 정의어(DDL)의 기능

- 외부 스키마 명세 정의
- 데이터베이스 정의 및 수정
- 논리적 데이터 구조와 물리적 데이터 구조 정의
- 논리적 데이터 구조와 물리적 데이터 구조 간의 사상 정의
- 스키마에 사용되는 제약조건에 대한 명세 정의
- 데이터의 물리적 순서 규정

3. 데이터 조작어(DML; Data Manipulation Language)=서브 언어

① 사용자로 하여금 데이터를 처리할 수 있게 하는 도구로서 사용자(응용 프로그램)와 DBMS 간의 인터페이스를 제공한다.

② 응용 프로그램을 통하여 사용자가 DB의 데이터를 실질적으로 조작할 수 있도록 하기 위해 C, COBOL 등의 호스트 언어에 DB 기능을 추가시켜 만든 언어이다.

③ 대표적인 데이터 조작어(DML)에는 질의어(SQL)가 있으며, 질의어는 터미널에서 주로 이용하는 비절차적(Non Procedural) 데이터 언어이다.

4. 데이터 제어어(DCL; Data Control Language)

① 무결성, 보안 및 권한 제어, 회복 등을 하기 위한 언어이다.

② 데이터를 보호하고 데이터를 관리하는 목적으로 사용된다.

③ 데이터 제어어(DCL)의 기능
- 불법적인 사용자로부터 데이터를 보호하기 위한 데이터 보안(Security)
- 데이터의 정확성을 위한 무결성(Integrity) 유지
- 시스템 장애에 대비한 데이터 회복과 병행수행 제어

기출 Point

- **데이터 제어어(DCL)의 기능으로 옳지 않은 것은?**
  → 데이터 보안
  → 논리적, 물리적 데이터 구조 정의(×)
  → 무결성 유지
  → 병행수행 제어
  ▶ 데이터 정의어(DDL) – 논리적, 물리적 데이터 구조 정의

36 데이터 모델의 구성요소

1. 데이터 모델에 표시할 사항

① 구조(Structure) : 논리적으로 표현된 개체들 간의 관계를 표시한다.

② 연산(Operation) : 데이터베이스에 저장된 실제 데이터를 처리하는 방법을 표시하는 것으로서 데이터베이스를 조작하는 기본 도구이다. 즉, 데이터베이스에 표현된 개체 인스턴스를 처리하는 작업에 대한 명세로서 데이터베이스를 조작하는 기본 도구이다.

③ 제약 조건(Constraint) : 데이터베이스에 저장될 수 있는 실제 데이터의 논리적인 제약 조건을 표시한다.

기출 Point

- **데이터 모델의 구성요소로 거리가 먼 것은?**
  → Mapping(×)
  → Structure
  → Operation
  → Constraint
  ▶ 데이터 모델의 구성 요소에는 구조(Structure), 연산(Operation), 제약 조건(Constraint) 등이 있다.

2. 개체(Entity)

① 데이터베이스에 표현하려는 것으로 사람이 생각하는 개념이나 정보 단위 같은 현실 세계의 대상체를 가리킨다.

② 데이터베이스가 표현하려고 하는 유형의 정보 대상(사람, 차, 집, 사원 등), 또는 무형의 정보 대상(직업, 학과 과정 등)을 말하는 것으로, 존재하면서 서로 구별될 수 있는 것을 개체라 한다.
③ 개체는 서로 연관된 몇 개의 속성으로 구성된다.
④ 파일 시스템의 레코드에 대응하는 것으로 어떤 정보를 제공하는 역할을 수행한다.
⑤ 독립적으로 존재하거나 그 자체로서도 구별이 가능하다.

3. 속성(Attribute)

① 데이터의 가장 작은 논리적 단위로서 파일 구조상의 데이터 항목 또는 데이터 필드에 해당된다.
② 개체(Entity)를 구성하는 항목이다.

4. 관계(Relationship)

개체(Entity) 간의 관계 또는 속성(Attribute) 간의 관계를 말한다.

5. 개체(Entity)의 구성 요소

① **속성(Attribute)** : 개체가 가지고 있는 특성을 말한다. 회원들의 속성으로 회원번호, 이름, 주소, 전화번호, 이메일주소, 주민등록번호 등을 예상할 수 있다.
② **개체 타입(레코드 타입)** : 속성으로만 기술된 개체의 정의를 말한다.
③ **개체 인스턴스** : 개체를 구성하고 있는 각 속성들이 값을 가져 하나의 개체를 나타내는 것으로, 개체 어커런스라고도 한다.
④ **개체 세트** : 개체 인스턴스의 집합을 말한다.

37 데이터 모델의 종류

1. 데이터 모델의 분류

① **개념적 데이터 모델** : 개체-관계(E-R, Entity-Relation) 모델
② **논리적 데이터 모델** : 관계형 데이터 모델, 계층형 데이터 모델, 망형 데이터 모델

2. 개체-관계(E-R, Entity-Relationship) 모델

① 개념적 데이터 모델의 가장 대표적인 것으로, 1976년 피터 첸(Peter Chen)에 의해 제안된 모델이다.
② 개체 타입(Entity Type)과 이들 간의 관계 타입(Relationship Type)을 이용해 현실 세계를 개념적으로 표현한 모델이다.

③ 데이터를 개체(Entity), 관계(Relationship), 속성(Attribute)으로 묘사한다.
④ 특정 DBMS를 고려한 것은 아니다.
⑤ E-R 다이어그램으로 표현하며, 1 : 1(일 대 일), 1 : N(일 대 다), N : M(다 대 다) 등의 관계 유형을 제한 없이 나타낼 수 있다.
⑥ E-R 다이어그램은 E-R 모델을 그래프 방식으로 표현한 것이다.

기출 Point

• **개체-관계(E-R) 모델에 대한 설명으로 옳지 않은 것은?**
→ E-R 다이어그램으로 표현하며 피터 첸(P. Chen)이 제안했다.
→ 일대일(1:1) 관계 유형만을 표현할 수 있다(×).
→ 개체 타입과 이들 간의 관계 타입을 이용해 현실 세계를 개념적으로 표현한 방법이다.
→ E-R 다이어그램은 E-R 모델을 그래프 방식으로 표현한 것이다.
▶ E-R 다이어그램으로 표현하며, 1 : 1(일 대 일), 1 : N(일 대 다), N : M(다 대 다) 등의 관계 유형을 제한 없이 나타낼 수 있다.

3. E-R 다이어그램

기호	기호 이름	의미
	사각형	개체 타입(개체 집합)
	다이아몬드	관계 타입(관계 집합)
	타원	속성(Attribute)
	밑줄 타원	기본키 속성
	복수 타원	복합 속성 예 성명은 성과 이름으로 구성
n m	관계	1:1, 1:n, n:m 등의 개체 관계에 대해 선 위에 대응수 기술
	선, 링크	개체 타입과 속성을 연결

기출 Point

• **개체-관계 모델(E-R Model)에 대한 설명으로 옳지 않은 것은?**
→ 특정 DBMS를 고려한 것은 아니다.
→ E-R 다이어그램에서 개체 타입은 사각형, 관계 타입은 타원, 속성은 다이아몬드로 나타낸다(×).
→ 개체 타입과 관계 타입을 기본 개념으로 현실 세계를 개념적으로 표현하는 방법이다.
→ 1976년 Peter Chen이 제안하였다.
▶ E-R 다이어그램에서 개체 타입은 사각형, 관계 타입은 다이아몬드, 속성은 타원으로 나타낸다.

4. 관계형 데이터 모델

① 계층 모델과 망 모델의 복잡한 구조를 단순화시킨 모델이다.
② 표(Table)를 이용해서 데이터 상호관계를 정의하는 DB 구조이다.
③ 데이터 간의 관계를 기본키(Primary Key)와 이를 참조하는 외래키(Foreign Key)로 표현하는 데이터 모델이다.
④ **대표적인 언어** : Oracle, MS-SQL, Informix 등
⑤ 1 : 1, 1 : N, N : M 관계를 자유롭게 표현할 수 있다.
⑥ **장점** : 간결하고, 보기 편리하며, 다른 데이터베이스로의 변환이 용이하다.
⑦ **단점** : 성능이 다소 떨어진다.

5. 계층형 데이터 모델

① 데이터의 논리적 구조도가 트리(Tree) 형태이며, 개체가 트리를 구성하는 노드 역할을 한다.
② 개체 집합에 대한 속성 관계를 표시하기 위해 개체를 노드로 표현하고 개체 집합들 사이의 관계를 링크로 연결한다.
③ 개체 간의 관계를 부모와 자식 간의 관계로 표현한다.
④ 개체 타입 간에는 상위와 하위 관계가 존재하며, 일 대 다(1 : N) 대응 관계만 존재한다. 즉, 계층형 데이터 모델에서 두 레코드 간에 직접 표현 방법을 제공하는 것은 1 : 1 관계, 1 : n 관계, 두 개의 1 : n 관계 등이고, M : N 관계(또는 N : M 관계)는 제공하지 않는다.
⑤ 레코드 삭제 시 연쇄 삭제(Triggered Delete)가 된다.
⑥ 개체 타입 간에는 사이클(Cycle)이 허용되지 않는다.
⑦ 계층형 데이터 모델에서는 개체(Entity)를 세그먼트(Segment)라 부른다.
⑧ 대표적인 DBMS는 IMS이다.
⑨ **관계의 유형**
  • 속성 관계(Attribute Relation) : 세그먼트(개체)를 구성하는 속성 간의 관계이다.
  • 개체 관계(Entity Relation) : 개체와 개체 간의 관계를 링크로 표시한다.

기출 Point

• 계층 데이터 모델에서 두 레코드 간에 직접 표현 방법을 제공하지 않는 것은?

→ 1 : 1 관계 → 1 : N 관계

→ M : N 관계(×) → 두 개의 1 : N 관계

▶ 계층형 데이터 모델에서 두 레코드 간에 직접 표현 방법을 제공하는 것은 1 : 1 관계, 1 : N 관계, 두 개의 1 : N 관계 등이고, M : N 관계(또는 N : M 관계)는 제공하지 않는다.

6. 망(그래프, 네트워크)형 데이터 모델

① 코다실(CODASYL)이 제안한 것으로, CODASYL DBTG 모델이라고도 한다.

② 그래프를 이용해서 데이터 논리 구조를 표현한 데이터 모델이다.

③ 데이터베이스의 논리적 구조 표현을 그래프 형태로 표현하며, 일 대 다(1 : N) 관계에 연관된 레코드 타입들을 각각 오너(Owner), 멤버(Member)라고 하고, 이들의 관계를 오너-멤버 관계라고도 일컫는다.

④ 상위의 레코드를 오너(Owner), 하위의 레코드를 멤버(Member)라 한다.

⑤ 상위와 하위 레코드 사이에서 다 대 다(N : M) 대응 관계를 만족하는 구조이다.

⑥ 레코드 타입 간의 관계는 1 : 1, 1 : N, N : M이 될 수 있다.

⑦ 대표적 DBMS : DBTG, EDBS, TOTAL

38 데이터베이스 설계

1. 데이터베이스 설계 순서

① **요구조건 분석** : 사용자의 요구조건 수집 · 분석, 요구조건 명세서 작성

② **개념적 설계** : 개념 스키마, 트랜잭션 모델링, E-R 모델

③ **논리적 설계** : 목표 DBMS에 맞는(종속적인) 스키마 설계

④ **물리적 설계** : 목표 DBMS에 맞는 물리적 구조의 데이터로 변환

⑤ **구현** : 목표 DBMS의 DDL로 데이터베이스 생성

2. 개념적 설계(정보 모델링, 개념화)

① 정보의 구조를 얻기 위하여 현실 세계의 무한성과 계속성을 이해하고, 다른 사람과 통신하기 위하여 현실 세계에 대한 인식을 추상적 개념으로 표현하는 과정이다.

② 스키마 모델링과 트랜잭션 모델링을 병행하여 수행한다.

③ 요구 분석 단계에서 나온 결과(요구 조건 명세)를 DBMS에 독립적인 E-R 다이어그램(개체 관계도)으로 작성한다.

④ DBMS에 독립적인 개념 스키마를 설계한다.

3. 논리적 설계(데이터 모델링)

① 현실 세계에서 발생하는 자료를 컴퓨터가 처리할 수 있는 물리적 저장장치에 저장할 수 있도록 변환하기 위해 특정 DBMS가 지원하는 논리적 자료 구조로 변환시키는 과정이다.

② 개념 세계의 데이터를 필드로 기술된 데이터 타입과 이 데이터 타입들 간의 관계로 표현되는 논리적 구조의 데이터로 모델화한다.

③ 개념적 설계가 개념 스키마를 설계하는 단계라면 논리적 설계에서는 개념 스키마를 평가 및 정제하고 DBMS에 따라 서로 다른 논리적 스키마를 설계하는 단계이다.

④ 트랜잭션(Transaction, 작업 단위)의 인터페이스를 설계한다.

⑤ 관계형 데이터베이스라면 테이블을 설계하는 단계이다.

4. 물리적 설계(데이터 구조화)

① 논리적 설계 단계에서 논리적 구조로 표현된 데이터를 디스크 등의 물리적 저장 장치에 저장할 수 있도록 물리적 구조의 데이터로 변환하는 과정이다.

② 데이터베이스 파일의 저장 구조, 레코드의 형식, 접근 경로와 같은 정보를 사용하여 데이터가 컴퓨터에 저장되는 방법을 묘사한다.

③ 물리적 설계 단계에서 꼭 포함되어야 할 것은 저장 레코드의 양식 설계, 레코드 집중(Record Clustering)의 분석 및 설계, 접근 경로 설계 등이다.

④ **물리적 설계 옵션 선택 시 고려사항**

- 반응 시간(응답 시간, Response Time) : 트랜잭션 수행을 요구한 시점부터 처리 결과를 얻을 때까지의 경과 시간
- 공간 활용도(Space Utilization) : 데이터베이스 파일과 액세스 경로 조사에 의해 사용되는 저장 공간의 양
- 트랜잭션 처리량(Transaction Throughput) : 단위 시간 동안 데이터베이스 시스템에 의해 처리될 수 있는 트랜잭션의 평균 개수

기출 Point

- **데이터베이스 설계에 대한 설명으로 옳지 않은 것은?**

→ 요구 조건 분석 단계는 사용자의 요구 조건을 수집하고 분석하여 사용자가 의도하는 데이터베이스의 용도를 파악해야 한다.

→ 개념적 설계 단계에서는 트랜잭션 인터페이스 설계, 스키마의 평가 및 정제 등의 작업을 수행한다(×).

→ 논리적 설계 단계에서는 개념적 설계 단계에서 만들어진 정보 구조로부터 특정 목표 DBMS가 처리할 수 있는 스키마를 생성한다.

→ 물리적 설계 단계에서는 저장 구조와 접근 경로 등을 결정한다.

▶ 논리적 설계 단계에서 트랜잭션 인터페이스 설계, 스키마의 평가 및 정제 등의 작업을 수행한다.

39 관계형 데이터베이스

1. 관계형 데이터베이스의 개념

데이터 간의 관계를 테이블(Table) 구조로 나타내는 데이터베이스로서 이는 개체를 표현하는 데 있어 속성과 속성 간의 연관관계를 파악하여 테이블 형태로 표현한다.

2. 관계형 데이터베이스의 기본 용어 정리

〈표〉 릴레이션(Relation)

속성(Attribute) 요소

회원	회원번호	이름	전화번호	주소	이메일주소
튜플(Tuple) 요소	1	김권철	02-701-8820	서울시 마포구 도화동 303-1	kgc1011@naver.com
	2	배수한	02-701-8821	서울시 마포구 도화동 303-2	bsh2222@hanmail.net
	3	이소연	02-701-8822	서울시 마포구 도화동 303-3	lsy5055@nate.com
	4	정보람	02-701-8823	서울시 마포구 도화동 303-4	jbr3579@hanmail.net

(1) 릴레이션(Relation)

① 릴레이션은 데이터 간의 관계를 열(Column, 세로)과 행(Row, 가로)으로 된 격자 모양의 표(Table)로 표현한다.

② 열(Column)의 명칭을 속성(Attribute)이라 하고, 행(Row)의 각각을 튜플(Tuple)이라 한다.

③ **릴레이션 스킴(Relation Scheme)** : 릴레이션의 논리적 구조(Scheme)를 정의하는 것으로 릴레이션 명칭과 해당 릴레이션을 형성하는 속성들을 합쳐 정의하는 개념이다. 릴레이션 스킴을 릴레이션 스키마(Relation Schema), 릴레이션 타입(Relation Type), 릴레이션 내포(Relation Intention)라고도 한다.

④ **릴레이션 어커런스(Relation Occurrence)** : 어느 한 시점에서 릴레이션 스킴에 따라 실제 데이터로 입력된 튜플들의 집합을 의미하는 개념으로 시간적으로 가변적 특성을 갖는다. 릴레이션 어커런스는 릴레이션 인스턴스(Relation Instance), 릴레이션 외연(Relation Extension)이라고도 한다.

⑤ 릴레이션은 한 개 이상의 속성(Attribute)들의 집합으로 표현되고, 결국 릴레이션은 릴레이션 스킴과 릴레이션 어커런스를 합쳐 지칭하는 용어이다.

(2) 속성(어트리뷰트, Attribute)

① 릴레이션에서 열(column)의 명칭을 말한다.
② 데이터를 구성하는 가장 작은 논리적 단위로서 파일 구조상의 데이터 항목 또는 데이터 필드에 해당한다.
③ 〈표〉에서 [회원번호], [이름], [전화번호], [주소], [이메일주소]와 같이 어떤 개체 정보의 특성이나 특징에 대한 명칭을 말한다.
④ 프로그래밍을 짤 때 어떤 값을 넣을 변수를 정해야 하는데, 이 변수의 개념을 속성이라 한다.

(3) 튜플(Tuple)

① 릴레이션 스킴에 따라 각 속성으로 실제 값이 입력되었을 때 하나의 행 값에 해당하는 개념이다.
② 〈표〉에서 [1], [김영철], [02-701-8820], [서울시 마포구 도화동 303-1], [kgc1011@naver.com]라는 첫 번째 행에 입력된 실제 값들을 튜플이라 하고, 각 튜플들의 전체 집합을 릴레이션 어커런스라고 한다.
③ 튜플은 파일 시스템의 레코드에 해당하는 개념이다.

(4) 도메인(Domain)

① 관계형 데이터베이스에서 하나의 속성(Attribute)이 취할 수 있는 모든 실제값(원자값, Atomic)의 범위나 집합을 말한다.
② 변수를 선언하게 되면 그 선언 타입(Type)에 해당하는 개념이다.
③ 실제 속성 값이 나타날 때 그 값의 합법 여부를 시스템이 검사할 때 이용된다.

(5) 차수(디그리, Degree)

① 하나의 릴레이션에서 정의된 속성(Attribute)의 개수, 즉 필드의 개수를 말한다.
② 설계가 변경되지 않는다면 차수는 항상 정적인 상태로 유지된다.
③ 〈표〉에서 차수는 5이다.

(6) 기수(대응수, 카디널리티, Cardinality)

① 하나의 릴레이션에 형성된 튜플의 개수, 즉 레코드의 수를 말한다.
② 데이터의 조작 연산에 의해 항상 변화되므로 동적인 상태가 된다.

(7) 널(NULL)

① 널(NULL)은 Empty 또는 아직 알려지지 않은 값, 아직 모르는 값, 정의되지 않은 값을 말하는 것으로 0이나 공백의 의미와는 구별된다.
② 널(NULL)은 정보의 부재를 나타내기 위해 사용하는 특수한 데이터 값이다.

(8) 키(Key)

① 키(Key)는 각각의 튜플을 유일하게 구분할 수 있는 개념으로 관계형 모델에서는 대단히 중요한 개념이다.
② 키는 유일한 식별성과 최소성을 가지고 있어야 한다.
③ 하나의 릴레이션에는 최소한 하나의 키(Key)가 존재하여야 한다.

기출 Point

- **데이터베이스에 관련된 용어의 설명으로 옳지 않은 것은?**
  → 튜플(Tuple) – 테이블에서 열에 해당된다(×).
  → 어트리뷰트(Attribute) – 데이터의 가장 작은 논리적 단위로서 파일 구조상의 데이터 항목 또는 데이터 필드에 해당한다.
  → 릴레이션(Relation) – 릴레이션 스킴과 릴레이션 인스턴스로 구성된다.
  → 도메인(Domain) – 어트리뷰트가 취할 수 있는 값들의 집합이다.
  ▶ 튜플(Tuple) – 테이블에서 행에 해당된다.

3. 릴레이션의 특성

① **튜플의 유일성** : 모든 튜플은 서로 다른 값을 갖는다.
② **튜플 간의 무순서** : 하나의 릴레이션에서 튜플의 순서는 없다(순서는 큰 의미가 없다).
③ **속성은 원자성** : 하나의 릴레이션에 나타난 속성 값은 논리적으로 더 이상 분해할 수 없는 원자값이어야 한다.
④ **속성 간의 무순서** : 속성 간의 순서는 없다(순서는 큰 의미가 없다).
⑤ **속성 이름의 유일성** : 모든 속성은 릴레이션 내에서 유일한 이름을 가진다.

4. 관계형 데이터베이스에서 사용되는 키(Key)의 종류

(1) 후보키(Candidate Key)

① 하나의 릴레이션에서 유일성과 최소성을 가지고 있는 모든 속성 또는 속성집합들을 말한다.
② 릴레이션에서 튜플을 유일하게 구별하기 위해 사용하는 속성 또는 속성들의 집합을 의미하는 키(Key)를 말한다.
③ **후보키의 선정 조건**
- 유일성(Uniqueness) : 릴레이션으로 입력되는 모든 튜플들을 유일하게 구별할 수 있는 성질을 말한다. 하나의 속성에 형성된 실제 값이 동일한 값이 있다면 유일성이 없는 것이다.
- 최소성(Minimize) : 가장 적은 개수의 속성으로 구성될 수 있는 성질을 말한다.

(2) 기본키(Primary Key)

① 후보키(Candidate Key) 중 데이터베이스의 설계자에 의해 선택된 한 개의 키를 의미한다.
② 기본키로 선택된 속성은 중복되어서는 안 되고, 정의되지 않은 값(NULL)이 있어서는 안 된다.

(3) 대체(부)키(Alternate Key)

후보키(Candidate Key) 중 선택된 기본키를 제외한 모든 키는 대체키가 된다.

(4) 외래키(Foreign Key)

① 릴레이션 A와 B가 있다고 할 때 A 릴레이션에 있는 어떤 속성이 B 릴레이션에서 기본키가 될 때 이 속성을 데이터 무결성을 위해 외래키로 선언을 한다.

② 외래키는 2개의 릴레이션에 대한 관계를 맺어 참조 무결성을 유지하기 위해 사용되는 키로서 한 릴레이션에서는 기본키로, 다른 릴레이션에서는 외래키로 쓰인다.

(5) 슈퍼키(Super Key)

① 식별성을 부여하기 위해 두 개 이상의 속성들로 이루어진 키를 말한다.

② 최소성 없이 단지 튜플을 식별하기 위해 두 개 이상의 속성들의 집합으로 이루어진 키를 말한다.

5. 관계 데이터베이스 제약조건(무결성 제약사항)

(1) 도메인 무결성(Domain Integrity)

① 속성에 관련된 무결성이다.

② 가장 기본적인 무결성 조건으로 데이터베이스 릴레이션에서 주어진 속성으로 입력되는 모든 값은 그 속성으로 정의되거나 제약된 도메인 영역(범위) 내에 있어야 된다는 조건을 말한다.

(2) 개체 무결성(Entity Integrity)

① 하나의 릴레이션에서 기본키와 관련된 무결성이다.

② 한 릴레이션의 기본키를 구성하는 어떠한 속성 값도 널(NULL) 값이나 중복 값을 가질 수 없다는 제약조건이다.

③ 하나의 릴레이션으로 삽입되거나 변경되는 튜플들에 대하여 정확한 값을 유지하는 성질로 하나의 릴레이션에 있는 튜플은 중복된 튜플이 있어서는 안 된다는 제약이다.

(3) 참조 무결성(Referential Integrity)

① 2개의 릴레이션에서 기본키와 외래키와 관련된 무결성이다.

② 릴레이션에 있는 튜플 정보가 다른 릴레이션에 있는 튜플 정보와 비교하여 관계성이 있으며, 관계되는 정보의 정확성을 유지하는가를 규정하는 것으로 외래키에 의해 유지된다.

40 데이터 정규화(Normalization)

1. 관계 스키마 설계의 원칙

① 필요한 속성(Attribute), 개체(Entity), 관계성(Relationship)을 식별하여 릴레이션을 구성한다.
② 불필요한(원하지 않는) 데이터의 중복이 발생하지 않도록 설계한다.
③ 불필요한(원하지 않는) 데이터의 종속이 발생하지 않도록 설계한다.
④ 속성 사이의 관계성과 데이터의 종속성을 고려하여 설계한다.
⑤ 효율적 데이터 처리와 일관성 유지 방법 등을 고려하여 설계한다.

기출 Point

- **데이터베이스 설계시에 양질의 데이터베이스를 구축하기 위하여 데이터베이스 릴레이션을 정규화한다. 이 때 고려해야 할 사항과 가장 관련이 없는 것은?**
  → 원하지 않는 데이터의 중복을 제거한다.
  → 원하지 않는 데이터의 종속을 제거한다.
  → 한 릴레이션 내의 속성들 간의 관계를 고려한다.
  → 한 릴레이션 내의 튜플들 간의 관계를 고려한다(×).
  ▶ 튜플들 간의 관계는 관련이 적다.

2. 이상 현상(Anomaly)

릴레이션 스킴이 잘못되면 불필요한 데이터 중복을 초래하게 되고, 이러한 데이터 중복은 릴레이션을 조작할 때 이상 현상(Anomaly)을 발생시킨다.

① **삭제 이상** : 한 튜플을 삭제함으로써 연쇄 삭제 현상으로 인한 정보의 손실을 말하며, 임의의 튜플을 삭제했을 때 그것과 관계를 맺고 있는 관계성까지 삭제되어 필요한 정보까지 삭제되는 결과를 초래하게 된다.
② **삽입 이상** : 임의의 튜플을 삽입했을 때 삽입할 의도가 없던 불필요한 데이터까지 함께 삽입되는 현상이다.
③ **갱신 이상** : 튜플에 있는 속성 값을 갱신할 때 일부 튜플의 정보만 갱신되어 정보에 모순이 생기는 현상을 말한다.

3. 정규화(Normalization)의 개념

① 정규화는 하나의 릴레이션에 하나의 의미만 존재할 수 있도록 릴레이션을 분해하는 과정을 말한다.
② 정규형(NF, Normal Form)은 특정 조건에 만족하는 릴레이션 스키마의 형태를 말한다.
③ 기본 정규형에는 1NF, 2NF, 3NF, BCNF가 있고, 고급 정규형에는 4NF, 5NF가 있다.

4. 정규화의 목적과 필요성

① 릴레이션이 중복되지 않도록 한다.
② 릴레이션의 이상 현상(Anomaly)이 발생하지 않도록 한다.
③ 자료의 저장공간을 최소화하고, 자료의 불일치를 최소화시킨다.
④ 자료 구조의 불안정을 막는다.

5. 정규화(Normalization)의 과정

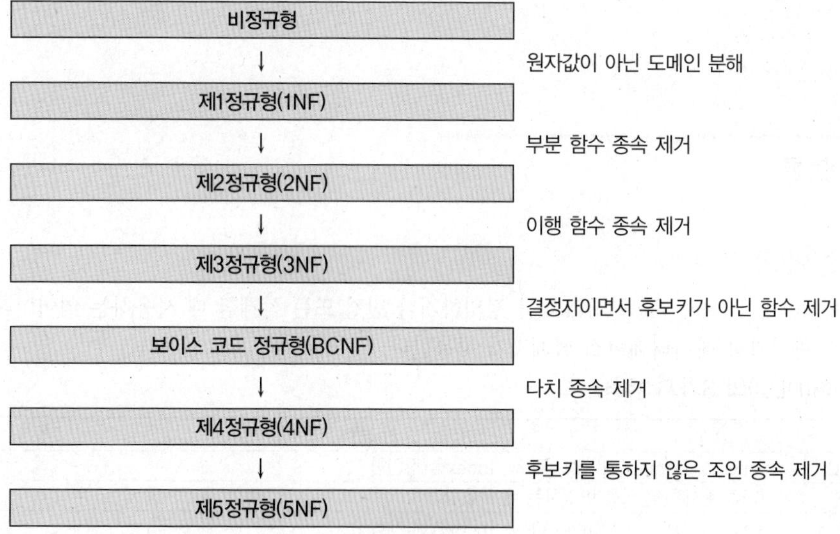

5. 정규형(NF; Normal Form)의 종류

① **제1정규형(1NF)** : 어떤 릴레이션 R에 속한 모든 도메인이 원자값(Atomic Value, 분해될 수 없는 값)만으로 되어 있는 릴레이션
② **제2정규형(2NF)** : 릴레이션 R이 제1정규형을 만족하면서, 키가 아닌 모든 속성이 기본키에 완전 함수 종속인 릴레이션
③ **제3정규형(3NF)** : 릴레이션 R이 제2정규형(2NF)을 만족하면서, 키가 아닌 모든 속성들이 기본키에 이행적으로 함수 종속되지 않는 릴레이션
④ **보이스 코드 정규형(Boyce-Codd Normal Form, BCNF)** : 릴레이션의 모든 결정자가 후보키인 릴레이션
⑤ **제4정규형(4NF)** : 다중치(다치) 종속인 릴레이션. 릴레이션 R에 A, B, C 세 개의 속성이 속해 있을 때 속성(A, C)의 도메인 값에 대응되는 B의 도메인 값 집합이 C 값에 독립이면, B는 A에 다중치 종속이라 한다. 기호로는 A →→ B로 표시한다.

⑥ **제5정규형(5NF)** : 조인 종속인 릴레이션. {A, B, …}를 릴레이션 R의 부분집합이라고 할 때, 릴레이션 R에서 {A, B, …}를 프로젝션 한 것들을 조인한 것과 원래의 릴레이션 R이 같다면 릴레이션 R은 조인 종속(JD, Join Dependency)을 만족시킨다.

기출 Point

- **제2정규형에서 제3정규형이 되기 위한 조건은?**
  → 이행적 함수 종속 제거

41 SQL의 분류

1. DDL(데이터 정의어)

① Schema, Domain, Table, View, Index를 정의하거나 변경 또는 삭제할 때 사용하는 언어이다.

② 데이터베이스 관리자나 데이터베이스 설계자가 사용한다.

③ 데이터 정의어(DDL)의 3가지 유형

명령어	기 능
CREATE	Schema, Domain, Table, View, Index를 정의함
ALTER	Table에 대한 정의를 변경하는 데 사용함
DROP	Schema, Domain, Table, View, Index를 삭제함

기출 Point

- **SQL은 사용 용도에 따라 DDL, DML, DCL로 구분할 수 있다. 다음 중 성격이 다른 하나는?**

UPDATE, ALTER, DROP, CREATE

→ UPDATE(∵ DML에 해당한다)

2. DML(데이터 조작어)

① 데이터베이스 사용자가 응용 프로그램이나 질의어를 통하여 저장된 데이터를 실질적으로 처리하는 데 사용하는 언어이다.

② 데이터베이스 사용자와 데이터베이스 관리 시스템 간의 인터페이스를 제공한다.

③ 데이터 조작어(DML)의 4가지 유형

명령어	기 능
SELECT	테이블에서 조건에 맞는 튜플을 검색함
INSERT	테이블에 새로운 튜플을 삽입함
DELETE	테이블에서 조건에 맞는 튜플을 삭제함
UPDATE	테이블의 조건에 맞는 튜플의 내용을 변경함

3. DCL(데이터 제어어)

① 데이터의 보안, 무결성, 데이터 회복, 병행 수행 제어 등을 정의하는 데 사용하는 언어이다.

② 데이터베이스 관리자가 데이터 관리를 목적으로 사용한다.

③ 데이터 제어어(DCL)의 4가지 유형

명령어	기 능
COMMIT	데이터베이스 조작 작업이 정상적으로 완료되었음을 관리자에게 알려줌
ROLLBACK	데이터베이스 조작 작업이 비정상적으로 종료되었을 때 원래의 상태로 복구함
GRANT	데이터베이스 사용자에게 사용 권한을 부여함
REVOKE	데이터베이스 사용자의 사용 권한을 취소함

4. SQL의 내장 집계함수(Aggregate Function)

① COUNT( ) : 개수

② SUM( ) : 합계

③ MAX( ) : 최댓값

④ MIN( ) : 최솟값

⑤ AVG( ) : 평균

기출 Point

• **SQL에서는 데이터베이스 검색의 성능 및 편의 향상을 위하여 내장함수를 제공한다. 다음 중 SQL의 내장 집계함수(Aggregate Function)가 아닌 것은?**

→ COUNT　　→ SUM

→ TOTAL(×)　　→ MAX

42 관계 데이터 연산과 질의 최적화

1. 관계 대수(Relation Algebra)

(1) 관계 대수의 특징

① 릴레이션으로부터 필요한 릴레이션을 만들어내는 연산자의 집합을 말한다.

② 원하는 정보와 그 정보를 어떻게 유도하는가를 기술하는 절차적 방법이다.

(2) 관계 대수의 분류

① 집합 연산자

연산자	기 호	의 미
합집합 (Union)	A∪B	A 릴레이션 또는 B 릴레이션에 속하는 튜플의 집합을 구한다.
교집합 (Intersection)	A∩B	A 릴레이션과 B 릴레이션에 공통으로 속하는 튜플의 집합을 구한다.
차집합 (Difference)	A−B	A 릴레이션에는 속하지만, B 릴레이션에는 속하지 않는 튜플의 집합을 구한다.
곱집합 (Cartesian Product)	A×B	A 릴레이션에 속하는 각 튜플에 B 릴레이션에 속하는 모든 튜플을 접속하여 구성된 튜플의 집합을 구한다.

② 관계 연산자

연산자	기 호	의 미
셀렉션 (Selection)	$\sigma_{a\theta b}(R)$	R 릴레이션에서 $a\theta b$ 조건을 만족하는 튜플을 구한다(수평적 부분집합).
프로젝션 (Projection)	$\Pi_{a\theta b}(R)$	R 릴레이션에서 $a\theta b$ 속성 값으로 이루어진 튜플을 구한다(수직적 부분집합).
조인 (Join)	$A \bowtie B$	A 릴레이션과 B 릴레이션에서 공통된 속성 값이 들어 있는 경우를 접속하여 튜플의 집합을 구한다.
디비전 (Division)	A÷B	A 릴레이션과 B 릴레이션이 있을 때 B 릴레이션의 모든 조건을 만족하는 경우의 튜플들을 A 릴레이션에서 구한다.

2. 질의 최적화

(1) 질의 최적화의 개념

질의 최적화 과정은 사용자의 질의를 효율적으로 실행되는 동등한 질의로 바꾸는 것으로 경험적 규칙을 적용한 경험적 기법을 사용한다.

(2) 질의 최적화 단계

① 질의를 내부 표현으로 변환한다.
② 표준 형태로 바꾼다.
③ 하위 단계의 후보 프로시저를 선택한다.
④ 질의 실행 계획을 세우고 수행 비용이 적게 드는 것을 선택한다.

(3) 질의 최적화를 위한 경험적 규칙

① 연산 우선순위에 따른 규칙

우선순위	연산자	기호	연산자	기호
높음 ↑	프로젝션(Projection)	Π (파이)	셀렉션(Selection)	σ (시그마)
	곱집합(Cartesian Product)	×	• 조인(Join) • 디비전(Division)	⋈ ÷
↓ 낮음	차집합(Difference)	−	• 합집합(Union) • 교집합(Intersection)	∪ ∩

② 선택(Select, 셀렉션) 연산을 가능한 한 일찍 수행하여 튜플(Tuple) 수를 줄인다.
③ 추출(Project, 프로젝션) 연산을 가능한 한 일찍 수행하여 속성(Attribute) 수를 줄인다.
④ 중간 결과를 적게 산출하면서 빠른 시간에 결과를 줄 수 있어야 한다.

기출 Point

- **데이터베이스 관리시스템(DBMS)에서 질의 처리를 빠르게 수행하기 위해 질의를 최적화한다. 질의 최적화시에 사용하는 경험적 규칙으로서 알맞지 않은 것은?**
  → 추출(Project) 연산은 일찍 수행한다.
  → 조인(Join) 연산은 가능한 한 일찍 수행한다(×).
  → 선택(Select) 연산은 가능한 한 일찍 수행한다.
  → 중간 결과를 적게 산출하면서 빠른 시간에 결과를 줄 수 있어야 한다.
  ▶ 조인(Join) 연산을 우선 실행하게 되면 튜플 수가 늘어나므로 우선순위가 가장 높은 프로젝션(Projection)과 셀렉션(Selection)을 가능한 한 일찍 수행한다.

43 Select문

1. Select문의 정의

테이블을 구성하는 튜플(행)들 중에서 전체 또는 조건을 만족하는 튜플(행)을 검색하여 주기억장치상에 임시 테이블로 구성시키는 명령문이다.

2. Select문의 구성

Select문은 다음과 같이 구성된다. 아래에서 각각에 대하여 설명한다.

```
SELECT (ALL/DISTINCT 등) 속성명
FROM 테이블명
WHERE 조건식
GROUP BY 그룹 속성명
HAVING 그룹 조건식
ORDER BY 기준 속성명 [ASC(오름차순)/DESC(내림차순)];
```

① SELECT절
- Predicate : 불러올 튜플 수를 제한할 명령어를 기술한다.
  - ALL : 모든 튜플을 검색할 때 지정하는 것으로, 주로 생략하거나 아니면 별표(*)로 표시한다.
    예 SELECT * : 모든 속성을 출력한다.
  - DISTINCT : 중복된 튜플이 있으면 그중 첫 번째 한 개만 검색한다.
  - DISTINCTROW : 중복된 튜플을 검색하지만 선택된 속성의 값이 아닌, 튜플 전체를 대상으로 한다.
- 속성명 : 검색하여 불러올 속성(열) 및 수식들을 지정한다.
  - 기본 테이블을 구성하는 모든 속성을 지정할 때는 "*"를 기술한다.
  - 2개 이상의 테이블을 대상으로 검색할 때는 반드시 테이블명.속성명으로 표현해야 한다.

② FROM절 : 질의에 의해 검색될 데이터들을 포함하는 테이블명을 기술한다.

③ WHERE절 : 검색할 조건식을 기술한다.

④ GROUP BY절 : 특정 속성을 기준으로 그룹화하여 검색할 때 그룹화할 속성을 지정한다. 일반적으로 GROUP BY절은 그룹함수와 함께 사용된다.

⑤ HAVING절 : GROUP BY와 함께 사용되며, 그룹에 대한 조건식을 지정한다.

⑥ ORDER BY절 : 특정 속성을 기준으로 정렬하여 검색할 때 사용한다.
- 속성명 : 정렬의 기준이 되는 속성명을 기술한다.
- [ASC/DESC] : 정렬 방식으로 "ASC"는 오름차순, "DESC"는 내림차순이다. 이를 생략하면 오름차순으로 지정된다.

⑦ 주요 내장 함수

- COUNT(속성) : 해당 속성(열)이 있는 총 튜플(행)의 개수
- SUM(속성) : 해당 속성(열)에 있는 데이터들의 합(해당 열은 숫자형 데이터임)
- AVG(속성) : 해당 속성(열)에 있는 데이터들의 평균(해당 열은 숫자형 데이터임)
- MAX(속성) : 해당 속성(열)에 있는 데이터 중 최댓값
- MIN(속성) : 해당 속성(열)에 있는 데이터 중 최솟값

기출 Point

- **"회사원"이라는 테이블에서 "사원명"을 검색할 때, "연락번호"가 Null 값이 아닌 "사원명"을 모두 찾을 경우의 SQL 질의로 옳은 것은?**

→ SELECT 사원명 FROM 회사원 WHERE 연락번호 IS NOT NULL;

▶ SELECT는 속성명이 오므로 "SELECT 사원명"이고, FROM은 테이블명이 오므로 "FROM 회사원"이며, WHERE는 검색 조건이 오므로 "WHERE 연락번호 IS NOT NULL;"이다.

기출 Point

- **다음 표와 같은 판매실적 테이블에 대하여 서울지역에 한하여 판매액 내림차순으로 지점명과 판매액을 출력하고자 한다. 가장 적절한 SQL구문은?**

[테이블명 : 판매실적]

도 시	지점명	판매액
서 울	강남지점	330
서 울	강북지점	168
광 주	광주지점	197
서 울	강서지점	158
서 울	강동지점	197
대 전	대전지점	165

→ SELECT 지점명, 판매액 FROM 판매실적 WHERE 도시= '서울' ORDER BY 판매액 DESC;

▶ SELECT는 검색 또는 출력을 요하는 속성명이 오므로 "SELECT 지점명, 판매액"이고, FROM은 테이블명이 오므로 "FROM 판매실적"이며, WHERE는 검색 조건이 오므로 "WHERE 도시= '서울' "이며, ORDER BY는 특정 속성 기준 정렬이므로 "ORDER BY 판매액 DESC;"이다. 여기서 DESC는 내림차순이고, 오름차순이라면 생략하거나 ASC이다.

기출 Point

• **MS Access의 데이터베이스를 이용한 성적 테이블에서 적어도 2명 이상이 수강하는 과목에 대해 등록한 학생 수와 평균점수를 구하기 위한 SQL 질의문을 작성할 경우 빈칸에 적절한 표현은?**

[테이블명 : 성적]

학 번	과 목	성 적	점 수
100	자료구조	A	90
100	운영체제	A	95
200	운영체제	B	85
300	프로그래밍	A	90
300	데이터베이스	C	75
300	자료구조	A	95

```
SELECT 과목, COUNT(*) AS 학생수, AVG(점수) AS 평균점수
FROM 성적
GROUP BY 과목 ____________
```

→ HAVING COUNT(학번) >= 2;

▶ AS 절을 사용해서 결과열의 이름을 할당하거나 파생 열에 이름을 할당할 수 있다.

기출 Point

• **관계 데이터베이스의 테이블 지점정보(지점코드, 소속도시, 매출액)에 대해 다음과 같은 SQL 문이 실행되었다. 그 결과에 대한 설명으로 부적합한 것은?**

```
SELECT 소속도시, AVG(매출액)
FROM 지점정보 WHERE 매출액 > 1000
GROUP BY 소속도시 HAVING COUNT(*) >= 3;
```

→ WHERE 절의 조건에 의해 해당 도시의 지점들의 매출액 평균이 1000 이하인 경우는 출력에서 제외된다(×).

→ 지점이 3 군데 이상 있는 도시에 대해 각 도시별로 그 도시에 있는 매출액 1000 초과인 지점들의 평균 매출액을 구하는 질의이다.

→ SELECT 절의 "AVG(매출액)"을 "MAX(매출액)"으로 변경하면 각 도시 별로 가장 높은 매출을 올린 지점의 매출액을 구할 수 있다.

→ HAVING 절에서 "COUNT(*)>=3"을 "SUM(매출액)>=5000"으로 변경하면 어느 한 도시의 지점들의 매출액 합이 5000 이상인 경우만 그 도시 지점들의 매출액 평균을 구할 수 있다.

▶ "WHERE 매출액 > 1000"은 매출액이 1000을 넘어야 한다는 조건이므로 매출액 평균이 아니라 매출액이 1000 이하인 경우는 출력에서 제외된다.

44 트랜잭션

1. 트랜잭션(Transaction)의 정의

① 데이터베이스에서 하나의 논리적 기능을 수행하기 위한 작업의 단위이다.
② 데이터베이스 시스템에서 복구 및 병행 시행시 처리되는 작업의 논리적 단위이다.
③ 데이터베이스의 상태를 하나의 상태에서 또 다른 일관된 상태로 변화시켜주는 일련의 논리적 연산 집합을 말한다.
④ 하나의 트랜잭션은 완료(Commit)되거나 복귀(Rollback)되어야 한다.
⑤ 트랜잭션은 일반적으로 회복의 단위가 된다.

2. 트랜잭션의 특성(속성)

① **원자성(Atomicity)** : 완전하게 수행 완료되지 않으면 전혀 수행되지 않아야 한다(All Or Nothing). 트랜잭션은 일부만 수행된 상태로 종료되어서는 안 된다.
② **일관성(Consistency)** : 트랜잭션의 실행은 데이터베이스의 일관성을 유지해야 한다.
③ **독립성(Isolation, 격리성)** : 임의의 트랜잭션은 동시에 수행되는 다른 트랜잭션에 방해를 받아서는 안 된다.
④ **영속성(Durability, 지속성, 계속성)** : 트랜잭션이 일단 그 실행을 성공적으로 완료하면 그 결과는 영속적이어야 한다.

3. 트랜잭션의 상태

① Active(활동) : 트랜잭션이 실행 중인 상태
② Failed(장애) : 트랜잭션 실행에 오류가 발생하여 중단된 상태
③ Aborted(철회) : 트랜잭션이 비정상적으로 종료되어 Rollback 연산을 수행한 상태
④ Partially Committed(부분 완료) : 트랜잭션의 마지막 연산까지 실행했지만, Commit 연산이 실행되기 직전의 상태
⑤ Committed(완료) : 트랜잭션이 성공적으로 종료되어 Commit 연산을 실행한 후의 상태

4. 트랜잭션의 연산

① Commit(완료) : 트랜잭션 실행이 성공적으로 종료되었음을 알리는 연산자로 데이터 아이템의 값들은 영속성이 보장되고, 데이터베이스의 상태가 일관성 있는 상태로 변화된 것을 말한다.
② Rollback(복귀) : 트랜잭션이 실패했음을 알리는 연산자로 트랜잭션이 수행한 결과를 원래의 상태로 복귀시켜야 하는 상태를 말한다.

기출 Point

• **트랜잭션이 가져야 되는 특성과 거리가 먼 것은?**

→ 원자성(Atomicity) → 일관성(Consistency)

→ 독립성(Isolation) → 일시성(Impermanenece)(×)

▶ 트랜잭션의 특성으로는 원자성(Atomicity), 일관성(Consistency), 독립성(Isolation), 영속성(Durability) 등이 있다.

45 자료 구조의 개념

1. 자료 구조(Data Structure)의 정의

① 자료를 기억 공간에 어떻게 표현하고 저장할 것인가를 결정하는 것으로 객체나 객체 집합뿐만 아니라 그들의 관계까지 기술하는 것을 말한다.

② 자료 구조는 문제 해결에 있어 가장 효율적으로 자료를 조직하고 구조화하며, 자료를 표현하고 연산하는 일련의 활동을 지칭한다.

2. 자료 구조(Data Structure)의 분류

구분		
선형 구조 (Linear Structure)	리스트	선형 리스트(Linear List)=배열(Array)
		연결 리스트(Linked List)
	스택(Stack)	
	큐(Queue, 대기열)	
	데크(Deque)	
비선형 구조 (Non-Linear Structure)	트리(Tree)	
	그래프(Graph)	

① **배열(Array)** : 같은 크기의 기억 장소를 연속적 공간에 모아놓고 원하는 데이터를 기록하거나 액세스하는 것을 말하며, 선형 리스트(Linear List), 순서 리스트(Ordered List), 순차 리스트(Sequential List)라고도 한다. 배열(Array)은 액세스 속도가 빠르고, 가장 간단한 구조이며, 기록 밀도가 1이지만, 삽입과 삭제가 어렵고 메모리에 종속적인 것이 단점이다.

② **연결 리스트(Linked List)** : 자료를 구성할 때 포인터 자료를 포함해서 하나의 자료를 구성하는 형태로, 포인터를 이용하여 현재 자료와 관련이 있는 자료를 연결한다. 노드의 삽입과 삭제가 쉽고, 메모리에 독립적이지만, 액세스 속도가 느린 점이 단점이다.

③ 스택(Stack) : 포인터를 하나 두고 운용을 하고, 처음 입력시킨 자료는 맨 마지막에 출력되고, 맨 마지막에 입력시킨 자료는 맨 처음에 출력되는 LIFO(Last In First Out) 구조이다. 즉, 한쪽 방향에서만 입출력되는 구조라고 할 수 있다. 스택(Stack)은 함수 호출이나 부 프로그램 호출 시 복귀를 저장할 때 사용된다.

④ 큐(Queue) : 삽입과 삭제 포인터 두 개를 두고 운용을 하고, 한쪽 방향에서는 입력만 하고, 다른 한쪽 방향에서는 출력만 하는 구조이다. 즉, 먼저 입력된 자료가 먼저 출력되고, 나중에 입력된 자료는 나중에 출력되는 FIFO(First In First Out) 구조이다. 큐(Queue)는 스풀(Spool) 운용 처리에 사용하며, 운영체제의 스케줄링 작업에 사용된다.

⑤ 데크(Deque) : 포인터를 두 개 두고 운영하는(Left, Right) 가장 일반적인 구조이다. 양쪽 끝에서 입출력이 일어나는 구조이며, 입력 제한 데크는 스크롤(Scroll), 출력 제한 데크는 셸프(Self)라고 한다. 즉, 데크(Deque)는 좌측에 있는 Left 포인터 위치와 우측에 있는 Right 포인터 위치에서 입력과 출력이 모두 가능한 구조이다.

⑥ 트리(Tree) : 1:N 또는 1:1 대응 구조로 노드(Node, 정점)와 선분(Branch)으로 되어 있고, 정점 사이에 사이클이 형성되지 않으며, 자료 사이의 관계성이 계층 형식으로 나타나는 구조이다.

⑦ 그래프(Graph) : N:M 대응 구조로, 일반적으로 정점과 선분으로 되어 있으면서 사이클이 형성되는 경우를 트리와 구별하여 그래프라 지칭한다.

기출 Point

- **다음 중 선형 구조(Linear Structure)가 아닌 것은?**
  → 스택(Stack)　　→ 트리(Tree)(×)
  → 큐(Queue)　　→ 연결 리스트(Linked List)
  ▶ 트리(Tree)는 비선형 구조(Non-Linear Structure)에 해당한다.

46 스택의 연산

1. 스택(Stack)의 개념

① 나중에 든 데이터를 가장 먼저 꺼낼 수 있도록 만든 데이터 기억장치이다.

② 포인터를 하나 두고 운용을 하고, 처음 입력시킨 자료는 맨 마지막에 출력되고, 맨 마지막에 입력시킨 자료는 맨 처음에 출력되는 LIFO(Last In First Out) 구조이다.

2. 산술식의 표기법

① 전위식(Prefix) : 연산자(+, −, *, /)가 맨 앞(前)에 놓인다(연산자－피연산자－피연산자).
예 +AB

② 중위식(Infix) : 연산자가 중간(中)에 놓인다(피연산자－연산자－피연산자). 예 A+B

③ 후위식(Postfix) : 연산자가 맨 뒤(後)에 놓인다(피연산자－피연산자－연산자). 예 AB+

> **용어의 정리**
> - 연산자(Operator) : +, −, *, / 등 연산을 실행하는 기호
> - 피연산자(Operand) : 연산에 이용되는 셈숫자

3. 스택(Stack)을 이용한 후위식(Postfix)의 연산

후위 표기된 수식을 왼쪽에서 오른쪽으로 읽어가면서 피연산자(Operand, 셈숫자)가 나타나면 스택에 저장하고 연산자(Operator, +, −, *, / 등)가 나타나면 스택의 상단에 있는 2개의 피연산자를 꺼내어(밑에서 위로 피연산자가 위치함) 계산한 후 결과를 다시 스택에 저장한다. 이와 같은 과정을 반복 수행하면 최종 결과는 스택에 남게 된다.

기출 Point

• 후위(Postfix) 형식으로 표기된 다음 수식을 스택(Stack)으로 처리하는 경우에, 스택의 탑(TOP) 원소의 값을 올바르게 나열한 것은?(단, 연산자(Operator)는 한 자리의 숫자로 구성되는 두 개의 피연산자(Operand)를 필요로 하는 이진(Binary) 연산자이다)

4 5 + 2 3 * −

→ 4, 5, 9, 2, 3, 6, 3

▶ 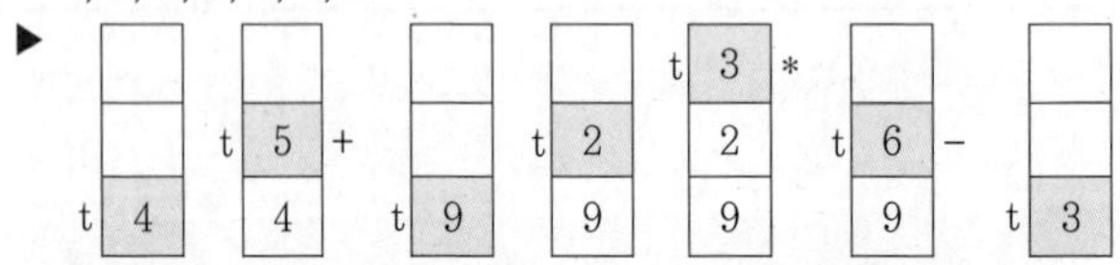

- 피연산자(Operand)인 4, 5가 스택(Stack)에 위치한다.
- 연산자 +를 만나면 5, 4를 스택에서 꺼내어 이를 연산한다. 4+5=9
- 연산 결과인 9를 다시 스택에 넣고, 2와 3을 스택에 차례대로 넣는다.
- 연산자 *를 만나면 위에 있는 3, 2를 꺼내어 이를 연산한다. 2*3=6
- 연산 결과인 6을 다시 스택에 넣는다.
- 연산자 −를 만나면 6, 9를 꺼내어 이를 연산한다. 9−6=3
- 스택의 탑(TOP) 원소의 값을 구하라고 하였으므로, 위의 색칠한 부분들을 나열하면 된다.

따라서 정답은 4, 5, 9, 2, 3, 6, 3이다.

47 트리의 용어와 운행법

1. 트리(Tree)의 개념

① 1:N 또는 1:1 대응 구조로 노드(Node, 정점)와 선분(Branch)으로 되어 있고, 정점 사이에 사이클이 형성되지 않으며, 자료 사이의 관계성이 계층 형식으로 나타나는 구조이다.

② 쉽게 말하면, 트리(Tree)는 뻗어나가기만 하고, 뻗어나간 정점들이 다른 정점들과 연결되지 않지만(이것을 1:N 또는 1:1 대응 구조라 한다), 그래프(Graph)는 뻗어나가면서 다른 정점들과 서로 연결된다(이것을 N:M 대응 구조라 하고, 사이클이 형성되어 있다고 한다).

2. 트리의 용어

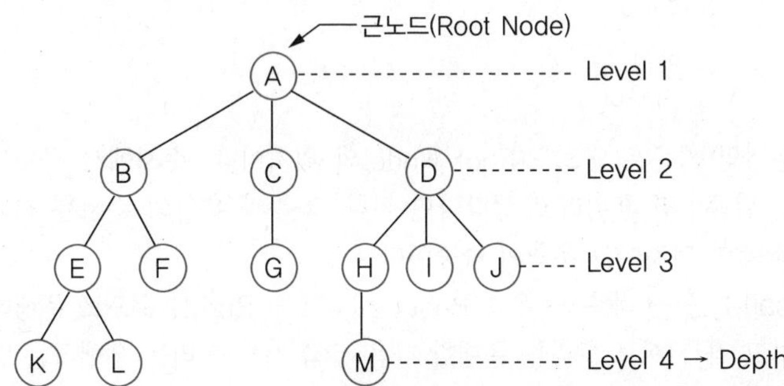

① **노드(Node, 정점)** : A, B, C, …, L, M 등 각 점들을 말한다.

② **근노드(Root Node)** : 가장 상위에 위치한 노드인 A를 말한다.

③ **레벨(Level)** : 근노드를 기준으로 특정 노드까지의 경로 길이를 말한다. 위 그림에서 B의 레벨은 2이고, L의 레벨은 4이다.

④ **깊이(Depth, Height)** : 트리의 최대 레벨을 말하며, 위 트리의 깊이는 4이다.

⑤ **부모 노드(Parent Node, 부노드)** : 어떤 노드에 연결된 이전 레벨의 노드를 말한다. 위 트리에서 E, F의 부모 노드는 B이다. 부모 자식간 관계를 나타내는 가족 계통도를 생각하면 된다.

⑥ **자식 노드(Son Node, 자노드)** : 어떤 노드에 연결된 다음 레벨의 노드들을 말한다. 위 트리에서 D의 자식 노드는 H, I, J이다.

⑦ **형제 노드(Brother Node, 제노드)** : 동일한 부모를 갖는 노드들을 말한다. 위 트리에서 H의 형제노드는 I, J이다.

⑧ **차수(Degree)** : 특정 노드에 연결된 자식노드의 수를 말한다. 즉, 특정 노드에서 뻗어 나온 가지(Branch, 선분)의 수를 말한다. D의 차수는 3, E의 차수는 2이다.

⑨ **단말 노드(Terminal Node)** : 트리의 맨 끝단에 위치한 노드, 자식이 하나도 없는 노드, 차수(Degree)가 0인 노드를 말한다. 트리에서는 K, L, F, G, M, I, J가 단말노드이다.

⑩ **비단말 노드(Non-Terminal Node)** : 자식이 하나라도 있는 노드, 즉 차수(Degree)가 0이 아닌 노드를 말한다. 트리에서는 A, B, C, D, E, H가 비단말 노드이다.

3. 트리의 운행법(Traversal)

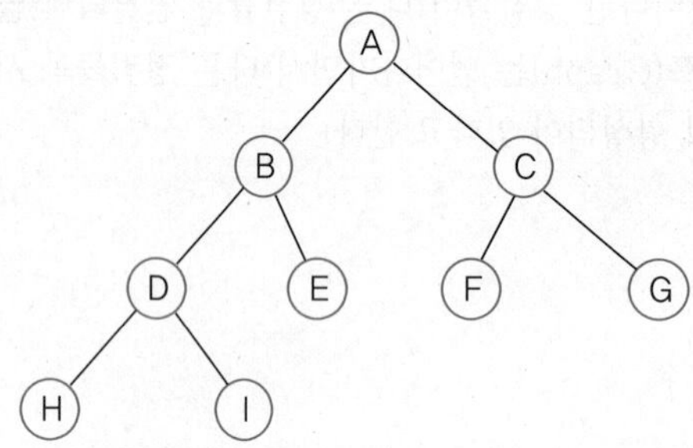

① 전위 운행, 중위 운행, 후위 운행의 기준은 근노드(Root Node)의 위치이다. 순서에서 근노드가 앞쪽이면 전위, 중간이면 중위, 뒤쪽이면 후위라고 생각하면 된다. 좌측과 우측의 순서는 전위든 중위든 후위든 상관없이 항상 좌측이 먼저이고 우측이 나중이다.

② **전위 운행(Preorder Traversal)** : 근 → 좌측 → 우측(Root → Left → Right) 순으로 운행하는 방법으로 먼저 근노드를 운행하고 좌측 서브 트리를 운행한 다음 우측 서브 트리를 운행하는 방법이다. 위 트리에서 A(근) → B 이하 덩어리(좌측) → C 이하 덩어리(우측) 순으로 덩어리를 동그라미로 묶으면서 순서를 진행하면 쉽게 구할 수 있다. B 이하 덩어리는 B(근) → D 이하 덩어리(좌측) → E(우측) 순이다. D 이하 덩어리는 D(근) → H(좌측) → I(우측) 순이다. A부터 B 이하 덩어리를 순서대로 나열하면, A, B, D, H, I, E가 되고, C 이하 덩어리(C, F, G)를 붙이면 결국 A, B, D, H, I, E, C, F, G가 된다. 과정을 몇 번 반복하다 보면 금방 익숙해질 것이다.

③ **중위 운행(Inorder Traversal)** : 좌측 → 근 → 우측(Left → Root → Right) 순으로 운행하는 방법으로 먼저 좌측 서브 트리를 운행한 다음 근노드를 운행하고, 우측 서브 트리를 운행하는 방법이다. 위 트리에서 A(근노드)를 중심으로 B 이하 덩어리와 C 이하 덩어리로 나누었을 때, B 이하 덩어리(좌측) → A(근) → C 이하 덩어리(우측) 순으로 운행하면 된다. B 이하 덩어리는 D 이하 덩어리(좌측) → B(근) → E(우측) 순이다. D 이하 덩어리는 H(좌측) → D(근) → I(우측) 순이다. 이를 순서대로 나열하면, H, D, I, B, E가 되고, A(근)를 거쳐 C 이하 덩어리(F, C, G)를 붙이면 결국 H, D, I, B, E, A, F, C, G가 된다.

④ **후위 운행(Postorder Traversal)** : 좌측 → 우측 → 근(Left → Right → Root) 순으로 운행한다. 먼저 좌측 서브 트리를 운행한 다음 우측 서브 트리를 운행하고, 마지막으로 근노드를 운행하는 방법이다. 위 트리에서 A(근노드)를 중심으로 B 이하 덩어리와 C 이하 덩어리로 나누었을 때, B 이하 덩어리(좌측) → C 이하 덩어리(우측) → A(근) 순으로 운행하면 된다. B 이하 덩어리는 D 이하 덩어리(좌측) → E(우측) → B(근) 순이다. D 이하 덩어리는 H(좌측) → I(우측) → D(근) 순이다. 이를 순서대로 나열하면, H, I, D, E, B가 되고, C 이하 덩어리(F, G, C)를 거쳐 A(근)를 붙이면, 결국 H, I, D, E, B, F, G, C, A가 된다.

기출 Point

• 다음 트리(Tree)를 Preorder 운행법으로 운영한 결과는?

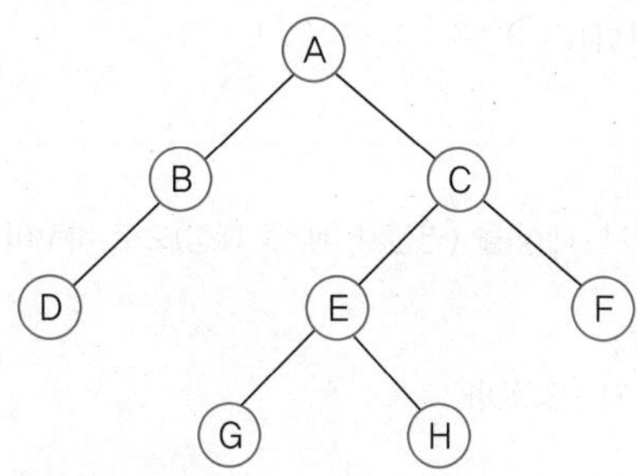

→ ABDCEGHF

▶ 전위 운행(Preorder Traversal)은 근 → 좌측 → 우측임을 명심하고, 덩어리를 만들어가면서 순서를 진행하고, 순서에 넣은 노드는 반드시 지워가면서 누락되는 노드가 없도록 한다. A(근) → B 이하 덩어리(B → D) → C 이하 덩어리{C → E 이하 덩어리(E → G → H) → F} 순이므로, 결국 ABDCEGHF가 정답이다.

▶ 중위 운행(Inorder Traversal)이라면 좌측 → 근 → 우측이므로, B 이하 덩어리(D → B) → A → C 이하 덩어리{E 이하 덩어리(G → E → H) → C → F}이다. 결국 DBAGEHCF가 정답이다.

▶ 후위 운행(Postorder Traversal)이라면 좌측 → 우측 → 근이므로, B 이하 덩어리(D → B) → C 이하 덩어리{E 이하 덩어리(G → H → E) → F → C} → A이다. 결국 DBGHEFCA가 정답이다.

48 수식 표기법

1. 수식 표기법

① 중위 표기법(Infix Notation) : 연산자가 피연산자 사이에 있는 표기법

② 후위 표기법(Postfix Notation) : 피연산자 뒤에 연산자가 표기되는 표기법

③ 전위 표기법(Prefix Notation) : 피연산자들 앞에 연산자를 표시하는 표기법

2. 중위식의 변경 필요성

우리가 사용하는 수식은 중위식을 사용하지만, 이것을 컴퓨터 명령어로 만들면 불편하기 때문에 중위식을 후위식으로 바꾸거나, 아니면 중위식을 전위식으로 바꾸어 사용한다.

3. 중위식(Infix)의 전위식(Prefix)으로의 변환

① 중위식에 대하여 연산 우선순위에 따라 괄호로 묶는다.
② 모든 연산자들을 그와 대응하는 왼쪽 괄호 위치로 옮긴다.
③ 괄호를 제거한다.

(B−C)∗D+E를 전위식(Prefix)으로 표현하시오.
- 중위식을 전위식으로 변환하려면 순번에 따라 (대상, 연산자, 대상)을 (연산자, 대상, 대상)으로 바꾸어 표현한다.
- 순번을 매기면서 괄호로 묶은 후, 연산자를 왼쪽으로 보낸다.
  {(B−C)∗D}+E={(−BC)∗D}+E={∗(−BC)D}+E=+{∗(−BC)D}E
- 괄호를 제거하면, +∗−BCDE가 된다.

(a+b∗c)+(f−d/e)를 전위식(Prefix)으로 표현하시오.
- 중위식을 전위식으로 변환하려면 순번에 따라 (대상, 연산자, 대상)을 (연산자, 대상, 대상)으로 바꾸어 표현한다.
- 순번을 매기면서 괄호로 묶은 후, 연산자를 왼쪽으로 보낸다.
  {a+(b∗c)}+{f−(d/e)}={a+(∗bc)}+{f−(/de)}={+a(∗bc)}+{−f(/de)}
  =+{+a(∗bc)}{−f(/de)}
- 괄호를 제거하면, ++a∗bc−f/de가 된다.

4. 중위식(Infix)의 후위식(Postfix)으로의 변환

① 중위식에 대하여 연산 우선순위에 따라 괄호로 묶는다.
② 모든 연산자들을 그와 대응하는 오른쪽 괄호 위치로 옮긴다.
③ 괄호를 제거한다.

(B−C)∗D+E를 후위식(Postfix)으로 표현하시오.
- 중위식을 후위식으로 변환하려면 순번에 따라 (대상, 연산자, 대상)을 (대상, 대상, 연산자)로 바꾸어 표현한다.
- 순번을 매기면서 괄호로 묶은 후, 연산자를 오른쪽으로 보낸다.
  {(B−C)∗D}+E={(BC−)∗D}+E={(BC−)D∗}+E={(BC−)D∗}E+
- 괄호를 제거하면, BC−D∗E+가 된다.

5. 전위식(Prefix)의 중위식(Infix)으로의 변환

① 전위식을 중위식으로 변환하려면 (연산자, 대상, 대상)을 (대상, 연산자, 대상)으로 바꾸어 표현한다.
② (연산자, 대상, 대상)와 같이 나열된 부분부터 시작하여 차례로 괄호로 묶으면서 연산자를 가운데로 옮긴다.

다음 전위식(Prefix)을 중위식(Infix)으로 표현하시오.

++a∗bc−f/de

- 전위식을 중위식으로 변환하려면 (연산자, 대상, 대상)을 (대상, 연산자, 대상)으로 바꾸어 표현한다.
- (연산자, 대상, 대상)와 같이 나열된 부분부터 시작하여 차례로 괄호로 묶으면서 연산자를 가운데로 옮긴다.
  ++a∗bc−f/de=++a(∗bc)−f(/de)=+{+a(b∗c)}{−f(d/e)}=+{a+(b∗c)}{f−(d/e)}
  ={a+(b∗c)}+{f−(d/e)}=(a+b∗c)+(f−d/e)

6. 후위식(Postfix)의 중위식(Infix)으로의 변환

① 후위식을 중위식으로 변환하려면 (대상, 대상, 연산자)를 (대상, 연산자, 대상)로 바꾸어 표현한다.

② (대상, 대상, 연산자)와 같이 나열된 부분부터 시작하여 차례로 괄호로 묶으면서 연산자를 가운데로 옮긴다.

다음 후위식(Postfix)을 중위식(Infix)으로 표현하시오.

BC−D∗E+

- 후위식을 중위식으로 변환하려면 (대상, 대상, 연산자)를 (대상, 연산자, 대상)으로 바꾸어 표현한다.
- (대상, 대상, 연산자)와 같이 나열된 부분부터 시작하여 차례로 괄호로 묶으면서 연산자를 가운데로 옮긴다.
  BC−D∗E+={(BC−)D∗}E+={(B−C)D∗}E+={(B−C)∗D}E+={(B−C)∗D}+E

다음 후위식(Postfix)을 중위식(Infix)으로 표현하시오.

ab/c+de∗−bd∗−

- 후위식을 중위식으로 변환하려면 (대상, 대상, 연산자)를 (대상, 연산자, 대상)으로 바꾸어 표현한다.
- (대상, 대상, 연산자)와 같이 나열된 부분부터 시작하여 차례로 괄호로 묶으면서 연산자를 가운데로 옮긴다.
  ab/c+de∗−bd∗−=(ab/)c+(de∗)−(bd∗)−={(a/b)c+}(d∗e)−(b∗d)−
  =[{(a/b)+c}(d∗e)−](b∗d)−=[{(a/b)+c}−(d∗e)](b∗d)−=[{(a/b)+c}−(d∗e)]−(b∗d)
  =a/b+c−d∗e−b∗d

다음 후위식(Postfix)을 중위식(Infix)으로 표현하시오.

abc+/def−∗+

- 후위식을 중위식으로 변환하려면 (대상, 대상, 연산자)를 (대상, 연산자, 대상)으로 바꾸어 표현한다.
- (대상, 대상, 연산자)와 같이 나열된 부분부터 시작하여 차례로 괄호로 묶으면서 연산자를 가운데로 옮긴다.
  abc+/def−∗+=a(bc+)/d(ef−)∗+=a(b+c)/d(e−f)∗+={a(b+c)/}{d(e−f)∗}+
  ={a/(b+c)}{d∗(e−f)}+={a/(b+c)}+{d∗(e−f)}=a/(b+c)+d∗(e−f)

7. 전위식(Prefix)과 후위식(Postfix) 간의 변환

① 전위식 → 후위식 : 전위식을 먼저 중위식으로 변환한 후 후위식으로 재차 변환한다.

② 후위식 → 전위식 : 후위식을 먼저 중위식으로 변환한 후 전위식으로 재차 변환한다.

다음 후위식(Postfix)을 전위식(Prefix)으로 표현하시오.

ab−c/de∗+

• 후위식을 먼저 중위식으로 변환한다.
ab−c/de∗+=(ab−)c/(de∗)+=(a−b)c/(d∗e)+={(a−b)c/}(d∗e)+={(a−b)/c}(d∗e)+
={(a−b)/c}+(d∗e)

• 중위식을 전위식으로 변환한다.
{(a−b)/c}+(d∗e)={(−ab)/c}+(∗de)={/(−ab)c}+(∗de)=+{/(−ab)c}(∗de)
=+/−abc∗de

기출 Point

• 다음의 Infix로 표현된 수식을 Postfix 표기로 옳게 변환한 것은?

A=(B−C)*D+E

→ ABC−D*E+=

▶ 중위식을 후위식으로 변환하려면 순번에 따라 (대상, 연산자, 대상)을 (대상, 대상, 연산자)로 바꾸어 표현한다.

• 순번을 매기면서 괄호로 묶은 후, 연산자를 오른쪽으로 보낸다.
A=[{(B−C)*D}+E] → A=[{(BC−)*D}+E] → A=[{(BC−)D*}+E] → A=[{(BC−)D*}E+]
→ A[{(BC−)D*}E+]=

• 괄호를 제거하면, ABC−D*E+=가 된다.

49 그래프

1. 그래프(Graph)의 정의

① 그래프 G는 정점들의 집합이라 불리는 유한집합 V와 간선들의 집합 E, 간선 E에서 정점 V의 쌍으로의 사상(Mapping)으로 구성된다. 여기서 그래프의 두 집합 정점과 간선은 유한하다고 가정하며, G=(V, E)로 표기한다.

② N:M 대응 구조로, 일반적으로 정점과 선분으로 되어 있으면서 사이클이 형성되는 경우를 트리와 구별하여 그래프라 지칭한다.

③ 데이터 사이의 임의의 관계가 비선형적으로 나타나는 구조를 말하는 것으로 최단거리 탐색, 연구계획 분석, 공정 계획 분석, 전자 회로 분석, 통계학 등에서 많이 쓰이는 비선형 구조이다.

2. 그래프의 순회

(1) 너비 우선 탐색(Breadth First Search, BFS)

① 시작 정점 V에서 시작하여 V를 방문한 것으로 표시한 후, V에 인접한 모든 정점(같은 레벨 수준)들을 다음에 방문한다. 그 후 이 정점들에 인접되어 있으면서 방문하지 않은 정점들을 계속 방문한다.

② 각 정점을 방문할 때마다 그 정점은 큐에 저장된다. 한 인접 리스트가 끝나면 큐에서 한 정점을 꺼내 그 정점의 인접 리스트에 있는 정점들을 같은 방법으로 계속 조사해 나가는 방법이다.

(2) 깊이 우선 탐색(Depth First Search, DFS)

① 시작 정점 V를 기점으로 하여, V에 인접하면서 방문하지 않은 정점 W를 선택하고 W를 시작점으로 하여 깊이 우선 탐색을 다시 시작한다. 방문한 어떤 정점으로부터 방문되지 않은 정점에 도달할 수 없을 때 탐색이 종료된다.

② 시작 정점(Root)에서 출발하여 backtracking하기 전까지 각 가지(Branch)에서 가능한 멀리까지(먼 레벨 깊이까지) 탐색한다.

기출 Point

- **다음 그래프를 너비 우선 탐색(Breadth First Search; BFS), 깊이 우선 탐색(Depth First Search; DFS) 방법으로 방문할 때 각 정점을 방문하는 순서로 옳은 것은?(단, 둘 이상의 정점을 선택할 수 있을 때는 알파벳 순서로 방문한다)**

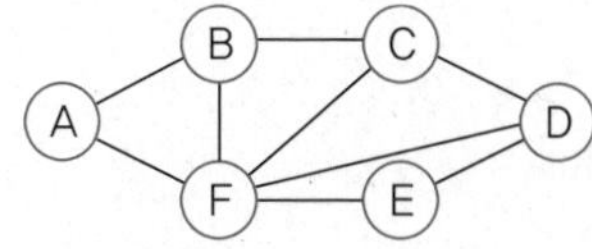

→ BFS : A–B–F–C–D–E, DFS : A–B–C–D–E–F

▶ 너비 우선 탐색(BFS)은 각 정점을 방문할 때마다 그 정점은 큐에 저장된다. 한 인접 리스트(같은 레벨 수준)가 끝나면 큐에서 한 정점을 꺼내 그 정점의 인접 리스트에 있는 정점들을 같은 방법으로 계속 조사해 나가는 방법이다.
- 시작 정점 A를 방문한다. A(큐)에 인접된 정점 B, F를 모두 큐에 넣는다.
- 큐에 있는 첫 번째 정점 B를 방문한다. B에 인접된 정점 C를 추가하면 F, C가 큐에 들어 있다.
- 큐에 있는 동일 레벨 정점 F를 방문한다. F에 인접된 정점 D, E를 추가하면 C, D, E가 큐에 들어 있다.
- 큐에 있는 정점들인 C, D, E를 차례대로 방문한다.

▶ 깊이 우선 탐색(Depth First Search, DFS)은 시작 정점 V를 기점으로 하여, V에 인접하면서 방문하지 않은 정점 W를 선택하고 W를 시작점으로 하여 깊이 우선 탐색을 다시 시작한다. 방문한 어떤 정점으로부터 방문되지 않은 정점에 도달할 수 없을 때 탐색이 종료된다. 위 그래프에서 시작 정점 A부터 시작하여 더 하위 레벨로 계속 파들어 갔다면 나오면 A–B–C–D–E–F 순서가 된다.

50 힙(Heap)

1. 힙(Heap)의 정의

① 특수 형태의 완전 이진 트리로 부모 노드가 자식 노드보다 작으면 최소 Heap이 되고, 크면 최대 Heap이 된다.

② 최대 Heap의 루트 노드는 최댓값, 최소 Heap의 루트 노드는 최솟값이 된다.

2. 최대 힙(Heap)

각 노드(정점)의 키 값이 만약 자식이 있다면 그 자식 노드의 키 값보다 작지 않아야 한다.

3. 최소 힙(Heap)

각 노드(정점)의 키 값이 만약 자식이 있다면 그 자식 노드의 키 값보다 크지 않아야 한다.

기출 Point

- **임의의 자료에서 최솟값 또는 최댓값을 구할 경우 가장 적합한 자료구조는?**

  → 힙(heap)

  ▶ 최대 힙과 최소 힙이 있는 힙(heap)이 가장 적합한 자료구조이다.

51 해싱과 해싱함수

1. 해싱(Hashing)의 개요

① 해싱(Hashing)이란 어떤 다른 레코드의 참조 없이 어떤 키 변환에 의하여 원하는 레코드에 직접 접근할 수 있도록 구성하는 것을 말한다.

② 해시 테이블(Hash Table)이라는 기억공간을 할당하고, 해싱 함수(Hashing Function)를 이용하여 레코드 키에 대한 Hash Table 내의 홈 주소(Home Address)를 계산한 후 주어진 레코드를 해당 기억장소에 저장하거나 검색작업을 수행하는 방식이다.

③ DAM(직접접근) 파일을 구성할 때 사용되며, 접근 속도는 빠르나 기억공간이 많이 요구되는 단점이 있다.

④ 검색 속도가 가장 빠르다.

⑤ 주소 값이 같을 때 오버플로(Overflow) 처리가 쉽지 않다.

⑥ 삽입, 삭제 작업의 빈도가 높을 때 유리한 방식이다.

2. 해시 테이블(Hash Table)

① 레코드를 1개 이상 보관할 수 있는 Home Bucket들로 구성한 기억공간으로, 보조기억장치에 구성할 수도 있고 주기억장치에 구성할 수도 있다.

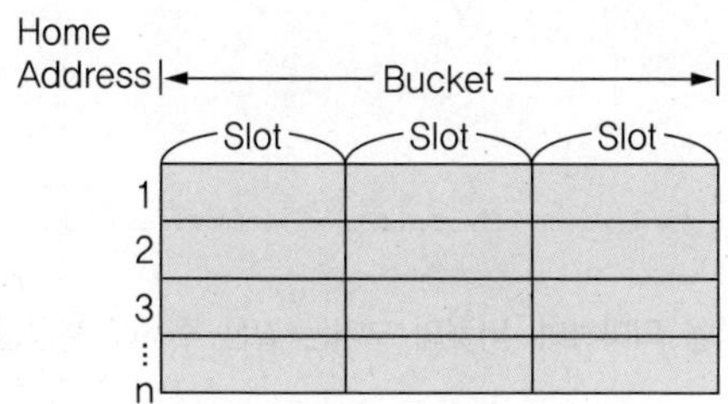

② 버킷(Bucket) : 하나의 주소를 갖는 파일의 한 구역을 의미하며, 버킷의 크기는 같은 주소에 포함될 수 있는 레코드 수를 의미한다.

③ 슬롯(Slot) : 한 개의 레코드를 저장할 수 있는 공간으로 N개의 슬롯이 모여 하나의 버킷을 형성한다.

④ 충돌(Collision) : 서로 다른 두 개 이상의 레코드가 같은 주소를 갖는 현상이다.

⑤ 동의어(Synonym) : 같은 홈 주소(Home Address)를 갖는 레코드들의 집합을 말한다.

⑥ 오버플로(Overflow) : 계산된 홈 주소의 Bucket 내에 저장할 기억공간이 없는 상태를 말한다.

3. 해싱(Hashing) 이용 시 고려사항

① 오버플로 처리

② 키 변환 속도

③ 충돌 현상

④ 버킷 크기

4. 해싱 함수(Hash Function)

① 해싱 함수는 모든 버킷에 같은 수의 데이터가 들어갈 수 있도록 수학식을 구성하여야 한다.

② 제산법(Division Method) : 레코드의 키(key) 값을 임의의 소수(배열의 크기)로 나누어 그 나머지 값을 해시 값으로 사용하는 방법이다.

③ 기수 변환법(Radix Conversion Method) : 레코드의 키 값을 임의의 다른 기수 값으로 변환하여 그 값을 홈 주소로 이용하는 방법이다.

④ 중간 제곱법(Mid-Square Method) : 값을 제곱하여 결괏값 중 중간 자릿수를 선택하여 그 값을 홈 주소로 이용하는 방법이다.

⑤ 숫자 분석법(Digit Analysis Method, 계수 분석법) : 주어진 모든 키 값들에서 그 키를 구성하는 자릿수들의 분포를 조사하여 비교적 고른 분포를 보이는 자릿수들을 필요한 만큼 선택하는 방법을 말한다.

5. 오버플로(Overflow)의 처리

① 개방 주소(Open Addressing) 방식 : 선형 방식
② 폐쇄 주소(Close Addressing) 방식 : 연결 처리법, 오버플로 공간 처리법
③ 재해싱(Rehashing) 방식
④ 체인(Chaining) 방식

기출 Point

• **해싱(Hashing)에 관한 설명으로 옳지 않은 것은?**

→ 버킷(bucket)이란 하나의 주소를 갖는 파일의 한 구역을 의미하며, 버킷의 크기는 같은 주소에 포함될 수 있는 레코드의 수를 의미한다.
→ 슬롯(Slot)이란 한 개의 레코드를 저장할 수 있는 공간으로 n개의 슬롯이 모여 하나의 버킷을 형성한다.
→ 충돌(Collision)이란 레코드를 삽입할 때 2개의 상이한 레코드가 똑같은 버킷으로 해싱되는 것을 의미한다.
→ 해싱은 충돌(Collision)이 발생하면 항상 오버플로가 발생한다(×).
▶ 충돌이 발생한다고 하여 항상 오버플로(Overflow) 현상이 발생하는 것은 아니다. 오버플로는 계산된 홈 주소의 Bucket 내에 저장할 기억공간이 없는 상태를 말하는 것으로, 오버플로 발생 여부는 버킷의 크기에 의해 결정된다.

기출 Point

• **해시(Hash) 탐색에서 제산법(Division)은 키(Key) 값을 배열(Array)의 크기로 나누어 그 나머지 값을 해시 값으로 사용하는 방법이다. 다음 데이터의 해시 값을 제산법으로 구하여 11개의 원소를 갖는 배열에 저장하려고 한다. 해시 값의 충돌(Collision)이 발생하는 데이터를 열거해 놓은 것은?**

111, 112, 113, 220, 221, 222

→ 111과 221, 112와 222
▶ 먼저 주어진 각각의 키(Key) 값을 배열(Array)의 크기인 11로 나누어 그 나머지 값을 구한다.
• 111÷11=10(몫) … 1(나머지)
• 112÷11=10(몫) … 2(나머지)
• 113÷11=10(몫) … 3(나머지)
• 220÷11=20(몫) … 0(나머지)
• 221÷11=20(몫) … 1(나머지)
• 222÷11=20(몫) … 2(나머지)
해시 값의 충돌(Collision)이 발생하는 데이터는 나머지가 같은 값들이다. 따라서 111과 221, 112와 222가 충돌하는 값들이다.

52 색인 순차 파일

1. 색인 순차 파일(Indexed Sequential Access Method File, ISAM)의 개요

① 순차 처리와 랜덤 처리가 모두 가능하도록 레코드들을 키 값 순서로 정렬(Sort)시켜 기록하고, 레코드의 키 항목만을 모은 색인(Index)을 구성하여 편성하는 방식이다.

② 색인(Index)을 이용한 순차적 접근 방법을 제공하여 ISAM(Index Sequential Access Method)라고도 한다.

③ 레코드를 참조하는 경우 색인을 탐색한 후 색인이 가리키는 포인터(주소)를 사용하여 직접 참조할 수 있다.

④ 일반적으로 자기 디스크에 많이 사용되며, 자기 테이프에서는 사용할 수 없다.

2. 색인 순차 파일의 구성

① **기본 구역(Prime Data Area)** : 실제 레코드를 기록하는 구역으로, 각 레코드는 키 값 순서로 저장된다.

② **색인 구역(Index Area)** : 기본 구역에 있는 레코드의 위치를 찾아가는 색인이 기록되는 부분으로, 트랙 색인 구역, 실린더 색인 구역, 마스터 색인 구역으로 구분한다.

③ **오버플로 구역(Overflow Area)** : 기본 구역에 빈 공간이 없어서 새로운 레코드의 삽입이 불가능할 때를 위하여 예비적으로 사용할 수 있는 구역이다.

- 실린더 오버플로 구역(Cylinder Overflow Area) : 각 실린더마다 만들어지는 오버플로 구역으로, 해당 실린더의 기본 구역에서 오버플로 된 데이터를 기록한다.
- 독립 오버플로 구역(Independent Overflow Area) : 실린더 오버플로 구역에 더 이상 오버플로 된 데이터를 기록할 수 없을 때 사용할 수 있는 예비 공간으로, 실린더 오버플로 구역과는 별도로 만들어진다.

3. 색인 순차 파일의 장 · 단점

① **장점** : 순차 처리와 랜덤 처리(임의 처리)를 병행할 수 있기 때문에 융통성이 뛰어나다. 파일에 레코드를 추가하거나 삭제할 때 파일의 전체 내용을 복사하지 않아도 되므로, 레코드의 삽입과 삭제가 용이하다.

② **단점** : 색인 키 값이 하나이기 때문에 키가 아닌 것을 가지고 검색할 때는 순차 검색만 가능하다. 삽입과 삭제가 많아지면 파일에 대한 재편성이 이루어져야 한다.

기출 Point

• 색인 순차 파일(Indexed Sequential File)에 대한 설명으로 옳지 않은 것은?

→ 색인 영역은 트랙 색인 영역, 실린더 색인 영역, 오버플로 색인 영역으로 구분할 수 있다(×).
→ 랜덤(Random) 및 순차(Sequence) 처리가 모두 가능하다.
→ 레코드의 삽입과 삭제가 용이하다.
→ 색인 및 오버플로를 위한 공간이 필요하다.
▶ 색인 구역은 트랙 색인 구역, 실린더 색인 구역, 마스터 색인 구역으로 구분한다.

53 객체지향의 개념과 구성요소

1. 객체지향의 개념

① 현실 세계의 개체(Entity)를 기계의 부품처럼 하나의 객체(Object)로 만들어, 기계적인 부품들을 조립하여 제품을 만들듯이 소프트웨어를 개발할 때도 객체들을 조립해서 작성할 수 있도록 하는 기법을 말한다.

② 구조적 기법의 문제점으로 인한 소프트웨어 위기의 해결책으로 채택되어 사용되고 있다.

③ 소프트웨어의 재사용 및 확장을 용이하게 함으로써 고품질의 소프트웨어를 빠르게 개발할 수 있으며 유지보수가 쉽다.

④ 복잡한 구조를 단계적 · 계층적으로 표현하고, 멀티미디어 데이터 및 병렬 처리를 지원한다.

⑤ 객체지향 기술은 분석과 설계, 구현 작업이 거의 구분되지 않는다. 반면, 폭포수 모형은 개발 단계가 명확하다.

2. 객체지향의 구성요소

① **객체(Object)** : 필요한 자료 구조와 이에 수행되는 함수들을 가진 하나의 소프트웨어 모듈을 말한다. 객체는 어트리뷰트(Attribute)와 메소드(Method)로 구성되어 있다.

② **속성(Attribute)** : 객체가 갖게 되는 절대적 자료형으로 객체의 속성 및 상태를 표현해 준다. 어트리뷰트는 속성, 데이터, 상태, 변수, 자료 구조 등과 같은 말이다.

③ **메소드(Method)** : 객체지향의 기본 개념 중 객체가 메시지를 받아 실행해야 할 객체의 구체적인 연산을 정의한다. 같은 말로는 함수, 연산, 오퍼레이션 등이 있다.

④ **클래스(Class)** : 공통된 속성과 연산(행위)을 갖는 객체의 집합으로 객체의 일반적인 타입(Type)을 의미한다. 각각의 객체들이 갖는 속성과 연산을 정의하고 있는 틀을 말하며, 클래스에 속한 각각의 객체를 인스턴스(Instance)라 한다.

⑤ 메시지(Message) : 객체들 간에 상호작용을 하는 데 사용되는 수단이 되는 인터페이스 형식으로, 객체의 메소드(동작, 연산)를 일으키는 외부의 요구 사항을 가리킨다. 메시지의 구성요소로는 메시지를 받는 객체(수신자)의 이름, 객체가 수행할 메소드 이름, 메소드를 수행할 때 필요한 인자(속성값) 등이 있다.

기출 Point

- **객체지향 기술에 대한 설명 중 옳지 않은 것은?**
  - → 객체(Object)란 필요한 자료구조와 이에 수행되는 함수들을 가진 하나의 소프트웨어 모듈이다.
  - → 클래스(Class)란 객체의 타입(Object Type)을 말하며 객체들이 갖는 속성과 적용 연산을 정의하고 있는 틀(Templet)이다.
  - → 상속(Inheritance)은 상위 클래스가 갖는 속성과 연산을 그대로 물려받는 것을 의미한다.
  - → 분석과 설계, 구현 작업이 폭포수 모형과 같이 뚜렷하게 구별된다(×).
  - ▶ 객체지향 기술은 분석과 설계, 구현 작업이 거의 구분되지 않는다. 반면, 폭포수 모형은 폭포수가 단계별로 떨어지는 것처럼 분석과 설계, 구현 작업이 명확하게 구별되는 특징이 있다.

54 객체지향 언어의 특징

1. 캡슐화(Encapsulation) 또는 정보 은닉(Information Hiding)

① 구조적 설계에서 모듈화와 동일한 의미를 가지는 것으로 객체를 정의할 때 연관된 자료구조와 함수를 하나로 묶는 것을 말한다.

② 객체의 상세한 내용을 객체 외부에 철저히 숨기고 단순히 메시지만으로 객체와 상호작용을 하게 하는 것을 말한다.

③ 캡슐화는 분석자나 설계자에게 주어진 문제 영역을 정의하여 이미 구성된 내부에 대해서는 프로그래머가 더 이상 고려하지 않도록 하여 재사용이 쉽도록 한다.

④ 캡슐화는 객체의 내부구조와 실체를 분리함으로써 내부의 변경이 소스 프로그램에 미치는 영향을 최소화하기 때문에 유지보수도 쉽다.

⑤ 캡슐화된 객체 내부에 자료 구조나 함수의 기능을 외부의 영향을 받거나 주지 않도록 설계하는 방법을 따로 정보 은닉(Information Hiding)이라고 한다.

2. 상속성(Inheritance)

① 상위 클래스(Class)의 속성을 하위 클래스가 그대로 물려받는 것으로 클래스를 체계화할 수 있으며 기존의 클래스로부터 확장이 용이해진다.

② 상속의 가장 큰 이점은 클래스와 객체를 재사용할 수 있는 능력이 생긴다는 점이다.

③ 기본적인 특성을 정의한 상위 클래스인 베이스 클래스(Base Class)가 있고, 베이스 클래스로부터 자료 구조나 함수의 기능을 상속받아 자신의 기능처럼 사용하는 파생 클래스(Derived Class)가 있다.

④ 하나의 객체가 여러 개의 상위 클래스로부터 자료 구조와 함수를 상속받는 것을 다중 상속(Multiple Inheritance)이라 한다.

3. 추상화(Abstraction)

① 객체를 설계할 때 인스턴스를 만들어낼 목적이 아니라 하위 객체의 공통된 특성을 묘사하기 위한 객체를 추상적 객체라고 하는데, 객체지향 언어는 이러한 공통되고 개략적인 특성을 기술하는 추상화를 특징으로 한다.

② 현실세계의 사실을 그대로 객체로 표현하기보다는 문제의 중요한 측면을 주목하여 상세내역을 없애나가는 과정을 말한다.

4. 다형성(Polymorphism)

① 같은 상위 객체에서 상속받은 여러 개의 하위 객체들이 다른 형태의 특성을 갖는 객체로 이용될 수 있는 성질을 말한다.

② 다형성은 상속을 통해 이루어지며, 단순히 부모의 속성과 메소드만 물려받는 것이 아니라 오버라이딩(Overriding)을 통해 확장(Extend)까지 가능하다.

③ 여기서 오버라이딩(Overriding)은 자식 클래스에서 함수 역할을 변경하거나 확장할 필요성이 있을 때 상속된 함수와 동일한 함수명과 인수타입, 개수를 가진 함수를 자식 클래스가 재정의할 수 있게 해주는 기능을 말한다.

기출 Point

• 다음 중 객체지향 언어의 특징으로 알맞지 않은 것은?

→ 상속성 → 다형성
→ 구조화(×) → 추상화

▶ 객체지향 언어의 특징으로는 상속성, 다형성, 캡슐화, 추상화 등이 있다.

55 객체지향 모델링 언어

1. 객체지향 모델링 언어(Unified Modeling Language, UML)

① 요구분석, 설계, 구현 등의 과정에서 사용되는 표준화된 모델링 언어로 객체 관련 표준화 기구인 OMG에서 1997년 11월 여러 단체와 연합하여 만든 통합 모델링 언어이다.

② Booch, Rambaugh, Jacobson 등의 객체지향 방법론의 통합이다.

③ UML은 표현 방법이 탁월하고 비교적 문제가 적은 논리적인 표기법을 가진 언어이다.

2. 다이어그램

① 유스케이스 다이어그램(Usecase Diagram) : 유스케이스(Usecase)는 컴퓨터 시스템과 사용자가 상호작용을 하는 경우이다. 사용자 관점의 시스템 기능을 나타내기 위해 사용자의 요구를 추출하고 분석하는 데 사용한다. 외부에서 보는 시스템의 기능에 초점을 두고 있다. 유스케이스 다이어그램은 행위자(Actor)와 관계(Relationship)로 표현한다.

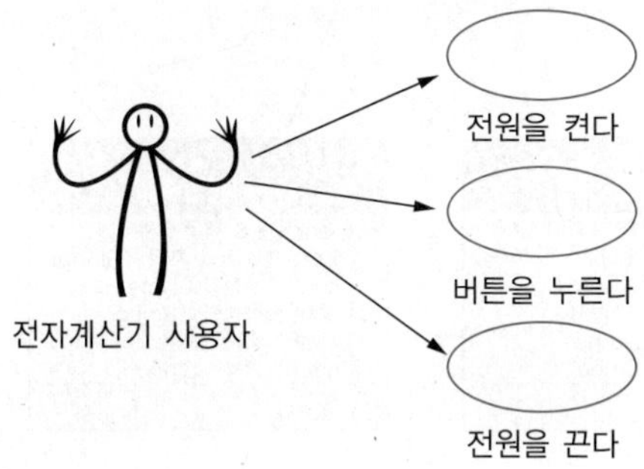

② 순서 다이어그램(Sequence Diagram) : 객체 사이에 주고받는 메시지의 순서를 표현한 다이어그램이다. 시스템의 동작을 정형화하고 객체들의 메시지 교환을 시각화하여 나타낸다.

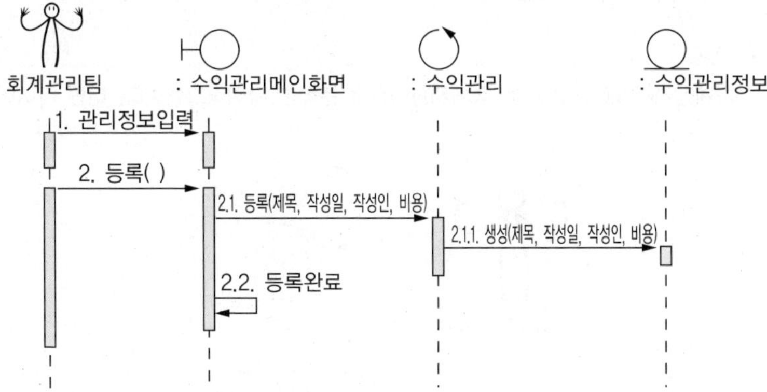

③ 클래스 다이어그램(Class Diagram) : 시스템의 구조를 나타낼 때 사용한다. 클래스 간의 상속 관계, 연관 관계, 의존 관계 등을 표현한 다이어그램이다.

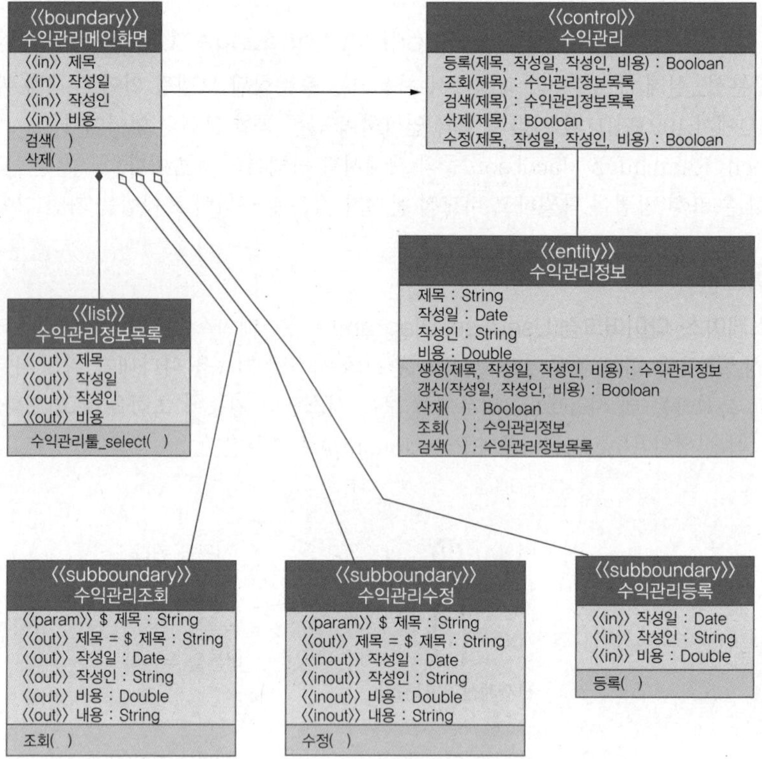

④ 상태 다이어그램(State Diagram) : 객체의 상태 변화를 표현한 다이어그램이다.

⑤ 액티비티 다이어그램(Activity Diagram) : 시스템을 오퍼레이션의 집합이 수행되는 상태로 표현한다. 객체 간의 행위, 조건, 분기 등의 객체 간의 상태를 표현한다.

기출 Point

• **〈그림〉은 전자계산기(Calculator)를 객체지향적으로 분석한 다이어그램이다. 어떤 다이어그램인가?**

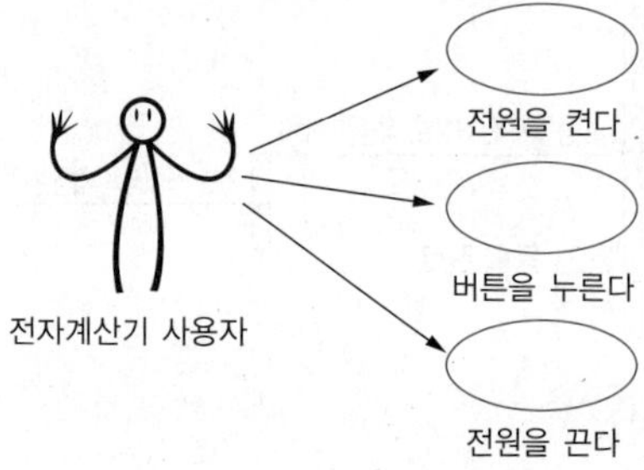

→ Usecase Diagram

▶ 유스케이스 다이어그램(Usecase Diagram)은 시스템의 기능을 나타내기 위하여 사용자의 요구를 추출하고 분석하는 데 사용한다. 유스케이스 다이어그램은 외부에서 보는 시스템의 기능에 초점을 두고 있다.

56 CASE

1. CASE의 개요

① 소프트웨어 개발 과정에서 사용되는 요구 분석, 설계, 구현, 검사 및 디버깅 과정 전체 또는 일부를 컴퓨터와 전용 소프트웨어 도구를 사용하여 자동화하는 것을 말한다.

② 소프트웨어 생명 주기의 전체 단계를 연결해 주고 자동화해 주는 통합된 도구를 제공해주는 기술이다.

③ 소프트웨어 개발 도구와 개발 방법론이 결합된 것으로, 정형화된 구조 및 방법(메커니즘)을 소프트웨어 개발에 적용하여 생산성 향상을 구현하는 공학 기법이다.

④ CASE 사용의 이점 : 소프트웨어 개발 기간 단축 및 비용 절감, 품질 향상, 유지보수 용이, 생산성 향상, 재사용성 향상 등

2. CASE의 분류

① 상위(Upper) CASE : 소프트웨어 생명 주기의 전반부에서 사용되는 것으로, 문제를 기술하고(Description) 계획하며 요구 분석과 설계 단계를 지원하는 CASE

② 하위(Lower) CASE : 소프트웨어 생명 주기의 하반부에서 사용되는 것으로 코드의 작성과 테스트, 문서화하는 과정을 지원하는 CASE

③ 통합(Integrate) CASE : 소프트웨어 생명 주기에 포함되는 전체 과정을 지원하기 위한 CASE

기출 Point

• **CASE에 관한 설명으로 옳지 않은 것은?**
→ 개발 도구와 개발 방법론이 결합된 것이다.
→ 유지보수성을 향상시키기 위해 기존 소프트웨어를 재구성하고 새로운 기술을 적용하는 것이다(×).
→ 시스템 개발 과정의 전체 또는 일부를 컴퓨터와 전용 소프트웨어 도구를 사용하여 자동화하는 것을 말한다.
→ 정형화된 구조 및 방법을 소프트웨어 개발에 적용하여 생산성 향상을 구현하는 공학 기법이다.
▶ 유지보수성을 향상시키기 위해 기존 소프트웨어를 재구성하고 새로운 기술을 적용하는 것은 재공학에 관한 설명이다.

57 자동 반복 요청(ARQ)

1. 자동 반복 요청(Automatic Repeat reQuest, ARQ)

오류 발생시 수신 측은 오류 발생을 송신 측에 통보하고, 송신 측은 오류 발생 블록을 재전송하는 모든 절차를 의미한다.

2. Go-Back-N ARQ

① 여러 개의 프레임을 전송하는 방식이다.
② 수신 측의 NAK 신호가 도착하지 않으면 계속적으로 전송한다.
③ 수신 측에서 응답이 없는 경우에는 긍정적인 응답(ACK)으로 간주한다.
④ 1, 2, 3, 4, 5, 6번 프레임까지 전송을 하였는데 수신 측에서 3번 프레임에 오류가 있다고 재전송을 요청해 왔을 경우에는 3번 프레임부터 끝 프레임인 6번 프레임까지 재전송된다. 즉, 3, 4, 5, 6 프레임이 재전송된다.
⑤ 오류가 발생하면 오류가 발생한 프레임부터 다시 전송한다.
⑥ HDLC, SDLC 전송 절차에서 사용되는 오류 제어 방식이다.

3. 선택적 재전송(Selective Repeat) ARQ

① 오류가 발생한 블록만을 재전송하는 방식으로, 수신 측에서 데이터를 처리하기 전에 원래 순서대로 조립해야 하므로, 더 복잡한 논리 회로와 큰 용량의 버퍼가 필요하다.
② 여러 개의 프레임을 전송하는 것은 Go-Back-N ARQ와 동일하다. 선택적 재전송(Selective Repeat) ARQ와 Go-Back-N ARQ를 합쳐 연속(Continuous) ARQ라고도 한다.
③ 수신 측의 NAK 신호가 도착하지 않으면 계속적으로 전송을 하고, 수신 측에서 응답이 없으면 긍정적인 응답(ACK)으로 간주한다.
④ HDLC 전송 절차에서 사용되는 오류 제어 방식이다.

4. 정지-대기(Stop-And-Wait) ARQ

① 송신 측에서 한 개의 블록을 전송한 후 수신 측으로부터 응답을 기다리는 방식이다.
② 구현 방법이 가장 단순하지만, 전송 효율이 떨어진다.
③ ACK이면 다음 프레임을 재전송하고, NAK이거나 일정 시간 동안 신호가 없으면 같은 프레임을 재전송한다. 반면, Stop-And-Wait ARQ 이외의 경우에는 일정 시간 동안 신호가 없으면 ACK(긍정적인 응답)로 간주하게 된다.

5. 적응적(Adaptive) ARQ

① 데이터 블록의 길이를 채널의 상태에 따라 그때그때 동적으로 변경하는 방식으로, 전송 효율이 제일 좋다.

② 제어 회로가 복잡하고, 비용이 많이 들어 현재 거의 사용되지 않는다.

기출 Point

- **데이터통신 흐름 제어 방식인 Go-Back-N ARQ에서 6번 프레임까지 전송을 하였는데 수신 측에서 3번 프레임에 오류가 있다고 재전송을 요청해 왔을 경우 재전송되는 프레임의 수는?**
  → 4개
  ▶ 1, 2, 3, 4, 5, 6번 프레임까지 전송을 하였는데 수신 측에서 3번 프레임에 오류가 있다고 재전송을 요청해 왔을 경우에는 3번 프레임부터 끝 프레임인 6번 프레임까지 재전송된다. 즉, 3, 4, 5, 6 프레임이 재전송된다.

58 OSI 참조 모델

1. OSI 참조 모델의 개념

① 서로 다른 시스템 간의 원활한 통신을 위해 ISO(국제 표준화 기구)에서 제안한 통신 규약(Protocol)을 말하며, 모두 7단계의 계층으로 되어 있다.

② 국제 표준화 기구인 ISO는 단말기부터 컴퓨터, 네트워크, 프로세스, 사용자 간의 표준화된 절차를 규정하도록 한 표준 프로토콜(Open System Interconnection, OSI)을 발표하였다.

2. OSI 7 계층 구조와 기능

- 하위 계층 : 물리 계층 → 데이터 링크 계층 → 네트워크 계층
- 상위 계층 : 트랜스포트(전송) 계층 → 세션 계층 → 프리젠테이션(표현) 계층 → 응용 계층

(1) 물리 계층(Physical Layer)

① 전송 매체와 전송 신호를 액세스하기 위한 기계적 · 전기적 · 기능적 · 절차적 특성을 규정짓는 최하위 계층이다.

② 통신 케이블, 전송 신호 방식, 물리적 장비를 정의한다.

(2) 데이터 링크 계층(Data Link Layer)

① 두 개의 인접한 개방 시스템들 간에 신뢰성 있고 효율적인 정보 전송을 할 수 있도록 하고, 물리적 연결(데이터 링크) 간의 신뢰성 있는 정보 전송을 할 수 있는 기술과 관계된다.

② 동기화, 오류, 흐름 제어로 프레임(전송 데이터 구조)을 효과적으로 전송한다.
③ 전화를 이용한 인터넷 접속 프로토콜(PPP) 기능을 담당한다.
④ 프레임을 동기화한다(BASIC 동기, HDLC 동기, SDLC 동기).

(3) 네트워크 계층(Network Layer, 망 계층)

① 개방 시스템들 간의 네트워크 연결 관리(네트워크 연결을 설정, 유지, 해제), 데이터의 교환 및 중계
② 경로 설정(Routing), 트래픽 제어, 패킷 정보 전송
③ 송 · 수신지의 IP 주소를 헤더에 포함하여 전송하는 논리주소 지정 기능과 송신지에서 수신지까지 데이터가 전송될 수 있도록 최단 전송 경로를 선택하는 라우팅 기능 등을 수행한다.
④ 체증 제어(폭주 제어)를 한다.

(4) 전송 계층(Transport Layer)

① 종단 시스템(End-to-End) 간에 투명한 데이터 전송을 가능하게 한다.
② 전송 연결 설정, 데이터 전송, 전송 연결 해제 기능
③ 주소 설정, 다중화, 에러 제어, 흐름 제어

(5) 세션 계층(Session Layer)

① 송 · 수신 측 간의 관련성을 유지하고 대화 제어를 담당한다.
② 대화(회화) 구성 및 동기 제어, 데이터 교환 관리 기능
③ **체크점(동기점)** : 오류가 있는 데이터의 회복을 위해 사용하는 것으로 소동기점과 대동기점이 있다.

(6) 표현 계층(Presentation Layer)

① 응용 계층으로부터 받은 데이터를 세션 계층에 맞게, 세션 계층에서 받은 데이터는 응용 계층에 맞게 변환하는 기능
② 코드 변환, 데이터 암호화, 데이터 압축, 구문 검색, 정보 형식(포맷) 변환, 문맥 관리 기능한다.
③ 데이터 표현에 존재하는 차이점들을 극복하게 해준다.

(7) 응용 계층(Application Layer)

① 네트워크 환경에서 사용자 인터페이스를 제공한다.
② 사용자가 OSI 환경을 이용할 수 있도록 파일 처리 서비스나 파일 전송 서비스를 관리한다.

기출 Point

- **OSI 참조 모델에서 송 · 수신지의 IP 주소를 헤더에 포함하여 전송하는 논리주소 지정 기능과 송신지에서 수신지까지 데이터가 전송될 수 있도록 최단 전송 경로를 선택하는 라우팅 기능 등을 수행하는 계층으로 옳은 것은?**
  → 네트워크 계층

기출 Point

• OSI 참조 모델 중 각 계층의 기능 설명이 옳지 않은 것은?
→ 물리 계층 – 전기적, 기능적, 절차적 규격에 대해 규정
→ 데이터 링크 계층 – 흐름 제어와 에러 복구
→ 네트워크 계층 – 경로 설정 및 폭주 제어
→ 전송 계층 – 코드 변환, 구문 검색(×)
▶ 코드 변환(코드 번역), 구문 검색 등은 표현 계층의 기능이다.

59 서브넷의 구성과 주소 할당

1. 인터넷의 주소 체계

① IP 주소(IPv4) : 인터넷에 연결된 모든 컴퓨터의 자원을 구분하기 위한 고유한 주소로, 숫자로 8비트씩 4부분, 총 32비트로 구성되며, A~E 클래스까지 총 5단계로 나뉨
② IPv6 : IPv4의 주소 부족 문제를 해결하기 위해 개발된 것으로, 16비트씩 8부분, 총 128비트로 구성되며, 각 부분은 16진수로 표현하고, 콜론으로 구분함
③ 서브넷 마스크 : 4바이트의 IP 주소 중에 네트워크 주소와 호스트 주소를 구분하기 위한 비트
④ 도메인 네임 : 숫자로 된 IP 주소를 사람이 이해하기 쉬운 문자 형태로 표현한 것으로, 호스트 컴퓨터명, 소속 기관 이름, 소속 기관의 종류, 소속 국가명 순으로 구성
⑤ DNS : 문자로 된 도메인 네임을 컴퓨터가 이해할 수 있는 IP 주소로 변환

2. 클래스의 호스트 연결 개수

클래스	용 도	상위 비트	네트워크 어드레스 비트 수	호스트 어드레스 비트 수	최대 호스트 수
A 클래스	사용자용	0	8(7)	24	$2^{24}=256\times256\times256$
B 클래스	사용자용	10	16(14)	16	$2^{16}=256\times256$
C 클래스	사용자용	110	24(21)	8	$2^{8}=256$
D 클래스	멀티캐스트용	1110	28비트의 연속 정의	–	–
E 클래스	실험용	1111	미정의	–	–

3. 서브넷의 구성과 주소 할당

① 서브넷 마스크를 255.255.255.224로 설정한 경우, 서브넷 주소 할당을 위해서는 서브넷 마스크의 맨 끝 3자리를 이진수로 표현한다.

② 여기서는 224를 이진수로 표현하면 $11100000_{(2)}$이다. 이진수에서 앞쪽에 1 부분이 3자리이고, 뒤쪽 0 부분이 5자리인데, 앞쪽 3자리가 서브넷 수를 가리키고, 뒤쪽 5자리가 호스트 수와 관련된다. 서브넷 수는 $2^3=8$개, 호스트 수는 $2^5=32$개이다.

③ 서브넷은 총 8개이므로 #1부터 #8까지 서브넷 주소를 책정하고, 각 서브넷당 호스트 수는 32개로 배치한다.

④ 서브넷 마스크와 대응하는 공인 IP의 호스트 ID 부분을 전부 0으로 만들면 해당 서브넷의 네트워크 주소가 되고, 각 서브넷 주소 범위 중 마지막 주소가 브로드캐스트 주소가 된다.

기출 Point

- **회사에서 211.168.83.0(클래스 C)의 네트워크를 사용하고 있다. 내부적으로 5개의 서브넷을 사용하기 위해 서브넷 마스크를 255.255.255.224로 설정하였다. 이때 211.168.83.34가 속한 서브넷의 브로드캐스트 주소는 어느 것인가?**

→ 211.168.83.63

▶ 서브넷 마스크를 255.255.255.224로 설정하였으므로 맨 끝 숫자 224(11100000)에서 구성 가능한 서브넷 수와 호스트 수를 구한다. 11100000은 1이 3개이고, 0이 5개이므로 서브넷 수는 $2^3=8$개, 호스트 수는 $2^5=32$개이다. #1에서 #8까지 각 서브넷 주소 범위를 보면 다음과 같다.

#1 서브넷 주소 범위 211.168.83.0~211.168.83.31
#2 서브넷 주소 범위 211.168.83.32~211.168.83.63
#3 서브넷 주소 범위 211.168.83.64~211.168.83.95
#4 서브넷 주소 범위 211.168.83.96~211.168.83.127
#5 서브넷 주소 범위 211.168.83.128~211.168.83.159
#6 서브넷 주소 범위 211.168.83.160~211.168.83.191
#7 서브넷 주소 범위 211.168.83.192~211.168.83.223
#8 서브넷 주소 범위 211.168.83.224~211.168.83.255

문제로 다시 가서 211.168.83.34가 속한 서브넷은 #2 서브넷이고, #2 서브넷의 브로드캐스트 주소는 #2 서브넷 주소 중 마지막 주소인 211.168.83.63이다.

60 서버의 종류

1. DNS 서버(Domain Name System Server)

도메인 주소를 IP 주소로 변환시켜주거나, 반대로 IP 주소를 도메인 주소로 변환시켜주는 시스템을 말한다.

2. PROXY 서버

웹 브라우저에서 "대리자"로 지칭하는 프락시(PROXY)를 지정하면 웹 클라이언트에서 요청되는 URL이 해당 서버에 연결되는 것이 아니라 프락시 서버에 연결된다. 프락시 요청을 받은 프락시 서버는 URL의 해당 서버와 접속하여 요청을 보내고, 클라이언트 대신 응답을 받아 이를 클라이언트에 넘겨주는 역할을 한다.

3. DHCP 서버

동적 호스트 설정 통신 규약(Dynamic Host Configuration Protocol)은 호스트 IP 구성 관리를 단순화하는 IP 표준이다. DHCP 서버는 이와 관련하여 동적 IP 주소를 할당하는 서버를 말한다. DHCP를 사용하면 네트워크에 연결되어 있는 컴퓨터가 시동될 때 DHCP 서버로부터 IP 주소와 구성 매개 변수를 동적으로 할당받아 자동으로 TCP/IP 설정이 이루어진다.

4. WEB 서버

클라이언트/서버 모델과 웹의 HTTP를 사용하여 웹 페이지가 들어 있는 파일을 사용자들에게 제공하는 서버를 말한다.

기출 Point

- **인터넷에서는 도메인 주소를 IP 주소로 변환시켜주는 컴퓨터가 있어야 하는데 이러한 컴퓨터의 이름으로 알맞은 것은?**
  → DNS 서버

61 해 킹

1. Spoofing

① 스푸핑은 타인이나 다른 시스템을 속이는(Spoof) 행위를 의미하며 침입하고자 하는 호스트의 IP 주소를 바꾸어서 해킹하는 기법을 말한다.

② 외부 악의적 네트워크 침입자가 임의로 웹사이트를 구성해 일반 사용자들의 방문을 유도, 인터넷 프로토콜인 TCP/IP의 구조적 결함을 이용해 사용자의 시스템 권한을 획득한 뒤 정보를 빼가는 해킹 수법을 말하기도 한다.

③ 스푸핑은 방법에 따라 IP 스푸핑, 메일 스푸핑, 웹 스푸핑 등이 있다.

2. Sniffing

① 스니핑은 통신망상에 전송되는 패킷 정보를 엿보는(Sniff) 것을 말한다.
② 다른 사람의 계정이나 비밀번호를 알아내기 위해 사용되며, 이를 방지하기 위해서는 데이터 패킷을 암호화하여 전송한다.

3. Phishing

피싱은 금융기관이나 공공기관 등의 웹사이트나 거기서 보내온 메일로 위장하여 개인의 인증번호나 신용카드번호, 계좌정보 등을 빼내 이를 불법적으로 이용하는 사기수법을 말한다.

4. DoS 공격

① 서비스 거부(Denial of Service)는 공격 대상이 되는 서버에 과도한 트래픽을 유발시키거나 비정상적인 접속 등을 시도하여 해당 서버의 네트워크를 독점하거나 시스템 리소스의 낭비를 유발함으로써 서버가 정상적으로 작동하지 못하도록 만드는 공격 기법을 말한다.
② DoS 공격의 한 유형인 DDoS(Distribute Denial of Service)는 분산 서비스 거부라고 하는데, 공격자가 원격지에서 좀비(Zombie)라고 불리는 복수의 컴퓨터에 악성코드를 심어놓은 후 원격 제어를 통해 동시적으로 특정 사이트를 공격하여 마비시키는 공격 기법을 말한다.

기출 Point

- **자신을 타인이나 다른 시스템에게 속이는 행위를 의미하며 침입하고자 하는 호스트의 IP 주소를 바꾸어서 해킹하는 기법을 가리키는 것은?**
  → Spoofing

62 네트워크 용어

1. VoIP

컴퓨터 네트워크상에서 음성 데이터를 IP 데이터 패킷으로 변환하여 전화 통화와 같이 음성 통화를 가능하게 해주는 기술을 말한다.

2. VPN

가상사설망(Virtual Private Network)은 인터넷과 같은 공중망(Public Network)을 마치 전용선으로 사설망(Private Network)을 구축한 것처럼 사용할 수 있는 방식을 말한다.

3. IPSec(Internet Protocol Security)

① 네트워크 계층인 인터넷 프로토콜에서 보안성을 제공해 주는 표준화된 기술로 데이터 송신자의 인증을 허용하는 인증 헤더(AH)와 송신자의 인증 및 데이터 암호화를 함께 지원하는 ESP(Encapsulating Security Payload) 등 2가지의 보안 서비스 등이 있으며, 보안 게이트웨이 간의 보안 터널을 제공하는 터널모드와 종단 호스트 간의 보안 터널을 제공하는 트랜스포드 모드 등 2가지 모드를 제공한다.

② IPv4에서는 선택으로, IPv6에서는 필수로 제공하도록 되어 있다.

4. IPv6

① 기존의 IPv4의 용량은 총 4바이트(32비트)로, 주소 부족 문제가 발생하게 되어 개발된 차세대 IP가 IPv6이다.

② IPv6는 용량이 16바이트(128비트)로 확장하였다.

기출 Point

- **컴퓨터 네트워크상에서 음성 데이터를 IP 데이터 패킷으로 변환하여 전화 통화와 같이 음성 통화를 가능하게 해주는 기술로 알맞은 것은?**
  → VoIP

63 엑셀의 셀 참조 형태

1. 상대참조

행과 열이 상대적으로 지정되는 방식으로 가장 일반적이다.

예 B7

2. 절대참조

특정 행과 열을 고정시키고자 할 경우 지정한다.

예 B7 : 다른 셀에 복사하여 사용할 경우에도 B열과 7행 모두 고정된다. 고정되는 숫자 앞에 $를 붙인다.

3. 혼합참조

상대참조와 절대참조가 혼합된 방식이다.

예 B$7 : 다른 셀에 복사하여 사용할 경우에도 7행은 고정된다. 고정되는 숫자 앞에 $를 붙인다.

기출 Point

• MS Excel의 워크시트에서 사원별 수주량과 판매금액, 그리고 수주량과 판매금액의 합계가 입력되어 있다. 이때 C열에는 전체 수주량 대비 각 사원 수주량의 비율을, E열에는 전체 판매금액 대비 각 사원 판매금액의 비율을 보이고자 한다. 이를 위해 C2셀에 수식을 입력한 다음에 이를 C열과 E열의 나머지 셀에 복사하여 사용하고자 한다. C2셀에 입력할 내용으로 옳은 것은?

	A	B	C	D	E
1	사원	수주량	비율	판매금액	비율
2	김철수	78		8,000,000	
3	홍길동	56		7,500,000	
4	김민호	93		13,000,000	
5	나영철	34		10,000,000	
6	최건	80		8,000,000	
7	합계	341		46,500,000	

→ =B2/B$7*100

▶ C2에는 전체 수주량 대비 김철수 사원 수주량의 비율이 들어가게 되는데, =B2/B7*100이 된다. 그런데, 이 셀을 복사하여 C열과 E열 나머지 셀에도 붙이려고 하므로, 혼합주소를 사용하는 것이 좋다. 열은 바뀌더라도 7행이 고정된다. 따라서 C2에는 =B2/B$7*100이 와야 한다.

64 엑셀 함수

1. 통계 함수

① SUM(1,3,5) : 인수의 합을 계산하므로 1+3+5=9가 결괏값이다.

② AVERAGE(1,3,5) : 인수의 평균을 계산하므로 (1+3+5)/3=3이 결괏값이다.

③ MAX(1,3,5) : 인수 중 최댓값을 계산하므로 5가 결괏값이다.

④ MIN(1,3,5) : 인수 중 최솟값을 계산하므로 1이 결괏값이다.

⑤ COUNT(1,3,a) : 인수 중 숫자의 개수를 구하는 것으로 2가 결괏값이다.

⑥ COUNTA(1,3,a) : 인수의 개수를 구하는 것으로 3이 결괏값이다.

⑦ SUMIF(인수1,인수2,인수3) : 조건을 만족하는 값들에 대해서만 합계를 구한다는 뜻이다.

2. 문자 함수

① LEFT(문자열,개수) : 문자열의 왼쪽에서부터 개수만큼의 문자를 구한다.

예 =LEFT("019-2119-9019",9)=019-2119-

② RIGHT(문자열,개수) : 문자열의 오른쪽에서부터 개수만큼의 문자를 구한다.
  예 =RIGHT("019-2119-9019",9)=2119-9019
③ MID(문자열,시작위치,개수) : 문자열의 시작 위치에서 개수만큼의 문자를 구한다.
  예 =MID("019-2119-9019",3,7)=9-2119-
④ LEN(문자열) : 문자열의 개수를 구한다.
  예 =LEN("019-2119-9019")=11
⑤ LOWER(문자열) : 문자열 중 영어를 소문자로 변환한다.
  예 =LOWER("TARGET")=target
⑥ UPPER(문자열) : 문자열 중 영어를 대문자로 변환한다.
  예 =UPPER("target")=TARGET
⑦ PROPER(문자열) : 문자열 중 영어 단어 첫 글자를 대문자로 변환한다.
  예 =PROPER("target")=Target
⑧ REPLACE(바꿀문자열,시작위치,바꿀문자개수,바뀔문자열) : 바꿀 문자열의 시작 위치에서 바꿀 문자 개수만큼의 글자를 바뀔 문자열로 바꾼다.
  예 =REPLACE("019-2119-9019",5,4,"011-3456-7890")=019-3456-9019
⑨ REPT(문자열,수치) : 문자열을 지정수치만큼 반복한다.
  예 =REPT("*",5)=*****

3. 참조 함수

① CHOOSE(번호,인수1,인수2,인수3) : 번호에 해당하는 인수를 구한다는 뜻이다.
② HLOOKUP(기준값,배열,행번호) : 배열에서 기준값에 해당하는 열을 찾은 후 행번호에 해당하는 셀의 값을 구한다는 뜻이다.
③ INDEX(배열,행번호,열번호) : 배열에서 행번호와 열번호에 해당하는 행을 찾은 후 열번호에 해당하는 셀의 값을 구한다는 뜻이다.

4. 수치 함수

① ABS(숫자) : 숫자의 절댓값을 구한다는 뜻이다.
② SQRT(숫자) : 제곱근을 구한다는 뜻이다.
③ INT(숫자) : 숫자를 넘지 않는 최대의 정수를 구한다는 뜻이다.
④ SIGN(숫자) : 부호를 구한다는 뜻이다.
⑤ RAND( ) : 0과 1 사이의 난수를 구한다는 뜻이다.
⑥ ROUNDDOWN(숫자,자릿수) : 자릿수에 맞게 숫자를 내림한다.
⑦ ROUNDUP(숫자,자릿수) : 자릿수에 맞게 숫자를 올림한다.
⑧ MOD(숫자1,숫자2) : 숫자1을 숫자2로 나눈 나머지를 구한다는 뜻이다.

5. 날짜 함수

① DATE(year,month,day) : 차례대로 연, 월, 일을 표시한다.
② YEAR(날짜) : 날짜에서 년(年)을 추출한다.
③ MONTH(날짜) : 날짜에서 월(月)을 추출한다.
④ DAY(날짜) : 날짜에서 일(日)을 추출한다.
⑤ TIME(hour,minute,second) : 차례대로 시, 분, 초를 표시한다.
⑥ HOUR(시간) : 시간에서 시(時)를 추출한다.
⑦ MINUTE(시간) : 시간에서 분(時)을 추출한다.
⑧ SECOND(시간) : 시간에서 초(秒)를 추출한다.
⑨ NOW( ) : 현재의 날짜와 시간을 날짜와 시간 형식으로 구한다.
⑩ TODAY( ) : 현재 날짜를 날짜 서식으로 표시한다.

6. 논리 함수

① AND 또는 & : 두 개의 논리식을 합친다.
② OR : OR 연산한다.
③ NOT : NOT 연산한다.
④ IF(조건, 값1, 값2) : 조건이 참이라면 값1을, 조건이 거짓이면 값2를 구한다.

기출 Point

- **MS Excel의 워크시트에서 D4셀에 =RIGHT(C4,LEN(C4)−4)& " **** " 을 입력했을 때 결괏값으로 알맞은 것은?**

	A	B	C
1	이름	학번	연락처
2	김철수	208-4101	010-2109-8765
3	이영희	208-4102	011-3456-7890
4	홍길동	208-4103	019-2119-9019

→ 2119−9019****

▶ RIGHT, LEN, & 엑셀 함수의 의미를 알면 구할 수 있다.

- RIGHT(문자열,개수) : 문자열의 오른쪽에서부터 개수만큼의 문자를 구한다.
  =RIGHT("019−2119−9019",9)=2119−9019
- LEN(문자열) : 문자열의 개수를 구한다. LEN(C4)=13
- =RIGHT(C4,LEN(C4)−4)=RIGHT(C4,9)=2119−9019
- =2119−9019& " **** " =2119−9019****

65 Windows 7

1. Windows 7의 주요 특징

① **선점형 멀티태스킹** : 응용 프로그램에서 오류가 발생했을 경우 오류가 발생한 응용 프로그램만 강제 종료(〈Ctrl〉+〈Alt〉+〈Delete〉)할 수 있다.

② **그래픽 사용자 인터페이스(GUI)** : 마우스를 이용하여 메뉴나 아이콘을 선택하면 대부분의 모든 작업이 수행되는 사용자 작업 환경이다.

③ **플러그 앤 플레이(PnP)** : 새로운 하드웨어를 설치할 때 이를 자동으로 감지하여 하드웨어 구성 및 충돌 방지를 하는 기능으로 장치를 연결하면 필요한 드라이버를 설치하기 때문에 하드웨어의 추가가 쉽다.

④ **개체 연결 및 삽입(OLE)** : 여러 응용 프로그램에서 작성된 문자나 그림들을 하나의 문서에 자유롭게 삽입하고, 삽입된 이미지를 수정할 수 있다.

⑤ **64비트 운영 체제** : 완전한 64비트의 CPU를 지원하므로 많은 양의 데이터를 빠르게 처리하고, 효율적인 시스템을 구축할 수 있다.

2. Windows의 레지스트리(Registry)

① 컴퓨터를 구성하는 하드웨어와 소프트웨어에 대한 실행 정보를 관리하는 계층적인 데이터베이스(트리 계층 구조)로 키, 하위 키, 하이브 및 값 항목으로 구성된다.

② 환경에 대한 전반적인 정보를 저장하며, 응용 프로그램 작동에 필요한 매개 변수로 구성된다.

③ 사용자 프로필, 시스템 하드웨어, 설치된 프로그램 및 속성 설정에 대한 정보가 들어 있다.

④ 저장 정보는 Windows에 설치된 각종 응용 프로그램이 실행될 때 지속적으로 참조된다.

⑤ 레지스트리 정보는 삭제할 수 있으나 시스템에 이상이 생길 수 있으므로 함부로 삭제하지 않는다.

⑥ [시작] – [실행]에서 "regedit" 명령어를 입력하면 레지스트리 편집기를 실행할 수 있다.

3. Windows 탐색기의 이용

① 실행 방법
- [시작] – [모든 프로그램] – [보조프로그램] – [Windows 탐색기]를 선택한다.
- [시작] 단추의 바로 가기 메뉴에서 [Windows 탐색기 열기]를 선택한다.
- 〈Windows 로고 키〉+〈E〉키를 누른다.
- [시작] – [실행]에서 "explorer"를 입력한 후 〈Enter〉키를 누른다.

② 탐색기의 역할
- 컴퓨터에 있는 파일, 폴더 및 드라이브의 계층적 구조를 표시한다.
- 파일 및 폴더의 복사, 이동, 이름 변경, 검색, 디스크 도구 이용 등의 작업을 수행한다.
- 제어판에 포함된 내용을 사용하거나 삭제된 파일이 있는 휴지통을 비울 수 있다.
- 네트워크 드라이브를 연결하여 원격 컴퓨터의 파일 목록을 표시할 수 있다.

- 왼쪽 창은 폴더의 구조를 보여 주고, 오른쪽 창은 선택한 폴더의 해당 내용을 보여준다.
- 왼쪽 창과 오른쪽 창의 크기는 사용자가 임의로 조절할 수 있다.

4. 파일 및 폴더의 이동과 복사

① **파일 및 폴더의 이동** : 같은 드라이브에서 데이터 이동은 마우스 드래그를 이용하며, 다른 드라이브에서의 데이터 이동은 〈Shift〉+드래그를 이용한다.

② **파일 및 폴더의 복사** : 같은 드라이브에서 데이터 복사는 〈Ctrl〉+드래그를 이용하며, 다른 드라이브에서의 데이터 복사는 드래그를 이용한다.

5. 글 꼴

① Windows에서 사용하는 모든 글꼴로 C:\Windows\Fonts 폴더에 글꼴 파일이 존재한다.

② 새로운 글꼴을 설치하려면 인터넷이나 조직 네트워크에서 글꼴을 다운로드한 후 바로 가기 메뉴에서 [설치]를 선택한다.

③ 설치할 글꼴을 해당 폴더에 복사하거나 [제어판] – [글꼴]로 드래그하여 설치할 수도 있다.

④ 글꼴을 삭제하려면 [파일] – [삭제]를 선택하거나 도구 모음에서 [삭제] 단추를 클릭한다.

⑤ 글꼴 파일은 FON, TTF, TTC 등의 확장자를 가지며, 윤곽선(트루타입, 오픈타입), 벡터, 래스터 글꼴을 제공한다.

6. 프린터 설정

① 인쇄시 특정 프린터를 지정하지 않을 경우 자동으로 기본 프린터에서 작업을 수행한다.

② 기본 프린터로 설정할 프린터를 클릭한 후 [파일] – [기본 프린터로 설정]을 선택하거나 바로 가기 메뉴에서 [기본 프린터로 설정]을 선택한다.

③ 컴퓨터에 설치 가능한 프린터의 수는 제한이 없으나, 기본 프린터는 1대만 지정할 수 있다. 기본 프린터는 아이콘에 체크 표시가 되어 있다.

④ 네트워크를 통하여 다른 컴퓨터에 연결된 프린터도 기본 프린터로 지정할 수 있다.

⑤ 로컬 프린터는 컴퓨터에 케이블이 직접 연결된 프린터로 현재 시스템에서만 사용한다.

⑥ 네트워크 프린터는 네트워크상에서 다른 컴퓨터와 연결된 프린터로 여러 사용자가 사용할 수 있다.

기출 Point

- **Windows에서 프린터 설정에 관한 설명으로 옳지 않은 것은?**
  → 기본 프린터는 오직 1대만 설정할 수 있다.
  → 네트워크 프린터는 기본 프린터로 설정할 수 없다(×).
  → 한 대의 프린터를 여러 대의 컴퓨터에서 네트워크로 공유 가능하다.
  → [네트워크 설정 마법사]를 통해 파일 및 프린터도 공유할 수 있다.
  ▶ 네트워크 프린터도 기본 프린터로 설정 가능하다.

66 통신 대역폭 공식

1. 디지털 비디오 데이터 용량

애니메이션이나 비디오의 경우 연속된 동작을 표현하고자 할 경우 최소 초당 15프레임을 보여주어야 연속된 동작으로 인식한다. 영화의 경우에는 초당 24프레임, 텔레비전의 경우에는 세계적으로 지역에 따라 다르지만 초당 25 또는 30프레임을 사용한다.

2. 초당 전송 비디오 용량인 통신 대역폭

가로 픽셀 수×세로 픽셀 수×픽셀 크기×프레임 수×초

기출 Point

- **화소(Pixel)당 24비트 컬러를 사용하고 해상도가 352×240 화소인 TV영상프레임(Frame)을 초당 30개 전송할 때 필요한 통신 대역폭으로 가장 가까운 것은?**

→ 60,825,600≒60Mbps

▶ 초당 전송 비디오 용량인 통신 대역폭
=가로 픽셀 수×세로 픽셀 수×픽셀 크기×프레임 수×초
=352×240×24×30×1=60825600≒60Mbps

67 사운드 용량 공식

1. 디지털 사운드 데이터 용량

디지털 사운드 데이터 용량은 샘플링 주파수(샘플링률)와 샘플링 비트 수로 결정된다. 그 외 채널의 형태에 따라 달라진다. 채널수는 모노=1, 스테레오=2이다.

2. 사운드 용량(Byte)

샘플링 주파수(샘플링률)×샘플당 비트수×채널수×초/8

기출 Point

- **오디오 CD에 있는 100초 분량의 노래를 MP3 음질의 압축되지 않은 WAV 데이터로 변환하여 저장하고자 한다. 변환시 WAV 파일의 크기는 대략 얼마인가?(단, MP3 음질은 샘플링률이 44.1KHz, 샘플당 비트수는 16bit이고 스테레오이다. 1K=1,000으로 계산함)**

→ 17,640,000byte≒17.6MB

▶ 사운드 용량(byte)
=샘플링 주파수(샘플링률)×샘플당 비트수×채널수×초/8
=44,100×16×2×100/8=17,640,000byte=17.6MB

68 스크립트

1. 기계어

① 컴퓨터(기계)가 이해할 수 있는 언어를 말한다.
② 프로그래밍 코드가 컴파일된 형태이며, 사람이 이해할 수 없을 뿐만 아니라 웹 기본 문서인 HTML에 적용하기가 매우 불편하다. 그래서 웹 프로그래밍에서는 컴파일 방식 대신 HTML 문서 내 논리 구조를 포함시켜 프로그래밍 코드를 노출시키는 스크립팅 환경을 사용한다.

2. 스크립트(Script)

① 논리 구조를 포함한 컴파일되지 않은 해석 가능한 프로그래밍 코드를 의미한다. 즉, 컴파일되지 않은 코드이다.
② 스크립트는 어디서 해석되는가에 따라서 크게 서버 측 스크립트와 클라이언트 측 스크립트로 나눌 수 있다.

3. 클라이언트 측 스크립트

① 웹 브라우저가 해석하는 스크립트를 말한다.
② 클라이언트 측 스크립트에는 VBScript와 자바스크립트(Javascript)가 있다.
③ 웹 브라우저는 브라우저 종류에 따라 여러 종류의 해석기가 내장되어 있다.
④ HTML 코드 부분은 HTML 해석기가, 클라이언트 스크립트 부분은 스크립팅 엔진이 처리해서 HTML 문서에 적용한다.
⑤ HTML 코드와 클라이언트 측 스크립트를 포함한 HTML 문서는 웹 서버의 처리 과정을 거치지 않고, 그대로 웹 브라우저에 전송되어 클라이언트가 처리한다.

4. 서버 측 스크립트

① 서버가 처리하는 스크립트를 말한다.
② HTML 문서든 ASP 문서든 웹 페이지를 저장하고 있는 웹 서버는 사용자의 요청에 따라 해당 웹 페이지를 처리하여 클라이언트로 전송한다.
③ 서버 측 스크립트에는 JSP, ASP, PHP 등이 있다.

기출 Point

• **웹 애플리케이션을 개발하기 위한 스크립트 언어 중 성격이 다른 것은?**
→ Javascript(×) → JSP
→ ASP → PHP
▶ Javascript만 클라이언트 측 스크립트에 해당하고, 나머지는 서버 측 스크립트에 해당한다.

69 Ajax

1. Ajax(Asynchronous Javascript and XML)의 개요

① WEB 2.0의 기반 기술 중 하나이다. Ajax는 자체가 하나의 특정한 기술을 말하는 것이 아니며, 함께 사용하는 기술의 묶음을 지칭하는 용어로 대화식 웹 애플리케이션의 제작을 위해 사용된다.

② Ajax 애플리케이션은 실행을 위한 플랫폼으로 사용되는 기술들을 지원하는 웹 브라우저를 이용하는데, 이를 지원하는 브라우저로는 모질라 파이어폭스, 인터넷 익스플로러, 오페라, 사파리 등이 있다

2. Ajax의 특징

① 자체가 하나의 특정한 기술을 말하는 것이 아니라 함께 사용하는 기술의 묶음을 가리킨다.

② 대화식 웹 애플리케이션을 개발하기 위해 사용된다.

③ 서버 처리를 기다리지 않고 비동기 요청이 가능하다.

④ Prototype, JQuery, Google Web Toolkit은 대표적인 Ajax 프레임워크이다.

⑤ 동적 화면 출력 및 표시 정보와의 상호작용을 위해 DOM, 자바스크립트를 사용한다.

⑥ 페이지 이동 없이 고속으로 화면을 전환할 수 있다.

⑦ 수신하는 데이터의 용량을 줄일 수 있고, 클라이언트에게 처리를 위임할 수도 있다.

기출 Point

- **웹 개발 기법의 하나인 Ajax(Asynchronous Javascript and XML)에 대한 설명으로 옳지 않은 것은?**
  → 대화식 웹 애플리케이션을 개발하기 위해 사용된다.
  → 기술의 묶음이라기보다는 웹 개발을 위한 특정한 기술을 의미한다(×).
  → 서버 처리를 기다리지 않고 비동기 요청이 가능하다.
  → Prototype, JQuery, Google Web Toolkit은 대표적인 Ajax 프레임워크이다.
  ▶ 자체가 하나의 특정한 기술을 말하는 것이 아니라 함께 사용하는 기술의 묶음을 가리킨다.

70 C언어의 주요 함수

1. C프로그램의 일반적인 사항

① C프로그램은 반드시 main( ) 함수로부터 시작되는데, 이것은 컴파일러에게 프로그램 실행을 시작한다는 것을 알려주는 것이다.

② main( ) 함수는 아래쪽으로 " { "로 시작하여 " } "로 종료된다.

③ 들여 쓰기는 프로그램 작성시 프로그램을 이해하는 데 도움을 주는 것으로 사용 유무는 자유이다.

④ 하나의 문장이 끝날 때마다 반드시 세미콜론(;)으로 끝나야 한다. 2개 이상의 문장이 한 줄에 기술될 수도 있다.

⑤ 주석은 프로그램의 실행과는 상관없이 프로그램을 설명하거나 참고 사항을 나타낸다. 주석(설명문)은 /*와 */의 사이에 놓이며, 컴파일러가 이를 번역하지 않는다.

⑥ 대문자와 소문자를 구별한다.

⑦ 선행처리기는 항상 "#" 기호로 시작한다.

2. main() 함수

① 모든 프로그램은 "main( )"이라는 함수부터 실행한다. 최소한 main 함수가 1개 이상은 있어야 한다.

② main( ) 함수는 아래쪽으로 " { "로 시작하여 " } "로 종료된다.

3. 실수형

① 실수형은 소수점 이하를 표현할 수 있는 수이다.

② 크기와 정밀도에 따라 3가지 종류가 있으며, 3가지 모두 부호를 표현할 수 있다. 첫째, float 타입은 크기가 4Byte, double 타입은 크기가 8Byte, decimal 타입은 크기가 16Byte이다.

③ float와 double은 실수를 표현하는 국제 표준 포맷(IEEE 754) 규격을 따르므로 C언어, 자바 등의 언어와 크기, 범위, 정밀도가 완전히 같으며 내부적인 구조도 동일하다.

④ float 타입은 소수점 이하 7자리까지 유효하며, double 타입은 소수점 이하 15자리까지 유효하다. decimal 타입은 소수점 28자리까지 유효하기 때문에 매우 정확한 값을 표현할 수 있다.

⑤ 실수 상수는 별다른 지정이 없으면 double 타입으로 취급된다.

4. 정수형

① 소수점 이하가 없는 정수를 기억하는 타입이다. 예 2, 32

② 컴퓨터가 원래 정수적인 존재이기 때문에 가장 흔히 사용되는 타입이다.

③ 크기와 부호의 유무에 따라 8가지 종류가 있다.

크 기	부호 있음	부호 없음
1	sbyte(−128~127)	byte(0~255)
2	short(−32768~32767)	ushort(0~65535)
4	int(-2^{31}~$2^{31}-1$)	uint(0~$2^{32}-1$)
8	long(-2^{63}~$2^{63}-1$)	ulong(0~$2^{64}-1$)

④ 정수 형태의 상수는 아라비아 숫자로 0, 12, 42 등으로 표현하되 별다른 표기가 없으면 int 타입으로 한다.

5. #define

① #define은 상수 값을 정의내리는 C프로그래밍 언어의 구성요소이다.
② 프로그램에서 사용할 문자열을 치환할 때 사용한다.
③ "#define VALUE1 1"이라는 것은 숫자 1을 VALUE1로 정의한다는 뜻이다.

6. #include문

다른 파일에 선언되어 있는 함수나 데이터형을 현재 프로그램에 포함시킬 때 사용한다.

7. printf문

① 표준 출력으로 데이터를 출력시킬 때 정해진 제어 형식으로 처리하는 방법을 말한다.
② 데이터 형식을 규정하는 서술자
- %c : (character) 문자
- %d : (decimal integer) 10진 정수
- %e : 지수형
- %f : (floating-point number) 소수점 표기형
- %o : (octal) 8진 정수
- %s : (string) 문자열
- %u : (unsigned integer) 부호 없는 10진 정수
- %x : (hexadecimal) 16진 정수

③ printf문에서 %와 변환문자 사이에 들어가는 기호
- − : 변환된 매개변수를 왼쪽 끝에 맞춘다.
- 최소 간격 지정 숫자 : 변환된 숫자가 출력될 때 최소 간격을 지정한다.
- . : 필드 폭과 소수점 이하 자릿수를 분할한다.
- 숫자 : 문자열이나 숫자가 인쇄될 자릿수를 지정한다.

8. 확장열 코드

① 역 슬러시(\) 바로 뒤에 하나의 문자가 붙는 것을 말한다.
② \n : 줄을 바꾼다(New Line).
③ \t : 가로 탭(Tab)
④ \v : 세로 탭(수직 탭)
⑤ \b : 앞의 한 문자를 지운다(Backspace).
⑥ \r : 현재 사용하고 있는 줄(Line)의 맨 처음으로 커서를 이동(개행)
⑦ \a : 벨소리
⑧ \f : 폼 피드(Form Feed). 폼 피드는 서식제어 문자의 하나로서, 대개 연속용지를 사용하는 프린터에서 폼피드 단추를 누르거나 이에 해당하는 명령을 프린터에 보내면 연속용지가 다음 페이지의 시작 부분으로 넘겨진다.
⑨ \\ : 백 슬러시(Back Slash)

9. 연산자

명 칭	연산자	설 명
산술 연산자	+, −, *, /, %	산술 연산과 계산에 사용된다.
관계 연산자	<, <=, ==, >, >=	크기를 비교한다.
논리 연산자	!, &&, ||	논리부정, 논리곱, 논리합
비트 연산자	&, |	비트 처리
증가와 감소 연산자	++, −−	1만큼 증가, 1만큼 감소
대입 연산자	=	연산 결과를 대입한다.

기출 Point

- **주어진 연도가 윤년인지를 판단하고자 한다. 연도가 400으로 나누어떨어지거나, 4로 나누어떨어지면서 100으로 나누어떨어지지 않으면 윤년이다. C언어에서 윤년을 계산하는 조건식으로 알맞은 것은?**

→ 연도%4==0 && 연도%100!=0 || 연도%400==0

▶ 연도가 4로 나누어떨어지고 100으로 나누어떨어지지 않거나 400으로 나누어떨어지는 경우의 조건식을 세워야 한다.

- 연도가 400으로 나누어떨어지는 조건식은 "연도%400==0"이다. %는 나누었을 때 나머지를 표현하고, ==는 같다는 표현이다.
- 4로 나누어떨어지면서 100으로 나누어떨어지지 않는 조건식은 "연도%4==0 && 연도%100!=0"이다. ==는 같다는 표현인 데 반하여 !=은 같지 않다는 표현이다. &&은 "이고"라는 AND 연산자이다.
- ||는 "또는"이라는 OR 연산자이다.

PART 04

부 록

실전 모의고사
정답 및 해설
2018년 기출문제

I wish you the best of luck!

우정사업본부 지방우정청 9급 계리직

한권으로 다잡기

01 실전 모의고사

01 한국사(상용한자 포함)

01 다음 중 역사가의 주관적 역사 인식이 들어 있는 내용은?

① 고려의 광종은 노비안검법을 실시하였다.
② 우리나라 청동기 시대를 대표하는 유물은 민무늬 토기이다.
③ 철기 시대의 명도전은 당시 우리 민족과 중국 사이에서 교역이 이루어졌음을 의미한다.
④ 일연이 지은 「삼국유사」에는 단군 건국 신화가 실려 있어서 고대사 연구의 자료를 제공한다.

02 다음 글에서 주장하는 우리 역사의 민족 문화 성격으로 가장 바른 것은?

> 한민족은 5,000년 이상의 유구한 역사를 통해 세계사에서 보기 드문 단일 민족 국가로서의 전통을 이어가고 있다.

① 보편성 ② 자주성
③ 특수성 ④ 상대성

03 **다음과 같은 내용이 일어났을 때의 사회 모습은?**

- 태양과 물을 숭배함
- 곰과 호랑이를 신성시함
- 조상 숭배와 영혼 숭배
- 무당을 섬기고 주술을 믿는 샤머니즘

① 반달돌칼로 이삭을 잘랐다.
② 빗살무늬 토기를 만들었다.
③ 세형동검, 거푸집 등이 대표적 유물이다.
④ 찍개, 밀개, 주먹도끼와 같은 도구를 사용하였다.

04 **다음 중 청동기 · 철기 시대의 생활상에 대한 설명으로 옳지 않은 것은?**

① 주로 강가에서 움집을 짓고 생활하였다.
② 일부 저습지에서 벼농사를 짓기 시작하였다.
③ 빈부의 격차가 나타나면서 계급 사회가 출현하였다.
④ 직사각형의 움집에서 점차 지상 가옥으로 변화하였다.

05 **고대 한반도의 정치 정세에 관한 설명으로 틀린 것은?**

① 신라의 진흥왕은 불교 교단을 정비하고 한강 유역을 확보하였다.
② 신라의 법흥왕은 우산국을 복속, 국호를 신라로 개칭하였다.
③ 고구려 장수왕은 남하 정책을 펴서 한강 전 지역을 장악하였다.
④ 백제의 근초고왕은 중국의 요서 · 산둥 지방, 일본의 규슈 지방까지 진출하였다.

06 **통일신라와 발해의 통치 체제의 공통점을 설명한 것으로 옳지 않은 것은?**

① 말단 사회는 토착 세력의 힘이 컸다.
② 관료 기구의 역할과 기능이 세분화되었다.
③ 운영과 명칭에서 당의 모방이 컸다.
④ 당 제도의 영향을 받았다.

07 **다음과 같은 정책들을 실시한 직접적인 원인은 무엇인가?**

- 사병 혁파
- 개국 공신 세력 숙청
- 사간원의 독립
- 도평의사사 폐지

① 유교적 진흥 목적
② 북진 정책
③ 왕권과 신권의 조화
④ 국왕의 정치 주도권 장악

08 **통일신라 시대에 대한 설명으로 옳은 것은?**

① 여성의 인력은 조사 대상에서 제외되었다.
② 농민뿐만 아니라 천민의 노동력도 철저히 징수되었다.
③ 관료전을 지급받은 관리는 토지에 거주하는 백성을 상대로 조세 · 역 등을 징수했다.
④ 촌주가 촌 단위로 10년마다 민정문서를 작성하여 촌의 호수, 인구수 등의 변동 상황을 기록하였다.

09 **다음 중 조선 후기의 경제에 대한 설명으로 옳지 않은 것은?**

① 상평통보가 법화(法貨)로 지정되어 널리 통용되었다.
② 국경 지역의 중강, 책문 등에서 후시(後市)가 개설되어 사무역이 행하여졌다.
③ 농촌에서는 밭을 논으로 바꾸어 광작을 하는 행태가 나타났다.
④ 광학보, 제위보 등이 설치되어 특정 목적의 사업을 시행하기 위한 기금을 마련하였다.

10 **고려 시대의 사회 시설과 그 설명이 바르게 연결된 것은?**

① 구급도감 – 백성들이 약을 구할 수 있게 편의를 도모하는 기관이다.
② 의창 – 환자를 치료하고 빈민을 구휼하려고 개경에 설치하였다.
③ 동 · 서대비원 – 평시에 곡식을 비축하였다가 흉년에 빈민을 구제하는 기관이었다.
④ 상평창 – 개경, 서경, 12목에 설치하여 물가의 안정을 도모하였다.

11 **다음 내용과 관련된 사건에 대한 설명으로 옳지 않은 것은?**

> 정지상은 역시 서경 사람이라 그 말을 깊이 믿고 이르기를, "상경(上京)의 기업이 이미 쇠퇴하였고 궁궐이 모두 타서 남은 것이 없으나, 서경에는 왕기가 있으니 마땅히 이어(移御)하시어 상경으로 삼아야 한다."라고 하였다.

① 풍수지리설이 천도를 주장하는 근거로 이용되었다.
② 김부식을 중심으로 한 세력은 천도에 반대하였다.
③ 묘청, 정지상 등은 국호를 장안이라 하고, 연호를 천개라 하여 난을 일으켰다.
④ 이 사건에 대하여 근대 사학자 신채호는 '일천년래 제일대사건' 이라고 평가하였다.

12 조선 전기에 만들어진 서적들에 대한 설명으로 옳지 않은 것은?

① 칠정산 – 중국과 아라비아의 수학을 참고하여 만든 산학서
② 향약집성방 – 우리 풍토에 알맞은 약재와 치료 방법을 개발 · 정리한 의약서
③ 금양잡록 – 우리 풍토에 맞는 농사 및 농작물 재배를 위한 농서
④ 동문선 – 우리의 역대 시문 중에 뛰어난 것을 뽑아 집대성한 시문집

13 다음 내용과 관련 있는 조선 후기의 의학 서적은?

- 체질 의학 이론 확립
- 태양인, 태음인, 소양인, 소음인으로 구분한 사상 의학

① 허준의 「동의보감」
② 정약용의 「마과회통」
③ 허임의 「침구경험방」
④ 이제마의 「동의수세보원」

14 다음 내용의 배경이 된 사상은?

- 청에 영선사, 일본에 신사유람단을 파견하였다.
- 통리기무아문과 12사 2영, 별기군을 설치하였다.
- 미국에는 보빙사를 사절단으로 파견하였다.

① 개화 사상
② 위정척사 사상
③ 동학 사상
④ 척왜양이 사상

15 **다음과 같은 구한말의 역사적 사실들이 공통적으로 추구하고자 했던 목표는?**

> • 방곡령의 시행
> • 독립협회의 이권 수호 운동
> • 국채 보상 운동
> • 보안회의 황무지 개간권 반대 운동

① 중앙과 지방의 균등한 발전을 추구
② 평등 사회를 건설
③ 외세의 경제적 침탈에 대항
④ 민족 산업을 육성

16 **1927년에 결성된 신간회에 관한 설명으로 옳지 않은 것은?**

① 정치 · 경제 · 언론 등 사회운동 분야에서 독립운동을 펼쳤다.
② 사회주의 계열과 타협적 민족주의 계열 간의 제휴가 추진되었다.
③ 일제의 탄압을 피하기 위해 지하 비밀 조직의 성격을 띠고 출범하였다.
④ 민족 운동 내의 이념 갈등을 극복하기 위한 민족 유일당 운동의 결과로 결성되었다.

17 **다음에 제시된 자료와 관련된 사건에 해당하는 것은?**

> 국가의 미래요 소망인 꽃다운 젊은이를 야만적인 고문으로 죽여 놓고 그것도 모자라서 뻔뻔스럽게 국민을 속이려 했던 현 정권에게 국민의 분노가 무엇인지 분명히 보여주고, 국민적 여망인 개헌을 일방적으로 파기한 4 · 13 폭거를 철회시키기 위한 민주장정을 시작한다.

① 4 · 19 혁명
② 부마민주항쟁
③ 6 · 3 항쟁
④ 6월 민주항쟁

18 **삼국 시대의 구휼 정책으로 바르지 않은 것은?**

① 황무지를 개간하도록 권장하여 경작지를 확대하였다.
② 철제 농기구를 일반 농민에게 보급하여 소를 이용한 우경을 장려하였다.
③ 백제는 진대법을 구휼 정책으로 시행하였다.
④ 홍수, 가뭄 등으로 흉년이 들면 백성에게 곡식을 나누어 주거나 빌려 주었다.

19 **다음 중 편지봉투 겉면에서 수신인을 호칭하는 용어의 연결이 적절하지 않은 것은?**

① 團體(단체) - 貴中
② 恩師(은사) - 學兄
③ 同生(동생) - 君
④ 竹馬故友(죽마고우) - 雅兄

20 **다음 중 용례(用例)가 나머지 셋과 다른 하나는?**

① 祝盛典
② 祝聖婚
③ 祝華婚
④ 祝榮轉

02 우편 및 금융상식(기초영어 포함)

01 ㄱ~ㄷ에서 설명하는 국내 우편서비스의 종류가 바르게 연결된 것은?

> ㄱ. 고객이 원하는 광고를 우편엽서에 실어 원하는 지역에서 판매하게 하는 제도
> ㄴ. 고객이 원하는 그림 · 통신문과 함께 발송인과 수취인의 주소 · 성명, 통신문 등을 인쇄하여 발송해주는 서비스
> ㄷ. 전국 각 지역에서 생산되는 특산품과 중소기업 우수 제품을 구입할 수 있는 서비스

	ㄱ	ㄴ	ㄷ
①	광고우편엽서	인터넷우표	우체국택배
②	광고우편엽서	고객맞춤형 엽서	우체국쇼핑
③	나만의 우표	인터넷우표	우체국쇼핑
④	나만의 우표	고객맞춤형 엽서	우체국택배

02 국제특급우편물(EMS)의 특성이 아닌 것은?

① 국제특급우편물로 보낼 수 있는 물품에는 업무용 · 상업용 서류, 컴퓨터 데이터, 상품 견본, 마이크로 필름 등이 있다.
② 신속성 · 신뢰성 · 정기성 및 안전성을 보장한다.
③ 정해진 특정 우체국 및 우편취급국에서만 발송할 수 있다.
④ 각 접수우체국마다 당일 업무 마감시간이 제한되어 있어, 마감시간 이후 분은 익일발송 승인을 얻어 접수하여야 한다.

03 소포우편물에 관련된 설명으로 옳지 않은 것은?

① 소포우편물은 서신 등 의사전달물, 통화 이외의 물건을 포장한 우편물을 의미하고 어떤 경우라도 서신을 넣을 수 없다.

② 우편물은 크기에 따라서 소형포장우편물과 소포우편물로 나뉘고, 소형포장우편물은 통상우편물로 구분하여 취급한다.

③ 소포우편물 접수 시 의심우편물의 경우 발송인이 개피 요구를 거부할 때는 접수가 거절된다.

④ 착불소포는 우편물 수취인에게 우편요금(수수료 포함)을 수납하여 세입 처리한다.

04 우체국택배에 대한 다음 설명 중 옳지 않은 것은?

① 고객이 전화 또는 인터넷을 통하여 서비스를 신청하면 고객의 주소지로 방문하여 접수하고 수취인에게 신속히 배달해 주는 서비스이다.

② 우체국과 사전 계약을 하여 별도의 요금을 적용하고 주기적으로 또는 필요시에 픽업하는 것을 계약택배라 한다.

③ 중량 20kg, 세 변의 합이 140cm(한 변의 길이 1m)를 초과하는 물품은 취급이 제한된다.

④ 파손, 분실 시에는 최대 50만 원까지 보상한다.

05 무배당 에버리치상해보험에 대한 설명으로 옳지 않은 것은?

① 80세까지 보장이 되는 상품이다.

② 납입기간은 5, 10, 15, 20년으로 되어 있다.

③ 교통사고는 물론 각종 재해사고도 함께 보장하는 상품이다.

④ 재해로 50% 이상 장해 시 보험료 납입이 면제되며, 휴일재해 사망보장을 더욱 강화했다.

06 **다음 설명에 해당하는 원칙으로 옳은 것은?**

> 계약자 등의 입장에서 개별적으로 보면 수입과 지출이 안 맞는 것처럼 보이지만, 전체적으로 볼 경우 생명보험은 보험가입자가 납입하는 보험료 총액과 보험회사가 지급하는 보험금 및 경비(사업비)의 총액이 동일하도록 되어 있다.

① 대수의 법칙
② 수지상등의 법칙
③ 실손보상의 원칙
④ 최대선의 법칙

07 **우편물의 손해배상에 관한 설명으로 옳지 않은 것은?**

① 우편물의 손해배상은 국내우편물의 취급 중 우편관서의 고의 또는 과실로 인하여 이용자가 입은 재산적 손해를 전보하는 것을 말한다.
② 손실보상과의 가장 큰 차이점은 손해배상은 반드시 우편관서의 고의, 과실을 요건으로 한다는 점이다.
③ 당해 우편물의 성질, 결함 또는 불가항력으로 인하여 발생한 손해인 경우에도 그 손해를 배상하여야 한다.
④ 손해배상 청구권은 우편물을 발송한 날부터 1년까지로 기간을 설정하고 있다.

08 **우편운송 등의 조력자에 대한 보수와 우편운송원 등의 통행으로 인한 피해에 대한 손실보상을 청구하고자 하는 자는 청구서를 누구에게 제출하여야 하는가?**

① 과학기술정보통신부장관
② 우정사업본부장
③ 관할 지방우정청장
④ 관할 우체국장

09 다음 중 무배당 알찬전환특약에 관한 설명으로 옳지 않은 것은?

① 적립부분 순보험료를 신공시이율Ⅲ로 부리하므로 수익률이 높을 뿐 아니라 시중금리 하락과 관계없이 최저 3.0%의 금리를 보증하므로 선진국과 같은 초저금리 시대가 와도 안심할 수 있다.
② 보험기간을 2, 3, 4, 5, 7, 10년으로 다양화하여 학자금, 결혼비용, 주택마련자금, 사업자금 등 경제적 필요에 맞춰 자유롭게 선택 가능하다.
③ 무배당 알찬전환특약의 가입신청일은 전환전계약의 만기일 1개월 전부터 만기일 전일 사이이다.
④ 만기보험금을 재예치하여 또 한번의 높은 수익을 올릴 수 있다.

10 다음 중 단기금융상품펀드(MMF)에 관한 내용으로 옳지 않은 것은?

① 유동성 위험을 최소화하기 위하여 운용자산 전체 가중평균 잔존 만기를 90일 이내로 제한하고 있다.
② 계좌의 이체 및 결제 기능이 있으나 단기자금을 운용하는 데 불리하다.
③ 운용 가능한 채권의 신용등급을 일정 등급 이상으로 제한하여 운용자산의 위험을 최소화하도록 하고 있다.
④ 고객의 돈을 모아 주로 CP(기업어음), CD(양도성예금증서), RP(환매조건부채권), 콜(call) 자금이나 잔존만기 1년 이하의 안정적인 국공채로 운용하는 실적배당상품이다.

11 다음 중 금융시장을 금융거래의 만기에 따라 분류한 것은?

① 채무증서시장과 주식시장
② 단기금융시장과 자본시장
③ 발행시장과 유통시장
④ 거래소시장과 장외시장

12 우체국보험의 특징에 대한 내용으로 옳지 않은 것은?

① 우체국보험은 국가가 경영하고 과학기술정보통신부장관이 관장하며, 감사원의 감사를 받고 있다.

② 우체국보험은 정부예산회계 관계법령의 적용을 받고 있고, 우체국보험특별회계법에 의거하여 연 1회 회계감사를 실시하고 있다.

③ 전국적으로 널리 분포된 우체국 조직을 이용하므로 보험료가 저렴하고 가입 절차가 간편하다.

④ 무진단 · 단순한 상품구조를 바탕으로 보험료가 저렴한 소액 보험상품을 취급한다.

13 다음 중 예금계약의 법적 구조에 대한 설명으로 옳지 않은 것은?

① 보통예금 · 저축예금은 금융기관이 승낙하면 양도는 가능하다.

② 당좌예금은 금융거래 시에 발생하는 미정리예금 · 미결제예금 · 기타 다른 예금종목으로 처리가 곤란한 일시적인 보관금 등을 처리하는 예금계정이다.

③ 정기적금은 월부금을 정해진 회차에 따라 납입하면 만기일에 금융기관이 계약액을 지급하겠다는 계약이므로 가입자는 월부금을 납입할 의무가 없다.

④ 정기예금의 예금주는 원칙적으로 만기일 전에 예금의 반환을 청구할 수 없다.

14 무배당 그린보너스저축보험의 특징으로 옳지 않은 것은?

① 시중금리가 떨어지더라도 최저 1.0%의 금리를 보증한다.

② 만기 유지 시에는 계약일로부터 최초 1년간 보너스금리를 추가 제공한다.

③ 일반형의 경우 이자소득세가 과세되고 금융소득종합과세에도 포함된다.

④ 예치형, 적립형 등 다양한 목적의 재테크 수단으로 활용 가능하다.

15 **10살, 8살 자녀를 둔 주부 P씨는 자녀들에게 저축에 대해서 가르치고 싶고 나아가 교육비를 마련하기에 적합한 예금 상품을 찾고 있다. P씨에게 가장 어울릴 만한 상품은 무엇인가?**

① 주니어우대정기예금
② 우체국 Young利한 통장
③ 우체국 행복지킴이 통장
④ 다드림 통장

16 **다음 설명에 해당하는 보험상품은?**

> 중대한 질병이면서 치료비가 고액인 암, 심근경색, 뇌출혈 등에 대한 급부를 중점적으로 보장하여 주는 보험으로 생존 시에는 고액의 치료비와 장해에 따른 간병비, 사망 시에는 유족들에게 사망보험금을 지급해준다.

① CI보험
② 교육보험
③ 생존보험
④ 변액보험

17 **우체국에서 시행하는 기타 부가서비스에 대한 설명으로 옳지 않은 것은?**

① 광고우편엽서는 전국판과 지방판으로 나누어 판매된다.
② 고객맞춤형 엽서는 우편엽서에 고객이 원하는 그림·통신문과 함께 발송인과 수취인의 주소 등을 인쇄하여 발송까지 대행해주는 서비스이다.
③ 인터넷우표는 '일반통상'과 '등기통상' 두 종류가 있으며 국제우편물과 소포까지 적용 가능하다.
④ 우체국축하카드는 일반통상우편과 등기통상우편 모두 가능하며 당일특급, 배달증명, 상품권 동봉서비스, 예약배달서비스가 가능하다.

18 **국제보험소포우편물 접수요령에 대한 설명으로 옳은 것은?**

① 중량이 6kg 472g인 경우 6,472g으로 기재한다.

② 보험가액은 달러($)로 표시해야 한다.

③ 보험가액은 잘못 기재하였을 경우 사유를 자세히 적어 정정하여야 한다.

④ 보험가액 최고한도액은 4,000SDR이다.

19 **다음 대화를 읽고 빈칸에 들어갈 말로 알맞은 것은?**

A : Good morning, Mr. Stewart. How have been?
B : Great, thanks. Can I see Mr. Park for a while?
A : ＿＿＿＿＿ Please have a seat.

① What did you say?

② May I ask the business affiliation?

③ Let me see if he' s available now.

④ I' ll see he can see you.

20 **영문 서신과 관련한 설명으로 옳지 않은 것은?**

① 'Salutation' 이란 'Dear Mr. Jones' 와 같은 표현을 뜻한다.

② 'Complimentary Close' 란 'Sincerely yours' 와 같은 표현을 말한다.

③ 'Inside Address' 란 편지지에 쓰는 상대방 주소를 말한다.

④ 'Letterhead' 란 편지의 첫 번째 문단을 뜻한다.

03 컴퓨터일반

01 다음 중 컴퓨터의 기억장치에 관한 설명으로 옳지 않은 것은?

① 캐시 메모리(Cache Memory)는 CPU와 주기억장치 사이에 위치하여 컴퓨터의 처리 속도를 향상시키는 역할을 하며 주로 동적 램(DRAM)을 사용한다.
② 가상 메모리(Virtual Memory)는 하드디스크의 일부를 주기억장치처럼 사용하는 것으로 주기억장치보다 큰 프로그램을 실행시킬 수 있다.
③ 연관 메모리(Associative Memory)는 저장된 내용의 일부를 통해 기억장치에 접근하여 데이터를 읽어 오는 기억장치이다.
④ 버퍼 메모리(Buffer Memory)는 두 개의 장치가 데이터를 주고받을 때 발생하는 속도 차이를 해결하기 위하여 중간에 데이터를 임시로 저장해 두는 공간이다.

02 다음 중 공개키 암호 기법의 설명으로 옳지 않은 것은?

① 메시지를 암호화할 때와 복호화할 때 사용되는 키가 서로 다르다.
② 복호화할 때 사용되는 키는 공개하고 암호키는 비공개한다.
③ 비대칭키 또는 이중키 암호 기법이라고도 한다.
④ 많이 사용되는 기법은 RSA 기법이다.

03 다음 중 CD, HDTV 등에서 동영상을 표현하기 위한 국제 표준 압축 방식은?

① MPEG ② JPEG
③ GIF ④ PNG

04 **다음 중 컴퓨터 프로그래밍 언어인 Java 언어에 대한 설명으로 옳지 않은 것은?**

① 객체 지향 언어로 추상화, 상속화, 다형성과 같은 특징을 가진다.
② 수식 처리를 비롯하여 기호 처리 분야에 사용되고 있으며 특히 인공 지능 분야에 널리 사용되고 있다.
③ 네트워크 환경에서 분산 작업이 가능하도록 설계되었다.
④ 특정 컴퓨터 구조와 무관한 가상 바이트 머신코드를 사용하므로 플랫폼이 독립적이다.

05 **RTCP(Real-Time Control Protocol)의 특징으로 옳지 않은 것은?**

① Session의 모든 참여자에게 컨트롤 패킷을 주기적으로 전송한다.
② RTCP 패킷은 항상 16비트의 경계로 끝난다.
③ 하위 프로토콜은 데이터 패킷과 컨트롤 패킷의 멀티플렉싱을 제공한다.
④ 데이터 전송을 모니터링하고 최소한의 제어와 인증 기능을 제공한다.

06 **IEEE 802.4의 표준안 내용으로 옳은 것은?**

① 토큰 버스 LAN
② 토큰 링 LAN
③ CSMA/CD LAN
④ 무선 LAN

07 **일반적으로 동기식 시분할 다중화 방식에서 음성전화 채널당 8bit씩 매 125㎲마다 할당한다면 데이터 전송률은?**

① 32kbps ② 64kbps
③ 1kbps ④ 10kbps

08 **X.25 프로토콜에 대한 설명으로 틀린 것은?**

① ITU-T에서는 1976년 패킷 교환망을 위한 표준 프로토콜인 X.25 권고안을 처음으로 발간하였다.
② 패킷형 단말기를 패킷 교환망에 접속하기 위한 인터페이스 프로토콜이다.
③ 물리 계층과 링크 계층, 패킷 계층이라는 3개의 계층으로 구성되어 있다.
④ X.25에서는 가상회선을 가상 호와 반영구 가상회선의 두 가지로 나누어서 정의하며, 모든 패킷은 최소 1옥텟의 헤더를 가진다.

09 **로킹(Locking) 단위에 대한 설명으로 옳지 않은 것은?**

① 로킹의 대상이 되는 객체의 크기를 의미한다.
② 로킹의 단위가 커지면 병행성 수준이 낮아진다.
③ 로킹의 단위가 작아지면 로킹 오버헤드가 감소한다.
④ 데이터베이스도 로킹의 단위가 될 수 있다.

10 **DBMS의 필수기능 중 정의기능에 해당하는 것은?**

① 데이터베이스를 접근하는 갱신, 삽입, 삭제 작업이 정확하게 수행되게 해야 한다.
② 정당한 사용자가 허가된 데이터만 접근할 수 있도록 보안을 유지하여야 한다.
③ 여러 사용자가 데이터베이스를 동시에 접근하여 처리할 때 데이터베이스와 처리 결과가 항상 정확성을 유지하도록 병행 제어를 할 수 있어야 한다.
④ 데이터와 데이터의 관계를 명확하게 명세할 수 있어야 하며, 원하는 데이터 연산은 무엇이든 명세할 수 있어야 한다.

11 **다음 자료에 대하여 "selection sort"를 사용하여 오름차순으로 정렬할 경우 PASS1의 결과는?**

초기 상태 : 8, 3, 4, 9, 7

① 3, 4, 8, 7, 9
② 3, 4, 7, 9, 8
③ 3, 4, 7, 8, 9
④ 3, 8, 4, 9, 7

12 **뷰(View)에 대한 설명 중 옳지 않은 내용으로만 나열된 것은?**

㉠ 뷰 위에 또 다른 뷰를 정의할 수 있다.
㉡ DBA는 보안 측면에서 뷰를 활용할 수 있다.
㉢ 뷰의 정의는 ALTER문을 이용하여 변경할 수 없다.
㉣ SQL을 사용하면 뷰에 대한 삽입, 갱신, 삭제 연산 시 제약 사항이 따르지 않는다.

① ㉢
② ㉡, ㉢, ㉣
③ ㉣
④ ㉠, ㉣

13 **레벨이 8인 이진 트리에서 가질 수 있는 최대 노드 수와 깊이가 8인 이진 트리에서의 최대 노드 수는 얼마인가?**

① 128, 256
② 64, 127
③ 64, 128
④ 128, 255

14 이진 트리에 대한 설명으로 잘못된 것은?

① 노드의 레벨을 n이라 하면, 그 자식 노드의 레벨은 n-1이다.
② n개의 노드를 갖는 이진 트리는 항상 n+1개의 링크가 존재한다.
③ 이진 트리에서는 서브 트리를 왼쪽 자식과 오른쪽 자식의 순서로 구분한다.
④ 이진 트리는 노드가 0개일 수 있다.

15 다음 중 소프트웨어 프로토타이핑(Prototyping)에 대한 설명으로 옳지 않은 것은?

① 개발자가 구축할 소프트웨어의 모델을 사전에 만드는 공정으로서 요구사항을 유도, 수집한다.
② 프로토타입은 기능적으로 제품의 하위 기능을 담당하는 작동 가능한 모형이다.
③ 적용사례가 다양하고, 가장 오래되었으며 널리 사용되는 방법으로 개발 과정이 명확하게 단계적으로 구성되어 있다.
④ 프로토타이핑에 의해 만들어진 프로토타입은 폐기될 수 있고, 재사용될 수도 있다.

16 다음 중 연산장치와 제어장치 사이에 자료를 주고받고 지시 · 신호를 전달하는 것은?

① MAR
② MBR
③ BUS
④ RAM

17 **컴퓨터에서 바이오스 롬(BIOS ROM)을 새 버전으로 업그레이드할 때 롬 칩(ROM Chip)을 교환하지 않고 사용자 바이오스 업데이트용 소프트웨어를 이용하여 편리하게 업그레이드하기 위한 롬은?**

① Mask ROM ② PROM

③ EPROM ④ EEPROM

18 **다음 C 프로그램의 결과로 옳은 것은?**

```
#include <stdio.h>
int main()
{
    int a=7, b, c, d;
    b=a>10;
    c=a<4;
    d=a==7;
    printf("b=%d, c=%d, d=%d", b, c, d);
}
```

① b=1, c=1, d=1

② b=0, c=1, d=1

③ b=0, c=0, d=1

④ b=0, c=0, d=0

19 **전자 계산기의 세대별 발전 과정에서 사용된 논리 소자를 순서대로 바르게 나열한 것은?**

① LSI → 집적회로(IC) → TR → 진공관

② 진공관 → TR → 집적회로(IC) → LSI

③ 진공관 → 집적회로(IC) → TR → LSI

④ TR → 집적회로(IC) → 진공관 → LSI

20 **다음 보기에서 선형 구조를 갖는 것을 모두 고른 것은?**

㉠ 스택	㉡ 트리
㉢ 큐	㉣ 연결 리스트
㉤ 그래프	

① ㉠, ㉡, ㉢
② ㉠, ㉣
③ ㉠, ㉢, ㉣
④ ㉠, ㉢, ㉤

02 정답 및 해설

01 한국사(상용한자 포함)

01	02	03	04	05	06	07	08	09	10
③	③	②	①	②	③	④	②	④	④
11	12	13	14	15	16	17	18	19	20
③	①	④	①	③	③	④	③	②	④

01

답 ③

③ 철기 시대의 명도전을 통해 당시 중국과 교역을 했음을 추측해 기술한 것으로 역사가의 주관적 해석이 드러난다.

02

답 ③

한국사의 특수성

우리나라는 반만년 이상의 유구한 역사를 계승하고 있으며, 세계적으로 보기 드물게 단일 민족 국가로서의 전통을 이어가고 있다. 국가에 대한 효(孝)인 충성, 연장자에 대한 효인 경로사상, 부모를 극진히 섬기는 것을 상식으로 여기는 효도, 이웃에 대한 효인 우애와 의리 등에서 나타나는 효 사상과 함께 두레·계·향도 등 질서와 조화를 숭상하는 세계관이 반영된 공동체 조직의 발달 등을 예로 들 수 있다.

03

답 ②

② 신석기 시대에는 사람이 죽어도 영혼은 사라지지 않는다고 생각하는 영혼 숭배와 조상 숭배가 나타났고, 영혼이나 하늘을 인간과 연결해 주는 존재인 무당과 그 주술을 믿는 샤머니즘도 있었다.

04

답 ①

① 강가에서 움집을 짓고 생활한 것은 신석기 시대의 생활상이며, 청동기 이후에는 직사각형의 움집에서 점차 지상 가옥으로 변화하였다.

05 답 ②

② 우산국을 복속하고 국호를 신라로 개칭한 왕은 지증왕이며, 법흥왕은 병부 설치, 율령 반포, 공복 제정, 골품제 정비, 불교 공인, 금관가야 복속, 연호 사용(건원) 등을 시행하였다.

06 답 ③

③ 통일신라와 발해는 중앙 집권 체제로 발전하였으나 지방 사회는 토착 세력들이 실질적으로 지배하고 있었다. 또한 당의 제도의 영향은 받았으나, 운영 방식이나 명칭은 독자적인 경우가 많았다.

07 답 ④

④ 태종은 국왕의 정치 주도권을 회복하기 위해 6조 직계제를 도입, 외척과 종친의 정치 참여 제한, 사간원 독립 등을 실시하였다.

08 답 ②

① 신라 장적(新羅帳籍)에는 성별, 연령별로 6등급으로 나누어 인구 조사를 실시하여 변동 상황을 기록하였다.
③ 관료전은 수조권(토지에 대한 조세 징수권)만을 인정한 것으로, 역을 징수하지는 못하였다.
④ 신라 장적(민정문서)은 3년마다 작성되었다.

09 답 ④

④ 광학보, 제위보와 같은 보(寶)는 고려 시대에 설치되어 특정 사업을 시행하기 위한 목적으로 기금을 마련하고 운용하던 기관으로, 오늘날의 재단과 유사하다. 광학보는 불교를 공부하는 사람들을 위한 장학기관이었고, 제위보는 구호 및 진료를 겸하는 기관이었다. 그러나 보는 설립 취지와는 달리, 점차 고리대의 성격이 짙어지면서 폐단이 생기기도 하였다.

10 답 ④

① 구급도감은 고려 시대에 구휼(救恤) 사업을 위해 설치한 임시 기관을 말한다.
② 의창은 농민 구제를 위해 설치한 기관으로 곡물을 비치했다가 흉년에 나누어 주었다.
③ 동 · 서대비원은 개경에 설치되었고 환자 진료 및 빈민 구휼을 담당하였다.

11 답 ③

③ 제시된 내용은 묘청의 서경 천도 운동에 대한 것이다. 정지상은 묘청과 함께 서경으로의 천도를 주장하였으며, 천도가 좌절되자 난을 일으켰다(1135). 국호는 대위(大爲), 연호는 천개(天開)라 하였다. 난은 1년 만에 진압되었다.

12

답 ①

① 칠정산은 조선 세종 때 한양을 기준으로 삼아 우리나라의 실정에 맞게 만든 역법(달력)서이다.

13

답 ④

④ 19세기 이제마는 「동의수세보원」을 저술하여 사상 의학을 확립하였다. 이는 사람의 체질을 태양인, 태음인, 소양인, 소음인으로 구분하여 치료하는 체질 의학 이론으로 오늘날까지 한방 의학계에서 통용되고 있다.

14

답 ①

① 제시된 내용은 개화 정책을 추진하는 가운데 실시된 것이다. – 청에 영선사, 일본에 신사유람단 파견, 근대 문물 수용, 통리기무아문(개화 정책 추진 기구) 설치, 별기군(신식 군대) 설치

15

답 ③

③ 제시된 내용은 구한말의 경제적 구국 운동이다.

16

답 ③

③ 신간회는 민족주의계와 사회주의계의 합작으로 결성되었으며, 신간회의 활동은 기회주의자 배격, 한국어 교육, 일제 착취 기관의 철폐, 이민 정책 반대, 한국인 본위의 교육 실시, 과학과 사상의 연구 자유 등을 요구하는 활동을 전개한 합법적인 기관이었다.

17

답 ④

④ 제시된 자료는 1987년 6월 민주항쟁의 시작점이 되는 6월 10일에 발표한 국민대회 선언문의 일부이다. 자료에서 '젊은이를 야만적인 고문으로 죽였다' 라는 내용은 박종철 고문치사 사건을 의미하며, '개헌을 일방적으로 파기한 4 · 13 폭거' 는 제5공화국 헌법을 그대로 유지하여 간선제를 유지하려 했던 4 · 13 호헌조치를 말한다. 6월 민주항쟁의 결과 6 · 29 선언이 발표되었고, 제9차 개헌이 단행되면서 대통령 직선제가 실시되었다.

18

답 ③

③ 고구려의 고국천왕은 구휼 정책으로 진대법을 시행하였다. 진대법은 봄에 백성에게 곡식을 빌려주고 가을에 갚도록 한 제도이다.

19

답②

② 은사님께는 '先生(선생)님' 이나 '座下(좌하)' 라고 써야 적절하다. 學兄(학형)은 동년배 등 가까운 사이의 사람에게 예의를 차려 부르는 말이다.

20

답④

④ 祝榮轉(축영전)은 승진 등에 따라 더 좋은 지위로 옮겨갔을 때 이를 축하하기 위해 쓴다.

①·②·③ 결혼을 축하하기 위해 쓰는 말이다.

02 우편 및 금융상식(기초영어 포함)

01	02	03	04	05	06	07	08	09	10
②	③	①	③	②	②	③	③	①	②
11	12	13	14	15	16	17	18	19	20
②	②	②	③	①	①	③	④	③	④

01

답 ②

- 광고우편엽서 : 우정사업본부가 발행하는 우편엽서에 광고를 실어 광고주가 원하는 지역에서 판매하도록 하는 제도
- 고객맞춤형 엽서 : 고객이 원하는 그림 · 통신문과 함께 발송인과 수취인의 주소 · 성명, 통신문 등을 인쇄하여 발송까지 대행해주는 서비스
- 우체국쇼핑 : 전국 각 지역에서 생산되는 특산품과 중소기업의 우수 제품을 우편망을 이용해 주문자나 제3자에게 직접 공급하여 주는 서비스
- 나만의 우표 : 개인의 사진, 기업의 로고 · 광고 등 고객이 원하는 내용을 신청 받아 우표를 인쇄할 때 비워놓은 여백에 컬러복사를 하거나 인쇄하여 신청고객에게 판매하는 IT기술을 활용한 신개념의 우표 서비스
- 인터넷우표 : 고객이 인터넷우체국을 이용하여 발송 우편물에 해당하는 우편 요금을 지불하고 본인의 프린터에서 직접 우표를 출력하여 사용하는 서비스

02

답 ③

③ 모든 우체국 및 우편취급국에서 발송할 수 있다.

03

답 ①

① 소포우편물은 원칙적으로 서신을 넣을 수 없다. 하지만 물건과 관련이 있는 납품서, 영수증, 설명서, 감사인사 메모 등은 함께 보낼 수 있다.

04

답 ③

③ 중량 30kg, 세 변의 합이 160cm(한 변의 길이 1m)를 초과하는 물품은 취급이 제한된다.

05

답 ②

② 무배당 에버리치상해보험의 납입기간은 10, 15, 20, 30년으로 되어 있다.

06

답 ②

② 수지상등의 원칙은 보험료 계산원리 중 하나로 보험회사가 얻게 되는 장래의 전 보험기간의 수입인 보험료 총액의 현가와 보험회사의 지출, 즉 보험사고 발생으로 보험회사가 지급해야 하는 보험금 및 보험회사 사업비 총액의 현가가 같게 되도록 한다는 원칙이다.

07

답 ③

③ 우편물의 손해가 발송인 또는 수취인의 과오로 인한 것이거나 당해 우편물의 성질, 결함 또는 불가항력으로 인하여 발생한 것일 때에는 그 손해를 배상하지 않는다.

08

답 ③

③ 우편법 제4조 제1항에 따른 우편운송 등의 조력자에 대한 보수와 법 제5조에 따른 우편운송원 등의 통행으로 인한 피해에 대한 손실보상을 청구하고자 하는 자는 청구서를 그 우편운송원 등이 소속된 우체국장을 거쳐 관할 지방우정청장에게 제출하여야 한다(우편법 시행규칙 제7조 제1항).

09

답 ①

① 적립부분 순보험료를 신공시이율로 부리하므로 수익률이 높을 뿐만 아니라, 시중금리 하락과 관계없이 최저 1.0%의 금리를 보증하므로 선진국과 같은 초저금리시대가 와도 안심할 수 있다.

10

답 ②

② MMF는 가입 및 환매가 청구 당일에 즉시 이루어지므로 입출금이 자유로우면서 실적에 따라 수익이 발생하여 소액 투자는 물론 언제 쓸지 모르는 단기자금을 운용하는 데 유리하다는 장점이 있으나, 계좌의 이체 및 결제 기능이 없고 예금자보호의 대상이 되지 않는다.

11

답 ②

② 단기금융시장(Money Market, 자금시장)은 보통 만기 1년 이내의 금융자산이 거래되는 시장을, 장기금융시장(Capital Market, 자본시장)은 만기 1년 이상의 채권이나 만기가 없는 주식이 거래되는 시장을 의미한다.

12

답 ②

② 우체국보험은 국가가 운영함에 따라 정부예산회계 관계법령의 적용을 받고 있으며 2006년부터 우체국보험특별회계법에 의거하여 연 2회 회계감사를 실시하고 있다.

13 답②

② 별단예금에 대한 설명이다. 당좌예금은 어음·수표의 지급 사무처리의 위임을 목적으로 하는 위임계약과 금전소비임치계약이 혼합된 계약이다.

14 답③

③ 무배당 그린보너스저축보험은 절세형 상품으로서 관련 세법에서 정하는 요건에 부합하는 경우, 일반형은 이자소득세가 비과세되고 금융소득종합과세에서도 제외된다.

15 답①

① 주니어우대정기예금은 만 19세 미만 어린이 및 청소년의 저축의식 함양과 어학연수 등 교육비의 안정적인 목돈 마련 및 운영을 위한 주니어 전용 정기예금으로 통장명 자유선정, 자동재예치, 분할해지 등의 편익을 제공한다.

② 우체국 Young利한 통장은 미래 잠재고객(만 18세 이상 ~ 만 35세 이하) 확보를 위하여 수수료 면제 등 젊은 층의 금융이용 욕구를 반영한 입출금이 자유로운 예금이다.

③ 우체국 행복지킴이통장은 저소득층 생활안정 및 경제활동 지원 도모를 목적으로 기초생활보장, 기초노령연금, 장애인연금, 장애(아동)수당, 노란우산공제금 등의 기초생활 수급권 보호를 위한 압류방지 전용 통장으로 관련 법령에 따라 압류금지 수급금에 한해 입금이 가능한 예금이다.

④ 다드림통장은 예금, 보험, 우편 등 우체국 이용고객 모두에게 혜택을 제공하는 상품으로 실적별 포인트 제공과 패키지별 우대금리 및 수수료 면제 등 다양한 우대서비스를 제공하는 우체국 대표 입출금이 자유로운 예금이다.

16 답①

① 제시문의 내용은 CI보험에 대한 설명이다.

② 교육보험 : 자녀의 교육자금을 종합적으로 마련할 수 있도록 설계된 보험으로, 부모가 생존하였을 때뿐만 아니라 사망 시에도 양육 자금을 지급해준다. 즉, 일정 시점에서 계약자와 피보험자가 동시에 생존했을 경우에는 생존급여금을 지급하고, 계약자가 사망하고 피보험자만 생존하였을 경우에는 유자녀 학자금을 지급한다.

③ 생존보험 : 피보험자가 만기까지 살아있을 때에만 보험금이 지급되는 보험으로 피보험자가 보험 기간 중 사망하면 보험금은 물론 납입한 보험료도 환급되지 않는다. 저축 기능이 강한 반면 보장 기능이 약한 결함을 갖고 있으나, 만기 보험금을 매년 연금 형식으로 받을 수 있는 등 노후 대비에 좋은 이점도 있다.

④ 변액보험 : 계약자가 납입한 보험료를 특별계정을 통하여 기금을 조성한 후 주식, 채권 등에 투자하여 발생한 이익을 보험금 또는 배당으로 지급하는 상품으로 변액종신보험, 변액연금보험, 변액유니버설보험 등이 있다.

17

답 ③

③ 인터넷우표는 '일반통상'과 '등기통상' 두 종류가 있고, 등기통상은 익일특급도 가능하다. 그러나 국제우편물과 소포는 인터넷우표의 대상이 아니다.

18

답 ④

① 국제보험소포우편물의 중량은 10g 단위로 표시한다. 단, 10g 미만의 단수는 10g으로 절상한다.

② 보험가액은 원(Won)화로 표시하고, 발송인이 운송장 해당란에 로마문자와 아라비아숫자로 기록해야 한다.

③ 보험가액을 잘못 적은 경우 지우거나 고치지 말고 운송장을 다시 작성하도록 발송인에게 요구해야 한다.

19

답 ③

③ 잠시 앉아서 기다려달라(Please have a seat)는 A의 답변에서 정답을 유추할 수 있다.

「A : 안녕하세요, Mr. Stewart. 어떻게 지내셨습니까?
B : 좋아요, 고마워요. 잠시 Mr. Park을 볼 수 있을까요?
A : 그가 지금 시간이 나는지 알아보겠습니다. 앉으세요.」

20

답 ④

④ 'Letterhead'란 회사 등에서 공식적으로 사용하는 인쇄된 편지지에서 상단에 있는 회사 로고, 주소, 전화번호 등을 말한다.

①·② 'Salutation'은 서두인사이며, 'Compli mentary Close'는 끝인사이다.

③ 봉투의 주소(Envelope Address)와 구별하여 편지지에 적는 상대방 주소를 'Inside Address'라고 한다.

03 컴퓨터일반

01	02	03	04	05	06	07	08	09	10
①	②	①	②	②	①	②	④	③	④
11	12	13	14	15	16	17	18	19	20
④	③	④	①	③	③	④	③	②	③

01

답 ①

① 캐시 메모리의 역할에 대한 설명은 옳지만, 주로 동적 램(DRAM)을 사용한다는 내용은 옳지 않다. 캐시 메모리는 동적 램보다 속도가 빠른 정적 램(SRAM)을 주로 사용한다.

02

답 ②

② 공개키 암호화 기법의 특징으로는 대표적으로 RSA(Rivest Shamir Adleman)가 있으며, 서로 다른 키로 데이터를 암호화하고 복호화한다. 데이터를 암호화할 때 사용되는 키(공개키)는 공개하고, 복호화할 때의 키(비밀키)는 비밀로 하며 비대칭 암호화 기법이라고도 한다. 장점은 키의 분배가 용이하고, 관리해야 할 키의 개수가 적다는 점이고, 단점은 암호화, 복호화 속도가 느리며, 알고리즘이 복잡하고 파일 크기가 크다는 것이다.

03

답 ①

① MPEG은 동영상 압축 기술에 대한 국제 표준 규격으로 프레임 간의 연관성을 고려하여 중복 데이터를 제거함으로써 압축률을 높이는 손실 압축 기법을 사용한다.
② JPEG는 정지 영상을 표현하기 위한 국제 표준 압축 방식이다.
③ GIF는 인터넷 표준 그래픽 형식으로 8비트 컬러를 사용한다.
④ PNG는 GIF를 대체하여 인터넷에서 이미지를 표현하기 위해 제정한 그래픽 형식으로서 애니메이션은 표현이 불가능하다.

04

답 ②

② 인공 지능 분야에 널리 사용되는 언어는 LISP이다.

05

답 ②

RTCP(Real-Time Control Protocol)의 특징

- Session의 모든 참여자에게 컨트롤 패킷을 주기적으로 전송한다.
- RTCP 패킷은 항상 32비트의 경계로 끝난다.
- 하위 프로토콜은 데이터 패킷과 컨트롤 패킷의 멀티플렉싱을 제공한다.
- 데이터 전송을 모니터링하고 최소한의 제어와 인증 기능을 제공한다.
- 헤더(Header)의 길이는 12octet이고, 4씩 60octet까지 추가 확장 가능하다.

06

답 ①

IEEE 802의 표준 규격

802.1	상위 계층 인터페이스
802.2	논리 링크 제어(LLC)
802.3	CSMA/CD
802.4	토큰 버스(Token Bus)
802.5	토큰 링(Token Ring)
802.6	MAN
802.8	고속 이더넷(Fast Ethernet)
802.11	무선 LAN
802.15	블루투스

07

답 ②

② 125μs = 125/1,000,000s
125μs에 8bit씩 전송하므로 1초에
8/(125/1,000,000) = 64,000bit를 전송할 수 있다.
64,000bps = 64kbps

08

답 ④

X.25 프로토콜의 특징

- 패킷 교환망에 대한 ITU-T의 권고안
- DTE와 DCE의 인터페이스를 규정함
- 흐름 및 오류 제어 기능 제공
- 패킷형 단말기를 패킷 교환망 접속을 위한 인터페이스 프로토콜
- 물리 계층, 링크 계층, 패킷 계층 3개의 계층으로 구성
- 가상회선을 영구 가상회선과 교환 가상회선으로 구분

09

답 ③

로킹(Locking)

- 하나의 트랜잭션이 데이터를 액세스하는 동안 다른 트랜잭션이 그 데이터 항목을 액세스할 수 없도록 하는 병행 제어 기법을 말한다.
- 로킹 단위가 커지면 로크의 수가 적어 관리가 쉬워지지만, 병행성 수준이 낮아진다.
- 로킹 단위가 작으면 로크의 수가 많아 관리가 어려워지지만, 병행성 수준이 높아진다.

10

답 ④

DBMS의 필수기능

- 정의기능(Definition Facility)
  - 데이터베이스 구조 정의
  - 데이터의 논리적 구조와 물리적 구조 사이에 변환이 가능하도록 두 구조 사이의 사상(Mapping) 명시
- 조작기능(Manipulation Facility)
  - 데이터베이스를 접근하여 데이터의 검색, 삽입, 삭제, 갱신 등의 연산 작업을 위한 사용자와 데이터베이스 사이의 인터페이스 수단 제공
- 제어기능(Control Facility)
  - 데이터 무결성 유지
  - 보안 유지 및 권한 검사
  - 병행 제어

11

답 ④

④ 선택 정렬은 1회전 정렬 시마다 앞자리부터 정렬이 완성된다.

8, 3, 4, 9, 7 → 3, 8, 4, 9, 7
3, 8, 4, 9, 7 → 3, 4, 8, 9, 7
3, 4, 8, 9, 7 → 3, 4, 7, 9, 8
3, 4, 7, 9, 8 → 3, 4, 7, 8, 9

12

답 ③

뷰(View)의 특징

- 뷰의 생성 시 CREATE문, 검색 시 SELECT문, 제거 시 DROP문 이용
- 뷰 위에 또 다른 뷰를 정의할 수 있음
- 하나의 뷰 제거 시 그 뷰를 기초로 정의된 다른 뷰도 함께 삭제됨
- DBA는 보안 측면에서 뷰를 활용할 수 있음

13

답 ④

④ 이진 트리의 레벨을 m이라고 할 때(1≦m≦k) 가질 수 있는 최대 노드의 수는 2^{m-1}이고 깊이가 k인 이진 트리가 가질 수 있는 최대 노드의 수는 2^k-1이다.
따라서 레벨이 8인 이진 트리에서 가질 수 있는 최대 노드는 $2^{8-1}=2^7=128$이고 깊이가 8인 이진 트리에서의 최대 노드 수는 $2^8-1=255$이다.

14

답 ①

① 어떤 노드의 레벨을 n이라 한다면 그 자식 노드의 레벨은 n+1이다.

15

답 ③

③ 전통적인 시스템 생명주기 모델로 가장 오래되었으며 널리 사용되는 것은 폭포수 모델(Waterfall Model)이다. 폭포수 모델은 개발 과정이 단계적으로 이루어지고 각 단계가 명확하다는 것이 특징이다.

16

답 ③

③ 버스 : 신호 또는 정보를 전송하기 위한 연결통로이다.

Bus의 종류

- 주소 버스(Address Bus) : 단방향성, 주소를 지정하기 위하여 사용한다.
- 자료 버스(Data Bus) : 양방향성, 데이터를 지정하기 위하여 사용한다.
- 제어 버스(Control Bus) : 단방향성, 제어신호를 지정하기 위하여 사용한다.

17

답 ④

① 제조 과정에서 미리 내용을 기억시킨 ROM으로, 사용자가 임의로 수정할 수 없다.
② 특수 프로그램을 이용하여 한 번만 기록할 수 있으며, 이후에는 읽기만 가능한 ROM이다.
③ 전기적으로 정보를 기록할 수 있을 뿐 아니라, 자외선을 비춰서 정보를 지울 수도 있는 ROM이다.

18

답 ③

③ 제시된 C 프로그램은 관계 연산자의 연산 결과를 산출하는 프로그램이다. 관계 연산자의 연산 결과는 참일 경우 1, 거짓일 경우 0으로 산출한다. b는 a가 10보다 클 경우 참이 되는데, a는 7이므로 거짓(0)이 된다. c는 a가 4보다 작아야 참이 되는데, a는 c보다 크기 때문에 역시 거짓(0)이다. d는 a가 7과 같을 경우 참이 되는데, a는 7이므로 참(1)이다. 따라서 b=0, c=0, d=1이 된다.

19

답 ②

컴퓨터의 발달

- 제1세대 컴퓨터 : 1950년대 말 이전에 진공관을 논리회로 소자로 사용한 컴퓨터
- 제2세대 컴퓨터 : 1950년대 후반에서 1960년대 중반까지 트랜지스터를 논리회로 소자로 사용한 컴퓨터
- 제3세대 컴퓨터 : 1960년대 중반에서 1970년대 후반까지 하나의 칩에 여러 개의 트랜지스터를 결합하여 만든 집적회로(IC)를 논리회로 소자로 사용한 컴퓨터
- 제4세대 컴퓨터 : 1970년대 말 이후 고밀도 집적회로(LSI)나 초고밀도 집적회로(VLSI)를 논리회로 소자로 사용한 컴퓨터

20

답 ③

③ 선형 구조에는 스택, 큐, 데크, 배열, 연결 리스트가 있고 비선형 구조에는 트리구조, 그래프구조가 있다.

03 2018년 기출문제

01 한국사(상용한자 포함)

01 다음 사건들이 일어난 순서를 옳게 나열한 것은?

ㄱ. 살수대첩
ㄴ. 안시성 싸움
ㄷ. 황산벌 전투
ㄹ. 대가야 멸망

① ㄱ - ㄴ - ㄷ - ㄹ

② ㄴ - ㄷ - ㄹ - ㄱ

③ ㄷ - ㄹ - ㄱ - ㄴ

④ ㄹ - ㄱ - ㄴ - ㄷ

해설

ㄹ. 562년 대가야는 신라 진흥왕에 의해 멸망하였다.
ㄱ. 612년(영양왕 23) 고구려가 살수에서 중국 수나라의 군대를 크게 격파한 사건이다.
ㄴ. 645년(보장왕 4) 안시성에서 고구려와 당나라 군대 사이에 벌어졌던 치열한 공방전을 말한다.
ㄷ. 660년(의자왕 20) 황산벌에서 계백이 이끄는 백제군과 김유신이 이끄는 신라군이 벌인 큰 전투이다.

답 01 ④

02 밑줄 친 '이 나라'의 정치 제도에 대한 설명으로 옳은 것을 〈보기〉에서 모두 고른 것은?

> 이 나라는 5경박사를 두어 유학을 가르치고 「서기」라는 역사책을 편찬하는 등 유교 문화 수준이 높았다. 그리고 '사택지적비'를 보면 노장 사상에 대해서도 상당한 지식이 있었음을 알 수 있다.

보기

ㄱ. 16등급의 관등 제도와 6좌평의 제도를 두었다.
ㄴ. 귀족들이 모여서 수상인 대대로를 선출하였다.
ㄷ. 소경(小京)이라는 특수 행정 구역을 설치하였다.
ㄹ. 지방에 22개의 담로를 두고 왕족을 보내 다스렸다.

① ㄱ, ㄴ ② ㄴ, ㄷ
③ ㄷ, ㄹ ④ ㄱ, ㄹ

해설

'이 나라'는 백제를 의미한다.
ㄱ. 백제는 고이왕 때 중앙 관제를 정비하여 16등급의 관등 제도와 6좌평의 제도를 두고 백관의 공복을 제정하여 고대 국가의 기틀을 완성하였다.
ㄹ. 백제 무령왕은 지방에 22개의 담로를 설치하여 왕족을 파견함으로써 중앙 집권의 강화를 꾀하였다.
ㄴ. 대대로를 수상으로 선출한 고대 국가는 고구려이다. 백제의 국정을 총괄하는 최고 관직의 명칭은 상좌평이다.
ㄷ. 소경이라는 특수 행정 구역을 설치한 국가는 신라이다. 삼국 시대의 신라는 2소경, 통일 신라는 5소경을 두어 수도 행정력을 보충하고 사신(왕족)을 파견하여 중앙 집권화에 박차를 가하였다.

03 다음 제도들을 시행한 까닭으로 가장 적절한 것은?

> • 기인 제도
> • 사심관 제도
> • 상수리 제도
> • 경재소 제도

① 각 지방의 균형 있는 발전을 도모하고자 하였다.
② 문벌귀족 중심의 정치 체제를 강화하고자 하였다.
③ 지방 세력을 통제하여 중앙 권력을 강화하고자 하였다.
④ 귀족 세력을 억압하고 관리 등용 제도를 마련하고자 하였다.

02 ④ 03 ③ 답

해설

위 제도는 모두 지방 세력을 견제하고 왕권을 강화하기 위해 실시한 제도이다.

- 기인 제도 : 태조 왕건은 호족 통합 정책으로서 지방 호족의 자제를 볼모로 중앙에 머물게 하는 기인 제도를 실시하였다. 이는 호족 세력을 견제하여 왕권을 강화하기 위한 목적이었다.
- 사심관 제도 : 태조 왕건은 중앙의 고관이 된 사람에게 자기 출신지의 사심관이 되게 함으로써 지방세력가들을 견제하고자 하였다.
- 상수리 제도 : 통일 신라 시대 지방 세력의 자제를 중앙에 머물게 하는 제도로, 지방 세력을 견제하고 왕권 강화를 위해 실시하였다. 고려의 기인 제도와 같은 목적으로 실시한 제도이다.
- 경재소 제도 : 조선 시대 각 지방 세력가의 자제를 중앙에 머물게 하여 지방과 중앙의 연락 기능을 담당하고, 유향소를 통제하고자 한 제도이다.

04 다음 인물에 대한 설명으로 옳은 것은?

> 그는 교종과 선종의 대립을 해소하고자 하였다. 이를 위해 천태종을 열어 이론과 실천을 아울러 강조하는 교관겸수를 제창하였다.

① 정혜사를 결성하고 송광사를 근거로 활동하였다.

② 만덕사에서 백련사를 결성하고 정토 신앙을 강조하였다.

③ 불교 관계 저술 목록을 정리하여 「신편제종교장총록」을 만들었다.

④ 「십문화쟁론」을 저술하여 여러 불교 종파의 융화 · 통일을 주장하였다.

해설

제시문의 인물은 천태종을 세워 교단의 통일과 국가 발전을 도모하고자 한 고려 중기의 승려 '대각국사 의천(義天)'이다.

③ 의천은 흥왕사에 교장도감을 설치하고, 「교장」의 간행 목록집으로 「신편제종교장총록」 3권을 만들었다.

① 돈오점수와 정혜쌍수를 제창한 지눌에 대한 설명이다.

② 요세는 천태종을 중흥시키고 정토 신앙을 수용하였으며 백련결사 운동을 전개하였다.

④ 「십문화쟁론」은 여러 불교 종파의 대립과 분열을 종식시키고 화합을 이루기 위해 불교적 논리를 집대성한 원효의 저술이다.

답 04 ③

05 다음 설명한 인물이 편찬한 서적으로 옳은 것은?

> 그는 고려의 과거에 합격하였으며, 이색의 문하에서 수학하였다. 조선 왕조 창건 후에는 이른바 '표전 문제'를 수습하기 위해 사신으로 명에 다녀왔다.

① 「동국사략」 ② 「조선경국전」
③ 「삼강행실도」 ④ 「동국여지승람」

위 인물은 고려 말 조선 초의 문신 '권근'(1352~1409)에 대한 설명이다. 그는 새 왕조의 개국공신으로 예문관대학사 · 중추원사 등을 지냈고 1396년 이른바 표전 문제(表箋問題 : 명나라에 보낸 외교문서에 표현된 내용으로 발생한 문제)로 명나라에 다녀오기도 하였다. 하륜 등과 「동국사략(東國史略)」을 편찬하였으며, 성리학자이면서도 사장을 중시해 경학과 문학을 아울러 연마했다. 이색을 스승으로 모시고 그 문하에서 정몽주 · 정도전 등 당대 석학들과 교류를 나누며 성리학 연구에 정진해, 이를 새 왕조의 유학에 계승시키는 데 크게 공헌했다.

① 1403년 권근 · 하륜 등이 편찬한 관찬 역사서로 엄격한 성리학적 명분론을 기저에 깔고 사대적 · 비판적인 입장에서 고대 문화를 해석 · 비평하고 정리하였다. 한편 16세기에 박상도 「동국사략」을 편찬하였다.
② 1394년(태조 3) 3월에 판삼사사 정도전이 왕에게 지어 바친 사찬 법전이다.
③ 1434년(세종 16) 직제학 설순 등이 왕명에 의하여 우리나라와 중국의 서적에서 군신 · 부자 · 부부의 삼강에 모범이 될 만한 충신 · 효자 · 열녀의 행실을 모아 만든 책이다.
④ 1481년(성종 12) 노사신, 양성지, 강희맹 등이 각 도의 지리, 풍속 등을 기록하여 편찬한 관찬 지리지이다.

06 다음 경제 정책을 시대 순으로 옳게 나열한 것은?

> ㄱ. 신해통공으로 금난전권을 대부분 철폐하였다.
> ㄴ. 공납제를 대동법으로 바꾸어 경기도에 시행하였다.
> ㄷ. 영정법을 시행하여 흉풍에 관계없이 전세를 확정하였다.
> ㄹ. 균역법을 통해 양인의 군역 부담을 군포 1필로 낮추었다.

① ㄱ - ㄴ - ㄷ - ㄹ ② ㄴ - ㄷ - ㄹ - ㄱ
③ ㄷ - ㄹ - ㄱ - ㄴ ④ ㄹ - ㄱ - ㄴ - ㄷ

해설

ㄴ. 대동법은 1608년(광해군 즉위년) 경기도에 시범적으로 시행되고, 100여 년에 걸쳐 전국으로 확대되었다.
ㄷ. 영정법은 1635년(인조 13)에 제정된 전세 징수법으로 풍흉에 관계없이 고정적으로 전세를 내게 한 제도이다.
ㄹ. 균역법은 1750년(영조 26)에 군역의 부담을 경감하기 위해 만든 법으로, 종래 2필씩 징수하던 군포를 1필로 감하고 부족한 재원을 뒷받침하기 위해 어전세 · 염세 · 선세 등을 징수하였다.
ㄱ. 신해통공은 1791년(정조 15)에 조선 후기의 문신 채제공의 건의로 시행된 통공발매정책(通共發賣政策 : 시전상인들만의 특권 상행위를 비시전상인들에게도 허용한 정책)이다.

05 ① 06 ② 답

07 조선 전기의 문화에 대한 서술로 옳지 않은 것은?

① 여러 농서들을 묶어 「농가집성」을 편찬하였다.
② 한양을 기준으로 천체 운동을 치밀하게 계산한 「칠정산」을 편찬하였다.
③ 고구려 천문도를 바탕으로 「천상열차분야지도」를 만들고 이를 돌에 새겼다.
④ 우리의 풍토에 알맞은 약재와 치료 방법을 소개한 「향약집성방」이 간행되었다.

해설

① 「농가집성」은 1655년(효종 6)에 신속이 「농사직설」·「금양잡록」·「사시찬요초」의 세 농서와 부록으로 「구황촬요」를 합본하여 편술한 농서이다.
② 「칠정산」은 1444년(세종 26)에 세종이 이순지와 김담 등에게 우리 실정에 맞는 역법을 만들게 함으로써, 원나라의 수시력과 명나라의 대통력을 바탕으로 만들어졌다. 「칠정산」은 한글과 더불어 민족의 자주성을 과시한 큰 자랑거리이며, 당시 자기 땅을 기준으로 한 천문 관측·시간 측정 방법을 가진 민족은 중국, 이슬람 그리고 조선뿐이었다.
③ 「천상열차분야지도」는 1395년(태조 4)에 권근 등 12명의 천문학자들이 만든 것으로, 현존하는 우리나라 최고(最古)의 석각 천문도이며 세계에서는 두 번째로 오래되었다.
④ 「향약집성방」은 1433년(세종 15)에 간행된 향약에 관한 의약서로, 조선시대 3대 의서 중 하나이다.

08 다음 사건들이 일어난 순서를 옳게 나열한 것은?

ㄱ. 동북 9성을 쌓아 여진족의 침입을 대비하였다.
ㄴ. 쌍성총관부를 공격하여 철령 이북을 되찾았다.
ㄷ. 4군 6진을 설치하여 북방으로 영토를 확장하였다.
ㄹ. 강동 6주를 설치하여 압록강까지 영토를 확장하였다.

① ㄴ – ㄹ – ㄱ – ㄷ
② ㄴ – ㄷ – ㄹ – ㄱ
③ ㄹ – ㄱ – ㄴ – ㄷ
④ ㄹ – ㄴ – ㄷ – ㄱ

해설

ㄹ. 993년 고려 서희는 거란의 소손녕과의 담판을 통해 994년(성종 13) 강동 6주를 설치하였다.
ㄱ. 1107년 윤관은 20만에 달하는 대군을 이끌고 여진을 정벌한 후 동북 9성을 설치하고 고려 영토를 확장하였다.
ㄴ. 쌍성총관부는 고려 말 원이 철령 이북을 직접 통치하기 위하여 화주(영흥)에 두었던 관청으로, 공민왕 때(1356년) 무력으로 이를 공격하여 수복하였다.
ㄷ. 4군(1433~1443, 최윤덕), 6진(1434~1449, 김종서)은 조선 세종 때 여진족을 물리치고 설치한 행정구역으로, 압록강과 두만강을 경계로 하는 오늘날과 같은 국경선이 이때 확정되었다.

답 07 ① 08 ③

09 조선 후기 사회에 대한 설명으로 옳지 않은 것은?

① 광산 경영 방식에 덕대제가 유행하였다.
② 상민 수를 늘리기 위해 정부가 공노비를 해방시켰다.
③ 경시서를 두어 시전 상인의 불법적인 상행위를 통제하였다.
④ 동전을 재산 축적에 이용하여 유통 화폐가 부족해지는 전황이 발생하였다.

해설

③ 경시서는 고려 문종 때 수도인 개경의 시전을 관할하기 위하여 설치되었다. 이 제도는 조선 시대로 계승되어 물가의 조절 및 상인들의 감독, 세금 등에 관한 업무를 담당하다가 1466년(세조 12) 관제 개혁 때 평시서로 개칭되었다.
① 덕대제는 광산의 주인과 계약을 맺고 그 광산의 일부를 채광하는 덕대가 물주를 겸하거나 별도의 물주로부터 받은 자금으로 노동자를 고용 · 관리하여 생산활동을 하던 광산 경영 방식으로, 조선 후기에 본격적으로 실시되었다.
② 임진왜란으로 노비안이 불타고, 군공, 납속 등으로 양인 신분을 취득하는 노비가 늘어나면서 신공을 받을 수 없게 되자, 1801년(순조 1) 일부 공노비를 제외한 6만 6,000여 명의 내노비와 시노비를 모두 양인으로 해방시키는 데 이르게 되었다.
④ 전황은 조선 후기, 특히 1700년대 초부터 1810년대에 이르는 시기에 만성적으로 나타났던 동전 유통 부족 현상을 의미한다.

10 다음 주장을 한 인물에 대한 설명으로 옳은 것은?

> 재물은 비유하자면 샘과 같은 것이다. 우물물은 퍼내면 차고, 버려두면 말라 버린다. 그러므로 비단옷을 입지 않아서 나라에 비단 짜는 사람이 없게 되면 여공이 쇠퇴하며, 찌그러진 그릇을 싫어하지 않고 기교를 숭상하지 않아서 공장이 기술을 익히지 않게 되면 기예가 사라진다. 심지어 농사가 황폐해져서 농사짓는 법을 잊고, 상업은 이익이 적어서 생업을 잃게 된다. 그리하여 사농공상의 사민이 모두 곤궁해져서 서로 도울 수 없게 된다.

① 혼천의를 제작하고 지전설과 무한우주론을 주장하였다.
② 마을 단위로 토지를 공동 소유, 공동 경작하는 여전론을 주장하였다.
③ 청과의 통상 확대와 수레 · 선박의 이용, 신분 차별 타파 등을 주장하였다.
④ 「우서」에서 상공업을 진흥하여 농업 중심의 경제 구조를 바꿀 것을 주장하였다.

해설

제시문의 자료는 '박제가' 의 주장이다.
③ 박제가는 18세기 후반기의 대표적인 조선 실학자로 봉건적인 신분제도에 반대하고 선진적인 청의 문물을 받아들여 상공업을 발전시켜야 한다고 주장하였다. 이를 위하여 국가는 수레를 쓸 수 있도록 길을 내고 화폐 사용을 활성화해야 한다는 중상주의적 국가관을 내세웠다.
① 홍대용, ② 정약용, ④ 유수원에 대한 설명이다.

09 ③ 10 ③ 답

11 다음 문화유산이 만들어진 순서를 바르게 나열한 것은?

ㄱ. 북한산 진흥왕 순수비

ㄴ. 미륵사지 석탑

ㄷ. 석굴암 본존불

ㄹ. 문무왕 해중릉

① ㄱ – ㄴ – ㄷ – ㄹ
② ㄱ – ㄴ – ㄹ – ㄷ
③ ㄴ – ㄱ – ㄷ – ㄹ
④ ㄴ – ㄱ – ㄹ – ㄷ

해설

ㄱ. 북한산 진흥왕 순수비는 북한산 비봉에 세워졌던 국경 순수 기념비의 하나로 건립 시기는 555년(진흥왕 16)으로 추정된다.
ㄴ. 미륵사지 석탑의 해체보수 작업 과정에서 탑지가 발견되면서, 639년(무왕 39)에 왕비가 왕실의 안녕을 기원하며 탑이 건립되었음이 밝혀졌다.
ㄹ. 신라 문무왕의 해중릉은 대왕암이라고도 불리며, 문무왕이 681년 세상을 떠나면서 통일 후 불안정한 국가의 안위를 위해 죽어서도 용이 되어 국가를 평안하게 지키겠다고 한 유언이 전해지고 있다.
ㄷ. 「삼국유사」의 석굴암 창건 기록에 따르면, 751년(경덕왕 10) 김대성이 현세의 부모를 위하여 불국사를 세우고 전생의 부모를 위하여 석불사를 세웠다고 전해진다.

답 11 ②

12 다음 내용이 실린 책과 관련된 설명으로 옳지 않은 것은?

> 조선 땅덩어리는 실로 아시아의 요충을 차지하고 있어 형세가 반드시 다투게 마련이며,
> …(중략)…
> 그렇다면 오늘날 조선의 책략은 러시아를 막는 일보다 더 급한 것이 없을 것이다. 러시아를 막는 책략은 어떠한가? 중국과 친하고, 일본과 맺고, 미국과 이어짐으로써 자강을 도모할 따름이다.

① 청의 외교관인 황쭌셴(황준헌)이 저술하였다.
② 조 · 일 수호 조규를 체결하는 데 영향을 주었다.
③ 김홍집이 수신사로 일본에 다녀오면서 가져왔다.
④ 지방 유생들이 상소를 통해 책의 내용을 비판하였다.

해설

제시문은 「조선책략」의 내용 중 일부이다. 「조선책략」은 황쭌셴이 러시아의 남하정책에 대비하기 위해 조선 · 일본 · 청나라 등 동양 3국의 외교정책에 대해 서술한 책으로, 1880년 제2차 수신사로 일본에 파견된 김홍집이 이를 얻어와 고종에게 바쳤다. 「조선책략」이 유입된 후 보수 유생들을 중심으로 거국적인 위정척사운동이 일어나는 등 이것이 조선에 일으킨 반향은 매우 컸다.

② 「조선책략」은 1882년 미국과 수교하게 되는 중요한 계기가 되었다.

13 다음과 같은 역사론을 주장한 인물이 쓴 논저를 〈보기〉에서 모두 고른 것은?

> 역사란 무엇이냐. 인류 사회의 아와 비아의 투쟁이 시간부터 발전하며 공간부터 확대하는 심적 활동 상태의 기록이니, 세계사라 하면 세계 인류의 그리 되어온 상태의 기록이며, 조선사라 하면 조선 민족의 그리 되어온 상태의 기록이다.

보기

ㄱ. 「조선사연구초」
ㄴ. 「조선상고사감」
ㄷ. 「조선상고문화사」
ㄹ. 「한국독립운동지혈사」

① ㄱ, ㄴ　　② ㄱ, ㄷ
③ ㄴ, ㄹ　　④ ㄷ, ㄹ

12 ② 13 ② 답

해설

제시문은 신채호의 「조선상고사」의 내용 중 일부이다.
ㄱ · ㄷ. 신채호는 국사 연구와 관련하여 「조선상고사」, 「조선상고문화사」, 「조선사연구초」 등을 집필하였다.
ㄴ. 안재홍이 우리나라 고대사의 여러 주제들에 관해 쓴 논문들을 묶은 책이다.
ㄹ. 박은식이 지은 한민족의 항일 독립운동사에 관한 책이다.

14 다음 내용을 주장한 단체의 활동으로 옳은 것을 〈보기〉에서 모두 고른 것은?

1조 각 소에 권유원을 파견하여 권유문을 뿌리며 인민의 정신을 각성케 할 것
2조 신문 잡지 및 서적을 간행하여 인민의 지식을 계발케 할 것
3조 정미(精美)한 학교를 건설하여 인재를 양성할 것
…(중략)…
7조 본회에 합자로 실업장을 설립하여 실업계의 모범을 만들 것

보기

ㄱ. 「만세보」라는 기관지를 발행하였다.
ㄴ. 평양에 대성학교, 정주에 오산학교를 설립하였다.
ㄷ. 일본의 황무지 개간권 요구에 대한 반대운동을 전개하였다.
ㄹ. 비밀 결사 단체로 안창호, 양기탁, 신채호 등이 조직하였다.

① ㄱ, ㄴ
② ㄱ, ㄷ
③ ㄴ, ㄹ
④ ㄷ, ㄹ

해설

제시문은 신민회와 관련된 사료이다.
ㄴ · ㄹ. 신민회는 1907년 안창호의 발기로 창립된 비밀 결사 단체로서, 교육구국운동의 일환으로 대성학교, 오산학교 등을 설립하였다.
ㄱ. 「만세보」는 천도교의 기관지이고, 신민회의 기관지는 「대한매일신보」였다.
ㄷ. 일본의 황무지 개간권 요구에 대한 반대운동을 전개한 단체는 보안회이다.

답 14 ③

15 다음 선언을 발표한 단체에서 활동한 인물로 옳은 것은?

> 민중은 우리 혁명의 대본영(大本營)이다. 폭력은 우리 혁명의 유일한 무기이다. 우리는 민중 속으로 가서 민중과 손을 잡아 끊임없는 폭력, 암살, 파괴, 폭동으로써 강도 일본의 통치를 타도하고, 우리 생활에 불합리한 일체의 제도를 개조하여 인류로써 인류를 압박하지 못하며, 사회로써 사회를 박탈치 못하는 이상적 조선을 건설할지니라.

① 이봉창
② 안중근
③ 강우규
④ 김지섭

해설

제시문은 「조선혁명선언」으로 신채호가 1923년 의열단의 독립운동이념과 방략을 천명한 선언서이다. 의열단원으로 활동한 대표적인 독립운동가로는 박재혁, 김익상, 김상옥, 김지섭, 나석주 등이 있다.

④ 김지섭은 의열단원으로 1924년 제국의회에서 관동대지진 학살에 대한 보복을 하려 했으나, 제국의회의 휴회 소식을 듣고 계획을 바꾸어 황성에 폭탄을 던지고 붙잡혔다.
① 이봉창은 한인애국단 소속으로 1932년 일왕의 마차에 수류탄을 투척하였으나 실패했다.
② 안중근은 1909년 하얼빈 역에서 이토 히로부미를 저격, 사살하였다.
③ 강우규는 1919년 사이토 총독 폭살을 시도하였다.

16 다음 강령을 발표한 단체에 대한 설명으로 옳지 않은 것은?

> 1. 우리는 정치적 경제적 각성을 촉진함
> 2. 우리는 단결을 공고히 함
> 3. 우리는 기회주의를 일체 부인함

① 순종의 인산일에 만세 시위를 계획하였다.
② 일제강점기 국내에서 조직된 최대의 민족 운동 단체였다.
③ 비타협적 민족주의 세력과 사회주의 세력이 협력하여 만든 민족협동전선체이다.
④ 광주 학생 항일 운동이 발발하자, 진상 보고를 위한 민중 대회를 개최하려 하였다.

해설

제시된 강령을 발표한 단체는 '신간회' 이다. 1927년 2월 민족주의 좌파와 사회주의자들의 민족협동전선으로 창립되었으며 일제강점기의 가장 큰 합법적인 결사 단체였다. 1929년 광주 학생 항일 운동의 진상을 규명하기 위해 조사단을 파견함과 동시에 학생운동의 탄압을 엄중 항의하고, 광주 실정 보고 민중 대회를 개최하고자 하였다.

① 순종의 인산일에 만세 시위가 일어난 것은 1926년 6월 10일이었고, 신간회는 1927년 결성되었다.

15 ④ 16 ① 답

17 다음을 암송하도록 강요했던 시기에 일제가 추진한 정책으로 옳은 것은?

> 1. 우리는 황국신민이다. 충성으로써 군국에 보답하련다.
> 2. 우리 황국신민은 신애협력하고 단결을 굳게 하련다.
> 3. 우리 황국신민은 인고단련의 힘을 길러 황도를 선양하련다.

① 회사령 폐지
② 징병제 실시
③ 치안유지법 제정
④ 조선 태형령 공포

해설

제시문은 '황국신민서사'이다. 일제는 1931년 만주 침략 이후부터 민족말살정책을 적극적으로 강화하였다. 한국어 교육과 한국어 사용 금지, 창씨개명, 신사 참배 및 궁성 요배 강요, 황국신민서사 암기 강요 등을 통해 한국 민족을 말살하는 황국신민화 정책을 적극 추진하였다. 또한 1937년 중일전쟁 때 인력이 부족해지자 징용제도 · 징병제도 · 근로동원제도 등을 만들어 한국인의 인력을 강제 수탈하고, 병참기지화 정책을 통해 한반도에 군수 공장 설치, 광산 자원 약탈 등을 강행하였다.
① 1920년
③ 1925년
④ 1910년대

18 대한민국 정부가 수립된 이후에 일어난 사실로 옳지 않은 것은?

① 제주도에서 4 · 3사건이 발생하였다.
② 유상매입, 유상분배의 방식으로 농지개혁이 실시되었다.
③ 미국의 경제 원조를 바탕으로 이른바 삼백산업이 성장하였다.
④ 친일 청산을 위한 기구로 반민족행위특별조사위원회가 설치되었다.

해설

① 대한민국 정부 수립은 1948년 8월 15일이었고, 제주도에서 4 · 3사건이 발생한 것은 1948년 4월 3일로 정부 수립 이전의 사건이다.
② 대한민국 정부 수립 후 1949년 농지개혁법이 제정되었고, 유상매입, 유상분배의 원칙에 따라 농지개혁이 실시되었다.
③ 삼백산업은 미국의 원조로 뒷받침되었던 제분 · 제당 · 면방직 산업을 이르는 말로 1950년대 한국 산업에서 중추적인 역할을 했다.
④ 정부 수립을 앞두고 제헌국회는 친일파를 처벌할 특별법 제정에 착수하여 반민족행위처벌법을 제정하였다. 이 법은 1948년 9월에 공포되었고 이후 10월에 반민족행위특별조사위원회가 설치되어 1949년 해체될 때까지 활동하였지만, 친일 세력의 방해로 성과를 거두지 못하였다.

답 17 ② 18 ①

19 밑줄 친 단어의 한자 표기가 옳은 것은?

① 구청에서 과태료(過怠料)를 부과했다.
② 본회의에 주요 안건을 부의(賻儀)했다.
③ 두 팀은 백중세(百中勢)의 경기를 했다.
④ 그는 자신의 의견에 추호(秋護)도 양보하지 않았다.

해설

① 과태료(過怠料) : 의무 이행을 태만하게 한 사람에게 벌로 물게 하는 돈(지날 과, 게으를 태, 헤아릴 료)
② 부의(賻儀) → 부의(附議) : 토의에 부침(붙을 부, 의논할 의)
③ 백중세(百中勢) → 백중세(伯仲勢) : 백중지세(伯仲之勢)의 줄임말. 서로 우열을 가리기 힘든 형세(맏 백, 버금 중, 형세 세)
④ 추호(秋護) → 추호(秋毫) : 가을철에 가늘어진 짐승의 털이란 뜻으로, 몹시 적음의 비유(가을 추, 터럭 호)

20 〈보기〉에 제시한 글의 밑줄 친 부분과 의미가 통하는 한자성어로 옳지 않은 것은?

보기

ㄱ. 인근 마을에서까지 모여들어 성시를 이루었던 하회별신굿은, 이 굿을 못 보면 죽어서 좋은 데로 못 간다고까지 일러 오던 대축제였다.
ㄴ. 물질과 부가 모든 것을 지배하게 되면, 우리는 문화를 잃게 되며, 삶의 주체인 인격의 균형을 상실하게 된다. 그 뒤를 따르는 불행은 더 말할 필요가 없다.
ㄷ. 전통은 대체로 그 사회 및 그 사회의 구성원인 개인의 몸에 배어 있는 것이다. 그러므로 스스로 깨닫지 못하는 사이에 전통은 우리의 현실에 작용하는 경우가 있다.
ㄹ. 문제를 어리석게 해결한다 함은, 오줌을 누어 언 발을 녹이는 경우와 같이, 당장의 문제는 일단 벗어났으나 다음에 더욱 어려운 문제가 생길 수 있게 처신했을 경우를 말한다.

① ㄱ : 人山人海
② ㄴ : 明若觀火
③ ㄷ : 自激之心
④ ㄹ : 姑息之計

해설

③ 자격지심(自激之心) : 자신이 이룬 일의 결과에 대해 스스로 미흡하게 여기는 마음을 뜻하며, '스스로 깨닫지 못하는 사이'와는 무관함(스스로 자, 격할 격, 갈 지, 마음 심)
① 인산인해(人山人海) : '사람의 산과 사람의 바다'라는 뜻으로, 사람이 헤아릴 수 없이 많이 모인 모양(사람 인, 메 산, 사람 인, 바다 해)
② 명약관화(明若觀火) : 불을 보는 것 같이 밝게 보인다는 뜻으로, 더 말할 나위 없이 명백함(밝을 명, 같을 약, 볼 관, 불 화)
④ 고식지계(姑息之計) : 당장의 편한 것만을 택하는 일시적이며 임시변통의 계책을 이르는 말(시어머니 고, 쉴 식, 갈 지, 셀 계)

19 ① 20 ③ 답

02 우편 및 금융상식(기초영어 포함)

01 **우편사업의 보호규정에 대한 설명으로 옳지 않은 것은?**

① 우편을 위한 용도로만 사용되는 물건은 압류할 수 없다.
② 우편물과 그 취급에 필요한 물건은 해손(海損)을 부담하지 않는다.
③ 우편을 위한 용도로만 사용되는 물건은 제세공과금의 부과대상이 되지 않는다.
④ 우편물의 발송 준비를 마치기 전이라도 우편관서는 그 압류를 거부할 수 있다.

해설

④ 우편물의 압류거부권 : 우편관서에서 운송 중이거나 '발송 준비를 마친' 우편물에 대해서는 압류를 거부할 수 있는 권리를 말한다.
① 우편업무 전용 물건의 압류 금지 : 우편업무를 위해서만 사용하는 물건과 우편업무를 위해 사용 중인 물건은 압류가 금지된다.
② 공동 해상 손해 부담의 면제 : 항해 중 침몰을 피하기 위해 화물을 버려야 하는 경우에도 우편물과 우편업무에 필요한 물건에 대해서는 부담을 면제받는 권리이다.
③ 우편업무 전용 물건의 부과면제 : 우편업무를 위해서만 사용하는 물건(우편에 관한 서류를 포함)에 대해서는 국세 · 지방세 등의 제세공과금을 매기지 않는다.

02 **우편사업이 제공하는 선택적 우편서비스에 해당하는 것은?**

① 중량이 800g인 서류를 송달하는 경우
② 중량이 25kg인 쌀자루를 송달하는 경우
③ 중량이 20g인 서신을 내용증명으로 송달하는 경우
④ 중량이 2kg인 의류를 배달증명으로 송달하는 경우

해설

우편서비스는 보편적 우편서비스와 선택적 우편서비스로 구분한다. 보편적 우편서비스란 국가가 국민에게 제공하여야 할 가장 기본적인 보편적 통신서비스를 말하며, 선택적 우편서비스란 고객 필요에 따라 제공하는 보편적 우편서비스 외의 서비스를 말한다.
② 20킬로그램을 초과하는 소포우편물이므로 선택적 우편서비스에 해당한다.

답 01 ④ 02 ②

우편 서비스 대상

보편적 우편서비스	선택적 우편서비스
① 2킬로그램 이하의 통상우편물 ② 20킬로그램 이하의 소포우편물 ③ ① 또는 ②의 우편물의 기록취급 등 특수하게 취급하는 우편물 ④ 그 밖에 대통령령으로 정하는 우편물	① 2킬로그램을 초과하는 통상우편물 ② 20킬로그램을 초과하는 소포우편물 ③ ① 또는 ②의 우편물의 기록취급 등 특수하게 취급하는 우편물 ④ 우편과 다른 기술 또는 서비스가 결합된 우편서비스 예 전자우편, 모사전송(FAX)우편, 우편물 방문접수 등 ⑤ 우편시설, 우표, 우편엽서, 우편요금 표시 인영이 인쇄된 봉투 또는 우편차량장비 등을 이용하는 서비스 ⑥ 우편 이용과 관련된 용품의 제조 및 판매 ⑦ 그 밖에 우편 서비스에 부가하거나 부수하여 제공하는 서비스

03 내용증명에 대한 설명으로 옳은 것은?

① 내용문서의 원본과 등본은 양면으로 작성할 수 있다.

② 우체국에서 내용증명을 발송한 사실만으로 법적 효력이 발생한다.

③ 수취인에게 우편물을 배달하거나 교부한 경우, 그 사실을 배달 우체국에서 증명하여 발송인에게 통지하는 제도이다.

④ 내용문을 정정한 경우 '정정' 글자를 여유 공간이나 끝부분 빈 곳에 쓰고 발송인의 인장이나 지장을 찍어야 한다. 다만, 발송인이 외국인일 경우에 한하여 서명을 할 수 있다.

해설

② 우편관서는 내용과 발송 사실만을 증명할 뿐, 그 사실만으로 법적 효력이 발생하는 것은 아니다.

③ 내용증명이란 발송인이 수취인에게 어떤 내용의 문서를 언제 발송하였다는 사실을 '우편관서'가 공적으로 증명해주는 우편서비스이다.

④ 내용문서의 원본이나 등본에 문자 · 기호를 삽입하거나 정정 · 삭제한 경우 삽입 · 정정 · 삭제한 글자수와 '삽입' · '정정' · '삭제' 글자를 여유 공간이나 끝부분 빈 곳에 쓰고 발송인의 인장이나 지장을 찍거나 서명을 하여야 한다. 즉, 외국인일 경우에 한하여 서명을 할 수 있는 것은 아니다.

03 ① 답

04 **우편서비스에 대한 설명으로 옳은 것을 〈보기〉에서 모두 고른 것은?**

보기

ㄱ. 인터넷우표는 반드시 수취인 주소가 있어야 한다.
ㄴ. 민원우편은 우정사업본부장이 정하여 고시하는 민원서류에 한정하여 취급한다.
ㄷ. 우체국축하카드는 배달증명, 내용증명, 상품권 동봉서비스, 예약배달 서비스의 취급이 가능하다.
ㄹ. 모사전송 우편서비스의 이용 수수료는 내용문 최초 1매 500원, 추가 1매당 200원이며, 복사비는 무료이다.

① ㄱ, ㄴ
② ㄱ, ㄷ
③ ㄴ, ㄹ
④ ㄷ, ㄹ

해설

ㄱ. 인터넷우표는 고객편의 제고와 위조 · 변조를 방지하기 위하여 단독으로 사용할 수 없으며 수취인 주소가 함께 있어야 한다.
ㄴ. 민원우편이란 국민들이 일상생활에 필요한 각종 민원서류를 관계기관에 직접 나가서 발급받는 대신 우편이나 인터넷으로 신청하면 이를 송달하는 부가취급 제도로서, 우정사업본부장이 정하여 고시하는 민원서류에 한정하여 취급한다.
ㄷ. 우체국축하카드는 축하 · 감사의 뜻이 담긴 축하카드를 한국우편사업진흥원 또는 배달우체국에서 만들어 수취인에게 배달하는 서비스이다. 등기통상, 익일특급, 당일특급, 배달증명, 상품권 동봉서비스, 예약배달 서비스가 가능하지만, 내용증명은 포함되지 않는다.
ㄹ. 모사전송 우편서비스의 이용 수수료는 내용문 최초 1매 500원, 추가 1매당 200원이며 복사비는 1장당 50원이다.

05 **국내 우편요금 제도에 대한 설명으로 옳은 것은?**

① 요금별납은 우편요금이 같고 동일인이 한 번에 발송하는 우편물로 최소 접수 통수에는 제한이 없다.
② 우편요금 체납 금액은 국세징수법에 따른 체납 처분의 예에 따라 징수하되 연체료는 가산하지 않는다.
③ 요금수취인부담의 취급 대상은 통상우편물, 등기소포우편물, 계약 등기이며 각 우편물에 부가 서비스를 취급할 수 있다.
④ 요금후납은 1개월간 발송 예정 우편물의 요금에 해당하는 금액을 담보금으로 제공하고, 1개월 간의 요금을 다음 달 20일까지 납부하는 제도이다.

답 04 ① 05 ③

해설

① 우편요금 별납우편물의 취급기준 통수는 '통상우편물 10통 이상, 또는 소포우편물 10통 이상'으로 최소 접수 통수의 제한이 있다.

② 요금 등의 체납 금액은 국세징수법에 따른 체납 처분의 예에 따라 징수한다(우편법 제24조 제1항). 제1항의 경우 체납 요금 등에 대하여는 대통령령으로 정하는 바에 따라 '연체료를 가산하여' 징수한다(동조 제2항).

④ 요금후납이란 우편물의 요금(부가취급수수료 포함)을 우편물을 발송할 때에 납부하지 않고 1개월간 발송 예정 우편물의 '요금액의 2배'에 해당하는 금액을 담보금으로 제공하고 1개월간의 요금을 다음 달 20일까지 납부하는 제도이다.

06 우편물 배달에 대한 설명으로 옳지 않은 것은?

① 수취인이 2명 이상인 경우에는 그중 1인에게 배달한다.

② 동일한 건물 내에 다수의 수취인이 있을 경우에는 관리인에게 배달할 수 있다.

③ 특별송달, 보험통상은 수취인의 요청이 있을 경우에는 무인우편물 보관함에 배달할 수 있다.

④ 등기우편물을 무인우편물 보관함에 배달하는 경우에는 무인우편물 보관함에서 제공하는 배달 확인이 가능한 증명자료로 수령사실 확인을 대신할 수 있다.

해설

③ 특별송달, 보험등기 등 수취인의 직접 수령한 사실의 확인이 필요한 우편물은 무인우편물 보관함에 배달할 수 없다.

① 우편법 시행령 제42조 제1항

② 동법 시행령 제43조 제1호

④ 동법 시행령 제42조 제3항

07 국제 통상우편물에 대한 설명으로 옳은 것은?

① 항공서간은 세계 모든 지역에 대해 단일요금이 적용된다.

② 소설 원고, 신문 원고, 필서한 악보는 인쇄물로 취급하지 않는다.

③ 소형포장물에는 개인적인 통신문 성격의 서류를 동봉할 수 없다.

④ 시각장애인용 점자우편물은 항공부가요금을 포함한 모든 요금이 면제된다.

해설

② 인쇄물 요건이 아닌 것 중 인쇄물로 취급하는 것

- 학교에서 학생들에게 보낸 통신강의록, 학생들의 과제 원본과 채점답안. 단, 성적과 직접 관계되지 않는 사항은 기록할 수 없음
- 소설 원고, 신문 원고, 필서한 악보

③ 소형포장물에는 현실적이고 개인적인 통신문 성격의 서류 동봉이 가능하다.

④ 시각장애인용 점자우편물은 항공부가요금을 '제외'한 모든 요금이 면제된다.

06 ③ 07 ① 답

08 K-Packet에 대한 설명으로 옳은 것을 〈보기〉에서 모두 고른 것은?

보기

ㄱ. 월 최소 계약물량은 제한이 있다.
ㄴ. 요금은 EMS보다 저렴하고, 이용실적에 따른 요금감액 제도가 있다.
ㄷ. 해외로 발송하는 2kg 이하 소형물품을 e-Shipping으로 접수하는 전자상거래 전용 국제우편서비스이다.
ㄹ. 'R'로 시작하는 우편물 번호를 사용하는 경우에는 1회 배달 성공률을 높이기 위하여 수취인의 서명 없이 배달한다.

① ㄱ, ㄷ ② ㄱ, ㄹ
③ ㄴ, ㄷ ④ ㄴ, ㄹ

해설

ㄴ · ㄷ. K-Packet은 2kg 이하 소형물품을 e-Shipping으로 접수하여 해외로 보낼 수 있는 전자상거래 전용 국제우편 서비스로 EMS와 같은 경쟁서비스이다. 요금은 소형포장물보다 높고 EMS보다 낮으며 월 이용금액에 따라 요금의 5~15%까지 감액된다.
ㄱ. 모든 우체국과 계약하여 이용할 수 있으며 월 최소 계약물량은 제한이 없다.
ㄹ. K-Packet(Regular)는 'R'로 시작하는 우편물 번호를 사용하며, 2kg 이하 소형물품을 인터넷우체국이나, 인터넷우체국이 제공하는 API 시스템을 통해 온라인으로 접수하고 배달 시 서명을 받는다. 1회 배달 성공률 향상을 위해 해외우정과 제휴하여 수취인의 서명 없이 배달하기로 약정한 국제우편 서비스는 K-Packet(Light)이다.
※ 2019년 1월 14일 발표된 학습 자료를 보면 K-Packet의 특징에서 요금 비교 내용이 삭제된 상태입니다. 학습하실 때 참고해 주시기 바랍니다.

09 IBRS(International Business Reply Service) EMS에 대한 설명으로 옳지 않은 것은?

① 수취인이 요금을 부담하는 제도이다.
② 모든 우체국에서 취급하며, 통당 요금은 5,000원이다.
③ 접수 중량은 최대 2kg까지이며, 일본에만 발송이 가능하다.
④ 국내 소비자가 해외 인터넷쇼핑몰에서 구매한 상품을 반품할 때 이용하는 국제우편 상품이다.

해설

해외 전자상거래용 반품 서비스(IBRS EMS)는 인터넷쇼핑몰 등을 이용하는 온라인 해외거래물량 증가에 따라 늘어나는 반품 요구를 충족하기 위해 기존의 국제우편요금수취인부담 제도(IBRS)를 활용하여 반품을 수월하게 하는 제도이다. 최대 무게 2kg의 EMS에 한정하며 발송 가능한 국가는 일본이다.
② 취급우체국은 계약국제특급 이용우체국(집배국)에 한정하며 통당 요금은 10,000원이다.

답 08 ③ 09 ②

10 예금의 입금과 지급 업무에 대한 설명으로 옳지 않은 것은?

① 기한부 예금을 중도해지하는 경우, 반드시 예금주 본인의 의사를 확인하는 것이 필요하다.

② 금융기관은 진정한 예금주에게 변제한 때에 한하여 예금채무를 면하게 되는 것이 원칙이다.

③ 송금인의 단순착오로 인해 수취인의 계좌번호가 잘못 입력되어 이체가 완료된 경우, 언제든지 수취인의 동의 없이도 송금액을 돌려받을 수 있다.

④ 금융기관이 실제 받은 금액보다 과다한 금액으로 통장을 발행한 경우, 실제 입금한 금액에 한하여 예금계약이 성립하고 초과된 부분에 대하여는 예금계약이 성립하지 않는다.

착오송금이란 송금인의 착오로 인해 송금금액, 수취금융회사, 수취인 계좌번호 등이 잘못 입력돼 이체된 거래로서, 착오송금액은 법적으로 수취인의 예금이기 때문에 송금인은 수취인의 동의 없이는 자금을 돌려받을 수 없다.

11 보험계약 고지의무에 대한 설명으로 옳은 것을 〈보기〉에서 모두 고른 것은?

보기

ㄱ. 고지의무 당사자는 보험계약자, 피보험자, 보험수익자이다.
ㄴ. 고지의무는 청약 시에 이행하고, 부활 청약 시에는 면제된다.
ㄷ. 보험자가 고지의무 위반 사실을 안 날로부터 1개월 이상 지났을 때에는 보험계약을 해지할 수 없다.
ㄹ. 보험자는 고지의무 위반 사실이 보험금 지급 사유 발생에 영향을 미치지 않았음이 증명된 경우 보험금을 지급할 책임이 있다.

① ㄱ, ㄴ　② ㄱ, ㄷ
③ ㄴ, ㄹ　④ ㄷ, ㄹ

해설

ㄷ. 보험자가 계약 당시에 고지의무 위반 사실을 알았거나 중대한 과실로 알지 못한 경우 또는 보험자가 고지의무 위반 사실을 안 날로부터 1개월 이상 지났거나 계약일로부터 보험금 지급 사유가 발생하지 않고 3년 이상 지났을 때에는 보험계약을 해지할 수 없다.
ㄹ. 보험자는 고지의무를 위반한 사실 또는 위험이 현저하게 변경되거나 증가된 사실이 보험사고 발생에 영향을 미치지 아니하였음이 증명된 경우에는 보험금을 지급할 책임이 있다(상법 제655조 단서).
ㄱ. 고지의무의 당사자는 보험계약자 또는 피보험자이다.
ㄴ. 고지의무는 계약 청약 시뿐만 아니라 부활 시에도 이행하여야 한다.

※ 2019년 1월 14일 발표된 학습 자료를 보면 보험자가 고지의무 위반 사실을 안 날로부터 1개월 이상 지났거나 보장개시일부터 보험금 지급 사유가 발생하지 않고 2년 이상 지났을 때 고지의무위반에 대해 해지할 수 없다고 설명되어 있습니다. 학습하실 때 참고해 주시기 바랍니다.

10 ③ 11 ④ 답

12 우체국 보험상품에 대한 설명으로 옳은 것은?

① 무배당 우체국실속정기보험은 1종(일반가입)과 2종(간편가입)을 중복가입할 수 없다.
② 어깨동무연금보험은 장애인 부모의 부양능력 약화 위험 및 장애아동을 고려하여 15세부터 연금수급이 가능하다.
③ 무배당 우체국든든한종신보험에 주계약 보험가입금액 2천만 원 이상 가입할 경우, 주계약뿐만 아니라 특약보험료도 할인받을 수 있다.
④ 무배당 우체국여성암보험(갱신형)은 가입 후 매 2년마다 계약 해당일에 살아 있을 때 유방검진비용 10만 원을 지급한다(주계약 1구좌 기준).

해설

① 무배당 우체국실속정기보험은 1종(일반가입)과 2종(간편가입) 중복가입이 불가하며, 다만 순수형 및 환급형의 중복가입은 가입금액 이내에서 가능하다.
② 어깨동무연금보험은 일반연금보다 더 많은 연금을 받도록 설계하여 장애인의 안정적인 노후생활을 보장하기 위한 장애인 전용 연금보험으로, 장애인 부모의 부양능력 약화 위험 및 장애아동을 고려하여 '20세'부터 연금수급이 가능하다.
③ 무배당 우체국든든한종신보험에 주계약 보험가입금액 2천만 원 이상 가입할 경우 고액 할인이 적용되는데, 이는 '특약보험료를 제외'한 주계약 보험료에 한해 적용된다.
④ 무배당 우체국여성암보험(갱신형)은 매 2년마다 '20만 원'씩(주계약 1구좌 기준) 유방암 예방을 위한 유방검진비용을 지급한다.

13 우체국 해외송금서비스에 대한 설명으로 옳은 것은?

① 머니그램(MoneyGram) 해외송금은 수취인의 계좌번호 없이 당발송금이 가능하다.
② 유로지로(Eurogiro) 해외송금의 당발송금 한도는 건당 미화 5천 달러 상당액 이하이다.
③ SWIFT와 유로지로(Eurogiro)의 타발송금 한도는 1일 기준으로 미화 5만 달러 상당액 이하이다.
④ SWIFT 망을 통해 해외은행 계좌에 송금할 수 있는 한도는 건당 미화 3천 달러 상당액 이하이고, 외국인은 송금을 할 수 없다.

해설

① 머니그램(MoneyGram) 해외송금은 계좌번호 없이 8자리 송금번호 및 수취인 영문명으로 해외로 자금을 송금 후 약 10분 뒤 수취인 지역 내 머니그램 Agent를 방문하여 수취 가능한 특급송금 서비스이다.
② 유로지로(Eurogiro) 해외송금의 당발송금 한도는 건당 미화 3천 달러 상당액 이하이다.
③ SWIFT와 유로지로(Eurogiro)의 타발송금 한도는 1일 기준 미화 2만 달러 상당액 이하이다.
④ SWIFT 망을 통해 해외은행 계좌에 송금할 수 있는 한도는 송금인 1인 기준 연간 미화 5만 달러 상당액 이하이고, 외국인을 포함한 거주자 또는 비거주자가 송금을 할 수 있다.

※ 2019년 1월 14일 발표된 학습 자료를 보면 해외송금 한도에 대한 내용이 삭제된 상태입니다. 학습하실 때 참고해 주시기 바랍니다.

답 12 ① 13 ①

14 〈보기〉에서 설명하는 보험계약의 법적 성질을 올바르게 연결한 것은?

보기

ㄱ. 우연한 사고의 발생에 의해 보험자의 보험금 지급 의무가 확정된다.
ㄴ. 보험계약자는 보험료를 모두 납부한 후에도 보험자에 대한 통지 의무 등을 진다.
ㄷ. 보험계약의 기술성과 단체성으로 인하여 계약 내용의 정형성이 요구된다.

	ㄱ	ㄴ	ㄷ
①	위험계약성	쌍무계약성	부합계약성
②	사행계약성	계속계약성	부합계약성
③	위험계약성	계속계약성	상행위성
④	사행계약성	쌍무계약성	상행위성

해설

ㄱ. 사행계약성 : 보험계약에서 보험자의 보험금 지급 의무는 우연한 사고의 발생을 전제로 하고 있으나 정보의 비대칭성으로 보험범죄나 인위적 사고의 유발과 같은 도덕적 위험이 내재해 있으며 이를 규제하기 위하여 피보험이익, 실손보상원칙, 최대선의 원칙 등을 두고 보험의 투기화를 막는 제도적 장치를 마련하고 있다.
ㄴ. 계속계약성 : 보험계약은 보험회사가 일정기간 안에 보험사고가 발생하면 보험금을 지급하는 것을 내용으로 하여 그 기간 동안에 보험관계가 지속되는 계속계약의 성질을 지니며, 상법상 독립한 계약이다. 따라서 보험계약자 등은 보험료를 모두 납부한 후에도 보험자에 대한 통지 의무와 같은 보험계약상의 의무를 진다.
ㄷ. 부합계약성 : 보험계약은 다수인을 상대로 체결되고 보험의 기술성과 단체성으로 인하여 그 정형성이 요구되므로 부합계약에 속한다.

15 우체국 예금상품에 대한 설명으로 옳은 것은?

① 실버우대정기예금의 최저 가입 금액은 100만 원이다.
② 우체국 국민연금 안심통장과 우체국 생활든든 통장은 압류금지 전용 통장이다.
③ 우체국 Smart 퍼즐적금의 목표 금액은 100만 원 이상이고, 저축 한도는 제한이 없다.
④ 우체국 Young利한 통장의 가입 대상은 만 18세 이상에서 만 35세 이하 실명의 개인이다.

해설

① 실버우대정기예금의 최저 가입 금액은 1,000만 원이다.
② 우체국 국민연금 안심통장은 국민연금 수급권자의 연금수급 권리를 보호하기 위해 관련 법에 따라 압류대상에서 제외하는 압류금지 전용 통장이지만, 우체국 생활든든 통장은 그렇지 않다.
③ 우체국 Smart 퍼즐적금의 목표 금액은 100만 원 이상이고, 저축 한도는 1인당 매분기 300만 원 이내이다.
※ 2019년 1월 14일 발표된 학습 자료를 보면 우체국금융 상품의 가입, 한도 금액 내용이 삭제된 상태입니다. 학습하실 때 참고해 주시기 바랍니다.

14 ② 15 ④ 답

16 **금리에 대한 설명으로 옳지 않은 것은?**

① 명목금리는 실질금리에서 물가상승률을 뺀 금리이다.
② 채권가격이 내려가면 채권수익률은 올라가고, 채권가격이 올라가면 채권수익률은 내려간다.
③ 표면금리는 겉으로 나타난 금리를 말하며 실효금리는 실제로 지급받거나 부담하게 되는 금리를 뜻한다.
④ 단리는 원금에 대한 이자만 계산하는 방식이고, 복리는 원금에 대한 이자뿐만 아니라 이자에 대한 이자도 함께 계산하는 방식이다.

해설

명목금리는 물가상승에 따른 구매력의 변화를 감안하지 않은 금리이며 실질금리는 명목금리에서 물가상승률을 뺀 금리이다.
• 명목금리 = 실질금리+물가상승률

17 **보장성보험에 대한 설명으로 옳지 않은 것은?**

① 만기 시 환급되는 금액이 없거나 이미 납입한 보험료보다 적거나 같다.
② 주계약뿐만 아니라 특약으로 가입한 보장성보험도 세액공제를 받을 수 있다.
③ 보장성보험료를 산출할 때에 예정이율, 예정위험률, 예정사업비율이 필요하다.
④ 근로소득자와 사업소득자는 연간 납입보험료의 일정액을 세액공제 받을 수 있다.

해설

④ 보장성보험 세액공제란 근로소득자(일용근로자제외)가 보장성보험에 가입한 경우 납입한 보험료(연간 100만 원 한도)의 12%에 해당하는 금액을 해당 과세기간의 종합소득산출세액에서 공제해 주는 제도이다. 즉, 기본공제대상자는 근로소득자이며 사업소득자는 해당하지 않는다.
① 보장성보험은 주로 사망, 질병, 재해 등 각종 위험보장에 중점을 둔 보험으로, 만기 시 환급되는 금액이 없거나 기납입 보험료보다 적거나 같다.
② 세액공제 대상 보험계약은 특약보험료를 포함한 보장성보험이다. 즉, 보험계약 또는 보험료 납입 영수증에 보장성보험으로 표시된 보험을 대상으로 한다.
③ 보험료는 수지상등의 원칙에 의거하여 예정사망률(예정위험률), 예정이율, 예정사업비율의 3대 예정률을 기초로 계산한다.
※ 2019년 1월 14일 발표된 학습 자료를 보면 보장성보험의 세액공제에서 특약보험료와 관련한 내용이 삭제되었습니다. 학습하실 때 참고해 주시기 바랍니다.

답 16 ① 17 ④

18 〈보기〉의 내용을 모두 충족하는 보험상품으로 옳은 것은?

보기

- 최초 계약 가입 나이는 0~60세
- 보험기간은 10년 만기(종신갱신형)
- 보험가입금액(구좌수) 1구좌 기준으로 3대 질병 진단(최대 3,000만 원), 중증 수술(최대 500만 원) 및 중증 장해(최대 5,000만 원) 시 치료비 보장
- 10대 성인 질환 보장
- 10년 만기 생존 시마다 건강관리자금 지급

① 무배당 우체국큰병큰보장보험(갱신형)
② 무배당 우체국실손의료비보험(갱신형)
③ 무배당 우체국건강클리닉보험(갱신형)
④ 무배당 우체국간편가입건강보험(갱신형)

해설

〈보기〉의 내용을 모두 충족하는 보험상품은 무배당 우체국건강클리닉보험(갱신형)이다.

보험상품	최초 계약 가입 나이	보험기간	건강관리자금 지급
무배당 우체국큰병큰보장보험(갱신형)	15~60세 ※ 2019년 1월 14일 발표된 학습 자료를 보면 0~60세로 설명되어 있습니다. 학습 시 참고해 주시기 바랍니다.	10년 만기 (종신갱신형)	10년 만기 생존 시마다
무배당 우체국실손의료비보험(갱신형)	0~60세	1년	-
무배당 우체국건강클리닉보험(갱신형)	0~60세	10년 만기 (종신갱신형)	10년 만기 생존 시마다
무배당 우체국간편가입건강보험(갱신형)	35~70세	5년 만기 (종신갱신형) ※ 2019년 1월 14일 발표된 학습자료를 보면 10년 만기 종신갱신형으로 설명되어 있습니다. 학습 시 참고해 주시기 바랍니다.	5년 만기 생존 시마다 ※ 2019년 1월 14일 발표된 학습 자료를 보면 10년 만기 생존 시 지급으로 설명되어 있습니다. 학습 시 참고해 주시기 바랍니다.

18 ③ 답

19 다음 글의 빈칸에 들어갈 말로 가장 적절한 것은?

_________ is probably the best understood of the mental pollutants. From the dull roar of rush-hour traffic to the drone of the fridge to the buzz coming out of the computer, it is perpetually seeping into our mental environment. Trying to make sense of the world above the din of our wired world is like living next to a freeway—we get used to it, but at a much diminished level of mindfulness and wellbeing. Quiet feels foreign now, but quiet may be just what we need. Quiet may be to a healthy mind what clean air and water and a chemical-free diet are to a healthy body. It is no longer easy to manufacture quietude, nor is it always practical to do so. But there are ways to pick up the trash in our mindscape: Switch off the TV set in the dentist' waiting room. Lose that loud fridge. Turn off the stereo. Put the computer under the table.

① Stimulus
② Music
③ Noise
④ Dust

해설

drone : (낮게) 웅웅[윙윙]거리는 소리
seep : (물기 등이) 스미다, 배다
din : 소음
quietude : 정적, 고요
두 번째 문장에서 출퇴근 시간대의 교통 소음, 냉장고와 컴퓨터에서 나오는 소음이 우리의 정신에 끊임없이 스며들고 있다고 하였고, 마지막 문장에서 TV, 오디오 등을 끄라고 했으므로 빈칸에 들어갈 말로 가장 적절한 것은 ③ Noise(소음)이다.
① 자극
② 음악
④ 먼지
「소음은 아마 정신을 오염시키는 물질로 가장 잘 여겨진다. 출퇴근 시간대 차량들의 웅웅거리는 소리에서부터, 냉장고가 앵앵하는소리, 컴퓨터에서 나오는 윙윙거리는 소리까지, 그것은 끊임없이 우리의 정신적 환경에 스며들고 있다. 우리의 기이한 세상에서 소음을 초월한 세상을 이해하려고 노력하는 것은 고속도로 옆에 사는 것과 같다. 즉, 우리는 그것에 익숙해지지만, 훨씬 낮아진 명상과 행복함 수준에서이다. 고요함은 이질적으로 느껴질 수 있지만, 고요함이 우리가 딱 필요한 것일 수도 있다. 고요함과 건강한 마음의 관계는 깨끗한 공기와 물, 그리고 화학 성분이 없는 식단과 건강한 신체의 관계와 같다. 더 이상 조용함을 만들어 내는 것은 쉽지 않으며, 그렇게 하는 것이 실현 가능하지 않은 것도 마찬가지이다. 하지만 우리의 정신세계에서 쓰레기를 치우는 방법들이 있다. 치과 대기실에서 TV 끄기, 시끄러운 그 냉장고 포기하기, 오디오 끄기, 테이블 밑에 컴퓨터 두기가 그것이다.」

답 19 ③

20 다음 글의 내용과 일치하지 않는 것은?

To learn to read, children need to be helped to read. This issue is as simple and difficult as that. Dyslexia is a name, not an explanation. Dyslexia means, quite literally, being unable to read. Children who experience difficulty learning to read are frequently called dyslexic, but their difficulty does not arise because they are dyslexic or because they have dyslexia; they are dyslexic because they cannot read. To say that dyslexia is a cause of not being able to read is analogous to saying that lameness is a cause of not being able to walk. We were all dyslexic at one stage of our lives and become dyslexic again whenever we are confronted by something that we cannot read. The cure for dyslexia is to read.

① 어린이들이 글을 읽기 위해서는 도움이 필요하다.
② 난독증은 글을 읽을 수 없게 만드는 원인으로 작용한다.
③ 우리 모두는 삶의 어떤 시기에 난독 상태를 겪은 바 있다.
④ 독서는 난독증을 치유하는 길이다.

해설

dyslexia : 난독증, 독서장애
analogous : 유사한
lameness : 절름발이

제시문에서 난독증이 읽지 못하는 원인이 되는 것이 아니라 읽지 못하기 때문에 난독증이 된다고 했으므로 글의 내용과 일치하지 않는 것은 인과관계를 반대로 서술한 ②이다.

「읽기를 배우기 위해서, 아이들은 읽는데 도움을 받을 필요가 있다. 이 쟁점은 그만큼 단순할 수가 없으며, 그리고 그만큼 어려울 수가 없다. 난독증은 명칭이지, 이유가 아니다. 난독증은 말 그대로 읽을 수 없는 것을 의미한다. 읽는 데 어려움을 겪는 아이들은 흔히 난독증이라고 여겨지지만, 그들의 장애는 그들이 난독증이 있거나 그들이 난독 장애를 가지고 있기 때문에 생기는 것은 아니다. 그들은 그들이 읽을 수 없기 때문에 난독증인 것이다. 난독증이 읽지 못하는 것의 원인이라고 말하는 것은 절름발이가 걷지 못하는 것의 원인이라고 말하는 것과 유사하다. 우리는 모두 우리의 삶의 한 시기에서 난독증이었으며 우리가 읽을 수 없는 뭔가와 직면할 때마다 다시 난독증이 된다. 난독증을 위한 치료는 읽는 것이다.」

20 ② 답

03 컴퓨터일반

01 다음에서 설명하는 입 · 출력장치로 옳은 것은?

> • 중앙처리장치로부터 입 · 출력을 지시받은 후에는 자신의 명령어를 실행시켜 입 · 출력을 수행하는 독립된 프로세서이다.
> • 하나의 명령어에 의해 여러 개의 블록을 입 · 출력할 수 있다.

① 버스(Bus)
② 채널(Channel)
③ 스풀링(Spooling)
④ DMA(Direct Memory Access)

해설

② 채널(Channal)
- 입 · 출력장치와 주기억장치 사이의 속도 차이를 개선하기 위한 장치로 DMA 개념을 확장한 방식이다.
- 채널 명령어를 분석하여 주기억장치에 직접적으로 접근해서 입 · 출력을 수행한다.
- 여러 개의 블록을 전송할 수 있으며, 전송 시에는 DMA를 이용할 수 있다.
- 채널이 입 · 출력을 수행하는 동안 CPU는 다른 프로그램을 수행할 수 있기 때문에 CPU의 효율을 향상시킬 수 있다.
- CPU의 간섭 없이 독립적으로 입 · 출력 동작을 수행하며, 작업이 끝나면 CPU에게 인터럽트로 알려준다.

① 버스(Bus) : CPU와 각종 입 · 출력장치 및 주변기기 사이에 정보가 전달되는 전송로 또는 통로이며 버스를 통해 동시에 전달될 수 있는 비트의 수를 버스 폭(Bus width)이라고 한다.
③ 스풀링(Spooling) : 입 · 출력장치의 효율을 높이기 위해 입 · 출력장치의 내용을 디스크 등에 모아두었다가 처리하며 입 · 출력과 다른 동작을 병행하여 처리하기 때문에 '병행 처리 기법'이라고도 한다.
④ DMA(Direct Memory Access) : 기억장치와 입 · 출력장치 사이에서 전용의 데이터 전송로를 설치하여 주어진 명령에 의해 블록 단위로 전송되는 방식을 말하며, 정보를 교환할 때 CPU의 개입 없이 직접적으로 정보 교환이 이루어진다. DMA 제어기가 자료 전송을 종료하면 인터럽트를 발생시켜 CPU에 알려준다.

답 01 ②

02 **고객계좌 테이블에서 잔고가 100,000원에서 3,000,000원 사이인 고객들의 등급을 '우대고객'으로 변경하고자 〈보기〉와 같은 SQL문을 작성하였다. ㉠과 ㉡의 내용으로 옳은 것은?**

보기

```
UPDATE 고객계좌
( ㉠ ) 등급 = '우대고객'
WHERE 잔고 ( ㉡ ) 100000 AND 3000000
```

	㉠	㉡
①	SET	IN
②	SET	BETWEEN
③	VALUES	IN
④	VALUES	BETWEEN

해설

② DML(데이터 조작어) 중 UPDATE(갱신)문에 대한 SQL문으로 ㉠에는 SET이 들어가야 하고, WHERE 검색문에 AND 들어가 있고 100000과 3000000 사이의 값을 조건으로 하고 있으므로 ㉡은 BETWEEN이 옳다.

UPDATE문

- 기존 레코드의 열 값을 갱신할 경우 사용하며, 연산자를 이용하여 빠르게 레코드를 수정한다.
- 조건을 만족하는 각 튜플에 대하여 SET 절의 지시에 따라 갱신한다.
- 조건을 지정하지 않으면 모든 레코드가 갱신된다.
- UPDATE 테이블 SET 열_이름=식 [WHERE 조건];

BETWEEN 연산자

- 두 개의 검사 값에서 구하고자 하는 값 사이에 포함되는지를 체크한다.
- [WHERE 조건 BETWEEN ⓐ AND ⓑ]

03 **네트워크 장치에 대한 설명으로 옳지 않은 것은?**

① 허브(Hub)는 여러 대의 단말 장치가 하나의 근거리 통신망(LAN)에 접속할 수 있도록 지원하는 중계 장치이다.

② 리피터(Repeater)는 물리 계층(Physical Layer)에서 동작하며 전송 신호를 재생 · 중계해주는 증폭 장치이다.

③ 브리지(Bridge)는 데이터 링크 계층(Data Link Layer)에서 동작하며 같은 MAC 프로토콜(Protocol)을 사용하는 근거리 통신망 사이를 연결하는 통신 장치이다.

④ 게이트웨이(Gateway)는 네트워크 계층(Network Layer)에서 동작하며 동일 전송 프로토콜을 사용하는 분리된 2개 이상의 네트워크를 연결해주는 통신 장치이다.

02 ② 03 ④ 답

해설

④ 게이트웨이(Gateway)는 OSI 7계층 참조 모델의 상위 계층에서 동작한다.

게이트웨이(Gateway)

- 서로 다른 형태의 네트워크를 상호 접속하는 장치로 필요한 경우 형식, 주소, 프로토콜의 변환을 수행한다(LAN과 외부 네트워크를 연결).
- OSI 7계층 참조 모델의 상위 계층(전송, 세션, 표현, 응용)에서 동작한다.
- 프로토콜이 다른 네트워크 사이를 결합하는 것으로 TCP/IP 구조에서는 라우터와 게이트웨이를 동일하게 간주한다.

04 ㉠에 들어갈 용어로 옳은 것은?

> (㉠)(은)는 유사한 문제를 해결하기 위해 설계들을 분류하고 각 문제 유형별로 가장 적합한 설계를 일반화하여 체계적으로 정리해 놓은 것으로 소프트웨어 개발에서 효율성과 재사용성을 높일 수 있다.

① 디자인 패턴

② 요구사항 정의서

③ 소프트웨어 개발 생명주기

④ 소프트웨어 프로세스 모델

해설

디자인 패턴

- 소프트웨어 설계에서 자주 사용하는 설계 형태를 정형화하여 유형별로 가장 적절한 설계를 만들어 둔 것을 말한다.
- 디자인 패턴을 이용하면 효율성과 재사용성을 높일 수 있다.
- 알고리즘과 같이 프로그램 코드로 바로 변환될 수 있는 형태는 아니지만, 특정한 상황에서 구조적인 문제를 해결하는 방식을 설명해 준다.

답 04 ①

05 **결합도(Coupling)는 모듈 간의 상호 의존 정도 또는 모듈 간의 연관 관계를 의미한다. 아래에 나타낸 결합도를 약한 정도에서 강한 정도 순으로 올바르게 나열한 것은?**

> ㄱ. 내용 결합도(Content Coupling)
> ㄴ. 제어 결합도(Control Coupling)
> ㄷ. 자료 결합도(Data Coupling)
> ㄹ. 공통 결합도(Common Coupling)

① ㄷ – ㄴ – ㄹ – ㄱ

② ㄷ – ㄹ – ㄱ – ㄴ

③ ㄹ – ㄴ – ㄷ – ㄱ

④ ㄹ – ㄷ – ㄱ – ㄴ

해설

① 결합도가 낮은 순으로 정리하면 '자료 – 구조 – 제어 – 외부 – 공통 – 내용' 순으로 정리할 수 있다. 따라서 ㄷ – ㄴ – ㄹ – ㄱ 순이 된다.

결합도의 특징

- 한 모듈과 다른 모듈 간의 상호 의존도 또는 두 모듈 사이의 연관 관계를 의미한다.
- 시스템을 설계할 때 필요한 설계 지침으로 모듈 분리가 자유롭다.
- 낮은 결합도를 유지해야 좋은데 이를 유지하려면 불필요한 관련성을 제거하고, 인터페이스의 수를 줄인다.

결합도 낮음 (가장 바람직)	자료 ↔ 구조 ↔ 제어 ↔ 외부 ↔ 공통 ↔ 내용	결합도 높음 (바람직하지 않음)

06 **컴퓨터 알고리즘에 대한 설명으로 옳지 않은 것을 〈보기〉에서 모두 고른 것은?**

> 보기
>
> ㄱ. 힙 정렬(Heap Sort) 알고리즘의 시간 복잡도는 $O(n^2)$이다.
> ㄴ. 0/1 배낭(0/1 Knapsack) 문제에 대하여 다항시간(Polynomial time) 내에 해결 가능한 알고리즘이 개발되었다.
> ㄷ. 모든 NP(Non-deterministic Polynomial time) 문제는 컴퓨터를 이용하여 다항시간에 해결할 수 없다.

① ㄱ

② ㄱ, ㄴ

③ ㄴ, ㄷ

④ ㄱ, ㄴ, ㄷ

05 ① 06 ④ 답

해설

- NP 문제란 일정 시간(다항시간) 안에 해결할 수 없는 문제를 의미하며 이를 해결할 수 있을 경우 P 문제라고 한다.
- 0/1 배낭 알고리즘이란 해결할 수 있는 방법이 0가지 또는 1가지만 있는 알고리즘으로 컴퓨터로 해결하기 힘든 알고리즘을 의미하며 다항시간 내에 해결하기 힘든 알고리즘이다.
  ㄱ. 힙 정렬(Heap Sort)의 알고리즘의 시간 복잡도는 $O(n\log_2 n)$이다.
  ㄴ. 0/1 배낭(0/1 Knapsack) 문제에 대하여 다항시간(Polynomial time) 내에 해결하기 힘든 알고리즘이며 현재로서 해결 불가능한 문제를 말한다.
  ㄷ. NP 문제는 컴퓨터를 이용하여 다항시간에 해결할 수 없지만, 가정–검증 과정의 검증을 거친 NP 문제는 P 문제로 편입되기 때문에 모든 NP 문제라고는 할 수 없다.

※ 이 문제는 계리직 시험의 출제범위를 벗어난 문제로서 난도 조절을 위해 출제된 문제이다.

07 JAVA 프로그램의 실행 결과로 옳은 것은?

```
class Test {
  public static void main(String[] args) {
    int a = 101;
    System.out.println((a>>2) << 3);
  }
}
```

① 0
② 200
③ 404
④ 600

해설

- 위 JAVA 프로그램은 shift 연산을 통해 구할 수 있다.
  - 좌측 shift는 $/2^n$을 우측 shift는 $\times 2^n$을 의미한다.
  - a를 좌측으로 2bit, 우측으로 3bit를 shift시키면 좌측은 /22 = /4이며, 우측은 ×23이기 때문에 ×8이 된다. 이를 a에 대입하면 101/4 = 25(소수점 이하는 절삭한다) → 25×8 = 200이 나오게 된다.
- 또한 2진법을 이용해 구하는 방법은 다음과 같다.
  101을 2진수로 전환하면
  01100101 ← 101
  00011001 ← 2bit 우측으로 shift(좌측에 00삽입)
  11001000 ← 3bit 좌측으로 shift(우측에 000삽입)

∴ 11001000을 10진수로 변환하면 200이 된다.

답 07 ②

08 암호 방식에 대한 설명으로 옳은 것을 〈보기〉에서 모두 고른 것은?

보기

ㄱ. 대칭키 암호 방식(Symmetric Key Cryptosystem)은 암호화 키와 복호화 키가 동일하다.
ㄴ. 공개키 암호 방식(Public Key Cryptosystem)은 사용자 수가 증가하면 관리해야 할 키의 수가 증가하여 키 변화의 빈도가 높다.
ㄷ. 대칭키 암호 방식은 공개키 암호 방식에 비하여 암호화 속도가 빠르다.
ㄹ. 공개키 암호 방식은 송신자와 발신자가 서로 같은 키를 사용하여 통신을 수행한다.

① ㄱ, ㄴ
② ㄱ, ㄷ
③ ㄴ, ㄷ
④ ㄴ, ㄹ

해설

ㄴ. 공개키 암호 방식은 사용자 수 증가에 따라 관리할 키의 개수가 대칭키에 비해 상대적으로 적으며 키 변화의 빈도가 낮다. 사용자 수가 증가하면 관리해야 할 키의 수가 증가하여 키 변화의 빈도가 높은 것은 대칭키 암호 방식이다.
ㄹ. 공개키 암호 방식은 송신자와 발신자가 서로 다른 암호화 키와 복호화 키를 사용하여 통신을 수행한다. 암호화 키와 복호화 키가 서로 같은 것은 대칭키 암호 방식이다.

09 학생 테이블에 튜플들이 아래와 같이 저장되어 있을 때, 〈NULL, '김영희', '서울'〉 튜플을 삽입하고자 한다. 해당 연산에 대한 [결과]와 [원인]으로 옳은 것은?(단, 학생 테이블의 기본키는 학번이다)

학번	이름	주소
1	김철희	경기
2	이철수	천안
3	박민수	제주

	[결과]		[원인]
①	삽입 가능	-	무결성 제약조건 만족
②	삽입 불가	-	관계 무결성 위반
③	삽입 불가	-	개체 무결성 위반
④	삽입 불가	-	참조 무결성 위반

08 ② 09 ③ 답

해설

③ 해당 튜플에는 기본키(학번)가 빠진 채 입력되었기 때문에 개체 무결성 위반으로 삽입이 불가능하다.
개체 무결성(Entity Integrity) 제약 조건

- 하나의 릴레이션에서 기본키와 관련된 무결성이다.
- 한 릴레이션의 기본키를 구성하는 어떠한 속성 값도 널(NULL) 값이나 중복 값을 가질 수 없다(정확성 유지).
- 하나의 릴레이션으로 삽입되거나 변경되는 튜플들에 대하여 정확한 값을 유지하는 성질로 하나의 릴레이션에 있는 튜플은 중복된 튜플이 있어서는 안 된다.

10 10진수 −2.75를 아래와 같이 IEEE 754 표준에 따른 32비트 단정도 부동소수점(Single Precision Floating Point) 표현 방식에 따라 2진수로 표기했을 때 옳은 것은?

부호	지수부	가수부

(부호 : 1비트, 지수부 : 8비트, 가수부 : 23비트)

① 1000 0000 0000 0000 0000 0000 0000 1011
② 1000 0000 1011 0000 0000 0000 0000 0000
③ 1010 0000 0110 0000 0000 0000 0000 0000
④ 1100 0000 0011 0000 0000 0000 0000 0000

해설

10진수를 IEEE 754 표준에 따른 32비트 단정도 부동소수점 표현 방식은 다음과 같다.
㉠ −2.75를 이진수로 전환한다(2=10으로 표기, 0.5=10, 0.25=01로 표현). → (−10.11)
㉡ 0이 아닌 유효숫자를 일의 자리로 옮기는 정규화 수행 → (-1.011×2^1)
㉢ 형식에 맞게 값을 채운다.

- 부호 = 음수 → 1
- 지수 = 1+127 = 128 = 10000000
- 가수 = 011(소수점 좌측의 숫자는 히든비트로 숨기고 나머지만 표시)

㉣ 가수 011 아래의 나머지 비트는 모두 0으로 처리
따라서 ④의 1100 0000 0011 0000 0000 0000 0000 0000이 된다.

답 10 ④

11 ㉠에 들어갈 용어로 옳은 것은?

> 주기억장치의 물리적 크기의 한계를 해결하기 위한 기법으로 주기억장치의 크기에 상관없이 프로그램이 메모리의 주소를 논리적인 관점에서 참조할 수 있도록 하는 것을 (㉠)라고 한다.

① 레지스터(Register)　　② 정적 메모리(Static Memory)
③ 가상 메모리(Virtual Memory)　　④ 플래시 메모리(Flash Memory)

가상 메모리(Virtual Memory)
보조기억장치의 일부를 주기억장치처럼 사용하는 것으로 용량이 작은 주기억장치의 물리적 한계를 해결하고 프로그램이 메모리의 주소를 논리적 관점에서 참조할 수 있도록 하는 기법을 말한다. 윈도우즈의 경우 기본적으로 실제 장착된 메모리의 약 1.5배 크기를 가상메모리로 설정하여 활용한다.

12 C 프로그램의 실행 결과로 옳은 것은?

```
#include<stdio.h>
int main( )
{
    int i, sum=0;
    for(i=1; i<=10; i+=2)  {
      if(i%2 && i%3) continue;
      sum += i;
    } printf("%d\n", sum);
    return 0;
}
```

① 6　　② 12
③ 25　　④ 55

해설
㉠ for(i=1; i<=10; i+=2) → 조건에서 i는 1보다 크거나 같으며 2씩 증가한다고 되어 있으므로, 이 조건에 맞는 i는 10보다 작은 홀수인 1, 3, 5, 7, 9이다.
㉡ if(i%2 && i%3) continue; → 1%2(2로 나누었을 때 나머지가 1 ⇒ 3, 5, 7, 9)과 1%3(3으로 나누었을 때 나머지가 1 또는 2 ⇒ 5, 7)을 모두 만족(AND)할 경우에 건너뛰고(Continue) 나머지를 구한다(= 3, 9).
㉢ 나머지 값인 3과 9를 더한다. → 12
따라서 답은 ② 12가 된다.

11 ③ 12 ② 답

13 다음에서 설명하는 소프트웨어 개발 방법론으로 옳은 것은?

> 프로세스와 도구 중심이 아닌 개발 과정의 소통을 중요하게 생각하는 소프트웨어 개발 방법론으로 반복적인 개발을 통한 잦은 출시를 목표로 한다.

① 애자일 개발 방법론
② 구조적 개발 방법론
③ 객체지향 개발 방법론
④ 컴포넌트 기반 개발 방법론

애자일 개발 방법론(Agile Software Development)
소프트웨어 개발 방법의 일종으로 개발 대상을 다수의 작은 기능으로 분할하여 하나의 기능을 하나의 반복 주기 내에 개발하는 방법을 말한다. 변화에 신속 · 유연하며 적응적인 소프트웨어 개발을 목표로 하고 도구 중심이 아닌 개발 과정에서의 개개인과의 소통을 중시한다. 또한 동작 가능한 소프트웨어를 고객에게 짧은 간격으로 출시 · 전달한다.

14 불 대수(Boolean Algebra)에 대한 최소화로 옳지 않은 것은?

① $A(A+B) = A$
② $A+\overline{A}B = A+B$
③ $A(\overline{A}+B) = AB$
④ $AB+A\overline{B}+\overline{A}B = A$

해설

④ $AB+A\overline{B}+\overline{A}B = A$
$= A(B+\overline{B})+\overline{A}B$ → A로 묶어 간략화 진행 $(B+\overline{B})$는 1
$= A+\overline{A}B$ → 분배법칙을 이용하여 간략화 진행
$= (A+\overline{A})(A+B)$ → $(A+\overline{A})$는 1
$= A+B$

따라서 불 대수에 대한 최소화로 옳지 않은 것은 ④가 된다.

답 13 ① 14 ④

15 배열(Array)과 연결리스트(Linked List)에 대한 설명으로 옳지 않은 것은?

① 연결리스트는 배열에 비하여 희소행렬을 표현하는 데 비효율적이다.
② 연결리스트에 비하여 배열은 원소를 임의의 위치에 삽입하는 비용이 크다.
③ 연결리스트에 비하여 배열은 임의의 위치에 있는 원소를 접근할 때 효율적이다.
④ n개의 원소를 관리할 때, 연결리스트가 n크기의 배열보다 메모리 사용량이 더 크다.

해설

연결리스트(Linked List)

- 자료를 구성할 때 포인터 자료를 포함해서 하나의 자료를 구성하는 형태로 포인터를 이용하여 현재 자료와 관련이 있는 자료를 연결한다(포인터를 위한 추가 공간이 필요).
- 자료와 함께 다음 데이터의 위치를 알려주는 포인터로 실제 자료들을 연결한 형태이다.
- 노드의 삽입과 삭제가 용이하며, 메모리 단편화를 방지할 수 있다(Garbage Collection).
- 포인터로 연결되기 때문에 액세스 속도가 느리며, 링크 포인터만큼 기억 공간을 소모한다.
- 연속적 기억 공간이 없어도 저장이 가능하며, 희소 행렬을 표현하는 데 이용한다.
- 연결리스트 중에 중간 노드 연결이 끊어지면 그 다음 노드를 찾기가 힘들다.

16 프로세스 P1, P2, P3, P4를 선입선출(First In First Out) 방식으로 스케줄링을 수행할 경우 평균응답시간으로 옳은 것은?(단, 응답시간은 프로세스 도착시간부터 처리가 종료될 때까지의 시간을 말한다)

프로세스	도착시간	처리시간
P1	0	2
P2	2	2
P3	3	3
P4	4	9

① 3 ② 4
③ 5 ④ 6

해설

㉠ 선입선출(FIFO)방식은 복수의 신호나 잡(Job)이 처리 대기로 있을 때 처리의 우선순위를 붙이지 않고, 먼저 도착한 순서대로 처리하는 방식이다.
㉡ 각 프로세스의 응답(반환)시간은 각 처리시간에 도착시간을 빼는 방식으로 구하며 공식은 다음과 같다.
- P1의 응답시간 : 2(= 2-0) → (P1 처리시간 – P1 도착시간)
- P2의 응답시간 : 2(= 2+2-2) → (P1 + P2 처리시간 – P2 도착시간)
- P3의 응답시간 : 4(= 2+2+3-3) → (P1 + P2 + P3 처리시간 – P3 도착시간)
- P4의 응답시간 : 12(= 2+2+3+9-4) → (P1 + P2 + P3 + P4 처리시간 – P4 도착시간)

∴ 프로세스 전체응답시간 = 2+2+4+12 = 20이므로 평균응답시간은 5가 된다.

15 ① 16 ③ 답

17 TCP/IP 프로토콜에 대한 설명으로 옳은 것은?

① TCP는 비연결형 프로토콜 방식을 사용한다.
② TCP는 네트워크 계층(Network Layer)에 속한다.
③ IP는 잘못 전송된 패킷에 대하여 재전송을 요청하는 기능을 제공한다.
④ IP는 각 패킷의 주소 부분을 처리하여 패킷이 목적지에 도달할 수 있도록 한다.

해설

① 비연결형 프로토콜 방식을 사용하는 것은 UDP이다. TCP는 연결형 프로토콜 방식을 사용한다.
② TCP는 OSI 7계층 중 전송 계층(Transport Layer)에 해당한다.
③ 잘못 전송된 패킷에 대하여 재전송을 요구하는 것은 TCP에 해당한다.

TCP/IP

- 가장 기본적인 프로토콜로 네트워크에서 연결된 시스템 간의 데이터를 전송한다.
- 컴퓨터 기종에 관계없이 인터넷 환경에서의 정보 교환이 가능하다.
- OSI 계층 구조에서 총 4개의 계층(링크 계층, 인터넷 계층, 전송 계층, 응용 계층)으로 이루어진다(네트워크 환경에 따라 여러 개의 프로토콜을 허용).

프로토콜	설명
TCP	• 메시지나 파일을 작은 패킷으로 나누어 전송하거나 수신된 패킷을 원래의 메시지로 재조립한다. • 신뢰성과 보안성이 우수하며, 연결형 프로토콜 방식을 사용한다. • 접속형(Connection-Oriented) 서비스, 전이중(Full-Duplex) 전송 서비스 등을 제공한다. • OSI 7계층 중 전송 계층(Transport Layer)에 해당한다.
IP	• 각 패킷의 주소 부분을 처리하여 패킷이 목적지에 정확하게 도달할 수 있도록 한다. • 인터넷의 중심이며, 비연결형 프로토콜 방식을 사용한다. • 경로 설정(Routing) 서비스 등을 제공한다. • OSI 7계층 중 네트워크 계층(Network Layer)에 해당한다.

18 다음에서 설명하는 용어로 가장 옳은 것은?

> 프랭크 로젠블라트(Frank Rosenblatt)가 고안한 것으로 인공신경망 및 딥러닝의 기반이 되는 알고리즘이다.

① 빠른 정렬(Quick Sort) ② 맵 리듀스(Map Reduce)
③ 퍼셉트론(Perceptron) ④ 디지털 포렌식(Digital Forensics)

해설

퍼셉트론(Perceptron)

퍼셉트론은 1957년 코넬 항공 연구소에서 근무하던 프랭크 로젠블라트가 인간의 두뇌를 모델로 하여 고안한 신경 알고리즘을 말하며 시냅스의 결합으로 네트워크를 형성한 인공 뉴런이 학습을 통해 시냅스의 결합 세기를 변화시켜 문제 해결 능력을 가지는 비선형 모델이다.

답 17 ④ 18 ③

19 **관계형 데이터베이스의 뷰(View)에 대한 장점으로 옳지 않은 것은?**

① 뷰는 데이터의 논리적 독립성을 일정 부분 제공할 수 있다.

② 뷰를 통해 데이터의 접근을 제어함으로써 보안을 제공할 수 있다.

③ 뷰에 대한 연산의 제약이 없어서 효율적인 응용프로그램의 개발이 가능하다.

④ 뷰는 여러 사용자의 상이한 응용이나 요구를 지원할 수 있어서 데이터 관리를 단순하게 한다.

해설

③ 뷰(View)는 CREATE VIEW 명령을 이용하여 정의하며, 뷰를 이용한 또 다른 뷰를 생성할 수 있지만 삽입, 갱신, 삭제 연산에서 제약이 있다는 단점이 있다.

뷰(View)의 장점

- 논리적 데이터 독립성을 제공할 수 있다.
- 여러 사용자의 상이한 응용이나 요구를 편리하게 지원하여 사용자의 데이터 관리를 간편하게 해준다.
- 뷰를 통해 데이터의 접근을 제어함으로써 숨겨진 데이터를 위한 자동 보안이 제공된다.

20 **다음에서 설명하는 알고리즘 설계 기법으로 가장 알맞은 것은?**

> 해결하고자 하는 문제의 최적해(Optimal Solution)가 부분 문제들의 최적해들로 구성되어 있을 경우, 이를 이용하여 문제의 최적해를 구하는 기법이다.

① 동적 계획법(Dynamic Programming)

② 탐욕적 알고리즘(Greedy Algorithm)

③ 재귀 프로그래밍(Recursive Programming)

④ 근사 알고리즘(Approximation Algorithm)

해설

① 제시문의 설명으로는 탐욕적 알고리즘과 혼동될 수 있지만 탐욕적 알고리즘이 반드시 최적해를 구하는 것은 아니므로 부분에 대해 가장 최적해를 얻는 알고리즘은 동적 계획법이다.

동적 계획법(Dynamic Programming)

어떤 문제에 대한 최적해답을 얻을 때, 문제를 부분적으로 분할하여, 각 부분에 대해 가장 적당한 해답을 차례로 구하는 것으로서 문제 전체에 대한 가장 적당한 해답을 얻는 알고리즘(algorithm)이다.

탐욕적 알고리즘

최적해를 구하는 데에 사용되는 근사적인 방법으로, 여러 경우 중 하나를 결정해야 할 때마다 그 순간에 최적이라고 생각되는 것을 선택해 나가는 방식으로 진행하여 최종적인 해답에 도달한다. 순간마다 하는 선택은 그 순간에 대해 지역적으로는 최적이지만, 그 선택들을 계속 수집하여 최종적(전역적)인 해답을 만들었다고 해서, 그것이 최적이라는 보장은 없다.

19 ③ 20 ① 답

계리직 수험생들이 인정한 대표 교재

03

STEP 3

시험 전과목을 한 권으로 학습!

핵심만을 집중적으로 공략하는 전략 종합본

최신기출 무료특강

계리직 한권으로 다잡기

04

STEP 4

2008~2018년(6회) 전과목 기출을 한 권으로!

상세한 해설과 함께하는 기출문제집

최신기출 무료특강

계리직 기출이 답이다

05

STEP 5

퀵 합격을 부르는 마무리 모의고사!

전과목 5회분으로 구성된 실전모의고사

최신기출 무료특강

계리직 전과목 최종 모의고사

※ 표지 이미지 및 도서 구성은 변동될 수 있습니다.